Comunicações sem fio

Princípios e práticas

Comunicações sem fio

Princípios e práticas

Theodore S. Rappaport

2ª edição

Tradução
Daniel Vieira

Revisão Técnica
Luiz Carlos Pessoa Albini
Professor Doutor do Departamento de Informática
da Universidade Federal do Paraná

Pearson

Diretor editorial: Roger Trimer
Gerente editorial: Sabrina Cairo
Supervisor de produção editorial: Marcelo Françozo
Editora sênior: Tatiana Pavanelli Valsi
Editora: Thelma Babaoka
Preparação: Alexandra Costa da Fonseca e Ivete Batista dos Santos
Revisão: Carmen Teresa Simões da Costa e Marina Nogueira
Capa: Alexandre Mieda
Projeto gráfico e diagramação: AVITS Estúdio Gráfico Ltda.

Dados Internacionais de Catalogação na Publicação (CIP)
(Câmara Brasileira do Livro, SP, Brasil)

Rappaport, Theodore S.
Comunicações sem fio : princípios e práticas 2. ed./ Theodore S. Rappaport ; tradução Daniel Vieira revisão técnica Luiz Carlos Pessoa Albini. -- São Paulo : Pearson Prentice Hall, 2009.

Título original: Wireless communications : principles and practice
2. ed. americana
Bibliografia.
ISBN 978-85-7605-198-5

1. Sistemas de comunicação móvel 2. Sistemas de comunicação sem fio 3. Sistemas de telecomunicação 4. Telefonia celular I. Título.

08-10505 CDD-621.382

Índice para catálogo sistemático:

1. Sistemas de telecomunicações : Engenharia 621.382

Direitos exclusivos cedidos à
Pearson Education do Brasil Ltda.,
uma empresa do grupo Pearson Education
Avenida Francisco Matarazzo, 1400
Torre Milano — 7o andar
CEP: 05033-070 -São Paulo-SP-Brasil
Telefone 19 3743-2155
pearsonuniversidades@pearson.com

Distribuição
Grupo A Educação
www.grupoa.com.br
Fone: 0800 703 3444

Deus me abençoou com uma família maravilhosa, a quem dedico este livro.

À minha esposa Brenda Marie
e a nossos filhos
Matthew, Natalie e Jennifer.

Sumário

Prefácio

Esta edição foi elaborada para o iniciante em comunicações pessoais sem fio, um dos campos com crescimento mais rápido no mundo da engenharia. Os conceitos técnicos que são o núcleo do projeto, implementação, pesquisa e invenção dos sistemas de comunicação sem fio são apresentados em uma ordem dirigida para o conhecimento dos conceitos gerais, além dos específicos aos sistemas e padrões de comunicação sem fio atuais e em evolução. O texto é baseado em minhas experiências como educador, pesquisador, treinador técnico e consultor, e continua a ser modelado a partir de um curso acadêmico desenvolvido inicialmente para estudantes de engenharia elétrica em 1990, quando havia menos de cinco milhões de assinantes de telefone celular no mundo inteiro. Quando entramos no século XXI, mais de 600 milhões de pessoas — cerca de 10% da população mundial — passaram a pagar uma assinatura mensal pelo serviço de telefone sem fio, e esse número se aproximará dos 50% ao final de 2010.

Este é um livro útil para engenheiros, além de pesquisadores e estudantes de graduação e pós-graduação. Foi preparado para fornecer os fundamentos sobre muitos conceitos práticos e teóricos que formam a base das comunicações sem fio e contém material essencial que todos os profissionais da área devem conhecer. Ao final de cada capítulo há diversos exercícios na seção "Problemas", baseados em situações reais. Esta edição contém dezenas de problemas e exemplos, além de detalhes técnicos atualizados sobre os inúmeros padrões emergentes de comunicação sem fio no mundo, tornando este livro particularmente útil para cursos de curta duração ou para uso em sala de aula.

As referências a artigos de jornal permitem que o leitor interessado se aprofunde na leitura adicional, que sempre é necessária para o domínio de qualquer campo. Não importa se você usará este livro para estudo individual, em sala de aula, ou, ainda, como uma referência, ele foi escrito como um livro de ensino e referência completo. E os diversos exemplos e problemas foram fornecidos para ajudar o leitor a reforçar o conhecimento.

Esta obra foi elaborada para o estudante ou o engenheiro que já está familiarizado com conceitos técnicos, como probabilidade, teoria de comunicação e eletromagnetismo básico. Porém, assim como o próprio setor de comunicações sem fio, esta obra combina material de muitas disciplinas técnicas diferentes, de modo que é improvável que uma pessoa terá cursos introdutórios sobre todos os tópicos abordados. Para abranger uma grande variedade de conhecimentos, conceitos importantes no texto são desenvolvidos a partir dos princípios básicos, de modo que os leitores possam aprender as bases das comunicações sem fio. Essa técnica torna possível usar este livro como referência ou como uma ferramenta de ensino em sala de aula.

O material e a seqüência de capítulos foram adaptados a partir de um curso de formação que lecionei inicialmente em 1991, no *Virginia Polytechnic Institute and State University*. O Capítulo 1 demonstra a evolução histórica do setor de comunicações sem fio, e a evolução dos sistemas sem fio, desde os sistemas analógicos de primeira geração até os sistemas digitais de segunda geração (2G). Também documenta o rápido crescimento inicial do rádio celular no mundo. O Capítulo 2 oferece uma visão geral dos principais sistemas de comunicação sem fio modernos do século XXI, como terceira geração (3G), Redes Locais Sem Fio (WLANs), Sistema de Distribuição Local Multiponto (LMDS) e Bluetooth. Esse capítulo propicia que o leitor veja como as redes sem fio estão começando a penetrar em nossas vidas diárias como aplicações de dados e multimídia, além de conhecer o serviço de voz. O Capítulo 3 aborda os conceitos básicos de rádio celular, como reutilização de freqüência e transferência, fundamentais para fornecer o serviço de comunicação sem fio aos assinantes em movimento usando um espectro de rádio limitado. Além disso, demonstra o princípio de eficiência de entroncamento, e como as questões de entroncamento e interferência entre estações móvel e base se combinam para afetar a capacidade geral dos sistemas de celular. O Capítulo 4 apresenta a perda no caminho de propagação de rádio, orçamentos de enlace e sombreamento log-normal, e descreve diferentes maneiras de modelar e prever os efeitos em larga escala da propagação de rádio em muitos ambientes operacionais. O Capítulo 5 aborda os efeitos de propagação em pequena escala, como atenuação, espalhamento do atraso e espalhamento Doppler, e descreve como medir e modelar o impacto que a largura de banda do sinal e o movimento têm sobre o sinal instantâneo recebido pelo canal de caminho múltiplo. A propagação de onda de rádio historicamente tem sido o problema mais difícil de analisar e projetar: diferente de um sistema de comunicação com fio, que tem um canal de transmissão estacionário, constante (ou seja, um caminho em fio), os canais de rádio são aleatórios e sofrem sombreamento e atenuação de caminho múltiplo, principalmente quando um dos terminais está em movimento. Esse capítulo também ensina um modo fundamental e novo de modelar os canais espaço-temporais — essencial para o desenvolvimento de *antenas inteligentes* e sistemas de posicionamento.

O Capítulo 6 oferece extensa cobertura das técnicas mais comuns de modulação analógica e digital usadas nas comunicações sem fio e demonstra as escolhas que devem ser feitas na seleção de um método de modulação. Questões como complexidade do receptor, implementação de modulação e demodulação, análise de taxa de erro de bit para canais com atenuação e ocupação espectral são apresentadas nesse capítulo. Conceitos de codificação de canal, equalização adaptativa e diversidade de antena são apresentados no Capítulo 7. Em sistemas de rádio portáteis, em que as pessoas se comunicam enquanto andam ou dirigem, esses métodos podem ser usados individualmente ou em seqüência para melhorar a qualidade (ou seja, reduzir a taxa de erros de bit) das comunicações de rádio móvel digital na presença de atenuação e ruído.

O Capítulo 8 oferece uma introdução à codificação de voz. Na última década, houve um progresso notável na diminuição da taxa de dados necessária pela voz digitalizada de alta qualidade, que permite que os projetistas de sistemas sem fio combinem serviços ao usuário final com as arquiteturas de rede. Apresentamos os princípios que têm dirigido o desenvolvimento das técnicas de modulação por código de pulso adaptativo e codificação linear preditiva, e discutimos como essas técnicas são usadas para avaliar a qualidade da voz nos sistemas de comunicação celular, sem fio e pessoal, existentes e propostos. O Capítulo 9 introduz acesso múltiplo por divisão de tempo, freqüência e código, além das técnicas de acesso múltiplo mais recentes, como reserva de pacote e acesso múltiplo por divisão espacial. Descreve, também, como cada método de acesso pode acomodar um grande número de usuários móveis e demonstra como o acesso múltiplo causa impacto na capacidade e na infra-estrutura da rede de um sistema celular. O Capítulo 10 descreve as considerações de rede para sistemas de comunicação sem fio remotos e apresenta técnicas de rede práticas que estão em uso ou que foram propostas para sistemas sem fio no futuro. O Capítulo 11 une todo o material dos nove primeiros capítulos, descrevendo e comparando os principais sistemas de comunicação celular, sem fio e pessoais de segunda geração (2G) do mundo. As escolhas feitas no projeto e na implementação dos sistemas de comunicações pessoais sem fio são esclarecidas nesse capítulo final. A compilação dos principais padrões sem fio torna o Capítulo 11 particularmente útil como uma fonte de informação isolada para uma grande variedade de sistemas sem fio empregados comercialmente na atualidade. Por fim, o Apêndice H traz abreviações e acrônimos importantes da área. Os demais apêndices encontram-se no site de apoio do livro.

Material de apoio do livro

No site www.grupoa.com.br professores e alunos podem acessar os seguintes materiais adicionais:

Para professores

- Apresentações em PowerPoint para utilização em sala de aula.
- Manual de soluções (em inglês).

Esse material é de uso exclusivo para professores e está protegido por senha. Para ter acesso a ele, os professores que adotam o livro devem entrar em con-tato através do e-mail divulgacao@grupoa.com.br.

Para estudantes

- Apêndices contendo informações adicionais.

Os apêndices on-line A a G abrangem teoria de entroncamento, valor de ruído, cálculos de ruído e a aproximação Gaussiana para os sistemas de divisão de código por espectro espalhado e oferecem detalhes para os interessados em resolver muitos problemas práticos de comunicações sem fio.

Agradecimentos

Sem a ajuda e a engenhosidade de vários alunos já formados, este texto não poderia ter sido escrito. Tenho o prazer de reconhecer a ajuda e o encorajamento de Rias Muhamed, Varun Kapoor, Kevin Saldanha e Anil Doradla — alunos que conheci em sala de aula enquanto lecionava uma versão antiga do curso de *Rádio Celular e Comunicações Pessoais*, além do meu amigo e ex-aluno de doutorado, Greg Durgin. Kevin Saldanha também ofereceu material para a primeira edição do livro (que não foi uma tarefa pequena!). A assistência desses alunos na compilação e edição do material para vários capítulos deste texto foi muito valiosa, e eles foram uma fonte de encorajamento constante no decorrer do projeto. Outros que ofereceram sugestões úteis, e cujos esforços de pesquisa estão refletidos em partes deste texto, são Scott Seidel, Joe Liberti, Dwayne Hawbaker, Marty Feuerstein, Yingie Li, Ken Blackard, Victor Fung, Weifang Huang, Prabhakar Koushik, Orlando Landron, Francis Dominique, Greg Bump e Bert Thoma. Zhigang Rong, Jeff Laster, Michael Buehrer, Keith Brafford e Sandip Sandhu também ofereceram sugestões úteis e revisões valiosas dos primeiros rascunhos. Para a segunda edição, também quero expressar minha sincera gratidão a Hao Xu, Roger Skidmore, Paulo Cardieri, Greg Durgin, Kristen Funk, Ben Henty, Neal Patwari e Aurelia Scharnhorst, que me ajudaram bastante na preparação do material acrescentado.

Este texto se beneficia bastante do material prático fornecido por diversos revisores do setor. Roman Zaputowycz, da *Bell Atlantic Mobile Systems*, Mike Bamburak, da *McCaw Communications*, David McKay, da *Ortel*, Jihad Hermes, da *PrimeCo*, Robert Rowe, da *Ariel Communications*, William Gardner, da *Qualcomm*, John Snapp, da *AT&T Wireless*, e Jim Durcan, da *Comcast Cellular*, forneceram idéias extremamente valiosas sobre quais materiais eram mais importantes e como poderiam ser mais bem apresentados a estudantes e engenheiros. Marty Feuerstein, da *Metawave*, e Mike Lord, da *Cellular One*, forneceram críticas abrangentes que melhoraram bastante o manuscrito. Larry Sakayama, da *Agilent Technologies*, Professor Philip DiPiazza, do *Florida Institute of Technology*, e Jeff Stosser, da *Triplecom Inc.*, forneceram críticas valiosas sobre o material novo na segunda edição. O pessoal técnico da *Wireless Valley Communications Inc.* também avaliou e ofereceu sugestões práticas durante o desenvolvimento deste texto.

Do ponto de vista acadêmico, diversos membros do campo de comunicações sem fio forneceram sugestões úteis, que eu incorporei prontamente. Esses revisores incluem o Prof. J. Keith Townsend, da *North Carolina State University*, Prof. William H. Tranter, da *Virginia Tech*, e Prof. Thomas Robertazzi, da *State University of New York*. Os professores Jeffrey Reed e Brian Woerner, da *Virginia Tech*, também ofereceram recomendações excelentes do ponto de vista didático. Sou grato pelas contribuições valiosas de todas essas pessoas. Além disso, quero agradecer a diversos professores, alunos e engenheiros praticantes do mundo inteiro, que continuam a me fornecer sugestões valiosas, e que estão usando este livro em suas salas de aula, cursos e trabalho do dia a dia.

Tenho prazer de agradecer o suporte da *National Science Foundation*, *Defense Advanced Research Projects Agency*, e os muitos patrocinadores e amigos que apoiaram minhas atividades de pesquisa e educacionais em comunicações sem fio desde 1988. É do excelente corpo docente da *Purdue University*, principalmente meu consultor, Clare D. McGillem, de quem eu aprendi formalmente sobre comunicações e como elaborar um programa de pesquisa. Acredito que eu seja afortunado por ter sido um dos muitos alunos formados que foram estimulados a buscar uma carreira dupla em engenharia e educação após a formatura na *Purdue*.

Finalmente, é um prazer agradecer à minha família e alunos, além de Bernard Goodwin, da *Prentice Hall*, que me encarregaram deste trabalho e me ajudaram a levar esse texto até você.

Theodore S. Rappaport

Introdução aos sistemas de comunicação sem fio

A capacidade de se comunicar com pessoas em movimento evoluiu bastante desde que Guglielmo Marconi demonstrou a capacidade do rádio de fornecer contato contínuo com navios navegando pelo canal inglês. Isso foi em 1897, e desde então novos métodos e serviços de comunicações sem fio têm sido entusiasticamente adotados em todo o mundo. Particularmente nos dez últimos anos, o setor de comunicações móveis via rádio cresceu em ordem de grandeza, alimentado por melhorias na fabricação de circuitos digitais e de radiofreqüência (RF), bem como pela nova integração de circuitos em grande escala e outras tecnologias de miniaturização que tornaram os equipamentos portáteis de rádio ainda menores, mais baratos e mais confiáveis. As técnicas de comutação digital facilitaram a implantação, em larga escala, de redes de comunicação de rádio fáceis de usar e a preços acessíveis. Essas tendências continuarão em um ritmo ainda maior durante a próxima década.

1.1 Evolução das comunicações com rádio móvel

Uma breve história da evolução das comunicações móveis no mundo é útil para apreciarmos o enorme impacto que o rádio-celular e os Serviços de Comunicação Pessoal [*Personal Communication Services* (PCS)] terão sobre todos nós no decorrer das próximas décadas. Isso também é útil para um iniciante no setor de rádio-celular entender o grande impacto que as agências reguladoras do governo e os concorrentes na prestação desses serviços exercem na evolução de novos sistemas, serviços e tecnologias sem fio. Embora não seja a intenção deste texto lidar com os aspectos tecnopolíticos das comunicações pessoais e por rádio-celular, as tecnopolíticas são um impulsionador fundamental na evolução de novas tecnologias e serviços, pois o espectro de radiofreqüência é controlado por governos, não por provedores de serviços, fabricantes de equipamentos, empreendedores ou pesquisadores. O envolvimento progressivo no desenvolvimento da tecnologia é vital para um governo se ele espera manter seu país competitivo no campo das comunicações pessoais sem fio, sempre em rápida mudança.

As comunicações sem fio estão gozando seu período de crescimento mais rápido na história devido às tecnologias habilitadoras, que permitem sua implantação em todos os lugares. Historicamente, o crescimento no campo das comunicações móveis vem ocorrendo de maneira lenta e está bastante ligado a melhorias tecnológicas. A capacidade de fornecer comunicações sem fio a uma população inteira só foi concebida quando os laboratórios Bell desenvolveram o conceito celular nas décadas de 1960 e 1970. Com o desenvolvimento de hardwares de radiofreqüência altamente confiáveis, em miniatura e estado sólido nos anos 1970[1], nascia a era das comunicações sem fio. O recente crescimento exponencial nos sistemas de rádio-celular e de comunicação pessoal em todo o mundo pode ser diretamente atribuído às novas tecnologias dos anos 1970, que hoje já estão amadurecidas. O crescimento futuro dos sistemas de comunicação móveis e portáteis com base no consumidor estará ligado mais de perto às alocações do espectro de rádio e decisões reguladoras que afetam ou apóiam serviços novos ou estendidos, além das necessidades do consumidor e avanços da tecnologia nas áreas de processamento de sinais, acesso e rede.

Os dados de penetração de mercado a seguir mostram como as comunicações sem fio destinadas ao consumidor têm crescido em popularidade. A Figura 1.1 ilustra de que maneira a telefonia móvel tem penetrado em nossas vidas diárias em comparação com outras invenções populares do século XX. Essa figura é um tanto enganosa, pois a curva rotulada de 'telefonia móvel' não inclui outras aplicações de rádio móvel, como *paging*, radioamador, serviços de entrega, radiotáxi, faixa do cidadão (CB), serviço público, telefones sem fio ou sistemas de rádio terrestres por microondas. Na verdade, em 1990, os sistemas de rádio não-celular licenciados nos Estados Unidos tinham mais de 12 milhões de usuários, ou seja, mais que o dobro da população de usuários de celular do país nessa mesma época[2]. Com o crescimento fenomenal dos assinantes sem fio no final da década de 1990, combinado com a nova técnica comercial da Nextel de comprar licenças de rádio móvel privado para oferecer como um serviço comercial de celular em nível nacional, a base de assinantes atual para celular e PCS é muito superior a todos os usuários licenciados das demais tecnologias. A Figura 1.1 mostra que os primeiros 35 anos da telefonia móvel viram pouca penetração de mercado devido ao alto custo e aos desafios tecnológicos envolvidos, mas, na última década, as comunicações sem fio foram aceitas por consumidores em uma taxa comparável à da televisão e do videocassete.

Em 1934, nos Estados Unidos, 194 sistemas municipais de rádio da polícia e 58 estações estaduais da polícia adota-

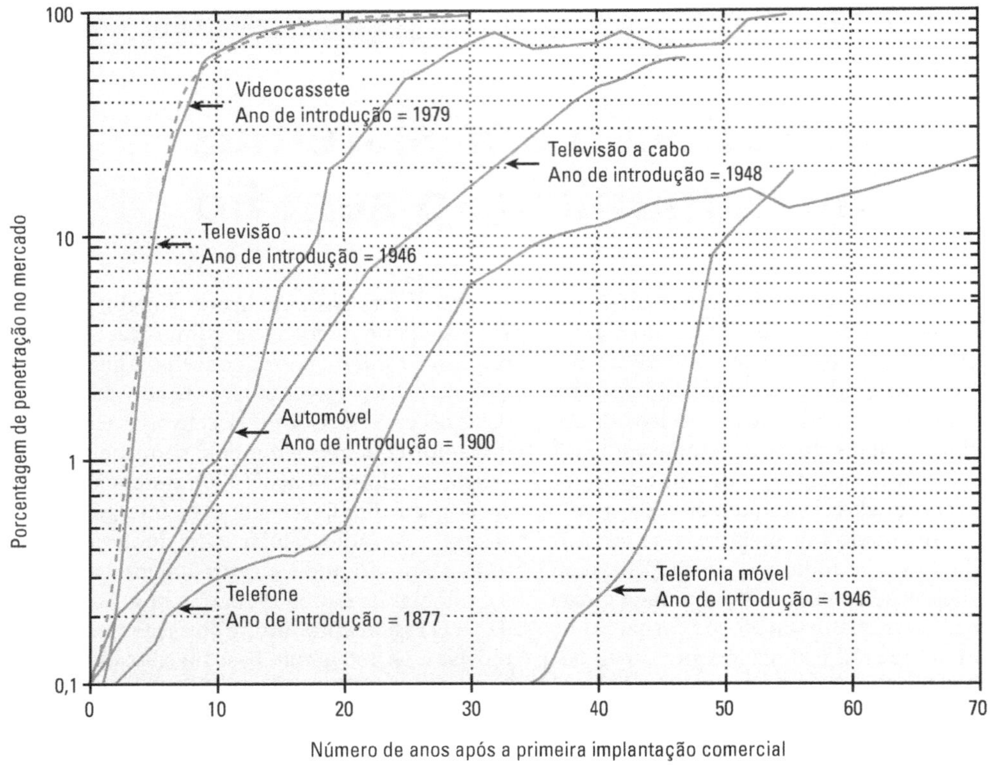

Figura 1.1 O crescimento da telefonia móvel em comparação com outras invenções populares do século XX.

ram sistemas de comunicação móvel por amplitude modulada (AM) para a segurança pública. Estimou-se na época que 5 mil rádios foram instalados nos carros da polícia em meados da década de 1930, e o ruído da ignição do veículo foi um problema sério para esses primeiros usuários móveis[3]. Em 1935, Edwin Armstrong demonstrou a freqüência modulada (FM) pela primeira vez, e, desde o final dessa década, a FM tem sido a principal técnica de modulação usada para os sistemas de comunicação móveis em todo o mundo. A Segunda Guerra Mundial acelerou as melhorias das capacidades mundiais de manufatura e miniaturização, e essas capacidades foram utilizadas após a guerra em grandes sistemas de rádio e televisão unidirecionais e bidirecionais. O número de usuários móveis dos Estados Unidos saltou de vários milhares em 1940 para 86 mil em 1948, 695 mil em 1958, e cerca de 1,4 milhão de usuários em 1962[4]. A grande maioria dos usuários móveis na década de 1960 não estava conectada à Rede Telefônica Pública Comutada [*Public Switched Telephone Network* (PSTN)], portanto, não era capaz de discar números de telefone diretamente de seus veículos. Com a grande expansão do rádio CB e dos aparelhos sem fio, como controles de portão de garagem e telefones, o número de usuários de rádio móvel e portátil em 1995 era de cerca de 100 milhões, ou 37% da população norte-americana. Uma pesquisa em 1991 estimou que entre 25 e 40 milhões de telefones sem fio estavam em uso nos Estados Unidos[5], e esse número deveria ultrapassar os 100 milhões ao final de 2001. O número de usuários de telefone celular no mundo inteiro cresceu de 25 mil em 1984 para cerca de 25 milhões em 1993[6], e desde então os serviços sem fio com base em assinatura têm experimentado taxas de crescimento de clientes superiores a 50% ao ano. Conforme será mostrado no Capítulo 2, a base de assinantes de celulares e PCS no mundo era de aproximadamente 630 milhões no final de 2001, em comparação ao aproximadamente 1 bilhão de linhas telefônicas com fio. Nos primeiros anos do século XXI, é certo que haverá um número igual de clientes sem fio e convencionais no mundo! No início deste século, mais de 1% da população de assinantes sem fio do mundo já tinha abandonado o serviço de telefone com fio para uso doméstico e começado a contar unicamente com o provedor de serviço celular para acessar a rede telefônica. Os consumidores deverão usar cada vez mais o serviço sem fio como seu único método de acesso por telefone nos próximos anos.

1.2 Radiotelefonia móvel nos Estados Unidos

Em 1946, o primeiro serviço telefônico móvel público foi introduzido nas 25 principais cidades norte-americanas da época. Cada sistema usava um único transmissor de alta potência e uma grande torre que cobria distâncias de mais de 50 km em um mercado em particular. Os antigos sistemas de telefone FM — do tipo 'apertar para falar' —, do final dos anos 1940, usavam 120 kHz de largura de banda de RF em um modo semiduplex (somente uma pessoa na ligação poderia falar de cada vez), embora a voz real com qualidade de telefone ocupe apenas 3 kHz do espectro da banda base. A grande largura de banda de RF foi usada devido à dificuldade de produzir em massa filtros de RF estreitos e amplificadores de recepção com baixo ruído. Em 1950, a FC dobrou o número de canais de telefone móvel por mercado, mas sem uma nova alocação de espectro. A tecnologia melhorada permitiu que a largura de banda do canal fosse dividida ao meio para 60 kHz. Em meados da década de 1960, a largura de banda de FM das transmissões de voz foi cortada para 30 kHz. Assim, houve apenas um fator de aumento quádruplo na eficiência do espectro devido aos avanços da tecnologia desde a Segunda Guerra Mundial até meados da década de 1960. Também nos anos 1950 e 1960, o entroncamento automático de canal foi introduzido e implementado sob o rótulo Serviço de Telefonia Móvel Melhorado [*Improved Mobile Telephone Service* (IMTS)]. Com o IMTS, as companhias telefônicas começaram a oferecer sistemas de telefonia duplex, autodiscagem e entroncamento automático[7]. Porém, o IMTS rapidamente se tornou saturado nos principais mercados. Por volta de 1976, o serviço *Bell Mobile Phone* para o mercado da cidade de Nova York (um mercado de aproximadamente 10 milhões de pessoas na época) só tinha 12 canais e poderia atender apenas 543 clientes pagantes. Havia uma lista de espera de mais de 3.700 pessoas[8], e o serviço era fraco por conta do bloqueio de chamada e do uso acima dos poucos canais. O IMTS ainda está em uso nos Estados Unidos, mas é muito ineficiente quando comparado ao atual sistema celular do país.

Durante os anos 1950 e 1960, os laboratórios Bell da AT&T e outras companhias de telecomunicações de todo o mundo desenvolveram a teoria e técnicas de radiotelefonia celular — o conceito de dividir uma zona de cobertura (mercado) em pequenas células, cada uma reutilizando partes do espectro para aumentar o uso desse mesmo espectro à custa de uma maior infra-estrutura do sistema[9]. A idéia básica da alocação de espectro do rádio-celular é semelhante à usada pelo FCC quando aloca estações de televisão ou de rádio com diferentes canais em uma região do país, e depois realoca esses mesmos canais em diferentes estações em uma parte completamente diferente do país. Os canais só são reutilizados quando há uma distância suficiente entre os transmissores, evitando assim interferências. Porém, a telefonia celular conta com a reutilização dos mesmos canais dentro do mesmo mercado ou área de serviço. A AT&T propôs um conceito de sistema móvel celular ao FCC em 1968, embora antes do final da década de 1970 ainda não houvesse tecnologia disponível para implementar a telefonia celular. Em 1983, o FCC finalmente alocou 666 canais duplex (40 MHz de espectro na banda de 800 MHz, cada canal tendo uma largura de banda unidirecional de 30 kHz para uma ocupação de espectro total de 60 kHz para cada canal duplex) para o Sistema de Telefonia Móvel Avançado [*Advanced Mobile Phone System* (AMPS)]*, dos Estados Unidos[10]. De acordo com as regras do FCC, cada cidade (chamada de mercado) só tinha permissão para ter dois provedores de sistema de rádio-celular, fornecendo assim um *duopólio* dentro de cada mercado — e garantindo dessa forma algum nível de concorrência. Conforme será visto nos capítulos 3 e 11, os canais de rádio eram divididos igualmente entre as duas companhias. O AMPS foi o primeiro sistema de telefonia celular a surgir nos Estados Unidos, e foi desenvolvido no final de 1983 pela Ameritech de Chicago, Illinois[11]. Em 1989, o FCC concedeu outros 166 canais (10 MHz) aos provedores de serviço celular do país para acomodar o rápido crescimento e demanda. A Figura 1.2 ilustra o espectro atualmente alocado para o uso de telefone celular nos Estados Unidos. Os sistemas de rádio-celular operam em um ambiente de interferência limitada e contam com planos criteriosos de reutilização de freqüência (que são uma função das características de propagação específicas do mercado) e acesso múltiplo por divisão de freqüência (FDMA) para maximizar a capacidade. Esses conceitos serão explicados com detalhes nos próximos capítulos.

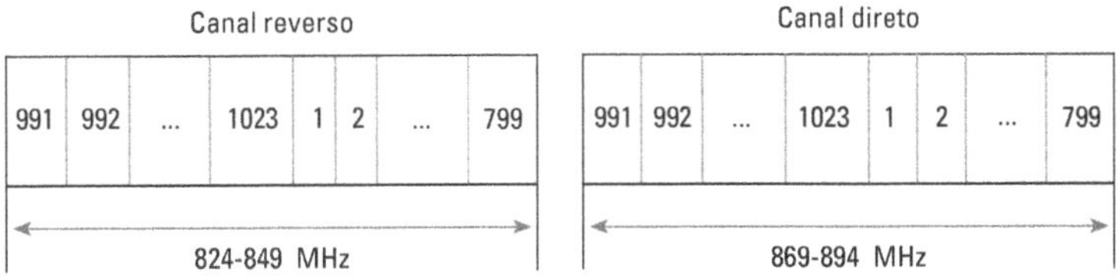

	Número do canal	Freqüência central (MHz)
Canal reverso	$1 \leq N \leq 799$	$0{,}030\,N + 825{,}0$
	$991 \leq N \leq 1023$	$0{,}030\,(N - 1023) + 825{,}0$
Canal direto	$1 \leq N \leq 799$	$0{,}030\,N + 870{,}0$
	$991 \leq N \leq 1023$	$0{,}030\,(N - 1023) + 870{,}0$

(Canais 800-990 não são usados)

Figura 1.2 Alocação do espectro de freqüências para o serviço de rádio-celular dos Estados Unidos. Canais rotulados identicamente nas duas faixas formam um par de canais — um de ida (chamado direto) e outro de volta (chamado reverso) —, usado para a comunicação duplex entre a estação-base e o aparelho móvel. Observe que os canais direto e reverso em cada par são separados por 45 MHz.

* AMPS — A tecnologia de telefonia celular de 1ª Geração dos Estados Unidos será detalhada nos capítulos seguintes (N. RT.).

No final de 1991, o primeiro hardware do sistema Celular Digital dos Estados Unidos [*US Digital Cellular* (USDC)] foi instalado nas principais cidades norte-americanas. O padrão provisório da Associação da Indústria Eletrônica [*Electronic Industry Association* (EIA)] (USDC IS-54 e mais tarde IS-136) permitiu que operadoras de celular substituíssem de forma controlada alguns canais analógicos de único usuário por canais digitais que admitiam três usuários na mesma largura de banda de 30 kHz[12]. Dessa forma, as companhias dos Estados Unidos gradualmente retiraram o AMPS à medida que mais usuários aceitavam os telefones digitais. Conforme será discutido nos capítulos 9 e 11, a melhoria de capacidade oferecida pelo USDC é três vezes a do AMPS, pois a modulação digital (chaveamento por deslocamento de fase com quadratura diferencial $\pi/4$), a codificação de voz e o acesso múltiplo por divisão de tempo (TDMA) são usados no lugar da FM e do FDMA analógicos. Com os avanços no processamento do sinal digital, a tecnologia de codificação de voz aumentou a capacidade para seis usuários por canal na mesma largura de banda de 30 kHz dentro de poucos anos, entretanto, o Capítulo 2 demonstrará que IS-136 será, por fim, substituído pela tecnologia CDMA de banda larga.

Um sistema celular com base em acesso múltiplo por divisão de código (CDMA) foi desenvolvido pela Qualcomm, Inc. e padronizado pela Associação das indústrias de Telecomunicações [*Telecommunications Industry Association* (TIA)] como um padrão provisório. Esse sistema suporta um número variável de usuários em canais com largura de 1,25 MHz usando o espectro espalhado com seqüência direta. Enquanto o sistema AMPS analógico requer que o sinal tenha pelo menos 18 dB acima da interferência do co-canal para oferecer uma qualidade de chamada aceitável, os sistemas CDMA podem operar em níveis de interferência muito maiores, devido às suas propriedades inerentes de resistência à interferência. A capacidade do CDMA de operar com uma relação sinal-ruído (SNR) muito menor que as técnicas convencionais de FM de banda estreita permite que os sistemas CDMA usem o mesmo conjunto de freqüências em cada célula, o que oferece uma grande melhoria em capacidade[13]. Diferentemente de outros sistemas de celular digital, o sistema da Qualcomm usa um vocoder de taxa variável com detecção de atividade de voz que reduz consideravelmente a taxa de dados exigida e também o dreno de bateria pelo transmissor móvel.

No início da década de 1990, um novo serviço de rádio móvel (SMR) foi desenvolvido para competir com as prestadoras de rádio-celular nos Estados Unidos. Adquirindo pequenos grupos de licenças de rádio de um grande número de provedores independentes de serviço privativo de rádio em todo o país, Nextel e Motorola formaram uma rede SMR estendida (E-SMR) na faixa de 800 MHz, que oferece capacidade e serviços semelhantes ao celular. Usando o sistema de rádio integrado da Motorola (MIRS), SMR integra despacho de voz, serviço de telefone celular, mensagens e capacidades de transmissão de dados na mesma rede[14]. Em 1995, a Motorola substituiu o MIRS pela *rede avançada digital integrada* (iDen).

Licenças de PCS na faixa de 1800/1900 MHz foram leiloadas pelo governo norte-americano para provedores sem fio no início de 1995. Essas licenças geraram novos serviços sem fio que complementam e também concorrem com a rede celular e SMR. Uma das estipulações da licença PCS foi de que a maioria da área coberta deveria operar antes do ano 2000. Cada licenciado PCS foi capaz de 'reunir' cada mercado bem antes desse prazo. Até cinco licenças PCS são alocadas para cada uma das principais cidades dos Estados Unidos (veja o Capítulo 11).

1.3 Sistemas de rádio móvel no mundo

Muitos padrões de rádio móvel foram desenvolvidos para sistemas sem fio no mundo, e mais padrões provavelmente surgirão. As tabelas de 1.1 a 1.3 listam os padrões de comunicações de *paging*, sem fio, celular e pessoais mais comuns na América do Norte, Europa e Japão. As diferenças entre os tipos básicos de sistemas sem fio são descritas na Seção 1.5 e explicadas com detalhes no Capítulo 11.

O padrão de *paging* mais comum do mundo é o Grupo Conselheiro para Padrões de Códigos Postais [*Post-Office Code Standard Advisory Group* (POCSAG)][15]. O POCSAG foi desenvolvido pelo correio britânico no final da década de 1970 e admite chaveamento por deslocamento de freqüência binária [(*Binary Frequency Shift Keying* (FSK)] com sinalização a 512 bps, 1.200 bps e 2.400 bps. Novos sistemas de *paging*, como FLEX e ERMES, oferecem transmissões de até 6.400 bps usando modulação de quatro níveis, e atualmente estão sendo empregados no mundo inteiro.

Os padrões CT2 e Telefone Sem Fio Digital Europeu [*Digital European Cordless Telephone* (DECT)], desenvolvidos na Europa, são os dois padrões de telefone sem fio mais populares em toda a Europa e Ásia. O sistema CT2 utiliza microcélulas que abrangem pequenas distâncias, normalmente inferiores a cem metros, usando estações-base com antenas montadas em semáforos ou nas laterais dos prédios. O sistema CT2 utiliza chaveamento por deslocamento de freqüência para economizar bateria com o codificador de voz de Modulação por Código de Pulso Diferencial Adaptativa [*Adaptive Differential Pulse Code Modulation* (ADPCM)] de 32 kbps para conseguir alta qualidade na transmissão de voz. As transferências entre estações-base não são aceitas no CT2, pois sua intenção é fornecer acesso de curta distância à PSTN. O sistema DECT acomoda transmissões de dados e voz para usuários de escritórios e empresas. Nos Estados Unidos, o padrão PACS, desenvolvido pela Bellcore e Motorola, pode ser usado dentro dos prédios de escritórios como um sistema de telefonia de voz e dados sem fio ou circuito local de rádio. O padrão de Sistema Pessoal de Handyphone [*Personal Handyphone System* (PHS)] admite aplicações de circuito interno e local no Japão. Os conceitos de circuito local serão explicados no Capítulo 10.

O primeiro sistema celular do mundo foi implementado pela Companhia Japonesa de Telefone e Telégrafo [*Nippon Telephone and Telegraph Company* (NTT)] no Japão. O sistema, implantado em 1979, utiliza 600 canais de FM duplex

Tabela 1.1 Principais padrões de rádio móvel na América do Norte

Padrão	Tipo	Ano de introdução	Acesso múltiplo	Faixa de freqüência	Modulação	Largura de banda do canal
AMPS	Celular	1983	FDMA	824-894 MHz	FM	30 kHz
NAMPS	Celular	1992	FDMA	824-894 MHz	FM	10 kHz
USDC	Celular	1991	TDMA	824-894 MHz	π/4-DQPSK	30 kHz
CDPD	Celular	1993	FH/Pacote	824-894 MHz	GMSK	30 kHz
IS-95	Celular/PCS	1993	CDMA	824-894 MHz e 1,8-2,0 GHz	QPSK/BPSK	1,25 MHz
GSC	*Paging*	1970s	Simplex	Várias	FSK	12,5 kHz
POCSAG	*Paging*	1970s	Simplex	Várias	FSK	12,5 kHz
FLEX	*Paging*	1993	Simplex	Várias	4-FSK	15 kHz
DCS-1900 (GSM)	PCS	1994	TDMA	1,85-1,99 GHz	GMSK	200 kHz
PACS	Sem fio/PCS	1994	TDMA/FDMA	1,85-1,99 GHz	π/4-DQPSK	300 kHz
MIRS	SMR/PCS	1994	TDMA	Várias	16-QAM	25 kHz
iDen	SMR/PCS	1995	TDMA	Várias	16-QAM	25 kHz

Tabela 1.2 Principais padrões de rádio móvel na Europa

Padrão	Tipo	Ano de introdução	Acesso múltiplo	Faixa de freqüência	Modulação	Largura de banda do canal
ETACS	Celular	1985	FDMA	900 MHz	FM	25 kHz
NMT-450	Celular	1981	FDMA	450-470 MHz	FM	25 kHz
NMT-900	Celular	1986	FDMA	890-960 MHz	FM	12,5 kHz
GSM	Celular/PCS	1990	TDMA	890-960 MHz	GMSK	200 kHz
C-450	Celular	1985	FDMA	450-465 MHz	FM	20 kHz/10 kHz
ERMES	*Paging*	1993	FDMA	Várias	4-FSK	25 kHz
CT2	Sem fio	1989	FDMA	864-868 MHz	GFSK	100 kHz
DECT	Sem fio	1993	TDMA	1.880-1.900 MHz	GFSK	1,728 MHz
DCS-1800	Sem fio/PCS	1993	TDMA	1.710-1.880 MHz	GMSK	200 kHz

Tabela 1.3 Principais padrões de rádio móvel no Japão

Padrão	Tipo	Ano de introdução	Acesso múltiplo	Faixa de freqüência	Modulação	Largura de banda do canal
JTACS	Celular	1988	FDMA	860-925 MHz	FM	25 kHz
PDC	Celular	1993	TDMA	810-1.501 MHz	π/4-DQPSK	25 kHz
NTT	Celular	1979	FDMA	400/800 MHz	FM	25 kHz
NTACS	Celular	1993	FDMA	843-925 MHz	FM	12,5 kHz
NTT	*Paging*	1979	FDMA	280 MHz	FSK	12,5 kHz
NEC	*Paging*	1979	FDMA	Várias	FSK	10 kHz
PHS	Sem fio	1993	TDMA	1.895-1.907 MHz	π/4-DQPSK	300 kHz

(25 kHz para cada enlace unidirecional) na faixa de 800 MHz. Na Europa, a Telefonia Móvel Nórdica 450 [*Nordic Mobile Telephone System* (NMT 450)] foi desenvolvida em 1981 para a faixa de 450 MHz e usa canais de 25 kHz. O Sistema Celular Europeu com Acesso Total [*European Total Access Cellular System* (ETACS)] foi implantado em 1985 e é praticamente idêntico ao sistema AMPS dos Estados Unidos, exceto pelo fato de que os canais de largura de banda menor resultam em uma pequena degradação da relação sinal-ruído (SNR). Na Alemanha, um padrão de celular chamado C-450 foi introduzido em 1985. Os sistemas de celular europeus de primeira geração geralmente são incompatíveis entre si, devido às diferentes freqüências e protocolos de comunicação utilizados. Esses sistemas foram substituídos pelo padrão de celular digital de Sistema Móvel Global [*Global System for Mobile* (GSM)] da Pan European, que foi implantado inicialmente em 1990 em uma nova faixa de 900 MHz, dedicada em toda a Europa ao serviço de telefonia celular[16]. Conforme será discutido nos capítulos 2 e 11, o padrão GSM obteve aceitação mundial como o primeiro sistema celular digital com modernos recursos de rede estendidos a cada usuário móvel, além de ser a principal interface aérea digital para serviços PCS acima de 1.800 MHz no mundo inteiro. No Japão, o padrão de Celular Digital do Pacífico [*Pacific Digital Cellular* (PDC)] oferece cobertura de celular digital usando um sistema semelhante ao USDC da América do Norte.

1.4 Exemplos de sistemas de comunicação sem fio

A maioria das pessoas está acostumada com diversos sistemas de comunicação por rádio móvel usados no dia-a-dia. Sistemas de abertura de portão de garagem, controles remotos para equipamentos domésticos, telefones sem fio, walkie-talkies portáteis, pagers (também chamados de receptores de *paging* ou 'beepers') e telefones celulares, todos são exemplos de sistemas de comunicação por rádio móvel. Porém, o custo, a complexidade, o desempenho e os tipos de serviços oferecidos por cada um desses sistemas móveis são bastante diferentes.

Historicamente, o termo *dispositivo móvel* tem sido usado para classificar *qualquer* terminal de rádio que pudesse ser movimentado durante a operação. Mais recentemente, esse termo foi usado para descrever um terminal de rádio que está ligado a uma plataforma móvel de alta velocidade (por exemplo, um telefone celular em um veículo se movendo rapidamente), enquanto o termo *portátil* descreve um terminal de rádio que pode ser manuseado e usado por alguém caminhando (por exemplo, um walkie-talkie ou telefone sem fio dentro de uma casa). O termo *assinante* normalmente é usado para descrever um usuário de dispositivo móvel ou portátil, pois, na maioria dos sistemas de comunicação móvel, cada usuário paga uma taxa de assinatura para usar o sistema, e o dispositivo de comunicação de cada usuário é chamado de *unidade do assinante*. Em geral, o grupo coletivo de usuários em um sistema sem fio é chamado de *usuários*, embora muitos deles possam, na realidade, utilizar terminais portáteis. Os dispositivos móveis se comunicam com *estações-base* fixas, que estão conectadas a uma fonte de energia comercial e a uma *rede de backbone*, também fixa. A Tabela 1.4 lista as definições dos termos usados para descrever elementos dos sistemas de comunicação sem fio.

Sistemas de transmissão por rádio móvel podem ser classificados em *simplex*, *semiduplex* ou *duplex*. Nos sistemas simplex, a comunicação é possível apenas em uma direção. Os sistemas de *paging*, em que mensagens são recebidas, mas não confirmadas, são sistemas simplex. Os sistemas de rádio semiduplex permitem a comunicação bidirecional, mas usam o mesmo canal de rádio para transmissão e recepção. Isso significa que, a qualquer momento, um usuário só pode transmitir ou receber informações. Restrições como 'aperte-para-falar' e 'solte-para-escutar' são recursos fundamentais dos sistemas semiduplex. Os sistemas duplex, porém, permitem a transmissão e recepção simultânea de rádio entre um assinante e uma estação-base, oferecendo dois canais simultâneos, mas separados [duplex por divisão de freqüência (FDD)], ou slots de tempo adjacentes em um único canal de rádio [duplex com divisão de tempo (TDD)] para comunicação de e para o usuário.

O Duplex por Divisão de Freqüência [*Frequency Division Duplexing* (FDD)] oferece canais de transmissão de rádio simultâneos para o assinante e a estação-base, de modo que ambos podem constantemente transmitir enquanto recebem sinais simultaneamente um do outro. Na estação-base, antenas de transmissão e recepção separadas são usadas para acomodar os dois canais separados. Porém, na unidade do assinante, uma única antena é usada para transmissão e recepção da estação-base, e um dispositivo chamado *duplexador* é usado dentro da unidade do assinante, permitindo que a mesma antena seja usada para transmissão e recepção simultânea. Para facilitar o FDD, é necessário separar as freqüências de transmissão e recepção em cerca de 5 por cento da freqüência de RF nominal, de modo que o duplexador possa oferecer isolamento suficiente sem aumentar muito os custos de manufatura.

No FDD, um par de canais simplex com uma separação de freqüência fixa e conhecida é usado para definir um canal de rádio específico no sistema. O canal usado para transmitir tráfego ao usuário móvel a partir de uma estação-base é chamado de *canal direto*, enquanto o canal usado para transportar tráfego do usuário móvel para a estação-base é chamado de *canal reverso*. No padrão AMPS dos Estados Unidos, o canal reverso tem uma freqüência que é exatamente 45 MHz inferior à do canal direto. Os sistemas de rádio móvel duplex oferecem muitas das capacidades do telefone-padrão (com fio), com a conveniência adicional da mobilidade. Os sistemas duplex e semiduplex usam *transceptores* para a comunicação de rádio. FDD é usado exclusivamente nos sistemas de rádio móvel analógicos e será descrito com mais detalhes no Capítulo 9.

Tabela 1.4 Definições do sistema de comunicações sem fio

Estação-base	Uma estação fixa em um sistema de rádio móvel usada para comunicação por rádio com estações móveis. As estações-base estão localizadas no centro ou na borda de uma região de cobertura e consistem em canais de rádio e antenas transmissoras e receptoras montadas em uma torre.
Canal de controle	Canal de rádio usado para transmissão de configuração, solicitação, início de chamada, e outras finalidades de orientação ou controle.
Canal direto	Canal de rádio usado para transmissão de informações da estação-base para a móvel.
Sistemas duplex	Sistemas de comunicação que permitem a comunicação bidirecional simultânea. Transmissão e recepção normalmente são feitas em dois canais diferentes (FDD), embora os novos sistemas sem fio/PCS estejam usando TDD.
Sistemas semiduplex	Sistemas de comunicação que permitem a comunicação bidirecional usando o mesmo canal de rádio para transmissão e recepção. Em determinado momento, o usuário só pode transmitir ou receber informações.
Transferência	O processo de transferir uma estação móvel de um canal ou estação-base para outra.
Estação móvel	Uma estação no serviço de rádio-celular destinada para uso enquanto estiver em movimento em locais não especificados. Estações móveis podem ser unidades pessoais de mão (portáteis) ou instaladas em veículos (dispositivos móveis).
Central de comutação móvel (*Mobile Switching Center* (MSC))	Central de comutação que coordena o roteamento de chamadas em uma área grande de serviço. Em um sistema de rádio-celular, a MSC conecta as estações-base de celular e os dispositivos móveis à PSTN. Uma MSC também é chamada de Escritório de Comutação de Telefonia Móvel [*Mobile Telephone Switching Office* (MTSO)].
Página	Uma pequena mensagem que é transmitida em broadcast para toda a área de serviço, normalmente em um padrão simulcast por muitas estações-base ao mesmo tempo.
Canal reverso	Canal de rádio usado para transmissão de informações da estação móvel para a estação-base.
Visitante	Uma estação móvel que opera em uma área de serviço (mercado) diferente daquela onde o serviço que foi assinado opera.
Sistemas simplex	Sistemas de comunicação que oferecem apenas comunicação unidirecional.
Assinante	Um usuário que paga taxas de assinatura para usar um sistema de comunicações móvel.
Transceptor	Um dispositivo capaz de transmitir e receber sinais de rádio simultaneamente.

O Duplex por Divisão de Tempo [*Time Division Duplexing* (TDD)] usa o fato de que é possível compartilhar um único canal de rádio no tempo, de modo que uma parte do tempo é usada para transmitir da estação-base para a estação móvel, e o tempo restante é usado para transmitir da estação móvel para a estação-base. Se a taxa de transmissão de dados no canal for muito maior que a taxa de dados do usuário final, é possível armazenar rajadas de informação e fornecer a aparência de operação duplex ao usuário, embora *não* haja duas transmissões simultâneas de rádio em qualquer instante. O TDD só é possível com os formatos de transmissão digitais e modulação digital, e é muito sensível à temporização. É por esse motivo que o TDD foi usado só recentemente, e somente para aplicações sem fio internas ou de pequena área, nas quais as distâncias físicas de cobertura (e, portanto, o atraso no tempo para propagação do rádio) são muito menores que os muitos quilômetros usados nos sistemas convencionais de telefonia celular.

1.4.1 Sistemas de *paging*

Sistemas de *paging* são sistemas de comunicação que enviam breves mensagens a um assinante. Dependendo do tipo de serviço, a mensagem pode ser numérica, alfanumérica ou de voz. Normalmente, os sistemas de *paging* são usados para notificar um assinante da necessidade de ligar para determinado número de telefone ou viajar para um local conhecido para receber mais instruções. Em sistemas de *paging* modernos, notícias, cotações da bolsa de valores e faxes podem ser enviados. Uma mensagem é enviada a um assinante de *paging* por meio do número de acesso do sistema de *paging* (em geral, um número de telefone gratuito) com um teclado de telefone ou modem. A mensagem emitida é chamada de *página*. O sistema de *paging*, então, transmite a página para a área de serviço usando estações-base que enviam a página em uma portadora de rádio.

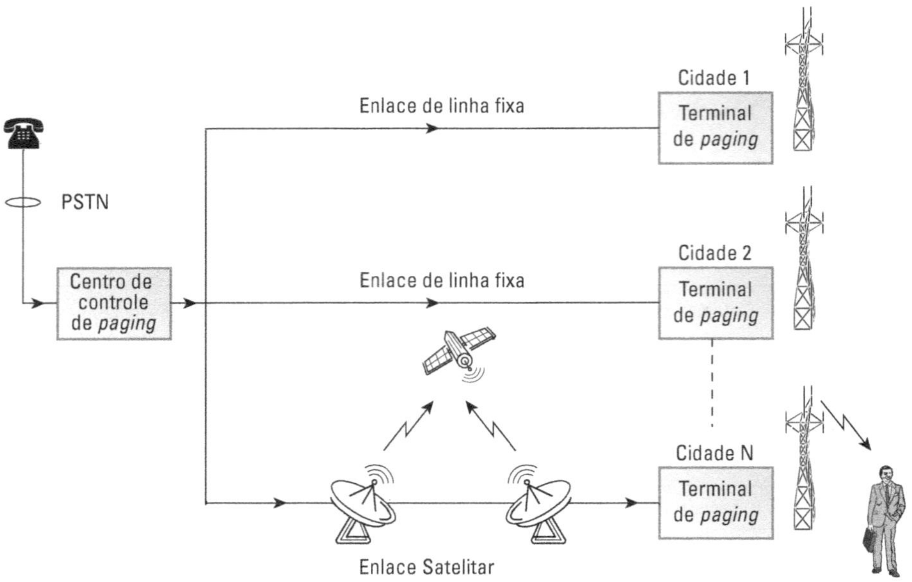

Figura 1.3 Um sistema de *paging* de longo alcance. O centro de controle de *paging* despacha páginas recebidas da PSTN por várias cidades ao mesmo tempo.

Os sistemas de *paging* variam bastante em sua complexidade e área de cobertura. Enquanto sistemas de *paging* simples podem ter um alcance limitado de 2 km a 5 km, ou podem até mesmo ser confinados a prédios individuais, os sistemas de *paging* de longo alcance podem oferecer cobertura global. Embora os receptores de *paging* sejam simples e baratos, o sistema de transmissão exigido é bastante sofisticado. Os sistemas de *paging* de longo alcance consistem em uma rede de linhas de telefone, muitos transmissores de estação-base e grandes torres de rádio que transmitem simultaneamente uma página a partir de cada estação-base (processo chamado de *simulcasting*). Os transmissores de simulcast podem estar localizados dentro da mesma área de serviço ou em diferentes cidades ou países. Os sistemas de *paging* são projetados para oferecer comunicação confiável a assinantes onde quer que eles estejam, seja dentro de um prédio, dirigindo em uma estrada ou em uma aeronave. Para tanto, são necessárias grandes potências de transmissão (na ordem de quilowatts) e baixas taxas de dados (poucos milhares de bits por segundo) para haver cobertura máxima a partir de cada estação-base. A Figura 1.3 mostra o diagrama de um sistema de *paging* de longo alcance.

Exemplo 1.1

Os sistemas de *paging* são elaborados para fornecer cobertura ultraconfiável, até mesmo dentro de prédios. Os prédios podem atenuar os sinais de rádio em 20 dB ou 30 dB, tornando a escolha dos locais de estação-base difícil para as companhias de *paging*. Por esse motivo, os transmissores de *paging* normalmente estão localizados em prédios altos no centro de uma cidade, e o simulcasting é usado em conjunto com estações-base adicionais localizadas no perímetro da cidade para varrer a área inteira. Pequenas larguras de banda de RF são usadas para maximizar a relação sinal–ruído em cada receptor de *paging*, de modo que são usadas baixas taxas de dados (6.400 bps ou menos).

1.4.2 Sistemas de telefone sem fio

Os sistemas de telefone sem fio são sistemas de comunicação duplex que utilizam o rádio para conectar um aparelho portátil a uma estação-base dedicada, que é então conectada a uma linha telefônica dedicada com um número de telefone específico na rede telefônica comutada pública (PSTN). Nos sistemas de telefone sem fio da primeira geração (fabricados na década de 1980), a unidade portátil se comunica apenas com a unidade-base dedicada — e somente a distâncias de algumas dezenas de metros. Os telefones sem fio antigos operam unicamente como telefones de extensão para um transceptor conectado a uma linha de assinante na PSTN e servem principalmente para uso doméstico.

Os telefones sem fio da segunda geração foram introduzidos recentemente, permitindo que os assinantes usem seus aparelhos em muitos locais externos dentro de centros urbanos como Londres e Hong Kong. Telefones sem fio modernos às vezes são combinados com receptores de *paging*, de modo que um assinante pode, primeiro, receber uma mensagem pelo *paging* e depois respondê-la usando o telefone sem fio. Os sistemas de telefone sem fio oferecem ao usuário alcance e mobilidade limitados, pois normalmente não é possível manter uma chamada se o usuário viajar para fora do alcance da estação-base.

As estações-base típicas da segunda geração oferecem cobertura com alcance de até algumas centenas de metros. A Figura 1.4 ilustra um sistema de telefone sem fio.

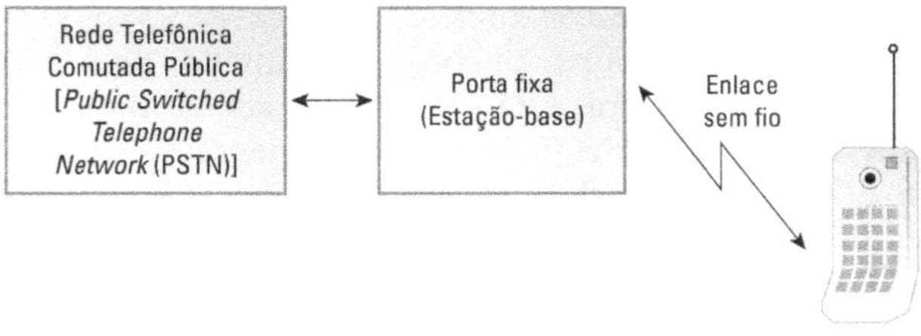

Figura 1.4 Um sistema de telefone sem fio.

1.4.3 Sistemas de telefonia celular

Um sistema de telefonia celular oferece uma conexão sem fio à PSTN para usuários de qualquer local dentro do alcance de rádio do sistema. Os sistemas de celular acomodam um grande número de usuários em uma grande área geográfica — e dentro de um espectro de freqüência limitado. Os sistemas de rádio-celular oferecem serviço de alta qualidade, que normalmente é comparável ao dos sistemas de telefonia terrestres. A alta capacidade é alcançada limitando-se a cobertura de cada transmissor de estação-base a uma pequena área geográfica, chamada de *célula*, de modo que os mesmos canais de rádio podem ser reutilizados por outra estação-base localizada a uma certa distância. Uma técnica de comutação sofisticada, chamada de *transferência* (*handoff*), permite que uma chamada prossiga sem interrupção quando o usuário passa de uma célula para outra.

A Figura 1.5 mostra um sistema celular básico, que consiste em *estações móveis*, *estações-base* e uma Central de Comutação Móvel [*Mobile Switching Center* (MSC)]. A MSC às vezes é chamada de Escritório de Comutação de Telefonia Móvel [*Mobile Telephone Switching Office* (MTSO)], pois é responsável por conectar todas as estações móveis à PSTN em um sistema celular. Cada estação móvel se comunica por meio de rádio com uma das estações-base e pode ser transferida a diversas estações-base durante uma chamada. A estação móvel contém um transceptor, uma antena e circuitos de controle, podendo ser montada em um veículo ou usada como unidade de mão portátil. As estações-base consistem em vários transmissores e receptores que tratam simultaneamente das comunicações duplex e geralmente possuem torres que admitem várias antenas de transmissão e recepção. A estação-base serve como uma ponte entre todos os usuários móveis da célula e conecta as chamadas móveis simultâneas por linhas telefônicas ou enlaces de microondas à MSC. A MSC coordena as atividades de todas as estações-base e conecta o sistema celular inteiro à PSTN. Uma MSC típica trata de 100 mil assinantes de celular e de 5 mil conversas simultâneas de uma só vez, além de acomodar todas as funções de cobrança e manutenção do sistema. Em grandes cidades, várias MSCs são usadas por uma única companhia.

A comunicação entre a estação-base e as estações móveis é definida por um padrão *Common Air Interface* (CAI), que especifica quatro canais diferentes. Os canais usados para transmissão de voz da estação-base para as estações móveis são chamados de Canais de Voz Diretos [*Forward Voice Channels* (FVC)], e os canais usados para transmissão de voz das estações móveis para a estação-base são chamados de Canais de Voz Reversos [*Reverse Voice Channels* (RVC)]. Os dois canais responsáveis por iniciar ligações móveis são os Canais de Controle Direto [*Forward Control Channels* (FCC)]e os Canais de Con-

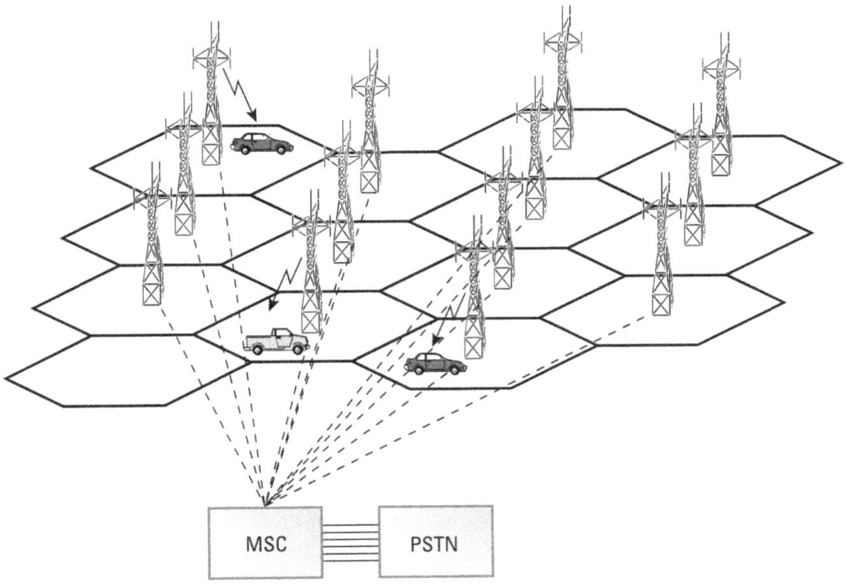

Figura 1.5 Um sistema celular. As torres representam as estações-base que fornecem acesso, por rádio, entre usuários móveis e a central de comutação móvel (MSC).

trole Reversos [*Reverse Control Channels* (RCC)]. Os canais de controle normalmente são chamados de *canais de configuração*, pois estão envolvidos apenas na configuração de uma chamada e na movimentação da chamada para um canal de voz livre. Os canais de controle transmitem e recebem mensagens de dados que transportam solicitações de início de chamada e de serviço, e são monitorados pelas estações móveis quando não têm uma chamada em andamento. Os canais de controle diretos também servem como guias transmitindo continuamente, em broadcast, todas as solicitações de tráfego para todas as estações móveis no sistema. Conforme será descrito no Capítulo 11, mensagens supervisoras e mensagens de dados são enviadas de diversas maneiras para facilitar as mudanças de canal automáticas e as instruções de transferência para as estações móveis antes e durante uma chamada.

Exemplo 1.2

Os sistemas de celular contam com o conceito de reutilização de freqüência, que exige que os canais de controle direto (FCCs) nas células vizinhas sejam diferentes. Definindo um número relativamente pequeno de FCCs como parte da interface de ar comum, os telefones celulares podem ser manufaturados por muitas empresas e rapidamente varrer a qualquer momento todos os FCCs possíveis para determinar o canal mais forte. Uma vez encontrando o sinal mais forte, o receptor do telefone celular permanece 'acampado' em um FCC em particular. Transmitindo os mesmos dados de configuração em todos os FCCs ao mesmo tempo, a MSC é capaz de sinalizar a todos os assinantes dentro do sistema celular e qualquer estação móvel será sinalizada quando receber uma chamada por meio da PSTN.

1.4.3.1 Como é feita uma chamada de telefone celular

Quando um telefone celular é ligado mas ainda não está realizando uma chamada, ele primeiro varre o grupo de canais de controle direto para determinar aquele com sinal mais forte; depois, monitora esse canal de controle até que o sinal caia abaixo de um nível utilizável. Nesse ponto, ele novamente varre os canais de controle em busca do sinal de estação-base mais forte. Para cada sistema celular descrito nas tabelas 1.1 a 1.3, os canais de controle são definidos e padronizados por toda a área geográfica coberta, e normalmente compõem cerca de 5 por cento do número total de canais disponíveis no sistema (os outros 95% são dedicados ao tráfego de voz e de dados para os usuários finais). Como os canais de controle são padronizados e idênticos em diferentes mercados dentro do país ou do continente, cada telefone varre os mesmos canais enquanto está ocioso. Quando uma ligação telefônica é feita para um usuário móvel, a MSC despacha a solicitação a todas as estações-base no sistema celular. O Número de Identificação da Estação Móvel [*Mobile Identification Number* (MIN)], que é o número de telefone do assinante, é então transmitido como uma mensagem de *paging* por todos os canais de controle direto do sistema celular. A estação móvel recebe a mensagem de *paging* enviada pela estação-base que ela monitora, e responde identificando-se pelo canal de controle reverso. A estação-base repassa a confirmação enviada pela estação móvel e informa a MSC sobre o handshake. Depois, a MSC instrui a estação-base para passar a chamada para um canal de voz livre dentro da célula (normalmente, entre dez e sessenta canais de voz e apenas um canal de controle são usados na estação-base de cada célula). Nesse ponto, a estação-base sinaliza a estação móvel para mudar de freqüência para um par de canais de voz direto e reverso não utilizado — neste ponto, outra mensagem de dados (chamada de *alerta*) é transmitida pelo canal de voz direto instruindo o telefone móvel a tocar e o usuário móvel a atender a chamada. A Figura 1.6 mostra a seqüência de eventos envolvidos na conexão de uma chamada a um usuário móvel em um sistema de telefonia celular. Todos esses eventos ocorrem dentro de alguns segundos e não são observáveis pelo usuário.

Quando uma chamada está em andamento, a MSC ajusta a potência de transmissão da estação móvel e muda o canal da unidade móvel e das estações-base a fim de manter a qualidade da chamada enquanto o assinante entra e sai do alcance de cada estação-base. Isso é chamado de *transferência* (*handoff*). Uma sinalização de controle especial é aplicada aos canais de voz, de modo que a unidade móvel possa ser controlada pela estação-base e pela MSC enquanto uma chamada está em andamento.

Quando uma estação móvel origina uma chamada, uma solicitação de início de chamada é enviada pelo canal de controle reverso. Com essa solicitação, a unidade móvel transmite seu número de telefone (MIN), o Número de Série Eletrônico [*Electronic Serial Number* (ESN)] e o número de telefone da parte chamada. A estação móvel também transmite uma Marca da Classe da Estação [*Station Class Mark* (SCM)], que indica o nível de potência máximo do transmissor para o usuário específico. A estação-base da célula recebe esses dados e os envia à MSC, que valida a solicitação, faz a conexão com a parte chamada por meio da PSTN e instrui a estação-base e os usuários do sistema móvel a passar para um par de canais de voz direto e reverso livre, o que permitirá que a conversa comece. A Figura 1.7 mostra a seqüência de eventos envolvidos na conexão de uma chamada iniciada por um usuário móvel em um sistema celular.

Todos os sistemas celulares oferecem um serviço chamado *roaming*, que permite aos assinantes operar em áreas de serviço diferentes daquela na qual o serviço é assinado. Quando uma estação móvel entra em uma cidade ou área geográfica diferente de sua área de serviço doméstica, ela é registrada como um visitante (*roamer*) nessa área de serviço. Isso ocorre sobre o FCC, pois cada visitante está acampado em um FCC o tempo todo. A cada vários minutos, a MSC emite um comando global para cada FCC no sistema, pedindo a todas as estações móveis que não estavam registradas que informem seus MIN e ESN pelo RCC. Novas estações móveis, não registradas no sistema, periodicamente transmitem suas informações de assinante ao receber a solicitação de registro, e a MSC então usa os dados de MIN/ESN para solicitar o *status* de cobrança do Registro de Localização Doméstica [*Home Location Register* (HLR)] a cada estação móvel em roaming. Se um visitante em particular possui autorização de roaming para fins de cobrança, a MSC registra o assinante como um visitante válido. Uma vez registradas, as estações móveis em roaming têm permissão para receber e fazer chamadas dessa área, e a cobrança é roteada automaticamente para o provedor de serviço doméstico do assinante. Os conceitos de rede usados para implementar o roaming serão explicados no Capítulo 10.

1.4.4 Comparação dos sistemas comuns de comunicação sem fio

As tabelas 1.5 e 1.6 ilustram os tipos de serviço, nível de infra-estrutura, custo e complexidade exigidos para o segmento do assinante, bem como o segmento da estação-base de cada um dos cinco sistemas de rádio móvel ou portátil discutidos anteriormente neste capítulo. Para fins de comparação, os dispositivos remotos sem fio mais comuns aparecem nas referidas tabelas. É importante observar que cada um dos cinco sistemas de rádio móveis dados nessas tabelas usa uma estação-base fixa e por um bom motivo: praticamente todos os sistemas de comunicação por rádio móvel lutam para conectar um terminal móvel a um sistema de distribuição fixo de algum tipo, bem como para parecer invisíveis ao sistema de distribuição. Por exemplo, o receptor no portão da garagem converte o sinal recebido em um sinal binário simples, que é então enviado ao centro de comutação do motor da garagem. Os telefones sem fio utilizam estações-base fixas para que possam ser conectados à linha telefônica fornecida pela companhia telefônica — o enlace de rádio entre a estação-base do telefone sem fio e o aparelho portátil é projetado para se comportar de maneira idêntica ao cabo espiral que conecta um fone tradicional ao aparelho de telefone.

Observe que as expectativas variam bastante entre os serviços, e os custos de infra-estrutura dependem da área de cobertura exigida. Para o caso de telefones celulares portáteis, de pouca potência, uma grande quantidade de estações-base é exigida para garantir que qualquer telefone esteja próximo de uma estação-base dentro de uma cidade. Se as estações-base não estivessem dentro de um alcance restrito, muita potência de transmissão seria exigida do telefone, limitando assim a vida da bateria e tornando

MSC		Recebe chamada da PSTN. Envia o MIN solicitado a todas as estações-base.			Verifica que a estação móvel tem um par MIN–ESN válido.	Solicita que a BS passe a estação móvel para um par de canais de voz livre.		Conecta a estação móvel à parte que chama na PSTN.
Estação-base	FCC		Transmite página (MIN) para usuário especificado.				Transmite mensagem de dados para a estação móvel passar aos canais de voz específicos.	
	RCC			Recebe MIN, ESN, Marca da Classe da Estação e passa à MSC.				
	FVC							Inicia transmissão de voz.
	RVC							Inicia recepção de voz.
Estação móvel	FCC		Recebe página e compara o MIN recebido com seu próprio MIN.				Recebe mensagens para passar para os canais de voz especificados.	
	RCC			Confirma recebimento do MIN e envia ESN e Marca da Classe da Estação.				
	FVC							Inicia recepção de voz.
	RVC							Inicia transmissão de voz.

tempo →

Figura 1.6 Diagrama de tempo ilustrando como é estabelecida uma chamada a um usuário móvel iniciada por um assinante fixo.

MSC			Recebe solicitação de início de chamada da estação-base e verifica se a estação móvel tem o par MIN, ESN válido.	Instrui o FCC da estação-base originária a passar a estação móvel para um par de canais de voz.		Conecta a estação móvel com a parte chamada na PSTN.	
Estação-base	FCC				Envia página para a estação móvel chamada, instruindo a estação móvel a passar para um par de canais de voz.		
	RCC	Recebe solicitação de início de chamada e MIN, ESN, Marca da Classe da Estação.					
	FVC						Inicia transmissão de voz.
	RVC						Inicia recepção de voz.
Estação Móvel	FCC				Recebe página e combina o MIN com seu próprio MIN. Recebe instrução para passar para um par de canais de voz.		
	RCC	Envia uma solicitação de início de chamada com o MIN do assinante e o número da parte chamada.					
	FVC						Inicia recepção de voz.
	RVC						Inicia transmissão de voz.

tempo →

Figura 1.7 Diagrama de tempo ilustrando como é estabelecida uma chamada iniciada por uma estação móvel.

Tabela 1.5 Comparação dos sistemas de comunicação móveis — estação móvel

Serviço	Faixa de cobertura	Infra-estrutura exigida	Complexidade	Custo de hardware	Freqüência da portadora	Funcionalidade
Controle remoto de TV	Baixa	Baixa	Baixa	Baixo	Infravermelho	Transmissor
Portão automático de garagem	Baixa	Baixa	Baixa	Baixo	< 100 MHz	Transmissor
Sistema de *paging*	Alta	Alta	Baixa	Baixo	< 1 GHz	Receptor
Telefone sem fio	Baixa	Baixa	Moderada	Baixo	1 – 3 GHz	Transceptor
Telefone celular	Alta	Alta	Alta	Moderado	< 2 GHz	Transceptor

o serviço inútil para usuários de aparelhos portáteis. Devido à extensa infra-estrutura de telecomunicações de fios de cobre, enlaces de microondas e cabos de fibra óptica — todos fixos —, é altamente provável que os sistemas de comunicação móvel terrestres do futuro continuem a contar com estações-base fixas conectadas a algum tipo de sistema de distribuição também fixo. Porém, as redes de satélite móveis emergentes exigirão a colocação de estações-base em órbita.

Tabela 1.6 Comparação dos sistemas de comunicação móveis — estação-base

Serviço	Faixa de cobertura	Infra-estrutura exigida	Complexidade	Custo de hardware	Freqüência da portadora	Funcionalidade
Controle remoto de TV	Baixa	Baixa	Baixa	Baixo	Infravermelho	Receptor
Portão automático de garagem	Baixa	Baixa	Baixa	Baixo	< 100 MHz	Receptor
Sistema de *paging*	Alta	Alta	Alta	Alto	< 1 GHz	Transmissor
Telefone sem fio	Baixa	Baixa	Baixa	Moderado	1 – 3 GHz	Transceptor
Telefone celular	Alta	Alta	Alta	Alto	< 2 GHz	Transceptor

1.5 Tendências no rádio-celular e nas comunicações pessoais

Desde 1989 tem havido uma enorme atividade em todo o mundo para o desenvolvimento de sistemas pessoais sem fio que combinam a inteligência de rede PSTN de hoje à moderna tecnologia digital de processamento de sinais e RF. O conceito, denominado Serviços Pessoais de Comunicação [*Personal Communication Services* (PCS)], originou-se no Reino Unido, quando três empresas receberam o espectro na faixa de 1.800 MHz para desenvolver Redes Pessoais de Comunicação [*Personal Communication Networks* (PCN)] por toda a Grã-Bretanha[17]. As PCNs foram vistas no Reino Unido como um meio de melhorar sua competitividade internacional no campo de telefonia sem fio, desenvolvendo novos sistemas e serviços sem fio para os cidadãos. Atualmente, no mundo inteiro estão sendo realizados testes em campo para determinar a adequação de diversas técnicas de redes, modulação e acesso múltiplo para os sistemas 3G PCN e PCS do futuro.

Os termos PCN e PCS normalmente são usados indiferentemente. PCN refere-se a um conceito de rede sem fio em que qualquer usuário pode fazer ou receber chamadas, não importa onde ele esteja, usando um comunicador leve e personalizado. PCS refere-se aos novos sistemas sem fio que incorporam mais recursos de rede e são mais personalizados do que os sistemas de rádio-celular existentes, mas que não incorporam todos os conceitos de uma PCN ideal.

Produtos de rede sem fio estão surgindo rapidamente e prometem se tornar uma parte importante da infra-estrutura de telecomunicações na próxima década. Conforme será visto no Capítulo 2, uma agência de padrões internacionais, IEEE 802.11, está desenvolvendo padrões para o acesso sem fio entre computadores dentro de prédios. O Instituto Europeu de Padrões de Telecomunicações [*European Telecommunications Standard Institute* (ETSI)] também está desenvolvendo um padrão HIPERLAN, de 20 Mbps, para redes sem fio internas. Produtos de vanguarda, como o modem Altair WIN (*Wireless Information Network*) de 18 GHz da Motorola, que não é comercializado, e o modem/computador ORiNOCO waveLAN da Avaya (anteriormente NCR e Lucent), estão disponíveis como conexões ethernet sem fio desde 1990, mas somente agora começam a penetrar o mundo comercial. Quando entramos no século XXI surgiram produtos que permitiram aos usuários ligar seus telefones ao computador dentro de um ambiente de escritório, ou mesmo em um ambiente público, como um aeroporto ou estação de trem.

Um padrão mundial, o Futuro Sistema de Telefonia Móvel Terrestre Público [*Future Public Land Mobile Telephone System* (FPLMTS)] — renomeado para Telecomunicação Móvel Internacional 2000 [*International Mobile Telecommunication 2000* (IMT-2000)] em meados de 1995 —, foi formulado pela União Internacional de Telecomunicações [*International Telecommunications Union* (ITU)], a agência de padrões para as Nações Unidas com sede em Genebra, Suíça. O grupo de tarefa de padrões TG 8/1 está dentro do Setor de Radiocomunicação (ITU-R) da ITU. O ITU-R era conhecido anteriormente como Comitê Consultivo para Radiocomunicações Internacionais [*Consultative Committee for International Radiocommunications* (CCIR)]. O TG 8/1 considera como as redes sem fio no mundo inteiro devem evoluir e de que maneira a coordenação de freqüência no mundo poderia ser implementada, permitindo assim que unidades de assinante funcionem em qualquer parte do mundo. O FPLMTS (agora IMT-2000) é um sistema de rádio móvel digital universal de terceira geração, multifunção e globalmente compatível, que integrará sistemas de *paging*, sem fio e celular, além de satélites em baixa órbita terrestre [*Low Earth Orbit* (LEO)], em um único sistema móvel universal. Um total de 230 MHz nas faixas de freqüência de 1.885 MHz a 2.025 MHz, e de 2.110 MHz a 2.200 MHz foi destinado pela Conferência Mundial de Administração de Rádio [*World Administrative Radio Conference* (WARC)] da ITU, realizada em 1992. Em março de 1999, o ITU-R concordou com alocações de espectro adicionais que incluem as faixas de freqüência de 806 MHz a 960 MHz, 1.710 MHz a 2.200 MHz, e 2.520 MHz a 2.670 MHz. Essa alocação de espectro adicional foi aprovada em maio de 2000 na Conferência Mundial de Rádio da ITU [*World Radio Conference* (WRC-2000)]. Os tipos de modulação, codificação de voz e esquemas de acesso múltiplo a serem usados no IMT-2000 também foram fechados pela Assembléia Geral de Rádio do ITU em meados de 2000. Conforme será visto no Capítulo 2, as interfaces de rádio selecionadas para o serviço sem fio terrestre incluem expansões dos padrões GSM e IS-95 CDMA de hoje, além de um novo padrão CDMA *timecode* proposto pela China.

Também são exigidos padrões mundiais para os sistemas de comunicação por satélite em baixa órbita terrestre (LEO), que foram desenvolvidos na década de 1990 mas fracassaram comercialmente na virada do século. Devido às grandes áreas na Terra que são iluminadas pelos transmissores de satélite, os sistemas de celular baseados em satélite nunca chegarão às capacidades fornecidas pelos sistemas microcelulares com base em terra. Porém, os sistemas móveis por satélite oferecem uma promessa tremenda para *paging*, coleta de dados e comunicações de emergência, além de roaming global. No início de 1990, o setor aeroespacial demonstrou o primeiro lançamento bem-sucedido de um pequeno satélite em um foguete lançado a partir de um avião a jato. Essa técnica de lançamento foi iniciada pela Orbital Sciences Corp., mais barata do que os lançamentos convencionais feitos da Terra, e permitiu uma implantação rápida, sugerindo que uma rede de LEOs poderia ser lançada rapidamente para comunicações sem fio ao redor do globo terrestre. Embora várias empresas, como a Iridium da Motorola, tenham proposto sistemas e conceitos de serviço para *paging*, telefone celular e navegação e notificação de emergência com alcance mundial no início da década de 1990[18], os principais mercados não ofereceram suporte para sistemas móveis por satélite em geral.

Em nações emergentes, onde o serviço telefônico é quase inexistente, os sistemas fixos de telefonia celular estão sendo instalados em um ritmo veloz, o que se deve ao fato de as nações em desenvolvimento acharem mais rápido e econômico instalar sistemas de telefonia celular para uso doméstico fixo em vez de instalar fios nas vizinhanças que ainda não receberam conexões de telefone à PSTN.

O mundo está passando por uma importante revolução nas telecomunicações, que oferecerá acesso através de comunicação onipresente aos cidadãos, onde quer que eles estejam. A indústria de telecomunicações sem fio requer engenheiros que possam projetar e desenvolver novos sistemas sem fio, fazer comparações significativas dos sistemas concorrentes e entender as escolhas de engenharia que devem ser feitas em qualquer sistema. Esse conhecimento só pode ser alcançado dominando-se os conceitos técnicos fundamentais das comunicações pessoais sem fio. Esses conceitos serão o assunto dos demais capítulos deste livro.

Problemas

1.1 Escreva uma equação que relacione a velocidade da luz, *c*, à freqüência da portadora, *f*, e ao comprimento de onda, λ.

1.2 Se 0 dBm é igual a 1 mW (10^{-3} W) sobre uma carga de 50 Ω, expresse 10 W em unidades de dBm.

1.3 Por que os sistemas de *paging* precisam fornecer baixas taxas de dados? Como uma baixa taxa de dados gera uma melhor cobertura?

1.4 Descreva qualitativamente de que maneira os requisitos de fonte de energia diferem entre telefones celulares móveis e portáteis, bem como a diferença entre os pagers de bolso e os telefones sem fio. Como a faixa de cobertura impacta o tempo de vida da bateria em um sistema de rádio móvel?

1.5 Em sistemas de página simulcasting, normalmente existe um sinal dominante chegando ao receptor de paging. Na maioria dos casos, mas não em todos, o sinal dominante chega do transmissor mais próximo do receptor de *paging*. Explique como o efeito de captura de FM poderia ajudar a recepção do receptor de *paging*. O efeito de captura de FM poderia ajudar nos sistemas de rádio-celular? Explique de que maneira.

1.6 Onde os walkie-talkies se encaixam nas tabelas 1.5 e 1.6? Descreva cuidadosamente as semelhanças e as diferenças entre walkie-talkies e telefones sem fio. Por que os consumidores esperam uma qualidade de serviço muito maior para um sistema de telefone sem fio?

1.7 Entre um pager, um telefone celular e um telefone sem fio, qual dispositivo terá o maior tempo de vida da bateria entre as cargas? Por quê?

1.8 Entre um pager, um telefone celular e um telefone sem fio, qual dispositivo terá o menor tempo de vida da bateria entre as cargas? Por quê?

1.9 Suponha que uma bateria de 1 ampère-hora seja usada em um telefone celular (normalmente chamado de unidade de assinante de celular). Considere também que o telefone celular consuma 35 mA no modo ocioso e 250 mA durante uma chamada. Quanto tempo o telefone funcionaria (ou seja, qual é a vida da bateria) se o usuário deixasse o telefone ligado continuamente e tivesse uma chamada de três minutos por dia? E a cada seis horas? E a cada hora? Qual é o tempo de conversa máximo disponível no telefone celular neste exemplo?

1.10 Os dispositivos sem fio modernos, como pagers bidirecionais e telefones GSM, possuem modos sleep que reduzem bastante o ciclo de trabalho da fonte de alimentação. Após responder o Problema 1.9, acima, considere um comunicador sem fio que tenha três estados de bateria diferentes (1 mA ocioso, 5 mA no modo de recepção acordado e 250 mA no modo de transceptor). Considere os efeitos dos diferentes ciclos de trabalho e tempos de transmissão para ver a faixa de tempos de vida da bateria que se poderia esperar antes de recarregar. Faça um gráfico dos resultados do tempo de vida da bateria como uma função dos ciclos de trabalho e as durações do modo acordado. Dica: 1 ampère-hora descreve uma bateria que pode fornecer 1 ampère de corrente por um período de uma hora. A mesma bateria pode fornecer 100 mA por dez horas, e assim por diante.

1.11 Suponha que uma unidade de assinante CT2 tenha o mesmo tamanho de bateria do telefone no Problema 1.9, mas o receptor de *paging* consuma 5 mA no modo ocioso e o transceptor consuma 80 mA durante uma chamada. Recalcule o tempo de vida da bateria CT2 para os tempos de chamada do Problema 1.9. Recalcule também o tempo de conversa máximo para o aparelho CT2.

1.12 Por que se esperaria que o aparelho CT2 no Problema 1.11 tenha um consumo de bateria menor durante a transmissão do que um telefone celular?

1.13 Por que FM, em vez de AM, é utilizado na maioria dos sistemas de rádio móvel disponíveis atualmente? Liste o máximo de motivos que puder imaginar e justifique suas respostas. Considere questões como fidelidade, consumo de energia e ruído.

1.14 Liste os fatores que levaram ao desenvolvimento do (a) sistema GSM da Europa e do (b) sistema celular digital dos Estados Unidos. Compare e contraste a importância dos dois esforços para (i) manter a compatibilidade com os telefones celulares existentes; (ii) obter eficiência de espectro; (iii) obter novo espectro de rádio.

1.15 Considere que estações-base GSM, IS-95 e IS-136 transmitam a mesma potência pela mesma distância. Qual sistema fornecerá a melhor SNR em um receptor móvel? Qual é a melhoria de SNR em relação aos outros dois sistemas? Considere um receptor perfeito, apenas com ruído térmico presente, em cada um dos três sistemas. Consulte o Apêndice on-line B para determinar como o valor do ruído poderia impactar suas respostas e descreva a importância do valor de ruído do receptor nos sistemas reais.

1.16 Discuta as semelhanças e diferenças entre um sistema de rádio-celular convencional e um sistema de rádio-celular baseado no espaço (satélite). Quais são as vantagens e desvantagens de cada sistema? Qual deles poderia admitir um número maior de usuários para determinada alocação de freqüência? Por quê? Como isso teria impacto no custo do serviço para cada assinante?

1.17 Houve um grande número de padrões sem fio propostos no mundo inteiro nos últimos 18 meses. Usando a literatura do setor e a Internet, encontre três padrões sem fio novos (um para cada um dos setores de *paging*, PCS e o mercado de satélite), e identifique a técnica de acesso múltiplo, continente de operação, faixa de freqüência, modulação e largura de banda do canal para cada padrão. Os padrões que você encontrar devem ser novos (ou seja, não aparecem nas tabelas 1.1, 1.2 ou 1.3). Inclua uma descrição de um parágrafo de cada padrão, cite as referências que você usou para descobrir essas informações e descreva por que o padrão foi proposto (que nicho ou vantagem competitiva ele oferece). Desafio: tente encontrar padrões que ainda não são populares no seu continente.

1.18 Suponha que os padrões de comunicação sem fio possam ser classificados como pertencentes a um dos quatro grupos a seguir:

Sistemas de alta potência e longo alcance (celular)
Sistemas de baixa potência e locais (telefone sem fio e PCS)
Sistemas de baixa taxa de dados e longo alcance (dados móveis)
Sistemas de alta taxa de dados e locais (LANs sem fio)

Classifique cada um dos padrões sem fio descritos nas tabelas 1.1 a 1.3 usando esses quatro grupos. Justifique suas respostas. Observe que alguns padrões podem se encaixar em mais de um grupo.

1.19 Discuta a importância das organizações de padrões regionais e internacionais, como ITU-R, ETSI e WARC. Que vantagens competitivas existem no uso de diferentes padrões sem fio em diferentes partes do mundo? Que desvantagens surgem quando diferentes padrões e freqüências são usados em diferentes partes do mundo?

1.20 Com base na proliferação mundial de padrões sem fio, discuta a probabilidade de que a visão do IMT-2000 por fim seja adotada. Forneça uma explicação detalhada com os cenários prováveis de serviços, alocações de espectro e custos.

1.21 Essa tarefa demonstra a rapidez com que os sistemas sem fio emergiram no campo das telecomunicações. Você estará investigando novos serviços, sistemas e tecnologias para comunicações sem fio que foram propostos nos últimos anos. Usando a biblioteca, a Internet, sites da indústria e destinados ao consumidor, bem como diversas revistas e periódicos do setor, descubra e descreva o status atual da tecnologia para esses novos sistemas.

Para prosseguir, considere as seguintes categorias de sistemas de comunicação sem fio: a) *Wireless Local Loop* (também chamado de *Fixed Wireless Access*); b) *Broadband Wireless Communications* (também conhecido como *Local Multipoint Distribution Service* (LMDS), nos Estados Unidos, e como LMCS no Canadá e na Europa); c) *Third Generation Wireless Systems* (também chamados '3G'); d) *Wireless Local Area Networks* (WLANs); e) sistemas sem fio por satélite/celular; e f) redes sem fio domésticas e redes de dados *Small Office/Home Office* (SOHO). Para cada uma dessas seis áreas de sistema sem fio de banda larga, faça o seguinte:

a) Defina cuidadosamente cada uma das seis principais categorias de sistemas sem fio listadas na questão. Suas definições deverão fornecer os motivos pelos quais esses sistemas foram propostos, que tipo de usuário busca atender, e quais são os habilitadores e justificativas técnicas dadas para os novos sistemas. Ou seja, por que os novos sistemas estão emergindo e quais são os motivos para sua escolha? Quais são os mercados-alvo, aplicações e eventuais taxas de adoção planejadas?

b) Para ajudar no item **a**, é útil determinar as agências de padrões internacionais ou nacionais envolvidas na criação e definição desses sistemas. Usando a biblioteca, jornais e a Internet, determine as principais agências de padrões envolvidas em cada um dos seis sistemas, em nível nacional e internacional. Identifique as principais organizações e os principais participantes que estão ajudando a criar um fórum ou quem está fornecendo liderança técnica para cada um desses sistemas, em cada um dos principais continentes. Descreva essas organizações e forneça referências (ou seja, sites ou citações na literatura) para que outros possam descobrir mais sobre essas organizações e como elas trabalham para forçar os padrões.

c) Usando as referências encontradas em **a** e **b**, agora você pode começar a determinar as questões e especificações técnicas para os sistemas sem fio emergentes. Forneça descrições técnicas detalhadas das diversas tecnologias que foram propostas para satisfazer os conceitos do sistema em geral, bem como uma lista dos principais atributos tecnológicos de cada proposta. Nota: em muitos casos, haverá múltiplas propostas de sistemas para cada conceito de sistema em geral. Descreva os atributos técnicos de cada uma das tecnologias concorrentes e liste, em formato tabular semelhante às tabelas 1.1 a 1.3, como as diferentes partes do mundo estão enfocando esses conceitos de sistema em geral, e quais freqüências de portadora, taxas de dados, técnicas de modulação, técnicas de acesso múltiplo, largura de banda de RF e largura de banda base estão sendo propostas. Ilustre também questões técnicas únicas ou interessantes ao redor das diversas propostas para cada conceito de sistema.

Referências bibliográficas

1 NOBLE, D. "The history of land-mobile radio communications". *IEEE Vehicular Technology Transactions*, maio 1962, p. 1406-1416.

MACDONALD, V. H. "The cellular concept". *The Bell Systems Technical Journal*, v. 58, n. 1, jan. 1979, p. 15-43.

YOUNG, W. R. "Advanced mobile phone service: introduction, background, and objectives". *Bell Systems Technical Journal*, v. 58, jan. 1979, p. 1-14.

2 "FCC notice of inquiry for refarming spectrum below 470 MHz". *PLMR docket 91-170*, nov. 1991.

3 NOBLE, D. "The history of land-mobile radio communications". *IEEE Vehicular Technology Transactions*, maio 1962, p. 1406-1416.

4 Ibidem.

5 RAPPAPORT, T. S. "The wireless revolution". *IEEE Communications Magazine*, nov. 1991, p. 52-71.

6 KUCAR, A. D. "Mobile radio – an overview". *IEEE Communications Magazine*, nov. 1991, p. 72-85.

GOODMAN, D. J. "Trends in cellular; cordless communications". *IEEE Communications Magazine*, jun. 1991, p. 31-39.

"ITU documents of TG8/1 (FPLMTS)". *International Telecommunications Union, Radiocommunications Sector*, Genebra, 1994.

7 CALHOUN, G. "Digital cellular cadio". *Artech House Inc.*, 1988.

8 Ibidem.

9 MACDONALD, V. H. "The cellular concept". *The Bell Systems Technical Journal*, v. 58, n. 1, jan. 1979, p. 15-43.

10 YOUNG, W. R. "Advanced mobile phone service: introduction, background, and objectives". *Bell Systems Technical Journal*, v. 58, jan. 1979, p. 1-14.

11 BOUCHER, N. Cellular radio handbook. *Quantum Publishing*, c. 1991.

12 EIA/TIA Interim Standard. "Cellular system dual mode mobile station – land station compatibility specifications" IS-54, *Electronic Industries Association*, maio 1990.

13 GILHOUSEN, et al. "On the capacity of cellular CDMA system". *IEEE Transactions on Vehicular Technology*, v. 40, n. 2, maio 1991, p. 303-311.

14 FILIEY, G. B.; POULSEN, P. B. "MIRS technology: on the fast track to making the virtual office a reality". *Communications*, jan. 1995, p. 34-39.

15 "Radio paging code n. 1". *The Book of the CCIR*, RCSG, 1986.

Sandvos, J. L., "A comparison of binary paging codes". *IEEE Vehicular Technology Conference*, 1982, p. 392-402.

16 MALOBERTI, A., "Radio transmission interface of the digital pan european mobile system". *IEEE Vehicular Technology Conference*, Orlando, FL, maio 1989, p. 712-717.

17 RAPPAPORT, T. S. "The wireless revolution". *IEEE Communications Magazine*, nov. 1991, p. 52-71.

18 "Special issue on satellite communications systems; services for travelers". *IEEE Communications Magazine*, nov. 1991.

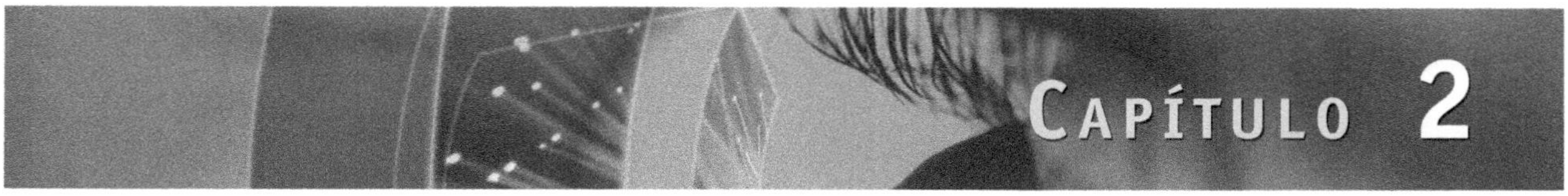

Sistemas modernos de comunicação sem fio

Desde meados da década de 1990, a indústria de comunicações por celular tem testemunhado um crescimento explosivo. As redes de comunicação sem fio tornaram-se muito mais difundidas do que qualquer um poderia ter imaginado quando o conceito de celular foi desenvolvido inicialmente, nas décadas de 1960 e 1970. Como pode ser visto na Figura 2.1, a base mundial de assinantes de comunicação por celular passou dos 600 milhões de usuários em final de 2001, e o número de assinantes individuais alcançou mais de 2 bilhões (cerca de 30% da população do mundo) no final de 2006! Na realidade, a maioria dos países do mundo experimentou aumentos de assinatura de celular de 40% ou mais ao ano. A adoção generalizada das comunicações sem fio foi acelerada em meados dos anos 1990, quando os governos de todo o mundo ofereceram maior competição e novas licenças do espectro de rádio para serviços de comunicação pessoal (PCS) nas faixas de freqüência de 1.800 a 2.000 MHz.

O rápido crescimento mundial do número de assinantes de telefonia celular demonstra, conclusivamente, que a comunicação sem fio é um mecanismo de transporte de voz e de dados robusto, viável. O sucesso generalizado do celular levou ao desenvolvimento de sistemas sem fio e de padrões mais novos para muitos outros tipos de tráfego de telecomunicação além das chamadas de voz por telefone móvel.

Por exemplo, as redes de celular da próxima geração estão sendo criadas para facilitar o tráfego de comunicações de dados em alta velocidade, além das chamadas de voz. Novos padrões e tecnologias estão sendo implementados para permitir que redes sem fio substituam linhas de fibra óptica ou cobre entre pontos fixos afastados por vários quilômetros (*acesso sem fio fixo*). De modo semelhante, as redes sem fio têm sido cada vez mais usadas em substituição aos fios dentro de ambientes domésticos, prédios e escritórios, através do desenvolvimento de *redes locais sem fio* (WLANs). O padrão *Bluetooth*, em expansão, promete substituir cabos de comunicação de instrumentos por conexões sem fio invisíveis — normalmente problemáticos — dentro do espaço de trabalho das pessoas.

Usados principalmente dentro de prédios, WLANs e Bluetooth utilizam baixos níveis de potência e, em geral, não exigem uma licença para uso do espectro. Essas redes sem licença oferecem uma dicotomia interessante no mercado sem fio, pois as redes ocasionais com alta taxa de dados estão sendo implantadas por indivíduos dentro de prédios sem uma licença, enquanto prestadoras de comunicação sem fio que possuem licenças para o espectro do serviço de telefonia celular móvel têm se focalizado na cobertura de voz externa, uma vez que são lentas para fornecer cobertura interna confiável e serviços de alta taxa de dados aos seus assinantes de celular. Embora ainda seja muito cedo para afirmar, parece que o mercado de acesso sem fio interno pode se tornar um imenso campo de batalha entre serviços licenciados e não licenciados, e isso instiga os arquitetos dos populares padrões de celular de hoje a projetarem novos aparelhos com a próxima geração de tecnologia de celular visando a capacidades de rede baseadas em pacotes com alta taxa de dados.

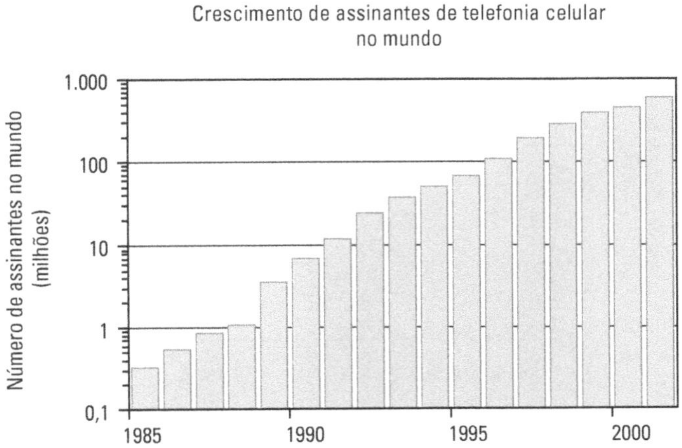

Figura 2.1 Crescimento de assinantes de telefonia celular no mundo.

Este capítulo destaca os principais desenvolvimentos, detalhes técnicos e padrões dos principais sistemas modernos de comunicação sem fio no mundo. Primeiro, será apresentado o que há de mais moderno nos padrões populares de celular e PCS, descrevendo os muitos caminhos concorrentes de evolução em direção às redes móveis de terceira geração (3G). Depois, serão apresentados os padrões e os desenvolvimentos recentes em técnicas de acesso fixo sem fio, como Sistema de Distribuição Local Multiponto [*Local Multipoint Distribution Systems* (LMDS)]. Finalmente, este capítulo foca os sistemas e padrões sem fio como o movimento mundial da Wireless LAN (WLAN) e o padrão Bluetooth, que oferece conectividade sem fio para usuários de locais internos.

2.1 Redes celulares de segunda geração (2G)

Hoje, a maioria das redes de celular onipresentes utiliza o que normalmente é chamado de tecnologias de segunda geração, ou 2G, que estão em conformidade com os padrões de celular de segunda geração. Diferentemente dos sistemas de celular de primeira geração, que contavam exclusivamente com FDMA/FDD e FM analógico, os padrões de segunda geração utilizam formatos de modulação digitais e técnicas de acesso múltiplo TDMA/FDD e CDMA/FDD.

Os padrões de segunda geração mais populares incluem três padrões TDMA e um padrão CDMA: a) GSM, que admite oito usuários em slots de tempo para cada canal de rádio de 200 kHz e tem sido bastante empregado por provedores de serviço na Europa, Ásia, Austrália, América do Sul e algumas partes dos Estados Unidos (somente na faixa de espectro do PCS)[1]; b) IS-136, também conhecido como NADC, que admite três usuários em slots de tempo para cada canal de rádio de 30 kHz e é uma escolha popular para prestadoras na América do Norte, América do Sul e Austrália (nas faixas de celular e PCS); c) PDC, um padrão de TDMA japonês que é semelhante ao IS-136 com mais de 50 milhões de usuários; e d) o padrão popular CDMA 2G IS-95, também conhecido como cdmaOne, que admite até 64 usuários codificados ortogonalmente e transmitidos ao mesmo tempo em cada canal de 1,25 MHz. O CDMA é bastante empregado por prestadoras na América do Norte (nas faixas de celular e PCS), além de Coréia, Japão, China, América do Sul e Austrália[2].

Os padrões 2G mencionados acima representam o primeiro conjunto de padrões de interface de ar sem fio a contar com modulação digital e sofisticado processamento digital de sinal no aparelho de mão e na estação-base. Conforme será discutido no Capítulo 11, os sistemas de segunda geração foram introduzidos inicialmente no início da década de 1990 e evoluíram a partir da primeira geração de sistemas de telefonia móvel analógica (por exemplo, AMPS, ETACS e JTACS). Hoje, muitos provedores de serviço sem fio utilizam equipamentos de primeira e segunda gerações nos principais mercados — e normalmente oferecem aos clientes unidades de assinante que suportam múltiplas faixas de freqüência e múltiplos padrões de interface de ar. Por exemplo, em muitos países, é possível adquirir um único telefone celular com três modos, ou seja, que admite CDMA nas faixas de celular e PCS, além de tecnologia analógica de primeira geração na faixa do celular. Esses telefones de três modos são capazes de detectar automaticamente e adaptarem-se a qualquer padrão que esteja sendo usado em determinado mercado. A Figura 2.2 ilustra como a base mundial de assinantes era dividida entre as principais tecnologias 1G e 2G no final de 2001. A Tabela 2.1 destaca as principais especificações técnicas dos padrões de segunda geração dominantes, ou seja, GSM, CDMA e IS-136/PDC.

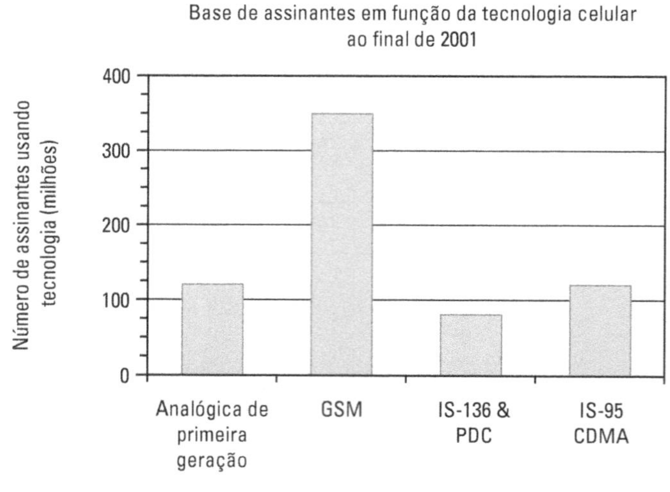

Figura 2.2 Base mundial de assinantes em função da tecnologia de celular ao final de 2001.

Tabela 2.1 Principais especificações das maiores tecnologias 2G (adaptado de Liberti e Rappaport[3])

	cdmaOne, IS-95, ANSI J-STD-008	GSM, DCS-1900, ANSI J-STD-007	NADC, IS-54/IS-136, ANSI J-STD-011, PDC
Freqüências de transmissão	824-849 MHz (Celular EUA) 1.850-1.910 MHz (PCS EUA)	890-915 MHz (Europa) 1.850-1.910 MHz (PCS EUA)	800 MHz, 1.500 MHz (Japão) 1.850-1.910 MHz (PCS EUA)
Freqüências de recepção	869-894 MHz (Celular EUA) 1.930-1.990 MHz (PCS EUA)	935-960 MHz (Europa) 1.930-1.990 MHz (PCS EUA)	869-894 MHz (Celular EUA) 1.930-1.990 MHz (PCS EUA) 800 MHz, 1.500 MHz (Japão)
Duplexação	FDD	FDD	FDD
Tecnologia de acesso múltiplo	CDMA	TDMA	TDMA
Modulação	BPSK com espalhamento de quadratura	GMSK com BT = 0,3	$\pi/4$ DQPSK
Separação da portadora	1,25 MHz	200 kHz	30 kHz (IS-136) (25 kHz para PDC)
Taxa de dados do canal	1,2288 Mchips/seg	270,833 Kbps	48,6 Kbps (IS-136) (42 Kbps para PDC)
Canais de voz por portadora	64	8	3
Codificação de voz	*Code Excited Linear Prediction* (CELP) a 13 Kbps, *Enhanced Variable Rate Codec* (EVRC) a 8 Kbps	*Residual Pulse Excited Long Term Prediction* (RPE-LTP) a 13 Kbps	*Vector Sum Excited Linear Predictive Coder* (VSELP) a 7,95 Kbps

Em muitos países, as redes sem fio 2G são projetadas e implantadas para o serviço de telefonia móvel convencional, como substitutas de alta capacidade para (ou em concorrência com) os sistemas existentes de telefonia celular de primeira geração, mais antigos. Os sistemas de celular modernos também estão sendo instalados para fornecer serviço de telefone fixo (não móvel) para residências e empresas nas nações em desenvolvimento — isso é particularmente econômico para fornecer o *serviço telefônico antigo simples* (*POTS*) em países que possuem uma fraca infra-estrutura de telecomunicações e são incapazes de proporcionar a instalação do fio de cobre a todos os lares. Como todas as tecnologias 2G oferecem pelo menos um aumento de três vezes na eficiência do uso do espectro (e, assim, um aumento de pelo menos três vezes na capacidade geral do sistema) em comparação com as tecnologias analógicas de primeira geração, a necessidade de atender a uma base de clientes em rápido crescimento justifica a mudança gradual e contínua de analógico para as tecnologias 2G digitais em qualquer rede sem fio em crescimento.

Em meados de 2001, várias das principais prestadoras, como AT&T Wireless e Cingular nos Estados Unidos, e NTT no Japão, anunciaram suas decisões de abandonar por fim os padrões IS-136 e PDC como opções de tecnologia a longo prazo em favor dos padrões de terceira geração emergentes e com base na plataforma GSM TDMA. Simultaneamente, a Nextel, prestadora internacional de serviço sem fio, anunciou sua decisão de atualizar seu padrão de interface de ar iDen para dar suporte a até cinco vezes o número de usuários atuais com base em uma metodologia de compactação de dados usando o Protocolo da Internet [*Internet Protocol* (IP)]. A maioria das outras prestadoras do mundo inteiro já tinha se comprometido em adotar um padrão 3G com base em GSM ou CDMA antes de 2001. Decisões como essas têm preparado o palco para a inevitabilidade de duas tecnologias de rádio móvel celular de terceira geração (3G) universais e concorrentes, uma baseada na filosofia e compatibilidade do GSM, e outra baseada na filosofia e compatibilidade do CDMA.

2.1.1 Evolução para redes sem fio 2,5G

Desde meados dos anos 1990, os padrões digitais 2G têm sido bastante empregados por prestadoras de serviços sem fio para celular e PCS, embora esses padrões tenham sido projetados antes do uso generalizado da Internet. Conseqüentemente, as tecnologias 2G utilizam modems de dados com comutação por circuitos que limitam os usuários de dados a um único canal de voz com comutação por circuitos. As transmissões de dados em 2G, portanto, geralmente são limitadas à taxa de vazão de dados de um usuário individual, e essa taxa tem a mesma ordem de grandeza da taxa de codificação de voz utilizada (ver Tabela 2.1). (Conforme será discutido no Capítulo 11, cada um dos padrões 2G especifica diferentes esquemas de codificação e algoritmos de proteção de erro para transmissões de dados quando comparados com os usados nas transmissões de voz, mas a taxa de vazão para dados de computador é praticamente igual à taxa de vazão de dados de voz codificados em todos os padrões 2G.) Pela inspeção da Tabela 2.1, pode ser visto que todas as redes 2G, conforme desenvolvidas originalmente, só admitem taxas de dados para um único usuário na ordem de 10 kilobits por segundo, o que é muito lento para aplicações rápidas como e-mail e navegação pela Internet. O Capítulo 11 apresenta as especificações técnicas dos padrões GSM, CDMA e IS-136 originais, que admitiam taxas de transmissão de 9,6 kilobits por segundo para mensagens de dados.

Até mesmo com taxas de dados relativamente pequenas, os padrões 2G são capazes de fornecer uma navegação limitada pela Internet e capacidades sofisticadas de mensagens curtas usando uma técnica de comutação por circuitos. O Serviço de Mensagem de Texto Curta [*Short Messaging Service* (SMS)] é um recurso popular do GSM e permite que assinantes enviem mensagens curtas, em tempo real, para outros assinantes na mesma rede, simplesmente discando o número de telefone celular do destinatário. O SMS tornou-se popular primeiro na Europa, através da dominante rede de provedores de serviço GSM, e depois tornou-se popular no Japão por meio do popular NTT DoCoMo PDC. No final de 2001, o SMS ainda não tinha se tornado tão difundido nos Estados Unidos, pois lá os mercados sem fio são fragmentados em muitos e diferentes tipos de tecnologias e proprietários de rede, e o SMS atualmente só funciona entre usuários na mesma rede.

Em um esforço para aperfeiçoar os padrões 2G para que tenham compatibilidade com maiores taxas de vazão de dados que são exigidas para dar suporte a aplicações modernas da Internet, novos padrões, voltados para dados, foram desenvolvidos, podendo ser sobrepostos às tecnologias 2G existentes. Esses novos padrões representam a tecnologia 2,5G e permitem que o equipamento 2G existente seja modificado e suplemente com dispositivos novos e complementares as estações-base e as atualizações de software para as unidades de assinante, a fim de dar suporte a maiores taxas de transmissão de dados para navegação Web, tráfego de e-mail, comércio móvel (*m-commerce*) e serviços móveis com base na localização do assinante. As tecnologias 2,5G também admitem uma nova linguagem de navegação Web, chamada de Protocolo de Aplicações sem Fio [*Wireless Applications Protocol* (WAP)], que permite que as páginas Web padrão sejam vistas em um formato compactado, projetado especificamente para dispositivos sem fio pequenos e portáteis. Diversos outros protocolos de compactação de página Web concorrentes também foram desenvolvidos recentemente[4].

É interessante observar que o Japão, um dos primeiros países a adotar a telefonia celular comercial no final da década de 1970, foi o primeiro país a desfrutar da capacidade de um serviço bem-sucedido de dados móvel e navegador Web antes da introdução do WAP. A NTT DoCoMo introduziu o próprio serviço de dados sem fio e tecnologia de navegador da Internet, chamado *I-mode*, em sua rede PDC em 1998, e atualmente está distribuindo sua tecnologia I-mode para outras prestadoras de serviços sem fio no mundo. I-mode aceita jogos, gráficos coloridos e navegação interativa de páginas Web usando a modesta taxa de transmissão de dados 2G PDC de 9,6 kilobits por segundo. No final de 2001, o I-mode da DoCoMo estava fornecendo acesso sem fio à Web para mais de 25 milhões de assinantes japoneses.

O caminho apropriado para uma prestadora sem fio em particular se atualizar na tecnologia 2,5G deve combinar com a escolha da tecnologia 2G original feita anteriormente pela prestadora. Por exemplo, uma solução de atualização para 2,5G projetada para GSM deve harmonizar-se com o padrão de interface de ar GSM original[5], pois de outra forma tal atualização seria incompatível e exigiria mudanças completas dos equipamentos de cada estação-base. Por esse motivo, uma grande quantidade de padrões 2,5G foi desenvolvida para permitir que cada uma das principais tecnologias 2G (GSM, CDMA e IS-136) seja atualizada de modo incremental, obtendo assim taxas de dados mais rápidas para a Internet. A Figura 2.3 ilustra os diversos caminhos de atualização para 2,5G e 3G das principais tecnologias 2G[6]. A Tabela 2.2 descreve as mudanças exigidas na infra-estrutura da rede (por exemplo, a estação-base e a central) e nos terminais de assinante (por exemplo, o aparelho de telefone) para as diversas opções de atualização para 2,5G e 3G. As características técnicas de cada caminho de atualização para 2,5G são descritas em seguida.

2.1.2 Evolução para padrões TDMA 2,5G

Três diferentes caminhos de atualização foram desenvolvidos para prestadoras de GSM e duas dessas soluções também suportam IS-136. As três opções de atualização para TDMA são: a) Comutação de Circuitos de Alta Velocidade para Dados [*High Speed Circuit Switched Data* (HSCSD)]; b) Serviço de Rádio Pacote Geral [*General Packet Radio Service* (GPRS)]; e c) Evolução do GSM para Aumento da Taxa de Dados [*Enhanced Data Rates for GSM Evolution* (EDGE)]. Essas opções oferecem melhorias significativas na velocidade de acesso à Internet em relação à tecnologia GSM e IS-136 de hoje, e aceitam a criação de novos telefones celulares preparados para a Internet.

2.1.2.1 HSCSD para GSM 2,5G

Como o nome sugere, HSCSD é uma técnica de comutação por circuitos que permite que um único assinante móvel use slots de tempo de usuário consecutivos no padrão GSM. Ou seja, em vez de limitar cada usuário a somente um slot de tempo específico como no padrão GSM TDMA, o HSCSD permite que usuários de dados individuais requisitem slots de tempo consecutivos a fim de obter acesso de dados com maior velocidade na rede

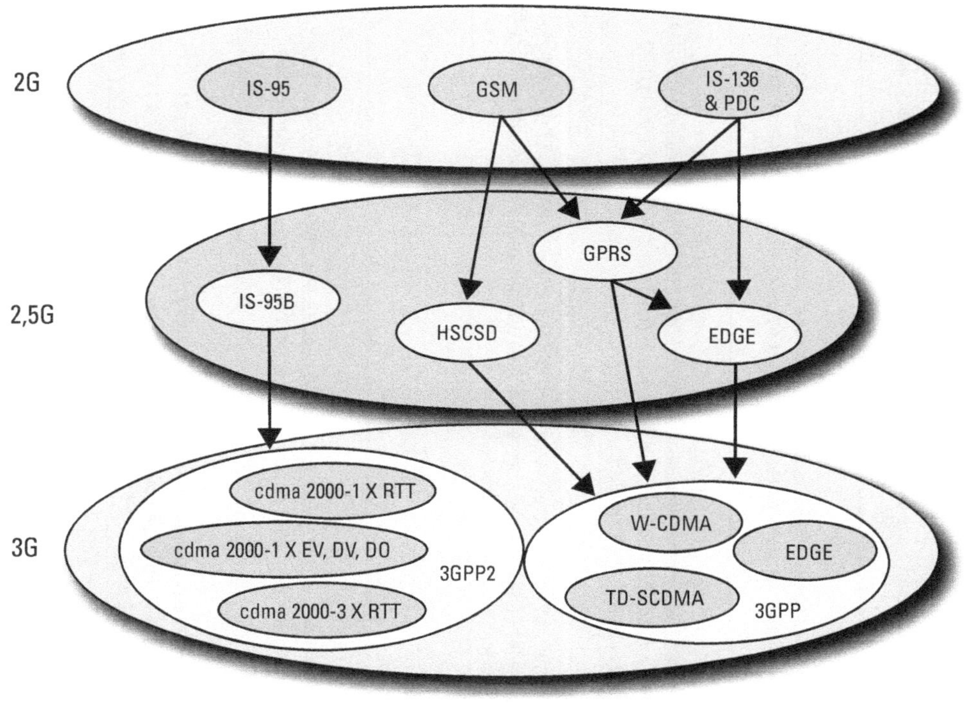

Figura 2.3 Diversos caminhos de atualização para tecnologias 2G.

GSM. O HSCSD relaxa os algoritmos de codificação de controle de erro originalmente especificados no padrão GSM para transmissão de dados e aumenta a taxa de dados disponível à aplicação para 14.400 bps, em comparação com os 9.600 bps originais na especificação GSM. Usando até quatro slots de tempo consecutivos, o HSCSD é capaz de oferecer uma taxa de transmissão de dados de até 57,6 Kbps para usuários individuais, e essa oferta de dados melhorada pode ser cobrada como um serviço de bônus pela prestadora. O HSCSD é ideal para acesso dedicado por streaming à Internet ou para sessões Web interativas em tempo real, e simplesmente requer que o provedor de serviços implemente uma mudança de software nas estações-base GSM existentes.

2.1.2.2 GPRS para GSM 2,5G e IS-136

A GPRS é uma rede de dados baseada em pacotes bastante adequada para uso na Internet não em tempo real, incluindo a recuperação de e-mail, faxes e navegação Web assimétrica, situações essas em que o usuário faz o download de muito mais dados do que o upload na Internet. Diferentemente do HSCSD, que dedica canais de comutação por circuitos para usuários específicos, o GPRS admite o compartilhamento para múltiplos usuários na rede dos canais de rádio e slots de tempo individuais. Assim, esse recurso pode admitir muito mais usuários do que o HSCSD, mas de uma forma intermitente. Semelhante ao padrão CDPD desenvolvido para os sistemas AMPS da América do Norte no início da década de 1990 (ver Capítulo 10), o padrão GPRS oferece uma rede de pacotes em canais de rádio GSM ou IS-136 dedicados. O GPRS retém os formatos de modulação originais, especificados nos padrões 2G TDMA originais, mas utiliza uma interface de ar completamente redefinida, a fim de melhorar o acesso aos pacotes de dados. As unidades de assinante GPRS são instruídas automaticamente a se ajustar a canais de rádio GPRS dedicados e slots de tempo particulares para acesso 'sempre conectado' à rede.

Quando todos os oito slots de tempo de um canal de rádio GSM são dedicados ao GPRS, um usuário individual é capaz de alcançar até 171,2 Kbps (oito slots de tempo multiplicado por 21,4 Kbps de vazão de dados puros, não codificados). As aplicações devem fornecer seus próprios esquemas de correção de erro como parte da carga de dados transportados em GPRS. Como acontece com qualquer rede de pacotes, a vazão de dados experimentada por um usuário GPRS individual diminui substancialmente à medida que mais usuários tentam usar a rede ou quando as condições de propagação enfraquecem para usuários em particular. Assim como no caso do CDPD, e conforme descrito na Tabela 2.2, a implementação do GPRS simplesmente exige que o operador de GSM instale novos roteadores e gateways de Internet na estação-base, bem como o novo software, que redefine o padrão da interface de ar da estação-base para canais e slots de tempo GPRS — não é preciso incluir nenhum hardware de RF novo na estação-base.

Tabela 2.2 Padrões de comunicação de dados 2,5G e 3G atuais e emergentes

Tecnologias de dados sem fio	Largura de banda do canal	Duplex	Mudança de infra-estrutura	Requer novo espectro	Requer novos aparelhos
HSCSD	200 KHz	FDD	Requer atualização de software na estação-base.	Não	Sim Novos aparelhos HSCSD oferecem 57,6 Kbps em redes HSCSD, e 9,6 Kbps em redes GSM com telefones no modo dual. Telefones apenas GSM não funcionam em redes HSCSD.
GPRS	200 KHz	FDD	Requer nova camada de pacote incluindo roteadores e gateways.	Não	Sim Novos aparelhos de telefone GPRS funcionam em redes GPRS a 171,2 Kbps, 9,6 Kbps em redes GSM com telefones no modo dual. Telefones apenas GSM não funcionam em redes GPRS.
EDGE	200 KHz	FDD	Requer novo transceptor na estação-base. Além disso, atualizações de software no controlador da estação-base e na própria estação-base.	Não	Sim Novos aparelhos de telefone funcionam em redes EDGE a 384 Kbps, em redes GPRS a 144 Kbps, e em redes GSM a 9,6 Kbps com telefones no modo triplo. Telefones apenas GSM e GPRS não funcionam em redes EDGE.
W-CDMA ou UMTS	5 MHz	FDD	Requer estações-base completamente novas.	Sim	Sim Novos aparelhos W-CDMA funcionarão em W-CDMA a 2 Mbps, em redes EDGE a 384 Kbps, em redes GPRS a 144 Kbps, em redes GSM a 9,6 Kbps. Aparelhos de telefone mais antigos não funcionam em W-CDMA.
IS-95B	1,25 MHz	FDD	Requer novo software no controlador da estação-base.	Não	Sim Novos aparelhos funcionarão em IS-95B a 64 Kbps e IS-95A a 14,4 Kbps. Telefones CdmaOne podem funcionar em IS-95B a 14,4 Kbps.
cdma2000 1xRTT	1,25 MHz	FDD	Requer novo software no backbone e novas placas de canal na estação-base. Também precisa montar um novo nó de serviço de pacote.	Não	Sim Novos aparelhos funcionarão em 1xRTT a 144 Kbps, IS-95B a 64 Kbps, IS-95A a 14,4 Kbps. Aparelhos mais antigos podem funcionar em 1xRTT, mas em velocidades mais baixas.
cdma2000 lxEV (DO e DV)	1,25 MHz	FDD	Requer atualização de software e de placa digital em redes 1xRTT.	Não	Sim Novos aparelhos funcionarão em 1xEV a 2,4 Mbps, 1xRTT a 144 Kbps, IS-95B a 64 Kbps, IS-95A a 14,4 Kbps. Aparelhos mais antigos podem funcionar em 1xEV, mas em velocidades mais baixas.
cdma2000 3xRTT	3,75 MHz	FDD	Requer modificações no backbone e novas placas de canal na estação-base.	Talvez	Sim Novos aparelhos funcionarão em 95A a 14,4 Kbps, 95B a 64 Kbps, 1xRTT a 144 Kbps, 3xRTT a 2 Mbps. Aparelhos mais antigos podem funcionar em 3X, mas em velocidades mais baixas.

Vale a pena observar que o GPRS foi projetado originalmente para fornecer uma nova camada de acesso a dados unicamente para redes GSM, mas, por solicitação dos operadores de IS-136 da América do Norte (ver Interface de Ar UWC-136 na Tabela 2.3), o GPRS foi estendido para incluir ambos os padrões TDMA. Ao final de 2001, o GPRS estava instalado em mercados atendendo a mais de 100 milhões de assinantes e é considerada a solução para dados a curto prazo mais popular para as tecnologias baseadas em 2G TDMA. A taxa de dados máxima dedicada de 21,4 kbps por canal, especificada pelo GPRS, funciona bem com GSM e IS-136 — e tem sido implementada com sucesso.

2.1.2.3 EDGE para GSM 2,5G e IS-136

A EDGE é uma atualização mais avançada do padrão GSM e requer o acréscimo de novos hardware e software nas estações-base existentes. É interessante notar que a EDGE foi desenvolvida a partir do desejo das operadoras de GSM e IS-136 de terem um caminho na tecnologia comum para o eventual acesso de dados de alta velocidade 3G, mas o ímpeto inicial veio da comunidade de usuários do GSM.

A EDGE introduz um novo formato de modulação digital, o 8-PSK (Chaveamento por Deslocamento de Fase Octal), que é usado além da modulação GMSK padrão do GSM. A EDGE permite nove formatos diferentes de interface de ar (selecionáveis autônoma e rapidamente), conhecidos como Esquema de Modulação de Codificação Múltipla [*Multiple Modulation and Coding Schemes* (MCS)], com graus variáveis de proteção de controle de erro. Cada estado MCS pode usar modulação GMSK (baixa taxa de dados) ou 8-PSK (alta taxa de dados) para acesso à rede, dependendo das demandas instantâneas da rede e das condições operacionais. Devido às taxas de dados mais altas e à relaxada cobertura de controle de erro em muitos dos formatos de interface de ar selecionáveis, a área de cobertura é menor em EDGE do que em HSDRC ou GPRS. EDGE às vezes é referenciado como *Enhanced* GPRS ou EGPRS[7].

EDGE utiliza a modulação de alta ordem 8-PSK e uma família de MCSs para cada slot de tempo do canal de rádio GSM, de modo que cada conexão de usuário pode determinar de forma adaptativa a melhor configuração de MCS para condições de propagação de rádio específicas e requisitos do usuário para acesso a dados. Essa capacidade adaptativa para selecionar a 'melhor' interface de ar é chamada *redundância incremental*, na qual os pacotes são transmitidos primeiro com máxima proteção de erro e máxima vazão da taxa de transmissão de dados, e depois, os pacotes subseqüentes são transmitidos com menos proteção de erro (normalmente usando códigos convolucionais picados) e vazão menores, até que o enlace tenha uma interrupção ou um atraso inaceitáveis. A resposta rápida entre a estação-base e a unidade do assinante restaura, então, o estado anterior aceitável da interface de ar, que, presume-se, esteja em um nível aceitável, mas com o mínimo de codificação obrigatória e o mínimo de largura de banda e consumo de potência. A redundância incremental garante que o enlace de rádio para cada usuário alcançará rapidamente uma condição que utiliza a quantidade mínima de sobrecarga (*over head*), oferecendo assim uma qualidade de enlace aceitável para cada usuário, enquanto maximiza a capacidade do usuário na rede.

Quando o EDGE usa a modulação 8-PSK sem qualquer proteção de erro, e todos os oito slots de tempo de um canal de rádio GSM são dedicados a um único usuário, um pico bruto da taxa de transmissão de dados de 547,2 Kbps pode ser fornecida. Na prática, os esquemas de slots usados no EDGE, quando combinados com questões práticas de disputa da rede e requisitos de codificação de controle de erro, limitam as taxas de dados brutas a cerca de 384 kilobits por segundo para um único usuário em um único canal GSM. Combinando a capacidade de diferentes canais de rádio (por exemplo, usando *transmissões de multiportadora*), a tecnologia EDGE pode oferecer vários megabits por segundo de vazão de dados aos usuários individuais.

2.1.3 IS-95B para CDMA 2,5G

Diferentemente dos vários caminhos evolutivos do GSM e do IS-136 para acesso de dados em alta velocidade, o CDMA (normalmente chamado cdmaOne) tem um único caminho de atualização para uma eventual operação em 3G. A solução de dados temporária para CDMA é chamada de IS-95B. Assim como o GPRS, o IS-95B já está sendo implementado no mundo inteiro, e oferece acesso a dados por comutação de pacotes e circuitos em alta velocidade em um canal de rádio CDMA comum, dedicando múltiplos canais de usuário ortogonais (funções de Walsh) a usuários específicos e para finalidades também específicas. Como será visto no Capítulo 11, cada canal de rádio CDMA IS-95 aceita até 64 canais diferentes de usuário. A especificação da taxa de vazão do IS-95 original de 9.600 bps não foi implementada na prática, mas foi melhorada para a taxa atual de 14.400 bps, conforme especificado no IS-95A. A solução de CDMA 2,5G, o IS-95B, admite serviço de Taxa de Dados Média [*Medium Data Rate* (MDR)], o que permite que um usuário dedicado comande até oito códigos de Walsh de usuários diferentes simultaneamente e em paralelo para uma vazão instantânea de 115,2 Kbps por usuário (8 × 14,4 Kbps). Porém, na prática, somente cerca de 64 Kbps de vazão estão disponíveis a um único usuário em IS-95B por conta das técnicas de *slotting* da interface de ar.

O IS-95B também especifica procedimentos de entrega rígidos, que permitem que as unidades do assinante pesquisem canais de rádio diferentes na rede sem instrução da central, de modo que essas unidades podem rapidamente se ajustar a diferentes estações-base e manter a qualidade do enlace. Antes do IS-95B, a qualidade do enlace experimentada por cada assinante tinha que ser informada centenas de vezes por segundo de volta à central que atende a estação-base — e no momento apropriado, a central iniciaria uma transferência flexível entre a estação-base do assinante e a estação-base candidata. A nova capacidade de transferência rígida do IS-95B é mais eficiente para sistemas de canal múltiplo, usados nos mercados de CDMA mais congestionados de hoje[8].

2.2 Redes sem fio de terceira geração (3G)

Sistemas 3G prometem acesso infinito e de maneiras que nunca foram possíveis antes. O acesso à Internet em multimegabits, comunicações usando Voz sobre IP [*Voice over IP* (VoIP)], chamadas ativadas por voz, capacidade de rede sem paralelo e acesso 'sempre conectado' onipresente são apenas algumas das vantagens apregoadas pelos desenvolvedores 3G. As empresas que desenvolvem equipamentos 3G prevêem usuários com capacidade de receber música ao vivo, realizar sessões Web interativas e ter acesso de voz e de dados simultâneo com múltiplas partes ao mesmo tempo — e usando um único aparelho de telefone móvel —, seja dirigindo, caminhando ou dentro de um escritório.

Conforme mencionado no Capítulo 1 e descrito com detalhes em Liberti e Rappaport,[9] a ITU formulou um plano para implementar uma banda de freqüência global na faixa de 2.000 MHz que admitiria um único padrão de comunicação sem fio onipresente para todos os países do mundo. Esse plano, chamado IMT-2000, tem tido sucesso ao ajudar a cultivar o debate ativo e a análise técnica para novas soluções de telefonia móvel de alta velocidade em comparação ao 2G. Porém, como se pode ver nas Figuras 2.2 e 2.3, a esperança de um único padrão mundial ainda não se materializou, pois a comunidade mundial de usuários permanece dividida entre dois campos: GSM/IS-136/PDC e CDMA.

A eventual evolução 3G para sistemas CDMA leva ao cdma2000. Diversas variantes do cdma2000 estão sendo desenvolvidas atualmente, mas todas baseiam-se nos fundamentos das tecnologias IS-95 e IS-95B. A eventual evolução do 3G para sistemas GSM, IS-136 e PDC leva ao CDMA de Banda Larga [*Wideband* CDMA (W-CDMA)], também chamado UMTS. W-CDMA baseia-se nos fundamentos de rede do GSM, além das versões mescladas de GSM e IS-136 através do EDGE. É correto dizer que esses dois principais campos da tecnologia 3G, cdma2000 e W-CDMA, permanecerão populares durante a primeira parte do século XXI.

A Tabela 2.3 ilustra as principais propostas mundiais que foram submetidas ao IMT-2000 em 1998. Desde 1998, muitas propostas de padrões se renderam e se uniram aos campos do cdma2000 ou do UMTS (W-CDMA). A primeira rede 3G comercial foi implantada pela NTT DoCoMo no Japão em outubro de 2001. Duas boas fontes na Internet para verificar os desenvolvimentos atuais em 3G podem ser encontradas em GSM World (www.gsmworld.com) e CDMA Developers Group (www.cdg.org). Atualmente, as organizações de padrões ITU IMT-2000 estão separadas em duas principais organizações, refletindo assim os dois campos 3G: 3GPP (3G Parceria de Projeto para padrões W-CDMA com base na compatibilidade com GSM e IS-136/PDC) e 3GPP2 (3G Parceria de Projeto para padrões cdma2000 com base na compatibilidade com IS-95).

Países do mundo inteiro determinaram novas faixas do espectro de rádio para acomodar as redes 3G. Em junho de 2007, já existiam mais de 200 milhões de assinantes de telefonia celular 3G no mundo. A WRC-2000 estabeleceu as faixas de 2.500–2.690 MHz, 1.710–1.885 MHz e 806–960 MHz como candidatas à tecnologia 3G. Nos Estados Unidos, o espectro adicional nas faixas superiores de televisão UHF, perto de 700 MHz, também está sendo considerado para a tecnologia 3G. Dada a retração econômica do setor de telecomunicações durante 2001, muitos governos do mundo todo, incluindo o norte-americano, adiaram, nessa época, seus leilões de 3G e decisões de espectro.

Alguns governos europeus, porém, leiloaram o espectro de rádio para 3G bem antes da depressão do setor de telecomunicações em 2001. O preço de venda do espectro foi impressionante! O primeiro leilão de espectro da Inglaterra rendeu 35,5 bilhões de dólares em abril de 2000 para cinco licenças 3G nacionais. O leilão 3G da Alemanha gerou, mais tarde, 46 bilhões de dólares, no mesmo ano, para quatro licenças nacionais concorrentes[10].

2.2.1 3G W-CDMA (UMTS)

O Sistema Universal de Telecomunicações Móveis [*Universal Mobile Telecommunications System* (UMTS)] é um padrão de interface de ar visionário, que evoluiu desde o final de 1996 sob os auspícios do Instituto Europeu de Padrões de Telecomunicações [*European Telecommunications Standards Institute* (ETSI)]. Prestadoras, fabricantes e órgãos reguladores dos governos europeus desenvolveram coletivamente as primeiras versões do UMTS como um padrão de interface de ar aberta e competitiva para telecomunicações sem fio de terceira geração.

O UMTS foi submetido pelo ETSI ao órgão IMT-2000 da ITU em 1998 para consideração como um padrão mundial. Nessa época, o UMTS era conhecido como Acesso de Rádio Terrestre UMTS [*UMTS Terrestrial Radio Access* (UTRA)], como mostra a Tabela 2.3, e foi projetado para oferecer um caminho de atualização de alta capacidade para o GSM. Na virada do século, várias outras propostas de CDMA (W-CDMA) de banda larga concorrentes concordaram em se unir em um único padrão W-CDMA, e esse padrão W-CDMA resultante agora é chamado de UMTS.

UMTS, ou W-CDMA, garante compatibilidade com as tecnologias de segunda geração GSM, IS-136 e PDC TDMA, além de todas as tecnologias 2,5G TDMA. A estrutura de rede e o empacotamento em nível de bit dos dados GSM são mantidos pelo W-CDMA com capacidade e largura de banda adicionais fornecidas por uma

Tabela 2.3 Principais especificações das maiores tecnologias 2G (adaptado de Liberti e Rappaport)[11]

Interface de ar	Modo de operação	Método de duplexação	Principais recursos
cdma2000 US TIA TR45.5	Multiportadora e Espalhamento Direto DS-CDMA a *N* = 1,2288 Mcps com *N* = 1, 3, 6, 9, 12	Modos FDD e TDD	• **Compatibilidade com IS-95A e IS-95B.** O enlace de recepção pode ser implementado usando Multiportadora ou Espalhamento Direto. O enlace de transmissão pode aceitar uma combinação simultânea de Multiportadora ou Espalhamento Direto. • **Portadoras auxiliares para ajudar** com estimativa de canal de recepção no enlace direto.
UTRA ETSI SMG2 *W-CDMA/NA* EUA T1P1-ATIS *W-CDMA/Japão* *CDMA II* Coréia do Sul *WIMS/W-CDMA* EUA TIA TR46.1	DS_CDMA a taxas de *N* x 0,960 Mcps com *N* = 4, 8, 16	Modos FDD e TDD	• **Sistema DS_CDMA banda larga.** • **Compatibilidade com GSM/DCS-1900.** • **Até 2,048 Mbps no enlace de** recepção no modo FDD. • **Largura de banda mínima do canal** direto de 5 GHz. • **Da coleção de padrões propostos** representada aqui, cada um exibe recursos exclusivos, mas todos **admitem um conjunto comum de** taxas de chip, estrutura de quadro de 10 ms, com 16 slots por quadro. • **Bits piloto dedicados à conexão** auxiliam no enlace de recepção.
CDMA I Coréia do Sul	DS-CDMA a *N* x 0,9216 Mcps com *N* = 1, 4, 16	Modos FDD e TDD	• **Até 512 Kbps por código de** espalhamento, agregação de código até 2,048 Mbps.
UWC-136 USA TIA TR 45.3	TDMA - Até 722,2 kbps (Externo/Veicular), até 5,2 Mbps (Escritório interno)	FDD (Externo/Veicular), TDD (Escritório interno)	• **Compatibilidade e caminho de** atualização para IS-136 e GSM. • **Encaixa no IS-136 e GSM existentes.** • **Planos explícitos para dar suporte à** tecnologia de antena adaptativa.
TD-SCDMA China	DS-CDMA 1,1136 Mcps	TDD	• **Taxa de bits do canal de RF até 2,227** Mbps. • **Uso de tecnologia de antena** inteligente é fundamental (mas não estritamente exigido) no TD-SCMA.
DECT DECT	1.150-3.456 Kbps TDMA	TDD	• **Versão avançada da tecnologia 2G** DECT.

nova interface de ar CDMA. A Figura 2.3 ilustra como as diversas tecnologias 2G e 2,5G TDMA evoluirão para um padrão W-CDMA unificado. Hoje, o W-CDMA é o foco principal da agência de padrões mundiais 3GPP, e enquanto o ETSI continua sendo a agência organizacional que coordena o esforço de padrões W-CDMA, o desenvolvimento em W-CDMA agora envolve os principais fabricantes, prestadoras, engenheiros e reguladores do mundo inteiro dentro da comunidade 3GPP. A agência de padrões 3GPP está desenvolvendo o W-CDMA para a cobertura de celular móvel de rede externa (usando FDD), bem como para aplicações internas sem fio (usando TDD).

O padrão de interface de ar 3G W-CDMA foi projetado para serviço sem fio 'sempre conectado' com base em pacote, de modo que computadores, dispositivos de entretenimento e telefones possam compartilhar a mesma rede sem fio e conectar-se à Internet a qualquer momento e em qualquer lugar. O W-CDMA aceitará taxas de dados de até 2,048 Mbps por usuário (se o usuário estiver estacionário), permitindo assim o acesso a dados, multimídia, stream de áudio, stream de vídeo e serviços tipo broadcast de alta qualidade aos consumidores. Versões futuras de W-CDMA admitirão taxas de dados para usuário estacionário acima de 8 Mbps. O W-CDMA oferece recursos de rede pública e privada, além de videoconferência e Entretenimento Doméstico Virtual [*Virtual Home Entertainment* (VHE)]. Projetistas de W-CDMA afirmam que broadcasting, comércio móvel (*m-commerce*), jogos, vídeo interativo e rede privada virtual serão possíveis no mundo todo a partir de um pequeno dispositivo portátil sem fio.

O W-CDMA requer uma alocação de espectro mínimo de 5 MHz, o que é uma distinção importante dos outros padrões 3G. Embora o W-CDMA seja projetado para fornecer compatibilidade e interoperabilidade para todo equipamento e aplicações GSM, IS-136/PDC, GPRS e EDGE, fica claro que quanto maior a largura de banda da interface de ar do W-CDMA, mais necessário é uma mudança completa do equipamento de RF em cada estação-base. Com o W-CDMA, taxas de dados de 8 Kbps até 2 Mbps serão transportadas simultaneamente em um único canal de rádio W-CDMA de 5 MHz, e cada canal será capaz de dar suporte a algo entre 100 e 350 chamadas de voz simultâneas, dependendo da divisão da antena em setores, condições de propagação, velocidade do usuário e polarizações da antena. Como é possível ver na Tabela 2.3, o W-CDMA emprega taxas de chip com espectro espalhado com seqüência direta variável/selecionável que podem ultrapassar 16 megachips por segundo por usuário. Uma regra prática comum é que o W-CDMA oferecerá pelo menos um aumento de seis vezes na eficiência espectral em relação ao GSM quando comparado com o sistema como um todo[12].

Como o W-CDMA exigirá novos equipamentos dispendiosos para a estação-base, a instalação do W-CDMA provavelmente será lenta e gradual em nível mundial. Assim, o caminho evolutivo para 3G exigirá telefones celulares no modo dual ou no modo triplo que possam alternar automaticamente entre a tecnologia 2G TDMA incumbente, o serviço EDGE ou o W-CDMA — dependendo da disponibilidade dessas aplicações. Por volta de 2010-2015, é provável que o W-CDMA esteja totalmente instalado, eliminando assim a necessidade de compatibilidade com GSM/GPRS, IS-136, PDC e EDGE.

2.2.2 3G cdma2000

A visão cdma2000 oferece um caminho de atualização transparente e taxa de dados evolutivamente alta para os usuários da tecnologia CDMA 2G e 2,5G usando uma técnica de bloco de montagem que gira em torno da largura de banda do canal 2G CDMA de 1,25 MHz por canal de rádio. Com base nos padrões CDMA IS-95 original e IS-95A (cdmaOne), além da interface de ar 2,5G IS-95B, o padrão 3G cdma2000 permite que prestadoras de serviços sem fio introduzam uma família de novas capacidades de acesso à Internet com alta taxa de dados de uma maneira gradual dentro dos sistemas existentes, enquanto asseguram que essas atualizações manterão compatibilidade com o equipamento de assinante cdmaOne e IS-95B existentes. Assim, as operadoras de CDMA atuais podem introduzir, de forma transparente e seletiva, capacidades 3G em cada célula — e sem terem que mudar estações-base inteiras ou realocar o espectro[13].

O padrão cdma2000 está sendo desenvolvido sob os auspícios do grupo de trabalho 45 da norte-americana TIA, e isso envolve a participação da comunidade técnica internacional pelo grupo de trabalho 3GPP2. A primeira interface de ar 3G CDMA, o cdma2000 1xRTT, implica que um único canal de rádio de 1,25 MHz seja utilizado (1X simplesmente implica uma vez a largura de banda de canal cdmaOne original, ou, colocando de outra forma, um modo multiportadora com apenas uma portadora). Dentro do grupo IMT-2000 da ITU, cdma2000 1xRTT também é conhecido como G3G-MC-CDMA-1X. As iniciais MC significam Multiportadora, e as iniciais RTT significam Tecnologia de Transmissão de Rádio (*Radio Transmission Technology*), linguagem sugerida pelo grupo IMT-2000. Por conveniência, é comum omitir as designações MC e RTT e simplesmente considerar o padrão como cdma2000 1X.

O cdma2000 1X aceita uma taxa de dados instantânea de até 307 kbps para um usuário no modo de pacote, e gera taxas de vazão típicas de até 144 Kbps por usuário, dependendo do número de usuários, da velocidade de um usuário e das condições de propagação. O cdma2000 1X também pode admitir até o dobro dos usuários de voz do padrão 2G CDMA, e oferece à unidade do assinante até duas vezes o tempo de stand by para obter uma maior duração da vida da bateria. Como visto na Tabela 2.3, o cdma2000 está sendo desenvolvido para aplicações de FDD (rádio móvel) e TDD (sem fio interno).

As melhorias no cdma2000 1X em relação aos sistemas CDMA 2G e 2,5G são conquistadas por meio do uso de taxas de sinalização de banda base rapidamente adaptáveis e taxas de *chipping* para cada usuário (fornecidas por meio da redundância incremental) e chaveamento multinível dentro da mesma estrutura do padrão cdmaOne original. Nenhum equipamento de RF adicional é necessário para melhorar o desempenho — todas as mudanças são feitas no software ou no hardware da banda base. Como pode-se ver na Tabela 2.2, para atualizar de 2G CDMA para cdma2000 1X, uma prestadora de serviços sem fio só precisa adquirir novo software de backbone e novas placas de canal para a estação-base — não é necessário mudar os componentes do sistema de RF na estação-base.

O cdma2000 1xEV é um avanço evolutivo para CDMA, desenvolvido originalmente pela Qualcomm, Inc. como um padrão proprietário de pacote com Alta Taxa de Dados [*High Data Rate* (*HDR*)] a ser sobreposto às redes IS-95, IS-95B e cdma2000 existentes. A Qualcomm mais tarde modificou seu padrão HDR para ser compatível também com W-CDMA, e em agosto de 2001 a ITU reconheceu o cdma2000 1xEV como parte do IMT-2000. O cdma2000 1xEV oferece às prestadoras de CDMA a opção de instalar canais de rádio *somente para dados* (cdma2000 1xEV-DO) ou para *dados e voz* (cdma2000 1xEV-DV). Usando a tecnologia cdma2000 1xEV, canais individuais de 1,25 MHz podem ser instalados em estações-base CDMA para oferecer acesso de alta velocidade a pacotes específicos de dados dentro de células selecionadas. A opção cdma2000 1xEV-DO dedica o canal de rádio estritamente aos usuários de dados, e admite mais de 2,4 Mbps de vazão de dados instantâneos de alta velocidade por usuário em determinado canal CDMA, embora as taxas de dados reais do usuário normalmente sejam muito inferiores e altamente dependentes do número de usuários, das condições de propagação e da velocidade do veículo. Os usuários típicos poderão experimentar vazões na ordem de várias centenas de kilobits por segundo, o que é suficiente para dar suporte à navegação Web, acesso a e-mail e aplicações de m-commerce. O cdma2000 1xEV-DV aceita usuários de voz e dados e pode oferecer taxas de dados utilizáveis de até 144 kilobits por segundo — e com aproximadamente o dobro dos canais de voz do IS-95B.

A solução 3G definitiva para CDMA conta com técnicas multiportadora que reúnem canais de rádio cdmaOne para aumentar a largura de banda. O padrão cdma2000 3xRTT usa três canais de rádio adjacentes de 1,25 MHz que são usados em conjunto para fornecer velocidades de vazão de dados acima de 2 Mbps por usuário, dependendo da carga da célula, da velocidade do veículo e das condições de propagação. Três canais de rádio não adjacentes podem ser operados simultaneamente e em paralelo como canais de 1,25 MHz individuais (em que nenhum hardware de RF novo é necessário na estação-base), ou canais adjacentes podem ser combinados em um único super canal de 3,75 MHz (em que um hardware de RF novo é necessário na estação-base). Com taxas de dados para o usuário acima dos 2 Mbps, fica claro que o cdma2000 3X tem como objetivo uma vazão de dados do usuário muito semelhante à obtida pelo W-CDMA (UMTS). Os defensores do cdma2000 afirmam que seu padrão dá a um provedor de serviço sem fio um caminho de atualização muito mais transparente e econômico quando comparado ao W-CDMA, pois o cdma2000 permite que os mesmos espectro, largura de banda, equipamento de RF e estrutura de interface de ar sejam usados em cada estação-base, enquanto as atualizações 3G são introduzidas com o tempo.

2.2.3 3G TD-SCDMA

Na China, o GSM é o padrão de interface de ar sem fio mais popular, e o crescimento da base de assinantes sem fio é maior que em qualquer outro lugar do mundo. Por exemplo, no final de 2001, mais de 8 milhões de assinantes de telefone celular foram acrescentados em apenas um mês na China! Dado o imenso mercado em potencial para serviços sem fio, e o desejo da China de articular a própria visão sem fio, a Academia de Tecnologia de Telecomunicações da China [*China Academy of Telecommunications Technology* (CATT)] e a Siemens *Corporation* submeteram em conjunto uma proposta de padrão IMT-2000 3G em 1998, com base no Acesso Múltiplo por Divisão de Tempo e Divisão de Código Síncrono [*Time Division-Synchronous Code Division Multiple Access* (TD-SCDMA)]. Essa proposta foi adotada pela ITU como uma das opções 3G no final de 1999.

O TD-SCDMA baseia-se na infra-estrutura de núcleo GSM existente e permite que uma rede 3G evolua pelo acréscimo de equipamento com alta taxa de dados em cada estação-base GSM. O TD-SCDMA combina técnicas de TDMA e TDD para fornecer uma sobrecamada somente de dados em uma rede GSM existente. Até 384 kbps de dados são fornecidos aos usuários em TD-SCDMA[14]. Os canais de rádio em TD-SCDMA têm 1,6 MHz de largura de banda e contam com antenas inteligentes, filtragem espacial e técnicas de detecção de junção para gerar várias vezes mais eficiência de espectro do que GSM. Um quadro de 5 milissegundos é usado no TD-SCDMA, e esse quadro é subdividido em sete slots de tempo que são atribuídos de forma flexível a um único usuário com alta taxa de dados ou a vários usuários mais lentos. Usando TDD, diferentes slots de tempo dentro de um único quadro em uma única freqüência de portadora são usados para fornecer transmissões de canal direto e canal reverso. Para o caso de demanda de tráfego assíncrono, como quando um usuário faz o download de um arquivo, o enlace direto exigirá mais largura de banda do que o enlace reverso, e com isso mais slots de tempo estarão dedicados para fornecer tráfego de enlace direto do que para fornecer tráfego de enlace reverso. Os proponentes do TD-SCDMA afirmam que o recurso TDD permite que esse padrão 3G seja acrescentado de modo muito fácil e econômico aos sistemas GSM existentes.

2.3 Laço Local Sem Fio [*Wireless Local Loop (WLL)*] e LMDS

O rápido crescimento da Internet criou uma demanda concorrente por Internet de banda larga e acesso ao computador a partir de empresas e lares no mundo inteiro. Particularmente nas nações em desenvolvimento, onde a infra-estrutura de backbone de telecomunicações é inadequada, existe uma grande necessidade de conectividade barata, confiável, rapidamente empregada, que possa levar indivíduos e empresas para a era da informação. De fato, à medida que protocolos VoIP se tornam predominantes, é concebível que uma única conexão de banda larga com a Internet algum dia possa fornecer todos os serviços de telecomunicações necessários, incluindo serviços de telefone, televisão, rádio, fax — e a própria Internet — para clientes pessoais e empresas.

O equipamento sem fio fixo é extremamente bem adequado para implantar rapidamente uma conexão de banda larga em muitos casos, e essa técnica está prontamente se tornando mais popular para fornecer acesso ao laço local de banda larga na 'última milha', bem como para emergência ou redes privadas redundantes ponto a ponto ou ponto a multiponto.

Diferentemente dos sistemas de telefonia celular móvel já descritos neste capítulo, os sistemas de comunicação sem fio fixos são capazes de tirar proveito da natureza muito bem definida e sem variação no tempo do canal de propagação entre o transmissor e o receptor fixos. Além disso, os sistemas sem fio fixos modernos normalmente recebem freqüências de rádio de microondas ou milímetro na banda de 28 GHz ou mais, o que é mais de dez vezes a freqüência da portadora das redes 3G de telefonia celular terrestre. Nessas freqüências mais altas, os comprimentos de onda são extremamente pequenos, o que por sua vez permite que antenas direcionais de ganho muito alto sejam fabricadas em pequenos espaços físicos. Além disso, em altas freqüências, uma largura de banda maior pode ser facilmente alocada. Como será visto nos próximos capítulos, antenas com alto ganho possuem propriedades de filtro espacial que podem rejeitar sinais de caminho múltiplo que chegam de direções diferentes da linha de visão [*line-of-sight* (LOS)] desejada, e isso, por sua vez, admite a transmissão de sinais com uma grande largura de banda (na ordem de dezenas ou centenas de megabits por segundo) sem distorção. Além disso, como as freqüências de portadora desses terminais de acesso sem fio fixos são muito altas, o canal de rádio se comporta de modo muito semelhante a um canal óptico — se você pode ver uma antena, pode se comunicar com ela com sucesso! Ao contrário, se você não pode vê-la, não poderá se comunicar com ela. Assim, as redes sem fio fixas em freqüências de microondas muito altas só são viáveis onde não há obstruções, como em um ambiente suburbano ou rural relativamente plano.

Os enlaces sem fio de microondas podem ser usados para criar um laço local sem fio (WLL) como o mostrado na Figura 2.4. Como será visto no Capítulo 10, o laço local pode ser considerado a 'última milha' da rede de telecomunicações que reside entre o escritório central (CO) e os lares e empresas individuais nas proximidades do escritório central. Na maioria dos países desenvolvidos, um cabo de cobre ou fibra óptica já foi instalado até residências e empresas. Porém, em muitas nações em desenvolvimento, o cabo é muito caro ou pode levar meses — ou mesmo anos — para ser instalado. O equipamento sem fio, no entanto, pode ser implantado, normalmente, em apenas algumas horas. Um benefício adicional da tecnologia WLL é que, quando o equipamento sem fio é pago, não existem custos adicionais para o transporte entre o CO e o equipamento nas instalações do cliente (CPE), enquanto os cabos enterrados devem, em geral, ser pagos mensalmente a um provedor de serviço ou companhia pública. É possível que os sistemas WLL possam competir com as tecnologias de Linha Digital de Assinante [*Digital Subscriber Laço* (DSL)] baseadas em fios de cobre que estão se proliferando rapidamente[15].

Governos no mundo inteiro têm observado que a tecnologia WLL poderia melhorar bastante a eficiência de seus cidadãos enquanto estimula a concorrência, o que, por sua vez, poderia levar a melhores serviços de teleco-

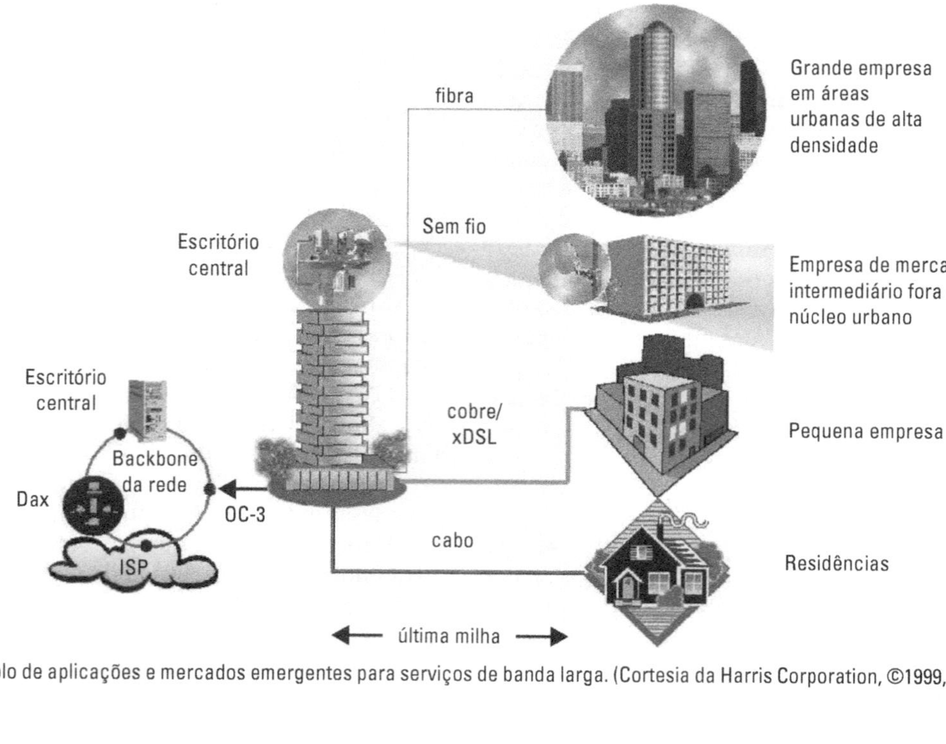

Figura 2.4 Exemplo de aplicações e mercados emergentes para serviços de banda larga. (Cortesia da Harris Corporation, ©1999, todos os direitos reservados.)

municações. Uma vasta gama de novos serviços e aplicações foi proposta e está nos estágios iniciais de comercialização. Esses serviços incluem o conceito de Sistema de Distribuição Local Multiponto [*Local Multipoint Distribution Service* (LMDS)], que oferece acesso a telecomunicações de banda larga na central local[16].

Em 1998, 1.300 MHz de espectro não usado na banda de 27-31 GHz foram leiloados pelo governo dos Estados Unidos para dar suporte ao LMDS. Leilões semelhantes foram realizados em outros países. A Figura 2.5 ilustra diversas alocações de espectro feitas por várias nações pelo mundo. Observe que a maioria das alocações de LMDS compartilha freqüências com a banda Teledésica, que foi aprovada pela WRC-2000 para sistemas de satélite em banda larga. A banda Teledésica foi estabelecida originalmente para o Sistema Iridium da Motorola, cujo espectro mais tarde foi mesclado ao sistema Teledesic. Ironicamente, no final de 2001, os serviços de satélite em baixa órbita terrestre (LEO) ainda não eram comercialmente viáveis.

Para se ter uma idéia da enorme quantidade de largura de banda que está disponível para os serviços sem fio fixos, como LMDS, e como essas licenças representam uma oportunidade sem precedentes para prestadoras de serviços sem fio, considere a Figura 2.6, que compara as larguras de banda totais do espectro de diversos espectros para diferentes serviços de comunicação sem fio nos Estados Unidos de 1983 até 1998. Essa figura também mostra a grande quantidade de espectro na faixa de 59-64 GHz que está reservada para uso de WLAN não licenciado.

A banda LMDS norte-americana é de 27,5-28,35 GHz, 29,1-29,25 GHz e 31,075-31,225 GHz. O Comitê do Padrão IEEE 802.16 está desenvolvendo padrões de interoperabilidade para o acesso sem fio de banda larga fixa. Na Europa, um padrão semelhante, chamado PERACCESS, está sendo desenvolvido por um comitê de padronização para a Rede de Acesso de Rádio de Banda Larga [*Broadband Radio Access Networks* (BRAN)] para operar na banda de 40,5-43,5 GHz — ele usará TDMA. Além disso, HIPERLINK é uma interconexão de curto alcance com velocidade muito alta para HIPERLANs e HIPERACCESS, com até 155 Mbps dentro de 150 metros, e foi planejada para operar na banda de 17 GHz na Europa.

Na Figura 2.6, cada retângulo tem uma área proporcional à quantidade de espectro de rádio alocado ao serviço especificado. Por exemplo, o serviço celular dos Estados Unidos recebeu o primeiro espectro em 1983 e atualmente ocupa 50 MHz de largura de banda total. O serviço de PCS ocupa 150 MHz de largura de banda, e a banda UNII, não licenciada, discutida na Seção 2.3, ocupa 300 MHz. O LMDS, porém, recebeu surpreendentes 1.300 MHz de largura de banda — espectro suficiente para fornecer mais de 200 canais de televisão com qualidade de broadcast ou 65 mil canais de voz duplex! Mesmo assim, as receitas geradas pela venda de todas as licenças LMDS nos Estados Unidos foram insignificantes: US$ 500 milhões em comparação com os mais de US$ 30 bilhões gerados pelos leilões do PCS três anos antes! Essa diferença de mercado deve-se ao fato de o LMDS ser um tipo de serviço muito novo, não comprovado e dependente do equipamento de onda de milímetro, que ainda é muito caro. Apesar disso, as vastas capacidades de largura de banda do LMDS para aplicações WLL um dia serão muito valiosas. O espectro gratuito disponível em 60 GHz oferece um enorme incentivo para reduzir o custo da eletrônica de onda de milímetro para uso do consumidor.

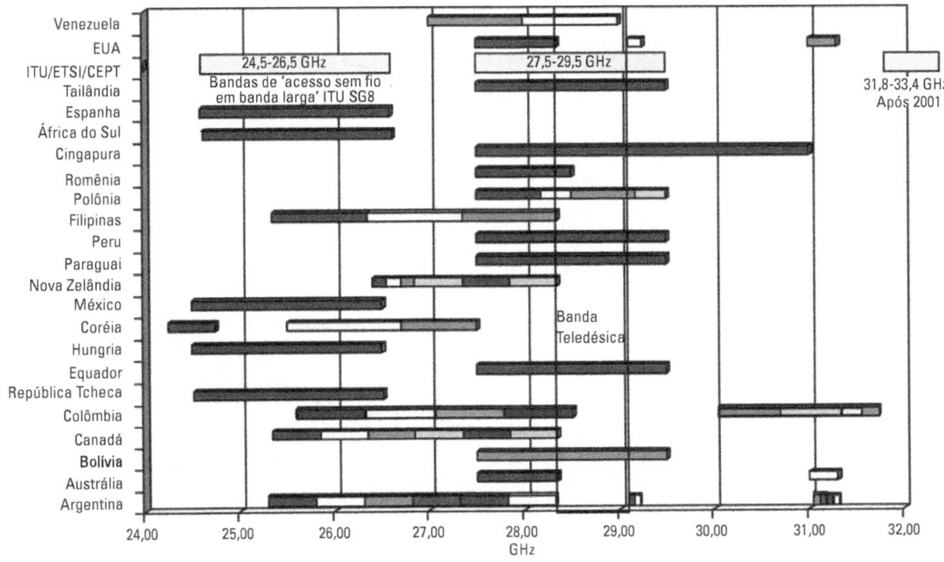

Figura 2.5 Alocação do espectro sem fio em banda larga no mundo. (Cortesia de Ray W. Nettleton e reproduzido com permissão da Formus Communications.)

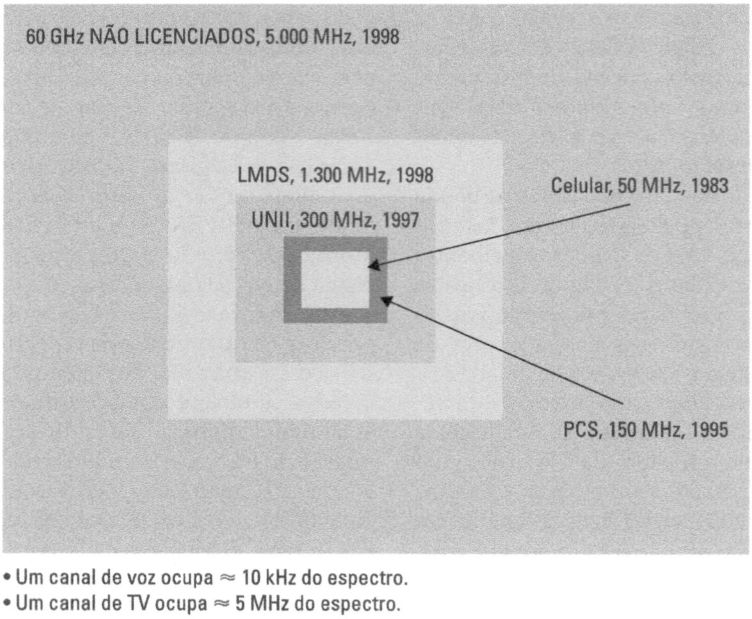

Figura 2.6 Comparação das alocações de espectro para diversos serviços de comunicações sem fio dos Estados Unidos. As áreas dos retângulos são proporcionais à quantidade de largura de banda alocada para cada serviço.

Uma das aplicações mais promissoras para o LMDS está na rede da Operadora Local do Sistema de Telecomunicações [*Local Exchange Carrier* (LEC)]. A Figura 2.7 mostra uma configuração de rede típica, na qual a LEC possui uma conexão com um backbone ATM (*Asynchronous Transfer Mode*) ou SONET (*Synchronous Optical Network*), e com uma largura de banda muito grande, capaz de conectar centenas de megabits por segundo de tráfego à Internet, à PSTN ou à sua própria rede privada. Desde que exista uma caminho LOS, o LMDS permitirá que LECs utilizem equipamento sem fio nas instalações dos clientes para obter uma rápida conectividade de banda larga sem que para isso seja necessário alugar ou instalar cabos até os clientes.

Infelizmente, achar um caminho de linha de visão não é o único requisito para manter uma conexão sem fio fixa adequada para enlaces sem fio fixos com onda de milímetro. Chuva, neve e granizo podem criar grandes mudanças no ganho do canal entre transmissor e receptor. Em Xu et al.,[17] um extenso estudo experimental foi realizado em diversos enlaces sem fio fixos a curta distância em diversas condições de tempo para determinar a perda de sinal e os efeitos de caminho múltiplo devido a problemas de clima. Ainda em Xu et al.[18] descobriu-se um novo método de projeto capaz de prever com precisão a potência recebida e o atraso de caminho múltiplo para qualquer enlace sem fio fixo no clima e nas vizinhanças

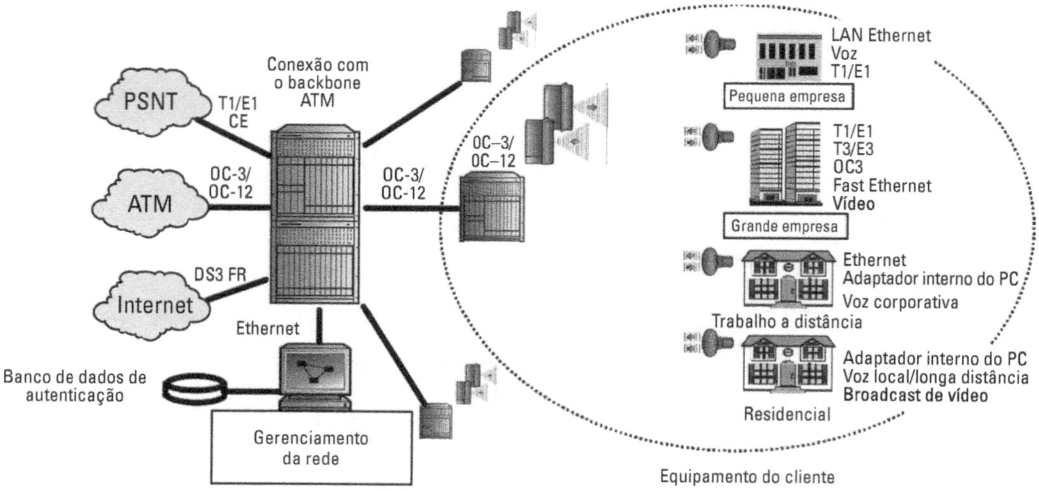

Figura 2.7 Uma Competitive Local Exchange Carrier (CLEC) sem fio usando distribuição ATM (Asynchronous Transfer Mode).

dos prédios ao redor. A Figura 2.8 de Xu et al.[19] ilustra os níveis de potência recebidos realmente medidos, como uma função da precipitação para uma conexão sem fio fixa de 605 metros operando a 38 GHz por vários dias. Observe que, em um dia claro, o nível do sinal recebido é −47 dBm, e durante uma chuva relativamente leve, de 40 mm/hr, o nível do sinal recebido cai de 4,8 dB para −51,8 dBm. Porém, quando medido durante uma tempestade com granizo, o nível do sinal recebido cai para −72,7 dBm, ou seja, uma perda completa de 25,7 dB em relação a condições de céu claro!

A Figura 2.9 mostra como a potência instantânea recebida é diretamente proporcional à quantidade de chuva instantânea. Observe que, por um período de 41 minutos, o nível do sinal recebido flutua por cerca de 27 dB. Como será visto nos capítulos 4 e 5, a atenuação causada pelos efeitos do tempo precisa ser estatisticamente considerada no projeto de uma rede sem fio fixa, para que uma probabilidade de interrupção possa ser calculada com base nos padrões e nas estatísticas de chuva locais.

2.4 Rede Local sem Fio [*Wireless Local Area Networks* (WLANs)]

Como visto na Figura 2.6, em 1997 o FCC alocou 300 MHz de espectro não licenciado nas bandas Industrial, Científica e Médica [*Industrial Scientific and Medical*

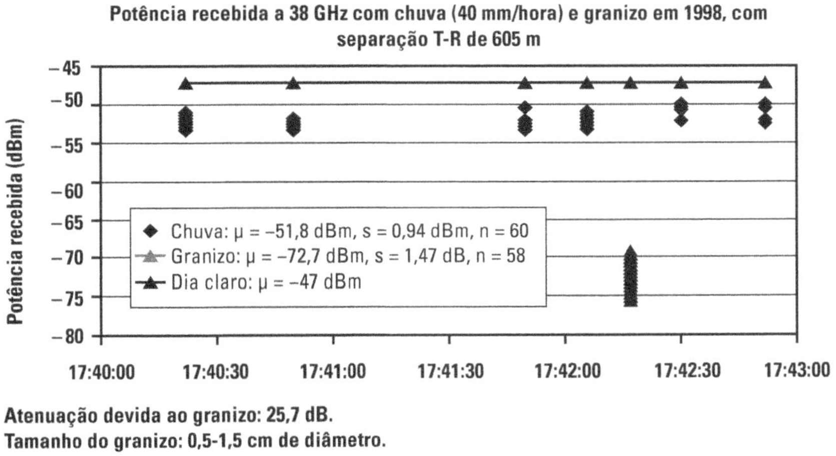

Figura 2.8 Níveis de potência recebidos por um enlace sem fio fixo de 605 m a 38 GHz em céu claro, chuva e granizo [de Xu et al.[20] ©IEEE].

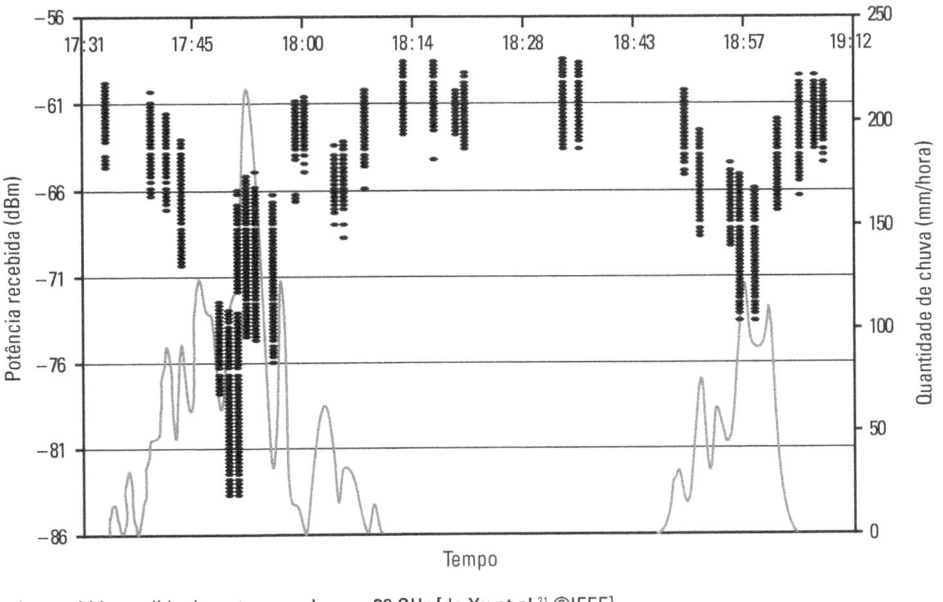

Figura 2.9 Potência recebida medida durante uma chuva a 38 GHz [de Xu et al.[21] ©IEEE].

(ISM)] de 5,150-5,350 GHz e 5,725-5,825 GHz, com a finalidade expressa de apoiar a comunicação de dados de baixa potência e sem licença no espectro espalhado. Essa alocação é chamada de banda *UNII*.

A generosa alocação de espectro da FCC veio após uma alocação pela FCC, muito mais antiga, de bandas de espectro espalhado não licenciadas em meados da década de 1980. Especificamente, no final dos anos 1980, a FCC forneceu inicialmente bandas livres de licença sob a Parte 15 das regulamentações da FCC para dispositivo de espectro espalhado de baixa potência nas bandas ISM de 902-928 MHz, 2.400-2.483,5 MHz e 5,725-5,825 MHz.

Oferecendo uma alocação de espectro sem licença, a FCC esperava encorajar o desenvolvimento competitivo do conhecimento de espectro espalhado, equipamento de espectro espalhado e propriedade de WLANs individuais, bem como outros dispositivos de curto alcance e baixa potência que poderiam facilitar as comunicações privadas por computador no local de trabalho. O grupo de trabalho IEEE 802.11 *Wireless LAN* foi fundado em 1987 para iniciar a padronização das WLANs de espectro espalhado para uso nas bandas ISM. Apesar da alocação de espectro irrestrito e do intenso interesse no setor, o movimento WLAN não ganhou impulso antes do final da década de 1990, quando a popularidade fenomenal da Internet, combinada com a aceitação em grande escala de computadores portáteis tipo laptop, finalmente fizeram com que a WLAN se tornasse um segmento importante e com crescimento rápido no moderno mercado de comunicações sem fio. O IEEE 802.11 finalmente foi padronizado em 1997 e forneceu padrões de interoperabilidade para fabricantes de WLAN usando espalhamento DS-SS a 11 Mbps e 2 Mbps de taxas de dados do usuário (com queda para 1 Mbps em condições de ruído). Com um padrão internacional aprovado, diversos fabricantes começaram a trabalhar para a interoperabilidade, e o mercado começou a se acelerar rapidamente. Em 1999, o padrão 802.11 *High Rate* (chamado IEEE 802.11b) foi aprovado, fornecendo assim novas capacidades de taxa de transmissão de dados para o usuário de 11 Mbps, 5,5 Mbps além das taxas de transmissão originais de 2 Mbps e 1 Mbps do IEEE 802.11, que foram mantidas.

A Figura 2.10 ilustra a evolução dos padrões IEEE 802.11 Wireless LAN, que também incluem comunicações por infravermelho. Essa figura mostra como as técnicas de salto de freqüência e seqüência direta foram usadas no padrão IEEE 802.11 original (2 Mbps de vazão de dados do usuário), mas no final de 2001 somente os modems de espectro espalhado de seqüência direta (DS-SS) tinham sido padronizados para altas taxas de dados (11 Mbps) dentro do IEEE 802.11. Na Figura 2.10 não aparece o padrão IEEE 802.11a, que fornecerá até 54 Mbps de vazão na banda de 5 GHz. O padrão DS-SS IEEE 802.11b foi chamado de *Wi-Fi* pela *Wireless Ethernet Compatibility Alliance* (*WECA*), um grupo que promove a adoção de equipamento de WLAN 802.11b DS-SS e a interoperabilidade entre os vendedores. O 802.11g foi desenvolvido usando padrões de Multiplexação Ortogonal por Divisão de Freqüências de 2,4 GHz (802.11b) e 5 GHz (802.11a), e terá suporte para unidades visitante (roaming) e uso de banda dupla para redes WLAN públicas, enquanto mantém a compatibilidade com a tecnologia 802.11b.

Os proponentes do Espectro Espalhado com Salto de Freqüências do IEEE 802.11 formaram o padrão HomeRF, que admite equipamentos de salto de freqüência. Em 2001, o HomeRF desenvolveu um padrão FH-SS de 10 Mbps chamado HomeRF 2.0. Vale a pena observar que ambos os tipos DS e FH de WLANs precisam operar nas mesmas bandas não licenciadas que contêm telefones sem fio, babás eletrônicas, dispositivos Bluetooth e outros

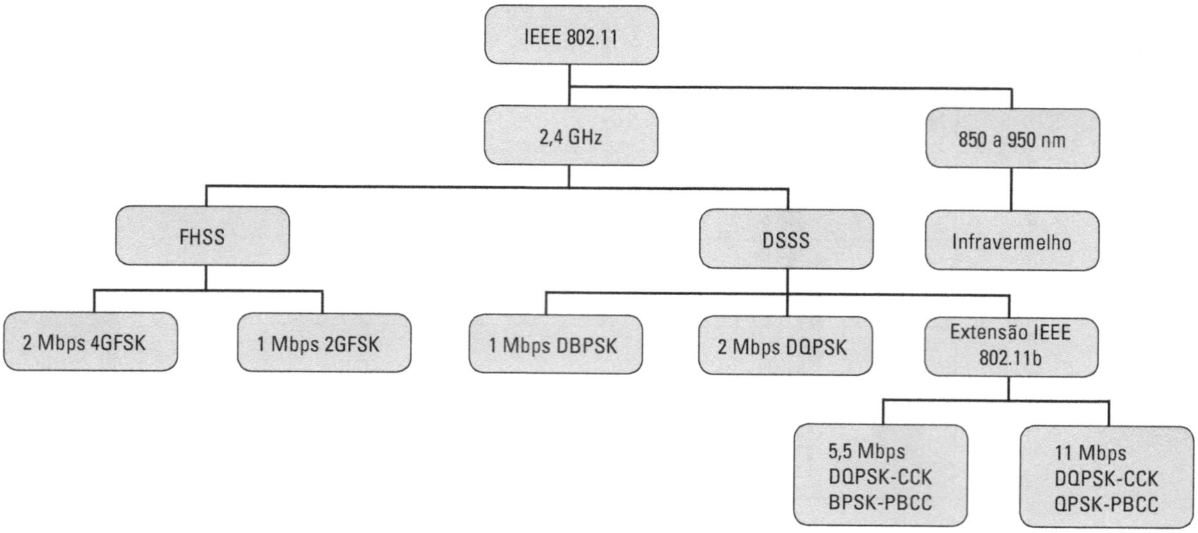

Figura 2.10 Visão geral do padrão de LAN sem fio IEEE 802.11.

usuários de WLAN. Vendedores de DS e de FH afirmam ter vantagens em relação ao outro para operações nesses ambientes de rádio[22]. A Figura 2.11 mostra os produtos de WLAN CISCO Aironet em diversos tamanhos. A Tabela 2.4 lista as alocações internacionais de canais para WLANs DS e FH na banda de 2,4 GHz.

A Figura 2.12 ilustra os canais WLAN exclusivos que são especificados no padrão IEEE 802.11b para a banda de 2.400-2.483,5 MHz. Todas as WLANs são fabricadas para operar em qualquer um dos canais especificados, e são atribuídas a um canal em particular pelo operador da rede quando o sistema WLAN é instalado inicialmente. O esquema de divisão de canais usado pelo instalador da rede pode se tornar muito importante para uma instalação de WLAN de alta densidade, pois os pontos de acesso vizinhos precisam ter freqüências separadas um do outro para evitar interferência e diminuir significativamente o desempenho. Como será visto no Capítulo 3, *todos* os sistemas sem fio precisam ser projetados com conhecimento da interferência e do ambiente de propagação — a implantação prudente da WLAN diz que a colocação de transmissores e suas atribuições de freqüência devem ser feitas sistematicamente, a fim de minimizar o impacto. Embora as redes WLAN sejam projetadas para trabalhar em um ambiente cheio de interferência, e os fabricantes possam minimizar a importância do planejamento, o fato é que a capacidade de medir ou prever a cobertura da rede e os efeitos da interferência causados por posicionamentos específicos dos pontos de acesso podem fornecer *ordens de grandeza* de melhoria no custo e na vazão de dados do usuário final em um sistema bastante carregado. A pesquisa realizada em Henty[23] mostrou que o desempenho da rede e a vazão de dados do usuário mudam radicalmente quando os pontos de acesso ou os clientes estão localizados perto de um transmissor de interferência ou quando o planejamento de freqüência não é realizado cuidadosamente.

Usando novo software CAD (*Computer-Aided Design*) de medição e previsão, como o SitePlanner da Wireless Valley[24], as implantações de WLANs podem ser feitas muito rapidamente, sem tentativa e erro. Carregando a planta do prédio ou do campus dentro de um computador, técnicas de modelagem de propagação podem prever a vazão de dados do usuário com base na potência do sinal de rádio e

Figura 2.11 Fotografias de equipamentos de WLAN 802.11b. Os pontos de acesso e um cartão cliente aparecem à esquerda, e o cartão cliente PCMCIA aparece à direita. (Cortesia da Cisco Systems, Inc.)

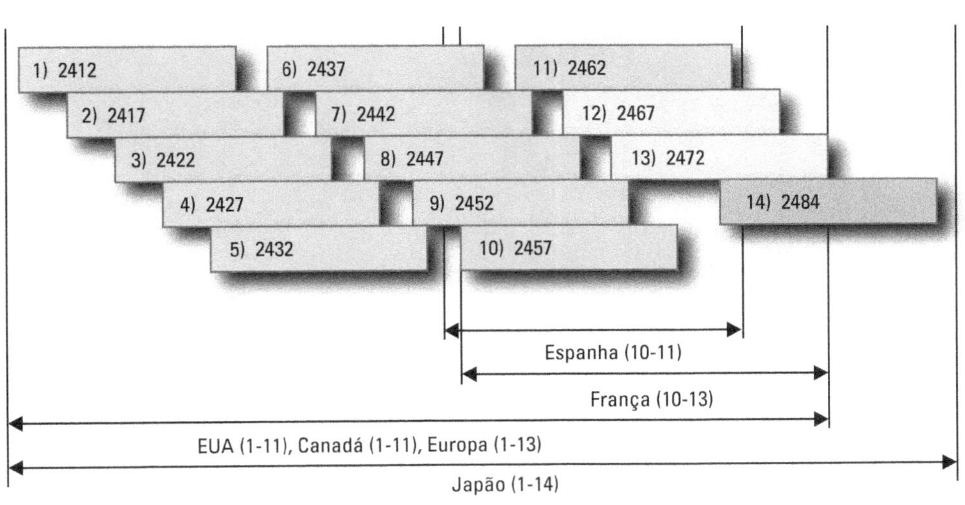

Figura 2.12 Esquema de canais para o IEEE 802.11b no mundo.

em algoritmos de previsão de interferência[25]. A Figura 2.13 ilustra como os posicionamentos apropriados para pontos de acesso de WLAN podem ser rapidamente encontrados antes mesmo de se colocar um pé no prédio. Usando um programa de computador interativo, o operador de rede pode rapidamente fornecer e planejar o esquema de divisão de canais, além dos locais dos pontos de acesso, antes de fazer qualquer implantação de rede real. Na verdade, e-mail e correspondência na Internet podem ser feitos para prover rapidamente qualquer ambiente físico. Quando a implantação está terminada, o mesmo ambiente CAD é capaz de arquivar os locais físicos exatos, registros de custo e manutenção, e os esquemas de divisão de canais específicos para uso futuro e modificações quando houver crescimento da rede.

A Figura 2.13 mostra o resultado da cobertura para uma instalação real de WLAN feita em uma grande e moderna sala de leitura no campus de uma universidade. O projeto foi realizado inicialmente às cegas em menos de dez minutos, pela Internet, usando um produto de CAD. Depois, o aluno usou seu projeto completo do sistema de WLAN e visitou o prédio para colocar os pontos de acesso e depois verificar o projeto medindo o desempenho da rede enquanto caminhava pelo prédio. Em menos de trinta minutos, o aluno conseguiu verificar seu projeto, medindo e arquivando os dados reais de vazão e atraso experimentados pelos usuários em locais específicos do prédio (devido à atenuação na propagação e interferência) com todos os pontos de acesso em operação. Durante o teste no campo para validação, o aluno conseguiu acompanhar as medições reais diretamente em uma planta eletrônica do prédio enquanto armazenava todas as medidas, todas as previsões e todos os parâmetros do sistema (como o esquema de divisão de canais usado e o local físico dos pontos de acesso). Em Henty,[26] o ambiente de projeto *Site Planner* foi usado com produtos de medição de WLAN (*LANFielder e SiteSpy*), permitindo assim que métodos novos e eficientes para coletar e usar as medições de campo para validação rápida de rede e ajustes no projeto ideal da WLAN fossem usados. À medida que as WLANs se proliferam e os níveis de interferência aumentam, ter um projeto de ambiente arquivado que possa ser ajustado às medições será cada vez mais importante. A Figura 2.14 ilustra um dos experimentos de medição conduzidos em Henty[27] a fim de modelar os dados de vazão do usuário final como uma função da potência do sinal e da interferência.

Na Europa, em meados da década de 1990, o padrão de Rede Local de Rádio de Alto Desempenho [*High Performance Radio Local Area Network* (HIPERLAN)] foi desenvolvido para fornecer uma capacidade semelhante ao IEEE 802.11. A HIPERLAN tinha como finalidade fornecer LANs sem fio individuais para comunicações por computador e usava as freqüências de 5,2 GHz e 17,1 GHz. A HIPERLAN oferece taxas de dados de usuário assíncronas entre 1 e 20 Mbps, além de mensagens com tempo de propagação limitado com taxas de 64 kbps a 2,048 Mbps. A HIPERLAN foi projetada para operar com veículos em velocidades de até 35 km/h, e normalmente fornecia 20 Mbps de vazão na faixa de 50 m.

A convergência no setor de WLAN parece estar no horizonte, pois as organizações de padrões na Europa, América do Norte e Japão começaram a coordenar alocações de espectro e taxas de dados do usuário final. Em 1997, o ETSI da Europa estabeleceu um comitê de padro-

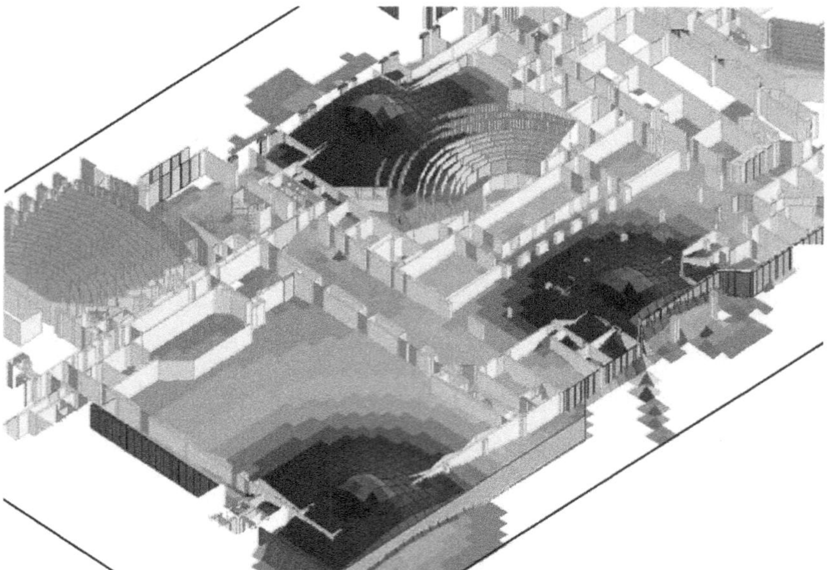

Figura 2.13 Um gráfico de cobertura prevista para três pontos de acesso em uma grande e moderna sala de leitura. (Cortesia da Wireless Valley Communications, Inc., ©2000, todos os direitos reservados.)

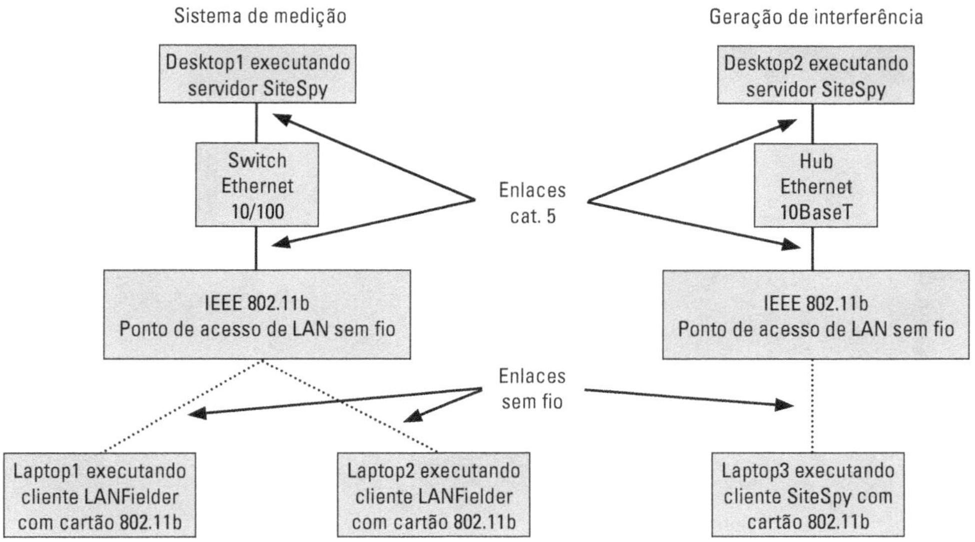

Figura 2.14 Esquema de um experimento para determinar como a interferência recebida impacta o desempenho do usuário final em uma rede WLAN[28]. O trabalho em Henty[29] demonstrou que um ambiente de previsão e medição CAD pode ser usado para prever precisa e rapidamente a verdadeira vazão do usuário final em uma rede de múltiplos nós usando previsão às cegas. Essas capacidades serão vitais à medida que as densidades de usuário aumentam em redes WLAN dentro de prédios ou campi.

nização para BRANs. O objetivo da BRAN é desenvolver uma família de protocolos de banda larga — na linha das WLANs — que permitam interoperabilidade do usuário, cobrindo redes de curto alcance (por exemplo, WLAN) ou longo alcance (por exemplo, sem fio fixo). A HIPERLAN/2 surgiu como o padrão de WLAN europeu de próxima geração e oferecerá até 54 Mbps de taxa de transmissão a uma série de redes, incluindo o backbone ATM, redes baseadas em IP e núcleo UMTS. A HIPERLAN/2 deverá operar na banda de 5 GHz. Enquanto isso, o IEEE 802.11a está emergindo na América do Norte como a WLAN da próxima geração. Assim como HIPERLAN/2, o IEEE 802.11a admite até 54 Mbps de taxa de transmissão para integração com redes backbones ATM, UMTS e redes IP, e operará na banda ISM de 5,15-5,35 GHz. Enquanto isso, o Serviço Móvel de Acesso a Comunicações Multimídia [*Multimedia Mobile Access Communication System* (MMAC)] do Japão está desenvolvendo padrões de WLAN com alta taxa de dados (25 Mbps) para uso na banda de 5,15-5,35 GHz.

À medida que as taxas de dados aumentam e os padrões mundiais começam a convergir, novas aplicações para WLANs se tornam evidentes. Diversas empresas têm explorado um conceito de LAN pública (publan), na qual um provedor de Internet sem fio com cobertura nacional monta uma infra-estrutura de pontos de acesso de WLAN em hotéis, restaurantes, aeroportos e lanchonetes selecionadas, e depois cobra uma taxa de assinatura mensal dos usuários que desejam ter acesso à Internet 'sempre conectada' desses locais selecionados. Outras idéias recentes sugerem que as WLANs poderiam ser usadas para fornecer acesso aos cem últimos metros para casas e escritórios, em competição com o acesso sem fio fixo e com o IMT-2000. Certamente, o preço para o hardware de WLAN é muito menor que os telefones 3G e o equipamento fixo sem fio com onda de milímetro. Porém, o espectro da WLAN não é licenciado, e a menos que um planejamento de freqüência e uma engenharia de rádio prudente sejam empregados, as implantações de WLAN sem cuidado nos prédios e vizinhanças poderiam se tornar saturadas. Isso novamente aponta a necessidade de estratégias de implantação de WLAN que utilizam o conhecimento das condições de interferência e propagação, como mostra a Figura 2.13.

É instrutivo investigar como um sistema de WLAN futurista poderia funcionar em uma vizinhança típica se os pontos de acesso da WLAN fossem montados em postes de iluminação ao longo da rua. Considere a vizinhança mostrada na Figura 2.15, onde três casas estão localizadas em uma área com muitas árvores. Em Durgin et al.,[30] medições foram realizadas em diversas casas e em diferentes tipos de folhagem usando transmissores em postes na rua (para uma antena externa CPE — *Customer Premises Equipment* — montada na altura do telhado e na altura da cabeça) e dentro da casa (na altura da cabeça, para representar um telefone sem fio ou antena portátil). A Figura 2.16 mostra os valores de perda de caminho realmente medidos para diversas alturas de antena dentro da casa. Observe que o transmissor montado na rua está localizado no canto inferior esquerdo da Figura 2.16. Pode-se ver que o nível de sinal na cozinha (perda de 51,2 dB) é 11,5 dB mais fraco do que o nível de sinal na porta da frente (39,6 dB), e o sinal na porta dos fundos é 18,1 dB mais fraco que o nível de sinal na porta da frente.

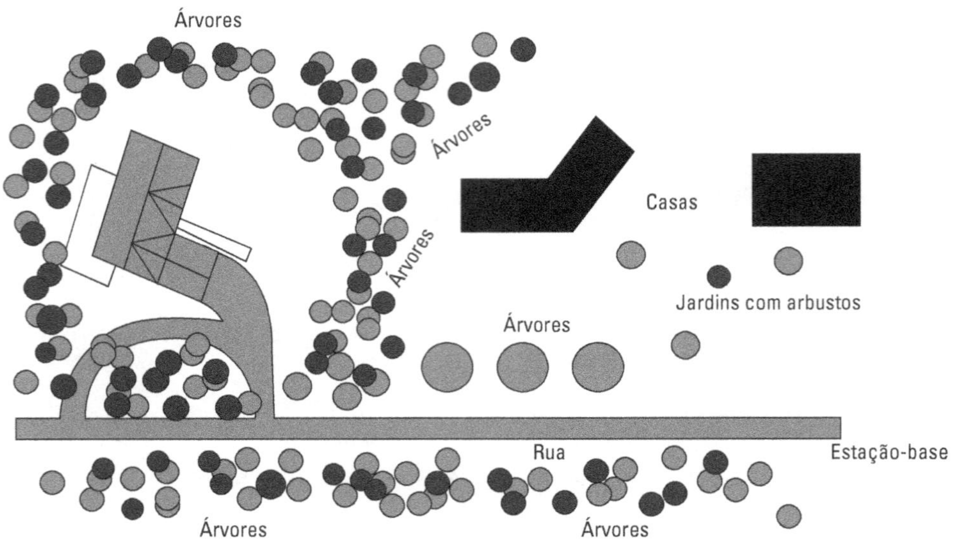

Figura 2.15 Uma vizinhança típica onde o serviço de WLAN sem licença em alta velocidade a partir da rua poderia ser contemplado[31].

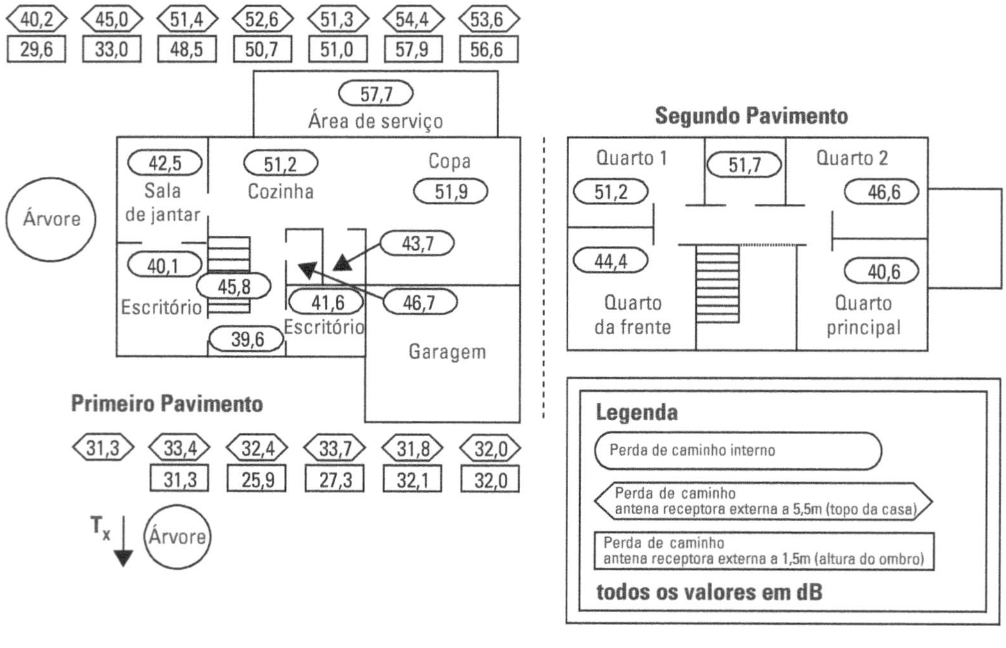

Figura 2.16 Valores de perda de caminho medidos usando um transmissor no poste de iluminação montado na rua a 5,8 GHz para diversos tipos de antena do cliente [de Durgin et al.[32] ©IEEE].

Conhecer os valores de perda de sinal específicos em uma casa ou vizinhança é vital para determinar a cobertura, a capacidade e o custo de um sistema contemplado. Trabalhos em Durgin et al., Morrow e Rappaport, Henty e Rappaport[33] mostram definitivamente que previsões extremamente precisas de cobertura, desempenho de usuário final da WLAN, custo de infra-estrutura e capacidade geral da rede podem ser encontradas fácil e diretamente usando-se uma pequena quantidade de informações específicas retiradas da planta do local[34].

2.5 Bluetooth e Redes Pessoais [*Personal Area Networks* (PANs)]

Com base nos passos revolucionários que a tecnologia sem fio tomou durante as duas últimas décadas, os fabricantes de aparelhos eletrônicos recentemente observaram que existe uma imensa apreciação do consumidor para 'remover os fios'. A capacidade de substituir cabos desajeitados que conectam dispositivos uns aos outros (como cabos de impressora, cabos de telefone, fios que conectam um computador pessoal a um mouse) por uma conexão invisível, sem fio, de curto alcance e baixa potência, ofereceria conveniência e flexibilidade. Além disso, a conectividade sem fio possibilitaria movimentar equipamentos em um escritório, bem como a comunicação colaborativa entre indivíduos, seus aparelhos e ambiente.

Bluetooth é um padrão aberto que foi abraçado por mais de mil fabricantes de aparelhos eletrônicos. Ele oferece uma técnica específica que permite que vários dispositivos se comuniquem um com o outro dentro de uma faixa nominal de dez metros. Derivado do nome do rei Harald Bluetooth, um viking do século X que uniu a Dinamarca e a Noruega, o padrão Bluetooth visa a unificar as tarefas de conectividade dos aparelhos dentro do espaço de trabalho pessoal de um indivíduo[35].

Bluetooth opera na banca ISM de 2,4 GHz (2.400-2.483,5 MHz) e usa um esquema de salto de freqüência TDD para cada canal de rádio. Cada canal de rádio Bluetooth tem uma largura de banda de 1 MHz e saltos a uma taxa de aproximadamente 1.600 saltos por segundo. As transmissões são realizadas em slots de 625 microssegundos com um único pacote transmitido em um único slot. Para longas transmissões de dados, usuários em particular podem ocupar múltiplos slots usando a mesma freqüência de transmissão, reduzindo assim a taxa de salto instantânea para menos de 1.600 saltos por segundo. O esquema de salto de freqüência de cada usuário Bluetooth é determinado a partir de um código cíclico de tamanho $2^{27}-1$, e cada usuário tem uma taxa de sinalização de canal de 1 Mbps usando a modulação GFSK. O padrão foi projetado para dar suporte à operação em níveis de interferência muito altos, e conta com uma série de esquemas de codificação de Controle de Erro Direto [*Forward Error Control* (FEC)] e de Repetição Automática de Requisição [*Automatic Repeat Request* (ARQ)] para dar suporte a uma taxa de erro de bit por canal de aproximadamente 10^{-3}.

Diferentes países alocaram diversos canais para operação Bluetooth. Nos Estados Unidos e na maioria da Europa, a banda ISM FHSS de 2,4 GHz está disponível para uso do Bluetooth (ver Tabela 2.4). Uma lista detalhada dos estados é definida no padrão Bluetooth para dar suporte a uma grande gama de aplicações, aparelhos e usos em potencial da Rede Pessoal. Áudio, texto, dados e até mesmo vídeo são contemplados no padrão Bluetooth[36]. A Figura 2.17 oferece

Tabela 2.4 Canais IEEE 802.11b para padrões de WLAN DS-SS e FH-SS

País	Faixa de freqüência disponível	Canais DSSS disponíveis	Canais FHSS disponíveis
Estados Unidos	2,4 a 2,4835 GHz	1 até 11	2 até 80
Canadá	2,4 a 2,4835 GHz	1 até 11	2 até 80
Japão	2,4 a 2,497 GHz	1 até 14	2 até 95
França	2,4465 a 2,4835 GHz	10 até 13	48 até 82
Espanha	2,445 a 2,4835	10 até 11	47 até 73
Restante da Europa	2,4 a 2,4835 GHz	1 até 13	2 até 80

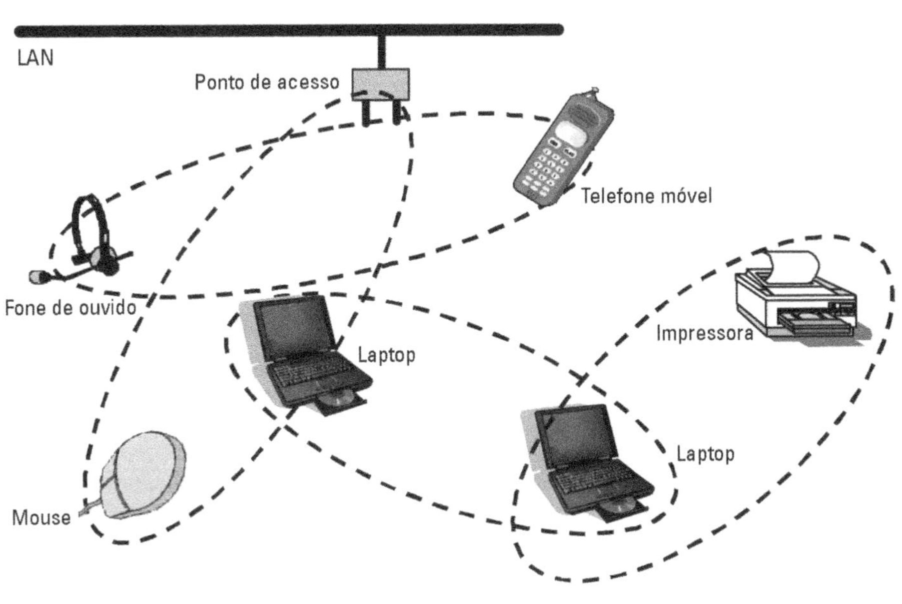

Figura 2.17 Exemplo de uma *Personal Area Network* (PAN) conforme fornecido pelo padrão Bluetooth.

uma representação do conceito de Bluetooth na qual um gateway com a Internet via IEEE 802.11b aparece como uma possibilidade conceitual.

O comitê de padrões IEEE 802.15 foi formado com a finalidade de oferecer um fórum internacional para desenvolver Bluetooth e outras PANs que interconectam PCs de bolso, assistentes digitais pessoais (PDAs), telefones celulares, projetores e outros aparelhos[37]. Com a rápida proliferação dos *computadores vestíveis*, como PDAs, telefones celulares, cartões inteligentes e dispositivos de localização, as PANs podem oferecer conexão com uma área inteiramente nova de recuperação e monitoração remota do mundo ao nosso redor.

2.6 Resumo

Este capítulo forneceu uma visão geral das redes de comunicação sem fio modernas que estão sendo desenvolvidas atualmente em todo o mundo. Desde telefonia móvel até o acesso de banda larga sem fio para prédios e através de campus de universidades, fica claro que as comunicações sem fio se tornarão um meio onipresente de transporte da informação no século XXI. Neste capítulo, a convergência dos padrões de telefonia móvel de segunda geração em padrões de terceira geração foi descrita, e as soluções de dados 2,5G intermediárias foram explicadas para todas as principais tecnologias móveis. Foi apresentado o que há de mais moderno nos sistemas de onda de milímetro em banda larga, bem como a visão das redes de banda larga LMDS sem fio como um complemento ao backbone de fibra existente. Destacou-se os desenvolvimentos de WLANs atuais, e a evolução de WLANs a partir de dispositivos de baixa taxa de dados incompatíveis, até poderosas redes multimegabits padronizadas. As atividades atuais de padronização de WLAN também foram apresentadas. Finalmente, descreveu-se o surgimento do Bluetooth e o conceito de uma PAN. Equipado com um conhecimento de alto nível acerca dos diversos mercados emergentes e das opções de tecnologia concorrentes existentes no setor de telecomunicação sem fio, o leitor agora está pronto para estudar as questões técnicas fundamentais que causam impacto em todos os sistemas sem fio. Os demais capítulos deste livro oferecem esse tratamento fundamental.

Problemas

2.1 No seu local de trabalho, quantas redes de comunicações sem fio modernas estão disponíveis para você? Identifique os tipos de serviços e de tecnologias, bem como os nomes comerciais dos provedores de serviço e os nomes comerciais dos fabricantes de equipamentos que oferecem essas capacidades de acesso sem fio.

2.2 Na sua casa, quantas redes de comunicação sem fio modernas estão disponíveis? Identifique os tipos de serviços e de tecnologias, bem como os nomes comerciais dos provedores de serviço e os nomes comerciais dos fabricantes de equipamentos que oferecem essas capacidades de acesso sem fio.

2.3 Crie uma tabela que lista todos os padrões de telefonia móvel 2G, 2,5G e 3G. Pesquise cuidadosamente as fontes mais recentes para determinar os seguintes parâmetros para cada padrão: a) largura de banda do canal de RF; b) taxa de dados de pico; c) taxa de dados típica; d) órgão de padrões responsável; e) número máximo de usuários simultâneos; f) tipo de modulação.

2.4 Realize uma pesquisa para descobrir todos os padrões de interface de ar aceitos para o IMT-2000. Descreva rapidamente os recursos técnicos e discuta as motivações políticas e comerciais de cada um dos grupos que propuseram os padrões vencedores. Qual é o seu padrão IMT-2000 favorito? Justifique sua resposta.

2.5 Especifique as bandas de freqüência não licenciadas e os planos de atribuição de canal para equipamentos de rede local sem fio (WLAN) que europeus, japoneses e norte-americanos têm permissão para usar dentro da faixa de 2-6 GHz. Como a compatibilidade de freqüência internacional ajuda no crescimento dos padrões de interface de ar em uma banda de freqüência não licenciada?

2.6 Por que uma prestadora de serviço sem fio norte-americana anunciaria que seu plano de longo prazo é abandonar seu padrão IS-136 em favor de um padrão de 3ª geração W-CDMA com base no GSM? Considere a decisão em face das seguintes considerações comerciais, políticas e técnicas: a) disponibilidade de equipamento de baixo custo dos fabricantes; b) compatibilidade com prestadoras de serviço sem fio concorrentes nos Estados Unidos; c) compatibilidade com prestadoras que ela considera suas aliadas de negócios; d) compatibilidade com prestadoras de serviço sem fio fora dos Estados Unidos; e) acesso a equipamentos testados em ambientes reais que oferecem capacidades 3G imediatas; f) experiência de domínio por seu pessoal de engenharia atual; g) custo e facilidade de manutenção da infra-estrutura; h) outros fatores não mencionados acima.

2.7 Se um operador IS-136 desejar fornecer acesso competitivo em alta velocidade à Internet aos clientes, ele deve escolher adotar GPRS ou, como alternativa, ele pode desejar mudar sua infra-estrutura existente para GSM e depois usar as diversas opções disponíveis aos operadores de GSM. Realize uma busca na literatura disponível sobre o assunto para determinar o estado atual do GPRS para prestadoras de IS-136. Dadas suas descobertas, qual é a opção mais adequada para a prestadora IS-136 baseada no preço, disponibilidade e experiência do usuário?

2.8 Compare e contraste os diversos caminhos da tecnologia 2,5G que cada um dos principais padrões 2G oferece. Que caminho tem a velocidade de acesso à Internet mais alta? Essa velocidade é a verdadeira velocidade para o usuário ou é a velocidade de vazão de pico instantânea? Que caminho de tecnologia é mais fácil de implementar nos aparelhos de assinante existentes? Que caminho seria mais adequado para o acesso à rede em tempo real?

2.9 Como as transmissões multiportadora teriam impacto na técnica de um operador em alocar recursos para acomodar uma quantidade crescente de assinantes, que desejam cada vez mais conectividade de dados em vez de voz? Como o uso em larga escala do HSCSD por uma empresa de celular impactaria a sua estratégia de alocação de canais nas estações-base de uma rede celular? De que maneira a adoção rápida do VoIP causaria impacto no congestionamento dos celulares? Explique.

2.10 Determine a máxima taxa de dados instantânea bruta que pode ser fornecida a um único usuário em EDGE, supondo que um único slot de tempo em um único canal GSM esteja disponível.

2.11 Ache a máxima taxa de dados instantânea bruta que pode ser fornecida usando IS-95B se quatro canais de usuário forem dedicados a um único usuário.

Referências bibliográficas

1 GARG, V. K.; WILKES, J. E. *Principles & applications of GSM.* Nova Jersey: Prentice Hall, 1999.

2 LIBERTI, J. C.; RAPPAPORT, T. S., *Smart antennas for wireless communications: IS-95; third generation applications.* Nova Jersey: Prentice Hall, 1999, Capítulo 1.

KIM, K. I. (ed.). *Handbook of CDMA system design, engineering; optimization.* Nova Jersey: Prentice Hall, 2000.

GARG, V. K. *IS-95 CDMA; cdma2000.* Nova Jersey: Prentice Hall, 2000.

3 LIBERTI, J. C.; RAPPAPORT, T. S., *Smart antennas for wireless communications: IS-95; third generation applications.* Nova Jersey: Prentice Hall, 1999.

4 ALDRIDGE, I. *Analysis of existing wireless communication protocols,* COMS E6998-5 curso ministrado por prof. M. Lerner, 2000, Nova York: Columbia University. Disponível em: http://www.columbia.edu/~ir94/wireless.html.

5 GARG, V. K.; WILKES, J. E. *Principles & applications of GSM.* Nova Jersey: Prentice Hall, 1999.

6 TELECOMMUNICATIONS NEWS, SPECIAL WIRELESS ISSUE, Agilent Technologies, artigo 22, jun. 2001.

7 NOEL, Frederic. "Higher data rates in GSM/Edge with multicarrier". Tese de Mestrado, Chalmers University of Technology, abr. 2001, Technical Report EX024/2001.

8 LIBERTI, J. C.; RAPPAPORT, T. S. *Smart antennas for wireless communications: IS-95; third generation applications.* Nova Jersey: Prentice Hall, 1999.

KIM, K. I. (ed.). *Handbook of CDMA system design, engineering; optimization.* Nova Jersey: Prentice Hall, 2000.

GARG, V. K. *IS-95 CDMA; cdma2000.* Nova Jersey: Prentice Hall, 2000.

TIEDEMANN, E. G., "CDMA2000-1X: new capabilities for CDMA networks". *IEEE Vehicular Technology Society Newsletter.* v. 48, n. 4, nov. 2001.

9 LIBERTI, J. C.; RAPPAPORT, T. S. *Smart antennas for wireless communications: IS-95 and third generation applications.* Nova Jersey: Prentice Hall, 1999.

10 BUCKLEY, S. "3G wireless: mobility scales new heights". *Telecommunications Magazine,* nov. 2000, p. 32-36.

11 LIBERTI, J. C.; RAPPAPORT, T. S. *Smart antennas for wireless communications: IS-95 and third generation applications.* Nova Jersey: Prentice Hall, 1999.

12 BUCKLEY, S. "3G wireless: mobility scales new heights". *Telecommunications Magazine,* nov. 2000.

13 TIEDEMANN, E. G. "CDMA2000-1X: new capabilities for CDMA networks". *IEEE Vehicular Technology Society Newsletter,* v. 48, n. 4, nov. 2001.

GARG, V. K. *IS-95 CDMA; cdma2000.* Nova Jersey: Prentice Hall, 2000.

KIM, K. I. (ed.). *Handbook of CDMA system design, engineering; optimization.* Nova Jersey: Prentice Hall, 2000.

14 TD-SCDMA Forum. Disponível em: www.tdscdma-forum.org.

15 STARR, T.; CIOFFI, J. M.; SILVERMAN, P. J. *Understanding digital subscriber line technology.* Nova Jersey: Prentice Hall, 1999.

16 CORREIA, L.; PRASAD, R. "An overview of wireless broadband communications". *IEEE Communications Magazine,* jan. 1997, p. 28-33.

ANDRISANO, O.; TRALLI, V.; VERDONE, R. "Millimeter waves for short-range multimedia communication systems". *Proceedings IEEE,* v. 86, jul. 1998, p. 1383-1401.

XU, H.; BOYLE, R. J.; RAPPAPORT, T. S.; SCHAFFNER, J. H. "Measurements and models for 38 GHz point-to-multipoint radiowave propagation". *IEEE Journal on Selected Areas in Communications: Wireless Communications Series,* v. 18, n. 3, mar. 2000, p. 310-321.

17 ______; ______; ______. "Measurements and models for 38 GHz point-to-multipoint radiowave propagation". *IEEE Journal on Selected Areas in Communications: Wireless Communications Series,* v. 18, n. 3, mar. 2000, p. 310-321.

18 Ibidem.

19 Ibidem.

20 Ibidem.

21 Ibidem.

22 ARENSMAN, R. "Cutting the cord". *Electronics Business Magazine,* jun. 2001, p. 51-60.

23 HENTY, B. "Throughput measurements and empirical prediction models for IEEE 802.11b wireless LAN (WLAN) installations". Tese de Mestrado, Virginia Tech, Blacksburg, VA, ago. 2001.

24 WIRELESS VALLEY COMMUNICATIONS, INC. *SitePlanner 2001 Product Manual,* Blacksburg, Virginia, c. 2001. Disponível em: www.wirelessvalley.com.

25 HENTY, B. "Throughput measurements and empirical prediction models for IEEE 802.11b wireless LAN (WLAN) installations". Tese de Mestrado, Virginia Tech, Blacksburg, VA, ago. 2001.

26 Ibidem.

27 Ibidem.

28 Ibidem.

29 Ibidem.

30 DURGIN, G. D.; RAPPAPORT, T. S.; XU, H. "Measurements and models for radio path loss and penetration loss in and around homes and trees at 5.8 GHz". *IEEE Transactions on Communication*, v. 46, n. 11, nov. 1998, p. 1484-1496.

31 ______; ______; ______. "Radio path loss; penetration loss measurements in; around homes; Trees at 5.85 GHz". *1998 AP-S International Symposium*, Atlanta, jun. 1998, p. 618-634.

32 ______; ______; ______. "Measurements and models for radio path loss and penetration loss in and around homes and trees at 5.8 GHz". *IEEE Transactions on Communication*, v. 46, n. 11, nov. 1998, p. 1484-1496.

33 ______; ______; ______. "Measurements and models for radio path loss and penetration loss in and around homes and trees at 5.8 GHz". *IEEE Transactions on Communication*, v. 46, n. 11, nov. 1998, p. 1484-1496.

MORROW, R. K.; RAPPAPORT, T. S. "Getting in". *Wireless Review*, mar. 2000 p. 42-44. Disponível em: *http://www.wirelessreview.com/issues/2000/00301/feat24.htm.*

HENTY, B. "Throughput measurements and empirical prediction models for IEEE 802.11b wireless LAN (WLAN) installations". Tese de Mestrado, Virginia Tech, Blacksburg, ago. 2001.

RAPPAPORT, T. S. "Isolating interference". *Wireless Review*, maio 2000, p. 33–35. Disponível em: *http://www.wirelessreview.com/issues/2000/00501/feat23.htm.*

34 DURGIN, G. D.; RAPPAPORT, T. S.; XU, H. "Measurements and models for radio path loss and penetration loss in and around homes and trees at 5.8 GHz". *IEEE Transactions on Communication*, v. 46, n. 11, nov. 1998, p. 1484-1496.

35 ROBERT, M. "Bluetooth: a short tutorial". *Wireless personal communications: Bluetooth tutorial; other technologies*. TRANTER, W. H. et al. (eds.) Kluwer Academic Publishers, 2001, p. 249-270.

36 TRANTER, W. H.; Woerner, B. D.; Reed, J. H.; Rappaport, T. S.; Robert, M. (eds.) *Wireless personal communications: Bluetooth tutorial; other technologies*. Kluwer Academic Publishers, 2001.

37 BRALEY, R. C.; GIFFORD, I. C.; HEILE, R. F. "Wireless personal area networks: an overview of the IEEE P802.15 working group". *ACM Mobile Computing; Communications Review*, v. 4, n. 1, fev. 2000, p. 20-27.

O conceito de celular – fundamentos de projeto do sistema

O objetivo do projeto dos primeiros sistemas de rádio móvel era conseguir uma grande área de cobertura usando um único transmissor de alta potência com uma antena montada em uma torre alta. Embora essa técnica conseguisse uma cobertura muito boa, também significava que era impossível reutilizar essas mesmas freqüências pelo sistema, pois quaisquer tentativas de reutilização de freqüência resultariam em interferência. Por exemplo, na década de 1970, o sistema móvel da Bell na cidade de Nova York só admitiria um máximo de 12 chamadas simultâneas em mil milhas quadradas[1]. Encarado como o fato de que as agências reguladoras do governo não podiam fazer alocações de espectro proporcionais à demanda cada vez maior de serviços móveis, tornou-se imperativo reestruturar o sistema telefônico de rádio para conseguir alta capacidade com espectro de rádio limitado, abrangendo ao mesmo tempo áreas muito grandes.

3.1 Introdução

O conceito de celular foi um avanço importante na solução do problema de congestionamento espectral e capacidade de usuários. Ele oferecia capacidade muito alta em uma alocação de espectro limitada, sem grandes mudanças tecnológicas. O conceito de celular é uma idéia em nível de sistema e que exige a substituição de um único transmissor de alta potência (célula grande) por muitos transmissores de baixa potência (células pequenas), cada um oferecendo cobertura para somente uma pequena parte da área de serviço. Cada estação-base recebe uma parte do número total de canais disponíveis ao sistema inteiro, e estações-base próximas recebem diferentes grupos de canais, de modo que todos os canais disponíveis são atribuídos a um número relativamente pequeno de estações-base vizinhas. Estas, por sua vez, recebem diferentes grupos de canais, de modo que a interferência entre as estações-base (e os usuários móveis sob seu controle) é minimizada. Espaçando sistematicamente as estações-base e seus grupos de canais por um mercado, os canais disponíveis são distribuídos pela região geográfica e podem ser reutilizados tantas vezes quantas forem necessárias, desde que a interferência entre as estações de co-canal seja mantida abaixo dos níveis aceitáveis.

Quando a demanda por serviço aumenta (ou seja, quando mais canais são necessários dentro de um mercado em particular), o número de estações-base pode ser aumentado (além da correspondente diminuição na potência do transmissor para evitar interferência adicional), fornecendo assim uma capacidade maior de rádio sem nenhum aumento no espectro deste. Esse princípio fundamental é a base para todos os sistemas de comunicação sem fio modernos, pois permite que um número fixo de canais atenda a um número arbitrariamente grande de assinantes, reutilizando os canais pela região de cobertura. Além do mais, o conceito de celular permite que cada peça do equipamento do assinante de um país ou continente seja manufaturada com o mesmo conjunto de canais, de modo que qualquer equipamento móvel possa ser usado em qualquer lugar dentro da região.

3.2 Reutilização de freqüência

Os sistemas de rádio-celular contam com uma alocação e reutilização inteligente de canais em uma região de cobertura[2]. Cada estação-base de celular recebe um grupo de canais de rádio a ser usados dentro de uma pequena área geográfica, chamada *célula*. As estações-base em células adjacentes recebem grupos de canais com canais completamente diferentes das células vizinhas. As antenas da estação-base são projetadas para alcançar a cobertura desejada dentro da célula em particular. Limitando a área de cobertura dentro dos limites de uma célula, o mesmo grupo de canais pode ser usado para cobrir diferentes células, desde que estejam separadas umas das outras por distâncias grandes o suficiente para manter os níveis de interferência dentro de limites toleráveis. O processo do projeto de selecionar e alocar grupos de canais para todas as estações-base de celular dentro de um sistema é chamado *reutilização de freqüência* ou *planejamento de freqüência*[3].

A Figura 3.1 ilustra o conceito de reutilização de freqüência de celular, no qual as células rotuladas com a mesma letra usam o mesmo grupo de canais. O plano de reutilização de freqüência é sobreposto em um mapa para indicar onde diferentes canais de freqüência são usados. A forma de célula hexagonal mostrada na Figura 3.1 é conceitual, um modelo simplificado da cobertura de rádio de cada estação-base, mas trata-se de um modelo que tem sido adotado universalmente, pois o hexágono permite a análise fácil e manejável de um sistema celular. A cobertura de rádio real de uma célula é conhecida como *pegada* e é determinada pelas medições de campo ou por modelos de previsão de propagação. Embora a pegada real seja amorfa por natureza, uma forma de célula regular é necessária para o projeto sistemático do sistema e a adaptação para

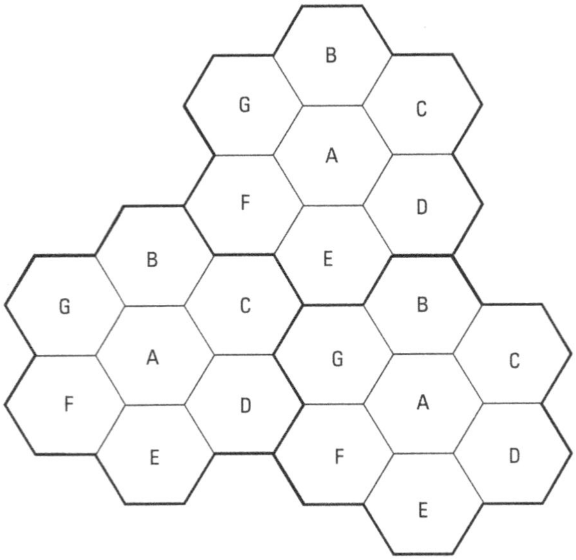

Figura 3.1 Ilustração do conceito de reutilização da freqüência do celular. As células com a mesma letra usam o mesmo conjunto de freqüências. Um cluster de células está contornado em negrito e é replicado pela área de cobertura. Neste exemplo, o tamanho do cluster, *N*, é igual a sete, e o fator de reutilização de freqüência é 1/7, pois cada célula contém um sétimo do número total de canais disponíveis.

crescimento futuro. Embora podendo parecer natural escolher um círculo para representar a área de cobertura de uma estação-base, os círculos adjacentes não podem ser dispostos em um mapa sem deixar lacunas ou criar regiões sobrepostas. Assim, ao considerar formas geométricas que cubram uma região inteira sem sobreposição, e com uma mesma área, existem três opções: um quadrado, um triângulo eqüilátero e um hexágono. Uma célula deve ser projetada para atender às estações móveis mais fracas dentro da pegada, sendo que elas normalmente estão localizadas na borda da célula. Para determinada distância entre o centro de um polígono e seus pontos de perímetro mais distantes, o hexágono tem a maior área dos três polígonos em questão. Assim, usando a geometria do hexágono, consegue-se cobrir uma região geográfica com o menor o número de células — além disso, o hexágono se aproxima mais de um padrão de radiação circular que ocorreria em uma antena de estação-base omnidirecional e propagação livre no espaço. Naturalmente, a pegada real da célula é determinada pelo contorno em que determinado transmissor atende às estações móveis com sucesso.

Ao usar hexágonos para modelar áreas de cobertura, os transmissores da estação-base são representados como estando no centro da célula (células excitadas no centro) ou em três dos seis vértices da célula (células excitadas na borda). Normalmente, antenas omnidirecionais são usadas nas células excitadas no centro, e antenas direcionais setorizadas são usadas em células excitadas no canto. Em geral, considerações práticas não permitem que estações-base sejam colocadas exatamente conforme aparecem no layout hexagonal. A maioria dos projetos de sistema permite que uma estação-base seja posicionada distante do local ideal em até um quarto do raio da célula.

Para entender o conceito de reutilização de freqüência, considere um sistema celular que possui um total de S canais duplex disponíveis para uso. Se cada célula recebe um grupo de k canais ($k < S$), e se os S canais são divididos entre N células em grupos de canais exclusivos e disjuntos, sendo que cada grupo possui o mesmo número de canais, o número total de canais de rádio disponíveis pode ser expresso como

$$S = kN \tag{3.1}$$

As N células que utilizam coletivamente o conjunto completo de freqüências disponíveis é chamado *cluster*. Se um cluster for replicado M vezes dentro do sistema, o número total de canais duplex, C, pode ser usado como uma medida da capacidade e é dado por

$$C = MkN = MS \tag{3.2}$$

Como visto na Equação 3.2, a capacidade de um sistema celular é diretamente proporcional ao número de vezes que um cluster é replicado em uma área de serviço fixa. O fator N é chamado *tamanho de cluster*, e normalmente é igual a 4, 7 ou 12. Se o tamanho de cluster N for reduzido enquanto o tamanho da célula é mantido constante, mais clusters são exigidos para cobrir uma determinada área — portanto, mais capacidade (um valor maior de C) é obtida. Um tamanho de cluster grande indica que a razão entre o raio da célula e a distância entre as células do co-canal é reduzida, fazendo com que a interferência co-canal seja mais fraca. Ao contrário, um tamanho de cluster pequeno indica que as células do co-canal estão localizadas muito mais próximas. O valor para N é uma função da quantidade de interferência que uma estação móvel ou estação-base pode tolerar mantendo uma qualidade de comunicação suficiente. Do ponto de vista do projeto, o menor valor possível de N é desejável a fim de maximizar a capacidade de determinada área de cobertura (ou seja, para maximizar C na Equação 3.2). O *fator de reutilização de freqüência* de um sistema celular é dado por $1/N$, pois cada célula dentro de um cluster só recebe $1/N$ canais da totalidade de canais disponíveis no sistema.

Devido ao fato de a geometria hexagonal da Figura 3.1 ter exatamente seis vizinhos eqüidistantes e de as linhas que unem os centros de qualquer célula e cada um de seus vizinhos estarem separadas por múltiplos de 60°, existem apenas certos tamanhos de cluster e layouts de célula possíveis[4]. Para fazer um mosaico sem lacunas — conectar sem lacunas células adjacentes —, a geometria dos hexágonos é tal que o número de células por cluster, N, só pode ter valores que satisfaçam a Equação 3.3 a seguir:

$$N = i^2 + ij + j^2 \tag{3.3}$$

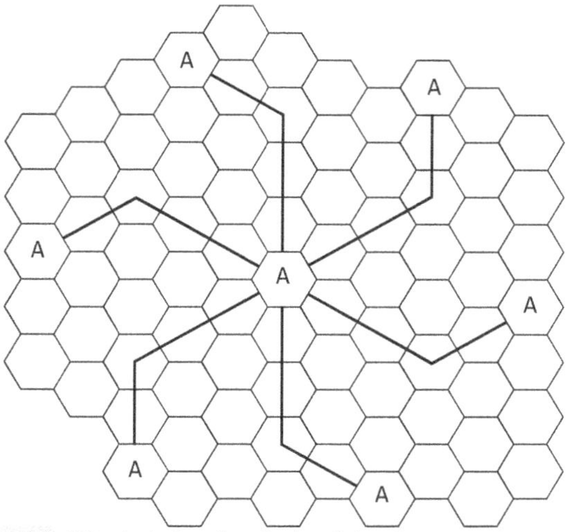

Figura 3.2 Método de localização de células de co-canal em um sistema celular. Neste exemplo, $N = 19$ (ou seja, $i = 3$, $j = 2$). (Adaptado de Oeting[5] © IEEE.)

onde i e j são inteiros não negativos. Para achar os vizinhos de co-canal mais próximos de uma célula em particular, é preciso fazer o seguinte: 1) mova i células ao longo de qualquer cadeia de hexágonos; 2) vire 60° em sentido anti-horário e mova j células. Esse procedimento é ilustrado na Figura 3.2 para $i = 3$ e $j = 2$ (por exemplo, $N = 19$).

Exemplo 3.1

Se um total de 33 MHz de largura de banda for alocado para determinado sistema de telefonia celular FDD que usa dois canais simplex de 25 kHz para fornecer canais de voz e controle duplex, calcule o número de canais disponíveis por célula se o sistema utilizar: a) reutilização de quatro células; b) reutilização de sete células; c) reutilização de 12 células. Se 1 MHz do espectro alocado for dedicado a canais de controle, determine uma distribuição justa desses canais e de canais de voz em cada célula para cada um dos três sistemas.

Solução

Dados:

Largura de banda total = 33 MHz

Largura de banda do canal = 25 kHz × 2 canais simplex = 50 kHz/canal duplex

Total de canais disponíveis = 33.000/50 = 660 canais

a) Para $N = 4$, número total de canais disponíveis por célula = 660/4 ≈ 165 canais.
b) Para $N \approx 7$, número total de canais disponíveis por célula = 660/7 ≈ 95 canais.
c) Para $N = 12$, número total de canais disponíveis por célula = 660/12 ≈ 55 canais.

Um espectro de 1 MHz para canais de controle implica que existem 1.000/50 = 20 canais de controle dos 660 canais disponíveis. Para distribuir por igual os canais de controle e voz, basta alocar o mesmo número de canais de voz em cada célula sempre que possível. Aqui, os 660 canais devem ser distribuídos por igual a cada célula dentro do cluster. Na prática, somente os 640 canais de voz seriam alocados, pois os canais de controle são alocados separadamente — 1 por célula.

a) Para $N = 4$ podemos ter cinco canais de controle e 160 canais de voz por célula. Na prática, porém, cada célula só precisa de um único canal de controle (os canais de controle têm uma maior distância de reutilização do que os canais de voz). Assim, um canal de controle e 160 canais de voz seriam atribuídos a cada célula.
b) Para $N = 7$, quatro células com três canais de controle e 92 canais de voz, duas células com três canais de controle e 90 canais de voz, e uma célula com dois canais de controle e 92 canais de voz poderiam ser alocadas. Na prática, porém, cada célula teria um canal de controle, quatro células teriam 91 canais de voz, e três células teriam 92 canais de voz.
c) Para $N = 12$ podemos ter oito células com dois canais de controle e 53 canais de voz, e quatro células com um canal de controle e 54 canais de voz. Em um sistema real, cada célula teria um canal de controle, oito células teriam 53 canais de voz, e quatro células teriam 54 canais de voz.

3.3 Estratégias de atribuição de canal

Para uma utilização eficiente do espectro de rádio, é preciso que haja um esquema de reutilização de freqüências coerente com os objetivos de aumento da capacidade e redução de interferência. Diversas estratégias de atribuição de canais foram desenvolvidas a fim de alcançar esses objetivos. As estratégias de atribuição de canais podem ser classificadas como *fixas* ou *dinâmicas*. A escolha da estratégia de atribuição de canais tem impacto sobre o desempenho do sistema, principalmente sobre como as chamadas são gerenciadas quando um usuário móvel é transferido de uma célula para outra[6].

Em uma estratégia de atribuição fixa de canais, cada célula recebe um conjunto predeterminado de canais de voz. Qualquer tentativa de chamada dentro da célula só pode ser realizada pelos canais não utilizados dessa célula em particular. Se todos os canais dessa célula estiverem ocupados, a chamada é *bloqueada* e o assinante não recebe o serviço. Existem diversas variações da estratégia de atribuição fixa. Em uma técnica, chamada *estratégia de empréstimo*, uma célula tem permissão para pedir canais emprestados de uma célula vizinha se todos os seus canais já estiverem ocupados. A Central de Comutação e Controle [*Mobile Switching Center* (MSC)] supervisiona esses procedimentos de empréstimo e garante que o empréstimo de um canal não atrapalhe ou interfira em qualquer uma das chamadas em andamento na célula doadora.

Em uma estratégia de atribuição dinâmica de canais, os canais de voz não são alocados às diversas células permanentemente. Em vez disso, sempre que é feita uma solicitação de chamada, a estação-base que está atendendo solicita um canal ao MSC. A central, então, aloca um canal à célula solicitante seguindo um algoritmo que leva em consideração a probabilidade de bloqueio futuro dentro dessa célula, bem como a freqüência de uso do canal candidato, a distância de reutilização do canal e outras funções de custo.

Assim, a MSC só aloca uma determinada freqüência se esta não estiver atualmente em uso na célula ou em qualquer outra célula que esteja dentro da distância restrita mínima de reutilização de freqüências, a fim de evitar interferência de co-canal. A atribuição dinâmica de canais reduz a probabilidade de bloqueio, aumentando a capacidade de entroncamento do sistema, pois todos os canais disponíveis em um mercado são acessíveis a todas as células. As estratégias de atribuição dinâmica de canais exigem que a MSC reúna dados em tempo real sobre a ocupação do canal, distribuição de tráfego e *indicações de força do sinal de rádio* [*Radio Signal Strength Indications* (RSSI)] de todos os canais continuamente. Isso aumenta a carga computacional e de armazenamento do sistema, mas oferece a vantagem de maior utilização dos canais e menor probabilidade de uma chamada acabar bloqueada.

3.4 Estratégias de transferência

Quando uma estação móvel se move para uma célula diferente enquanto uma conversa está em andamento, a MSC transfere automaticamente a chamada para um novo canal pertencente à nova estação-base. Essa operação de transferência não envolve apenas a identificação de uma nova estação-base, mas também requer que os sinais de voz e controle sejam alocados a canais associados à nova estação-base.

Processar transferências é uma tarefa importante em qualquer sistema de rádio-celular. Muitas estratégias de transferência priorizam as solicitações de transferência em detrimento das solicitações de início de chamada quando alocam para o local de célula canais não utilizados. As transferências devem ser realizadas com sucesso e com a menor freqüência possível, devendo ser imperceptíveis aos usuários. Para cumprir esses requisitos, os projetistas de sistema devem especificar um nível de sinal ideal no qual uma transferência deve ser iniciada. Quando um nível de sinal em particular é especificado como o sinal mínimo utilizável para a qualidade de voz aceitável no receptor da estação-base (normalmente entre –90 dBm e –100 dBm), um nível de sinal ligeiramente mais forte é usado como patamar para que uma transferência seja realizada. Essa margem, dada por $\Delta = P_{r\ entrega} - P_{r\ mínimo\ utilizável}$, não pode ser muito grande nem muito pequena. Se Δ for muito grande, pode haver transferências desnecessárias, sobrecarregando a MSC; e se Δ for muito pequeno, pode não haver tempo suficiente para completar a transferência antes que uma chamada se perca devido às condições de sinal. Portanto, Δ deve ser escolhido cuidadosamente para atender a esses requisitos em conflito. A Figura 3.3 ilustra uma situação de transferência. A Figura 3.3a demonstra o caso em que uma transferência não é feita e o sinal cai abaixo do nível aceitável mínimo para manter o canal ativo. Esse evento de chamada perdida pode acontecer quando existe um atraso excessivo pela MSC em atribuir uma transferência ou quando o patamar Δ é muito pequeno para o tempo de transferência no sistema. Atrasos excessivos podem ocorrer durante condições de alto tráfego devido à carga computacional na MSC, ou devido ao fato de que não existem canais disponíveis em qualquer uma das estações-base vizinhas (forçando assim a MSC a esperar até que um canal em uma célula vizinha esteja livre).

Ao decidir quando fazer a transferência, é importante garantir que a queda no nível de sinal medido não se deve a uma atenuação momentânea desse sinal, mas que a estação móvel está realmente se afastando da estação-base que a atende. Para garantir isso, a estação-base monitora o nível de sinal por um certo período de tempo antes que uma transferência seja iniciada. Essa medição da potência do sinal deve ser otimizada de modo que sejam evitadas transferências desnecessárias enquanto garante que as transferências necessárias sejam completadas antes que uma chamada seja terminada devido a um nível de sinal fraco. O período de tempo necessário para decidir se uma transferência é necessária depende da velocidade em que o veículo está se movendo. Se a inclinação do nível médio do sinal recebido a curto prazo em determinado intervalo de tempo for íngreme, a transferência deve ser feita rapidamente. Informações sobre a velocidade do veículo, que podem ser úteis nas decisões de transferência, também podem ser calculadas a partir das estatísticas de atenuação do sinal recebido a curto prazo na estação-base.

O tempo pelo qual uma chamada pode ser mantida dentro de uma célula, sem transferência, é chamado *tempo de permanência*[7]. O tempo de permanência de determinado usuário é controlado por diversos fatores, incluindo propagação, interferência, distância entre o assinante e a estação-base, e outros efeitos variáveis com o tempo. O Capítulo 5 mostrará que, mesmo quando um usuário móvel está parado, o movimento ambiente nas vizinhanças da estação-base e da estação móvel podem produzir distorções; assim, até mesmo um assinante parado pode ter um tempo de permanência aleatório e finito. A análise em Rappaport[8] indica que as estatísticas do tempo de permanência variam bastante, dependendo da velocidade do usuário e do tipo de cobertura de rádio. Por exemplo, em células maduras, que oferecem cobertura para usuários em rodovias, a maioria dos usuários tende a ter uma velocidade relativamente constante e a viajar por caminhos fixos e bem definidos com boa cobertura de rádio. Nesses casos, o tempo de permanência de um usuário qualquer é uma variável aleatória com uma distribuição altamente concentrada no tempo de permanência médio. Porém, para usuários em ambientes de microcélula densos e/ou aglomerados, normalmente existe uma grande variação do tempo de permanência em

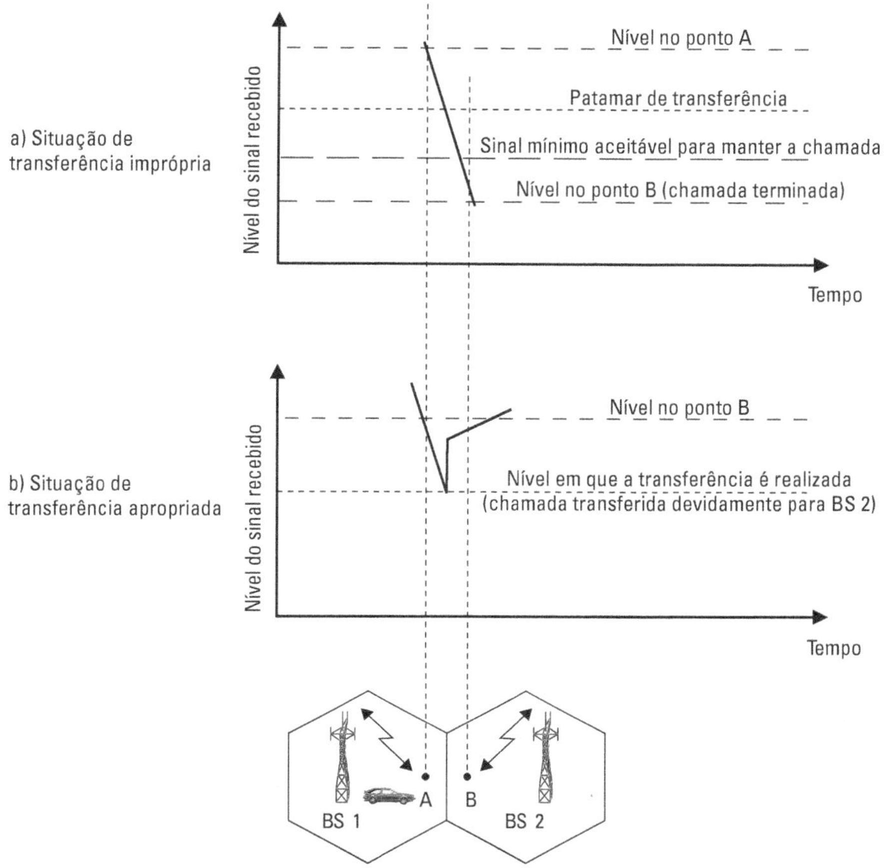

Figura 3.3 Ilustração de um cenário de transferência na borda da célula.

relação à média, e os tempos de permanência são, em geral, mais curtos do que a geometria da célula poderia sugerir. É possível deduzir, então, que as estatísticas do tempo de permanência são importantes no projeto prático dos algoritmos de entrega[9].

Nos sistemas celulares analógicos de primeira geração, as medições de potência do sinal são feitas pelas estações-base e supervisionadas pela MSC. Cada estação-base monitora constantemente as potências dos sinais de todos os seus canais de voz reversos para determinar o local relativo de cada usuário móvel com relação à torre da estação-base. Além de uma medição da RSSI das chamadas em andamento dentro da célula, um receptor adicional em cada estação-base, chamado receptor localizador, é usado para varrer e determinar as potências dos sinais dos usuários móveis que estão em células vizinhas. O *receptor localizador* é controlado pela MSC e é usado para monitorar a força do sinal dos usuários nas células vizinhas que parecem precisar de transferência, e informa todos os valores de RSSI à MSC. Com base na informação de potência de sinal do receptor localizador de cada estação-base, a MSC decide se a transferência é ou não necessária.

Nos sistemas atuais de segunda geração, as decisões de transferência são *assistidas pela estação móvel*. Na *transferência assistida pela estação móvel* [*Mobile Assisted Handoff* (MAHO)], cada estação móvel mede a potência recebida das estações-base ao redor e informa continuamente os resultados dessas medições para a estação-base servidora. Uma transferência é então iniciada quando a potência recebida da estação-base de uma célula vizinha começa a exceder a potência recebida da estação-base atual por um certo nível ou por um certo período de tempo. O método MAHO permite que a chamada seja passada entre as estações-base em uma velocidade muito mais rápida do que nos sistemas analógicos de primeira geração, pois as medições de transferência são feitas por cada estação móvel, e a MSC não monitora mais constantemente as potências de sinal. O método MAHO é particularmente adequado a ambientes de microcélulas, onde as transferências são mais freqüentes.

No decorrer de uma chamada, se uma estação móvel passar de um sistema de celular para um sistema diferente, controlado por uma MSC diferente, faz-se necessária uma *transferência entre sistemas*. Uma MSC realiza uma transferência entre sistemas quando o sinal de uma estação móvel se torna fraco em determinada célula e a MSC não consegue achar outra célula dentro do seu sistema à qual possa transferir a chamada em andamento. Existem muitos problemas que devem ser resolvidos quando se implementa uma transferência entre sistemas. Por exemplo, uma chamada local pode se tornar uma chamada de longa distância quando a estação móvel sai de seu sistema local e se torna um visitante em um sistema vizinho. Além disso, a compatibilidade entre duas MSCs deve ser determinada antes que uma transferência entre sistemas seja implementada. O Capítulo 10 demonstra como as transferências entre sistemas são implementadas na prática.

Diferentes sistemas possuem diferentes políticas e métodos para gerenciar as solicitações de transferência. Alguns sistemas tratam das solicitações de transferência da mesma maneira que tratam as chamadas originadas. Nesses sistemas, a probabilidade de que uma solicitação de transferência não seja atendida por uma nova estação-base é igual à probabilidade de bloqueio das chamadas sendo realizadas. Porém, do ponto de vista do usuário, uma chamada que é terminada bruscamente no meio de uma conversa é mais incômoda do que ser bloqueado ocasionalmente em uma nova tentativa de chamada. Para melhorar a qualidade de serviço percebida pelos usuários, diversos métodos foram elaborados quando se aloca canais de voz para dar mais prioridade às solicitações de transferência do que às solicitações de início de chamada.

3.4.1 Priorizando transferências

Um método para dar prioridade às transferências é chamado *conceito de canal de guarda*, no qual uma fração dos canais totais disponíveis em uma célula é reservada exclusivamente para solicitações de transferências de chamadas em andamento que podem ser transferidas para a célula. Esse método tem a desvantagem de reduzir o tráfego total transportado, pois menos canais são alocados às chamadas que estão sendo originadas. Porém, os canais de guarda oferecem uma utilização eficiente do espectro quando são usadas estratégias dinâmicas de atribuição de canal, minimizando assim o número de canais de guarda exigidos para a alocação eficiente baseada em demanda.

O enfileiramento de solicitações de transferência é outro método utilizado para diminuir a probabilidade de término forçado de uma chamada devido à falta de canais disponíveis. Existe uma relação inversa entre a diminuição na probabilidade de término forçado e o tráfego total transportado. O enfileiramento de transferências é possível devido ao fato de que existe um intervalo de tempo finito entre o tempo em que o nível do sinal recebido cai abaixo do patamar de transferência e o tempo no qual a chamada é terminada por conta do nível de sinal insuficiente. O tempo de atraso e o tamanho da fila são determinados pelo padrão de tráfego da área de serviço em particular. Deve-se notar que o enfileiramento não garante uma probabilidade zero de término forçado, pois grandes atrasos farão com que o nível do sinal recebido caia para abaixo do nível mínimo exigido para manter a comunicação, ocasionando assim seu término forçado.

3.4.2 Considerações práticas da transferência

Em sistemas celulares práticos, diversos problemas surgem quando se tenta projetar o sistema considerando uma grande faixa de velocidades para as estações móveis. Veículos em alta velocidade passam pela região de cobertura de uma célula em questão de segundos, enquanto os usuários pedestres podem nunca precisar de uma transferência durante uma chamada. Particularmente com a adição de microcélulas para oferecer capacidade, a MSC pode rapidamente se tornar sobrecarregada se usuários em alta velocidade estiverem constantemente sendo transferidos entre células muito pequenas. Diversos esquemas foram elaborados para lidar com o tráfego simultâneo de usuários de alta e baixa velocidade enquanto minimizam a intervenção da MSC nas transferências. Outra limitação prática é a capacidade de obter novos locais para as células.

Embora o conceito de celular ofereça claramente capacidade adicional por meio do acréscimo de locais de célula, na prática, é difícil que os provedores de serviço celular obtenham novos locais físicos para células em áreas urbanas. Leis de zoneamento, regulamentos e outras barreiras não técnicas geralmente tornam mais atraente para o provedor de serviço celular instalar canais adicionais e estações-base no mesmo local físico de uma célula já existente em vez de encontrar novos locais. Usando diferentes alturas de antena (normalmente no mesmo prédio ou torre) e diferentes níveis de potência, é possível oferecer células 'grandes' e 'pequenas' que estejam co-localizadas em um único local. Essa técnica é chamada *célula guarda-chuva* e é usada para oferecer grande cobertura de área a usuários em alta velocidade, enquanto oferece pequena cobertura de área para usuários viajando em baixas velocidades. A Figura 3.4 ilustra uma célula guarda-chuva que está co-localizada com algumas microcélulas menores. A técnica de célula guarda-chuva garante que o número de transferências seja minimizado para usuários em alta velocidade e oferece canais de microcélula adicionais para usuários pedestres. A velocidade de cada usuário pode ser estimada pela estação-base ou MSC avaliando-se a rapidez com que a potência média do sinal a curto prazo nos canais RVC muda com o tempo, ou então podem ser usados algoritmos mais sofisticados para avaliar e particionar usuários[10]. Se um usuário em alta velocidade na grande célula guarda-chuva estiver se aproximando da estação-base e sua velocidade estiver diminuindo rapidamente, a estação-base pode decidir passar esse usuário para a microcélula co-localizada, sem intervenção da MSC.

Outra questão prática da transferência nos sistemas de microcélula é conhecida como *arrasto de célula*. O arrasto de célula resulta de usuários pedestres que oferecem um sinal muito forte para a estação-base. Essa situação ocorre em um ambiente urbano quando existe um caminho de rá-

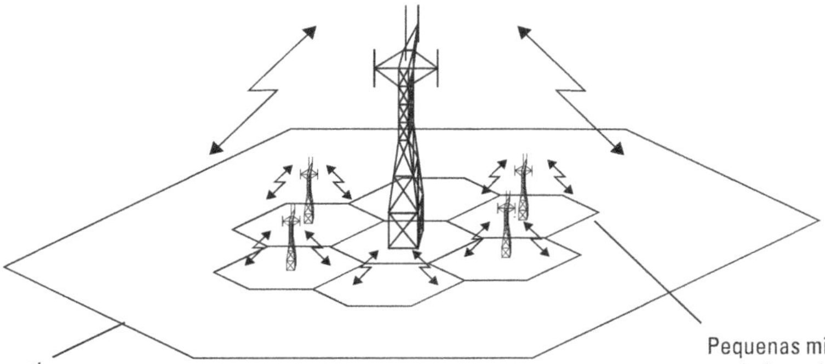

Figura 3.4 Técnica de célula guarda-chuva.

dio com linha de visão (LOS) entre o assinante e a estação-base. À medida que o usuário se afasta da estação-base em uma velocidade muito baixa, a força média do sinal não cai rapidamente. Até mesmo quando o usuário viajar bem além do alcance designado da célula, o sinal recebido na estação-base pode estar acima do patamar de transferência, de modo que uma transferência pode não ser feita. Isso cria uma interferência em potencial e um problema de gerenciamento de tráfego, pois, enquanto isso acontece, o usuário pode já ter se aprofundado em uma célula vizinha. Para resolver o problema do arrasto de célula, os patamares de transferência e os parâmetros de cobertura de rádio devem ser ajustados cuidadosamente.

Nos sistemas celulares analógicos de primeira geração, o tempo típico para fazer uma transferência, uma vez que o nível do sinal foi considerado abaixo do patamar de transferência, é cerca de dez segundos. Isso requer que o valor de Δ esteja entre 6 dB e 12 dB. Nos sistemas celulares digitais, como GSM, a estação móvel auxilia com o procedimento de transferência, determinando as melhores estações-base candidatas para a transferência — e com isso, depois que a decisão é tomada, normalmente a transferência exige apenas 1 ou 2 segundos. Conseqüentemente, Δ normalmente está entre 0 dB e 6 dB nos sistemas celulares modernos. O processo de transferência mais rápido admite uma faixa muito maior de opções para tratar usuários em alta e baixa velocidades, e oferece ao MSC um tempo substancial para 'socorrer' uma chamada que precisa de uma transferência.

Outro recurso dos sistemas celulares mais novos é a capacidade de tomar decisões de transferência com base em uma grande faixa de medições diferentes da potência do sinal. Os níveis de interferência de co-canal e canal adjacente podem ser medidos na estação-base ou na estação móvel, e essa informação pode ser usada com os dados convencionais de potência de sinal a fim de oferecer um algoritmo multidimensional para determinar quando uma transferência é necessária.

O sistema celular de espectro espalhado CDMA IS-95 descrito no Capítulo 11 e em Liberti, Kim e Garg[11] oferece uma capacidade de transferência exclusiva e que não pode ser fornecida em outros sistemas sem fio. Diferentemente dos sistemas sem fio canalizados, que atribuem diferentes canais de rádio durante uma transferência (chamado *transferência rígida*), as estações móveis com espectro espalhado compartilham o mesmo canal em cada célula. Assim, o termo *transferência* não significa uma mudança física no canal atribuído, mas que uma estação-base diferente trata da tarefa de comunicação por rádio. Avaliando simultaneamente os sinais recebidos de um único assinante e várias estações-base vizinhas, o MSC pode realmente decidir qual versão do sinal do usuário é melhor em qualquer momento no tempo. Essa técnica explora a diversidade do espaço macroscópico fornecida pelos diferentes locais físicos das estações-base, e permite que a MSC tome uma decisão 'flexível' quanto a qual versão do sinal do usuário será passada para a PSTN a qualquer momento[12]. A capacidade de selecionar entre os sinais recebidos instantâneos a partir de uma série de estações-base é chamada transferência *flexível.*

3.5 Interferência e capacidade do sistema

A interferência é o maior fator limitador no desempenho dos sistemas de rádio-celulares. As fontes de interferência incluem outras estações móveis na mesma célula, uma chamada em andamento em uma célula vizinha, outras estações-base operando na mesma faixa de freqüência, ou qualquer sistema não celular que inadvertidamente vaze energia para a banda de freqüência do celular. A interferência nos canais de voz causa ligação cruzada, em que o assinante escuta a interferência no fundo devido a uma transmissão indesejada. Em canais de controle, a interferência ocasiona chamadas perdidas e bloqueadas devido a erros na sinalização digital. A interferência é mais grave em áreas urbanas, devido ao maior nível de ruído de RF de fundo e o maior número de estações-base e estações móveis. A interferência foi reconhecida como um gargalo importante no aumento da capacidade e normalmente é responsável por ligações perdidas. Os dois tipos principais de interferência de celular gerada pelo próprio sistema são *interferência de co-canal* e *interferência de canal adjacente.* Embora os sinais interferindo normalmente sejam gerados pelo próprio sistema celular, eles são difíceis de controlar na prática (por causa dos efeitos de propagação aleatórios). E ainda mais difícil de controlar é a interferência devida a usuários 'fora da banda', que surge sem aviso devido à sobrecarga na interface do equipamento do assinante ou produtos entre modulações intermitentes. Na prática, os transmissores das prestadoras de celular concorrentes normalmente são uma fonte significativa de interferência 'fora da banda', pois os concorrentes normalmente localizam suas estações-base próximas um do outro, a fim de oferecer cobertura comparável aos clientes.

3.5.1 Interferência do co-canal e capacidade do sistema

A reutilização de freqüência implica que, em determinada área de cobertura, existem várias células que utilizam o mesmo conjunto de freqüências. Essas células são chamadas *células de co-canal* e a interferência entre os sinais dessas células é chamada *interface de co-canal.* Diferentemente do ruído térmico que pode ser contornado aumentando-se a relação sinal–ruído [*Signal-to-Noise Ratio* (SNR)], a interferência de co-canal não pode ser combatida simplesmente aumentando-se a potência da portadora de um transmissor. Isso porque um aumento na potência de transmissão da portadora aumenta a interferência com células de co-canal vizinhas. Para reduzir a interferência do co-canal, as células de co-canal devem ser fisicamente separadas por uma distância mínima para oferecer isolamento suficiente por conta da propagação.

Quando o tamanho de cada célula é aproximadamente o mesmo e as estações-base transmitem na mesma potência, a razão de interferência do co-canal é independente da potência transmitida e se torna uma função do raio da célula (R) e da distância entre os centros das células de co-canal mais próximas (D). Aumentando a razão de D/R, a separação espacial entre as células de co-canal em relação à distância de cobertura de uma célula é aumentada. Assim, a interferência é reduzida pelo melhor isolamento de energia de RF da célula do co-canal. O parâmetro Q, chamado *razão de reutilização do co-canal*, está relacionado com o tamanho do cluster (ver Tabela 3.1 e Equação 3.3). Para uma geometria hexagonal,

$$Q = \frac{D}{R} = \sqrt{3N} \qquad (3.4)$$

Um valor pequeno de Q oferece maior capacidade, pois o tamanho de cluster N é pequeno, enquanto um valor grande de Q melhora a qualidade da transmissão por conta do menor nível de interferência de co-canal. Um balanceamento deverá ser feito entre esses dois objetivos no projeto celular real.

Tabela 3.1 Razão de reutilização do co-canal para alguns valores de N

	Tamanho do cluster (**N**)	Razão de reutilização do co-canal (**Q**)
$i = 1, j = 1$	3	3
$i = 1, j = 2$	7	4,58
$i = 0, j = 3$	9	15,20
$i = 2, j = 2$	12	6

Seja i_0 o número de células de interferência do co-canal. Então, a razão sinal–interferência [*S/I* ou *Signal-to-Interference Ratio* (*SIR*)] para um receptor móvel que monitora um canal direto pode ser expressa como

$$\frac{S}{I} = \frac{S}{\sum_{i=1}^{i_0} I_i} \qquad (3.5)$$

onde S é a potência de sinal desejada pela estação-base e I_i é a potência de interferência causada pela estação-base da i-ésima célula de co-canal interferindo. Se os níveis de sinal das células de co-canal forem conhecidos, então a razão S/I para o enlace direto pode ser descoberta por meio da Equação 3.5.

As medidas de propagação em um canal de rádio móvel mostram que a potência média do sinal recebido em qualquer ponto cai como uma grandeza de potência da distância de separação entre transmissor e receptor. A potência média recebida P_r a uma distância d da antena transmissora é aproximada por

$$P_r = P_0 \left(\frac{d}{d_0}\right)^{-n} \qquad (3.6)$$

ou

$$P_r(\text{dBm}) = P_0(\text{dBm}) - 10n\log\left(\frac{d}{d_0}\right) \qquad (3.7)$$

onde P_0 é a potência recebida em um ponto de referência próximo da região distante da antena, d_0 é a potência a uma pequena distância da antena transmissora, e n é o expoente de perda do caminho. Agora, considere o enlace direto, onde o sinal desejado é a estação-base que está servindo e onde a interferência é devida a estações-base do co-canal. Se D_i é a distância do i-ésimo interferidor da estação móvel, a potência recebida em determinada estação móvel devida à interferência da i-ésima célula será proporcional a $(D_i)^{-n}$. O expoente de perda do caminho normalmente varia entre dois e quatro em sistemas celulares urbanos[13].

Quando a potência de transmissão de cada estação-base é igual e o expoente de perda do caminho é o mesmo em toda a área de cobertura, S/I para uma estação móvel pode ser aproximado como

$$\frac{S}{I} = \frac{R^{-n}}{\sum_{i=1}^{i_0} (D_i)^{-n}} \qquad (3.8)$$

Considerando apenas a primeira camada de células interferindo, se todas as estações-base que geram interferência estiverem eqüidistantes da estação-base desejada e se essa distância for igual à distância D entre os centros de célula, então a Equação 3.8 é simplificada para

$$\frac{S}{I} = \frac{(D/R)^n}{i_0} = \frac{(\sqrt{3N})^n}{i_0} \tag{3.9}$$

A Equação 3.9 relaciona S/I com o tamanho de cluster N, que por sua vez determina a capacidade geral do sistema a partir da Equação 3.2. Por exemplo, suponha que as seis células mais próximas estejam perto o suficiente para criar interferência significativa e que todas elas estejam aproximadamente eqüidistantes da estação-base desejada. Para o sistema celular AMPS dos Estados Unidos, que usa FM e canais de 30 kHz, testes subjetivos indicam que uma qualidade de voz suficiente é fornecida quando S/I é maior ou igual a 18 dB. Usando a Equação 3.9 pode-se mostrar que, para atender a esse requisito, o tamanho de cluster N deve ser pelo menos 6,49, considerando um expoente de perda de caminho $n = 4$. Assim, um tamanho de cluster mínimo de sete é exigido para atender ao requisito S/I de 18 dB. Deve-se observar que a Equação 3.9 é baseada na geometria de célula hexagonal, na qual todas as células interferindo são eqüidistantes do receptor da estação-base, e por isso oferece um resultado otimista em muitos casos. Para alguns planos de reutilização de freqüência (por exemplo $N = 4$), as distâncias das células mais próximas que estão interferindo na célula desejada podem variar bastante.

Usando um esquema de geometria de célula exato, pode-se mostrar que, para um cluster de sete células, com a unidade móvel no limite de uma célula, a estação móvel está a uma distância $D - R$ das células de interferência de co-canal mais próximas e exatamente $D + R/2$, D, $D - R/2$ e $D + R$ das outras células, interferindo na primeira camada conforme é mostrado rigorosamente em Lee.[14] Usando a geometria aproximada mostrada na Figura 3.5, na Equação 3.8 e considerando $n = 4$, a razão sinal–interferência para o pior caso pode ser aproximada (como uma expressão exata é elaborada por Jacobsmeyer)[15] de

$$\frac{S}{I} = \frac{1}{2(D-R)^{-4} + 2(D+R)^{-4} + 2D^{-4}} \tag{3.10}$$

A Equação 3.10 pode ser reescrita em termos da razão de reutilização do co-canal, Q, como

$$\frac{S}{I} = \frac{R}{2(Q-1)^{-4} + 2(Q+1)^{-4} + 2Q^{-4}} \tag{3.11}$$

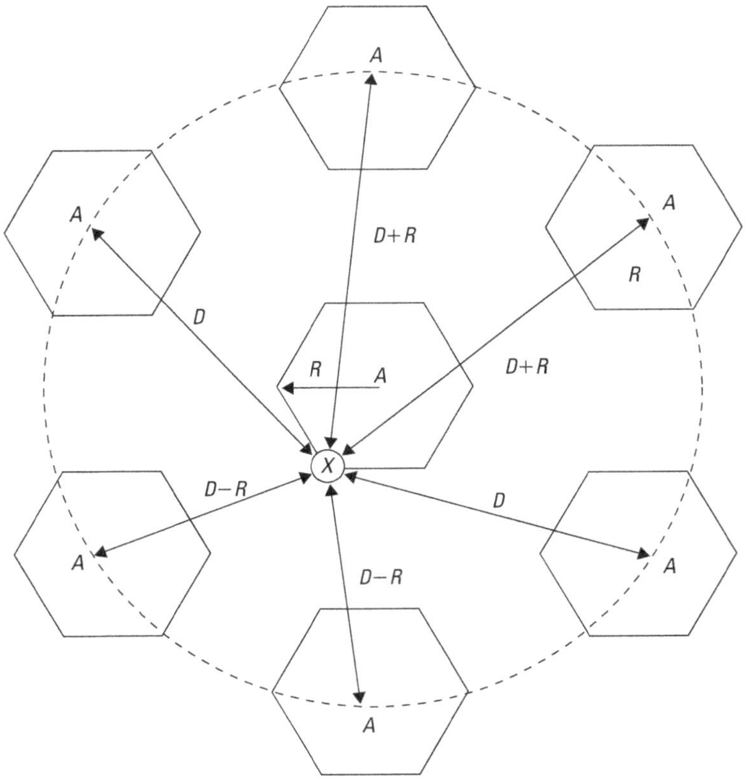

Figura 3.5 Ilustração da primeira camada de células de co-canal para um tamanho de cluster $N = 7$. Uma aproximação da geometria exata aparece aqui, enquanto a geometria exata é dada em Lee.[16] Quando uma estação móvel está no limite de uma célula (ponto X), ela experimenta o pior caso de interferência de co-canal no canal direto. As distâncias marcadas entre a estação móvel e diferentes células de co-canal são baseadas em aproximações feitas para análise fácil.

Para $N = 7$, a razão de reutilização de co-canal Q é 4,6, e a relação S/I no pior caso é aproximada como 49,56 (17 dB) usando-se a Equação 3.11, enquanto uma solução exata usando a Equação 3.8 gera 17,8 db[17]. Logo, para um cluster de sete células, a relação S/I é ligeiramente menor que 18 dB para o pior caso. Para elaborar um sistema celular com desempenho apropriado no pior caso, seria necessário aumentar N para o próximo tamanho, que pela Equação 3.3 é 9 (correspondente a $i = 0, j = 3$). Isso obviamente acarreta uma diminuição significativa na capacidade, pois a reutilização de nove células oferece uma utilização de espectro de 1/9 dentro de cada célula, enquanto uma reutilização de sete células oferece uma utilização de espectro de 1/7. Na prática, a redução de capacidade de 7/9 seria tolerável para acomodar a situação do pior caso, o que raramente ocorre. Pela discussão anterior, fica claro que a interferência de co-canal determina o desempenho do enlace, que por sua vez dita o plano de reutilização de freqüência e a capacidade geral dos sistemas celulares.

Exemplo 3.2

Se uma relação sinal–interferência de 15 dB for exigida para o desempenho satisfatório do canal direto de um sistema celular, qual é o fator de reutilização de freqüência e tamanho de cluster que deve ser usado para obter o máximo de capacidade se o expoente de perda do caminho for a) $n = 4$; b) $n = 3$? Suponha que existem seis células de co-canal na primeira camada, e todas elas estejam à mesma distância da estação móvel. Use aproximações adequadas.

Solução

a) $n = 4$

Primeiro, considere um padrão de reutilização de sete células.

Usando a Equação 3.4, a razão de reutilização de co-canal $D/R = 4{,}583$.

Usando a Equação 3.9, a relação sinal–interferência de ruído é dada por $S/I = (1/6) \times (4{,}583)^4 = 75{,}3 = 18{,}66$ dB.

Como isso é maior do que o S/I mínimo exigido, $N = 7$ pode ser usado.

b) $n = 3$

Primeiro, considere um padrão de reutilização de sete células.

Usando a Equação 3.9, a relação sinal–interferência é dada por $S/I = (1/6) \times (4{,}583)^3 = 16{,}04 = 12{,}05$ dB.

Como isso é menor que o S/I mínimo exigido, precisa-se usar um N maior.

Usando a Equação 3.3, o próximo valor possível de N é 12, ($i = j = 2$).

A razão de co-canal correspondente é dada pela Equação 3.4, como $D/R = 6{,}0$.

Usando a Equação 3.9, a relação sinal–interferência é dada por $S/I = (1/6) \times (6)^3 = 36 = 15{,}56$ dB.

Como isso é maior que o S/I mínimo exigido, $N = 12$ é utilizado.

3.5.2 Planejamento de canal para sistemas sem fio

A atribuição sensata dos canais de rádio apropriados a cada estação-base é um processo importante, muito mais difícil na prática do que na teoria. Embora a Equação 3.9 seja uma regra valiosa para determinar a razão apropriada de reutilização de freqüência (ou tamanho de cluster) e a separação apropriada entre células de co-canal adjacentes, o engenheiro de sistemas sem fio precisa lidar com as dificuldades do mundo real da propagação de rádio e das regiões de cobertura imperfeitas de cada célula. Os sistemas celulares, na prática, raramente obedecem à suposição da perda homogênea do caminho de propagação da Equação 3.9.

Em geral, o espectro de rádio móvel disponível é dividido em canais que fazem parte do padrão de *interface de ar* usado em um país ou continente. Na maioria das vezes, esses canais são compostos de canais de controle (vitais para iniciar, solicitar ou paginar uma chamada) e canais de voz (dedicados a transportar tráfego gerador de receita). Normalmente, cerca de 5 por cento do espectro de rádio móvel inteiro é dedicado a canais de controle, que transportam mensagens de dados que, por natureza, são muito rápidas e enviadas em rajada, enquanto os 95 por cento restantes do espectro são dedicados a canais de voz. Os canais podem ser atribuídos pela prestadora de serviços sem fio da forma como ela escolher, pois cada mercado pode ter suas condições de propagação particulares ou serviços específicos que queira oferecer e, assim, adotar o próprio esquema particular de reutilização de freqüência para que se encaixe às suas condições geográficas ou tecnologia de interface de ar. Porém, em sistemas práticos, o padrão de interface de ar garante uma distinção entre canais de voz e controle, e assim os canais de controle geralmente não têm permissão para ser usados como canais de voz, e vice-versa. Além do mais, como os canais de controle são vitais para o início bem-sucedido de qualquer chamada, a estratégia de reutilização de freqüência aplicada aos canais de controle é diferente e, em geral, mais conservadora (por exemplo, recebe maior proteção de S/I) do que a dos canais de voz. Isso pode ser visto no Exemplo 3.3, no qual os canais de controle são alocados usando-se a reutilização de 21 células, enquanto os canais de voz são atribuídos por meio da reutilização de sete células. Normalmente, os canais de controle são capazes de lidar com muitos dados, de modo que apenas um canal de controle é necessário dentro de uma célula. Conforme descrito na Seção 3.7.2, a setoração é utilizada para melhorar a relação sinal–interferência, o que pode levar a um tamanho de cluster menor e, em alguns casos, apenas um único canal de controle é atribuído ao setor individual de uma célula.

Um dos principais recursos dos sistemas CDMA é que o tamanho de cluster é $N = 1$, e o planejamento de freqüência nem sempre é tão difícil quanto para TDMA ou sistemas de celular de primeira geração[18]. Ainda assim, porém, as considerações de propagação exigem que sistemas CDMA mais práticos utilizem algum tipo de reutilização de freqüência limitada em determinado mercado, onde as condições de propagação sejam particularmente mal comportadas. Por exemplo, nas vizinhanças de corpos de água, células interferindo no mesmo canal da célula de atendimento desejada podem criar sobrecarga de interferência que ultrapassa a capacidade da faixa dinâmica de controle de potência do CDMA, ocasionando chamadas perdidas. Nesses casos, a técnica mais popular é usar o que é chamado planejamento de célula *f1/f2*, no qual as células vizinhas mais próximas utilizam canais de rádio diferentes dos usados pelos seus vizinhos mais próximos em locais particulares. Esse planejamento de freqüência requer que telefones CDMA façam entregas rígidas, assim como fazem os telefones TDMA e FDMA.

Em CDMA, um único canal de rádio de 1,25 MHz transporta ao mesmo tempo as transmissões do único canal de controle e de até 64 canais de voz. Assim, diferentemente dos sistemas TDMA IS-136 de 30 kHz ou GSM de 200 kHz, nos quais a região de cobertura e os níveis de interferência são bem definidos quando canais de rádio específicos estão em uso, o sistema CDMA, em vez disso, tem uma região de cobertura dinâmica variando no tempo, sendo que ela varia dependendo do número instantâneo de usuários utilizando o canal de rádio CDMA. Esse efeito, conhecido como *célula de respiro*, requer que o engenheiro de sistemas sem fio planeje cuidadosamente os níveis de cobertura e sinal para o melhor e o pior caso, para células gerenciando chamadas e também para células vizinhas próximas, do ponto de vista da cobertura e da interferência. O fenômeno da célula de respiro pode levar a chamadas perdidas como resultado de mudanças bruscas de cobertura devidas simplesmente a um aumento no número de usuários que uma estação-base CDMA está atendendo. Assim, em vez de ter que tomar decisões cuidadosas sobre os esquemas de atribuição de canal para cada estação-base de celular, os engenheiros CDMA precisam tomar decisões difíceis sobre os níveis e patamares de potência atribuídos aos canais de controle e aos canais de voz, e como esses níveis e patamares devem ser ajustados para alterar a intensidade de tráfego. Além disso, os níveis de patamar para transferências CDMA, tanto no caso de transferência flexível quanto no caso de transferência rígida, devem ser planejados e medidos cuidadosamente antes que se transformem em serviço. Na verdade, a questão de planejamento de célula $f1/f2$ levou ao desenvolvimento do TSB-74, que acrescentou capacidades de transferência rígida entre diferentes canais de rádio CDMA para a especificação CDMA IS-95 original, descrita no Capítulo 11.

3.5.3 Interferência do canal adjacente

A interferência resultante de sinais adjacentes em freqüência ao sinal desejado é chamada *interferência do canal adjacente*. A interferência do canal adjacente resulta de filtros receptores imperfeitos, que permitem que freqüências vizinhas vazem para a banda de passagem. O problema pode ser particularmente sério se o usuário de um canal adjacente estiver transmitindo muito próximo do receptor de um assinante enquanto o receptor tenta receber o sinal de uma estação-base no canal desejado. Isso é conhecido como efeito *perto-distante*, no qual um transmissor próximo (que pode ou não ser do mesmo tipo do que foi usado pelo sistema celular) captura o receptor do assinante. Como alternativa, o efeito perto-distante ocorre quando uma estação móvel, perto de uma estação-base, transmite em um canal próximo daquele que está sendo usado por uma estação móvel fraca. A estação-base pode ter dificuldade em discriminar o usuário móvel desejado do 'vazamento' causado pelo usuário móvel do canal adjacente.

A interferência do canal adjacente pode ser minimizada através de cuidadosas filtragens e atribuições de canal. Como cada célula recebe apenas uma fração dos canais disponíveis, uma célula não precisa receber canais que são todos adjacentes em freqüência. Mantendo a separação de freqüência entre cada canal a maior possível em determinada célula, a interferência do canal adjacente pode ser reduzida de maneira considerável. Assim, em vez de atribuir canais que formam uma banda contínua de freqüências dentro de determinada célula, os canais são alocados de modo que a separação de freqüência entre os canais em determinada célula seja maximizada. Atribuindo seqüencialmente canais sucessivos na banda de freqüência a células diferentes, muitos esquemas de alocação de canal são capazes de separar canais adjacentes em uma célula por até N larguras de banda de canal, em que N é o tamanho do cluster. Alguns esquemas de alocação de canal também impedem uma fonte secundária de interferência do canal adjacente evitando o uso de canais adjacentes na vizinhança da célula.

Se o fator de reutilização de freqüência for grande (por exemplo, N pequeno), a separação entre os canais adjacentes na estação-base pode não ser suficiente para manter o nível de interferência do canal adjacente dentro de limites toleráveis. Por exemplo, se uma estação móvel próxima for 20 vezes mais perto da estação-base que outra estação móvel e tiver vazamento de energia de sua banda de passagem, a relação entre sinal e interferência na estação-base para a estação móvel fraca (antes da filtragem do receptor) é aproximadamente

$$\frac{S}{I} = (20)^{-n} \tag{3.12}$$

Para um expoente de perda de caminho $n = 4$, isso é igual a −52 dB. Se o filtro de freqüência intermediária [*Intermediate Frequency* (IF)] da estação-base tiver uma inclinação de 20 dB/oitava, então um causador de interferência no canal adjacente deverá ser deslocado por, pelo menos, seis vezes a largura da banda de passagem a partir do centro da banda de passagem da freqüência do receptor para conseguir uma atenuação de 52 dB. Aqui, uma separação de aproximadamente seis larguras de banda de canal é necessária para os filtros típicos, a fim de fornecer uma SIR de 0 dB a partir do usuário de um canal adjacente próximo. Isso implica que mais de seis separações de canal são necessárias para levar a interferência do canal adjacente a um nível aceitável. Filtros estreitos da estação-base são necessários quando usuários próximos e distantes compartilham a mesma célula. Na prática, os receptores da estação-base são precedidos por um filtro com cavidade *Q* alta, a fim de rejeitar a interferência do canal adjacente.

Exemplo 3.3

Este exemplo ilustra como os canais são divididos em subconjuntos e alocados a diferentes células, de modo que a interferência do canal adjacente é minimizada. O sistema AMPS dos Estados Unidos operava inicialmente com 666 canais duplex. Em 1989, a FCC alocou 10 MHz adicionais de espectro para serviços de celular, o que permitiu que 166 novos canais fossem adicionados ao sistema AMPS. Agora existem 832 canais usados no AMPS. O canal direto (870,030 MHz) — bem como o canal reverso correspondente (825,030 MHz) — é numerado como canal 1. De modo semelhante, o canal direto 889,98 MHz — bem como o canal reverso 844,98 MHz — é numerado como canal 666 (ver Figura 1.2). A faixa estendida tem canais numerados de 667 a 799, e de 990 a 1023.

Para encorajar a concorrência, a FCC licenciou os canais para duas operadoras concorrentes em cada área de serviço, e cada operadora recebeu metade do total de canais. Os canais usados pelas duas operadoras são distinguidos como canais de *bloco A* e *bloco B*. O bloco B é operado por companhias que tradicionalmente forneciam serviços de telefonia (chamadas *operadoras de linha fixa*), enquanto o bloco A é operado por companhias que tradicionalmente não forneciam serviços de telefonia (chamadas operadoras de linha não fixa).

Dos 416 canais usados por cada operadora, 395 são canais de voz, e os 21 restantes são canais de controle. Os canais de 1 a 312 (canais de voz) e os canais de 313 a 333 (canais de controle) são canais do bloco A; já os canais de 355 a 666 (canais de voz) e os canais de 334 a 354 (canais de controle) são canais do bloco B. Os canais de 667 a 716 e de 991 a 1023 são canais de voz estendidos do bloco A, e os canais de 717 a 799 são canais de voz estendidos do bloco B.

Cada um dos 21 canais de controle são atribuídos de modo que um canal de controle é fornecido para cada banco de canais de voz entroncados. Assim, os canais de controle normalmente são reutilizados de forma diferente, com mais proteção contra SIR, do que o tráfego gerado pelos canais de voz. Para um sistema AMPS, um único canal de controle é atribuído a cada célula, de modo que um esquema de reutilização de sete células teria sete canais de controle atribuídos a sete células vizinhas, que formam um cluster. Dois clusters vizinhos teriam os 14 canais de controle restantes atribuídos. Assim, os canais de controle obedecem a um esquema de reutilização de 21 células e são atribuídos a três clusters antes de ser reutilizados, embora os canais de voz possam ser atribuídos usando-se um esquema de reutilização de sete células.

Cada um dos 395 canais de voz é dividido em 21 subconjuntos, cada um destes contendo cerca de 19 canais. Em cada subconjunto o canal adjacente mais próximo está a 21 canais de distância. Em um sistema de reutilização de sete células, cada uma delas usa três subconjuntos de canais. Os três subconjuntos são atribuídos de modo que cada canal da célula tenha garantias de estar separado de cada outro canal por pelo menos sete espaçamentos de canal. Esse esquema de atribuição de canal é ilustrado na Tabela 3.2, na qual é possível ver que cada célula utiliza canais nos subconjuntos *i*A + *i*B + *i*C, onde *i* é um inteiro de 1 a 7. O número total de canais de voz em uma célula é cerca de 57. Os canais listados na metade superior do gráfico pertencem ao bloco A, enquanto os na metade inferior pertencem ao bloco B. O conjunto sombreado corresponde aos canais de controle padrão para todos os sistemas de celular na América do Norte.

3.5.4 Controle de potência para reduzir interferência

Nos sistemas práticos de rádio por celular e comunicação pessoal, os níveis de potência transmitidos por cada unidade de assinante estão sob constante controle das estações-base que os estão atendendo. Isso é feito para garantir que cada estação móvel transmita com a menor potência necessária para manter um enlace de boa qualidade no canal reverso. O controle de potência não apenas ajuda a prolongar a vida da bateria para a unidade do assinante, mas também reduz bastante a relação *S*/*I* do canal reverso no sistema. Como pode-se ver nos capítulos 9 e 11, o controle de potência é especialmente importante para os sistemas CDMA de espectro espalhado emergentes, que permitem que cada usuário em cada célula compartilhe o mesmo canal de rádio.

3.6 Entroncamento e qualidade do serviço

Os sistemas de rádio-celular se baseiam em *entroncamento* para acomodar um grande número de usuários em um espectro de rádio limitado. O conceito de entroncamento permite que um grande número de usuários compartilhe um número relativamente pequeno de canais em uma célula, fornecendo acesso, sob demanda, a cada usuário partir de um conjunto de canais disponíveis. Em um sistema de rádio entroncado, cada usuário é alocado a um canal em um esquema por chamada, e no término desta, o canal previamente ocupado é imediatamente retornado ao conjunto de canais disponíveis.

Tabela 3.2 Alocação de canais AMPS para Operadores da Banca A e da Banda B

1A	2A	3A	4A	5A	6A	7A	1B	2B	3B	4B	5B	6B	7B	1C	2C	3C	4C	5C	6C	7C	
1	2	3	4	5	6	7	8	9	10	11	12	13	14	15	16	17	18	19	20	21	
22	23	24	25	26	27	28	29	30	31	32	33	34	35	36	37	38	39	40	41	42	
43	44	45	46	47	48	49	50	51	52	53	54	55	56	57	58	59	60	61	62	63	
64	65	66	67	68	69	70	71	72	73	74	75	76	77	78	79	80	81	82	83	84	
85	86	87	88	89	90	91	92	93	94	95	96	97	98	99	100	101	102	103	104	105	
106	107	108	109	110	111	112	113	114	115	116	117	118	119	120	121	122	123	124	125	126	
127	128	129	130	131	132	133	134	135	136	137	138	139	140	141	142	143	144	145	146	147	
148	149	150	151	152	153	154	155	156	157	158	159	160	161	162	163	164	165	166	167	168	
169	170	171	172	173	174	175	176	177	178	179	180	181	182	183	184	185	186	187	188	189	
190	191	192	193	194	195	196	197	198	199	200	201	202	203	204	205	206	207	208	209	210	Banda A
211	212	213	214	215	216	217	218	219	220	221	222	223	224	225	226	227	228	229	230	231	
232	233	234	235	236	237	238	239	240	241	242	243	244	245	246	247	248	249	250	251	252	
253	254	255	256	257	258	259	260	261	262	263	264	265	266	267	268	269	270	271	272	273	
274	275	276	277	278	279	280	281	282	283	284	285	286	287	288	289	290	291	292	293	294	
295	296	297	298	299	300	301	302	303	304	305	306	307	308	309	310	311	312	–	–	–	
313	314	315	316	317	318	319	320	321	322	323	324	325	326	327	328	329	330	331	332	333	
–	–	–	–	–	–	–	–	–	–	–	–	–	–	–	–	–	–	667	668	669	
670	671	672	673	674	675	676	677	678	679	680	681	682	683	684	685	686	687	688	689	690	
691	692	693	694	695	696	697	698	699	700	701	702	703	704	705	706	707	708	709	710	711	
712	713	714	715	716	–	–	–	–	991	992	993	994	995	996	997	998	999	1000	1001	1002	
1003	1004	1005	1006	1007	1008	1009	1010	1011	1012	1013	1014	1015	1016	1017	1018	1019	1020	1021	1022	1023	
334	335	336	337	338	339	340	341	342	343	344	345	346	347	348	349	350	351	352	353	354	
355	356	357	358	359	360	361	362	363	364	365	366	367	368	369	370	371	372	373	374	375	
376	377	378	379	380	381	382	383	384	385	386	387	388	389	390	391	392	393	394	395	396	
397	398	399	400	401	402	403	404	405	406	407	408	409	410	411	412	413	414	415	416	417	
418	419	420	421	422	423	424	425	426	427	428	429	430	431	432	433	434	435	436	437	438	
439	440	441	442	443	444	445	446	447	448	449	450	451	452	453	454	455	456	457	458	459	
460	461	462	463	464	465	466	467	468	469	470	471	472	473	474	475	476	477	478	479	480	
481	482	483	484	485	486	487	488	489	490	491	492	493	494	495	496	497	498	499	500	501	
502	503	504	505	506	507	508	509	510	511	512	513	514	515	516	517	518	519	520	521	522	Banda B
523	524	525	526	527	528	529	530	531	532	533	534	535	536	537	538	539	540	541	542	543	
544	545	546	547	548	549	550	551	552	553	554	555	556	557	558	559	560	561	562	563	564	
565	566	567	568	569	570	571	572	573	574	575	576	577	578	579	580	581	582	583	584	585	
586	587	588	589	590	591	592	593	594	595	596	597	598	599	600	601	602	603	604	605	606	
607	608	609	610	611	612	613	614	615	616	617	618	619	620	621	622	623	624	625	626	627	
628	629	630	631	632	633	634	635	636	637	638	639	640	641	642	643	644	645	646	647	648	
649	650	651	652	653	654	655	656	657	658	659	660	661	662	663	664	665	666	–	–	–	
–	–	–	–	–	717	718	719	720	721	722	723	724	725	726	727	728	729	730	731	732	
733	734	735	736	737	738	739	740	741	742	743	744	745	746	747	748	749	750	751	752	753	
754	755	756	757	758	759	760	761	762	763	764	765	766	767	768	769	770	771	772	773	774	
775	776	777	778	779	780	781	782	783	784	785	786	787	788	789	790	791	792	793	794	795	
796	797	798	799																		

O entroncamento explora o comportamento estatístico dos usuários, de modo que um número fixo de canais ou circuitos possa acomodar uma comunidade de usuários grande e aleatória. A companhia telefônica usa o entroncamento para determinar o número de circuitos de telefone que precisam ser alocados para os prédios de escritórios com centenas de telefones, e esse mesmo princípio é usado no projeto de sistemas de rádio-celular. Existe uma escolha entre o número de circuitos de telefone disponíveis e a probabilidade de um usuário em particular descobrir que nenhum circuito está disponível durante o horário de pico. Em um sistema de rádio móvel entroncado, quando determinado usuário solicita o serviço e todos os canais de rádio já estão em uso, o usuário é bloqueado ou o acesso ao sistema lhe é negado. Em alguns sistemas, uma fila pode ser usada para manter os usuários solicitando o serviço até que um canal esteja disponível.

Para projetar sistemas de rádio entroncados que possam tratar de uma capacidade específica em uma 'qualidade de serviço' também específica, é essencial entender as teorias de entroncamento e de enfileiramento. Os fundamentos da teoria de entroncamento foram desenvolvidos por Erlang, matemático dinamarquês que, no final do século XIX, embarcou no estudo de como uma grande população poderia ser acomodada por um número limitado de servidores[19]. Hoje, a medida de intensidade de tráfego recebe seu nome. Um Erlang representa a quantidade de intensidade de tráfego transportada por um canal completamente ocupado (ou seja, uma chamada-hora por hora ou uma chamada-minuto por minuto). Por exemplo, um canal de rádio que está ocupado por 30 minutos durante uma hora transporta um tráfego de 0,5 Erlang.

O *grau de serviço* [*Grade of Service* (GOS)] é uma medida da capacidade de um usuário acessar um sistema entroncado durante a hora mais ocupada. A hora ocupada é baseada na demanda do cliente na hora mais ocupada durante uma semana, mês ou ano. As horas ocupadas para os sistemas de rádio-celular normalmente ocorrem durante as horas de *rush*, ou seja, entre 16 e 18 horas de uma tarde de quinta ou sexta-feira. O grau de serviço é uma medida usada para definir o desempenho desejado de determinado sistema entroncado, especificando a probabilidade desejada de um usuário obter acesso ao canal dado um número específico de canais disponíveis no sistema. É tarefa do projetista do sistema sem fio estimar a capacidade máxima exigida e alocar o número apropriado de canais a fim de atender ao GOS, que normalmente é dado como a probabilidade de que uma chamada seja bloqueada ou que experimente um atraso maior que um certo tempo de enfileiramento.

Várias das definições listadas na Tabela 3.3 são usadas na teoria de entroncamento para fazer estimativas de capacidade nos sistemas entroncados.

A intensidade de tráfego oferecida por cada usuário é igual à taxa de solicitação de chamada multiplicada pelo tempo de permanência. Ou seja, cada usuário gera uma intensidade de tráfego de A_u Erlangs, dada por

$$A_u = \lambda H \tag{3.13}$$

onde H é a duração média de uma chamada e λ é o número médio de solicitações de chamada por unidade de tempo para cada usuário. Para um sistema contendo U usuários e um número não especificado de canais, a intensidade total de tráfego oferecida, A, é dada por

$$A = UA_u \tag{3.14}$$

Além disso, em um sistema de canal entroncado C, se o tráfego for distribuído uniformemente entre os canais, então a intensidade de tráfego por canal, A_c, é dada como

$$A_c = UA_u/C \tag{3.15}$$

Observe que o tráfego oferecido não é necessariamente o tráfego que é *transportado* pelo sistema entroncado, apenas o que é *oferecido* ao sistema entroncado. Quando o tráfego oferecido excede a capacidade máxima do sistema, o tráfego transportado torna-se limitado por conta da capacidade limitada (ou seja, devido ao número limitado de canais). O máximo tráfego transportado possível é o número total de canais, C, em Erlangs. O sistema celular AMPS é projetado para um GOS de 2% de bloqueio. Isso implica que as alocações de canal para os locais das células são designados de modo que duas em cem chamadas serão bloqueadas devido à ocupação do canal durante a hora mais ocupada.

Existem dois tipos de sistemas entroncados utilizados normalmente. O primeiro não oferece enfileiramento para solicitações de chamada — ou seja, para cada usuário que solicita o serviço, considera-se que não existe tempo de configuração, e que o usuário recebe acesso imediato a um canal, caso haja um disponível. Se não houver canal disponível, o usuário solicitante é bloqueado sem acesso e estará livre para tentar novamente mais tarde. Esse tipo de entroncamento é denominado *chamadas bloqueadas liberadas* e considera que as chamadas chegam conforme determinado pela distribuição de Poisson. Além do mais, assume-se que existe um número infinito de usuários e também o seguinte: a) existem chegadas de solicitações sem memória, implicando que todos os usuários, incluindo os bloqueados, podem solicitar um canal a qualquer momento; b) a probabilidade de um usuário ocupar um canal é distribuída exponencialmente, de modo que chamadas mais longas ocorrem com menos probabilidade, conforme descrito por uma distribuição exponencial; e c) existe um número finito de canais disponíveis no conjunto de entroncamento. Isso é conhecido como fila M/M/m/m e leva à derivação da fórmula de Erlang B (também conhecida como fórmula de *chamadas bloqueadas liberadas*). A fórmula de Erlang B determina a probabilidade de que uma chamada seja bloqueada e é uma medida do GOS para um sistema entroncado que não oferece enfilei-

Tabela 3.3 Definições do sistema de comunicações sem fio

Tempo de configuração: tempo exigido para alocar um canal de rádio entroncado a um usuário solicitante.

Chamada bloqueada: chamada que não pode ser completada no momento da solicitação devido ao congestionamento. Também conhecida como *chamada perdida*.

Tempo de permanência: duração média de uma chamada típica. Indicado por H (em segundos).

Intensidade de tráfego: medida do tempo de utilização do canal, que é a ocupação média do canal medida em Erlangs. Trata-se de uma quantidade sem dimensão e que pode ser usada para medir o tempo de utilização de canais únicos e múltiplos. Indicada por A.

Carga: intensidade de tráfego pelo sistema de rádio entroncado inteiro, medida em Erlangs.

Grau de serviço (GOS): medida do congestionamento especificada como a probabilidade de uma chamada ser bloqueada (para Erlang B) ou a probabilidade de uma chamada ser adiada além de um certo tempo (para Erlang C).

Taxa de solicitação: número médio de solicitações de chamada por unidade de tempo. Indicada por λ segundos^{-1}.

ramento para chamadas bloqueadas. A fórmula de Erlang B é derivada no Apêndice on-line A e é dada por

$$Pr\ [bloqueado] = \frac{\frac{A^C}{C!}}{\sum_{k=0}^{C} \frac{A^k}{k!}} = GOS \quad (3.16)$$

onde C é o número de canais entroncados oferecidos por um sistema de rádio entroncado e A é o tráfego total oferecido. Embora seja possível modelar sistemas entroncados com usuários finitos, as expressões resultantes são muito mais complicadas do que o resultado Erlang B, e a complexidade adicional não é garantida para os sistemas entroncados típicos, que possuem usuários em número superior aos canais disponíveis por várias ordens de grandeza. Além do mais, a fórmula de Erlang B oferece uma estimativa conservadora do GOS, pois os resultados de usuário finito sempre prevêem uma probabilidade menor de bloqueio. A capacidade de um sistema de rádio entroncado, no qual as chamadas bloqueadas são perdidas, é tabulada para diversos valores de GOS e números de canais na Tabela 3.4.

O segundo tipo de sistema entroncado é aquele em que uma fila é fornecida para manter chamadas que estão bloqueadas. Se um canal não estiver disponível imediatamente, a solicitação de chamada pode ser adiada até que haja um canal disponível. Esse tipo de entroncamento é conhecido como *chamadas bloqueadas adiadas*, e sua medida de GOS é definida como a probabilidade que uma chamada seja bloqueada depois de esperar por um período de tempo específico na fila. Para achar o GOS, primeiro é necessário encontrar a probabilidade de que uma chamada tenha inicialmente o acesso negado ao sistema. A probabilidade de uma chamada não ter acesso imediato a um canal é determinada pela fórmula de Erlang C, derivada no Apêndice on-line A:

$$Pr\ [atraso > 0] = \frac{A^C}{A^C + C!\left(1 - \frac{A}{C}\right)\sum_{k=0}^{C-1} \frac{A^k}{k!}} \quad (3.17)$$

Se nenhum canal estiver imediatamente disponível, a chamada é adiada, e a probabilidade de que a chamada adiada seja forçada a esperar mais que t segundos é dada pela probabilidade de que uma chamada seja adiada, multiplicada pela probabilidade condicional de que o atraso seja maior que t segundos. O GOS de um sistema entroncado, no qual as chamadas bloqueadas são adiadas, é, portanto, dado por

$$\begin{aligned} Pr[atraso > t] &= Pr[atraso > 0]\ Pr[atraso > t | atraso > 0] \\ &= Pr[atraso > 0] \exp(-(C-A)t/H) \end{aligned} \quad (3.18)$$

O atraso médio D para todas as chamadas em um sistema enfileirado é dado por

$$D = Pr[atraso > 0] \frac{H}{C - A} \quad (3.19)$$

onde o atraso médio para as chamadas que estão enfileiradas é dado por $H/(C - A)$.

As fórmulas Erlang B e Erlang C são esquematizadas em formato gráfico nas figuras 3.6 e 3.7. Esses gráficos são úteis para determinar o GOS de forma rápida, embora simulações por computador normalmente sejam usadas para determinar comportamentos transientes experimentados por determinados usuários em um sistema móvel.

Para usar as figuras 3.6 e 3.7, localize o número de canais na parte superior do gráfico. Em seguida, localize a intensidade de tráfego do sistema na parte inferior do gráfico. A probabilidade de bloqueio $Pr[bloqueio]$ aparece na abscissa da Figura 3.6, e $Pr[atraso] > 0$ aparece na abscissa da Figura 3.7. Com dois dos parâmetros especificados, é fácil achar o terceiro.

Exemplo 3.4

Quantos usuários podem ser aceitos para uma probabilidade de bloqueio de 0,5 por cento para o seguinte número de canais entroncados em um sistema com chamadas bloqueadas liberadas? a) 1; b) 5; c) 10; d) 20; e) 100. Suponha que cada usuário gera 0,1 Erlang de tráfego.

Tabela 3.4 Capacidade de um sistema Erlang B

	Capacidade (Erlangs) para GOS			
Número de canais *C*	= 0,01	= 0,005	= 0,002	= 0,001
2	0,153	0,105	0,065	0,046
4	0,869	0,701	0,535	0,439
5	1,36	1,13	0,900	0,762
10	4,46	3,96	3,43	3,09
20	12,0	11,1	10,1	9,41
24	15,3	14,2	13,0	12,2
40	29,0	27,3	25,7	24,5
70	56,1	53,7	51,0	49,2
100	84,1	80,9	77,4	75,2

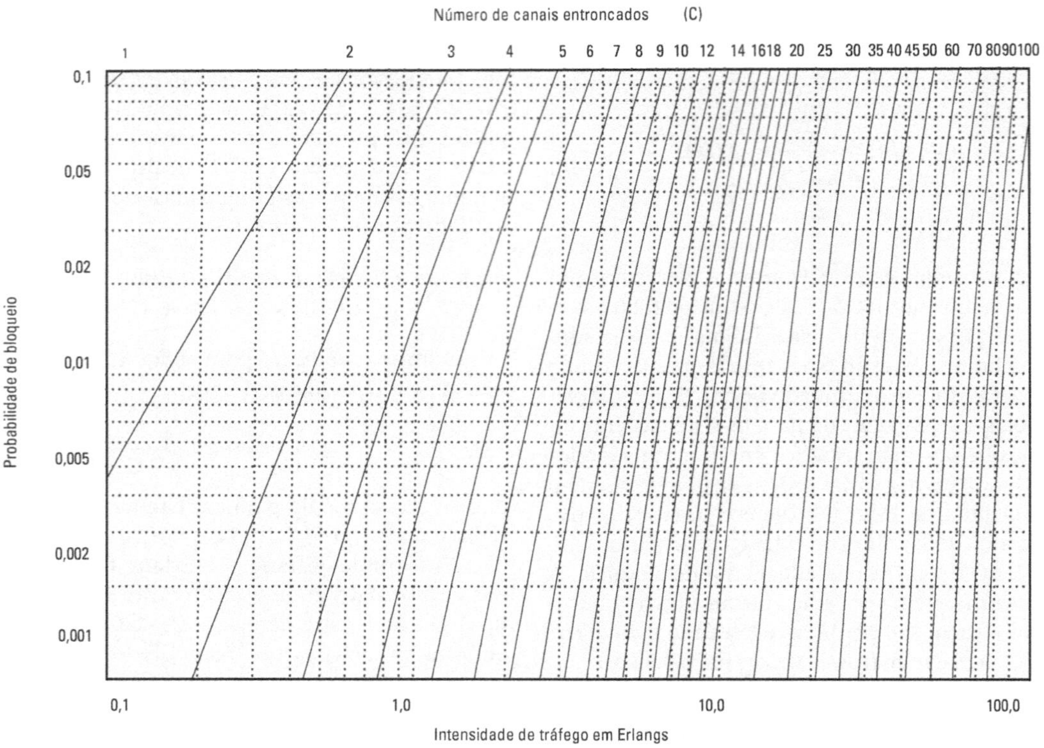

Figura 3.6 O gráfico de Erlang B mostrando a probabilidade de bloqueio como funções do número de canais e da intensidade de tráfego em Erlangs.

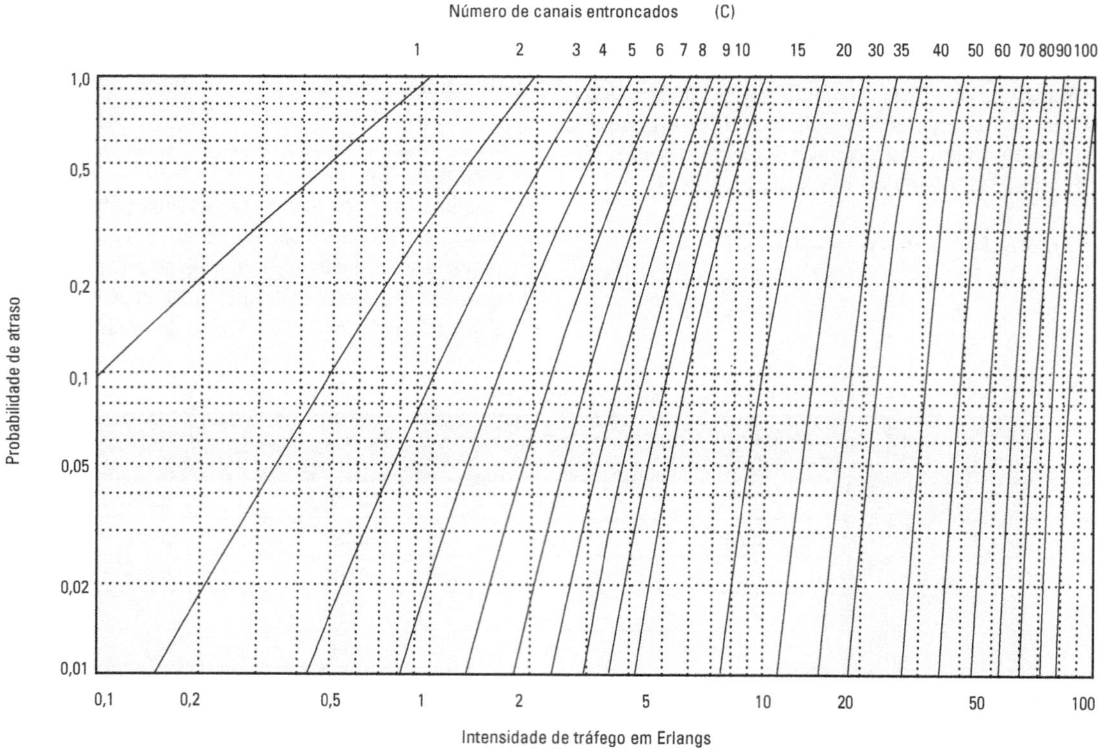

Figura 3.7 O gráfico de Erlang C mostrando a probabilidade de uma chamada ser adiada como uma função do número de canais e da intensidade de tráfego em Erlangs.

Solução

Pela Tabela 3.4 podemos descobrir a capacidade total, em Erlangs, para GOS de 0,5 por cento para diferentes números de canais. Usando a relação $A = UA_u$ é possível obter o número total de usuários que podem ser aceitos no sistema.

a) Dados $C = 1$, $A_u = 0,1$, $GOS = 0,005$

Pela Figura 3.6, obtemos $A = 0,005$
Portanto, o número total de usuários é: $U = A/A_u = 0,005/0,1 = 0,05$ usuário
Mas, na realidade, um usuário poderia ser aceito em um canal. Portanto, $U = 1$

b) Dados $C = 5$, $A_u = 0,1$, $GOS = 0,005$

Pela Figura 3.6, obtemos $A = 1,13$
Portanto, o número total de usuários é: $U = A/A_u = 1,13/0,1 \approx 11$ usuários

c) Dados $C = 10$, $A_u = 0,1$, $GOS = 0,005$

Pela Figura 3.6, obtemos $A = 3,96$
Portanto, o número total de usuários é: $U = A/Au = 3,96/0,1 \approx 39$ usuários

d) Dados $C = 20$, $A_u = 0,1$, $GOS = 0,005$

Pela Figura 3.6, obtemos $A = 11,10$
Portanto, o número total de usuários é: $U = A/A_u = 11,1/0,1 \approx 110$ usuários

e) Dados $C = 100$, $A_u = 0,1$, $GOS = 0,005$

Pela Figura 3.6, obtemos $A = 80,9$
Portanto, o número total de usuários é: $U = A/A_u = 80,9/0,1 = 809$ usuários

Exemplo 3.5

Uma área urbana tem uma população de 2 milhões de moradores. Três redes móveis entroncadas (sistemas *A*, *B* e *C*) oferecem serviço de celular nessa área. O sistema *A* tem 394 células com 19 canais cada; o sistema *B* tem 98 células com 57 canais cada; e o sistema *C* tem 49 células com 100 canais cada. Ache o número de usuários que podem ser aceitos com 2 por cento de bloqueio se cada usuário faz, em média, duas chamadas por hora com uma duração média de três minutos. Supondo que todos os três sistemas entroncados são operados em capacidade máxima, calcule a penetração de mercado percentual de cada provedor de celular.

Solução

Sistema *A*
Dados:
Probabilidade de bloqueio: 2 por cento = 0,02
Número de canais por célula usada no sistema: $C = 19$
Intensidade de tráfego por usuário: $A_u = \lambda H = 2 \times (3/60) = 0,1$ Erlang
Para $GOS = 0,02$ e $C = 19$, pelo gráfico de Erlang B, o tráfego total transportado, *A*, é obtido como 12 Erlangs.
Portanto, o número de usuários que podem ser aceitos por célula é: $U = A/A_u = 12/0,1 = 120$
Como existem 394 células, o número total de assinantes que podem ser aceitos pelo Sistema *A* é igual a $120 \times 394 = 47.280$

Sistema *B*
Dados:
Probabilidade de bloqueio: 2 por cento = 0,02
Número de canais por célula usados no sistema: $C = 57$
Intensidade de tráfego por usuário: $A_u = \lambda H = 2 \times (3/60) = 0,1$ Erlang
Para $GOS = 0,02$ e $C = 57$, pelo gráfico de Erlang B, o tráfego total transportado, *A*, é obtido como 45 Erlangs.
Portanto, o número de usuários que podem ser aceitos por célula é: $U = A/A_u = 45/0,1 = 450$
Como existem 98 células, o número total de assinantes que podem ser aceitos pelo Sistema *B* é igual a $450 \times 98 = 44.100$

Sistema *C*
Dados:
Probabilidade de bloqueio: 2 por cento = 0,02
Número de canais por célula usados no sistema: $C = 100$
Intensidade de tráfego por usuário: $A_u = \lambda H = 2 \times (3/60) = 0,1$ Erlang
Para $GOS = 0,02$ e $C = 100$, pelo gráfico de Erlang B, o tráfego total transportado, *A*, é obtido como 88 Erlangs.
Portanto, o número de usuários que podem ser aceitos por célula é: $U = A/A_u = 88/0,1 = 880$
Como existem 49 células, o número total de assinantes que podem ser aceitos pelo Sistema *C* é igual a $880 \times 49 = 43.120$
Portanto, o número total de assinantes de celular que podem ser aceitos por esses três sistemas é 47.280 + 44.100 + 43.120 = 134.500 usuários.
Como existem 2 milhões de residentes em determinada área urbana e o número total de assinantes de celular no Sistema *A* é igual a 47.280, o percentual de penetração no mercado é igual a 47.280/2.000.000 = 2,36 por cento
De modo semelhante, a penetração no mercado do Sistema *B* é igual a 44.100/2.000.000 = 2,205%, e a penetração no mercado do Sistema *C* é igual a 43.120/2.000.000 = 2,156 por cento
A penetração no mercado dos três sistemas combinados é igual a 134.500/2.000.000 = 6,725 por cento

Exemplo 3.6

Uma certa cidade tem uma área de 1.300 milhas quadradas e é coberta por um sistema de celular usando um padrão de reutilização de sete células. Cada célula tem um raio de quatro milhas e a cidade recebe 40 MHz de espectro com uma largura de banda de canal full duplex de 60 kHz. Considere que um GOS de 2 por cento para um sistema Erlang B seja especificado. Se o tráfego oferecido por usuário é 0,03 Erlang, calcule: a) o número de células na área de serviço; b) o número de canais por célula; c) a intensidade de tráfego de cada célula; d) o tráfego máximo transportado; e) o número total de usuários que podem ser atendidos para 2 por cento de GOS; f) o número de estações móveis por canal exclusivo (onde se entende que os canais são reutilizados); e g) o número teórico máximo de usuários que podem ser atendidos de uma só vez pelo sistema.

Solução

a) Dados:

Área de cobertura total = 1.300 milhas; raio de célula = 4 milhas

A área de uma célula (hexágono) pode ser mostrada como sendo $2{,}5981R^2$, de modo que cada célula cobre $2{,}5981 \times (4)^2 = 41{,}57$ mi²

Logo, o número total de células é: $N_c = 1.300/41{,}57 = 31$ células

b) O número total de canais por célula, (C): = espectro alocado /(largura do canal × fator de reutilização de freqüência) = 40.000.000/(60.000 × 7) = 95 canais/célula

c) Dados:

$C = 95$; $GOS = 0{,}02$

Pelo gráfico Erlang B, temos intensidade de tráfego por célula $A = 84$ Erlangs/célula

d) Tráfego máximo transportado = número de células × intensidade de tráfego por célula = 31 × 84 = 2.604 Erlangs

e) Tráfego dado por usuário = 0,03 Erlang

Número total de usuários = Tráfego total/tráfego por usuário = 2.604/0,03 = 86.800 usuários

f) Número de estações móveis por canal = número de usuários/número de canais = 86.800/666 = 130 estações móveis/canal

g) O número máximo teórico de estações móveis suportadas é o número de canais disponíveis no sistema (todos os canais ocupados) = $C \times N_C = 95 \times 31 = 2.945$ usuários, que é 3,4 por cento da base de clientes

Exemplo 3.7

Uma célula hexagonal em um sistema de quatro células tem um raio de alcance de 1.387 km. Um total de 60 canais é usado pelo sistema inteiro. Se a carga por usuário é de 0,029 Erlang, e $\lambda = 1$ chamada/hora, calcule o seguinte para um sistema Erlang C que tem 5 por cento de probabilidade de atraso de uma chamada:

a) Quantos usuários por quilômetro quadrado esse sistema suportará?

b) Qual a probabilidade de que uma chamada adiada tenha de esperar mais de dez segundos?

c) Qual a probabilidade de que uma chamada será atrasada por mais de dez segundos?

Solução

Dados:

Raio da célula: $R = 1.387$ km

Área coberta por célula: $2{,}598 \times (1{,}387)^2 = 5$ km²

Número de células por cluster = 4

Número total de canais = 60

Portanto, o número de canais por célula = 60/4 = 15 canais

a) Pelo gráfico de Erlang C, para uma probabilidade de 5% de atraso com $C = 15$, intensidade de tráfego = 9,0 Erlangs

Portanto, o número de usuários = intensidade de tráfego total/tráfego por usuário = 9,0/0,029 = 310 usuários = 310 usuários/5 km² = 62 usuários/km²

b) Dados $\lambda = 1$, tempo de permanência $H = A_u/\lambda = 0{,}029$ hora = 104,4 segundos

A probabilidade de que uma chamada adiada tenha que esperar mais de 10 segundos é $Pr\,[atraso > t \mid atraso] = \exp(-(C - A)\,t/H) = \exp(-(15 - 9{,}0)\,10/104{,}4) = 56{,}29$ por cento

c) Dado $Pr\,[atraso > 0] = 5$ por cento = 0,05

A probabilidade de que uma chamada seja atrasada por mais de 10 segundos é

$Pr\,[atraso > 10] = Pr\,[atraso > 0]\;Pr\,[atraso > t \mid atraso] = 0{,}05 \times 0{,}5629 = 2{,}81$ por cento

A *eficiência do entroncamento* é uma medida do número de usuários que pode receber determinado GOS com determinada configuração de canais fixos. O modo como os canais são agrupados pode alterar substancialmente o número de usuários tratados por um sistema entroncado. Por exemplo, pela Tabela 3.4, dez canais entroncados em um GOS de 0,01 podem admitir 4,46 Erlangs de tráfego, enquanto dois grupos de cinco canais entroncados podem admitir 2 × 1,36 Erlang, ou 2,72 Erlangs de tráfego. Nitidamente, dez canais entroncados juntos admitem 60 por cento mais tráfego em um GOS específico do que dois troncos de cinco canais! Deve ficar claro que a alocação de canais em um sistema de rádio entroncado tem um sério impacto sobre a capacidade geral do sistema.

3.7 Melhorando a cobertura e a capacidade nos sistemas celulares

À medida que a demanda por serviço sem fio aumenta, o número de canais atribuídos a uma célula eventualmente se tornará insuficiente para admitir o número exigido de usuários. Nesse ponto, técnicas de projeto de celular são necessárias para fornecer mais canais por unidade de área de cobertura. Técnicas como *divisão de células*, *setorização* e *técnicas de zona de cobertura* são usadas na prática para expandir a capacidade dos sistemas de celular. A divisão de células permite um crescimento ordenado do sistema celular. A setorização usa antenas direcionais para controlar melhor a interferência e a reutilização de freqüência dos canais. O conceito de *microcélula de zona* distribui a cobertura de uma célula e estende o limite desta para locais difíceis de alcançar. Embora a divisão de células aumente o número de estações-base a fim de aumentar a capacidade, a setorização e as microcélulas de zona contam com posicionamentos de antena de estação-base para melhorar a capacidade reduzindo a interferência do co-canal. As técnicas de divisão de células e microcélula de zona não sofrem as ineficiências de entroncamento experimentadas pelas células setorizadas, o que permite que a estação-base supervisione todas as tarefas de transferência relacionadas às microcélulas, reduzindo assim a carga computacional na MSC. Essas três técnicas de melhoria de capacidade populares serão explicadas com detalhes.

3.7.1 Divisão de células

A divisão de células é o processo de subdividir uma célula em células menores, cada uma com sua própria estação-base e uma redução correspondente na altura da antena e na potência do transmissor. A divisão de células aumenta a capacidade de um sistema celular, pois aumenta o número de vezes que os canais são reutilizados. Definindo novas células que possuem um raio menor que as células originais e instalando essas células menores (chamadas *microcélulas*) entre as células existentes, a capacidade aumenta devido ao número adicional de canais por unidade de área.

Imagine se cada célula da Figura 3.1 fosse reduzida de modo que o raio de cada uma delas fosse dividido ao meio. Para cobrir a área de serviço inteira com células menores seria necessário, aproximadamente, quatro vezes o número de células. Isso pode ser mostrado facilmente considerando-se um círculo com raio *R*. A área coberta por esse círculo tem quatro vezes a área coberta por um círculo com raio *R*/2. Aumentando-se o número de células, o número de clusters pela região de cobertura também aumentaria, o que, por sua vez, elevaria o número de canais e, portanto, a capacidade na área de cobertura. A divisão de células permite que um sistema cresça substituindo células grandes por menores enquanto não interrompe o esquema de alocação de canal exigido para manter a razão de reutilização mínima do co-canal *Q* (ver Equação 3.4) entre as células deste.

Um exemplo de divisão de célula aparece na Figura 3.8, na qual as estações-base são posicionadas nos cantos das células, e a área atendida pela estação-base *A* é considerada saturada com tráfego (ou seja, a taxa de bloqueio da estação-base *A* excede as taxas aceitáveis). Novas estações-base, portanto, são necessárias na região para aumentar o número de canais na área e reduzir a área atendida pela única estação-base. Observe nessa figura que a estação-base original *A* foi cercada por seis novas microcélulas. No exemplo mostrado na Figura 3.8, células menores foram adicionadas de modo a preservar o plano de reutilização de freqüência do sistema. Por

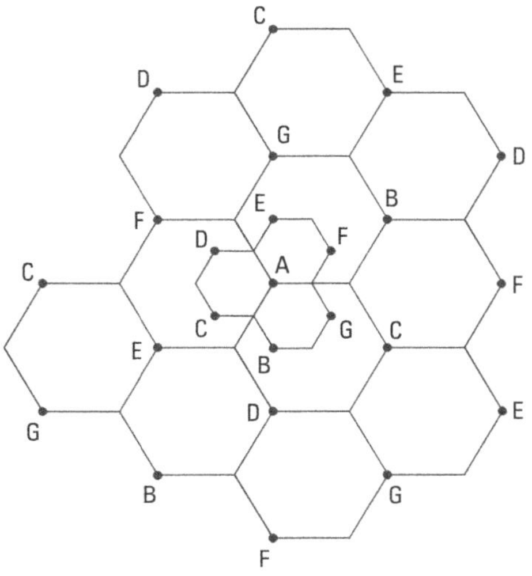

Figura 3.8 Ilustração da divisão de células.

exemplo, a estação-base de microcélula rotulada com *G* foi colocada a meio caminho entre duas estações maiores utilizando o mesmo conjunto de canais *G*. Esse também é o caso para as outras microcélulas na figura. Como pode ser visto nessa figura, a divisão de células simplesmente expande a geometria do cluster. Nesse caso, o raio de cada nova microcélula é metade da célula original.

Para que as novas células sejam menores em tamanho, sua potência de transmissão deve ser reduzida. A potência de transmissão das novas células com raio igual à metade das células originais pode ser encontrada examinando-se a potência recebida P_r nos limites da nova e da antiga células, e definindo tais limites como sendo iguais. Isso é necessário para garantir que o plano de reutilização de freqüência para as novas microcélulas se comporte exatamente como nas células originais. Para a Figura 3.8,

$$P_r \text{ [na borda da célula velha] } \propto P_{t1} R^{-n} \qquad (3.20)$$

e

$$P_r \text{ [na borda da célula nova] } \propto P_{t2}(R/2)^{-n} \qquad (3.21)$$

onde P_{t1} e P_{t2} são as potências de transmissão das estações-base da célula maior e da célula menor, respectivamente, e n é o expoente de perda do caminho. Se considerarmos $n = 4$ e definirmos as potências recebidas como sendo iguais, então

$$P_{t2} = \frac{P_{t1}}{16} \qquad (3.22)$$

Em outras palavras, a potência de transmissão deve ser reduzida em 12 dB a fim de preencher a área de cobertura original com microcélulas, enquanto mantém o requisito *S*/*I*.

Na prática, nem todas as células são divididas ao mesmo tempo. Normalmente, é difícil que provedores de serviço encontrem um terreno que seja perfeitamente situado para a divisão de célula. Portanto, células de tamanhos diferentes existirão simultaneamente. Nessas situações, deve-se ter um cuidado especial para manter a distância entre as células de co-canal no mínimo exigido — portanto, as atribuições de canal se tornam mais complicadas[20]. Além disso, as questões de transferência devem ser resolvidas para que o tráfego em alta e baixa velocidades possa ser acomodado ao mesmo tempo (a técnica de célula guarda-chuva mencionada na Seção 3.4 é normalmente utilizada nesses casos). Quando existem dois tamanhos de célula na mesma região, como mostrado na Figura 3.8, a Equação 3.22 demonstra que não se pode simplesmente usar a potência de transmissão original para todas as novas células ou a nova potência de transmissão para todas as células originais. Se a potência de transmissão maior for usada para todas as células, alguns canais usados pelas células menores não estariam suficientemente separados das células do co-canal. Porém, se a potência de transmissão menor for usada para todas as células, haveria partes não atendidas das células maiores. Por esse motivo, os canais da célula antiga devem ser desmembrados em dois grupos de canais: um que corresponde aos requisitos de reutilização da célula menor e outro que corresponde aos requisitos de reutilização da célula maior. A célula maior normalmente é dedicada ao tráfego de alta velocidade, de modo que as transferências ocorrem com menos freqüência.

Os dois tamanhos de grupo de canais dependem do estágio do processo de divisão. No início desse processo haverá menos canais nos grupos de potência menor. Porém, com o crescimento da demanda, mais canais serão exigidos, assim, grupos menores exigirão mais canais. Esse processo de divisão continua até que todos os canais da área sejam usados no grupo de potência inferior — neste ponto, a divisão de células está completa dentro da região, e o sistema inteiro é redimensionado para ter um raio menor por célula. A *inclinação da antena para baixo* focaliza deliberadamente que a energia radiada da estação-base para o chão (em vez de para o horizonte) normalmente é usada para limitar a cobertura de rádio das microcélulas recém-formadas.

Exemplo 3.8

Considere a Figura 3.9. Suponha que cada estação-base use 60 canais, independentemente do tamanho da célula. Se cada célula original tem um raio de 1 km e cada microcélula tem um raio de 0,5 km, ache o número de canais contidos em um quadrado de 3 km por 3 km centralizado em torno de *A* sob as seguintes condições: a) sem o uso de microcélulas; b) quando forem usadas microcélulas rotuladas com letras conforme mostra a Figura 3.9; e c) se todas as estações-base originais forem substituídas por microcélulas. Considere que as células na borda do quadrado estejam contidas nele.

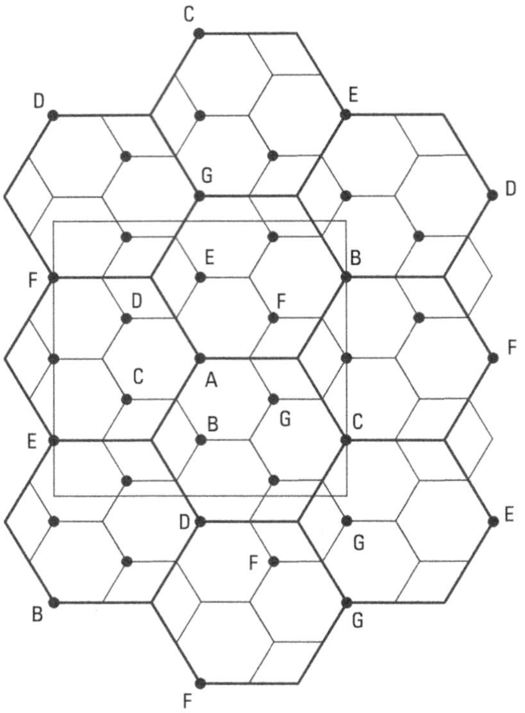

Figura 3.9 Ilustração da divisão de células dentro de um quadrado de 3 km por 3 km centralizado em torno da estação-base *A*.

Solução

a) Sem o uso de microcélulas:

Um raio de célula de 1 km implica que os lados dos hexágonos maiores também possuem 1 km de extensão. Para cobrir o quadrado de 3 km por 3 km centralizado na estação-base *A*, precisamos cobrir 1,5 km (1,5 vezes o raio do hexágono) em direção à direita, à esquerda, acima e abaixo da estação-base *A*. Isso pode ser visto na Figura 3.9, na qual também vemos que essa área contém cinco estações-base. Como cada estação-base tem 60 canais, o número total de canais sem divisão de célula é igual a $5 \times 60 = 300$ canais.

b) Com o uso das microcélulas mostradas na Figura 3.9:

Na Figura 3.9, a estação-base *A* é cercada por seis microcélulas. Portanto, o número total de estações-base na área quadrada sob estudo é igual a $5 + 6 = 11$. Como cada estação-base tem 60 canais, o número total de canais será igual a $11 \times 60 = 660$ canais. Isso é um aumento de capacidade de 2,2 vezes quando comparado com o caso *a*.

c) Se todas as estações-base forem substituídas por microcélulas:

Na Figura 3.9 vemos que existe um total de $5 + 12 = 17$ estações-base na região quadrada em estudo. Como cada estação-base tem 60 canais, o número total de canais será igual a $17 \times 60 = 1.020$ canais. Isso é um aumento de capacidade de 3,4 vezes quando comparada com o caso *a*.

Teoricamente, se todas as células fossem microcélulas com a metade do raio da célula original, o aumento da capacidade se aproximaria de quatro.

3.7.2 Setorização

Como visto na Seção 3.7.1, a divisão de células fornece melhorias de capacidade basicamente redimensionando o sistema. Diminuindo o raio da célula R e mantendo a razão de reutilização de co-canal D/R inalterada, a divisão de células aumenta o número de canais por unidade de área.

Porém, outra forma de aumentar a capacidade é manter o raio da célula inalterado e buscar métodos para diminuir a razão D/R. Como mostraremos agora, a *setorização* aumenta a SIR, de modo que o tamanho do cluster pode ser reduzido. Nessa técnica, primeiro a SIR é melhorada usando antenas direcionais; depois, a melhoria na capacidade é alcançada reduzindo-se o número de células em um cluster, aumentando assim a reutilização de freqüência. Porém, para fazer isso com sucesso, é necessário reduzir a interferência relativa sem diminuir a potência de transmissão.

A interferência do co-canal em um sistema celular pode ser diminuída substituindo-se uma única antena omnidirecional na estação-base por várias antenas direcionais, cada uma radiando dentro de um setor específico. Usando antenas direcionais, determinada célula receberá interferência e transmitirá com apenas uma fração das células de co-canal disponíveis. A técnica para diminuir a interferência do co-canal — e, portanto, aumentar o desempenho do sistema usando antenas direcionais — é chamada *setorização*. O fator pelo qual a interferência do co-canal é reduzida depende da quantidade de setorização utilizada. Uma célula normalmente é particionada em três setores de 120° ou seis setores de 60°, como mostra a Figura 3.10a e 3.10b.

Quando a setorização é empregada, os canais usados em determinada célula são divididos em grupos setorizados e usados apenas dentro de um setor em particular, conforme ilustrado na figura anterior. Considerando uma reutilização de sete células, para o caso de setores de 120°, o número de interferidores na primeira camada é reduzido de seis para dois. Isso porque apenas duas das células de co-canal recebem interferência com um grupo de canal setorizado em particular. Com base na Figura 3.11, considere a interferência experimentada por uma estação móvel localizada no setor mais à direita da célula de centro rotulada como '5'. Existem três setores de célula de co-canal rotulados com '5' à direita da célula central, e três à esquerda da célula central. Dessas seis células de co-canal, somente duas possuem setores com padrões de antena que se radiam para a célula do centro, por isso uma estação móvel na célula do centro experimentará interferência no enlace direto a partir apenas desses dois setores. A relação S/I resultante, para este caso, pode ser encontrada usando-se a Equação 3.8 como sendo 24,2 dB, que é uma melhoria significativa em relação ao caso omnidirecional da Seção 3.5, no qual a relação S/I no pior caso foi demonstrada como sendo 17 dB. Essa melhoria de S/I permite que o engenheiro de sistemas sem fio diminua o tamanho de cluster N para melhorar a reutilização de freqüência — e conseqüentemente a capacidade do sistema. Em sistemas práticos, melhorias na S/I são alcançadas pela inclinação para baixo das antenas de setor, de modo que o padrão de radiação no plano vertical (a elevação da antena) tenha um corte na distância da célula de co-canal mais próxima.

A melhoria na relação S/I implica que, com a setorização em 120°, a relação S/I mínima exigida de 18 dB pode ser facilmente alcançada com a reutilização de sete células, em comparação com a reutilização de 12 células para a pior situação possível no caso não setorizado (ver Seção 3.5.1). Assim, a setorização reduz a interferência, levando a um aumento na capacidade de um fator de 12/7, ou 1,714 vezes. Na prática, a redução na interferência oferecida pela setorização permite que os planejadores reduzam o tamanho de cluster N, além de fornecer um grau de liberdade adicional na atribuição de canais. A penalidade para a melhora na S/I e a melhora resultante na capacidade a partir do encolhimento do tamanho de cluster é um número maior de antenas em cada estação-base — e uma diminuição na eficiência do entroncamento devido à setorização do canal na estação-base. Como a setorização reduz a área de cobertura de determinado grupo de canais, o número de transferências também aumenta. Felizmente, muitas estações-base modernas admitem a setorização e permitem que estações móveis sejam transferidas de um setor para outro dentro da mesma célula sem intervenção da MSC, de modo que o problema da transferência normalmente não é uma consideração importante.

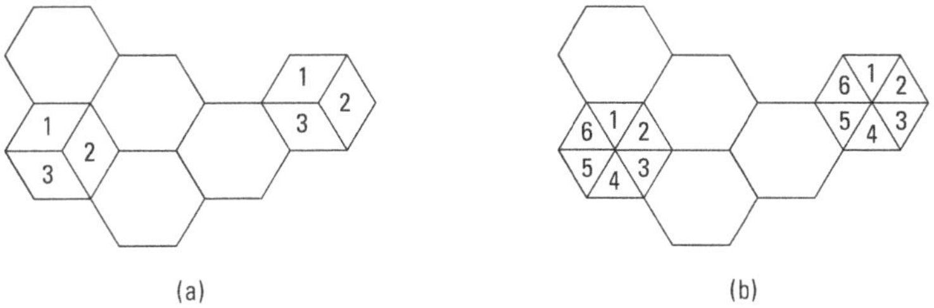

Figura 3.10 a) Setorização em 120°; b) Setorização em 60°.

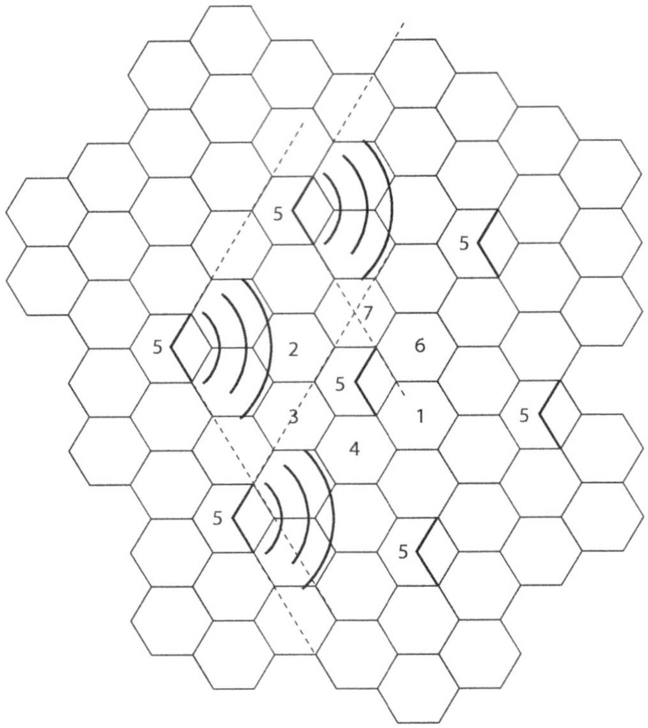

Figura 3.11 Ilustração de como a setorização em 120° reduz a interferência das células do co-canal. Das seis células de co-canal na primeira camada, somente duas interferem na célula central. Se antenas omnidirecionais fossem usadas em cada estação-base, todas as seis células de co-canal interfeririam na célula central.

É a perda de tráfego devida à menor eficiência do entroncamento que faz com que algumas operadoras se afastem da técnica de setorização, particularmente em densas áreas urbanas, onde os padrões de antena direcional são ineficazes no controle da propagação de rádio. Como a setorização usa mais de uma antena por estação-base, os canais disponíveis na célula devem ser subdivididos e dedicados a uma antena específica. Isso quebra o conjunto de canais entroncados disponíveis em conjuntos menores, além de diminuir a eficiência do entroncamento.

Exemplo 3.9

Considere um sistema celular em que uma chamada normal dura dois minutos e a probabilidade de bloqueio não deve ser maior que 1 por cento. Suponha que cada assinante faça uma chamada por hora, em média. Se houver um total de 395 canais de tráfego para um sistema de reutilização de sete células, haverá cerca de 57 canais de tráfego por célula. Considere que as chamadas bloqueadas sejam liberadas, de modo que o bloqueio é descrito pela distribuição de Erlang B, por meio da qual é possível descobrir que o sistema não setorizado pode tratar de 44,2 Erlangs, ou 1.326 chamadas por hora.

Agora, empregando a setorização em 120°, existem apenas 19 canais por setor de antena (57/3 antenas). Para a mesma probabilidade de bloqueio e duração média da chamada pode-se descobrir pela distribuição de Erlang B que cada setor pode tratar de 11,2 Erlangs, ou 336 chamadas por hora. Como cada célula consiste em três setores, isso oferece uma capacidade de célula de $3 \times 336 = 1.008$ chamadas por hora, o que leva a uma diminuição de 24 por cento quando comparado com o caso não setorizado. Assim, a setorização diminui a eficiência do entroncamento enquanto melhora a relação S/I para cada usuário no sistema.

Pode-se descobrir que o uso de setores em 60° melhora a relação S/I ainda mais. Nesse caso, o número de interferidores da primeira camada é reduzido de seis para apenas um. Isso resulta em S/I = 29 dB para um sistema de sete células e permite a reutilização de quatro células. Naturalmente, usar seis setores por célula reduz a eficiência do entroncamento e aumenta ainda mais o número de transferências necessárias. Se o sistema não setorizado for comparado com o caso dos seis setores, a degradação na eficiência do entroncamento pode ser mostrada como sendo 44 por cento. (A prova disso fica como um exercício.)

3.7.3 Repetidoras para extensão de alcance

Normalmente, uma operadora de serviços sem fio precisa oferecer cobertura dedicada para áreas de difícil alcance, como dentro de prédios ou em vales e túneis. Os retransmissores de rádio, conhecidos como *repetidoras*, geralmente são usados para fornecer essas capacidades de extensão de alcance. As repetidoras são bidirecionais por natureza e simultaneamente enviam e recebem sinais de/para a estação-base que as está atendendo. As repetidoras trabalham usando sinais pelo ar, de modo que podem ser instaladas em qualquer lugar e são capazes de repetir uma banda inteira de celular ou PCS. Ao receber sinais de um enlace direto da estação-base, a repetidora amplifica e irradia novamente os sinais da estação-base para a região de cobertura específica. Infelizmente, o ruído e a interferência recebida também são irradiados pela repetidora nos enlaces direto e reverso, de modo que é preciso ter cuidado para posicionar corretamente as repetidoras e ajustar os diversos níveis do amplificador e padrões de antena dos enlaces direto e reverso. As repetidoras podem ser facilmente consideradas *bent pipes* bidirecionais, que retransmitem o que foi recebido. Na prática, antenas direcionais ou *Distributed Antenna Systems* (DAS) são conectadas às entradas ou saídas de repetidoras para cobertura em ponto localizado, particularmente dentro de túneis ou prédios.

Modificando a cobertura de uma célula de atendimento, uma operadora é capaz de dedicar certa quantidade do tráfego da estação-base às áreas cobertas pela repetidora. Porém, a repetidora não acrescenta capacidade ao sistema—ela simplesmente serve para irradiar o sinal da estação-base para locais específicos. As repetidoras estão sendo cada vez mais usadas para fornecer cobertura para prédios e arredores, onde a cobertura tradicionalmente é fraca[21]. Muitas prestadoras optaram por fornecer penetração sem fio em prédios instalando microcélulas fora de prédios grandes, e depois instalando muitas repetidoras com redes DAS dentro dos prédios. Essa técnica oferece cobertura imediata para as áreas visadas, mas não acomoda os aumentos em capacidade que surgirão devido a um maior tráfego de usuários no interior e no exterior. Mais cedo ou mais tarde, serão necessárias estações-base dedicadas dentro dos prédios, a fim de acomodar o grande número de usuários de celular.

Determinar o melhor local para repetidoras e sistemas de antena distribuídos dentro dos prédios exige um planejamento cuidadoso, principalmente porque os níveis de interferência são irradiados para o prédio a partir da estação-base, do interior do prédio e de volta à estação-base. Além disso, as repetidoras devem corresponder à capacidade disponível da estação-base servidora. Felizmente, alguns softwares, como o *SitePlanner*[22], permitem que os engenheiros determinem rapidamente os melhores locais para as repetidoras e a rede DAS exigida enquanto calculam o tráfego disponível e o custo associado da instalação. O *SitePlanner* é protegido pela patente 6.317.599 dos Estados Unidos. Por meio desse programa, os engenheiros podem determinar muito rapidamente a disposição apropriada para um determinado nível de extensão de alcance (ver Figura 3.12).

3.7.4 Conceito de zona de microcélula

O número crescente de transferências exigidas quando é empregada a setorização resulta em um aumento na carga dos elementos de comutação e controle do enlace do sistema móvel. Uma solução para esse problema foi apresentada por Lee[23]. Essa proposta é baseada no conceito de microcélula com reutilização de sete células, conforme ilustra a Figura 3.13. Nesse esquema, cada um dos três (ou possivelmente mais) locais de zona de cobertura (representados como Tx/Rx na Figura 3.13) é conectado a uma única estação-base e todos compartilham o mes-

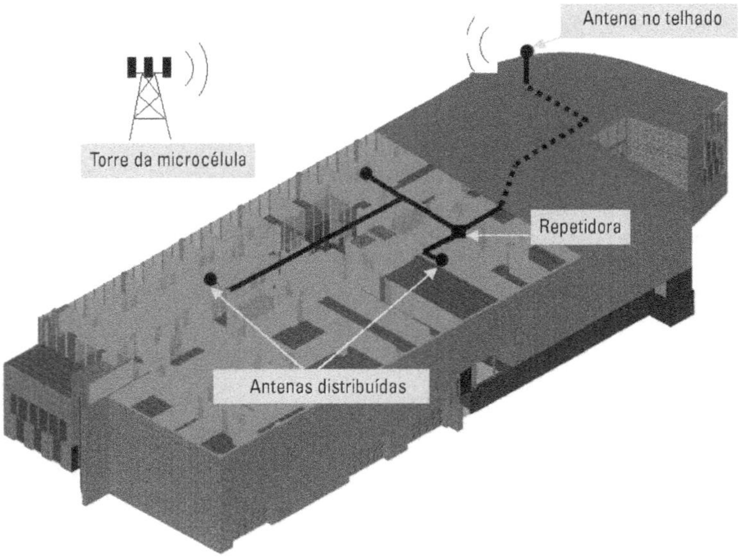

Figura 3.12 Ilustração de como um sistema de antena distribuído (DAS) pode ser usado dentro de um prédio. Figura produzida no SitePlanner®. (Cortesia da Wireless Valley Communications Inc.)

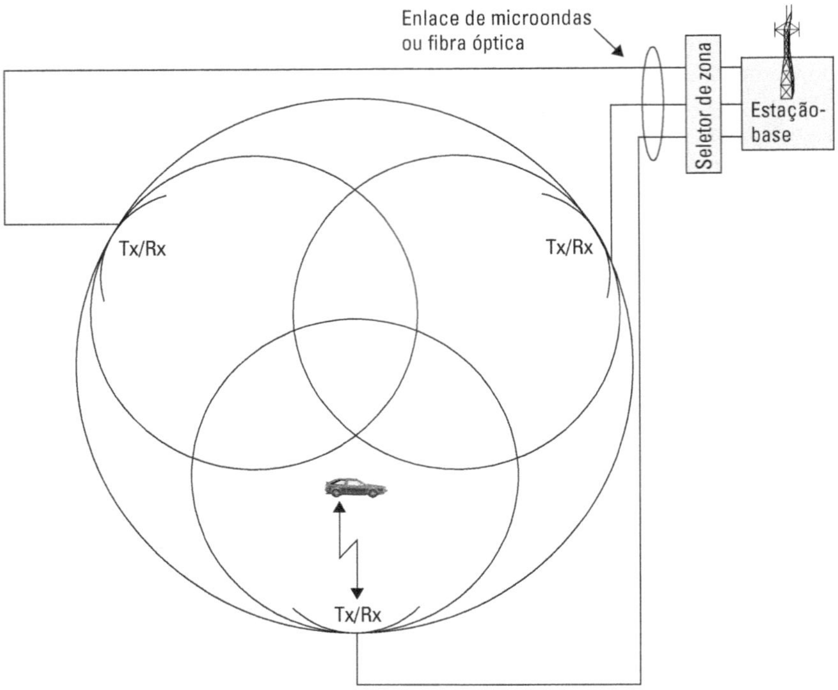

Figura 3.13 O conceito de microcélula (adaptado de Lee[24] © IEEE).

mo equipamento de rádio. As zonas são conectadas por cabo coaxial, cabo de fibra óptica ou enlace de microondas com a estação-base. Múltiplas zonas e uma única estação-base compõem uma célula. Quando uma estação móvel percorre a célula, ela é atendida pela zona com o sinal mais forte. Essa técnica é superior à setorização, pois as antenas são colocadas nas bordas externas da célula e qualquer canal da estação-base pode ser atribuído a qualquer zona pela estação-base.

À medida que uma estação móvel passa de uma zona para outra dentro da célula, ela retém o mesmo canal. Assim, diferentemente da setorização, uma transferência não é exigida na MSC quando a estação móvel atravessa as zonas dentro da célula. A estação-base simplesmente troca o canal para um local de zona diferente. Desse modo, determinado canal só está ativo na zona em que a estação móvel está trafegando, por isso a radiação da estação-base é localizada e a interferência é reduzida. Os canais são distribuídos no tempo e no espaço por todas as três zonas, e também são reutilizados nas células do co-canal do modo normal. Essa técnica é particularmente útil nas rodovias ou em corredores de tráfego urbano.

A vantagem da técnica de célula com zonas é que, enquanto a célula mantém determinado raio de cobertura, a interferência do co-canal no sistema celular é reduzida, pois uma grande estação-base central é substituída por vários transmissores de menor potência (transmissores de zona) nas bordas da célula. A redução na interferência do co-canal melhora a qualidade do sinal e leva a um aumento na capacidade sem degradação na eficiência do entroncamento, causada pela setorização. Como já foi mencionado, normalmente uma relação S/I de 18 dB é exigida para um desempenho satisfatório do sistema em transmissão por FM em banda estreita. Para um sistema com $N = 7$, uma razão D/R de 4,6 revelou conseguir isso. Com relação ao sistema de microcélula com zonas, como a transmissão a qualquer momento é confinada a uma zona em particular, isso implica que uma razão D_z/R_z de 4,6 (onde D_z é a distância mínima entre as zonas de co-canal ativas e R_z é o raio da zona) pode conseguir o desempenho de enlace necessário. Na Figura 3.14, considere que cada hexágono individual representa uma zona, enquanto cada grupo de três hexágonos representa uma célula. O raio da zona R_z é aproximadamente igual ao raio de um hexágono. Agora, a capacidade do sistema de microcélula com zonas está diretamente relacionada à distância entre as células do co-canal, não às zonas. Essa distância é representada como D na Figura 3.14. Para um valor de D_z/R_z igual a 4,6 pode-se ver, pela geometria da Figura 3.14, que o valor da razão de reutilização do co-canal, D/R, é igual a três, onde R é o raio da célula e é igual a duas vezes o tamanho do raio do hexágono. Usando a Equação 3.4, $D/R = 3$ corresponde a um tamanho de cluster de $N = 3$. Essa redução no tamanho do cluster de $N = 7$ para $N = 3$ leva a um aumento de 2,33 vezes na capacidade, para um sistema completamente baseado no conceito de microcélula com zonas. Logo, para o mesmo requisito de S/I de 18 dB, esse sistema oferece um aumento significativo na capacidade em relação ao sistema celular com planejamento convencional.

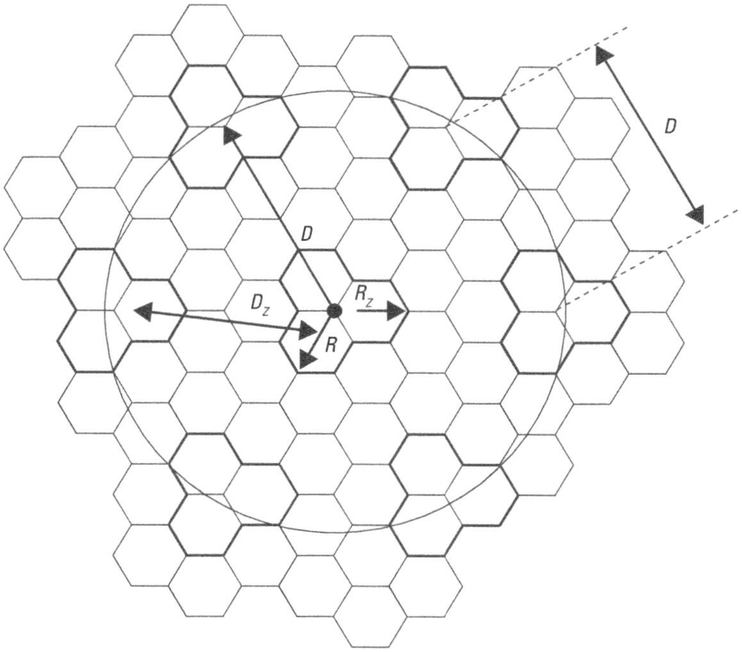

Figura 3.14 Defina D, D_Z, R e R_Z para uma arquitetura de microcélula com $N = 7$. Os hexágonos menores formam zonas e três hexágonos (contornados em negrito) formam juntos uma célula. Ainda: as seis células de co-canal mais próximas são mostradas.

Examinando a Figura 3.14 e usando a Equação 3.8[25], a S/I exata no pior caso do sistema de microcélula com zonas pode ser estimada como sendo de 20 dB. Assim, no pior caso, o sistema oferece uma margem de 2 dB em relação à razão sinal–interferência desejada, enquanto aumenta a capacidade em 2,33 vezes em relação a um sistema convencional de sete células usando antenas omnidirecionais. Nenhuma perda na eficiência do entroncamento é experimentada. As arquiteturas de célula com zonas estão sendo adotadas em muitos sistemas de comunicação celular e pessoal.

3.8 Resumo

Neste capítulo foram apresentados os conceitos fundamentais de transferência, reutilização de freqüência, eficiência de entroncamento e planejamento de freqüência. As transferências são necessárias para passar o tráfego móvel de uma célula para outra, e existem várias maneiras de implementá-las. A capacidade de um sistema celular é uma função de muitas variáveis. A razão S/I em um canal de propagação sem fio, bem como o desempenho específico da interface de ar em um ambiente com interferência, limitam o fator de reutilização de freqüência de um sistema e o número de canais dentro da área de cobertura. A eficiência do entroncamento limita o número de usuários que podem acessar um sistema de rádio entroncado.

Já o entroncamento é afetado pelo número de canais disponíveis e como eles são particionados em um sistema celular entroncado. A eficiência do entroncamento é quantificada pelo GOS. Finalmente, as técnicas de divisão de células, setorização e microcélula com zonas demonstram melhorar a capacidade, aumentando a razão S/I de alguma maneira. O objetivo prioritário em todos esses métodos é aumentar o número de usuários dentro do sistema. As características de propagação de rádio influenciam a eficácia de todos esses métodos em um sistema real. A propagação de rádio é o assunto dos dois capítulos seguintes.

Problemas

3.1 Prove que para uma geometria hexagonal a razão de reutilização do co-canal é dada por $Q = \sqrt{3N}$, onde $N = i^2 + ij + j^2$.

Dica: Use a lei do co-seno e a geometria de célula hexagonal.

3.2 Se dois sinais de voltagens independentes, $v1(t)$ e $v^2(t)$, foram adicionados um ao outro para fornecer um novo sinal resultante, prove que, sob certas condições, o sinal resultante tem a mesma potência da soma das potências individuais. Quais são essas condições? Que condições especiais devem ser aplicadas para que esse resultado seja válido quando os sinais não forem correlacionados?

3.3 Mostre que o fator de reutilização de freqüência para um sistema celular é dado por k/S, onde k é o número médio de canais por célula e S é o número total de canais disponíveis à provedora de serviço celular.

3.4 Se 20 MHz do espectro total forem alocados para um sistema celular sem fio duplex e cada canal simplex tiver 25 kHz de largura de banda de RF, encontre:

a) o número de canais duplex;

b) o número total de canais por local de célula, se a reutilização de célula $N = 4$ for utilizada.

3.5 Um provedor de serviço de celular decide usar um esquema TDMA digital que pode tolerar uma razão sinal–interface de 15 dB no pior caso. Ache o valor ótimo de N para **a)** antenas omnidirecionais; **b)** setorização em 120°; e **c)** setorização em 60°. A setorização deverá ser usada? Se for, qual caso (60° ou 120°) deve ser usado? (Considere um expoente de perda de caminho de $n = 4$ e a eficiência do entroncamento.)

3.6 Você precisa determinar a razão sinal–interferência (SIR ou C/I) no enlace direto de um sistema celular quando a estação móvel está localizada no limite de sua célula servidora. Suponha que todas as células têm o mesmo raio, e que as estações-base têm a mesma potência e estão localizadas nos centros de cada célula. Além disso, suponha que cada célula transmite um sinal independente, de modo que as potências de sinal de interferência podem ser somadas. Vamos definir uma 'camada' de células como sendo a coleção das células de co-canal que estão mais ou menos à mesma distância da estação móvel na célula servidora. Esse problema explora o impacto do tamanho de cluster (ou seja, distância de reutilização de freqüência), o número de camada usadas no cálculo da razão C/I e o efeito do expoente de perda do caminho de propagação na C/I.

a) Qual a distância média (em termos de R) entre a estação móvel no limite da célula servidora e a primeira camada de células de co-canal? (Essas células são chamadas de vizinhos mais próximos.) Quantas células estão localizadas na primeira camada? Resolva para o caso dos tamanhos de cluster $N = 1$, $N = 3$, $N = 4$, $N = 7$ e $N = 12$. Como a distância média se compara com o valor de $D = QR$, onde $Q = \sqrt{3N}$?

b) Qual a distância média (em termos de R) entre a estação móvel no limite da célula servidora e a segunda e terceira camadas das células de co-canal? Quantas células estão na segunda e terceira camadas das células de co-canal para os casos dos tamanhos de cluster $N = 1$, $N = 3$, $N = 4$, $N = 7$ e $N = 12$?

c) Determine a razão C/I do enlace direto para os projetos de reutilização de freqüência a seguir: $N = 1$, $N = 3$, $N = 4$, $N = 7$ e $N = 12$. Suponha que o expoente de perda do caminho de propagação seja quatro e avalie a contribuição S/I devida apenas à primeira camada, e depois devida a outras camadas externas das células de co-canal. Indique o número de camadas em que diminui a contribuição para a interferência na estação móvel.

d) Repita a parte *c*, mas agora considere um expoente de perda de caminho da linha de visão de $n = 2$. Observe o grande impacto que o expoente de perda do caminho de propagação tem sobre C/I. O que você pode dizer sobre o tamanho do cluster, expoente de perda de caminho e os valores de C/I resultantes? Qual o impacto disso no projeto prático do sistema sem fio?

3.7 Suponha que uma estação móvel esteja se movendo ao longo de uma linha reta entre as estações-base BS_1 e BS_2, como mostra a Figura P3.7. A distância entre as estações-base é $D = 2.000$ m. Para simplificar, suponha que uma atenuação pequena, que pode ser negligenciada, e a potência recebida (em dBm) na estação-base i, a partir da estação móvel, seja modelada como uma função da distância no enlace reverso

$$P_{r,i}(d_i) = P_0 - 10n \log_{10}(d_i/d_0) \text{ (dBm) } i = 1,2$$

onde d_i é a distância entre a estação móvel e a estação-base i, em metros. P_0 é a potência recebida na distância d_0 da antena móvel. Suponha que $P_0 = 0$ dBm e $d_0 = 1$ m. Considere que n indica a perda do caminho, considerada como sendo igual a 2,9.

Considere que o nível de sinal mínimo admissível para uma qualidade de voz aceitável no receptor da estação-base seja $P_{r,min} = -88$ dBm, e o nível de patamar usado pela central para início da transferência seja $P_{r,HO}$. Considere que a estação móvel esteja atualmente conectada a BS_1 e esteja se movendo para uma transferência (tempo exigido para completar uma transferência, uma vez que o nível de sinal recebido alcance o patamar de entrega $P_{r,HO}$ é $\Delta t = 4{,}5$ segundos).

a) Determine a margem mínima exigida $\Delta = P_{r,HO} - P_{r,min}$ para garantir que as chamadas não sejam perdidas devido a uma condição de sinal fraco durante a transferência. Suponha que as alturas de antena da estação-base sejam desprezíveis em comparação com a distância entre a estação móvel e as estações-base.

b) Descreva os efeitos da margem $\Delta = P_{r,HO} - P_{r,min}$ sobre o desempenho dos sistemas de celular.

3.8 Se uma campanha intensa de medição de propagação mostrasse que o canal de rádio móvel fornece um expoente de perda do caminho de propagação de $n = 3$ em vez de quatro, como mudariam as suas decisões de projeto do Problema 3.5? Qual é o valor ideal de N para o caso de $n = 3$?

3.9 Considere um sistema de rádio-celular com células hexagonais e tamanho de cluster N. Como uma forma hexagonal é assumida, o número de células de co-canal na camada t das células de co-canal é $6t$, independentemente do tamanho do cluster. Considerando o enlace direto, o nível de potência da *interferência total do co-canal I* em determinada estação móvel pode ser modelado como a soma $\sum_{i=1}^{M} I_i$, onde I_i é a interferência causada pela i-ésima estação-base.

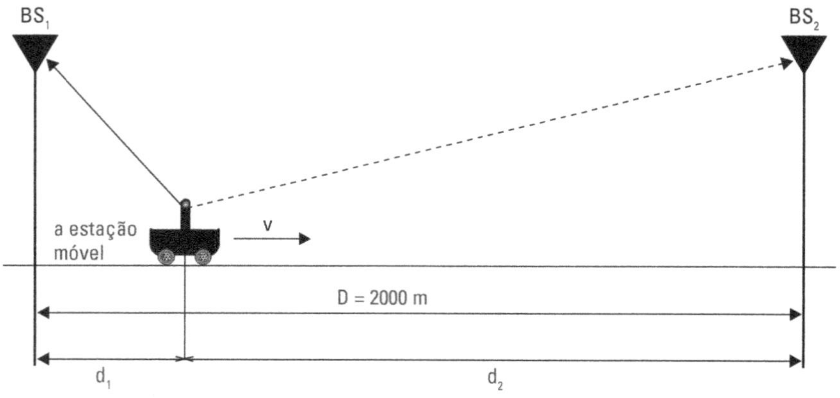

Figura P3.7 Sistema de celular com duas estações-base.

Vamos supor que apenas as estações-base nas três primeiras camadas produzam interferência significativa. Os sinais de interferência das estações-base em camadas mais distantes são considerados desprezíveis.

a) Supondo que uma estação móvel está localizada no limite da célula (situação no pior caso), calcule a contribuição das estações-base de co-canal em cada camada para a interferência total do co-canal recebida pela estação móvel.

Além disso, calcule a razão sinal-interferência (*SIR*) na estação móvel quando somente as primeiras *T* camadas são consideradas, com $T = 1, 2$ e 3 (todas as camadas).

Suponha que a potência recebida na distância *d* a partir da antena transmissora seja dada por

$$P_r = P_t\left(\frac{1}{d}\right)^n$$

onde P_t é a potência transmitida e *n* é o expoente de perda do caminho. Além disso, suponha que:

- a estação móvel e as estações são equipadas com antenas omnidirecionais;
- todas as estações-base são localizadas no centro das células e transmitem com o mesmo nível de potência;
- todas as células têm o mesmo raio (*R*).

Apresente os resultados para o tamanho de cluster $N = 1, 3, 4$ e 7 e expoentes de perda de caminho $n = 2, 3$ e 4.

b) Suponha que você deva analisar a interferência do co-canal no enlace direto de um sistema celular com as mesmas características do sistema na parte *a*. Para reduzir a complexidade da análise (ou o tempo de cálculo, se a sua análise for baseada em simulação), você desejará considerar o mínimo de camadas possível das estações-base do co-canal. Porém, você deseja obter resultados precisos da sua análise. Com base nos resultados da parte *a*, determine o número de camadas que você usaria na sua análise de interferência do co-canal para os tamanhos de cluster $N = 1, 3, 4$ e 7, e expoentes de perda de caminho $n = 2, 3$ e 4. Suponha que você possa tolerar um erro de 0,5 dB no cálculo da SIR com relação ao valor verdadeiro da *SIR*. Explique e justifique sua decisão.

3.10 Um total de 24 MHz de largura de banda é alocado a determinado sistema de telefonia celular FDD que usa dois canais simplex de 30 kHz para fornecer canais de voz e controle duplex. Considere que cada usuário de telefone celular gere 0,1 Erlang de tráfego. Considere que seja usado Erlang B.

a) Ache o número de canais em cada célula para um sistema de reutilização de quatro células.

b) Se cada célula tiver que oferecer capacidade de 90 por cento do escalonamento perfeito, ache o número máximo de usuários que podem ser admitidos por célula, onde antenas omnidirecionais são usadas em cada estação-base.

c) Qual é a probabilidade de bloqueio do sistema em *b* quando o número máximo de usuários está disponível no conjunto de usuários?

d) Se cada nova célula agora utiliza setorização em 120° em vez de omnidirecional para cada estação-base, qual é o novo número total de usuários que podem ser admitidos por célula para a mesma probabilidade de bloqueio de *c*?

e) Se cada nova célula abrange cinco quilômetros quadrados, então quantos assinantes poderiam ser aceitos em um mercado urbano com 50 km × 50 km para o caso de antenas de estação-base omnidirecionais?

f) Se cada célula abrange cinco quilômetros quadrados, então quantos assinantes poderiam ser aceitos em um mercado urbano com 50 km × 50 km para o caso de antenas setorizadas em 120°?

3.11 Para um sistema com $N = 7$ com um $Pr[Bloqueio] = 1$ por cento e tamanho médio de chamada de dois minutos, ache a perda de capacidade de tráfego devida ao entroncamento para 57 canais quando se passa de antenas omnidirecionais para antenas setorizadas em 60°. (Considere que as chamadas bloqueadas são liberadas e a média por taxa de chamada do usuário é $\lambda = 1$ por hora.)

3.12 Suponha que uma célula chamada 'Radio Knob' tenha 57 canais, cada um com uma potência radiada efetiva de 32 W e um raio de célula de 10 km. A perda de caminho é de 40 dB por cada grupo de dez. O grau de serviço é estabelecido como sendo uma probabilidade de bloqueio de 5 por cento (considerando que as chamadas bloqueadas são liberadas). Suponha que o tamanho médio da chamada seja de dois minutos e cada usuário faça em média duas chamadas por hora. Além do mais, considere que a célula atingiu sua capacidade máxima e deve ser dividida em quatro novas microcélulas para fornecer quatro vezes a capacidade na mesma área. a) Qual é a capacidade atual da célula 'Radio Knob'? b) Qual é o raio e a potência de transmissão das novas células? c) Quantos canais são necessários em cada uma das novas células para manter a estabilidade de reutilização de freqüência no sistema? d) Se o tráfego for distribuído uniformemente, qual é o novo tráfego transportado por cada nova célula? A probabilidade de bloqueio nessas novas células será abaixo de 0,1 por cento após a divisão? Suponha que 57 canais sejam usados na estação-base original e nas células divididas.

3.13 Uma certa área é coberta por um sistema de rádio-celular com 84 células e um tamanho de cluster *N*. Trezentos canais de voz estão disponíveis para o sistema. Os usuários estão distribuídos uniformemente pela área coberta pelo sistema celular, e o tráfego oferecido por usuário é de 0,04 Erlang. Suponha que as chamadas bloqueadas sejam liberadas e a probabilidade de bloqueio designado seja $P_b = 1$ por cento.

a) Determine o tráfego máximo transportado por célula se o tamanho de cluster $N = 4$ for utilizado. Repita para tamanhos de cluster $N = 7$ e 12.

b) Determine o número máximo de usuários que podem ser atendidos pelo sistema para uma probabilidade de bloqueio de 1 por cento e tamanho de cluster $N = 4$. Repita para tamanhos de cluster $N = 7$ e 12.

3.14 O tráfego oferecido em um sistema de comunicação celular pode ser especificado pela duração média da chamada *H* (também conhecido como tempo de permanência) e pela taxa de solicitação de chamada λ. As quantidades *H* e λ representam razoavelmente o tráfego oferecido em uma célula em particular se assumirmos que as estações móveis não estão cruzando limites de célula. Descreva quantitativamente os efeitos das estações móveis que cruzam limites de célula na duração média de chamada e na taxa de solicitação de chamada.

3.15 Exercícios sobre teoria de entroncamento (enfileiramento):

a) Qual é a capacidade máxima do sistema (*total* e *por canal*) em Erlangs quando ele oferece uma probabilidade de bloqueio de 2 por cento com 4, 20 e 40 canais?

b) Quantos usuários podem ser admitidos com 40 canais com 2 por cento de bloqueio? Considere $H = 105$ s, $\lambda = 1$ chamada/hora.

c) Usando a intensidade de tráfego calculada na parte *a*, ache o grau de serviço em um sistema adiado com chamada perdida para o caso de atrasos maiores do que 20 segundos. Suponha que $H = 105$ s e determine o GOS para 4, 20 e 40 canais.

d) Comparando a parte *a* e a parte *c*, um sistema adiado com chamada perdida e uma fila de 20 segundos funciona melhor do que um sistema que libera todas as chamadas bloqueadas?

3.16 Um receptor em um sistema de rádio-celular urbano detecta um sinal de 1 mW em $d = d_0 = 1$ metro do transmissor. Para diminuir os efeitos da interferência do co-canal, é preciso que o sinal recebido por um receptor de estação-base qualquer a partir de outro transmissor de outra estação-base que opera com o mesmo canal esteja abaixo de –100 dBm. Uma equipe de medição determinou que o expoente de perda de caminho médio no sistema é $n = 3$. Determine o raio principal de cada célula se um padrão de reutilização de sete células for utilizado. Qual é o raio principal se for usado um padrão de reutilização de quatro células?

3.17 Um sistema de celular usando um tamanho de cluster de sete é descrito no Problema 3.16. Ele é operado com 660 canais, 30 dos quais designados como canais de configuração (controle), de modo que existem cerca de 90 canais de voz disponíveis por célula. Se existe uma densidade de usuários em potencial de 9.000 usuários/km^2, e cada usuário faz uma média de uma chamada por hora e cada chamada dura 1 minuto durante horários de pico, determine a probabilidade de que um usuário experimente um atraso maior que 20 segundos se todas as chamadas forem enfileiradas.

3.18 Mostre que, se $n = 4$, uma célula pode ser dividida em quatro células menores, cada uma com metade do raio e 1/16 da potência de transmissão da célula original. Se medições sistemáticas mostrarem que o expoente de perda de caminho é três, como a potência do transmissor deve ser alterada a fim de dividir uma célula em quatro células menores? Que impacto isso terá sobre a geometria celular? Explique sua resposta e ofereça desenhos que mostrem como as novas células se encaixarão dentro das macrocélulas originais. Para simplificar, use antenas omnidirecionais.

3.19 Usando o gráfico de atribuição de freqüência na **Tabela 3.2**, crie um esquema de canalização para uma operadora da banda B com reutilização de quatro células e três setores por célula. Inclua um esquema de alocação para os 21 canais de controle.

3.20 Repita o Problema 3.19 para o caso de reutilização de quatro células e seis setores por célula.

3.21 Em sistemas de rádio-celular práticos, a MSC é programada para alocar canais de rádio de forma diferente com o tempo para as células de co-canal mais próximas. Essa técnica, chamada de *seqüência de caça*, garante que as células do co-canal primeiro utilizem canais diferentes de dentro do conjunto de co-canal antes que os mesmos canais sejam atribuídos a chamadas em células vizinhas. Isso reduz a interferência do co-canal quando o sistema celular não está totalmente carregado. Considere três clusters adjacentes, e crie um algoritmo que possa ser usado pela MSC para caçar os canais apropriados quando solicitado pelas células do co-canal. Considere um padrão de reutilização de sete células com três setores por célula, e use o esquema de alocação de canal do celular dos Estados Unidos para a prestadora do lado *A*.

3.22 Determine o ruído de base (em dBm) para receptores móveis que implementam os seguintes padrões: **a)** AMPS; **b)** GSM; **c)** USDC; **d)** DECT; **e)** IS-95; e **f)** CT2. Considere que todos os receptores têm um valor de ruído de 10 dB.

3.23 Se uma estação-base oferece um nível de sinal de –90 dBm na borda da célula, encontre a SNR para cada um dos receptores móveis descritos no Problema 3.22.

3.24 Pelos primeiros princípios, derive a expressão para Erlang B dada neste capítulo.

3.25 Analise cuidadosamente a escolha entre a eficiência de setorização e entroncamento para um tamanho de cluster de quatro células. Embora a setorização melhore a capacidade, melhorando a SIR, existe uma perda ocasionada pela diminuição da eficiência do entroncamento, pois cada setor deve ser entroncado separadamente. Considere uma larga faixa dos canais totais disponíveis por célula e considere o impacto de usar três setores e seis setores por célula. Sua análise pode envolver a simulação de computador e deve indicar o ponto de 'equilíbrio' quando a setorização não é prática.

3.26 Considere que cada usuário de um único sistema de rádio móvel de estação-base faça em média três chamadas por hora, cada uma durando uma média de cinco minutos.

a) Qual é a intensidade de tráfego para cada usuário?

b) Ache o número de usuários que poderiam usar o sistema com 1 por cento de bloqueio se somente um canal estiver disponível.

c) Ache o número de usuários que poderiam usar o sistema com 1 por cento de bloqueio se cinco canais entroncados estiverem disponíveis.

d) Se o número de usuários que você encontrou em *c* de repente dobrasse, qual é a nova probabilidade de bloqueio do sistema de rádio móvel entroncado de cinco canais? Esse seria um desempenho aceitável? Justifique por que seria aceitável ou por que não.

3.27 O sistema AMPS dos Estados Unidos recebeu 50 MHz de espectro na faixa de 800 MHz e oferece 832 canais. Quarenta e dois desses canais são canais de controle. A freqüência de canal direta é exatamente 45 MHz maior que a freqüência de canal reversa.

a) O sistema AMPS é simplex, semiduplex ou duplex? Qual é a largura de banda para cada canal e como ela é distribuída entre a estação-base e o assinante?

b) Suponha que uma estação-base transmita informações de controle no canal 352, operando a 880,560 MHz. Qual é a freqüência de transmissão de uma unidade de assinante transmitindo no canal 352?

c) As prestadoras de celular no lado *A* e no lado *B* dividem os canais AMPS uniformemente. Descubra o número de canais de voz e o número de canais de controle para cada prestadora.

d) Vamos supor que você seja o engenheiro-chefe de uma prestadora de serviços de celular usando a reutilização de sete células. Proponha uma estratégia de atribuição de canal para uma distribuição uniforme de usuários por todo o sistema de celular. Especificamente, suponha que cada célula tenha três canais de controle (a setorização em 120° é empregada) e especifique o número de canais de voz que você atribuiria a cada canal de controle no seu sistema.

e) Para um esquema hexagonal ideal que possui cobertura de célula idêntica, qual é a distância entre os centros de duas células de co-canal mais próximas para reutilização de sete células? E para reutilização de quatro células?

3.28 Suponha que você trabalhe com um provedor de serviço de celular e o sistema de rádio-celular que sua empresa distribuiu em determinada área de serviço simplesmente alcançou sua capacidade máxima do sistema. Seu chefe, então, lhe pede para realizar um estudo para analisar a aplicação da técnica de redução de tamanho do cluster combinada com a setorização, visando a aumentar o tráfego transportado do sistema. O sistema atualmente utilizado emprega o AMPS, com 300 canais de voz, tamanho de cluster $N = 7$, e antenas omnidirecionais nas estações-base. As estações-base estão localizadas no centro das células e transmitem a mesma potência no enlace direto. A probabilidade de bloqueio designada é de 2 por cento e todos os canais de voz foram utilizados. O tráfego transportado máximo por célula, portanto, é de 32,8 Erlangs. A *SIR* mínima (pior caso) no enlace direto pode ser calculada usando a expressão

$$SIR = 10\log_{10}\left[\frac{(\sqrt{3N})^n}{i_0}\right] \text{ em dB,}$$

onde n é o expoente de perda de caminho, N é o tamanho do cluster, e i_0 é o número de estações-base interferindo na primeira camada. Para o tamanho de cluster $N = 7$, antenas omnidirecionais da estação-base ($i_0 = 6$) e $n = 4$, descobrimos que $SIR = 18,7$ dB.

Quando o tamanho do cluster é reduzido, o tráfego transportado por célula aumenta, às custas da degradação da SIR. Antenas de estação-base setorizadas podem então ser usadas a fim de aumentar a *SIR* e garantir que a qualidade do enlace seja mantida. Em outras palavras, a *SIR* mínima alcançada quando o tamanho do cluster é reduzido e antenas setorizadas são usadas deve ser igual ou superior à *SIR* mínima alcançada no sistema atualmente empregado ($SIR = 18,7$ dB).

Na sua análise de redução de tamanho de cluster e setorização, considere apenas o enlace direto. Duas antenas setorizadas estão disponíveis: $BW = 60°$ para seis setores por célula, e $BW = 120°$ para três setores por célula, como mostra a Figura P3.28a. Considere que todas as células possuem forma hexagonal, com raio R.

Queremos determinar o tráfego máximo transportado por célula quando o tamanho do cluster é reduzido para $N = 3$ e $N = 4$, usando três setores ($BW = 60°$) e seis setores ($BW = 120°$) (quatro configurações possíveis). Considere que todas as antenas setorizadas são instaladas ao mesmo tempo, bem como apenas a primeira camada de células de co-canal.

a) Determine a *SIR* mínima na estação móvel (ou seja, quando a estação móvel está localizada no limite de célula, conforme indicado na Figura P3.28b), para tamanhos de cluster $N = 3$ e 4, com três e seis setores. Determine quais configurações (tamanho de cluster N, número de setores) são viáveis com relação à interferência do co-canal (ou seja, configurações onde a *SIR* mínima é

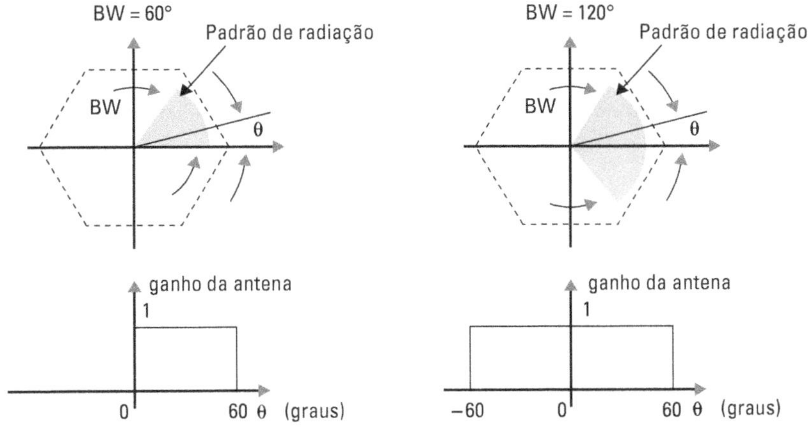

Figura P3.28a Padrões de radiação para $BW = 60°$ e $BW = 120°$.

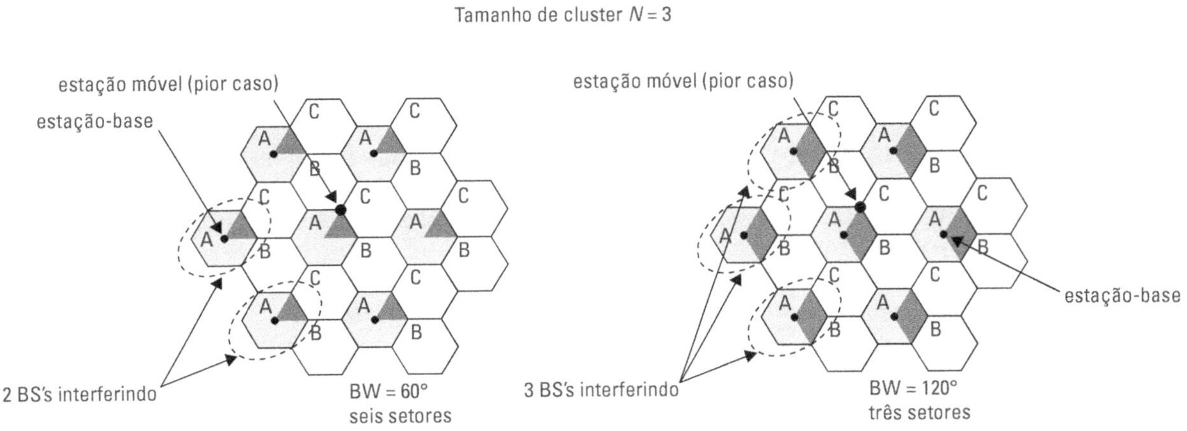

Figura P3.28b Tamanho de cluster $N = 3$, três e seis setores.

igual ou maior que 18,7 dB). Observe que o número de interferidores na primeira camada depende do tamanho de cluster usado e do número de setores por célula. Use a expressão acima para calcular a *SIR* mínima.

b) Para cada configuração (N = 3, 4 e três e seis setores por célula), determine o tráfego máximo transportado por célula na probabilidade de bloqueio de 2 por cento e 300 canais de voz disponíveis no sistema. Considere que os usuários são distribuídos uniformemente pela área de serviço e, portanto, todos os setores recebem um número igual de canais.

3.29 Imagine que sua empresa ganhasse uma licença para montar um sistema de celular nos Estados Unidos (o custo de inscrição para a licença foi de apenas US$ 500!). Sua licença deverá abranger 140 km^2. Considere que uma estação-base custa US$ 500 mil e uma MTSO custa US$ 1,5 milhão. Outros US$ 500 mil são necessários para propaganda e para iniciar a empresa. Você convenceu o banco a lhe emprestar US$ 6 milhões, com a idéia de que em quatro anos terá ganho US$ 10 milhões em receitas brutas com faturamento, e terá pago o empréstimo.

a) Quantas estações-base (ou seja, locais de célula) você poderá instalar por US$ 6 milhões?

b) Supondo que a Terra é plana e os assinantes são distribuídos uniformemente no solo, que suposição você pode fazer a respeito da área de cobertura de cada um dos seus locais de célula? Qual é o raio principal de cada uma de suas células, considerando um mosaico hexagonal?

c) Considere que o cliente normal pagará US$ 50 por mês por um período de quatro anos. Suponha que, no primeiro dia que você ligar seu sistema, terá um certo número de clientes que permanecerão fixos no decorrer do ano. No primeiro dia de cada novo ano, o número de clientes usando o seu sistema duplica e depois permanece fixo pelo restante desse ano. Qual é o número mínimo de clientes que você precisa ter no primeiro dia de serviço a fim de ter ganho US$ 10 milhões em faturamento bruto ao final do quarto ano de operação?

d) Para a sua resposta em *c*, quantos usuários por km^2 são necessários no primeiro dia de serviço a fim de alcançar a marca de US$ 10 milhões após o quarto ano?

Referências bibliográficas

1 CALHOUN, G. *Digital Cellular Radio*, Artech House Inc., 1988.

2 OETING, J. "Cellular mobile radio – an emerging technology". *IEEE Communications Magazine*, nov. 1983, p. 10-15.

3 MACDONALD, V. H. "The cellular concept". *The Bell Systems Technical Journal*, v. 58, n. 1, jan. 1979, p. 15-43.

4 Ibidem.

5 OETING, J. "Cellular mobile radio – an emerging technology". *IEEE Communications Magazine*, nov. 1983, p. 10-15.

6 TEKINAY, S.; JABBARI, B. "Handover; channel assignment in mobile cellular networks". *IEEE Communications Magazine*, nov. 1991, p. 42-46.

I., C.-L.; GREENSTEIN L. J.; GITLIN R.D. "A microcell/macrocell cellular architecture for low; high mobility wireless users". *IEEE Vehicular Technology Transactions*, ago. 1993, p. 885-891.

SUNG, C. W.; WONG, W. S. "user speed estimation; dynamic channel allocation in hierarchical cellular system". *Proceedings of IEEE 1994 Vehicular Technology Conference*, Stockholm, Suécia, 1994, p. 91-95.

RAPPAPORT, S. S. "Blocking, hand-off; traffic performance for cellular communication systems with mixed platforms". *IEEE Proceedings*, v. 140, n. 5, out. 1993, p. 389-401.

7 Ibidem.

8 Ibidem.

9 I., C.-L.; GREENSTEIN L. J.; GITLIN R.D. "A microcell/macrocell cellular architecture for low; high mobility wireless users". *IEEE Vehicular Technology Transactions*, ago. 1993, p. 885-891.

SUNG, C. W.; WONG, W. S. "user speed estimation; dynamic channel allocation in hierarchical cellular system". *Proceedings of IEEE 1994 Vehicular Technology Conference*, Stockholm, Suécia, 1994, p. 91-95.

RAPPAPORT, S. S. "Blocking, hand-off; traffic performance for cellular communication systems with mixed platforms". *IEEE Proceedings*, v. 140, n. 5, out. 1993, p. 389-401.

10 I., C.-L.; GREENSTEIN L. J.; GITLIN R.D. "A microcell/macrocell cellular architecture for low; high mobility wireless users". *IEEE Vehicular Technology Transactions*, ago. 1993, p. 885-891.

11 LIBERTI, J. C.; RAPPAPORT, T. S. *Smart Antennas for Wireless Communications: IS-95; Third Generation Applications*, Nova Jersey: Prentice Hall, 1999.

KIM, K. I. (ed.) *Handbook of CDMA System Design, Engineering; Optimization*, Nova Jersey: Prentice Hall, 2000.

GARG, V. K.; WILKES, J. E. *Principles & Applications of GSM*, Nova Jersey: Prentice Hall, 1999.

12 PADOVANI, R. "Reverse link performance of IS-95 based cellular systems". *IEEE Personal Communications*, 3º quarto, 1994, p. 28-34.

13 RAPPAPORT, T. S.; MILSTEIN, L. B. "Effects of radio propagation path loss on ds-cdma cellular frequency reuse efficiency for the reverse channel". *IEEE Transactions on Vehicular Technology*, v. 41, n. 3, ago. 1992, p. 231-242.

14 LEE, W. C. Y. "Elements of cellular mobile radio systems". *IEEE Transactions on Vehicular Technology*, v. VT-35, n. 2, maio 1986, p. 48-56.

15 JACOBSMEYER, J. "Improving throughput; availability of Cellular Digital Packet Data (CDPD)". Proc. Virginia Tech 4th Symposium on Wireless Personal Communications, jun. 1994, p. 18.1-18.12.

16 LEE, W. C. Y. "Elements of cellular mobile radio systems". *IEEE Transactions on Vehicular Technology*, v. VT-35, n. 2, maio 1986, p. 48-56.

17 JACOBSMEYER, J. "Improving throughput; availability of Cellular Digital Packet Data (CDPD)". Proc. Virginia Tech 4th Symposium on Wireless Personal Communications, jun. 1994, p. 18.1-18.12.

18 LIBERTI, J. C.; RAPPAPORT, T. S. *Smart Antennas for Wireless Communications: IS-95; Third Generation Applications*, Nova Jersey: Prentice Hall, 1999.

19 BOUCHER, J. R. *Voice Teletraffic Systems Engineering*, Artech House, c. 1988.

20 RAPPAPORT, T. S.; BRICKHOUSE, R. A. "A simulation study of urban in-building frequency reuse". *IEEE Personal Communications Magazine*, fev. 1997, p. 19-23.

21 ______.; ______. "A simulation study of urban in-building frequency reuse". *IEEE Personal Communications Magazine*, fev. 1997, p. 19-23.

MORROW, R. K.; RAPPAPORT, T. S. "Getting in". *Wireless Review*, 1 mar., 2000, p. 42-44. Disponível em: http://www.wirelessreview.com/issues/2000/00301/feat24.htm.

22 WIRELESS VALLEY COMMUNICATIONS, Inc, *SitePlanner 2001 Product Manual*, Blacksburg, Virginia, c. 2001. Disponível em: www.wirelessvalley.com.

23 LEE, W. C. Y. "Smaller cells for greater performance". *IEEE Communications Magazine*, nov. 1991, p. 19-23.

24 Ibidem.

25 Ibidem.

CAPÍTULO 4

Propagação de rádio móvel: perda de caminho em larga escala

O canal de rádio móvel impõe limitações fundamentais para o desempenho dos sistemas de comunicação sem fio. O caminho do sinal entre o transmissor e o receptor pode variar desde a simples linha de visão até um que seja seriamente obstruído por prédios, montanhas e folhagens. Diferentemente dos canais que são estacionários e previsíveis, os canais de rádio são aleatórios e não oferecem uma análise fácil. Até mesmo a velocidade do movimento influencia a rapidez com que o nível de sinal enfraquece enquanto o terminal, móvel se afasta no espaço. A modelagem do canal de rádio, tem sido, historicamente, uma das partes mais difíceis do projeto do sistema de rádio móvel, e normalmente é feita de uma forma estatística, com base em medições realizadas especificamente para o sistema de comunicação ou alocação de espectro intencionado.

4.1 Introdução à propagação de onda de rádio

Os mecanismos por trás da propagação da onda eletromagnética são diversos, mas geralmente podem ser atribuídos à reflexão, difração e dispersão. A maioria dos sistemas de rádio-celular opera em áreas urbanas onde não existe um caminho de linha de visão direto entre transmissor e receptor, e onde a presença de prédios muito altos causa perda severa pela difração. Devido a múltiplas reflexões de vários objetos, as ondas eletromagnéticas trafegam por diferentes caminhos de tamanhos variáveis. A interação entre essas ondas causa uma distorção de caminhos múltiplos em um local específico, e as intensidades das ondas diminuem à medida que a distância entre transmissor e receptor aumenta.

Os modelos de propagação tradicionalmente têm focado a previsão de uma intensidade média do sinal recebido a determinada distância do transmissor, além da variabilidade da intensidade do sinal em áreas próximas a um local em particular. Os modelos de propagação que prevêem a intensidade média do sinal para uma distância de separação transmissor–receptor (T–R) qualquer são úteis na estimativa da área de cobertura de rádio de um transmissor e são chamados modelos de propagação em *larga escala*, pois caracterizam a intensidade do sinal para grandes distâncias de separação T–R (várias centenas ou milhares de metros). Porém, modelos de propagação que caracterizam as flutuações rápidas da intensidade do sinal recebido para distâncias muito curtas (alguns comprimentos de onda) ou para curtas durações (na ordem de segundos) são chamados modelos *em pequena escala* ou modelos *de atenuação*.

Quando uma estação móvel se desloca por distâncias muito pequenas, a intensidade instantânea do sinal recebido pode flutuar rapidamente, fazendo surgir a atenuação em pequena escala. O motivo para isso é que o sinal recebido é uma soma de muitas contribuições vindas de diferentes direções, conforme será descrito no Capítulo 5. Como as fases são aleatórias, a soma das contribuições varia bastante; por exemplo, obedece a uma distribuição da atenuação de Rayleigh. Na atenuação em pequena escala, a potência do sinal recebido pode variar em até três ou quatro ordens de grandeza (30 ou 40 dB) quando o receptor é movimentado apenas por uma fração do comprimento de onda. À medida que a estação móvel se afasta do transmissor por distâncias muito maiores, a intensidade média do sinal recebido diminuirá gradualmente, e é esse nível de sinal médio local que é previsto pelos modelos de propagação em larga escala. Normalmente, a potência média recebida local é calculada tirando-se a média das medições de sinal de uma trilha de medição de 5 λ a 40 λ. Para freqüências de celular e PCS na banda de 1 GHz a 2 GHz, isso corresponde a medir a potência média recebida local para movimentos de 1 m a 10 m.

A Figura 4.1 ilustra a atenuação em pequena escala e as variações em grande escala mais graduais para um sistema de comunicação de rádio para interiores. Observe nessa figura que o sinal atenua rapidamente (atenuação em pequena escala) enquanto o receptor se move, mas o sinal médio local muda bem mais devagar com a distância. Este capítulo abrange a propagação em larga escala e apresenta uma série de métodos comuns usados para prever a potência recebida nos sistemas de comunicação móvel. O Capítulo 5 trata dos modelos de atenuação em pequena escala e descreve métodos para medir e modelar caminhos múltiplos em um ambiente de rádio móvel.

4.2 Modelo de propagação no espaço livre

O modelo de propagação no espaço livre é usado para prever a intensidade do sinal recebido quando transmissor e receptor possuem um caminho de linha de visão limpo,

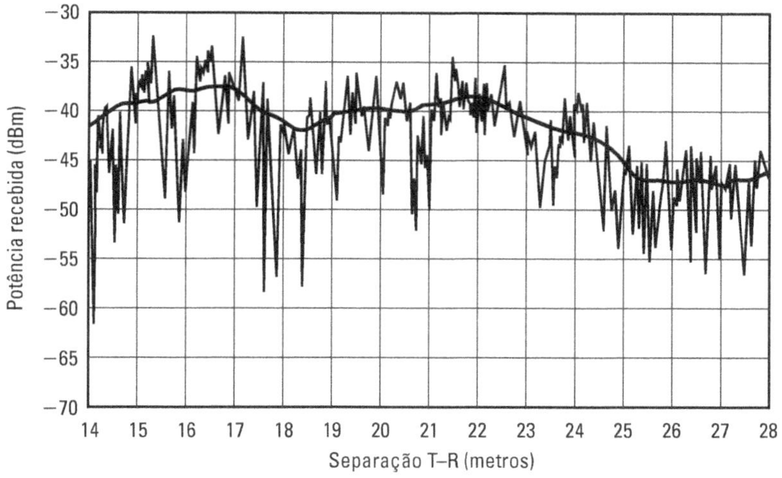

Figura 4.1 Enfraquecimento em pequena e larga escala.

desobstruído, entre eles. Os sistemas de comunicação por satélite e os enlaces de rádio de microondas com linha de visão normalmente experimentam uma propagação no espaço livre. Assim como a maioria dos modelos de propagação de onda de rádio em grande escala, o modelo no espaço livre prevê que a potência recebida diminui como uma função da distância de separação T–R elevada a alguma potência (ou seja, uma função da lei de potência). A potência no espaço livre recebida por uma antena receptora que está separada de uma antena transmissora, irradiando, por uma distância d é dada pela equação do espaço livre de Friis,

$$P_r(d) = \frac{P_t G_t G_r \lambda^2}{(4\pi)^2 d^2 L} \quad (4.1)$$

onde P_t é a potência transmitida, $P_r(d)$ é a potência recebida, que é uma função da separação T–R, G_t é o ganho da antena transmissora, G_r é o ganho da antena receptora, d é a distância de separação T–R em metros, L é o fator de perda do sistema não relacionado à propagação ($L \geq 1$) e λ é o comprimento de onda em metros. O ganho de uma antena está relacionado à sua abertura efetiva, A_e, por

$$G = \frac{4\pi A_e}{\lambda^2} \quad (4.2)$$

A abertura efetiva A_e está relacionada ao tamanho físico da antena e λ está relacionado à freqüência da portadora por meio de

$$\lambda = \frac{c}{f} = \frac{2\pi c}{\omega_c} \quad (4.3)$$

onde f é a freqüência da portadora em Hertz, ω_c é a freqüência da portadora em radianos por segundo, e c é a velocidade da luz em metros/s. Os valores para P_t e P_r devem ser expressos nas mesmas unidades, e G_t e G_r são quantidades sem dimensão. As perdas variadas L ($L \geq 1$) normalmente são devidas à atenuação da linha de recepção, perdas de filtro e perdas da antena no sistema de comunicação. Um valor de $L = 1$ indica nenhuma perda no hardware do sistema.

A Equação 4.1, do espaço livre de Friis, mostra que a potência recebida cai conforme o quadrado da distância de separação T–R. Isso implica que a potência recebida cai com a distância em uma taxa de 20 dB/grupo de dez.

Um radiador *isotrópico* é uma antena ideal que irradia potência com ganho unitário uniformemente em todas as direções, e normalmente é usado para referenciar ganhos de antena em sistemas sem fio. A *potência irradiada isotrópica efetiva* [*Effective Isotropic Radiated* (EIRP)] é definida como

$$EIRP = P_t G_t \quad (4.4)$$

e representa a potência irradiada máxima disponível de um transmissor na direção do ganho máximo da antena, em comparação com um radiador isotrópico.

Na prática, a *potência irradiada efetiva* [*Effective Radiated Power* (ERP)] é usada no lugar da EIRP para indicar a potência irradiada máxima comparada com uma antena bipolar de meia onda (em vez de uma antena isotrópica). Como uma antena bipolar tem um ganho de 1,64 (2,15 dB acima de uma isotrópica), a ERP será 2,15 dB menor que a EIRP para o mesmo sistema de transmissão. Na prática, os ganhos de antena são dados em unidades de dBi (ganho em dB com relação a uma antena isotrópica) ou dBd (ganho em dB com relação a uma antena bipolar de meia-onda)[1].

A *perda do caminho*, que representa a atenuação do sinal como uma quantidade positiva, medida em dB, é definida como a diferença (em dB) entre a potência transmitida efetiva e a potência recebida, e pode ou não incluir o efeito dos ganhos da antena. A perda do caminho para o modelo espacial quando os ganhos da antena são incluídos é dada por

$$PL(\text{dB}) = 10\log\frac{P_t}{P_r} = -10\log\left[\frac{G_t G_r \lambda^2}{(4\pi)^2 d^2}\right] \quad (4.5)$$

Quando os ganhos da antena são excluídos, as antenas são consideradas como tendo ganho unitário, e a perda do caminho é dada por

$$PL(\text{dB}) = 10\log\frac{P_t}{P_r} = -10\log\left[\frac{\lambda^2}{(4\pi)^2 d^2}\right] \quad (4.6)$$

O modelo de espaço livre de Friis é apenas uma previsão válida para P_r para valores de d que estão no campo distante da antena de transmissão. O campo distante, ou *região de Fraunhofer*, de uma antena de transmissão, é definido como a região além da distância de campo distante d_f, que está relacionada com a maior dimensão linear de abertura da antena transmissora e com o comprimento de onda da portadora. A distância de Fraunhofer é dada por

$$d_f = \frac{2D^2}{\lambda} \quad (4.7.a)$$

onde D é a maior dimensão linear física da antena. Além disso, para estar na região do campo distante, d_f deve satisfazer

$$d_f \gg D \quad (4.7.b)$$

e

$$d_f \gg \lambda \quad (4.7.c)$$

Além do mais, fica claro que Equação 4.1 não é verdadeira para $d = 0$. Por esse motivo, os modelos de propagação em larga escala utilizam uma distância próxima, d_0, como um ponto de referência de potência recebida conhecido. A potência recebida, $P_r(d)$, em qualquer distância $d > d_0$, pode estar relacionada a P_r em d_0. O valor $P_r(d_0)$ pode ser previsto pela Equação 4.1 ou pode ser medido no ambiente de rádio apanhando-se a potência média recebida em diversos pontos, todos localizados próximos a uma distância radial d_0 do transmissor. A distância de referência deve ser escolhida de modo que se encontre na região do campo distante, ou seja, $d_0 \geq d_f$, e d_0 é escolhido para ser menor que qualquer distância prática usada no sistema de comunicação móvel. Assim, usando a Equação 4.1, a potência recebida no espaço livre a uma distância maior que d_0 é dada por

$$P_r(d) = P_r(d_0)\left(\frac{d_0}{d}\right)^2 \qquad d \geq d_0 \geq d_f \quad (4.8)$$

Nos sistemas de rádio móvel, não é incomum achar que P_r pode mudar por muitas ordens de grandeza em relação a uma área de cobertura típica de vários km². Devido à grande faixa dinâmica dos níveis de potência recebida, normalmente as unidades dBm e dBW são usadas para expressar esses níveis. A Equação 4.8 pode ser expressa em unidades de dBm ou dBW simplesmente apanhando-se o logaritmo dos dois lados e multiplicando-se por 10. Por exemplo, se P_r for em unidades de dBm, a potência recebida é dada por

$$P_r(d)\ \text{dBm} = 10\log\left[\frac{P_r(d_0)}{0{,}001\ \text{W}}\right] + 20\log\left(\frac{d_0}{d}\right) \quad (4.9)$$
$$d \geq d_0 \geq d_f$$

onde $P_r(d_0)$ está em unidades de watts.

A distância de referência d_0 para sistemas práticos usando antenas de baixo ganho na região de 1–2 GHz normalmente é escolhida como sendo 1 m em ambientes interiores e 100 m ou 1 km em ambientes exteriores, de modo que o numerador nas equações 4.8 e 4.9 é um múltiplo de 10. Isso torna os cálculos de perda de caminho fáceis em unidades de dB.

Exemplo 4.1

Ache a distância do campo distante para uma antena com dimensão máxima de 1 m e freqüência de operação de 900 MHz.

Solução

Dados:

Maior dimensão da antena, $D = 1$ m

Freqüência de operação $f = 900$ MHz, $\lambda = c/f = \frac{3 \times 10^8\ \text{m/s}}{900 \times 10^6\ \text{Hz}}$ m

Usando a Equação 4.7.a, a distância do campo distante é obtida como $d_f = \frac{2(1)^2}{0{,}33} = 6$ m

Exemplo 4.2

Se um transmissor produz 50 W de potência, expresse a potência de transmissão em unidades de (a) dBm, e (b) dBW. Se 50 W forem aplicados a uma antena de ganho unitário com freqüência de portadora de 900 MHz, ache a potência recebida em dBm a uma distância livre de 100 m da antena. Qual é a P_r(10 km)? Considere um ganho unitário para a antena receptora.

Solução

Dados:

Potência de transmissão, $P_t = 50$ W

Freqüência da portadora, $f_c = 900$ MHz

Usando a Equação 4.9,

a) Potência do transmissor,

$P_t(\text{dBm}) = 10\log[P_t(\text{mW})/(1\ \text{mW})] = 10\log[50 \times 10^3] = 47{,}0$ dBm.

b) Potência do transmissor,

$P_t(\text{dBW}) = 10\log[P_t(\text{W})/(1\ \text{W})] = 10\log[50] = 17{,}0$ dBW.

A potência recebida pode ser determinada por meio da Equação 4.1:

$$P_r = \frac{P_t G_t G_r \lambda^2}{(4\pi)^2 d^2 L} = \frac{50(1)(1)(1/3)^2}{(4\pi)^2(100)^2(1)}$$
$$= (3{,}5 \times 10^{-6})\ \text{W} = 3{,}5 \times 10^{-3}\ \text{mW}$$

$P_r(\text{dBm}) = 10\log P_r(\text{mW}) = 10\log(3{,}5 \times 10^{-3}\ \text{mW}) = -24{,}5$ dBm.

A potência recebida a 10 km pode ser expressa em termos de dBm usando a Equação 4.9, onde $d_0 = 100$ m e $d = 10$ km

$$P_r(10\ \text{km}) = P_r(100) + 20\log\left[\frac{100}{10.000}\right]$$
$$= -24{,}5\ \text{dBm} - 40\ \text{dB} = -64{,}5\ \text{dBm}.$$

4.3 Relacionando potência ao campo elétrico

O modelo de perda de caminho no espaço livre da Seção 4.2 está prontamente derivado dos primeiros princípios. Pode-se provar que qualquer estrutura irradiando produz campos elétricos e magnéticos[2]. Considere um pequeno radiador linear de tamanho L, que é posicionado coincidente com o eixo z e tem seu centro na origem, como mostra a Figura 4.2.

Se uma corrente flui por essa antena, ela dispara campos elétricos e magnéticos que podem ser expressos como

$$E_r = \frac{i_0 L \cos\theta}{2\pi\varepsilon_0 c}\left\{\frac{1}{d^2} + \frac{c}{j\omega_c d^3}\right\}e^{j\omega_c(t-d/c)} \quad (4.10)$$

$$E_\theta = \frac{i_0 L \operatorname{sen}\theta}{4\pi\varepsilon_0 c^2}\left\{\frac{j\omega_c}{d} + \frac{c}{d^2} + \frac{c^2}{j\omega_c d^3}\right\}e^{-j\omega_c(t-d/c)} \quad (4.11)$$

$$H_\phi = \frac{i_0 L \operatorname{sen}\theta}{4\pi c}\left\{\frac{j\omega_c}{d} + \frac{c}{d^2}\right\}e^{j\omega_c(t-d/c)} \quad (4.12)$$

com $E_\phi = H_r = H_\theta = 0$. Nas equações acima, todos os termos $1/d$ representam o componente do campo de radiação, todos os termos $1/d^2$ representam o componente do campo de indução, e todos os termos $1/d^3$ representam o componente de campo eletrostático. Como vemos nas equações 4.10 a 4.12, os campos eletrostático e indutivo diminuem muito mais rapidamente com a distância do que o campo de radiação. Em regiões distantes do transmissor (região de campo distante), os campos eletrostático e indutivo tornam-se desprezíveis e apenas os componentes de campo irradiado de E_ϕ e H_θ precisam ser considerados.

No espaço livre, a *densidade de fluxo de potência* (expressa em W/m²) é dada por

$$P_d = \frac{EIRP}{4\pi d^2} = \frac{P_t G_t}{4\pi d^2} = \frac{E^2}{R_{fs}} = \frac{E^2}{\eta}\ \text{W/m}^2 \quad (4.13)$$

onde R_{fs} é a impedância intrínseca do espaço livre, dada por $\eta = 120\ \pi\Omega$ (377 Ω). Assim, a densidade do fluxo de potência é

$$P_d = \frac{|E|^2}{377\Omega}\ \text{W/m}^2 \quad (4.14)$$

onde $|E|$ representa a magnitude da parte radiante do campo elétrico no campo distante. A Figura 4.3a ilustra como a densidade do fluxo de potência se dispersa no espaço livre de um ponto de origem isotrópico. P_d pode ser considerado como *EIRP* dividido pela superfície de uma esfera com raio d. A potência recebida na distância d, $P_r(d)$, é dada pela densidade de fluxo multiplicado pela abertura efetiva da antena receptora, e pode ser relacionada ao campo elétrico usando as equações 4.1, 4.2, 4.13 e 4.14.

$$P_r(d) = P_d A_e = \frac{|E|^2}{120\pi}A_e = \frac{P_t G_t G_r \lambda^2}{(4\pi)^2 d^2} = \frac{|E|^2 G_r \lambda^2}{480\pi^2}\ \text{W} \quad (4.15)$$

A Equação 4.15 relaciona o campo elétrico (com unidades de V/m) à potência recebida (com unidades de watts) e é idêntica à Equação 4.1, com $L = 1$.

Normalmente, é útil relacionar o nível de potência recebido com uma voltagem de entrada do receptor, bem como com um campo E induzido na antena receptora. Se a antena receptora for modelada como uma carga resistiva correspondente ao receptor, então a antena receptora

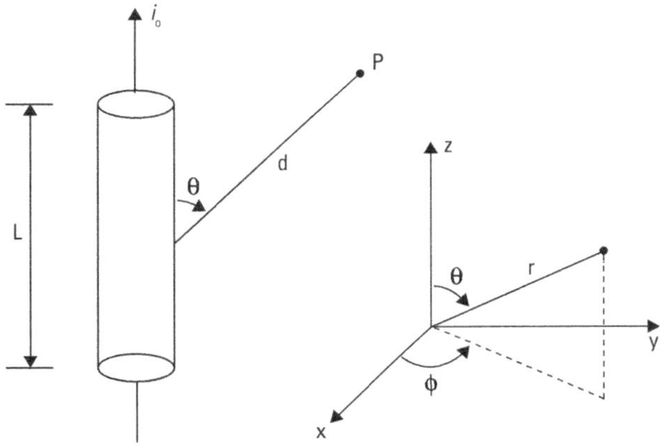

Figura 4.2 Ilustração de um radiador linear de tamanho L ($L \ll \lambda$) transportando uma corrente de amplitude i_0 e fazendo um ângulo θ com um ponto, na distância d.

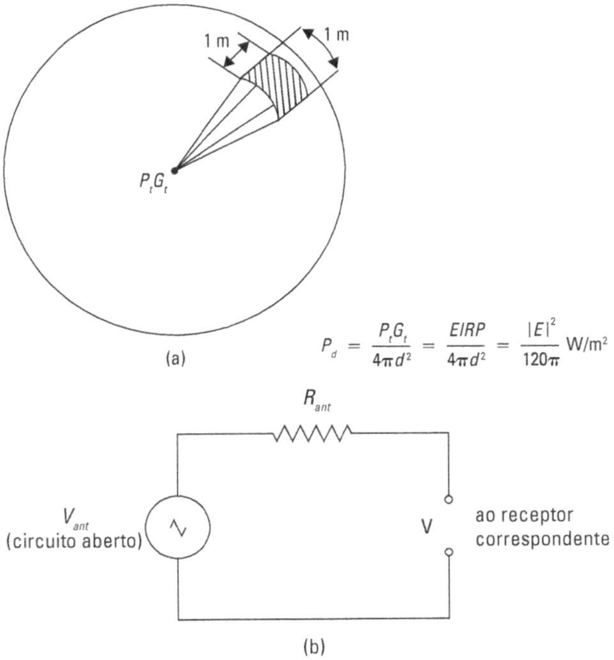

Figura 4.3 a) Densidade de fluxo de potência a uma distância d de uma origem pontual; b) modelo para voltagem aplicada à entrada de um receptor.

induzirá uma voltagem rms no receptor que é a metade da voltagem de circuito aberto na antena. Assim, se V é a voltagem rms na entrada de um receptor (medida por um voltímetro de alta impedância), e R_{ant} é a resistência do receptor correspondente, a potência recebida é dada por

$$P_r(d) = \frac{V^2}{R_{ant}} = \frac{[V_{ant}/2]^2}{R_{ant}} = \frac{V_{ant}^{\ \ 2}}{4R_{ant}} \qquad (4.16)$$

Através das equações 4.14 a 4.16 é possível relacionar a potência recebida com o campo E recebido ou voltagem rms do circuito aberto nos terminais da antena receptora. A Figura 4.3b ilustra um modelo de circuito equivalente. Observe que $V_{ant} = V$ quando não existe carga.

Exemplo 4.3

Considere que um receptor esteja localizado a 10 km de um transmissor de 50 W. A freqüência da portadora é 900 MHz, considera-se a propagação no espaço livre, $G_t = 1$, e $G_r = 2$, encontre a) a potência no receptor; b) a magnitude do campo E na antena receptora; c) a voltagem rms aplicada à entrada do receptor considerando que a antena receptora tem uma impedância puramente real de 50 Ω e é correspondida ao receptor.

Solução

Dados:
Potência do transmissor, $P_t = 50$ W
Freqüência da portadora, $f_c = 900$ MHz
Ganho da antena transmissora, $G_t = 1$
Ganho da antena receptora, $G_r = 2$
Resistência da antena receptora = 50 Ω

a) Usando a Equação 4.5, a potência recebida na distância $d = 10$ km é

$$P_r(d) = 10\log\left(\frac{P_tG_tG_r\lambda^2}{(4\pi)^2d^2}\right)$$
$$= 10\log\left(\frac{50\times 1\times 2\times (1/3)^2}{(4\pi)^2 1.0000^2}\right)$$
$$= -91{,}5 \text{ dBW} = -61{,}5 \text{ dBm}$$

b) Usando a Equação 4.15, a magnitude do campo E recebido é

$$|E| = \sqrt{\frac{P_r(d)120\pi}{A_e}} = \sqrt{\frac{P_r(d)120\pi}{G_r\lambda^2/4\pi}}$$
$$= \sqrt{\frac{7\times 10^{-10}\times 120\pi}{2\times 0{,}33^2/(4\pi)}} = 0{,}0039 \text{ V/m}$$

c) Usando a Equação 4.16, a voltagem rms do circuito aberto na entrada do receptor é

$$V_{ant} = \sqrt{P_r(d)\times R_{ant}} = \sqrt{7\times 10^{-10}\times 50}$$
$$= 0{,}187 \text{ mV}$$

4.4 Os três mecanismos básicos da propagação

Reflexão, difração e dispersão são os três mecanismos básicos de propagação que influenciam a propagação em um sistema de comunicação móvel. Esses mecanismos são explicados rapidamente nesta seção, e os modelos de propagação que descrevem esses mecanismos são discutidos mais adiante neste capítulo. A potência recebida (ou sua recíproca, a perda do caminho) geralmente é o parâmetro mais importante previsto pelos modelos de propagação em larga escala, baseados na física da reflexão, difração e dispersão. A atenuação em pequena escala e a propagação de caminhos múltiplos (discutida no Capítulo 5) também podem ser descritas pela física desses três mecanismos básicos de propagação.

A *reflexão* ocorre quando uma onda eletromagnética em propagação colide com um objeto que possui dimensões muito grandes em comparação com o comprimento de onda da onda que se propaga. Reflexões ocorrem na superfície da terra e nos prédios e paredes.

A *difração* ocorre quando o caminho de rádio entre o transmissor e o receptor é obstruído por uma superfície que possui irregularidades afiadas (arestas). As ondas secundárias resultantes da superfície de obstrução estão presentes pelo espaço e até mesmo por trás do obstáculo, fazendo surgir uma curvatura de ondas em torno do obstáculo, até mesmo quando não existe um caminho de linha de visão entre transmissor e receptor. Em altas freqüências, a difração, assim como a reflexão, depende da geometria do objeto, além da amplitude, fase e polarização da onda incidente no ponto de difração.

A *dispersão* ocorre quando o meio pelo qual a onda trafega consiste de objetos com dimensões que são pequenas em comparação com o comprimento de onda, e onde o número de obstáculos por volume unitário é grande. As ondas dispersas são produzidas por superfícies ásperas, pequenos objetos, ou por outras irregularidades no canal. Na prática, folhagens, sinais de trânsito e postes de iluminação induzem à dispersão em um sistema de comunicações móveis.

4.5 Reflexão

Quando uma onda de rádio que se propaga em um meio colide com outro meio com propriedades elétricas diferentes, a onda é parcialmente refletida e parcialmente transmitida. Se a onda plana incidir em um dielétrico perfeito, parte da energia é transmitida para o segundo meio e parte é refletida de volta para o primeiro meio, e não existe perda de energia por absorção. Se o segundo meio é um condutor perfeito, então *toda* a energia incidente é refletida de volta ao primeiro meio sem perda. A intensidade do campo elétrico das ondas refletida e transmitida pode ser relacionada à onda original incidente no meio através do *coeficiente de reflexão de Fresnel* (Γ). O coeficiente de reflexão é uma função das propriedades do material, e geralmente depende da polarização da onda, ângulo de incidência e freqüência da onda em propagação.

Em geral, as ondas eletromagnéticas são *polarizadas*, significando que possuem componentes de campo elétrico instantâneo em direções ortogonais no espaço. Uma onda polarizada pode ser representada matematicamente como a soma de dois componentes espacialmente ortogonais, como vertical e horizontal, ou componentes esquerdo ou direito polarizados de forma circular. Para uma polarização qualquer, a sobreposição pode ser usada para calcular os campos refletidos de uma superfície refletora.

4.5.1 Reflexão de dielétricos

A Figura 4.4 mostra uma onda eletromagnética incidente em um ângulo θ_i com o plano que demarca o limite entre dois meios dielétricos. Como vemos na figura, parte da energia é refletida de volta ao primeiro meio em um ângulo θ_r, e parte é transmitida (refratada) ao segundo meio a um ângulo θ_t. A natureza da reflexão varia com a direção da polarização do campo E. O comportamento para direções arbitrárias de polarização pode ser estudado considerando-se os dois casos distintos mostrados na Figura 4.4. O *plano de incidência* é definido como o plano contendo os raios incidentes, refletidos e transmitidos[3]. Na Figura 4.4a, a polarização do campo E é paralela ao plano de incidência (ou seja, o campo E tem uma polarização vertical, ou componente normal, com relação à superfície refletora), e na Figura 4.4b a polarização do campo E é perpendicular ao plano de incidência (ou seja, o campo E incidente está apontando da página para o leitor, e é perpendicular à página e paralelo à superfície refletora).

Na Figura 4.4, os subscritos *i, r, t* referem-se aos campos incidente, refletido e transmitido, respectivamente. Os parâmetros ε_1, μ_1, σ_1 e ε_2, μ_2, σ_2 representam a permissividade, permeabilidade e condutância dos dois meios, respectivamente. Em geral, a constante dielétrica de um dielétrico perfeito (sem perdas) está relacionada a um valor relativo de permissividade, ε_r, tal que $\varepsilon = \varepsilon_0\varepsilon_r$, onde ε_0 é uma constante dada por $8{,}85 \times 10^{-12}$ F/m. Se um material dielétrico tiver perdas, ele absorverá potência e pode ser descrito por uma constante dielétrica complexa dada por

$$\varepsilon = \varepsilon_0\varepsilon_r - j\varepsilon' \tag{4.17}$$

onde

$$\varepsilon' = \frac{\sigma}{2\pi f} \tag{4.18}$$

e σ é a condutividade do material, medida em Siemens/metro. Os termos ε_r e σ geralmente são insensíveis à freqüência de operação quando o material é um bom condutor ($f<\sigma/(\varepsilon_0\varepsilon_r)$). Para dielétricos com perdas, ε_0 e ε_r geralmente são constantes com a freqüência, mas σ pode ser sensível à freqüência de operação, como mostra a Tabela 4.1. As propriedades elétricas de uma grande gama de materiais foram caracterizadas em uma grande faixa de freqüência por Von Hipple[4].

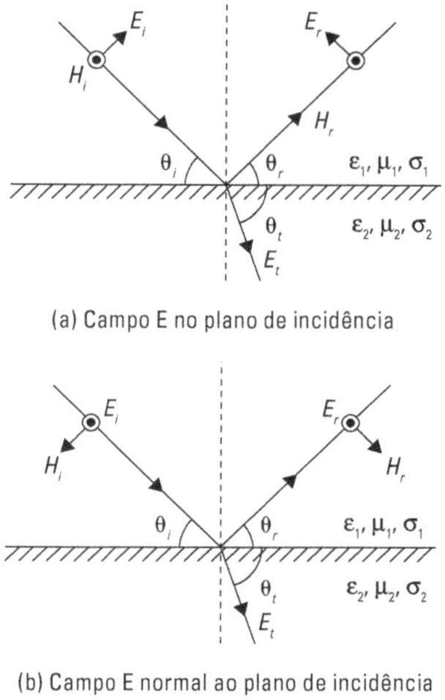

(a) Campo E no plano de incidência
(b) Campo E normal ao plano de incidência

Figura 4.4 Geometria para cálculo dos coeficientes de reflexão entre dois dielétricos.

Por conta da sobreposição, somente duas polarizações ortogonais precisam ser consideradas para resolver problemas gerais de reflexão. Os coeficientes de reflexão para os dois casos de polarização do campo E, paralelo e perpendicular, no limite dos dois dielétricos são dados por

$$\Gamma_{\parallel} = \frac{E_r}{E_i} = \frac{\eta_2 \operatorname{sen}\theta_t - \eta_1 \operatorname{sen}\theta_i}{\eta_2 \operatorname{sen}\theta_t + \eta_1 \operatorname{sen}\theta_i} \tag{4.19}$$

(campo E no plano de incidência)

$$\Gamma_{\perp} = \frac{E_r}{E_i} = \frac{\eta_2 \operatorname{sen}\theta_i - \eta_1 \operatorname{sen}\theta_t}{\eta_2 \operatorname{sen}\theta_i + \eta_1 \operatorname{sen}\theta_t} \tag{4.20}$$

(campo E normal ao plano de incidência)

onde η_i é a impedância intrínseca do *i*-ésimo meio ($i = 1, 2$), e é dada por $\sqrt{\mu_i/\varepsilon_i}$, a razão entre campo elétrico e magnético para uma onda de plano uniforme em um meio particular. A velocidade da onda eletromagnética é dada por $1(\sqrt{\mu\varepsilon})$, e as condições de limite na superfície de incidência obedecem à lei de Snell, que, referindo-se à Figura 4.4, é dada por

$$\sqrt{\mu_1\varepsilon_1}\operatorname{sen}(90-\theta_i) = \sqrt{\mu_2\varepsilon_2}\operatorname{sen}(90-\theta_t) \tag{4.21}$$

As condições de limite das equações de Maxwell são usadas para derivar as equações 4.19 e 4.20, assim como as equações 4.22, 4.23.a e 4.23.b.

$$\theta_i = \theta_r \tag{4.22}$$

e

$$E_r = \Gamma E_i \tag{4.23.a}$$

$$E_t = (1 + \Gamma)E_i \tag{4.23.b}$$

Tabela 4.1 Parâmetros de material nas diversas freqüências

Material	Permissividade relativa ε_r	Condutividade σ (s/m)	Freqüência (MHz)
Solo fraco	4	0,001	100
Solo típico	15	0,005	100
Solo bom	25	0,02	100
Água do mar	81	5,0	100
Água potável	81	0,001	100
Tijolo	4,44	0,001	4.000
Calcário	7,51	0,028	4.000
Vidro Corning 707	4	0,00000018	1
Vidro Corning 707	4	0,000027	100
Vidro Corning 707	4	0,005	10.000

onde Γ é $\Gamma_{\parallel}$ ou $\Gamma_{\perp}$, dependendo se o campo E está no plano (vertical) ou normal (horizontal) ao plano de incidência.

Para o caso em que o primeiro meio é espaço livre e $\mu_1 = \mu_2$, os coeficientes de reflexão para os dois casos de polarização vertical e horizontal podem ser simplificados para

$$\Gamma_{\parallel} = \frac{-\varepsilon_r \operatorname{sen}\theta_i + \sqrt{\varepsilon_r - \cos^2\theta_i}}{\varepsilon_r \operatorname{sen}\theta_i + \sqrt{\varepsilon_r - \cos^2\theta_i}} \tag{4.24}$$

e

$$\Gamma_{\perp} = \frac{\operatorname{sen}\theta_i - \sqrt{\varepsilon_r - \cos^2\theta_i}}{\operatorname{sen}\theta_i + \sqrt{\varepsilon_r - \cos^2\theta_i}} \tag{4.25}$$

Para o caso de ondas elípticas polarizadas, a onda pode ser desmembrada (despolarizada) em seus componentes de campo E, vertical e horizontal, e a sobreposição pode ser aplicada para se determinar as ondas transmitida e refletida. No caso geral de reflexão ou transmissão, os eixos horizontal e vertical das coordenadas espaciais podem não coincidir com os eixos perpendicular e paralelo das ondas em propagação. Um ângulo θ medido em sentido anti-horário a partir do eixo horizontal é definido como mostra a Figura 4.5 para uma onda em propagação a partir da página (em direção ao leitor)[5]. Os componentes de campo vertical e horizontal em um limite dielétrico podem ser relacionados por

$$\begin{bmatrix} E_H^d \\ E_V^d \end{bmatrix} = R^T D_C R \begin{bmatrix} E_H^i \\ E_V^i \end{bmatrix} \tag{4.26}$$

onde E^d_H e E^d_V são os componentes de campo despolarizados nas direções horizontal e vertical, respectivamente. E^i_H e E^i_V são os componentes polarizados horizontal e verticalmente da onda incidente, respectivamente, e E^d_H, E^i_H, E^d_V, e E^i_V são componentes variáveis no tempo do campo E, que podem ser representados como fasores. R é uma matriz de transformação que mapeia componentes polarizados verticais e horizontais em componentes que são perpendiculares e paralelos ao plano de incidência. A matriz R é dada por

$$R = \begin{bmatrix} \cos\theta & \operatorname{sen}\theta \\ -\operatorname{sen}\theta & \cos\theta \end{bmatrix}$$

onde θ é o ângulo entre os dois conjuntos de eixos, como mostra a Figura 4.5. A matriz de despolarização D_C é dada por

$$D_C = \begin{bmatrix} D_{\perp\perp} & 0 \\ 0 & D_{\parallel\parallel} \end{bmatrix}$$

onde $D_{xx} = \Gamma_x$ para o caso de reflexão e $D_{xx} = T_x = 1 + \Gamma_x$ para o caso de transmissão[6].

A Figura 4.6 mostra um gráfico do coeficiente de reflexão para polarização horizontal e vertical como função do ângulo incidente para o caso em que uma onda se propaga no espaço livre ($\varepsilon_r = 1$) e a superfície refletora tem (a) $\varepsilon_r = 4$ e (b) $\varepsilon_r = 12$.

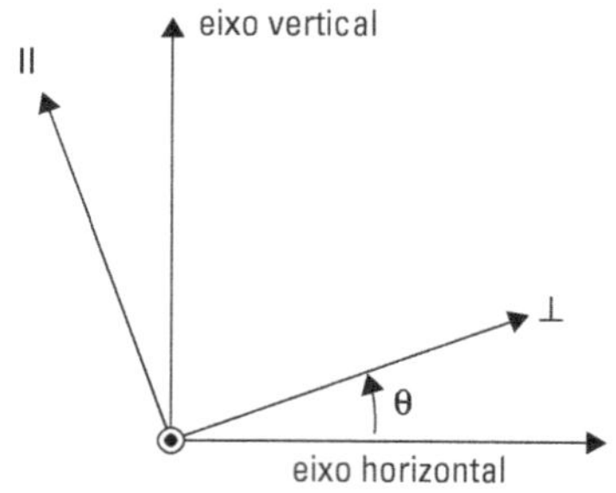

Figura 4.5 Eixos para componentes polarizados ortogonalmente. Componentes paralelos e perpendiculares estão relacionados às coordenadas espaciais horizontal e vertical. A onda aparece propagando da página em direção ao leitor.

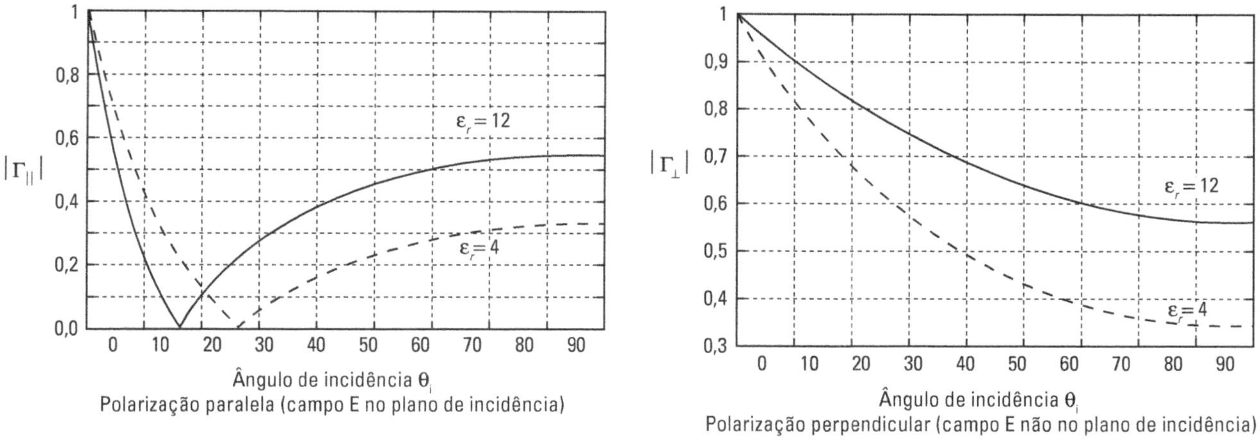

Figura 4.6 Magnitude dos coeficientes de reflexão como uma função do ângulo de incidência para $\varepsilon_r = 4$, $\varepsilon_r = 12$ usando a geometria da Figura 4.4.

Exemplo 4.4

Demonstre que, se o meio 1 for espaço livre e o meio 2 for um dielétrico, tanto $|\Gamma_{||}|$ quanto $|\Gamma_{\perp}|$ aproximam-se de 1 quando θ_i aproxima-se de 0°, independentemente de ε_r.

Solução

Substituindo $\theta_i = 0°$ na Equação 4.24,

$$\Gamma_{||} = \frac{-\varepsilon_r \text{sen}0 + \sqrt{\varepsilon_r - \cos^2 0}}{\varepsilon_r \text{sen}0 + \sqrt{\varepsilon_r - \cos^2 0}} \qquad |\Gamma_{||}| = \frac{\sqrt{\varepsilon_r - 1}}{\sqrt{\varepsilon_r - 1}} = 1$$

Substituindo $\theta_i = 0°$ na Equação 4.25,

$$\Gamma_{\perp} = \frac{\text{sen}\,0 - \sqrt{\varepsilon_r - \cos^2 0}}{\text{sen}\,0 + \sqrt{\varepsilon_r - \cos^2 0}} \qquad \Gamma_{\perp} = \frac{-\sqrt{\varepsilon_r - 1}}{\sqrt{\varepsilon_r - 1}} = -1$$

Esse exemplo ilustra que o solo pode ser modelado como um refletor perfeito com um coeficiente de reflexão de magnitude unitária quando uma onda incidente arranha a terra, independentemente da polarização ou das propriedades dielétricas do solo (alguns textos definem a direção de *Er* como sendo oposta à que mostramos na Figura 4.4a, resultando em $\Gamma = -1$ para polarização paralela e perpendicular).

4.5.2 Ângulo de Brewster

O *ângulo de Brewster* é o ângulo em que não ocorre reflexão no meio de origem. Ele ocorre quando o ângulo incidente θ_B é tal que o coeficiente de reflexão $\Gamma_{||}$ é igual a zero (ver Figura 4.6). O ângulo de Brewster é dado pelo valor de θ_B que satisfaz

$$\text{sen}(\theta_B) = \sqrt{\frac{\varepsilon_1}{\varepsilon_1 + \varepsilon_2}} \tag{4.27}$$

Para o caso em que o primeiro meio é espaço livre e o segundo meio tem uma permissividade relativa ε, a Equação 4.27 pode ser expressa como

$$\text{sen}(\theta_B) = \frac{\sqrt{\varepsilon_r - 1}}{\sqrt{\varepsilon_r^2 - 1}} \tag{4.28}$$

Observe que o ângulo de Brewster ocorre somente para a polarização vertical (ou seja, paralela).

Exemplo 4.5

Calcule o ângulo de Brewster para uma onda chocando-se no solo com uma permissividade de $\varepsilon_r = 4$.

Solução

O ângulo de Brewster pode ser encontrado substituindo-se os valores para ε_r na Equação 4.28.

$$\text{sen}(\theta_i) = \frac{\sqrt{(4) - 1}}{\sqrt{(4)^2 - 1}} = \sqrt{\frac{3}{15}} = \sqrt{\frac{1}{5}}$$

$$\theta_i = \text{sen}^{-1}\sqrt{\frac{1}{5}} = 26{,}56\,°$$

Assim, o ângulo de Brewster para $\varepsilon r = 4$ é igual a **26,56°**.

4.5.3 Reflexão de condutores perfeitos

Como a energia eletromagnética não pode passar por um condutor perfeito, uma onda plana incidente sobre um condutor tem toda a sua energia refletida. Como o campo elétrico na superfície do condutor deve ser igual a zero o tempo todo a fim de obedecer às equações de Maxwell, a onda refletida deve ser igual em magnitude à onda incidente. Para o caso em que a polarização do campo E está no plano de incidência, as condições de limite exigem que[7]

$$\theta_i = \theta_r \tag{4.29}$$

e

$$E_i = E_r \qquad \text{(campo E no plano de incidência)} \tag{4.30}$$

Similarmente, para o caso onde o campo E é polarizado horizontalmente, as condições de limite exigem que:

$$\theta_i = \theta_r \tag{4.31}$$

e

$$E_i = -E_r \quad \text{(campo E normal ao plano de incidência)} \tag{4.32}$$

Referindo-se às equações 4.29 a 4.32, vemos que, para um condutor perfeito, $\Gamma_{\|} = 1$, e $\Gamma_{\perp} = -1$, independentemente do ângulo de incidência. As ondas polarizadas elípticas podem ser analisadas por meio da sobreposição, conforme mostram a Figura 4.5 e a Equação 4.26.

4.6 Modelo de reflexão no solo (modelo de dois raios)

Em um canal de rádio móvel, um único caminho direto entre a estação-base e uma estação móvel raramente é o único meio físico para propagação, e por isso o modelo de propagação no espaço livre da Equação 4.5 é, na maioria dos casos, impreciso quando usado sozinho. O modelo de reflexão no solo de dois raios, mostrado na Figura 4.7, é um modelo de propagação útil, baseado na ótica geométrica, e considera o caminho direto e um caminho de propagação refletido no solo entre transmissor e receptor. Esse modelo foi considerado razoavelmente preciso para prever a intensidade do sinal em larga escala para distâncias de vários quilômetros em sistemas de rádio móvel que utilizam torres altas (alturas que ultrapassam os 50 m), além de canais de microcélula de linha de visão em ambientes urbanos[8].

Na maioria dos sistemas de comunicação móveis, a distância de separação T-R máxima tem, no máximo, apenas algumas dezenas de quilômetros, e a terra pode ser considerada plana. O campo E recebido total, E_{TOT}, é então o resultado do componente direto da linha de visão, E_{LOS}, e o componente refletido no solo, E_g.

Referindo-se à Figura 4.7, h_t é a altura do transmissor e h_r é a altura do receptor. Se E_0 é o campo E em espaço livre (em unidades de V/m) a uma distância de referência d_0 do transmissor, então, para $d > d_0$, propagando no espaço livre, o campo E é dado por

$$E(d, t) = \frac{E_0 d_0}{d}\cos\left(\omega_c\left(t - \frac{d}{c}\right)\right) \quad (d > d_0) \tag{4.33}$$

onde $|E(d,t)| = E_0 d_0 / d$ representa o envelope do campo E em d metros do transmissor.

Duas ondas se propagando chegam no receptor: a onda direta que trafega por uma distância d'; e a onda refletida que trafega por uma distância d''. O campo E devido à componente de linha de visão no receptor pode ser expressa como

$$E_{LOS}(d', t) = \frac{E_0 d_0}{d'}\cos\left(\omega_c\left(t - \frac{d'}{c}\right)\right) \tag{4.34}$$

e o campo E para a onda refletida no solo, que tem uma distância de propagação de d'', pode ser expresso como

$$E_g(d'', t) = \Gamma\frac{E_0 d_0}{d''}\cos\left(\omega_c\left(t - \frac{d''}{c}\right)\right) \tag{4.35}$$

De acordo com as leis da reflexão nos dielétricos, dadas na Seção 4.5.1

$$\theta_i = \theta_0 \tag{4.36}$$

e

$$E_g = \Gamma E_i \tag{4.37.a}$$

$$E_t = (1+\Gamma)E_i \tag{4.37.b}$$

onde Γ é o coeficiente de reflexão para o solo. Para valores pequenos de θ_i (ou seja, incidência rasante), a onda refletida é igual em magnitude e 180° fora de fase com a onda incidente, como mostra o Exemplo 4.4. O campo E resultante, considerando a polarização horizontal perfeita do campo E e a reflexão no solo (ou seja, $\Gamma_{\perp} = -1$ e $E_t = 0$), é a soma vetorial de E_{LOS} e E_g, e o envelope do campo E total resultante é dado por

$$|E_{TOT}| = |E_{LOS} + E_g| \tag{4.38}$$

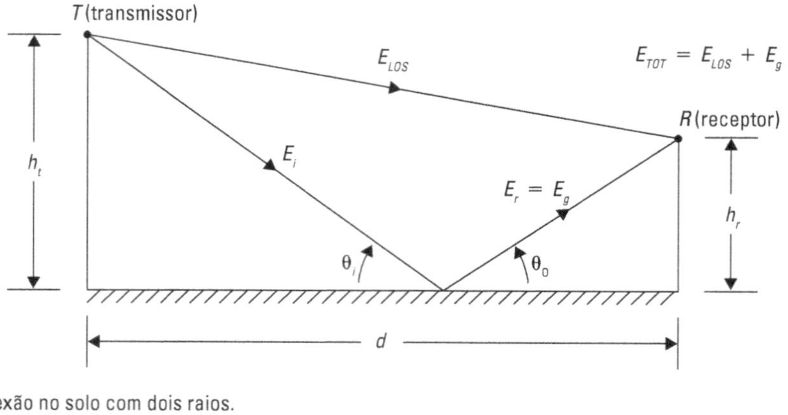

Figura 4.7 Modelo de reflexão no solo com dois raios.

O campo elétrico $E_{TOT}(d,t)$ pode ser expresso como a soma das equações 4.34 e 4.35

$$E_{TOT}(d,t) = \frac{E_0 d_0}{d'}\cos\left(\omega_c\left(t - \frac{d'}{c}\right)\right) + (-1)\frac{E_0 d_0}{d''}\cos\left(\omega_c\left(t - \frac{d''}{c}\right)\right) \tag{4.39}$$

Usando o *método das imagens*, que é demonstrado pela geometria da Figura 4.8, a diferença do caminho, Δ, entre a linha de visão e os caminhos refletidos no solo pode ser expressa como

$$\Delta = d'' - d' = \sqrt{(h_t + h_r)^2 + d^2} - \sqrt{(h_t - h_r)^2 + d^2} \tag{4.40}$$

Quando a distância de separação T–R, d, é muito grande em comparação com $h_t + h_r$, a Equação 4.40 pode ser simplificada usando uma aproximação de série de Taylor

$$\Delta = d'' - d' \approx \frac{2h_t h_r}{d} \tag{4.41}$$

Quando a diferença do caminho é conhecida, a diferença de fase θ_Δ entre os dois componentes de campo E e o atraso de tempo τ_d entre a chegada dos dois componentes pode ser calculado facilmente usando as seguintes relações

$$\theta_\Delta = \frac{2\pi\Delta}{\lambda} = \frac{\Delta\omega_c}{c} \tag{4.42}$$

e

$$\tau_d = \frac{\Delta}{c} = \frac{\theta_\Delta}{2\pi f_c} \tag{4.43}$$

Deve-se observar que, quando d se torna grande, a diferença entre as distâncias d' e d'' se torna muito pequena, e as amplitudes de E_{LOS} e E_g são praticamente idênticas e diferem apenas em fase. Ou seja,

$$\left|\frac{E_0 d_0}{d}\right| \approx \left|\frac{E_0 d_0}{d'}\right| \approx \left|\frac{E_0 d_0}{d''}\right| \tag{4.44}$$

Se o campo E recebido for avaliado em algum tempo, digamos, em $t = d''/c$, a Equação 4.39 pode ser expressa como uma soma de fasor

$$\begin{aligned} E_{TOT}\left(d, t = \frac{d''}{c}\right) &= \frac{E_0 d_0}{d'}\cos\left(\omega_c\left(\frac{d''-d'}{c}\right)\right) - \frac{E_0 d_0}{d''}\cos 0^\circ = \frac{E_0 d_0}{d'}\angle\theta_\Delta - \frac{E_0 d_0}{d''} \\ &\approx \frac{E_0 d_0}{d}[\angle\theta_\Delta - 1] \end{aligned} \tag{4.45}$$

onde d é a distância sobre uma terra plana entre as bases das antenas transmissora e receptora. Referindo-se ao diagrama de fasor da Figura 4.9, que mostra como os raios diretos e refletidos no solo se combinam, o campo elétrico (no receptor) a uma distância d do transmissor pode ser escrito como

$$|E_{TOT}(d)| = \sqrt{\left(\frac{E_0 d_0}{d}\right)^2 (\cos\theta_\Delta - 1)^2 + \left(\frac{E_0 d_0}{d}\right)^2 \operatorname{sen}^2\theta_\Delta} \tag{4.46}$$

ou

$$|E_{TOT}(d)| = \frac{E_0 d_0}{d}\sqrt{2 - 2\cos\theta_\Delta} \tag{4.47}$$

Observe que, se o campo E é considerado como estando no plano de incidência (ou seja, polarização vertical), então $\Gamma_{\parallel} = 1$ e a Equação 4.47 teria um + em vez de um –.

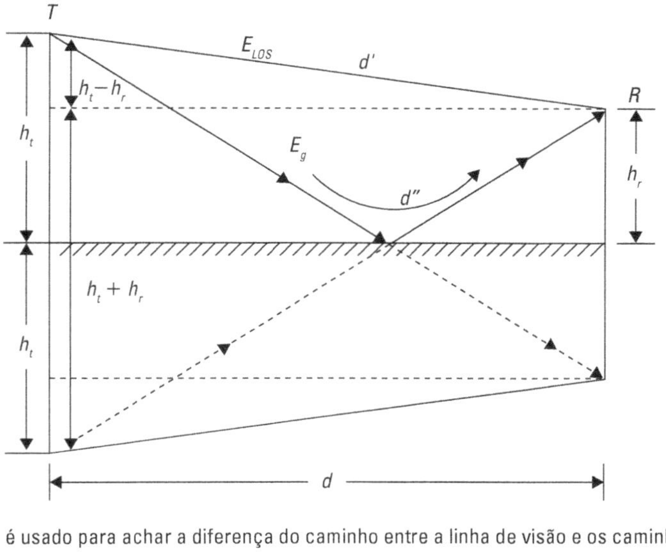

Figura 4.8 O método das imagens é usado para achar a diferença do caminho entre a linha de visão e os caminhos refletidos no chão.

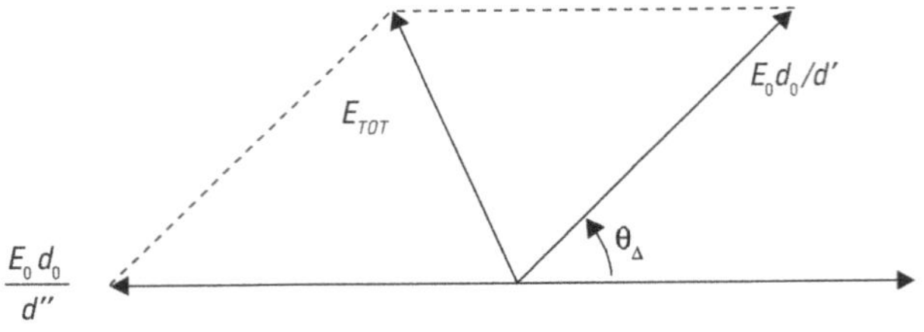

Figura 4.9 Diagrama de fasor mostrando os componentes do campo elétrico de linha de visão, campos E refletidos no solo e recebido total, derivados da Equação 4.45.

Usando identidades trigonométricas, a Equação 4.47 pode ser expressa como

$$|E_{TOT}(d)| = 2\frac{E_0 d_0}{d}\text{sen}\left(\frac{\theta_\Delta}{2}\right) \tag{4.48}$$

A Equação 4.48 é uma expressão importante, pois oferece exatamente o campo E recebido para o modelo de reflexão no solo com dois raios. Observe que, para uma distância aumentada do transmissor, $E_{TOT}(d)$ diminui em um padrão oscilatório, com a máxima local sendo 6 dB maior que o valor no espaço livre e a mínima local caindo para $-\infty$ dB (o campo E recebido cancela para zero volts em certos valores de d, embora na realidade isso nunca aconteça). Quando a distância d é suficientemente grande, θ_Δ torna-se $\leq \pi$ e o campo E recebido, $E_{TOT}(d)$, então cai assintoticamente com o aumento da distância. Observe que a Equação 4.48 pode ser simplificada sempre que $\text{sen}(\theta_\Delta / 2) \approx \theta_\Delta / 2$. Isso ocorre quando $\theta_\Delta / 2$ é menor que 0,3 radiano. Usando as equações 4.41 e 4.42

$$\frac{\theta_\Delta}{2} \approx \frac{2\pi h_t h_r}{\lambda d} < 0{,}3 \text{ rad} \tag{4.49}$$

o que implica que a Equação 4.48 pode ser simplificada sempre que

$$d > \frac{20\pi h_t h_r}{3\lambda} \approx \frac{20 h_t h_r}{\lambda} \tag{4.50}$$

Assim, desde que d satisfaça a Equação 4.50, o campo E recebido pode ser aproximado como

$$E_{TOT}(d) \approx \frac{2E_0 d_0}{d}\frac{2\pi h_t h_r}{\lambda d} \approx \frac{k}{d^2} \text{ V/m} \tag{4.51}$$

onde k é uma constante relacionada a E_0, às alturas das antenas e ao comprimento de onda. Esse comportamento assintótico é idêntico para o campo E no plano de incidência ou normal ao plano de incidência. A potência no espaço livre recebida em d está relacionada ao quadrado do campo elétrico através da Equação 4.15. Combinando as equações 4.2, 4.15 e 4.51, a potência recebida a uma distância d do transmissor para o modelo de ricochete no solo com dois raios pode ser expressa como

$$P_r = P_t G_t G_r \frac{h_t^2 h_r^2}{d^4} \tag{4.52}$$

Como visto na Equação 4.52, em grandes distâncias ($d \gg \sqrt{h_t h_r}$), a potência recebida declina com a distância elevada à quarta potência, ou a uma taxa de 40 dB/grupo de dez. Essa é uma perda do caminho muito mais rápida do que é experimentada no espaço livre. Observe também que, para valores grandes de d, a potência recebida e a perda do caminho tornam-se independentes da freqüência. A perda do caminho para o modelo de dois raios (com ganhos de antena) pode ser expressa em dB como

$$PL(\text{dB}) = 40 \log d - (10\log G_t + 10\log G_r + 20\log h_t + 20\log h_r) \tag{4.53}$$

Em pequenas distâncias de separação T–R, a Equação 4.39 deve ser usada para calcular o campo E total. Quando a Equação 4.42 é avaliada para $\theta_\Delta = \pi$, então $d = (4h_t h_r) / \lambda$ é onde o solo aparece na primeira *zona de Fresnel* entre o transmissor e o receptor (as zonas de Fresnel serão tratadas na Seção 4.7.1). A primeira distância da zona de Fresnel é um parâmetro útil nos modelos de perda de caminho de microcélula[9].

Exemplo 4.6

Uma estação móvel está localizada a 5 km de distância da estação-base e usa uma antena monopólo vertical com um ganho de 2,55 dB para receber sinais de rádio-celular. O campo E a 1 km do transmissor é medido como sendo 10^{-3} V/m. A freqüência da portadora usada para esse sistema é de 900 MHz.

a) Ache o tamanho e a abertura efetiva da antena receptora.
b) Ache a potência recebida na estação móvel usando o modelo de reflexão no solo com dois raios, supondo que a altura da antena transmissora seja 50 m e a antena receptora esteja a 1,5 m acima do solo.

Solução

Dados:
Distância de separação, T–R = 5 km
Campo E a uma distância de 1 km = 10^{-3} V/m
Freqüência de operação, f = 900 MHz

$$\lambda = \frac{c}{f} = \frac{3 \times 10^8}{900 \times 10^6} = 0{,}333 \text{ m.}$$

a) Tamanho da antena, $L = \lambda/4 = 0{,}333/4 = 0{,}0833$ m = 8,33 cm
A abertura efetiva de antena monopólo pode ser obtida usando-se a Equação 4.2.
Abertura efetiva da antena = 0,016 m²
b) Como $d \gg \sqrt{h_t h_r}$, o campo elétrico é dado por

$$E_R(d) \approx \frac{2E_0 d_0}{d}\frac{2\pi h_t h_r}{\lambda d} \approx \frac{k}{d^2} \text{ V/m}$$

$$= \frac{2 \times 10^{-3} \times 1 \times 10^3}{5 \times 10^3}\left[\frac{2\pi(50)(1{,}5)}{0{,}333(5 \times 10^3)}\right]$$

$$= 113{,} \times 10^{-6} \text{ V/m.}$$

A potência recebida a uma distância d pode ser obtida usando-se a Equação 4.15

$$P_r(d) = \frac{(113{,}1 \times 10^{-6})^2}{377}\left[\frac{1{,}8(0{,}333)^2}{4\pi}\right]$$

$$P_r(d = 5\text{ km}) = 5{,}4 \times 10^{-13}\text{ W} = -122{,}68\text{ dBW}$$

ou $-92{,}68$ dBm

4.7 Difração

A difração permite que sinais de rádio se propaguem ao redor da superfície curva da terra, além do horizonte, e por trás de obstruções. Embora a força do campo recebido diminua rapidamente enquanto o receptor se move mais profundamente em direção à região obstruída (sombra), o campo de difração ainda existe e normalmente tem força suficiente para produzir um sinal útil.

O fenômeno de difração pode ser explicado pelo princípio de Huygen, que afirma que todos os pontos em uma frente de onda podem ser considerados como fontes pontuais para a produção de ondas secundárias, e essas ondas secundárias se combinam para produzir uma nova frente de onda na direção da propagação. A difração é causada pela propagação das ondas secundárias em uma região sombreada. A intensidade do campo de uma onda difratada na região sombreada é a soma vetorial dos componentes de campo elétrico de todas as ondas secundárias no espaço em torno do obstáculo.

4.7.1 Geometria por zona de Fresnel

Considere um transmissor e um receptor separados no espaço livre como mostra a Figura 4.10a. Considere que uma tela obstrutora de altura efetiva h com largura infinita (entrando e saindo do papel) seja colocada entre eles a uma distância d_1 do transmissor e d_2 do receptor. Observa-se que a onda propagando do transmissor ao receptor por meio do topo da tela trafega uma distância maior do que se houvesse um caminho direto da linha de visão (através da tela). Supondo que $h \ll d_1, d_2$ e $h \gg \lambda$, então a diferença entre o caminho direto e o caminho difratado, chamada *extensão do caminho em excesso* (Δ), pode ser obtida pela geometria da Figura 4.10b como

$$\Delta \approx \frac{h^2}{2}\frac{(d_1 + d_2)}{d_1 d_2} \tag{4.54}$$

A diferença de fase correspondente é dada por

$$\phi = \frac{2\pi\Delta}{\lambda} \approx \frac{2\pi}{\lambda}\frac{h^2}{2}\frac{(d_1 + d_2)}{d_1 d_2} \tag{4.55}$$

e quando tg $x \approx x$, então $\alpha = \beta + \gamma$ pela Figura 4.10c e

$$\alpha \approx h\left(\frac{d_1 + d_2}{d_1 d_2}\right)$$

(uma prova das equações 4.54 e 4.55 fica como exercício para o leitor).

A Equação 4.55 é freqüentemente normalizada usando o parâmetro de difração sem dimensão de *Fresnel-Kirchoff*, que é dado por

$$v = h\sqrt{\frac{2(d_1 + d_2)}{\lambda d_1 d_2}} = \alpha\sqrt{\frac{2 d_1 d_2}{\lambda(d_1 + d_2)}} \tag{4.56}$$

onde α tem unidades de radianos e aparece nas figuras 4.10b e 4.10c. O parâmetro v é conveniente, pois permite que ϕ possa ser expresso em uma forma conveniente como

$$\phi = \frac{\pi}{2}v^2 \tag{4.57}$$

Pelas equações anteriores, fica claro que a diferença de fase entre um caminho direto de linha de visão e um caminho difratado é uma função da altura e da posição da obstrução, além do local do transmissor e do receptor.

Em problemas práticos de difração, é vantajoso reduzir todas as alturas por uma constante, de modo que a geometria é simplificada sem alteração dos valores dos ângulos. Esse procedimento aparece na Figura 4.10c.

O conceito de perda de difração como uma função da diferença de caminho em torno de uma obstrução é explicada pelas zonas de Fresnel. As zonas de Fresnel representam regiões sucessivas onde ondas secundárias têm uma extensão de caminho do transmissor ao receptor que é $n\lambda/2$ maior que a extensão total de um caminho na linha de visão. A Figura 4.11 demonstra um plano transparente localizado entre um transmissor e um receptor. Os círculos concêntricos no plano representam os locais das origens das ondas secundárias que se propagam ao receptor de modo que a extensão total do caminho aumenta por $\lambda/2$ para círculos sucessivos. Esses círculos são chamados zonas de Fresnel. As zonas de Fresnel sucessivas possuem o efeito de oferecer alternadamente interferência construtiva e destrutiva ao sinal recebido total. O raio do n-ésimo círculo da zona de Fresnel é indicado por r_n e pode ser expresso em termos de n, λ, d_1 e d_2 por

$$r_n = \sqrt{\frac{n\lambda d_1 d_2}{d_1 + d_2}} \tag{4.58}$$

Essa aproximação é válida para $d_1, d_2 \gg r_n$.

A extensão total do caminho atravessado por um raio passando por cada círculo é $n\lambda/2$, onde n é um inteiro. Assim, o caminho atravessando o círculo menor correspondente a $n = 1$ na Figura 4.11 terá uma extensão de caminho em excesso de $\lambda/2$ em comparação com o caminho da linha de visão, e os círculos correspondentes a $n = 2$, 3 etc. terão um caminho em excesso de λ, $3\lambda/2$ etc. Os raios dos círculos concêntricos dependem do local do plano. As zonas de Fresnel da Figura 4.11 terão raios máximos se o plano estiver a meio caminho entre o transmissor e o receptor, e os raios se tornam menores quando o plano é movido em direção ao transmissor ou

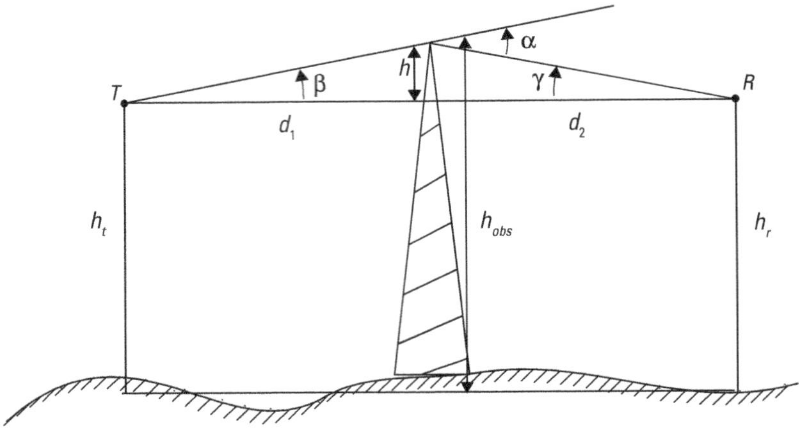

a) Geometria da difração de gume de faca. O ponto *T* indica o transmissor e *R* indica o receptor, com uma obstrução gume de faca infinita bloqueando o caminho da linha de visão.

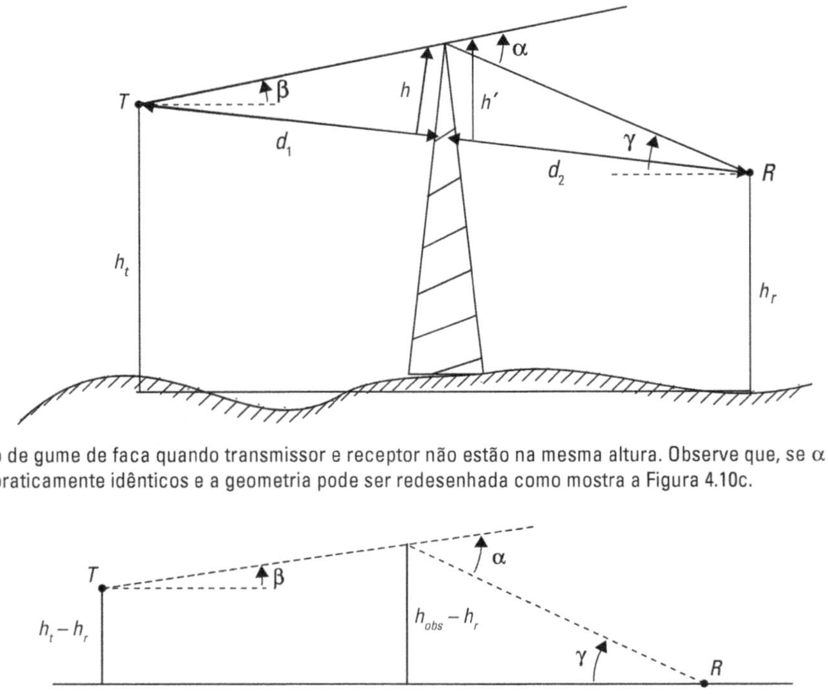

b) Geometria da difração de gume de faca quando transmissor e receptor não estão na mesma altura. Observe que, se α e β são pequenos e $h \ll d_1$ e d_2, então h e h' são praticamente idênticos e a geometria pode ser redesenhada como mostra a Figura 4.10c.

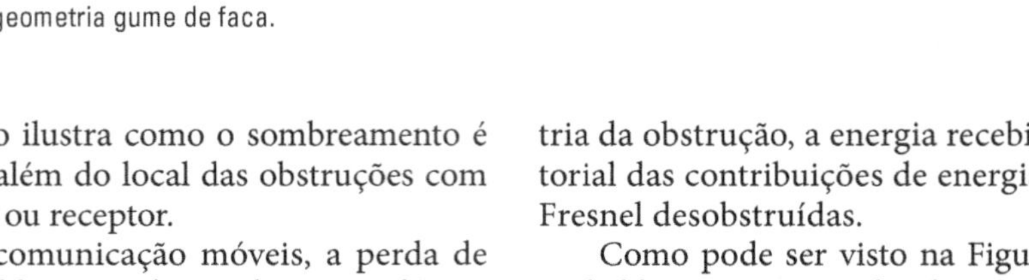

c) Geometria gume de faca equivalente, onde a menor altura (neste caso, h_r) é subtraída de todas as outras alturas.

Figura 4.10 Diagramas da geometria gume de faca.

ao receptor. Esse efeito ilustra como o sombreamento é sensível à freqüência, além do local das obstruções com relação ao transmissor ou receptor.

Nos sistemas de comunicação móveis, a perda de difração ocorre pelo bloqueio das ondas secundárias, de modo que apenas uma parte da energia é difratada em torno de um obstáculo. Ou seja, uma obstrução causa um bloqueio na energia de algumas das zonas de Fresnel, permitindo assim que apenas parte da energia transmitida alcance o receptor. Dependendo da geometria da obstrução, a energia recebida será uma soma vetorial das contribuições de energia de todas as zonas de Fresnel desobstruídas.

Como pode ser visto na Figura 4.12, um obstáculo pode bloquear o caminho de transmissão, e uma família de elipsóides pode ser construída entre transmissor e receptor juntando-se todos os pontos para os quais o atraso do caminho em excesso é um múltiplo inteiro de meio comprimento de onda. As elipsóides representam zonas de Fresnel. Observe que as zonas de Fresnel têm forma

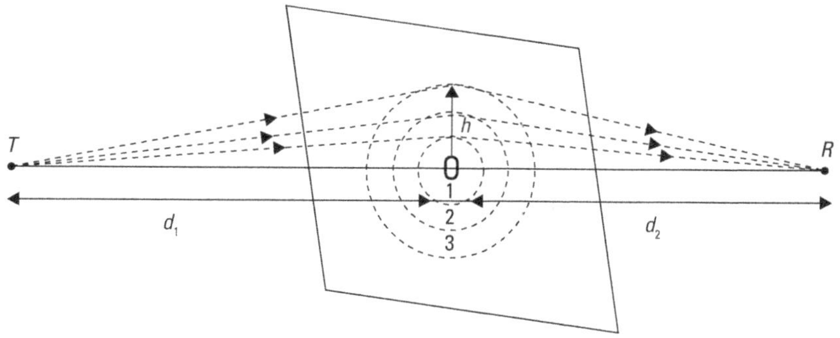

Figura 4.11 Círculos concêntricos que definem os limites das zonas de Fresnel sucessivas.

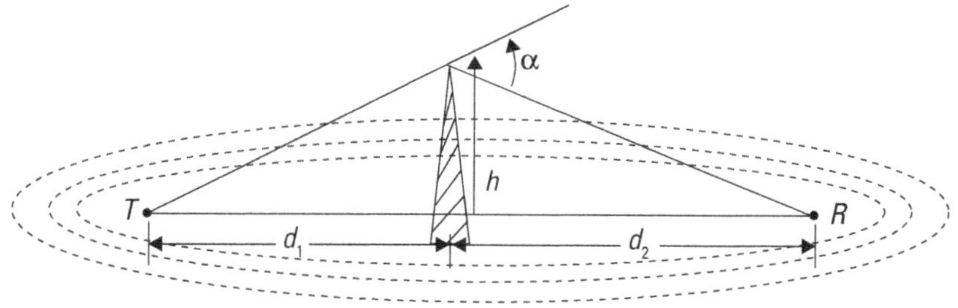

a) α e ν são positivos, pois h é positivo.

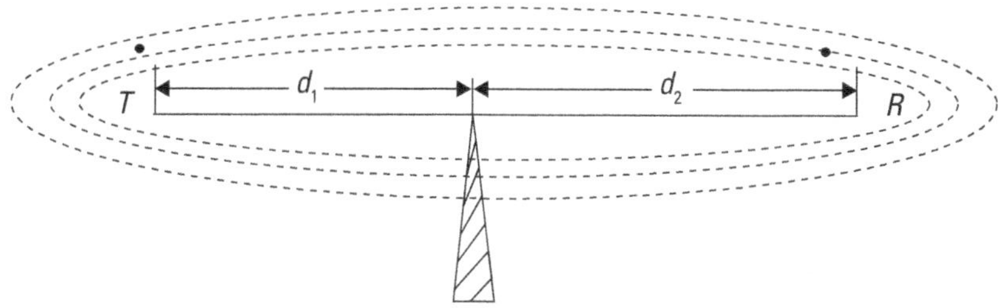

b) α e ν são iguais a zero, pois h é igual a zero.

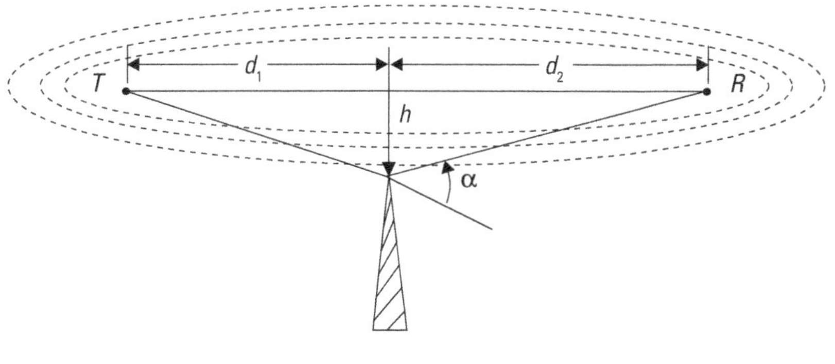

c) α e ν são negativos, pois h é negativo.

Figura 4.12 Ilustração das zonas de Fresnel para diferentes cenários de difração de gume de faca.

elíptica com a antena do transmissor e do receptor em seus focos. Na Figura 4.12 aparecem diferentes cenários de difração de gume de faca (*knife-edge*). Em geral, se uma obstrução não bloqueia o volume contido dentro da primeira zona de Fresnel, então a perda de difração será mínima, e os efeitos da difração podem ser desprezados. Na verdade, uma regra prática usada para o projeto de enlaces de microondas com linha de visão é que, desde que 55% da zona de Fresnel seja mantida limpa, então qualquer outra desobstrução da zona não altera significativamente a perda de difração.

4.7.2 Modelo de difração de gume de faca (*knife-edge*)

Estimar a atenuação do sinal causada pela difração das ondas de rádio sobre montanhas e prédios é essencial na previsão da intensidade de campo em determinada área de serviço. Geralmente, é impossível fazer estimativas muito exatas das perdas de difração, e, na prática, a previsão é um processo de aproximação teórica modificado por correções empíricas necessárias. Embora o cálculo das perdas de difração em terreno complexo e irregular seja um problema matematicamente difícil, foram derivadas expressões para perdas de difração para muitos casos simples. Como um ponto de partida, o caso limitador da propagação por um gume de faca (*knife-edge*) oferece uma boa idéia sobre as ordens de grandeza da perda de difração.

Quando o sombreamento é causado por um único objeto, como uma colina ou montanha, a atenuação causada pela difração pode ser estimada tratando-se da obstrução como uma difração do tipo gume de faca. Esse é o modelo de difração mais simples, e a perda por difração nesse caso pode ser prontamente estimada usando a solução de Fresnel clássica para o campo atrás de um gume de faca (também chamado meio plano). A Figura 4.13 ilustra essa técnica.

Considere um receptor no ponto *R*, localizado na região sombreada (também chamada *zona de difração*). A intensidade do campo no ponto *R* da Figura 4.13 é uma soma vetorial dos campos, devida a todas as fontes de Huygen secundárias no plano acima do gume de faca. A intensidade do campo elétrico, E_d, de uma onda difratada em gume de faca é dada por

$$\frac{E_d}{E_o} = F(v) = \frac{(1+j)}{2}\int_v^{\infty} \exp\left((-j\pi t^2)/2\right)dt \tag{4.59}$$

onde E_o é a intensidade de campo no espaço livre na ausência do solo e do gume de faca, e $F(\nu)$ é a integral de Fresnel complexa. A integral de Fresnel, $F(\nu)$, é uma função do parâmetro de difração de Fresnel-Kirchoff (ν), definido na Equação 4.56 e normalmente avaliado por meio de tabelas ou gráficos para determinados valores de ν. O ganho de difração devido à presença de um gume de faca, em comparação com o campo E no espaço livre, é dado por

$$G_d(\text{dB}) = 20\log|F(\nu)| \tag{4.60}$$

Na prática, soluções gráficas e numéricas são utilizadas para calcular o ganho de difração. Uma representação gráfica de G_d(dB) como uma função de ν é dada na Figura 4.14. Uma solução aproximada para a Equação 4.60 fornecida por Lee[10] é

$$G_d(\text{dB}) = 0 \qquad v \le -1 \tag{4.61.a}$$

$$G_d(\text{dB}) = 20\log(0{,}5 - 0{,}62v) \qquad -1 \le v \le 0 \tag{4.61.b}$$

$$G_d(\text{dB}) = 20\log(0{,}5\exp(-0{,}95v)) \qquad 0 \le v \le 1 \tag{4.61.c}$$

$$G_d(\text{dB}) = 20\log\left(0{,}4 - \sqrt{0{,}1184 - (0{,}38 - 0{,}1v)^2}\right) \qquad 1 \le v \le 2{,}4 \tag{4.61.d}$$

$$G_d(\text{dB}) = 20\log\left(\frac{0{,}225}{v}\right) \qquad v > 2{,}4 \tag{4.61.e}$$

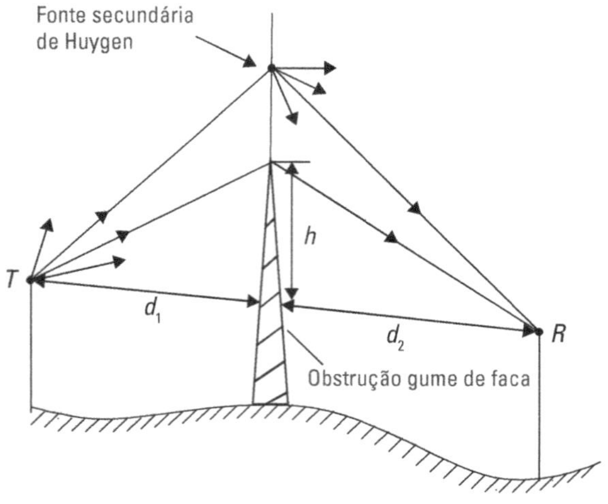

Figura 4.13 Ilustração da geometria da difração de gume de faca. O receptor *R* está localizado na região de sombra.

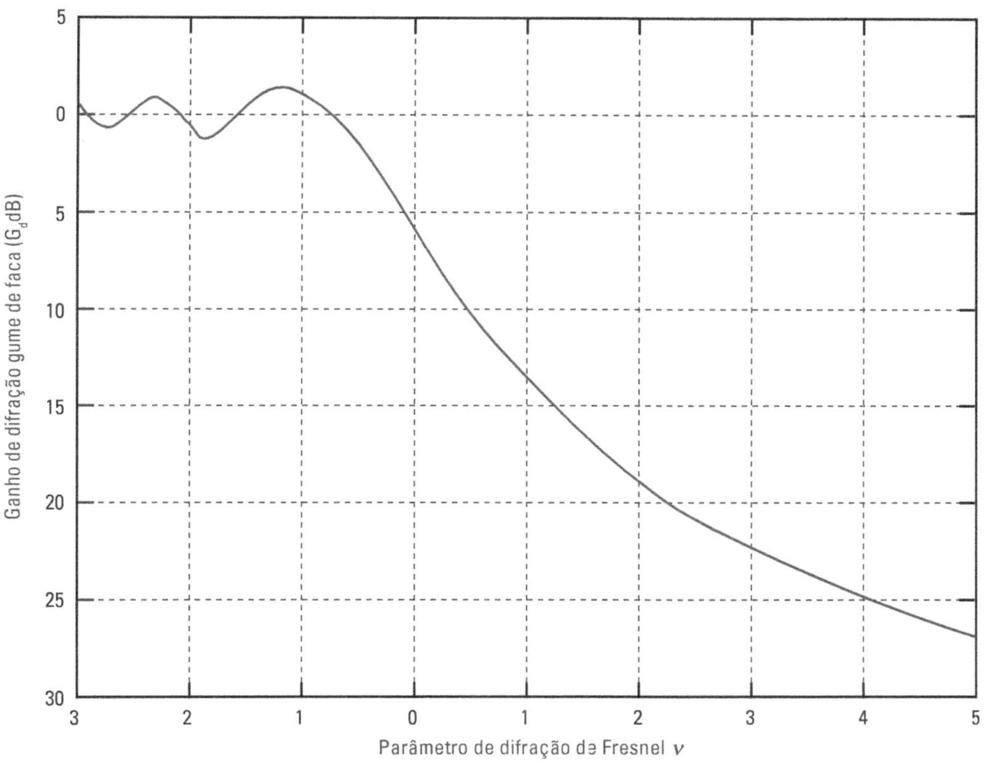

Figura 4.14 Ganho de difração do tipo gume de faca como uma função do parâmetro de difração de Fresnel ν.

Exemplo 4.7

Calcule a perda de difração para os três casos mostrados na Figura 4.12. Considere $\lambda = 1/3$ m, $d_1 = 1$km, $d_2 = 1$ km e (a) h = 25 m, (b) h = 0, (c) h = –25 m. Compare suas respostas usando valores da Figura 4.14, além da solução aproximada dada pelas equações 4.61.a a 4.61.e. Para cada um desses casos, identifique a zona de Fresnel dentro da qual se encontra a ponta da obstrução.

Dados:

$\lambda = 1/3$ m

$d_1 = 1$ km

$d_2 = 1$ km

a) h = 25 m

Usando a Equação 4.56, o parâmetro de difração de Fresnel é obtido como

$$\nu = h\sqrt{\frac{2(d_1 + d_2)}{\lambda d_1 d_2}} = 25\sqrt{\frac{2\,(1.000 + 1.000)}{(1/3) \times 1.000 \times 1.000}} = 2,74$$

Pela Figura 4.14, a perda de difração é obtida como 22 dB.

Usando a aproximação numérica na Equação 4.61.e, a perda de difração é igual a 21,7 dB.

A diferença da extensão do caminho entre os raios direto e difratado é dada pela Equação 4.54 como

$$\Delta \approx \frac{h^2}{2}\frac{(d_1 + d_2)}{d_1 d_2} = \frac{25^2}{2}\frac{(1.000 + 1.000)}{1.000 \times 1.000} = 0,625 \text{ m}$$

Para achar a zona de Fresnel onde se encontra a ponta da obstrução, temos que calcular n que satisfaça a relação $\Delta = n\lambda/2$. Para $\lambda = 1/3$ m, e $\Delta = 0/625$ m, obtemos

$$n = \frac{2\Delta}{\lambda} = \frac{2 \times 0,625}{0,3333} = 3,75$$

Portanto, a ponta da obstrução bloqueia completamente as três primeiras zonas de Fresnel.

(b) $h = 0$ m

Portanto, o parâmetro de difração de Fresnel $\nu = 0$.

Pela Figura 4.14, a perda de difração é obtida como 6 dB.

Usando a aproximação numérica na Equação 4.61.b, a perda de difração é igual a 6 dB.

Para esse caso, como $h = 0$, temos $\Delta = 0$ e a ponta da obstrução se encontra no meio da zona de Fresnel.

c) $h = -25$ m

Usando a Equação 4.56, o parâmetro de difração de Fresnel é obtido como –2,74.

Pela Figura 4.14, a perda de difração é aproximadamente igual a 1 dB.

Usando a aproximação numérica na Equação 4.61.a, a perda de difração é igual a 0 dB.

Como o valor absoluto da altura h é igual à parte a, a extensão do caminho em excesso Δ e, portanto, n também será o mesmo. Deve-se observar que, embora a ponta da obstrução bloqueie completamente as três primeiras zonas de Fresnel, as perdas de difração são desprezíveis, pois a obstrução está abaixo da linha de visão (h é negativo).

Exemplo 4.8

Dada a geometria a seguir, determine a) a perda devida à difração de gume de faca; b) a altura do obstáculo exigida para induzir uma perda de difração de 6 dB. Considere $f = 900$ MHz.

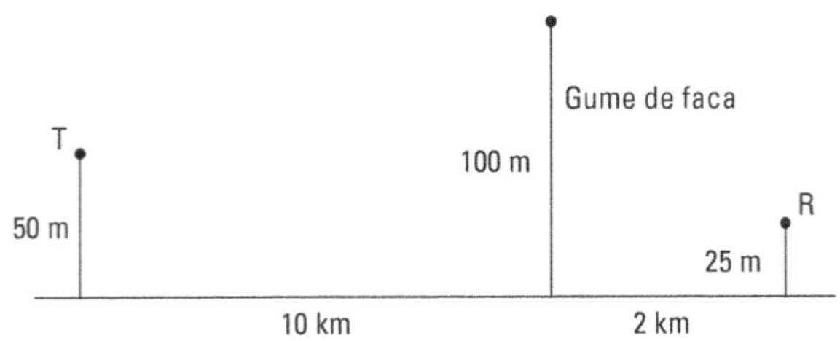

Solução

a) O comprimento de onda $\lambda = \frac{c}{f} = \frac{3 \times 10^8}{900 \times 10^6} = \frac{1}{3}$ m

Redesenhando a geometria ao subtrair a altura da estrutura mais baixa.

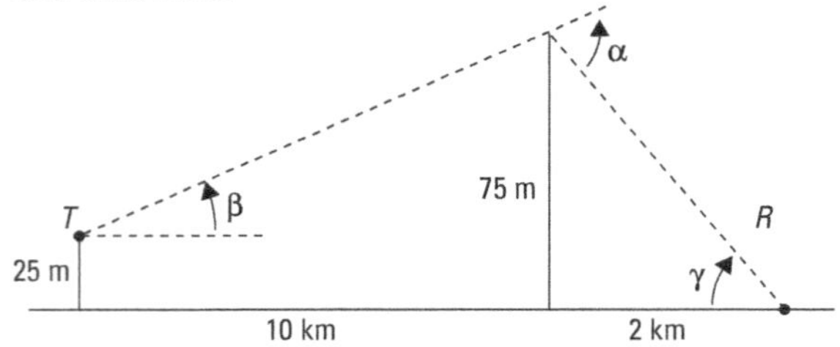

$$\beta = \text{tg}^{-1}\left(\frac{75 - 25}{10.000}\right) = 0{,}2865°$$

$$\gamma = \text{tg}^{-1}\left(\frac{75}{2.000}\right) = 2{,}15°$$

e

$\alpha = \beta + \gamma = 2{,}434° = 0{,}0424$ rad

Então, usando a Equação 4.56,

$$\nu = 0{,}0424\sqrt{\frac{2 \times 10.000 \times 2.000}{(1/3) \times (10.000 + 2.000)}} = 4{,}24$$

Pela Figura 4.14 ou Equação 4.61.e, a perda de difração é 25,5 dB.

b) Para uma perda de difração de 6 dB, $\nu = 0$. A altura da obstrução h pode ser encontrada usando-se triângulos semelhantes ($\beta = \gamma$), como mostramos a seguir.

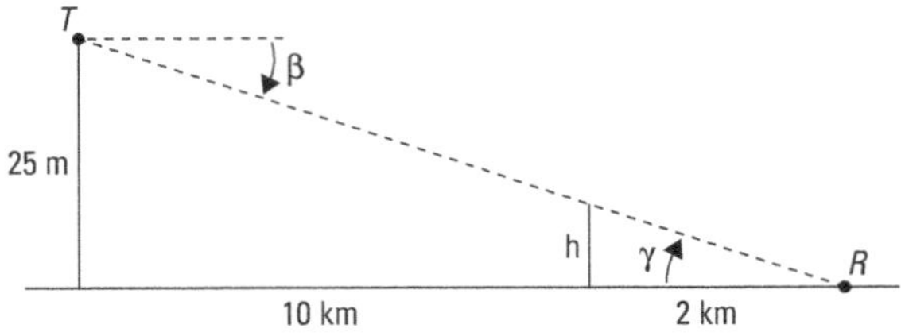

Segue-se que $\frac{h}{2.000} = \frac{25}{12.000}$, assim $h = 4{,}16$m

4.7.3 Difração com múltiplos gumes de faca

Em muitas situações práticas, especialmente em terreno montanhoso, o caminho de propagação pode consistir em mais de uma obstrução, quando a perda de difração total devida a todos os obstáculos deve ser calculada. Bullington[11] sugeriu que a série de obstáculos seja substituída por um único obstáculo equivalente, de modo que a perda do caminho possa ser obtida usando o modelo de difração de gume de faca. Esse método, ilustrado na Figura 4.15, simplifica bastante os cálculos e normalmente oferece estimativas bastante otimistas da intensidade do sinal recebido. Em um tratamento mais rigoroso, Millington et al.[12] ofereceram uma solução da teoria de onda para o campo por trás de dois gumes de faca em série. Essa solução é muito útil e pode ser aplicada facilmente para prever perdas de difração devidas a dois gumes de faca. Porém, estender isso para mais de dois gumes de faca torna-se um problema matemático formidável. Muitos modelos matematicamente menos complicados foram desenvolvidos para estimar as perdas de difração devidas a múltiplas obstruções[13].

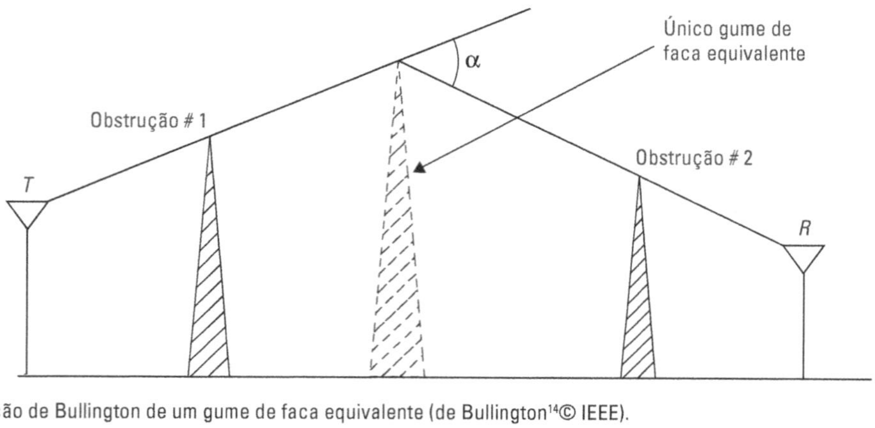

Figura 4.15 Construção de Bullington de um gume de faca equivalente (de Bullington[14]© IEEE).

4.8 Dispersão

O sinal real recebido em um ambiente de rádio móvel normalmente é mais forte do que o que é previsto apenas pelos modelos de reflexão e difração. Isso porque, quando uma onda de rádio se choca com uma superfície áspera, a energia refletida é espalhada (difundida) em todas as direções, devido à dispersão. Objetos como postes e árvores tendem a dispersar a energia em todas as direções, oferecendo assim energia de rádio adicional em um receptor.

Superfícies planas que possuem dimensão muito maior do que um comprimento de onda podem ser modeladas como superfícies refletoras. Porém, a aspereza dessas superfícies normalmente induz diferentes efeitos de propagação da reflexão especular, já descrita neste capítulo. A aspereza da superfície normalmente é testada usando o critério de Rayleigh, que define uma altura crítica de protuberâncias da superfície para determinado ângulo de incidência, dada por

$$h_c = \frac{\lambda}{8\,\mathrm{sen}\,\theta_i} \tag{4.62}$$

Uma superfície é considerada lisa se a diferença h entre sua protuberância mínima e máxima for menor que h_c, e é considerada áspera se esta diferença for maior que h_c. Para superfícies ásperas, o coeficiente de reflexão da superfície plana precisa ser multiplicado por um fator de perda de dispersão, ρ_S, para considerar o campo refletido diminuído. Ament[15] considerou que a altura da superfície é uma variável gaussiana distribuída aleatoriamente com uma média local e descobriu que ρ_S é dado por

$$\rho_S = \exp\left[-8\left(\frac{\pi\sigma_h\,\mathrm{sen}\,\theta_i}{\lambda}\right)^2\right] \tag{4.63}$$

onde σ_h é o desvio padrão da altura da superfície sobre a altura média da superfície. O fator de perda de dispersão derivado por Ament foi modificado por Boithias[16] para combinar melhor com os resultados medidos, e é dado na Equação 4.63.

$$\rho_S = \exp\left[-8\left(\frac{\pi\sigma_h\,\mathrm{sen}\,\theta_i}{\lambda}\right)^2\right] I_0\left[8\left(\frac{\pi\sigma_h\,\mathrm{sen}\,\theta_i}{\lambda}\right)^2\right] \tag{4.64}$$

onde I_0 é a função de Bessel do primeiro tipo e ordem zero.

Os campos E refletidos para $h > h_c$ podem ser solucionados para superfícies ásperas usando um coeficiente de reflexão modificado, dado como

$$\Gamma_{superfícies\ ásperas} = \rho_s \Gamma \tag{4.65}$$

As figuras 4.16a e 4.16b ilustram os resultados experimentais encontrados por Landron et al.[17] Os dados de coeficiente de reflexão medidos combinam bem com os coeficientes de reflexão modificados das equações 4.64 e 4.65 para grandes paredes exteriores, feitas de calcário bruto.

4.8.1 Modelo de seção cruzada de radar

Nos canais de rádio onde grandes objetos distantes induzem à dispersão, o conhecimento do local físico desses objetos pode ser usado para prever com precisão as intensidades do sinal dispersado. A *seção cruzada de radar* (RCS) de um objeto disperso é definida como a razão entre a densidade da potência do sinal disperso na direção do receptor e a densidade de potência da onda de rádio incidente no objeto de dispersão, e tem unidades em metros quadrados. A análise baseada na teoria geométrica da difração e na ótica física pode ser usada para determinar a intensidade do campo dispersado.

Para sistemas de rádio móvel urbanos, os modelos baseados na *equação de radar biestático* podem ser usados para calcular a potência recebida devido à dispersão no campo distante. A equação de radar biestático descreve a propagação de uma onda trafegando no espaço livre que se choca com um objeto dispersor distante, e depois é irradiada na direção do receptor, dada por

$$\begin{aligned} P_R(\mathrm{dBm}) &= P_T(\mathrm{dBm}) + G_T(\mathrm{dBi}) \\ &\quad + 20\log(\lambda) + RCS[\mathrm{dB\ m}^2] \\ &\quad - 30\log(4\pi) - 20\log d_T - 20\log d_R \end{aligned} \tag{4.66}$$

onde d_T e d_R são a distância do objeto disperso até o transmissor e até o receptor, respectivamente. Na Equação 4.66, o objeto disperso é considerado como estando no campo distante (região de Fraunhofer) do transmissor e do receptor. A variável *RCS* é dada em unidades de dB · m², e pode ser aproximada pela área da superfície (em metros quadrados) do objeto disperso, medida em dB com relação a uma referência de um metro quadrado[18]. A Equação 4.66 pode ser aplicada a dispersores no campo distante do transmissor e do receptor (conforme ilustrado em Van Rees, Zogg, Seidel et al.[19]) e é útil para prever a potência do receptor que se dispersa em objetos grandes, como prédios, que são para o transmissor e o receptor.

Diversas cidades européias foram medidas a partir do perímetro[20], e os valores de RCS para diversos prédios foram determinados a partir dos perfis de atraso de potência medido. Para prédios de tamanho médio e grande, localizados entre 5 km e 10 km de distância, os valores de RCS estiveram na faixa de 14,1 a 55,7 dB · m².

4.9 Projeto prático de orçamento de enlace usando modelos de perda de caminho

A maioria dos modelos de propagação é derivada usando-se uma combinação de métodos analíticos e empíricos. O método empírico é baseado no ajuste de curvas ou expressões analíticas que recriam um conjunto de dados medidos. Isso tem a vantagem de levar em considera-

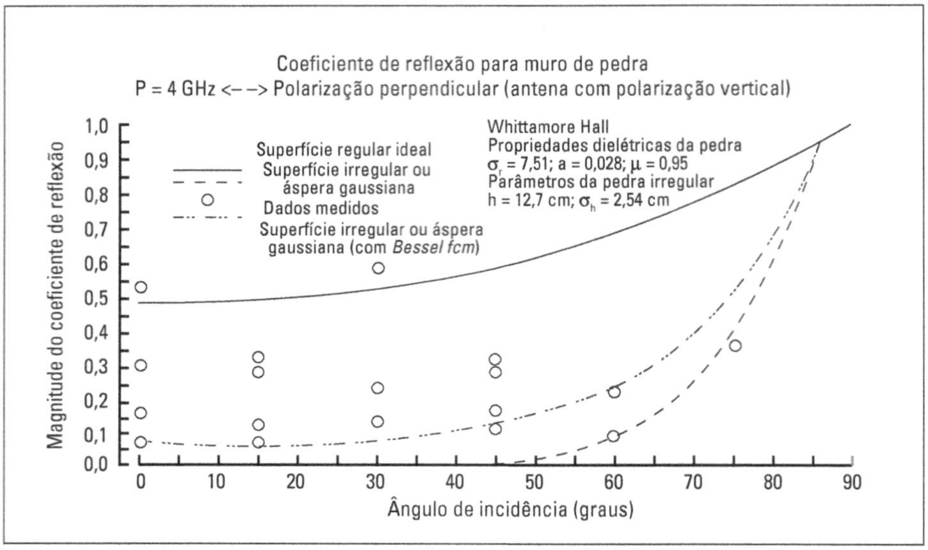

a) Campo E no plano de incidência (polarização paralela).

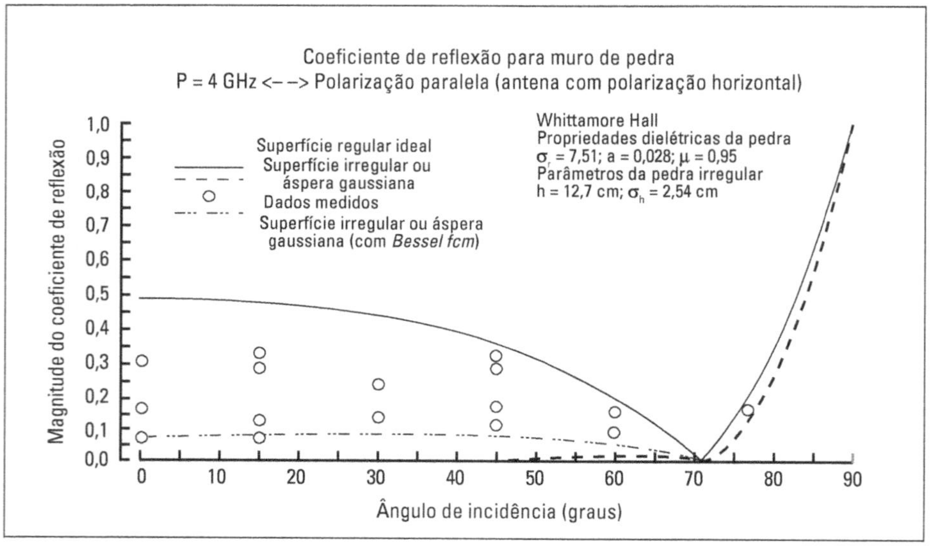

b) Campo E normal ao plano de incidência (polarização perpendicular).

Figura 4.16 Coeficientes de reflexão medidos contra ângulo incidente em uma parede de pedra áspera. Nesses gráficos, o ângulo incidente é medido com relação à normal, e não com relação ao limite de superfície definido na Figura 4.4. Esses gráficos combinam com a Figura 4.6[21].

ção implicitamente todos os fatores de propagação, conhecidos e desconhecidos, por meio de medições de campo. Porém, a validade de um modelo empírico em freqüências de transmissão ou ambientes diferentes daqueles usados para derivar o modelo só pode ser estabelecida com dados adicionais medidos no novo ambiente com a freqüência de transmissão exigida. Com o tempo, surgiram alguns modelos de propagação clássicos, que agora são usados para prever cobertura em larga escala para o projeto dos sistemas de comunicação móveis. Usando modelos de perda de caminho para estimar o nível do sinal recebido como uma função da distância, torna-se possível prever a SNR para um sistema de comunicação móvel. Usando as técnicas de análise de ruído dadas no Apêndice on-line B o patamar de ruído pode ser determinado. Por exemplo, o modelo de dois raios descrito na Seção 4.6 foi usado para estimar a capacidade em um sistema celular de espectro espalhado, antes que tais sistemas fossem implantados[22]. Agora, apresentamos técnicas práticas de estimativa da perda de caminho.

4.9.1 Modelo de perda de caminho log-distância

Os modelos de propagação teóricos e baseados em medição indicam que a potência média do sinal recebido diminui logaritmicamente com a distância, seja em canais de rádio para interior ou exterior. Esses modelos têm sido usados extensivamente na literatura. A perda de caminho média em grande escala para uma separação T–R qualquer é expressa como uma função da distância usando um expoente de perda de caminho, n

$$\overline{PL}(d) \propto \left(\frac{d}{d_0}\right)^n \tag{4.67}$$

ou

$$\overline{PL}(\text{dB}) = \overline{PL}(d_0) + 10n\log\left(\frac{d}{d_0}\right) \tag{4.68}$$

onde n é o expoente de perda de caminho que indica a velocidade com a qual essa perda aumenta com relação à distância, d_0 é a distância de referência próxima que é determinada pelas medições perto do transmissor, e d é a distância de separação T–R. As barras nas equações 4.67 e 4.68 indicam a média conjunta de todos os valores possíveis de perda de caminho para determinado valor de d. Quando desenhada em uma escala log-log, a perda de caminho modelada é uma linha reta com uma inclinação igual a $10n$ dB por dezena. O valor de n depende do ambiente de propagação específico. Por exemplo, no espaço livre, n é igual a 2, e quando existem obstruções, n terá um valor maior.

É importante selecionar uma distância de referência no espaço livre que seja apropriada para o ambiente de propagação. Em sistemas de celular com grande cobertura, distâncias de referência de 1 km são comumente utilizadas[23], enquanto nos sistemas microcelulares, distâncias muito menores (como 100 m ou 1 m) são usadas. A distância de referência sempre deve estar no campo distante da antena, de modo que os efeitos de campo próximo não alterem a perda do caminho de referência. A perda do caminho é calculada usando-se a fórmula de perda de caminho no espaço livre, dada pela Equação 4.5 ou por medições de campo à distância d_0. A Tabela 4.2 lista os expoentes típicos de perda de caminho obtidos em diversos ambientes de rádio móvel.

4.9.2 Sombreamento log-normal

O modelo na Equação 4.68 não considera o fato de que o ruído ambiental ao redor pode ser muito diferente em dois locais distintos tendo a mesma separação T–R. Isso leva a sinais medidos que são muito diferentes do valor *médio* previsto pela Equação 4.68. As medições têm mostrado que, para qualquer valor de d, a perda de caminho $PL(d)$ em determinado local é aleatória e distribuída log-normalmente (normal em dB) em torno do valor médio dependente da distância[24]. Ou seja,

$$\begin{aligned} PL(d)[dB] &= \overline{PL}(d) + X_\sigma \\ &= \overline{PL}(d_0) + 10n\log\left(\frac{d}{d_0}\right) + X_c \end{aligned} \tag{4.69.a}$$

e

$$P_r(d)[dBm] = P_t[dBm] - PL(d)[dB]$$
$$\text{(ganhos da antena incluídos em } PL(d)\text{)} \tag{4.69.b}$$

onde X_σ é uma variável aleatória com distribuição gaussiana de média zero (em dB) com desvio padrão σ (também em dB).

A distribuição log-normal descreve os efeitos aleatórios do *sombreamento*, que ocorrem em um grande número de locais medidos que possuem a mesma separação T–R, mas com diferentes níveis de ruído no caminho de propagação. Esse fenômeno é conhecido como *sombreamento log-normal*. Colocando de uma forma simples, o sombreamento log-normal implica que os níveis de sinal medidos em uma separação T–R específica têm uma distribuição gaussiana (normal) em torno da média dependente da distância na Equação 4.68, onde os níveis de sinal medidos têm valores em unidades de dB. O desvio padrão da distribuição gaussiana que descreve o sombreamento também tem unidades em dB. Assim, os efeitos aleatórios do sombreamento são responsáveis pelo uso da distribuição gaussiana, que serve prontamente para avaliação (ver Apêndice on-line F).

Tabela 4.2 Expoentes de perda de caminho para diferentes ambientes

Ambiente	Expoente de perda de caminho, n
Espaço livre	2
Rádio-celular em área urbana	2,7 a 3,5
Rádio-celular urbano sombreado	3 a 5
Na linha de visão do prédio	1,6 a 1,8
Obstruído no prédio	4 a 6
Obstruído em fábricas	2 a 3

A distância de referência próxima d_0, o expoente de perda de caminho n e o desvio padrão σ descrevem estatisticamente o modelo de perda de caminho para um local qualquer tendo uma separação T–R específica, e esse modelo pode ser usado em simulações por computador para fornecer níveis de potência recebida para locais aleatórios no projeto e análise do sistema de comunicação.

Na prática, os valores de n e σ são calculados a partir dos dados medidos, usando a regressão linear de modo que a diferença entre as perdas de caminho medida e estimada são minimizadas para a média do erro quadrático em relação a uma grande faixa de locais medidos e separações T–R. O valor de $\overline{PL}(d_0)$ na Equação 4.69.a é baseado nas medições próximas ou em uma suposição de espaço livre a partir do transmissor até d_0. Um exemplo de como o expoente da perda de caminho é determinado a partir de dados medidos é visto a seguir. A Figura 4.17 ilustra os dados medidos reais em diversos sistemas de rádio-celular e demonstra as variações aleatórias sobre a perda do caminho médio (em dB) devido ao sombreamento em separações T–R específicas.

Como $PL(d)$ é uma variável aleatória com uma distribuição normal em dB em torno da média dependente da distância, o mesmo acontece com $P_r(d)$, e a função Q ou função de erro (*erf*) pode ser usada para determinar a probabilidade de que o nível do sinal recebido exceda (ou fique abaixo de) um determinado nível. A função Q é definida como

$$Q(z) = \frac{1}{\sqrt{2\pi}} \int_z^{\infty} \exp\left(-\frac{x^2}{2}\right) dx = \frac{1}{2}\left[1 - erf\left(\frac{z}{\sqrt{2}}\right)\right] \quad (4.70.a)$$

onde

$$Q(z) = 1 - Q(-z) \quad (4.70.b)$$

A probabilidade de que o nível do sinal recebido (em unidades de potência dB) ultrapasse um certo valor γ pode ser calculada a partir da função de densidade acumulada como

$$Pr[P_r(d) > \gamma] = Q\left(\frac{\gamma - \overline{P_r(d)}}{\sigma}\right) \quad (4.71)$$

De modo semelhante, a probabilidade de que o nível do sinal recebido seja abaixo de γ é dada por

$$Pr[P_r(d) < \gamma] = Q\left(\frac{\overline{P_r(d)} - \gamma}{\sigma}\right) \quad (4.72)$$

O Apêndice on-line F oferece tabelas para avaliar as funções Q e *erf*.

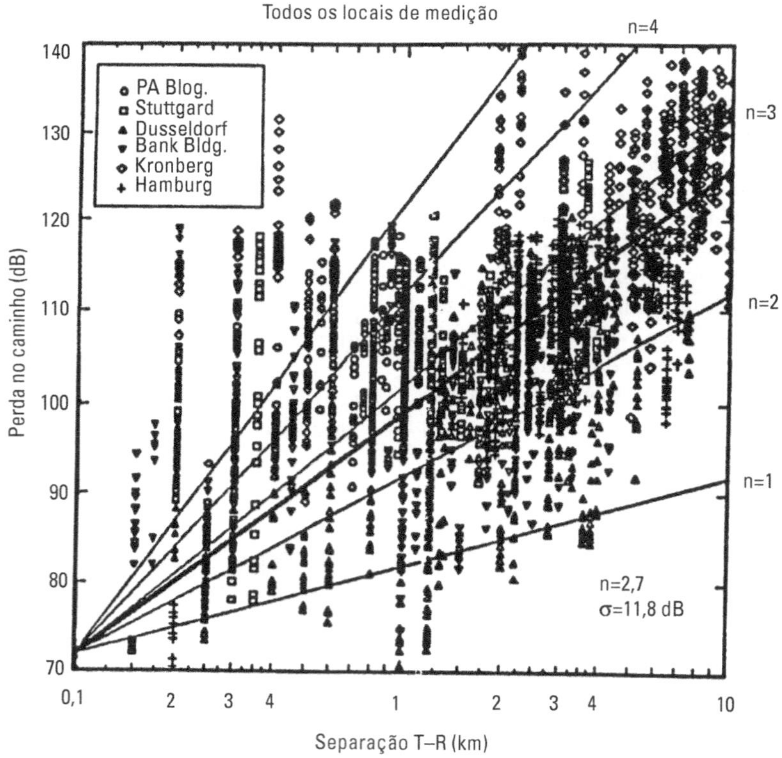

Figura 4.17 Gráfico disperso dos dados medidos e do modelo de perda de dados MMSE correspondente para muitas cidades na Alemanha. Para esses dados, $n = 2{,}7$ e $\sigma = 11{,}8$ dB (de Seidel et al.[25] © IEEE).

4.9.3 Determinando a porcentagem de área de cobertura

É claro que, devido aos efeitos aleatórios de sombreamento, alguns locais dentro de uma área de cobertura estarão abaixo de determinado patamar de sinal recebido desejado. Normalmente, é útil calcular como a cobertura de limite se relaciona com a porcentagem da área coberta dentro desse limite. Para uma área de cobertura circular tendo raio R a partir de uma estação-base, considere que existe algum patamar de sinal recebido γ. Estamos interessados em calcular $U(\gamma)$, a porcentagem de área de serviço útil (ou seja, a porcentagem da área com um sinal recebido que é igual ou maior que γ), dada uma probabilidade conhecida de cobertura no limite da célula. Considerando que $d = r$ representa a distância radial a partir do transmissor, pode-se mostrar que, se $Pr[P_r(r) > \gamma]$ é a probabilidade de que o sinal recebido aleatório em $d = r$ ultrapassa o patamar γ dentro de uma área incremental dA, então $U(\gamma)$ pode ser encontrado por[26]

$$U(\gamma) = \frac{1}{\pi R^2}\int Pr[P_r(r) > \gamma]dA = \frac{1}{\pi R^2}\int_0^{2\pi}\int_0^{R} Pr[P_r(r) > \gamma]r\, dr d\theta \tag{4.73}$$

Usando a Equação 4.71, $Pr[P_r(r) > \gamma]$ é dado por

$$Pr[P_r(r) > \gamma] = Q\left(\frac{\gamma - \overline{P_r(r)}}{\sigma}\right) = \frac{1}{2} - \frac{1}{2}erf\left(\frac{\gamma - \overline{P_r(r)}}{\sigma\sqrt{2}}\right) = \frac{1}{2} - \frac{1}{2}erf\left(\frac{\gamma - [P_t - (\overline{PL}(d_0) + 10n\log(r/d_0))]}{\sigma\sqrt{2}}\right) \tag{4.74}$$

Para determinar a perda de caminho conforme referenciada no limite de célula ($r = R$), fica claro que

$$\overline{PL}(r) = 10n\log\left(\frac{R}{d_0}\right) + 10n\log\left(\frac{r}{R}\right) + \overline{PL}(d_0) \tag{4.75}$$

e a Equação 4.74 pode ser expressa como

$$Pr[P_r(r) > \gamma] = \frac{1}{2} - \frac{1}{2}erf \times \left(\frac{\gamma - [P_t - (\overline{PL}(d_0) + 10n\log(R/d_0) + 10n\log(r/R))]}{\sigma\sqrt{2}}\right) \tag{4.76}$$

Se considerarmos $a = (\gamma - P_t + \overline{PL}(d_0) + 10n\log(R/d_0))/\sigma\sqrt{2}$ e $b = (10n\log e), \sigma\sqrt{2}$ então

$$U(\gamma) = \frac{1}{2} - \frac{1}{R^2}\int_0^R r\, erf\left(a + b\ln\frac{r}{R}\right)dr \tag{4.77}$$

Substituindo $t = a + b\log(r/R)$ na Equação 4.77, pode-se mostrar que

$$U(\gamma) = \frac{1}{2}\left(1 - erf(a) + \exp\left(\frac{1-2ab}{b^2}\right) \times \left[1 - erf\left(\frac{1-ab}{b}\right)\right]\right) \tag{4.78}$$

Escolhendo o nível de sinal de modo que $\overline{P}_r(R) = \gamma$ (ou seja, $a = 0$), $U(\gamma)$ pode ser verificado que

$$U(\gamma) = \frac{1}{2}\left[1 + \exp\left(\frac{1}{b^2}\right)\left(1 - erf\left(\frac{1}{b}\right)\right)\right] \tag{4.79}$$

A Equação 4.78 pode ser avaliada para um grande número de valores de σ e n, como mostra a Figura 4.18[27]. Por exemplo, se $n = 4$ e $\sigma = 8$ dB, e se o limite é ter 75% da cobertura de limite (75% do tempo do sinal deve exceder o patamar no limite), então a cobertura da área é igual a 94%. Se $n = 2$ e $\sigma = 8$ dB, uma cobertura do limite de 75% oferece 91% de cobertura de área. Se $n = 3$ e $\sigma = 9$ dB, então uma cobertura de limite de 50% oferece 71% de cobertura de área.

Exemplo 4.9

Quatro medições de potência recebida foram feitas à distâncias de 100 m, 200 m, 1 km e 3 km de um transmissor. Esses valores medidos são dados na tabela a seguir. Considera-se que a perda no caminho para essas medições siga o modelo da Equação 4.69.a, onde $d_0 = 100$ m: a) ache a estimativa da média do erro quadrático mínimo MMSE (*Minimum Mean Square Error*) para o expoente da perda no caminho, n; b) calcule o desvio padrão em torno do valor médio; c) estime a potência recebida em $d = 2$ km usando o modelo resultante; d) preveja a probabilidade de que o nível do sinal recebido em 2 km seja maior que –60 dBm; e e) preveja a porcentagem da área dentro de uma célula no raio de 2 km que recebe sinais maiores que –60 dBm, dado o resultado em *d*.

Distância do transmissor	Potência recebida
100 m	0 dBm
200 m	–20 dBm
1.000 m	–35 dBm
3.000 m	–70 dBm

Solução

A estimativa do MMSE pode ser encontrada usando-se o método a seguir. Seja $\hat{p}_i$ a potência recebida a uma distância d_i e seja a estimativa para p_i usando o modelo de perda de caminho $(d/d_0)^n$ da Equação 4.67. A soma dos erros ao quadrado entre os valores medido e estimado é dada por

$$J(n) = \sum_{i=1}^{k}(p_i - \hat{p}_i)^2$$

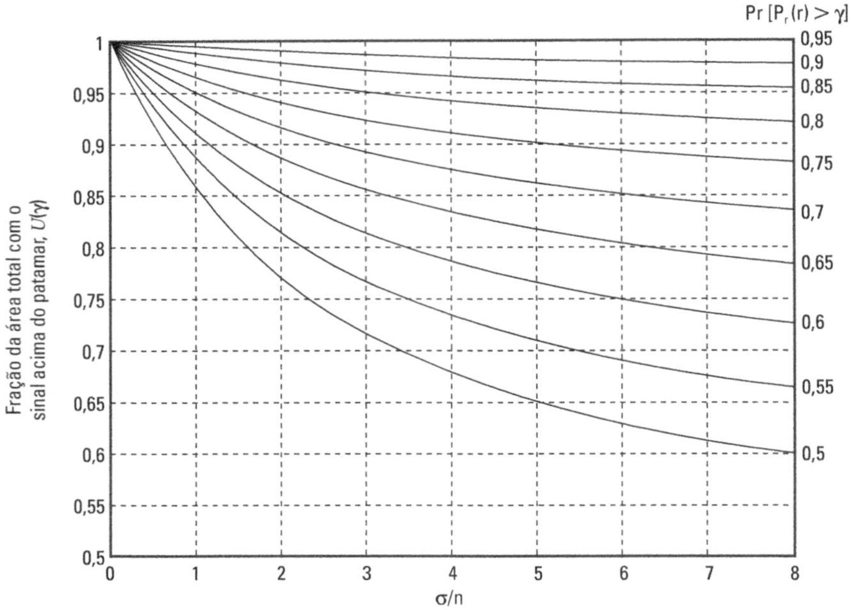

Figura 4.18 Família de curvas relacionando a fração da área total com o sinal acima do patamar, $U(\gamma)$ como uma função da probabilidade do sinal acima do patamar no limite da célula.

O valor de n que minimiza a média do erro quadrático pode ser obtido igualando-se a derivativa de $J(n)$ para zero, e depois solucionando para n.

a) Usando a Equação 4.68, achamos

$$\hat{p}_i = p_i(d_0) - 10n\log(d_i § 100 \text{ m})$$

Reconhecendo que $P(d_0) = 0$ dBm, achamos as seguintes estimativas para $\hat{p}_i$ em dBm:

$$\hat{p}_1 = 0 \quad \hat{p}_2 = -3n, \quad \hat{p}_3 = -10n, \quad \hat{p}_4 = -14{,}77n$$

A soma dos erros ao quadrado é, então, dada por

$J(n) = (0 - 0)^2 + (-20 - (-3n))^2 + (-35 - (-10n))^2 + (-70 - (-14{,}77n))^2$

$= 6.525 - 2.887{,}8n + 327{,}153n^2$

$$\frac{dJ(n)}{dn} = 654{,}306n - 2.887{,}8$$

Definindo isso igual a zero, o valor de n é obtido como $n = 4{,}4$.

b) A variância amostral $\sigma^2 = J(n)/4$ em $n = 4{,}4$ pode ser obtida da seguinte forma.

$J(n) = (0 + 0) + (-20 + 13{,}2)^2 + (-35 + 44)^2 + (-70 + 64{,}988)^2$

$= 152{,}36$

$\sigma^2 = 152{,}36/4 = 38{,}09 \text{ d}_B{}^2$

portanto,

$\sigma = 617$ dB, que é uma estimativa parcial. Em geral, um número maior de medições é necessário para reduzir σ^2.

c) A estimativa da potência recebida em $d = 2$ km é dada por

$$\hat{p}(d = 2 \text{ km}) = 0 - 10(4{,}4)\log(2.000 § 100) =$$

$$= -57{,}24 \text{ dBm}$$

Uma variável aleatória gaussiana tendo média zero e $\sigma = 617$ poderia ser adicionada a esse valor para simular os efeitos de sombreamento aleatórios em $d = 2$ km.

d) A probabilidade de que o nível do sinal recebido seja maior que –60 dBm é dada por

$$Pr\,[P_r(d) > -60 \text{ dBm}] = Q\left(\frac{\gamma - \overline{P_r(d)}}{\sigma}\right)$$

$$= Q\left(\frac{-60 + 57{,}24}{6{,}17}\right) = 67{,}4\,\%$$

e) Se 67,4% dos usuários no limite recebem sinais maiores que –60 dBm, então a Equação 4.78 ou a Figura 4.18 podem ser usadas para determinar que 92% da área da célula recebe cobertura acima de –60 dBm.

4.10 Modelos de propagação no exterior

A transmissão de rádio em um sistema de comunicações móvel ocorre em um terreno irregular. O perfil do terreno de determinada área precisa ser levado em consideração para a estimativa da perda no caminho. O perfil do terreno pode variar de um simples perfil de terra curva até um perfil altamente montanhoso. A presença de árvores, prédios e outros obstáculos também deve ser considerada. Diversos modelos de propagação estão disponíveis para prever a perda no caminho em terreno irregular. Embora todos esses modelos visem a prever a intensidade do sinal em determinado ponto receptor ou em uma área local específica (chamada *setor*), os métodos variam bastante em sua técnica, complexidade e precisão. A maior parte desses modelos é baseada em uma interpretação sistemática dos dados de medição obtidos na área de serviço. Alguns dos modelos de propagação mais usados são discutidos a seguir.

4.10.1 Modelo de Longley-Rice

O modelo Longley-Rice[28] aplica-se aos sistemas de comunicação ponto a ponto na faixa de freqüência de 40 MHz a 100 GHz, em diferentes tipos de terreno. A perda média de transmissão é prevista usando-se a geometria do caminho no perfil do terreno e a refratividade da troposfera. Técnicas óticas geométricas (principalmente, o modelo de reflexão no solo com dois raios) são usadas para prever as intensidades do sinal dentro do horizonte do rádio. As perdas de difração por obstáculos isolados são estimadas usando-se os modelos de gume de faca de Fresnel-Kirchoff. A teoria de dispersão direta é usada para se fazer previsões tropodispersas por longas distâncias, e perdas de difração em campo distante nos caminhos de duplo horizonte são previstas usando-se um modelo Van der Pol-Bremmer. O modelo de previsão de propagação de Longley-Rice também é conhecido como *modelo de terreno irregular ITS*.

O modelo de Longley-Rice também está disponível como um programa de computador[29] para calcular a perda média de transmissão em larga escala relativa à perda no espaço livre para terrenos irregulares e freqüências entre 20 MHz e 10 GHz. Para determinado caminho de transmissão, o programa toma como sua entrada a freqüência de transmissão, a extensão do caminho, a polarização, alturas de antena, refratividade da superfície, raio efetivo da terra, condutividade e constante dielétrica do solo, e clima. O programa também opera sobre parâmetros específicos, como distância do horizonte das antenas, ângulo de elevação do horizonte, distância angular trans-horizonte, irregularidade do terreno e outras entradas específicas.

O método de Longley-Rice opera em dois modos. Quando um perfil detalhado de caminho do terreno está disponível, os parâmetros específicos do caminho podem ser facilmente determinados e a previsão é chamada previsão *modo ponto-a-ponto*. Por outro lado, se o perfil de caminho do terreno não estiver disponível, o método de Longley-Rice oferece técnicas para estimar os parâmetros específicos, e essa previsão é chamada previsão de *modo de área*.

Tem havido muitas modificações e correções no modelo de Longley-Rice desde sua publicação original. Uma modificação importante[30] lida com a propagação do rádio em áreas urbanas, e isso é particularmente relevante para o rádio móvel. Essa modificação introduz um termo de excesso como uma permissão para a atenuação adicional devida a ruídos urbanos perto da antena receptora. Esse termo extra, chamado *fator urbano* (UF), tem sido derivado pela comparação das previsões pelo modelo de Longley-Rice original com aqueles obtidos por Okumura.[31]

Uma limitação do modelo de Longley-Rice é que ele não oferece um meio de determinar correções devidas a fatores ambientais nas vizinhanças imediatas do receptor móvel, ou considerar fatores de correção para considerar os efeitos dos prédios e da folhagem. Além do mais, o caminho múltiplo não é considerado.

4.10.2 Modelo de Durkin — um estudo de caso

Uma técnica de previsão de propagação clássica semelhante à que é usada por Longley-Rice é discutida por Edwards e Durkin[32], além de Dadson[33]. Esses artigos descrevem um simulador por computador, para prever os contornos de intensidade de campo em terreno irregular, que foi adotado pelo Joint Radio Committee (JRC) no Reino Unido para a estimativa das áreas de cobertura efetivas de rádio móvel. Embora esse simulador só preveja fenômenos em larga escala (ou seja, perda no caminho), ele oferece uma perspectiva interessante para a natureza da propagação em terreno irregular e as perdas causadas por obstáculos em um caminho de rádio. Uma explicação do método de Edwards e Durkin é apresentada aqui a fim de demonstrar como todos os conceitos descritos neste capítulo são usados em um único modelo.

A execução do simulador de perda no caminho de Durkin consiste em duas partes. A primeira parte acessa uma base de dados topográficos de uma área de serviço proposta e reconstrói a informação de perfil do solo ao longo da radial unindo o transmissor ao receptor. A suposição é de que a antena receptora recebe toda a sua energia ao longo dessa radial e, portanto, não experimenta propagação de caminho múltiplo. Em outras palavras, o fenômeno de propagação que é modelado é simplesmente LOS e difração dos obstáculos ao longo da radial, e exclui reflexões de outros objetos ao redor e espalhadores locais. O efeito dessa suposição é que o modelo é um tanto pessimista em vales estreitos, embora identifique áreas de recepção fracas isoladas muito bem. A segunda parte do algoritmo de simulação calcula a perda no caminho esperada ao longo dessa radial. Depois que isso é feito, o local simulado do receptor pode ser movido iterativamente para locais diferentes na área de serviço para deduzir o contorno da força do sinal.

A base de dados topográficos pode ser considerada como um vetor bidimensional. Cada elemento do vetor corresponde a um ponto em um mapa da área de serviço, enquanto o conteúdo de cada elemento do vetor contém dados de elevação acima do nível do mar, como mostra a Figura 4.19. Esses tipos de modelos digitais de elevação (DEM) estão facilmente à disposição no United States Geological Survey (USGS). Usando esse mapa quantizado de alturas da área de serviço, o programa reconstrói o perfil do solo junto com a radial que junta o transmissor e o receptor. Como a radial nem sempre pode passar por pontos de dados discretos, os métodos de interpolação são usados para determinar as alturas aproximadas que são observadas quando se analisa essa radial. A Figura 4.20a mostra a grade topográfica com locais arbitrários de transmissor e receptor, a radial entre o transmissor e o receptor, e os pontos para os quais se usa a interpolação linear diagonal. A Figura 4.20b também mostra como poderia ser a reconstrução de um perfil de terreno radial típico. Na realidade, os valores não são simplesmente determinados por uma rotina de interpolação, mas por uma combinação de três, para aumentar a precisão. Portanto, cada ponto do perfil reconstruído consiste em uma média das alturas obtidas pelos métodos de interpolação diagonal, vertical (linha) e horizontal (coluna). Por meio dessas rotinas de interpolação, é gerada uma matriz de distâncias do receptor e alturas correspondentes ao longo da radial. Agora, o problema é reduzido a um cálculo de enlace unidimensional ponto-a-ponto. Esses tipos de problemas são bem estabelecidos, e são usados procedimentos para se calcular a perda no caminho por meio das técnicas de difração de gume de faca, descritas anteriormente.

Neste ponto, o algoritmo deverá tomar decisões sobre qual deverá ser a perda de transmissão esperada. O primeiro passo é decidir se existe um caminho de linha de visão (LOS) entre o transmissor e o receptor. Para fazer isso, o programa calcula a diferença, δ_j, entre a altura da linha unindo as antenas transmissora e receptora a partir da altura do perfil do solo para cada ponto ao longo da radial (ver Figura 4.21).

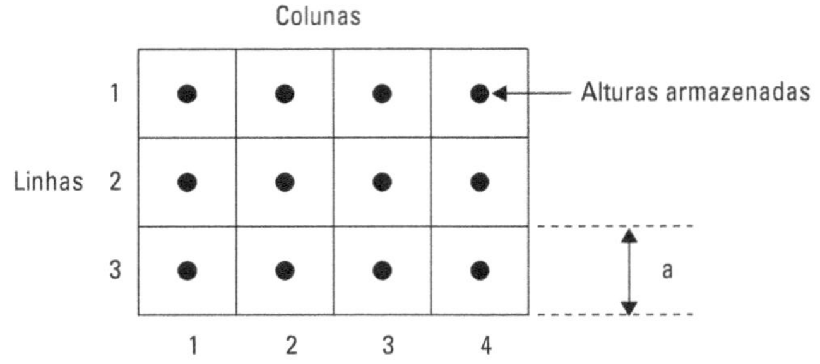

Figura 4.19 Ilustração de um array bidimensional de informações de elevação.

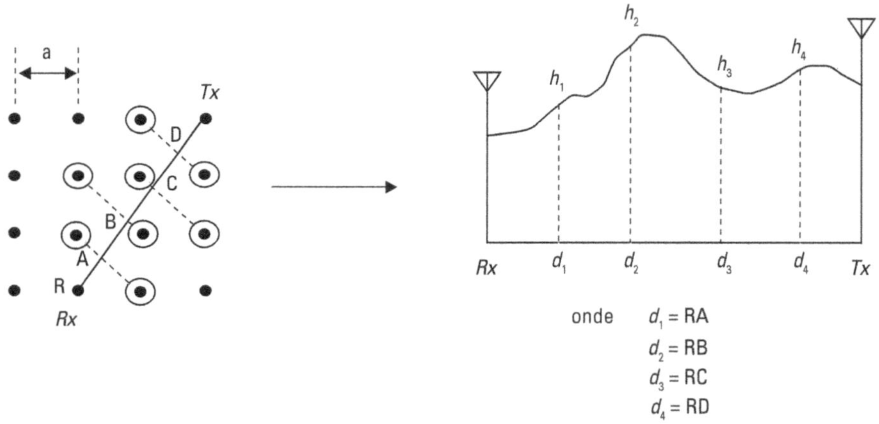

a) Visão superior do mapa interpolado e linha entre Tx e Rx.

b) Visão lateral mostrando perfil de terreno reconstruído entre Tx e Rx.

Figura 4.20 Ilustração da reconstrução de perfil de terreno usando a interpolação diagonal.

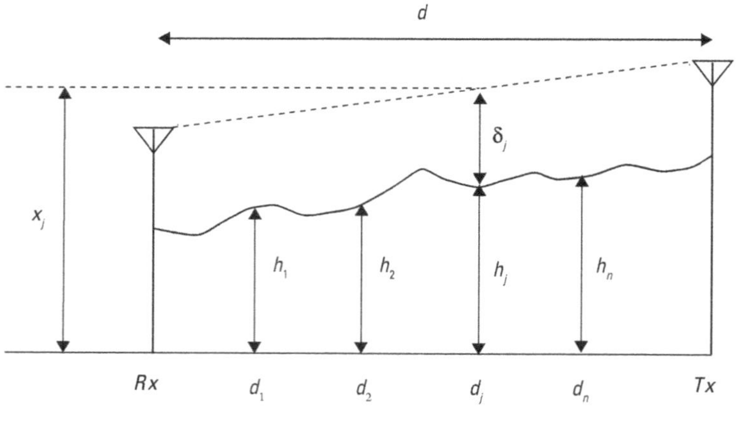

Figura 4.21 Ilustração do processo de tomada de decisão da linha de visão (LOS).

Se qualquer δ_j ($j = 1, ..., n$) for considerada positiva ao longo do perfil, conclui-se que não existe um caminho de LOS; caso contrário, pode-se concluir que existe um caminho de LOS. Supondo que o caminho tenha uma LOS clara, o algoritmo então verifica se é obtida a desobstrução da primeira zona de Fresnel. Como visto anteriormente, se a primeira zona de Fresnel do caminho de rádio não estiver obstruída, então o mecanismo de perda resultante é aproximadamente o do espaço livre. Se houver uma obstrução que mal toca a linha que une o transmissor e o receptor, então a intensidade do sinal no receptor é de 6 dB a menos que o valor no espaço livre, devido à energia difratando da obstrução e longe do receptor. O método para determinar a desobstrução da primeira zona de Fresnel é feito calculando-se primeiro o parâmetro de difração de Fresnel ν, definido na Equação 4.59, para cada um dos elementos de solo j.

Se $\nu_j \leq -0{,}8$ para todo $j = 1, ..., n$, então as condições de propagação no espaço livre são dominantes. Para esse caso, a potência recebida é calculada usando-se a fórmula de transmissão no espaço livre dada na Equação 4.1. Se o perfil do terreno falhasse no primeiro teste da zona de Fresnel (ou seja, qualquer $\nu_j > -0{,}8$), então existiriam duas possibilidades:

a. Não LOS
b. LOS, mas com desobstrução da primeira zona de Fresnel inadequada.

Para ambos os casos, o programa calcula a potência do espaço livre usando a Equação 4.1 e a potência recebida usando a equação de propagação na terra plana, dada pela Equação 4.52. O algoritmo, então, seleciona a menor das potências calculadas com as equações 4.1 e 4.52, como a potência recebida apropriada para o perfil de terreno. Se o perfil for LOS com a primeira da desobstrução zona de Fresnel inadequada, o passo seguinte é calcular a perda adicional devida à desobstrução da zona de Fresnel inadequada e somá-la (em dB) à potência recebida apropriada. Essa perda de difração adicional é calculada pela Equação 4.60.

Para o caso de não LOS, o sistema classifica o problema em uma de quatro categorias:

a. Única aresta de difração
b. Duas arestas de difração
c. Três arestas de difração
d. Mais de três arestas de difração

O método testa cada caso seqüencialmente até achar aquele que se encaixa no perfil indicado. Uma aresta de difração é detectada calculando-se os ângulos entre a linha unindo as antenas transmissora e receptora e as linhas unindo a antena receptora a cada ponto no perfil de terreno reconstruído. O máximo desses ângulos é localizado e rotulado pelo ponto de perfil (d_i, h_i). Em seguida, o algoritmo segue o processo reverso de cálculo dos ângulos entre a linha unindo as antenas transmissora e receptora e as linhas juntando a antena transmissora a cada ponto no perfil de terreno reconstruído. O máximo desses ângulos é encontrado, e ele ocorre a (d_j, h_j) no perfil do terreno. Se $d_i = d_j$, então o perfil pode ser modelado como uma única aresta de difração. O parâmetro de Fresnel, ν_j, associado a essa aresta, pode ser determinado a partir da extensão do obstáculo acima da linha unindo as antenas transmissora e receptora. A perda pode, então, ser avaliada calculando-se PL usando a Equação 4.60. Essa perda extra causada pelo obstáculo é então somada à perda no espaço livre ou na terra plana, a que for maior.

Se a condição para uma única aresta de difração não for satisfeita, então a verificação de duas arestas de difração é executada. O teste é semelhante ao que é usado para uma única aresta de difração, com a exceção de que o computador procura duas arestas, uma de frente para a outra (ver Figura 4.22).

O algoritmo de Edwards e Durkin[34] usa o método de Epstein e Peterson[35] para calcular a perda associada a duas arestas de difração. Resumindo, ele é a soma de duas atenuações. A primeira atenuação é a perda na segunda aresta de difração causada pela primeira aresta de difração com o transmissor como origem. A segunda é a perda no receptor causada pela segunda aresta de difração com a

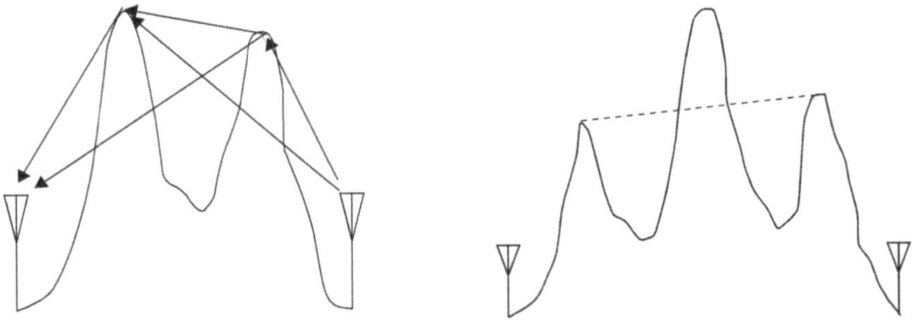

Duas arestas de difração   Três arestas de difração

Figura 4.22 Ilustração de múltiplas arestas de difração.

primeira aresta de difração como origem. As duas atenuações se somam pra gerar a perda adicional causada pelos obstáculos, que é somada à perda no espaço livre ou à perda na terra plana, a que for maior.

Para três arestas de difração, as arestas de difração externas devem conter uma única aresta de difração no intervalo. Isso é detectado calculando-se a linha entre as duas arestas de difração externas. Se um obstáculo entre as duas arestas externas passar por uma linha, então conclui-se que existe uma terceira aresta de difração (ver Figura 4.22). Novamente, o método de Epstein e Peterson é usado para calcular a perda de sombra causada pelos obstáculos. Para todos os outros casos de mais de três arestas de difração, o perfil entre os dois obstáculos externos é aproximado por um único gume de faca virtual. Após a aproximação, o problema passa a ser o do cálculo de três arestas.

Esse método é muito atraente, pois pode ler um mapa de elevação digital e realizar um cálculo de propagação específico do local usando os dados de elevação. Ele pode produzir um contorno de intensidade do sinal que é considerado bom dentro de poucos dB. As desvantagens são que não pode prever adequadamente os efeitos devidos a folhagem, prédios, outras estruturas montadas pelo homem, e não considera a propagação de caminhos múltiplos além da reflexão no solo, de modo que fatores de perda adicionais normalmente são incluídos. Os algoritmos de previsão de propagação que usam informação do terreno normalmente são usados para o projeto dos sistemas sem fio modernos.

4.10.3 Modelo de Okumura

O modelo de Okumura é um dos modelos mais usados para a previsão de sinal em áreas urbanas. Esse modelo se aplica a freqüências na faixa de 150 MHz a 1.920 MHz (embora normalmente seja extrapolado até 3.000 MHz) e distâncias de 1 km a 100 km. Ele pode ser usado para alturas de antena da estação-base variando de 30 m a 1.000 m.

Okumura desenvolveu um conjunto de curvas dando a atenuação mediana relativa ao espaço livre (A_{mu}), em uma área urbana para um terreno quase plano com uma altura de antena efetiva da estação-base (h_{te}) de 200 m e uma altura de antena de estação móvel (h_{re}) de 3 m. Essas curvas foram desenvolvidas a partir de medições extensas usando antenas omnidirecionais verticais nas estações-base e móvel, e são desenhadas como uma função da freqüência na faixa de 100 MHz a 1.920 MHz e como uma função da distância a partir da estação-base na faixa de 1 km a 100 km. Para determinar a perda no caminho usando o modelo de Okumura, a perda no caminho do espaço livre entre os pontos de interesse é determinada em primeiro lugar, e depois o valor de $A_{mu}(f, d)$ (conforme lido pelas curvas) é somado a ela junto com fatores de correção para considerar o tipo de terreno. O modelo pode ser expresso como

$$L_{50}(\text{dB}) = L_F + A_{mu}(f, d) - G(h_{te}) - G(h_{re}) - G_{ÁREA} \quad (4.80)$$

onde L_{50} é o valor do percentil 50 (ou seja, mediana) da perda no caminho de propagação, L_F é a perda de propagação no espaço livre, A_{mu} é a atenuação mediana relativa ao espaço livre, $G(h_{te})$ é o fator de ganho da altura da antena na estação-base, $G(h_{re})$ é o fator de ganho da altura da antena na estação móvel, e $G_{ÁREA}$ é o ganho devido ao tipo de ambiente. Observe que os ganhos de altura da antena são estritamente uma função da altura e não têm nada a ver com os padrões de antena.

Gráficos de $A_{mu}(f,d)$ e $G_{ÁREA}$ para uma grande variedade de freqüências aparecem nas figuras 4.23 e 4.24. Além do mais, Okumura descobriu que $G(h_{re})$ varia a uma taxa de 20 dB por dezena para alturas menores que 3 m.

$$G(h_{te}) = 20\log\left(\frac{h_{te}}{200}\right) \qquad 1.000\ \text{m} > h_{te} > 30\ \text{m} \quad (4.81.a)$$

$$G(h_{re}) = 10\log\left(\frac{h_{re}}{3}\right) \qquad h_{re} \leq 3\ \text{m} \quad (4.81.b)$$

$$G(h_{re}) = 20\log\left(\frac{h_{re}}{3}\right) \qquad 10\ \text{m} > h_{re} > 3\ \text{m} \quad (4.81.c)$$

Outras correções também podem ser aplicadas ao modelo de Okumura. Alguns dos parâmetros importantes relacionados ao terreno são a altura das ondulações do terreno (Δh), altura de cume isolado, inclinação média do terreno e o parâmetro de terra-mar misturado. Quando os parâmetros relacionados ao terreno são cal-

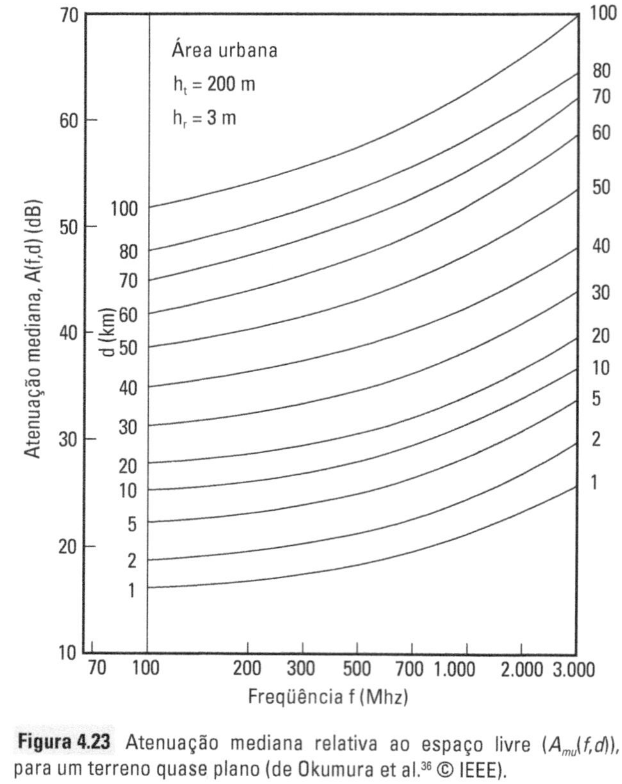

Figura 4.23 Atenuação mediana relativa ao espaço livre ($A_{mu}(f,d)$), para um terreno quase plano (de Okumura et al.[36] © IEEE).

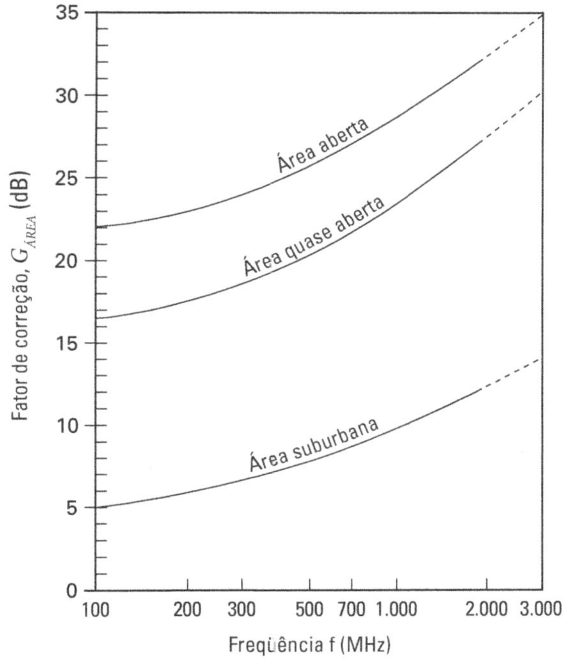

Figura 4.24 Fator de correção, $G_{ÁREA}$, para diferentes tipos de terreno (de Okumura et al.[37] © IEEE).

culados, os fatores de correção necessários podem ser somados ou subtraídos conforme a necessidade. Todos os fatores de correção também estão disponíveis como curvas de Okumura[38].

O modelo de Okumura é totalmente baseado em dados medidos, e não oferece qualquer explicação analítica. Para muitas situações, as extrapolações das curvas derivadas podem ser feitas para se obter valores fora da faixa de medição, embora a validade dessas extrapolações dependa das circunstâncias e da suavidade da curva em questão.

O modelo de Okumura é considerado como estando entre o mais simples e melhor em termos de precisão na previsão da perda no caminho para sistemas maduros celular e de rádio móvel terrestre em ambientes aglutinados. Ele é muito prático e tornou-se um padrão para o planejamento de sistemas modernos de rádio móvel terrestre no Japão. A principal desvantagem com o modelo é sua resposta lenta a mudanças rápidas no terreno e, portanto, o modelo é muito bom em áreas urbanas e suburbanas, mas não muito bom em áreas rurais. Os desvios padrão comuns entre os valores previsto e medido da perda no caminho estão em torno dos 10 dB a 14 dB.

Exemplo 4.10

Ache a perda média no caminho usando o modelo de Okumura para $d = 50$ km, $h_{te} = 100$ m, $h_{re} = 10$ m em um ambiente suburbano. Se o transmissor da estação-base irradia uma EIRP de 1 kW em uma freqüência de portadora de 900 MHz, ache a potência no receptor (considere uma antena receptora de ganho unitário).

Solução

A perda no espaço livre L_F pode ser calculada usando a Equação 4.6 como

$$L_F = 10\log\left[\frac{\lambda^2}{(4\pi)^2 d^2}\right] = 10\log\left[\frac{(3\times10^8/900\times10^6)^2}{(4\pi)^2\times(50\times10^3)^2}\right]$$
$$= 125{,}5 \text{ dB}$$

Pelas curvas de Okumura,

$A_{mu}(900 \text{ MHz}(50 \text{ km})) = 43$ dB

e

$G_{ÁREA} = 9$ dB

Usando as equações 4.81.a e 4.81.c, temos

$$G(h_{te}) = 20\log\left(\frac{h_{te}}{200}\right) = 20\log\left(\frac{100}{200}\right) = -6 \text{ dB}$$

$$G(h_{re}) = 20\log\left(\frac{h_{re}}{3}\right) = 20\log\left(\frac{10}{3}\right) = 10{,}46 \text{ dB}$$

Usando a Equação 4.80, o total médio da perda no caminho é

$$L_{50}(\text{dB}) = L_F + A_{mu}(f,d) - G(h_{te}) - G(h_{re}) = G_{ÁREA}$$
$$= 125{,}5 \text{ dB} + 43 \text{ dB} - (-6) \text{ dB} - 10{,}46 \text{ dB} - 9 \text{ dB}$$
$$= 155{,}04 \text{ dB}$$

Portanto, a potência média recebida é

$$P_r(d) = EIRP(\text{dBm}) - L_{50}(\text{dB}) + G_r(\text{dB})$$
$$= 60 \text{ dBm} - 155{,}04 \text{ dB} + 0 \text{ dB} = -95{,}04 \text{ dBm}$$

4.10.4 Modelo de Hata

O modelo de Hata[39] é uma formulação empírica dos dados de perda no caminho fornecidos por Okumura, e é válido de 150 MHz a 1.500 MHz. Hata apresentou a perda de propagação em área urbana como uma fórmula-padrão e forneceu equações de correção para aplicações em outras situações. A fórmula-padrão para a perda média no caminho em áreas urbanas é dada pela Equação 4.82.

$$L_{50}(urbano)(\text{dB}) = 69{,}55 + 26{,}16\log f_c - 13{,}82\log h_{te} - a(h_{re}) + (44{,}9 - 6{,}55\log h_{te})\log d \quad (4.82)$$

onde f_c é a freqüência (em MHz) de 150 MHz a 1.500 MHz, h_{te} é a altura efetiva da antena transmissora (estação-base) (em metros), variando de 30 m a 200 m, h_{re} é a altura efetiva da antena receptora (estação móvel) (em metros), variando de 1 m a 10 m, d é a distância de separação T–R (em km), e $a(h_{re})$ é o fator de correção para a altura efetiva da antena móvel, que é uma função do tamanho da área de cobertura. Para uma cidade de tamanho pequeno a médio, o fator de correção da antena móvel é dado por

$$a(h_{re}) = (1{,}1\log f_c - 0{,}7)h_{re} - (1{,}56\log f_c - 0{,}8) \text{ dB} \quad (4.83)$$

e, para uma cidade grande, é dado por

$$a(h_{re}) = 8{,}29(\log 1{,}54h_{re})^2 - 1{,}1 \text{ dB para } f_c \leq 300\text{MHz} \quad (4.84.a)$$
$$a(h_{re}) = 3{,}2(\log 11{,}75h_{re})^2 - 4{,}97 \text{ dB para } f_c \geq 300\text{MHz} \quad (4.84.b)$$

Para obter a perda no caminho em uma área suburbana, a fórmula-padrão de Hata na Equação 4.82 é modificada como

$$L_{50}(\text{dB}) = L_{50}((urbano) - 2[\log(f_c/28)]^2 - 5{,}4 \quad (4.85)$$

e, para a perda no caminho em áreas rurais abertas, a fórmula é modificada como

$$L_{50}(\text{dB}) = L_{50}(urbano) - 4{,}78\,(\log f_c)^2 + 18{,}33\log f_c - 40{,}94 \quad (4.86)$$

Embora o modelo de Hata não tenha qualquer uma das correções específicas do caminho que estão disponíveis no modelo de Okumura, as expressões acima possuem valor prático significativo. As previsões do modelo de Hata se parecem muito com o modelo original de Okumura, desde que d ultrapasse 1 km. Esse modelo é bastante adequado para sistemas móveis com célula grande, mas não para sistemas de comunicações pessoais (PCS) que possuem células na ordem de 1 km de raio.

4.10.5 Extensão PCS ao modelo de Hata

A European Cooperative for Scientific and Technical (EURO-COST) formou o comitê de trabalho COST-231 para desenvolver uma versão estendida do modelo Hata. COST-231 propôs a seguinte fórmula para estender o modelo de Hata para 2 GHz. O modelo proposto para a perda no caminho é[40]

$$L_{50}((urbano) = 46{,}3 + 33{,}9\log f_c - 13{,}82\log h_{te} - a(h_{re}) + (44{,}9 - 6{,}55\log h_{te})\log d + C_M \quad (4.87)$$

onde $a(h_{re})$ é definido nas equações 4.83, 4.84.a e 4.84.b, e

$$C_M = \begin{cases} 0 \text{ dB} & \text{para cidade de tamanho médio e áreas suburbanas} \\ 3 \text{ dB} & \text{para centros metropolitanos} \end{cases} \quad (4.88)$$

A extensão COST-231 do modelo de Hata é restrita à seguinte faixa de parâmetros:

f : 1.500 MHz a 2.000 MHz
h_{te} : 30 m a 200 m
h_{re} : 1 m a 10 m
d : 1 km a 20 km

4.10.6 Modelo de Walfisch e Bertoni

Um modelo desenvolvido por Walfisch e Bertoni[41] considera o impacto dos telhados e a altura de prédios usando a difração para prever a intensidade média do sinal no nível da rua. O modelo considera a perda no caminho, S, como sendo um produto de três fatores.

$$S = P_0 Q^2 P_1 \quad (4.89)$$

onde P_0 representa a perda no caminho em espaço livre entre as antenas isotrópicas, dada por

$$P_0 = \left(\frac{\lambda}{4\pi R}\right)^2 \quad (4.90)$$

O fator Q^2 fornece a redução do sinal no telhado devido à linha de prédios que sombreia imediatamente o receptor no nível da rua. O termo P_1 é baseado na difração e determina a perda de sinal a partir do telhado para a rua.

Em dB, a perda no caminho é dada por

$$S(\text{dB}) = L_0 + L_{rts} + L_{ms} \quad (4.91)$$

onde L_0 representa a perda no espaço livre, L_{rts} representa a 'perda por difração e dispersão do telhado à rua', e L_{ms} indica a perda de difração *multiscreen* devido às fileiras de prédios[42]. A Figura 4.25 ilustra a geometria usada no modelo de Walfisch e Bertoni[43]. Esse modelo está sendo considerado para uso pela ITU-R nas atividades de padrões IMT-2000.

4.10.7 Modelo de microcélula PCS de banda larga

O trabalho de Feuerstein et al. em 1991 usava um transmissor de 1.900 MHz pulsando em 20 MHz para medir a perda no caminho, corte e atraso nos sistemas microcelulares típicos em São Francisco e Oakland. Usando antenas de estação-base com alturas de 3,7 m, 8,5 m e 13,3 m, e um receptor móvel com uma antena com altura de 1,7 m acima do solo, foram desenvolvidas estatísticas para perda no caminho, caminhos múltiplos e área de cobertura a partir de medições extensas em ambientes de linha de visão (LOS) e obstruídos (OBS)[44]. Esse trabalho revelou que um modelo de reflexão no solo com dois raios (mostrado na Figura 4.7) é uma boa estimativa para perda de caminho em microcé-

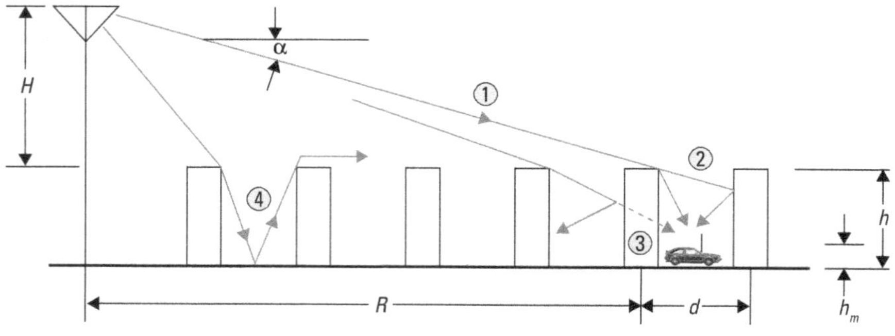

Figura 4.25 Geometria de propagação para o modelo proposto por Walfisch e Bertoni[45] © IEEE.

lulas LOS, e um modelo de caminho log-distância simples se mantém para ambientes de microcélula OBS.

Para um modelo de reflexão no solo considerando a terra plana, a distância em que a primeira zona de Fresnel começa a se tornar obstruída pelo solo (desobstrução da primeira zona de Fresnel) é dada por

$$d_f = \frac{1}{\lambda}\sqrt{(\Sigma^2-\Delta^2)^2 - 2(\Sigma^2+\Delta^2)\left(\frac{\lambda}{2}\right)^2 + \left(\frac{\lambda}{2}\right)^4} = \frac{1}{\lambda}\sqrt{16h_t^2h_r^2 - \lambda^2(h_t^2+h_r^2) + \frac{\lambda^4}{16}} \quad (4.92.a)$$

Para casos LOS, um modelo de perda no caminho com regressão dupla que usa um ponto de interrupção de regressão na desobstrução da primeira zona de Fresnel mostrou se ajustar bem às medições. O modelo considera antenas verticais omnidirecionais e prevê a perda média no caminho como

$$\overline{PL}(d) = \begin{cases} 10n_1\log(d) + p_1 & \text{para } 1 < d < d_f \\ 10n_2\log(d/d_f) + 10n_1\log d_f + p_1 & \text{para } d > d_f \end{cases} \quad (4.92.b)$$

onde p_1 é igual a $\overline{PL}(d_0)$ (a perda no caminho em decibéis na distância de referência de $d_0 = 1$ m), d está em metros e n_1, n_2 são expoentes de perda de caminho que são uma função da altura do transmissor, conforme dado na Figura 4.8. Pode-se mostrar facilmente que, a 1.900 MHz, $p_1 = 38{,}0$ dB.

Para o caso OBS, mostrou-se que a perda no caminho se ajusta à lei da perda no caminho log-distância padrão da Equação 4.69.a.

$$\overline{PL}(d)\,[dB] = 10n\log(d) + p_1 \quad (4.92.c)$$

onde n é o expoente da perda no caminho OBS dado na Figura 4.26 como uma função da altura do transmissor. O desvio padrão (em dB) do componente de sombreamento log-normal em torno da média dependente da distância foi achado a partir de medições, usando as técnicas descritas no Exemplo 4.9. O componente de sombreamento log-normal também é listado como uma função da altura para os ambientes de microcélula LOS e OBS. A Figura 4.26 indica que o componente de sombreamento log-normal está entre 7 e 9 dB, independentemente da altura da antena. Pode-se ver que ambientes LOS oferecem ligeiramente menos perda de caminho do que o modelo teórico refletido no solo com dois raios, que indicaria $n_1 = 2$ e $n_2 = 4$.

4.11 Modelos de propagação no interior

Com o surgimento dos Sistemas de Comunicação Pessoal (PCS) tem havido muito interesse na caracterização da propagação de rádio dentro dos prédios. O canal de rádio no interior difere do canal de rádio móvel tradicional em dois aspectos — as distâncias cobertas são muito menores, e a variabilidade do ambiente é muito maior para uma faixa muito menor de distâncias de separação T–R. Tem sido observado que a propagação dentro dos prédios é fortemente influenciada por características específicas, como a planta do edifício, os materiais de construção e o tipo de prédio. Esta seção esboça os modelos para perda no caminho dentro dos prédios.

A propagação de rádio no interior é dominada pelos mesmos mecanismos do exterior: reflexão, difração e dispersão. Porém, as condições são muito mais variáveis. Por exemplo, os níveis de sinal variam muito, dependendo se as portas interiores estão abertas ou fechadas dentro de um prédio. O local onde as antenas são montadas também tem impacto na propagação em grande escala. As antenas montadas no nível da mesa em um escritório particionado recebem sinais bastante diferentes daquelas montadas no teto. Além disso, as distâncias de propagação menores tornam mais difícil garantir a radiação em campo distante para todos os locais de receptor e tipos de antenas.

O campo de propagação de rádio no interior é relativamente novo, com a primeira onda de pesquisa ocorrendo no início da década de 1980. Cox[46], na AT&T Bell Laboratories, e Alexander[47], na British Telecom, foram os primeiros a estudar cuidadosamente a perda no caminho em interiores e ao redor de um grande número de casas e prédios de escritórios. Excelentes estudos da literatura estão disponíveis sobre o tópico de propagação em interior, como em Molkdar e Hashemi[48].

Em geral, os canais interiores podem ser classificados como linha de visão (LOS) ou obstruídos (OBS), com variados graus de obstrução[49]. A seguir, alguns dos principais modelos que sugiram recentemente são apresentados.

Altura da antena transmissora	LOS a 1.900 MHz			OBS a 1.900 MHz	
	n_1	n_2	σ(dB)	n	σ(dB)
Baixa (3,7 m)	2,18	3,29	8,76	2,58	9,31
Média (8,5 m)	2,17	3,36	7,88	2,56	7,67
Alta (13,3 m)	2,07	4,16	8,77	2,69	7,94

Figura 4.26 Parâmetros para o modelo de microcélula de banda larga a 1.900 MHz (de Feuerstein et al.[50] © IEEE).

4.11.1 Perdas de partição (mesmo andar)

Os prédios possuem uma grande variedade de divisórias e obstáculos, que formam a estrutura interna e externa. As casas normalmente utilizam uma mistura de divisórias de madeira, tijolo e reboco para formar as paredes internas, e possuem madeira ou concreto não reforçado entre os andares. Os prédios de escritórios, por outro lado, possuem grandes áreas abertas (plano aberto), que são construídas usando-se divisórias de escritório móveis, para que o espaço possa ser reconfigurado com facilidade, e utilizam concreto reforçado com metal entre os andares. As divisórias que são formadas como parte da estrutura do prédio são chamadas *divisórias rígidas*, e as que podem ser movidas e que não sobem até o teto são chamadas *divisórias flexíveis*. As divisórias variam bastante em suas características física e elétrica, tornando difícil aplicar modelos gerais a instalações internas específicas. Apesar disso, os pesquisadores formaram extensas bases de dados de perdas para um grande número de partições, como mostra a Tabela 4.3.

Tabela 4.3 Medições médias de perda de sinal relatadas por diversos pesquisadores para caminhos de rádio obstruídos por materiais comuns na construção

Tipo de material	Perda (dB)	Freqüência
Tudo metal	26	815 MHz[51]
Tapume de alumínio	20,4	815 MHz[51]
Isolamento de chapa	3,9	815 MHz[51]
Parede com bloco de concreto	13	1.300 MHz[52]
Perda de um andar	20-30	1.300 MHz[52]
Perda de um andar e uma parede	40-50	1.300 MHz[52]
Atenuação observada quando o transmissor virou em um canto com um ângulo reto em um corredor	10-15	1.300 MHz[52]
Estoque têxtil leve	3-5	1.300 MHz[52]
Área com cerca tipo cadeia em área com 20 pés de altura contendo ferramentas, estoques e pessoas	5-12	1.300 MHz[52]
Manta metálica — 12 pés quadrados	4-7	1.300 MHz[52]
Recipientes metálicos contendo metal para reciclagem — 10 pés quadrados	3-6	1.300 MHz[52]
Pequeno poste metálico — diâmetro 6"	3	1.300 MHz[52]
Sistema de polia de metal usado para içar estoque de metal — 4 pés quadrados	6	1.300 MHz[52]
Maquinário leve < 10 pés quadrados	1-4	1.300 MHz[52]
Maquinário geral — 10 a 20 pés quadrados	5-10	1.300 MHz[52]
Maquinário pesado > 20 pés quadrados	10-12	1.300 MHz[52]
Esteiras/escadas de metal	5	1.300 MHz[52]
Têxteis leves	3-5	1.300 MHz[52]
Estoque têxtil pesado	8-11	1.300 MHz[52]
Área onde trabalhadores inspecionam defeitos em produtos metálicos acabados	3-12	1.300 MHz[52]
Estoque metálico	4-7	1.300 MHz[52]
Viga-I grande — 16 a 20"	8-10	1.300 MHz[52]
Estantes de estoque metálico — 8 pés quadrados	4-9	1.300 MHz[52]
Caixas de estoque de papelão vazias	3-6	1.300 MHz[52]
Muro de blocos de concreto	13-20	1.300 MHz[52]
Duto no telhado	1-8	1.300 MHz[52]

Tabela 4.3 Medições médias de perda de sinal relatadas por diversos pesquisadores para caminhos de rádio obstruídos por materiais comuns na construção (continuação)

Tipo de material	Perda (dB)	Freqüência
Estante de armazenamento de 2,5 m com pequenas partes metálicas (pouco preenchida)	4-6	1.300 MHz[52]
Armazenamento em caixa metálica de 4 m	10-12	1.300 MHz[52]
Estante de armazenamento de 5 m com produtos de papel (pouco preenchida)	2-4	1.300 MHz[52]
Estante de armazenamento de 5 m com grandes produtos de papel (cheia)	6	1.300 MHz[52]
Estante de armazenamento de 5 m com grandes peças de metal (cheia)	20	1.300 MHz[52]
Máquina N/C típica	8-10	1.300 MHz[52]
Linha de montagem semi-automatizada	5-7	1.300 MHz[52]
Coluna de concreto quadrada de 0,6 m reforçada	12-14	1.300 MHz[52]
Tubulação de aço inoxidável para processamento de alimentos frios	15	1.300 MHz[52]
Parede de concreto	8-15	1.300 MHz[52]
Piso de concreto	10	1.300 MHz[52]
Absorvedor comercial	38	9,6 GHz[53]
Absorvedor comercial	51	28,8 GHz[53]
Absorvedor comercial	59	57,6 GHz[53]
Sheetrock (tipo de drywall) (10 mm) — 2 chapas	2	9,6 GHz[53]
Sheetrock (tipo de drywall) (10 mm) — 2 chapas	2	28,8 GHz[53]
Sheetrock (tipo de drywall) (10 mm) — 2 chapas	5	57,6 GHz[53]
Compensado seco (18 mm) — 1 folha	1	9,6 GHz[53]
Compensado seco (18 mm) — 1 folha	4	28,8 GHz[53]
Compensado seco (18 mm) — 1 folha	8	57,6 GHz[53]
Compensado seco (18 mm) — 2 folhas	4	9,6 GHz[53]
Compensado seco (18 mm) — 2 folhas	6	28,8 GHz[53]
Compensado seco (18 mm) — 2 folhas	14	57,6 GHz[53]
Compensado molhado (18 mm) — 1 folha	19	9,6 GHz[53]
Compensado molhado (18 mm) — 1 folha	32	28,8 GHz[53]
Compensado molhado (18 mm) — 1 folha	59	57,6 GHz[53]
Compensado molhado (18 mm) — 2 folhas	39	9,6 GHz[53]
Compensado molhado (18 mm) — 2 folhas	46	28,8 GHz[53]
Compensado molhado (18 mm) — 2 folhas	57	57,6 GHz[53]
Alumínio (3 mm) — 1 chapa	47	9,6 GHz[53]
Alumínio (3 mm) — 1 chapa	46	28,8 GHz[53]
Alumínio (3 mm) — 1 chapa	53	57,6 GHz[53]

4.11.2 Perdas de partição entre andares

As perdas entre os andares de um prédio são determinadas pelas dimensões externas e os materiais do prédio, além do tipo da construção usada para criar os pisos e os revestimentos externos[54]. Até mesmo o número de janelas e a presença de tinta (que atenua a energia do rádio) pode causar impacto na perda entre os andares. A Tabela 4.4 ilustra valores para *fatores de atenuação de piso* (FAF) em três prédios de São Francisco[55]. Pode-se ver que, para todos os três, a atenuação entre um piso do prédio é maior que a atenuação incremental causada por cada piso adicional. A Tabela 4.5 ilustra tendências muito semelhantes. Depois de cerca de cinco ou seis separações de piso, muito pouca perda de caminho adicional é experimentada.

4.11.3 Modelo de perda no caminho log-distância

Muitos pesquisadores têm demonstrado que a perda no caminho obedece à lei da potência da distância na Equação 4.93.

$$PL(\text{dB}) = PL(d_0) + 10n\log\left(\frac{d}{d_0}\right) + X_\sigma \tag{4.93}$$

onde o valor de n depende dos arredores e do tipo de prédio, e X_σ representa uma variável aleatória normal em dB tendo um desvio padrão de σ dB. Observe que a Equação 4.93 é idêntica em forma ao modelo de sombreamento log-normal da Equação 4.69.a. Valores típicos para diversos prédios são fornecidos na Tabela 4.6[56].

4.11.4 Modelo de ponto de interrupção múltiplo de Ericsson

O modelo de sistema de rádio de Ericsson foi obtido por medições em um prédio de escritórios com múltiplos andares[57]. O modelo possui quatro pontos de interrupção e considera um limite superior e inferior sobre a perda no caminho. O modelo também considera que existe atenuação de 30 dB em d_0 = 1m, que pode ser considerada precisa para f = 900 MHz e antenas com ganho unitário. Em vez de considerar um componente de sombreamento log-normal, o modelo de Ericsson fornece um limite determinístico sobre a faixa de perda de caminho em uma distância particular. Bernhardt[58] usou uma distribuição uniforme para gerar valores de perda no caminho dentro de um alcance máximo e mínimo como uma função da distância para a simulação em prédio. A Figura 4.27 mostra um gráfico da perda no caminho no prédio com base no modelo de Ericsson como uma função da distância.

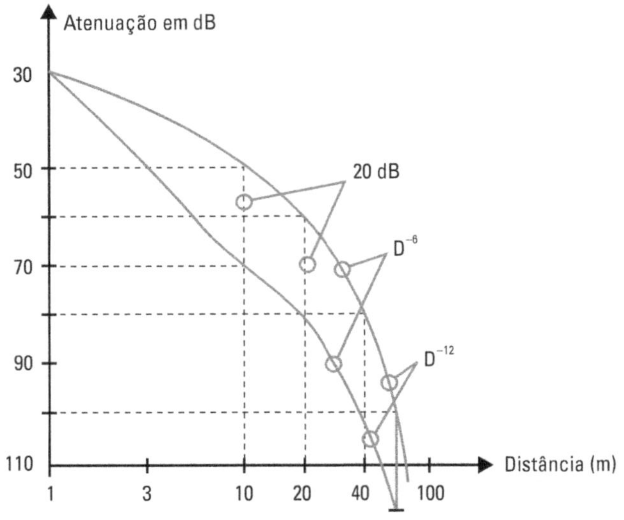

Figura 4.27 Modelo de Ericsson para perda no caminho dentro do prédio (de Akerberg[59] © IEEE).

4.11.5 Modelo de fator de atenuação

Um modelo de propagação em prédio específico, que inclui o efeito do tipo de prédio e também as variações causadas por obstáculos, foi descrito por Seidel[60] e tem sido usado para implantar com precisão redes internas e de campi[61]. Esse modelo oferece flexibilidade e demonstrou reduzir o desvio padrão entre a perda no caminho medida e prevista em até 4 dB, em comparação com os 13 dB quando apenas um modelo log-distância era usado em dois prédios diferentes. O modelo de fator de atenuação é dado por

$$\overline{PL}(d)[\text{dB}] = \overline{PL}(d_0)[\text{dB}] + 10n_{SF}\log\left(\frac{d}{d_0}\right) + FAF[\text{dB}] + \sum PAF[\text{dB}] \tag{4.94}$$

onde n_{SF} representa o valor do expoente para a medição no 'mesmo andar', FAF representa um fator de atenuação no andar para um número específico de andares do prédio, e PAF representa o fator de atenuação parcial para uma obstrução específica encontrada por um raio desenhado entre transmissor e receptor em 3-D. Essa técnica de desenhar um único raio entre transmissor e receptor é denominada *traçado de raio primário*. O somatório das perdas de partição acumuladas ao longo do raio primário demonstrou gerar uma precisão excelente, enquanto oferece tremenda eficiência de cálculo[62]. Assim, se existe uma boa estimativa para n (por exemplo, selecionada da Tabela 4.4 ou da Tabela 4.6) no mesmo andar, então a perda no caminho em um andar diferente pode ser prevista somando-se um valor apropriado de FAF (por exemplo, selecionado da Tabela 4.5), e depois somando-se as perdas de divisória da Tabela 4.3. Como alternativa, na Equação 4.94, o FAF pode ser substituído por um expoente que já considera os efeitos da separação de múltiplos pisos.

$$\overline{PL}(d)[\text{dB}] = \overline{PL}(d_0) + 10n_{MF}\log\left(\frac{d}{d_0}\right) + \sum PAF[\text{dB}] \tag{4.95}$$

Tabela 4.4 Fator de atenuação de piso total e desvio padrão σ(dB) para três prédios. Cada ponto representa a perda média no caminho por uma trilha de medição de 20λ (veja Seidel)[63]

Prédio	FAF de 915 MHz (dB)	σ (dB)	Número de locais	FAF de 1.900 MHz (dB)	σ (dB)	Número de locais
Walnut Creek						
Um piso	33,6	3,2	25	31,3	4,6	110
Dois pisos	44,0	4,8	39	38,5	4,0	29
SF PacBell						
Um piso	13,2	9,2	16	26,2	10,5	21
Dois pisos	18,1	8,0	10	33,4	9,9	21
Três pisos	24,0	5,6	10	35,2	5,9	20
Quatro pisos	27,0	6,8	10	38,4	3,4	20
Cinco pisos	27,1	6,3	10	46,4	3,9	17
San Ramon						
Um piso	29,1	5,8	93	35,4	6,4	74
Dois pisos	36,6	6,0	81	35,6	5,9	41
Três pisos	39,6	6,0	70	35,2	3,9	27

Tabela 4.5 Fator médio de atenuação do piso em dB para um, dois, três e quatro pisos em dois prédios de escritórios (veja Seidel e Rappaport)[64]

Prédio	FAF (dB)	σ (dB)	Número de locais
Prédio de escritórios 1:			
Através de um piso	12,9	7,0	52
Através de dois pisos	18,7	2,8	9
Através de três pisos	24,4	1,7	9
Através de quatro pisos	27,0	1,5	9
Prédio de escritórios 2:			
Através de um piso	16,2	2,9	21
Através de dois pisos	27,5	5,4	21
Através de três pisos	31,6	7,2	21

onde n_{MF} indica um expoente de perda no caminho baseado em medições através de múltiplos andares.

A Tabela 4.7 ilustra os valores típicos de n para uma grande variedade de locais em muitos prédios. Essa tabela também ilustra como o desvio padrão diminui à medida que a região média se torna menor e mais específica do local. Os pontos de dispersão ilustrando a perda no caminho realmente medido em dois prédios de escritórios com múltiplos andares aparecem nas figuras 4.28 e 4.29.

Devasirvatham et al.[66] descobriram que a perda no caminho em prédios obedece ao espaço livre mais um

Tabela 4.6 Expoente de perda de caminho e o desvio padrão medido em diferentes prédios (veja Anderson et al.)[65]

Prédio	Freqüência (MHz)	n	σ(dB)
Revendas	914	2,2	8,7
Supermercados	914	1,8	5,2
Escritório, divisória rígida	1.500	3,0	7,0
Escritório, divisória flexível	900	2,4	9,6
Escritório, divisória flexível	1.900	2,6	14,1
LOS em fábrica			
Têxtil/química	1.300	2,0	3,0
Têxtil/química	4.000	2,1	7,0
Papel/cereais	1.300	1,8	6,0
Metalúrgica	1.300	1,6	5,8
Residência suburbana			
Corredor interno	900	3,0	7,0
OBS em fábrica			
Têxtil/química	4.000	2,1	9,7
Metalúrgica	1.300	3,3	6,8

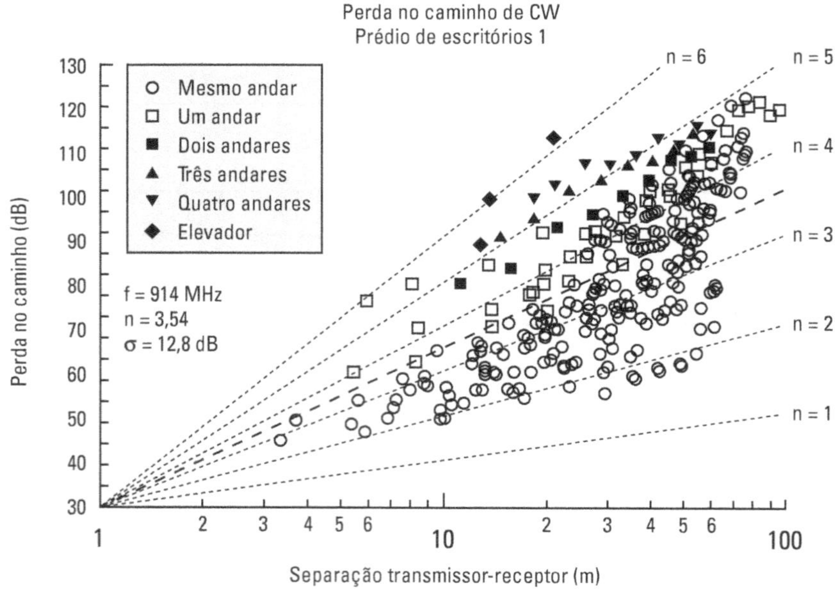

Figura 4.28 Gráfico disperso da perda no caminho como uma função da distância no Prédio de Escritórios 1 (de Seidel e Rappaport[67] © IEEE).

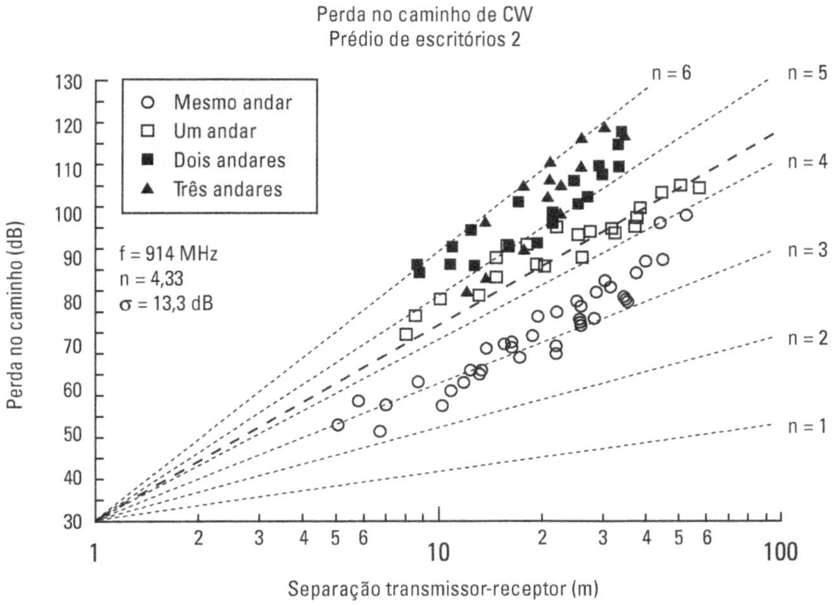

Figura 4.29 Gráfico disperso da perda no caminho como uma função da distância no Prédio de Escritórios 2 (de Seidel e Rappaport[68] © IEEE).

Tabela 4.7 Expoente de perda de caminho e desvio padrão para diversos tipos de prédios (de Seidel e Rappaport)[69]

	n	σ (dB)	Número de locais
Todos os prédios:			
Todos os locais	3,14	16,3	634
Mesmo andar	2,76	12,9	501
Através de um andar	4,19	5,1	73
Através de dois andares	5,04	6,5	30
Através de três andares	5,22	6,7	30
Supermercado	1,81	5,2	89
Revenda	2,18	8,7	137
Prédio de escritórios 1:			
Prédio inteiro	3,54	12,8	320
Mesmo andar	3,27	11,2	238
Ala leste, 5º andar	2,68	8,1	104
Ala central, 5º andar	4,01	4,3	118
Ala oeste, 4º andar	3,18	4,4	120
Prédio de escritórios 2:			
Prédio inteiro	4,33	13,3	100
Mesmo andar	3,25	5,2	37

fator de perda adicional que aumenta exponencialmente com a distância, como mostra a Tabela 4.8. Com base nesse trabalho em prédios de vários andares, seria possível modificar a Equação 4.94, de modo que

$$\overline{PL}(d)[\text{dB}] = \overline{PL}(d_0)[\text{dB}] + 20\log\left(\frac{d}{d_0}\right) + \alpha d + FAF[\text{dB}] + \sum PAF[\text{dB}] \quad (4.96)$$

onde α é a constante de atenuação para o canal com uni-

Tabela 4.8 Modelo de espaço livre mais atenuação de caminho linear (em Devasirvatham et al.) [70]

Local	Freqüência	Atenuação α (dB/m)
Prédio 1: 4 andares	850 MHz	0,62
	1,7 GHz	0,57
	4,0 GHz	0,47
Prédio 2: 2 andares	850 MHz	0,48
	1,7 GHz	0,35
	4,0 GHz	0,23

dades de dB por metro (dB/m). A Tabela 4.8 oferece valores típicos de α como uma função da freqüência medida em Devasirvatham et al.[71]

Exemplo 4.11

Este exemplo demonstra como usar as equações 4.94 e 4.95 para prever a perda média no caminho a 30 m do transmissor, através de três andares do Prédio de Escritórios 1 (ver Tabela 4.5). Considere que duas paredes de bloco de concreto estejam entre o transmissor e o receptor nos andares intermediários. Pela Tabela 4.5, o expoente da perda média no caminho para medições no mesmo andar de um prédio é $n = 3,27$, o expoente de perda média no caminho para medições em três andares é $n = 5,22$, e o fator de atenuação médio no andar é FAF = 24,4 dB para três andares entre transmissor e receptor. A Tabela 4.3 mostra que uma parede com blocos de concreto tem cerca de 13 dB de atenuação. Considere $d_0 = 1$ m.

Solução

A perda média no caminho, usando a Equação 4.94, é

$\overline{PL}$ (30 m[dB] = $\overline{PL}$ (1 m)dB + 10 × 3,27 × log(30) + 24,4 + + 2 × 13= 130,2 dB

A perda média no caminho, usando a Equação 4.95, é

$\overline{PL}$ (30 m)[dB] = $\overline{PL}$ (1 m[dB] + 10 × 5,22 × log(30) + 2 × 13 = 108,6 dB

4.12 Penetração de sinal em prédios

A intensidade do sinal recebida dentro de um prédio devido a um transmissor externo é importante para sistemas sem fio que compartilham freqüências com prédios vizinhos ou com sistemas exteriores. Assim como as medidas de propagação entre os andares, é difícil determinar os modelos exatos para penetração, pois somente um número limitado de experimentos foi publicado, e eles, às vezes, são difíceis de se comparar. Porém, algumas generalizações podem ser feitas a partir da literatura. Em medições relatadas até o momento, a intensidade do sinal recebida dentro de um prédio aumenta com a altura. Nos andares mais baixos de um prédio, as obstruções urbanas induzem maior atenuação e reduzem o nível de penetração. Em andares mais altos, pode haver um caminho LOS, causando assim um sinal incidente mais forte na parede exterior do prédio.

A penetração de RF tem sido considerada uma função da freqüência e também da altura dentro do prédio. O padrão da antena no plano de elevação também desempenha um papel importante no modo como o sinal penetra em um prédio a partir do exterior. A maioria das medições tem considerado transmissores externos com alturas de antena muito menores do que a altura máxima do prédio sendo testado. As medições em Liverpool[72], segundo Turkmani,[73] mostraram que a perda de penetração diminui com o aumento da freqüência. Especificamente, os valores de atenuação de penetração de 16,4 dB, 11,6 dB e 7,6 dB foram medidos no andar térreo de um prédio nas freqüências de 441 MHz, 896,5 MHz e 1.400 MHz, respectivamente. As medições de Turkmani[31] mostraram perda de penetração de 14,2 dB, 13,4 dB e 12,8 dB para 900 MHz, 1.800 MHz e 2.300 MHz, respectivamente. As medições feitas na frente de janelas indicaram 6 dB menos perda de penetração na média do que as medições feitas em partes sem janelas dos prédios.

Walker[74] mediu os sinais de rádio em quatorze prédios diferentes em Chicago a partir de sete transmissores de celular externos. Os resultados mostraram que a perda de penetração no prédio diminuiu a uma taxa de 1,9 dB por andar do térreo para cima, até o décimo quinto andar, e depois começou a aumentar acima do décimo quinto andar. O aumento na perda de penetração em andares mais altos foi atribuído aos efeitos de sombreamento dos prédios adjacentes. De modo semelhante, Turkmani[75] relatou que a perda de penetração diminuía a uma taxa de 2 dB por andar a partir do nível do térreo para cima, até o nono andar, e depois aumentava acima do nono andar. Resultados semelhantes também foram relatados por Durante[76].

As medições têm mostrado que a porcentagem de janelas, quando comparada à superfície da face do prédio, causa impacto no nível de perda de penetração de RF, assim como a presença de metal pintado nas janelas. Tintas metálicas podem fornecer de 3 dB a 30 dB de atenuação de RF em um único pano de vidro. O ângulo de incidência da onda transmitida na face do prédio também tem um forte impacto sobre a perda de penetração, como observado em Horikishi[77].

4.13 Monitoração de raio e modelagem específica de site

Nos anos recentes, as capacidades computacional e de visualização dos computadores aceleraram rapidamente. Novos métodos para prever a cobertura do sinal de rádio envolvem o uso dos modelos de propagação Site Specific (SISP) e bancos de dados do *sistema gráfico de informação* (GIS)[78]. Modelos SISP admitem monitoração de raios como um meio de modelar deterministicamente qualquer ambiente de propagação interior ou exterior. Através do uso de bancos de dados de prédios, que podem ser desenhados ou digitalizados usando-se pacotes de software gráfico padrão, os projetistas de sistemas sem fio são capazes de incluir representações exatas das características do prédio e do terreno.

Para a previsão da propagação externa, técnicas de monitoração de raios são usadas em conjunto com fotografias aéreas, de modo que representações tridimensionais (3-D) de prédios podem ser integradas ao software que transporta modelos de reflexão, difração e dispersão. Técnicas fotogramétricas são usadas para converter fotografias aéreas ou por satélite das cidades em bancos de dados 3-D usáveis para os modelos de Schaubach et al., Rossi e Levi, Wagen e Rizk, Rappaport[79]. Em ambientes internos, desenhos arquitetônicos oferecem uma representação específica do local para os modelos de propagação de Valenzuela, Seidel e Rappaport, Kreuzgruber et al., Skidmore et al., Morrow e Rappaport[80].

À medida que os bancos de dados se tornam prevalentes, os sistemas sem fio serão desenvolvidos usando ferramentas de projeto auxiliado por computador que oferecem modelos determinísticos, ao invés de estatísticos, de previsão para perda de caminho em pequena e larga escala em uma grande variedade de ambientes operacionais. Por exemplo, no ambiente de projeto auxiliado por computador (CAD) SitePlanner®, as medições e previsões de cobertura e capacidade podem ser simultaneamente exibidas, manipuladas, otimizadas e depois arquivadas para uso futuro[81]. SitePlanner® tornou-se uma ferramenta de pesquisa e ensino popular para alunos e engenheiros novos no campo de sistemas sem fio. Algum dia, essas técnicas de modelagem específicas do local poderão ser baixadas em telefones sem fio e usadas para determinar parâmetros instantâneos da interface de ar.

Problemas

4.1 Se $P_t = 10$ W, $G_t = 0$ dB, $G_r = 0$ dB e $f_c = 900$ MHz, ache P_r em Watts a uma distância no espaço livre de 1 km.

4.2 Considere que um receptor esteja localizado a 10 km de um transmissor de 50 W. A freqüência da portadora é de 6 GHz e assume-se a propagação no espaço livre , $G_t = 1$ e $G_r = 1$.

a) Ache a potência no receptor.

b) Ache a magnitude do campo E na antena do receptor.

c) Ache a voltagem rms aplicada à entrada do receptor, considerando que a antena do receptor tem uma impedância puramente real de 50 Ω e corresponde ao receptor.

4.3 *Distância de Fraunhofer*: Calcule o ganho, *Half Power Beamwidth* (HPBW), e distância de Fraunhofer para uma antena tipo buzina uniformemente iluminada a 60 GHz com dimensões de 4,6 cm × 3,5 cm. Dica: A HPBW para a antena tipo buzina pode ser estimada como HPBW = $51\lambda/a$, onde a é a largura da abertura, conforme discutido em Stutzman e Thiele[82].

4.4 *Propagação no espaço livre:* Considere que a potência do transmissor seja 1 W a 60 GHz alimentada na antena transmissora. Usando a antena tipo buzina do Problema 4.3 no transmissor e receptor:

a) Calcule a perda no caminho em espaço livre a 1 m, 100 m e 1.000 m.

b) Calcule a potência do sinal recebido nessas distâncias.

c) Qual é a voltagem rms recebida na antena se a antena receptora tem uma impedância puramente real de 50 Ω e corresponde ao receptor?

4.5 *Coeficientes de reflexão:* Ache os coeficientes de reflexão para solo típico, tijolo, calcário, vidro e água a partir de dados informados na Tabela 4.1 em um ângulo incidente de 30°. Considere dielétricos sem perdas. Apresente suas respostas finais em uma tabela.

4.6 *Aspereza da superfície:* Explique a dependência da aspereza da superfície sobre a freqüência e ângulo de incidência.

4.7 Mostre que o ângulo de Brewster (caso onde $\Gamma_{||} = 0$) é dado

por θ_i, onde sen $\theta_i = \sqrt{\dfrac{\varepsilon_r^2 - \varepsilon_r}{\varepsilon_r^2 - 1}}$.

4.8 a) Calcule as vantagens e desvantagens do modelo de reflexão no solo com dois raios na análise de perda no caminho.

b) Nos casos a seguir, diga se o modelo de dois raios poderia ser aplicado e explique por que poderia, ou não:

$h_t = 35$ m, $h_r = 3$ m, $d = 250$ m

$h_t = 30$ m, $h_r = 1{,}5$ m, $d = 450$ m

c) Que idéia o modelo de dois raios oferece sobre a perda de caminho em larga escala que foi desconsiderada quando os sistemas celulares usavam células muito grandes?

4.9 Prove que, no modelo refletido no solo com dois raios, $\Delta = d'' - d' \approx 2h_t h_r/d$. Mostre quando isso é verdadeiro como uma boa aproximação. Dica: use a geometria da Figura P4.9.

4.10 Em um modelo refletido no solo com dois raios, considere que θ_Δ deve ser mantido abaixo de 6,261 radianos por motivos de cancelamento de fase. Considerando uma altura de receptor de 2 m, e dado um requisito de que θ_i seja menor que 5°, quais são os valores mínimos permissíveis para a distância de separação T–R e a altura da antena transmissora? A freqüência de portadora é de 900 MHz. Consulte a Figura P4.9.

4.11 No modelo de perda no caminho com dois raios, com $\Gamma_\perp = -1$, derive uma expressão apropriada para o local com sinal nulo no receptor.

4.12 Compare a potência recebida para as expressões exata (Equação 4.47) e aproximada (Equação 4.52) para o modelo de reflexão no solo com dois raios. Considere que a altura do transmissor seja 40 m e a altura do receptor seja 3 m. A freqüência é de 1.800 MHz e são usadas antenas com ganho unitário. Desenhe a potência recebida para ambos os modelos continuamente pelo alcance de 1 km a 20 km, considerando o coeficiente de reflexão no solo de –1 para polarização horizontal.

4.13 Refaça o Problema 4.12 para o caso onde o coeficiente de reflexão no solo é 1 (por exemplo, polarização vertical).

4.14 Supondo que o receptor esteja localizado a 10 km de um transmissor de 50 W. A freqüência da portadora é de 1.900 MHz, a propagação no espaço livre é considerada, $G_t = 1$, $G_r = 2$, ache: **a)** a potência no receptor; **b)** a magnitude do campo E na antena receptora; **c)** a voltagem rms em circuito aberto aplicada à entrada do receptor considerando que a antena receptora tem uma impedância puramente real de 50 Ω e corresponde ao receptor; **d)** ache a potência recebida na estação móvel usando o modelo de reflexão no solo com dois raios, considerando que a altura da antena transmissora seja 50 m, a antena receptora é de 1,5 m acima do solo, e a reflexão no solo é –1.

4.15 Referindo-se à Figura P4.9, calcule $d = d_f$, a primeira distância na zona de Fresnel entre transmissor e receptor para um caminho de propagação refletido no solo com dois raios, em termos de h_t, h_r e λ. Essa é a distância em que a perda no caminho começa a passar do comportamento de d^2 a d^4. Considere $\Gamma = -1$.

4.16 Para a geometria de gume de faca na Figura P4.16, mostre que

a) $$\phi = \frac{2\pi\Delta}{\lambda} = \frac{2\pi}{\lambda}\left[\frac{h^2}{2}\left(\frac{d_1 + d_2}{d_1 d_2}\right)\right] \quad \text{e}$$

b) $$\upsilon = \alpha\sqrt{\frac{2d_1 d_2}{\lambda(d_1 + d_2)}} \quad \text{onde}$$

$$\frac{\upsilon^2\pi}{2} = \phi,\ d_1, d_2 \gg h,\ h \gg \lambda,\ \text{e}\ \Delta = p_1 + p_2 - (d_1 + d_2)$$

4.17 Uma regra de projeto geral para enlaces de microondas é de 55% de desobstrução da primeira zona de Fresnel. Para um enlace de 1 km a 2,5 GHz, qual é o raio máximo da primeira zona de Fresnel? Que desobstrução é exigida para esse sistema?

4.18 *Difração:* Pelo modelo de difração de gume de faca, mostre como a potência difratada depende da freqüência. Considere $d_1 = d_2 = 500$ m e $h = 10$ m na Figura P4.16. Dica: você pode ter que calcular a integral de Fresnel ou usar a aproximação de Lee, equações 4.59 e 4.61, respectivamente.

4.19 Se $P_t = 10$ W, $G_t = 10$ dB, $G_r = 3$ dB e $L = 1$ dB a 900 MHz, calcule a potência recebida para a geometria de gume de faca mostrada na Figura P4.19. Compare esse valor com a potência recebida no espaço livre teórico se uma obstrução não existisse. Qual é a perda no caminho devida à difração para este caso?

4.20 Se a geometria e todos os outros parâmetros do sistema permanecerem exatamente os mesmos no Problema 4.19, mas a freqüência for alterada, refaça aquele para o caso de **(a)** $f = 50$ MHz e **(b)** $f = 1.900$ MHz.

4.21 *Modelo de perda no caminho:* Durante o primeiro mês de trabalho, você recebe a tarefa de realizar uma campanha de medição para estimar o expoente de perda no caminho do canal para um novo produto sem fio. Você realizou medições em campo e coletou os seguintes dados:

Perda no caminho de referência: $PL_0(d_0)$

Medições de perda no caminho: $PL_1(d_1)$, ... $PL_n(d_n)$ nas distâncias: d_1 ... d_n

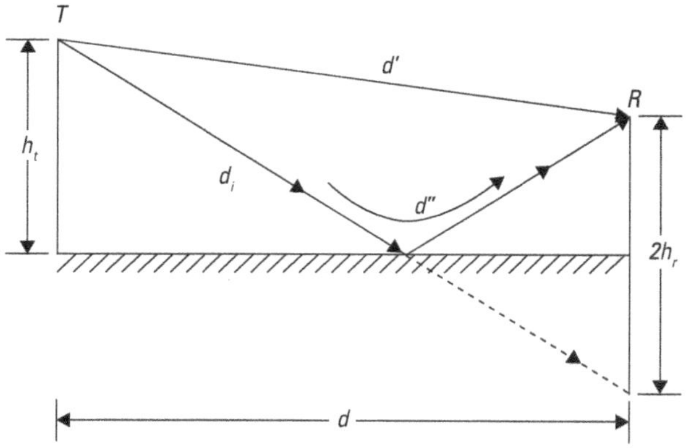

Figura P4.9 Ilustração do modelo de reflexão no solo com dois raios.

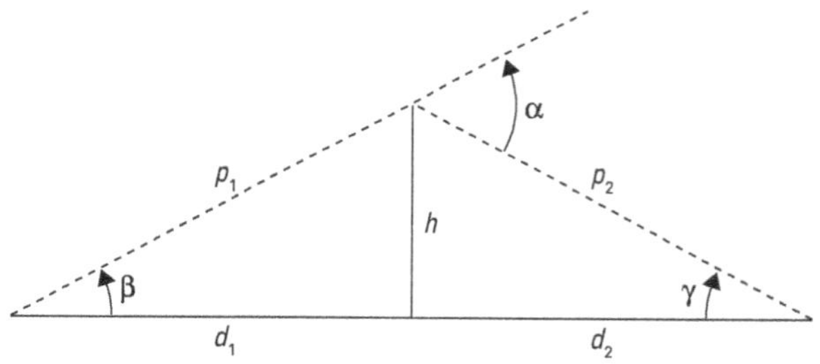

Figura P4.16 Geometria de gume de faca para o Problema 4.16.

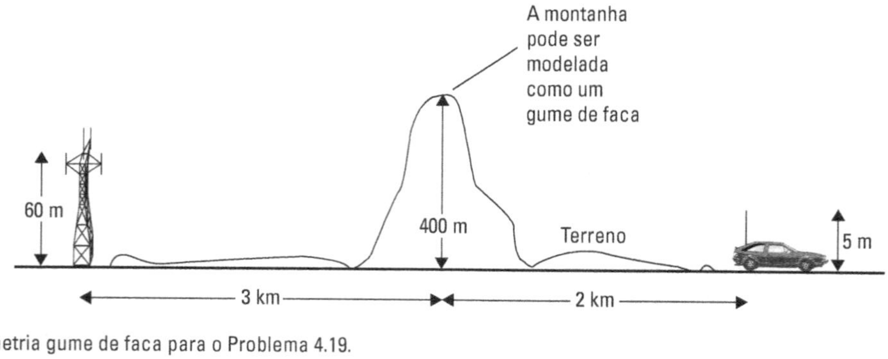

Figura P4.19 Geometria gume de faca para o Problema 4.19.

Usando o modelo de expoente de perda no caminho da Equação 4.69, ache uma expressão para o valor ideal do expoente de perda no caminho n, que minimiza a média do erro quadrático entre as medições e o modelo. Dica: o valor ideal de n deverá minimizar a média do erro quadrático (MSE) entre sua perda no caminho prevista e a perda no caminho medida.

4.22 Suponha que as medições locais em campo da intensidade média do canal fossem feitas dentro de um prédio, e que o pós-processamento revelasse que os dados medidos se ajustam a um modelo da lei de potência média dependente da distância tendo uma distribuição log-normal em torno da média. Suponha que a lei da potência média fosse $P_r(d_d) \propto d^{-3,5}$. Se um sinal de 1 mW fosse recebido a d_0 = 1 m do transmissor, e a uma distância de 10 m, 10% das medições fossem mais fortes que –25 dBm, defina o desvio padrão, σ, para o modelo de perda no caminho em d = 10 m.

4.23 Se a potência recebida a uma distância de referência d_0 = 1 km é igual a 1 microwatt, ache as potências recebidas nas distâncias de 2 km, 5 km, 10 km e 20 km do mesmo transmissor para os seguintes modelos de perda no caminho: a) Espaço livre; b) n = 3; c) n = 4; d) reflexão no solo com dois raios usando a expressão exata; e) modelo de Hata estendido para um ambiente de cidade grande. Considere f = 1.800 MHz, h_t = 40 m, h_r = 3 m, $G_t = G_r$ = 0 dB. Desenhe cada um desses modelos no mesmo gráfico para distâncias de 1 km a 20 km. Comente sobre as diferenças entre esses cinco modelos.

4.24 Suponha que a potência recebida a uma distância de referência d_0 = 1 km seja igual a 1 microwatt, e f = 1.800 MHz, h_t = 40 m, h_r = 3 m, $G_t = G_r$ = 0 dB. Calcule, compare e desenhe o modelo de reflexão no solo com dois raios exatos da Equação 4.47 com a expressão aproximada dada na Equação 4.52. Em que separações T–R os modelos concordam e discordam? Quais são as ramificações do uso da expressão aproximada ao invés da expressão exata no projeto de sistema celular?

4.25 Suponha que uma estação móvel esteja se movendo ao longo de uma linha reta entre as estações-base BS_1 e BS_2, como mostramos na Figura P4.25. A distância entre as estações-base é D = 1.600 m. A potência recebida (em dBm) na estação-base i, a partir da estação móvel, é modelada como (enlace reverso)

$$P_{r,i}(d) = P_0 - 10n\log_{10}(d_i/d_0) + \chi_i \quad \text{(dBm)} \quad i = 1,2$$

(dBm) i = 1,2

onde d_i é a distância entre a estação móvel e base i, em metros, P_0 é a potência recebida na distância d_0 a partir da antena móvel, e n é o expoente de perda no caminho. O termo $P_0 - 10n \log_{10}(di/d_0)$ normalmente é chamado *potência média da área local*. Os termos χ_i são variáveis aleatórias gaussianas de média zero com desvio padrão σ, em dB, que modelam a variação dos sinais recebidos devidos ao sombreamento. Suponha que os componentes aleatórios χ_i dos sinais recebidos em diferentes estações-base sejam independentes um do outro. n é o expoente de perda no caminho.

O sinal mínimo utilizável para a qualidade de voz aceitável no receptor da estação-base é $P_{r,min}$, e o nível de patamar para iniciação da transferência é $P_{r,HO}$, ambos em dBm.

Suponha que a estação móvel esteja atualmente conectada a BS_1. Uma transferência ocorre quando o sinal recebido na estação-base BS_1, a partir da estação móvel, cai abaixo do patamar $P_{r,HO}$, e o sinal recebido na estação-base candidata BS_2 seja maior que o nível mínimo aceitável $P_{r,min}$.

Usando os parâmetros na Tabela P4.25, determine:

a) A probabilidade de que ocorra uma transferência (Pr[transferência]), como uma função da distância entre a estação móvel e sua estação-base atendente. Mostre seu resultado em um gráfico Pr[transferência] *versus* distância d_1.

b) A distância d_{ho} entre a estação-base BS_1 e a estação móvel, de modo que a probabilidade de que uma transferência ocorra seja igual a 80%.

4.26 Derive as equações 4.78 e 4.79 a partir dos primeiros princípios e reproduza algumas das curvas na Figura 4.18.

4.27 Um transmissor oferece 15 W a uma antena tendo 12 dB de ganho. A antena receptora tem um ganho de 3 dB e a largura de banda do receptor é de 30 kHz. Se o valor de ruído do sistema receptor for 8 dB e a freqüência de portadora for 1.800 MHz, ache a separação T–R máxima que garantirá que uma SNR de 20 dB é fornecida por 95% do tempo. Considere n = 4, σ = 8 dB e d_0 = 1 km.

Tabela P4.25 Parâmetros para o Problema 4.25

Parâmetro	Valor
n	4
σ	6 dB
P_0	0 dBm
d_0	1 m
$P_{r,min}$	–118 dBm
$P_{r,HO}$	–112 dBm

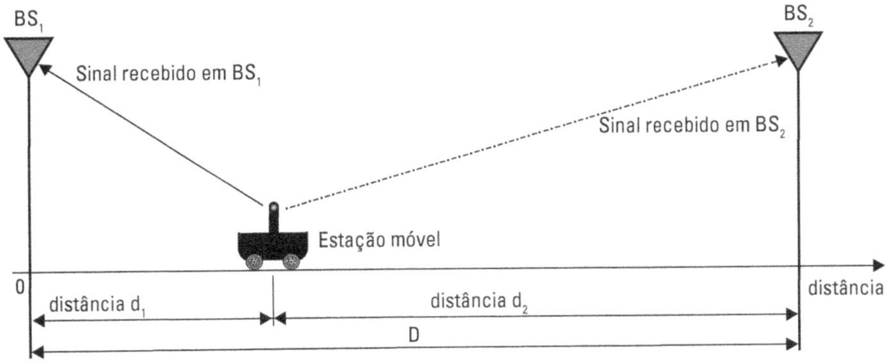

Figura P4.25 Estação móvel movendo-se em linha reta entre BS_1 e BS_2.

4.28 Considere que uma SNR de 25 dB seja desejada no receptor. Se um transmissor de celular de 900 MHz tem um EIRP de 100 W, e o receptor AMPS use uma antena com ganho de 0 dB e tenha um valor de ruído de 10 dB, ache a porcentagem de tempo que a SNR desejada é alcançada a uma distância de 10 km para o transmissor. Considere $n = 4$, $\sigma = 8$ dB e $d_0 = 1$ km.

4.29 Quatro medições de potência recebida foram tomadas a distâncias de 100 m, 200 m, 1 km e 2 km de um transmissor. Os valores medidos nessas distâncias são –0 dBm, –25 dBm, –35 dBm e –38 dBm, respectivamente. Assume-se que a perda de caminho para essas medições siga o modelo

$$PL(d)[\text{dB}] = \overline{PL}(d) + X_\sigma = \overline{PL}(d_0) + 10n\log\left(\frac{d}{d_0}\right) + X_\sigma$$

onde $d_0 = 100$ m

a) Ache a estimativa da média do erro quadrático (MMSE) para o expoente de perda no caminho, n.

b) Calcule o desvio padrão de sombreamento em torno do valor médio.

c) Estime a potência recebida em $d = 2$ km usando o modelo resultante.

d) Preveja a probabilidade de que o nível de sinal recebido a 2 km seja maior que –35 dBm. Expresse sua resposta como uma função Q.

4.30 Leia "Path loss, delay spread, and outage models as functions of antenna height for microcellular system design", que apareceu na edição de agosto de 1994 da *IEEE Transactions on Vehicular Technology*, v. 43, n. 3. (Esse artigo também aparece na página 211 de *Cellular radio and personal communications: advanced selected readings* pela IEEE Press.)

a) Derive a Equação 10 no artigo dos primeiros princípios e da definição da zona de Fresnel. Após derivar o resultado, simplifique ainda mais a sua resposta.

b) Usando os modelos para a perda no caminho médio dados no artigo, determine as potências de sinal recebido em distâncias de separação T–R de 50 m, 100 m e 1 km para um transmissor de 1 W e antenas de ganho unitário operando em 1.900 MHz para:

1) ambientes obstruídos

2) ambientes LOS

Suponha que uma antena de estação-base de 8,5 m de altura e uma antena móvel de 1,7 m de altura sejam usadas.

c) Para as suas respostas em **b**, use um modelo de sombreamento log-normal para determinar a probabilidade de que o sinal recebido seja maior ou igual a –70 dBm em cada uma das três separações T–R, para ambientes obstruído (OBS) e de linha de visão (LOS).

d) Usando o modelo *overbound* para um retardo de rms dado na página 493 do artigo do periódico, estime o atraso rms em cada uma das três distâncias de separação T–R, para ambientes OBS e LOS.

e) Usando os valores em **d**, determine as taxas de dados de símbolo máximo não equalizado que podem ser transmitidas com sucesso pela estação-base em cada uma das três distâncias de separação T–R nos ambientes OBS e LOS. Suponha que um equalizador adaptativo não seja necessário no receptor móvel quando a duração do símbolo é maior que dez vezes o atraso rms, e suponha que os valores de ruído de receptores móveis IS-136 e GSM são 6 dB. Seria possível receber sinais IS-136 nessas distâncias e ambientes sem um equalizador? Seria possível transmitir sinais GSM nessas distâncias sem um equalizador? Dica: considere o atraso de tempo e a potência limitada do ruído térmico recebido para fornecer as respostas. Considere que IS-136 precisa C/I=15 dB e que GSM precisa de C/I=12 dB.

4.31 Projete e crie um programa de computador que produza um número arbitrário de amostras de perda no caminho de propagação usando um modelo de perda no caminho d^n com sombreamento log-normal. Seu programa é um simulador de propagação de rádio, e deve usar, como entradas, a separação T–R, freqüência, o expoente de perda no caminho, o desvio padrão do sombreamento log-normal, a distância de referência próxima, e o número de amostras previstas desejadas. Seu programa deverá fornecer uma verificação que garanta que a separação T–R da entrada seja igual ou ultrapasse a distância próxima em referência da entrada especificada, e deve fornecer uma saída gráfica das amostras produzidas como uma função da perda no caminho e distância (isso é chamado *gráfico de dispersão*).

Verifique a precisão do seu programa de computador executando-o para 50 amostras em cada uma das cinco distâncias de separação T–R diferentes (um total de 250 valores de perda no caminho previstos), e determine o melhor expoente de perda de caminho e desvio padrão em torno do expoente médio de perda no caminho dos dados previstos usando as técnicas descritas no Exemplo 4.9. Desenhe o melhor modelo de perda média no caminho no gráfico disperso para ilustrar o ajuste do modelo aos valores previstos. Você saberá que seu simulador está funcionando se o melhor modelo de perda no caminho e o desvio padrão para seus dados simulados forem iguais aos parâmetros que você especificou como entradas do seu simulador.

4.32 Usando o programa de computador desenvolvido no Problema 4.31, desenvolva uma interface que permita que um usuário especifique as entradas conforme descritas no referido problema, além dos parâmetros de transmissor e receptor, como potência de transmissão, ganho da antena de transmissão, ganho da antena de recepção, largura de banda do receptor e valor de ruído do receptor. Usando esses parâmetros adicionais de entrada, e usando o conhecimento da função Q e cálculos de ruído (ver apêndices on-line), você pode agora determinar estatisticamente os níveis de cobertura para qualquer sistema de rádio móvel específico. Você pode querer implementar as pesquisas de tabela para funções Q e *erf* de modo que seu simulador ofereça respostas para os seguintes problemas de projeto de sistema sem fio:

a) Se um usuário especifica todos os parâmetros de entrada listados acima, e especifica uma SNR recebida desejada e um valor específico da distância de separação T–R, qual é a porcentagem de tempo em que a SNR será excedida no receptor?

b) Se um usuário especifica todos os parâmetros de entrada listados acima, e especifica uma porcentagem de tempo desejada que a SNR será excedida no receptor, então qual é o valor máximo da separação T–R que atenderá ou excederá a porcentagem especificada?

c) Se um usuário especifica uma porcentagem em particular que determinada SNR é fornecida para uma separação T–R em particular d (considerada como estando no limite de uma célula), então qual é a porcentagem da área que será coberta dentro da célula tendo o mesmo raio d?

d) Trate as questões **a** a **c** acima, exceto para o caso onde o usuário deseja especificar o nível de potência de sinal recebido (em dBm) em vez de especificar a SNR.

Verifique a funcionalidade do seu simulador pelo exemplo.

4.33 Um licenciado PCS planeja montar uma licença de 30 MHz na nova faixa PCS dos EUA de 1.850 MHz para 1.880 MHz (enlace reverso) e 1.930 MHz para 1.960 MHz (enlace direto). Eles pretendem usar equipamento de rádio DCS 1.900. DCS 1.900 oferece um serviço tipo GSM e admite oito usuários por canal de rádio de 200 kHz usando TDMA. Devido às técnicas digitais do GSM, os vendedores de GSM convenceram o licenciado de que, quando o expoente de perda no caminho é igual a quatro, GSM pode ser implantado usando a reutilização de quatro células.

a) Quantos canais de rádio GSM podem ser usados pelo licenciado?

b) Se cada estação-base DCS 1.900 pode admitir um máximo de 64 canais de rádio, quantos usuários podem ser atendidos por uma estação-base durante a operação totalmente carregada?

c) Se o licenciado deseja cobrir uma cidade tendo uma área em forma circular de 2.500 km^2, e as estações-base utilizam potências de transmissor de 20 W e antenas omnidirecionais com 10 dB de ganho, determine o número de células exigidas para fornecer cobertura de enlace direto para todas as partes da cidade. Suponha a reutilização de quatro células, e considere n = 4 e o desvio padrão de 8 dB se mantenham como modelo de perda no caminho para cada célula na cidade. Suponha também que um nível de sinal exigido de −90 dBm deva ser fornecido para 90% da área de cobertura em cada célula, e que cada estação móvel use uma antena com ganho de 3 dBi. Suponha que d_0 = 1 km.

d) Para a sua resposta em **c**, defina em detalhes exatos um esquema de reutilização de canal adequado para cada célula na cidade, e defina os canais usados por cada célula. Seu esquema deverá incluir detalhes como quantos canais cada estação-base deve utilizar, qual deve ser a distância de reutilização mais próxima e outras questões que definem claramente como atribuir canais geograficamente pela cidade. Você pode considerar que os usuários são distribuídos uniformemente pela cidade, que cada célula é eqüidistante de seis vizinhos, e você pode ignorar o efeito dos canais de controle (ou seja, suponha que todos os canais de rádio transportam apenas usuários de voz).

e) Quantas células (estações-base), canais de rádio totais e canais de usuário totais (existem oito canais de usuário por canal de rádio) estão disponíveis pela cidade inteira, com base na sua resposta em **d**? O número total de canais de usuário é igual à capacidade máxima do sistema e é um limite rígido no número de usuários que podem ser atendidos simultaneamente em capacidade total.

f) Se cada estação-base custa US$ 500 mil, e cada canal de rádio dentro da estação-base custa US$ 50 mil, qual é o custo do sistema em **e**? Esse é o custo inicial do sistema.

g) Se o sistema em **d** é projetado para 5% de probabilidade de bloqueio na partida, qual é o número máximo de assinantes que podem ser admitidos na partida? Esse é o número de fones que podem ser assinados inicialmente na partida. Suponha que cada canal do usuário seja entroncado junto com outros canais de usuário em outros canais de rádio dentro da estação-base.

h) Usando sua resposta em **g**, qual é o custo médio por usuário necessário para recuperar 10% do custo de montagem inicial do sistema após um ano se o número de assinantes for estático durante o ano 1?

4.34 Considere a reutilização de freqüência em sete células. A célula B1 é a célula desejada e B2 é uma célula de co-canal, como mostra a Figura P4.34a. Para uma estação móvel localizada na célula B1, ache o raio mínimo da célula R para dar uma razão C/I de enlace direto de pelo menos 18 dB pelo menos 99% do tempo. Considere o seguinte:

Interferência do co-canal devida à base B2 apenas.

Freqüência de portadora, f_c = 890 MHz.

Distância de referência, d_0 = 1 km (considere que a propagação do espaço livre do transmissor é d_0).

Considere antenas omnidirecionais para transmissor e receptor, onde G_{base} = 6 dBi e $G_{móvel}$ = 3 dBi.

Potência do transmissor, P_t = 10 W (suponha potência igual para todas as estações-base).

PL(dB) entre estação móvel e base B1 é dado como

$$\overline{PL}(\text{dB}) = \overline{PL}(d_0) + 10(2.5)\log\left(\frac{d_1}{d_0}\right) - X_\sigma \qquad \sigma = 0 \text{ dB}.$$

PL(dB) entre estação móvel e base B2 é dado como

$$\overline{PL}(\text{dB}) = \overline{PL}(d_0) + 10(4,0)\log\left(\frac{d_2}{d_0}\right) - X_\sigma \qquad \sigma = 7 \text{ dB}$$

Limites de célula são mostrados na Figura P4.34b.

4.35 Dado um modelo de perda no caminho interno da forma:

$$\overline{PL(d)}\text{dB} = 40 + 20\log d + \Sigma FAF \qquad d \geq 1 \text{ m}$$

onde d é medido em metros, ache a potência média recebida entre três andares de um prédio se FAF é 15 dB por andar. Suponha que o transmissor irradie 20 dBm e que antenas com ganho unitário sejam usadas no transmissor e receptor, e que o caminho em linha reta entre transmissor e receptor seja 15 m através dos andares.

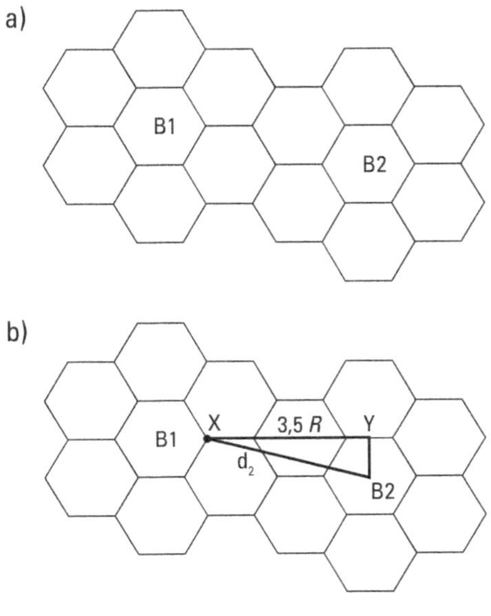

Figura P4.34 a) Estrutura de reutilização de sete células; b) geometria de interferência de co-canal entre B1 e B2.

Referências bibliográficas

1 STUTZMAN, W. L.; THIELE, G. A. Antenna Theory; Design, Nova York: John Wiley & Sons, 1981.

2 GRIFFITHS, J. Radio Wave Propagation; Antennas, Prentice Hall International, 1987.

KRAUSS, J. D. Antennas, Nova York: McGraw-Hill, 1950.

3 RAMO, S., WHINNERY, J. R.; VAN DUZER, T. Fields; Waves in Communication Electronics, Nova York: John Wiley & Sons, 1965.

4 VON HIPPLE, A.R. Dielectric Materials; Applications, Publicado pela MIT Press, MA, 1954.

5 STUTZMAN, W. L. Polarization in Electromagnetic Systems, Boston: Artech House, 1993.

6 Ibidem.

7 RAMO, S., WHINNERY, J. R.; VAN DUZER, T. Fields; Waves in Communication Electronics, Nova York: John Wiley & Sons, 1965.

8 FEUERSTEIN, M. J.; BLACKARD, K. L.; RAPPAPORT, T. S.; SEIDEL, S. Y.; XIA, H. H. "Path loss, delay spread; outage models as functions of antenna height for microcellular system design". IEEE Transactions on Vehicular Technology, v. 43, n. 3, August 1994, p. 487-498.

9 Ibidem.

10 LEE, W. C. Y. Mobile Communications Engineering, Nova York: McGraw Hill Publications, 1985.

11 BULLINGTON, K. "Radio propagation at frequencies above 30 megacycles". Proceedings of the IEEE, 35, 1947, p. 1122-1136.

12 MILLINGTON, G.; HEWITT, R.; IMMIRZI, F. S. "Double knife-edge diffraction in field strength predictions". Proceedings of the IEEE, 109C, 1962, p. 419-429.

13 EPSTEIN, J.; PETERSON, D. W. "An experimental study of wave propagation at 840 M/C". Proceedings of the IRE, 41, n. 5, 1953, p. 595-611.

DEYGOUT J. "Multiple knife-edge diffraction of microwaves". IEEE Transactions on Antennas; Propagation, v. AP-14, n. 4, 1966, p. 480-489.

14 BULLINGTON, K. "Radio propagation at frequencies above 30 megacycles". Proceedings of the IEEE, 35, 1947, p. 1122-1136.

15 AMENT, W. S. "Toward a theory of reflection by a rough surface". Proceedings of the IRE, v. 41, n. 1, jan. 1953, p. 142-146.

16 BOITHIAS, L. Radio Wave Propagation, Nova York: McGraw-Hill Inc., 1987.

17 LANDRON, O.; FEUERSTEIN, M. J.; RAPPAPORT, T. S. "A comparison of theoretical; empirical reflection coefficients for typical exterior wall surfaces in a mobile radio environment". IEEE Transactions on Antennas; Propagation, v. 44, n. 3, mar. 1996, p. 341-351.

18 SEIDEL, S.Y.; RAPPAPORT, T. S.; JAIN, S.; LORD, M.; SINGH, R. "path loss, scattering; multipath delay statistics in four european cities for digital cellular; microcellular radiotelephone". IEEE Transactions on Vehicular Technology, v. 40, n. 4, nov. 1991, p. 721-730.

19 VAN REES, J. "Measurements of the wideband radio channel characteristics for rural, residential; suburban areas". IEEE Transactions on Vehicular Technology, v. VT-36, fev. 1987, p.1-6.

ZOGG, A., "Multipath delay spread in a hilly region at 210 MHz". IEEE Transactions on Vehicular Technology, v. VT-36, nov. 1987, p. 184-187.

SEIDEL, S.Y.; RAPPAPORT, T. S.; JAIN, S.; LORD, M.; SINGH, R. "path loss, scattering; multipath delay statistics in four european cities for digital cellular; microcellular radiotelephone". IEEE Transactions on Vehicular Technology, v. 40, n. 4, nov. 1991, p. 721-730.

20 Ibidem.

21 LANDRON, O.; FEUERSTEIN, M. J.; RAPPAPORT, T. S. "A comparison of theoretical; empirical reflection coefficients for typical exterior wall surfaces in a mobile radio environment". IEEE Transactions on Antennas; Propagation, v. 44, n. 3, mar. 1996, p. 341-351.

22 RAPPAPORT, T. S.; MILSTEIN, L. B. "Effects of radio propagation path loss on ds-cdma cellular frequency reuse efficiency for the reverse channel". IEEE Transactions on Vehicular Technology, v. 41, n. 3, ago. 1992, p. 231-242.

23 LEE, W. C. Y. Mobile Communications Engineering, Nova York: McGraw Hill Publications, 1985.

24 COX, D. C.; MURRAY, R.; NORRIS, A. "800 MHz attenuation measured in; around suburban houses". AT&T Bell Laboratory Technical Journal, v. 673, n. 6, jul.-ago. 1984.

BERNHARDT, R. C. "Macroscopic diversity in frequency reuse systems". IEEE Journal on Selected Areas in Communications, v. SAC 5, jun. 1987, p. 862-878.

25 SEIDEL, S.Y.; RAPPAPORT, T. S.; JAIN, S.; LORD, M.; SINGH, R. "path loss, scattering; multipath delay statistics in four european cities for digital cellular; microcellular radiotelephone". IEEE Transactions on Vehicular Technology, v. 40, n. 4, nov. 1991, p. 721-730.

26 JAKES, W. C. Jr. Microwave Mobile Communications, Wiley-Interscience, 1974.

27 REUDINK, D. O. "Properties of mobile radio propagation above 400 MHz". IEEE Transactions on Vehicular Technology, v. 23, n. 2, nov. 1974, p. 1-20.

28 RICE, P. L.; LONGLEY, A. G.; NORTON, K. A.; BARSIS, A. P. "Transmission loss predictions for tropospheric communication circuits". NBS Tech Note 101; dois volumes; 7 maio 1965; revisado 1 maio 1966; revisado em jan. 1967.

LONGLEY, A G.; RICE, P. L. "Prediction of tropospheric radio transmission loss over irregular terrain; a computer method". ESSA Technical Report, ERL 79-ITS 67, 1968.

29 LONGLEY, A. G. "Radio propagation in urban areas". OT Report, abr. 1978, p. 78-144.

30 Ibidem.

31 OKUMURA, T.; OHMORI, E.; FUKUDA, K. "Field strength ; its variability in VHF; UHF land mobile service" Review Electrical Communication Laboratory, v. 16, n. 9-10, set.-out. 1968, p. 825-873.

32 EDWARDS, R.; DURKIN, J. "Computer prediction of service area for VHF mobile radio networks". Proceedings of the IEEE, v. 116, n. 9, 1969, p. 1493-1500.

33 DADSON, C. E.; Durkin, J.; Martin, E. "Computer prediction of field strength in the planning of radio systems". IEEE Transactions on Vehicular Technology, v. VT-24, n. 1, fev. 1975, p. 1-7.

34 EDWARDS, R.; DURKIN, J. "Computer prediction of service area for VHF mobile radio networks". Proceedings of the IEEE, v. 116, n. 9, 1969, p. 1493-1500.

35 EPSTEIN, J.; PETERSON, D. W. "An experimental study of wave propagation at 840 M/C". Proceedings of the IRE, 41, n. 5, 1953, p. 595-611.

36 OKUMURA, T.; OHMORI, E.; FUKUDA, K. "Field strength ; its variability in VHF; UHF land mobile service" Review Electrical Communication Laboratory, v. 16, n. 9-10, set.-out. 1968, p. 825-873.

37 Ibidem.

38 Ibidem.

39 HATA, Masaharu. "empirical formula for propagation loss in land mobile radio services". IEEE Transactions on Vehicular Technology, v. VT-29, n. 3, ago. 1980, p. 317-325.

40 EUROPEAN COOPERATION IN THE FIELD OF SCIENTIFIC; Technical Research EURO-COST 231, "Urban transmission loss models for mobile radio in the 900; 1800 MHz bands". Rev. 2, The Hague, set. 1991.

41 WALFISCH, J.; BERTONI, H. L. "A theoretical model of UHF propagation in urban environments". IEEE Transactions on Antennas; Propagation, v. AP-36, out. 1988, p. 1788-1796.

42 XIA, H.; BERTONI, H. L. "Diffraction of cylindrical; plane waves by an array of absorbing half screens". IEEE Transactions on Antennas; Propagation, v. 40, n. 2, fev. 1992, p. 170-177.

43 WALFISCH, J.; BERTONI, H. L. "A theoretical model of UHF propagation in urban environments". IEEE Transactions on Antennas; Propagation, v. AP-36, out. 1988, p. 1788-1796.

MACIEL, L. R.; BERTONI, H. L.; XIA, H. H. "Unified approach to prediction of propagation over buildings for all ranges of base station antenna height". IEEE Transactions on Vehicular Technology, v. 42, n. 1, fev. 1993, p. 41-45.

44 FEUERSTEIN, M. J.; BLACKARD, K. L.; RAPPAPORT, T. S.; SEIDEL, S. Y.; XIA, H. H. "Path loss, delay spread; outage models as functions of antenna height for microcellular system design". IEEE Transactions on Vehicular Technology, v. 43, n. 3, August 1994, p. 487-498.

45 WALFISCH, J.; BERTONI, H. L. "A theoretical model of UHF propagation in urban environments". IEEE Transactions on Antennas; Propagation, v. AP-36, out. 1988, p. 1788-1796.

46 COX, D. C.; MURRAY, R. R.; NORRIS, A. W. "Measurements of 800 MHz radio transmission into buildings with metallic walls". Bell Systems Technical Journal, v. 62, n. 9, nov. 1983, p. 2695-2717.

47 ALEXANDER, S. E. "Radio propagation within buildings at 900 MHz". Electronics Letters, v. 18, n. 21, 1982, p. 913-914.

48 MOLKDAR, D. "Review on radio propagation into; within buildings". IEEE Proceedings, v. 138, n. 1, fev. 1991, p. 61-73.

HASHEMI, H. "The indoor radio propagation channel". Proceedings of the IEEE, v. 81, n. 7, jul. 1993, p. 943-968.

49 RAPPAPORT, T. S. "Characterization of UHF multipath radio channels in factory buildings". IEEE Transactions on Antennas; Propagation, v. 37, n. 8, ago. 1989, p. 1058-1069.

50 FEUERSTEIN, M. J.; BLACKARD, K. L.; RAPPAPORT, T. S.; SEIDEL, S. Y.; XIA, H. H. "Path loss, delay spread; outage models as functions of antenna height for microcellular system design". IEEE Transactions on Vehicular Technology, v. 43, n. 3, August 1994, p. 487-498.

51 COX, D. C.; MURRAY, R. R.; NORRIS, A. W. "Measurements of 800 MHz radio transmission into buildings with metallic walls". Bell Systems Technical Journal, v. 62, n. 9, nov. 1983, p. 2695-2717.

52 RAPPAPORT, T. S. "The wireless revolution". IEEE Communications Magazine, nov. 1991, p. 52-71.

53 VIOLETTE, E. J.; ESPELAND, R. H.; ALLEN, K. C. "Millimeter-wave propagation characteristics; channel performance for urban-suburban environments". National Telecommunications; Information Administration, NTIA Report 88-239, dez. 1988.

54 SEIDEL, S. Y. et al. "The impact of surrounding buildings on propagation for wireless in-building personal communications system design". 1992 IEEE Vehicular Technology Conference, Denver, maio 1992, p. 814-818.

______.; RAPPAPORT, T. S. "914 MHz path loss prediction models for indoor wireless communications in multifloored buildings". IEEE Transactions on Antennas; Propagation, v. 40, n. 2, fev. 1992, p. 207-217.

55 SEIDEL, S. Y. et al. "The impact of surrounding buildings on propagation for wireless in-building personal communications system design". 1992 IEEE Vehicular Technology Conference, Denver, maio 1992, p. 814-818.

56 ANDERSON, J. B.; RAPPAPORT, T. S.; YOSHIDA, S. "Propagation measurements; models for wireless communications channels". IEEE Communications Magazine, nov. 1994.

57 AKERBERG, D. "Properties of a TDMA picocellular office communication system". IEEE Globe-com, dez. 1988, p. 1343-1349.

58 BERNHARDT, R. C. "The effect of path loss models on the simulated performance of portable radio systems". IEEE Globecom, 1989, p. 1356-1360.

59 AKERBERG, D. "Properties of a TDMA picocellular office communication system". IEEE Globe-com, dez. 1988, p. 1343-1349.

60 SEIDEL, S. Y.; RAPPAPORT, T. S. "914 MHz path loss prediction models for indoor wireless communications in multifloored buildings". IEEE Transactions on Antennas; Propagation, v. 40, n. 2, fev. 1992, p. 207-217.

61 MORROW, R. K.; RAPPAPORT, T. S. "Getting in". Wireless Review, 1 mar., 2000, p. 42-44. Disponível em: http://www.wireless-review.com/issues/2000/00301/feat24.htm.

SKIDMORE, R.; RAPPAPORT, T. S.; ABBOTT, A. L. "Interactive coverage region; system design simulation for wireless communication systems in multifloored environments: SMT plus". IEEE International Conference on Universal Personal Communications, Cambridge, MA, 29 set.- 2 out., 1996, p. 646-650.

62 MORROW, R. K.; RAPPAPORT, T. S. "Getting in". Wireless Review, 1 mar., 2000, p. 42-44. Disponível em: http://www.wireless-review.com/issues/2000/00301/feat24.htm.

SKIDMORE, R.; RAPPAPORT, T. S.; ABBOTT, A. L. "Interactive coverage region; system design simulation for wireless communication systems in multifloored environments: SMT plus". IEEE International Conference on Universal Personal Communications, Cambridge, MA, 29 set.- 2 out., 1996, p. 646-650.

RAPPAPORT, T. S. "Isolating interference". Wireless Review, 1 maio, 2000, p. 33-35. Disponível em: http://www.wirelessreview.com/issues/2000/00501/feat23.htm.

63 SEIDEL, S. Y. et al. "The impact of surrounding buildings on propagation for wireless in-building personal communications system design". 1992 IEEE Vehicular Technology Conference, Denver, maio 1992, p. 814-818.

______.; RAPPAPORT, T. S. "914 MHz path loss prediction models for indoor wireless communications in multifloored buildings". IEEE Transactions on Antennas; Propagation, v. 40, n. 2, fev. 1992, p. 207-217.

64 SEIDEL, S. Y.; RAPPAPORT, T. S. "914 MHz path loss prediction models for indoor wireless communications in multifloored buildings". IEEE Transactions on Antennas; Propagation, v. 40, n. 2, fev. 1992, p. 207-217.

65 ANDERSON, J. B.; RAPPAPORT, T. S.; YOSHIDA, S. "Propagation measurements; models for wireless communications channels". IEEE Communications Magazine, nov. 1994.

66 DEVASIRVATHAM, D. M. J.; BANERJEE, C.; KRAIN, M. J.; RAPPAPORt, D. A. "Multi-frequency radiowave propagation measurements in the portable radio environment". IEEE International Conference on Communications, 1990, p. 1334-1340.

67 SEIDEL, S. Y.; RAPPAPORT, T. S. "914 MHz path loss prediction models for indoor wireless communications in multifloored buildings". IEEE Transactions on Antennas; Propagation, v. 40, n. 2, fev. 1992, p. 207-217.

68 Ibidem.

69 Ibidem.

70 Ibidem.

71 Ibidem.

72 TURKMANI, A. M. D.; PARSON, J. D.; LEWIS, D. G. "Radio propagation into buildings at 441, 900; 1400 MHz". Proceedings of the 4th International Conference on Land Mobile Radio, dez. 1987.

73 ______.; TOLEDO, A. F. "Propagation into; within buildings at 900, 1800; 2300 MHz". IEEE Vehicular Technology Conference, 1992.

74 WALKER, E. H. "Penetration of radio signals into buildings in cellular radio environments". IEEE Vehicular Technology Conference, 1992.

75 TURKMANI, A. M. D.; PARSON, J. D.; LEWIS, D. G. "Radio propagation into buildings at 441, 900; 1400 MHz". Proceedings of the 4th International Conference on Land Mobile Radio, dez. 1987.

76 DURANTE, J. M. "Building penetration loss at 900 MHz". IEEE Vehicular Technology Conference, 1973.

77 HORIKISHI, J. et al. "1.2 GHz band wave propagation measurements in concrete buildings for indoor radio communications". IEEE Transactions on Vehicular Technology, v. VT-35, n. 4, 1986.

78 RUSSEL, T. A.; BOSTIAN, C. W.; RAPPAPORT, T. S. "A deterministic approach to predicting microwave diffraction by buildings for microcellular systems". IEEE Transactions on Antennas; Propagation, v. 41, n. 12, dez. 1993, p. 1640-1649.

79 SCHAUBACH, K. R.; DAVIS, N. J. IV; RAPPAPORT, T. S. "a ray tracing method for predicting path loss; delay spread in microcellular environments". Em 42nd IEEE Vehicular Technology Conference, Denver, maio 1992, p. 932-935.

ROSSI, J.-P.; LEVI, A. J. "A ray model for decimetric radiowave propagation in an urban area". Radio Science, v. 27, n. 6, 1993, p. 971-979.

WAGEN, J.; RIZK, K. "Ray tracing based prediction of impulse responses in urban microcells". IEEE Vehicular Technology Conference, Stockholm, Suécia, jun. 1994, p. 210-214.

RAPPAPORT, T. S. "Isolating interference". Wireless Review, 1 maio, 2000, p. 33-35. Disponível em: http://www.wirelessreview.com/issues/2000/00501/feat23.htm.

80 VALENZUELA, R. A. "A ray tracing approach to predicting indoor wireless transmission". IEEE Vehicular Technology Conference Proceedings, 1993, p. 214-218.

SEIDEL, S. Y.; RAPPAPORT, T. S. "Site-specific propagation prediction for wireless in-building personal communication system design". IEEE Transactions on Vehicular Technology, v. 43, n. 4, nov. 1994.

KREUZGRUBER, P. et al. "Prediction of indoor radio propagation with the ray splitting model including edge diffraction; rough surfaces". IEEE Vehicular Technology Conference, Stockholm, Suécia, jun. 1994, p. 878-882.

SKIDMORE, R.; RAPPAPORT, T. S.; ABBOTT, A. L. "Interactive coverage region; system design simulation for wireless communication systems in multifloored environments: SMT plus". IEEE International Conference on Universal Personal Communications, Cambridge, MA, 29 set.- 2 out., 1996, p. 646-650.

MORROW, R. K.; RAPPAPORT, T. S. "Getting in". Wireless Review, 1º mar., 2000, p. 42-44. Disponível em: http://www.wirelessreview. com/issues/2000/00301/feat24.htm.

81 RAPPAPORT, T. S. "Isolating interference". Wireless Review, 1 maio, 2000, p. 33-35. Disponível em: http://www.wirelessreview.com/issues/2000/00501/feat23.htm.

82 STUTZMAN, W. L.; THIELE, G. A. Antenna Theory; Design, Nova York: John Wiley & Sons, 1981.

Propagação de rádio móvel: atenuação em pequena escala e caminhos múltiplos

A atenuação em pequena escala, ou simplesmente *atenuação* (*fading*), é usada para descrever as flutuações rápidas das amplitudes, fases ou atrasos de caminhos múltiplos de um sinal de rádio em um curto período de tempo ou distância, de modo que os efeitos da perda no caminho em larga escala possam ser ignorados. A atenuação é causada pela interferência entre duas ou mais versões do sinal transmitido, que chegam no receptor em tempos ligeiramente diferentes. Essas ondas, chamadas *ondas de caminhos múltiplos*, se combinam na antena do receptor, resultando em um sinal que pode variar muito em amplitude e fase, dependendo da distribuição da intensidade, do tempo relativo de propagação das ondas e da largura de banda do sinal transmitido.

5.1 Propagação de caminhos múltiplos em pequena escala

O caminho múltiplo no canal de rádio cria efeitos de atenuação em pequena escala. Os três efeitos mais importantes são:

- Mudanças rápidas na intensidade do sinal em uma pequena distância ou intervalo de tempo.
- Modulação de freqüência aleatória por causa de mudanças Doppler variáveis em diferentes sinais de caminho múltiplo.
- Dispersão de tempo (ecos) causada por atrasos de propagação de caminho múltiplo.

Em áreas urbanas construídas, a atenuação ocorre porque a altura das antenas móveis é menor que a altura das estruturas ao redor, de modo que não existe um único caminho de linha de visão, para a estação-base. Até mesmo quando existe uma linha de visão, o caminho múltiplo ainda ocorre devido a reflexões no solo e nas estruturas ao redor. As ondas de rádio chegam de diferentes direções com diferentes atrasos de propagação. O sinal recebido pela estação móvel em qualquer ponto no espaço pode consistir de um grande número de ondas planas com amplitudes, \fases e ângulos de chegada distribuídos aleatoriamente. Essas componentes de caminho múltiplo se combinam vetorialmente na antena receptora e podem fazer com que o sinal recebido pela estação móvel se distorça ou seja atenuado. Até mesmo quando um receptor móvel é estacionário, o sinal recebido pode ser atenuado devido ao movimento dos objetos ao redor no canal de rádio.

Se os objetos no canal de rádio forem estáticos e o movimento for considerado apenas devido ao da estação móvel, então a atenuação é puramente um fenômeno espacial. As variações espaciais do sinal resultante são vistas como variações temporais pelo receptor enquanto ele se move pelo campo de caminho múltiplo. Por conta dos efeitos construtivos e destrutivos das ondas de caminho múltiplo somando-se em vários pontos no espaço, um receptor movendo-se em alta velocidade pode passar por várias atenuações em um pequeno período de tempo. Em um caso mais sério, um receptor pode parar em um local específico em que o sinal recebido está em uma atenuação profunda. Nesse caso, manter boas comunicações pode ser muito difícil, embora veículos passando ou pessoas caminhando nas vizinhanças da estação móvel possam, em geral, alterar o padrão do campo, diminuindo assim a probabilidade de que o sinal recebido permaneça em um nulo profundo por um longo período de tempo. Antenas com diversidade espacial podem impedir atenuações de nulos profundos, como será visto no Capítulo 6. A Figura 3.1 mostra variações rápidas típicas no nível de sinal recebido devido à atenuação em pequena escala, enquanto um receptor é movido por uma distância de alguns metros.

Por conta do movimento relativo entre a estação móvel e a estação-base, cada onda de caminho múltiplo experimenta uma mudança aparente na freqüência. A mudança na freqüência do sinal devida ao movimento é chamada de deslocamento Doppler e é diretamente proporcional à velocidade e direção do movimento da estação móvel em relação à direção da chegada da onda de caminho múltiplo recebida.

5.1.1 Fatores influenciando a atenuação em pequena escala

Muitos fatores físicos do canal de propagação de rádio influenciam a atenuação em pequena escala. Entre eles, podemos citar:

- **Propagação de caminho múltiplo:** a presença de objetos refletindo e dispersores no canal cria um ambiente em constante mudança, que dissipa a energia do sinal em amplitude, fase e tempo. Esses efeitos resultam em múltiplas versões do sinal transmitido que chegam na antena receptora, deslocados em relação um ao outro na orientação temporal e espacial. A fase e as amplitudes aleatórias dos diferentes componentes de caminho múltiplo causam flutuações na intensidade do sinal, induzindo assim a atenuação em pequena escala, a distorção do sinal, ou ambos.

A propagação em caminho múltiplo normalmente estica o tempo exigido para que a parte de banda base do sinal possa alcançar o receptor, o que pode causar manchas no sinal devido à interferência entre símbolos.

- **Velocidade da estação móvel:** o movimento relativo entre a estação-base e a estação móvel resulta em modulação de freqüência aleatória por causa de diferentes deslocamentos Doppler em cada um dos componentes do caminho múltiplo. O deslocamento Doppler será positivo ou negativo, dependendo de o receptor móvel estar se aproximando ou se afastando da estação-base.
- **Velocidade dos objetos ao redor:** se os objetos no canal de rádio estiverem em movimento, eles induzem um deslocamento Doppler variável com o tempo sobre os componentes do caminho múltiplo. Se os objetos ao redor se movem em uma velocidade maior que a da estação móvel, então esse efeito domina a atenuação em pequena escala. Caso contrário, o movimento dos objetos ao redor pode ser ignorado, e somente a velocidade da estação móvel precisa ser considerada. O *tempo de coerência* define a 'estaticidade' do canal e sofre impacto direto do deslocamento Doppler.
- **Largura de banda de transmissão do sinal:** se a largura de banda do sinal de rádio transmitido for maior que a 'largura de banda' do canal de caminho múltiplo, o sinal recebido será distorcido, mas a intensidade desse sinal não atenuará muito em um determinado local (ou seja, a atenuação do sinal em pequena escala não será significativa). Como será visto mais à frente, a largura de banda do canal pode ser quantificada pela *largura de banda de coerência*, que está relacionada com a estrutura específica de caminho múltiplo do canal. A largura de banda de coerência é uma medida da diferença da freqüência máxima para a qual os sinais ainda estão fortemente correlacionados em amplitude. Se o sinal transmitido tem uma largura de banda estreita em comparação com o canal, a amplitude do sinal mudará rapidamente, mas o sinal não será distorcido no tempo. Assim, as estatísticas acerca da intensidade do sinal em pequena escala e a probabilidade de mancha de sinal aparecer para distâncias pequenas estão bastante relacionadas às amplitudes e atrasos específicos do canal de caminho múltiplo, além da largura de banda do sinal transmitido.

5.1.2 Deslocamento Doppler

Considere uma estação móvel deslocando-se a uma velocidade constante, v, ao longo de um segmento de caminho com extensão d entre os pontos X e Y, enquanto recebe os sinais de uma fonte remota S, conforme ilustrado na Figura 5.1. A diferença nas extensões do caminho atravessado pela onda da origem S até a estação móvel nos pontos X e Y é $\Delta l = d\cos\theta = v\Delta t\cos\theta$, onde Δt é o tempo exigido para a estação móvel passar de X para Y, e θ é considerado igual nos pontos X e Y, pois a origem é muito distante. Portanto, a mudança de fase no sinal recebido, devido à diferença nas extensões do caminho, é

$$\Delta\phi = \frac{2\pi\Delta l}{\lambda} = \frac{2\pi v\Delta t}{\lambda}\cos\theta \qquad (5.1)$$

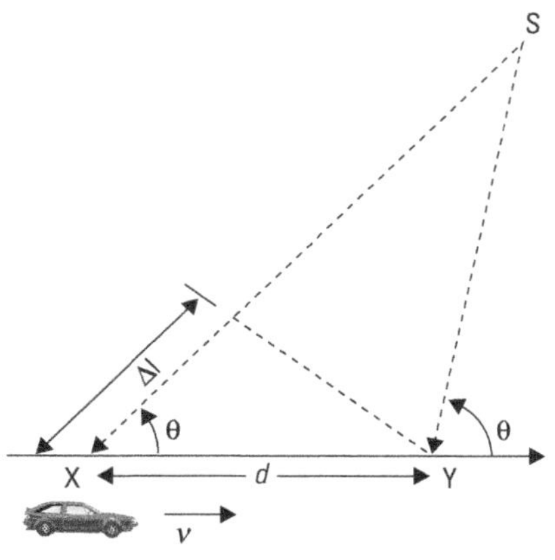

Figura 5.1 Ilustração do efeito Doppler.

portanto, a mudança aparente na freqüência, ou deslocamento Doppler, é dada por fd, onde

$$f_d = \frac{1}{2\pi}\cdot\frac{\Delta\phi}{\Delta t} = \frac{v}{\lambda}\cdot\cos\theta \qquad (5.2)$$

A Equação 5.2 relaciona o deslocamento Doppler à velocidade da estação móvel e ao ângulo espacial entre a direção do movimento da estação móvel e a direção da chegada da onda. Pode-ser ver nessa equação que se a estação móvel estiver se movimentando na direção da chegada da onda, o deslocamento Doppler é positivo (ou seja, a freqüência aparente recebida é aumentada), e se a estação móvel estiver se afastando da direção da chegada da onda, o deslocamento Doppler é negativo (ou seja, a freqüência aparente recebida é diminuída). Como será visto na Seção 5.7.1, os componentes de caminho múltiplo de um sinal de CW que chegam de diferentes direções contribuem para a difusão Doppler do sinal recebido, aumentando assim a largura de banda do sinal.

Exemplo 5.1

Considere um transmissor que irradia uma freqüência de portadora senoidal de 1.850 MHz. Para um veículo movendo-se a 60 mph, calcule a freqüência de portadora recebida se a estação móvel estiver se movendo a) diretamente em direção ao transmissor; b) diretamente para longe do transmissor; c) em uma direção perpendicular à direção da chegada do sinal transmitido.

Solução

Dados:

Freqüência de portadora f_c = 1.850 MHz

Portanto, o comprimento de onda

$$\lambda = c/f_c = \frac{3\times10^8}{1.850\times10^6} = 0{,}162\ \text{m}$$

Velocidade do veículo v = 60 mph = 26,82 m/s

a) O veículo está se movendo diretamente em direção ao transmissor.

O deslocamento Doppler neste caso é positivo e a freqüência recebida é dada pela Equação 5.2

$$f = f_c + f_d = 1.850 \times 10^6 + \frac{26,82}{0,162} = 1.850,00016 \text{ MHz}$$

b) O veículo está se movendo diretamente para longe do transmissor.

O deslocamento Doppler neste caso é negativo, portanto, a freqüência recebida é dada por

$$f = f_c - f_d = 1.850 \times 10^6 - \frac{26,82}{0,162} = 1.849,999834 \text{ MHz}$$

c) O veículo está se movendo em uma direção perpendicular à direção de chegada do sinal transmitido.

Neste caso, $\theta = 90°$, $\cos\theta = 0$, e não existe deslocamento Doppler.

A freqüência do sinal recebido é a mesma que a freqüência transmitida de 1.850 MHz.

5.2 Modelo de resposta ao impulso de um canal de caminhos múltiplos

As pequenas variações de um sinal de rádio móvel podem estar relacionadas diretamente à resposta ao impulso do canal de rádio da estação móvel. A resposta ao impulso é uma caracterização de canal de banda larga e contém todas as informações necessárias para simular ou analisar qualquer tipo de transmissão de rádio pelo canal. Isso provém do fato de que um canal de rádio móvel pode ser modelado como um filtro linear com uma resposta ao impulso variando com o tempo, em que a variação de tempo deve-se à movimentação do receptor no espaço. A natureza de filtragem do canal é causada pelo somatório de amplitudes e atrasos das múltiplas ondas que chegam em qualquer instante de tempo. A resposta ao impulso é uma caracterização útil do canal, pois pode ser usada para prever e comparar o desempenho de muitos sistemas de comunicação móveis e larguras de banda de transmissão para determinada condição de canal móvel.

Para mostrar que um canal de rádio móvel pode ser modelado como um filtro linear com uma resposta ao impulso variando com o tempo, considere o caso em que a variação no tempo deve-se estritamente à movimentação do receptor no espaço, como é mostrado na Figura 5.2.

Na Figura 5.2 o receptor se move ao longo do solo em uma velocidade constante v. Para uma posição fixa d, o canal entre o transmissor e o receptor pode ser modelado como um sistema linear invariável no tempo. Porém, devido às diferentes ondas de caminho múltiplo — as quais possuem atrasos de propagação que variam nos diferentes locais espaciais do receptor —, a resposta ao impulso do canal linear invariável com o tempo deverá ser uma função da posição do receptor. Ou seja, a resposta ao impulso do canal pode ser expressa como $h(d,t)$. Considerando que $x(t)$ represente o sinal transmitido, então o sinal recebido $y(d,t)$, na posição d, pode ser expresso como uma convolução de $x(t)$ com $h(d,t)$.

$$y(d, t) = x(t) \otimes h(d, t) = \int_{-\infty}^{\infty} x(\tau)h(d, t-\tau)d\tau \quad (5.3)$$

Para um sistema causal, $h(d,t) = 0$ para $t < 0$, de modo que a Equação 5.3 se reduz a

$$y(d, t) = \int_{-\infty}^{t} x(\tau)h(d, t-\tau)d\tau \quad (5.4)$$

Como o receptor se move ao longo do solo a uma velocidade constante v, a posição do receptor pode ser expressa como

$$d = vt \quad (5.5)$$

Substituindo a Equação 5.5 na Equação 5.4 obtemos

$$y(vt, t) = \int_{-\infty}^{t} x(\tau)h(vt, t-\tau)d\tau \quad (5.6)$$

Como v é uma constante, $y(vt,t)$ é apenas uma função de t. Portanto, a Equação 5.6 pode ser expressa como

$$\begin{aligned} y(t) &= \int_{-\infty}^{t} x(\tau)h(vt, t-\tau)d\tau \\ &= x(t) \otimes h(vt,t) = x(t) \otimes h(d, t) \end{aligned} \quad (5.7)$$

Pela Equação 5.7 está claro que o canal de rádio da estação móvel pode ser modelado como um canal linear variável no tempo, em que o canal muda com o tempo e a distância.

Como v pode ser considerado constante em um intervalo de tempo (ou distância) curto, podemos considerar que $x(t)$ representa a forma de onda da banda de passagem transmitida, $y(t)$ a forma de onda recebida, e $h(t,\tau)$ a resposta ao impulso do canal de rádio de caminho múltiplo variável no tempo. A resposta ao impulso $h(t,\tau)$ caracteriza completamente o canal e é uma função de t e de τ. A variável t representa as variações no tempo devidas ao movimento, enquanto τ representa o atraso de caminho múltiplo do canal para um valor fixo de t. Pode-se pensar em τ como sendo um ajuste vernier de tempo. O sinal recebido $y(t)$ pode ser expresso como uma convo-

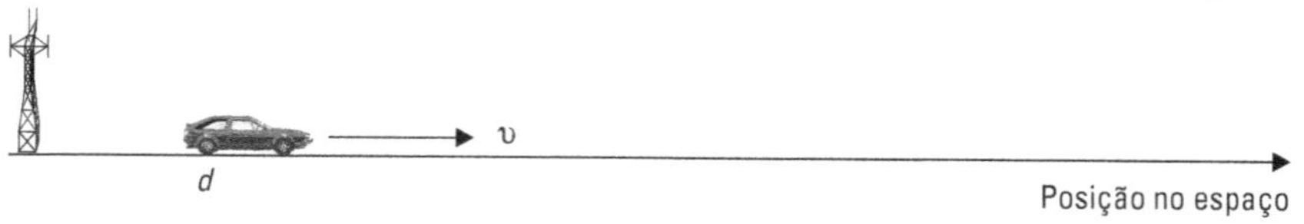

Figura 5.2 O canal de rádio móvel como uma função do tempo e do espaço.

lução do sinal transmitido $x(t)$ com a resposta ao impulso do canal (ver Figura 5.3a).

$$y(t) = \int_{-\infty}^{\infty} x(\tau)h(t, \tau)d\tau = x(t) \otimes h(t, \tau) \quad (5.8)$$

Se o canal de caminho múltiplo for considerado um canal de banda de passagem limitado pela banda, o que é razoável, então $h(t,\tau)$ pode ser descrito, de modo equivalente, como uma resposta ao impulso da banda base complexa $h_b(t,\tau)$, com a entrada e a saída sendo as representações de envelope complexo dos sinais transmitido e recebido, respectivamente (ver Figura 5.3b). Ou seja,

$$r(t) = c(t) \otimes \frac{1}{2} h_b(t, \tau) \quad (5.9)$$

onde $c(t)$ e $r(t)$ são os envelopes complexos de $x(t)$ e $y(t)$, definidos como

$$x(t) = Re\{c(t)\exp(j2\pi f_c t)\} \quad (5.10)$$

$$y(t) = Re\{r(t)\exp(j2\pi f_c t)\} \quad (5.11)$$

O fator de 1/2 na Equação 5.9 deve-se às propriedades do envelope complexo, a fim de representar o sistema de rádio da banda de passagem na banda base. A caracterização baixa remove as variações de freqüência altas causadas pela portadora, tornando o sinal analiticamente mais fácil de se tratar. Foi demonstrado por Couch[1] que a potência média de um sinal de banda de passagem $\overline{x^2(t)}$ é igual a $0{,}5\overline{|c(t)|^2}$, onde o grifo superior indica a média conjunta para um sinal estocástico, ou a média de tempo para um sinal estocástico determinístico ou ergódico.

É útil separar o eixo de atraso de caminho múltiplo τ da resposta ao impulso em segmentos de atraso com tempos iguais, chamados *blocos de atraso em excesso*, onde cada bloco tem uma largura de atraso de tempo igual a $\tau_{i+1} - \tau_i$, onde τ_0 é igual a 0 e representa o primeiro sinal chegando no receptor. Considerando $i = 0$, observa-se que $\tau_1 - \tau_0$ é igual à largura do bloco de atraso de tempo dado por $\Delta\tau$. Por convenção, $\tau_0 = 0$, $\tau_1 = \Delta\tau$ e $\tau_i = i\Delta\tau$, para $i = 0$ a $N - 1$, onde N representa o número total de componentes de caminho múltiplo igualmente espaçados possíveis, incluindo o primeiro componente que chega. Qualquer quantidade de sinais de caminho múltiplo recebidos dentro do i-ésimo bloco é representada por um único componente de caminho múltiplo resolvível como tendo atraso τ_i. Essa técnica de quantificar os blocos de atraso determina a resolução de atraso de tempo do modelo de canal, e a faixa de freqüência útil do modelo pode ser considerada $2/\Delta\tau$. Ou seja, o modelo pode ser usado para analisar os sinais de RF transmitidos com larguras de banda menores que $2/\Delta\tau$. Observe que $\tau_0 = 0$ é o atraso de tempo em excesso do primeiro componente de caminho múltiplo chegando e desconsidera o atraso de propagação entre transmissor e receptor. O *atraso em excesso* é o atraso relativo do i-ésimo componente de caminho múltiplo comparado com o primeiro componente que chega e é dado por τ_i. O *máximo atraso em excesso* do canal é dado por $N\Delta\tau$.

Como o sinal recebido em um canal de caminho múltiplo consiste em uma série de réplicas do sinal transmitido, atenuadas, atrasadas no tempo e deslocadas em fase, a resposta ao impulso da banda base de um canal de caminho múltiplo pode ser expressa como

$$h_b(t, \tau) = \sum_{i=0}^{N-1} a_i(t, \tau)\exp [j(2\pi f_c \tau_i(t) + \phi_i(t, \tau))]\delta(\tau - \tau_i(t)) \quad (5.12)$$

onde $a_i(t,\tau)$ e $\tau_i(t)$ são as amplitudes reais e os atrasos em excesso, respectivamente, do i-ésimo componente de caminho múltiplo no tempo t.[2] O termo de fase $2\pi f_c \tau_i(t) + \phi_i(t,\tau)$ na Equação 5.12 representa o deslocamento de fase devido à propagação no espaço livre do i-ésimo componente de caminho múltiplo, mais quaisquer deslocamentos de fase adicionais que sejam encontrados no canal. Em geral, o termo de fase é representado simplesmente por uma única variável $\phi_i(t,\tau)$ que reúne todos os mecanismos para deslocamentos de fase de um único componente de caminho múltiplo dentro do i-ésimo bloco de atraso em excesso. Observe que alguns blocos de atraso em ex-

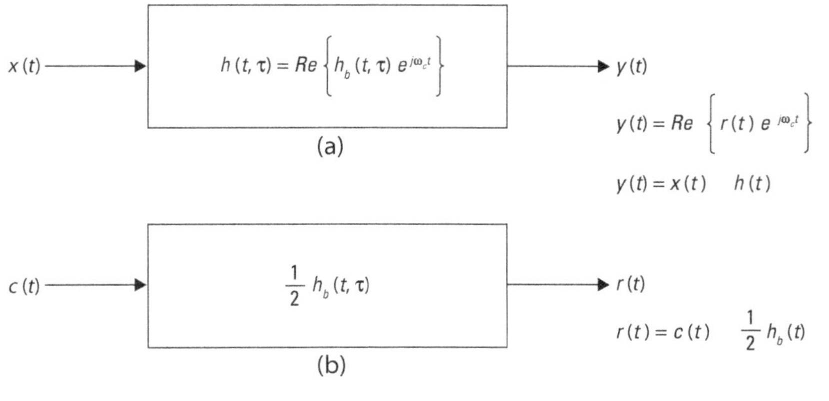

Figura 5.3 a) Modelo de resposta ao impulso do canal da banda de passagem; b) modelo de resposta ao impulso do canal equivalente da banda base.

cesso podem não ter caminho múltiplo em algum tempo t e atraso τ_i, pois $a_i(t,\tau)$ pode ser zero. Na Equação 5.12, N é o número total possível de componentes de caminho múltiplo (blocos), e $\delta(\bullet)$ é a função de impulso unitária que determina os blocos de caminho múltiplo específicos que possuem componentes no tempo t e atrasos em excesso τ_i. A Figura 5.4 ilustra um exemplo de diferentes instantâneos de $h_b(t,\tau)$, onde t varia na página, e os blocos de atraso de tempo são quantificados como larguras de $\Delta\tau$. Os sistemas modernos de comunicação sem fio recentemente usavam a filtragem espacial para aumentar a capacidade e a cobertura, e normalmente é útil modificar a Equação 5.12 para incluir os efeitos do ângulo de chegada de cada componente de caminho múltiplo[3].

É importante observar que, dependendo da escolha de $\Delta\tau$ e das propriedades físicas de atraso do canal, pode haver dois ou mais sinais de caminho múltiplo que chegam dentro de um bloco de atraso em excesso que não podem ser resolvidos, e que se combinam vetorialmente para gerar amplitude e fase instantâneas de um único componente de caminho múltiplo modelado. Essas situações fazem com que uma amplitude de caminho múltiplo dentro de um bloco de atraso em excesso se enfraqueça. Porém, quando somente um único componente de caminho múltiplo chega dentro de um bloco de atraso em excesso, geralmente a amplitude para esse atraso de tempo em particular não enfraquecerá de forma significativa.

Se a resposta ao impulso do canal for considerada invariável com o tempo, ou se for pelo menos estacionária no sentido da largura por um intervalo de tempo ou distância em pequena escala, então a resposta de impulso do canal pode ser simplificada para

$$h_b(\tau) = \sum_{i=0}^{N-1} a_i \exp(j\theta_i)\delta(\tau - \tau_i) \qquad (5.13)$$

A suposição de invariância de tempo para uma área é válida quando a resolução de atraso de tempo do modelo de resposta ao impulso do canal resolve precisa e exclusivamente cada componente de caminho múltiplo para a área.

Ao medir ou prever $h_b(\tau)$, um pulso de sondagem $p(t)$, que se aproxima de uma função delta, é usado no transmissor. Ou seja,

$$p(t) \approx \delta(t - \tau) \qquad (5.14)$$

é usado para sondar o canal a fim de determinar $h_b(\tau)$.

Para a modelagem de canal em pequena escala, o *perfil de atraso de potência* do canal é descoberto apanhando-se a média espacial de $|h_b(t;\tau)|^2$ para um local. Apanhando-se várias medições de $|h_b(t;\tau)|^2$ em diferentes locais, é possível montar um conjunto de perfis de atraso de potência, cada um representando um estado de canal de caminho múltiplo possível em pequena escala[4].

Com base no trabalho de Cox[5], se $p(t)$ possui uma duração de tempo muito menor que a resposta ao impulso do canal de caminho múltiplo, $p(t)$ não precisa ser desconvoluído a partir do sinal recebido $r(t)$ a fim de determinar as intensidades de canal de caminho múltiplo relativas. O perfil de atraso de potência recebido em um local é dado por

$$P(\tau) \approx k\overline{|h_b(t;\tau)|^2} \qquad (5.15)$$

onde a barra representa a média para o local e muitos instantâneos de $|h_b(t;\tau)|^2$ normalmente têm a média calculada para um local (em pequena escala) para fornecer um único perfil de atraso de potência em caminho múltiplo $P(\tau)$ invariável com o tempo. O ganho k na Equação 5.15 relaciona-se à potência transmitida na sondagem do pulso $p(t)$ para a potência total recebida em um perfil de atraso de caminho múltiplo.

5.2.1 Relação entre largura de banda e potência recebida

Em sistemas de comunicação sem fio reais, a resposta ao impulso de um canal de caminho múltiplo é medida em campo usando-se técnicas de sondagem de canal.

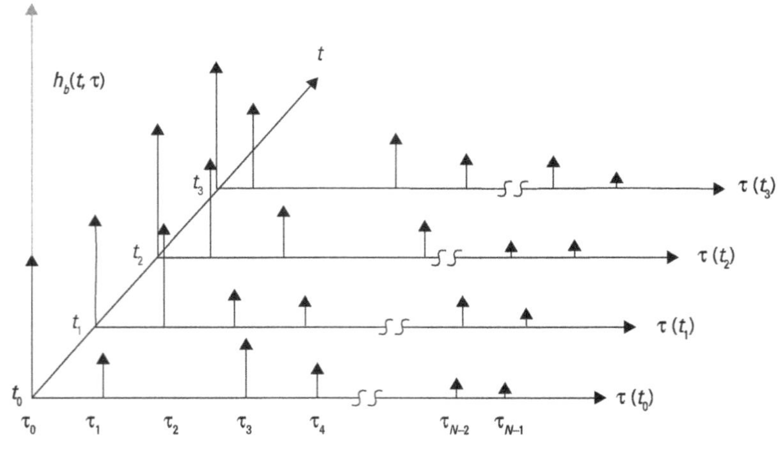

Figura 5.4 Exemplo de modelo de resposta ao impulso de tempo discreto variando no tempo para um canal de rádio de caminho múltiplo. Modelos discretos são úteis na simulação, onde os dados de modulação passam por convolução com a resposta de impulso do canal[6].

Agora, vamos considerar dois casos extremos de sondagem de canal como meios de demonstrar como a atenuação em pequena escala se comporta de forma diferente para dois sinais com larguras de banda diferentes em um canal de caminho múltiplo idêntico.

Considere um sinal de RF pulsado, transmitido na forma

$$x(t) = \text{Re}\{p(t)\exp(j2\pi f_c t)\}$$

onde $p(t)$ é um trem de pulsos de banda base repetitivos com largura de pulso muito estreita T_{bb} e período de repetição T_{REP}, que é muito maior do que o máximo atraso em excesso medido τ_{max} no canal. Esse pulso de banda larga produzirá uma saída que se aproxima de $h_b(t,\tau)$. Agora, considere que

$$p(t) = 2\sqrt{\tau_{max}/T_{bb}} \quad \text{para } 0 \le t \le T_{bb}$$

e considere que $p(t)$ seja zero em outra parte para todos os atrasos em excesso de interesse. A saída baixa do canal $r(t)$ é descoberta pela convolução de $p(t)$ com $h_b(t,\tau)$ e resulta em

$$\begin{aligned} r(t) &= \frac{1}{2}\sum_{i=0}^{N-1} a_i(\exp(j\theta_i)) \cdot p(t-\tau_i) \\ &= \sum_{i=0}^{N-1} a_i \exp(j\theta_i) \cdot \sqrt{\frac{\tau_{max}}{T_{bb}}}\ \text{ret}\left[t - \frac{\tau_i}{T_{bb}} - \frac{1}{2}\right] \end{aligned} \tag{5.16}$$

Para determinar a potência recebida em algum tempo t_0, a potência $|r(t_0)|^2$ é medida. A quantidade $|r(t_0)|^2$ é descoberta somando-se as potências de caminho múltiplo resolvidas no *perfil de atraso de potência em caminho múltiplo instantânea* $|h_b(t_0;\tau)|^2$ do canal, e é igual à energia recebida pela duração de tempo do atraso de caminho múltiplo dividida por τ_{max}. Ou seja, usando a Equação 5.16, tem-se

$$\begin{aligned} |r(t_0)|^2 &= \frac{1}{\tau_{max}} \int_0^{\tau_{max}} r(t) \times r^*(t)dt \\ &= \frac{1}{\tau_{max}} \int_0^{\tau_{max}} \frac{1}{4}\text{Re}\left\{\sum_{j=0}^{N-1}\sum_{i=0}^{N-1} a_j(t_0)a_i(t_0)\right. \\ &\left. p(t-\tau_j)p(t-\tau_i)\exp(j(\theta_j-\theta_i))\right\}dt \end{aligned} \tag{5.17}$$

Observe que se todos os componentes de caminho múltiplo forem resolvidos pela sonda $p(t)$, então, $|\tau_j - \tau_i| > T_{bb}$ para todo $j \neq i$, e

$$\begin{aligned} |r(t_0)|^2 &= \frac{1}{\tau_{max}} \int_0^{\tau_{max}} \frac{1}{4}\left(\sum_{k=0}^{N-1} a_k^2(t_0)p^2(t-\tau_k)\right)dt \\ &= \frac{1}{\tau_{max}} \sum_{k=0}^{N-1} a_k^2(t_0) \end{aligned} \tag{5.18}$$

$$\int_0^{\tau_{max}} \left\{\sqrt{\frac{\tau_{max}}{T_{bb}}}\ \text{ret}\left[\frac{t-\tau_i}{T_{bb}} - \frac{1}{2}\right]\right\}^2 dt = \sum_{k=0}^{N-1} a_k^2(t_0)$$

Para um sinal de sondagem de banda larga $p(t)$, T_{bb} é menor que os atrasos entre os componentes de caminho múltiplo no canal, e a Equação 5.18 mostra que a potência recebida total é simplesmente relacionada à soma das potências nos componentes de caminho múltiplo individuais — e é escalada pela razão da largura e da amplitude do pulso de sondagem, e o máximo atraso em excesso observado no canal. Supondo que a potência recebida dos componentes de caminho múltiplo forma um processo aleatório em que cada componente tem uma amplitude e uma fase aleatórias em qualquer tempo t, a potência média recebida em pequena escala para a sonda de banda larga é descoberta a partir da Equação 5.17 como

$$E_{a,\theta}[P_{WB}] = E_{a,\theta}\left[\sum_{i=0}^{N-1} |a_i \exp(j\theta_i)|^2\right] \approx \sum_{i=0}^{N-1} \overline{a_i^2} \tag{5.19}$$

Na Equação 5.19, $E_{a,\theta}[\bullet]$ indica a média grupal para todos os valores possíveis de a_i e θ_i em um local, e o grifo superior indica a média amostral para uma área de medição que geralmente é medida usando-se equipamento de medição de caminho múltiplo. O resultado impressionante das equações 5.18 e 5.19 é que, se um sinal transmitido for capaz de resolver os caminhos múltiplos, então a *potência recebida média em pequena escala é simplesmente a soma das potências médias recebidas em cada componente de caminho múltiplo*. Na prática, as amplitudes dos componentes de caminho múltiplo individuais não flutuam muito em uma área pequena. Assim, a potência recebida de um sinal de banda larga como $p(t)$ não flutua significativamente quando um receptor é movimentado em relação a uma área pequena[7].

Agora, em vez de um pulso, considere um sinal de CW transmitido exatamente no mesmo canal, e que o envelope complexo seja dado por $c(t) = 2$. Então, o envelope complexo instantâneo do sinal recebido é dado pela soma de fatores

$$r(t) = \sum_{i=0}^{N-1} a_i \exp(j\theta_i(t,\tau)) \tag{5.20}$$

e a potência instantânea é dada por

$$|r(t)|^2 = \left|\sum_{i=0}^{N-1} a_i \exp(j\theta_i(t,\tau))\right|^2 \tag{5.21}$$

À medida que o receptor é movimentado por uma área pequena, o canal induz mudanças em $r(t)$, e a intensidade do sinal recebido variará a uma taxa governada pelas flutuações de a_i e θ_i. Como já foi mencionado, a_i varia pouco em áreas pequenas, mas θ_i variará muito devido a mudanças na distância de propagação pelo espaço, resultando em grandes flutuações de $r(t)$, enquanto o receptor é movimentado por distâncias pequenas (na ordem de um comprimento de onda). Ou seja, como $r(t)$ é a soma de fatores dos componentes individuais de caminho múltiplo, as fases instantâneas dos componentes de caminho múltiplo causam as grandes flutuações que tipificam o enfraquecimento em pequena escala para sinais de CW. A potência média recebida em uma área pequena é, então, dada por

$$E_{a,\theta}[P_{CW}] = E_{a,\theta}\left[\left|\sum_{i=0}^{N-1} a_i \exp(j\theta_i)\right|^2\right] \qquad (5.22)$$

$$E_{a,\theta}[P_{CW}] \approx \overline{[(a_0 e^{j\theta_0} + a_1 e^{j\theta_1} + \ldots + a_{N-1} e^{j\theta_{N-1}})} \overline{\times (a_0 e^{-j\theta_0} + a_1 e^{-j\theta_1} + \ldots + a_{N-1} e^{-j\theta_{N-1}})]} \qquad (5.23)$$

$$E_{a,\theta}[P_{CW}] \approx \sum_{i=0}^{N-1} \overline{a_i^2} + 2\sum_{i=0}^{N-1} \sum_{i,j \neq i}^{N} r_{ij}\, \overline{\cos(\theta_i - \theta_j)} \qquad (5.24)$$

onde r_{ij} é o coeficiente de correlação de amplitude de caminho definida como sendo

$$r_{ij} = E_a[a_i a_j] \qquad (5.25)$$

e o grifo superior indica a média de tempo para medições de CW feitas por um receptor móvel pela área de medição local[8]. Observe que, quando $\overline{\cos(\theta_i - \theta_j)} = 0$ e/ou $r_{ij} = 0$, então a *potência média para um sinal de CW é equivalente à média recebida para um sinal de banda larga em uma região pequena*. Isso é visto comparando-se as equações 5.19 e 5.24, e pode ocorrer quando as fases em caminho múltiplo são idêntica e independentemente distribuídas (i.i.d uniformes) por $[0,2\pi]$ — ou quando as amplitudes de caminho não são correlacionadas. A distribuição i.i.d uniforme de θ é uma suposição válida, pois os componentes de caminho múltiplo atravessam diferentes extensões de caminho que medem centenas de comprimentos de onda e provavelmente chegam com fases aleatórias. Se, por algum motivo, acredita-se que as fases não são independentes, a potência média de banda larga e a potência média de CW ainda serão iguais se os caminhos tiverem amplitudes não correlacionadas. Porém, se as fases dos caminhos forem dependentes uma da outra, então as amplitudes provavelmente serão correlacionadas, pois o mesmo mecanismo que afeta as fases do caminho provavelmente afeta também as amplitudes. Essa situação é altamente improvável em freqüências de transmissão usadas em sistemas móveis sem fio.

Assim, vê-se que a *média grupal local da potência recebida dos sinais de banda larga e banda estreita são equivalentes*. Quando o sinal transmitido tem uma largura de banda muito maior que a largura de banda do canal, então a estrutura de caminho múltiplo é completamente resolvida pelo sinal recebido a qualquer momento, e a potência recebida varia muito pouco, pois as amplitudes de caminho múltiplo individuais não mudam rapidamente em uma área pequena. Porém, se o sinal transmitido tem uma largura de banda muito estreita (por exemplo, o sinal da banda base tem uma duração maior que o atraso em excesso do canal), então o caminho múltiplo não é resolvido pelo sinal recebido, e as grandes flutuações de sinal (atenuação) ocorrem no receptor devido aos deslocamentos de fase dos muitos componentes de caminho múltiplo não resolvidos.

A Figura 5.5 ilustra as medições reais de canal de rádio interno feitas simultaneamente com um pulso de sondagem de banda larga, tendo $T_{bb} = 10$ ns e um transmissor de CW. A freqüência de portadora foi 4 GHz. Pode-se ver que o sinal de CW sofre atenuações rápidas, enquanto as medições de banda larga mudam pouco pelo rastro de medição de 5λ. Porém, as potências médias locais recebidas dos dois sinais foram medidas como sendo praticamente idênticas[9].

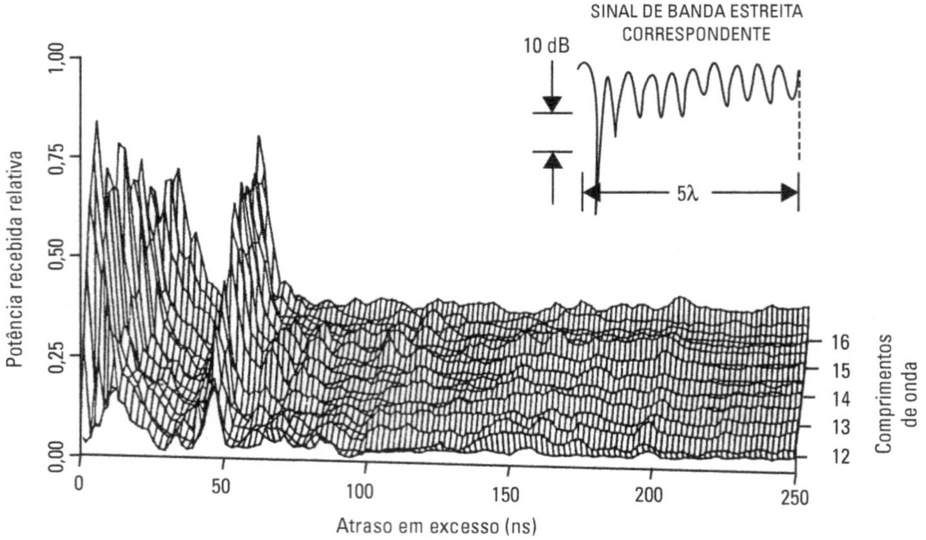

Figura 5.5 Medição dos sinais recebidos de banda larga e banda estreita por um rastro de medição de 5λ (0,375 m) dentro de um prédio. A freqüência de portadora é de 4 GHz. A potência de banda larga é calculada usando-se a Equação 5.19, que pode ser considerada a área sob o perfil de atraso de potência. O eixo na página é a distância (comprimentos de onda) em vez do tempo.

Exemplo 5.2

Considere que uma resposta ao impulso de canal discreto seja usada para modelar os canais de rádio RF urbanos com atrasos de excesso com até 100 μs e canais microcelulares com atrasos em excesso não maiores do que 4 μs. Se o número de blocos de caminho múltiplo é fixo em 64, ache a) $\Delta\tau$ e b) a largura de banda de RF máxima que os dois modelos podem representar com precisão. Repita o exercício para um modelo de canal interno com atrasos em excesso de até 500 ns. Conforme será descrito na Seção 5.7.6, SIRCIM e SMRCIM são modelos estatísticos de canal baseados na Equação 5.12 e que utilizam parâmetros neste exemplo.

Solução

O máximo atraso em excesso do modelo de canal é dado por $\tau_N = N\Delta\tau$. Portanto, para $\tau_N = 100$ μs e $N = 64$, obtemos $\Delta\tau = \tau_N/N = 1{,}5625$ μs. A largura de banda máxima que o modelo SMRCIM pode representar com precisão é igual a

$$2/\Delta\tau = 2/1{,}5625\ \mu s = 1{,}28\ \text{MHz}$$

Para o modelo de microcélula urbana SMRCIM, $\tau_N = 4$ μs, $\Delta\tau = \tau_N/N = 62{,}5$ ns. A máxima largura de banda de RF que pode ser representada é

$$2/\Delta\tau = 2/62{,}5\ \text{ns} = 32\ \text{MHz}$$

De modo semelhante, para os canais internos,

$$\Delta\tau = \tau_N/N = \frac{500 \times 10^{-9}}{64} = 7{,}8125\ \text{ns}$$

A máxima largura de banda de RF para o modelo de canal interno é

$$2/\Delta\tau = 2/7{,}8125\ \text{ns} = 256\ \text{MHz}$$

Exemplo 5.3

Suponha que uma estação móvel viajando a uma velocidade de 10 m/s receba dois componentes de caminho múltiplo em uma freqüência de portadora de 1.000 MHz. O primeiro componente é considerado chegando em $\tau = 0$ com uma fase inicial de 0° e uma potência de –70 dBm; o segundo componente, que é 3 dB mais fraco que o primeiro, chega a $\tau = 1$ μs, também com uma fase inicial de 0°. Se a estação móvel se move diretamente na direção da chegada do primeiro componente, bem como diretamente no sentido oposto da chegada do segundo, calcule a potência instantânea de banda estreita nos intervalos de tempo de 0,1 s a partir de 0 s até 0,5 s. Calcule a potência de banda estreita média recebida para esse intervalo de observação. Compare as potências recebidas médias de banda estreita e banda larga para esse intervalo, supondo que as amplitudes dos dois componentes de caminho múltiplo não enfraquecem na área.

Solução

Dado $v = 10$ m/s, os intervalos de tempo de 0,1 s correspondem a intervalos espaciais de 1 m. A freqüência de portadora é considerada 1.000 MHz, daí o comprimento de onda do sinal ser

$$\lambda = \frac{c}{f} = \frac{3 \times 10^8}{1.000 \times 10^6} = 0{,}3\ \text{m}$$

A potência instantânea de banda estreita pode ser calculada usando-se a Equação 5.21.

Observe que –70 dBm = 100 pW. No tempo $t = 0$, as fases dos dois componentes de caminho múltiplo são 0°, daí a potência instantânea de banda estreita ser igual a

$$|r(t)|^2 = \left|\sum_{i=0}^{N-1} a_i \exp(j\theta_i(t,\tau))\right|^2$$
$$= \left|\sqrt{100\ \text{pW}} \times \exp(0) + \sqrt{50\ \text{pW}} \times \exp(0)\right|^2$$
$$= 291\ \text{pW}$$

Agora, quando a estação móvel se movimenta, a fase dos dois componentes de caminho múltiplo muda em direções opostas.

Em $t = 0{,}1$ s, a fase do primeiro componente é

$$\theta_i = \frac{2\pi d}{\lambda} = \frac{2\pi v t}{\lambda} = \frac{2\pi \times 10(\text{m/s}) \times 0{,}1\ \text{s}}{0{,}3\ \text{m}}$$
$$= 20{,}94\ \text{rad} = 2{,}09\ \text{rad} = 120°$$

Como a estação móvel se movimenta na direção da chegada do primeiro componente, e na direção oposta da chegada do segundo componente, θ_1 é positivo e θ_2 é negativo.

Portanto, em $t = 0{,}1$ s, $\theta_1 = 120°$ e $\theta_2 = -120°$, a potência instantânea é igual a

$$r(t)|^2 = \left|\sum_{i=0}^{N-1} a_i \exp(j\theta_i(t,\tau))\right|^2$$
$$= \left|\sqrt{100\ \text{pW}} \times \exp(j120°) + \right.$$
$$\left. + \sqrt{50\ \text{pW}} \times \exp(-j120°)\right|^2 = 79{,}3\ \text{pW}$$

De modo semelhante, $t = 0{,}2$ s, $\theta_1 = 240°$ e $\theta_2 = -240°$, e a potência instantânea é igual a

$$|r(t)|^2 = \left|\sum_{i=0}^{N-1} a_i \exp(j\theta_i(t,\tau))\right|^2$$
$$= \left|\sqrt{100\ \text{pW}} \times \exp(j240°) + \right.$$
$$\left. + \sqrt{50\ \text{pW}} \times \exp(-j240°)\right|^2 = 79{,}3\ \text{pW}$$

De modo semelhante, $t = 0{,}3$ s, $\theta_1 = 360° = 0°$ e $= \theta_2 = -360° = 0°$, a potência instantânea é igual a

$$|r(t)|^2 = \left|\sum_{i=0}^{N-1} a_i \exp(j\theta_i(t,\tau))\right|^2$$
$$= \left|\sqrt{100\ \text{pW}} \times \exp(j0°) + \right.$$
$$\left. + \sqrt{50\ \text{pW}} \times \exp(-j0°)\right|^2 = 291\ \text{pW}$$

Segue-se que $t = 0{,}4$ s, $|r(t)|^2 = 79{,}3$ pW e $t = 0{,}5$ s, $|r(t)|^2 = 79{,}3$ pW. A média da potência recebida em banda estreita é igual a

$$\frac{(2)(291) + (4)(79{,}3)}{6}\ \text{pW} = 149\ \text{pW}$$

Usando-se a Equação 5.19, a potência de banda larga é dada por

$$E_{a,\theta}[P_{W,B}] = E_{a,\theta}\left[\sum_{i=0}^{N-1} |a_i \exp(j\theta_i)|^2\right] \approx \sum_{i=0}^{N-1} \overline{a_i^2}$$

$$E_{a,\theta}[P_{W,B}] = 100 \text{ pW} + 50 \text{ pW} = 150 \text{ pW}$$

Como se pode ver, as potências recebidas em banda estreita e banda larga são praticamente idênticas quando a média é calculada por 0,5 s (ou 5 m). Embora o sinal de CW se enfraqueça pelo intervalo de observação, a potência do sinal de banda larga permanece constante pelo mesmo intervalo espacial.

5.3 Medições de caminhos múltiplos em pequena escala

Devido à importância da estrutura de caminho múltiplo para determinar os efeitos da atenuação em pequena escala, foram desenvolvidas diversas técnicas de sondagem do canal de banda larga. Essas técnicas podem ser classificadas como *medições de pulso direto*, *medições de espectro espalhado com correlação deslizante* e *medições de varredura de freqüência*.

5.3.1 Sistema de pulso de RF direto

Uma técnica simples de sondagem de canal é o sistema de pulso de RF direto (ver Figura 5.6). Essa técnica permite que os engenheiros determinem rapidamente o perfil de atraso de potência de qualquer canal, conforme demonstrado por Rappaport e Seidel[10]. Sendo basicamente um radar biestático pulsado de banda larga, esse sistema transmite um pulso repetitivo de largura T_{bb} s e usa um receptor com um filtro de banda de passagem ($BW = 2/T_{bb}$ Hz). O sinal é então amplificado, descoberto com um detector de envelope e exibido e armazenado em um osciloscópio de alta velocidade. Isso gera uma medição imediata do quadrado da resposta ao impulso do canal, passando por uma convolução com o pulso de sondagem (veja a Equação 5.17). Se o osciloscópio estiver definido no modo de média, então esse sistema pode oferecer um perfil local de atraso médio de potência. Outro aspecto atraente desse sistema é a falta de complexidade, pois o equipamento pode ser usado sem modificação.

O atraso mínimo resolvível entre os componentes de caminho múltiplo é igual à largura do pulso de sondagem T_{bb}. O principal problema com esse sistema é que ele está sujeito a interferência e ruído, por causa do largo filtro passa banda exigido para a resolução de tempo de caminho múltiplo. Além disso, o sistema de pulso dispara o osciloscópio no primeiro sinal que chega, e se esse primeiro sinal for bloqueado ou atenuado, é possível que ele não seja disparado corretamente. Outra desvantagem é que as fases dos componentes de caminho múltiplo individuais não são recebidas, devido ao uso de um detector de envelope. Porém, o uso de um detector coerente permite a medição da fase de caminho múltiplo usando essa técnica.

5.3.2 Sondagem de canal por espectro espalhado com correlação deslizante

O diagrama em blocos básico de um sistema de sondagem de canal por espectro espalhado aparece na Figura 5.7. A vantagem de um sistema desse tipo é que, embora o sinal de sondagem possa ser de banda larga, é possível detectar o sinal transmitido usando-se um receptor de banda estreita precedido por um misturador de banda larga; aumentando assim o alcance dinâmico do sistema, comparado com o sistema de pulso de RF direto.

Em um sondador de canal por espectro espalhado, um sinal de portadora é 'espalhado' por uma largura de banda grande, misturando-o com uma seqüência binária

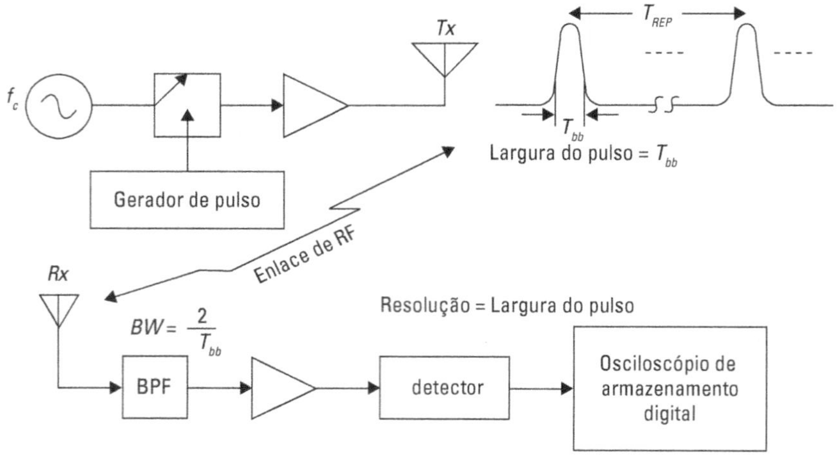

Figura 5.6 Sistema de medição direta de resposta ao impulso do canal de RF.

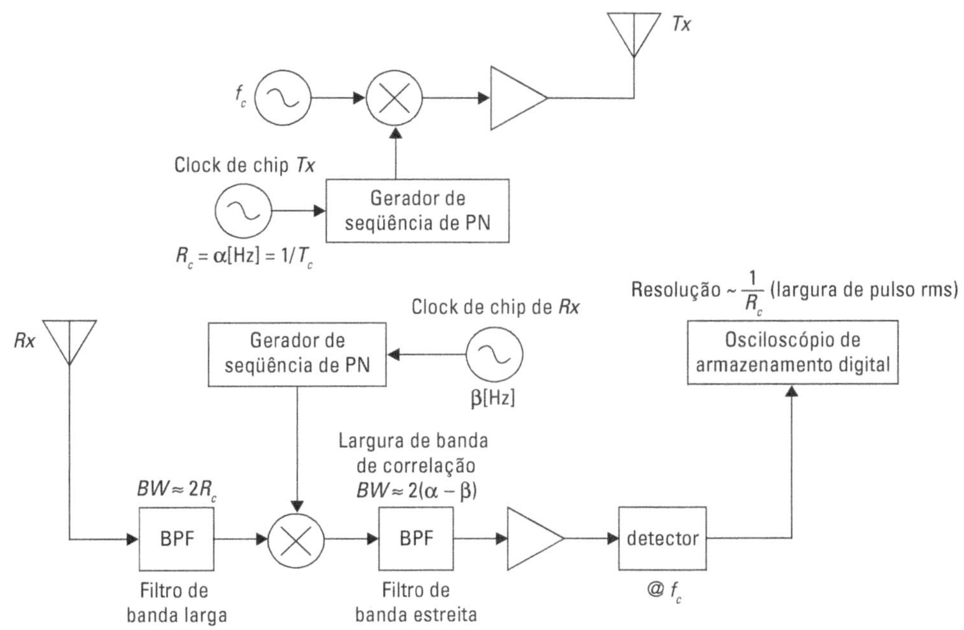

Figura 5.7 Sistema de medição de resposta ao impulso do canal por espectro espalhado.

de pseudo-ruído (PN) com uma duração de chip T_c e uma taxa de chip R_c igual a $1/T_c$ Hz. O envelope de espectro de potência do sinal de espectro espalhado transmitido é dado por Dixon[11] como

$$S(f) = \left[\frac{\operatorname{sen} \pi(f-f_c)T_c}{\pi(f-f_c)T_c}\right]^2 = \mathrm{Sa}^2(\pi(f-f_c)T_c) \quad (5.26)$$

e a largura de banda de RF de nulo para nulo é

$$BW = 2R_c \quad (5.27)$$

O sinal de espectro espalhado é então recebido, filtrado e *desespalhado* usando um gerador de seqüência de PN idêntico ao que é usado no transmissor. Embora as duas seqüências de PN sejam idênticas, o clock do chip do transmissor se encontra a uma taxa ligeiramente mais rápida do que o clock do chip do receptor. Essa mistura das seqüências do chip implementa um *correlacionador deslizante*[12]. Quando o código de PN do clock do chip mais rápido alcançar o código de PN do clock do chip mais lento, as duas seqüências de chips estarão praticamente alinhadas, fornecendo correlação máxima. Quando as duas seqüências não possuem correlação máxima, a mistura do sinal de espectro espalhado que chega com a seqüência do chip do receptor não sincronizada difundirá esse sinal em uma largura de banda pelo menos tão grande quanto a seqüência de PN de referência do receptor. Desse modo, o filtro de banda estreita que segue o correlacionador pode rejeitar quase toda a potência do sinal recebido. É assim que o *ganho de processamento* é realizado em um receptor de espectro espalhado e ele pode rejeitar a interferência de banda de passagem, diferentemente do sistema de sondagem de pulso de RF.

O ganho de processamento (PG) é dado por

$$PG = \frac{2R_c}{R_{bb}} = \frac{2T_{bb}}{T_c} = \frac{(S/N)_{fora}}{(S/N)_{dentro}} \quad (5.28)$$

onde $T_{bb} = 1/R_{bb}$ é o período da informação de banda base. Para o caso de um sondador de canal com correlacionador deslizante, a taxa de informação de banda base é igual ao deslocamento de freqüência dos clocks de seqüência de PN no transmissor e no receptor.

Quando o sinal que chega é correlacionado à seqüência do receptor, ele é colapsado de volta à largura de banda original (ou seja, 'desespalhado'), e o envelope é detectado e exibido em um osciloscópio. Como diferentes caminhos múltiplos recebidos terão diferentes atrasos de tempo, eles se correlacionarão de forma máxima com a seqüência de PN do receptor em tempos diferentes. A energia desses caminhos individuais passará pelo correlacionador dependendo do atraso de tempo. Portanto, após a detecção do envelope, a resposta ao impulso do canal após a convolução com a forma de pulso de um único chip é exibida no osciloscópio. Cox[13] usou pela primeira vez esse método para medir as respostas ao impulso do canal em ambientes suburbanos externos em 910 MHz. Devasirvatham[14] usou com sucesso um sondador de canal por espectro espalhado com seqüência direta para medir a difusão do atraso de tempo dos componentes de caminho múltiplo e as medições do nível de sinal em prédios residenciais e de escritórios em 850 MHz. Bultitude[15] usou essa técnica para o trabalho de sondagem de canal em interior microcelular, assim como fez Landron,[16] enquanto Newhall e Saldanha fizeram medições em *campi* e pátios de trens[17].Uma descrição detalhada de um correlacionador deslizante prático pode ser vista em. *A spread spectrum sliding correlator system for propagation measurements*[18].

A resolução de tempo ($\Delta\tau$) dos componentes de caminho múltiplo usando um sistema de espectro espalhado com correlação deslizante é

$$\Delta\tau = 2T_c = \frac{2}{R_c} \tag{5.29}$$

Em outras palavras, o sistema pode resolver dois componentes de caminho múltiplo desde que eles sejam iguais ou maiores que duas vezes a duração do chip, ou $2T_c$ segundos de afastamento. Na realidade, os componentes de caminho múltiplo com tempos entre chegadas menores que $2T_c$ podem ser resolvidos, pois a largura do pulso de rms de um chip é menor que a largura absoluta do pulso de correlação triangular, e está na ordem de T_c.

O processo de correlação deslizante oferece medições de *tempo equivalente* que são atualizadas toda vez que as duas seqüências são correlacionadas ao máximo. O tempo entre as correlações máximas (ΔT) pode ser calculado a partir da Equação 5.30:

$$\Delta T = T_c\gamma l = \frac{\gamma l}{R_c} \tag{5.30}$$

onde T_c = período do chip (s)
R_c = taxa do chip (Hz)
γ = fator de deslizamento (sem dimensão)
l = extensão da seqüência (chips)

O fator de deslizamento é definido como a razão entre a taxa de clock do chip transmissor e a diferença entre as taxas de clock dos chips transmissor e receptor[19]. Matematicamente, isso é expresso como

$$\gamma = \frac{\alpha}{\alpha - \beta} \tag{5.31}$$

onde α = taxa de clock do chip transmissor (Hz)
β = taxa de clock do chip receptor (Hz)

Para uma seqüência de PN de tamanho máximo, o tamanho da seqüência é

$$l = 2^n - 1 \tag{5.32}$$

onde n é o número de registradores de deslocamento no gerador de seqüência.[20]

Como o sinal de espectro espalhado que chega é misturado com uma seqüência de PN do receptor que é mais lenta que a seqüência do transmissor, o sinal é basicamente convertido para baixo ('recuado'), para um sinal de banda estreita em baixa freqüência. Em outras palavras, a taxa relativa dos dois códigos deslizando um pelo outro é a taxa das informações transferidas para o osciloscópio. Esse sinal de banda estreita permite o processamento de banda estreita, eliminando grande parte do ruído e da interferência da banda de passagem. O ganho de processamento da Equação 5.28 é então realizado usando-se um filtro de banda estreita [$BW = 2(\alpha - \beta)$].

As medições de tempo equivalentes referem-se aos tempos relativos dos componentes de caminho múltiplo conforme exibidos no osciloscópio. A escala de tempo observada no osciloscópio usando um correlacionador deslizante está relacionada à escala do tempo de propagação real por

$$\text{Tempo de propagação real} = \frac{\text{Tempo observado}}{\gamma} \tag{5.33}$$

Esse efeito deve-se à taxa relativa de transferência de informações no correlacionador deslizante. Por exemplo, ΔT da Equação 5.30 é um tempo observado medido em um osciloscópio, e não o tempo de propagação real. Esse efeito, conhecido como *dilatação de tempo*, ocorre no sistema de correlação deslizante porque os atrasos de propagação são realmente expandidos no tempo pelo correlacionador deslizante.

Deve-se ter o cuidado de garantir que o tamanho da seqüência tenha um período que seja maior que o caminho de propagação de caminho múltiplo mais longo. O período de seqüência de PN é

$$\tau_{PNseq} = T_c l \tag{5.34}$$

O período de seqüência oferece uma estimativa da faixa não ambígua máxima dos componentes do sinal de caminho múltiplo que chegam. Essa faixa é descoberta multiplicando-se a velocidade da luz com τ_{PNseq} na Equação 5.34.

Existem muitas vantagens no sistema de sondagem de canal por espectro espalhado. Uma das principais características da modulação por espectro espalhado é a capacidade de rejeitar o ruído da banda de passagem, melhorando assim a faixa de cobertura para determinada potência do transmissor. A sincronização da seqüência de PN do transmissor e do receptor é eliminada pelo correlacionador deslizante. A sensibilidade é ajustável alterando-se o fator de deslizamento e a largura de banda do filtro pós-correlacionador. Além disso, as potências exigidas do transmissor podem ser consideravelmente mais baixas que nos sistemas de pulso direto, devido ao 'ganho de processamento' inerente aos sistemas de espectro espalhado.

Uma desvantagem do sistema por espectro espalhado, comparado com o sistema de pulso direto, é que as medições não são feitas em tempo real, mas compiladas enquanto os códigos de PN deslizam uns sobre os outros. Dependendo dos parâmetros do sistema e objetivos da medição, o tempo exigido para fazer medições de perfil de atraso de potência pode ser excessivo. Outra desvantagem do sistema descrito aqui é que um detector não coerente é usado, de modo que as fases dos componentes de caminho múltiplo individuais não podem ser medidas. Mesmo que a detecção coerente fosse utilizada, o tempo de varredura de um sinal de espectro espalhado induziria ao atraso, de modo que as fases dos componentes individuais do caminho múltiplo com diferentes atrasos de tempo seriam medidas em tempos substancialmente diferentes, durante os quais o canal poderia mudar.

5.3.3 Sondagem de canal por domínio de freqüência

Por conta do relacionamento dual entre as técnicas de domínio de tempo e domínio de freqüência, é possível medir a resposta ao impulso do canal no domínio de freqüência. A Figura 5.8 mostra um sondador de canal por domínio de freqüência usado para medir respostas ao impulso de canal. Um analisador de rede vetorial controla um varredor de freqüência sintetizado, e um aparelho de teste do parâmetro S é usado para monitorar a resposta de freqüência do canal. O varredor percorre uma faixa de freqüência em particular (centralizada na portadora), passando por discretos degraus de freqüência. A quantidade e os espaçamentos desses degraus impactam a resolução de tempo da medição de resposta ao impulso. Para cada degrau, o aparelho de teste do parâmetro S transmite um nível conhecido na porta 1 e monitora o nível do sinal recebido na porta 2. Esses níveis permitem que o analisador determine a resposta complexa (ou seja, a transmissividade $S_{21}(\omega)$) do canal pela faixa de fre-qüência medida. A resposta da transmissividade é uma representação de domínio de freqüência da resposta ao impulso do canal. Essa resposta é então convertida para o domínio de tempo usando o processamento da Inversa da Transformada de Fourier Discreta (IDFT), gerando desse modo uma versão de banda limitada da resposta ao impulso. Em teoria, essa técnica funciona bem e oferece indiretamente informações de amplitude e fase no domínio de tempo. Porém, o sistema exige calibração cuidadosa e sincronismo prefixado entre o transmissor e o receptor, tornando-o útil apenas para medições muito próximas (por exemplo, sondagem de canal em interiores). Outra limitação desse sistema é a natureza não de tempo real da medição. Para canais que variam com o tempo, a resposta de freqüência do canal pode mudar rapidamente, gerando uma medição errônea de resposta ao impulso. A fim de aliviar esse efeito, são necessários tempos de varredura rápidos, no sentido de reduzir ao máximo o intervalo total da medição de resposta da freqüência de varredura. Um tempo de varredura mais rápido pode ser obtido reduzindo-se o número de degraus de freqüência, mas isso sacrifica a resolução de tempo e a faixa de atraso em excesso no domínio de tempo. O sistema de freqüência de varredura tem sido usado com sucesso em estudos de propagação em interiores feitos por Pahlavan[21] e Zaghloul et al.[22]

5.4 Parâmetros de canais móveis de caminhos múltiplos

Muitos parâmetros de canais de caminho múltiplo são derivados do perfil de atraso de potência, dado pela Equação 5.18. Os perfis de atraso de potência são medidos usando-se as técnicas discutidas nesta Seção e geralmente são representados como gráficos de potência recebida relativa como uma função do atraso em excesso com relação a uma referência de atraso de tempo fixo. Os perfis de atraso de potência são encontrados tirando-se a média das medições instantâneas de perfil de atraso de potência para uma área, a fim de determinar um perfil de atraso de potência médio em pequena escala. Dependendo da resolução de tempo do pulso de sondagem e do tipo dos canais de caminho múltiplo estudados, os pesquisadores normalmente escolhem amostrar separações espaciais de um quarto de comprimento de onda e por movimentos de receptor não maiores que 6 m em canais de exteriores e não maiores que 2 m em canais de interiores na faixa de 450 MHz a 6 GHz. Essa amostragem em pequena escala evita influências de média e larga escala nas estatísticas resultantes em pequena escala. A Figura 5.9 mostra os gráficos típicos de perfil de atraso de potência de canais de ambientes exteriores e interiores, determinados por um grande número de amostras de perfis instantâneos proximamente apanhados.

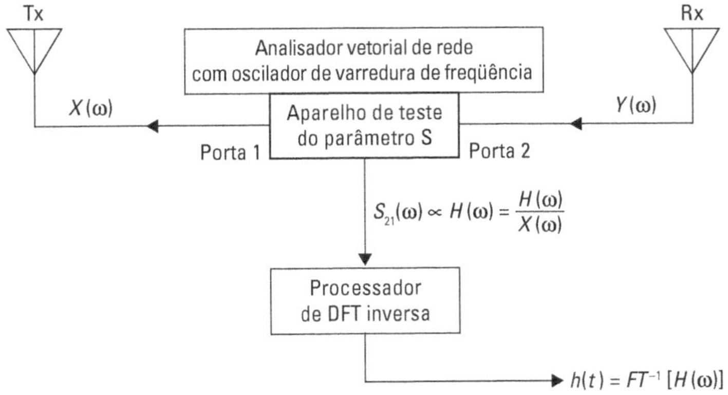

Figura 5.8 Sistema de medição de resposta ao impulso de canal por domínio de freqüência.

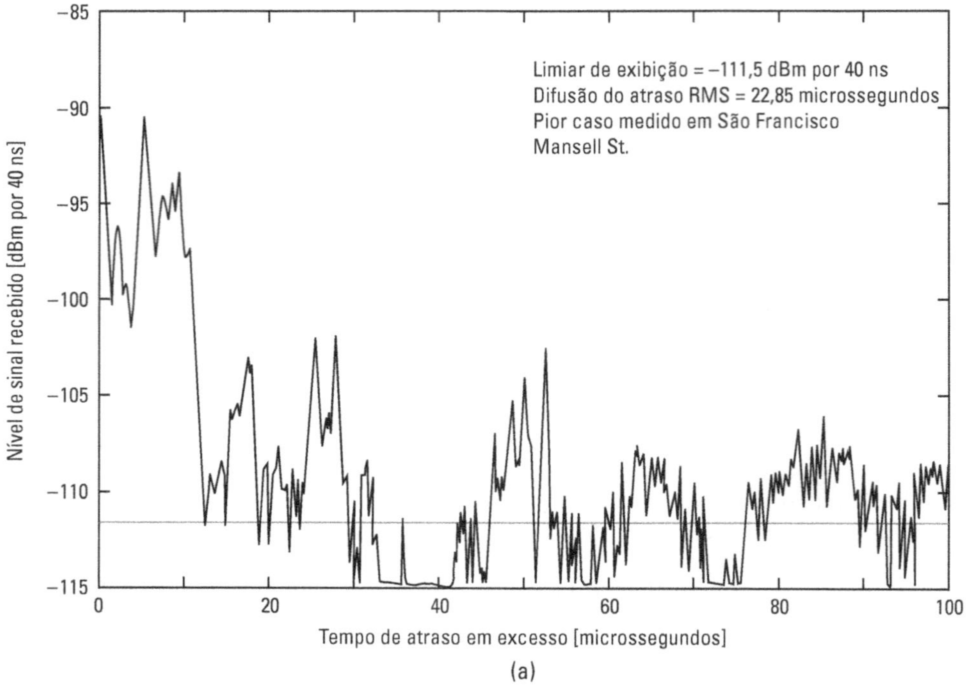

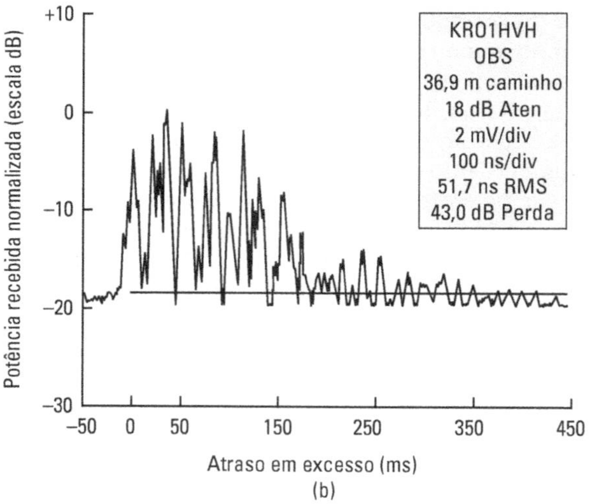

Figura 5.9 Perfis de atraso de potência de caminho múltiplo medida: a) por um sistema de celular a 900 MHz em São Francisco (Rappaport, Seidel e Singh[23] © IEEE); b) dentro de um supermercado a 4 GHz (Hawbaker[24] © IEEE).

5.4.1 Parâmetros de dispersão de tempo

Para poder comparar diferentes canais de caminho múltiplo e desenvolver algumas diretrizes gerais de projeto para sistemas sem fio, são usados parâmetros que quantificam grosseiramente o canal de caminho múltiplo. O *atraso médio em excesso*, a *difusão do atraso rms*, e a *difusão do atraso em excesso* (X dB) são parâmetros de canal de caminho múltiplo que podem ser determinados para um perfil de atraso de potência. As propriedades dispersivas no tempo dos canais de caminho múltiplo de banda larga normalmente são quantificadas pela média do seu atraso em excesso ($\bar{\tau}$) e pelo espalhamento do atraso rms (σ_τ). A média do atraso em excesso é o primeiro momento do perfil de atraso de potência e é definido como sendo

$$\bar{\tau} = \frac{\sum_k a_k^2 \tau_k}{\sum_k a_k^2} = \frac{\sum_k P(\tau_k)\tau_k}{\sum_k P(\tau_k)} \tag{5.35}$$

O espalhamento do atraso rms é a raiz quadrada do segundo momento central do perfil de atraso de potência, e é definido como

$$\sigma_\tau = \sqrt{\overline{\tau^2} - (\bar{\tau})^2} \tag{5.36}$$

onde

$$\overline{\tau^2} = \frac{\sum_k a_k^2 \tau_k^2}{\sum_k a_k^2} = \frac{\sum_k P(\tau_k)\tau_k^2}{\sum_k P(\tau_k)} \tag{5.37}$$

Esses atrasos são medidos em relação ao primeiro sinal detectável que chega ao receptor em $\tau_0 = 0$. As equações 5.35 a 5.37 não contam com o nível de potência absoluto de $P(\tau)$, somente com as amplitudes relativas dos componentes de caminho múltiplo dentro de $P(\tau)$. Os valores típicos de espalhamento do atraso rms são da ordem de microssegundos nos canais de rádio móvel em ambientes exteriores, e da ordem de nanossegundos nos canais de rádio em interiores. A Tabela 5.1 mostra os valores típicos medidos do espalhamento do atraso rms.

É importante observar que o espalhamento do atraso rms e a média do atraso em excesso são definidos a partir de um único perfil de atraso de potência, que é a média temporal ou espacial das medições de resposta ao impulso consecutivas, coletadas e com a média calculada para uma área. Normalmente, várias medições são feitas em muitas áreas pequenas, a fim de determinar uma faixa estatística de parâmetros de canal de caminho múltiplo para um sistema de comunicação móvel e para uma área em grande escala[25].

O *máximo atraso em excesso* (X dB) do perfil de atraso de potência é definido como o atraso de tempo durante o qual a energia do caminho múltiplo cai para X dB abaixo do máximo. Em outras palavras, o máximo atraso em excesso é definido como $\tau_X - \tau_0$, onde τ_0 é o primeiro sinal que chega e τ_X é o atraso máximo em que um componente de caminho múltiplo está até X dB do sinal de caminho múltiplo mais forte que chega (que não necessariamente chega em τ_0). A Figura 5.10 ilustra o cálculo do máximo atraso em excesso para componentes de caminho múltiplo dentro de 10 dB do máximo. O máximo atraso em excesso (X dB) define a extensão temporal do caminho múltiplo que está acima de determinado patamar. O valor de τ_X às vezes é chamado de *difusão por atraso em excesso* de um perfil de atraso de potência, mas em todos os casos deve ser especificado com um patamar que relaciona o piso de ruído de caminho múltiplo ao componente máximo recebido do caminho múltiplo.

Tabela 5.1 Valores típicos medidos do espalhamento de atraso rms

Ambiente	Freqüência (MHz)	Espalhamento de atraso RMS ($\sigma\tau$)	Notas
Urbano	910	1.300 ns média 600 ns desv. padrão 3.500 ns máx.	Cidade de Nova York[26]
Urbano	892	10–25 μs	São Francisco no pior caso[27]
Suburbano	910	200–310 ns	Média do caso típico[28]
Suburbano	910	1.960–2.110 ns	Média do caso extremo[28]
Interior	1.500	10–50 ns 25 ns mediana	Prédio de escritórios[29]
Interior	850	270 ns máx.	Prédio de escritórios[30]
Interior	1.900	70–94 ns média 1.470 ns máx.	Três prédios em São Francisco[31]

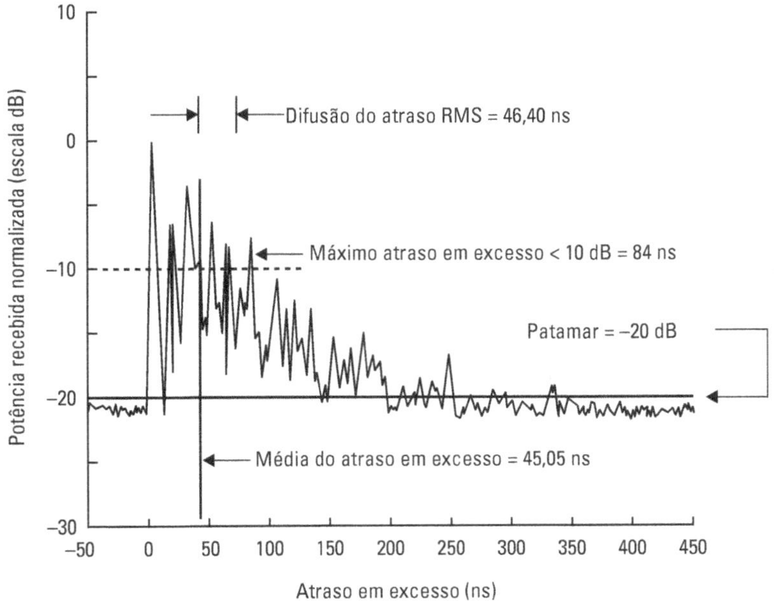

Figura 5.10 Exemplo de um perfil de atraso de potência no interior mostrando espalhamento de atraso rms, média do atraso em excesso, máximo do atraso em excesso (10 dB) e nível de patamar.

Na prática, os valores de $\bar{\tau}$, $\overline{\tau^2}$ e σ_τ dependem da escolha de patamar de ruído usado para processar P(τ). O patamar de ruído é usado para diferenciar os componentes de caminho múltiplo recebidos e o ruído térmico. Se o patamar de ruído for muito baixo, então o ruído será processado como caminho múltiplo, gerando assim valores de $\bar{\tau}$, $\overline{\tau^2}$ e σ_τ artificialmente altos.

Deve-se observar que o perfil de atraso de potência e a magnitude da resposta de freqüência (a resposta espectral) de um canal de rádio móvel estão relacionados por meio da transformada de Fourier. Portanto, é possível obter uma descrição equivalente do canal no domínio de freqüência usando suas características de resposta de freqüência. De maneira semelhante aos parâmetros de espalhamento de atraso no domínio de tempo, a *largura de banda de coerência* é usada para caracterizar o canal no domínio de freqüência. O espalhamento de atraso rms e a largura de banda de coerência são inversamente proporcionais entre si, embora seu relacionamento exato seja uma função da estrutura exata de caminho múltiplo.

Exemplo 5.4

Calcule o espalhamento de atraso RMS para o seguinte perfil de atraso de potência:

a)

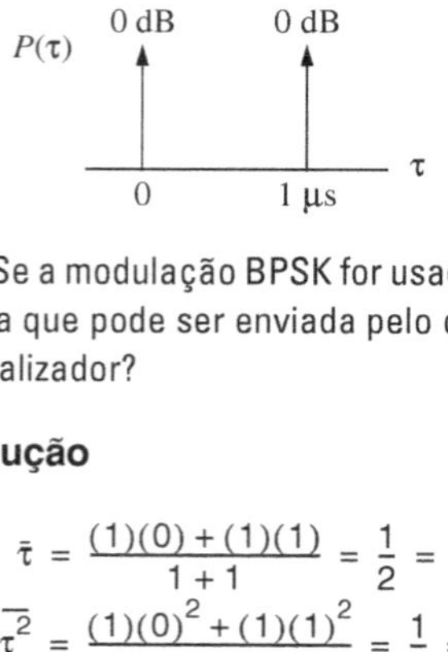

b) Se a modulação BPSK for usada, qual a taxa de bits máxima que pode ser enviada pelo canal sem precisar de um equalizador?

Solução

a)
$$\bar{\tau} = \frac{(1)(0)+(1)(1)}{1+1} = \frac{1}{2} = 0{,}5\ \mu s$$
$$\overline{\tau^2} = \frac{(1)(0)^2+(1)(1)^2}{1+1} = \frac{1}{2} = 0{,}5\ \mu s^2$$
$$\sigma_\tau = \sqrt{\overline{\tau^2} - (\bar{\tau})^2} = \sqrt{0{,}5-(0{,}5)^2} = \sqrt{0{,}25} = 0{,}5\ \mu s$$

b)
$$\frac{\sigma_\tau}{T_s} \le 0{,}1$$
$$T_s \ge \frac{\sigma_\tau}{0{,}1}$$
$$T_s \ge \frac{0{,}5\mu s}{0{,}1}$$
$$T_s \ge 5\mu s$$
$$R_s = \frac{1}{T_s} = 0{,}2 \times 10^6 \text{ sps} = 200 \text{ Ksps}$$
$$R_b = 200 \text{ Kbps}$$

5.4.2 Largura de banda de coerência

Enquanto o espalhamento de atraso é um fenômeno natural causado pelos caminhos de propagação refletido e dispersado no canal de rádio, a largura de banda de coerência, B_c, é uma relação definida, derivada do espalhamento de atraso rms. A largura de banda de coerência é uma medida estatística da faixa de freqüências sobre as quais o canal pode ser considerado 'uniforme' (ou seja, um canal que passa todos os componentes espectrais com ganho aproximadamente igual e fase linear). Em outras palavras, a largura de banda de coerência é uma faixa de freqüências sobre a qual dois componentes de freqüência têm um forte potencial para correlação de amplitude. Duas senóides com separação de freqüência maior que B_c são afetadas de formas muito diferentes pelo canal. Se a largura de banda de coerência for definida como a largura de banda sobre a qual a função de correlação de freqüência é acima de 0,9, então a largura de banda de coerência é aproximadamente[32]

$$B_c \approx \frac{1}{50\sigma_\tau} \tag{5.38}$$

Se a definição for relaxada, de modo que a função de correlação de freqüência seja acima de 0,5, então a largura de banda de coerência é aproximadamente

$$B_c \approx \frac{1}{5\sigma_\tau} \tag{5.39}$$

É importante observar que um relacionamento exato entre largura de banda de coerência e o espalhamento de atraso rms é uma função das respostas ao impulso do canal específico e sinais aplicados, e as equações 5.38 e 5.39 são apenas estimativas aproximadas. Em geral, técnicas de análise espectral e simulações são exigidas para determinar o impacto exato que o caminho múltiplo variável no tempo tem sobre um sinal transmitido em particular[33]. Por esse motivo, modelos precisos de canal de caminho múltiplo devem ser usados no projeto de modems específicos para aplicações sem fio.[34]

Exemplo 5.5

Calcule a média do atraso em excesso, espalhamento de atraso rms e o máximo atraso em excesso (10 dB) para o perfil de caminho múltiplo dado na figura a seguir. Estime a largura de banda de coerência em 50% do canal. Esse canal seria adequado para o serviço AMPS ou GSM sem o uso de um equalizador?

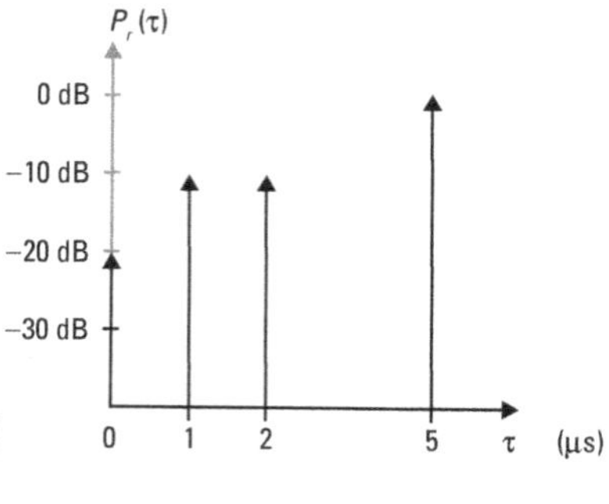

Figura E5.5

Solução

Usando a definição do máximo atraso em excesso (10 dB), pode-se ver que $\tau_{10\,dB}$ é 5 μs. O espalhamento de atraso rms para determinado perfil de caminho múltiplo pode ser obtido usando-se as equações 5.35 a 5.37. Os atrasos de cada perfil são medidos em relação ao primeiro sinal detectável. A média do atraso em excesso para determinado perfil é

$$\bar{\tau} = \frac{(1)(5) + (0,1)(1) + (0,1)(2) + (0,01)(0)}{[0,01 + 0,1 + 0,1 + 1]} = 4,38\ \mu s$$

O segundo momento para determinado perfil de atraso de potência pode ser calculado como

$$\overline{\tau^2} = \frac{(1)(5)^2 + (0,1)(1)^2 + (0,1)(2)^2 + (0,01)(0)}{1,21} = 21,07\ \mu s^2$$

Portanto, o espalhamento de atraso rms é

$$\sigma_\tau = \sqrt{21,07 - (4,38)^2} = 1,37\ \mu s$$

A largura de banda de coerência é encontrada por meio da Equação 5.39, como

$$B_c \approx \frac{1}{5\sigma_\tau} = \frac{1}{5(1,37\mu s)} = 146\ \text{kHz}$$

Como B_c é maior que 30 kHz, AMPS funcionará sem um equalizador. Porém, GSM requer 200 kHz de largura de banda que excede B_c, de modo que um equalizador seria necessário para esse canal.

5.4.3 Espalhamento Doppler e tempo de coerência

O espalhamento de atraso e a largura de banda de coe-rência são parâmetros que descrevem a natureza dispersiva no tempo do canal em um local. Porém, eles não oferecem informações sobre a natureza variável com o tempo do canal, causada pelo movimento relativo entre a estação móvel e a estação-base, ou pelo movimento de objetos no canal. O espalhamento *Doppler* e o *tempo de coerência* são parâmetros que descrevem a natureza variável no tempo do canal em uma região em pequena escala.

O espalhamento Doppler B_D é uma medida do alargamento espectral causado pela taxa de tempo da mudança do canal de rádio móvel e é definida como a faixa de freqüências sobre a qual o espectro Doppler recebido é essencialmente diferente de zero. Quando um tom senoidal uniforme de freqüência f_c é transmitido, o espectro do sinal recebido, chamado espectro Doppler, terá componentes na faixa de $f_c - f_d$ até $f_c + f_d$, onde f_d é o deslocamento Doppler. A quantidade de alargamento espectral depende de f_d, que é uma função da velocidade relativa da estação móvel, e o ângulo θ entre a direção do movimento da estação móvel e a direção da chegada das ondas dispersas. *Se a largura de banda do sinal de banda base for muito maior que B_D, os efeitos do espalhamento Doppler são desprezíveis no receptor.* Esse é um canal de atenuação *lenta*.

O tempo de coerência T_C é o domínio de tempo dual do espalhamento Doppler e é usado para caracterizar a natureza variante com o tempo da dispersividade de freqüência do canal no domínio de tempo. O espalhamento Doppler e o tempo de coerência são inversamente proporcionais entre si. Ou seja,

$$T_C \approx \frac{1}{f_m} \tag{5.40.a}$$

O tempo de coerência, na realidade, é uma medida estatística da duração de tempo sobre a qual a resposta ao impulso do canal é basicamente invariável e quantifica a semelhança da resposta do canal em diferentes momentos. Em outras palavras, o tempo de coerência é a duração de tempo sobre a qual dois sinais recebidos têm um forte potencial para correlação de amplitude. Se a largura de banda recíproca do sinal de banda base for maior que o tempo de coerência do canal, então o canal mudará durante a transmissão da mensagem de banda base, causando assim a distorção no receptor. Se o tempo de coerência for definido como o tempo pelo qual a função de correlação de tempo está acima de 0,5, então o tempo de coerência é aproximadamente[35]

$$T_C \approx \frac{9}{16\pi f_m} \tag{5.40.b}$$

onde f_m é o espalhamento Doppler máximo dado por $f_m = v/\lambda$. Na prática, a Equação 5.40.a sugere uma duração de tempo durante a qual um sinal de atenuação de Rayleigh pode flutuar bastante, e a Equação 5.40.b normalmente é muito restritiva. Uma regra popular prática para as comunicações digitais modernas é definir o tempo de coerência como a média geométrica das equações 5.40.a e 5.40.b. Ou seja,

$$T_C = \sqrt{\frac{9}{16\pi f_m^2}} = \frac{0,423}{f_m} \tag{5.40.c}$$

A definição de tempo de coerência implica que dois sinais chegando com uma separação de tempo maior que T_C são afetados diferentemente pelo canal. Por exemplo, para um veículo trafegando a 60 mph usando uma portadora de 900 MHz, um valor conservador de T_C pode ser 2,22 ms pela Equação 5.40.b. Se um sistema de transmissão digital for utilizado, então, desde que a taxa de símbolos seja maior que $1/T_C$ = 454 bps, o canal não causará distorção devido ao movimento (porém, a distorção pode acontecer pelo espalhamento do atraso de tempo em caminho múltiplo, dependendo da resposta ao impulso do canal). Usando a fórmula prática da Equação 5.40.c, T_C = 6,77 ms, a taxa de símbolos deverá ultrapassar os 150 bits/s a fim de evitar a distorção devida à dispersão de freqüência.

Exemplo 5.6

Determine o intervalo de amostragem espacial apropriado necessário para fazer medições de propagação em pequena escala que assumem que amostras consecutivas estão altamente correlacionadas no tempo. Quantas amostras serão necessárias pela distância de viagem de 10 m se f_c = 1.900 MHz e v = 50 m/s? Quanto tempo seria necessário para fazer essas medições, considerando que elas poderiam ser feitas em tempo real a partir de um veículo em movimento? Qual o espalhamento Doppler B_D para o canal?

Solução

Para a correlação, garanta que o tempo entre as amostras seja igual a $T_C/2$ e use o menor valor para T_C para o projeto conservador.

Usando a Equação 5.40.b

$$T_C \approx \frac{9}{16\pi f_m} = \frac{9\lambda}{16\pi v} = \frac{9c}{16\pi v f_c} = \frac{9 \times 3 \times 10^8}{16 \times 3{,}14 \times 50 \times 1.900 \times 10^6}$$

$$T_C = 565\,\mu s$$

Fazer amostras no tempo em menos de metade do T_C, em 282,5 μs, corresponde a um intervalo de amostragem espacial de

$$\Delta x = \frac{vT_C}{2} = \frac{50 \times 565\,\mu s}{2} = 0{,}014125 \text{ m} = 1{,}41 \text{ cm}$$

Portanto, o número de amostras exigidas por uma distância de 10 m é

$$N_x = \frac{10}{\Delta x} = \frac{10}{0{,}014125} = 708 \text{ amostras}$$

O tempo gasto para fazer essa medição é igual a

$$\frac{10 \text{ m}}{50 \text{ m/s}} = 0{,}2 \text{ s}$$

O espalhamento Doppler é

$$B_D = f_m = \frac{vf_c}{c} = \frac{50 \times 1.900 \times 10^6}{3 \times 10^8} = 316{,}66 \text{ Hz}$$

5.5 Tipos de atenuação em pequena escala

A Seção 5.3 demonstrou que o tipo de atenuação experimentado por um sinal propagando-se por um canal de rádio móvel depende da natureza do sinal transmitido com relação às características do canal. Dependendo da relação entre os parâmetros do sinal (como largura de banda, período de símbolo etc.) e os parâmetros do canal (como espalhamento de atraso rms e espalhamento Doppler), diferentes sinais transmitidos sofrerão diferentes tipos de atenuação. Os mecanismos de dispersão de tempo e dispersão de freqüência em um canal de rádio móvel levam a quatro efeitos distintos possíveis, que são manifestados dependendo da natureza do sinal transmitido, do canal e da velocidade. Enquanto o espalhamento de atraso em caminho múltiplo leva à *dispersão de tempo* e à *atenuação seletiva de freqüência*, o espalhamento Doppler leva à *dispersão de freqüência* e à *atenuação seletiva do tempo*. Os dois mecanismos de propagação são independentes um do outro. A Figura 5.11 mostra uma árvore dos quatro tipos diferentes de atenuação.

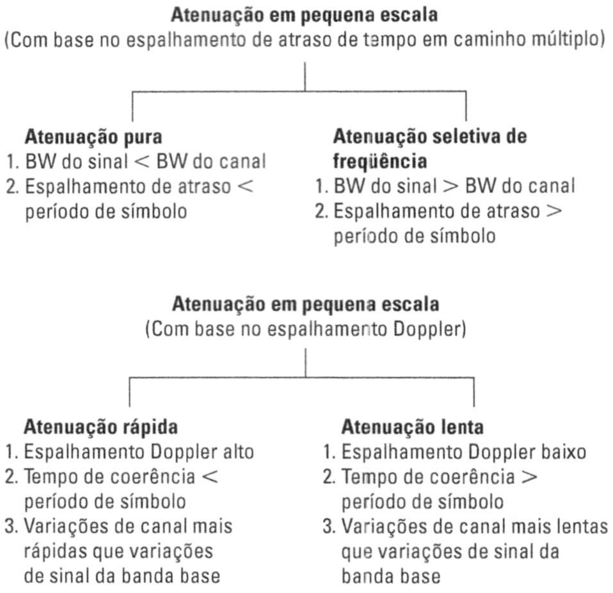

Atenuação em pequena escala
(Com base no espalhamento de atraso de tempo em caminho múltiplo)
Atenuação pura
1. BW do sinal < BW do canal
2. Espalhamento de atraso < período de símbolo
Atenuação seletiva de freqüência
1. BW do sinal > BW do canal
2. Espalhamento de atraso > período de símbolo
Atenuação em pequena escala
(Com base no espalhamento Doppler)
Atenuação rápida
1. Espalhamento Doppler alto
2. Tempo de coerência < período de símbolo
3. Variações de canal mais rápidas que variações de sinal da banda base
Atenuação lenta
1. Espalhamento Doppler baixo
2. Tempo de coerência > período de símbolo
3. Variações de canal mais lentas que variações de sinal da banda base

Figura 5.11 Tipos de atenuação em pequena escala.

5.5.1 Efeitos da atenuação por conta do espalhamento por atraso de tempo em caminhos múltiplos

A dispersão de tempo devida ao caminho múltiplo faz com que o sinal transmitido passe por uma atenuação uniforme ou seletiva de freqüência.

5.5.1.1 Atenuação uniforme

Se o canal de rádio móvel tem um ganho constante e resposta de fase linear em uma largura de banda maior que a largura de banda do sinal transmitido, então o sinal recebido passará por uma *atenuação uniforme*. Esse tipo de atenuação é historicamente o tipo mais comum de atenuação descrita na literatura técnica. Na atenuação uniforme, a estrutura de caminho múltiplo do canal é tal que as características espectrais do sinal transmitido são preservadas no receptor. Porém, a intensidade do sinal recebido muda com o tempo, devido a flutuações no ganho do canal causadas pelo caminho múltiplo. As características de um canal de atenuação uniforme são ilustradas na Figura 5.12.

Pode-se ver na Figura 5.12 que se o ganho do canal muda com o tempo, uma mudança de amplitude ocorre no sinal recebido. Com o tempo, o sinal recebido $r(t)$ varia em ganho, mas o espectro da transmissão é preservado. Em um canal de atenuação uniforme, a largura de banda recíproca do sinal transmitido é muito maior que o espalhamento de atraso de tempo em caminho múltiplo do canal, e $h_b(t,\tau)$ pode ser aproximado como não tendo atraso em excesso (ou seja, uma única função delta com $\tau = 0$). Os canais de atenuação uniforme também

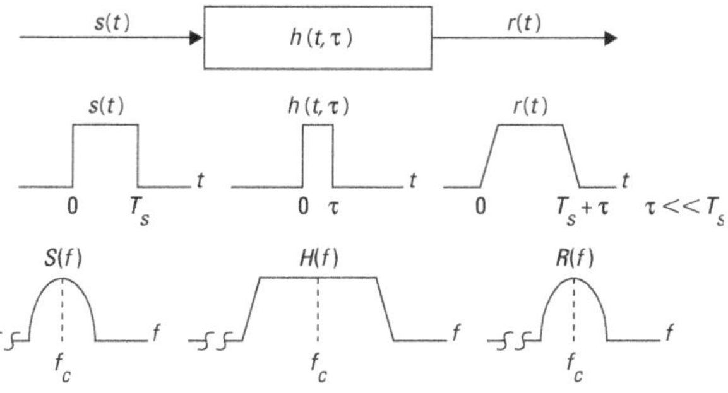

Figura 5.12 Características do canal atenuação uniforme.

são conhecidos como *canais de variação de amplitude*, e às vezes como *canais de banda estreita*, pois a largura de banda do sinal aplicado é *estreita* em comparação com a largura de banda de atenuação uniforme do canal. Os canais de atenuação uniforme típicos causam atenuações profundas, e assim podem exigir 20 dB ou 30 dB mais potência do transmissor para conseguir baixas taxas de erro de bit durante momentos de atenuação profunda em comparação com sistemas operando por canais de não-atenuação. A distribuição do ganho instantâneo dos canais de atenuação uniforme é importante para o projeto de enlaces de rádio, e a distribuição de amplitude mais comum é a distribuição de Rayleigh. O modelo de canal de atenuação uniforme de Rayleigh considera que o canal induz uma amplitude que varia no tempo de acordo com a distribuição de Rayleigh.

Resumindo, um sinal sofre atenuação uniforme se

$$B_S \ll B_C \tag{5.41}$$

e

$$T_S \gg \sigma_\tau \tag{5.42}$$

onde T_S é a largura de banda recíproca (por exemplo, período de símbolo) e B_S a largura de banda, respectivamente, da modulação transmitida, e $\sigma\tau$ e B_C são o espalhamento de atraso rms e a largura de banda de coerência do canal, respectivamente.

5.5.1.2 Atenuação seletiva de freqüência

Se o canal possui uma resposta de fase de ganho constante e linear em uma largura de banda menor que a largura de banda do sinal transmitido, então o canal cria *atenuação seletiva de freqüência* no sinal recebido. Sob essas condições, a resposta ao impulso do canal possui um espalhamento de atraso em caminho múltiplo maior que a largura de banda recíproca da forma de onda da mensagem transmitida. Quando isso ocorre, o sinal recebido inclui múltiplas versões da forma da onda transmitida, que são atenuadas e atrasadas no tempo — portanto, o sinal recebido é distorcido. A atenuação seletiva de freqüência deve-se à dispersão de tempo dos símbolos transmitidos dentro do canal. Assim, o canal induz *interferência entre símbolos* (ISI). Vistos no domínio de freqüência, certos componentes da freqüência no espectro do sinal recebido têm maiores ganhos que outros.

Os canais de atenuação seletiva de freqüência são muito mais difíceis de modelar que os canais de atenuação uniforme, pois cada sinal de caminho múltiplo pode ser modelado e o canal deve ser considerado um filtro linear. É por isso que são feitas medições de caminho múltiplo em banda larga e desenvolvidos modelos a partir dessas medições. Quando são analisados sistemas de comunicação móvel, modelos estatísticos de resposta ao impulso, como o modelo de atenuação Rayleigh de dois raios (que considera que a resposta ao impulso é composta de duas funções delta que se atenuam independentemente e possuem atraso de tempo suficiente entre elas para induzir a atenuação seletiva de freqüência sobre o sinal aplicado), ou respostas ao impulso gerado por computador ou medido, geralmente são usados para analisar a atenuação seletiva de freqüência em pequena escala. A Figura 5.13 ilustra as características de um canal de atenuação seletiva de freqüência.

Para a atenuação seletiva de freqüência, o espectro $S(f)$ do sinal transmitido tem uma largura de banda maior que a largura de banda de coerência B_C do canal. Visto no domínio de freqüência, o canal se torna seletivo de freqüência, onde o ganho é diferente para diferentes componentes de freqüência. A atenuação seletiva de freqüência é causada por atrasos de caminho múltiplo que se aproximam ou excedem o período de símbolo do símbolo transmitido. Os canais de atenuação seletiva de freqüência também são conhecidos como *canais de banda larga*, pois a largura de banda do sinal $s(t)$ é maior que a largura de banda da resposta ao impulso do canal. À medida que o tempo varia, o canal também varia em ganho e

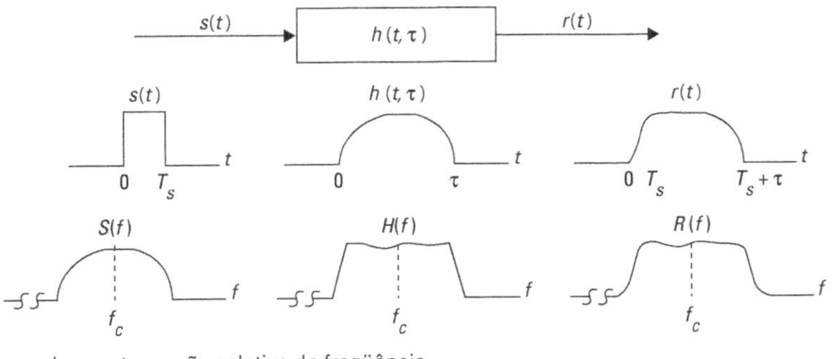

Figura 5.13 Características do canal com atenuação seletiva de freqüência.

fase dentro do espectro de $s(t)$, resultando uma distorção variável com o tempo no sinal recebido $r(t)$. Para resumir, um sinal passa pela atenuação seletiva de freqüência se

$$B_S > B_C \tag{5.43}$$

e

$$T_S < \sigma_\tau \tag{5.44}$$

Uma regra prática comum é que um canal tem atenuação uniforme se $T_s \geq 10\,\sigma_\tau$, e um canal é seletivo de freqüência se $T_s < 10\,\sigma_\tau$, embora isso dependa do tipo específico de modulação utilizado. O Capítulo 6 apresentará resultados de simulação que ilustram o impacto do espalhamento por atraso de tempo sobre a taxa de erros de bit (BER).

5.5.2 Efeitos da atenuação devidos ao espalhamento Doppler

5.5.2.1 Atenuação rápida

Dependendo da velocidade com que o sinal de banda base transmitido muda em comparação com a taxa de mudança do canal, um canal pode ser classificado como de atenuação *rápida* ou *lenta*. Em um *canal de atenuação rápida*, a resposta ao impulso do canal muda rapidamente dentro da duração do símbolo. Ou seja, o tempo de coerência do canal é menor que o período de símbolo do sinal transmitido. Isso causa dispersão de freqüência (também chamada atenuação seletiva no tempo) por causa do espalhamento Doppler, que leva à distorção do sinal. Vista no domínio de freqüência, a distorção do sinal devida à atenuação rápida aumenta com o aumento do espalhamento Doppler relativo à largura de banda do sinal transmitido. Portanto, um sinal sofre atenuação rápida se

$$T_S > T_C \tag{5.45}$$

e

$$B_S < B_D \tag{5.46}$$

Deve-se observar que quando um canal é especificado como um canal de atenuação rápida ou lenta, isso não especifica se o canal tem atenuação uniforme ou se é seletivo de freqüência por natureza. A atenuação rápida só lida com a taxa de mudança do canal devida ao movimento. No caso do canal com atenuação uniforme pode-se aproximar que a resposta ao impulso é simplesmente uma função delta (sem atraso de tempo). Logo, um canal com *atenuação uniforme e rápida* é um canal em que a amplitude da função delta varia mais rápido que a taxa de mudança do sinal de banda base transmitido. No caso de um canal *seletivo de freqüência com atenuação rápida*, as amplitudes, fases e atrasos de tempo de qualquer um dos componentes de caminho múltiplo variam mais rápido que a taxa de mudança do sinal transmitido. Na prática, a atenuação rápida só ocorre para taxas de dados muito baixas.

5.5.2.2 Atenuação lenta

Em um *canal de atenuação lenta*, a resposta ao impulso do canal muda muito mais lentamente que o sinal de banda base transmitido $s(t)$. Nesse caso, o canal pode ser considerado estático por um ou vários intervalos de largura de banda recíprocos. No domínio de freqüência, isso significa que o espalhamento Doppler do canal é muito menor que a largura de banda do sinal de banda base. Portanto, um sinal sofre atenuação lenta se

$$T_S \ll T_C \tag{5.47}$$

e

$$B_S \gg B_D \tag{5.48}$$

Deve ficar claro que a velocidade da estação móvel (ou a velocidade dos objetos no canal) e a sinalização de banda base determina se um sinal sofre atenuação rápida ou lenta.

A relação entre os diversos parâmetros de caminho múltiplo e o tipo de atenuação experimentada pelo sinal são resumidos na Figura 5.14. Com o passar dos anos, alguns autores têm confundido os termos atenuação rápida e lenta com os termos atenuação em grande escala e em pequena escala. Deve-se enfatizar que a atenuação rápida e lenta trata do relacionamento entre a taxa de mudança no canal e o sinal transmitido, e não dos modelos de perda do caminho de propagação.

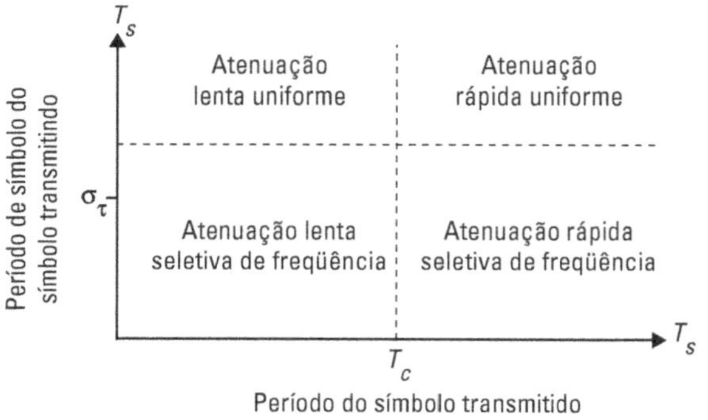

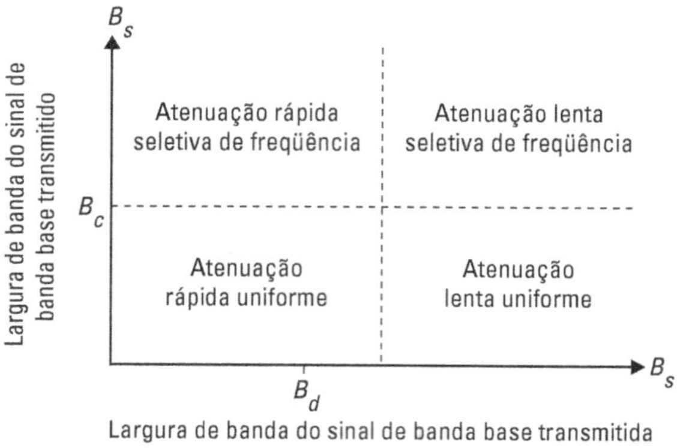

Figura 5.14 Matriz ilustrando o tipo de atenuação experimentado por um sinal como uma função de: a) período de símbolo; b) largura de banda do sinal de banda base.

5.6 Distribuições de Rayleigh e Ricean

5.6.1 Distribuição de atenuação de Rayleigh

Em canais de rádio móvel, a distribuição de Rayleigh normalmente é usada para descrever a natureza estatística variável no tempo do envelope recebido de um sinal de atenuação uniforme, ou o envelope de um componente de caminho múltiplo individual. É bem conhecido que o envelope da soma de dois sinais de ruído de quadratura gaussiana obedece a uma distribuição de Rayleigh. A Figura 5.15 mostra um envelope de sinal distribuído de Rayleigh como uma função do tempo. A distribuição de Rayleigh tem uma função da densidade de probabilidade (pdf) dada por

$$p(r) = \begin{cases} \frac{r}{\sigma^2}\exp\left(-\frac{r^2}{2\sigma^2}\right) & (0 \le r \le \infty) \\ 0 & (r < 0) \end{cases} \quad (5.49)$$

onde σ é o valor rms do sinal de voltagem recebido antes da *detecção do envelope*, e σ^2 é a média da potência do tempo do sinal recebido *antes* da detecção do envelope. A probabilidade de que o envelope do sinal recebido não ultrapasse um valor especificado R é dada pela função de distribuição acumulada (CDF) correspondente

$$P(R) = Pr(r \le R) = \int_0^R p(r)dr = 1 - \exp\left(-\frac{R^2}{2\sigma^2}\right) \quad (5.50)$$

O valor médio $r_{médio}$ da distribuição de Rayleigh é dado por

$$r_{médio} = E[r] = \int_0^\infty rp(r)dr = \sigma\sqrt{\frac{\pi}{2}} = 1{,}2533\sigma \quad (5.51)$$

e a variância da distribuição de Rayleigh é dada por σ^2, que representa a potência de ca no envelope de sinal.

$$\begin{aligned} \sigma_r^2 &= E[r^2] - E^2[r] = \int_0^\infty r^2 p(r)dr - \frac{\sigma^2\pi}{2} \\ &= \sigma^2\left(2 - \frac{\pi}{2}\right) = 0{,}4292\sigma^2 \end{aligned} \quad (5.52)$$

O *valor rms do envelope* é a raiz quadrada do quadrado da média, ou $\sqrt{2}\,\sigma$, onde σ é o desvio padrão do sinal gaussiano complexo original antes da detecção do envelope.

O valor da mediana de r é encontrado solucionando-se

$$\frac{1}{2} = \int_0^{r_{mediana}} p(r)dr \quad (5.53)$$

e é

$$r_{mediana} = 1{,}177\sigma \quad (5.54)$$

Assim, a média e a mediana diferem em apenas 0,55 dB em um sinal de atenuação de Rayleigh. Observe que a mediana normalmente é usada na prática, pois, em geral, os dados de atenuação são medidos em campo e uma distribui-

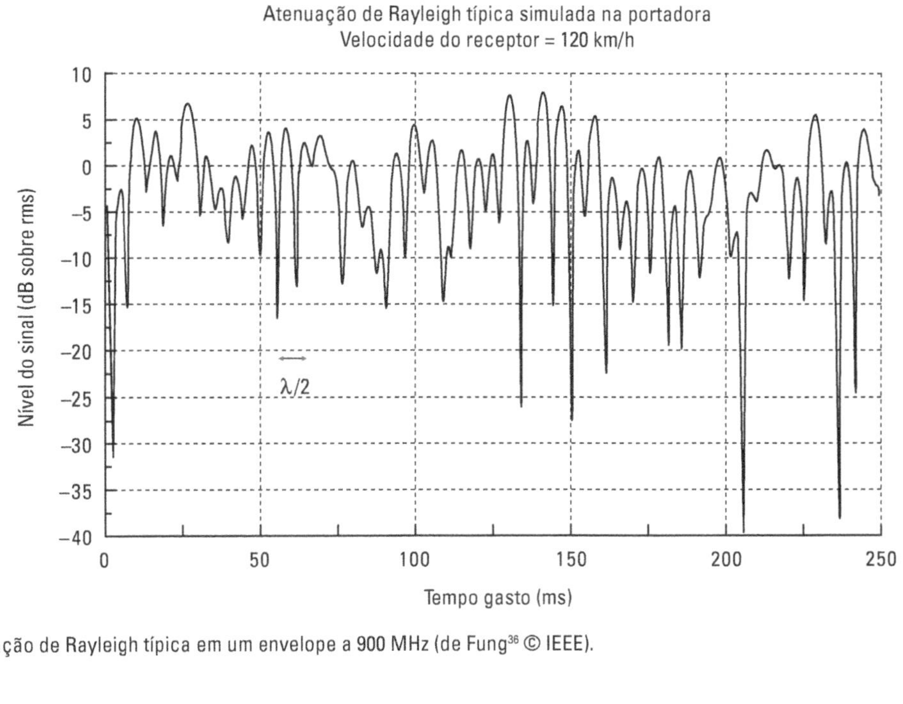

Figura 5.15 Atenuação de Rayleigh típica em um envelope a 900 MHz (de Fung[36] © IEEE).

ção em particular não pode ser assumida. Usando valores de mediana em vez de valores de média, é fácil comparar diferentes distribuições de atenuação que possam ter médias bastante variadas. A Figura 5.16 ilustra a pdf de Rayleigh. A função de distribuição acumulada (CDF) de Rayleigh correspondente aparece na Figura 5.17.

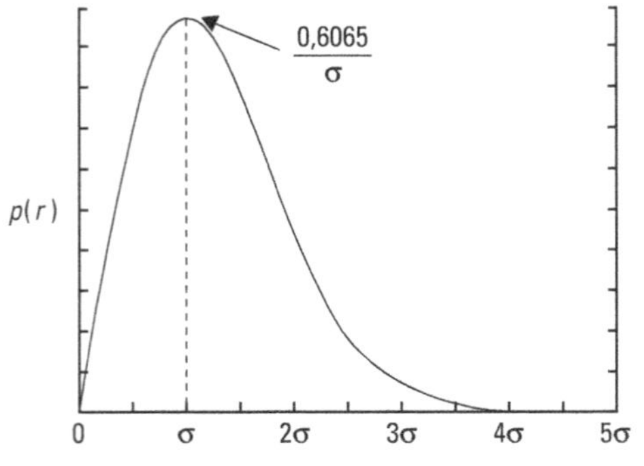

Figura 5.16 Função da densidade de probabilidade (pdf) de Rayleigh.

5.6.2 Distribuição de atenuação de Ricean

Quando existe um componente de sinal estacionário dominante (sem atenuação), como um caminho de propagação na linha de visão, a distribuição de envelope de atenuação em pequena escala é de Ricean. Nessa situação, os componentes de caminho múltiplo aleatórios que chegam em diferentes ângulos são sobrepostos a um sinal dominante estacionário. Na saída de um detector de envelope isso tem o efeito de acrescentar um componente cc ao caminho múltiplo aleatório.

Assim como no caso de detecção de uma onda de seno no ruído térmico[37], o efeito de um sinal dominante chegando com muitos sinais de caminho múltiplo mais fracos faz surgir a distribuição de Ricean. À medida que o sinal dominante se torna mais fraco, o sinal composto assemelha-se a um sinal de ruído que tem um envelope que é de Rayleigh. Assim, a distribuição de Ricean se degenera para uma distribuição de Rayleigh quando a componente dominante se desvanece.

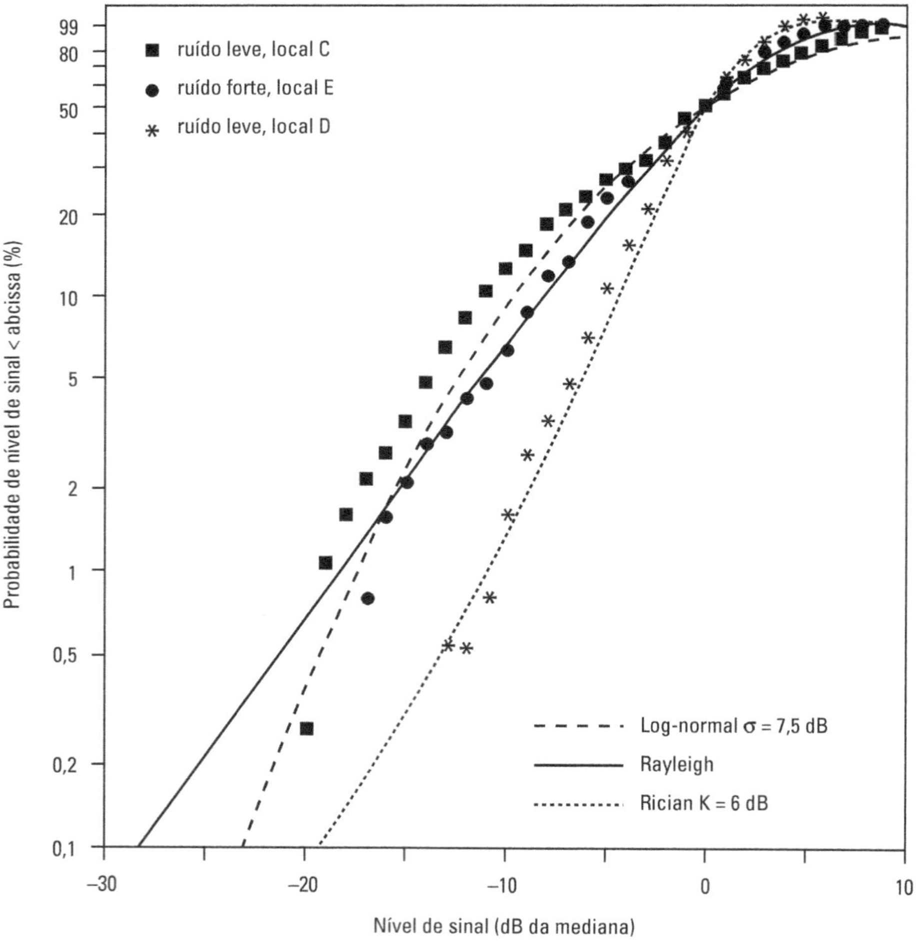

Figura 5.17 Distribuição acumulada para três medições de atenuação em pequena escala e seu ajuste às distribuições de Rayleigh, Ricean e log-normal (de Rappaport[38] © IEEE).

A distribuição de Ricean é dada por

$$p(r) = \begin{cases} \frac{r}{\sigma^2} e^{-\frac{(r^2+A^2)}{2\sigma^2}} I_0\left(\frac{Ar}{\sigma^2}\right) & \text{para } (A \geq 0, r \geq 0) \\ 0 & \text{para } (r < 0) \end{cases} \quad (5.55)$$

O parâmetro A indica a amplitude de pico do sinal dominante e $I_0(\bullet)$ é a função de Bessel modificada do primeiro tipo e ordem zero. A distribuição de Ricean normalmente é descrita em termos de um parâmetro definido como a razão entre a potência de sinal determinístico e a variância do caminho múltiplo. Ela é dada por $K = A^2/(2\sigma^2)$, ou, em termos de dB,

$$K(\text{dB}) = 10\log\frac{A^2}{2\sigma^2} \text{ dB} \quad (5.56)$$

O parâmetro K é conhecido como fator de Ricean e especifica completamente a distribuição de Ricean. Quando $A \rightarrow 0$, $K \rightarrow -\infty$ dB, e quando o caminho dominante diminui em amplitude, a distribuição de Ricean se degenera para uma distribuição de Rayleigh. A Figura 5.18 mostra a pdf de Ricean. A CDF de Ricean é comparada com a CDF de Rayleigh na Figura 5.17.

5.7 Modelos estatísticos para canais de atenuação de caminhos múltiplos

Vários modelos de caminho múltiplo foram sugeridos para explicar a natureza estatística observada de um canal móvel. O primeiro modelo apresentado por Ossana[39] era embasado na interferência de ondas incidentes e refletidas dos lados planos de prédios localizados aleatoriamente. Embora o modelo de Ossana[40] preveja espectros de potência de atenuação uniforme que estavam de acordo com medições em áreas suburbanas, ele assume a existência de um caminho direto entre transmissor e receptor, e é limitado a uma faixa restrita de ângulos de reflexão. O modelo de Ossana, portanto, é bastante inflexível e impróprio para áreas urbanas, onde o caminho direto é quase sempre bloqueado por prédios ou outros obstáculos. O modelo de Clarke[41] fundamenta-se na dispersão e é bastante utilizado.

5.7.1 Modelo de Clarke para atenuação uniforme

Clarke[42] desenvolveu um modelo em que as características estatísticas dos campos eletromagnéticos do sinal recebido na estação móvel são deduzidos da dispersão. O modelo assume um transmissor fixo com uma antena polarizada verticalmente. O campo incidente na antena móvel é considerado composto de N ondas de plano azimutal com fases de portadora arbitrárias, ângulos de chegada azimutais arbitrários e cada onda tendo a mesma amplitude média. Deve-se observar que a suposição de amplitude média idêntica é baseada no fato de que, na ausência de um caminho de linha de visão direto, os componentes dispersos que chegam a um receptor experimentarão atenuação semelhante em distâncias pequenas.

A Figura 5.19 mostra um diagrama de ondas planas incidentes em uma estação móvel trafegando a uma velocidade v na direção x. O ângulo de chegada é medido no plano x-y com relação à direção do movimento. Toda onda incidente na estação móvel sofre um deslocamento Doppler devido ao movimento do receptor e chega no receptor ao mesmo tempo. Ou seja, nenhum atraso em excesso por conta do caminho múltiplo é considerado para qualquer uma das ondas (suposição de atenuação uniforme). Para a n-ésima onda chegando em um ângulo α_n do eixo x, o deslocamento Doppler em Hertz é dado por

$$f_n = \frac{v}{\lambda}\cos\alpha_n \quad (5.57)$$

onde λ é o comprimento de onda da onda incidente.

As ondas planas polarizadas verticalmente, chegando à estação móvel, têm os componentes de campo E e H dados por

$$E_z = E_o \sum_{n=1}^{N} C_n \cos(2\pi f_c t + \theta_n) \quad (5.58)$$

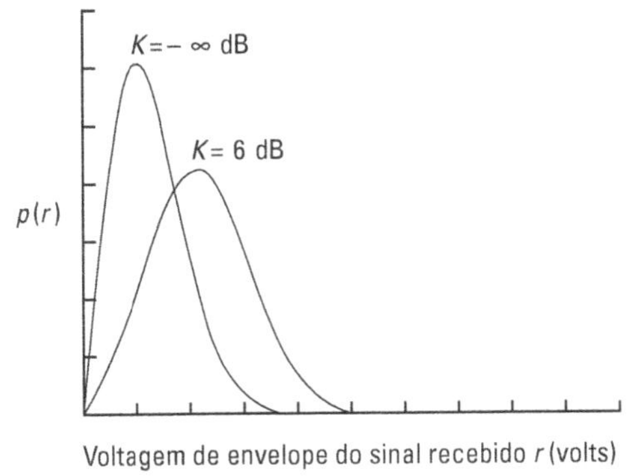

Figura 5.18 Função da densidade de probabilidade da distribuição de Ricean: $K = -\infty$ dB (Rayleigh) e $K = 6$ dB. Para $K >> 1$, a pdf de Ricean é aproximadamente gaussiana ao redor da média.

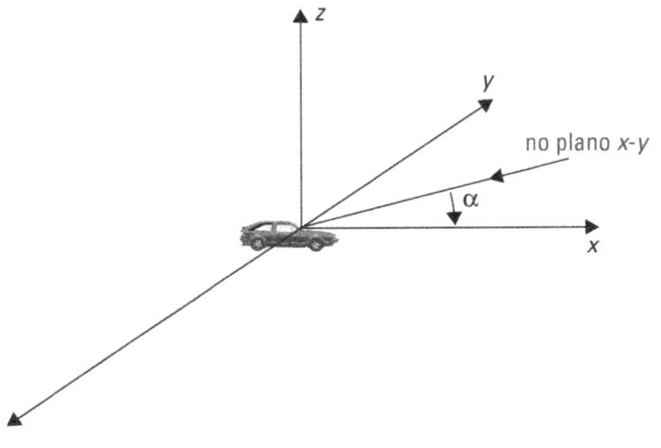

Figura 5.19 Ilustração das ondas planas chegando em ângulos aleatórios.

$$H_x = -\frac{E_o}{\eta}\sum_{n=1}^{N} C_n \operatorname{sen}\alpha_n \cos(2\pi f_c t + \theta_n) \quad (5.59)$$

$$H_y = -\frac{E_o}{\eta}\sum_{n=1}^{N} C_n \cos\alpha_n \cos(2\pi f_c t + \theta_n) \quad (5.60)$$

onde E_0 é a amplitude real do campo E médio local (considerado constante), C_n é uma variável aleatória real representando a amplitude das ondas individuais, η é a impedância intrínseca do espaço livre (377 Ω), e f_c é a freqüência da portadora. A fase aleatória do n-ésimo componente chegando a θ_n é dada por

$$\theta_n = 2\pi f_n + \phi_n \quad (5.61)$$

As amplitudes do campo E e H são normalizadas de modo que a média do conjunto dos C_n's é dada por

$$\sum_{n=1}^{N} \overline{C_n^2} = 1 \quad (5.62)$$

Como o deslocamento Doppler é muito pequeno em comparação com a freqüência da portadora, os três componentes de campo podem ser modelados como processos aleatórios de banda estreita. Os três componentes E_z, H_x e H_y podem ser aproximados como variáveis aleatórias gaussianas se N for suficientemente grande. Os ângulos de fase são considerados como tendo uma função da densidade de probabilidade (pdf) uniforme no intervalo $(0,2\pi)$. Com base na análise de Rice,[43] o campo E pode ser expresso em uma forma em fase e por quadratura.

$$E_z(t) = T_c(t)\cos(2\pi f_c t) - T_s(t)\operatorname{sen}(2\pi f_c t) \quad (5.63)$$

onde

$$T_c(t) = E_0 \sum_{n=1}^{N} C_n \cos(2\pi f_n t + \phi_n) \quad (5.64)$$

e

$$T_s(t) = E_0 \sum_{n=1}^{N} C_n \operatorname{sen}(2\pi f_n t + \phi_n) \quad (5.65)$$

Tanto $T_c(t)$ quanto $T_s(t)$ são processos aleatórios gaussianos indicados como T_c e T_s, respectivamente, em qualquer tempo t. T_c e T_s são variáveis aleatórias gaussianas de média zero não correlacionadas, com uma variância idêntica dada por

$$\overline{T_c^2} = \overline{T_s^2} = \overline{|E_z|^2} = E_0^2/2 \quad (5.66)$$

onde o grifo superior indica a média do conjunto.

O envelope do campo E recebido, $E_z(t)$, é dado por

$$|E_z(t)| = \sqrt{T_c^2(t) + T_s^2(t)} = r(t) \quad (5.67)$$

Como T_c e T_s são variáveis aleatórias gaussianas, pode-se mostrar por uma transformação jacobeana[44] que o envelope do sinal recebido aleatório r tem uma distribuição de Rayleigh dada por

$$p(r) = \begin{cases} \frac{r}{\sigma^2}\exp\left(-\frac{r^2}{2\sigma^2}\right) & 0 \le r \le \infty \\ 0 & r < 0 \end{cases} \quad (5.68)$$

onde $\sigma^2 = E_0^2/2$.

5.7.1.1 Forma espectral devida ao espalhamento Doppler no modelo de Clarke

Gans[45] desenvolveu uma análise de espectro para o modelo de Clarke. Considere que $p(\alpha)d\alpha$ indica a fração da potência de chegada total dentro de $d\alpha$ do ângulo α, e considere que A indica a média da potência recebida com relação a uma antena isotrópica. Quando $N \to \infty$, $p(\alpha)\,d\alpha$ aproxima-se de uma distribuição contínua em vez de discreta. Se $G(\alpha)$ é o padrão de ganho azimutal da antena móvel, como uma função do ângulo de chegada, a potência recebida total pode ser expressa como

$$P_r = \int_0^{2\pi} AG(\alpha)p(\alpha)d\alpha \quad (5.69)$$

onde $AG(\alpha)p(\alpha)d\alpha$ é a variação diferencial da potência angular recebida. Se o sinal disperso é um sinal de CW de freqüência f_c, então a freqüência instantânea da componente do sinal recebido chegando em um ângulo α é obtida usando-se a Equação 5.57.

$$f(\alpha) = f = \frac{v}{\lambda}\cos(\alpha) + f_c = f_m \cos\alpha + f_c \quad (5.70)$$

onde f_m é o deslocamento Doppler máximo. Deve-se observar que $f(\alpha)$ é uma função plana de α (ou seja, $f(\alpha) = f(-\alpha)$).

Se $S(f)$ é o espectro de potência do sinal recebido, a variação diferencial da potência recebida com a freqüência é dada por

$$S(f)|df| \quad (5.71)$$

Igualando a variação diferencial da potência recebida com freqüência com a variação diferencial da potência recebida com ângulo, temos

$$S(f)|df| = A[p(\alpha)\,G(\alpha) + p(-\alpha)\,G(-\alpha)]|d\alpha| \quad (5.72)$$

Diferenciando a Equação 5.70 e rearrumando os termos, temos

$$|df| = |d\alpha||-\operatorname{sen}\alpha|f_m \quad (5.73)$$

Usando a Equação 5.70, α pode ser expresso como uma função de f como

$$\alpha = \cos^{-1}\left[\frac{f - f_c}{f_m}\right] \quad (5.74)$$

Isso implica que

$$\operatorname{sen}\alpha = \sqrt{1 - \left(\frac{f - f_c}{f_m}\right)^2} \quad (5.75)$$

Substituindo as equações 5.73 e 5.75 nos dois lados da Equação 5.72, a densidade espectral de potência $S(f)$ pode ser expressa como

$$S(f) = \frac{A[p(\alpha)G(\alpha) + p(-\alpha)G(-\alpha)]}{f_m\sqrt{1 - \left(\frac{f - f_c}{f_m}\right)^2}} \quad (5.76)$$

onde

$$S(f) = 0, |f - f_c| > f_m \quad (5.77)$$

O espectro é centralizado na freqüência da portadora e é zero fora dos limites de $f_c \pm f_m$. Cada uma das ondas que chegam tem sua freqüência de portadora (devido à sua direção da chegada), que é ligeiramente deslocada da freqüência de centro. Para o caso de uma antena $\lambda/4$ vertical ($G(\alpha) = 1{,}5$), e uma distribuição uniforme $p(\alpha) = 1/2\pi$ sobre 0 a 2π, o espectro de saída é dado pela Equação 5.76, como

$$S_{E_z}(f) = \frac{1{,}5}{\pi f_m\sqrt{1 - \left(\frac{f - f_c}{f_m}\right)^2}} \quad (5.78)$$

Na Equação 5.78, a densidade espectral de potência em $f_c \pm f_m$ é infinita, ou seja, os componentes Doppler chegando em exatamente 0° e 180° possuem uma densidade espectral de potência infinita. Isso não é problema, pois α é continuamente distribuído e a probabilidade de componentes chegando exatamente nesses ângulos é zero.

A Figura 5.20 mostra a densidade espectral de potência do sinal de RF resultante devido à atenuação Doppler. Smith[46] demonstrou um modo fácil de simular o modelo de Clark usando uma simulação por computador, conforme será descrito na Seção 5.7.2.

Após a detecção do envelope do sinal com deslocamento Doppler, o espectro de banda base resultante tem uma freqüência máxima de $2f_m$. Pode-se mostrar[47] que o campo elétrico produz uma densidade espectral de potência de banda base dada por

$$S_{bbE_z}(f) = \frac{1}{8\pi f_m}K\left[\sqrt{1 - \left(\frac{f}{2f_m}\right)^2}\right] \quad (5.79)$$

onde K[•] é a integral elíptica completa do primeiro tipo. A Equação 5.79 não é intuitiva e é um resultado da correlação temporal do sinal recebido quando passado por um detector de envelope não linear. A Figura 5.21 ilustra o espectro de banda base do sinal recebido após a detecção do envelope.

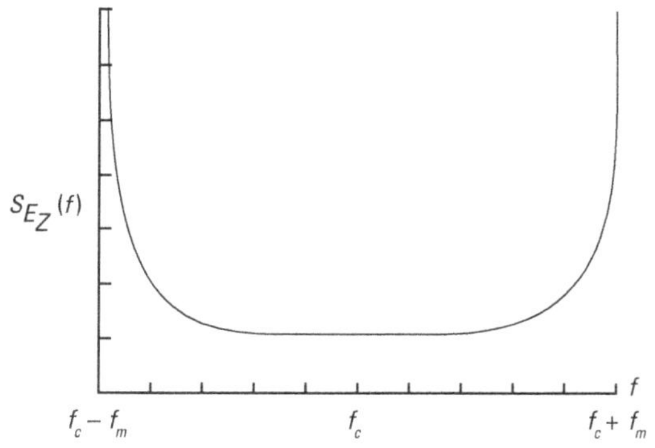

Figura 5.20 Espectro de potência Doppler para uma portadora de CW não modulada (de Gans[48] © IEEE).

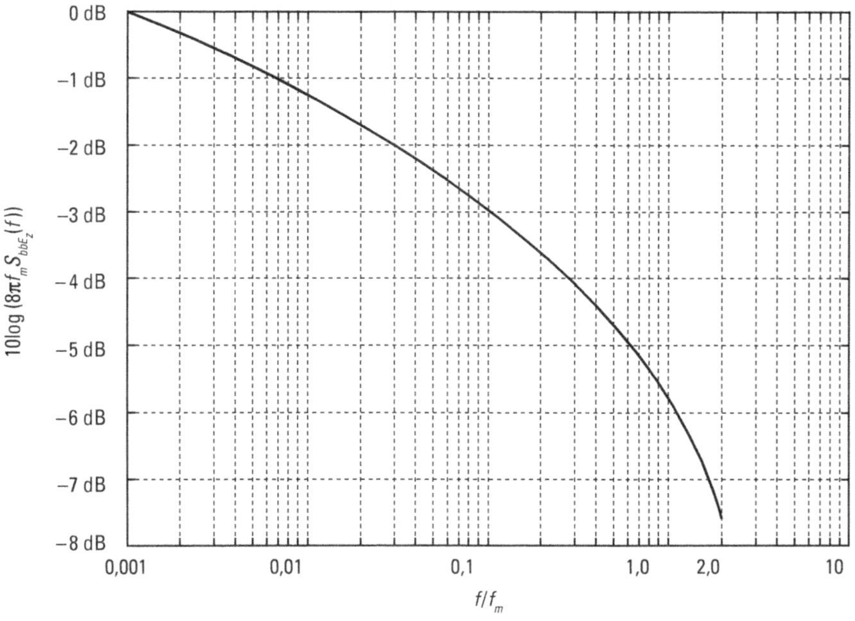

Figura 5.21 Densidade espectral de potência de banda base de um sinal Doppler de CW após detecção do envelope.

A forma espectral da difusão Doppler determina a forma de onda da atenuação de domínio de tempo e dita a correlação temporal e os comportamentos de inclinação da atenuação. Os simuladores de atenuação de Rayleigh devem usar um espectro de atenuação como a Equação 5.78 a fim de produzir formas de onda de atenuação realistas que possuam correlação de tempo apropriada.

5.7.2 Simulação do modelo de atenuação de Clarke e Gans

Normalmente, é útil simular os canais de atenuação de caminho múltiplo no hardware ou no software. Um método de simulação popular usa o conceito de caminhos de modulação em fase e por quadratura para produzir um sinal simulado representando a Equação 5.63 com características espectral e temporal muito próximas dos dados medidos.

Como visto na Figura 5.22b, duas fontes de ruído gaussiano passa baixa independentes são usadas para produzir desvios de atenuação em fase e por quadratura. Cada fonte gaussiana pode ser formada somando-se duas variáveis aleatórias gaussianas independentes que são ortogonais (ou seja, $g = a + jb$, onde a e b são variáveis aleatórias gaussianas reais e g é gaussiana complexa). Usando o filtro espectral definido pela Equação 5.78 para modelar os sinais aleatórios no domínio de freqüência, formas de onda de domínio de tempo precisas da atenuação Doppler podem ser produzidas usando-se a inversa de uma transformada de Fourier rápida (IFFT) no último estágio do simulador.

Smith[49] demonstrou um programa de computador simples que implementa a Figura 5.22b. Seu método usa um gerador de número aleatório gaussiano complexo (fonte de ruído) para produzir um espectro de linha de banda base com pesos complexos na banda de freqüência positiva. A componente de freqüência máxima do espectro de linha é f_m. Usando a propriedade dos sinais reais, as componentes negativas de freqüência são construídas simplesmente conjugando-se os valores gaussianos complexos obtidos para as freqüências positivas. Observe que a IFFT de cada sinal gaussiano complexo deve ser um processo aleatório gaussiano puramente real no domínio de tempo que é usado em cada um dos braços de quadratura que podem ser vistos na Figura 5.24. O espectro da linha de valor aleatório é então multiplicado com uma representação de freqüência discreta de $\sqrt{S_{E_z}(f)}$ tendo o mesmo número de pontos que a fonte de ruído. Para lidar com o caso onde a Equação (5.78) se aproxima do infinito na borda da banda de passagem, Smith truncou o valor de $S_{E_Z}(f_m)$ calculando a inclinação da função na freqüência de amostra imediatamente antes da borda da banda de passagem e aumentando a inclinação desta. Simulações usando a arquitetura da Figura 5.22 normalmente são implementadas no domínio de freqüência usando espectros de linha gaussianos complexos para tirar proveito da fácil implementação da Equação 5.78. Isso, por sua vez, implica que os componentes de ruído gaussiano passa baixa na realidade são uma série de componentes de freqüência (espectro de linha de $-f_m$ até f_m), que são igualmente espaçados e cada um tem um peso gaul ssiano complexo. A metodologia de simulação de Smith pode ser vista na Figura 5.24.

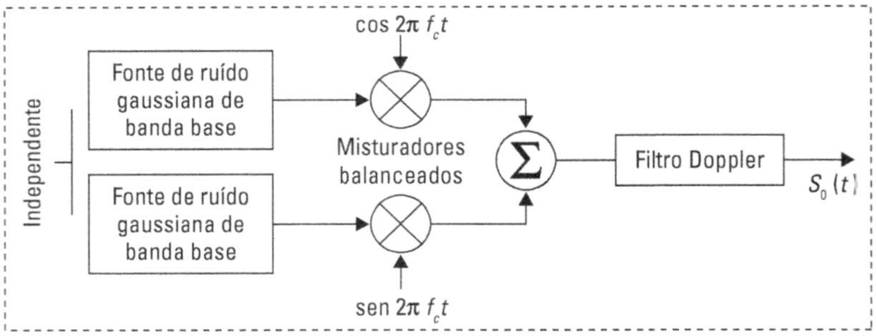

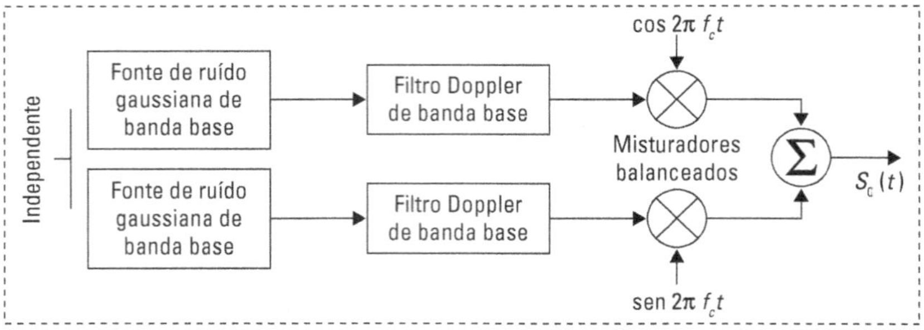

Figura 5.22 Simulador usando modulação por amplitude de quadratura com a) filtro Doppler de RF e b) filtro Doppler de banda base.

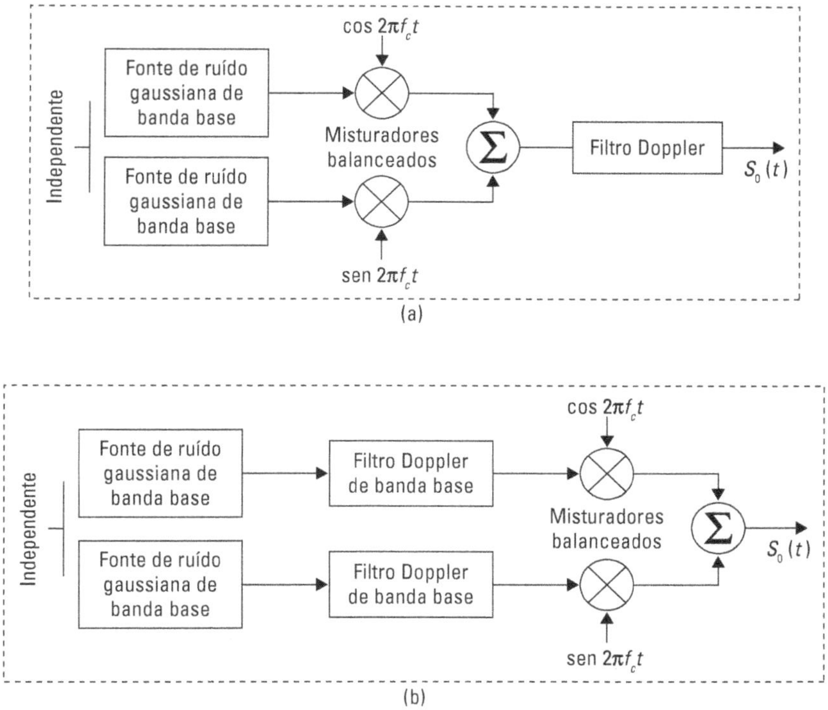

Figura 5.23 Simulador usando modulação de amplitude por quadratura com a) filtro Doppler de RF e b) filtro Doppler de banda base.

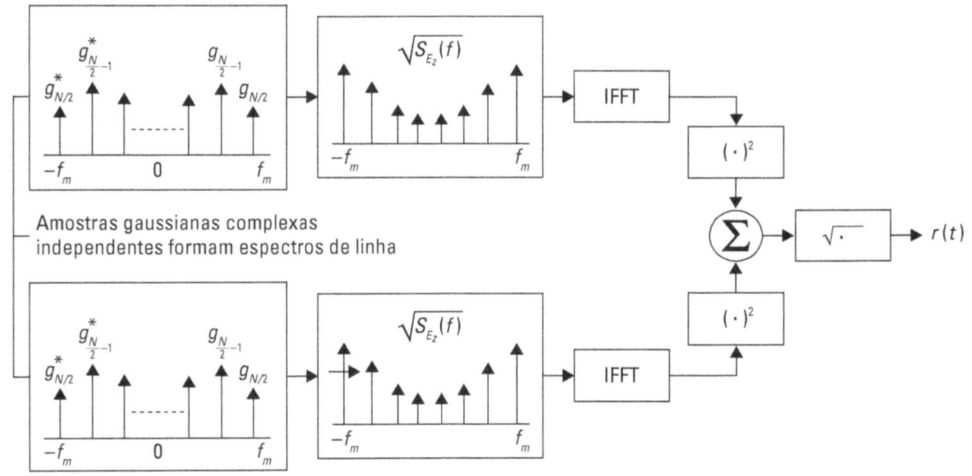

Figura 5.24 Implementação de domínio de freqüência de um simulador de atenuação de Rayleigh em banda base.

Para implementar o simulador mostrado na Figura 5.24, as seguintes etapas são utilizadas:

1. Especifique o número de pontos de domínio de freqüência (N) usados para representar $\sqrt{S_{E_z}(f)}$ e o deslocamento de freqüência Doppler máximo (f_m). O valor usado para N normalmente é uma potência de dois.
2. Calcule o espaçamento de freqüência entre linhas espectrais adjacentes como $\Delta f = 2f_m/(N-1)$. Isso define a duração de tempo de uma forma de onda atenuando, $T = 1/\Delta f$.
3. Gere variáveis gaussianas complexas para cada uma das $N/2$ componentes de freqüência positiva da fonte de ruído.
4. Construa as componentes de freqüência negativas da fonte de ruído conjugando valores de freqüência positivos e transformando-os em valores de freqüência negativos.
5. Multiplique as fontes de ruído em fase e por quadratura pelo espectro de atenuação $\sqrt{S_{E_z}(f)}$.
6. Realize uma IFFT sobre os sinais de domínio de freqüência resultantes a partir dos braços em fase e por

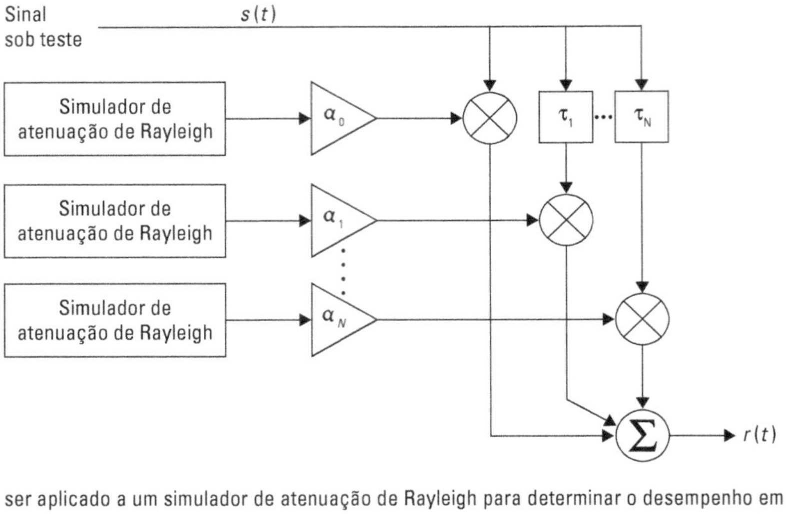

Figura 5.25 Um sinal pode ser aplicado a um simulador de atenuação de Rayleigh para determinar o desempenho em uma grande gama de condições de canal. Condições de atenuação uniforme e seletiva de freqüência podem ser simuladas, dependendo das configurações de ganho e atraso de tempo.

quadratura para obter duas séries de tempo de tamanho N, e some os quadrados de cada ponto de sinal no tempo para criar uma série de tempo de N pontos como sob o radical da Equação 5.67. Observe que cada braço de quadratura deve ser um sinal real após a IFFT para modelar a Equação 5.63.

7. Apanhe a raiz quadrada da soma obtida na Etapa 6 para obter uma série de tempo de N pontos de um sinal de atenuação de Rayleigh com a difusão Doppler e correlação de tempo apropriadas.

Diversos simuladores de atenuação de Rayleigh podem ser usados em conjunto com ganhos variáveis e atrasos de tempo para produzir efeitos de atenuação seletiva de freqüência. Isso pode ser visto na Figura 5.25.

Tornando um único componente de freqüência dominante em amplitude dentro de $\sqrt{S_{E_z}(f)}$ e em f = 0, a atenuação é alterada de Rayleigh para Ricean. Para um simulador de atenuação de caminho múltiplo com muitos componentes resolvíveis, esse método pode ser usado para alterar as distribuições de probabilidade dos componentes de caminho múltiplo individuais no simulador da Figura 5.25. Deve-se ter o cuidado de implementar corretamente a IFFT de modo que cada braço da Figura 5.24 produza um sinal de domínio em tempo real conforme dado por Tc(t) e Ts(t) nas equações 5.64 e 5.65.

Para determinar o impacto da atenuação uniforme sobre um sinal aplicado $s(t)$, só é preciso multiplicar o sinal aplicado por $r(t)$, a saída do simulador de atenuação. Para determinar o impacto de mais de um componente de caminho múltiplo, deve ser realizada uma convolução, como mostra a Figura 5.25.

5.7.3 Travessia de nível e estatísticas de atenuação

Rice calculou estatísticas de junção para um problema matemático que é semelhante ao modelo de atenuação de Clarke[50] e forneceu assim expressões simples para calcular o número médio de travessia de nível e duração de atenuações. A *taxa de travessia de nível* (*Level Crossing Rate* (LCR)) e a *duração média da atenuação* de um sinal de atenuação de Rayleigh são duas estatísticas importantes que são úteis para se projetar códigos de controle de erro e esquemas de diversidade a serem usados nos sistemas de comunicação móvel, pois torna-se possível relacionar a taxa de tempo da mudança do sinal recebido com o nível de sinal e a velocidade da estação móvel.

A *taxa de travessia de nível* é definida como a taxa esperada em que o envelope de atenuação de Rayleigh, normalizado para o nível de sinal de rms local, cruza um nível especificado em uma direção positiva. O número de travessias por segundo é dado por

$$N_R = \int_0^{\infty} \dot{r}\, p(R, \dot{r})d\dot{r} = \sqrt{2\pi} f_m \rho e^{-\rho^2} \qquad (5.80)$$

onde $\dot{r}$ é a derivada de tempo de $r(t)$ (ou seja, a inclinação), $p(R, \dot{r})$ é a função de densidade conjunto de r e $\dot{r}$ em $r = R$, f_m é a freqüência Doppler máxima, e $\rho = R / R_{rms}$ é o valor do nível especificado R, normalizado para a amplitude rms local do envelope de atenuação[51]. A Equação 5.80 gera o valor de N_R, o número médio de travessias de nível por segundo para um R específico. A taxa de travessia de nível é uma função da velocidade da estação móvel conforme é aparente pela presença de f_m na Equação 5.80. Existem poucas travessias nos níveis alto e baixo, com a taxa máxima ocorrendo em $\rho = 1/\sqrt{2}$, (ou seja, em um nível 3 dB abaixo do nível rms). O envelope de sinal experimenta atenuações muito profundas apenas ocasionalmente, mas atenuações superficiais são freqüentes.

Exemplo 5.7

Para um sinal de atenuação de Rayleigh, calcule a taxa de travessia de nível na direção positiva para $\rho = 1$, quando a freqüência Doppler máxima (f_m) é 20 Hz. Qual a velocidade máxima da estação móvel para essa freqüência Doppler se a freqüência da portadora é 900 MHz?

Solução

Usando a Equação 5.80, o número de travessias de nível zero é

$N_R = \sqrt{2\pi}(20)(1)e^{-1} = 18{,}44$ travessias por segundo

A velocidade máxima da estação móvel pode ser obtida usando-se a relação Doppler, $f_{d,max} = v/\lambda$.

Portanto, a velocidade da estação móvel em $f_m = 20$ Hz é

$v = f_d\lambda = 20$ Hz (1/3 m) = 6,66 m/s = 24 km/h

A *duração média da atenuação* é definida como o período de tempo médio para o qual o sinal recebido está abaixo de um nível especificado R. Para um sinal de atenuação de Rayleigh, isso é dado por

$$\bar{\tau} = \frac{1}{N_R} Pr[r \le R] \qquad (5.81)$$

onde $Pr[r \le R]$ é a probabilidade de que o sinal recebido r seja menor que R e é dada por

$$Pr[r \le R] = \frac{1}{T}\sum_i \tau_i \qquad (5.82)$$

onde τ_i é a duração da atenuação e T é o intervalo de observação do sinal de atenuação. A probabilidade de que o sinal recebido r seja menor que o patamar R é encontrada a partir da distribuição de Rayleigh como

$$P_r[r \le R] = \int_0^R p(r)dr = 1 - \exp(-\rho^2) \qquad (5.83)$$

onde $p(r)$ é a pdf de uma distribuição de Rayleigh. Assim, usando as equações 5.80, 5.81 e 5.83, a duração média da atenuação como uma função de ρ e f_m pode ser expressa como

$$\bar{\tau} = \frac{e^{\rho^2} - 1}{\rho f_m \sqrt{2\pi}} \qquad (5.84)$$

A duração média de uma atenuação de sinal ajuda a determinar o número mais provável de bits de sinalização que podem ser perdidos durante uma atenuação. A duração média da atenuação depende principalmente da velocidade da estação móvel, e diminui à medida que a freqüência Doppler máxima f_m aumenta. Se houver uma margem de atenuação particular embutida no sistema de comunicação móvel, é apropriado avaliar o desempenho do receptor determinando a taxa em que o sinal de entrada cai para abaixo de determinado nível R, e por quanto tempo ela permanece abaixo do nível, na média. Isso é útil para relacionar a SNR durante uma atenuação com a BER instantânea resultante.

Exemplo 5.8

Ache a duração média da atenuação para níveis de patamar $\rho = 0{,}01$, $\rho = 0{,}1$ e $\rho = 1$, quando a freqüência Doppler é 200 Hz.

Solução

A duração média 1 da atenuação pode ser encontrada substituindo-se os valores indicados na Equação 5.84.

$$\text{Para } \rho = 0{,}01,\ \bar{\tau} = \frac{e^{0{,}01^2} - 1}{(0{,}01)200\sqrt{2\pi}} = 19{,}9\ \mu s$$

$$\text{Para } \rho = 0{,}1,\ \bar{\tau} = \frac{e^{0{,}1^2} - 1}{(0{,}1)200\sqrt{2\pi}} = 200\ \mu s$$

$$\text{Para } \rho = 1,\ \bar{\tau} = \frac{e^{1^2} - 1}{(1)200\sqrt{2\pi}} = 3{,}43\ \text{ms}$$

Exemplo 5.9

Ache a duração média da atenuação para o nível de patamar de $\rho = 0{,}707$ quando a freqüência Doppler é 20 Hz. Para uma modulação digital binária com duração de bit de 50 bps, a atenuação Rayleigh é lenta ou rápida? Qual o número médio de erros de bit por segundo para determinada taxa de dados? Considere que um erro de bit ocorre sempre que qualquer parte de um bit encontra uma atenuação para a qual $\rho < 0{,}1$.

Solução

A duração média da atenuação pode ser obtida usando-se a Equação 5.84.

$$\bar{\tau} = \frac{e^{0{,}707^2} - 1}{(0{,}707)20\sqrt{2\pi}} = 18{,}3\ \text{ms}$$

Para uma taxa de dados de 50 bps, o período de bit é de 20 ms. Como o período de bit é maior que a duração média da atenuação, para a taxa de dados indicada, o sinal sofre atenuação de Rayleigh rápida. Usando a Equação 5.84, a duração média da atenuação para $\rho = 0{,}1$ é igual a 0,002 s. Isso é menos que a duração de um bit. Portanto, somente um bit na média será perdido durante uma atenuação. Usando a Equação 5.80, o número de travessias de nível para $\rho = 0{,}1$ é $N_r = 4{,}96$ travessias por segundo. Como um erro de bit é considerado como ocorrendo sempre que uma parte de um bit encontra uma atenuação, e como a duração média da atenuação se espalha apenas por uma fração da duração de um bit, o número total de bits com erro é de 5 por segundo, resultando em uma BER = (5/50) = 0,1.

5.7.4 Modelo de atenuação de Rayleigh com dois raios

O modelo de Clarke e as estatísticas para atenuação de Rayleigh são para condições de atenuação uniforme e não consideram o atraso de tempo por caminho múltiplo. Nos sistemas de comunicação modernos com altas taxas de dados, torna-se necessário modelar os efeitos da difusão por atraso de caminho múltiplo além da atenuação. Um modelo de caminho múltiplo muito usado é um modelo independente de dois raios com atenuação de Rayleigh (que é uma implementação específica do simulador de atenuação genérico mostrado na Figura 5.25). A Figura 5.26 mostra um diagrama de blocos do modelo de canal independente de dois raios com atenuação de Rayleigh. A resposta de impulso do modelo é representada como

$$h_b(t) = \alpha_1 \exp(j\phi_1)\delta(t) + \alpha_2 \exp(j\phi_2)\delta(t - \tau) \qquad (5.85)$$

onde α_1 e α_2 são independentes e distribuídos por Rayleigh, e ϕ_1 e ϕ_2 são independentes e distribuídos uniformemente por $[0,2\pi]$, e τ é o atraso de tempo entre os dois raios. Definindo-se α_2 igual a zero, o caso especial de um canal de atenuação de Rayleigh é obtido como

$$h_b(t) = \alpha_1 \exp(j\phi_1)\delta(t) \qquad (5.86)$$

Variando τ, é possível criar uma grande faixa de efeitos de atenuação seletiva de freqüência. As propriedades de correlação de tempo apropriadas das variáveis aleatórias de Rayleigh α_1 e α_2 são garantidas gerando-se duas formas de onda independentes, cada uma produzida pela inversa da transformada de Fourier do espectro descrito na Seção 5.7.2.

5.7.5 Modelo estatístico para interior de Saleh e Valenzuela

Saleh e Valenzuela[52] relataram os resultados das medições de propagação para interior entre duas antenas omnidirecionais polarizadas verticalmente, localizadas no mesmo andar de um prédio de escritórios de tamanho médio. As medições foram feitas usando-se 10 ns, 1,5 GHz, pulsos tipo radar. O método envolvia a resposta de pulso detectada pela lei do quadrado, enquanto se varia a freqüência do pulso transmitido. Usando esse método, os componentes de caminho múltiplo dentro de 5 ns foram resolvíveis.

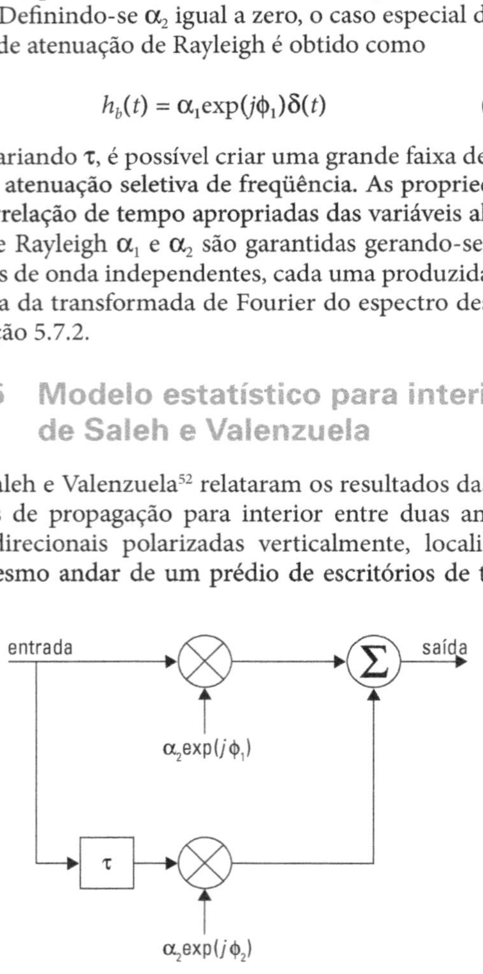

Figura 5.26 Modelo de atenuação de Rayleigh com dois raios.

Os resultados obtidos por Saleh e Valenzuela mostram que: a) o canal interno é quase estático ou varia muito lentamente com o tempo, e b) as estatísticas de resposta ao impulso do canal são independentes da polarização da antena de transmissão e recepção, se não houver um caminho de linha de visão entre elas. Eles relataram um espalhamento máximo do atraso de caminho múltiplo de 100 ns a 200 ns dentro das salas de um prédio, e 300 ns nos corredores. O espalhamento de atraso rms medido dentro das salas teve uma média de 25 ns e um máximo de 50 ns. A perda de caminho em grande escala sem caminho de linha de visão variou por uma faixa de 60 dB e obedeceu a uma lei de potência log-distância (ver Equação 4.68) com um expoente entre três e quatro.

Saleh e Valenzuela desenvolveram um modelo de caminho múltiplo simples para canais internos, com base nos resultados de medição. O modelo considera que os componentes de caminho múltiplo chegam em clusters. As amplitudes dos componentes recebidos são variáveis aleatórias de Rayleigh independentes com variâncias que caem exponencialmente com o atraso do cluster, bem como o atraso em excesso dentro de um cluster. Os ângulos de fase correspondentes são variáveis aleatórias uniformes independentes sobre $[0, 2\pi]$. Os clusters e componentes de caminho múltiplo dentro de um cluster formam processos de chegada de Poisson com diferentes taxas. Os clusters e componentes de caminho múltiplo dentro de um cluster possuem tempos entre chegada distribuídos exponencialmente. A formação dos clusters está relacionada com a estrutura do prédio, enquanto os componentes dentro do cluster são formados por múltiplas reflexões de objetos nas vizinhanças do transmissor e do receptor.

5.7.6 Modelos estatísticos para interior e exterior SIRCIM e SMRCIM

Rappaport e Seidel[53] relataram medições a 1.300 MHz em cinco prédios de fábricas e executaram medições subseqüentes em outros tipos de prédios. Os autores desenvolveram um modelo estatístico elaborado e empiricamente derivado para gerar canais de medição com base no modelo de canal de resposta ao impulso discreto da Equação 5.12 e escreveram um programa de computador chamado *Simulation of Indoor Radio Channel Impulse-response Models* (SIRCIM). SIRCIM gera amostras realistas de medições de resposta ao impulso de canal interno em pequena escala[54]. O trabalho subseqüente de Huang produziu o *Simulation of Mobile*

Radio Channel Impulse-response Models (SMRCIM), um programa semelhante, que gera respostas ao impulso de canal celular e microcelular urbano em pequena escala[55]. Esses programas atualmente estão em uso em mais de cem instituições do mundo inteiro, e foram atualizados para incluir informações de ângulo de chegada para canais de microcélula, internos e macrocélula[56].

Registrando respostas ao impulso de perfil de atraso de potência em intervalos de $\lambda/4$ em uma trilha de 1 m em muitos locais de medição internos, os autores puderam caracterizar a atenuação em pequena escala de um local para componentes de caminho múltiplo individuais, e a variação em pequena escala no número e tempos de chegada de componentes de caminho múltiplo dentro de um local. Assim, os modelos estatísticos resultantes são funções do bloco de atraso de tempo em caminho múltiplo τ_i, do espaçamento do receptor em pequena escala, X_l, dentro de uma área de 1 m, da topografia S_m que é de linha de visão (LOS) ou obstruída (OBS), da distância de separação T–R em grande escala D_n, e do local de medição em particular P_n. Portanto, cada perfil de atraso de potência de banda base individual é expresso de uma maneira semelhante à Equação 5.12, exceto que as amplitudes aleatórias e atrasos de tempo são variáveis aleatórias que dependem do ambiente ao redor. As fases são sintetizadas usando-se um modelo pseudodeterminístico que oferece resultados realistas, de modo que uma resposta ao impulso de canal de banda base complexa variando com o tempo $hb(t;\tau_i)$ pode ser obtida para uma área através da simulação.

$$h_b(t, X_l, S_m, D_n, P_n) = \sum_i A_i(\tau_i, X_l, S_m, D_n, P_n) \, e^{j\theta_i[\tau_i, X_l, S_m, D_n, P_n]} \, \delta(t - \tau_i(X_l, S_m, D_n, P_n)) \quad (5.87)$$

Na Equação 5.87, A_i^2 é a potência média do receptor de caminho múltiplo dentro de um intervalo de atraso em excesso discreto de 7,8125 ns.

Os atrasos de caminho múltiplo medidos dentro de prédios de plano aberto variaram de 40 ns a 800 ns. Os valores de atraso médio de caminho múltiplo e espalhamento de atraso rms variaram de 30 ns a 300 ns, com valores medianos de 96 ns em caminhos LOS e 105 ns em caminhos obstruídos. Os espalhamentos de atraso foram considerados não relacionados à separação T–R, mas foram afetados por estoques de fábrica, materiais de construção do prédio, idade do prédio, locais de paredes e alturas de telhado. As medições em uma fábrica de processamento de alimentos secos e com consideravelmente menos estoque de metal que outras fábricas tiveram um espalhamento de atraso rms com metade daquele observado em fábricas produzindo produtos de metal. Fábricas mais novas, que incorporam vigas de aço e concreto reforçado com aço na estrutura do prédio, tiveram sinais de caminho múltiplo mais fortes e menos atenuação do que as fábricas mais antigas, que usavam madeira e tijolo para as paredes do perímetro. Os dados sugeriram que a propagação de rádio nos prédios pode ser descrita por um modelo híbrido geométrico/estatístico que considera tanto reflexões de paredes e telhados quanto a dispersão aleatória de estoques e equipamentos.

Analisando as medições de cinco áreas em muitos prédios, descobriu-se que o número de componentes de caminho múltiplo, N_p, chegando em certo local, é uma função de X, S_m e P_n, e quase sempre tem uma distribuição gaussiana. O número médio de componentes de caminho múltiplo varia entre 9 e 36, e é gerado com base em um ajuste empírico às medições. A probabilidade de que um componente de caminho múltiplo chegue a um receptor em determinado atraso em excesso T_i em determinado ambiente S_m é indicado por $P_R(T_i,S_m)$. Isso foi descoberto por meio de medições contando o número total de componentes de caminho múltiplo detectados em determinado tempo de atraso em excesso discreto, e dividindo-se pelo número total de componentes de caminho múltiplo possíveis para cada intervalo de atraso em excesso. As probabilidades para caminho múltiplo chegando em determinados valores de atraso em excesso podem ser modeladas como funções paulatinas de atraso em excesso, e são dadas por

$$\begin{array}{l} P_R(T_i, S_1) \\ \text{para LOS} \end{array} = \begin{cases} 1 - \dfrac{T_i}{367} & (T_i < 110 \text{ ns}) \\ 0{,}65 - \dfrac{(T_i - 110)}{360} & (110 \text{ ns} < T_i < 200 \text{ ns}) \\ 0{,}22 - \dfrac{(T_i - 200)}{1.360} & (200 \text{ ns} < T_i < 500 \text{ ns}) \end{cases} \quad (5.88)$$

$$\begin{array}{l} P_R(T_i, S_2) \\ \text{para OBS} \end{array} = \begin{cases} 0{,}55 + \dfrac{T_i}{667} & (T_i < 100 \text{ ns}) \\ 0{,}08 + 0{,}62\exp\left(-\dfrac{(T_i - 100)}{75}\right) & (100 \text{ ns} < T_i < 500 \text{ ns}) \end{cases} \quad (5.89)$$

onde S_1 corresponde à topografia LOS, e S_2 corresponde à topografia obstruída. SIRCIM usa a probabilidade de distribuições de chegada descritas pela Equação 5.88 ou 5.89 com a distribuição de probabilidade do número de componentes de caminho múltiplo, $N_p(X,S_m,P_n)$, para simular perfis de atraso de potência para distâncias pequenas. Um algoritmo recursivo compara repetidamente a Equação 5.88 ou 5.89 com uma variável aleatória distribuída uniformemente até que o N_p apropriado seja gerado para cada perfil[57].

A Figura 5.27 mostra um exemplo dos perfis de atraso de potência medidos em 18 locais de receptor diferentes por uma trilha de 1 m, e ilustra a informação de banda estreita acompanhante que o SIRCIM calcula com base nas fases sintetizadas para cada componente de caminho múltiplo[58]. As medições informadas na literatura oferecem excelente correspondência com as respostas a impulso previstas pelo SIRCIM.

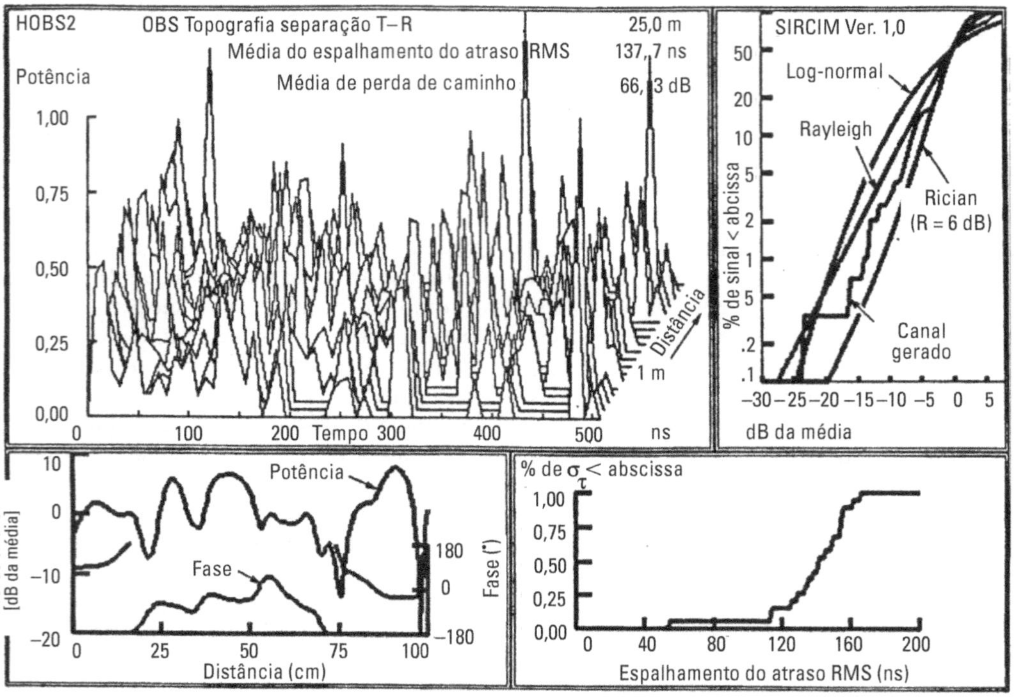

Figura 5.27 Respostas ao impulso de banda larga para interior simuladas pelo SIRCIM a 1,3 GHz. Também aparecem as distribuições do espalhamento de atraso rms e a distribuição de potência de sinal de banda estreita. O canal é simulado como sendo obstruído em um prédio plano aberto, com separação T–R de 25 m. O espalhamento de atraso rms é de 137,7 ns. Todos os componentes e parâmetros de caminho múltiplo são armazenados em disco (de Rappaport, Seidel e Singh[59] © IEEE).

Técnicas de modelagem estatística semelhantes, dados de medição de caminho múltiplo celular e microcelular urbano[60] foram usados para desenvolver o SMRCIM. Modelos de célula grande e microcélula foram desenvolvidos. A Figura 5.28 mostra um exemplo da saída do SMRCIM para um ambiente de microcélula externo.[61]

5.8 Teoria de fatores de forma em caminhos múltiplos para canais sem fio de atenuação em pequena escala

Um novo método de análise foi desenvolvido para caracterizar a atenuação uniforme, em pequena escala, experimentada por um receptor em um canal tempo-espacial qualquer[62]. Esse método caracteriza um canal de caminho múltiplo com qualquer complexidade espacial para três fatores de forma que possuem interpretações geométricas simples e intuitivas. Além do mais, esses fatores de forma descrevem as estatísticas das flutuações de sinal recebido em um canal de caminho múltiplo com atenuação. As expressões analíticas para a taxa de travessia de nível, duração média da atenuação, autocovariância do envelope e distância de coerência são facilmente derivadas usando a nova teoria do fator de forma, e combinam com todos os resultados clássicos.[63]

5.8.1 Introdução aos fatores de forma

O termo *atenuação em pequena escala* descreve as rápidas flutuações do nível de potência recebido devidas a pequenas mudanças, abaixo do comprimento de onda, na posição do receptor. Esse efeito deve-se à interferência construtiva e destrutiva das diversas ondas de caminho múltiplo que influenciam um receptor sem fio[64]. As flutuações na forma do sinal resultante afetam, de alguma forma, quase todo aspecto do projeto do receptor: alcance dinâmico, equalização, diversidade, esquema de modulação e codificação do canal e da correção de erro. Essas flutuações são uma função da direção do caminho relacionado ao ângulo de chegada do atraso de caminho múltiplo.

Diversos pesquisadores mediram e analisaram as estatísticas de *primeira ordem* desses processos, que em sua maioria envolve a caracterização da atenuação em pequena escala com uma função da densidade de probabilidade (PDF), discutida na Seção 5.6[65]. As estatísticas de autocorrelação dos processos de atenuação, ou estatísticas de *segunda ordem*, incluem medições de um processo como a densidade espectral de potência (PSD), a taxa de travessia de nível e a duração média da atenuação, conforme visto na Seção 5.7.

Acontece que as estatísticas de segunda ordem são bastante dependentes dos ângulos de chegada do caminho múltiplo recebido, embora tradicionalmente tenham sido estudadas usando um modelo de propagação

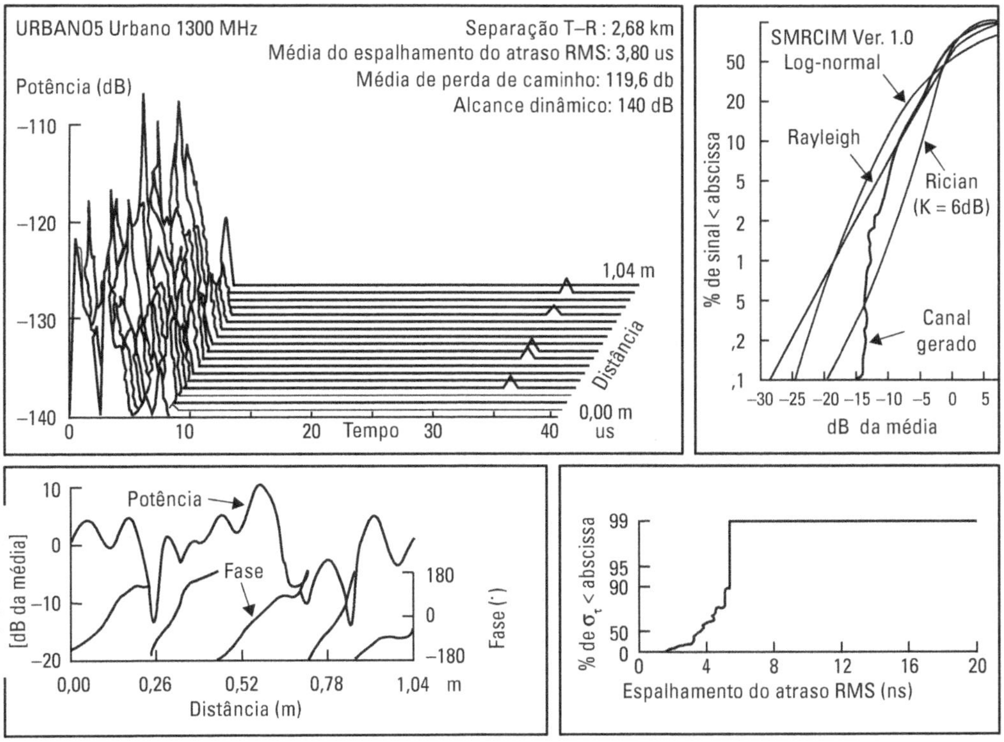

Figura 5.28 Respostas ao impulso de banda larga urbana simuladas pelo SMRCIM a 1,3 GHz. Também aparecem as distribuições do espalhamento de atraso rms e a atenuação de banda estreita. A separação T–R é de 2,68 km. O espalhamento de atraso rms é de 3,8 μs. Todos os componentes e parâmetros de caminho múltiplo são salvos em disco (de Rappaport, Seidel e Singh[66] © IEEE).

omnidirecional, azimutal, mostrado naquela mesma seção[67]. Ou seja, as ondas de caminho múltiplo normalmente são consideradas como chegando ao receptor com mesma potência a partir do horizonte em cada direção possível. Verdadeiramente, na prática, nenhum canal é semelhante a esse modelo idealizado, mas ele é um modelo de propagação de caminho múltiplo razoável para receptores operando em regiões altamente sombreadas, com uma densa concentração de espalhadores, e gera resultados analíticos que são semelhantes a antigas medições em campo[68]. O modelo de Clarke produz, convenientemente, estatísticas analíticas que são isotrópicas, irrealisticamente idênticas independentemente da direção atravessada pelo receptor móvel. Infelizmente, medições e modelos recentes têm mostrado que o caminho múltiplo que chega em um local tem pouca semelhança com a suposição de propagação omnidirecional e, na verdade, a direção do trajeto em relação ao caminho múltiplo que chega é um fator-chave na produção da atenuação observada[69]. Um modelo de canal aproximadamente omnidirecional não descreve com precisão as estatísticas de atenuação se sistemas de antena direcional ou inteligente forem empregados em um receptor[70].

O novo conceito de *fatores de forma de caminho múltiplo* permite a análise quantitativa de *qualquer* distribuição de ondas de caminho múltiplo omnidirecionais em um local (onde a força do sinal médio local é considerada como sendo estacionária no sentido amplo). Três fatores de forma principais — o espalhamento angular, a constrição angular e a direção azimutal da atenuação máxima — são definidos e relacionados exatamente com a taxa média em que um sinal recebido atenua[71]. Quatro das estatísticas básicas de atenuação em pequena escala de segunda ordem — taxa de travessia de nível, duração média da atenuação, autocovariância e distância de coerência — podem ser descritas em termos dessa teoria de fator de forma em caminho múltiplo. Como será visto mais adiante, diversos problemas clássicos de propagação são analisados com facilidade usando-se fatores de forma de caminho múltiplo.

5.8.1.1 Fatores de forma de caminho múltiplo

Três fatores de forma de caminho múltiplo influenciam as estatísticas de atenuação de segunda ordem, e estes podem ser derivados da distribuição angular da potência de caminho múltiplo, $p(\theta)$, que é uma representação geral da propagação a partir do horizonte em uma área[72]. Essa representação de $p(\theta)$ inclui ganhos da antena e efeitos de divergência da polarização[73]. Os fatores de forma baseiam-se nos coeficientes de Fourier complexos de $p(\theta)$:

$$F_n = \int_0^{2\pi} p(\theta)\exp(-jn\theta)\,d\theta \qquad (5.90)$$

onde F_n é o n-ésimo coeficiente de Fourier complexo. A utilidade desses três fatores de forma se tornará clara na Seção 5.8.1.2.

Espalhamento angular, Λ

O *espalhamento angular* do fator de forma, Λ, é uma medida de como o caminho múltiplo se concentra em torno de uma única direção azimutal de chegada. Definimos o espalhamento angular como sendo

$$\Lambda = \sqrt{1 - \frac{|F_1|^2}{F_0^2}} \quad (5.91)$$

onde F_0 e F_1 são definidos pela Equação 5.90. Existem diversas vantagens na definição do espalhamento angular pela Equação 5.91. Primeiro, como o espalhamento angular é normalizado por F_0 (a quantidade total de potência recebida média local), ele não varia sob mudanças na potência transmitida. Segundo, Λ não varia sob qualquer série de transformações rotacionais ou refletivas de $p(\theta)$. Finalmente, essa definição é intuitiva; o espalhamento angular varia de 0 a 1, onde 0 indica o caso extremo de um único componente de caminho múltiplo a partir de uma única direção e 1 indica nenhuma predisposição clara na distribuição angular da potência recebida (por exemplo, o modelo de Clarke).

Deve-se observar que existem outras definições na literatura para o espalhamento angular. Essas definições envolvem ou a largura do raio ou os cálculos de RMS θ, e normalmente não são adequados para aplicação geral a canais arbitrários ou a funções periódicas como $p(\theta)$.[74]

Constrição angular, γ

A *constrição angular* do fator de forma, γ, é uma medida de como o caminho múltiplo se concentra ao redor de *duas* direções azimutais. Definimos a constrição angular como sendo

$$\gamma = \frac{|F_0F_2 - F_1^2|}{F_0^2 - |F_1|^2} \quad (5.92)$$

onde F_0, F_1 e F_2 são definidos pela Equação 5.90. Assim como a definição do espalhamento angular, a medida para a constrição angular não varia sob mudanças na potência transmitida ou por qualquer série de transformações rotacionais ou refletivas de $p(\theta)$. Os valores possíveis da constrição angular, γ, variam de 0 a 1, com 0 indicando nenhuma predisposição clara nas duas direções de chegada e 1 indicando o caso extremo de exatamente dois componentes de caminho múltiplo chegando de diferentes direções.

Direção azimutal da atenuação máxima, θ_{max}

Um terceiro fator de forma, que pode ser considerado um parâmetro direcional, ou de orientação, é a *direção azimutal da atenuação máxima*, θ_{max}. Definimos esse parâmetro como

$$\theta_{max} = \frac{1}{2}\arg\{F_0F_2 - F_1^2\} \quad (5.93)$$

O valor de θ_{max} corresponde à direção em que um usuário móvel se movimentaria a fim de experimentar a taxa de atenuação máxima na área.

5.8.1.2 Relacionamentos de variância na taxa de atenuação

A voltagem recebida complexa, a potência recebida e o envelope recebido são os três processos estocásticos básicos estudados na atenuação em pequena escala. Para entender como esses processos estocásticos evoluem no espaço, é útil estudar as derivativas de posição ou taxa de mudanças dos três processos. Como a derivativa média de um processo estacionário é zero, a derivativa média ao quadrado é a estatística mais simples que mede a taxa de atenuação de um canal. Na verdade, uma derivativa média ao quadrado de um processo estacionário é, na realidade, a *variância* da taxa de mudança. Esta seção, portanto, apresenta equações para descrever os relacionamentos de variância da taxa das flutuações em pequena escala da voltagem, potência e envelope complexos recebidos. Todos esses relacionamentos são provados com exatidão no Apêndice on-line C.

Voltagem complexa recebida, $\tilde{V}(r)$

A voltagem complexa recebida, $\tilde{V}(r)$, é uma representação em banda base do somatório de diversas ondas de caminho múltiplo que influenciaram a antena receptora e excitaram um componente de voltagem complexo na entrada de um receptor (ver Seção 5.2). O Apêndice on-line C.1 deriva a variância da taxa, $\sigma^2_{\tilde{V}'}$, para a voltagem complexa de um receptor atravessando a direção azimutal θ:

$$\begin{aligned}\sigma^2_{\tilde{V}'}(\theta) &= E\left\{\left|\frac{d\tilde{V}(r)}{dr}\right|^2\right\} \\ &= \frac{2\pi^2\Lambda^2 P_T}{\lambda^2}(1 + \gamma\cos[2(\theta - \theta_{max})])\end{aligned} \quad (5.94)$$

onde λ é o comprimento de onda da freqüência da portadora, P_T é o quadrado da média da potência local recebida (unidades de *volts ao quadrado*). Observe que a dependência do ângulo de chegada em caminho múltiplo na Equação 5.94 pode ser reduzida aos três fatores de forma básicos: espalhamento angular, constrição angular e direção azimutal de atenuação máxima. O significado físico de $\sigma^2_{\tilde{V}'}$ é que ele descreve a seletividade espacial de um canal em uma área e, por extensão, a média das *flutuações de voltagem complexas* para um receptor móvel enquanto ele se movimenta por uma área.

Potência recebida, P(r)

A potência recebida, P_r, é igual à magnitude ao quadrado da voltagem complexa, $\tilde{V}(r)$. Observe que essa definição de potência gera unidades de *volts ao quadrado*, em vez de *watts*, que seriam diferentes apenas por uma constante de proporcionalidade relacionada à impedância de entrada do receptor; a definição de *volts ao quadrado* é mais geral e independente do receptor utilizado.

A operação matemática de apanhar a magnitude ao quadrado de uma quantidade complexa é uma operação não linear, de modo que, para derivar um relacionamento de variância para a potência recebida, vamos assumir que o canal sofre *atenuação Rayleigh*. Essa suposição, porém, é desnecessária para a derivação da Equação 5.94. O Apêndice on-line C.2 deriva a variância de taxa, $\sigma^2_{\tilde{V}'}$, para a potência de um receptor atravessando ao longo da direção azimutal θ:

$$\sigma^2_{P'}(\theta) = E\left\{\left(\frac{dP(r)}{dr}\right)\right\} = \frac{4\pi^2\Lambda^2P_T^2}{\lambda^2}(1 + \gamma\cos[2(\theta - \theta_{\max})]) \tag{5.95}$$

Mais uma vez, a dependência sobre o ângulo de chegada de caminho múltiplo na Equação 5.95 pode ser reduzida inteiramente aos três fatores de forma básicos. O significado físico de $\sigma^2_{\tilde{V}'}$ é que ele descreve as *flutuações de potência* médias recebidas em uma área, onde o envelope do sinal passa pela atenuação uniforme de Rayleigh.

Envelope recebido, R(r)

O envelope recebido, $R(r)$, é igual à magnitude da voltagem complexa, $\tilde{V}(r)$. Mais uma vez, consideramos que o canal sofre *atenuação de Rayleigh* para calcular a taxa de atenuação com a média ao quadrado. O Apêndice on-line C.3 mostra como essa suposição leva à variância na taxa do envelope,

$$\sigma^2_{R'}(\theta) = E\left\{\left(\frac{dR(r)}{dr}\right)^2\right\} = \frac{\pi^2\Lambda^2P_T}{\lambda^2}(1 + \gamma\cos[2(\theta - \theta_{\max})]) \tag{5.96}$$

Novamente, a Equação 5.96 depende de Λ, γ e θ_{max}. O significado físico de $\sigma^2_{R'}$ é que ele descreve as *flutuações de envelope* médias em uma área local onde o envelope do sinal passa pela atenuação uniforme de Rayleigh.

5.8.1.3 Comparação com propagação omnidirecional

Aplicando os três fatores de forma, Λ, γ e $\theta_{\max}$, ao modelo de propagação omnidirecional clássico da Seção 5.7, descobrimos que não existe uma propensão em uma ou duas direções do ângulo de chegada, levando ao espalhamento angular máximo ($\Lambda = 1$) e constrição angular mínima ($\gamma = 0$). As estatísticas da propagação omnidirecional são isotrópicas, não exibindo dependência da direção azimutal do trajeto do receptor, θ.

Se os relacionamentos de variância de taxa das equações 5.94 a 5.96 forem normalizados contra seus valores para propagação omnidirecional, então eles se reduzem à seguinte forma:

$$\bar{\sigma}^2(\theta) = \frac{\sigma^2_{\tilde{V}'}(\theta)}{\sigma^2_{\tilde{V}'(\mathrm{omni})}} = \frac{\sigma^2_{P'}(\theta)}{\sigma^2_{P'(\mathrm{omni})}} = \frac{\sigma^2_{R'}(\theta)}{\sigma^2_{R'(\mathrm{omni})}} = \Lambda^2(1 + \gamma\cos[2(\theta - \theta_{\max})]) \tag{5.97}$$

onde $\bar{\sigma}^2$ é uma variância da taxa de atenuação normalizada. A Equação 5.97 oferece um modo conveniente de analisar os efeitos dos fatores de forma sobre as estatísticas de segunda ordem da atenuação em pequena escala.

Primeiro, observe que o espalhamento angular, Λ, descreve a taxa de atenuação *média* dentro de uma área. Um modo conveniente de visualizar esse efeito é considerar a variância da taxa de atenuação tomada ao longo de duas direções perpendiculares dentro da mesma área. A partir da Equação 5.97, a média das duas variâncias da taxa de atenuação, independentemente da orientação da medição, sempre é dada pela média das variâncias observadas por duas direções perpendiculares dentro da área

$$\frac{1}{2}[\bar{\sigma}^2(\theta) + \bar{\sigma}^2(\theta + \pi/2)] = \Lambda^2 \tag{5.98}$$

A Equação 5.98 mostra claramente que a taxa de atenuação média dentro de uma área diminui em relação à propagação omnidirecional, enquanto a potência de caminho múltiplo torna-se mais e mais concentrada em torno de uma única direção azimutal. Um método para medir o espalhamento angular de caminho múltiplo com base nesse relacionamento foi apresentado em Patwari, Durgin, Rappaport e Boyle[75].

Em segundo lugar, observe que a constrição angular, γ, não afeta a taxa de atenuação média dentro de uma área, mas descreve a variabilidade das taxas de atenuação tomadas ao longo de diferentes direções azimutais, θ. Pela Equação 5.97, a variância da taxa de atenuação $\bar{\sigma}^2$ mudará como uma função da direção do trajeto do receptor θ, mas sempre cairá dentro do seguinte intervalo:

$$\sqrt{1 - \gamma} \le \frac{\bar{\sigma}(\theta)}{\Lambda} \le \sqrt{1 + \gamma} \tag{5.99}$$

O limite superior da Equação 5.99 corresponde a um receptor trafegando na direção azimutal de atenuação máxima ($\theta = \theta_{max}$), enquanto o limite inferior corresponde a trafegar em uma direção perpendicular ($\theta = \theta_{max} + \pi/2$). A Equação 5.99 mostra claramente que a variabilidade das taxas de atenuação dentro da mesma área aumenta enquanto o canal se torna mais e mais constrito.

É interessante observar que os mecanismos de propagação de um canal não são descritos exclusivamente pelos três fatores de forma Λ, γ e θ_{max}. Há uma quantidade infinita de mecanismos de propagação que podem ter o mesmo conjunto de fatores de forma e, por extensão, levar a canais que exibem quase o mesmo desempenho de ponta a ponta. Na verdade, a Equação 5.97 oferece critérios matemáticos rigorosos para um canal de caminho múltiplo que pode ser tratado como 'pseudo-omnidirecional':

$$|F_1|,|F_2| \ll F_0 \tag{5.100}$$

Sob a condição da Equação 5.100, o espalhamento angular torna-se aproximadamente 1 e a constrição angular torna-se aproximadamente 0. Assim, as estatísticas de segunda ordem do canal se comportam de forma quase idêntica ao canal omnidirecional clássico desenvolvido por Clarke e Gans.

5.8.2 Exemplos de comportamento da atenuação

Esta seção apresenta quatro exemplos analíticos diferentes de canais de propagação não omnidirecionais que oferecem idéias sobre as definições de fator de forma e como elas descrevem as taxas de atenuação.

Considere a situação de atenuação em pequena escala mais simples, onde dois componentes de caminho múltiplo coerentes, de amplitude constante, com potências individuais definidas por P_1 e P_2, chegam em um receptor móvel separados por um ângulo azimutal α. Chamamos isso de *modelo de canal de duas ondas*. A Figura 5.29 ilustra essa distribuição angular de potência, que é matematicamente definida como

$$p(\theta) = P_1\delta(\theta - \theta_o) + P_2\delta(\theta - \theta_o - \alpha) \tag{5.101}$$

onde θ_o é um ângulo de deslocamento arbitrário e $\delta(\cdot)$ é uma função de impulso. Aplicando as equações 5.91 a 5.93, as expressões para Λ, λ e θ_{max} para essa distribuição são

$$\Lambda = \frac{2\sqrt{P_1P_2}}{P_1+P_2}\operatorname{sen}\frac{\alpha}{2},\ \gamma = 1,\ \left(\theta_{max} = \theta_0 + \frac{\alpha+\pi}{2}\right) \tag{5.102}$$

A constrição angular, γ, é sempre 1, pois o modelo de duas ondas representa o agrupamento perfeito por duas direções. O caso limitador de dois componentes de caminho múltiplo chegando da mesma direção ($\alpha = 0$) resulta em um espalhamento angular, Λ, igual a 0. Um espalhamento

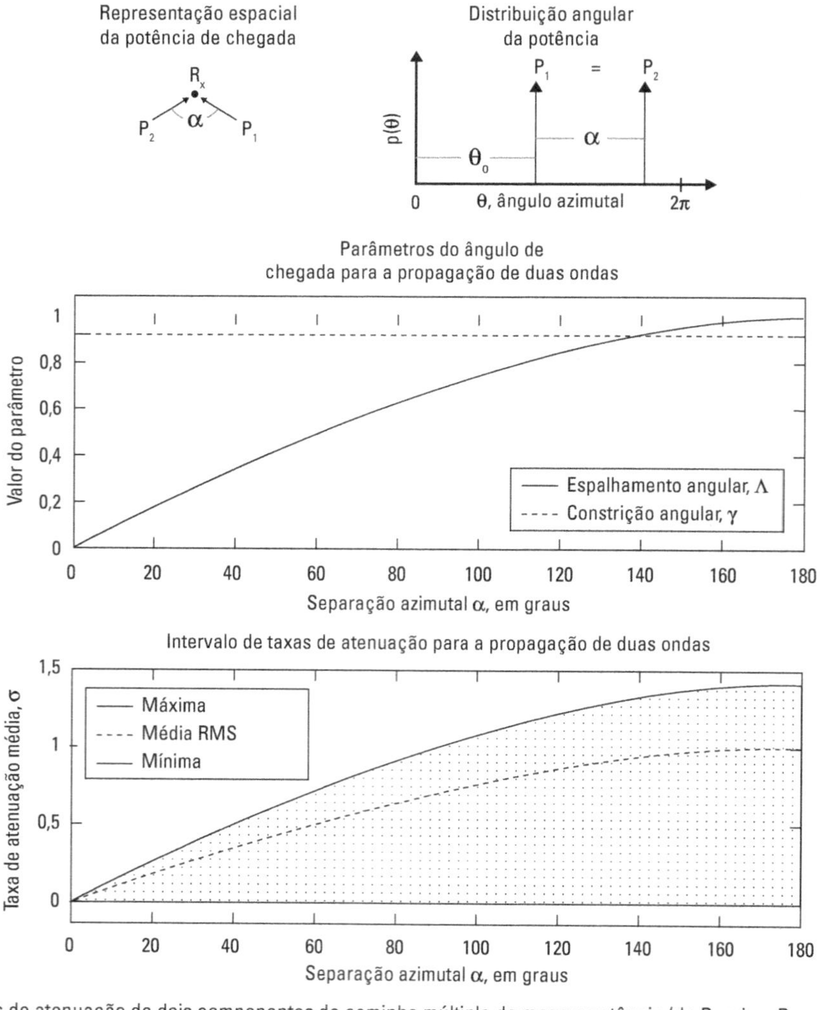

Figura 5.29 Propriedades de atenuação de dois componentes de caminho múltiplo de mesma potência (de Durgin e Rappaport[76] ©IEEE).

angular igual a 1 resulta apenas quando dois componentes de caminho múltiplo com potências idênticas ($P_1 = P_2$) são separados por $\alpha = 180°$. A Figura 5.29 mostra como o comportamento da atenuação muda enquanto o ângulo de separação de caminho múltiplo, α, aumenta para o caso de duas ondas de mesma potência. Assim, aumentar α altera um canal com baixa seletividade espacial para um canal com alta seletividade espacial, que exibe uma forte dependência sobre a direção azimutal do movimento do receptor.

5.8.2.1 Modelo de canal setorizado

Considere outra situação teórica na qual a potência de caminho múltiplo está chegando contínua e uniformemente por um intervalo de ângulos de azimute. Esse modelo foi usado para descrever a propagação para antenas receptoras direcionais com um raio azimutal distinto[77]. A função $p(\theta)$ será definida por

$$p(\theta) = \begin{cases} \frac{P_T}{\alpha}: & \theta_o \leq \theta \leq \theta_o + \alpha \\ 0: & \text{caso contrário} \end{cases} \tag{5.103}$$

O ângulo α indica a largura do setor (em radianos) da potência de caminho múltiplo de chegada e o ângulo θ_o é um ângulo de deslocamento arbitrário, conforme ilustrado pela Figura 5.30. Aplicando as equações 5.91 a 5.93, as expressões para Λ, γ e θ_{max} para essa distribuição são

$$\Lambda = \sqrt{1 - \frac{4\operatorname{sen}^2\frac{\alpha}{2}}{\alpha^2}}, \quad \gamma = \frac{4\operatorname{sen}^2\frac{\alpha}{2} - \alpha\operatorname{sen}\alpha}{\alpha^2 - 4\operatorname{sen}^2\frac{\alpha}{2}}, \tag{5.104}$$

$$\theta_{max} = \theta_0 + \frac{\alpha + \pi}{2}$$

Os casos limitadores desses parâmetros e a Equação 5.95 oferecem um conhecimento mais profundo do espalhamento e da constrição angular.

A Figura 5.30 representa os parâmetros espaciais do canal, Λ e γ, como uma função da largura do setor, α. O caso limite de um único caminho múltiplo chegando de exatamente uma direção corresponde a $\alpha = 0$, que resulta no espalhamento angular mínimo de $\Lambda = 0$. O outro caso limite da iluminação uniforme em todas as direções corresponde a $\alpha = 360°$ (modelo de Clarke omnidirecional), que resulta no espalhamento angular máximo de $\Lambda = 1$. A constrição angular, γ, segue uma tendência oposta. Ela está no máximo ($\gamma = 1$) quando $\alpha = 0$ e no mínimo ($\gamma = 0$) quando $\alpha = 360°$.

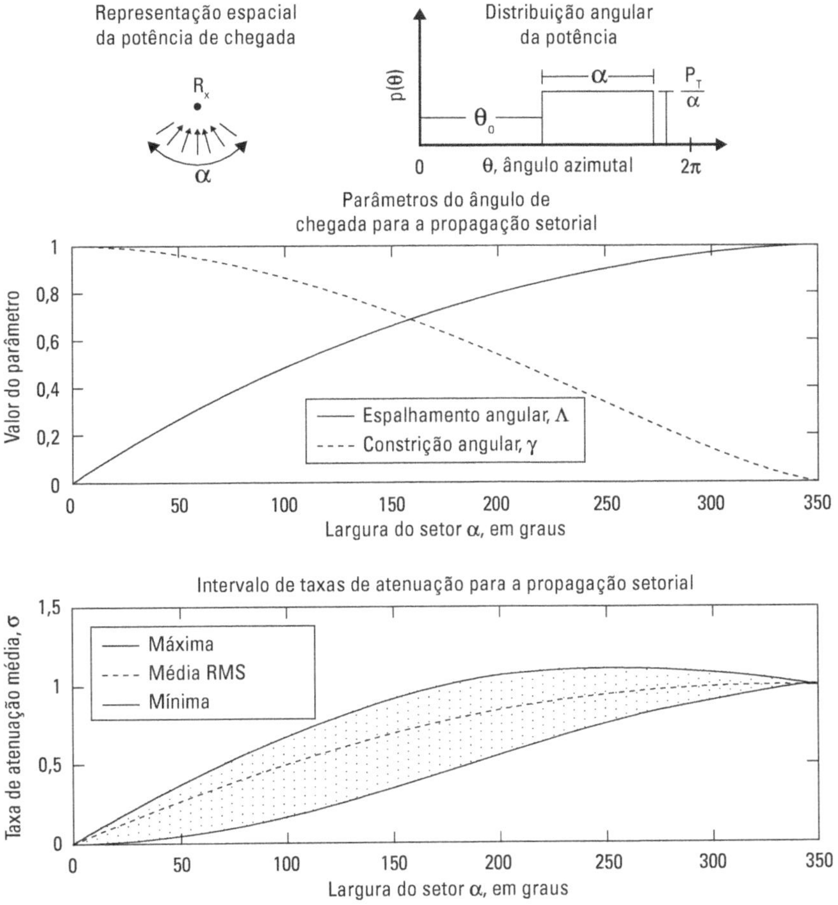

Figura 5.30 Propriedades de atenuação de um setor contínuo de componentes de caminho múltiplo (de Durgin e Rappaport[78] © IEEE).

O gráfico na Figura 5.30 mostra que, enquanto os ângulos de chegada são condensados em um setor cada vez menor, a dependência direcional das taxas de atenuação dentro da mesma área aumenta. Em geral, porém, as taxas de atenuação diminuem com a diminuição do tamanho do setor α.

5.8.2.2 Modelo de canal de setor duplo

Outro exemplo de constrição angular pode ser estudado usando-se o modelo de setor duplo da Figura 5.31. A propagação de caminho múltiplo difuso por dois setores de ângulos azimutais iguais e opostos caracterizam a potência recebida. A equação que descreve essa distribuição angular de potência é

$$p(\theta) = \begin{cases} \dfrac{P_T}{2\alpha}: & \theta_o \leq \theta \leq \theta_o + \alpha, \\ & \theta_o + \pi \leq \theta \leq \theta_o + \alpha + \pi \\ 0: & \text{caso contrário} \end{cases} \qquad (5.105)$$

O ângulo α é a largura do setor e o ângulo θ_o é um ângulo de deslocamento arbitrário. Aplicando as equações 5.91 a 5.93, as expressões para Λ, γ e θ_{max} para essa distribuição são

$$\Lambda = 1, \quad \gamma = \frac{\operatorname{sen}\alpha}{\alpha}, \quad \theta_{\max} = \theta_0 + \frac{\alpha}{2} \qquad (5.106)$$

Observe que o valor do espalhamento angular, Λ, é sempre 1. Não importando o valor de α, uma quantidade igual de potência chega de direções opostas, não produzindo uma propensão clara na direção da chegada de caminho múltiplo.

O caso limitador de $\alpha = 180°$ (propagação omnidirecional) resulta em uma constrição angular de $\gamma = 0$. À medida que α diminui, a distribuição angular de potência torna-se mais e mais constrita. No limite de $\alpha = 0$, o valor da constrição angular alcança seu máximo, $\gamma = 1$. Esse caso corresponde à situação mencionada anteriormente da propagação de duas ondas. A Figura 5.31 mostra como o comportamento da atenuação muda com o aumento da largura de setor α, tornando a taxa de atenuação mais e mais isotrópica, enquanto a média do RMS permanece constante.

5.8.2.3 Modelo de canal de Ricean

Um modelo de canal de Ricean resulta da adição de uma única onda plana e diversas ondas espalhadas difusamente[79]. Se considerarmos que a potência das ondas

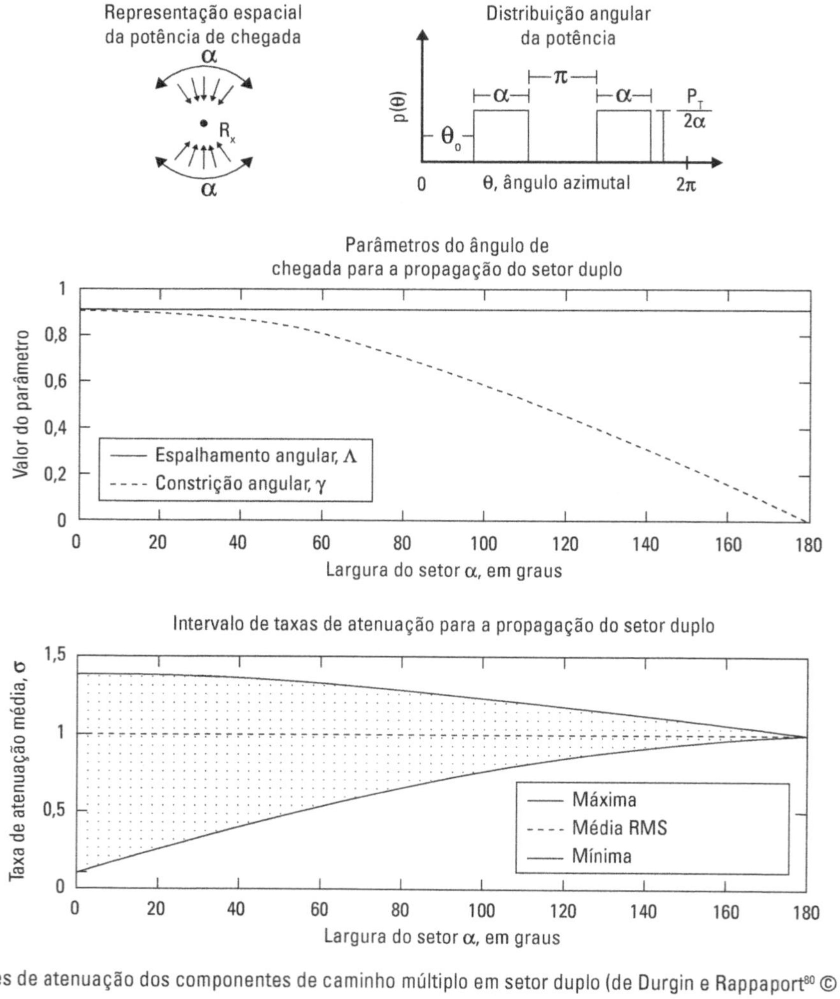

Figura 5.31 Propriedades de atenuação dos componentes de caminho múltiplo em setor duplo (de Durgin e Rappaport[80] © IEEE).

espalhadas está distribuída uniformemente no azimute, então o canal pode ser modelado pelo seguinte $p(\theta)$:

$$p(\theta) = \frac{P_T}{2\pi(K+1)}[1 + 2\pi K\delta(\theta - \theta_0)] \quad (5.107)$$

onde K é a razão entre potência coerente e incoerente difusa, normalmente conhecida como o fator K de Ricean. Aplicando as equações 5.91 a 5.93, as expressões para Λ, γ e θ_{max} para essa distribuição são

$$\Lambda = \frac{\sqrt{2K+1}}{K+1}, \quad \gamma = \frac{K}{2K+1}, \quad \theta_{max} = \theta_0 \quad (5.108)$$

A Figura 5.32 representa os parâmetros do canal espacial, Λ e γ, como uma função do fator K. Para fatores K muito pequenos, o canal parece ser omnidirecional ($\Lambda = 1$ e $\gamma = 0$). À medida que o fator K aumenta, o espalhamento angular do canal de Ricean diminui e a constrição angular aumenta. Isso indica que a taxa de atenuação geral no canal de Ricean diminui e que as diferenças entre as variâncias da taxa de atenuação mínima e máxima dentro da mesma área, mas de direções diferentes, aumenta.

5.8.3 Estatísticas de segunda ordem usando fatores de forma[81]

Com um conhecimento de como os fatores de forma descrevem as variâncias na taxa de atenuação, é possível derivar muitas das medições estatísticas básicas de segunda ordem dos canais de atenuação, dadas na Seção 5.7.3, em termos dos três fatores de forma. Expressões de taxa de travessia de nível, duração média da atenuação, autocovariância espacial e distância de coerência, que foram derivadas originalmente sob a suposição de propagação omnidirecional em caminho múltiplo, agora serão formadas em termos de espalhamento angular, constrição angular e direção azimutal da atenuação máxima[82].

As derivações focam os canais de Rayleigh, pois esses tipos de canais são tratáveis analiticamente. Um sinal de atenuação de Rayleigh é aquele cujo envelope, R, segue uma PDF de Rayleigh, $p_R(r)$, dada pela Equação 5.49, que pode ser expressa como

$$p_R(r) = r\sqrt{\frac{2}{P_T}}\exp\left(\frac{-r^2}{P_T}\right), \quad r \geq 0 \quad (5.109)$$

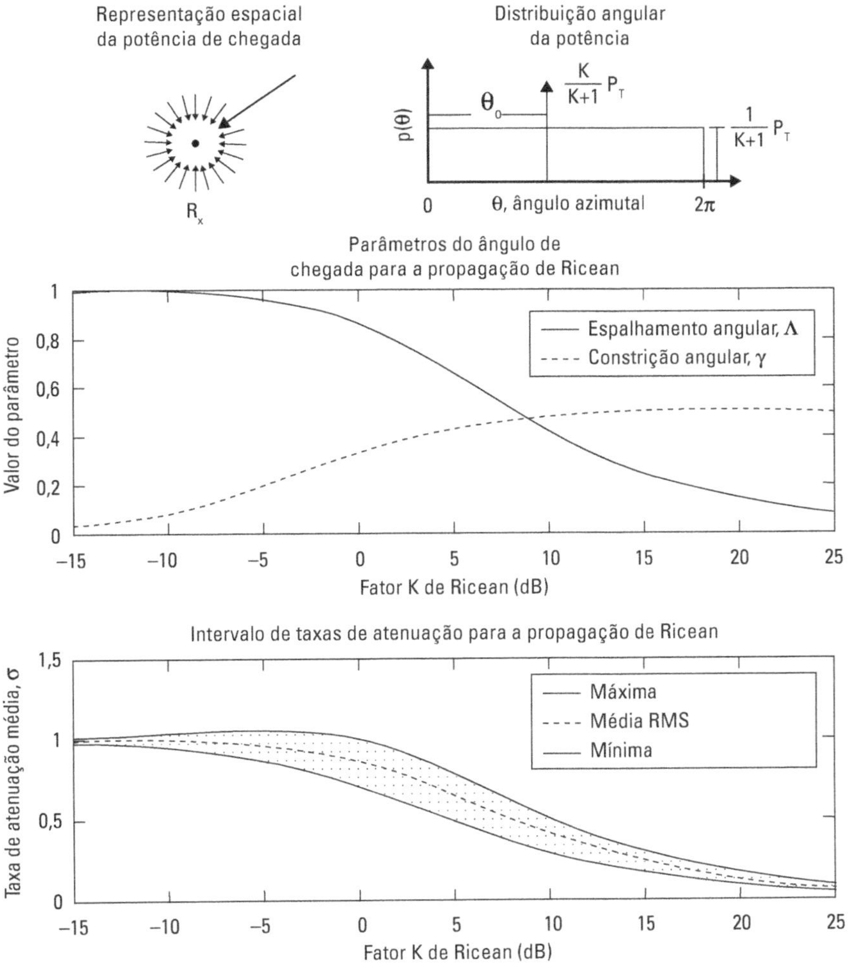

Figura 5.32 Propriedades de atenuação dos componentes de caminho múltiplo do modelo de Ricean (de Durgin e Rappaport[83] © IEEE).

onde P_T é a potência total média recebida em uma área (em unidades de *volts ao quadrado*).

5.8.3.1 Taxas de travessia de nível e duração média de atenuação

A expressão geral para uma taxa de travessia de nível é dada pela Equação 5.80:[84]

$$N_R = \int_0^{\infty} \dot{r} p(R, \dot{r}) d\dot{r} \qquad (5.110)$$

onde R é o nível de patamar e $p(R, \dot{r})$ é a PDF conjunta do envelope e sua derivativa de tempo. Para um sinal de atenuação de Rayleigh, a taxa de travessia de nível do processo do envelope é

$$N_R = \frac{\rho \sigma_{\dot{V}}}{\sqrt{\pi P_T}} \exp(-\rho) \qquad (5.111)$$

A variável ρ é o nível de patamar normalizado, de modo que ρ = R2/PT[85]. Observe que $\sigma_{\dot{V}}^2$ é simplesmente o equivalente derivativo no tempo de $\sigma_{\dot{V}}^2$, derivado no Apêndice on-line C.1, que surge de um receptor móvel atravessando o espaço com uma velocidade constante em um canal estático de outras maneiras (transmissor e espalhadores são fixos).

Substituindo a Equação 5.94 na Equação 5.111 chegamos a uma expressão exata para a taxa de travessia de nível em um canal de atenuação de Rayleigh com alguma distribuição espacial arbitrária da potência de caminho múltiplo e qualquer direção no trajeto do receptor móvel, θ:

$$N_R = \frac{\sqrt{2\pi} v \Lambda \rho}{\lambda} \sqrt{1 + \gamma \cos[2(\theta - \theta_{max})]} \exp(-\rho^2) \qquad (5.112)$$

A duração média da atenuação, $\bar{\tau}$, é definida como sendo[86]

$$\bar{\tau} = \frac{1}{N_R} \int_0^R f_R(r) dr \qquad (5.113)$$

A substituição da PDF de Rayleigh das equações 5.109 e 5.112 na Equação 5.113 gera

$$\bar{\tau} = \frac{\lambda[\exp((\rho^2) - 1)]}{\sqrt{2\pi} v \Lambda \rho \sqrt{1 + \gamma \cos[2(\theta - \theta_{max})]}} \qquad (5.114)$$

As equações 5.112 e 5.114 são ferramentas úteis para se estudar as estatísticas de atenuação em pequena escala na presença do caminho múltiplo omnidirecional, e gera resultados idênticos aos que foram dados na Seção 5.7.3, quando um canal omnidirecional é considerado.

5.8.3.2 Autocovariância espacial

Outra estatística de segunda ordem importante é a autocovariância espacial do envelope de voltagem recebido. A função de autocovariância determina a correlação do envelope de voltagem recebido como uma função da mudança na posição do receptor, e é útil para estudos de diversidade espacial[87]. O Apêndice on-line D desenvolve uma expressão aproximada para a função de autocovariância espacial do envelope com base nos fatores de forma[88]. A aproximação é dada por

$$\rho(r, \theta) \approx \exp\left[-23\Lambda^2(1 + \gamma\cos[2(\theta - \theta_{max})])\left(\frac{r}{\lambda}\right)^2\right] \qquad (5.115)$$

A Equação 5.115 nos permite estimar a correlação do envelope entre dois pontos no espaço, separados por uma distância r, ao longo de uma direção azimutal θ. O comportamento da Equação 5.115 é avaliado na Seção 5.8.5 contra diversas soluções analíticas conhecidas e já apresentadas em Jakes[89].

5.8.3.3 Distância de coerência

A *distância de coerência*, D_c, é a distância de separação no espaço na qual um canal de atenuação parece estar inalterado. Como pode-se ver no Capítulo 7, a distância de coerência é importante no projeto de receptores sem fio que empregam a diversidade espacial para combater a seletividade espacial. Para receptores móveis, um parâmetro semelhante, chamado *tempo de coerência*, T_c, é o tempo no qual um canal de atenuação parece estar constante (ver Equação 5.40.b). Para o caso de um canal estático, o tempo de coerência de um receptor móvel pode ser calculado a partir da distância de coerência ($T_c = D_c / v$, onde v é a velocidade do receptor móvel).

As definições para distância de coerência podem ser baseadas na função de autocovariância do envelope. Uma definição conveniente para a distância de coerência, D_c, é o valor que satisfaz a equação $\rho(D_c) = 0{,}5$[90]. O valor clássico para a distância de coerência em um canal de Rayleigh omnidirecional é dado por

$$D_c \approx \frac{9\lambda}{16\pi} \qquad (5.116)$$

O uso da função de autocovariância generalizada da Equação 5.115 leva a uma nova definição de distância de coerência:

$$D_c \approx \frac{\lambda\sqrt{\ln 2}}{\Lambda\sqrt{23(1 + \gamma\cos[2(\theta - \theta_{max})])}} \qquad (5.117)$$

Para a propagação omnidirecional, a Equação 5.117 difere da Equação 5.116 somente por −3,0%. Além do mais, a Equação 5.117 captura o comportamento do caminho múltiplo não omnidirecional. À medida que o espalhamento angular Λ diminui, a distância de coerência em uma área local aumenta. À medida que a constrição angular γ aumenta, a distância de coerência desenvolve uma forte dependência da orientação, θ.

5.8.4 Aplicando fatores de forma a canais de banda larga

A teoria apresentada na Seção 5.8 foi desenvolvida originalmente para uma suposição de pequena escala com atenuação uniforme. Observando que os canais de banda larga podem ser modelados como componentes de caminho múltiplo discretos e resolvíveis em atraso de tempo, pode-se ver rapidamente como a teoria pode ser aplicada a *cada* bloco de atraso de tempo resolvível, como mostra a Figura 5.4. A teoria do fator de forma permite o estudo das estatísticas de atenuação do caminho múltiplo individual[91].

5.8.5 Retornando aos modelos clássicos de canal com fatores de forma

Como um ponto de comparação, vamos analisar agora três casos de propagação bem conhecidos, que possuem soluções analíticas descritas nas seções 5.7.1 a 5.7.3[92]. Os casos são analisados usando-se a técnica de fator de forma esboçada na Seção 5.7.4 para receptores móveis com velocidade v. Essa técnica produz soluções rápidas, abrangentes e — mais importante — precisas.

O primeiro caso corresponde a um receptor de banda estreita operando em um local com caminho múltiplo chegando de todas as direções, de modo que a distribuição angular de potência, $p(\theta)$, é uma constante. A antena do receptor é considerada como um chicote omnidirecional, orientada perpendicularmente ao solo. Devido à polarização vertical do campo elétrico da antena chicote, esse cenário de propagação é conhecido como o caso E_z[93].

Os dois casos seguintes correspondem ao mesmo receptor de banda estreita no mesmo canal de caminho múltiplo omnidirecional, mas com uma pequena antena de laço montada sobre o receptor, de modo que o plano do laço é perpendicular ao solo. O padrão da pequena antena de laço atenua o caminho múltiplo de chegada, de modo que uma distribuição angular da potência torna-se

$$p(\theta) = A\ \text{sen}^2\theta \tag{5.118}$$

onde A é alguma constante de ganho arbitrária. Diferentemente do caso E_z omnidirecional, as estatísticas desse cenário de propagação dependerão da direção do trajeto do receptor. O caso H_x se referirá a um receptor trafegando em uma direção perpendicular aos lóbulos principais do padrão da antena de laço ($\theta = 0$). O caso H_y se referirá a um receptor trafegando em uma direção paralela aos lóbulos principais ($\theta = \pi/2$). A Figura 5.33 ilustra os casos E_z, H_x e H_y para as antenas receptoras modeladas.

O primeiro passo é calcular os três parâmetros espaciais a partir da distribuição angular de potência, $p(\theta)$, usando as equações 5.91 a 5.93. Os parâmetros espaciais para o caso E_z são Λ, γ e $\theta_{max} = 0$. Como esse caso é omnidirecional, o espalhamento angular está no máximo ($\Lambda = 1$) e a constrição angular está no mínimo ($\gamma = 0$). Para os casos H_x e H_y, os parâmetros espaciais são $\Lambda = 1$, $\gamma = 1/2$ e $\theta_{max} = \pi/2$. Como o caminho múltiplo que está influenciando não possui uma propensão clara em *uma* direção, o espalhamento angular está no máximo assim como no caso E_z. Porém, existe claramente uma propensão em *duas* direções, resultando em uma constrição angular aumentada de $\gamma = 1/2$.

Após a substituição desses parâmetros na Equação 5.112 ao longo da direção apropriada do trajeto da estação móvel, as taxas de travessia de nível para os três casos se tornam

$$E_z\text{:} \quad N_R = \frac{\sqrt{2\pi}v\rho}{\lambda}\exp(-\rho^2) \tag{5.119}$$

Três distribuições angulares de potência

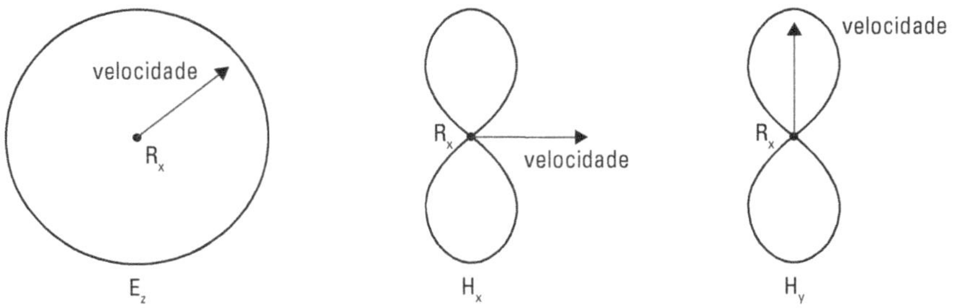

Figura 5.33 Três diferentes cenários de atenuação de estação móvel induzida por caminho múltiplo (de Durgin e Rappaport[94] © IEEE).

$$H_x: \quad N_R = \frac{\sqrt{\pi}\nu\rho}{\lambda}\exp(-\rho^2) \tag{5.120}$$

$$H_y: \quad N_R = \frac{\sqrt{3\pi}\nu\rho}{\lambda}\exp(-\rho^2) \tag{5.121}$$

As durações médias de atenuação correspondentes são

$$E_z: \quad \bar{\tau} = \frac{\lambda}{\sqrt{2\pi}\nu\rho}[\exp(\rho^2) - 1] \tag{5.122}$$

$$H_x: \quad \bar{\tau} = \frac{\lambda}{\sqrt{\pi}\nu\rho}[\exp(\rho^2) - 1] \tag{5.123}$$

$$H_y: \quad \bar{\tau} = \frac{\lambda}{\sqrt{3\pi}\nu\rho}[\exp(\rho^2) - 1] \tag{5.124}$$

Essas expressões combinam exatamente com as soluções originais apresentadas por Clarke[95].

Agora, substitua os fatores de forma nas funções de autocovariância espacial aproximadas da Equação 5.115. Os resultados para os três casos são

$$E_z: \quad \rho(r) = \exp\left[-23\left(\frac{r}{\lambda}\right)^2\right] \tag{5.125}$$

$$H_x: \quad \rho(r) = \exp\left[-11{,}5\left(\frac{r}{\lambda}\right)^2\right] \tag{5.126}$$

$$H_y: \quad \rho(r) = \exp\left[-34{,}5\left(\frac{r}{\lambda}\right)^2\right] \tag{5.127}$$

Essas três funções são comparadas com suas soluções analíticas mais rigorosas das figuras de 5.34 a 5.36. Observe que todas as três modelam a função de autocovariância espacial consistente com a aproximação feita na derivação da Equação 5.115. O comportamento é quase exato para os valores de *r* iguais ou menores que uma distância de correlação.

A técnica do fator de forma para se achar estatísticas de atenuação é uma forma intuitiva de relacionar as características do canal físico com o comportamento da atenuação. Nos exemplos anteriores, os parâmetros espaciais podem ser calculados analiticamente ou até mesmo estimados intuitivamente simplesmente examinando-se as distribuições das potências de caminho múltiplo na Figura 5.33. O uso de parâmetros espaciais para achar a taxa de travessia de nível, duração média da atenuação e autocovariância espacial é muito simples em comparação com as soluções analíticas completas dos casos E_z, H_x e H_y já apresentados[96]. A solução proposta também é mais abrangente. Por exemplo, quando os fatores de forma forem encontrados, as equações 5.112, 5.114 e 5.115 oferecem estatísticas para *todas* as direções de trajeto para os casos H_x e H_y, e não apenas para direções específicas, como $\theta = 0$ ou $\theta = \pi/2$. Assim, comportamentos de atenuação específicos para diversas direções de movimento do receptor são modelados com facilidade.

A solução de forma das equações 5.112, 5.114 e 5.115 revela uma propriedade interessante sobre as estatísticas nos canais de atenuação de Rayleigh. Como os três fatores de forma só dependem dos coeficientes

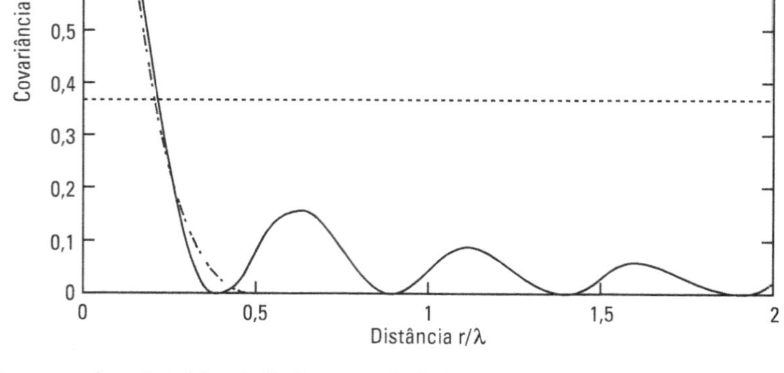

Figura 5.34 Comparação entre a aproximação teórica de Clarke e a teoria da forma para funções de autocovariância de envelope para o caso E_z (de Durgin e Rappaport[97] © IEEE).

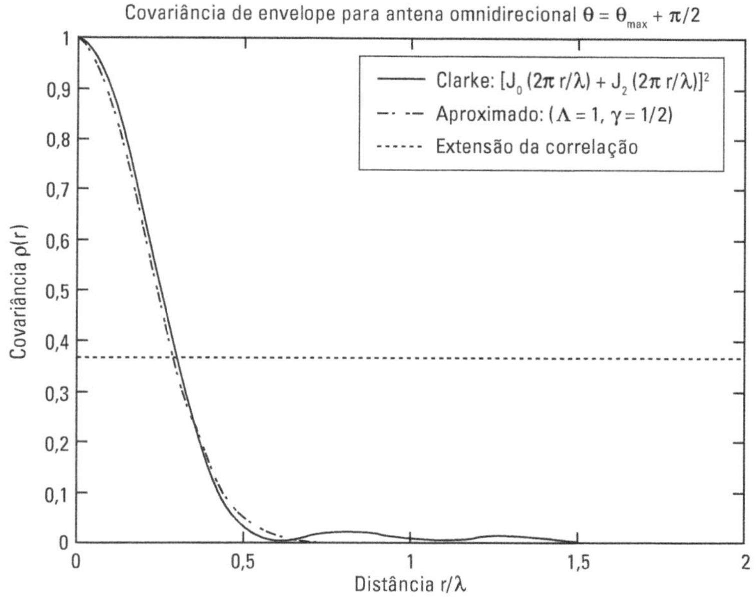

Figura 5.35 Comparação entre a aproximação teórica de Clarke e a teoria da forma para funções de autocovariância de envelope para o caso H^x (de Durgin e Rappaport[98] © IEEE).

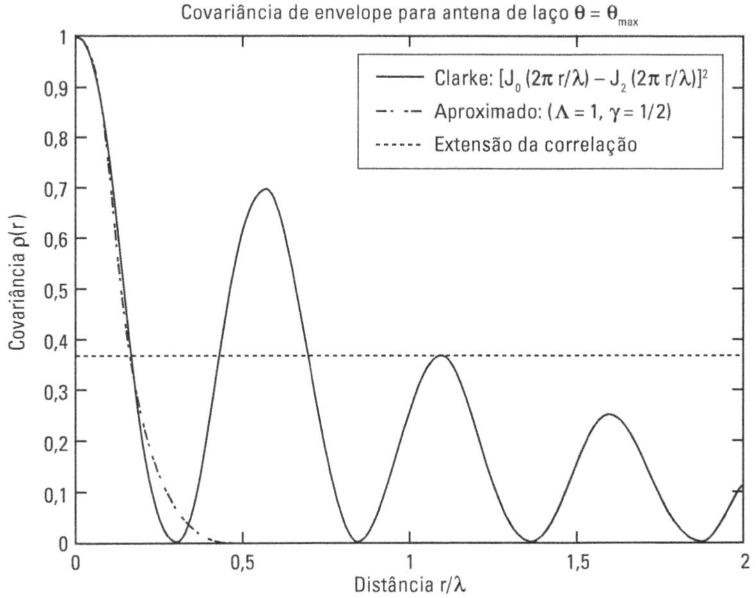

Figura 5.36 Comparação entre a aproximação teórica de Clarke e a teoria da forma para funções de autocovariância de envelope para o caso H_y (de Durgin e Rappaport[99] © IEEE).

de Fourier de baixa ordem, muitas das estatísticas de segunda ordem dos canais de atenuação de Rayleigh são insensíveis à estrutura de caminho múltiplo de ordem mais alta. As propensões gerais do espalhamento angular e constrição angular verdadeiramente dominam a evolução no tempo e no espaço desses processos de atenuação.

5.9 Resumo

A atenuação em pequena escala impacta o atraso de tempo e o intervalo de atenuação dinâmico dos níveis de sinal dentro da área de uma antena receptora. Este capítulo demonstrou o importante princípio de que a potência local recebida não é função da largura de banda, mas que o nível médio de sinal dentro da área local é constante, independentemente da largura de banda do sinal. Vimos que um sinal de banda estreita pode sofrer rápidas flutuações em uma área pequena, enquanto os sinais de banda larga normalmente têm pouca flutuação de amplitude de sinal sobre a mesma área.

Foram descritos três tipos comuns de sondadores do canal de banda larga, e foram apresentadas as medições que são feitas para descrever os canais de caminho múltiplo. Este capítulo também apresentou importantes relacionamentos de tempo e freqüência que oferecem medições para se determinar a dispersão de tempo (atraso de caminho múltiplo) e dispersão de freqüência (variação devida ao movimento) e como elas se relacionam aos canais de atenuação uniforme *versus* canais de atenuação seletiva de freqüência. Essas medições são consideradas valiosas no projeto dos padrões de interface de ar para ambientes de rádio móvel.

Foi exibida a teoria clássica de Clarke e Gans para a propagação da atenuação de Rayleigh em uma área, e a teoria resultante foi usada para se determinar o espectro clássico em forma de U para um sinal de rádio móvel, além das taxas de travessia de nível e estatísticas de duração média da atenuação.

Finalmente, foram apresentadas diversas técnicas de modelagem estatística comuns, incluindo modelos de linha de atraso com base em medição, como SIRCIM e SMRCIM. Modelos estatísticos baseados em medições têm a vantagem de repetir amostras de resposta ao impulso que possuem estatísticas semelhantes aos dados de campo reais, oferecendo assim amostras de canal precisas e realistas, que podem ser usadas confiavelmente para desenvolver produtos e explorar algoritmos complexos de processamento de sinal em laboratório, sem a necessidade do hardware real.

Este capítulo foi concluído apresentando uma teoria nova e poderosa, que usa o conhecimento da distribuição da energia do caminho múltiplo chegando azimutalmente em uma antena receptora. A teoria do fator de forma de caminho múltiplo oferece um método fácil, intuitivo e preciso para analisar os canais de atenuação em pequena escala com propagação de caminho múltiplo não omnidirecional. A teoria também tem muitas implicações para a medição de canais sem fio. Por exemplo, a atenuação ao longo de direções específicas, porém perpendiculares, pode ser medida em uma área com um receptor simples, não coerente, para calcular diversos ângulos de chegada de caminho múltiplo e características da taxa de atenuação. Ao contrário, as características do ângulo de chegada podem ser medidas com uma antena direcional, para calcular o comportamento da atenuação na área.

Todos esses tópicos de modelagem de canal em pequena escala são críticos no projeto de uma interface de ar prática, pois têm impacto na seleção das taxas de dados de modulação e nos métodos de modulação para canais móveis que variam com o tempo. As técnicas de modulação são o assunto do próximo capítulo.

Problemas

5.1 Determine as freqüências espectrais máxima e mínima recebidas de um transmissor GSM estacionário que tem uma freqüência central de exatamente 1.950,000000 MHz, supondo que o receptor esteja trafegando a velocidades de: a) 1 km/h; b) 5 km/h; c) 100 km/h; e d) 1.000 km/h.

5.2 Descreva todas as circunstâncias físicas que se relacionam a um transmissor estacionário e um receptor em movimento de modo que o deslocamento Doppler no receptor seja igual a: a) 0 Hz; b) $f_{d_{max}}$; c) $-f_{d_{max}}$; e d) $f_{d_{max/2}}$

5.3 Usando os primeiros princípios da teoria de sistemas lineares e a definição do envelope complexo, prove que a Figura 5.3 está correta. Ou seja, prove que, para sinais da banda de passagem x(t) e y(t), a Equação 5.9 é realmente válida. Esse é o princípio básico usado na simulação e DSP.

5.4 Desenhe um diagrama de blocos de um sistema de medição binário *de espectro espalhado com correlação deslizante*. Explique, com palavras, como ele é usado para medir perfis de atraso de potência.

a) Se o período do chip transmissor for 10 ns, a seqüência PN tiver tamanho 1.023, e uma portadora de 6 GHz for usada no transmissor, ache o tempo entre a correlação máxima e o fator de deslize se o receptor usar um clock de seqüência PN com 30 kHz a menos que o transmissor.

b) Se um osciloscópio for usado para exibir um ciclo completo da seqüência PN (ou seja, se dois picos consecutivos de correlação máximos tiverem que ser exibidos no aparelho), e se 10 divisões forem fornecidas no eixo de tempo aparelho, qual o valor de varredura (em segundos/divisão) mais apropriado a ser usado?

c) Qual a largura de banda de passagem de IF exigida para esse sistema? De que maneira isso é muito melhor que um sistema de pulso direto com resolução de tempo semelhante?

5.5 Dado que a largura de banda de coerência é aproximada pela Equação 5.39, mostre que um canal de atenuação uniforme ocorre quando $T_s = 10\ \sigma_\tau$. Dica: observe que B_c é uma largura de banda de RF e considere que T_s é o recíproco da largura de banda do sinal de banda base.

5.6 Se uma modulação em particular oferece desempenho BER adequado sempre que $\sigma_\tau/T_s \leq 0{,}1$, determine o menor período de símbolo T_s (e, portanto, a maior taxa de símbolos) que pode ser enviado por canais de RF mostrados na Figura P5.6 (página a seguir), sem usar um equalizador.

5.7 Se a mensagem binária da banda base com uma taxa de bits R_b = 100 kbps é modulada por uma portadora de RF usando BPSK, responda:

a) Qual o intervalo de valores exigido para o espalhamento de atraso rms do canal de modo que o sinal recebido seja um sinal com atenuação uniforme?

b) Se a freqüência de portadora de modulação é 5,8 GHz, qual o tempo de coerência do canal, assumindo uma velocidade de veículo de 30 milhas por hora?

c) Para a sua resposta em b), o canal é de atenuação 'rápida' ou 'lenta'?

d) De acordo com a sua resposta em b), quantos bits são enviados enquanto o canal parece estar 'estático'?

e) Um receptor CDMA Rake é capaz de explorar o caminho múltiplo quando o canal é (circule todas as que se aplicam)

a) uniforme; **b)** lento; **c)** rápido; **d)** seletivo de freqüência.

5.8 Para os perfis de atraso de potência na Figura P5.6, estime as larguras de banda de coerência com 90% e 50% de correlação.

5.9 Qual pode ser, aproximadamente, o tamanho do espalhamento de atraso rms a fim de que um sinal com modulação binária com uma taxa de bits de 25 kbps opere sem um equalizador? E se for um sistema 8-PSK com uma taxa de bits de 75 kbps?

5.10 Dado que um sinal de rádio móvel com atenuação Rayleigh tem uma taxa de travessia de nível de $N_r = \sqrt{2\pi} f_m \rho e^{-\rho^2}$, encontre o valor de ρ para o qual N_r é máxima.

5.11 Dado que a função da densidade de probabilidade de um envelope distribuído por Rayleigh é dada por $p(r) = \frac{r}{\sigma^2}\exp\left(\frac{-r^2}{2\sigma^2}\right)$, onde σ^2 é a variância, mostre que a função de distribuição acumulada é dada como $p(r < R) = 1 - \exp\left(\frac{-R^2}{2\sigma^2}\right)$. Ache a porcentagem de tempo em que um sinal é 10 dB ou mais baixo que o valor rms para um sinal de atenuação de Rayleigh.

5.12 As características de atenuação de uma portadora de CW em uma área urbana devem ser medidas. As seguintes suposições são feitas:

1) O receptor móvel usa um monopólo vertical simples.

2) A atenuação em grande escala devido à perda no caminho é ignorada.

3) A estação móvel não possui um caminho de linha de visão com a estação-base.

4) A pdf do sinal recebido segue uma distribuição de Rayleigh.

a) Derive a razão entre o nível de sinal desejado e o nível do sinal rms que maximiza a taxa de travessia de nível. Expresse sua resposta em dB.

b) Considerando que a velocidade máxima da estação móvel é de 50 km/h, e que a freqüência da portadora é 900 MHz, determine o número máximo de vezes em que o envelope do sinal atenuará abaixo do nível encontrado em a) durante 1 minuto de teste.

c) Na média, quanto tempo levará cada atenuação em b)?

5.13 Um veículo recebe uma transmissão de 900 MHz enquanto trafega a uma velocidade constante por 10 s. A duração média da atenuação para um nível de sinal de 10 dB abaixo do nível rms é de 1 ms. Por qual distância o veículo trafegará durante o intervalo de 10 s? Quantas atenuações o sinal sofrerá abaixo do nível de patamar de rms durante um intervalo de 10 s? Suponha que a média local permaneça constante durante o trajeto.

5.14 Um automóvel se move com velocidade $v(t)$ mostrada na Figura P5.14. O sinal móvel recebido experimenta atenuação Rayleigh com caminho múltiplo em uma portadora de CW de 900 MHz. Qual a taxa de travessia média e a duração da atenuação pelo intervalo de 100 s? Suponha que ρ = 0,1 e ignore os efeitos de atenuação em larga escala.

5.15 Para um receptor móvel operando na freqüência de 860 MHz e movendo-se a 100 km/h

a) desenhe o espectro Doppler se um sinal de CW for transmitido e indique as freqüências máxima e mínima

b) calcule a taxa de travessia de nível e a duração média da atenuação se ρ = −20 dB.

5.16 Para os seguintes sistemas sem fio digitais, estime o espalhamento de atraso rms máximo para o qual nenhum equalizador é exigido no receptor (desconsidere a codificação do canal, diversidade de antena ou uso de níveis de potência extremamente baixos).

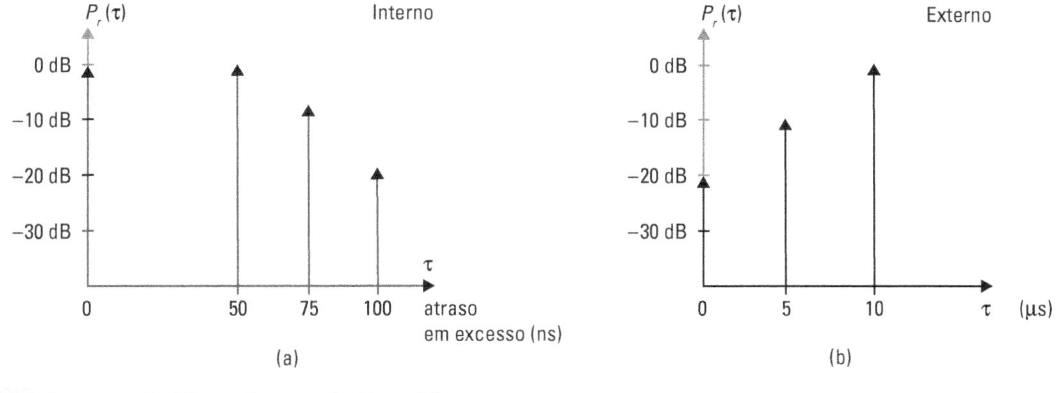

Figura P5.6 Respostas de dois canais para o Problema 5.6.

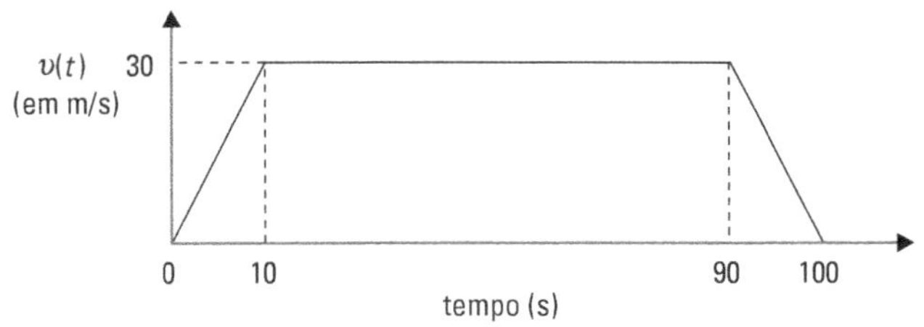

Figura P5.14 Gráfico da velocidade da estação móvel.

Sistema	Taxa de dados de RF	Modulação
USDC	48,6 kbps	π/4DQPSK
GSM	270,833 kbps	GMSK
DECT	1.152 kbps	GMSK

5.17 No modelo de Clarke e Gans para a atenuação em pequena escala, o campo E do sinal polarizado verticalmente é dado por

$$E_z(t) = E_0 \sum_{n=1}^{\alpha} C_n \cos(2\pi f_c t + \theta_n)$$

onde $\tau_n = 2\pi f_n t + \phi_n$ e

$$\sum_{n=1}^{N} \overline{C_n^2} = 1$$

e f_n é o deslocamento Doppler da n-ésima onda plana, dado por $f_n = v/\lambda \cos \alpha_n$.

a) Escreva E_z em termos dos componentes em fase e de quadratura de banda estreita $T_c(t)$ e $T_s(t)$, de modo que $E_z(t) = T_c(t) \cos 2\pi f_c t - T_s(t) \operatorname{sen} 2\pi f_c t$. Observe que $T_c(t)$ e $T_s(t)$ são variáveis gaussianas de média zero não relacionadas em qualquer instante no tempo.

b) Qual a distribuição de ϕ_n?

c) Cada um dos C_n's é uma variável aleatória ou um processo aleatório?

d) Prove que $|E_z(t)|^2 = (E_0^2)/2$.

e) Considere que $|E_z(t)| = r$. Escreva a distribuição de probabilidade de r. Qual o nome dessa distribuição?

f) Se o termo A cos $2\pi f_c t$ é adicionado a $E_z(t)$, onde A é uma constante, que tipo de atenuação r sofrerá?

g) Usando o seu resultado em f), ache o fator K, onde $K = A^2/2\sigma^2$, para o caso onde $A = 5E_0$.

5.18 Derive o espectro Doppler de RF para um monopólo vertical de 5/8λ recebendo um sinal de CW usando os modelos de Clarke e Gans. Desenhe o espectro Doppler de RF e o espectro de banda base correspondente a partir de um detector de envelope. Considere a dispersão isotrópica e a potência recebida média unitária.

5.19 Mostre que a magnitude (envelope) da soma de duas fontes gaussianas complexas distribuídas de forma idêntica (quadratura) é distribuída por Rayleigh. Considere que as fontes gaussianas têm média zero e variância unitária.

5.20 Crie um simulador de atenuação Rayleigh. Escreva um programa em MATLAB que simule a atenuação Rayleigh, usando o método de domínio de freqüência descrito na Figura 5.24. Considere que a freqüência Doppler máxima é de 200 Hz. Confirme que as taxas de travessia de nível e as durações médias da atenuação das suas formas de onda simuladas correspondem ao Exemplo 5.8. Explique quaisquer discrepâncias observadas nas suas saídas simuladas. Forneça listagens do seu código fonte, amostras de forma de onda e outros resultados pertinentes.

5.21 Como você converteria sua simulação do Problema 5.20 em um simulador de atenuação de Ricean? Você não precisa realmente fazê-lo, basta comentar sobre os detalhes.

5.22 Usando o método descrito neste capítulo, gere uma seqüência de tempo de 8.192 valores de amostra de um sinal de atenuação Rayleigh para

a) $f_d = 20$ Hz

b) $f_d = 200$ Hz

5.23 Gere funções com cem amostras dos dados de atenuação descritos no Problema 5.22 e compare os valores simulados e teóricos da CDF resultante do conjunto de dados. Usando seus dados, ache R_{RMS}, N_R e $\bar{\tau}$ para $\rho = 1$, 0,1 e 0,01. Suas simulações correspondem à teoria? Deveriam!

5.24 Recrie os gráficos das CDFs mostrados na Figura 5.17, começando com os pdfs para as distribuições Rayleigh, Ricean e log-normal.

5.25 Desenhe a função de densidade de probabilidade e a CDF para uma distribuição de Ricean tendo a) $K = 10$ dB e b) $K = 3$ dB. A abscissa do gráfico CDF deve ser rotulada em dB relativos ao nível mediano de sinal para os dois gráficos. Observe que o valor da mediana para uma distribuição de Ricean muda à medida que K muda.

5.26 Com base na sua resposta ao Problema 5.25, se a RSSI mediana for –70 dBm, qual a probabilidade de que um sinal maior que –80 dBm seja recebido em um canal de atenuação de Ricean tendo a) $K = 10$ dB, e b) $K = 3$ dB?

5.27 O perfil de atraso de potência médio em determinado ambiente é

$$P(\tau) = \sum_{n=0}^{2} \frac{10^{-6}}{n^2+1} \delta(\tau - n10^{-6})$$

a) Desenhe o perfil de atraso de potência do canal em dBm.

b) Qual a potência média local em dBm?

c) Qual o espalhamento de atraso rms do canal?

d) Se uma modulação de 256 QAM tendo uma taxa de bits de 2 Megabits por segundo for aplicada ao canal, a modulação sofrerá atenuação uniforme ou seletiva de freqüência? Explique sua resposta.

e) Sobre que largura de banda o canal parecerá ter ganho constante?

5.28 Uma média espacial local de um perfil de atraso de potência medido a 900 MHz é mostrado na Figura P5.28, na página a seguir.

a) Determine o espalhamento de atraso rms e a média do atraso em excesso para o canal.

b) Determine o atraso em excesso máximo (20 dB).

c) Se o canal tiver que ser usado com uma modulação que exija um equalizador sempre que a duração do símbolo T for menor que 10 σ_τ, determine a taxa de símbolos de RF máxima que pode ser admitida sem exigir um equalizador.

d) Se uma estação móvel trafegando a 30 km/h recebe um sinal pelo canal, determine o tempo pelo qual o canal parece estar estacionário (ou, pelo menos, altamente correlacionado).

5.29 Um sinal de atenuação Rayleigh a 6 GHz é recebido por uma estação móvel trafegando a 80 km/h.

a) Determine o número de travessias de positivo para zero em torno do valor de rms que ocorrem por um intervalo de 5 s.

b) Determine a duração média de uma atenuação abaixo do nível de rms.

c) Determine a duração média de uma atenuação em um nível de 20 dB abaixo do valor de rms.

5.30 Para cada um dos três cenários a seguir, decida se o sinal recebido é mais bem descrito como sofrendo atenuação rápida, atenuação seletiva de freqüência ou atenuação uniforme.

a) Uma modulação binária tem uma taxa de dados de 500 Kbps, $f_c = 1$ GHz e um canal de rádio urbano típico é utilizado.

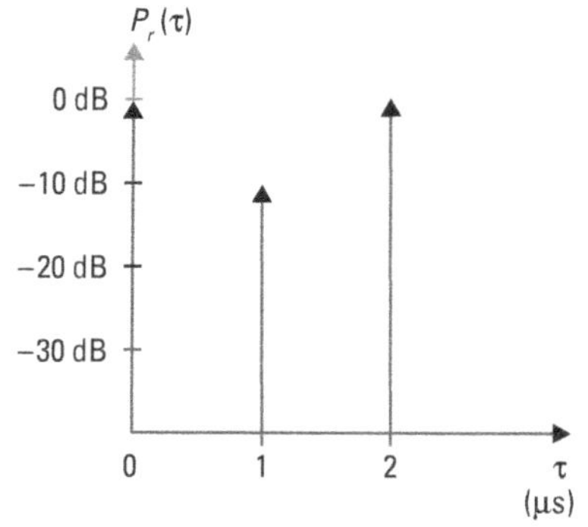

Figura P5.28 Perfil de atraso de potência.

b) Uma modulação binária tem uma taxa de dados de 5 Kbps, f_c = 1 GHz e um canal de rádio urbano típico é utilizado para fornecer comunicações a carros que se movem em uma rodovia.

c) Uma modulação binária tem uma taxa de dados de 10 bps, f_c = 1 GHz e um canal de rádio urbano típico é utilizado para fornecer comunicações a carros que se movem em uma rodovia.

5.31 Usando simulação por computador, crie um simulador de atenuação Rayleigh com três componentes de caminho múltiplo com atenuação Rayleigh, cada um tendo atraso de tempo de caminho múltiplo variável e potência média. Depois, faça a convolução com um fluxo de bits binário aleatório através do seu simulador e observe as formas de onda de tempo do fluxo de saída. Você pode querer usar várias amostras para cada bit (sete é um bom número). Observe os efeitos do espalhamento de caminho múltiplo enquanto você varia o período de bit e o atraso de tempo do canal.

5.32 Com base nos conceitos ensinados neste capítulo, proponha métodos que poderiam ser usados por uma estação-base para determinar a velocidade veicular de um usuário móvel. Esses métodos são úteis para algoritmos de transferência.

5.33 A partir da teoria do fator de forma, descrita na Seção 5.8, descreva o significado físico da atenuação angular, Λ, e determine dois exemplos de $p(\theta)$ que produzem: **a)** Λ = 1; **b)** Λ = 0.

5.34 Usando a Equação 5.117, determine a distância de coerência D_c para cada um dos quatro exemplos de $p(\theta)$ que você encontrou no Problema 5.33. Observe que é preciso assumir uma direção em particular do trajeto. Considere λ = 10 cm. Qual o impacto da direção do trajeto, relativa ao caminho múltiplo de chegada, sobre D_c? Explore, propondo quatro direções diferentes de trajeto para cada uma das quatro funções $p(\theta)$ e determine D_c para cada caso.

Referências bibliográficas

1 COUCH, L. W. *Digital; Analog Communication Systems*, 4. ed. Nova York: Macmillan, 1993.

2 TURIN, G. L. et al. "A statistical model of urban multipath propagation". *IEEE Transactions on Vehicular Technology*, v. VT-21, fev. 1972, p. 1-9.

3 LIBERTI, J. C.; RAPPAPORT, T. S. *Smart Antennas for Wireless Communications: IS-95; Third Generation Applications*, Nova Jersey: Prentice Hall, 1999.

ERTEL, R.; CARDIERI, P.; SOWERBY, K. W.; RAPPAPORT, T. S.; REED, J. H. "Overview of spatial channel models for antenna array communication systems". *Special Issue: IEEE Personal Communications*, v. 5, n. 1, fev. 1998, p.10-22.

MOLISCH, A. F. (ed.) *Wideband Wireless Digital Communications*, Nova Jersey: Prentice-Hall, 2001.

4 RAPPAPORT, T. S. et al. "Statistical channel impulse response models for factory; open plan building radio communication system design". *IEEE Transactions on Communications*, v. COM-39, n. 5, maio 1991, p. 794-806.

5 COX, D. C. "Delay doppler characteristics of multipath delay spread; average excess delay for 910 MHz urban mobile radio paths". *IEEE Transactions on Antennas; Propagation*, v. AP-20, n. 5, set. 1972, p. 625-635.

__________.; LECK, R. P. "Distributions of multipath delay spread; average excess delay for 910 MHz urban mobile radio paths". *IEEE Transactions on Antennas; Propagation*, v. AP-23, n. 5, mar. 1975, p. 206-213.

6 TRANTER, W. H.; SHANMUGAN, K.; RAPPAPORT, T. S.; KOSBAR, K. *Computer-Aided Design; Analysis of Communications Systems with Wireless Applications*, Nova Jersey: Prentice Hall, 2002.

7 RAPPAPORT, T. S. "Characterization of UHF multipath radio channels in factory buildings". *IEEE Transactions on Antennas; Propagation*, v. 37, n. 8, ago. 1989, p. 1058-1069.

8 Ibidem.

9 HAWBAKER, D. A. "Indoor wideband radio wave propagation measurements; models at 1.3 GHz; 4.0 GHz". Tese de Mestrado, Virginia Tech, Blacksburg, VA, maio 1991.

10 RAPPAPORT, T. S. "Characterization of UHF multipath radio channels in factory buildings". *IEEE Transactions on Antennas; Propagation*, v. 37, n. 8, ago. 1989, p. 1058-1069.

RAPPAPORT, T. S.; SEIDEL, S.Y.; SINGH, R. "900 MHz multipath propagation measurements for u.s. digital cellular radiotelephone". *IEEE Transactions on Vehicular Technology*, maio 1990, p. 132-139.

11 DIXON, R. C. *Spread Spectrum Systems*, 2. ed., Nova York: John Wiley; Sons, 1984.

12 Ibidem.

13 COX, D. C. "Delay doppler characteristics of multipath delay spread; average excess delay for 910 MHz urban mobile radio paths". *IEEE Transactions on Antennas; Propagation*, v. AP-20, n. 5, set. 1972, p. 625-635.

14 DEVASIRVATHAM, D. M. J. "Time delay spread; signal level measurements of 850 MHz radio waves in building environments". *IEEE Transactions on Antennas; Propagation*, v. AP-34, n. 2, nov. 1986, p. 1300-1305.

_________.; KRAIN, M. J.; RAPPAPORT, D. A. "Radio propagation measurements at 850 MHz, 1.7 GHz; 4.0 GHz inside two dissimilar office buildings". *Electronics Letters*, v. 26, n. 7, 1990, p. 1300-1305.

15 BULTITUDE, R. J. C.; BEDAL, G. K. "Propagation characteristics on microcellular urban mobile radio channels at 910 MHz". *IEEE Journal on Selected Areas in Communications*, v. 7, jan. 1989, p. 31-39.

16 LANDRON, O.; FEUERSTEIN, M. J.; RAPPAPORT, T. S. "A comparison of theoretical; empirical reflection coefficients for typical exterior wall surfaces in a mobile radio environment". *IEEE Transactions on Antennas; Propagation*, v. 44, n. 3, mar. 1996, p. 341-351.

17 NEWHALL, W. G.; SALDANHA, K.; RAPPAPORT, T. S. "Propagation time delay spread measurements at 915 MHz in a large train yard". *IEEE Vehicular Technology Conference*, Atlanta, 29 abr.-1 maio, 1996, p. 864-868.

18 _________.; RAPPAPORT, T. S.; SWEENEY, D. G. "A spread spectrum sliding correlator system for propagation measurements". RF Design, abr. 1996, p. 40-54.

19 DEVASIRVATHAM, D. M. J. "Time delay spread; signal level measurements of 850 MHz radio waves in building environments". *IEEE Transactions on Antennas; Propagation*, v. AP-34, n. 2, nov. 1986, p. 1300-1305.

20 DIXON, R. C. *Spread Spectrum Systems*, 2. ed., Nova York: John Wiley; Sons, 1984.

21 PAHLAVAN, K.; LEVESQUE, A. H. Wireless information networks, Capítulo 5, Nova York: John Wiley & Sons, 1995.

22 ZAGHLOUL, H.; MORRISON, G.; FATTOUCHE, M. "Frequency response; path loss measurements of indoor channels". *Electronics Letters*, v. 27, n. 12, jun. 1991, p. 1021-1022.

_________.; _________.; _________. "Comparison of indoor propagation channel characteristics at different frequencies". *Electronics Letters*, v. 27, n. 22, out. 1991, p. 2077-2079.

23 RAPPAPORT, T. S.; SEIDEL, S.Y.; SINGH, R. "900 MHz multipath propagation measurements for u.s. digital cellular radiotelephone". *IEEE Transactions on Vehicular Technology*, maio 1990, p. 132-139.

24 HAWBAKER, D. A. "Indoor wideband radio wave propagation measurements; models at 1.3 GHz; 4.0 GHz". Tese de Mestrado, Virginia Tech, Blacksburg, VA, maio 1991.

25 RAPPAPORT, T. S.; SEIDEL, S.Y.; SINGH, R. "900 MHz multipath propagation measurements for u.s. digital cellular radiotelephone". *IEEE Transactions on Vehicular Technology*, maio 1990, p. 132-139.

26 COX, D. C.; LECK, R. P. "Distributions of multipath delay spread; average excess delay for 910 MHz urban mobile radio paths". *IEEE Transactions on Antennas; Propagation*, v. AP-23, n. 5, mar. 1975, p. 206-213.

27 RAPPAPORT, T. S.; SEIDEL, S.Y.; SINGH, R. "900 MHz multipath propagation measurements for u.s. digital cellular radiotelephone". *IEEE Transactions on Vehicular Technology*, maio 1990, p. 132-139.

28 COX, D. C. "Delay doppler characteristics of multipath delay spread; average excess delay for 910 MHz urban mobile radio paths". *IEEE Transactions on Antennas; Propagation*, v. AP-20, n. 5, set. 1972, p. 625-635.

29 SALEH, A. A. M.; VALENZEULA, R. A. "A statistical model for indoor multipath propagation". *IEEE Journal on Selected Areas in Communication*, v. JSAC-5, n. 2, fev. 1987, p. 128-137.

30 DEVASIRVATHAM, D. J.; KRAIN, M. J.; RAPPAPORT, D. A. "Radio propagation measurements at 850 MHz, 1.7 GHz; 4.0 GHz inside two dissimilar office buildings". *Electronics Letters*, v. 26, n. 7, 1990, p. 1300-1305.

31 SEIDEL, S. Y. et al. "The impact of surrounding buildings on propagation for wireless in-building personal communications system design". *1992 IEEE Vehicular Technology Conference*, Denver, maio 1992, p. 814-818.

32 LEE, W. C. Y. *Mobile Cellular Telecommunications Systems*, Nova York: McGraw Hill Publications, 1989.

33 CHUANG, J. "The effects of time delay spread on portable communications channels with digital modulation". *IEEE Journal on Selected Areas in Communications*, v. SAC-5, n. 5, jun. 1987, p. 879-889.

FUNG, V.; RAPPAPORT, T. S.; THOMA, B. "Bit error simulation for π/4 DQPSK mobile radio communication using two-ray; measurement-based impulse response models". *IEEE Journal on Selected Areas in Communication*, v. 11, n. 3, abr. 1993, p. 393-405.

STEELE, R. (ed.) "Mobile radio communications". *IEEE Press*, 1994.

34 RAPPAPORT, T. S. et al. "Statistical channel impulse response models for factory; open plan building radio communication system design". *IEEE Transactions on Communications*, v. COM-39, n. 5, maio 1991, p. 794-806.

WOERNER, B. D.; REED, J. H.; RAPPAPORT, T. S. "Simulation issues for future wireless modems". *IEEE Communications Magazine*, jul. 1994, p. 19-35.

35 STEELE, R. (ed.) "Mobile radio communications". *IEEE Press*, 1994.

36 FUNG, V.; RAPPAPORT, T. S.; THOMA, B. "Bit error simulation for π/4 DQPSK mobile radio communication using two-ray; measurement-based impulse response models". *IEEE Journal on Selected Areas in Communication*, v. 11, n. 3, abr. 1993, p. 393-405.

37 RICE, S. O. "Statistical properties of a sine wave plus random noise". *Bell Systems Technical Journal*, v. 27, jan. 1948, p. 109-157.

38 RAPPAPORT, T. S. "Characterization of UHF multipath radio channels in factory buildings". *IEEE Transactions on Antennas; Propagation*, v. 37, n. 8, ago. 1989, p. 1058-1069.

39 OSSANA, J. Jr. "A model for mobile radio fading due to building reflections: theoretical; experimental fading waveform power spectra". *Bell Systems Technical Journal*, v. 43, n. 6, nov. 1964, p. 2935-2971.

40 Ibidem.

41 CLARKE, R. H. "A statistical theory of mobile-radio reception". *Bell Systems Technical Journal*, v. 47, 1968, p. 957-1000.

42 Ibidem.

43 RICE, S. O. "Statistical properties of a sine wave plus random noise". *Bell Systems Technical Journal*, v. 27, jan. 1948, p. 109-157.

44 PAPOULIS, A. *Probability, Random Variables; Stochastic Processes*, 3. ed., Nova York: McGraw-Hill, 1991.

45 GANS, M. J. "A power spectral theory of propagation in the mobile radio environment". *IEEE Transactions on Vehicular Technology*, v. VT-21, fev. 1972, p. 27-38.

46 SMITH, J. I. "A computer generated multipath fading simulation for mobile radio". *IEEE Transactions on Veicular Technology*, v. VT-24, n. 3, ago. 1975, p. 39-40.

47 JAKES, W. C. Jr. *Microwave Mobile Communications*, Wiley-Interscience, 1974.

48 GANS, M. J. "A power spectral theory of propagation in the mobile radio environment". *IEEE Transactions on Vehicular Technology*, v. VT-21, fev. 1972, p. 27-38.

49 SMITH, J. I. "A computer generated multipath fading simulation for mobile radio". *IEEE Transactions on Veicular Technology*, v. VT-24, n. 3, ago. 1975, p. 39-40.

50 CLARKE, R. H. "A statistical theory of mobile-radio reception". *Bell Systems Technical Journal*, v. 47, 1968, p. 957-1000.

51 JAKES, W. C. Jr. *Microwave Mobile Communications*, Wiley-Interscience, 1974.

52 SALEH, A. A. M.; VALENZEULA, R. A. "A statistical model for indoor multipath propagation". *IEEE Journal on Selected Areas in Communication*, v. JSAC-5, n. 2, fev. 1987, p. 128-137.

53 RAPPAPORT, T. S. et al. "Statistical channel impulse response models for factory; open plan building radio communication system design". *IEEE Transactions on Communications*, v. COM-39, n. 5, maio 1991, p. 794-806.

54 Ibidem.

55 RAPPAPORT, T. S.; SEIDEL, S.Y.; SINGH, R. "900 MHz multipath propagation measurements for u.s. digital cellular radiotelephone". *IEEE Transactions on Vehicular Technology*, maio 1990, p. 132-139.

56 NUCOLS, E. "Implementation of geometrically based single-bounce models for simulation of angle-of-arrival of multipath delay components in the wireless channel simulation tools, SMRCIM; SIRCIM". Tese de Mestrado, Virginia Tech, Blacksburg, VA, dez. 1999.

LIBERTI, J. C.; RAPPAPORT, T. S. *Smart Antennas for Wireless Communications: IS-95; Third Generation Applications*, Nova Jersey: Prentice Hall, 1999.

57 HUANG, W. "Simulation of adaptive equalization in two-ray, SIRCIM; SMRCIM mobile radio channels". Tese de Mestrado em Engenharia Elétrica, Virginia Tech, dez. 1991.

RAPPAPORT, T. S. et al. "Statistical channel impulse response models for factory; open plan building radio communication system design". *IEEE Transactions on Communications*, v. COM-39, n. 5, maio 1991, p. 794-806.

58 Ibidem.

59 RAPPAPORT, T. S.; SEIDEL, S.Y.; SINGH, R. "900 MHz multipath propagation measurements for u.s. digital cellular radiotelephone". *IEEE Transactions on Vehicular Technology*, maio 1990, p. 132-139.

60 __________.; __________.; __________. "900 MHz multipath propagation measurements for u.s. digital cellular radiotelephone". *IEEE Transactions on Vehicular Technology*, maio 1990, p. 132-139.

SEIDEL, S.Y.; RAPPAPORT, T. S.; JAIN, S.; LORD, M.; SINGH, R. "path loss, scattering; multipath delay statistics in four european cities for digital cellular; microcellular radiotelephone". *IEEE Transactions on Vehicular Technology*, v. 40, n. 4, nov. 1991, p. 721-730.

SEIDEL, S. Y. et al. "The impact of surrounding buildings on propagation for wireless in-building personal communications system design". *1992 IEEE Vehicular Technology Conference*, Denver, maio 1992, p. 814-818.

61 RAPPAPORT, T. S.; SEIDEL, S.Y.; SINGH, R. "900 MHz multipath propagation measurements for u.s. digital cellular radiotelephone". *IEEE Transactions on Vehicular Technology*, maio 1990, p. 132-139.

62 DURGIN, G. D.; RAPPAPORT, T. S. "Theory of multipath shape factors for small-scale fading wireless channels". *IEEE Transactions on Antennas; Propagation*, v. 48, n. 5, maio 2000, p. 682-693.

63 JAKES, W. C. Jr. *Microwave Mobile Communications*, Wiley-Interscience, 1974.

64 Ibidem.

65 RICE, S. O. "Statistical properties of a sine wave plus random noise". *Bell Systems Technical Journal*, v. 27, jan. 1948, p. 109-157.

66 RAPPAPORT, T. S.; SEIDEL, S.Y.; SINGH, R. "900 MHz multipath propagation measurements for u.s. digital cellular radiotelephone". *IEEE Transactions on Vehicular Technology*, maio 1990, p. 132-139.

SUZUKI, H. "A statistical model for urban radio propagation". *IEEE Transactions on Communications*, v. 25, jul. 1977, p. 673-680.

COULSON, A. J.; WILLIAMSON, A. G.; VAUGHAN, R. G. "A statistical basis for log-normal shadowing effects in multipath fading channels". *IEEE Transactions on Communications*, v. 46, abr. 1998, p. 494-502.

67 JAKES, W. C. Jr. *Microwave Mobile Communications*, Wiley-Interscience, 1974.

68 CLARKE, R. H. "A statistical theory of mobile-radio reception". *Bell Systems Technical Journal*, v. 47, 1968, p. 957-1000.

69 ROSSI, J.-P.; BARBOT, J.-P.; LEVY, A., J. "Theory; measurement of the angle of arrival; time delay of uhf radiowaves using a ring array". *IEEE Transactions on Antennas; Propagation*, v. 45, maio 1997, p. 876-884.

FUHL, J.; ROSSI, J.-P.; Bonek, E. "High-resolution 3-D direction-of-arrival determination for urban mobile radio". *IEEE Transactions on Antennas; Propagation*, v. 45, abr. 1997, p. 672-682.

70 WINTERS, J. H. "Smart antennas for wireless systems". *IEEE Personal Communications*, v. 1, fev. 1998, p. 23-27.

LIBERTI, J. C.; RAPPAPORT, T. S. *Smart Antennas for Wireless Communications: IS-95; Third Generation Applications*, Nova Jersey: Prentice Hall, 1999.

MOLISCH, A. F. (ed.) *Wideband Wireless Digital Communications*, Nova Jersey: Prentice-Hall, 2001.

71 DURGIN, G. D.; RAPPAPORT, T. S. "Theory of multipath shape factors for small-scale fading wireless channels". *IEEE Transactions on Antennas; Propagation*, v. 48, n. 5, maio 2000, p. 682-693.

72 GANS, M. J. "A power spectral theory of propagation in the mobile radio environment". *IEEE Transactions on Vehicular Technology*, v. VT-21, fev. 1972, p. 27-38.

73 DURGIN, G. D.; RAPPAPORT, T. S. "A basic relationship between multipath angular spread; narrow-band fading in a wireless channel". *IEEE Electronics Letters*, v. 34, dez. 1998, p. 2431-2432.

74 EBINE, Y.; TAKAHASHI, T.; YAMADA, Y. "A study of vertical space diversity for a land mobile radio". *Electronics Communication Japan*, v. 74, n. 10, p. 68-76, 1991.

NAGUIB, A. F.; PAULRAJ, A. "Performance of wireless CDMA with m-ary orthogonal modulation; cell site arrays". *IEEE Journal on Selected Areas of Communications*, v. 14, dez. 1996, p. 1770-1783.

FULGHUM, T.; MOLNAR, K. "The jakes fading model incorporating angular spread for a disk of scatterers". *IEEE Vehicular Technology Conference*, Ottawa, Canadá, maio 1998, p. 489-493.

JENG, S.-S.; XU, G.; LIN, H.-P.; VOGEL, W. J. "Experimental studies of spatial signature variation at 900 MHz for smart antenna systems". *IEEE Transactions on Antennas; Propagation*, v. 46, jul. 1998, p. 953-962.

75 PATWARI, N.; DURGIN, G. D.; RAPPAPORT, T. S.; BOYLE, R. J. "Peer-to-peer low antenna outdoor radio wave propagation at 1.8 GHz". *IEEE Vehicular Technology Conference*, Houston, Texas, maio 1999, v. 1, p. 371-375.

76 DURGIN, G. D.; RAPPAPORT, T. S. "Theory of multipath shape factors for small-scale fading wireless channels". *IEEE Transactions on Antennas; Propagation*, v. 48, n. 5, maio 2000, p. 682-693.

77 GANS, M. J. "A power spectral theory of propagation in the mobile radio environment". *IEEE Transactions on Vehicular Technology*, v. VT-21, fev. 1972, p. 27-38.

78 DURGIN, G. D.; RAPPAPORT, T. S. "Theory of multipath shape factors for small-scale fading wireless channels". *IEEE Transactions on Antennas; Propagation*, v. 48, n. 5, maio 2000, p. 682-693.

79 RICE, S. O. "Statistical properties of a sine wave plus random noise". *Bell Systems Technical Journal*, v. 27, jan. 1948, p. 109-157.

80 DURGIN, G. D.; RAPPAPORT, T. S. "Theory of multipath shape factors for small-scale fading wireless channels". *IEEE Transactions on Antennas; Propagation*, v. 48, n. 5, maio 2000, p. 682-693.

81 Ibidem.

82 ________.; ________. "Three parameters for relating small-scale temporal fading to multipath angles-of-arrival". *PIMRC'99*, Osaka, Japão, set. 1999, p. 1077-1081.

________.; ________. "Effects of multipath angular spread on the spatial cross-correlation of received volatage envelopes". *IEEE Vehicular Technology Conference*, Houston, maio 1999, v. 2, p. 996-1000.

________.; ________. "Level crossing rates; average fade duration of wireless channels with spatially complicated multipath". *Globecom'99*, Brasil, dez. 1999, p. 427-431.

83 DURGIN, G. D.; RAPPAPORT, T. S. "Theory of multipath shape factors for small-scale fading wireless channels". *IEEE Transactions on Antennas; Propagation*, v. 48, n. 5, maio 2000, p. 682-693.

84 JAKES, W. C. Jr. *Microwave Mobile Communications*, Wiley-Interscience, 1974.

85 Ibidem.

86 Ibidem.

CLARKE, R. H. "A statistical theory of mobile-radio reception". *Bell Systems Technical Journal*, v. 47, 1968, p. 957-1000.

87 JAKES, W. C. Jr. *Microwave Mobile Communications*, Wiley-Interscience, 1974.

VAUGHAN, R. G.; Scott, N. L. "Closely spaced monopoles for mobile communications". *Radio Science*, v. 28, n. 6, nov.-dez. 1993, p. 1259-1266.

88 DURGIN, G. D.; RAPPAPORT, T. S. "Effects of multipath angular spread on the spatial cross-correlation of received volatage envelopes". *IEEE Vehicular Technology Conference*, Houston, maio 1999, v. 2, p. 996-1000.

89 JAKES, W. C. Jr. *Microwave Mobile Communications*, Wiley-Interscience, 1974.

90 STEELE, R. (ed.) "Mobile radio communications", *IEEE Press*, 1994.

91 PATWARI, N.; DURGIN, G. D.; RAPPAPORT, T. S.; BOYLE, R. J. "Peer-to-peer low antenna outdoor radio wave propagation at 1.8 GHz". *IEEE Vehicular Technology Conference*, Houston, Texas, maio 1999, v. 1, p. 371-375.

92 JAKES, W. C. Jr. *Microwave Mobile Communications*, Wiley-Interscience, 1974.

93 CLARKE, R. H. "A statistical theory of mobile-radio reception". *Bell Systems Technical Journal*, v. 47, 1968, p. 957-1000.

94 DURGIN, G. D.; RAPPAPORT, T. S. "Theory of multipath shape factors for small-scale fading wireless channels". *IEEE Transactions on Antennas; Propagation*, v. 48, n. 5, maio 2000, p. 682-693.

95 CLARKE, R. H. "A statistical theory of mobile-radio reception". *Bell Systems Technical Journal*, v. 47, 1968, p. 957-1000.

96 JAKES, W. C. Jr. *Microwave Mobile Communications*, Wiley-Interscience, 1974.

97 DURGIN, G. D.; RAPPAPORT, T. S. "Theory of multipath shape factors for small-scale fading wireless channels". *IEEE Transactions on Antennas; Propagation*, v. 48, n. 5, maio 2000, p. 682-693.

98 Ibidem.

99 Ibidem.

Técnicas de modulação para rádio móvel

Modulação é o processo de codificar informações a partir de uma fonte de mensagem de uma maneira adequada para transmissão. Isso geralmente envolve traduzir um sinal de mensagem na banda base (chamada *fonte*) para um sinal da banda de passagem em freqüências que são muito altas quando comparadas com a freqüência da banda base. O sinal da banda de passagem é chamado sinal *modulado*, e o sinal da mensagem na banda base é chamado sinal *modulante*. A modulação pode ser feita variando-se a amplitude, a fase ou a freqüência de uma portadora de alta freqüência, de acordo com a amplitude do sinal da mensagem. A *demodulação* é o processo de extrair a mensagem de banda base da portadora de modo que ela possa ser processada e interpretada pelo receptor intencionado (também chamado *sink*).

Este capítulo descreve diversas técnicas de modulação que são usadas nos sistemas de comunicação móvel. Os esquemas de modulação analógicos que são empregados nos sistemas de rádio móvel de primeira geração, bem como os esquemas de modulação digital propostos para uso em sistemas atuais e futuros são abordados aqui. Como a modulação digital oferece diversos benefícios e já está sendo usada para substituir os sistemas analógicos convencionais, a ênfase principal deste capítulo está nos esquemas de modulação digital. Porém, como os sistemas analógicos são muito utilizados hoje e continuarão a existir, eles são discutidos primeiro.

A modulação é um assunto abordado em detalhes em diversos livros-texto sobre comunicações. Aqui, o estudo focaliza a modulação e a demodulação conforme se aplicam aos sistemas de rádio móvel. Diversas técnicas de modulação têm sido estudadas para uso nos sistemas de comunicações móveis, e as pesquisas estão em andamento. Dadas as condições hostis de atenuação e caminho múltiplo no canal de rádio móvel, o projeto de um esquema de modulação resistente aos problemas do canal móvel é uma tarefa desafiadora. Como o objetivo final de uma técnica de modulação é transportar o sinal da mensagem por um canal de rádio com a melhor qualidade possível e ocupando a menor quantidade de espectro de rádio, novos avanços em processamento de sinal digital continuam a motivar novas formas de modulação e demodulação. Este capítulo descreve muitos esquemas de modulação práticos, arquiteturas de receptor, escolhas de projeto e seus desempenhos considerando diversos tipos de problemas do canal.

6.1 Freqüência modulada *versus* amplitude modulada

A freqüência modulada (FM) é a técnica de modulação analógica mais popular utilizada nos sistemas de rádio móvel. Em FM, a amplitude do sinal modulado da portadora é mantida constante, enquanto sua freqüência é variada de acordo com o sinal modulante da mensagem. Assim, os sinais de FM têm toda a informação na *fase* ou *freqüência* da portadora. Como será visto mais adiante, isso oferece uma melhoria não-linear e muito rápida na qualidade da recepção quando um certo nível mínimo do sinal recebido, chamado patamar FM, é alcançado. Nos esquemas de amplitude modulada (AM) existe um relacionamento linear entre a qualidade e a potência do sinal recebido, pois os sinais AM sobrepõem as amplitudes relativas exatas do sinal modulante à da portadora. Assim, os sinais AM possuem toda a sua informação na *amplitude* da portadora. FM oferece muitas vantagens em relação à amplitude modulada (AM), tornando-a uma melhor opção para muitas aplicações de rádio móvel.

A freqüência modulada tem melhor imunidade ao ruído em comparação com a amplitude modulada. Como os sinais são representados como variações de freqüência em vez de variações de amplitude, os sinais de FM são menos suscetíveis ao ruído atmosférico e de impulso, que tendem a causar rápidas flutuações na amplitude do sinal de rádio recebido. Além disso, as variações de amplitude da mensagem não transportam informações em FM, de modo que o ruído intermitente não afeta o desempenho do sistema de FM tanto quanto os sistemas de AM, desde que o sinal recebido em FM esteja acima do patamar de FM. O Capítulo 5 ilustrou como a atenuação em pequena escala pode causar rápidas flutuações no sinal recebido, de modo que FM oferece desempenho qualitativo superior na atenuação quando comparado com AM. Além disso, em um sistema FM, é possível balancear ocupação da largura de banda e melhor desempenho quanto a ruídos. Diferentemente de AM, em um sistema de FM, o *índice de modulação*, e portanto a ocupação da largura de banda, pode ser variado para obter maior desempenho sinal–ruído. Pode-se demonstrar que, sob certas condições, a relação sinal–ruído (SNR) em FM melhora 6 dB para cada duplicação da ocupação da largura de banda. Essa capacidade de um sistema de FM negociar largura de banda por SNR talvez seja o motivo mais importante para a sua superioridade em relação à AM. Porém, os sinais de AM são capazes de ocupar menos largura de banda em comparação com os sinais de FM, pois o sistema de transmissão é linear. Nos sistemas AM modernos, a susceptibilidade à atenuação tem sido bastante melhorada com o uso de tons-piloto na banda, que são transmitidos com o sinal de AM padrão. O receptor AM moderno é capaz de monitorar o tom-piloto e ajustar rapidamente o ganho do receptor para compensar as flutuações de amplitude.

Um sinal de FM é um sinal de *envelope constante*, pois o envelope da portadora não muda com as mudanças no sinal modulante. Daí a potência transmitida de um sinal de FM ser constante, independentemente da amplitude do sinal da mensagem. O envelope constante do sinal transmitido permite que amplificadores de potência de classe C eficientes sejam usados para amplificar a potência de RF em FM. Porém, em AM, é crítico manter a linearidade entre a mensagem aplicada e a amplitude do sinal transmitido, de modo que devem ser usados amplificadores lineares de classe A ou AB, que não são tão eficientes em termos de potência.

A questão de eficiência do amplificador é extremamente importante para projetar terminais portáteis de assinante, pois a vida da bateria do dispositivo portátil está ligada à eficiência do amplificador de potência. Eficiências típicas para amplificadores de classe C são de 70%, o que significa que 70% da alimentação CC aplicada ao circuito amplificador final são convertidos em potência de RF irradiada. Os amplificadores de classe A ou AB possuem eficiências na ordem de 30% a 40%. Isso implica que, para a mesma bateria, a modulação FM de envelope constante pode oferecer o dobro do tempo de fala da AM.

A freqüência modulada exibe uma característica chamada *efeito de captura*, resultado direto da melhoria rápida e não-linear na qualidade da recepção para um aumento na potência recebida. Se dois sinais na mesma faixa de freqüência estiverem disponíveis em um receptor de FM, aquele que tem nível de sinal recebido mais alto é aceito e demodulado, enquanto o mais fraco é rejeitado. Essa capacidade inerente de apanhar o sinal mais forte e rejeitar o restante torna os sistemas de FM muito resistentes à interferência de co-canal e oferece excelente qualidade subjetiva de recepção. Nos sistemas de AM, porém, todos os interventores são recebidos ao mesmo tempo e devem ser discriminados após o processo de demodulação.

Embora os sistemas de FM tenham muitas vantagens em relação aos sistemas de AM, eles também têm certas desvantagens. Os sistemas de FM exigem uma faixa de freqüência mais ampla na mídia de transmissão (geralmente, várias vezes o necessário para AM), a fim de obter as vantagens de ruído reduzido e efeito de captura. O equipamento transmissor e receptor de FM também é mais complexo do que o usado por sistemas de amplitude modulada. Embora os sistemas de freqüência modulada sejam tolerantes a certos tipos de não-linearidades de sinal e circuito, uma atenção especial deve ser dada às características de fase. AM e FM podem ser demoduladas usando-se detectores não coerentes pouco dispendiosos. AM é facilmente demodulada usando-se um detector de envelope, enquanto FM é demodulada usando-se um discriminador ou detector de inclinação. AM pode ser detectada coerentemente com um detector de produto, e nesses casos AM pode ter desempenho superior a FM em condições de sinal fraco, pois FM deve ser recebida acima de um patamar.

6.2 Amplitude modulada

Na amplitude modulada, a amplitude de um sinal de portadora de alta freqüência é variado de acordo com a amplitude instantânea do sinal da mensagem modulante. Se $A_c\cos(2\pi f_c t)$ é o sinal da portadora e $m(t)$ é o sinal da mensagem modulante, o sinal de AM pode ser representado como

$$s_{AM}(t) = A_c[1 + m(t)]\cos(2\pi f_c t) \tag{6.1}$$

O *índice de modulação* k de um sinal AM é definido como a razão entre a amplitude de pico do sinal da mensagem e a amplitude de pico da portadora. Para um sinal modulante senoidal $m(t) = (A_m/A_c)\cos(2\pi f_m t)$, o índice de modulação é dado por

$$k = \frac{A_m}{A_c} \tag{6.2}$$

O índice de modulação normalmente é expresso como uma porcentagem e é chamado *modulação percentual*. A Figura 6.1 mostra um sinal modulante senoidal e o sinal AM correspondente. Para o caso mostrado na Figura 6.1, $A_m = 0{,}5\ A_c$, e o sinal é considerado 50% modulado. Uma porcentagem da modulação maior que 100% distorcerá o sinal da mensagem se detectada por um detector de envelope. A Equação 6.1 pode ser expressa de forma equivalente como

$$s_{AM}(t) = Re\{g(t)\exp(j2\pi f_c t)\} \tag{6.3}$$

onde $g(t)$ é o envelope complexo do sinal de AM dado por

$$g(t) = A_c[1 + m(t)] \tag{6.4}$$

O espectro de um sinal de AM pode ser considerado como

$$S_{AM}(f) = \frac{1}{2}A_c[\delta(f-f_c) + M(f-f_c) + \delta(f+f_c) + M(f+f_c)] \tag{6.5}$$

onde $\delta(\bullet)$ é a função de impulso unitário, e $M(f)$ é o espectro de sinal da mensagem. A Figura 6.2 mostra um espectro de AM para um sinal de mensagem cujo espectro de magnitude é uma função triangular. Como visto na Figura 6.2, o espectro de AM consiste em um impulso

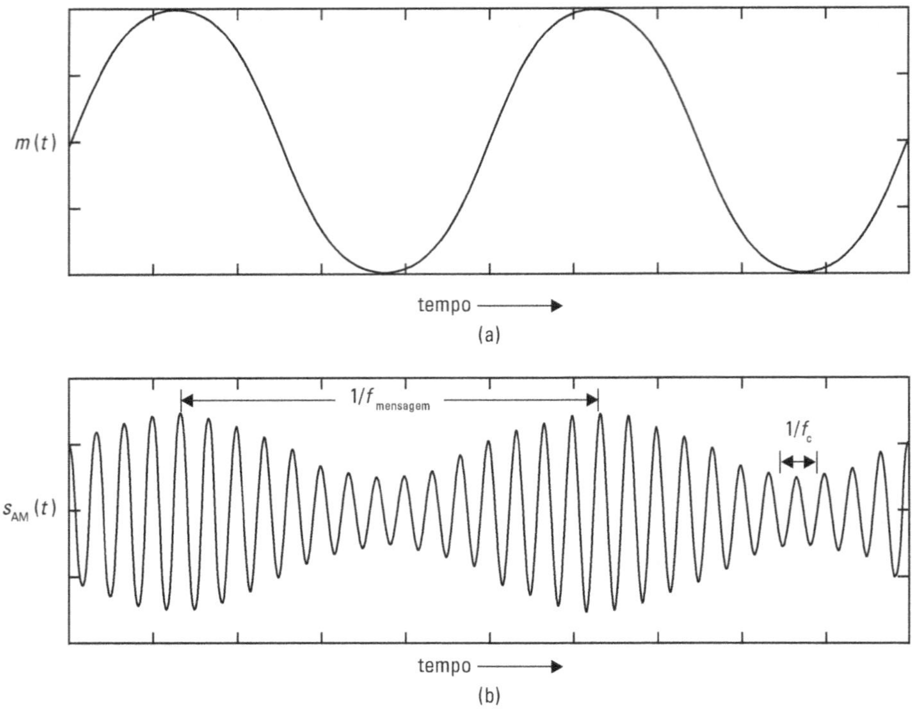

Figura 6.1 a) Sinal modulante senoidal; b) o sinal de AM correspondente com índice de modulação 0,5.

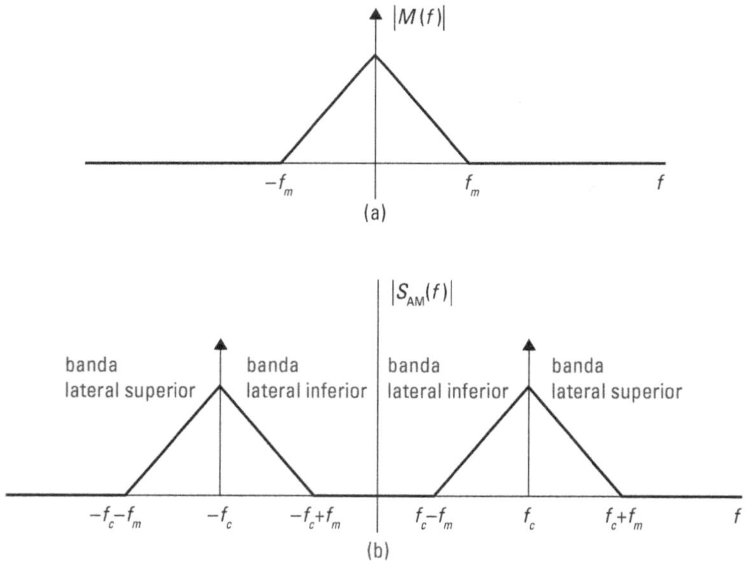

Figura 6.2 a) Espectro de um sinal de mensagem; b) espectro do sinal de AM correspondente.

na freqüência da portadora e duas bandas laterais que replicam o espectro da mensagem. As bandas laterais acima e abaixo da freqüência da portadora são chamadas bandas laterais *superior* e *inferior*, respectivamente. A largura de banda de RF de um sinal de AM é igual a

$$B_{AM} = 2f_m \tag{6.6}$$

onde f_m é a freqüência máxima contida no sinal da mensagem modulante. Pode-se demonstrar que a potência total em um sinal de AM é

$$P_{AM} = \frac{1}{2}A_c^2[1 + 2\langle m(t)\rangle + \langle m^2(t)\rangle] \tag{6.7}$$

onde $\langle\bullet\rangle$ representa o valor médio. Se o sinal modulante é $m(t) = k\cos(2\pi f_m t)$, a Equação 6.7 pode ser simplificada como

$$P_{AM} = \frac{1}{2}A_c^2[1 + P_m] = P_c\left[1 + \frac{k^2}{2}\right] \quad (6.8)$$

onde $P_c = A_c^2/2$ é a potência no sinal da portadora, $P_m = \langle m^2(t)\rangle$ é a potência no sinal modulante $m(t)$ e k é o índice de modulação.

Exemplo 6.1

Uma mensagem senoidal de média zero é aplicada a um transmissor que irradia um sinal de AM com potência de 10 kW. Calcule a potência da portadora se o índice de modulação for 0,6. Que porcentagem da potência total está na portadora? Calcule a potência em cada banda lateral.

Solução

Usando a Equação 6.8, temos

$$P_c = \frac{P_{AM}}{1 + k^2/2} = \frac{10}{1 + 0,6^2/2} = 8,47 \text{ kW}$$

O percentual de potência na portadora é

$$\frac{P_c}{P_{AM}} \times 100 = \frac{8,47}{10} \times 100 = 84,7\,\%$$

A potência em cada banda lateral é dada por

$$\frac{1}{2}(P_{AM} - P_c) = 0,5 \times (10 - 8,47) = 0,765 \text{ kW}$$

6.2.1 AM com banda lateral única

Como as duas bandas laterais de um sinal de AM transportam a mesma informação, é possível remover uma delas sem perder nenhuma informação. Os sistemas de AM com Banda Lateral Única (*Single Sideband* (SSB)) transmitem apenas uma das bandas laterais (superior ou inferior) em torno da portadora — e daí ocupam apenas metade da largura de banda dos sistemas de AM convencionais. Um sinal SSB pode ser expresso matematicamente como

$$s_{SSB}(t) = A_c[m(t)\cos(2\pi f_c t) \mp \hat{m}(t) \operatorname{sen}(2\pi f_c t)] \quad (6.9)$$

onde o sinal negativo na Equação 6.9 é usado para a SSB da banda lateral superior e o sinal positivo é usado para a SSB da banda lateral inferior. O termo $\hat{m}(t)$ indica a transformação de Hilbert de $\hat{m}(t)$, que é dada por

$$\hat{m}(t) = m(t) \otimes h_{HT}(t) = m(t) \otimes \frac{1}{\pi t} \quad (6.10)$$

e $H_{HT}(f)$, a transformada de Fourier de $h_{HT}(t)$, corresponde a uma rede de deslocamento de fase de −90°

$$H(f) = \begin{cases} -j & f > 0 \\ j & f < 0 \end{cases} \quad (6.11)$$

As duas técnicas comuns usadas para gerar um sinal SSB são o *método de filtro* e o método de *modulador balanceado*. No método de filtro, os sinais de SSB são gerados passando-se um sinal de AM de banda lateral dupla por um filtro de banda de passagem que remove uma das bandas laterais. Um diagrama em blocos desse modulador aparece na Figura 6.3(a). Uma excelente supressão de banda lateral pode ser obtida usando-se filtros de cristal em uma freqüência intermediária (IF).

A Figura 6.3(b) mostra um diagrama em blocos de um modulador balanceado que é uma implementação direta da Equação 6.9. O sinal modulante é dividido em

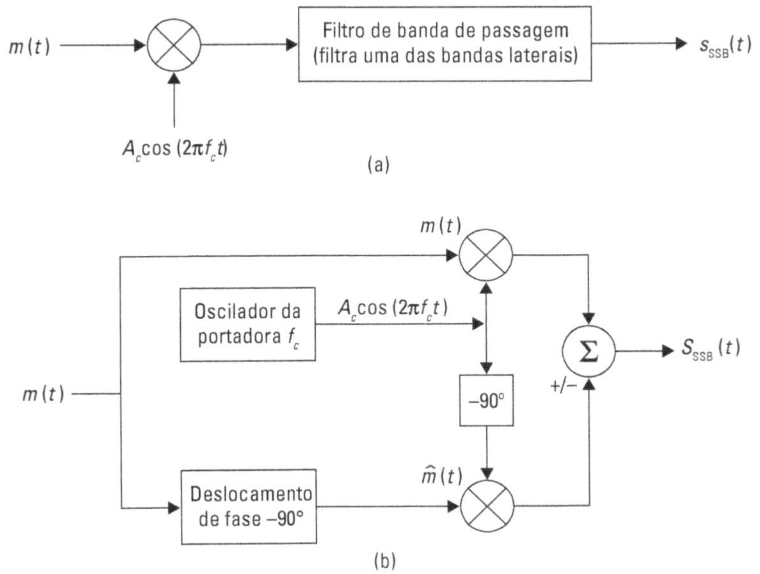

Figura 6.3 Geração de SSB usando: a) um filtro de banda lateral; b) um modulador balanceado.

dois sinais idênticos, um dos quais modula a portadora em fase, enquanto o outro é passado por um deslocador de fase de −90° antes de modular uma portadora em quadratura. O sinal usado para o componente de quadratura determina se é transmitida em USSB ou LSSB.

6.2.2 Tom-piloto SSB

Embora os sistemas SSB tenham a vantagem de ser muito eficientes no que se refere à largura de banda, seu desempenho em canais de atenuação é muito fraco. Para a detecção apropriada de sinais SSB, a freqüência do oscilador no misturador do detector de produto no receptor deve ser a mesma que a freqüência da portadora que chega. Se essas duas freqüências não forem idênticas, a detecção do produto levará ao deslocamento do espectro demodulado por uma quantidade igual à diferença das freqüências entre a portadora que chega e o oscilador local. Isso leva a um aumento ou diminuição na entonação do sinal de áudio recebido. Em receptores SSB convencionais é difícil ajustar eletronicamente a freqüência do oscilador local para uma freqüência idêntica à da portadora que chega. O espalhamento Doppler e a atenuação de Rayleigh podem deslocar o espectro do sinal, causando variações de entonação e amplitude no sinal recebido. Esses problemas podem ser contornados transmitindo-se um tom-piloto de baixo nível com o sinal SSB. Um laço bloqueado em fase no receptor pode detectar esse tom-piloto e usá-lo para bloquear a freqüência e a amplitude do oscilador local. Se o tom-piloto e o sinal contendo informação sofrerem atenuação correlacionada, é possível combater no receptor os efeitos dessa atenuação por meio do processamento do sinal com base na monitoração do tom-piloto. Esse processo é chamado *Regeneração de Sinal com Alimentação Direta* [*Feedforward Signal Regeneration* (FFSR)]. Monitorando o tom-piloto, a fase e a amplitude do sinal transmitido podem ser restabelecidas. Mantendo a fase e a amplitude do tom-piloto recebido como uma referência, as distorções de fase e amplitude nas bandas laterais recebidas, causadas pela atenuação de Rayleigh, podem ser corrigidas.

Três tipos diferentes de sistemas SSB com tom-piloto foram desenvolvidos[1]. Todos os três sistemas transmitem um tom-piloto de nível baixo, normalmente −7,5 dB a −15 dB abaixo da potência de pico do envelope do sinal de banda lateral única. Eles diferem basicamente no posicionamento espectral do tom-piloto de baixo nível. Um sistema transmite uma portadora de baixo nível com o sinal de banda lateral (tom na banda), enquanto os outros dois colocam um tom-piloto acima ou dentro da banda SSB.

O sistema SSB de *tom na banda* oferece vantagens que o tornam particularmente adequado ao ambiente de rádio móvel. Nessa técnica, uma pequena parte do espectro de áudio é removida da região central da banda de áudio por meio de um filtro de corte, e um tom-piloto de baixo nível é inserido em seu lugar. Isso tem a vantagem de manter a propriedade de baixa largura de banda do sinal SSB, enquanto oferece, ao mesmo tempo, boa projeção do canal adjacente. Devido à alta correlação entre as atenuações experimentadas pelo tom-piloto e os sinais de áudio, um sistema de tom na banda torna possível empregar alguma forma de ganho automático de alimentação direta e controle de freqüência para reduzir os efeitos da atenuação induzida por caminho múltiplo.

Para a operação apropriada da SSB de tom na banda, o tom deve ser transparente aos dados e espaçado pela banda, a fim de evitar a sobreposição de espectro com as freqüências de áudio. McGeehan e Bateman[2] propuseram um sistema de *Tom na Banda Transparente* [*Transparent Tone-in-Band* (TTIB)] que satisfaz esses requisitos. A Figura 6.4 ilustra a técnica proposta. O espectro do sinal de banda-base é dividido em dois segmentos de largura aproximadamente igual. A banda de freqüência superior é filtrada separadamente e convertida para uma quantidade igual à largura de corte exigida. O tom-piloto de baixo nível é acrescentado ao centro do corte resultante, e o sinal composto é então transmitido. No receptor, o tom-piloto é removido para fins de ganho automático e controle de freqüência, e operações complementares de tradução de freqüência são realizadas para regenerar o espectro de áudio. O sistema TTIB negocia diretamente largura de banda do sistema por largura de corte. A seleção de largura de corte depende do espalhamento Doppler máximo induzido pelo canal, além de fatores práticos de filtro de coeficiente de rolamento.

6.2.3 Demodulação de sinais de AM

Técnicas de demodulação de AM podem ser divididas, de modo geral, em duas categorias: demodulação *coerente* e *não-coerente*. A demodulação coerente exige conhecimento da freqüência e da fase da portadora transmitida pelo receptor, enquanto a detecção não-coerente não requer informação de fase. Em receptores de AM práticos, o sinal recebido é filtrado e amplificado na freqüência da portadora e depois convertido para uma freqüência intermediária (IF) usando um receptor super-heteródino. O sinal de IF retém a forma espectral exata do sinal de RF.

A Figura 6.5 mostra um diagrama em blocos de um *detector de produto* que forma um demodulador coerente para sinais de AM. Um detector de produto (também chamado detector de fase) é um circuito conversor para baixo, que converte o sinal de banda de passagem de entrada em um sinal de banda base. Se a entrada do detector de produto for um sinal de AM na forma $R(t)\cos(2\pi f_c t + \theta_r)$, a saída do multiplicador pode ser expressa como

$$\begin{aligned} v_1(t) &= R(t)\cos(2\pi f_c t + \theta_r) \\ &\times A_0\cos(2\pi f_c t + \theta_0) \end{aligned} \qquad (6.12)$$

onde f_c é a freqüência de portadora do oscilador, e θ_r e θ_0 são a fase do sinal recebido e as fases do oscilador, respectivamente. Usando identidades trigonométricas no Apêndice on-line G, a Equação 6.12 pode ser reescrita como

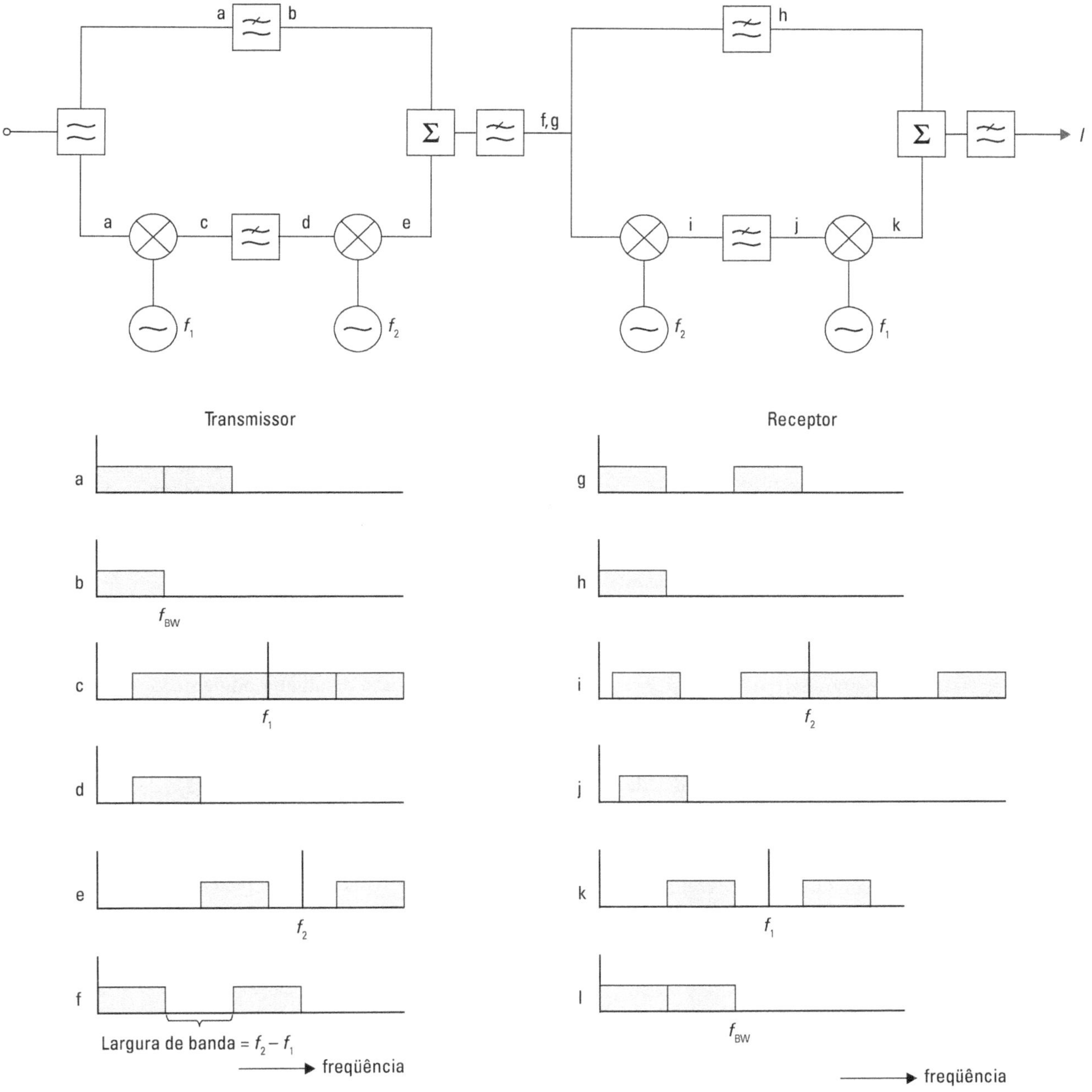

Figura 6.4 Ilustração do sistema de tom na banda transparente (de McGeehan e Bateman[3] © IEEE). Somente freqüências positivas são mostradas, e os dois tipos de sombreado diferentes indicam faixas espectrais também diferentes.

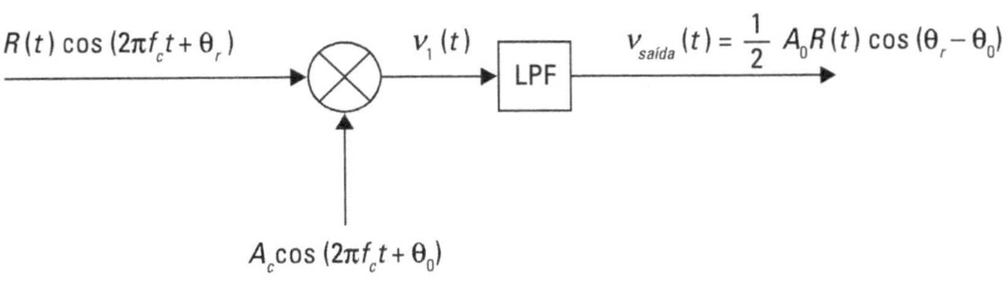

Figura 6.5 Diagrama em blocos de um detector de produto.

$$v_1(t) = \frac{1}{2}A_0R(t)\cos(\theta_r - \theta_0) + \frac{1}{2}A_0R(t)\cos[\pi 2f_ct + \theta_r + \theta_0] \quad (6.13)$$

Como o filtro passa baixa após o detector de produto remove o termo duplo da freqüência de portadora, a saída é

$$v_{saída}(t) = \frac{1}{2}A_0R(t)\cos[\theta_r - \theta_0] = KR(t) \quad (6.14)$$

onde K é uma constante de ganho. A Equação 6.14 mostra que a saída do filtro passa baixa é o sinal de AM demodulado.

Os sinais de AM normalmente são demodulados usando-se detectores de envelope não-coerentes, que são fáceis e baratos de montar. Um detector de envelope ideal é um circuito que tem uma saída proporcional ao envelope real do sinal de entrada. Se a entrada do detector de envelope for representada como $R(t)\cos(2\pi f_ct + \theta_r)$, então a saída é dada por

$$v_{saída}(t) = K|R(t)| \quad (6.15)$$

onde K é uma constante de ganho. Via de regra, os detectores de envelope são úteis quando a potência do sinal de entrada é pelo menos 10 dB maior que a potência do ruído, enquanto os detectores de produto são capazes de processar sinais de AM com relações sinal–ruído bem abaixo de 0 dB.

6.3 Modulação em ângulo

FM faz parte da classe mais geral de modulação, conhecida como *modulação em ângulo*. A modulação em ângulo varia um sinal de portadora senoidal de modo que o ângulo da portadora seja variado de acordo com a amplitude do sinal de banda base modulante. Nesse método, a amplitude da onda portadora é mantida constante (é por isso que FM é chamado *envelope constante*). Existem diversas maneiras de variar a fase $\theta(t)$ de um sinal de portadora de acordo com o sinal da banda base; as duas classes mais importantes de modulação em ângulo são *freqüência modulada* e *fase modulada*.

Freqüência modulada (FM) é uma forma de modulação em ângulo em que a freqüência instantânea do sinal da portadora é variada linearmente com o sinal da mensagem de banda base $m(t)$, como mostra a Equação 6.16

$$s_{FM}(t) = A_c\cos[2\pi f_ct + \theta(t)] = A_c\cos\left[2\pi f_ct + 2\pi k_f\int_{-\infty}^{t} m(\eta)d\eta\right] \quad (6.16)$$

onde A_c é a amplitude da portadora, f_c é a freqüência da portadora, e k_f é a constante de desvio de freqüência (medida em unidades de Hz/V). Se o sinal modulante é uma senóide de amplitude A_m e freqüência f_m, então o sinal de FM pode ser expresso como

$$s_{FM}(t) = A_c\cos\left[2\pi f_ct + \frac{k_f A_m}{f_m}\text{sen}(2\pi f_mt)\right] \quad (6.17)$$

Fase modulada (PM) é uma forma de modulação em ângulo em que o ângulo $\theta(t)$ do sinal da portadora é variado linearmente com o sinal da mensagem de banda base, como mostra a Equação 6.18

$$s_{PM}(t) = A_c\cos[2\pi f_ct + k_\theta m(t)] \quad (6.18)$$

Na Equação 6.18, k_θ é a constante de desvio de fase (medida em unidades de radianos/volt).

Pelas equações anteriores, fica claro que um sinal de FM pode ser considerado um sinal PM em que a onda modulante é integrada antes da modulação. Isso significa que um sinal de FM pode ser gerado primeiro integrando-se $m(t)$, depois usando-se o resultado como uma entrada para um modulador de fase. Porém, uma onda PM pode ser gerada primeiro derivando-se $m(t)$, para só depois usar o resultado como entrada para um modulador de freqüência.

O índice de freqüência modulada β_f define a relação entre a amplitude da mensagem, e a largura de banda do sinal transmitido e é dada por

$$\beta_f = \frac{k_f A_m}{W} = \frac{\Delta_f}{W} \quad (6.19)$$

onde A_m é o valor de pico do sinal modulante, Δf é o desvio de freqüência de pico do transmissor, e W é a largura de banda máxima do sinal modulante. Se o sinal modulante é um sinal passa baixa, como normalmente acontece, então W é igual ao componente de freqüência mais alto f_{max} presente no sinal modulante.

O índice de modulação de fase β_p é dado por

$$\beta_p = k_\theta A_m = \Delta\theta \quad (6.20)$$

onde $\Delta\theta$ é o desvio de fase de pico do transmissor.

Exemplo 6.2

Um sinal modulante senoidal, $m(t) = 4\cos 2\pi 4 \times 10^3 t$, é aplicado a um modulador de FM que tem uma constante de desvio de freqüência de 10 kHz/V. Calcule: a) o desvio de freqüência de pico; b) o índice de modulação.

Solução

Dados:

Constante de desvio de freqüência k_f = 10 kHz/V

Freqüência modulante, f_m = 4 kHz

a) O desvio de freqüência máximo ocorrerá quando o valor instantâneo do sinal de entrada estiver em seu máximo. Para determinado $m(t)$, o valor máximo é 4 V; portanto, o desvio de pico é igual a

Δf = 4V × 10 kHz/V = 40 kHz

b) O índice de modulação é dado por

$$\beta_f = \frac{k_f A_m}{f_m} = \frac{\Delta f}{f_m} = \frac{40}{4} = 10$$

6.3.1 Espectros e largura de banda de sinais de FM

Quando um tom de teste senoidal é usado de modo que $m(t) = A_m\cos 2\pi f_m t$, o espectro de $S_{FM}(t)$ contém um componente de portadora e um número infinito de larguras de banda localizadas em qualquer lado da freqüência da portadora, espaçados em múltiplos inteiros da freqüência modulante f_m. Como $S_{FM}(t)$ é uma função não-linear de $m(t)$, o espectro de um sinal de FM deve ser avaliado caso a caso para cada forma de onda modulante. Pode-se mostrar que, para uma mensagem senoidal, as amplitudes dos componentes espectrais são dadas por funções de Bessel do índice de modulação β_f.

Um sinal de FM tem 98% da potência total transmitida em uma largura de banda de RF B_T dada por

$$B_T = 2(\beta_f + 1)f_m \quad \text{(Limite superior)} \qquad (6.21)$$

$$B_T = 2\Delta f \quad \text{(Limite inferior)} \qquad (6.22)$$

A aproximação superior da largura de banda de FM é chamada regra de Carson, que afirma o seguinte: para valores pequenos do índice de modulação ($\beta_f < 1$), o espectro de uma onda de FM é efetivamente limitado à freqüência da portadora f_c e a um par de freqüências de banda lateral em $f_c \pm f_m$, e para valores grandes de índice de modulação, a largura de banda se aproxima de (e é apenas ligeiramente maior que) $2\Delta f$.

Como um exemplo prático da quantificação do espectro de um sinal de FM, o sistema de celular AMPS usa um índice de modulação $\beta_f = 3$ e $f_m = 4$ kHz. Usando a regra de Carson, a largura de banda do canal AMPS tem um limite superior de 32 kHz e um limite inferior de 24 kHz. Porém, na prática, o padrão AMPS só especifica que os produtos de modulação fora de 20 kHz da portadora não excederão 26 dB abaixo da portadora não modulada. Foi especificado ainda que os produtos de modulação fora de ±45 kHz da portadora não deverão exceder 45 dB abaixo da portadora não modulada[4].

Exemplo 6.3

Um sinal de portadora de 880 MHz é modulado por freqüência usando uma forma de onda senoidal modulante a 100 kHz. O desvio de pico do sinal de FM é de 500 kHz. Se esse sinal de FM for recebido por um receptor super-heteródino com uma freqüência IF de 5 MHz, determine a largura de banda de IF necessária para passar o sinal.

Solução

Dados:

Freqüência modulante, $f_m = 100$ kHz

Desvio de freqüência, $\Delta_f = 500$ kHz

Portanto, o índice de modulação $\beta_f = \Delta_f / f_m = 500/100 = 5$

Usando a regra de Carson, a largura de banda ocupada pelo sinal de FM é dada por

$B_T = 2(\beta_f + 1)f_m = 2(5 + 1)100 \text{ kHz} = 1.200 \text{ kHz}$

O filtro de IF no receptor precisa passar todos os componentes nessa largura de banda; portanto, o filtro de IF deve ser projetado para uma largura de banda de 1.200 kHz.

6.3.2 Métodos de modulação de FM

Existem basicamente dois métodos de geração de um sinal de FM: o *método direto* e o *método indireto*. No método direto, a freqüência da portadora é variada diretamente de acordo com o sinal modulante da entrada. No método indireto, um sinal de FM de banda estreita é gerado usando-se um modulador balanceado, e a multiplicação de freqüência é usada para aumentar o desvio de freqüência e a freqüência de portadora para o nível exigido.

Método direto

Nesse método, Osciladores Controlados por Voltagem [*Voltage-controlled Oscillators* (VCOs)] são usados para variar a freqüência do sinal da portadora de acordo com as variações de amplitude do sinal da banda-base. Esses osciladores utilizam dispositivos com reatância que pode ser variada pela aplicação de uma voltagem, onde a reatância faz com que a freqüência instantânea do VCO mude proporcionalmente. O dispositivo de reatância variável mais utilizado é o capacitor variável em voltagem, chamado *varactor*. O capacitor variável em voltagem pode ser obtido, por exemplo, usando-se um diodo de junção p-n com polarização reversa. Quanto maior a voltagem reversa aplicada a esse diodo, menor será a capacitância de transição do diodo. Incorporando esse dispositivo em um oscilador-padrão Hartley ou Colpitts, sinais de FM podem ser gerados. A Figura 6.6 mostra um modulador de reatância simples. Embora VCOs ofereçam um modo simples de gerar sinais de FM de banda estreita, a estabilidade da freqüência central (portadora) do VCO se torna um aspecto importante quando usada para a geração de FM de banda larga. A estabilidade do VCO pode ser melhorada incorporando-se um Laço Travado em Fase [*Phase Locked Loop* (PLL)], que trava a freqüência central para uma freqüência de referência de cristal estável.

Método indireto

O método indireto de geração de FM foi proposto inicialmente por seu inventor, o major Edwin Armstrong, em 1936. Ele baseia-se na aproximação de um sinal de FM de banda estreita como a soma de um sinal de portadora e um sinal de banda lateral única (SSB), onde a banda lateral está 90° fora de fase com a portadora. Usando uma série de Taylor para valores pequenos de $\theta(t)$, a Equação 6.16 pode ser expressa como

$$s_{FM}(t) \cong A_c \cos 2\pi f_c t - A_c \theta(t) \operatorname{sen} 2\pi f_c t \qquad (6.23)$$

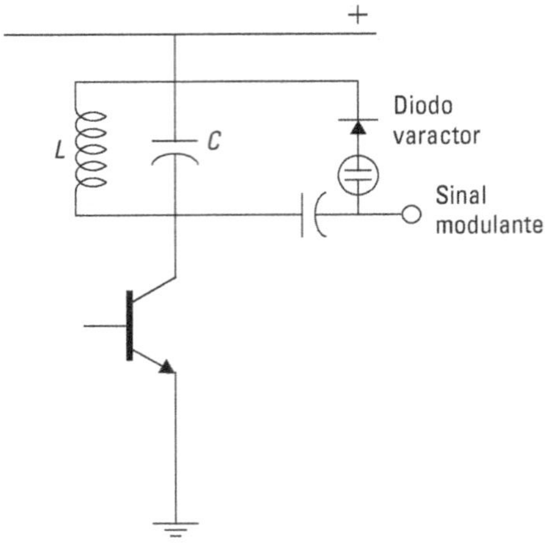

Figura 6.6 Um modulador de reatância simples, em que a capacitância de um diodo varactor é alterada para variar a freqüência de um oscilador simples. Esse circuito serve como um VCO.

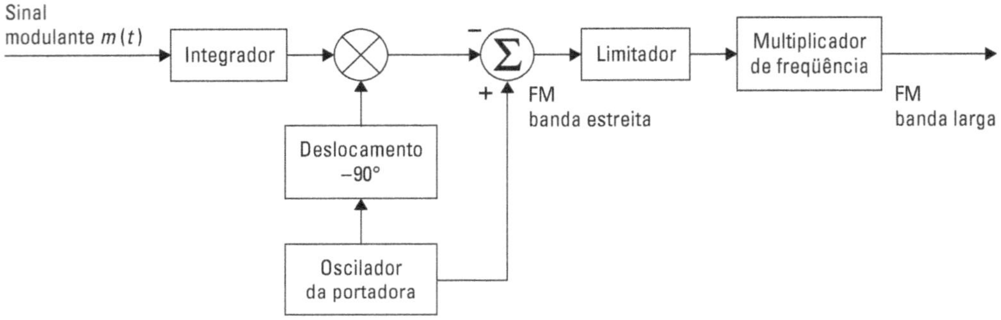

Figura 6.7 Método indireto para gerar um sinal de FM de banda larga. Um sinal de FM de banda estreita é gerado usando-se um modulador balanceado. Depois, a freqüência é multiplicada para gerar um sinal de FM de banda larga.

onde o primeiro termo representa a portadora e o segundo termo, a banda lateral.

Um diagrama de blocos simples do transmissor de FM indireto aparece na Figura 6.7. Um sinal de FM de banda estreita é gerado usando-se um modulador balanceado que modula um oscilador controlado por cristal. A Figura 6.7 é uma implementação direta da Equação 6.23. O desvio de freqüência máximo é mantido constante e pequeno, a fim de manter a validade da Equação 6.23; portanto, a saída é um sinal de FM de banda estreita. Um sinal de FM de banda larga é então produzido multiplicando em freqüência o sinal de FM de banda estreita usando-se multiplicadores de freqüência. Uma desvantagem do uso do método indireto para geração de FM de banda larga é que o ruído da fase no sistema aumenta com o fator de multiplicação de freqüência N.

6.3.3 Técnicas de detecção de FM

Existem muitas maneiras de recuperar a informação original de um sinal de FM. O objetivo de todos os demoduladores de FM é produzir uma transferência característica que é o inverso daquela do modulador de freqüência. Ou seja, um demodulador de freqüência deve produzir uma voltagem de saída com uma amplitude instantânea que é diretamente proporcional à freqüência instantânea do sinal de FM de entrada. Assim, um circuito conversor de freqüência-para-amplitude é um demodulador de freqüência. Diversas técnicas, como detecção de inclinação, detecção de travessia de zero, discriminação de travamento em fase e detecção de quadratura, são usadas para demodular a FM. Dispositivos que realizam demodulação de FM normalmente são chamados *discriminadores de freqüência*. Em receptores práticos, o sinal de RF é recebido, amplificado e filtrado na portadora, e depois convertido para uma freqüência intermediária (IF) que contém o mesmo espectro do sinal original recebido.

Detector de inclinação

Pode-se mostrar facilmente que a demodulação de FM é possível de ser realizada apanhando-se a derivativa de tempo (normalmente chamada *detecção de inclinação*) do sinal de FM, seguida pela detecção de envelope. Um diagrama em blocos desse demodulador de FM aparece na Figura 6.8. O sinal de FM é primeiro passado por um limitador de amplitude, que remove quaisquer perturbações de amplitude que o sinal possa ter sofrido devido

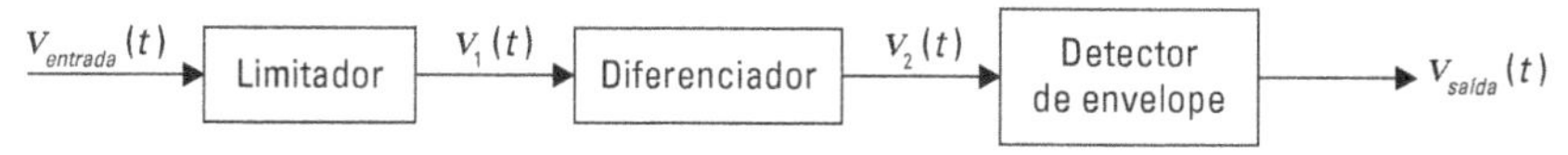

Figura 6.8 Diagrama de blocos de um demodulador de FM do tipo detector de inclinação.

à atenuação no canal, e produz um sinal com envelope constante. Usando a Equação 6.16, o sinal na saída do limitador pode ser representado como

$$\begin{aligned} v_1(t) &= V_1 \cos[2\pi f_c t + \theta(t)] \\ &= V_1 \cos\left[2\pi f_c t + 2\pi k_f \int_{-\infty}^{t} m(\eta)d\eta\right] \end{aligned} \tag{6.24}$$

A Equação 6.24 pode ser diferenciada na prática passando-se o sinal por um filtro com uma função de transferência que possui um ganho que aumenta linearmente com a freqüência. Esse filtro é chamado filtro de inclinação (do qual o termo *detector de inclinação* deriva seu nome). A saída do diferenciador torna-se, então,

$$v_2(t) = -V_1\left[2\pi f_c t + \frac{d\theta}{dt}\right]\text{sen}\,(2\pi f_c t + \theta(t)) \tag{6.25}$$

e a saída do detector de envelope torna-se

$$\begin{aligned} v_{saída}(t) &= V_1\left[2\pi f_c + \frac{d}{dt}\theta(t)\right] \\ &= V_1 2\pi f_c + V_1 2\pi k_f\, m(t) \end{aligned} \tag{6.26}$$

Essa equação mostra que a saída do detector de envelope contém um termo CC proporcional à freqüência da portadora, e um termo variável com o tempo proporcional ao sinal da mensagem original $m(t)$. O termo CC pode ser filtrado usando-se um capacitor para obter o sinal demodulado desejado.

Detector de travessia de zero

Quando a linearidade é exigida em uma grande faixa de freqüências, como nas comunicações de dados, um detector de travessia de zero é usado para realizar a conversão freqüência-para-amplitude, contando diretamente o número de travessias de zero no sinal de FM de entrada. O raciocínio por trás dessa técnica é usar a saída do detector de travessia de zero para gerar um trem de pulsos com um valor médio proporcional à freqüência do sinal de entrada. Esse demodulador às vezes é conhecido como *discriminador de média de pulso*. Um diagrama de blocos de um discriminador de média de pulso aparece na Figura 6.9. O sinal de FM da entrada é primeiro passado por um circuito limitador, que converte o sinal de entrada em um trem de pulsos com freqüência modulada. Esse trem de pulsos é então passado por um diferenciador, cuja saída é usada para disparar um multivibrador monoestável (também chamado *one-shot*). A saída do multivibrador consiste em um trem de pulsos com duração média proporcional ao sinal desejado da mensagem. Um filtro passa baixa é usado para realizar a operação de média, extraindo do sinal o componente de CC que varia lentamente na saída do multivibrador. A saída do filtro passa baixa é o sinal demodulado desejado.

Método PLL para detecção de FM

O método de laço travado em fase (PLL) é outra técnica popular para demodular um sinal de FM. O PLL é um sistema de controle de laço fechado que pode monitorar as variações de fase e freqüência do sinal recebido. Um diagrama em blocos de um circuito PLL aparece na Figura 6.10. Ele consiste em um oscilador controlado por voltagem com uma freqüência de saída que é variada de acordo com o nível de voltagem da saída demodulada. A saída do oscilador controlado por voltagem é comparada com o sinal de entrada por meio de um comparador de fase, que produz uma voltagem de saída proporcional à diferença de fase. O sinal de diferença de fase é então alimentado de volta ao VCO para controlar a freqüência de saída. O laço de realimentação funciona de uma maneira que facilita o travamento da freqüência do VCO para a freqüência da entrada. Quando a freqüência do VCO é travada para a freqüência da entrada, o VCO continua a monitorar as variações na freqüência de entrada. Quando essa monitoração é alcançada, a voltagem de controle do VCO é simplesmente o sinal de FM demodulado.

Detecção de quadratura

A detecção de quadratura é uma das técnicas de detecção mais populares usadas na demodulação dos sinais de freqüência modulada. Essa técnica pode ser facilmente implementada em um circuito integrado a um custo muito baixo. O detector consiste em uma rede que desloca a fase do sinal de FM recebido por uma quantidade proporcional à sua freqüência instantânea, e usa um detector de produto (detector de fase) para descobrir a diferença entre o sinal de FM original e o sinal na saída da rede de deslocamento de fase. Como o deslocamento de fase introduzido pela rede de deslocamento é proporcional à freqüência instantânea do sinal de FM, a voltagem de saída do detector de fase também será proporcional à freqüência instantânea do sinal de FM da entrada. Dessa maneira, uma conversão freqüência-para-amplitude é alcançada e o sinal de FM é demodulado.

Para conseguir o desempenho ideal de um detector de quadratura, um deslocamento de fase muito pequeno (não mais do que ±5 graus) deve ser introduzido na largura de banda do sinal modulado. A rede de deslocamento

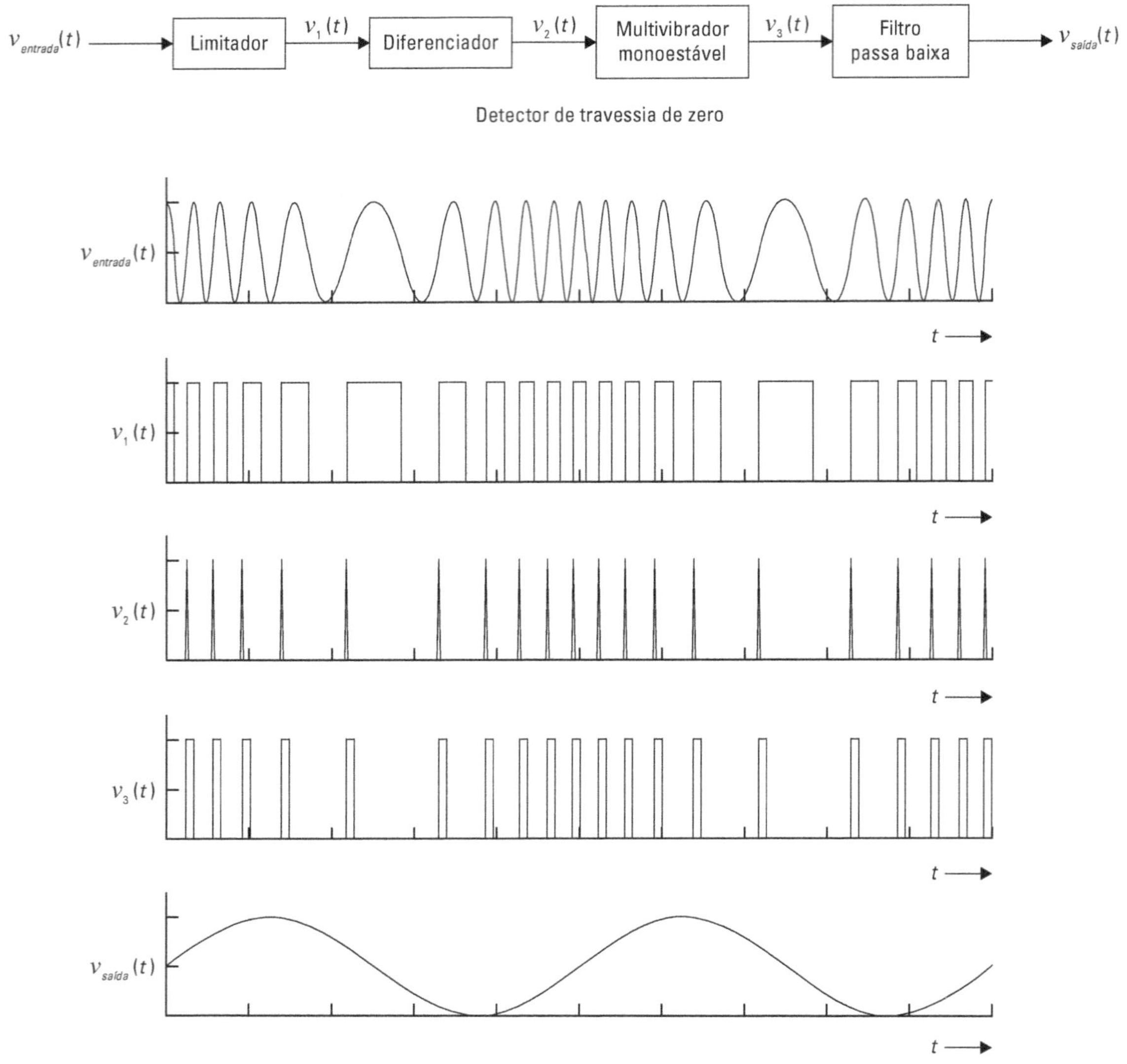

Figura 6.9 Diagrama em blocos de um detector de travessia de zero e as formas de onda associadas.

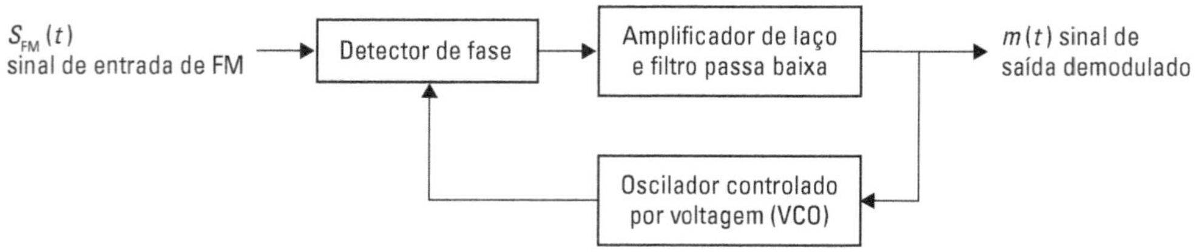

Figura 6.10 Diagrama em blocos de um PLL usado como demodulador de freqüência.

de fase deverá ter uma resposta de amplitude constante e uma resposta de fase linear por todo o espectro ocupado pelo sinal de FM, como mostra a Figura 6.11. Além disso, a rede deverá ter um deslocamento de fase nominal de 90° na freqüência da portadora.

A Figura 6.12 mostra um diagrama de blocos de um detector de quadratura. A análise a seguir mostra que esse circuito funciona como um demodulador de FM. A função de resposta de fase da rede de deslocamento de fase pode ser expressa como

$$\phi(f) = -\frac{\pi}{2} + 2\pi K(f - f_c) \tag{6.27}$$

onde K é uma constante de proporcionalidade. Quando um sinal de FM (ver Equação 6.16) é passado pela rede de

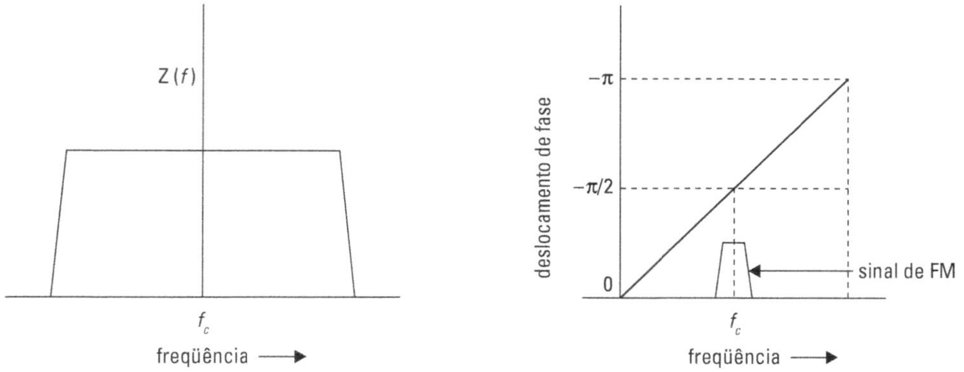

Figura 6.11 Características da rede de deslocamento de fase com ganho constante e fase linear.

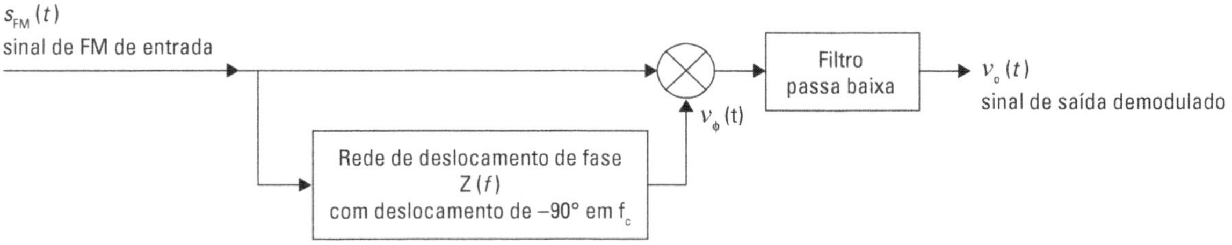

Figura 6.12 Diagrama em blocos de um detector de quadratura.

deslocamento de fase, a saída pode ser expressa como

$$v_\phi(t) = \rho A_c \cos[2\pi f_c t + 2\pi k_f \int m(\eta)d\eta + \phi(f_i(t))] \quad (6.28)$$

onde ρ é uma constante e $f_i(t)$ é a freqüência instantânea do sinal de FM de entrada, que é definida como

$$f_i(t) = f_c + k_f\, m(t) \quad (6.29)$$

A saída do detector de produto é proporcional ao cosseno da diferença de fase entre $v_\phi(t)$ e $s_{FM}(t)$ (ver Figura 6.12), e é dada por

$$\begin{aligned} v_0(t) &= \rho^2 A_c^2 \cos(\phi(f_i(t))) \\ &= \rho^2 A_c^2 \cos(-\pi/2 + 2\pi K[f_i(t) - f_c]) \quad (6.30) \\ &= \rho^2 A_c^2 \operatorname{sen}[2\pi K k_f\, m(t)] \end{aligned}$$

Se o deslocamento de fase varia apenas por um ângulo pequeno, a expressão acima pode ser simplificada para

$$v_0(t) = \rho^2 A_c^2 2\pi K k_f\, m(t) = Cm(t) \quad (6.31)$$

Logo, a saída do detector de quadratura é o sinal desejado da mensagem multiplicado por uma constante.

Na prática, a rede de deslocamento de fase é construída usando-se um circuito tanque de quadratura ou uma linha de atraso. Freqüentemente, é utilizado um circuito tanque de quadratura, pois é mais barato e mais fácil de implementar. Circuitos RLC paralelos, sintonizados para a freqüência da portadora ou IF, podem ser usados para montar o circuito tanque de quadratura.

Exemplo 6.4

Projete uma rede RLC que implemente um detector FM de quadratura de IF com f_c = 10,7 MHz, e um espectro de banda de passagem simétrico de 500 kHz. Desenhe também a função de transferência da rede projetada para verificar se ela funcionará.

Solução

Um detector de quadratura é representado pelo diagrama de blocos da Figura 6.12, e a rede de deslocamento de fase é implementada pelo circuito RLC mostrado na Figura E6.4.1. Aqui, o deslocamento de fase é de 90°, em vez de −90° para $f = f_c$. Com referência à Figura E6.4.1

$$\frac{V_q(\omega)}{V_f(\omega)} = \frac{Z_1(\omega)}{Z_1(\omega) + Z_2(w)} \quad (E6.4.1)$$

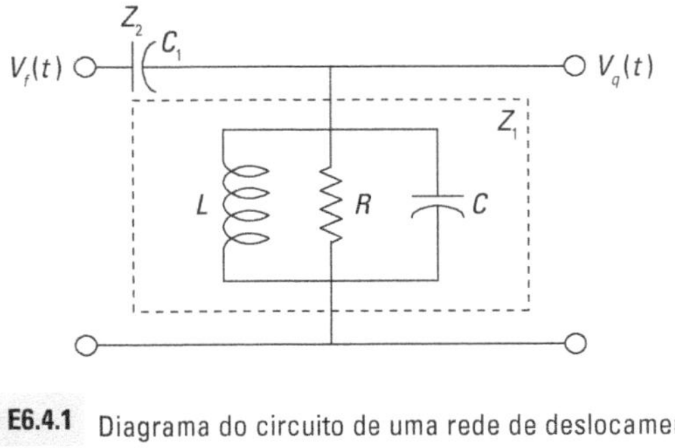

Figura E6.4.1 Diagrama do circuito de uma rede de deslocamento de fase RLC.

Multiplicando e dividindo por $1/(Z_1Z_2)$, obtemos

$$\frac{V_q(\omega)}{V_f(\omega)} = \frac{Y_2}{Y_1+Y_2} = \frac{j\omega C_1}{j\omega C + \frac{1}{R} + \frac{1}{j\omega L} + j\omega C_1} = \frac{j\omega RC_1}{1 + jR\left(\omega(C+C_1) - \frac{1}{\omega L}\right)} \quad \text{(E6.4.2)}$$

Considere $\omega_c^2 = 1/(L(C_1 + C))$ para o circuito geral. Então,

$$Q = \frac{R}{\omega_c L} = R\omega_c(C_1 + C)$$
$$\frac{V_q}{V_f} = \frac{j\omega RC_1}{1 + jQ\left(\frac{\omega}{\omega_c} - \frac{\omega_c}{\omega}\right)} \quad \text{(E6.4.3)}$$

Assim, para $\omega = \omega_c$:

$$\frac{V_q}{V_f} = j\omega_c RC_1$$

Isso oferece o deslocamento de fase de 90° desejado em ω_c. Em freqüências IF, o deslocamento de fase introduzido pela rede pode ser expresso como

$$\phi(\omega_i) = \frac{\pi}{2} + \text{tg}^{-1}\left[Q\left(\frac{\omega_i}{\omega_c} - \frac{\omega_c}{\omega_i}\right)\right] = 90° + \eta$$

Para um bom sistema, precisamos de $-5° < \phi(\omega_i) < 5°$ (aproximadamente).

Portanto, para $f_c = 10{,}7$ MHz e $B = 500$ kHz, na maior freqüência IF, $f_i = f_c + 250$ kHz. Assim, precisamos de

$$Q\left(\frac{10{,}7\times10^6 + 250\times10^3}{10{,}7\times10^6} - \frac{10{,}7\times10^6}{10{,}7\times10^6 + 250\times10^3}\right) = \text{tg } 5°$$

Portanto, $Q = 1{,}894$

Usando $Q = 1{,}894$, pode-se verificar o deslocamento de fase na menor freqüência IF $f_i = f_c - 250$ kHz,

$$\text{tg}^{-1}\left[1{,}894\left(\frac{10{,}45}{10{,}7} - \frac{10{,}7}{10{,}45}\right)\right] = -5{,}12° \approx -5°$$

Verificamos que um circuito com $Q = 1{,}894$ satisfará os requisitos de deslocamento de fase.

Agora, vamos calcular os valores de L, R, C e C_1.

Escolha $L = 10\ \mu$H. Usando a primeira parte da Equação E6.4.3, o valor de R pode ser calculado como 1,273 kΩ.

Usando a segunda parte da Equação E5.4.3

$$C_1 + C = \frac{Q}{R\omega_c} = \frac{1{,}894}{(1{,}273\times10^3)2\pi(10{,}7\times10^6)} = 22{,}13 \text{ pF}$$

Considerando $C_1 = 12{,}13$ pF ≅ 12 pF, obtemos $C = 10$ pF.

A função de transferência de magnitude da rede de deslocamento de fase projetada é dada por

$$|H(f)| = \frac{2\pi fRC_1}{\sqrt{1 + Q^2\left(\frac{f}{f_c} - \frac{f_c}{f}\right)^2}} = \frac{97{,}02\times10^{-9} f}{\sqrt{1 + 3{,}587\left(\frac{f}{10{,}7\times10^6} - \frac{10{,}7\times10^6}{f}\right)^2}}$$

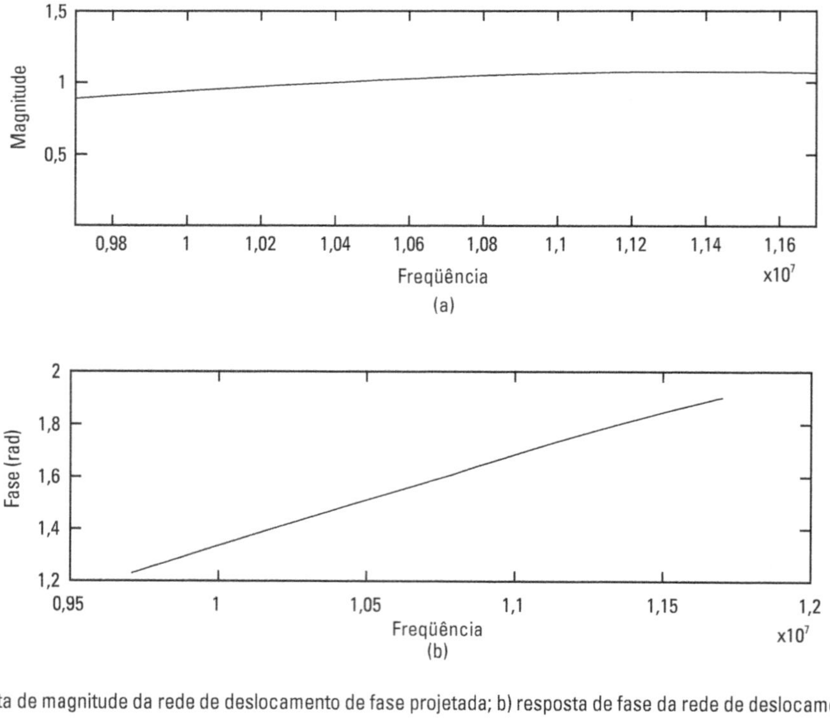

Figura E6.4.2 a) Resposta de magnitude da rede de deslocamento de fase projetada; b) resposta de fase da rede de deslocamento de fase projetada.

e a função de transferência de fase é dada por

$$\angle H(f) = \frac{\pi}{2} + \text{tg}^{-1}\left[Q\left(\frac{f}{f_c} - \frac{f_c}{f}\right)\right]$$

$$= \frac{\pi}{2} + \text{tg}\left[1{,}894\left(\frac{f}{10{,}7 \times 10^6} - \frac{10{,}7 \times 10^6}{f}\right)\right]$$

As funções de transferência de magnitude e fase são representadas na Figura E6.4.2. Pode-se ver claramente pelos gráficos que a função de transferência satisfaz os requisitos da rede de deslocamento de fase, permitindo assim a detecção de FM.

6.3.4 Escolhas entre SNR e largura de banda em um sinal de FM

Em sistemas de modulação em ângulo, a relação sinal–ruído *antes* da detecção é uma função da largura de banda do filtro de IF do receptor, da potência da portadora recebida e da interferência recebida. Porém, a relação sinal–ruído *após* a detecção é uma função de f_{max}, a freqüência máxima da mensagem, β_f, o índice de modulação e a relação sinal–ruído da entrada correspondente $(SNR)_{entrada}$.

A SNR na saída de um receptor de FM corretamente projetado depende do índice de modulação e é dada por[5]

$$(SNR)_{saída} = 6(\beta_f + 1)\beta_f^2\overline{\left(\frac{m(t)}{V_p}\right)^2}(SNR)_{entrada} \quad (6.32)$$

onde V_p é o valor de pico-até-zero do sinal modulante $m(t)$, e a relação sinal–ruído da entrada $(SNR)_{entrada}$ é dada por

$$(SNR)_{entrada} = \frac{A_c^2/2}{2N_0(\beta_f + 1)B} \quad (6.33)$$

onde A_c é a amplitude da portadora, N_0 é a densidade espectral de potência de RF de ruído branco, e B é a largura de banda de RF equivalente do filtro da banda de passagem do receptor. Observe que $(SNR)_{entrada}$ usa a largura de banda do sinal de RF dada pela regra de Carson na Equação 6.21. Para fins de comparação, considere que $(SNR)_{entrada;AM}$ seja definido como a potência de entrada de um receptor de AM convencional, com largura de banda de RF igual a 2 B. Ou seja,

$$SNR_{entrada;\,AM} = \frac{A_c^2}{2N_0B} \quad (6.34)$$

Então, para $m(t) = A_m \text{sen}\, \omega_m t$, a Equação 6.32 pode ser simplificada para

$$[SNR]_{saída} = 3\beta_f^2(\beta_f + 1)(SNR)_{entrada}$$
$$= 3\beta_f^2(SNR)_{entrada;\,AM} \quad (6.35)$$

A expressão anterior para $(SNR)_{saída}$ só é válida se $(SNR)_{entrada}$ excede o patamar do detector de FM. O valor recebido mínimo de $(SNR)_{entrada}$ necessário para exceder o patamar normalmente está em torno de 10 dB. Quando $(SNR)_{entrada}$ cai abaixo do patamar, o sinal demodulado torna-se ruído. Em sistemas de rádio móvel de FM não é raro ouvir *ruído de clique* enquanto um sinal recebido sobe e desce em torno do patamar. A Equação 6.35 mostra que a SNR na saída do detector de FM pode ser aumentada elevando-se o índice de modulação β_f do sinal transmitido. Em outras palavras, é possível obter um ganho de detecção de FM no receptor aumentando-se o índice de modulação do sinal de FM. Contudo, o aumento no índice de modulação implica uma maior largura de banda e ocupação do espectro. Para valores grandes de β_f, a regra de Carson estima a largura de banda do canal como $2\beta_f f_{max}$. Como visto no lado direito da Equação 6.35, a SNR na saída de um detector de FM é $3\beta_f^2$ maior que a SNR na entrada para um sinal de AM com a mesma largura de banda de RF. Como os detectores de AM possuem um ganho de detecção linear, segue-se que a $(SNR)_{saída}$ para FM é muito maior que a $(SNR)_{saída}$ para AM.

A Equação 6.35 mostra que a SNR na saída de um detector de FM aumenta com o cubo da largura de banda da mensagem. Isso ilustra claramente por que FM oferece excelente desempenho para sinais com atenuação. Desde que $(SNR)_{entrada}$ permaneça acima do patamar, $(SNR)_{saída}$ é muito maior do que $(SNR)_{entrada}$. Uma técnica chamada *extensão de patamar* é usada em demoduladores de FM para melhorar a sensibilidade de detecção para algo em torno de $(SNR)_{entrada} = 6$ dB.

FM pode melhorar o desempenho do receptor através do ajuste do índice de modulação no transmissor, e não da potência transmitida. Isso não acontece com AM, pois as técnicas de modulação linear não trocam largura de banda por SNR.

Exemplo 6.5

Quanta largura de banda é necessária para um sinal analógico de freqüência modulada com uma largura de banda de áudio de 5 kHz e um índice de modulação de três? Quanta melhoria de SNR na saída seria obtida se o índice de modulação fosse aumentado para cinco? Qual a compensação na largura de banda para essa melhoria?

Solução

Pela regra de Carson, a largura de banda é

$B_T = 2(\beta_f + 1)f_m = 2(3 + 1)5$ kHz $= 40$ kHz

Pela Equação 6.35, o fator de melhoria da SNR na saída é aproximadamente

$3\beta_f^3 + 3\beta_f^2$

Portanto,

para $\beta_f = 3$, o fator de SNR na saída é

$\approx 3(3)^3 + 3(3)^2 = 108 = 20{,}33$ dB

para $\beta_f = 5$, o fator de SNR na saída é

$\approx 3(5)^3 + 3(5)^2 = 450 = 26{,}53$ dB

A melhoria da SNR na saída aumentando-se o índice de modulação de três para cinco é, portanto, 26,53 – 20,33 = 6,2 dB. Essa melhoria é obtida à custa da largura de banda. Para $\beta_f = 3$, é necessário haver uma largura de banda de 40 kHz, enquanto $\beta_f = 5$ requer uma largura de banda de 60 kHz.

6.4 Modulação digital — visão geral

Os sistemas de comunicação móvel modernos utilizam técnicas de modulação digital. Os avanços na tecnologia de Integração em Escala muito Alta [*Very Large-Scale Integration* (VLSI)] e Processamento Digital de Sinal [*Digital Signal Processing* (DSP)] tornaram a modulação digital mais econômica do que os sistemas de transmissão analógicos. A modulação digital oferece muitas vantagens em relação à modulação analógica. Algumas vantagens incluem maior imunidade a ruído e robustez a problemas no canal, multiplexação mais fácil de várias formas de informação (por exemplo, voz, dados e vídeo) e maior segurança. Além do mais, as transmissões digitais acomodam códigos de controle de erro digitais que detectam e/ou corrigem erros de transmissão, e admitem técnicas complexas de condicionamento e processamento de sinal, como codificação da fonte, criptografia e equalização, para melhorar o desempenho geral do enlace de comunicação. Novos processadores de sinal digital programáveis para múltiplas finalidades possibilitaram a completa implementação em software de moduladores e demoduladores digitais. Em vez de ter um projeto de modem particular ligado permanentemente ao hardware, agora as implementações em software embutidas permitem alterações e melhorias sem a necessidade de reprojetar ou substituir o modem.

Em sistemas digitais de comunicação sem fio, o sinal modulante (por exemplo, a mensagem) pode ser representado como uma seqüência temporal de símbolos ou pulsos, onde cada símbolo tem m estados finitos. Cada símbolo representa n bits de informação, onde $n = \log_2 m$ bits/símbolo. Muitos esquemas de modulação digital são usados nos sistemas modernos de comunicação sem fio, e vários outros serão introduzidos. Algumas dessas técnicas possuem diferenças sutis entre si, e cada uma delas pertence a uma família de métodos de modulação relacionados. Por exemplo, o chaveamento por deslocamento de fase (PSK) pode ser detectado de modo coerente ou diferencial; e pode ter dois, quatro, oito ou mais níveis possíveis (por exemplo, n = 1, 2, 3 ou mais bits) por símbolo, dependendo da maneira como a informação é transmitida dentro de um único símbolo.

6.4.1 Fatores que influenciam a escolha da modulação digital

Diversos fatores influenciam a escolha de um esquema de modulação digital. Um esquema de modulação desejável oferece baixas taxas de erro de bit em baixas relações sinal-ruído, funciona bem em condições de caminho múltiplo e atenuação, ocupa o mínimo de largura de banda e é fácil e econômico de ser implementado. Os esquemas de modulação existentes não satisfazem simultaneamente todos esses requisitos. Alguns esquemas de modulação são melhores em termos de desempenho da taxa de erro de bit, enquanto outros são melhores em termos de eficiência da largura de banda. Dependendo das demandas da aplicação em particular, escolhas devem ser feitas na seleção de uma modulação digital.

O desempenho de um esquema de modulação normalmente é medido em termos de sua *eficiência de potência* e *eficiência de largura de banda*. A eficiência de potência descreve a capacidade de uma técnica de modulação de preservar a fidelidade da mensagem digital em níveis de potência mais baixos. Em um sistema de comunicação digital, para aumentar a imunidade ao ruído, é necessário aumentar a potência do sinal. Porém, a quantidade pela qual a potência do sinal deve ser aumentada para obter um certo nível de fidelidade (ou seja, uma probabilidade de erro de bit aceitável) depende do tipo de modulação empregado. A *eficiência de potência*, η_p (às vezes chamada eficiência de energia), de um esquema de modulação digital é uma medida de quão favorável é feita essa escolha entre fidelidade e potência do sinal, e normalmente é expressa como a razão entre a *energia do sinal por bit* e a *densidade espectral de potência do ruído* (E_b/N_0) exigida na entrada do receptor para uma certa probabilidade de erro (digamos, 10^{-5}).

A *eficiência de largura de banda* descreve a capacidade de um esquema de modulação acomodar dados dentro de uma largura de banda limitada. Em geral, aumentar a taxa de dados implica diminuir a largura de pulso de um símbolo digital, o que aumenta a largura de banda do sinal. Assim, existe um relacionamento inevitável entre taxa de dados e ocupação da largura de banda. Porém, alguns esquemas de modulação funcionam melhor que outros ao se fazer essa escolha. A eficiência da largura de banda reflete a eficiência com que a largura de banda alocada é utilizada — e é definida como a razão da *taxa de dados de vazão por Hertz* em determinada largura de banda. Se R é a taxa de dados em bits por segundo e B é a largura de banda ocupada pelo sinal de RF modulado, então a eficiência da largura de banda η_B é expressa como

$$\eta_B = \frac{R}{B} \text{ bps/Hz} \qquad (6.36)$$

A capacidade de um sistema de comunicação móvel digital está diretamente relacionada à eficiência de largura de banda do esquema de modulação, pois uma modulação com um valor maior de η_B transmitirá mais dados em determinada alocação de espectro.

Existe um limite superior fundamental sobre a eficiência de largura de banda alcançável. O teorema da codificação de canal de Shannon afirma que, para uma probabilidade de erro arbitrariamente pequena, a eficiência de largura de banda máxima possível é limitada pelo ruído no canal e dada pela fórmula de capacidade do canal[6].

Observe que o limite de Shannon se aplica a canais AWGN sem atenuação.

$$\eta_{Bmax} = \frac{C}{B} = \log_2\left(1 + \frac{S}{N}\right) \qquad (6.37)$$

onde C é a capacidade do canal (em bps), B é a largura de banda de RF e S/N é a relação sinal-ruído.

No projeto de um sistema de comunicação digital, freqüentemente existe uma escolha compensatória entre eficiência de largura de banda e eficiência de potência. Por exemplo, conforme será visto no Capítulo 7, a inclusão de codificação de controle de erro em uma mensagem aumenta a ocupação de largura de banda (o que, por sua vez, reduz a eficiência de largura de banda), mas ao mesmo tempo reduz a potência recebida exigida para determinada taxa de erro de bit — portanto, troca eficiência de largura de banda por eficiência de potência. Porém, esquemas mais altos de modulação de nível (chaveamento M-ários) diminuem a ocupação da largura de banda, apesar de aumentar a potência recebida necessária — portanto, trocam eficiência de potência por eficiência de largura de banda.

Embora considerações de potência e largura de banda sejam muito importantes, outros fatores também afetam a escolha de um esquema de modulação digital. Por exemplo, para todos os sistemas de comunicação pessoal que atendem a uma grande comunidade de usuários, o custo e a complexidade do receptor do assinante devem ser minimizados, e uma modulação simples de detectar é mais atraente. O desempenho do esquema de modulação sob vários tipos de problemas do canal, como a atenuação de Rayleigh e Ricean e a dispersão de tempo em caminho múltiplo, dada uma implementação de demodulador em particular, é outro fator-chave na seleção de uma modulação. Em sistemas celulares nos quais a interferência é uma questão importante, o desempenho de um esquema de modulação em um ambiente de interferência é extremamente importante. A sensibilidade à detecção de *jitter* de temporização, causado por canais variáveis no tempo, também é uma consideração importante na escolha de determinado esquema de modulação. Em geral, a modulação, a interferência e a implementação dos efeitos variáveis no tempo do canal, bem como o desempenho do demodulador específico, são analisados como um sistema completo, utilizando simulações para determinar o desempenho relativo e a seleção final.

Exemplo 6.6

Se a SNR de um enlace de comunicação sem fio é de 20 dB e a largura de banda de RF é de 30 kHz, determine a taxa de dados teórica máxima que pode ser transmitida. Compare essa taxa com o padrão digital de celular dos Estados Unidos descrito no Capítulo 1.

Solução

Dado:

$S/N = 20$ dB $= 100$

Largura de banda de RF $B = 30.000$ Hz

Usando a fórmula de capacidade do canal de Shannon (Equação 6.37), a taxa de dados máxima possível é

$$C = B\log_2\left(1 + \frac{S}{N}\right) = 30.000\log_2(1 + 100)$$
$$= 199{,}75 \text{ Kbps}$$

A taxa de dados USDC é de 48,6 Kbps, que é apenas cerca de um quarto do limite teórico na condição SNR de 20 dB.

Exemplo 6.7

Qual a taxa de dados teórica máxima que pode ser admitida em um canal de 200 kHz para $SNR = 10$ dB, 30 dB? Compare isso com o padrão GSM descrito no Capítulo 1.

Solução

Para $SNR = 10$ dB $= 10$, $B = 200$ kHz

Usando a fórmula de capacidade do canal de Shannon (Equação 6.37), a taxa de dados máxima possível é

$$C = B\log_2\left(1 + \frac{S}{N}\right) = 200.000\log_2(1 + 10)$$
$$= 691{,}886 \text{ Kbps}$$

A taxa de dados GSM é de 270,833 kbps, que é apenas cerca de 40% do limite teórico na condição SNR de 10 dB.

Para $SNR = 30$ dB $= 1.000$, $B = 200$ kHz

A taxa de dados máxima possível

$$C = B\log_2\left(1 + \frac{S}{N}\right) = 200.000\log_2(1 + 1.000)$$
$$= 1{,}99 \text{ Mbps}$$

6.4.2 Largura de banda e densidade espectral de potência dos sinais digitais

A definição de *largura de banda* do sinal varia com o contexto e não existe uma definição única que se adapte a todas as aplicações[7]. Todas as definições, porém, são baseadas de alguma forma na *Densidade Espectral de Potência* [*Power Spectral Density* (PSD)] do sinal. A densidade espectral de potência de um sinal aleatório $w(t)$ é definida como[8]

$$P_w(f) = \lim_{T\to\infty}\left(\frac{\overline{|W_T(f)|^2}}{T}\right) \qquad (6.38)$$

onde a barra indica uma média conjunta e $w_T(f)$ é a transformada de Fourier de $w_T(t)$, que é a versão truncada do sinal $w(t)$, definida como

$$w_T(t) = \begin{cases} w(t) & -T/2 < t < T/2 \\ 0 & \text{caso contrário} \end{cases} \qquad (6.39)$$

A densidade espectral de potência de um sinal (de banda de passagem) modulado está relacionada à densidade espectral de potência de seu envelope complexo de banda-base. Se um sinal de banda de passagem $s(t)$ é representado como

$$s(t) = Re\{g(t)\exp(j2\pi f_c t)\} \quad (6.40)$$

onde $g(t)$ é o envelope de banda-base complexo, então a PSD do sinal da banda de passagem é dada por

$$P_s(f) = \frac{1}{4}[P_g(f-f_c) + P_g(-f-f_c)] \quad (6.41)$$

onde $P_g(f)$ é a PSD de $g(t)$.

A *largura de banda absoluta* de um sinal é definida como o intervalo de freqüências sobre o qual o sinal tem uma densidade espectral de potência diferente de zero. Para símbolos representados como pulsos retangulares de banda base, a PSD tem um perfil $(\text{sen } f)^2/f^2$ que se estende por um intervalo infinito de freqüências — e uma largura de banda absoluta de infinito. Uma medida mais simples e mais aceita da largura de banda é a primeira *largura de banda nulo-para-nulo*, que é igual à largura do lóbulo espectral principal.

Uma medida muito popular da largura de banda que mede a dispersão do espectro é a *largura de banda de meia-potência*, definida como o intervalo entre freqüências em que a PSD caiu para meia-potência, ou 3 dB abaixo do valor de pico. A largura de banda de meia-potência também é chamada *largura de banda 3 dB*.

A definição adotada pela FCC define a largura de banda ocupada como a banda que deixa exatamente 0,5% do sinal acima do limite de banda superior e exatamente 0,5% da potência do sinal abaixo do limite da banda inferior. Em outras palavras, 99% da potência do sinal está contida dentro da largura de banda ocupada.

Outro método comumente utilizado para especificar a largura de banda é declarar que, em todo lugar fora da banda especificada, a PSD está abaixo de um certo nível declarado. Normalmente especifica-se de 45 dB a 60 dB de atenuação.

6.5 Codificação de linha

Os sinais digitais de banda-base normalmente utilizam códigos para fornecer características espectrais particulares a um trem de pulsos. Os códigos mais comuns para comunicação móvel são os códigos de *retorno-a-zero* (RZ), *não-retorno-a-zero* (NRZ) e *Manchester* (ver figuras 6.13 e 6.14). Todos esses podem ser unipolares (com níveis de voltagem iguais a 0 ou V) ou bipolares (com níveis de voltagem iguais a –V ou V). RZ implica que o pulso retorna a zero dentro de cada período de bit. Isso leva à ampliação espectral, mas melhora o sincronismo de temporização. Os códigos NRZ, porém, não retornam a zero durante um período de bit — o sinal permanece em níveis constantes por um período de bit. Os códigos NRZ são mais eficientes em espectro do que os códigos RZ, mas oferecem capacidades de sincronismo mais fracas. Devido ao grande componente de CC em alguns códigos de linha, eles não são úteis para dados que devem ser passados pelos circuitos de bloqueio CC, como amplificadores de áudio ou equipamento de comutação de telefone.

O código Manchester é um tipo especial de código de linha NRZ que é idealmente adequado para sinalização e que deve passar por linhas telefônicas e outros circuitos de bloqueio CC, pois não possui componente CC e oferece sincronismo simples. Os códigos Manchester utilizam dois pulsos para representar cada símbolo binário, e por isso oferecem fácil recuperação de clock, pois as travessias de zero são garantidas em cada período de bit. A densidade espectral de potência desses códigos de linha aparece na Figura 6.13 e as formas de onda de tempo são dadas na Figura 6.14.

6.6 Técnicas de modelagem de pulso

Quando pulsos retangulares são passados por um canal limitado em banda, eles se espalham no tempo, e o pulso para cada símbolo se derramará nos intervalos de tempo de símbolos sucessivos. Isso causa *Interferência entre Símbolos* [*Intersymbol Interference* (ISI)] e aumenta a probabilidade de o receptor cometer um erro na detecção de um símbolo. Um modo óbvio de minimizar a interferência entre símbolos é aumentar a largura de banda do canal. Porém, os sistemas de comunicação móveis operam com largura de banda mínima, e técnicas que reduzem a largura de banda de modulação e suprimem a radiação fora da banda, enquanto reduzem a interferência entre símbolos, são altamente desejáveis. A radiação fora da banda no canal adjacente em um sistema de rádio móvel geralmente deve estar 40 dB a 80 dB abaixo da radiação na banda de passagem desejada. Como é difícil manipular diretamente o espectro do transmissor em freqüências de RF, a modelagem espectral é feita por meio da banda-base ou do processamento da IF. Existem diversas técnicas de modelagem de pulso conhecidas que são usadas para reduzir simultaneamente os efeitos entre símbolos e a largura espectral de um sinal digital modulado.

6.6.1 Critério de Nyquist para cancelamento de ISI

Nyquist foi o primeiro a solucionar o problema de contornar a interferência entre símbolos enquanto mantém a largura de banda de transmissão baixa[9]. Ele observou que o efeito da ISI poderia ser anulado completamente se a resposta geral do sistema de comunicação (incluindo transmissor, canal e receptor) for projetada de modo que, em cada instante de amostragem no receptor, a resposta devida a todos os símbolos, exceto o símbolo atual, é igual a zero. Se $h_{eff}(t)$ é a resposta ao impulso do sistema de comunicação geral, essa condição pode ser declarada matematicamente como

$$h_{eff}(nT_s) = \begin{cases} K & n = 0 \\ 0 & n \neq 0 \end{cases} \qquad (6.42)$$

onde T_s é o período de símbolo, n é um inteiro, e K é uma constante diferente de zero. A função de transferência efetiva do sistema pode ser representada como

$$h_{eff}(t) = \delta(t)*p(t)*h_c(t)*h_r(t) \qquad (6.43)$$

onde $p(t)$ é a forma de pulso de um símbolo, $h_c(t)$ é a resposta ao impulso do canal, e $h_r(t)$ é a resposta ao impulso do receptor. Nyquist derivou funções de transferência $H_{eff}(f)$ que satisfazem as condições da Equação 6.42[10].

Existem duas considerações importantes na seleção de uma função de transferência $H_{eff}(f)$ que satisfazem a Equação 6.42. Primeiro, $h_{eff}(t)$ deverá ter uma queda rápida com uma pequena magnitude perto dos valores de amostra para $n \neq 0$. Segundo, se o canal for ideal ($h_c(t) = \delta(t)$), então deverá ser possível observar ou aproximar os filtros de modelagem no transmissor e no receptor para

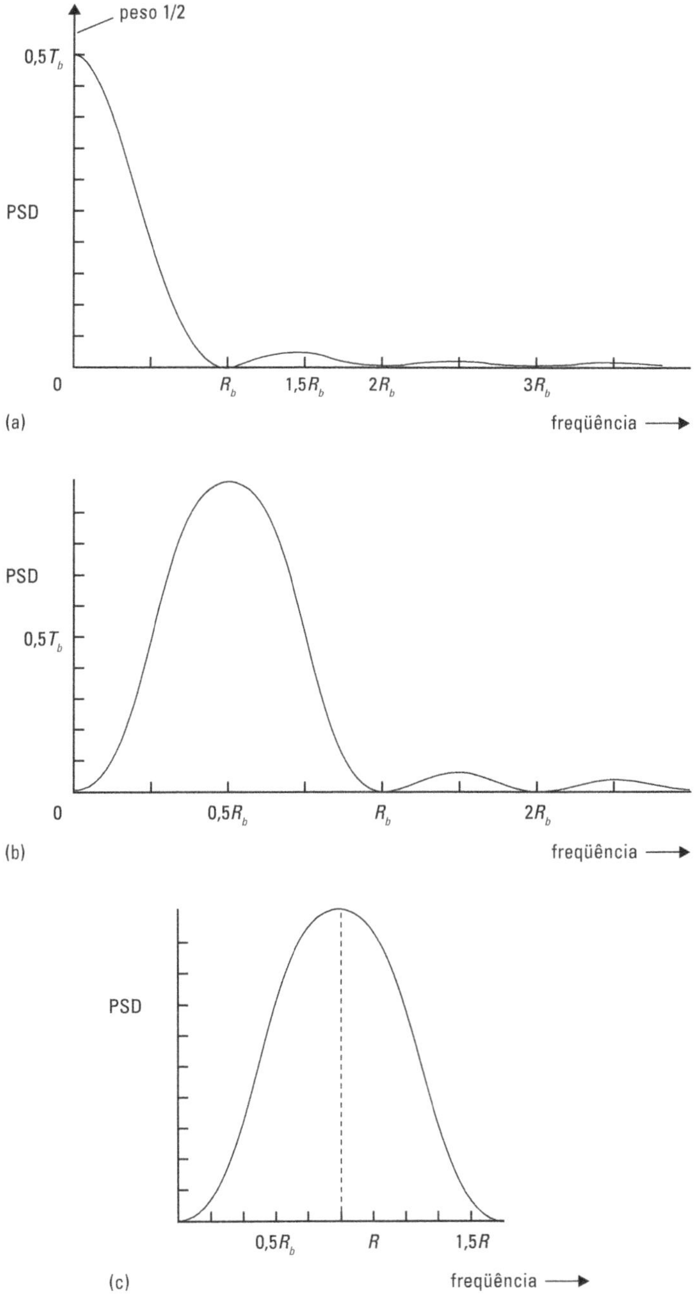

Figura 6.13 Densidade espectral de potência dos códigos de linha: a) NRZ unipolar; b) RZ bipolar; e c) NRZ Manchester.

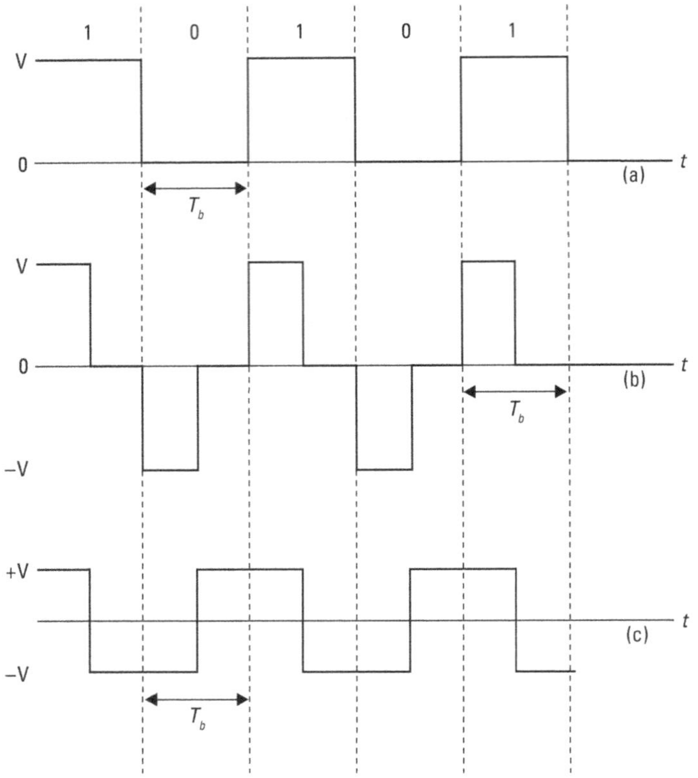

Figura 6.14 Formas de onda de tempo dos códigos de linha binários: a) NRZ unipolar; b) RZ bipolar; e c) NRZ Manchester.

produzir o $H_{eff}(f)$ desejado. Considere a resposta ao impulso na Equação 6.44

$$h_{eff}(t) = \frac{\text{sen}\,(\pi t/T_s)}{(\pi t)/T_s} \tag{6.44}$$

Claramente, essa resposta ao impulso satisfaz a condição de Nyquist para cancelamento da ISI dada na Equação 6.42 (ver Figura 6.15). Portanto, se o sistema de comunicação geral pode ser modelado como um filtro com a resposta ao impulso da Equação 6.44, é possível eliminar completamente os efeitos da ISI. A função de transferência do filtro pode ser obtida apanhando-se a transformada de Fourier da resposta ao impulso, além de ser dada por

$$H_{eff}(f) = \frac{1}{f_s}\,\text{ret}\left(\frac{f}{f_s}\right) \tag{6.45}$$

Essa função de transferência corresponde a um filtro de 'parede de tijolos' retangular com largura de banda absoluta $f_s/2$, onde f_s é a taxa de símbolos. Embora essa função de transferência satisfaça o critério ISI com um mínimo de largura de banda, existem dificuldades práticas na sua implementação, pois ela corresponde a um sistema não causal ($h_{eff}(t)$ existe para $t < 0$) e, assim, torna-se difícil de se aproximar. Além disso, o pulso (sen t)/t tem uma inclinação de forma de onda que é $1/t$ em cada travessia de zero — e é zero apenas em múltiplos exatos de T_s, de modo que qualquer erro no tempo de amostragem das travessias de zero causará ISI significativa devido à sobreposição de símbolos adjacentes. (Uma inclinação de $1/t^2$ ou $1/t^3$ é mais desejável para minimizar a ISI devida ao *jitter* de tempo nas amostras adjacentes.)

Nyquist também provou que qualquer filtro com uma função de transferência, tendo um filtro retangular de largura de banda $f_0 \geq 1/2T_s$, em convolução com qualquer função par arbitrária $Z(f)$ com magnitude zero fora da banda de passagem do filtro retangular, satisfaz a condição de ISI zero. Matematicamente, a função de transferência do filtro que satisfaz a condição de ISI zero pode ser expressa como

$$H_{eff}(f) = \text{ret}\left(\frac{f}{f_0}\right) \otimes Z(f) \tag{6.46}$$

onde $Z(f) = Z(-f)$, e $Z(f) = 0$ para $|f| \geq f_0 \geq 1/2T_s$. Expresso em termos de resposta ao impulso, o critério de Nyquist declara que qualquer filtro com uma resposta de impulso

$$h_{eff}(t) = \frac{\text{sen}\,(\pi t/T_s)}{\pi t} z(t) \tag{6.47}$$

pode conseguir cancelamento de ISI. Os filtros que satisfazem o critério de Nyquist são chamados filtros de Nyquist (Figura 6.16).

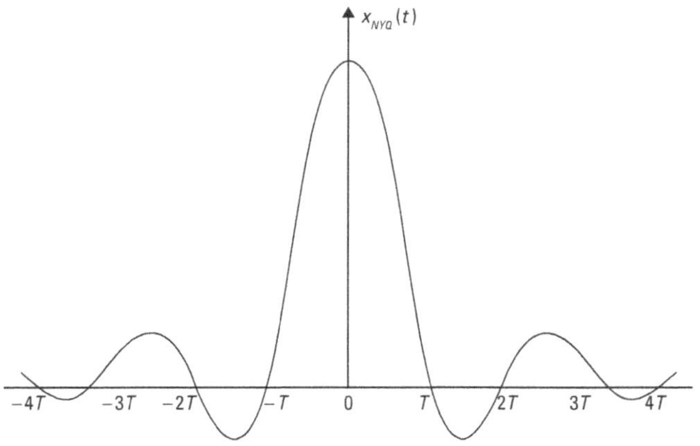

Figura 6.15 Forma de pulso ideal de Nyquist para zero interferência entre símbolos.

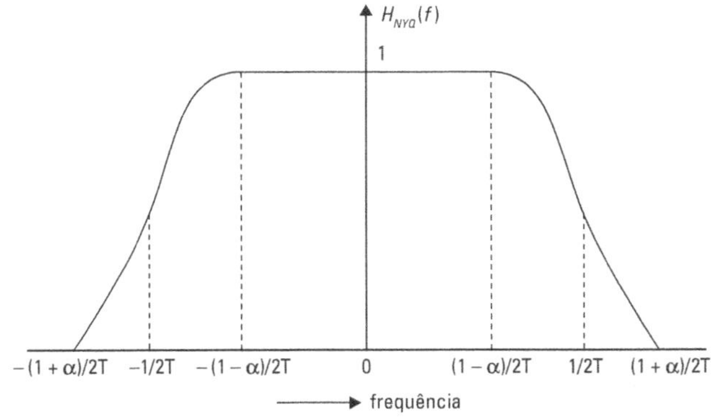

Figura 6.16 Função de transferência de um filtro de pulso de Nyquist na banda-base.

Considerando que as distorções introduzidas no canal podem ser completamente anuladas usando-se um equalizador cuja função de transferência é igual ao inverso da resposta do canal, então a função de transferência geral $H_{eff}(f)$ pode ser aproximada como o produto das funções de transferência dos filtros transmissor e receptor. Uma função de transferência efetiva de ponta a ponta de $H_{eff}(f)$ normalmente é alcançada pelo uso de filtros com funções de transferência $\sqrt{H_{eff}(f)}$ no transmissor e no receptor. Isso tem a vantagem de fornecer uma resposta de filtro combinado para o sistema enquanto minimiza, ao mesmo tempo, a largura de banda e a interferência entre símbolos.

6.6.2 Filtro cosseno elevado com coeficiente de rolamento

O filtro de modelagem de pulso mais popular usado nas comunicações móveis é o filtro cosseno elevado. Um filtro cosseno elevado pertence à classe de filtros que satisfazem o critério de Nyquist. A função de transferência de um filtro cosseno elevado é dada por

$$H_{RC}(f) = \begin{cases} 1 & 0 \le |f| \le \dfrac{(1-\alpha)}{2T_s} \\ \dfrac{1}{2}\left[1 + \cos\left[\dfrac{\pi(|f| \cdot 2T_s - 1 + \alpha)}{2\alpha}\right]\right] & \dfrac{(1-\alpha)}{2T_s} \le |f| \le \dfrac{(1+\alpha)}{2T_s} \\ 0 & |f| > \dfrac{(1+\alpha)}{2T_s} \end{cases} \qquad (6.48)$$

onde α é o coeficiente de rolamento (*rolloff*) que varia entre 0 e 1. Essa função de transferência é desenhada na Figura 6.17 para diversos valores de α. Quando $\alpha = 0$, o filtro cosseno elevado com coeficiente de rolamento corresponde a um filtro retangular de largura de banda mínima. A resposta ao impulso correspondente do filtro pode ser obtida apanhando-se a inversa da transformada de Fourier da função de transferência, e é dada por

$$h_{RC}(t) = \frac{\text{sen}\left(\frac{\pi t}{T_s}\right)}{\pi t} \cdot \frac{\cos\left(\frac{\pi \alpha t}{T_s}\right)}{1 - \left(\frac{4\alpha t}{2T_s}\right)^2} \qquad (6.49)$$

A resposta ao impulso do filtro cosseno com coeficiente de rolamento na banda-base é desenhada na Figura 6.18 para diversos valores de α. Observe que a resposta ao impulso cai muito mais rapidamente nas travessias de zero (aproximadamente $1/t^3$ para $t \gg T_s$) quando comparada com o filtro de 'parede de tijolos' ($\alpha = 0$). O coeficiente de rolamento rápido permite que ele seja truncado no tempo com pouco desvio do desempenho teórico. Como pode ser visto na Figura 6.17, quando o coeficiente de rolamento α aumenta, a largura de banda do filtro também aumenta, e os níveis do lóbulo lateral de tempo diminuem nos slots adjacentes de símbolo. Isso implica que aumentar α diminui a sensibilidade ao *jitter* de temporização, mas aumenta a largura de banda ocupada.

A taxa de símbolos R_s que pode ser passada por um filtro cosseno elevado com coeficiente de rolamento na banda-base é dada por

$$R_s = \frac{1}{T_s} = \frac{2B}{1+\alpha} \qquad (6.50)$$

onde B é a largura de banda absoluta do filtro. Para sistemas de RF, a largura de banda da banda de passagem de RF dobra e

$$R_s = \frac{B}{1+\alpha} \qquad (6.51)$$

A função de transferência cosseno com coeficiente de rolamento pode ser alcançada usando-se filtros $\sqrt{H_{RC}(f)}$ idênticos no transmissor e receptor, enquanto oferece um filtro combinado para desempenho ideal em um canal de atenuação uniforme. Para implementar os filtros de resposta, os filtros de modelagem de pulso podem ser usados nos dados da banda-base ou na saída do transmissor. Via de regra, os filtros de modelagem de pulso são implementados no DSP na banda-base. Como $h_{RC}(t)$ é não causal, ele deve ser truncado, e os filtros de modelagem de pulso normalmente são implementados para $\pm 6T_s$ em torno do ponto $t = 0$ para cada símbolo. Por esse motivo, os sistemas de comunicação digital que utilizam modelagem de pulso normalmente armazenam vários símbolos de cada vez dentro do modulador, e depois enviam um grupo de símbolos usando uma tabela de pesquisa que representa uma forma de onda de tempo discreto dos símbolos armazenados. Como exemplo, suponha que os pulsos de banda-base binários devam ser transmitidos usando-se um filtro cosseno elevado com coeficiente de rolamento com $\alpha = 1/2$. Se o modulador armazena três bits de cada vez, então existem oito estados de forma de onda possíveis que podem ser produzidos aleatoriamente para o grupo. Se $\pm 6T_s$ for usado para representar a faixa de tempo para cada símbolo (um símbolo é igual a um bit nesse caso), então a faixa de tempo da forma de onda de tempo discreto será $14T_s$. A Figura 6.19 ilustra a forma de onda de tempo de RF para

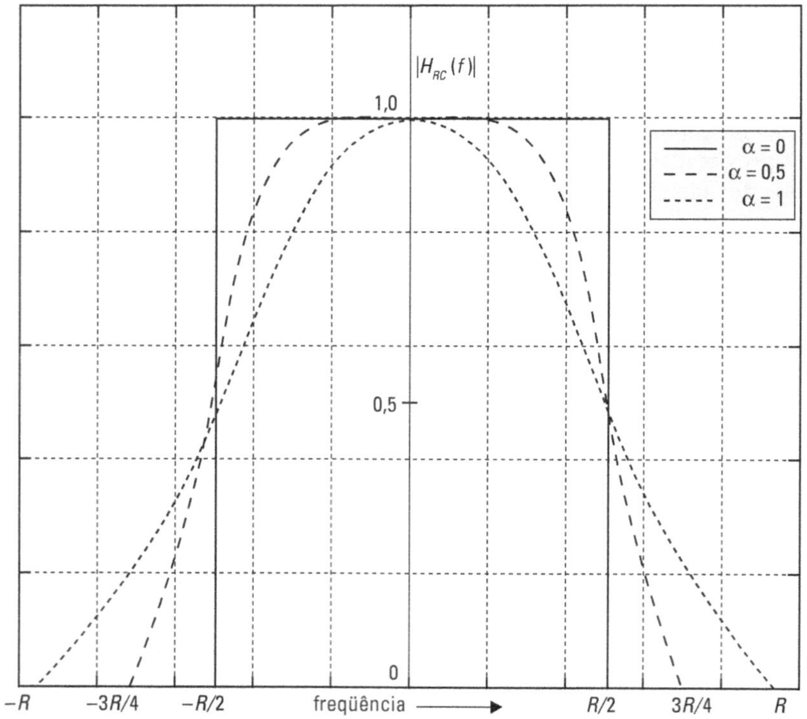

Figura 6.17 Função de transferência de magnitude de um filtro cosseno elevado na banda base.

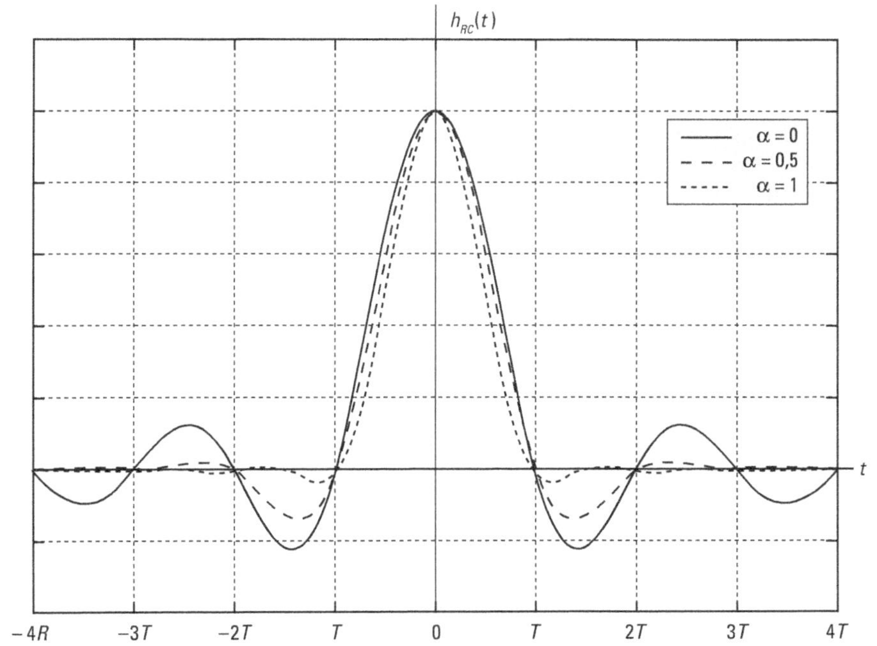

Figura 6.18 Resposta ao impulso de um filtro cosseno elevado com coeficiente de rolamento na banda base.

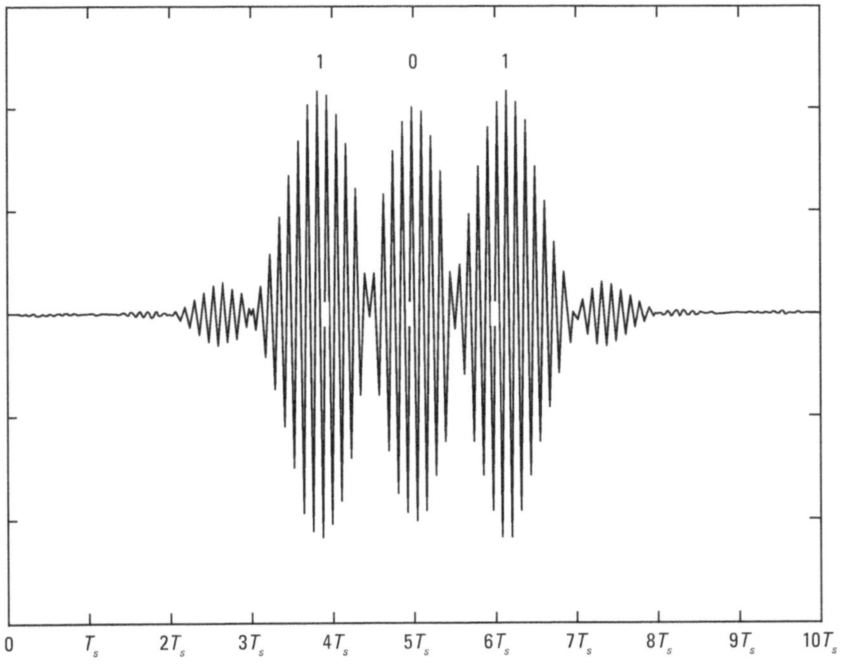

Figura 6.19 Pulsos do filtro de cosseno elevado ($\alpha = 0{,}5$) correspondentes ao fluxo de dados 1, 0, 1 para um sinal BPSK. Observe que os pontos de decisão (em $4T_s$, $5T_s$, $6T_s$) nem sempre correspondem aos valores máximos da forma de onda de RF.

a seqüência de dados 1, 0, 1. Os pontos de decisão de bit ideais ocorrem em $4T_s$, $5T_s$ e $6T_s$, e a natureza dispersiva no tempo da modelagem de pulso pode ser vista.

A eficiência espectral oferecida por um filtro cosseno elevado só ocorre se a forma de pulso exata for preservada na portadora. Isso se torna difícil se forem usados amplificadores de RF não-lineares. Pequenas distorções na forma do pulso de banda-base podem mudar dramaticamente a ocupação espectral do sinal transmitido. Se não for controlado devidamente, isso pode causar séria interferência do canal adjacente nos sistemas de comunicação móvel. Um dilema para os projetistas de comunicação móvel é que a largura de banda reduzida oferecida pela modelagem de pulso de Nyquist requer amplificadores lineares que não são eficientes em termos de potência. Uma solução óbvia para esse problema seria desenvolver amplificadores lineares que usam realimentação de tempo real para oferecer mais eficiência de potência, e isso atualmente é um esforço de pesquisa ativo para comunicações móveis.

6.6.3 Filtro de modelagem de pulso gaussiano

Também é possível usar outras técnicas, além das de Nyquist, para a modelagem de pulso. Proeminente entre essas técnicas é o uso de um filtro de modelagem de pulso gaussiano que é particularmente eficaz quando usado em conjunto com a modulação de Chaveamento com Deslocamento Mínimo [*Minimum Shift Keying* (MSK)], ou outras modulações que são bem adequadas para amplificadores não-lineares eficientes em termos de potência. Diferentemente dos filtros de Nyquist que têm travessias de zero em picos de símbolo adjacentes e uma função de transferência truncada, o filtro gaussiano tem uma função de transferência mais tranqüila sem travessias de zero. A resposta ao impulso do filtro gaussiano faz surgir uma função de transferência que é altamente dependente da largura de banda de 3 dB. O filtro passa baixa gaussiano tem uma função de transferência dada por

$$H_G(f) = \exp(-\alpha^2 f^2) \tag{6.52}$$

O parâmetro α está relacionado a B, a largura de banda de 3 dB do filtro de modelagem gaussiano da banda-base,

$$\alpha = \frac{\sqrt{ln2}}{\sqrt{2}B} = \frac{0{,}5887}{B} \tag{6.53}$$

Quando α aumenta, a ocupação espectral do filtro gaussiano diminui e a dispersão de tempo do sinal aplicado aumenta. A resposta ao impulso do filtro gaussiano é dada por

$$h_G(t) = \frac{\sqrt{\pi}}{\alpha}\exp\left(-\frac{\pi^2}{\alpha^2}t^2\right) \tag{6.54}$$

A Figura 6.20 mostra a resposta ao impulso do filtro gaussiano de banda-base para diversos valores do produto de tempo do símbolo de largura de banda de 3 dB (BT_s). O filtro gaussiano tem uma largura de banda absoluta estreita (embora não tão estreita quanto um filtro cosseno elevado com coeficiente de rolamento), além de propriedades de corte brusco, baixos níveis de sinal não desejado e preservação de área de pulso que o torna muito atraente para uso em técnicas de modulação que usam amplificadores de RF não-lineares e que não preservam com precisão a forma do pulso transmitido (isso é discutido com mais detalhes na Seção 6.9.3). Deve-se observar que, como o filtro de modelagem de pulso gaussiano *não* satisfaz o critério de Nyquist para cancelamento de ISI, reduzir a ocupação espectral cria degradação no desempenho devido à ISI aumentada. Assim, quando a modelagem de pulso gaussiano é utilizada, uma escolha é feita entre a largura de banda de RF desejada e o erro irredutível devido à ISI de símbolos adjacentes. Os pulsos gaussianos são usados quando a eficiência em custo e potência são fatores importantes e as taxas de erro de bit devidas à ISI são julgadas inferiores ao que é exigido nominalmente.

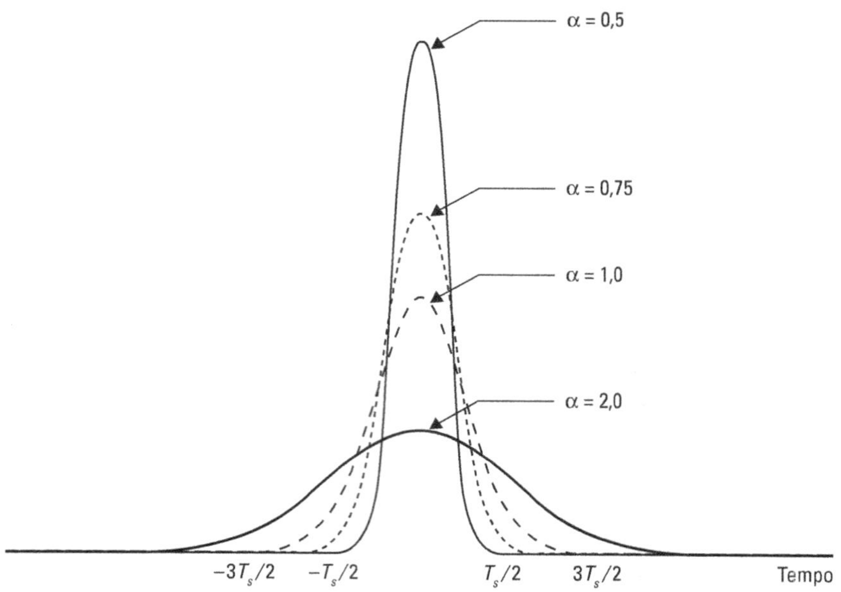

Figura 6.20 Resposta de impulso de um filtro de modelagem de pulso gaussiano.

Exemplo 6.8

Ache a primeira largura de banda de RF de travessia de zero de um pulso retangular que tem $T_s = 41{,}06\ \mu s$. Compare isso com a largura de banda de um pulso de filtro cosseno elevado com $T_s = 41{,}06\ \mu s$ e $\alpha = 0{,}35$.

Solução

A primeira largura de banda de travessia de zero (nulo-a-nulo) de um pulso retangular é igual a

$2/T_s = 2/(41{,}06\ \mu s) = 48{,}71$ kHz

e a de um filtro cosseno elevado com $\alpha = 0{,}35$ é

$$\frac{1}{T_s}(1+\alpha) = \frac{1}{41{,}06\ \mu s}(1+0{,}35) = 32{,}88\text{kHz}$$

6.7 Representação geométrica dos sinais de modulação

A modulação digital envolve a escolha de uma forma de onda de sinal em particular $s_i(t)$, a partir de um conjunto finito de formas de onda de sinal possíveis (ou símbolos), com base nos bits de informação aplicados ao modulador. Se houver um total de M sinais possíveis, o conjunto de sinais de modulação S pode ser representado como

$$S = \{s_1(t), s_2(t), \ldots\ldots\ldots, s_M(t)\} \tag{6.55}$$

Para esquemas de modulação binários, um bit de informação binário é mapeado diretamente para um sinal, e S terá apenas dois sinais. Para esquemas mais altos de modulação de nível (chaveamento M-ários), o conjunto de sinais terá mais de dois sinais, e cada sinal (ou símbolo) representará mais de um único bit de informação. Com um conjunto de sinais de tamanho M é possível transmitir um máximo de $\log_2 M$ bits de informação por símbolo.

É instrutivo exibir os elementos de S como pontos em um *espaço vetorial*. A representação do espaço vetorial dos sinais de modulação oferece idéias valiosas para o desempenho de esquemas de modulação. Os conceitos de espaço vetorial são extremamente genéricos e podem ser aplicados a qualquer tipo de modulação.

Básico, do ponto de vista geométrico, é o fato de que qualquer conjunto finito de formas de onda fisicamente observáveis em um espaço vetorial pode ser expresso como uma combinação linear de N formas de onda ortonormais que formam a base desse espaço vetorial. Para representar os sinais de modulação em um espaço vetorial deve-se achar um conjunto de sinais que forma uma base para esse espaço vetorial. Quando uma base é determinada, qualquer ponto nesse espaço vetorial pode ser representado como uma combinação linear dos sinais de base $\{\phi_j(t)|j = 1, 2, \ldots, N\}$, tal que

$$s_i(t) = \sum_{j=1}^{N} s_{ij}\phi_j(t) \tag{6.56}$$

Os sinais de base são ortogonais um ao outro no tempo, de modo que

$$\int_{-\infty}^{\infty} \phi_i(t)\phi_j(t)dt = 0 \qquad i \neq j \tag{6.57}$$

Cada um dos sinais de base é normalizado para ter energia unitária, ou seja,

$$E = \int_{-\infty}^{\infty} \phi_i^2(t)dt = 1 \tag{6.58}$$

Os sinais de base podem ser imaginados como formando um sistema de coordenadas para o espaço vetorial. O procedimento de Gram-Schmidt oferece um modo sistemático de obter os sinais de base para determinado conjunto de sinais[11].

Por exemplo, considere o conjunto de sinais BPSK $s_1(t)$ e $s_2(t)$ dados por

$$s_1(t) = \sqrt{\frac{2E_b}{T_b}}\cos(2\pi f_c t) \qquad 0 \le t \le T_b \tag{6.59.a}$$

e

$$s_2(t) = -\sqrt{\frac{2E_b}{T_b}}\cos(2\pi f_c t) \qquad 0 \le t \le T_b \tag{6.59.b}$$

onde E_b é a energia por bit, T_b é o período de bit, e uma forma de pulso retangular $p(t) = \text{ret}((t - T_b/2)/T_b)$ é assumida. $\phi_i(t)$ para esse conjunto de sinais simplesmente consiste em uma única forma de onda $\phi_1(t)$, onde

$$\phi_1(t) = \sqrt{\frac{2}{T_b}}\cos(2\pi f_c t) \qquad 0 \le t \le T_b \tag{6.60}$$

Usando esse sinal de base, o conjunto de sinais BPSK pode ser representado como

$$S_{\text{BPSK}} = \left\{\sqrt{E_b}\phi_1(t), -\sqrt{E_b}\phi_1(t)\right\} \tag{6.61}$$

Esse conjunto de sinais pode ser mostrado geometricamente na Figura 6.21. Essa representação é chamada *diagrama de constelação* e oferece uma representação gráfica do envelope complexo de cada estado de símbolo possível. O eixo x de um diagrama de constelação representa o componente em fase do envelope complexo, e o eixo y representa o componente de quadratura do envelope complexo. A distância entre os sinais em um diagrama de constelação indica como as formas de onda de modulação são diferentes e a capacidade de um receptor diferenciar todos os símbolos possíveis quando o ruído aleatório está presente.

Deve-se observar que o número de sinais de base sempre será menor ou igual ao número de sinais no conjunto. O número de sinais de base exigidos para represen-

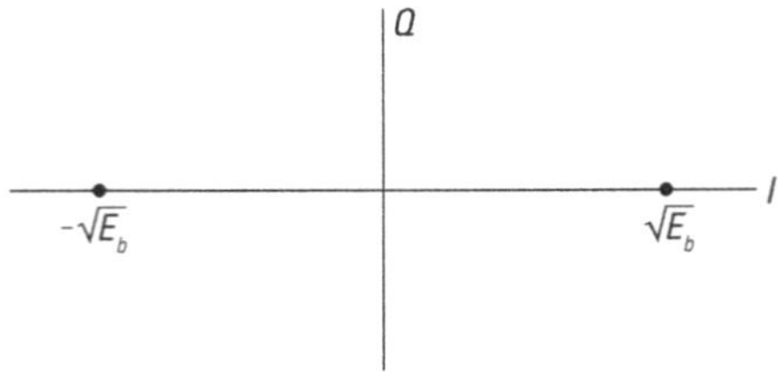

Figura 6.21 Diagrama de constelação BPSK.

tar o sinal de modulação completo é chamado *dimensão* do espaço vetorial. Se houver tantos sinais de base quantos sinais no conjunto de sinais de modulação, então todos os sinais no conjunto são necessariamente *ortogonais* um ao outro.

Algumas das propriedades de um esquema de modulação podem ser deduzidas por seu diagrama de constelação. Por exemplo, a largura de banda ocupada pelo sinais de modulação diminui à medida que o número de pontos de sinal/dimensão aumenta. Portanto, se um esquema de modulação tem uma constelação densamente compactada, ele é mais eficiente em termos de largura de banda do que um esquema de modulação com uma constelação esparsamente compactada. Porém, deve-se observar que a largura de banda ocupada por um sinal modulado aumenta com a dimensão N da constelação.

A probabilidade de erro de bit é proporcional à distância entre os pontos mais próximos na constelação. Isso implica que um esquema de modulação com uma constelação densamente compactada é menos eficiente em termos de energia do que um esquema de modulação que tem uma constelação esparsa.

Um limite superior simples para a probabilidade de erro de símbolo em um canal de Ruído Branco Aditivo Gaussiano [*Additive White Gaussian Noise* (AWGN)] com uma densidade espectral de ruído para uma constelação arbitrária pode ser obtida usando-se o limite de união[12], que oferece uma estimativa representativa para a probabilidade média de erro para determinado sinal de modulação,

$$P_s(\varepsilon|s_i) \leq \sum_{\substack{j=1 \\ j\neq i}} Q\left(\frac{d_{ij}}{\sqrt{2N_0}}\right) \tag{6.62}$$

onde d_{ij} é a distância euclidiana entre o i-ésimo e o j-ésimo ponto de sinal na constelação, e $Q(x)$ é a função Q definida no Apêndice on-line F

$$Q(x) = \int_x^{\infty} \frac{1}{\sqrt{2\pi}} \exp(-x^2/2)dx \tag{6.63}$$

Se todas as formas de onda de modulação M são igualmente prováveis de ser transmitidas, então a probabilidade média de erro para uma modulação pode ser estimada por

$$P_s(\varepsilon) = P_s(\varepsilon|s_i)P(s_i) = \frac{1}{M}\sum_{i=1}^{M} P_s(\varepsilon|s_i) \tag{6.64}$$

Para constelações simétricas, a distância entre todos os pontos da constelação é equivalente, e a probabilidade de erro condicional $P_s(\varepsilon|s_i)$ é a mesma para todo i. Logo, a Equação 6.62 oferece a probabilidade média de erro de símbolo para um conjunto de constelação em particular.

6.8 Técnicas de modulação linear

Técnicas de modulação digital podem ser classificadas de forma geral como *linear* e *não-linear*. Nas técnicas de modulação lineares, a amplitude do sinal transmitido, $s(t)$, varia linearmente com o sinal digital modulante, $m(t)$. As técnicas de modulação lineares são eficientes para a largura de banda; portanto, são muito atraentes para uso em sistemas de comunicação sem fio onde existe uma demanda em constante aumento para acomodar mais e mais usuários dentro de um espectro limitado.

Em um esquema de modulação linear, o sinal transmitido pode ser expresso como[13]

$$\begin{aligned} s(t) &= Re\,[Am(t)\exp(j2\pi f_c t)] \\ &= A[m_R(t)\cos(2\pi f_c t) \\ &\quad - m_I(t)\,\mathrm{sen}\,(2\pi f_c t)] \end{aligned} \tag{6.65}$$

onde A é a amplitude, f_c é a freqüência da portadora, e $m(t) = m_R(t) + jm_I(t)$ é uma representação de envelope complexo do sinal modulado, que em geral está em forma complexa. Pela Equação 6.65 fica claro que a amplitude da portadora varia linearmente com o sinal modulante. Esquemas de modulação lineares, em geral, não têm um envelope constante. Como será visto mais adiante, algumas modulações não-lineares podem ter envelopes de portadora lineares ou constantes, dependendo se a forma de onda da banda-base é modelada como pulso.

Embora os esquemas de modulação lineares tenham eficiência espectral muito boa, eles precisam ser transmitidos usando-se amplificadores de RF lineares, que possuem pouca eficiência de potência[14]. Usar amplificadores não-lineares eficientes em termos de potência leva à regeneração de lóbulos laterais filtrados, o que pode causar forte interferência do canal adjacente e resulta em perda de toda a eficiência espectral ganha pela modulação linear. Porém, foram desenvolvidos meios inteligentes de contornar essas dificuldades. As técnicas de modulação linear mais populares incluem QPSK em forma de pulso, OQPSK e QPSK $\pi/4$, que são discutidas mais adiante.

6.8.1 Chaveamento por Deslocamento de Fase Binário (BPSK)

No Chaveamento por Deslocamento de Fase Binário [*Binary Phase Shift Keying* (BPSK)], a fase de um sinal de portadora de amplitude constante é alterado entre dois valores, de acordo com os dois sinais possíveis, m_1 e m_2, correspondentes aos binários 1 e 0, respectivamente. Em geral, as duas fases são separadas por 180°. Se a portadora senoidal tem uma amplitude A_c e energia por bit $E_b = \frac{1}{2}A_c^2 T_b$, então o sinal BPSK transmitido é

$$s_{\text{BPSK}}(t) = \sqrt{\frac{2E_b}{T_b}}\cos(2\pi f_c t + \theta_c) \qquad 0 \le t \le T_b \text{ (binário 1)} \tag{6.66.a}$$

ou

$$\begin{aligned} s_{\text{BPSK}}(t) &= \sqrt{\frac{2E_b}{T_b}}\cos(2\pi f_c t + \pi + \theta_c) \\ &= -\sqrt{\frac{2E_b}{T_b}}\cos(2\pi f_c t + \theta_c) \end{aligned} \qquad 0 \le t \le T_b \text{ (binário 0)} \tag{6.66.b}$$

Normalmente, é conveniente generalizar m_1 e m_2 como um sinal de dados binário $m(t)$ que assume uma de duas formas de pulso possíveis. Depois, o sinal transmitido pode ser representado como

$$s_{\text{BPSK}}(t) = m(t)\sqrt{\frac{2E_b}{T_b}}\cos(2\pi f_c t + \theta_c) \tag{6.67}$$

O sinal BPSK é equivalente a uma forma de onda modulada com amplitude de portadora suprimida com banda lateral dupla, onde $\cos(2\pi f_c t)$ é aplicado como portadora, e o sinal de dados $m(t)$ é aplicado como forma de onda modulante. Logo, um sinal BPSK pode ser gerado usando-se um modulador balanceado.

Espectro e largura de banda do BPSK

O sinal BPSK, usando uma forma de onda de dados de banda-base polar $m(t)$, pode ser expresso em forma de envelope complexo como

$$s_{\text{BPSK}}(t) = Re\{g_{\text{BPSK}}(t)\exp(j2\pi f_c t)\} \tag{6.68}$$

onde $g_{\text{BPSK}}(t)$ é o envelope complexo do sinal, dado por

$$g_{\text{BPSK}}(t) = \sqrt{\frac{2E_b}{T_b}}m(t)e^{j\theta_c} \tag{6.69}$$

A Densidade Espectral de Potência [*Power Spectral Density* (PSD)] do envelope complexo pode ser mostrada como sendo

$$P_{g_{\text{BPSK}}}(f) = 2E_b\left(\frac{\operatorname{sen}\pi f T_b}{\pi f T_b}\right)^2 \tag{6.70}$$

A PSD para o sinal BPSK na RF pode ser avaliada traduzindo-se o espectro de banda-base para a freqüência da portadora usando a relação dada na Equação 6.41.

Logo, a PSD de um sinal BPSK de RF é dada por

$$P_{\text{BPSK}}(f) = \frac{E_b}{2}\left[\left(\frac{\operatorname{sen}\pi(f-f_c)T_b}{\pi(f-f_c)T_b}\right)^2 + \left(\frac{\operatorname{sen}\pi(-f-f_c)T_b}{\pi(-f-f_c)T_b}\right)^2\right] \tag{6.71}$$

A PSD do sinal BPSK para formas de pulso retangular e cosseno elevado com coeficiente de rolamento é representada graficamente na Figura 6.22. A largura de banda de nulo-para-nulo é igual ao dobro da taxa de bits ($BW = 2R_b = 2/T_b$). Pelo desenho, também pode ser visto que 90% da energia do sinal BPSK está contida dentro de uma largura de banda aproximadamente igual a $1{,}6R_b$ para pulsos retangulares, e toda a energia está dentro de $1{,}5R_b$ para pulsos com $\alpha = 0{,}5$ de filtragem de cosseno elevado.

Receptor BPSK

Se nenhum problema de caminho múltiplo for induzido pelo canal, o sinal BPSK recebido pode ser expresso como

$$\begin{aligned} s_{\text{BPSK}}(t) &= m(t)\sqrt{\frac{2E_b}{T_b}}\cos(2\pi f_c t + \theta_c + \theta_{ch}) \\ &= m(t)\sqrt{\frac{2E_b}{T_b}}\cos(2\pi f_c t + \theta) \end{aligned} \tag{6.72}$$

onde θ_{ch} é o deslocamento de fase correspondente ao atraso de tempo no canal. BPSK usa demodulação *coerente* ou *síncrona*, que exige que informações sobre a fase e a freqüência da portadora estejam disponíveis no receptor. Se um sinal de portadora piloto de nível baixo for transmitido com o sinal BPSK, então a fase e a potência da portadora podem ser recuperadas no receptor usando-se um laço travado em fase (PLL). Se nenhuma portadora piloto for transmitida, um laço de costas ou *squaring loop* pode ser usado para sintetizar a fase e a freqüência da portadora a partir do sinal BPSK recebido. A Figura 6.23 mostra o diagrama em blocos de um receptor BPSK com os circuitos de recuperação da portadora.

O sinal recebido $\cos(2\pi f_c t + \theta)$ é elevado ao quadrado para gerar um sinal CC e uma senóide de amplitude variável no dobro da freqüência da portadora. O sinal CC é filtrado usando-se um filtro de banda de passagem com freqüência central ajustada para $2f_c$. Um divisor de fre-

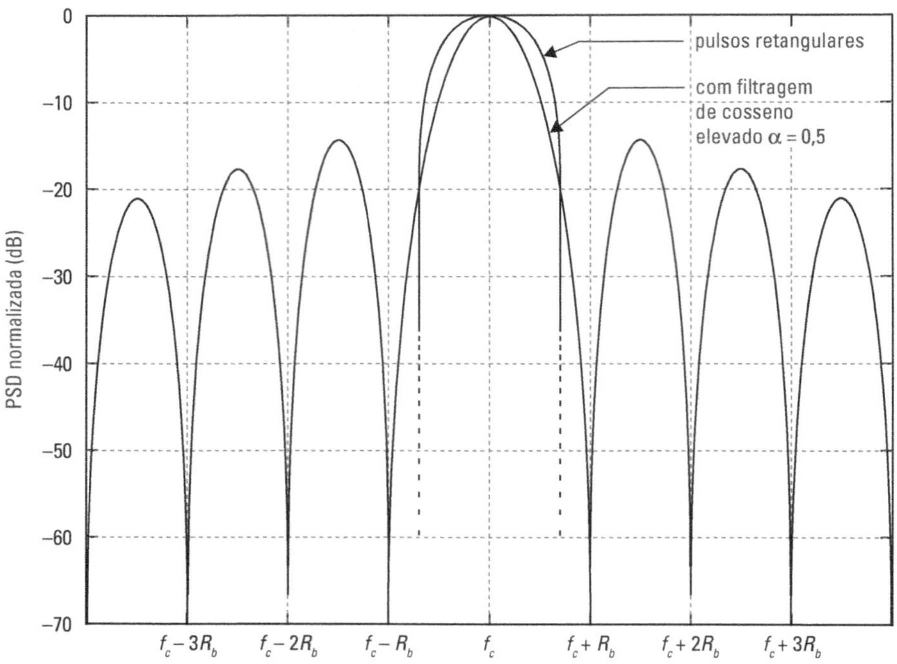

Figura 6.22 Densidade espectral de potência (PSD) e um sinal BPSK.

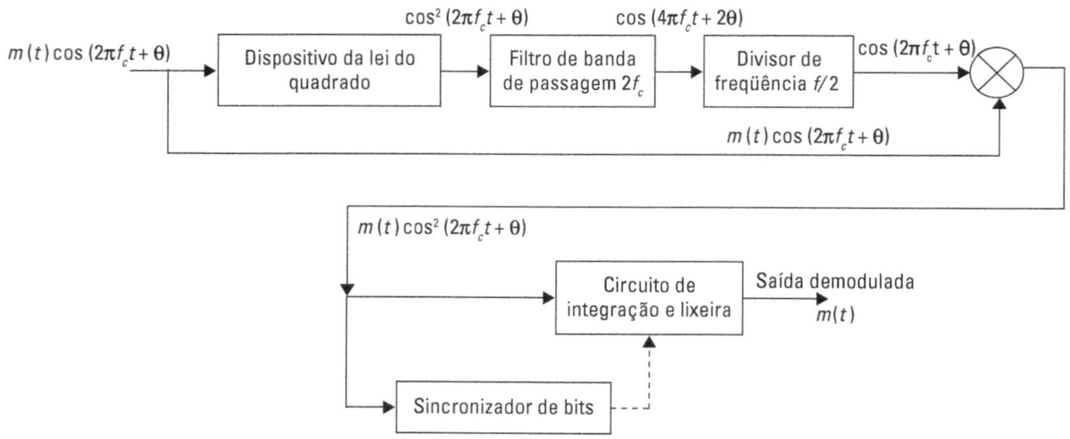

Figura 6.23 Receptor BPSK com circuitos de recuperação de portadora.

qüência é então utilizado para recriar a forma de onda $\cos(2\pi f_c t + \theta)$. A saída do multiplicador após o divisor de freqüência é dada por

$$m(t)\sqrt{\frac{2E_b}{T_b}}\cos^2(2\pi f_c t + \theta)$$

$$= m(t)\sqrt{\frac{2E_b}{T_b}}\left[\frac{1}{2} + \frac{1}{2}\cos 2(2\pi f_c t + \theta)\right] \quad (6.73)$$

Esse sinal é aplicado a um circuito integrado e de lixeira que forma o segmento de filtro de passa baixa de um detector BPSK. Se as formas do pulso transmissor e receptor combinarem, então a detecção será ideal. Um sincronizador de bits é usado para facilitar a amostragem da saída do integrador exatamente ao final de cada período de bit, momento em que a chave na saída do integrador se fecha para lançar o sinal de saída para o circuito de decisão. Dependendo se a saída do integrador está acima ou abaixo de certo patamar, o circuito de decisão decide que o sinal recebido corresponde a um binário 1 ou 0. O patamar é definido em um nível ideal, de modo que a probabilidade de erro é minimizada. Se for igualmente provável que um binário 1 ou 0 seja transmitido, então o nível de voltagem correspondente ao ponto intermediário entre os níveis de voltagem de saída do detector do binário 1 e 0 é usado como patamar ideal.

Como visto na Seção 6.7, a probabilidade de erro de bit para *muitos* esquemas de modulação em um canal AWGN é encontrada usando-se a função Q da distância entre os pontos de sinal. Pelo diagrama de constelação de um sinal BPSK mostrado na Figura 6.21, pode-se ver que a distância entre pontos adjacentes na constelação é $2\sqrt{E_b}$. Substituindo isso na Equação 6.62, a probabilidade de erro de bit é obtida como

$$P_{e,\,\mathrm{BPSK}} = Q\left(\sqrt{\frac{2E_b}{N_0}}\right) \tag{6.74}$$

6.8.2 Chaveamento por Deslocamento de Fase Diferencial (DPSK)

PSK diferencial é uma forma não-coerente de chaveamento por deslocamento de fase que evita a necessidade de um sinal de referência coerente no receptor. Os receptores não-coerentes são fáceis e baratos de montar, portanto, são muito usados nas comunicações sem fio. Em sistemas DPSK, a seqüência binária de entrada é primeiro codificada diferencialmente, depois modulada usando um modulador BPSK. A seqüência codificada diferencialmente $\{d_k\}$ é gerada a partir da seqüência binária de entrada $\{m_k\}$, complementando a soma módulo 2 de m_k e d_{k-1}. O efeito é deixar o símbolo d_k inalterado do símbolo anterior se o símbolo binário de chegada m_k for 1, e alternar d_k se m_k for 0. A Tabela 6.1 ilustra a geração de um sinal DPSK para uma seqüência de exemplo m_k que segue o relacionamento $d_k = \overline{m_k \oplus d_{k-1}}$.

Tabela 6.1 Ilustração do processo de codificação diferencial

$\{m_k\}$		1	0	0	1	0	1	1	0
$\{d_k\text{-}1\}$		1	1	0	1	1	0	0	0
$\{d_k\}$	1	1	0	1	1	0	0	0	1

Um diagrama de blocos de um transmissor DPSK aparece na Figura 6.24. Ele consiste de um elemento de atraso de um bit e um circuito lógico interconectado de modo a gerar a seqüência codificada diferencialmente a partir da seqüência binária de entrada. A saída é passada por um modulador de produto para que se possa obter o sinal DPSK. No receptor, a seqüência original é recuperada a partir do sinal demodulado codificado diferencialmente por um processo complementar, como mostra a Figura 6.25.

Embora a sinalização DPSK tenha a vantagem de ter uma complexidade reduzida no receptor, sua eficiência de energia é inferior à do PSK coerente em torno de 3 dB. A probabilidade média de erro para DPSK no ruído branco aditivo gaussiano é dada por

$$P_{e,\,\mathrm{DPSK}} = \frac{1}{2}\exp\left(-\frac{E_b}{N_0}\right) \tag{6.75}$$

6.8.3 Chaveamento por Deslocamento de Fase em Quadratura (QPSK)

O Chaveamento por Deslocamento de Fase em Quadratura [*Quadrature Phase Shift Keying* (QPSK)] tem o dobro da eficiência de largura de banda do BPSK, pois dois bits são transmitidos em um único símbolo de modulação. A fase da portadora assume um de quatro valores espaçados, como 0, π/2, π e 3π/2, onde cada valor corresponde a um par exclusivo de bits de mensagem. O sinal QPSK para esse conjunto de estados de símbolos pode ser definido como

$$s_{\mathrm{QPSK}}(t) = \sqrt{\frac{2E_s}{T_s}}\cos\left[2\pi f_c t + (i-1)\frac{\pi}{2}\right] \quad 0 \le t \le T_s \quad i = 1, 2, 3, 4 \tag{6.76}$$

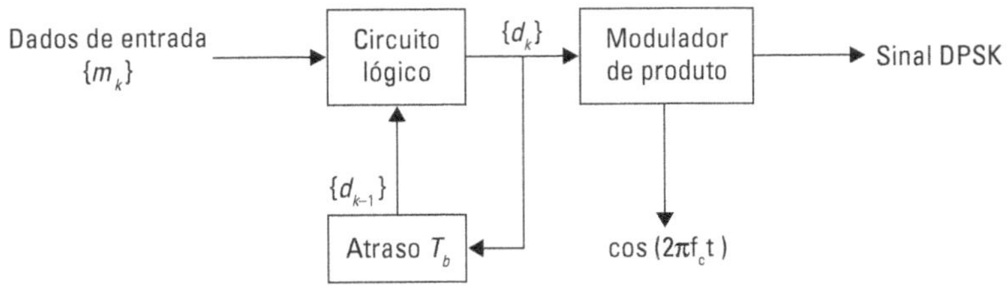

Figura 6.24 Diagrama em blocos de um transmissor de DPSK.

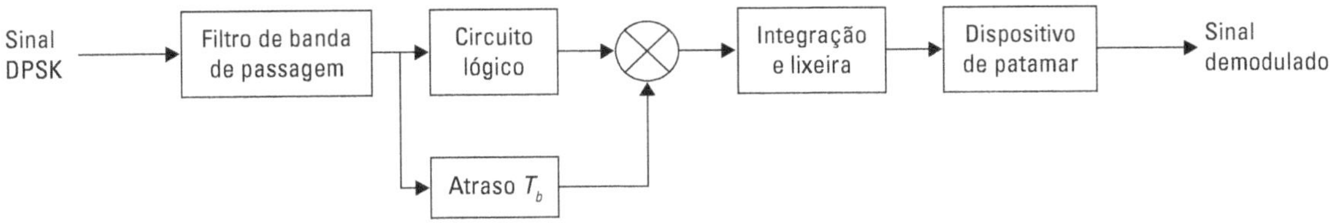

Figura 6.25 Diagrama em blocos do receptor de DPSK.

onde T_s é a duração do símbolo e é igual ao dobro do período de bits.

Usando identidades trigonométricas, as equações acima podem ser reescritas para o intervalo $0 \leq t \leq T_s$ como

$$s_{QPSK}(t) = \sqrt{\frac{2E_s}{T_s}}\cos\left[(i-1)\frac{\pi}{2}\right]\cos(2\pi f_c t) - \sqrt{\frac{2E_s}{T_s}}\operatorname{sen}\left[(i-1)\frac{\pi}{2}\right]\operatorname{sen}(2\pi f_c t) \quad (6.77)$$

Se as funções de base $\phi_1(t) = \sqrt{2/T_s}\cos(2\pi f_c t)$, $\phi_2(t) = \sqrt{2/T_s}\operatorname{sen}(2\pi f_c t)$ forem definidas sobre o intervalo $0 \leq t \leq T_s$ para o conjunto de sinais QPSK, então os quatro sinais no conjunto podem ser expressos em termos dos sinais de base como

$$s_{QPSK}(t) = \left\{\sqrt{E_s}\cos\left[(i-1)\frac{\pi}{2}\right]\phi_1(t) - \sqrt{E_s}\operatorname{sen}\left[(i-1)\frac{\pi}{2}\right]\phi_2(t)\right\} \quad i = 1, 2, 3, 4 \quad (6.78)$$

Com base nessa representação, um sinal QPSK pode ser ilustrado usando-se um diagrama de constelação bidimensional com quatro pontos, como mostra a Figura 6.26(a). Deve-se observar que diferentes conjuntos de sinais QPSK podem ser derivados simplesmente girando-se a constelação. Como um exemplo, a Figura 6.26(b) mostra outro sinal QPSK, onde os valores de fase são $\pi/4$, $3\pi/4$, $5\pi/4$ e $7\pi/4$.

A partir do diagrama de constelação de um sinal QPSK, pode ser visto que a distância entre pontos adjacentes na constelação é $\sqrt{2E_s}$. Como cada símbolo corresponde a dois bits, então $E_s = 2E_b$, de modo que a distância entre dois pontos vizinhos na constelação QPSK é igual a $2\sqrt{E_b}$. Substituindo isso na Equação 6.62, a probabilidade média de erro de bit no canal de ruído branco aditivo gaussiano (AWGN) é obtida como

$$P_{e,\,QPSK} = Q\left(\sqrt{\frac{2E_b}{N_0}}\right) \quad (6.79)$$

Um resultado surpreendente é que a probabilidade de erro de bit do QPSK é idêntica à do BPSK, mas o dobro dos dados pode ser enviado na mesma largura de banda. Assim, quando comparado com o BPSK, QPSK oferece o dobro da eficiência espectral com exatamente a mesma eficiência de energia.

Semelhante ao BPSK, o QPSK também pode ser codificado diferentemente para permitir a detecção não-coerente.

Espectro e largura de banda dos sinais QPSK

A densidade espectral de um sinal QPSK pode ser obtida de uma maneira semelhante à que é usada para BPSK, com os períodos de bits T_b substituídos por períodos de símbolos T_s. Logo, a PSD de um sinal QPSK usando pulsos retangulares pode ser expressa como

$$\begin{aligned} P_{QPSK}(f) &= \frac{E_s}{2}\left[\left(\frac{\operatorname{sen}\pi(f-f_c)T_s}{\pi(f-f_c)T_s}\right)^2 + \left(\frac{\operatorname{sen}\pi(-f-f_c)T_s}{\pi(-f-f_c)T_s}\right)^2\right] \\ &= E_b\left[\left(\frac{\operatorname{sen}2\pi(f-f_c)T_b}{2\pi(f-f_c)T_b}\right)^2 + \left(\frac{\operatorname{sen}2\pi(-f-f_c)T_b}{2\pi(-f-f_c)T_b}\right)^2\right] \end{aligned} \quad (6.80)$$

A PSD de um sinal QPSK para pulsos retangulares e filtrados com cosseno elevado é representada graficamente na Figura 6.27. A largura de banda de RF de nulo para nulo é igual à taxa de bits R_b, que é metade daquela de um sinal BPSK.

6.8.4 Técnicas de transmissão e detecção de QPSK

A Figura 6.28 mostra um diagrama de blocos de um transmissor QPSK típico. O fluxo de mensagens binárias unipolares tem taxa de bits R_b e é convertido inicialmente para uma seqüência bipolar sem retorno a zero (NRZ) usando um conversor bipolar. O fluxo de bits $m(t)$ é então

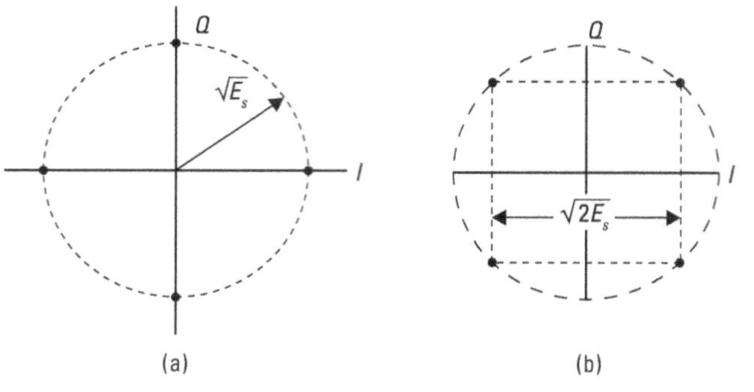

Figura 6.26 a) Constelação QPSK, onde as fases de portadora são 0, $\pi/2$, π, $3\pi/2$; b) constelação QPSK, onde as fases da portadora são $\pi/4$, $3\pi/4$, $5\pi/4$, $7\pi/4$.

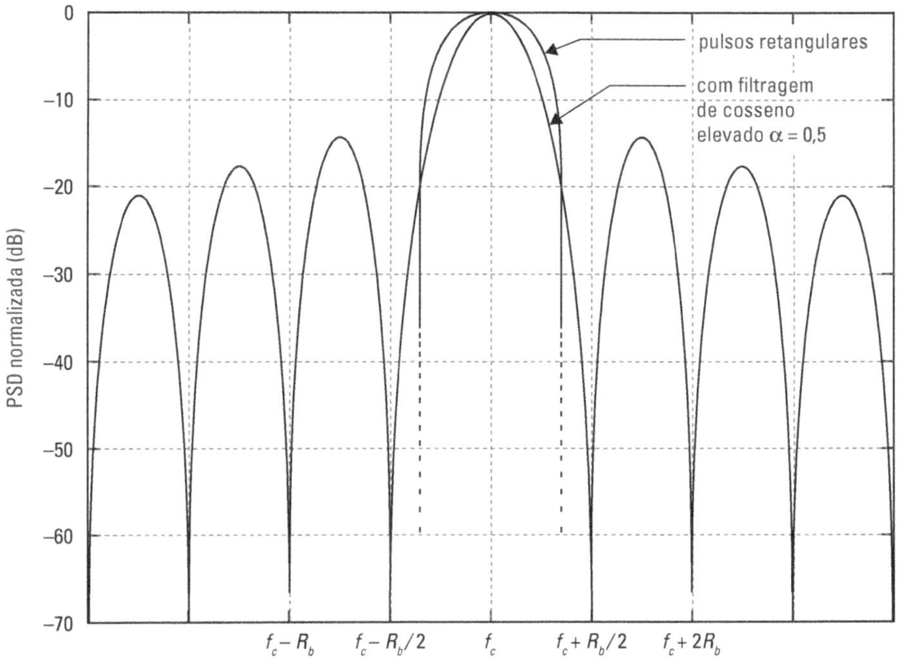

Figura 6.27 Densidade espectral de potência de um sinal QPSK.

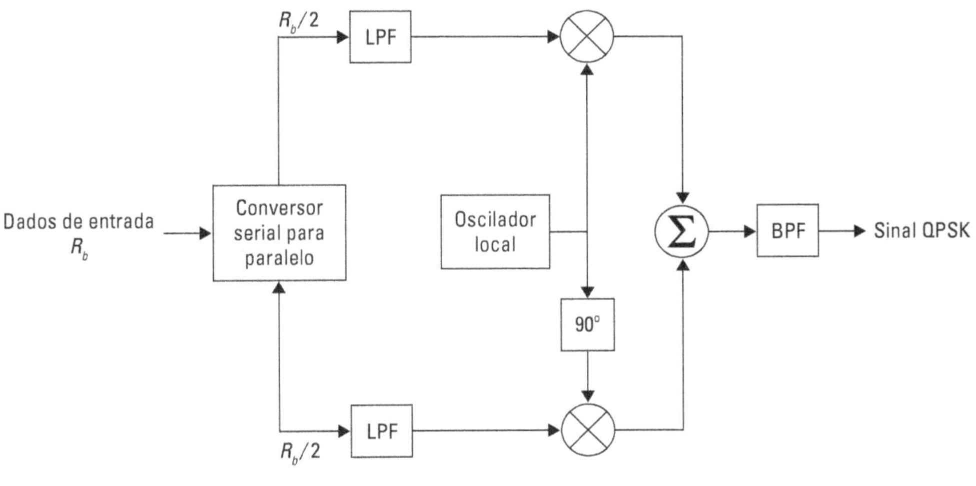

Figura 6.28 Diagrama em blocos de um transmissor QPSK.

dividido em dois fluxos de bits $m_I(t)$ e $m_Q(t)$ (fluxos em fase e de quadratura), cada um tendo uma taxa de bits de $R_s = R_b/2$. O fluxo de bits $m_I(t)$ é chamado fluxo 'par', e $m_Q(t)$ é chamado fluxo 'ímpar'. As duas seqüências binárias são moduladas separadamente por duas portadoras, $\phi_1(t)$ e $\phi_2(t)$, que estão em quadratura. Os dois sinais modulados, cada qual podendo ser considerado um sinal BPSK, são somados para produzir um sinal QPSK. O filtro na saída do modulador confina o espectro de potência do sinal QPSK dentro da banda alocada, o que impede o derramamento da energia do sinal em canais adjacentes, além de remover sinais espúrios fora da banda gerados durante o processo de modulação. Na maioria das implementações, a modelagem de pulso é feita na banda-base para fornecer filtragem de RF na saída do transmissor.

A Figura 6.29 mostra um diagrama de blocos de um receptor QPSK coerente. O filtro de banda de passagem remove o ruído fora da banda e a interferência do canal adjacente. A saída filtrada é dividida em duas partes, e cada parte é demodulada coerentemente usando-se as portadoras em fase e de quadratura. As portadoras coerentes usadas para demodulação são recuperadas a partir do sinal recebido usando-se circuitos de recuperação de portadora do tipo descrito na Figura 6.23. As saídas dos

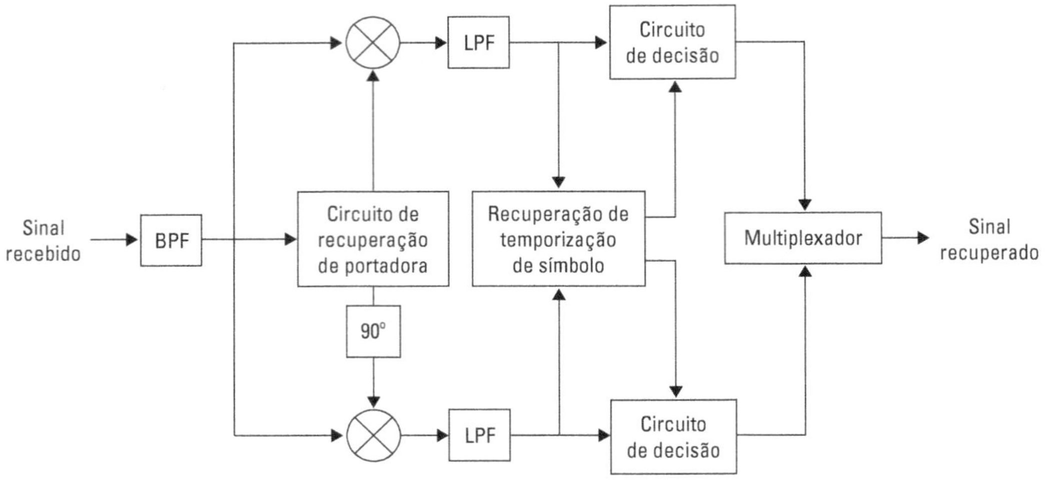

Figura 6.29 Diagrama em blocos de um receptor QPSK.

demoduladores são passadas por circuitos de decisão que geram os fluxos binários em fase e de quadratura. Os dois componentes são então multiplexados para reproduzir a seqüência binária original.

6.8.5 QPSK Deslocado

A amplitude de um sinal QPSK é idealmente constante. Porém, quando os sinais QPSK são em forma de pulso, eles perdem a propriedade de envelope constante. O deslocamento de fase ocasional de π radianos pode fazer com que o envelope de sinal passe por zero por apenas um instante. Qualquer tipo de limitação rígida ou amplificação não-linear das travessias de zero traz de volta os lóbulos laterais filtrados, pois a fidelidade do sinal em pequenos níveis de voltagem é perdida na transmissão. Para impedir a regeneração dos lóbulos laterais e o alargamento espectral, é imperativo que os sinais QPSK que usam modelagem de pulso sejam amplificados usando apenas amplificadores lineares, que são menos eficientes. Uma forma modificada de QPSK, chamada QPSK *Deslocado* [*Off-set QPSK* (OQPSK)] ou QPSK *Disperso* (*Staggered QPSK*) é menos suscetível a esses efeitos nocivos[15] e admite uma amplificação mais eficiente. Ou seja, OQPSK garante que existem menos transições de sinal de banda-base aplicados ao amplificador de RF, o que ajuda a eliminar o recrescimento de espectro após a amplificação.

A sinalização OQPSK é semelhante à sinalização QPSK, conforme representado pela Equação 6.77, exceto para o alinhamento no tempo dos fluxos de bits pares e ímpares. Na sinalização QPSK, as transições de bits dos fluxos de bits pares e ímpares ocorrem nos mesmos instantes do tempo, mas na sinalização OQPSK, os fluxos de bits pares e ímpares, $m_I(t)$ e $m_Q(t)$, são deslocados em seu alinhamento relativo por um período de bit (meio período de símbolo). Isso é mostrado nas formas de onda da Figura 6.30.

Devido ao alinhamento no tempo de $m_I(t)$ e $m_Q(t)$ no QPSK padrão, as transições de fase ocorrem apenas uma vez a cada $T_s = 2T_b$ s, e serão no máximo 180° se houver uma mudança no valor de $m_I(t)$ e $m_Q(t)$. Porém, na sinalização OQPSK, as transições de bits (e, portanto, as transições de fase) ocorrem a cada T_b s. Como os instantes de transição de $m_I(t)$ e $m_Q(t)$ são deslocados em qualquer momento, somente um dos dois fluxos de bits pode mudar de valor. Isso implica que o deslocamento de fase máximo do sinal transmitido em determinado momento é limitado a ±90°. Logo, alternando as fases com mais freqüência (ou seja, a cada T_b s em vez de $2T_b$ s), a sinalização OQPSK elimina as transições de fase de 180°.

Como as transições de fase de 180° foram eliminadas, a limitação de banda (ou seja, a modelagem de pulsos) do OQPSK não faz com que o envelope de sinal vá para zero. Obviamente, haverá alguma quantidade de ISI causada pelo processo de limitação de banda, especialmente nos pontos de transição de fase de 90°. Mas as variações de envelope são consideravelmente menores, daí a limitação rígida ou a amplificação não-linear dos sinais OQPSK não regenerarem os lóbulos laterais de alta freqüência tanto quanto no QPSK. Assim, a ocupação espectral é significativamente reduzida, enquanto permite a amplificação de RF mais eficiente.

O espectro de um sinal OQPSK é idêntico ao de um sinal QPSK, portanto, os dois sinais ocupam a mesma largura de banda. O alinhamento disperso dos fluxos de bits pares e ímpares não muda a natureza do espectro. OQPSK retém sua natureza de banda limitada mesmo depois da amplificação não-linear, portanto, é muito atraente para sistemas de comunicação móvel, onde a eficiência da largura de banda e amplificadores não-lineares eficientes são críticos para o baixo dreno de potência. Além do mais, sinais OQPSK parecem funcionar melhor do que QPSK na presença de *jitter* de fase, devido aos sinais de referência com ruído no receptor[16].

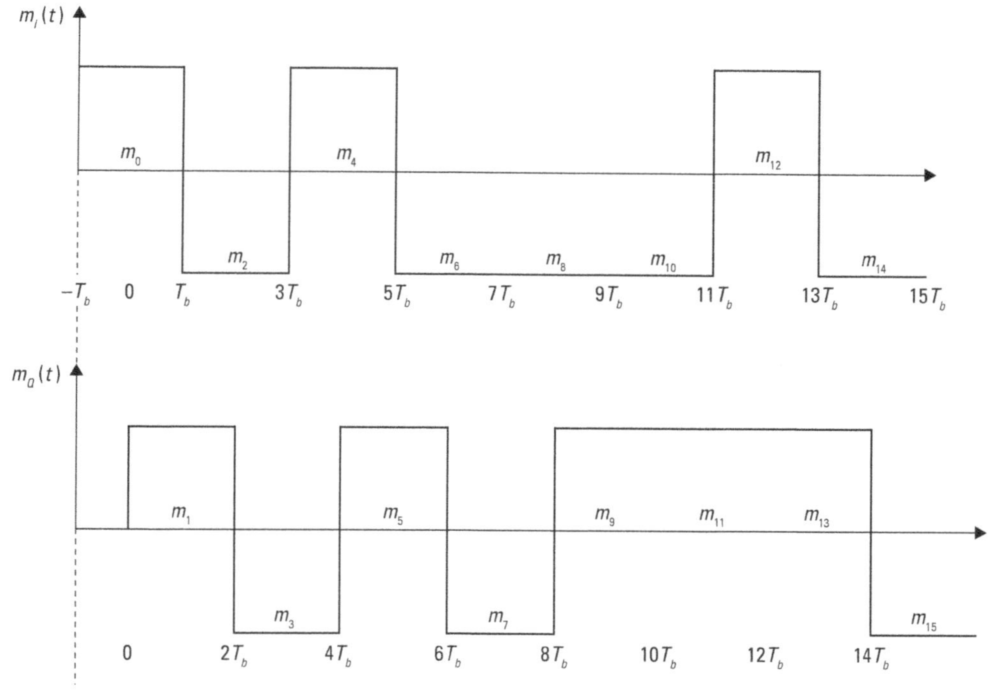

Figura 6.30 As formas de onda de deslocamento de tempo que são aplicadas aos braços em fase e de quadratura de um modulador OQPSK. Observe que um deslocamento de meio símbolo é utilizado.

6.8.6 QPSK $\pi/4$

A modulação QPSK deslocada em $\pi/4$ é uma técnica de chaveamento por deslocamento de fase em quadratura que oferece um meio-termo entre OQPSK e QPSK, com base nas transições de fase máximas permitidas. Ela pode ser demodulada de uma maneira coerente ou não-coerente. No QPSK $\pi/4$, a mudança de fase máxima é limitada a $\pm 135°$, em comparação com os 180° para QPSK e 90° para OQPSK. Logo, o sinal QPSK $\pi/4$ de banda limitada preserva a propriedade de envelope constante melhor do que o QPSK de banda limitada, mas é mais suscetível a variações de envelope do que OQPSK. Um recurso extremamente atraente do QPSK $\pi/4$ é que ele pode ser detectado de modo não-coerente, o que simplifica bastante o projeto do receptor. Além do mais, foi descoberto que, na presença do espalhamento de caminho múltiplo e de atenuação, o QPSK $\pi/4$ funciona melhor que o OQPSK[17]. Freqüentemente, sinais QPSK $\pi/4$ são codificados diferencialmente para facilitar a implementação da detecção diferencial ou demodulação coerente com ambigüidade de fase na portadora recuperada. Quando codificado diferencialmente, o QPSK $\pi/4$ é chamado DQPSK $\pi/4$.

Em um modulador QPSK $\pi/4$, os pontos de sinalização do sinal modulado são selecionados a partir de duas constelações QPSK que são deslocadas de $\pi/4$ uma em relação à outra. A Figura 6.31 mostra as duas constelações com a constelação combinada, onde as ligações entre dois pontos de sinal indicam as possíveis transições de fase. Alternando entre duas constelações, cada bit sucessivo garante que existe pelo menos um deslocamento de fase que é um múltiplo inteiro de $\pi/4$ radianos entre símbolos sucessivos. Isso garante que existe uma transição de fase para cada símbolo, o que permite que um receptor realize a recuperação de tempo e o sincronismo.

6.8.7 Técnicas de transmissão QPSK $\pi/4$

Um diagrama de blocos de um transmissor QPSK $\pi/4$ genérico aparece na Figura 6.32. O fluxo de bits de entrada é particionado por um conversor serial-para-paralelo (S/P) em dois fluxos de dados paralelos $m_{I,k}$ e $m_{Q,k}$, cada um com uma taxa de símbolos igual à metade da taxa de bits de chegada. Os k-ésimos pulsos em fase e de quadratura, I_k e Q_k, são produzidos na saída do circuito de mapeamento de sinal no tempo $kT \le t \le (k+1)T$ e são determinados por seus valores anteriores, I_{k-1} e Q_{k-1}, bem como θ_k, que por si só é uma função de ϕ_k, que é uma função dos símbolos de entrada atuais m_{Ik} e m_{Qk}. I_k e Q_k representam pulsos retangulares da duração de um símbolo, tendo amplitudes dadas por

$$I_k = \cos\theta_k = I_{k-1}\cos\phi_k - Q_{k-1}\,\text{sen}\,\phi_k \qquad (6.81)$$

$$Q_k = \text{sen}\,\theta_k = I_{k-1}\,\text{sen}\,\phi_k + Q_{k-1}\cos\phi_k \qquad (6.82)$$

onde

$$\theta_k = \theta_{k-1} + \phi_k \qquad (6.83)$$

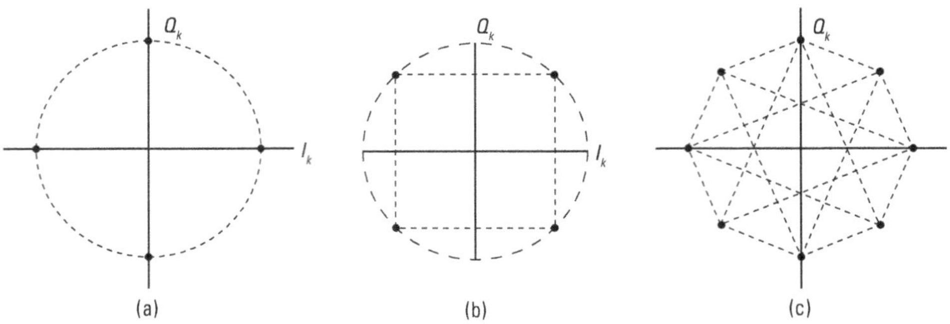

Figura 6.31 Diagrama de constelação de um sinal QPSK π/4: a) estados possíveis para θ_k quando $\theta_{k-1} = n\,\pi/4$; b) estados possíveis quando $\theta_{k-1} = n\,\pi/2$; c) todos os estados possíveis.

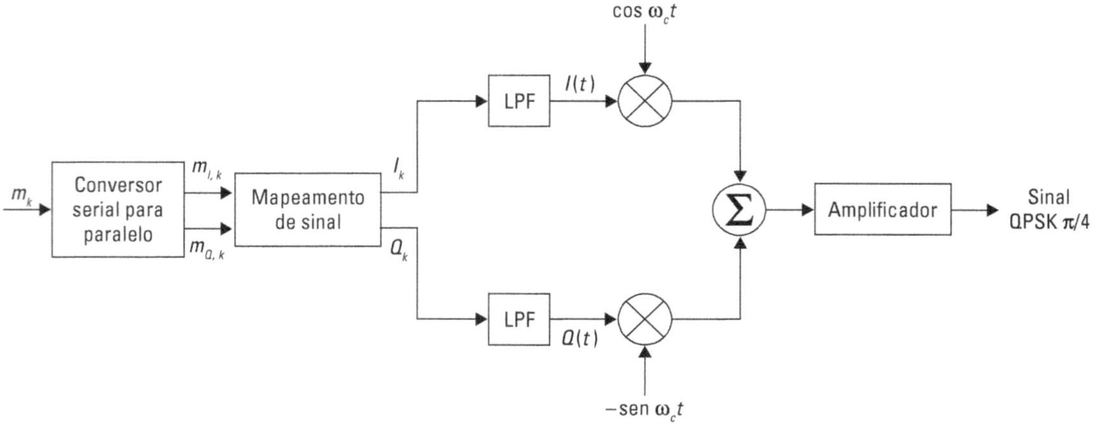

Figura 6.32 Transmissor QPSK π/4 genérico.

e ϕ_k e ϕ_{k-1} são fases dos símbolos de ordem k e $k - 1$. O deslocamento de fase está relacionado aos símbolos de entrada e de acordo com a Tabela 6.2.

Assim como em um modulador QPSK, os fluxos de bits em fase e de quadratura I_k e Q_k são então modulados separadamente por duas portadoras que estão em quadratura uma com a outra, para produzir a forma de onda QPSK π/4 dada por

$$s_{\pi/4\text{QPSK}}(t) = I(t)\cos\omega_c t - Q(t)\,\text{sen}\,\omega_c t \qquad (6.84)$$

onde

$$I(t) = \sum_{k=0}^{N-1} I_k p(t - kT_s - T_s/2) = \sum_{k=0}^{N-1} \cos\theta_k p(t - kT_s - T_s/2) \qquad (6.85)$$

$$Q(t) = \sum_{k=0}^{N-1} Q_k p(t - kT_s - T_s/2) = \sum_{k=0}^{N-1} \text{sen}\,\theta_k p(t - kT_s - T_s/2) \qquad (6.86)$$

I_k e Q_k normalmente são passados por filtros de modelagem de pulso de cosseno elevado com coeficiente de rolamento antes da modulação, a fim de reduzir a ocupação de largura de banda. A função $p(t)$ nas equações 6.85 e 6.86 corresponde à forma do pulso, e T_s é o período de símbolo. A modelagem de pulso também reduz o problema de restauração espectral que pode ser significativo em sistemas amplificados totalmente saturados, não-lineares. Deve-se observar que os valores de Ik e Qk e a amplitude de pico das formas de onda $I(t)$ e $Q(t)$ podem assumir um de cinco valores possíveis, $0, +1, -1, +1/\sqrt{2}, -1/\sqrt{2}$.

Tabela 6.2 Deslocamentos de fase da portadora correspondentes a diversos pares de bits de entrada[18]

Bits de informação m_{Ik}, m_{Qk}	Deslocamento de fase ϕ_k
1 1	π/4
0 1	3π/4
0 0	−3π/4
1 0	−π/4

Exemplo 6.9

Considere $\theta_0 = 0°$. O fluxo de bits 0 0 1 0 1 1 deve ser enviado usando-se DQPSK $\pi/4$. Os bits mais à esquerda são aplicados ao transmissor primeiro. Determine a fase de θ_k, e os valores de I_k, Q_k durante a transmissão.

Solução

Dado $\theta_0 = 0°$, os dois primeiros bits são 0 0, o que implica que

$\theta_1 = \theta_0 + \phi_1 = -3\pi/4$ pela Tabela 6.2.

Isso implica que I_1, Q_1 são (–0,707, –0,707) nas equações 6.81 e 6.82. Os dois bits seguintes são 1 0, que são mapeados pela Tabela 6.2 para $\phi_2 = -\pi/4$. Assim, pela Equação 6.83, θ_2 torna-se $-\pi$, e I_2, Q_2 são (–1, 0) pela Equação 6.81. Os bits 1 1 induzem $\phi_3 = -\pi/4$ e, assim, $\theta_3 = -3\pi/4$. Assim, I_3, Q_3 são (–0,707, –0,707).

Pela discussão anterior, fica claro que a informação em um sinal QPSK está completamente contida na diferença de fase ϕ_k da portadora entre dois símbolos adjacentes. Como a informação está completamente contida na diferença de fase, é possível usar a detecção diferencial não-coerente mesmo na ausência da codificação diferencial.

6.8.8 Técnicas de detecção QPSK $\pi/4$

Devido à facilidade da implementação em hardware, a detecção diferencial normalmente é empregada para demodular sinais QPSK $\pi/4$. Em um canal AWGN, o desempenho BER de um QPSK $\pi/4$ detectado diferencialmente é aproximadamente 3 dB inferior ao QPSK, enquanto o QPSK $\pi/4$ detectado coerentemente tem o mesmo desempenho de erro do QPSK. Em canais de atenuação de Rayleigh velozes, com baixa taxa de bits, a detecção diferencial oferece um piso de erro inferior, pois não conta com o sincronismo de fase[19]. Existem diversos tipos de técnicas de detecção que são usadas para a detecção de sinais QPSK $\pi/4$. Entre elas estão *detecção diferencial de banda-base, detecção diferencial de IF*, e *detecção discriminadora de FM*. Embora os detectores de banda-base e diferencial de IF determinem as funções de cosseno e seno da diferença de fase, e depois decidam sobre a diferença de fase de acordo com elas, o discriminador de FM detecta a diferença de fase diretamente, de maneira não-coerente. É interessante que as simulações mostraram que todas as três estruturas de receptor oferecem desempenhos de taxa de erro de bit muito semelhantes, embora existam questões de implementação que são específicas a cada técnica[20].

Detecção diferencial de banda-base

A Figura 6.33 mostra um diagrama de blocos de um detector diferencial de banda-base. O sinal QPSK recebido é demodulado por quadratura usando dois sinais de oscilador local que têm a mesma freqüência que a portadora não modulada no transmissor, mas não necessariamente a mesma fase. Se $\phi_k = \text{tg}^{-1}(Q_k/I_k)$ é a fase da portadora devido ao k-ésimo bit de dados, a saída w_k e z_k dos dois filtros passa baixa nos braços em fase e de quadratura do demodulador pode ser expressa como

$$w_k = \cos(\phi_k - \gamma) \tag{6.87}$$

$$z_k = \text{sen}(\phi_k - \gamma) \tag{6.88}$$

onde γ é um deslocamento de fase devido a ruído, propagação e interferência. A fase é considerada mudando muito mais lentamente do que ϕ_k, de modo que é basicamente uma constante. As duas seqüências, w_k e z_k, são passadas por um decodificador diferencial que opera sobre a regra a seguir.

$$x_k = w_k w_{k-1} + z_k z_{k-1} \tag{6.89}$$

$$y_k = z_k w_{k-1} - w_k z_{k-1} \tag{6.90}$$

A saída do decodificador diferencial pode ser expressa como

$$\begin{aligned} x_k &= \cos(\phi_k - \gamma)\cos(\phi_{k-1} - \gamma) \\ &+ \text{sen}(\phi_k - \gamma)\text{sen}(\phi_{k-1} - \gamma) = \cos(\phi_k - \phi_{k-1}) \end{aligned} \tag{6.91}$$

$$\begin{aligned} y_k &= \text{sen}(\phi_k - \gamma)\cos(\phi_{k-1} - \gamma) \\ &+ \cos(\phi_k - \gamma)\text{sen}(\phi_{k-1} - \gamma) = \text{sen}(\phi_k - \phi_{k-1}) \end{aligned} \tag{6.92}$$

A saída do decodificador diferencial é aplicada ao circuito de decisão, que usa a Tabela 6.2 para determinar

$$S_I = 1, \text{ se } x_k > 0 \quad \text{ou} \quad S_I = 0, \text{ se } x_k < 0 \tag{6.93}$$

$$S_Q = 1, \text{ se } y_k > 0 \quad \text{ou} \quad S_Q = 0, \text{ se } y_k < 0 \tag{6.94}$$

onde S_I e S_Q são os bits detectados nos braços em fase e de quadratura, respectivamente.

É importante garantir que a freqüência do oscilador do receptor local é igual à freqüência da portadora do transmissor, e que não flutua. Qualquer flutuação na freqüência da portadora causará uma flutuação na fase de saída, o que levará à degradação da BER.

Exemplo 6.10

Usando o sinal QPSK $\pi/4$ do Exemplo 6.9, demonstre como o sinal recebido é detectado corretamente usando um detector diferencial de banda-base.

Solução

Suponha que transmissor e receptor estejam perfeitamente travados em fase, e que o receptor tenha um ganho

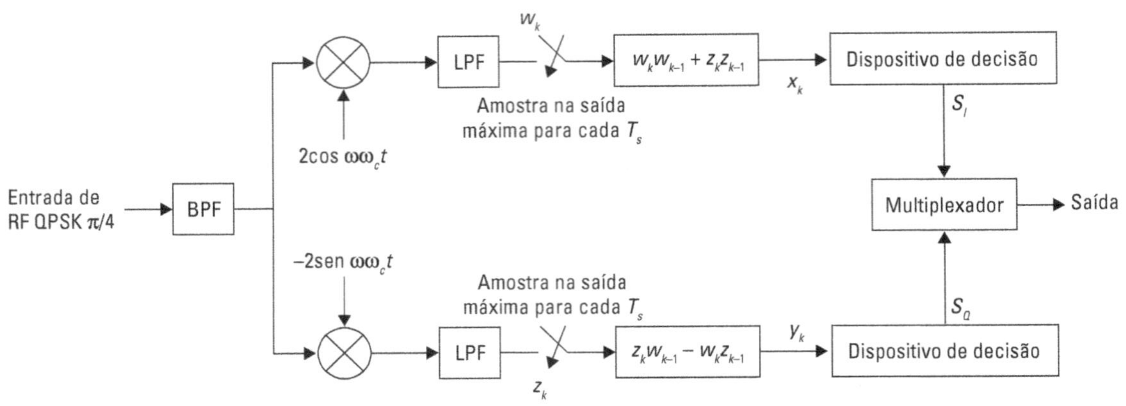

Figura 6.33 Diagrama de blocos de um detector diferencial de banda base (de Feher© IEEE).[21]

de dois. Usando as equações 6.91 e 6.92, a diferença de fase entre as três fases transmitidas gera $(x_1, y_1) = (-0{,}707; -0{,}707)$; $(x_2, y_2) = (0{,}707; -0{,}707)$; $(x_3, y_3) = (0{,}707; 0{,}707)$. Aplicando as regras de decisão das equações 6.93 e 6.94, o fluxo de bits detectado é $(S_1, S_2, S_3, S_4, S_5, S_6) = (0, 0, 1, 0, 1, 1)$.

Detector diferencial de IF

O detector diferencial de IF mostrado na Figura 6.34 evita a necessidade de um oscilador local usando uma linha de atraso e dois detectores de fase. O sinal recebido é convertido para IF e filtrado pela banda de passagem. O filtro da banda de passagem é projetado para combinar com a forma do pulso transmitido, de modo que a fase da portadora é preservada e a potência do ruído, minimizada. Para minimizar o efeito da ISI e do ruído, a largura de banda dos filtros é escolhida como $0{,}57/T_s$.[22] O sinal de IF recebido é decodificado diferencialmente usando-se uma linha de atraso e dois misturadores. A largura de banda do sinal na saída do detector diferencial é o dobro da largura do sinal de banda base na extremidade do transmissor.

Discriminador de FM

A Figura 6.35 mostra um diagrama de blocos de um detector discriminador de FM para QPSK π/4. O sinal de entrada é primeiro filtrado usando-se um filtro de banda de passagem que corresponde ao sinal transmitido. O sinal filtrado é então limitado rigidamente a fim de remover quaisquer flutuações de envelope. Tal limitação rígida preserva as mudanças de fase no sinal de entrada, portanto, nenhuma informação é perdida. O discriminador de FM extrai o desvio de freqüência instantâneo do sinal recebido

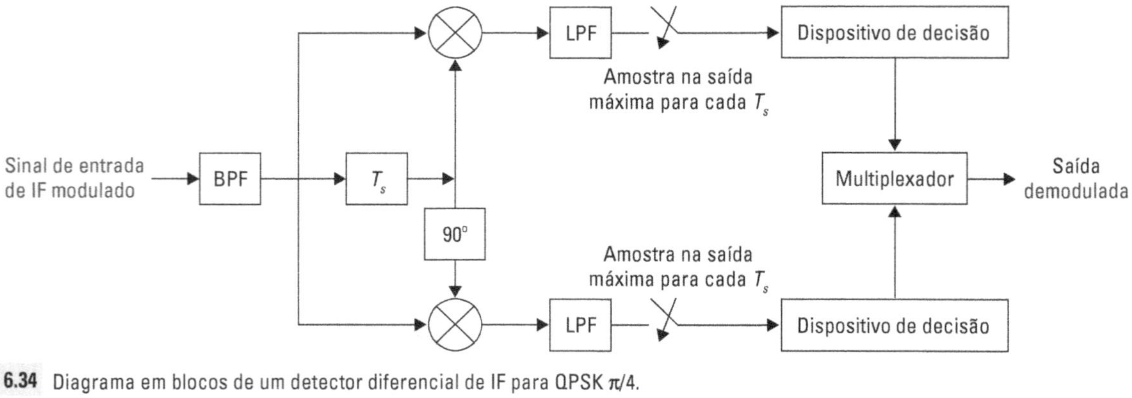

Figura 6.34 Diagrama em blocos de um detector diferencial de IF para QPSK π/4.

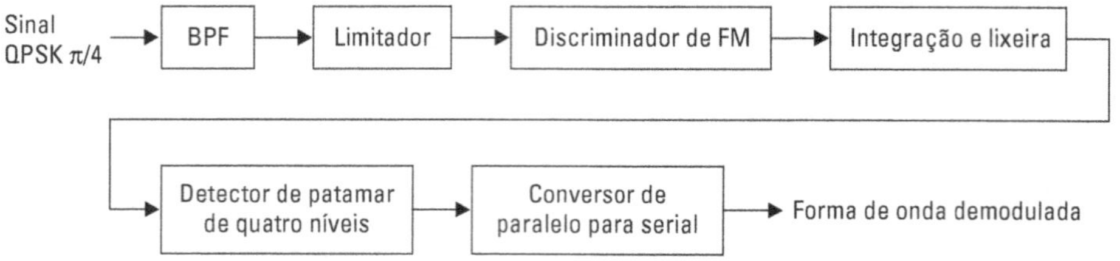

Figura 6.35 Detector discriminador de FM para a demodulação DQPSK π/4.

que, quando integrado sobre cada período de símbolo, gera a diferença de fase entre dois instantes de amostragem. A diferença de fase é então detectada por um comparador de patamar de quatro níveis para obter o sinal original. A diferença de fase também pode ser detectada usando-se um detector de fase de módulo 2π. O detector de fase de módulo 2π melhora o desempenho BER e reduz o efeito de ruído de clique[23].

6.9 Modulação com envelope constante

Muitos sistemas práticos de comunicação por rádio móvel utilizam métodos de modulação não-lineares, onde a amplitude da portadora é constante, não importa a variação no sinal modulante. A família de modulações com envelope constante tem a vantagem de satisfazer uma série de condições[24], algumas das quais são:

- Amplificadores classe C eficientes em termos de potência podem ser usados sem introduzir degradação na ocupação de espectro do sinal transmitido.
- Uma baixa radiação fora de banda da ordem de –60 dB a –70 dB pode ser alcançada.
- A detecção de discriminador-limitador pode ser utilizada, o que simplifica o projeto do receptor e oferece alta imunidade contra ruído de FM aleatório e flutuações de sinal devidas à atenuação de Rayleigh.

Embora modulações de envelope constante tenham muitas vantagens, elas ocupam uma largura de banda maior do que os esquemas de modulação lineares. Em situações onde a eficiência da largura de banda é mais importante do que a eficiência de potência, a modulação de envelope constante não é adequada.

6.9.1 Chaveamento por Deslocamento de Freqüência Binário (BFSK)

No Chaveamento por Deslocamento de Freqüência Binário [*Binary Frequency Shift Keying* (BFSK)], a freqüência de um sinal de portadora de amplitude constante é alternada entre dois valores, de acordo com os dois estados de mensagem possíveis (chamados tons *alto* e *baixo*), correspondendo a um binário 1 ou 0. Dependendo de como as variações de freqüência são comunicadas à forma de onda transmitida, o sinal FSK terá uma fase descontínua ou contínua entre os bits. Em geral, um sinal FSK pode ser representado como

$$s_{FSK}(t) = v_H(t) = \sqrt{\frac{2E_b}{T_b}}\cos(2\pi f_c + 2\pi\Delta f)t \qquad 0 \le t \le T_b \text{ (binário 1)} \tag{6.95.a}$$

$$s_{FSK}(t) = v_L(t) = \sqrt{\frac{2E_b}{T_b}}\cos(2\pi f_c - 2\pi\Delta f)t \qquad 0 \le t \le T_b \text{ (binário 0)} \tag{6.95.b}$$

onde $2\pi\Delta f$ é um deslocamento constante da freqüência nominal da portadora.

Um modo óbvio de gerar um sinal FSK é alternar entre dois osciladores independentes de acordo com o bit de dados, 0 ou 1. Normalmente, essa forma de geração de FSK resulta em uma forma de onda que é descontínua nos momentos de chaveamento, e por esse motivo esse tipo de FSK é chamado FSK *descontínuo*. Um sinal FSK descontínuo é representado como

$$s_{FSK}(t) = v_H(t) = \sqrt{\frac{2E_b}{T_b}}\cos(2\pi f_H t + \theta_1) \qquad 0 \le t \le T_b \text{ (binário 1)} \tag{6.96.a}$$

$$s_{FSK}(t) = v_L(t) = \sqrt{\frac{2E_b}{T_b}}\cos(2\pi f_L t + \theta_2) \qquad 0 \le t \le T_b \text{ (binário 0)} \tag{6.96.b}$$

Como as descontinuidades de fase impõem sérios problemas, como o espalhamento espectral e transmissões espúrias, esse tipo de FSK geralmente não é usado em sistemas sem fio altamente regulados.

O método mais comum de geração de um sinal FSK é modular a freqüência de um único oscilador de portadora usando a forma de onda da mensagem. Esse tipo de modulação é semelhante à geração analógica de FM, exceto que o sinal modulante é uma forma de onda binária. Portanto, FSK pode ser representado como

$$\begin{aligned} s_{FSK}(t) &= \sqrt{\frac{2E_b}{T_b}}\cos[2\pi f_c t + \theta(t)] \\ &= \sqrt{\frac{2E_b}{T_b}}\cos\left[2\pi f_c t + 2\pi k_f \int_{-\infty}^{t} m(\eta)d\eta\right] \end{aligned} \tag{6.97}$$

Deve-se observar que, embora a forma de onda modulante $m(t)$ seja descontínua em transições de bits, a função de fase $\theta(t)$ é proporcional à integral de $m(t)$ e contínua.

Espectro e largura de banda de sinais BFSK

Como o envelope complexo de um sinal FSK é uma função não-linear do sinal da mensagem $m(t)$, a avaliação dos espectros de um sinal FSK, em geral, é bastante complicada, e normalmente é realizada usando-se medições reais com média de tempo. A densidade espectral de potência de um sinal FSK binário consiste em componentes de freqüência discretos em f_c, $f_c + n\Delta f$, $f_c - n\Delta f$, onde n é um inteiro. Pode-se demonstrar que a PSD de um FSK de fase contínua por fim cai como a quarta potência inversa do deslocamento de freqüência de f_c. Porém, se houver descontinuidades de fase, a PSD cai como o quadrado inverso do deslocamento de freqüência de f_c[25].

A largura de banda de transmissão B_T de um sinal FSK é dada pela regra de Carson como

$$B_T = 2\Delta f + 2B \quad (6.98)$$

onde B é a largura de banda do sinal de banda base digital. Supondo que a primeira largura de banda nula seja usada, a largura de banda dos pulsos retangulares é $B = R$. Logo, a largura de banda de transmissão de FSK torna-se

$$B_T = 2(\Delta f + R) \quad (6.99)$$

Se um filtro de modelagem de pulso cosseno elevado for utilizado, então a largura de banda da transmissão se reduz a

$$B_T = 2\Delta f + (1 + \alpha)R \quad (6.100)$$

onde α é o coeficiente de rolamento do filtro.

Detecção coerente de FSK binário

Um diagrama de blocos de um esquema de detecção coerente para a demodulação de sinais FSK binários aparece na Figura 6.36. O receptor mostrado é o detector ideal para FSK binário coerente na presença de ruído branco aditivo gaussiano. Ele consiste em dois correlacionadores que recebem sinais de referência coerentes gerados no local. A diferença das saídas do correlacionador é então comparada com um comparador de patamar. Se o sinal de diferença tiver um valor maior que o patamar, o receptor decide em favor de um 1; caso contrário, ele decide em favor de um 0.

Pode-se demonstrar que a probabilidade de erro para um receptor FSK coerente é dada por

$$P_{e,\,\mathrm{FSK}} = Q\left(\sqrt{\frac{E_b}{N_0}}\right) \quad (6.101)$$

Detecção não-coerente de FSK binário

Diferentemente do chaveamento por deslocamento de fase, é possível detectar sinais FSK na presença de ruído sem usar uma referência de portadora coerente. Um diagrama de blocos de um receptor FSK não-coerente aparece na Figura 6.37. O receptor consiste em um par de filtros combinados, seguido por detectores de envelope. O filtro no caminho superior é combinado com o sinal FSK de freqüência f_H, e o filtro no caminho inferior é combinado com o sinal de freqüência f_L. Esses filtros combinados funcionam como filtros de banda de passagem centralizados em f_H e f_L, respectivamente. As saídas dos detectores de envelope são amostradas a cada $t = kT_b$, onde k é um inteiro, e seus valores comparados. Dependendo da magnitude da saída do detector de envelope, o comparador decide se o bit de dados foi 1 ou 0.

A probabilidade média de erro de um sistema FSK empregando detecção não-coerente é dada por

$$P_{e,\,\mathrm{FSK,\,NC}} = \frac{1}{2}\exp\left(-\frac{E_b}{2N_0}\right) \quad (6.102)$$

6.9.2 Chaveamento por Deslocamento Mínimo (MSK)

O Chaveamento por Deslocamento Mínimo (MSK) é um tipo especial de *chaveamento por deslocamento contínuo de fase-freqüência* (CPFSK), onde o desvio da freqüência de pico é igual à taxa de bits. Em outras palavras, MSK é FSK de fase contínua com um índice de modulação de 0,5. O índice de modulação de um sinal FSK é semelhante ao índice de modulação de FM, e é definido como $k_{\mathrm{FSK}} = (2\Delta F)/R_b$, onde ΔF é o desvio de freqüência de RF de pico e R_b é a taxa de bits. Um índice de modulação de 0,5 corresponde ao espaçamento de freqüência mínimo que permite que dois sinais FSK sejam coerentemente ortogonais, e o nome chaveamento por deslocamento mínimo implica a separação de freqüência mínima (ou seja, largura de banda) que permite a detecção ortogonal. Dois sinais FSK $v_H(t)$ e $v_L(t)$ são considerados ortogonais se

$$\int_0^T v_H(t)\, v_L(t)\, dt = 0 \quad (6.103)$$

O MSK às vezes é chamado de *fast FSK*, pois o espaçamento de freqüência usado é apenas metade do que é usado no FSK não-coerente convencional[26].

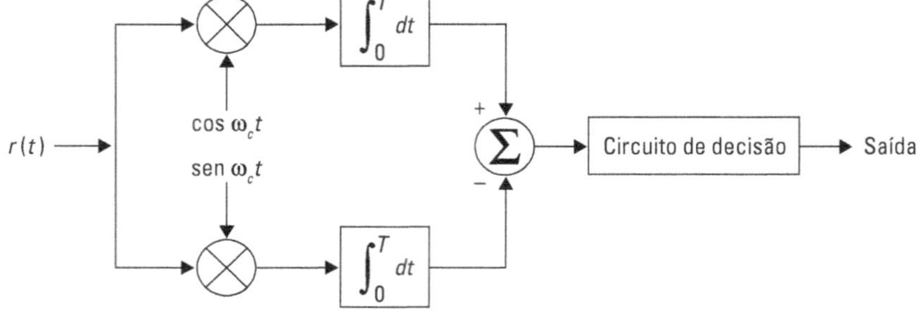

Figura 6.36 Detecção coerente de sinais FSK.

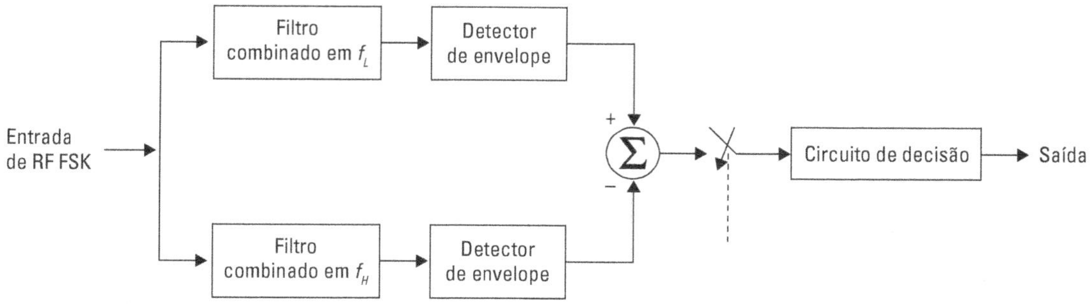

Figura 6.37 Diagrama em blocos do receptor FSK não-coerente.

MSK é um esquema de modulação espectralmente eficiente, sendo particularmente atraente para uso em sistemas de comunicação de rádio móvel. Ele possui propriedades como envelope constante, eficiência espectral, bom desempenho BER e capacidade de autosincronização.

Um sinal MSK pode ser imaginado como uma forma especial de OQPSK, onde os pulsos retangulares de banda base são substituídos por pulsos meio-senoidais[27]. Esses pulsos possuem formas como o arco de St. Louis durante um período de $2T_b$. Considere o sinal OQPSK com o deslocamento dos fluxos de bits conforme mostra a Figura 6.30. Se pulsos meio-senoidais forem usados em vez de pulsos retangulares, o sinal modificado pode ser definido como MSK, e para um fluxo de N bits é dado por

$$s_{\mathrm{MSK}}(t) = \sum_{i=0}^{N-1} m_{I_i}(t)p(t-2iT_b)\cos 2\pi f_c t + \sum_{i=0}^{N-1} m_{Q_i}(t)p(t-2iT_b-T_b)\,\mathrm{sen}\,2\pi f_c t \tag{6.104}$$

onde

$$p(t) = \begin{cases} \mathrm{sen}\left(\dfrac{\pi t}{2T_b}\right) & 0 \le t \le 2T_b \\ 0 & \text{caso contrário} \end{cases} \tag{6.105}$$

e onde $m_I(t)$ e $m_Q(t)$ são os bits 'ímpar' e 'par' do fluxo de dados bipolar que possuem valores de ± 1 e que alimentam os braços em fase e de quadratura do modulador a uma taxa de $R_b/2$. Deve-se observar que há inúmeras variações de MSK existentes na literatura[28]. Por exemplo, enquanto uma versão do MSK usa apenas meias-senóides positivas como forma de pulso básica, outra versão usa meias-senóides alternadas positivas e negativas como forma de pulso básica. Porém, todas as variações do MSK são FSK de fase contínua empregando diferentes técnicas para obter eficiência espectral[29].

A forma de onda MSK pode ser vista como um tipo especial de um FSK de fase contínua se a Equação 6.104 for reescrita usando identidades trigonométricas como

$$s_{\mathrm{MSK}}(t) = \sqrt{\frac{2E_b}{T_b}}\cos\left[2\pi f_c t - m_I(t)\, m_{Q_i}(t)\frac{\pi t}{2T_b} + \phi_k\right] \tag{6.106}$$

onde ϕ_k é 0 ou π, dependendo se $m_I(t)$ é 1 ou −1. Pela Equação 6.106 pode-se deduzir que MSK tem uma amplitude constante. A continuidade de fase nos períodos de transição de bit é garantida escolhendo-se a freqüência de portadora para ser um múltiplo integral de um quarto da taxa de bits, $1/4T$. Comparando a Equação 6.106 com a Equação 6.97, pode-se concluir que o sinal MSK é um sinal FSK com freqüências de sinalização binárias de $f_c + 1/4T$ e $f_c = 1/4T$. Pode-se ver ainda, pela Equação 6.106, que a fase do sinal MSK varia linearmente durante o curso de cada período de bit (veja Proakis e Salehi, Capítulo 10[30]).

Espectro de potência MSK

Pela Equação 6.41, o espectro de potência de RF é obtido deslocando-se a freqüência pela magnitude ao quadrado da transformada de Fourier da função de modelagem de pulso de banda base. Para MSK, a função de modelagem de pulso de banda base é dada por

$$p(t) = \begin{cases} \cos\left(\dfrac{\pi t}{2T}\right) & |t| < T \\ 0 & \text{caso contrário} \end{cases} \tag{6.107}$$

Assim, a densidade espectral de potência normalizada para MSK é dada por[31]

$$P_{\mathrm{MSK}}(f) = \frac{16}{\pi^2}\left(\frac{\cos 2\pi(f+f_c)T}{1{,}16f^2T^2}\right)^2 + \frac{16}{\pi^2}\left(\frac{\cos 2\pi(f-f_c)T}{1{,}16f^2T^2}\right)^2 \tag{6.108}$$

A Figura 6.38 mostra a densidade espectral de potência de um sinal MSK. A densidade espectral de QPSK e OQPSK também são desenhadas para comparação. Pela Figura 6.38, pode-se ver que o espectro MSK tem lóbulos laterais inferiores a QPSK e OQPSK. Noventa e nove por cento da potência MSK está contida dentro de uma largura de banda $B = 1{,}2/T$, enquanto para QPSK e OQPSK, 99% da largura de banda B é igual a $8/T$. O coeficiente de rolamento mais rápido do espectro MSK deve-se ao fato de serem utilizadas funções de pulso mais suaves. A Figura 6.38 também mostra que o lóbulo principal do MSK é mais largo do que o do QPSK e OQPSK, daí, quando comparado em termos da primeira largura de banda nula, MSK é menos eficiente em espectro do que as técnicas de chaveamento por deslocamento de fase[32].

Como não existe mudança brusca na fase nos períodos de transição de bit, a limitação de banda do sinal MSK para atender às especificações fora de banda exigidas não faz com que o envelope passe por zero. O envelope é mantido mais ou menos constante, mesmo após a limitação de banda. Quaisquer variações pequenas no nível do envelope podem ser removidas pela limitação rígida no receptor sem elevar os níveis de radiação fora da banda. Como a amplitude é mantida constante, os sinais MSK podem ser amplificados usando-se amplificadores não-lineares eficientes. A propriedade de fase contínua torna isso altamente desejável para cargas altamente reativas. Além dessas vantagens, MSK possui circuitos simples de demodulação e sincronização. É por esses motivos que MSK é um esquema de modulação popular para comunicações de rádio móvel.

Transmissor e receptor MSK

A Figura 6.39 mostra um modulador MSK típico. Multiplicar um sinal de portadora por $\cos[\pi t/2T]$ produz dois sinais coerentes em fase em $f_c + 1/4T$ e $f_c - 1/4T$. Esses dois sinais FSK são separados usando-se dois fil-

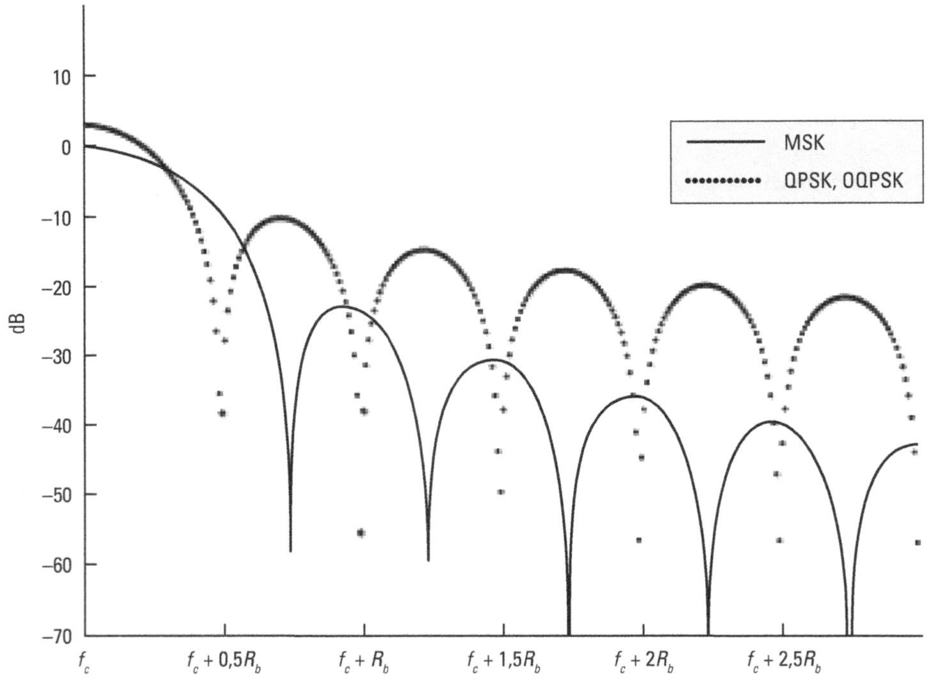

Figura 6.38 Densidade espectral de potência dos sinais MSK comparados com sinais QPSK e OQPSK.

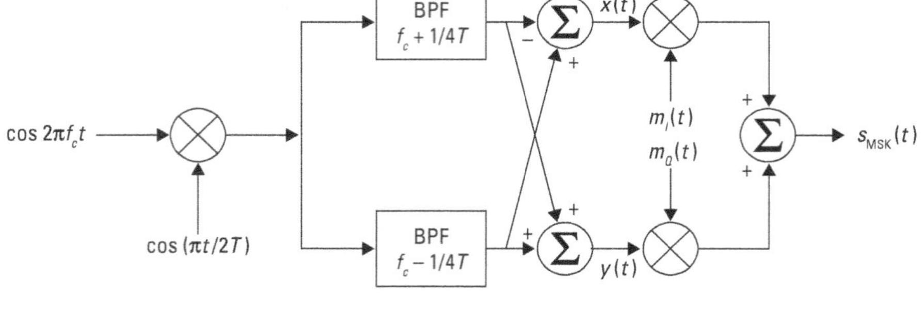

Figura 6.39 Diagrama de blocos de um transmissor MSK. Observe que $m_I(t)$ e $m_Q(t)$ são deslocados por T_b.

tros passa banda estreitos e combinados adequadamente para formar os componentes de portadora em fase e de quadratura $x(t)$ e $y(t)$, respectivamente. Essas portadoras são multiplicadas pelos fluxos de bits ímpar e par, $m_I(t)$ e $m_Q(t)$, para produzir o sinal modulado MSK $s_{MSK}(t)$.

O diagrama de blocos de um receptor MSK aparece na Figura 6.40. O sinal recebido $s_{MSK}(t)$ (na ausência de ruído e interferência) é multiplicado pelas respectivas portadoras em fase e em quadradura $x(t)$ e $y(t)$. A saída dos multiplicadores é integrada por dois períodos de bit e enviada a um circuito de decisão ao final de cada dois períodos de bits. Com base no nível do sinal na saída do integrador, o detector de patamar decide se o sinal é 0 ou 1. Os fluxos de dados de saída correspondem a $m_I(t)$ e $m_Q(t)$, que são combinados por deslocamento para obter o sinal demodulado.

6.9.3 Chaveamento por Deslocamento Mínimo Gaussiano (GMSK)

GMSK é um esquema de modulação binário simples, que pode ser visto como uma derivativa do MSK. Em GMSK, os níveis do lóbulo lateral do espectro são reduzidos ainda mais, passando-se a forma de onda dos dados NRZ modulante por um filtro de modelagem de pulso gaussiano de pré-modulação[33] (ver Seção 6.6.3). A modelagem de pulso gaussiano de banda base suaviza a trajetória de fase do sinal MSK, portanto, estabiliza as variações de freqüência instantâneas. Isso tem o efeito de reduzir consideravelmente os níveis do lóbulo lateral no espectro transmitido.

A filtragem gaussiana de pré-modulação converte o sinal inteiro da mensagem de resposta (onde cada símbolo de banda base ocupa um único período de bit T) em um esquema de resposta parcial, onde cada símbolo transmitido se espalha por vários períodos de bit. Porém, como a modelagem de pulso não faz com que o padrão médio da trajetória de fase se desvie do padrão médio do MSK simples, GMSK pode ser detectado coerentemente como um sinal MSK, ou detectado não coerentemente como FSK simples. Na prática, GMSK é mais atraente por sua excelente eficiência de potência (devido ao envelope constante) e sua excelente eficiência espectral. A filtragem gaussiana de pré-modulação introduz ISI no sinal transmitido, mas pode-se demonstrar que a degradação não é severa se a duração de bit de largura de banda de 3 dB (BT) do produto do filtro for maior que 0,5. GMSK sacrifica a taxa de erro irredutível causada pela sinalização de resposta parcial em troca da eficiência espectral extremamente boa e propriedades de envelope constante.

O filtro de pré-modulação GMSK tem uma resposta a impulso dada por

$$h_G(t) = \frac{\sqrt{\pi}}{\alpha}\exp\left(-\frac{\pi^2}{\alpha^2}t^2\right) \qquad (6.109)$$

e a função de transferência dada por

$$H_G(f) = \exp\left(-\alpha^2 f^2\right) \qquad (6.110)$$

O parâmetro α está relacionado a B, a largura de banda de banda base de 3 dB de $H_G(f)$, por

$$\alpha = \frac{\sqrt{ln2}}{\sqrt{2}B} = \frac{0{,}5887}{B} \qquad (6.111)$$

e o filtro GMSK pode ser definido completamente a partir de B e a duração do símbolo de banda base T. Portanto, é comum definir GMSK por seu produto BT.

A Figura 6.41 mostra o espectro de potência de RF do sinal GMSK simulado para diversos valores de BT. O espectro de potência de MSK, que é equivalente a GMSK com um produto BT infinito, também é mostrado para fins de comparação. Pode-se ver claramente pelo gráfico que, enquanto o produto BT diminui, os níveis de lóbulo lateral caem muito rapidamente. Por exemplo, para um $BT = 0{,}5$, o pico do segundo lóbulo é mais do que 30 dB abaixo do lóbulo principal, enquanto para o MSK simples, o segundo lóbulo é apenas 20 dB abaixo do lóbulo principal. Porém, reduzir o BT aumenta a taxa de erro irredutível produzida pelo filtro passa banda devido à ISI. Como será visto na Seção 6.12, os canais de rádio móvel induzem uma taxa de erro irredutível devido à velocidade da estação móvel, de modo que, *enquanto a taxa de erro irredutível GMSK é menor que a produzida pelo canal móvel, não existe penalidade no uso do GMSK*. A Tabela 6.3 mostra a largura de

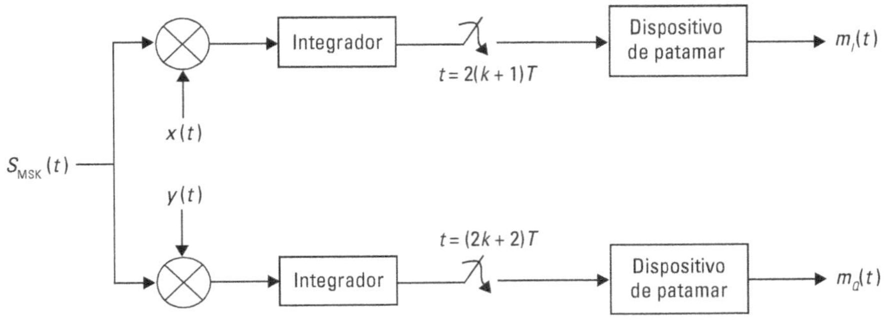

Figura 6.40 Diagrama de blocos de um receptor MSK.

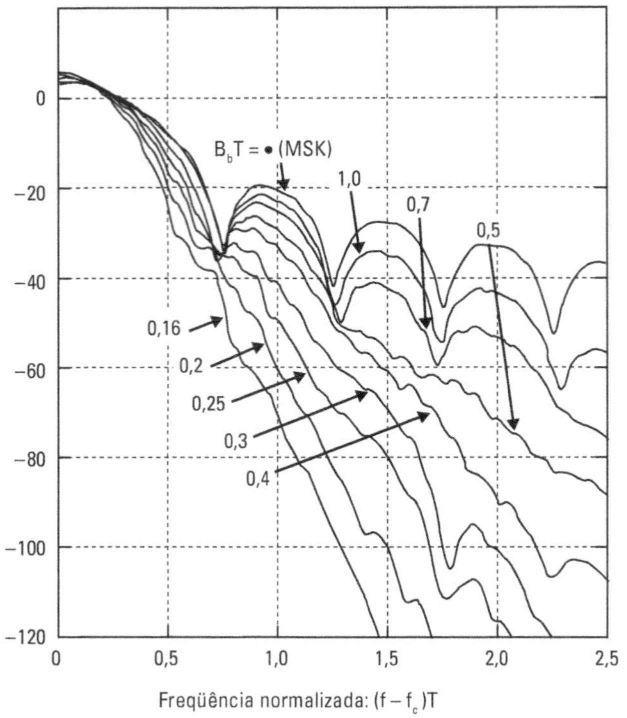

Figura 6.41 Densidade espectral de potência de um sinal GMSK (de Murota e Hirade[34]© IEEE).

Tabela 6.3 Largura de banda de RF ocupada (para GMSK e MSK como uma função de R_b) contendo uma determinada porcentagem de potência[35]. Observe que GMSK é espectralmente mais estreito que MSK

BT	90%	99%	99,9%	99,99%
0,2 GMSK	0,52	0,79	0,99	1,22
0,25 GMSK	0,57	0,86	1,09	1,37
0,5 GMSK	0,69	1,04	1,33	2,08
MSK	0,78	1,20	2,76	6,00

banda ocupada contendo determinada porcentagem de potência em um sinal GMSK como uma função do produto BT.[36]

Enquanto o espectro GMSK torna-se mais e mais compacto com o aumento do valor de BT, a degradação devido à ISI aumenta. Foi mostrado por Ishizuka[37] que a degradação BER devido à ISI causada pela filtragem é mínima para um valor de BT de 0,5887, onde a degradação no E_b/N_0 exigida é apenas 0,14 dB a partir do caso de nenhuma ISI.

Taxa de erro de bit GMSK

A taxa de erro de bit para GMSK foi descoberta inicialmente em Murota e Hirade[38] para canais AWGN e demonstrou oferecer desempenho variando no máximo de 1 dB do desempenho ideal de MSK quando $BT = 0,25$. A probabilidade de erro de bit é uma função de BT, pois a modelagem de pulso impacta a ISI. A probabilidade de erro de bit para GMSK é dada por

$$P_e = Q\left\{\sqrt{\frac{2\gamma E_b}{N_0}}\right\} \qquad (6.112.a)$$

onde γ é uma constante relacionada a BT por

$$\gamma \cong \begin{cases} 0,68 & \text{para GMSK com } BT = 0,25 \\ 0,85 & \text{para MSK simples } (BT = \infty) \end{cases} \qquad (6.112.b)$$

Transmissor e receptor GMSK

A maneira mais simples de gerar um sinal GMSK é passar um fluxo de bits de mensagem NRZ por um filtro de banda base gaussiano com uma resposta ao impulso dada na Equação 6.109, seguido por um modulador de FM. Essa técnica de modulação aparece na Figura 6.42 e atualmente é usada em diversas implementações analógicas e digitais para o sistema CDPD, bem como para o sistema GSM. A Figura 6.42 também pode ser implementada digitalmente usando-se um modulador I/Q padrão.

Sinais GMSK podem ser detectados usando-se detectores coerentes ortogonais, como mostra a Figura 6.43, ou detectores não-coerentes simples, como discriminadores de FM padrão. A recuperação de portadora às vezes é realizada por meio de um método sugerido por deBuda[39], onde a soma de dois componentes de freqüência discretos contidos na saída de um dobrador de freqüência é dividida por quatro. O método de de Buda é semelhante ao laço de Costas, e é equivalente ao de uma PLL com um dobrador de freqüência. Esse tipo de receptor pode ser implementado facilmente usando lógica digital, como mostra a Figura 6.44. Os dois flip-flops *D* atuam como um demodulador de produto em quadratura e as portas XOR atuam como multiplicadores de banda base. As portadoras de referência mutuamente ortogonais são geradas usando-se dois flip-flops *D*, e a freqüência central do VCO é definida como sendo igual a quatro vezes a freqüência central da portadora. Um método não ideal, porém altamente eficaz, para detectar o sinal GMSK é simplesmente amostrar a saída de um demodulador de FM.

Exemplo 6.11

Ache a largura de banda de 3 dB para um filtro passa baixa gaussiano usado para produzir um GMSK 0,25 com uma taxa de dados de canal de R_b = 270 kbps. Qual a largura de

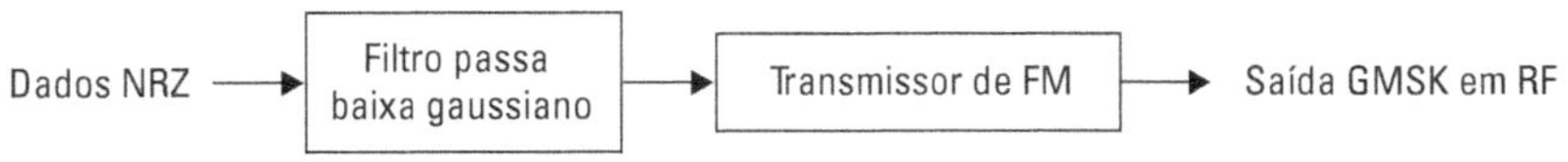

Figura 6.42 Diagrama de blocos de um transmissor GMSK usando geração de FM direta.

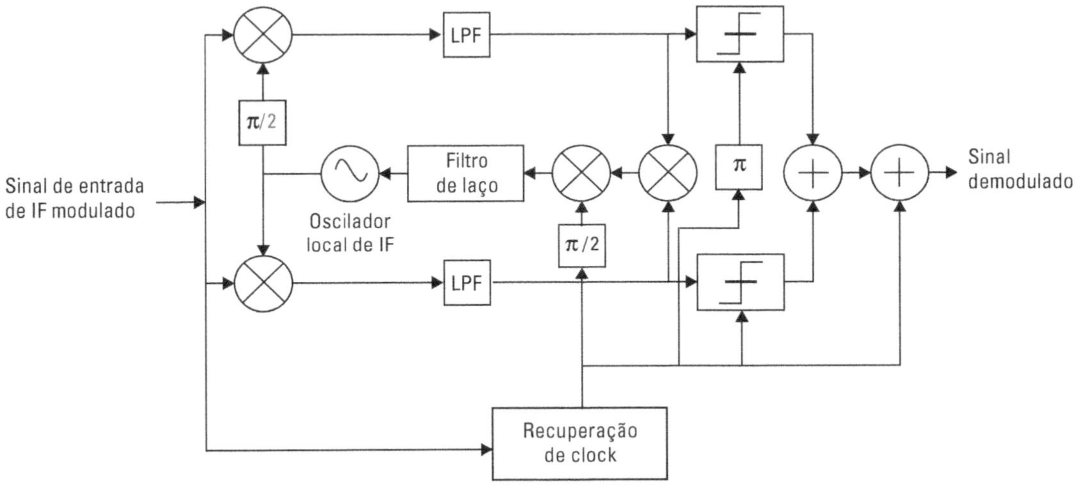

Figura 6.43 Diagrama de blocos de um receptor GMSK.

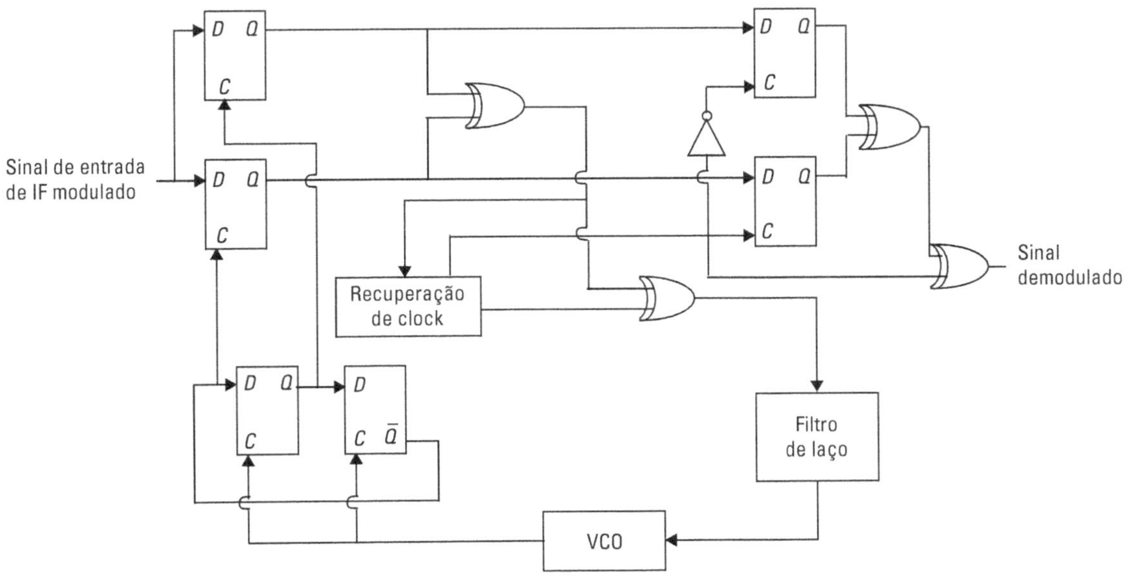

Figura 6.44 Circuito lógico digital para demodulação GMSK (de deBuda[40] © IEEE).

banda de potência a 90% no canal de RF? Especifique o parâmetro de filtro gaussiano α.

Solução

Pela declaração do problema,

$$T = \frac{1}{R_b} = \frac{1}{270 \times 10^3} = 3{,}7\ \mu s$$

Solucionando para B, onde $BT = 0{,}25$,

$$B = \frac{0{,}25}{T} = \frac{0{,}25}{3{,}7 \times 10^{-6}} = 67{,}567\ \text{kHz}$$

Assim, a largura de banda de 3 dB é 67,567 kHz. Para determinar a largura de banda de potência a 90%, use a Tabela 6.3 para descobrir que 0,57 R_b é o valor desejado. Assim, o espectro de RF ocupado para uma largura de banda de potência a 90% é dado por

$$\text{RF } BW = 0{,}57R_b = 0{,}57 \times 270 \times 10^3 = 153{,}9\ \text{kHz}$$

6.10 Técnicas combinadas de modulação de envelope linear e constante

Modernas técnicas de modulação exploram o fato de que os dados de banda-base digitais podem ser enviados variando-se o envelope e a fase (ou freqüência) de uma portadora de RF. Como o envelope e a fase oferecem dois graus de liberdade, essas técnicas de modulação mapeiam dados de banda-base em quatro ou mais sinais de portadora de RF possíveis. Essas técnicas de modulação são chamadas modulação M-árias, pois podem representar mais sinais do que se apenas a amplitude ou a fase fossem variadas isoladamente.

Em um esquema de sinalização M-ário, dois ou mais bits são agrupados para formar símbolos, e um dos M sinais possíveis, $s_1(t)$, $s_2(t)$, ..., $s_M(t)$ é transmitido durante cada período de símbolo de duração T_s. Normalmente, o número de sinais possíveis é $M = 2^n$, onde n é um inteiro. Dependendo se a variação é feita pela amplitude, fase ou freqüência da portadora, o esquema de modulação é denominado ASK M-ário, PSK M-ário ou FSK M-ário. As modulações que alteram amplitude e fase da portadora são assunto de pesquisa em andamento.

A sinalização M-ária é particularmente atraente para uso em canais de banda limitada, mas estes são limitados em suas aplicações devido à sensitividade ao *jitter* de temporização (ou seja, erros de temporização aumentam quando são usadas distâncias menores entre os sinais no diagrama de constelação, o que resulta em um desempenho de erro mais fraco).

Os esquemas de modulação m-ários alcançam melhor eficiência de largura de banda à custa de eficiência de potência. Por exemplo, um sistema 8-PSK requer uma largura de banda que é $\log_2 8 = 3$ vezes menor que um sistema BPSK, enquanto seu desempenho BER é significativamente pior do que BPSK, pois as distâncias dos sinais na constelação de sinal são menores.

6.10.1 Chaveamento por Deslocamento de Fase M-ário (MPSK)

No PSK M-ário, a fase da portadora assume um dos M valores possíveis, a saber, $\theta_i = 2(i-1)\pi/M$, onde $i = 1, 2, ..., M$. A forma de onda modulada pode ser expressa como

$$s_i(t) = \sqrt{\frac{2E_s}{T_s}}\cos\left(2\pi f_c t + \frac{2\pi}{M}(i-1)\right) \qquad 0 \le t \le T_s \quad i = 1, 2, ..., M \tag{6.113}$$

onde $E_s = (\log_2 M)E_b$ é a energia por símbolo e $T_s = (\log_2 M)T_b$ é o período de símbolos. A equação acima pode ser reescrita em forma de quadratura como

$$s_i(t) = \sqrt{\frac{2E_s}{T_s}}\cos\left[(i-1)\frac{2\pi}{M}\right]\cos(2\pi f_c t) - \sqrt{\frac{2E_s}{T_s}}\,\text{sen}\left[(i-1)\frac{2\pi}{M}\right]\text{sen}(2\pi f_c t) \qquad i = 1, 2, ..., M \tag{6.114}$$

Escolhendo sinais de base ortogonais

$$\phi_1(t) = \sqrt{\frac{2}{T_s}}\cos(2\pi f_c t), \text{ e}$$

$$\phi_2(t) = \sqrt{\frac{2}{T_s}}\,\text{sen}(2\pi f_c t)$$

definidos pelo intervalo de $0 \le t \le T_s$, o conjunto de sinais PSK M-ários pode ser expresso como

$$s_{M\text{-PSK}}(t) = \left\{\sqrt{E_s}\cos\left[(i-1)\frac{\pi}{2}\right]\phi_1(t) - \sqrt{E_s}\,\text{sen}\left[(i-1)\frac{\pi}{2}\right]\phi_2(t)\right\} \qquad i = 1,2, ..., M \tag{6.115}$$

Como existem apenas dois sinais de base, a constelação de PSK M-ário é bidimensional. Os pontos de mensagem M-ária são igualmente espaçados em um círculo de raio $\sqrt{E_s}$ centralizado na origem. O diagrama de constelação de um conjunto de sinais PSK 8-ário é ilustrado na Figura 6.45. Fica claro pela Figura 6.45 que MPSK é um sinal de envelope constante quando nenhuma modelagem de pulso é utilizada.

A Equação 6.62 pode ser usada para calcular a probabilidade de erro de símbolo para sistemas MPSK em um canal AWGN. Pela geometria da Figura 6.45 pode-se ver facilmente que a distância entre símbolos adjacentes é igual a $2\sqrt{E_s}\,\text{sen}\left(\frac{\pi}{M}\right)$. Daí a probabilidade média de erro de símbolo de um sistema PSK M-ário ser dada por

$$P_e \le 2Q\left(\sqrt{\frac{2E_b \log_2 M}{N_0}}\,\text{sen}\left(\frac{\pi}{M}\right)\right) \tag{6.116}$$

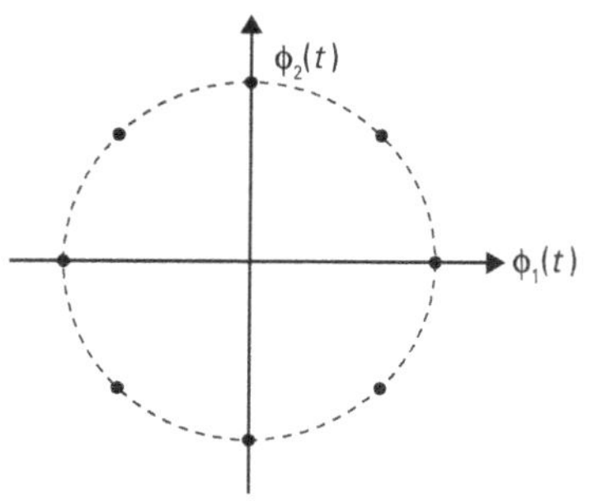

Figura 6.45 Diagrama de constelação de um sistema PSK M-ário ($M = 8$).

Assim como na modulação BPSK e QPSK, a modulação PSK M-ária é detectada coerentemente ou codificada diferencialmente para a detecção diferencial não-coerente. A probabilidade de erro de símbolo de um sistema PSK M-ário diferencial no canal AWGN para $M \geq 4$ é aproximada por[41]

$$P_e \approx 2Q\left(\sqrt{\frac{4E_s}{N_0}}\,\text{sen}\left(\frac{\pi}{2M}\right)\right) \tag{6.117}$$

Espectros de potência do PSK M-ário

A Densidade Espectral de Potência [*Power Spectra Density* (PSD)] de um sinal PSK M-ário pode ser obtida de uma maneira semelhante à que é descrita para sinais BPSK e QPSK. A duração do símbolo T_s de um sinal PSK M-ário está relacionada à duração de bits T_b por

$$T_s = T_b \log_2 M \tag{6.118}$$

A PSD do sinal PSK M-ário com pulsos retangulares é dada por

$$P_{\text{MPSK}} = \frac{E_s}{2}\left[\left(\frac{\text{sen}\,\pi(f-f_c)T_s}{\pi(f-f_c)T_s}\right)^2 + \left(\frac{\text{sen}\,\pi(-f-f_c)T_s}{\pi(-f-f_c)T_s}\right)^2\right] \tag{6.119}$$

$$P_{\text{MPSK}} = \frac{E_b \log_2 M}{2}\left[\left(\frac{\text{sen}\,\pi(f-f_c)T_b\log_2 M}{\pi(f-f_c)T_b\log_2 M}\right)^2 + \left(\frac{\text{sen}\,\pi(-f-f_c)T_b\log_2 M}{\pi(-f-f_c)T_b\log_2 M}\right)^2\right] \tag{6.120}$$

A PSD de sistemas PSK M-ários para $M = 8$ e $M = 16$ aparecem na Figura 6.46. Como visto claramente pela Equação 6.120 e que será demostrado pela Figura 6.46, a primeira largura de banda nula dos sinais PSK M-ários diminui à medida que M aumenta, enquanto R_b é mantido constante. Portanto, quando o valor de M aumenta, a eficiência da largura de banda também aumenta. Ou seja, para R_b fixo, η_B aumenta e B diminui enquanto M é aumentado. Ao mesmo tempo, aumentar M implica que a constelação é compactada mais densamente — e a eficiência de potência (tolerância a ruído) diminui. A eficiência de largura de banda e potência dos sistemas M-PSK usando a modelagem de pulso de Nyquist ideal em AWGN para diversos valores de M são listadas na Tabela 6.4. Esses valores não consideram *jitter* ou atenuação, o que tem um grande efeito negativo sobre a taxa de erro de bit enquanto M aumenta. Em geral, deve-se usar simulação para determinar os valores de erro de bit nos canais de comunicação sem fio reais, pois a interferência e o caminho múltiplo podem alterar a fase instantânea de um sinal MPSK, criando assim erros no detector. Além disso, a implementação do receptor normalmente causa impacto no desempenho.

Na prática, símbolos piloto ou equalização devem ser usados para explorar o MPSK em canais móveis, e essa não tem sido uma prática comercial popular.

6.10.2 Amplitude Modulada em Quadratura M-ária (QAM)

Na modulação PSK M-ária, a amplitude do sinal transmitido foi restrita para permanecer constante, gerando assim uma constelação circular. Permitindo que a amplitude também varie com a fase, obtém-se um novo esquema de modulação chamado *Amplitude Modulada em Quadratura* (QAM). A Figura 6.47 mostra o diagrama de constelação da QAM 16-ária. A constelação consiste em uma trama quadrada de pontos de sinal. A forma geral de um sinal QAM M-ário pode ser definida como

$$\begin{aligned} s_i(t) &= \sqrt{\frac{2E_{min}}{T_s}}\,a_i\cos(2\pi f_c t) \\ &+ \sqrt{\frac{2E_{min}}{T_s}}\,b_i\,\text{sen}(2\pi f_c t) \\ &0 \leq t \leq T \qquad i = 1, 2, \ldots, M \end{aligned} \tag{6.121}$$

onde E_{min} é a energia do sinal com a amplitude mais baixa, e a_i e b_i são um par de inteiros independentes escolhidos de acordo com o local do ponto de sinal. Observe que a QAM M-ária não tem energia constante por símbolo nem distância constante entre os estados de símbolo possíveis. Raciocina-se que valores específicos de $s_i(t)$ serão detectados com maior probabilidade do que outros.

Tabela 6.4 Eficiência de largura de banda e potência para sinais PSK M-ários

M	2	4	8	16	32	64
$\eta_B = R_b/B$*	0,5	1	1,5	2	2,5	3
E_b/N_o para BER $= 10^{-6}$	10,5	10,5	14	18,5	23,4	28,5

* B: primeira largura de banda nula de sinais PSK M-ários

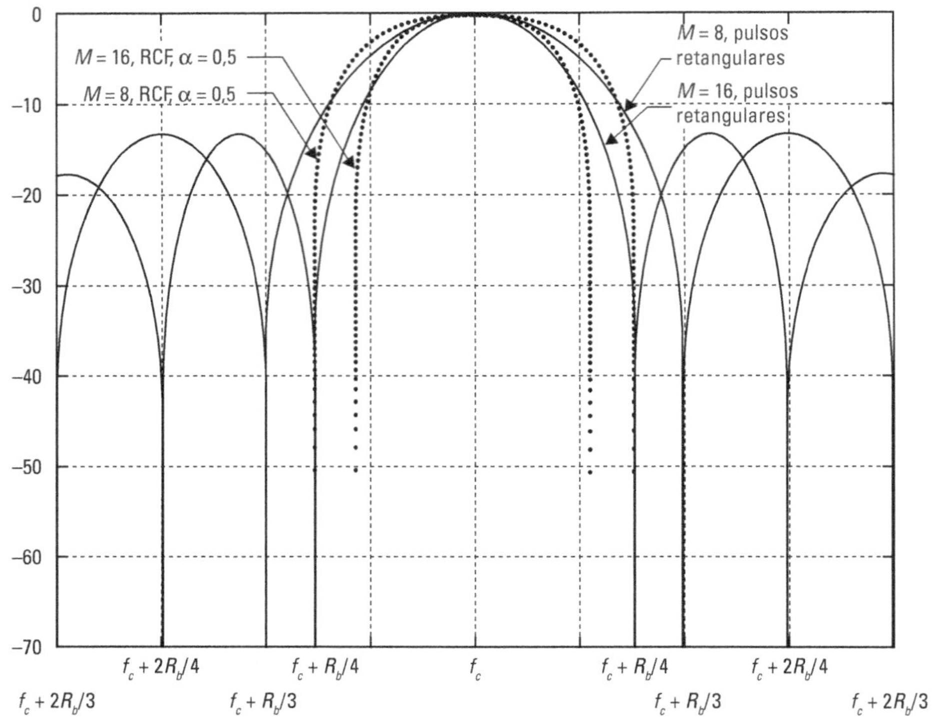

Figura 6.46 Densidade espectral de potência PSK M-ária, para M = 8, 16 (PSD para pulsos retangulares e filtrados com cosseno elevado aparecem para R_b fixo).

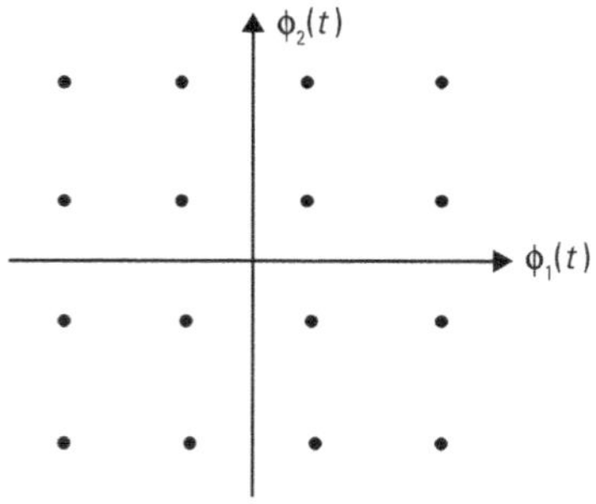

Figura 6.47 Diagrama de constelação de um conjunto de sinais QAM M-ário ($M = 16$).

Se formas de pulso retangulares forem consideradas, o sinal $S_i(t)$ pode ser expandido em termos de um par de funções de base definidas como

$$\phi_1(t) = \sqrt{\frac{2}{T_s}}\cos(2\pi f_c t) \qquad 0 \le t \le T_s \tag{6.122}$$

$$\phi_2(t) = \sqrt{\frac{2}{T_s}}\operatorname{sen}(2\pi f_c t) \qquad 0 \le t \le T_s \tag{6.123}$$

As coordenadas do i-ésimo ponto de mensagem são $a_i\sqrt{E_{min}}$ e $b_i\sqrt{E_{min}}$, onde (a_i, b_i) é um elemento da matriz L por L dado por

$$\{a_i, b_i\} = \begin{bmatrix} (-L+1, L-1) & (-L+3, L-1) & \dots & (L-1, L-1) \\ (-L+1, L-3) & (-L+3, L-3) & \dots & (L-1, L-3) \\ . & . & . & . \\ . & . & . & . \\ (-L+1, -L+1) & (-L+3, -L+1) & \dots & (L-1, -L+1) \end{bmatrix} \tag{6.124}$$

onde $L = \sqrt{M}$. Por exemplo, para um 16-QAM com constelação de sinal mostrada na Figura 6.47, uma matriz L por L é

$$\{a_i, b_i\} = \begin{bmatrix} (-3, 3) & (-1, 3) & (1, 3) & (3, 3) \\ (-3, 1) & (-1, 1) & (1, 1) & (3, 1) \\ (-3, -1) & (-1, -1) & (1, -1) & (3, -1) \\ (-3, -3) & (-1, -3) & (1, -3) & (3, -3) \end{bmatrix} \tag{6.125}$$

Pode-se mostrar que a probabilidade média de erro em um canal AWGN para QAM M-ário, usando detecção coerente, pode ser aproximada por[42]

$$P_e \cong 4\left(1 - \frac{1}{\sqrt{M}}\right)Q\left(\sqrt{\frac{2E_{min}}{N_0}}\right) \tag{6.126}$$

Em termos da energia média do sinal E_{av}, isso pode ser expresso como[43]

$$P_e \cong 4\left(1 - \frac{1}{\sqrt{M}}\right)Q\left(\sqrt{\frac{3E_{av}}{(M-1)N_0}}\right) \tag{6.127}$$

A eficiência do espectro de potência e largura de banda da modulação QAM é idêntica à da modulação PSK M-ária. Em termos de eficiência de potência, QAM é superior à PSK M-ária. A Tabela 6.5 lista as eficiências de largura de banda e potência de um sinal QAM para diversos valores de M, considerando a filtragem de cosseno elevado com coeficiente de rolamento ideal na AWGN. Assim como M-PSK, a tabela é otimista, e as probabilidades de erro de bit reais para sistemas sem fio devem ser determinadas simulando-se os diversos problemas do canal e a implementação específica do receptor. Tons-piloto ou equalização deverão ser usados para QAM nos sistemas móveis.

Tabela 6.5 Eficiência de largura de banda e potência para sinais QAM[44]

M	4	16	64	256	1.024	4.096
η_B	1	2	3	4	5	6
E_b/N_0 para BER $=10^{-6}$	10,5	15	18,5	24	28	33,5

6.10.3 Chaveamento por Deslocamento de Freqüência M-ário (MFSK) e OFDM

Na modulação FSK M-ária, os sinais transmitidos são definidos por

$$s_i(t) = \sqrt{\frac{2E_s}{T_s}}\cos\left[\frac{\pi}{T_s}(n_c + i)t\right] \quad (6.128)$$
$$0 \le t \le T_s \quad i = 1, 2, \ldots.., M$$

onde $f_c = n_c/2T_s$ para algum inteiro fixo n_c. Os M sinais transmitidos são de mesma energia e mesma duração, e as freqüências de sinal são separadas por $1/2T_s$ Hz, tornando os sinais ortogonais um ao outro.

Para o FSK M-ário coerente, o receptor ideal consiste em um banco de M correlacionadores, ou filtros combinados, que são sintonizados para as M portadoras distintas. A probabilidade média de erro com base na ligação de união é dada por[45]

$$P_e \le (M-1)Q\left(\sqrt{\frac{E_b \log_2 M}{N_0}}\right) \quad (6.129)$$

Para a detecção não-coerente usando filtros combinados seguidos por detectores de envelope, a probabilidade média de erro é dada por[46]

$$P_e = \sum_{k=1}^{M-1}\left(\frac{(-1)^{k+1}}{k+1}\right)\binom{M-1}{k}\exp\left(\frac{-kE_s}{(k+1)N_0}\right) \quad (6.130)$$

Usando apenas os termos iniciais da expansão binomial, a probabilidade de erro pode ser limitada como

$$P_e \le \frac{M-1}{2}\exp\left(\frac{-E_s}{2N_0}\right) \quad (6.131)$$

A largura de banda do canal de um sinal FSK M-ário pode ser definida como[47]

$$B = \frac{R_b(M+3)}{2\log_2 M} \quad (6.132)$$

e a de um MFSK não-coerente pode ser definida como

$$B = \frac{R_b M}{2\log_2 M} \quad (6.133)$$

Isso implica que a eficiência da largura de banda de um sinal FSK M-ário diminui com o aumento de M. Portanto, diferentemente dos sinais M-PSK, os sinais M-FSK são ineficientes para a largura de banda. Porém, como todos os M sinais são ortogonais, não existe amontoamento no espaço do sinal, e por isso a eficiência de potência aumenta com M. Além do mais, o FSK M-ário pode ser amplificado usando-se amplificadores não-lineares sem degradação no desempenho. A Tabela 6.6 oferece uma listagem de eficiência de largura de banda e potência dos sinais M-FSK para diversos valores de M.

A característica de ortogonalidade do MFSK levou os pesquisadores a explorarem a Multiplexação Ortogonal por Divisão de Freqüência [*Orthogonal Frequency Division Multiplexing* (OFDM)] como um meio de fornecer sinalização eficiente de potência para um grande número de usuários no mesmo canal. Cada freqüência na Equação 6.128 é modulada com dados binários (ligado/desligado) para fornecer uma série de portadoras paralelas, cada uma contendo uma parte dos dados do usuário.

Os métodos de modulação MFSK e OFDM estão sendo explorados para conexões de dados de alta velocidade como parte das atividades dos padrões IEEE 802.11a, IEEE 802.11g para fornecer conexões de WLAN a 54 Mbps, bem como para conexões de microondas de alta velocidade de linha de visão e não de linha de visão para operação MMDS.

Tabela 6.6 Eficiência de largura de banda e potência do FSK M-ário coerente 8[48]

M	2	4	8	16	32	64
η_B	0,4	0,57	0,55	0,42	0,29	0,18
E_b/N_0 para BER $= 10^{-6}$	13,5	10,8	9,3	8,2	7,5	6,9

6.11 Técnicas de modulação por espectro espalhado

Todas as técnicas de modulação e demodulação descritas até aqui lutam para conseguir maior eficiência de potência e/ou largura de banda em um canal de ruído estacionário branco aditivo gaussiano. Como a largura de banda é um recurso limitado, um dos principais objetivos de projeto de todos os esquemas de modulação detalhados até aqui é minimizar a largura de banda de transmissão exigida. As técnicas de espectro espalhado, por outro lado, empregam uma largura de banda de transmissão com muitas ordens de grandeza *maior* que a largura de banda de sinal mínima necessária. Embora esse sistema seja muito ineficaz para a largura de banda com um único usuário, a vantagem do espectro espalhado é que muitos usuários podem usar simultaneamente a mesma largura de banda sem interferir significativamente um com o outro. Em um ambiente de múltiplo usuário e *Múltipla Interferência de Acesso* [*Multiple Access Interference* (MAI)], os sistemas de espectro espalhado tornam-se muito eficientes para a largura de banda.

Fora a ocupação de uma largura de banda muito grande, os sinais de espectro espalhado são *pseudoaleatórios* e possuem propriedades tipo ruído quando comparados com os dados de informação digital. A forma de onda com espalhamento é controlada por uma *seqüência de pseudo-ruído (PN)* ou *código de pseudo-ruído*, que é uma seqüência binária que parece ser aleatória, mas pode ser reproduzida de uma maneira determinística por receptores intencionados. Os sinais de espectro espalhado são demodulados no receptor por meio da correlação cruzada com uma versão de portadora pseudoaleatória gerada localmente. A correlação cruzada com a seqüência de PN correta *desespalha* o sinal de espectro espalhado e restaura a mensagem modulada na mesma banda estreita dos dados originais, enquanto a correlação cruzada do sinal de um usuário indesejado resulta em uma quantidade muito pequena de ruído de banda larga na saída do receptor.

A modulação de espectro espalhado tem muitas propriedades que o tornam particularmente adequado para uso nos ambientes de rádio móvel. A vantagem mais importante é sua capacidade inerente de rejeição de interferência. Como cada usuário recebe um código PN exclusivo que é aproximadamente ortogonal aos códigos de outros usuários, o receptor pode separar cada usuário com base em seus códigos, embora ocupem o mesmo espectro em todos os momentos. Isso implica que, até um certo número de usuários, a interferência entre os sinais de espectro espalhado usando a mesma freqüência é desprezível. Não apenas um sinal de espectro espalhado em particular pode ser recuperado a partir de uma série de outros sinais de espectro espalhado, mas também é possível recuperar completamente um sinal de espectro espalhado até mesmo quando ele é comprimido por um interferidor de banda estreita. Como a interferência de banda estreita afeta apenas uma pequena parte do sinal de espectro espalhado, ela pode ser facilmente removida pelo filtro de corte sem muita perda de informação. Como todos os usuários são capazes de compartilhar o mesmo espectro, o espectro espalhado pode eliminar o planejamento de freqüência, pois todas as células podem usar os mesmos canais.

A resistência à atenuação de caminho múltiplo é outro motivo fundamental para considerar sistemas de espectro espalhado para as comunicações sem fio. O Capítulo 5 mostrou que os sinais de banda larga são seletivos de freqüência. Como os sinais de espectro espalhado possuem energia uniforme por uma largura de banda muito grande, em qualquer momento, somente uma pequena parte do espectro sofrerá atenuação (lembre-se da comparação entre respostas de sinal em banda larga e banda estreita nos canais de caminho múltiplo, no Capítulo 5). Vistas no domínio do tempo, as propriedades de resistência de caminho múltiplo devem-se ao fato de que as versões atrasadas do sinal de PN transmitido terão uma correlação fraca com a seqüência PN original, e assim aparecerão como outro usuário não-correlacionado, que é ignorado pelo receptor. Ou seja, desde que o canal de caminho múltiplo induza pelo menos um chip de atraso, os sinais de caminho múltiplo chegarão no receptor de modo que estejam defasados no tempo por pelo menos um chip do sinal intencionado. As propriedades de correlação das seqüências de PN são tais que esse ligeiro atraso faz com que o caminho múltiplo pareça estar não-correlacionado com o sinal intencionado, de modo que as contribuições de caminho múltiplo parecem ser invisíveis ao sinal recebido desejado. Os sistemas de espectro espalhado não são apenas resistentes à atenuação de caminho múltiplo, mas também podem explorar os componentes de caminho múltiplo atrasados para melhorar o desempenho do sistema. Isso pode ser feito usando-se um receptor RAKE que antecipa os atrasos de propagação de caminho múltiplo do sinal de espectro espalhado transmitido e combina a informação obtida por vários componentes de caminho múltiplo resolvíveis, para formar uma versão mais forte do sinal. Um receptor RAKE consiste em um banco de correlacionadores, cada um correlacionado a um componente de caminho múltiplo do sinal desejado. As saídas do correlacionador podem ser pesadas de acordo com suas forças relativas e somadas para obter a estimativa de sinal final. Receptores RAKE são descritos no Capítulo 7[49].

6.11.1 Seqüências de Pseudo-Ruído (PN)

Uma seqüência de Pseudo-Ruído [*Pseudo-Noise* (PN)] ou pseudo-aleatória é uma seqüência binária com uma autocorrelação semelhante, por um período, à autocorrelação de uma seqüência binária aleatória. Sua autocorrelação também é bastante semelhante à autocorrelação do ruído branco de banda limitada. Embora sendo determinística, uma seqüência pseudoaleatória tem muitas características que são semelhantes àquelas das seqüências binárias aleatórias, como ter um número quase igual de 0s e 1s, correlação muito baixa entre versões deslocadas de seqüência, correlação cruzada muito baixa entre duas seqüências quaisquer etc. A seqüência de PN normalmente é gerada usando-se circuitos lógicos seqüenciais. Um registrador de deslocamento com realimentação (*feedback*), que é diagramado na Figura 6.48, consiste em estágios consecutivos de dois dispositivos de memória e lógica de realimentação. As seqüências binárias são deslocadas pelos registradores de deslocamento em resposta aos pulsos de clock, e as saídas dos diversos estágios são combinadas logicamente e alimentadas de volta como a entrada do primeiro estágio. Quando a lógica de realimentação consiste em portas OU exclusivas, o que normalmente acontece, o registrador de deslocamento é chamado gerador de seqüência de PN linear.

O conteúdo inicial dos estágios de memória e o circuito lógico de realimentação determinam o conteúdo sucessivo da memória. Se um registrador de deslocamento linear alcançar estado zero em algum momento, ele permaneceria no estado zero para sempre, e a saída seria subseqüentemente apenas 0s. Como existem exatamente $2^m - 1$ estados zero para um registrador de deslocamento de realimentação de m estágios, o período de uma seqüência de PN produzida por um registrador de deslocamento linear de m estágios não pode exceder $2^m - 1$ símbolos. Uma seqüência de período $2^m - 1$ gerada por um registrador de realimentação linear é chamada seqüência de *tamanho máximo* (ML). Um tratamento excelente sobre códigos de PN pode ser visto em Cooper e McGillen[50].

6.11.2 Espectro Espalhado de Seqüência Direta (DS–SS)

Um sistema de *espectro espalhado de seqüência direta* [*Direct Sequence Spread Spectrum*(DS–SS)] espalha os dados da banda-base multiplicando diretamente os pulsos de dados de banda-base por uma seqüência de pseudo-ruído que é produzida por um gerador de código de pseudo-ruído. Um único pulso ou símbolo da forma de onda de PN é chamado *chip*. A Figura 6.49 mostra um diagrama de blocos funcional de um sistema de DS com modulação de fase binária. Esse sistema é uma das implementações de seqüência direta mais utilizadas. Símbolos de dados sincronizados, que podem ser bits de informação ou símbolos de código de canal binário, são acrescentados em padrão de módulo 2 aos chips antes de serem modulados em fase. Uma demodulação de chaveamento por deslocamento de fase (PSK) coerente ou diferencialmente coerente pode ser usada no receptor.

O sinal de espectro espalhado recebido para um único usuário pode ser representado como

$$s_{ss}(t) = \sqrt{\frac{2E_s}{T_s}}m(t)p(t)\cos(2\pi f_c t + \theta) \qquad (6.134)$$

onde $m(t)$ é a seqüência de dados, $p(t)$ é a seqüência de espalhamento de PN, f_c é a freqüência da portadora e θ é o ângulo de fase da portadora em $t = 0$. A forma de onda dos dados é uma seqüência de tempo de pulsos retangulares não sobrepostos, cada um com uma amplitude igual a +1 ou −1. Cada símbolo em $m(t)$ representa um símbolo de dados e tem duração T_s. Cada pulso em $p(t)$ representa um chip, normalmente é retangular com uma amplitude igual a +1 ou −1, e tem uma duração de T_c. As transições dos símbolos de dados e chips coincidem de modo que a razão entre T_s e T_c é um inteiro. Se B_{ss} é a largura de banda de $s_{ss}(t)$ e B é a largura de banda de um sinal $m(t)\cos(2\pi f_c t)$ modulado convencionalmente, o espalhamento devido a $p(t)$ gera $B_{ss} \gg B$.

A Figura 6.49(b) ilustra um receptor de DS. Supondo que o sincronismo de código foi alcançado no receptor, o sinal recebido passa pelo filtro de banda larga e é multiplicado por uma réplica local da seqüência de código $p(t)$. Se $p(t) = \pm 1$, então $p^2(t) = 1$, e essa multiplicação gera o sinal de desespalhamento $s(t)$ dado por

$$s_1(t) = \sqrt{\frac{2E_s}{T_s}}m(t)\cos(2\pi f_c t + \theta) \qquad (6.135)$$

na entrada do demodulador. Como $s_1(t)$ tem a forma de um sinal BPSK, a demodulação correspondente extrai $m(t)$.

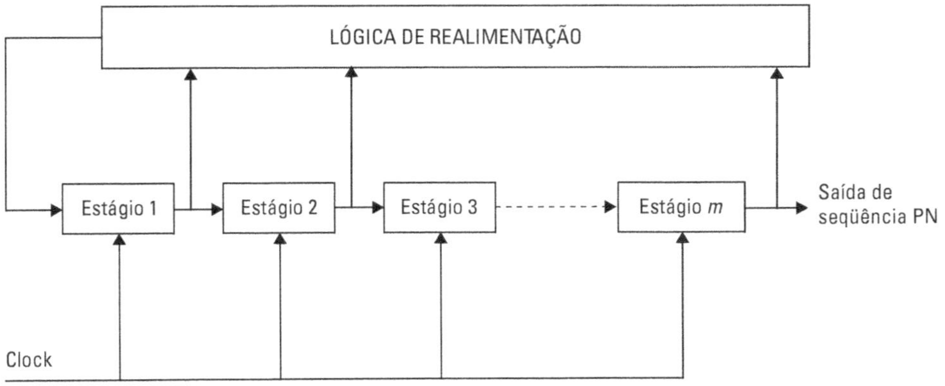

Figura 6.48 Diagrama de blocos de um registro de deslocamento de realimentação (feedback) generalizado com *m* estágios.

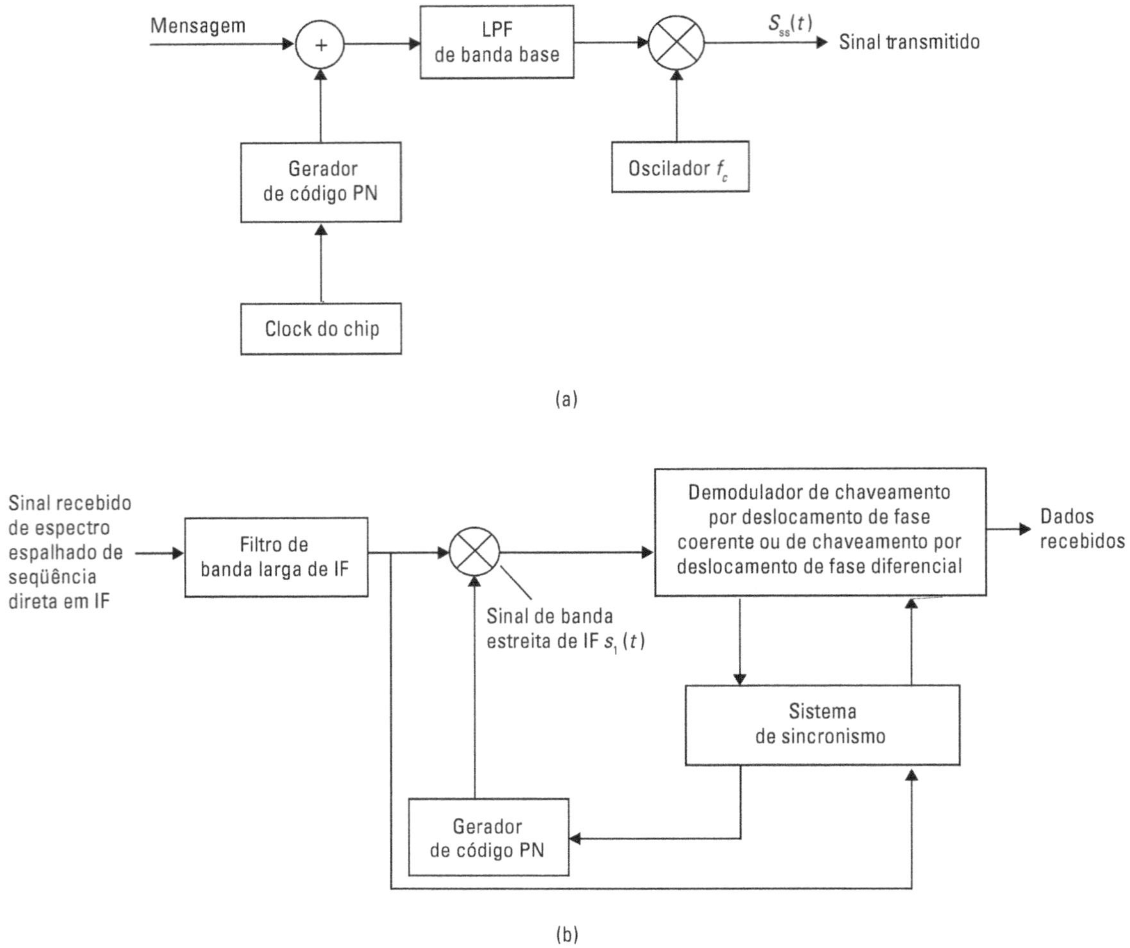

Figura 6.49 Diagrama em blocos de um sistema DS–SS com modulação de fase binária: a) transmissor; b) receptor.

A Figura 6.50 mostra os espectros recebidos do sinal de espectro espalhado desejado e a interferência na saída do filtro de banda larga do receptor. A multiplicação pela forma de onda de espalhamento produz os espectros da Figura 6.50(b) na entrada do demodulador. A largura de banda do sinal é reduzida a B, enquanto a energia de interferência é espalhada por uma largura de banda de RF excedendo B_{ss}. A ação de filtragem do demodulador remove a maioria do espectro de interferência que não se sobrepõe ao espectro do sinal. Assim, a maior parte da energia de interferência é eliminada pelo espalhamento e afeta ao mínimo o sinal desejado. Uma medida aproximada da capacidade de rejeição de interferência é dada pela razão B_{ss}/B, que é igual ao ganho de processamento definido como

$$PG = \frac{T_s}{T_c} = \frac{R_c}{R_s} = \frac{B_{ss}}{2R_s} \tag{6.136}$$

Quanto maior o ganho de processamento do sistema, maior será sua capacidade de suprimir a interferência na banda.

6.11.3 Espectro Espalhado com Salto de Freqüência (FH–SS)

O salto de freqüência envolve uma mudança periódica da freqüência de transmissão. O sinal de salto de freqüência pode ser considerado como uma seqüência de rajadas de dados moduladas com freqüências de portadora pseudoaleatórias, variáveis no tempo. O conjunto de freqüências de portadora possíveis é chamado *hopset*. O salto ocorre por uma banda de freqüência que inclui uma série de canais. Cada canal é definido como uma região espectral com uma freqüência central no *hopset* e uma largura de banda grande o suficiente para incluir a maior parte da potência em uma rajada de modulação de banda estreita (normalmente, FSK) tendo a freqüência de portadora correspondente. A largura de banda de um canal usado no *hopset* é chamada *largura de banda instantânea*. A largura de banda do espectro sobre o qual o salto ocorre é chamada de *largura de banda de salto total*. Os dados são enviados através de saltos na portadora do transmissor para canais aparentemente aleatórios, que são conhecidos apenas pelo receptor desejado. Em cada canal, pequenas rajadas de dados são enviadas usando-se a modulação de banda estreita convencional antes que o transmissor salte novamente.

Se apenas uma única freqüência de portadora (único canal) for usada em cada salto, a modulação digital de dados é chamada *modulação de único canal*. A Figura 6.51 mostra um sistema FH-SS de único canal. A duração de tempo entre os saltos é chamada *duração do salto* ou *período de salto*, e é indicada por T_h. A largura de banda de salto total e a largura de banda instantânea são indicadas por B_{ss} e B, respectivamente. O ganho de processamento = B_{ss}/B para sistemas FH.

Depois que o salto de freqüência tiver sido removido do sinal recebido, o sinal resultante é considerado *sem salto*. Se o padrão de freqüência produzido pelo sintetizador do receptor na Figura 6.51(b) for sincronizado

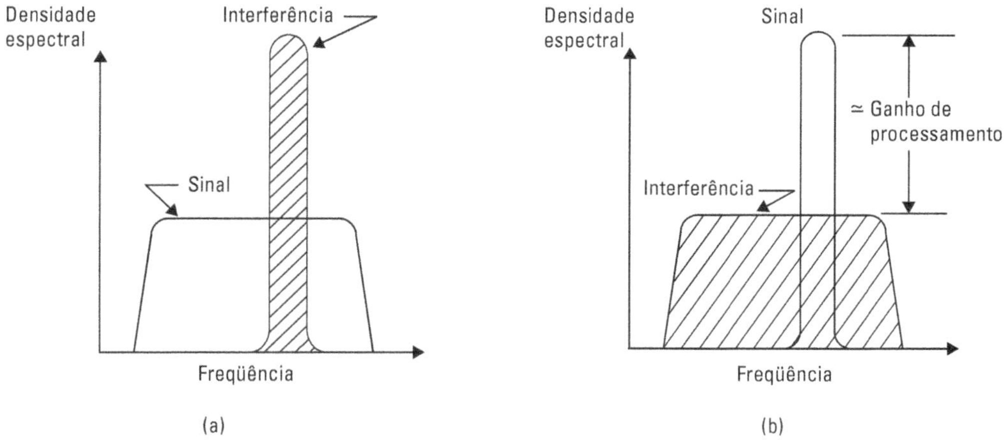

Figura 6.50 Espectros do sinal recebido com interferência: a) saída do filtro de banda larga; b) saída do correlacionador após o desespalhamento.

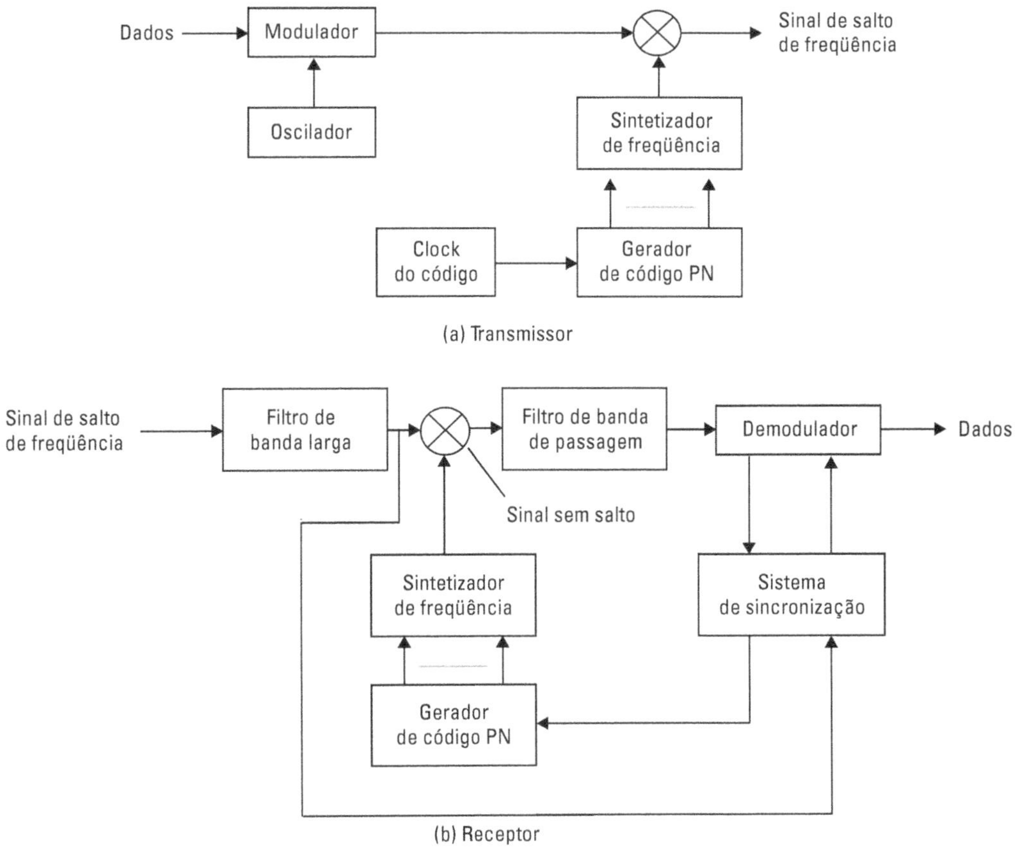

Figura 6.51 Diagrama em blocos do sistema de salto de freqüência (FH) com um único canal de modulação.

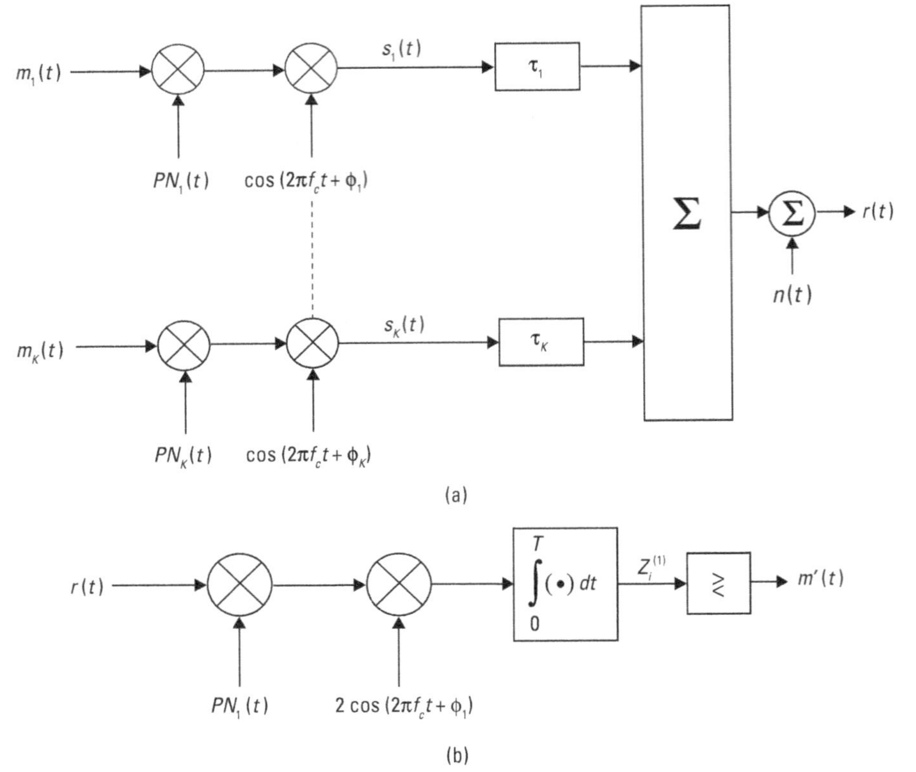

Figura 6.52 Um diagrama simplificado de um sistema DS–SS com K usuários: a) Modelo de K usuários em um sistema de espectro espalhado CDMA; b) estrutura do receptor para o Usuário 1.

com o padrão de freqüência do sinal recebido, então a saída do misturador é um sinal sem salto em uma freqüência de diferença fixa. Antes da demodulação, o sinal sem salto é aplicado a um receptor convencional. Em FH, sempre que um sinal indesejado ocupa um canal de salto em particular, o ruído e a interferência nesse canal são traduzidos em freqüência, de modo que entram no demodulador. Assim, é possível ter colisões em um sistema FH onde um usuário indesejado transmite no mesmo canal ao mesmo tempo que o usuário desejado.

O salto de freqüência pode ser classificado como rápido ou lento. O *salto de freqüência rápido* ocorre se houver mais de um salto de freqüência durante cada símbolo transmitido. Assim, o salto de freqüência rápido implica que a taxa de salto é igual ou superior à taxa de símbolos de informação. O *salto de freqüência lento* ocorre se um ou mais símbolos forem transmitidos no intervalo de tempo entre os saltos de freqüência.

Se o chaveamento por deslocamento de freqüência binário (BFSK) for usado, o par de freqüências instantâneas possíveis muda a cada salto. O canal de freqüência ocupado por um símbolo transmitido é chamado *canal de transmissão*. O canal que seria ocupado se o símbolo alternativo fosse transmitido é chamado *canal complementar*. A taxa de salto de freqüência de um sistema FH-SS é determinada pela agilidade de freqüência dos sintetizadores do receptor, o tipo da informação sendo transmitida, a quantidade de redundância utilizada para codificar contra colisões e a distância até o interferidor em potencial mais próximo.

6.11.4 Desempenho do espectro espalhado de seqüência direta

Um sistema de espectro espalhado de seqüência direta com K usuários com acesso múltiplo aparece na Figura 6.52. Considere que cada usuário tenha uma seqüência PN com N chips por período de símbolo de mensagem T, tal que $NT_c = T$.

O sinal transmitido do k-ésimo usuário pode ser expresso como

$$s_k(t) = \sqrt{\frac{2E_s}{T_s}} m_k(t) p_k(t) \cos(2\pi f_c t + \phi_k) \tag{6.137}$$

onde $p_k(t)$ é a seqüência de código PN do k-ésimo usuário, e $m_k(t)$ é a seqüência de dados do k-ésimo usuário. O sinal recebido consistirá na soma dos K diferentes sinais transmitidos (um usuário desejado e $K - 1$ usuários não desejados) mais o ruído aditivo. A recepção é realizada correlacionando-se o sinal recebido com a seqüência de assinatura apropriada para produzir uma variável de decisão. A variável de decisão para o i-ésimo bit transmitido do Usuário 1 é

$$Z_i^{(1)} = \int_{(i-1)T+\tau_1}^{iT+\tau_1} r(t)p_1(t-\tau_1) \cos[2\pi f_c(t-\tau_1)+\phi_1]dt \qquad (6.138)$$

Se $m_{1,i} = -1$, então o bit será recebido com erro se $Z_i^{(1)} > 0$. A probabilidade de erro agora pode ser calculada como $Pr[Z_i^{(1)} > 0 | m_{1,i} = -1]$. Como o sinal recebido é uma combinação linear de sinais mais ruído aditivo, a Equação 6.138 pode ser reescrita como

$$Z_i^{(1)} = I_1 + \sum_{k=2}^{K} I_k + \xi \qquad (6.139)$$

onde

$$I_1 = \int_0^T s_1(t)p_1(t)\cos(2\pi f_c t)dt = \sqrt{\frac{E_s T}{2}} \qquad (6.140)$$

é a resposta do receptor ao sinal desejado do Usuário 1,

$$\xi = \int_0^T n(t)p_1(t)\cos(2\pi f_c t)dt \qquad (6.141)$$

é uma variável aleatória gaussiana representando ruído com média zero e variância

$$E[\xi^2] = \frac{N_0 T}{4} \qquad (6.142)$$

e

$$I_k = \int_0^T s_k(t-\tau_k)p_1(t)\cos(2\pi f_c t)dt \qquad (6.143)$$

representa a interferência de acesso múltiplo produzida pelo Usuário k. Supondo que I_k é composto de efeitos acumulados de N chips aleatórios do k-ésimo interferidor pelo período de integração T de um bit, o teorema do limite central implica que a soma desses efeitos tenderá para uma distribuição gaussiana (ver Apêndice on-line E). Como existem $K - 1$ usuários que servem com interferidores distribuídos identicamente, a interferência total de acesso múltiplo $I = \sum_{k=2}^{K} I_k$ pode ser aproximada por uma variável gaussiana aleatória. Como mostrado no Apêndice on-line E, a aproximação gaussiana considera que cada I_k é independente, mas na realidade não são. A aproximação gaussiana gera uma expressão conveniente para a probabilidade média de erro de bit dada por

$$P_e = Q\left(\frac{1}{\sqrt{\frac{K-1}{3N} + \frac{N_0}{2E_b}}}\right) \qquad (6.144)$$

Para um único usuário, $K = 1$, essa expressão se reduz à expressão BER para modulação BPSK. Para o caso de interferência limitada, onde o ruído térmico não é um fator, E_b/N_0 tende a infinito, e a expressão BER tem um valor igual a

$$P_e = Q\left(\sqrt{\frac{3N}{K-1}}\right) \qquad (6.145)$$

Este é um piso de erro irredutível, devido à interferência de acesso múltiplo e considera que todos os interferidores oferecem a mesma potência, que também é igual à do usuário desejado, no receptor DS-SS. Na prática, o *problema próximo-distante* apresenta dificuldade para sistemas DS-SS. Sem um cuidadoso controle de potência de cada usuário móvel, um usuário próximo pode dominar a energia do sinal recebido em uma estação-base, tornando a suposição gaussiana imprecisa[51]. Para um grande número de usuários, a taxa de erro de bit é limitada mais pela interferência de acesso múltiplo do que pelo ruído térmico[52]. O Apêndice on-line E oferece uma análise detalhada de como calcular a BER para sistemas DS-SS. O Capítulo 9 ilustra como a capacidade de um sistema DS-SS muda com a propagação e com a interferência de acesso múltiplo.

6.11.5 Desempenho do espectro espalhado com salto de freqüência

Em sistemas FH-SS, vários usuários saltam suas freqüências de portadora independentemente enquanto usam modulação BFSK. Se dois usuários não estiverem simultaneamente utilizando a mesma banda de freqüência, a probabilidade de erro para BFSK pode ser dada por

$$P_e = \frac{1}{2}\exp\left(-\frac{E_b}{2N_0}\right) \qquad (6.146)$$

Porém, se dois usuários transmitirem simultaneamente na mesma banda de freqüência, haverá uma colisão, ou '*hit*'. Nesse caso, é razoável considerar que a probabilidade de erro é 0,5. Assim, a probabilidade geral de erro de bit pode ser modelada como

$$P_e = \frac{1}{2}\exp\left(-\frac{E_b}{2N_0}\right)(1-p_h) + \frac{1}{2}p_h \qquad (6.147)$$

onde p_h é a probabilidade de uma colisão, que deve ser determinada. Se houver M canais de salto possíveis (chamados slots), existe uma probabilidade de $1/M$ de que um determinado interferidor esteja presente no slot do usuário desejado. Se houver $K - 1$ usuários interferindo, a probabilidade de que pelo menos um esteja presente no slot de freqüência desejado é igual a um mm *versus* a probabilidade de nenhuma colisão, dada como

$$p_h = 1 - \left(1 - \frac{1}{M}\right)^{K-1} \approx \frac{K-1}{M} \qquad (6.148)$$

considerando que M é grande. Substituindo isso na Equação 6.147, obtém-se

$$P_e = \frac{1}{2}\exp\left(-\frac{E_b}{2N_0}\right)\left(1-\frac{K-1}{M}\right)+\frac{1}{2}\left[\frac{K-1}{M}\right] \quad (6.149)$$

Agora, considere os seguintes casos especiais. Se $K = 1$, a probabilidade de erro se reduz à Equação 6.146, a probabilidade-padrão de erro para BFSK. Além disso, se E_b/N_0 se aproxima de infinito,

$$\lim_{\frac{E_b}{N_0}\to\infty} (P_e) = \frac{1}{2}\left[\frac{K-1}{M}\right] \quad (6.150)$$

que ilustra a taxa de erro irredutível devido à interferência de acesso múltiplo.

A análise anterior considera que todos os usuários saltam suas freqüências de portadora sincronamente. Isso é chamado *salto de freqüência em slots*. Esse pode não ser um cenário realista para muitos sistemas FH-SS. Mesmo quando a sincronização pode ser alcançada entre clocks de usuários individuais, os sinais de rádio não chegarão sincronamente a cada usuário devido a diversos atrasos na propagação. Conforme descrito por Geraniotis,[53] a probabilidade de uma colisão no caso assíncrono é

$$p_h = 1-\left\{1-\frac{1}{M}\left(1+\frac{1}{N_b}\right)\right\}^{K-1} \quad (6.151)$$

onde N_b é o número de bits por salto. Comparando as equações 6.151 e 6.148, vemos que, para o caso assíncrono, a probabilidade de uma colisão é aumentada (isso seria esperado). Usando a Equação 6.151 na Equação 6.147, a probabilidade de erro para o caso FH-SS assíncrono é

$$P_e = \frac{1}{2}\exp\left(-\frac{E_b}{N_0}\right)\left\{1-\frac{1}{M}\left(1+\frac{1}{N_b}\right)\right\}^{K-1} + \frac{1}{2}\left[1-\left\{1-\frac{1}{M}\left(1+\frac{1}{N_b}\right)\right\}^{K-1}\right] \quad (6.152)$$

FH-SS tem uma vantagem sobre DS-SS porque não é tão suscetível ao problema próximo-distante. Como os sinais geralmente não estão utilizando a mesma freqüência simultaneamente, os níveis de potência relativos dos sinais não são tão críticos quanto em DS-SS. Contudo, o problema próximo-distante não é totalmente evitado, pois haverá alguma interferência causada pelos sinais mais fortes vazando para sinais mais fracos devido à filtragem imperfeita dos canais adjacentes. Para combater as colisões ocasionais, a codificação de correção de erro é necessária em todas as transmissões. Aplicando Reed-Solomon ou outros códigos de correção de erro de rajada, o desempenho pode ser bastante aumentado, mesmo com uma colisão ocasional.

6.12 Desempenho da modulação em canais de atenuação e de caminho múltiplo

Conforme discutido nos capítulos 4 e 5, o canal de rádio móvel é caracterizado por diversos problemas, como a atenuação, o caminho múltiplo e o espalhamento Doppler. Para estudar a eficácia de qualquer esquema de modulação em um ambiente de rádio móvel, é preciso avaliar o desempenho do esquema de modulação na presença dessas condições de canal. Embora a avaliação da taxa de erros de bit (BER) dê uma boa indicação do desempenho de um esquema de modulação em particular, ela não oferece informações sobre o tipo dos erros. Por exemplo, ela não oferece incidentes de erros de rajada. Em um canal de rádio móvel com atenuação, é provável que um sinal transmitido sofra atenuações profundas que podem levar à interrupção ou perda completa do sinal.

A avaliação da *probabilidade de interrupção* é outro meio de julgar a eficácia do esquema de sinalização em um canal de rádio móvel. Um evento de interrupção é especificado por um número específico de erros de bit ocorrendo em determinada transmissão. As taxas de erro de bit e a probabilidade de interrupção para diversos esquemas de modulação sob vários tipos de problemas do canal podem ser avaliadas por técnicas analíticas ou por simulações. Embora existam técnicas analíticas simples para calcular taxas de erro de bit em canais de atenuação uniforme, a avaliação do desempenho nos canais seletivos de freqüência e o cálculo das probabilidades de interrupção normalmente são feitos por simulações de computador. As simulações de computador são baseadas na convolução do fluxo de bits de entrada com um modelo de resposta ao impulso de canal adequado e pela contagem dos bits de erro na saída do circuito de decisão do receptor[54].

Antes que seja feito um estudo do desempenho de vários esquemas de modulação nos canais de caminho múltiplo e atenuação, é imperativo que seja obtido um conhecimento completo das características do canal. Os modelos de canal descritos no Capítulo 5 podem ser usados na avaliação de diversos esquemas de modulação.

6.12.1 Desempenho da modulação digital em canais com atenuação lenta uniforme

Conforme visto no Capítulo 5, os canais de atenuação uniforme causam uma variação multiplicativa (ganho) no sinal transmitido $s(t)$. Como os canais de atenuação lenta uniforme mudam muito mais lentamente do que a modulação aplicada, pode-se considerar que a atenuação e o deslocamento de fase do sinal é constante por pelo menos um intervalo de símbolo. Portanto, o sinal recebido $r(t)$ pode ser expresso como

$$r(t) = \alpha(t)\exp(-j\theta(t))s(t) + n(t) \qquad 0 \le t \le T \quad (6.153)$$

onde $\alpha(t)$ é o ganho do canal, $\theta(t)$ é o deslocamento de fase do canal, e $n(t)$ é ruído aditivo gaussiano.

Dependendo se for possível fazer uma estimativa precisa da fase $\theta(t)$, a detecção por filtro coerente ou não-coerente pode ser empregada no receptor.

Para avaliar a probabilidade de erro de qualquer esquema de modulação digital em um canal de atenuação lenta uniforme, deve-se calcular a média da probabilidade de erro da modulação em canais AWGN para as possíveis faixas de potência do sinal devida à atenuação. Em outras palavras, a probabilidade de erro nos canais AWGN é vista como uma probabilidade de erro condicional, onde a condição é que α seja fixo. Logo, a probabilidade de erro nos canais de atenuação uniforme pode ser obtida calculando-se a média do erro nos canais AWGN usando a função densidade da probabilidade de atenuação. Fazendo isso, a probabilidade de erro em um canal de atenuação uniforme pode ser avaliada como

$$P_e = \int_0^{\infty} P_e(X)p(X)dX \qquad (6.154)$$

onde $P_e(X)$ é a probabilidade de erro para uma modulação arbitrária em um valor específico de relação sinal-ruído X, $X = \alpha^2 E_b/N_0$, e $p(X)$ é função densidade da probabilidade de X devido ao canal de atenuação. E_b e N_0 são constantes que representam a energia *média* por bit e a densidade da potência do ruído em um canal AWGN sem atenuação, e a variável aleatória α^2 é usada para representar os valores de potência instantâneos do canal de atenuação, com relação a E_b/N_0 sem atenuação. É conveniente considerar que $\overline{\alpha^2}$ seja um, para um canal de atenuação com ganho unitário. Então, $p(X)$ pode simplesmente ser visto como a distribuição do valor instantâneo de E_b/N_0 em um canal de atenuação, e $P_e(X)$ pode ser visto como sendo a probabilidade condicional de erros de bit para determinado valor de E_b/N_0 aleatório devido à atenuação.

Para canais de atenuação de Rayleigh, a amplitude de atenuação α tem uma distribuição de Rayleigh, de modo que a potência de atenuação α^2 e conseqüentemente X tenham uma distribuição Chi-quadrado com dois graus de liberdade. Portanto,

$$p(X) = \frac{1}{\Gamma}\exp\left(-\frac{X}{\Gamma}\right) \qquad X \geq 0 \qquad (6.155)$$

onde $\Gamma = \frac{E_b}{N_0}\overline{\alpha^2}$ é o valor médio da relação sinal-ruído. Para $\overline{\alpha^2} = 1$, observe que Γ corresponde à média de E_b/N_0 para o canal de atenuação.

Usando a Equação 6.155 e a probabilidade de erro de um determinado esquema de modulação em AWGN, a probabilidade de erro em um canal de atenuação uniforme pode ser avaliada. Pode-se demonstrar que, para PSK binário coerente e FSK binário coerente, a Equação 6.154 é avaliada como[55]

$$P_{e,\,PSK} = \frac{1}{2}\left[1 - \sqrt{\frac{\Gamma}{1+\Gamma}}\right] \qquad (6.156)$$

(PSK binário coerente)

$$P_{e,\,FSK} = \frac{1}{2}\left[1 - \sqrt{\frac{\Gamma}{2+\Gamma}}\right] \qquad (6.157)$$

(PSK binário coerente)

Também pode-se demonstrar que a probabilidade média de erro do DPSK e FSK ortogonal não-coerente em um canal de atenuação de Rayleigh lento, uniforme, são dadas por

$$P_{e,\,DPSK} = \frac{1}{2(1+\Gamma)} \qquad (6.158)$$

(PSK binário diferencial)

$$P_{e,\,NCFSK} = \frac{1}{2+\Gamma} \qquad (6.159)$$

(FSK binário ortogonal não-coerente)

A Figura 6.53 ilustra como a BER para diversas modulações varia como uma função de E_b/N_0 em um ambiente de atenuação uniforme de Rayleigh. A figura foi produzida usando simulação em vez de análise, mas ela combina com as equações 6.156 a 6.159[56].

Para valores grandes de E_b/N_0 (ou seja, valores grandes de X), as equações de probabilidade de erro podem ser simplificadas como

$$P_{e,\,PSK} = \frac{1}{4\Gamma} \qquad (6.160)$$

(PSK binário coerente)

$$P_{e,\,FSK} = \frac{1}{2\Gamma} \qquad (6.161)$$

(FSK coerente)

$$P_{e,\,DPSK} = \frac{1}{2\Gamma} \qquad (6.162)$$

(PSK diferencial)

$$P_{e,\,NCFSK} = \frac{1}{\Gamma} \qquad (6.163)$$

(FSK binário ortogonal não-coerente)

Para GMSK, a expressão para BER no canal AWGN é dada na Equação 6.112.a, que, quando avaliada na Equação 6.154, gera uma BER de atenuação de Rayleigh de

$$P_{e,\,GMSK} = \frac{1}{2}\left(1 - \sqrt{\frac{\delta\Gamma}{\delta\Gamma+1}}\right) \cong \frac{1}{4\delta\Gamma} \qquad (6.164)$$

(GMSK coerente)

onde

$$\delta \cong \begin{cases} 0{,}68 & \text{para } BT = 0{,}25 \\ 0{,}85 & \text{para } BT = \infty \end{cases} \qquad (6.165)$$

Como visto pelas equações 6.160 a 6.164, para taxas de erro mais baixas, todas as cinco técnicas de modulação exibem uma relação algébrica inversa entre a taxa de erro e a SNR média. Isso é um contraste com a relação expo-

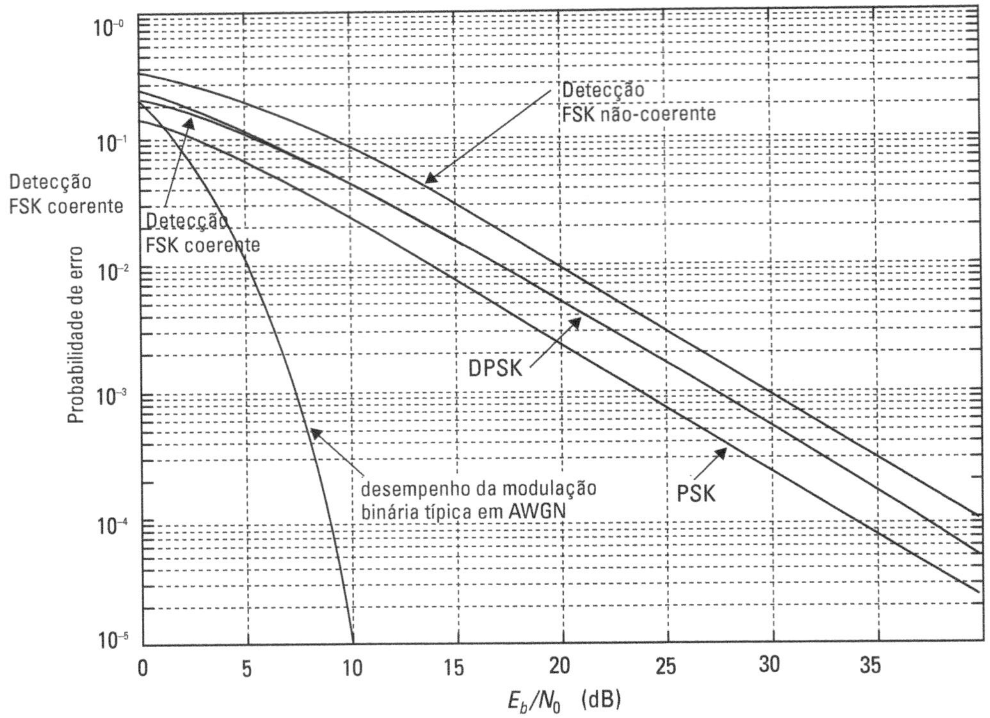

Figura 6.53 Desempenho da taxa de erros de bit dos esquemas de modulação binários em um canal de atenuação uniforme de Rayleigh em comparação com uma curva de desempenho típica em AWGN.

nencial entre a taxa de erros e a SNR em um canal AWGN. De acordo com esses resultados, vê-se que a operação em BERs de 10^{-3} a 10^{-6} exige aproximadamente uma SNR média de 30 dB a 60 dB. Isso é significativamente maior que o exigido quando operando em um canal de ruído gaussiano sem atenuação (20 dB a 50 dB mais enlace é exigido). Porém, pode-se mostrar facilmente que o desempenho de erro mais fraco deve-se à probabilidade diferente de zero de atenuações muito profundas, quando a BER instantânea pode se tornar tão baixa quanto 0,5. Uma melhoria significativa na BER pode ser alcançada usando-se técnicas eficientes, como *diversity coding* ou códigos de controle de erro para evitar totalmente a probabilidade de atenuações profundas, como mostra o Capítulo 7.

O trabalho de Yao[57] demonstra como a técnica analítica da Equação 6.154 pode ser aplicada aos sinais desejados, bem como a sinais de interferência que sofrem atenuação de Rayleigh, Ricean ou log-normal.

Exemplo 6.12

Usando os métodos descritos nesta seção, derive a probabilidade de expressões de erro para DPSK e FSK binário ortogonal não-coerente em um canal de atenuação lenta uniforme, onde o envelope de sinal recebido tem uma distribuição de probabilidade de Ricean[58].

Solução

A função de densidade da probabilidade de Ricean é dada por

$$p(r) = \frac{r}{\sigma^2}\exp\left(\frac{-(r^2 + A^2)}{2\sigma^2}\right)I_0\left(\frac{Ar}{\sigma^2}\right) \qquad \text{(E6.12.1)}$$

para $A \geq 0,\ r \geq 0$

onde r é a amplitude de Ricean e A é a amplitude especular. Pela transformação adequada, a distribuição de Ricean pode ser expressa em termos de X como

$$p(X) = \frac{1+K}{\Gamma}\exp\left(-\frac{X(1+K)+K\Gamma}{\Gamma}\right) I_0\left(\sqrt{\frac{4(1+K)KX}{\Gamma}}\right) \qquad \text{(E6.12.2)}$$

onde $K = A^2/2\sigma^2$ é a relação especular-para-aleatória da distribuição de Ricean. A probabilidade de erro do DPSK e do FSK ortogonal não-coerente em um canal AWGN pode ser expressa como

$$P_e(X, k_1, k_2) = k_1 \exp(-k_2 X) \qquad \text{(E6.12.3)}$$

onde $k_1 = k_2 = 1/2$ para FSK e $k_1 = 1/2$, $k_2 = 1$ para DPSK.

Para obter a probabilidade de erro em um canal de atenuação lenta uniforme, precisamos avaliar a expressão

$$P_e = \int_0^\infty P_e(X)p(X)dX \qquad \text{(E6.12.4)}$$

Substituindo as equações E6.12.2 e E6.12.3 na Equação E6.12.4 e resolvendo a integração, obtemos a probabilidade de erro em um canal de atenuação lenta uniforme, de Ricean, como

$$P_e = \frac{k_1(1+K)}{(k_2\Gamma+1+K)} \exp\left(\frac{-k_2 K\Gamma}{k_2\Gamma+1+K}\right)$$

Substituindo $k_1 = k_2 = 1/2$, para FSK, a probabilidade de erro é dada por

$$P_{e,\,NCFSK} = \frac{(1+K)}{(\Gamma+2+2K)} \exp\left(\frac{-K\Gamma}{\Gamma+2+2K}\right)$$

De modo semelhante, para DPSK, substituindo $k_1 = 1/2$, $k_2 = 1$, obtemos

$$P_{e,\,DPSK} = \frac{(1+K)}{2(\Gamma+1+K)} \exp\left(\frac{-K\Gamma}{\Gamma+1+K}\right)$$

6.12.2 Modulação digital em canais móveis seletivos de freqüência

A atenuação seletiva de freqüência causada pelo espalhamento do atraso de caminho múltiplo causa interferência entre símbolos, que resulta em um piso BER irredutível para sistemas móveis. Porém, mesmo que um canal móvel não seja seletivo de freqüência, a difusão Doppler variável no tempo, devida ao movimento, cria um piso BER irredutível devido ao espalhamento espectral aleatório. Esses fatores impõem limites sobre a taxa de dados e BER que pode ser transmitida de modo confiável por um canal seletivo de freqüência. A simulação é a principal ferramenta usada para analisar os efeitos da atenuação seletiva de freqüência. Chuang[59] estudou o desempenho de diversos esquemas de modulação nos canais de atenuação seletiva de freqüência por meio de simulações. Foram estudados esquemas de modulação BPSK, QPSK, OQPSK e MSK filtrados e não-filtrados, e suas curvas BER foram simuladas como uma função do espalhamento do atraso rms normalizado ($d = \sigma_\tau / T_s$).

O piso de erro irredutível em um canal seletivo de freqüência é causado principalmente pelos erros devidos à interferência entre símbolos, que interfere com o componente de sinal nos instantes de amostragem do receptor. Isso ocorre quando a) o componente de sinal principal (sem atraso) é removido pelo cancelamento de caminho múltiplo, b) um valor diferente de zero de d causa ISI, ou c) o tempo de amostragem de um receptor é deslocado como resultado do espalhamento do atraso. Chuang observou que os erros em um canal seletivo de

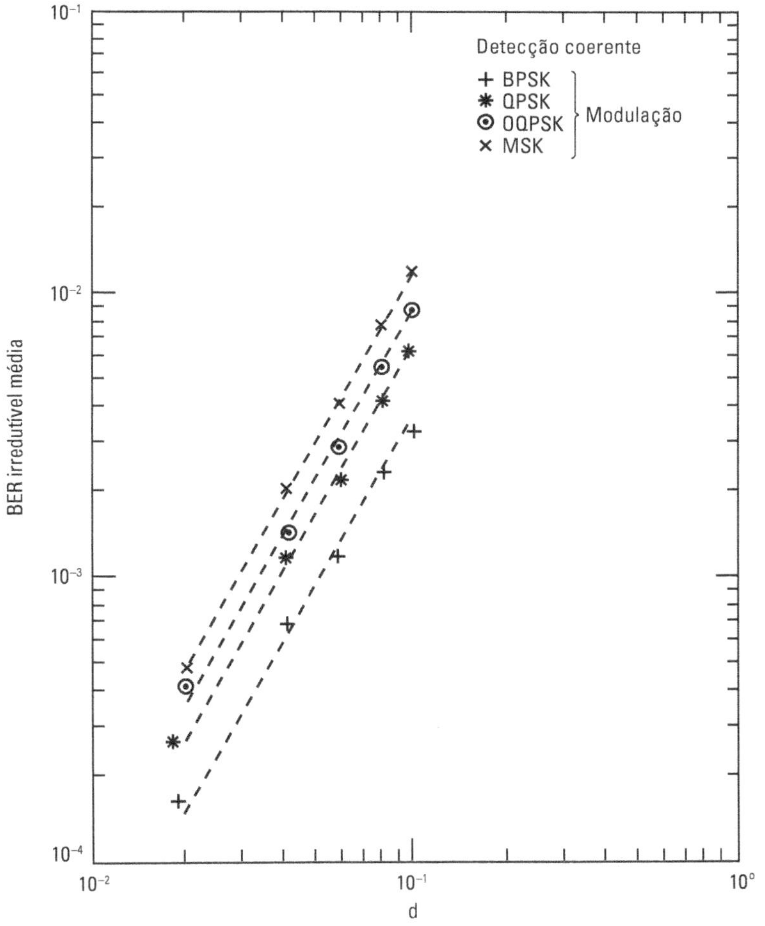

Figura 6.54 O desempenho BER irredutível para diferentes modulações com detecção coerente para um canal com um perfil de atraso de potência gaussiano. O parâmetro d é o espalhamento de atraso rms normalizado pelo período de símbolos (de Chuang[60] © IEEE).

freqüência tendem a ser em rajadas. Com base nos resultados das simulações, sabe-se que, para pequenos espalhamentos de atraso (relativo à duração dos símbolos), a atenuação uniforme resultante é a causa dominante das rajadas de erro. Para um espalhamento de atraso grande, erros de temporização e ISI são os mecanismos de erro dominantes.

A Figura 6.54 mostra a BER média irredutível como uma função de *d* para diferentes esquemas de modulação não-filtrados usando detecção coerente. Pela figura, pode-se ver que o desempenho BER do BPSK é o melhor dentre todos os esquemas de modulação comparados. Isso porque a interferência de deslocamento de símbolos (chamada interferência *entre trilhos*, devido ao fato de o diagrama ter múltiplos trilhos) não existe em BPSK. Tanto OQPSK quanto MSK têm um deslocamento de temporização entre duas seqüências de bits, logo a ISI entre trilhos é mais severa, e seus desempenhos são semelhantes ao QPSK. A Figura 6.55 mostra a BER como uma função do espalhamento de atraso rms normalizado ao período de bit ($d' = \sigma_\tau / T_b$) em vez do período de símbolos usado na Figura 6.54. Comparando com base nos bits, em vez dos símbolos, fica mais fácil comparar as diferentes modulações. Isso é feito na Figura 6.55, onde fica claro que as modulações de 4 níveis (QPSK, OQPSK e MSK) são mais resistentes ao espalhamento de atraso do que BPSK para uma vazão constante de informações. É interessante que o chaveamento 8-ário foi considerado menos resistente do que o chaveamento 4-ário, e isso tem levado à escolha do chaveamento 4-ário para muitos padrões sem fio 2G e 3G, conforme descrito nos capítulos 2 e 11.

6.12.3 Desempenho do DQPSK $\pi/4$ com atenuação e interferência

Liu e Feher e Fung, Thoma[61] e Rappaport[62] estudaram o desempenho do DQPSK no ambiente de rádio móvel. Eles modelaram o canal como um canal de atenuação de Rayleigh seletivo com dois raios, com ruído aditivo gaussiano e interferência de co-canal (CCI). Além disso, Thoma estudou os efeitos do canal de caminho múltiplo no mundo real, e descobriu que às vezes esses canais induzem taxas

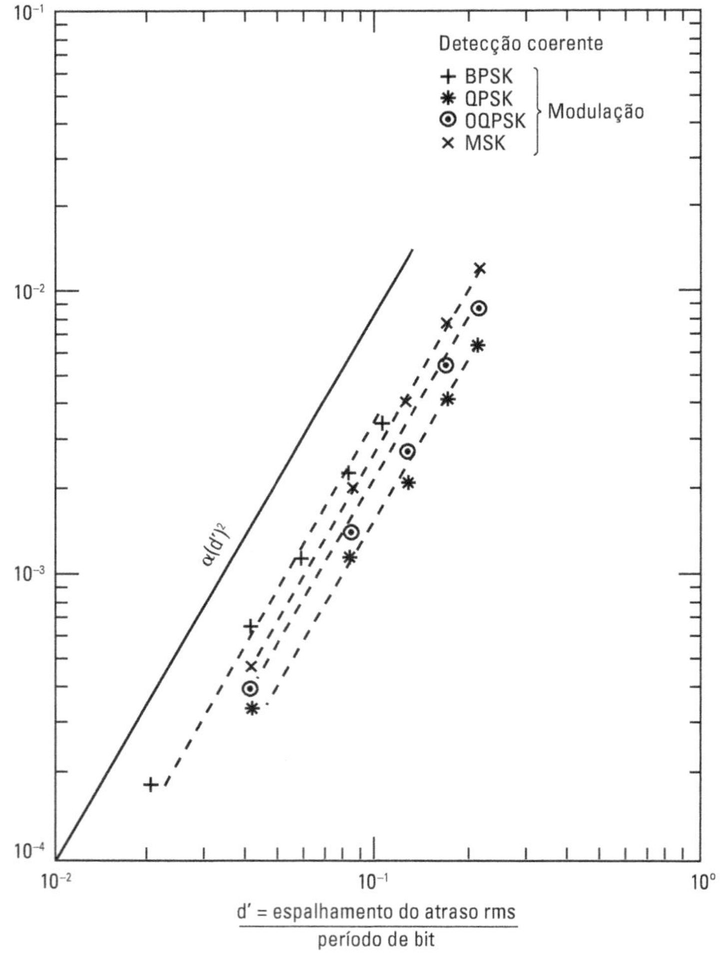

Figura 6.55 O mesmo conjunto de curvas desenhado na Figura 6.54, como uma função do espalhamento de atraso rms normalizado pelo período de bits (de Chuang [63]© IEEE).

de erro de bit mais fracas do que o modelo de atenuação de Rayleigh com dois raios. Com base nos resultados das análises e simulações, cálculos numéricos foram desenvolvidos para avaliar as taxas de erro de bit em diferentes atrasos de caminho múltiplo entre os dois raios, em diferentes velocidades de veículo (ou seja, diferentes deslocamentos Doppler), e diversos níveis de interferência de co-canal. A BER foi calculada e analisada como uma função dos seguintes parâmetros:

- O espalhamento Doppler normalizado à taxa de símbolos: $B_D T_s$ ou B_D/R_s
- Atraso do segundo caminho múltiplo τ, normalizado à duração de símbolos: τ/T
- Razão entre a energia de portadora média e a densidade espectral de potência de ruído em decibéis: E_b/N_0 dB
- Razão média entre potência de portadora e o ruído em decibéis: C/I dB
- Razão média entre potência do caminho principal e do caminho atrasado: C/D dB

Fung, Thoma e Rappaport[64] desenvolveram um simulador para computador chamado BERSIM (Bit Error Rate SIMulator) que confirmou a análise de Liu e Feher[65] O conceito do BERSIM, coberto pela patente dos Estados Unidos n. 5.233.628, aparece na Figura 6.56.

A Figura 6.57 mostra um gráfico da probabilidade média de erro de um sistema de celular digital dos Estados Unidos DQPSK $\pi/4$ como uma função da relação portadora-ruído (C/N) para diferentes níveis de interferência de co-canal em um canal de atenuação lenta uniforme de Rayleigh. Em um canal de atenuação lenta uniforme, a dispersão de tempo em caminho múltiplo e o espalhamento Doppler são desprezíveis, e os erros são causados principalmente por atenuações e interferência do co-canal. Pode-se ver claramente que, para $C/I > 20$ dB, os erros devem-se principalmente à atenuação, e a interferência tem pouco efeito. Porém, quando C/I cai para menos de 20 dB, a interferência domina o desempenho do enlace. É por isso que sistemas móveis de alta capacidade têm interferência limitada, e não ruído limitado.

Em sistemas móveis, mesmo se não houver dispersão de tempo e se C/N for infinitamente grande, a BER não diminui para menos do que um certo piso irredutível. Esse piso de erro irredutível deve-se à FM aleatória causada pelo espalhamento Doppler, e sua existência foi demonstrada inicialmente por Bello e Nelin.[66] A Figura 6.58 ilustra claramente os efeitos da atenuação induzida de Doppler para DQPSK $\pi/4$. À medida que a velocidade aumenta, o piso de erro irredutível aumenta, apesar de um aumento em E_b/N_0. Assim, quando um certo E_b/N_0 é alcançado, não poderá haver mais melhoria no desempenho do enlace devido ao movimento.

A Figura 6.59 mostra a BER do sistema celular digital dos EUA DQPSK $\pi/4$ em um canal de atenuação de Rayleigh com dois raios para velocidades de veículo de 40 km/h e 120 km/h, e com SNR extremamente grande ($E_b/N_0 = 100$ dB). As curvas são desenhadas para $C/D = 0$ e 10 dB, e para diversos valores de τ/T_s. Quando o atraso entre os dois raios de caminho múltiplo se aproxima de 20% do período de símbolos (ou seja, $\tau/T = 0{,}2$), a taxa de erro de bit devida a aumentos de caminho múltiplo sobe para mais de 10^{-2} e torna o enlace inutilizável, até mesmo quando o raio atrasado tem um sinal médio 10 dB

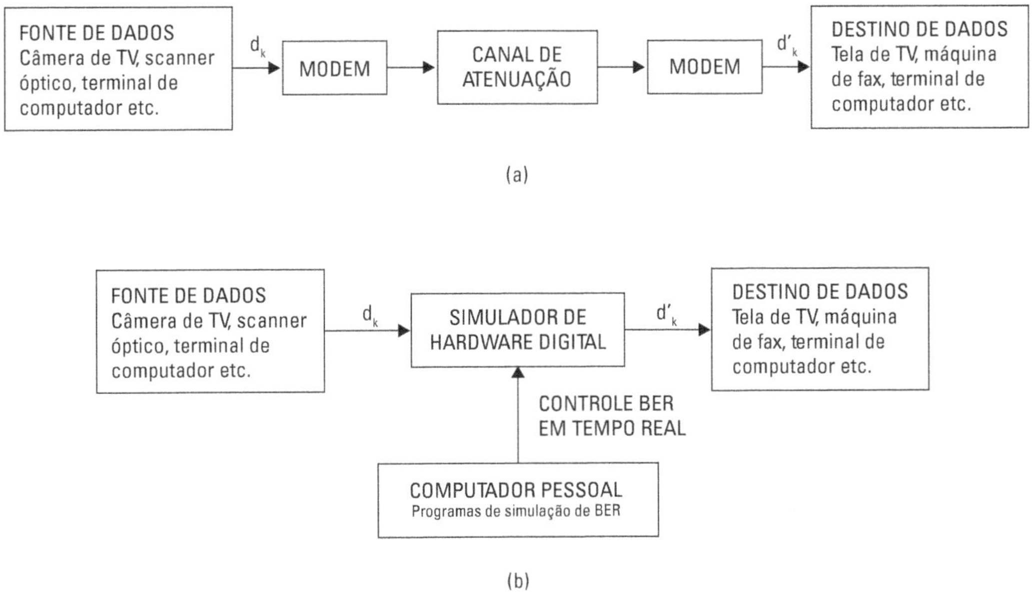

Figura 6.56 O conceito do BERSIM: a) diagrama de blocos do sistema real de comunicação digital; b) diagrama de blocos do BERSIM usando um simulador de hardware digital de banda base com simulação por software como um driver para o controle BER em tempo real (patente dos Estados Unidos n. 5.233.628).

abaixo do raio principal. A taxa de erro de bit média no canal é importante para os codificadores de voz. Via de regra, uma taxa de erro de bit do canal de 10^{-2} é necessária para os codificadores de voz por modem funcionarem corretamente. Observe também que, a $\tau/T = 0{,}1$, a probabilidade de erro está bem abaixo de 10^{-2}, mesmo quando o segundo componente de caminho múltiplo é igual em potência ao primeiro. A Figura 6.59 mostra como o atraso e a amplitude do segundo raio têm forte impacto sobre a BER média.

Simulações como aquelas realizadas por Chuang, Liu e Feher, Rappaport e Fung e Thoma[67] oferecem idéias valiosas sobre os mecanismos de erro de bit em uma grande variedade de condições de operação. A velocidade da estação móvel, o espalhamento de atraso do canal, os níveis de interferência e o formato da modulação causam impacto

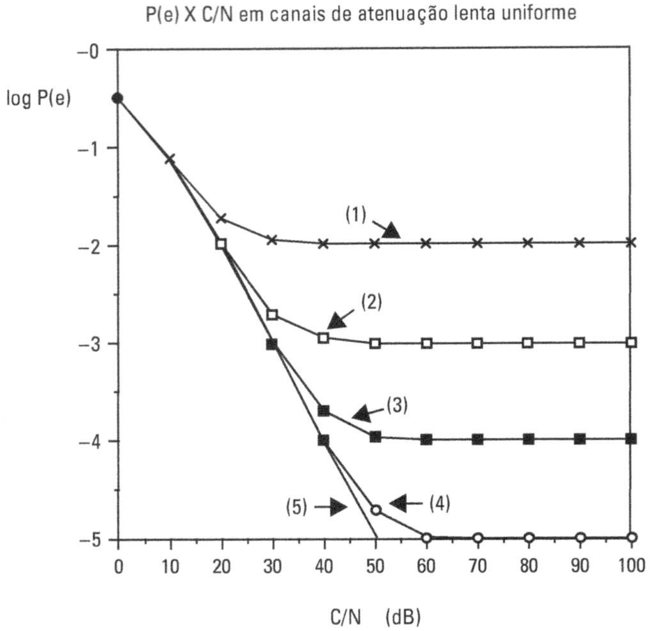

Figura 6.57 O desempenho BER do DQPSK $\pi/4$ em um canal de atenuação lenta uniforme corrompido por CCI e AWGN. f_c = 850 MHz, f_s = 24 ksps, fator cosseno elevado com coeficiente de rolamento = 0,2, C/I = (1) 20 dB, (2) 30 dB, (3) 40 dB, (4) 50 dB, (5) infinito (de Liu e Feher[68] © IEEE).

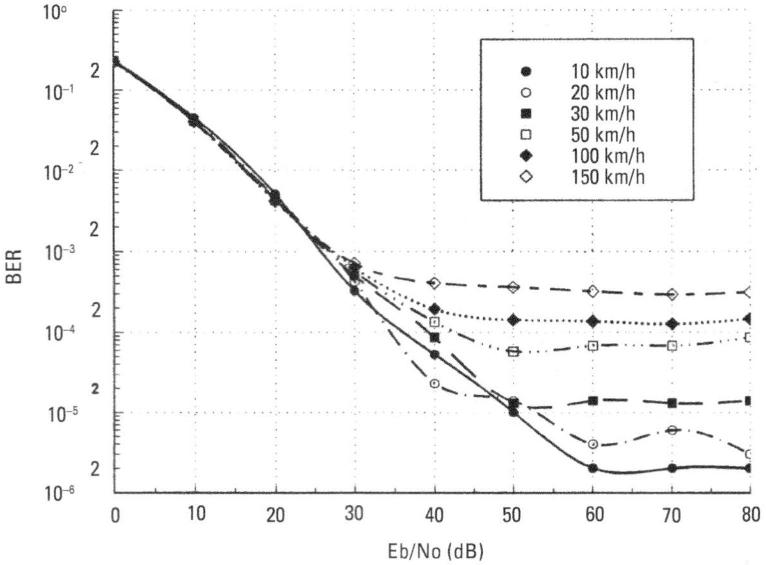

Figura 6.58 Desempenho BER versus E_b/N_0 para DQPSK $\pi/4$ em um canal de atenuação uniforme de Rayleigh para diversas velocidades de estação móvel: f_c = 850 MHz, f_s = 24 ksps, fator cosseno elevado com coeficiente de rolamento é 0,2, C/I = 100 dB. Gerado pelo BERSIM (de Fung, Rappaport e Thoma[69] © IEEE).

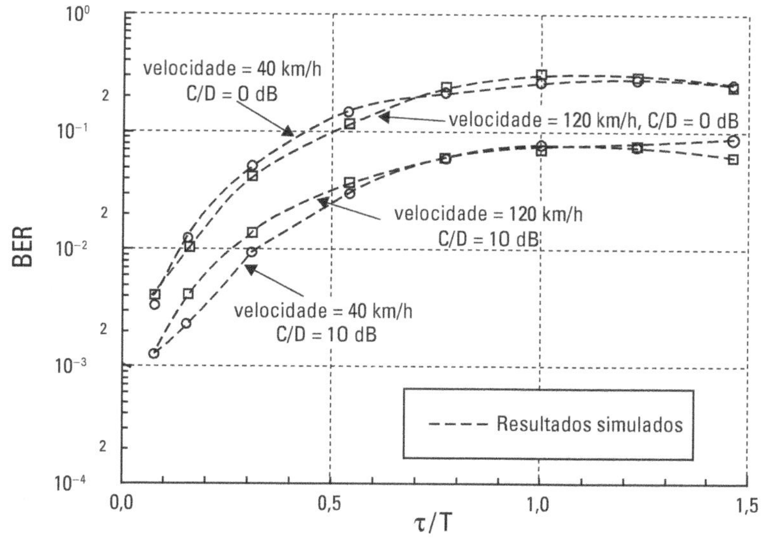

Figura 6.59 Desempenho BER do DQPSK π/4 em um canal de atenuação de Rayleigh com dois raios, onde o atraso de tempo τ e a razão de potência *C/D* entre o primeiro e segundo raios são variados. f_c = 840 MHz, f_s = 24 ksps, taxa cosseno elevado com coeficiente de rolamento é 0,2, v = 40 km/h, 120 km/h, E_b/N_0 = 100 dB. Produzido pelo BERSIM (de Fung, Rappaport e Thoma[70] © IEEE).

independentemente da taxa de erro de bit nos sistemas de comunicação móvel, e a simulação é uma forma poderosa de projetar ou prever o desempenho dos enlaces de comunicação sem fio em condições de canal muito complexas, variáveis no tempo[71].

Problemas

6.1 Uma onda de freqüência modulada tem uma freqüência de portadora angular ω_c = 5.000 rad/seg e um índice de modulação de 10. Calcule a largura de banda e as freqüências de banda lateral superior e inferior se o sinal modulante $m(t) = 20\cos(5t)$.

6.2 Uma portadora de 2 MHz com uma amplitude de 4 V é modulada em freqüência por um sinal modulante $m(t) = \text{sen}(1.000\pi t)$. A amplitude do sinal modulante é de 2 V e o pico do desvio de freqüência é de 1 kHz. Se a amplitude e a freqüência do sinal modulante forem aumentadas para 8 V e 2 kHz, respectivamente, escreva uma expressão para o novo sinal modulado.

6.3 Se f_c = 440 MHz e os veículos trafegam a uma velocidade máxima de 80 mph, determine a alocação de espectro apropriada dos sinais de voz e tom para um sistema TTIB.

6.4 Se f_d = 12 kHz e W = 4 kHz, determine o índice de modulação para um transmissor de FM. Esses são parâmetros para o padrão AMPS.

6.5 Para transmissões FM AMPS, se a $SNR_{entrada}$ = 10 dB, determine a $SNR_{saída}$ do detector de FM. Se $SNR_{entrada}$ for aumentada em 10 dB, qual o aumento correspondente na $SNR_{saída}$ a partir do detector?

6.6 Prove que, para um sinal de FM, um detector de quadratura é capaz de detectar a mensagem devidamente.

6.7 Projete um detector de quadratura para uma freqüência de IF de 70 MHz, considerando uma banda de passagem de IF de 200 kHz. Escolha valores de circuito razoáveis e desenhe a resposta de amplitude e fase sobre a freqüência central de IF.

6.8 Usando a simulação por computador, demonstre que um sinal de FM pode ser demodulado usando a) detecção de inclinação e b) um detector de travessia de zero.

6.9 a) Gere e desenhe a forma de onda de tempo para um sistema de comunicação de banda base binário que envia a string de bits 1, 0, 1 por um canal ideal, onde uma resposta de filtro cosseno elevado com coeficiente de rolamento é usado com α = 1/2. Suponha que a taxa de símbolos seja 50 kbps e use um tempo de truncamento de ± 6 símbolos.

b) Ilustre os pontos de amostragem ideais da forma de onda.

c) Se um receptor tem um *jitter* de temporização de ± 10^{-6} segundos, qual a diferença na voltagem detectada em comparação com a voltagem ideal em cada ponto de amostragem?

6.10 Verifique se o receptor BPSK mostrado na Figura 6.23 é capaz de recuperar uma mensagem digital $m(t)$.

6.11 Desenhe o desempenho BER *versus* E_b/N_0 para BPSK, DPSK, QPSK e FSK não-coerente no ruído branco aditivo gaussiano. Liste as vantagens e desvantagens de cada método de modulação do ponto de vista das comunicações móveis.

6.12 Suponha que um fluxo de bits binário seja modulado em uma portadora de RF. Se o fluxo de bits de banda base tem uma taxa de dados de 1 Megabit por segundo, então:

a) Qual a primeira largura de banda de travessia de zero do espectro de RF se os pulsos retangulares simples forem usados, supondo que BPSK seja usado?

b) Qual a largura de banda absoluta do espectro de RF se forem usados pulsos cosseno elevado com coeficiente de rolamento, para α = 1? Considere que BPSK é utilizado.

c) Qual a largura de banda absoluta do espectro de RF se os pulsos cosseno elevado com coeficiente de rolamento forem utilizados, para α = 1/3? Considere que BPSK é utilizado.

d) Se um *jitter* de temporização de 10^{-6} segundos existir no receptor e forem usados pulsos cosseno elevado com coeficiente de rolamento, o detector experimentará interferência entre símbolos a partir dos símbolos adjacentes? Explique.

e) Se a modulação GMSK tiver que ser gerada conforme mostrado e uma largura de banda de 3 dB a 500 kHz for usada para o filtro passa baixa gaussiano, qual a escolha apropriada para o desvio de freqüência de pico de FM, ΔF?

f) Para a modulação GMSK usando $BT \leq 0,5$, quantos lóbulos laterais espectrais ocorrem?

6.13 Se um enlace de rádio móvel opera com SNR de 30 dB e usa um canal de 200 kHz, ache a capacidade de dados máxima teórica possível. Compare a sua resposta com a que é oferecida pelo padrão GSM, que opera a uma taxa de canal de 270,8333 kbps.

6.14 Compare as eficiências espectrais do canal de IS-54, GSM, PDC e IS-95. Quais são as eficiências espectrais teóricas para cada um desses padrões se eles operarem com SNR de 20 dB?

6.15 Projete um filtro cosseno elevado com coeficiente de rolamento para $T_s = 1/24.300$ s e $\alpha = 0,35$. Escreva expressões e desenhe a resposta ao impulso e a resposta de freqüência do filtro. Se esse filtro fosse usado para canais de RF de 30 kHz, que porcentagem da energia total radiada ficaria fora da banda? A simulação por computador ou a análise numérica podem ser usadas para determinar os resultados.

6.16 Projete um filtro de modelagem de pulso gaussiano com $BT = 0,5$ para uma taxa de símbolos de 19,2 kbps. Escreva expressões e desenhe a resposta de impulso e a resposta de freqüência do filtro. Se esse filtro fosse usado para produzir GMSK em canais de RF de 30 kHz, que porcentagem da energia total radiada ficaria fora da banda? Repita para o caso de $BT = 0,2$ e $BT = 0,75$. A simulação por computador ou a análise numérica podem ser usadas para determinar os resultados.

6.17 Simulação por computador de GMSK: Recrie a Tabela 6.3 e a Figura 6.41 usando a simulação por computador. Simplesmente, aplique uma forma de onda binária NRZ aleatória por um filtro em forma de pulso gaussiano e depois module em FM, como na Figura 6.42. Não se esqueça de incluir todo o código fonte documentado e rotule claramente todos os eixos e documente e exiba a PSD e ocupação espectral em relação a R_b para valores variáveis de BT.

6.18 Derive a Equação 6.106 para um sinal MSK.

6.19 Gere a mensagem binária 01100101 através do transmissor e receptor MSK mostrados nas figuras 6.39 e 6.40. Esboce as formas de onda nas entradas, saídas e pelo sistema. Desenhe também a PSD da saída. A simulação por computador poderá ser usada.

6.20 Se 63 usuários compartilham um sistema CDMA, e cada usuário tem um ganho de processamento de 511, determine a probabilidade de erro média para cada usuário. Que suposições você fez para determinar seu resultado?

6.21 Para o Problema 6.20, determine o aumento percentual no número de usuários se a probabilidade de erro puder ser aumentada por uma ordem de grandeza.

6.22 No CDMA IS-95, considere que $K = 20$ usuários compartilham o mesmo canal de 1,25 MHz. A taxa de chips para cada usuários é 1,2288 Mcps e cada usuário tem uma taxa de dados de banda base de 13 Kbps. Se um E_b/N_0 máximo de 7,8 dB for fornecido para cada usuário e os tamanhos de código PN forem 32.678 chips (2^{15}), ache a probabilidade de erro de bit para um usuário. Qual o ganho de processamento do IS-95?

6.23 Suponha que um sistema de acesso múltiplo com salto de freqüência seja utilizado. O chaveamento por deslocamento de freqüência binário tendo uma probabilidade de erro de

$$P_e = \frac{1}{2}e^{-\frac{E_b}{2N_0}}$$

é usado por cada usuário. Prove que, se existem M canais de salto possíveis e K usuários no total, a taxa de erro irredutível devida à interferência de acesso múltiplo é dada por

$$\lim_{\frac{E_b}{N_0} \to \infty} P_e = \frac{1}{2}\left[\frac{K-1}{M}\right]$$

6.24 a) Em um sistema multi-usuário DS-SS, quantos usuários simultâneos podem ser admitidos de modo que uma taxa de erro de bit média de menos de 10^{-3} seja mantida para cada usuário? Suponha que todos os usuários empreguem o controle de potência de modo que as potências recebidas de cada usuário sejam mantidas em uma média de $E_b/N_0 = 10$ dB, e suponha que cada usuário tenha um código PN que seja produzido a partir de um registrador de deslocamento de 11 bits.

b) Usando sua resposta em a), qual a probabilidade de erro média resultante para um usuário se mais um usuário simultâneo for acrescentado? Isso seria percebível para todos os outros usuários? Por que seria ou por que não?

6.25 Um sistema FH–SS usa canais de 50 kHz sobre um espectro de 20 MHz contínuo. O salto de freqüência rápido é utilizado, onde dois saltos ocorrem para cada bit. Se o FSK binário for o método de modulação usado nesse sistema, determine: a) o número de saltos por segundo se cada usuário transmite em 25 Kbps; b) a probabilidade de erro para um único usuário operando em um $E_b/N_0 = 20$ dB; c) a probabilidade de erro para um usuário operando em $E_b/N_0 = 20$ dB com 20 outros usuários FH–SS com saltos de freqüência independentes; e d) a probabilidade de erro para um usuário operando em $E_b/N_0 = 20$ dB com 200 outros usuários FH–SS com saltos de freqüência independentes.

6.26 Um sistema WLAN com salto de freqüência é proposto para Bluetooth, usando FSK binário. Suponha que cinqüenta canais de 1 MHz estejam disponíveis, e K dispositivos devam ser conectados na mesma sala. Se um E_b/N_0 de 20 dB puder ser fornecido a cada usuário, desenhe a probabilidade média de erros como uma função do número de dispositivos, onde K varia de 1 a 100. O que você consideraria como o número máximo aceitável de dispositivos?

6.27 Simule um sinal GMSK e verifique se a largura de banda do filtro gaussiano tem um impacto importante sobre a forma espectral do sinal. Desenhe formas espectrais para **a)** $BT = 0,2$; **b)** $BT = 0,5$; e c) $BT = 1$.

6.28 Compare a BER e largura de banda de RF de um sinal GMSK operando no ruído branco aditivo gaussiano (AWGN) para os seguintes valores de BT: **a)** 0,25; **b)** 0,5; **c)** 1; **d)** 5. Discuta as vantagens e desvantagens práticas desses casos.

6.29 Demonstre matematicamente que um fluxo de dados QPSK $\pi/4$ pode ser detectado usando-se um receptor de FM. (Dica: considere como um receptor de FM responde a mudanças de fase.)

6.30 Usando a Equação 6.153, determine a probabilidade de erro, como uma função de E_b/N_0, para QAM 4-ário, QAM 16-ário e QAM 64-ário. Desenhe E_b/N_0 *versus* BER para 4 QAM, 16 QAM e 64 QAM no mesmo gráfico, e compare seus resultados com BPSK e FSK ortogonal não-coerente no gráfico.

6.31 a) Dado que a modulação DPSK binária tem uma probabilidade de erro de bit de

$$P_e = \frac{1}{2}e^{-\frac{E_b}{2N_0}}$$

em AWGN, ache a probabilidade de erro para DPSK em um canal de atenuação uniforme de Rayleigh.

b) Se a SNR média para um sinal DPSK com atenuação de Rayleigh é de 30 dB, qual a probabilidade de erro no receptor?

6.32 O FSK binário (não-coerente) tem uma probabilidade de erro em AWGN dada por

$$P_e = \frac{1}{2}\exp\left(-\frac{E_b}{N_0}\right)$$

a) Derive a probabilidade de erro para uma área local para FSK binário em um canal de atenuação uniforme de Rayleigh.

b) Para conseguir uma BER de 10^{-3}, quanta potência de sinal adicional é necessária em um ambiente de atenuação de Rayleigh em comparação com o canal AWGN? Dê sua resposta em dB.

6.33 Demonstre matematicamente que um sinal QPSK $\pi/4$ pode ser detectado usando-se a IF e circuitos de detecção diferenciais de banda base descritos no Capítulo 6.

6.34 Usando a expressão para probabilidade de erro em um canal de atenuação uniforme, ache a probabilidade média de erro para DPSK se um canal tem uma densidade de probabilidade de SNR exponencial de $p(x) = e^{-x}$ para $x > 0$.

6.35 Determine o E_b/N_0 necessário a fim de detectar DPSK com uma BER média de 10^{-3}para a) um canal de atenuação de Rayleigh; b) um canal de atenuação de Ricean, com $K = 6$ dB, 7 dB.

6.36 Determine o E_b/N_0 necessário a fim de detectar BPSK com uma BER média de 10^{-5} para a) um canal de atenuação de Rayleigh; b) um canal de atenuação de Ricean, com $K = 6$ dB, 7 dB.

6.37 Mostre que a Equação 6.155 está correta. Ou seja, prove que, se α é distribuído em Rayleigh, então o pdf de α^2 é dado por $p(\alpha^2) = \frac{1}{\overline{\alpha^2}}e^{-\alpha^2/\overline{\alpha^2}}$. Esse é o pdf Chi-Quadrado com dois graus de liberdade.

6.38 Prove que a expressão para a BER do GMSK dada na Equação 6.164 está correta, usando as técnicas descritas na Seção 6.12.1 e a expressão P_e para GMSK em um canal de ruído branco aditivo gaussiano.

6.39 Prove que um sinal de atenuação de Rayleigh tem um pdf exponencial para a potência do sinal.

Referências bibliográficas

1 GOSLING, W.; McGEEHAN, J. P.; HOLLAND, P. G. "Receivers for the wolfson SSB/VHF land mobile radio system". *Proceedings of IERE Conference on Radio Receivers*; Associated Systems, Southampton, Inglaterra, jul. 1978, p. 169-178.

LUSIGNAN, B. B. "Single-sideband transmission for land mobile radio". *IEEE Spectrum*, jul. 1978, p. 33-37.

WELLS, R. "SSB for VHF mobile radio at 5 kHz channel spacing". *Proceedings of IERE Conference on Radio Receivers*; Associated Systems, Southampton, Inglaterra, jul. 1978, p. 29-36.

2 McGEEHAN, J. P.; BATEMAN, A. J. "Phase locked transparent tone-in-band (TTIB): a new spectrum configuration particularly suited to the transmission of data over ssb mobile radio networks". *IEEE Transactions on Communications*, v. COM-32, n. 1, jan. 1984, p. 81-87.

3 Ibidem.

4 EIA/TIA INTERIM STANDARD. "Cellular system dual mode mobile station – land station compatibility specifications". IS-54, Electronic Industries Association, maio 1990.

5 COUCH, L. W. *Digital; Analog Communication Systems*, 4. ed. Nova York: Macmillan, 1993.

6 SHANNON, C. E. "A mathematical theory of communications". *Bell Systems Technical Journal*, v. 27, 1948, p. 379-423; 623-656.

7 AMOROSO, F. "The bandwidth of digital data signals". *IEEE Communications Magazine*, nov. 1980, p. 13-24.

8 COUCH, L. W. *Digital; Analog Communication Systems*, 4. ed. Nova York: Macmillan, 1993.

9 NYQUIST, H. "Certain topics in telegraph transmission theory". *Transactions of the AIEE*, v. 47, fev. 1928, p. 617-644.

10 Ibidem.

11 ZIEMER, R. E.; PETERSON, R. L. *Introduction to Digital Communications*, Macmillan Publishing Company, 1992.

12 Ibidem.

13 Ibidem.

14 YOUNG, W. R. "Advanced mobile phone service: introduction, background; objectives". *Bell Systems Technical Journal*, v. 58, jan. 1979, p. 1-14.

15 PASUPATHY, S. "Minimum shift keying: a spectrally efficient modulation". *IEEE Communications Magazine*, jul. 1979, p. 14-22.

16 CHUANG, J. "The effects of time delay spread on portable communications channels with digital modulation". *IEEE Journal on Selected Areas in Communications*, v. SAC-5, n. 5, jun. 1987, p. 879-889.

17 LIU, C. L.; FEHER, K. "Noncoherent detection of p/4-shifted systems in a CCI-AWGN combined interference environment". *Proceedings of the IEEE 40th Vehicular Technology Conference*, São Fransisco, 1989.

18 FEHER, K. "Modems for emerging digital cellular mobile radio systems". *IEEE Transactions on Vehicular Technology*, v. 40, n. 2, maio 1991, p. 355-365.

RAPPAPORT, T. S.; FUNG, V. "Simulation of bit error performance of FSK, BPSK; π/4 DQPSK in flat fading indoor radio channels using a measurement-based channel model". *IEEE Transactions on Vehicular Technology*, v. 40, n. 4, nov. 1991, p. 731-739.

19 FEHER, K. "Modems for emerging digital cellular mobile radio systems". *IEEE Transactions on Vehicular Technology*, v. 40, n. 2, maio 1991, p. 355-365.

20 ANVARI, K.; WOO, D. "Susceptibility of p/4 DQPSK TDMA channel to receiver impairments". *RF Design*, fev. 1991, p. 49-55.

21 FEHER, K. "Modems for emerging digital cellular mobile radio systems". *IEEE Transactions on Vehicular Technology*, v. 40, n. 2, maio 1991, p. 355-365.

22 LIU, C.; FEHER, K. "Bit error rate performance of p/4 DQPSK in a frequency selective fast rayleigh fading channel". *IEEE Transactions on Vehicular Technology*, v. 40, n. 3, ago. 1991, p. 558-568.

23 FEHER, K. "Modems for emerging digital cellular mobile radio systems". *IEEE Transactions on Vehicular Technology*, v. 40, n. 2, maio 1991, p. 355-365.

24 YOUNG, W. R. "Advanced mobile phone service: introduction, background; objectives". *Bell Systems Technical Journal*, v. 58, jan. 1979, p. 1-14.

25 COUCH, L. W. *Digital; Analog Communication Systems*, 4. ed. Nova York: Macmillan, 1993.

26 XIONG, F. "Modem techniques in satellite communications". *IEEE Communications Magazine*, ago. 1994, p. 84-97.

27 PASUPATHY, S. "Minimum shift keying: a spectrally efficient modulation". *IEEE Communications Magazine*, jul. 1979, p. 14-22.

28 SUNDBERG, C. "Continuous phase modulation". *IEEE Communications Magazine*, v. 24, n.4, abr. 1986, p. 25-38.

29 Ibidem.

30 PROAKIS, J. G.; SALEHI, M. *Communication Systems Engineering*, Prentice Hall, 1994, Capítulo 4.

31 PASUPATHY, S. "Minimum shift keying: a spectrally efficient modulation". *IEEE Communications Magazine*, jul. 1979, p. 14-22.

32 Ibidem.

33 MUROTA, K.; HIRADE, K. "GMSK modulation for digital mobile radio telephony". *IEEE Transactions on Communications*, v. COM-29, n. 7, jul. 1981, p. 1044-1050.

34 Ibidem.

35 Ibidem.

36 Ibidem.

37 ISHIZUKA, M.; HIRADE, K. "Optimum gaussian filter; deviated-frequency-locking scheme for coherent detection of MSK". *IEEE Transactions on Communications*, v. COM-28, n. 6, jun. 1980, p. 850-857.

38 MUROTA, K.; HIRADE, K. "GMSK modulation for digital mobile radio telephony". *IEEE Transactions on Communications*, v. COM-29, n. 7, jul. 1981, p. 1044-1050.

39 deBUDA, R. "Coherent demodulation of frequency shift keying with low deviation ratio". *IEEE Transactions on Communications*, v. COM-20, jun. 1972, p. 466-470.

40 Ibidem.

41 HAYKIN, S. *Communication Systems*, Nova York: John Wiley; Sons, 1994.

42 Ibidem.

43 ZIEMER, R. E.; PETERSON, R. L. *Introduction to Digital Communications*, Macmillan Publishing Company, 1992.

44 Ibidem.

45 Ibidem.

46 Ibidem

47 Ibidem.

48 Ibidem.

49 PRICE, R.; GREEN, P. E. "A communication technique for multipath channel". *Proceedings of the IRE*, mar. 1958, p. 555-570.

50 COOPER, G. R.; McGILLEM, C. D. *Modern Communications; Spread Spectrum*, Nova York: McGraw-Hill, 1986.

51 PICKHOLTZ, R. L.; MILSTEIN, L. B.; SCHILLING, D. "Spread spectrum for mobile communications". *IEEE Transactions on Vehicular Technology*, v. 40, n. 2, maio 1991, p. 313-322.

52 LIBERTI, J. C.; RAPPAPORT, T. S. *Smart Antennas for Wireless Communications: IS-95; Third Generation Applications*, Nova Jersey: Prentice Hall, 1999.

53 GERANIOTIS, E. A.; PURSLEY, M. B. "Error probabilities for slow frequency-hopped spread spectrum multiple-access communications over fading channels". *IEEE Transactions on Communications*, v. COM-30, n. 5, maio 1982, p. 996-1009.

54 RAPPAPORT, T. S.; FUNG, V. "Simulation of bit error performance of FSK, BPSK; π/4 DQPSK in flat fading indoor radio channels using a measurement-based channel model". *IEEE Transactions on Vehicular Technology*, v. 40, n. 4, nov. 1991, p. 731-739.

FUNG, V.; RAPPAPORT, T. S.; THOMA, B. "Bit error simulation for π/4 DQPSK mobile radio communication using two-ray; measurement-based impulse response models". *IEEE Journal on Selected Areas in Communication*, v. 11, n. 3, abr. 1993, p. 393-405.

55 STEIN, S. "Fading channel issues in system engineering". *IEEE Journal on Selected Areas in Communications*, v. SAC-5, n. 2, fev. 1987.

56 RAPPAPORT, T. S.; FUNG, V. "Simulation of bit error performance of FSK, BPSK; π/4 DQPSK in flat fading indoor radio channels using a measurement-based channel model". *IEEE Transactions on Vehicular Technology*, v. 40, n. 4, nov. 1991, p. 731-739.

57 YAO, Y. D.; SHEIKH, A.U.H. "Bit error probabilities of NCFSK e DPSK signals in microcellular mobile radio systems". *Eletronics Letters*, v. 28, n. 4, fev. 1992, p. 363-364.

58 ROBERTS, J. A.; BARGALLO, J. M. "DPSK performance for indoor wireless ricean fading channels". *IEEE Transactions on Communications*, abr. 1994, p. 592-596.

59 CHUANG, J. "The effects of time delay spread on portable communications channels with digital modulation". *IEEE Journal on Selected Areas in Communications*, v. SAC-5, n. 5, jun. 1987, p. 879-889.

60 Ibidem.

61 LIU, C. L.; FEHER, K. "Noncoherent detection of p/4-shifted systems in a CCI-AWGN combined interference environment". *Proceedings of the IEEE 40th Vehicular Technology Conference*, São Fransisco, 1989.

_______.; _______. "Bit error rate performance of p/4 DQPSK in a frequency selective fast rayleigh fading channel". *IEEE Transactions on Vehicular Technology*, v. 40, n. 3, ago. 1991, p. 558-568.

62 RAPPAPORT, T. S.; FUNG, V. "Simulation of bit error performance of FSK, BPSK; π/4 DQPSK in flat fading indoor radio channels using a measurement-based channel model". *IEEE Transactions on Vehicular Technology*, v. 40, n. 4, nov. 1991, p. 731-739.

FUNG, V.; RAPPAPORT, T. S.; THOMA, B. "Bit error simulation for π/4 DQPSK mobile radio communication using two-ray; measurement-based impulse response models". *IEEE Journal on Selected Areas in Communication*, v. 11, n. 3, abr. 1993, p. 393-405.

63 CHUANG, J. "The effects of time delay spread on portable communications channels with digital modulation". *IEEE Journal on Selected Areas in Communications*, v. SAC-5, n. 5, jun. 1987, p. 879-889.

64 Ibidem.

RAPPAPORT, T. S.; FUNG, V. "Simulation of bit error performance of FSK, BPSK; π/4 DQPSK in flat fading indoor radio channels using a measurement-based channel model". *IEEE Transactions on Vehicular Technology*, v. 40, n. 4, nov. 1991, p. 731-739.

65 LIU, C.; FEHER, K. "Bit error rate performance of p/4 DQPSK in a frequency selective fast rayleigh fading channel". *IEEE Transactions on Vehicular Technology*, v. 40, n. 3, ago. 1991, p. 558-568.

66 BELLO, P. A.; NELIN, B. D. "The influence of fading spectrum on the binary error probabilities of incoherent; differentially coherent matched filter receivers". *IRE Transactions on Communication Systems*, v. CS-10, jun. 1962, p. 160-168.

67 CHUANG, J. "The effects of time delay spread on portable communications channels with digital modulation". *IEEE Journal on Selected Areas in Communications*, v. SAC-5, n. 5, jun. 1987, p. 879-889.

LIU, C.; FEHER, K. "Bit error rate performance of p/4 DQPSK in a frequency selective fast rayleigh fading channel". *IEEE Transactions on Vehicular Technology*, v. 40, n. 3, ago. 1991, p. 558-568.

RAPPAPORT, T. S.; FUNG, V. "Simulation of bit error performance of FSK, BPSK; π/4 DQPSK in flat fading indoor radio channels using a measurement-based channel model". *IEEE Transactions on Vehicular Technology*, v. 40, n. 4, nov. 1991, p. 731-739.

FUNG, V.; RAPPAPORT, T. S.; THOMA, B. "Bit error simulation for π/4 DQPSK mobile radio communication using two-ray; measurement-based impulse response models". *IEEE Journal on Selected Areas in Communication*, v. 11, n. 3, abr. 1993, p. 393-405.

68 LIU, C.; FEHER, K. "Bit error rate performance of p/4 DQPSK in a frequency selective fast rayleigh fading channel". *IEEE Transactions on Vehicular Technology*, v. 40, n. 3, ago. 1991, p. 558-568.

69 FUNG, V.; RAPPAPORT, T. S.; THOMA, B. "Bit error simulation for π/4 DQPSK mobile radio communication using two-ray; measurement-based impulse response models". *IEEE Journal on Selected Areas in Communication*, v. 11, n. 3, abr. 1993, p. 393-405.

70 Ibidem.

71 TRANTER, W. H.; SHANMUGAN, K.; RAPPAPORT, T. S.; KOSBAR, K. *Computer-Aided Design; Analysis of Communications Systems with Wireless Applications*, Nova Jersey: Prentice Hall, 2002.

Capítulo 7

Equalização, diversidade e codificação de canal

Os sistemas de comunicação sem fio exigem técnicas de processamento de sinal que melhorem o desempenho do enlace em ambientes hostis de rádio móvel. Como visto nos capítulos 4 e 5, o canal de rádio móvel é particularmente dinâmico devido à propagação de caminho múltiplo e ao espalhamento Doppler, e, como mostrado na última parte do Capítulo 6, esses efeitos têm um forte impacto negativo sobre a taxa de erro de bit de qualquer técnica de modulação. Os danos ao canal de rádio móvel causam distorção do sinal no receptor ou são significativamente atenuados em comparação com os canais AWGN.

7.1 Introdução

Equalização, diversidade e codificação do canal são três técnicas que podem ser usadas independentemente ou em seqüência para melhorar a qualidade do sinal recebido e o desempenho do enlace para tempos e distâncias pequenas.

A *equalização* compensa a *Interferência entre Símbolos* [*Intersymbol Interference* (ISI)] criada pelo caminho múltiplo dentro de canais espalhados no tempo. Como visto nos capítulos 5 e 6, se a largura de banda de modulação exceder a largura de banda de coerência do canal de rádio, ocorre a ISI e os pulsos de modulação são espalhados no tempo sobre os símbolos adjacentes. Um equalizador junto do receptor compensa a faixa média esperada das características de amplitude e atraso do canal. Os equalizadores devem ser adaptativos, pois o canal geralmente é desconhecido e varia com o tempo.

Diversidade é outra técnica usada para compensar os danos no canal de atenuação, e normalmente é implementada com o uso de duas ou mais antenas receptoras. As interfaces comuns 3G também utilizam diversidade de transmissão, onde as estações-base podem transmitir múltiplas réplicas do sinal em antenas separadas espacialmente ou separadas em freqüências. Assim como um equalizador, a diversidade melhora a qualidade de um enlace de comunicações sem fio sem alterar a interface de ar comum, e sem aumentar a potência ou a largura de banda transmitida. Porém, enquanto a equalização é usada para combater os efeitos da ISI, a diversidade normalmente é empregada para reduzir a profundidade e a duração das atenuações experimentadas por um receptor em um local, devido ao movimento. As técnicas de diversidade normalmente são empregadas na estação-base e nos receptores móveis. A técnica de diversidade mais comum é chamada *diversidade espacial*, pela qual múltiplas antenas são espaçadas estrategicamente e conectadas a um sistema de recepção comum. Enquanto uma antena vê um sinal nulo, uma das outras antenas pode ver um pico de sinal, e o receptor é capaz de selecionar a antena com o melhor sinal a qualquer momento. Pode-se ver na Figura 5.34, por exemplo, que somente $0{,}4\lambda$ de espaçamento é necessário para obter uma atenuação não-correlacionada entre duas antenas quando elas recebem energia de todas as direções. Outras técnicas de diversidade incluem *diversidade de polarização*, *diversidade de freqüência* e *diversidade de tempo da antena*. Os sistemas CDMA utilizam um receptor RAKE, que oferece melhoria do enlace por meio da diversidade de tempo.

A *codificação de canal* melhora o desempenho do enlace em pequena escala, acrescentando bits de dados redundantes na mensagem transmitida, de modo que, se houver uma atenuação instantânea no canal, os dados ainda podem ser recuperados pelo receptor. Na parte de banda base do transmissor, um codificador de canal mapeia a seqüência da mensagem digital do usuário em outra seqüência de código específica, contendo um número maior de bits do que a mensagem continha originalmente. A mensagem codificada é então modulada para transmissão em um canal sem fio.

A codificação do canal é usada pelo receptor para detectar ou corrigir alguns dos (ou todos os) erros introduzidos pelo canal em uma seqüência de bits de mensagem em particular. Como a decodificação é realizada após a parte de demodulação do receptor, a codificação pode ser considerada uma técnica *pós-detecção*. Os bits de codificação acrescentados reduzem a taxa bruta de transmissão de dados no canal (ou seja, a codificação expande a largura de banda ocupada pela taxa de dados de uma mensagem). Existem três tipos gerais de códigos de canal: *códigos de bloco*, *códigos convolucionais* e *códigos turbo*. A codificação do canal geralmente é tratada independentemente do tipo de modulação utilizada, embora isso tenha mudado recentemente com o uso de esquemas de modulação codificados em treliça, OFDM, e o novo processamento em espaço–tempo que combina codificação, diversidade de antena e modulação para conseguir grandes ganhos de codificação sem qualquer expansão da largura de banda.

As três técnicas gerais de equalização, diversidade e codificação de canal são usadas para melhorar o desempenho do enlace de rádio (ou seja, para minimizar a taxa instantânea de erro de bit), mas o enfoque, custo, complexidade e eficácia de cada técnica varia bastante nos sistemas de comunicação sem fio práticos.

7.2 Fundamentos de equalização

A interferência entre símbolos (ISI) causada pelo caminho múltiplo nos canais de banda limitada (seletivos de freqüência) dispersivos no tempo distorce o sinal transmitido, causando erros de bit no receptor. A ISI tem sido reconhecida como o principal obstáculo para a alta velocidade de transmissão por canais sem fio. A equalização é uma técnica usada para combater a interferência entre símbolos.

Em um amplo sentido, o termo *equalização* pode ser usado para descrever qualquer operação de processamento de sinal que minimize a ISI[1]. Em canais de rádio, diversos equalizadores adaptativos podem ser usados para cancelar a interferência enquanto fornecem diversidade[2]. Como o canal de atenuação móvel é aleatório e variável no tempo, os equalizadores precisam acompanhar as características do canal móvel variáveis no tempo, e assim são chamados de *equalizadores adaptativos.*

Os modos gerais de operação de um equalizador adaptativo incluem *treinamento* e *monitoramento*. Primeiro, uma seqüência de treinamento conhecida, de tamanho fixo, é enviada pelo transmissor para que o equalizador do receptor possa se adaptar a uma configuração apropriada para detecção da Taxa de Erro de Bit [*Bit Error Rate* (BER)] mínima. A seqüência de treinamento normalmente é um sinal binário pseudo-aleatório ou um padrão fixo de bits, predefinido. Imediatamente após essa seqüência de treinamento, os dados do usuário (que podem ou não incluir bits de codificação) são enviados, e o equalizador adaptativo no receptor utiliza um algoritmo recursivo para avaliar o canal e estimar os coeficientes de filtro para compensar a distorção criada pelo caminho múltiplo no canal. A seqüência de treinamento é projetada para permitir que um equalizador no receptor adquira coeficientes de filtro apropriados para as piores condições possíveis do canal (por exemplo, a maior velocidade, o maior espalhamento do atraso, atenuações mais profundas etc.), de modo que, quando a seqüência de treinamento terminar, os coeficientes de filtro estão próximos aos valores ótimos para recepção dos dados do usuário. À medida que os dados do usuário são recebidos, o algoritmo adaptativo do equalizador monitora o canal[3]. Como conseqüência, o equalizador adaptativo está continuamente mudando suas características de filtro com o passar do tempo. Quando um equalizador tiver sido devidamente treinado, ele é considerado convergido.

O espaço de tempo sobre o qual um equalizador converge é uma função do algoritmo do equalizador, da estrutura do equalizador e da taxa de mudanças do canal de rádio de caminho múltiplo. Os equalizadores exigem retreinamento periódico a fim de manter o cancelamento da ISI eficaz, e normalmente são usados em sistemas de comunicação digital onde os dados do usuário são segmentados em pequenos blocos ou slots de tempo. Os sistemas sem fio de Acesso Múltiplo por Divisão de Tempo [*Time Division Multiple Access* (TDMA)] combinam particularmente bem com equalizadores. Conforme será visto no Capítulo 9, os sistemas TDMA enviam dados em blocos de tempo com tamanho fixo, e a seqüência de treinamento normalmente é enviada no início de um bloco. Toda vez que um novo bloco de dados é recebido, o equalizador é retreinado usando a mesma seqüência de treinamento[4].

Um equalizador normalmente é implementado na banda base ou na IF em um receptor. Como a expressão de envelope complexo da banda base pode ser usada para representar formas de onda da banda de passagem[5], os algoritmos utilizados para resposta do canal, sinal demodulado e equalizador adaptativo normalmente são simulados e implementados na banda base[6].

A Figura 7.1 mostra um diagrama de blocos de um sistema de comunicação com um equalizador adaptativo no receptor. Se $x(t)$ é o sinal original da informação, e $f(t)$ é a resposta ao impulso complexa combinada do transmissor, do canal e das seções de RF/IF do receptor, o sinal recebido pelo equalizador pode ser expresso como

$$y(t) = x(t) \otimes f^*(t) + n_b(t) \tag{7.1}$$

onde $f^*(t)$ indica o conjugado complexo de $f(t)$, $n_b(t)$ é o ruído da banda base na entrada do equalizador e $\otimes$ indica a operação de convolução. Se a resposta ao impulso do equalizador é $h_{eq}(t)$, então a saída do equalizador é

$$\begin{aligned} \hat{d}_{(t)} &= x(t) \otimes f^*(t) \otimes h_{eq}(t) + n_b(t) \otimes h_{eq}(t) \\ &= x(t) \otimes g(t) + n_b(t) \otimes h_{eq}(t) \end{aligned} \tag{7.2}$$

onde $g(t)$ é a resposta ao impulso combinada do transmissor, do canal, das seções de RF/IF do receptor e do equalizador no receptor. A resposta ao impulso de banda base complexa de um equalizador de filtro transversal é dada por

$$h_{eq}(t) = \sum_n c_n \delta(t - nT) \tag{7.3}$$

onde c_n são os coeficientes complexos de filtro do equalizador. A saída desejada do equalizador é $x(t)$, os dados originais. Suponha que $n_b(t) = 0$. Então, a fim de forçar $\hat{d}_{(t)} = x(t)$ na Equação 7.2, $g(t)$ deve ser igual a

$$g(t) = f^*(t) \otimes h_{eq}(t) = \delta(t) \tag{7.4}$$

O objetivo da equalização é satisfazer a Equação 7.4, de modo que a combinação transmissor/canal/receptor pareça ser um canal passa tudo. No domínio de freqüência, a Equação 7.4 pode ser expressa como

$$H_{eq}(f)F^*(-f) = 1 \tag{7.5}$$

onde $H_{eq}(f)$ e $F(f)$ são transformadas de Fourier de $h_{eq}(t)$ e $f(t)$, respectivamente.

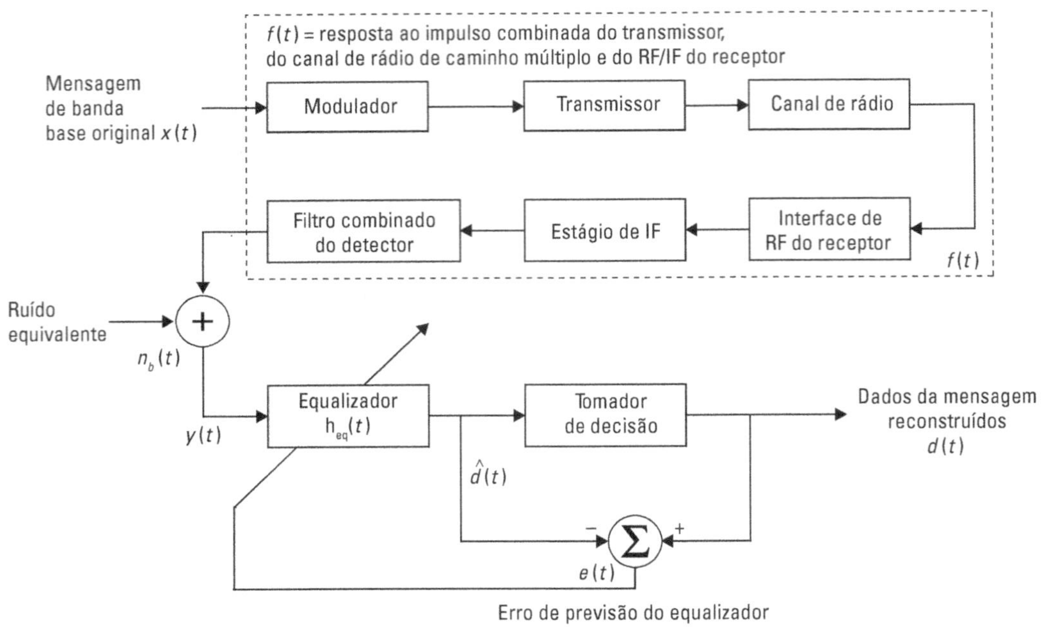

Figura 7.1 Diagrama de blocos de um sistema de comunicações simplificado usando um equalizador adaptativo no receptor.

A Equação 7.5 indica que um equalizador é na realidade um filtro inverso do canal. Se o canal for seletivo de freqüência, o equalizador melhora os componentes de freqüência com pequenas amplitudes e atenua as freqüências fortes no espectro de freqüência recebido a fim de oferecer uma resposta de freqüência plana e composta, e uma resposta de fase linear. Para um canal variando no tempo, um equalizador adaptativo é projetado para rastrear as variações de canal, de modo que a Equação 7.5 seja aproximadamente satisfeita.

7.3 Treinando um equalizador adaptativo genérico

Um equalizador adaptativo é um filtro variando no tempo que deve ser constantemente reajustado. A estrutura básica de um equalizador adaptativo aparece na Figura 7.2, onde o subscrito k é usado para indicar um índice de tempo discreto (na Seção 7.4, outra notação é introduzida para representar eventos de tempo discretos — ambas as notações têm exatamente o mesmo significado).

Observe na Figura 7.2 que existe uma única entrada y_k para o equalizador em qualquer instante de tempo. O valor de y_k depende do estado instantâneo do canal de rádio e do valor específico do ruído (ver Figura 7.1). Dessa forma, y_k é um processo aleatório. A estrutura do equalizador adaptativo mostrada acima é chamada de *filtro transversal*, e nesse caso tem N elementos de atraso, $N + 1$ coeficientes (*taps*), e $N + 1$ multiplicadores complexos ajustáveis, chamados de *pesos*. Os pesos do filtro são descritos por sua localização física na estrutura da linha de atraso, e têm um segundo subscrito, k, para mostrar explicitamente que eles variam com o tempo. Esses pesos são atualizados continuamente pelo algoritmo adaptativo, seja amostra por amostra (ou seja, sempre que k é incrementado de um) ou bloco por bloco (ou seja, sempre que um número especificado de amostras tiver sido gerado para o equalizador).

O algoritmo adaptativo é controlado pelo sinal de erro e_k. Esse sinal de erro é derivado comparando-se a saída do equalizador, $\hat{d}_k$, com algum sinal d_k que é uma réplica exata em escala do sinal transmitido x_k ou que representa uma propriedade conhecida do sinal transmitido. O algoritmo adaptativo usa e_k para minimizar a *função de custo* e atualiza os pesos do equalizador de uma maneira que reduz iterativamente a função de custo. Por exemplo, o algoritmo Mínima Média Quadrática (*Least Mean Squares* (LMS)) procura os pesos do filtro ótimos ou quase ótimos realizando a seguinte operação iterativa:

Pesos novos = Pesos anteriores + (constante) × (Erro anterior) × (Vetor de entrada atual) (7.6.a)

onde

Erro anterior = Saída desejada anterior − Saída real anterior (7.6.b)

e a constante pode ser ajustada pelo algoritmo para controlar a variação entre os pesos do filtro em iterações sucessivas. Esse processo é repetido rapidamente em um laço de programação enquanto o equalizador tenta *convergir*, e muitas técnicas (como gradiente ou algoritmos de descida mais íngreme) podem ser usados para minimizar o erro. Ao atingir a convergência, o algoritmo adaptativo congela os pesos do filtro até que o sinal de erro exceda um nível aceitável ou até que uma nova seqüência de treinamento seja enviada.

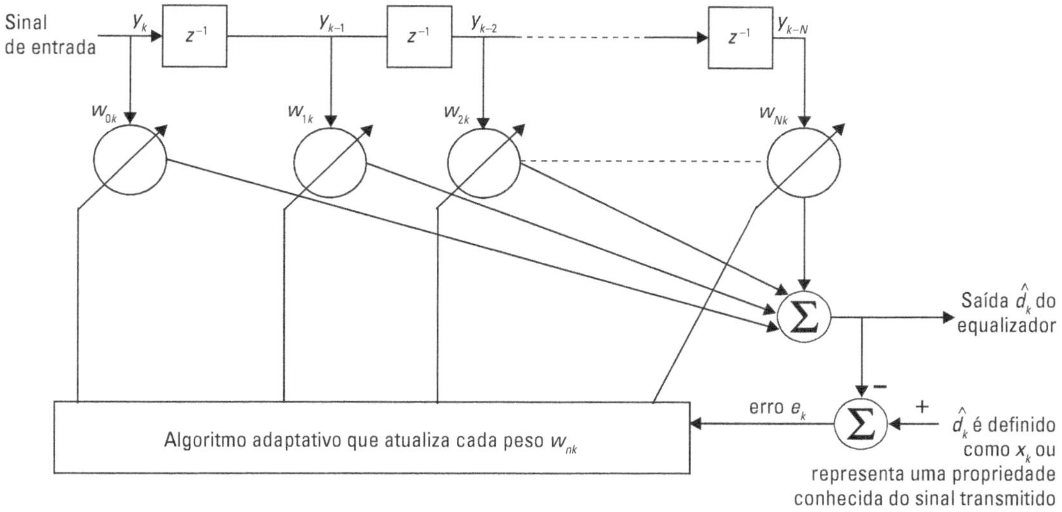

Figura 7.2 Um equalizador linear básico durante o treinamento.

Com base na teoria de equalização clássica[7], a função de custo mais comum é o Erro Médio Quadrático [*Mean Square Error* (MSE)] entre o sinal desejado e a saída do equalizador. O MSE é representado por $E[e(k)\,e^*(k)]$, e uma *seqüência de treinamento* conhecida deve ser transmitida periodicamente quando uma réplica do sinal transmitido é exigida na saída do equalizador (ou seja, quando d_k é definido como sendo igual a x_k e é conhecido *a priori*). Detectando a seqüência de treinamento, o algoritmo adaptativo no receptor é capaz de calcular e minimizar a função de custo controlando os pesos dos coeficientes até que a próxima seqüência de treinamento seja enviada.

Uma classe mais recente de algoritmos adaptativos é capaz de explorar características do sinal transmitido e não exige seqüências de treinamento. Esses algoritmos modernos são capazes de adquirir equalização por meio de técnicas de restauração de propriedade do sinal transmitido, e são chamados *algoritmos cegos*, pois oferecem convergência do equalizador sem sobrecarregar o transmissor com sobrecarga de treinamento. Essas técnicas incluem algoritmos como o *Algoritmo do Módulo Constante* [*Constant Modulus Algorithm* (CMA)] e o *Algoritmo de Restauração de Coerência Espectral* [*Spectral Coherence Restoral Algorithm* (SCORE)]. O CMA é usado para modulação de envelope constante, e força os pesos do equalizador a manterem um envelope constante sobre o sinal recebido[8], enquanto SCORE explora a redundância espectral ou cicloestacionariedade no sinal transmitido[9]. Os algoritmos cegos não são descritos neste texto, mas estão se tornando importantes para aplicações sem fio.

Para estudar o equalizador adaptativo da Figura 7.2, é importante usar a álgebra vetorial e matricial. Defina o sinal de entrada do equalizador como um vetor y_k onde

$$\mathbf{y}_k = \begin{bmatrix} y_k & y_{k-1} & y_{k-2} & \dots & y_{k-N} \end{bmatrix}^T \tag{7.7}$$

Deve ficar claro que a saída do equalizador adaptativo é uma escalar dada por

$$\hat{d}_k = \sum_{n=0}^{N} w_{nk} y_{k-n} \tag{7.8}$$

e, seguindo a Equação 7.7, um vetor de peso pode ser escrito como

$$\mathbf{w}_k = \begin{bmatrix} w_{0k} & w_{1k} & w_{2k} & \dots & w_{Nk} \end{bmatrix}^T \tag{7.9}$$

Usando as equações 7.7 e 7.9, a Equação 7.8 pode ser escrita em notação vetorial como

$$\hat{d}_k = \mathbf{y}_k^T \mathbf{w}_k = \mathbf{w}_k^T \mathbf{y}_k \tag{7.10}$$

Segue-se que, quando a saída desejada do equalizador é conhecida (ou seja, $d_k = x_k$), o sinal de erro é dado por

$$e_k = d_k - \hat{d}_k = x_k - \hat{d}_k \tag{7.11}$$

e, pela Equação 7.10

$$e_k = x_k - \mathbf{y}_k^T \mathbf{w}_k = x_k - \mathbf{w}_k^T \mathbf{y}_k \tag{7.12}$$

Para calcular o erro médio quadrático $|e_k|^2$ no instante k, a Equação 7.12 é elevada ao quadrado, para obter

$$|e_k|^2 = x_k^2 + \mathbf{w}_k^T \mathbf{y}_k \mathbf{y}_k^T \mathbf{w}_k - 2 x_k \mathbf{y}_k^T \mathbf{w}_k \tag{7.13}$$

Tomando o valor esperado de $|e_k|^2$ sobre k (que na prática equivale a calcular uma média de tempo), tem-se

$$E[|e_k|^2] = E[x_k^2] + \mathbf{w}_k^T E[\mathbf{y}_k \mathbf{y}_k^T] \mathbf{w}_k - 2E[x_k \mathbf{y}_k^T] \mathbf{w}_k \tag{7.14}$$

Observe que os pesos $\mathbf{w}_k$ do filtro não estão incluídos na média de tempo, pois, por conveniência, é considerado que eles convergiram para o valor ideal e não estão variando com o tempo.

A Equação 7.14 seria trivial para simplificar se x_k e y_k fossem independentes. Porém, isso, em geral, não é verdade, pois o vetor de entrada deve estar correlacionado à saída desejada do equalizador (caso contrário, o equalizador seria incapaz de extrair o sinal desejado com sucesso). Ao invés disso, o vetor de correlação cruzada $\boldsymbol{p}$ entre a resposta desejada $\hat{d} = x_k$ e o sinal de entrada $\boldsymbol{y}_k$ é definido como

$$\begin{aligned} p &= E[x_k y_k] \\ &= E\begin{bmatrix} x_k y_k & x_k y_{k-1} & x_k y_{k-2} & \cdots & x_k y_{k-N} \end{bmatrix}^T \end{aligned} \tag{7.15}$$

e a *matriz de correlação de entrada* é definida como a matriz quadrada $(N+1) \times (N+1)$ $\boldsymbol{R}$, onde

$$\begin{aligned} R &= E[y_k y_k^*] \\ &= E\begin{bmatrix} y_k^2 & y_k y_{k-1} & y_k y_{k-2} & \cdots & y_k y_{k-N} \\ y_{k-1} y_k & y_{k-1}^2 & y_{k-1} y_{k-2} & \cdots & y_{k-1} y_{k-N} \\ \cdots & \cdots & \cdots & \cdots & \cdots \\ y_{k-N} y_k & y_{k-N} y_{k-1} & y_{k-N} y_{k-2} & \cdots & y_{k-N}^2 \end{bmatrix} \end{aligned} \tag{7.16}$$

A matriz $\boldsymbol{R}$ às vezes é chamada de *matriz de covariância de entrada*. A diagonal maior de $\boldsymbol{R}$ contém os valores da média quadrática de cada amostra de entrada, e os termos cruzados especificam os termos de autocorrelação resultante das amostras atrasadas do sinal de entrada.

Se x_k e y_k são estacionários, então os elementos em $\boldsymbol{R}$ e $\boldsymbol{p}$ são estatísticas de segunda ordem, que não variam com o tempo. Usando as equações 7.15 e 7.16, a Equação 7.14 pode ser reescrita como

$$\begin{aligned} &\text{Erro quadrado médio} \equiv \xi \\ &= E[x_k^2] + \boldsymbol{w}^T \boldsymbol{R} \boldsymbol{w} - 2\boldsymbol{p}^T \boldsymbol{w} \end{aligned} \tag{7.17}$$

Minimizando a Equação 7.17 em termos do vetor de peso $\boldsymbol{w}_k$, torna-se possível ajustar adaptativamente o equalizador para fornecer uma resposta espectral plana (ISI mínima) no sinal recebido. Isso é devido ao fato de que, quando o sinal de entrada $\boldsymbol{y}_k$ e a resposta desejada $\hat{d}_k = x_k$ são estacionárias, o erro médio quadrático (MSE) é quadrático em $\boldsymbol{w}_k$, e minimizar o MSE leva a soluções ideais para $\boldsymbol{w}_k$.

Exemplo 7.1

O MSE da Equação 7.17 é uma função multidimensional. Quando dois pesos de coeficiente são usados em um equalizador, então a função MSE é uma parabolóide em forma de bacia, onde o MSE é desenhado no eixo vertical e os pesos w_0 e w_1 são desenhados nos eixos horizontais. Se mais de dois pesos de coeficiente forem usados no equalizador, então a função de erro é uma hiperparabolóide. Em todos os casos, a função de erro é côncava para cima, o que significa que um mínimo poderá ser encontrado[10].

Para determinar o MSE mínimo (MMSE), o gradiente da Equação 7.17 pode ser utilizado. Desde que R seja não singular (tenha um inverso), o MMSE ocorre quando $\boldsymbol{w}_k$ é tal que o gradiente é zero. O gradiente de ξ é definido como

$$\Delta \equiv \frac{\partial \xi}{\partial w} = \begin{bmatrix} \frac{\partial \xi}{\partial w_0} & \frac{\partial \xi}{\partial w_1} & \cdots & \frac{\partial \xi}{\partial w_N} \end{bmatrix}^T \tag{E7.1.1}$$

Expandindo a Equação 7.17 e diferenciando com relação a cada sinal no vetor de peso, pode-se mostrar que a Equação E7.1.1 gera

$$\nabla = 2\boldsymbol{Rw} - 2\boldsymbol{p} \tag{E7.1.2}$$

Definindo $\nabla = 0$ na Equação E7.1.2, o vetor de peso ideal $\hat{\boldsymbol{w}}$ para o MMSE é dado por

$$\hat{w} = \boldsymbol{R}^{-1} \boldsymbol{p} \tag{E7.1.3}$$

Exemplo 7.2

Quatro regras da álgebra de matriz são úteis no estudo dos equalizadores adaptativos[11]:

1. A diferenciação de $\boldsymbol{w}^T\boldsymbol{R}\boldsymbol{w}$ pode ser diferenciada como o produto $(\boldsymbol{w}^T)(\boldsymbol{Rw})$.
2. Para qualquer matriz quadrada, $\boldsymbol{AA}^{-1} = I$.
3. Para qualquer produto de matriz, $(\boldsymbol{AB})^T = \boldsymbol{B}^T\boldsymbol{A}^T$.
4. Para qualquer matriz simétrica, $\boldsymbol{A}^T = \boldsymbol{A}$ e $(\boldsymbol{A}^{-1})^T = \boldsymbol{A}^{-1}$.

Usando a Equação E7.1.3 para substituir $\hat{\boldsymbol{w}}$ por $\boldsymbol{w}$ na Equação 7.17, e usando as regras acima, pode-se concluir que ζ_{min} é

$$\zeta_{min} = \text{MMSE} = E[x_k^2] - \boldsymbol{p}^T\boldsymbol{R}^{-1}\boldsymbol{p} = E[x_k^2] - \boldsymbol{p}^T\hat{\boldsymbol{w}} \tag{E7.2.1}$$

A Equação E7.2.1 soluciona o MMSE para pesos ótimos.

7.4 Equalizadores em um receptor de comunicações

A seção anterior demonstrou como um equalizador adaptativo genérico funciona durante o treinamento e definiu a notação comum para projeto e análise de algoritmo. Esta seção descreve como o equalizador se encaixa no enlace de comunicações sem fio.

A Figura 7.1 mostra que o sinal recebido inclui ruído do canal. Como o ruído $n_b(t)$ está presente, um equalizador é incapaz de conseguir o desempenho perfeito. Assim, sempre existe alguma ISI residual e algum erro pequeno de monitoração. O ruído torna a Equação 7.4 difícil de realizar na prática. Portanto, a resposta instantânea de freqüência combinada nem sempre será uniforme, resultando em algum *erro de previsão* finito. O erro de previsão do equalizador é definido na Equação 7.19.

Como os equalizadores adaptativos são implementados usando lógica digital, é mais conveniente representar todos os sinais de tempo de forma discreta. Considere que T representa algum incremento de tempo entre observações sucessivas de estados do sinal. Considerando $t = t_n$, onde n é um inteiro que representa o tempo $t_n = nT$, as formas de onda de tempo podem ser expressas, de forma equivalente, como uma seqüência em n no domínio discreto. Usando essa notação, a Equação 7.2 pode ser expressa como

$$\hat{d}(n) = x(n) \otimes g(n) + n_b(n) \otimes h_{eq}(n) \quad (7.18)$$

O erro de previsão é

$$\begin{aligned} e(n) &= d(n) - \hat{d}(n) \\ &= d(n) - [x(n) \otimes g(n) + n_b(n) \otimes h_{eq}(n)] \end{aligned} \quad (7.19)$$

O *erro médio quadrático* $E[|e(n)|^2]$ é uma das mais importantes medidas do funcionamento de um equalizador. $E[|e(n)|^2]$ é o valor esperado (média de grupo) do erro de previsão quadrático $|e(n)|^2$, mas a média do tempo pode ser usada se $e(n)$ for ergódico. Na prática, a ergodicidade é impossível de se provar, e os algoritmos são desenvolvidos e implementados usando-se médias de tempo em vez de médias de grupo. Isso prova ser altamente eficaz e, em geral, equalizadores melhores oferecem valores menores de $E[|e(n)|^2]$.

Minimizar o erro médio quadrático tende a reduzir a taxa de erro de bit. Isso pode ser entendido com uma explicação intuitiva simples. Suponha que $e(n)$ seja distribuído de forma gaussiana com média zero. Então, $E[e(n)|^2]$ é a variância (ou a potência) do sinal de erro. Se a variância for minimizada, então existe menos chance de perturbar o sinal de saída $d(n)$. Assim, o dispositivo de decisão provavelmente detectará $d(n)$ como o sinal transmitido $x(n)$ (ver Figura 7.1). Conseqüentemente, existe uma probabilidade menor de erro quando $E[e(n)|^2]$ é minimizado. Para enlaces de comunicação sem fio, seria melhor minimizar a probabilidade instantânea de erro (P_e) em vez do erro médio quadrático, mas minimizar P_e geralmente resulta em equações não-lineares, que são muito mais difíceis de solucionar em tempo real do que as equações lineares 7.1 a 7.19[12].

7.5 Visão geral das técnicas de equalização

As técnicas de equalização podem ser subdivididas em duas categorias — equalização linear e não-linear. Essas categorias são determinadas a partir de como a saída de um equalizador adaptativo é usada para controle subseqüente (realimentação (*feedback*)) do equalizador. Em geral, o sinal analógico $\hat{d}(t)$ é processado pelo dispositivo de tomada de decisão no receptor. O tomador de decisão determina o valor do bit de dados digital sendo recebido e aplica uma operação de arredondamento para cima ou para baixo (uma operação não-linear) a fim de determinar o valor de $d(t)$ (0 ou 1) (ver Figura 7.1). Se $d(t)$ não for usado no caminho de realimentação para adaptar o equalizador, a equalização é *linear*. Por outro lado, se $d(t)$ for realimentado para alterar as saídas subseqüentes do equalizador, a equalização é *não-linear*. Muitas estruturas de filtro são usadas para implementar equalizadores lineares e não-lineares. Além do mais, para cada estrutura, existem diversos algoritmos utilizados para adaptar o equalizador. A Figura 7.3 oferece uma categorização

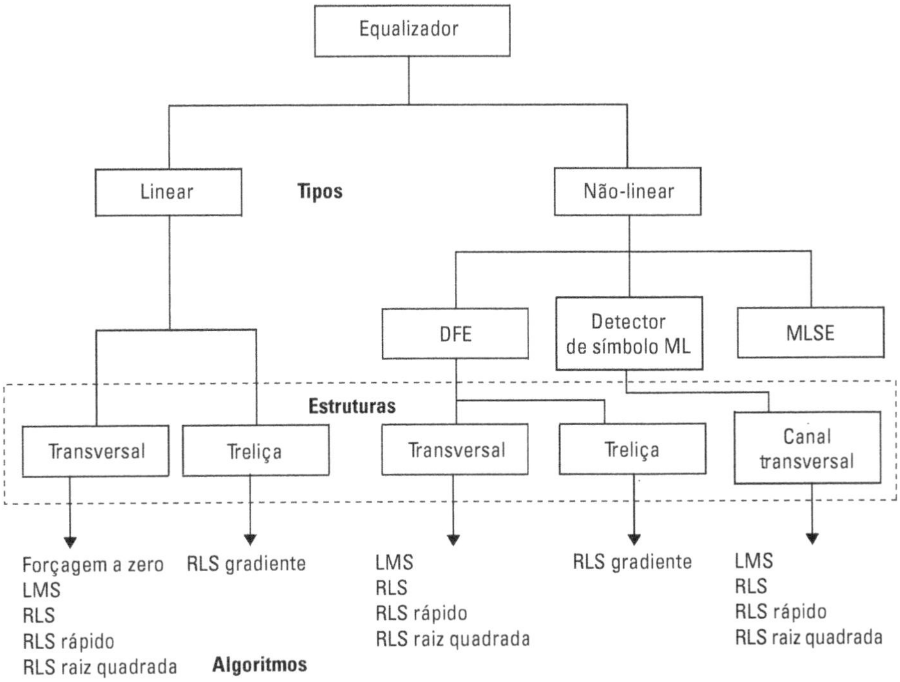

Figura 7.3 Classificação dos equalizadores.

geral das técnicas de equalização de acordo com os tipos, estruturas e algoritmos utilizados.

A estrutura de equalização mais comum é um *Equalizador Linear Transversal* [*Linear Transversal Equalizer* (LTE)]. Um filtro linear transversal é composto de linhas de atraso em coeficientes, com os coeficientes espaçados por um período de símbolo (T_s), como mostra a Figura 7.4. Supondo que os elementos de atraso têm unidade de ganho e de atraso T_s, a função de transferência de um equalizador linear transversal pode ser escrita como uma função do operador de atraso *exp* $(-j\omega T_s)$ ou z^{-1}. O LTE mais simples usa apenas coeficientes sem realimentação, e a função de transformação do filtro equalizador é um polinômio em z^{-1}. Esse filtro tem muitos zeros, mas com pólos apenas em $z = 0$, e é chamado de filtro de *Resposta ao Impulso Finita* [*Finite Impulse Response* (FIR)], ou simplesmente um filtro transversal. Se o equalizador tem coeficientes que usam realimentação, sua função de transferência é uma função racional de z^{-1}, e é chamado de filtro de *Resposta ao Impulso Infinita* [*Infinite Impulse Response* (IIR)] com pólos e zeros. A Figura 7.5 mostra um filtro de linha de atraso com coeficientes com e sem realimentação. Como os filtros IIR tendem a ser instáveis quando usados em canais onde o pulso mais forte chega após um pulso de eco (ou seja, ecos iniciais), eles raramente são usados.

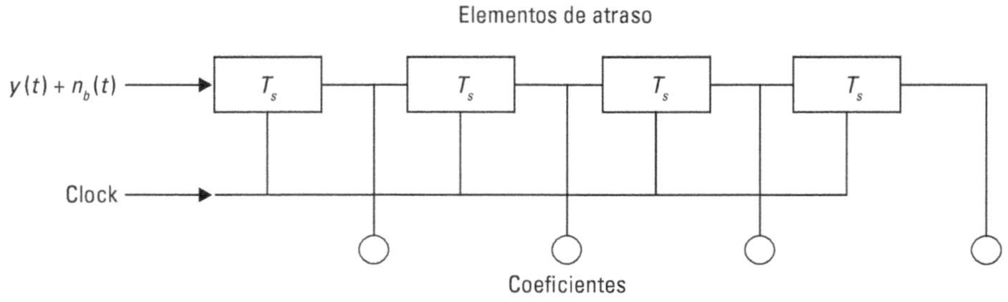

Figura 7.4 Estrutura básica do equalizador transversal linear.

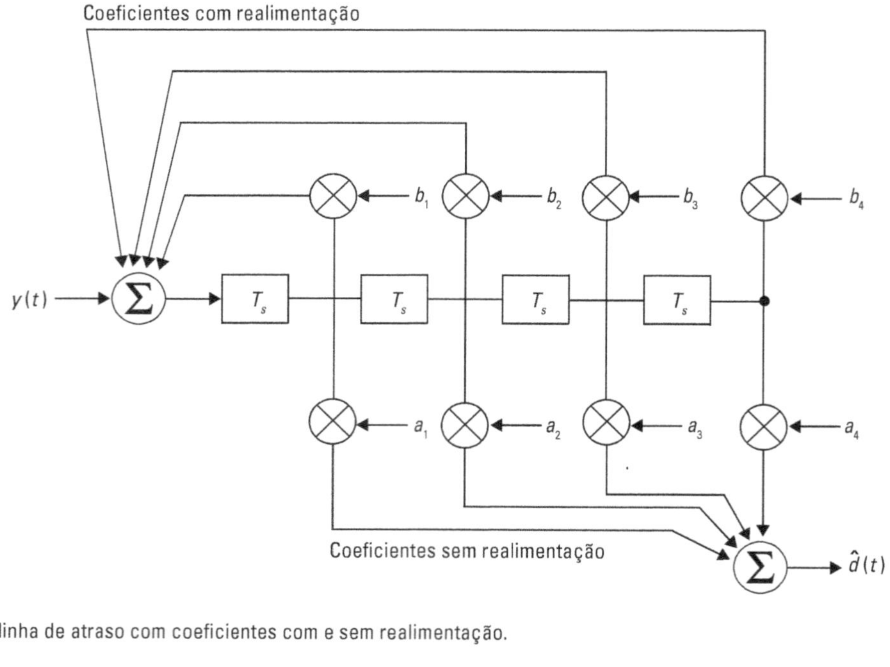

Figura 7.5 Filtro de linha de atraso com coeficientes com e sem realimentação.

7.6 Equalizadores lineares

Como mencionado na Seção 7.5, um equalizador linear pode ser implementado como um filtro FIR, também conhecido como *filtro transversal*. Esse tipo de equalizador é o tipo mais simples disponível. Nele, os valores atual e passado do sinal recebido são pesados linearmente pelo coeficiente de filtro e somados para produzir a saída, como mostra a Figura 7.6. Se os atrasos e os ganhos de coeficiente forem analógicos, a saída contínua do equalizador é amostrada na taxa de símbolos e as amostras são aplicadas ao dispositivo de decisão. A implementação, porém, normalmente é executada no domínio digital, onde as amostras do sinal recebido são armazenadas em um registrador de deslocamento. A saída desse filtro transversal antes que uma decisão seja feita (detecção de patamar) é[13]

$$\hat{d}_k = \sum_{n=-N_1}^{N_2} (c_n^*) y_{k-n} \tag{7.20}$$

onde c_n^* representa os coeficientes de filtro complexos ou pesos de coeficiente, $\hat{d}_{(t)}$ é a saída no tempo k, y_i é o sinal de entrada recebido no tempo $t_0 + iT$, t_0 é o tempo de partida do equalizador, e $N = N_1 + N_2 + 1$ é o número de coeficientes. Os valores N_1 e N_2 indicam o número de coeficientes usados nas partes direta e reversa do equalizador, respectivamente. O mínimo erro médio quadrático $E[|e(n)|^2]$ que um equalizador transversal linear pode alcançar é[14]

$$E[|e(n)|^2] = \frac{T}{2\pi} \int_{-\pi/T}^{\pi/T} \frac{N_0}{|F(e^{j\omega T})|^2 + N_0} d\omega \tag{7.21}$$

onde $F(e^{j\omega T})$ é a resposta de freqüência do canal, e N_0 é a densidade espectral de potência do ruído.

O equalizador linear também pode ser implementado como um *filtro de treliça* (*lattice filter*), cuja estrutura aparece na Figura 7.7. Em um filtro de treliça, o sinal de entrada y_k é transformado em um conjunto de N sinais de erro intermediários para a frente e para trás, $f_n(k)$ e $b_n(k)$, respectivamente, que são usados como entradas para os multiplicadores de coeficiente e são usados para calcular os coeficientes atualizados. Cada estágio da treliça é então caracterizado pelas seguintes equações recursivas[15]:

$$f_1(k) = b_1(k) = y(k) \tag{7.22}$$

$$\begin{aligned} f_n(k) &= y(k) - \sum_{i=1}^{n} K_i y(k-i) \\ &= f_{n-1}(k) + K_{n-1}(k) b_{n-1}(k-1) \end{aligned} \tag{7.23}$$

$$\begin{aligned} b_n(k) &= y(k-n) - \sum_{i=1}^{n} K_i y(k-n+i) \\ &= b_{n-1}(k-1) + K_{n-1}(k) f_{n-1}(k) \end{aligned} \tag{7.24}$$

onde $K_n(k)$ é o coeficiente de reflexão para o estágio n da treliça. Os sinais de erro para trás, b_n, são então usados como entradas dos pesos dos coeficientes, e a saída do equalizador é dada por

$$\hat{d}_k = \sum_{n=1}^{N} c_n(k) b_n(k) \tag{7.25}$$

As duas principais vantagens do equalizador de treliça é sua estabilidade numérica e convergência mais rápida. Além disso, a estrutura exclusiva do filtro de treliça permite o alinhamento dinâmico no tamanho mais eficaz do equalizador de treliça. Daí, se o canal não for muito dispersivo no tempo, somente uma fração dos estágios é utilizada. Quando o canal se torna mais dispersivo no tempo, o tamanho do equalizador pode ser aumentado pelo algoritmo sem interromper a operação do equalizador. A estrutura de um equalizador de treliça, porém, é mais complicada do que um equalizador linear transversal.

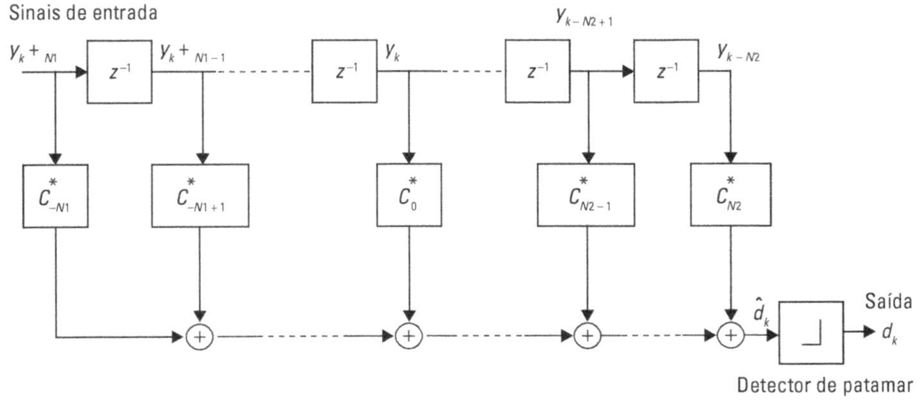

Figura 7.6 Estrutura de um equalizador linear.

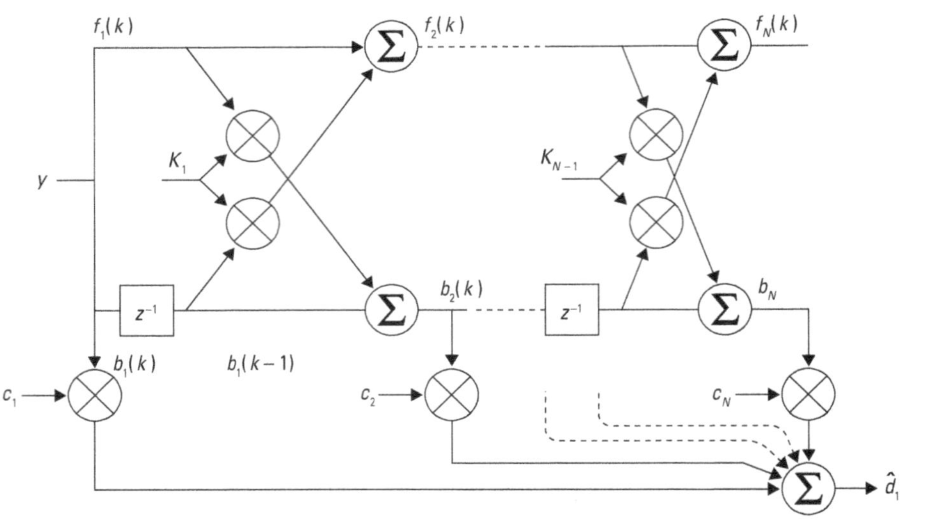

Figura 7.7 A estrutura de um equalizador de treliça [de Proakis[16] © IEEE].

7.7 Equalização não-linear

Equalizadores não-lineares são usados em aplicações onde a distorção do canal é muito severa para um equalizador linear tratar, e são muito comuns em sistemas sem fio práticos. Os equalizadores lineares não funcionam bem em canais que possuem nulos espectrais profundos na banda de passagem. Em uma tentativa de compensar a distorção, o equalizador linear coloca muito ganho nas vizinhanças do nulo espectral, melhorando assim o ruído presente nessas freqüências.

Três métodos não-lineares muito eficazes foram desenvolvidos, oferecendo melhorias em relação às técnicas de equalização linear, e são usados na maioria dos sistemas 2G e 3G. São eles[17]:

1. Equalizador com decisão realimentada (DFE)
2. Detector de símbolo de máxima verossimilhança
3. Estimador de seqüência de máxima verossimilhança (MLSE)

7.7.1 Equalização com decisão realimentada (DFE)

A idéia básica por trás da equalização com decisão realimentada é que, quando um símbolo de informação tiver sido detectado e decidido, a ISI que ele induz sobre símbolos futuros pode ser estimada e subtraída antes da detecção dos símbolos subseqüentes[18]. A DFE pode ser realizada ou na forma de transversa direta ou como um filtro de treliça. A forma direta aparece na Figura 7.8. Ela consiste em um filtro sem realimentação [*Feed Forward Filter* (FFF)] e um filtro com realimentação [*Feedback Filter* (FBF)]. O FBF é controlado por decisões na saída do detector, e seus coeficientes podem ser ajustados para cancelar a ISI no símbolo atual a partir dos últimos símbolos detectados. O equalizador tem $N_1 + N_2 + 1$ coeficientes no filtro sem realimentação e N_3 coeficientes no filtro com realimentação, e sua saída pode ser expressa como:

$$\hat{d}_k = \sum_{n=-N_1}^{N_2} c_n^* y_{k-n} + \sum_{i=1}^{N_3} F_i d_{k-i} \tag{7.26}$$

onde c^*_n e y_n são ganhos de coeficiente e as entradas, respectivamente, para o filtro sem realimentação, são F^*_i ganhos de coeficiente para o filtro com realimentação, e $d_i(i < k)$ é a decisão anterior feita sobre o sinal detectado. Ou seja, quando $\hat{d}_k$ é obtido usando-se a Equação 7.26, d_k é decidido a partir disso. Depois, d_k juntamente com as decisões anteriores $d_{k-1}, d_{k-2}, \ldots$ são alimentados no equalizador, e $\hat{d}_{k+1}$ é obtido usando-se a Equação 7.26.

O mínimo erro médio quadrático que uma DFE pode alcançar é[19]

$$E[|e(n)|^2]_{min} = \exp\left\{\frac{T}{2\pi}\int_{-\pi/T}^{\pi/T} \ln\left[\frac{N_0}{|F(e^{j\omega T})|^2 + N_0}\right]d\omega\right\} \tag{7.27}$$

Pode-se mostrar que o MSE mínimo para uma DFE na Equação 7.27 é sempre menor que o de um LTE na Equação 7.21, a menos que $|F(e^{j\omega T})|$ seja uma constante (ou seja, quando a equalização adaptativa não é necessária)[20]. Se houver nulos em $|F(e^{j\omega T})|$, uma DFE tem MSE mínimo significativamente menor que um LTE. Portanto, um LTE é bem comportado quando o espectro de canal é comparadamente uniforme, mas se o canal for severamente distorcido ou exibir nulos no espectro, o desempenho de um LTE se deteriora e o erro médio quadrático de uma DFE é muito melhor que um LTE. Além disso, um LTE tem dificuldade em equalizar um canal de fase não mínima, onde a energia mais forte chega após o primeiro componente do sinal. Assim, uma DFE é mais apropriada para canais sem fio severamente distorcidos.

A implementação em treliça da DFE é equivalente a uma DFE transversal tendo um filtro sem realimentação de tamanho N_1 e um filtro com realimentação de tamanho N_2, onde $N_1 > N_2$.

Outra forma de DFE proposta por Belfiore e Park[21] é chamada de *DFE previsível*, e aparece na Figura 7.9. Ela também consiste em um filtro sem realimentação (FFF), como na DFE convencional. Porém, o filtro com realimentação (FBF) é controlado por uma seqüência de entrada formada pela diferença da saída do detector e a saída do filtro sem realimentação. Logo, o FBF aqui é chamado de

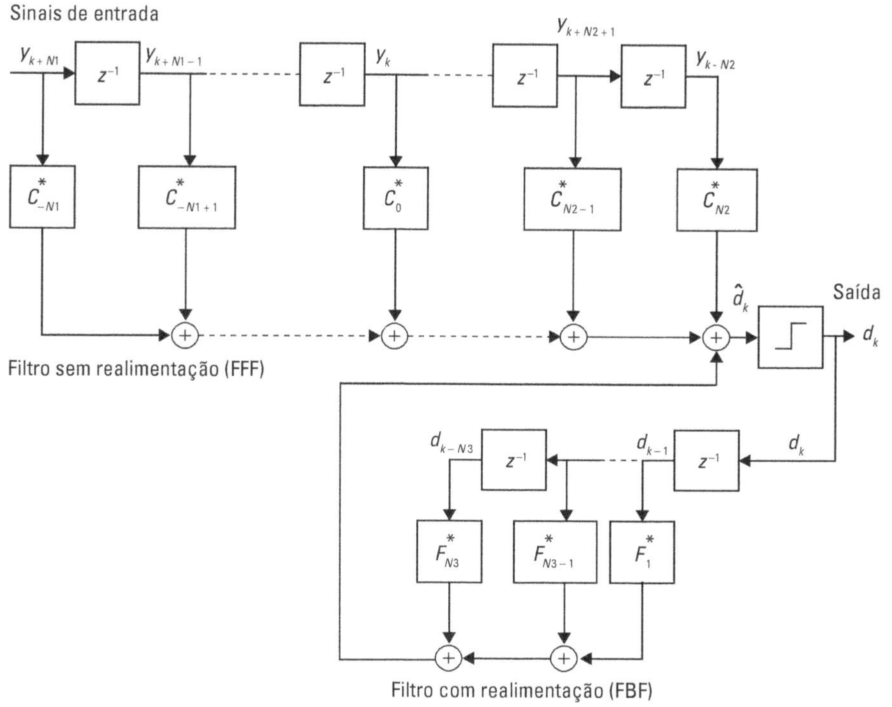

Figura 7.8 Equalização com decisão realimentada (DFE).

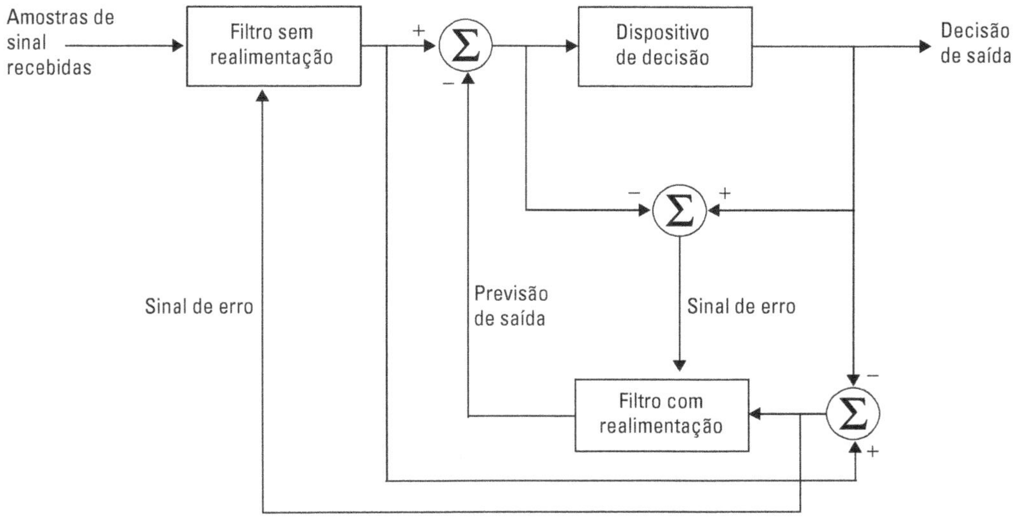

Figura 7.9 Equalizador de decisão previsível com realimentação.

previsor de ruído, pois ele prevê o ruído e a ISI residual contida no sinal de saída do FFF e subtrai dele a saída do detector após algum atraso da realimentação. A DFE previsível funciona tão bem quanto a DFE convencional à medida que o limite no número de coeficientes no FFF e no FBF se aproxima do infinito. O FBF na DFE previsível também pode ser observado como uma estrutura em treliça[22]. O algoritmo RLS em treliça (a ser discutido na Seção 7.8) pode ser usado nesse caso para gerar convergência rápida.

7.7.2 Equalizador estimador de seqüência de máxima verossimilhança (MLSE)

Os equalizadores lineares baseados em MSE, descritos anteriormente, são ideais com relação ao critério de probabilidade mínima de erro de símbolo quando o canal não introduz qualquer distorção de amplitude. Ainda assim, essa é exatamente a condição em que um equalizador é necessário para um enlace de comunicações móveis. Essa limitação nos equalizadores baseados em MSE levou os pesquisadores a investigarem estruturas não-lineares ótimas ou quase ótimas. Esses equalizadores utilizam várias formas da estrutura clássica do receptor de máxima verossimilhança. Usando um simulador de resposta ao impulso de canal juntamente com o algoritmo, o MLSE testa todas as seqüências de dados possíveis (em vez de decodificar cada símbolo recebido isoladamente), e escolhe a seqüência de dados com a probabilidade máxima como saída. Um MLSE normalmente tem um grande requisito computacional, especialmente quando o espalhamento do atraso do canal é grande. O uso de MLSE como um equalizador foi proposto inicialmente por Forney[23], em que ele preparou uma estrutura de estimador de MLSE básica e a implementou com o algoritmo de Viterbi. Esse algoritmo, que será descrito na Seção 7.15, foi reconhecido como sendo um estimador de seqüência de máxima verossimilhança (MLSE) das seqüências de estado de um processo de Markov de estado finito, observado no ruído sem memória. Ele foi implementado com sucesso recentemente para equalizadores em canais de rádio móveis.

O MLSE pode ser visto como um problema na estimativa do estado de uma máquina de estado finito de tempo discreto, que nesse caso é o canal de rádio com coeficientes f_k, e com um estado de canal que a qualquer instante do tempo é estimado pelo receptor com base nas L amostras de entrada mais recentes. Assim, o canal tem M^L estados, onde M é o tamanho do alfabeto de símbolos da modulação. Ou seja, uma treliça M^L é usada pelo receptor para modelar o canal sobre o tempo. O algoritmo de Viterbi, então, monitora o estado do canal pelos caminhos através da treliça e oferece no estágio k uma classificação das M^L seqüências mais prováveis terminando com os L símbolos mais recentes.

O diagrama de blocos de um receptor MLSE baseado na DFE aparece na Figura 7.10. O MLSE é ótimo no sentido de que minimiza a probabilidade de um erro de seqüência. O MLSE requer conhecimento das características do canal a fim de calcular as métricas para as tomadas de decisões. O MLSE também requer conhecimento da distribuição estatística do ruído corrompendo o sinal. Assim, a distribuição de probabilidade do ruído determina a forma da métrica para a demodulação ótima do sinal recebido. Observe que o filtro combinado opera sobre o sinal de tempo contínuo, enquanto o MLSE e o estimador de canal confiam em amostras discretas (não-lineares).

7.8 Algoritmos para equalização adaptativa

Como um equalizador adaptativo compensa um canal desconhecido e variável com o tempo, ele requer um algoritmo específico para atualizar os coeficientes do equalizador e monitorar as variações do canal. Existe uma grande gama de algoritmos para adaptar os coeficientes de filtro. O desenvolvimento de algoritmos adaptativos é uma tarefa complexa, e está além do escopo deste texto entrar nos detalhes sobre

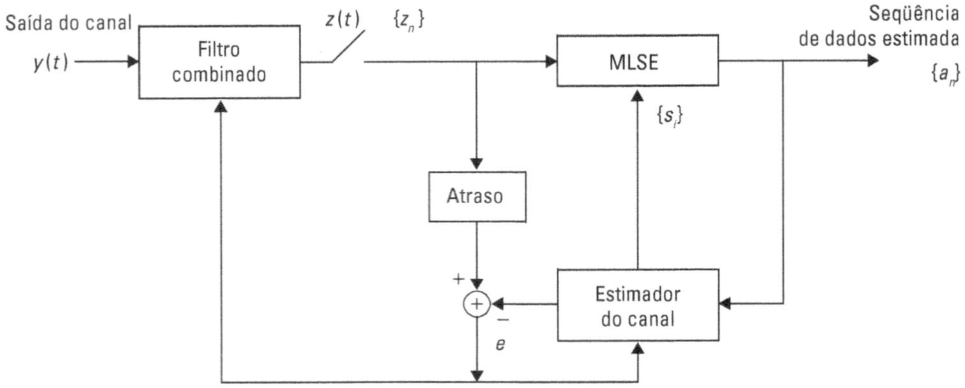

Figura 7.10 A estrutura de um estimador de seqüência de máxima verossimilhança (MLSE) com um filtro combinado adaptativo.

como isso é feito. Existem excelentes referências que tratam o desenvolvimento de algoritmo [24]. Esta seção descreve algumas questões práticas com relação ao projeto do algoritmo do equalizador, e esboça três dos algoritmos básicos para a equalização adaptativa. Embora os algoritmos detalhados aqui sejam derivados para o equalizador linear, transversal, eles podem ser estendidos para outras estruturas de equalizador, incluindo equalizadores não-lineares.

O desempenho de um algoritmo é determinado por diversos fatores, que incluem:

- **Taxa de convergência** – É definida como o número de iterações exigidas pelo algoritmo, em resposta a entradas estacionárias, para convergir para perto o suficiente da solução ótima. Uma taxa de convergência rápida permite que o algoritmo se adapte rapidamente a um ambiente estacionário de estatísticas desconhecidas. Além do mais, ela permite que o algoritmo monitore variações estatísticas quando estiver operando em um ambiente não estacionário.
- **Desajuste** – Para um algoritmo de interesse, esse parâmetro oferece uma medida quantitativa da quantidade pela qual o valor final do erro médio quadrático, com a média calculada por um grupo de filtros adaptativos, desvia do erro médio quadrático ótimo.
- **Complexidade computacional** – Esse é o número de operações exigidas para se fazer uma iteração completa do algoritmo.
- **Propriedades numéricas** – Quando um algoritmo é implementado numericamente, imprecisões são produzidas devido a ruído de arredondamento e erros de representação no computador. Esses tipos de erros influenciam a estabilidade do algoritmo.

Na prática, o custo da plataforma computacional, o orçamento de energia e as características de propagação de rádio dominam a escolha de uma estrutura de equalizador e seu algoritmo. Em aplicações de rádio portátil, a drenagem de bateria na unidade do assinante é uma consideração fundamental, pois o tempo de conversa do cliente precisa ser maximizado. Os equalizadores são implementados apenas se puderem oferecer melhoria de enlace suficiente para justificar o custo e o gasto de energia.

As características do canal de rádio e o uso intencionado do equipamento do assinante também são fundamentais. A velocidade da unidade móvel determina a taxa de atenuação do canal e o espalhamento Doppler, que está relacionada diretamente ao tempo de coerência do canal (ver Capítulo 5). A escolha do algoritmo, e sua taxa de convergência correspondente, depende da taxa de dados do canal e do tempo de coerência.

O tempo máximo esperado do espalhamento de atraso do canal dita o número de coeficientes usados no projeto do equalizador. Um equalizador só pode equalizar sobre intervalos de atraso menores ou iguais ao atraso máximo dentro da estrutura do filtro. Por exemplo, se cada elemento de atraso em um equalizador (como aqueles mostrados nas Figuras 7.2–7.8 oferece um atraso de 10 microssegundos, e quatro elementos de atraso são usados para fornecer um equalizador de cinco coeficientes, então o máximo espalhamento de atraso que poderia ser equalizado com sucesso é $4 \times 10\ \mu s = 40\ \mu s$. As transmissões com espalhamento de atraso em caminho múltiplo superior a $40\ \mu s$ poderiam não ser equalizadas. Como a complexidade do circuito e o tempo de processamento aumentam com o número de coeficientes e elementos de atraso, é importante conhecer o número máximo de elementos de atraso antes de selecionar uma estrutura de equalizador e seu algoritmo. Os efeitos da atenuação do canal são discutidos por Proakis [25], com relação ao projeto do equalizador do celular digital dos EUA. Um estudo que considerou uma quantidade de equalizadores para uma grande faixa de condições de canal foi realizado por Rappaport *et al.*[26]

Três algoritmos clássicos de equalizador são discutidos a seguir. Entre eles estão o algoritmo forçagem a zero (*zero forcing* (ZF)), o algoritmo mínima média quadrática (*least mean squares* (LMS)) e o algoritmo mínimos quadrados recursivos (*recursive least squares* (RLS)). Embora esses algoritmos sejam primitivos para a maioria dos padrões sem fio de hoje, eles oferecem uma visão fundamental para o projeto e operação de algoritmos.

Exemplo 7.3

Considere o projeto do equalizador do celular digital dos EUA[27]. Se f = 900 MHz e a velocidade da estação móvel v = 80 km/h, determine o seguinte:

(a) o máximo deslocamento Doppler

(b) o tempo de coerência do canal

(c) o número máximo de símbolos que poderiam ser transmitidos sem atualizar o equalizador, supondo que a taxa de símbolos seja 24,3 ksímbolos/segundo

Solução

(a) Pela Equação 5.2, o máximo deslocamento Doppler é dado por

$$f_d = \frac{v}{\lambda} = \frac{(80.000\ /3.600)\text{m/s}}{(1\ /3)\text{m}} = 66{,}67\ \text{Hz}$$

(b) Pela Equação 5.40.c, o tempo de coerência é aproximadamente

$$T_C = \sqrt{\frac{9}{16\pi f_d^2}} = \frac{0{,}423}{66{,}67} = 6{,}34\ \text{msec}$$

Observe que, se as equações 5.40.a ou 5.40.b fossem usadas, T_C aumentaria ou diminuiria por um fator de 2–3.

(c) Para garantir a coerência por um intervalo de tempo TDMA, os dados devem ser enviados durante um intervalo de 6,34 ms. Para R_s = 24,3 ksímbolos/segundo, o número de bits que podem ser enviados é

$Nb = R_s T_c$ = 24.300 x 0,00634 = 154 símbolos

Como será visto no Capítulo 11, cada intervalo de tempo no padrão de celular digital dos EUA tem uma duração de 6,67 ms e 162 símbolos por intervalo de tempo, que são muito próximos dos valores neste exemplo.

7.8.1 Algoritmo de forçagem a zero

Em um equalizador de forçagem a zero, os coeficientes do equalizador c_n são escolhidos para forçar as amostras combinadas do canal e da resposta de impulso do equalizador para zero em todos menos um dos NT pontos de amostra espaçados no filtro de linha de atraso com coeficientes. Permitindo que o número de coeficientes aumente sem limite, poderá ser obtido um equalizador de tamanho infinito com zero ISI na saída. Quando cada um dos elementos de atraso causa um atraso igual à duração de símbolo T, a resposta de freqüência $H_{eq}(f)$ do equalizador é periódica com um período igual à taxa de símbolo $1/T$. A resposta combinada do canal com o equalizador deve satisfazer o primeiro critério de Nyquist (ver Capítulo 6)

$$H_{canal}(f)H_{eq}(f) = 1, \ |f| < 1/2T \tag{7.28}$$

onde $H_{canal}(f)$ é a resposta de freqüência 'envelopada' do canal. Assim, em um tamanho infinito, zero, o equalizador ISI é simplesmente um filtro inverso que inverte a resposta de freqüência 'envelopada' do canal. Esse equalizador de tamanho infinito normalmente é implementado por uma versão de tamanho truncado.

O algoritmo de forçagem a zero foi desenvolvido por Lucky[28] para a comunicação com fios. O equalizador de forçagem a zero tem a desvantagem de que o filtro inverso pode amplificar o ruído excessivamente em freqüências onde o espectro do canal 'envelopado' tem alta atenuação. O equalizador ZF, assim, desconsidera totalmente o efeito do ruído, e normalmente não é usado para enlaces sem fio. Porém, ele funciona bem para canais estáticos, com SNR alto, como linhas telefônicas locais com fio.

7.8.2 Algoritmo mínima média quadrática

O equalizador mais robusto é o equalizador LMS, onde o critério utilizado é a minimização do erro médio quadrático (MSE) entre a saída desejada do equalizador e a saída real do equalizador. Usando a notação desenvolvida na Seção 7.3, o algoritmo LMS pode ser facilmente entendido.

Referindo-se à Figura 7.2, o erro de previsão é dado por

$$e_k = d_k - \hat{d}_k = x_k - \hat{d}_k \tag{7.29}$$

e pela Equação 7.10

$$e_k = x_k - \mathbf{y}_k^T \mathbf{w}_k = x_k - \mathbf{w}_k^T \mathbf{y}_k \tag{7.30}$$

Para calcular o erro médio quadrático $|e_k|^2$ no instante de tempo k, a Equação 7.12 é elevada ao quadrado para obter

$$\xi = E[e_k^* e_k] \tag{7.31}$$

O algoritmo LMS busca minimizar o erro médio quadrático dado na Equação 7.31.

Para uma condição específica de canal, o erro de previsão e_k é dependente do vetor de ganho de coeficiente $\mathbf{w}_N$, de modo que o MSE de um equalizador é uma função de $\mathbf{w}_N$. Considere que a função de custo $J(\mathbf{w}_N)$ indica o erro médio quadrático como uma função do vetor de ganho de coeficiente $\mathbf{w}_N$. Seguindo a derivação da Seção 7.3, para minimizar o MSE, é preciso definir a derivativa da Equação 7.32 como zero

$$\frac{\partial}{\partial \mathbf{w}_N} J(\mathbf{w}_N) = -2\mathbf{p}_N + 2\mathbf{R}_{NN}\mathbf{w}_N = 0 \tag{7.32}$$

Simplificando a Equação 7.32 (ver exemplos 7.1 e 7.2),

$$\mathbf{R}_{NN}\hat{\mathbf{w}}_N = \mathbf{p}_N \tag{7.33}$$

A Equação 7.33 é um resultado clássico, e é chamado de *equação normal*, pois o erro é minimizado e se torna ortogonal (normal) à projeção relacionada ao sinal desejado x_k. Quando a Equação 7.33 é satisfeita, o MMSE do equalizador é

$$J_{opt} = J(\hat{\mathbf{w}}_N) = E[x_k x_k^*] - \mathbf{p}_N^T \hat{\mathbf{w}}_N \tag{7.34}$$

Para obter o vetor de ganho de coeficiente ótimo $\hat{\mathbf{w}}_N$, a equação normal em 7.33 deve ser solucionada iterativamente enquanto o equalizador converge para um valor aceitavelmente pequeno de J_{opt}. Existem várias maneiras de fazer isso, e muitas variantes do algoritmo LMS foram criadas em cima da solução da Equação 7.34. Uma técnica óbvia é calcular

$$\hat{\mathbf{w}} = \mathbf{R}_{NN}^{-1}\mathbf{p}_N \tag{7.35}$$

Porém, inverter uma matriz exige $O(N^3)$ operações aritméticas[29]. Outros métodos, como a eliminação gaussiana[30] e a fatoração de Cholesky[31] exigem $O(N^2)$ operações por iteração. A vantagem desses métodos que solucionam diretamente a Equação 7.35 é que somente N entradas de símbolo são exigidas para solucionar a equação normal. Conseqüentemente, uma longa seqüência de treinamento não é necessária.

Na prática, a minimização do MSE é executada recursivamente, e pode ser realizada pelo uso do *algoritmo de gradiente estocástico* introduzido por Widrow [32]. Este normalmente é chamado de *algoritmo LMS (Least Mean Square)*. O algoritmo LMS é o algoritmo de equalização mais simples, e requer apenas $2N + 1$ operações por iteração. Os pesos de filtro são atualizados pelas equações de atualização dadas a seguir[33]. Considerando que a variável indica a seqüência de iterações, o LMS é calculado iterativamente por

$$\hat{d}_k(n) = \mathbf{w}_N^T(n)\mathbf{y}_N(n) \tag{7.36.a}$$

$$e_k(n) = x_k(n) - \hat{d}_k(n) \tag{7.36.b}$$

$$\mathbf{w}_N(n+1) = \mathbf{w}_N(n) - \alpha e_k^*(n)\mathbf{y}_N(n) \tag{7.36.c}$$

onde o subscrito N indica o número de estágios de atraso no equalizador, e α é o tamanho do passo que controla a taxa de convergência e a estabilidade do algoritmo.

O equalizador LMS maximiza o sinal para a razão de distorção em sua saída dentro das restrições do tamanho de filtro do equalizador. Se um sinal de entrada tiver uma característica de dispersão de tempo maior que o atraso de propagação pelo equalizador, então o equalizador não poderá reduzir a distorção. A taxa de convergência do algoritmo LMS é lenta devido ao fato de que existe apenas um parâmetro, o tamanho do passo α, que controla a taxa de adaptação. Para evitar que a adaptação se torne instável, o valor de α é escolhido a partir de

$$0 < \alpha < 2 / \sum_{i=1}^{N} \lambda_i \tag{7.37}$$

onde λ_i é o i–ésimo valor próprio da matriz de covariância $\boldsymbol{R}_{NN}$. Como $\sum_{i=1}^{N} \lambda_i = \boldsymbol{y}_N^T(n)\boldsymbol{y}_N(n)$, o tamanho do passo α pode ser controlado pela potência de entrada total a fim de evitar a instabilidade no equalizador[34].

7.8.3 Algoritmo mínimos quadrados recursivos

A taxa de convergência do algoritmo LMS baseado em gradiente é muito lenta, especialmente quando os valores próprios da matriz de covariância de entrada $\boldsymbol{R}_{NN}$ têm um espalhamento muito grande, ou seja, $\lambda_{max}/\lambda_{min} \gg 1$. Para conseguir a convergência mais rapidamente, são usados algoritmos complexos, que envolvem parâmetros adicionais. Algoritmos de convergência mais rápidos são baseados em uma técnica de mínimos quadrados, ao contrário da técnica estatística usada no algoritmo LMS. Ou seja, a convergência rápida se baseia em medidas de erro expressas em termos de uma média de tempo do sinal recebido real, em vez de uma média estatística. Isso leva à família de técnicas de processamento de sinal adaptáveis poderosas, embora complexas, conhecida como RLS (Mínimos Quadrados Recursivos – *Recursive Least Squares*), o que melhora significativamente a convergência dos equalizadores adaptáveis.

O menor erro quadrático baseado na média do tempo é definido como[35]

$$J(n) = \sum_{i=1}^{n} \lambda^{n-i} e^*(i, n) e(i, n) \tag{7.38}$$

onde λ é o fator de peso próximo de 1, mas menor que 1, $e^*(i,n)$ é o conjugado complexo de $e(i,n)$ e o erro $e(i,n)$ é

$$e(i, n) = x(i) - \boldsymbol{y}_N^T(i)\boldsymbol{w}_N(n) \qquad 0 \le i \le n \tag{7.39}$$

e

$$y_N(i) = [y(i), y(i-1), ..., y(i-N+1)]^T \tag{7.40}$$

onde $\boldsymbol{y}_N(i)$ é o vetor de entrada de dados no tempo i, e $\boldsymbol{w}_N(n)$ é o novo vetor de ganho de coeficiente no tempo n. Portanto, $e(i,n)$ é o erro usando o novo ganho de coeficiente no tempo n para testar os dados antigos no tempo i, e $J(n)$ é o erro quadrático acumulado dos novos ganhos de coeficiente sobre todos os dados antigos.

A solução RLS requer achar o vetor de ganho de coeficiente do equalizador $\boldsymbol{w}_N(n)$, tal que o erro quadrático acumulado $J(n)$ é minimizado. Ela usa todos os dados anteriores para testar os novos ganhos de coeficiente. O parâmetro λ é um fator de peso de dados que pesa os dados recentes como sendo mais pesados nos cálculos, de modo que $J(n)$ tende a se esquecer dos dados antigos em um ambiente não estacionário. Se o canal for estacionário, λ pode ser definido como um[36].

Para obter o mínimo do LSE $J(n)$, o gradiente de $J(n)$ na Equação 7.38 é definido como zero,

$$\frac{\partial}{\partial \boldsymbol{w}_N} J(n) = 0 \tag{7.41}$$

Usando as equações 7.39–7.41, pode–se mostrar que[37]

$$\boldsymbol{R}_{NN}(n)\hat{\boldsymbol{w}}_N(n) = \boldsymbol{p}_N(n) \tag{7.42}$$

onde $\hat{\boldsymbol{w}}_N$ é o vetor de ganho de coeficiente ótimo do equalizador RLS,

$$\boldsymbol{R}_{NN}(n) = \sum_{i=1}^{n} \lambda^{n-i} \boldsymbol{y}_N^*(i)\boldsymbol{y}_N^T(i) \tag{7.43}$$

$$\boldsymbol{p}_N(n) = \sum_{i=1}^{n} \lambda^{n-i} x^*(i)\boldsymbol{y}_N(i) \tag{7.44}$$

A matriz $\boldsymbol{R}_{NN}(n)$ na Equação 7.43 é a matriz determinística de correlação dos dados de entrada do equalizador $y_N(i)$, e $\boldsymbol{p}_N(i)$ na Equação 7.44 é o vetor determinístico de correlação cruzada entre as entradas do equalizador $y_N(i)$ e a saída desejada $d(i)$, onde $d(i) = x(i)$. Para calcular o vetor de peso do equalizador $\hat{\boldsymbol{w}}_N$ usando a Equação 7.42, é necessário calcular $\boldsymbol{R}_{NN}^{-1}(n)$.

A partir da definição de $\boldsymbol{R}_{NN}(n)$ na Equação 7.43, é possível obter uma equação recursiva expressando $\boldsymbol{R}_{NN}(n)$ em termos de $\boldsymbol{R}_{NN}(n-1)$

$$\boldsymbol{R}_{NN}(n) = \lambda \boldsymbol{R}_{NN}(n-1) + \boldsymbol{y}_N(n)\boldsymbol{y}_N^T(n) \tag{7.45}$$

Como os três termos na Equação 7.45 são todos matrizes N por N, um lema da inversão de matriz[38] pode ser usado para derivar uma atualização recursiva para $\boldsymbol{R}_{NN}^{-1}$ em termos do inverso anterior, $\boldsymbol{R}_{NN}^{-1}(n-1)$,

$$R_{NN}^{-1}(n) = \frac{1}{\lambda}\left[R_{NN}^{-1}(n-1) - \frac{R_{NN}^{-1}(n-1)y_N(n)y_N^T(n)R_{NN}^{-1}(n-1)}{\lambda + \mu(n)}\right] \quad (7.46)$$

onde

$$\mu(n) = y_N^T(n)R_{NN}^{-1}(n-1)y_N(n) \quad (7.47)$$

Com base nessas equações recursivas, a minimização RLS leva às seguintes equações de atualização ponderadas:

$$w_N(n) = w_N(n-1) + k_N(n)e^*(n, n-1) \quad (7.48)$$

onde

$$k_N(n) = \frac{R_{NN}^{-1}(n-1)y_N(n)}{\lambda + \mu\ (n)} \quad (7.49)$$

O algoritmo RLS pode ser resumido da seguinte forma:

1. Inicialize $w(0) = k(0) = x(0) = 0$, $R^{-1}(0) = \delta I_{NN}$, onde I_{NN} é uma matriz de identidade $N \times N$, e δ é uma grande constante positiva.
2. Recursivamente, calcule o seguinte:

$$\hat{d}(n) = w^T(n-1)y(n) \quad (7.50)$$

$$e(n) = x(n) - \hat{d}(n) \quad (7.51)$$

$$k(n) = \frac{R^{-1}(n-1)y(n)}{+y^T(n)R^{-1}(n-1)y(n)} \quad (7.52)$$

$$R^{-1}(n) = \frac{1}{\lambda}[R^{-1}(n-1) - k(n)y^T(n)R^{-1}(n-1)] \quad (7.53)$$

$$w(n) = w(n-1) + k(n)e^*(n) \quad (7.54)$$

Na Equação 7.53, λ é o coeficiente de peso que pode alterar o desempenho do equalizador. Se um canal for invariável no tempo, λ pode ser definido como um. Normalmente, $0{,}8 < \lambda < 1$ é usado. O valor de λ não tem influência sobre a taxa de convergência, mas determina a capacidade de monitoração dos equalizadores RLS. Quanto menor o λ, melhor a capacidade de monitoração do equalizador. Porém, se λ for muito pequeno, o equalizador será instável[39]. O algoritmo RLS descrito acima, chamado algoritmo *Kalman RLS*, usa $2{,}5\ N^2 + 4{,}5N$ operações aritméticas por iteração.

7.8.4 Resumo dos algoritmos

Existem diversas variações dos algoritmos LMS e RLS para adaptação de um equalizador. A Tabela 7.1 mostra os requisitos computacionais de diferentes algoritmos, e lista algumas vantagens e desvantagens de cada um. Observe que os algoritmos RLS possuem desempenhos semelhantes de convergência e monitoramento, que são muito melhores do que o algoritmo LMS. Porém, esses algoritmos RLS normalmente possuem alto requisito computacional e estruturas de programa complexas. Além disso, alguns algoritmos RLS tendem a ser instáveis. O algoritmo FTF (*Fast Transversal Filter*) requer a menor computação entre os algoritmos RLS, e pode usar uma variável de resgate para evitar instabilidade. Porém, as técnicas de resgate tendem a ser um tanto intricadas para canais de rádio móvel variando bastante, e o FTF não é muito utilizado.

Tabela 7.1 Comparação dos diversos algoritmos para equalização adaptativa[40]

Algoritmo	Número de operações de multiplicação	Vantagens	Desvantagens
LMS Gradiente DFE	$2N + 1$	Baixa complexidade computacional, programa simples	Baixa convergência, monitoramento fraco
Kalman RLS	$2{,}5N^2 + 4{,}5N$	Convergência rápida, boa capacidade de monitoramento	Alta complexidade computacional
FTF	$7N + 14$	Convergência rápida, bom monitoramento, baixa complexidade computacional	Programação complexa, instável (mas pode usar método de resgate)
Gradiente treliça	$13N - 8$	Estável, baixa complexidade computacional, estrutura flexível	Desempenho não tão bom quanto outro RLS, programação complexa
Gradiente treliça DFE	$13N_1 + 33N_2 - 36$	Baixa complexidade computacional	Programação complexa
Kalman DFE rápido	$20N + 5$	Pode ser usado para DFE, convergência rápida e bom monitoramento	Programação complexa, computação não baixa, instável
RLS DFE raiz quadrada	$1{,}5N^2 + 6{,}5N$	Melhores propriedades numéricas	Alta complexidade computacional

7.9 Equalizadores fracionalmente espaçados

Os equalizadores discutidos até aqui possuem espaçamentos de coeficientes seguindo a taxa de símbolos. É bem conhecido que o receptor ótimo para um sinal de comunicação corrompido pelo ruído gaussiano consiste em um filtro combinado amostrado periodicamente na taxa de símbolos da mensagem. Na presença de distorção do canal, o filtro combinado antes do equalizador deve ser combinado com o canal e com o sinal corrompido. Na prática, a resposta do canal é desconhecida, e logo o filtro combinado ótimo deve ser estimado de forma adaptativa. Uma solução 'quase ótima', em que o filtro combinado combina com o pulso do sinal transmitido, pode resultar em uma degradação significativa no desempenho. Além disso, esse filtro 'quase ótimo' é extremamente sensível a qualquer erro de temporização na amostragem de sua saída[41]. Um *equalizador fracionalmente espaçado* (*Fractionally Space Equalizer* (FSE)) é baseado na amostragem do sinal de entrada pelo menos tão rápido quanto a taxa de Nyquist[42]. O FSE compensa a distorção do canal antes que os símbolos do sinal se tornem indistinguíveis devido à taxa de amostragem de símbolos. Além disso, o equalizador pode compensar qualquer atraso de temporização para qualquer fase de temporização arbitrária. Com efeito, o FSE incorpora as funções de um filtro combinado e de um equalizador em uma única estrutura de filtro. Resultados de simulação demonstrando a eficácia do FSE sobre um equalizador de taxa de símbolos foram dados em artigos de Qureshi e Forney [43], e Gitlin e Weinstein [44].

Equalizadores não-lineares baseados em técnicas MLSE parecem estar ganhando popularidade nos sistemas sem fio modernos (estes foram descritos na Seção 7.7.2). O leitor interessado poderá achar o Capítulo 6 de Steele[45] útil como um estudo adicional nessa área.

7.10 Técnicas de diversidade

Diversidade é uma técnica poderosa de recepção de comunicações, que oferece melhoria do enlace sem fio a um custo relativamente baixo. Diferentemente da equalização, a diversidade não requer sobrecarga de treinamento, pois uma seqüência de treinamento não é exigida no transmissor. Além do mais, existe uma grande variedade de implementações de diversidade, muitas das quais são muito práticas e oferecem melhoria significativa do enlace com pouco custo adicional.

A diversidade explora a natureza aleatória da propagação de rádio localizando caminhos de sinal independentes (ou, pelo menos, sem qualquer correlação) para a comunicação. Em praticamente todas as aplicações, as decisões de diversidade são feitas pelo receptor, e são desconhecidas pelo transmissor.

O conceito de diversidade pode ser explicado de modo simples. Se um caminho de rádio sofre uma atenuação profunda, outro caminho independente pode ter um sinal forte. Tendo mais de um caminho para selecionar, as SNRs instantânea e média no receptor podem ser melhoradas, normalmente por até 20 a 30 dB.

Como visto nos capítulos 4 e 5, existem dois tipos de atenuação – atenuação em pequena escala e em larga escala. As atenuações em pequena escala são caracterizadas por flutuações rápidas e profundas na amplitude, que ocorrem quando a estação móvel se move por distâncias de apenas alguns comprimentos de onda. Essas atenuações são causadas por múltiplas reflexões na vizinhança da estação móvel. Para sinais de banda estreita, a atenuação em pequena escala normalmente resulta em uma distribuição da atenuação de Rayleigh da intensidade do sinal por pequenas distâncias. Para evitar que ocorram atenuações profundas, *técnicas de diversidade microscópica* podem explorar o sinal que muda rapidamente. Por exemplo, a atenuação em pequena escala mostrada na Figura 4.1 revela que, se duas antenas estiverem separadas por uma fração de metro, uma pode receber um nulo enquanto a outra recebe um sinal forte. Selecionando o melhor sinal em todos os momentos, um receptor pode diminuir os efeitos da atenuação em pequena escala (isso é chamado de *diversidade da antena* ou *diversidade espacial*).

A atenuação em larga escala é causada pelo sombreamento devido a variações no perfil do terreno e à natureza dos arredores. Em condições profundamente sombreadas, a intensidade do sinal recebido em uma estação móvel pode cair para muito abaixo daquela do espaço livre. No Capítulo 4, a atenuação em larga escala foi considerada como uma distribuição log-normal com um desvio padrão de cerca de 10 dB em ambientes urbanos. Selecionando uma estação-base que não é sombreada quando as outras são, a estação móvel pode melhorar substancialmente a razão sinal–ruído média no enlace direto. Isso é chamado de *diversidade macroscópica*, pois a estação móvel está tirando proveito de grandes separações (as diferenças do macrossistema) entre as estações-base que estão atendendo.

A diversidade macroscópica também é útil no receptor da estação-base. Usando antenas de estação-base que estão suficientemente separadas no espaço, a estação-base é capaz de melhorar o enlace reverso selecionando a antena com o sinal mais forte da estação móvel.

7.10.1 Derivação de melhorias utilizando diversidade de seleção

Antes de discutir as muitas técnicas de diversidade que são usadas, vale a pena determinar quantitativamente a vantagem que pode ser obtida usando-se a diversidade. Considere os canais de atenuação Rayleigh independentes disponíveis em um receptor. Cada canal é chamado de *ramo* de diversidade. Além disso, considere que cada ramo tem a mesma *SNR* média dada por

$$SNR = \Gamma = \frac{E_b}{N_0}\overline{\alpha^2} \qquad (7.55)$$

onde consideramos $\overline{\alpha^2} = 1$.

Se cada ramo tem uma *SNR* instantânea = γ_i, então, pela Equação 6.155, o pdf de γ_i é

$$p(\gamma_i) = \frac{1}{\Gamma}e^{\frac{-\gamma_i}{\Gamma}} \qquad \gamma_i \geq 0 \tag{7.56}$$

onde Γ é a *SNR* média de cada ramo. A probabilidade de que um único ramo tenha uma *SNR* instantânea menor que algum patamar γ é

$$Pr[\gamma_i \leq \gamma] = \int_0^{\gamma} p(\gamma_i)d\gamma_i = \int_0^{\gamma} \frac{1}{\Gamma}e^{\frac{-\gamma_i}{\Gamma}}d\gamma_i = 1 - e^{-\frac{\gamma}{\Gamma}} \tag{7.57}$$

Agora, a probabilidade de que todos os M ramos de diversidade independentes recebam sinais que são *simultaneamente* menores que algum patamar de *SNR* específico γ é

$$Pr[\gamma_1, ..., \gamma_M \leq \gamma] = (1 - e^{-\gamma/\Gamma})^M = P_M(\gamma) \tag{7.58}$$

$P_M(\gamma)$ na Equação 7.58 é a probabilidade de todos os ramos deixarem de conseguir uma *SNR* instantânea = γ. Se um único ramo alcançar *SNR* > γ, então a probabilidade de que *SNR* > γ para um ou mais ramos é dada por

$$Pr[\gamma_i > \gamma] = 1 - P_M(\gamma) = 1 - (1 - e^{-\gamma/\Gamma})^M \tag{7.59}$$

A Equação 7.59 é uma expressão para a probabilidade de exceder um patamar quando a *diversidade de seleção* for usada[46], e é representada como um gráfico na Figura 7.11.

Para determinar a razão média sinal-ruído do sinal recebido quando a diversidade é usada, primeiro é necessário encontrar o pdf do sinal de atenuação. Para a diversidade de seleção, a SNR média é encontrada primeiro calculando-se a derivativa do CDF $P_M(\gamma)$ a fim de encontrar o pdf de γ, a SNR instantânea quando M ramos são usados. Prosseguindo dessa maneira,

$$p_M(\gamma) = \frac{d}{d\gamma}P_M(\gamma) = \frac{M}{\Gamma}(1 - e^{-\gamma/\Gamma})^{M-1}e^{-\gamma/\Gamma} \tag{7.60}$$

Então, a *SNR* média, $\bar{\gamma}$, pode ser expressa como

$$\bar{\gamma} = \int_0^{\infty} \gamma p_M(\gamma)d\gamma = \Gamma\int_0^{\infty} Mx(1 - e^{-x})^{M-1}e^{-x}dx \tag{7.61}$$

onde $x = \gamma/\Gamma$. Observe que Γ é a SNR média para um único ramo (quando nenhuma diversidade é usada). A Equação 7.61 é avaliada para gerar a melhoria de SNR média oferecida pela diversidade de seleção

$$\frac{\bar{\gamma}}{\Gamma} = \sum_{k=1}^{M} \frac{1}{k} \tag{7.62}$$

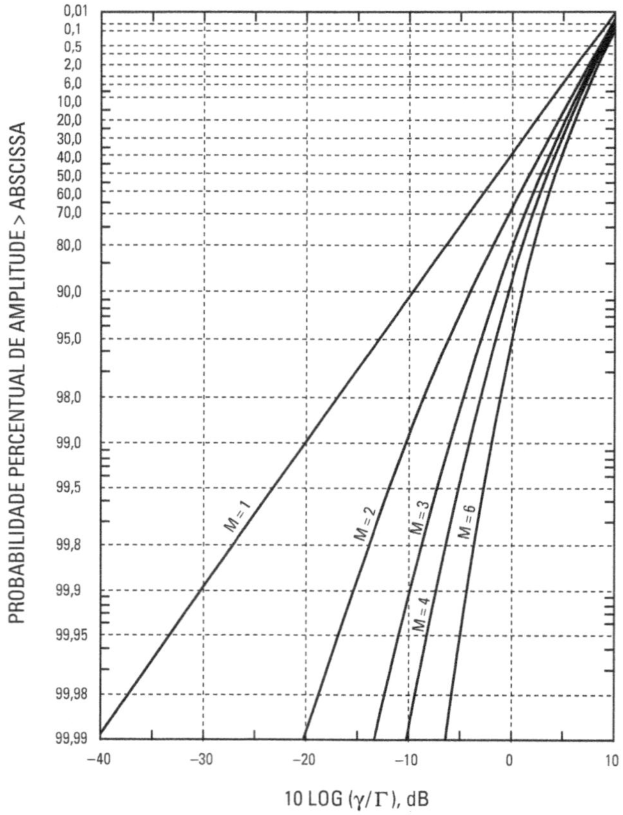

Figura 7.11 Gráfico de distribuições de probabilidade do patamar SNR = γ para M ramos de diversidade de seleção. O termo Γ representa o SNR médio em cada ramo [de Jakes[47]© IEEE].

O exemplo a seguir ilustra a vantagem que a diversidade oferece.

Exemplo 7.4

Considere que sejam usados quatro ramos de diversidade, onde cada ramo recebe um sinal de atenuação de Rayleigh independente. Se a *SNR* média é 20 dB, determine a probabilidade de que a *SNR* caia abaixo de 10 dB. Compare isso com o caso de um único receptor sem diversidade.

Solução

Para este exemplo, o patamar especificado γ = 10 dB, Γ = 20 dB, e existem quatro ramos. Assim, γ/Γ = 0,1 e, usando a Equação 7.58,

$P_4(10\text{ dB}) = (1 - e^{-0,1})^4 = 0{,}000082$

Quando a diversidade não é usada, a Equação 7.58 pode ser avaliada usando $M = 1$

$P_1(10\text{ dB}) = (1 - e^{-0,1})^1 = 0{,}095$

Observe que, sem diversidade, a *SNR* cai para menos do que o patamar especificado com uma probabilidade de ser três ordens de grandeza maior do que se for usada a diversidade de quatro ramos!

Pela Equação 7.62, pode-se ver que a SNR média no ramo que é selecionado usando a diversidade de seleção aumenta naturalmente, pois é sempre garantida como estando acima do patamar especificado. Assim, a diversidade de seleção oferece uma melhoria média na margem do enlace sem exigir potência adicional do transmissor ou circuitos sofisticados no receptor. A melhoria com diversidade pode estar relacionada diretamente à taxa média de erros de bit para diversas modulações usando os princípios discutidos na Seção 6.12.1.

A diversidade de seleção é fácil de implementar, pois tudo o que é necessário é uma estação de monitoramento e uma troca de antena no receptor. Porém, essa não é uma técnica de diversidade ótima, pois não usa todos os ramos possíveis simultaneamente. A *combinação de razão máxima* usa cada um dos M ramos de uma maneira cofaseada e ponderada, de modo que a SNR mais alta que se pode alcançar está disponível no receptor o tempo todo.

7.10.2 Derivação de melhorias da combinação de razão máxima

Na combinação de razão máxima, os sinais de voltagem de cada um dos M ramos de diversidade são cofaseados para fornecer acréscimo de voltagem coerente e são pesados individualmente para fornecer SNR ótima. Se cada ramo tem ganho G_i, então o envelope de sinal resultante aplicado ao detector é

$$r_M = \sum_{i=1}^{M} G_i r_i \tag{7.63}$$

Supondo que cada ramo tenha a mesma potência média de ruído N, a potência de ruído total N_T aplicada ao detector é simplesmente a soma ponderada do ruído em cada ramo. Assim,

$$N_T = N \sum_{i=1}^{M} G_i^2 \tag{7.64}$$

que resulta em uma SNR aplicada ao detector, γ_M, dada por

$$\gamma_M = \frac{r_M^2}{2N_T} \tag{7.65}$$

Usando a desigualdade de Chebychev [48], γ_M é maximizado quando $G_i = r_i/N$, que leva a

$$\gamma_M = \frac{1}{2} \frac{\sum (r_i^2/N)^2}{N \sum (r_i^2/N^2)} = \frac{1}{2} \sum_{i=1}^{M} \frac{r_i^2}{N} = \sum_{i=1}^{M} \gamma_i \tag{7.66}$$

Assim, a SNR a partir do combinador de diversidade (ver na Figura 7.14) é simplesmente a soma das SNRs em cada ramo.

O valor de γ_i é $r_i^2/2N$, onde r_i é igual a $r(t)$, conforme definido na Equação 6.67. Como visto no Capítulo 5, o envelope de sinal recebido para um sinal de rádio móvel com atenuação pode ser modelado a partir de duas variáveis gaussianas aleatórias e independentes, T_c e T_s, cada uma tendo média zero e mesma variância σ^2. Ou seja,

$$\gamma_i = \frac{1}{2N} r_i^2 = \frac{1}{2N}(T_c^2 + T_s^2) \tag{7.67}$$

Logo, γ_M é uma distribuição Chi-quadrado de $2M$ variáveis gaussianas aleatórias com variância $\sigma^2/(2N) = \Gamma/2$, onde Γ é definido na Equação 7.55. O pdf resultante para γ_M pode ser demonstrado como sendo

$$p(\gamma_M) = \frac{\gamma_M^{M-1} e^{-\gamma_M/\Gamma}}{\Gamma^M (M-1)!} \quad \text{para } \gamma_M \geq 0 \tag{7.68}$$

A probabilidade de que γ_M seja menor que algum patamar SNR γ é

$$Pr\{\gamma_M \leq \gamma\} = \int_0^{\gamma} p(\gamma_M)\, d\gamma_M = 1 - e^{-\gamma/\Gamma} \sum_{k=1}^{M} \frac{(\gamma/\Gamma)^{k-1}}{(k-1)!} \tag{7.69}$$

A Equação 7.69 é a distribuição de probabilidade para a combinação de razão máxima[49]. Segue-se diretamente da Equação 7.66 que a SNR média, $\bar{\gamma}_M$, é simplesmente a soma da $\bar{\gamma}_i$, individual de cada ramo. Em outras palavras,

$$\bar{\gamma}_M = \sum_{i=1}^{M} \bar{\gamma}_i = \sum_{i=1}^{M} \Gamma = M\Gamma \tag{7.70}$$

Os algoritmos de controle para a definição dos ganhos e fases para receptores de combinação de razão máxima são semelhantes àqueles exigidos em equalizadores e receptores RAKE. As figuras 7.14 e 7.16 ilustram estruturas de combinação de razão máxima. A combinação de razão máxima é discutida na Seção 7.10.3.3, e pode ser aplicada a praticamente qualquer aplicação de diversidade, embora normalmente a um custo e complexidade muito maior do que outras técnicas de diversidade.

7.10.3 Considerações práticas sobre diversidade espacial

A diversidade espacial, também conhecida como diversidade de antena, é uma das formas mais populares de diversidade usadas nos sistemas sem fio. Sistemas sem fio convencionais consistem em uma antena de estação-base elevada e uma antena móvel próxima do solo. A existência de um caminho direto entre o transmissor e o receptor não é garantida e a possibilidade de uma série de espalhadores nas vizinhanças da estação móvel sugere um sinal de atenuação de Rayleigh. Por esse modelo[50], Jakes deduziu que os sinais recebidos por antenas separadas na estação móvel teriam basicamente envelopes não correlacionados para separações de antena de meio comprimento de onda ou mais.

O conceito de diversidade espacial de antena também é usado no projeto da estação-base. Em cada local de instalação de células, múltiplas antenas receptoras são usadas na estação-base para fornecer recepção com diversidade. Porém, como os espalhadores importantes geralmente estão no solo na vizinhança da estação móvel, as antenas da estação-base devem ser espaçadas a uma distância considerável para alcançar a descorrelação. Separações da ordem de várias dezenas de comprimentos de onda são exigidas na estação-base. A diversidade espacial pode, assim, ser usada na estação móvel ou na estação-base, ou em ambas. A Figura 7.12 mostra um diagrama de blocos geral de um esquema de diversidade espacial[51].

Métodos de recepção com diversidade espacial podem ser classificados em quatro categorias[52]:

1. Diversidade de seleção
2. Diversidade por realimentação ou varredura
3. Combinação de razão máxima
4. Diversidade por ganho igual

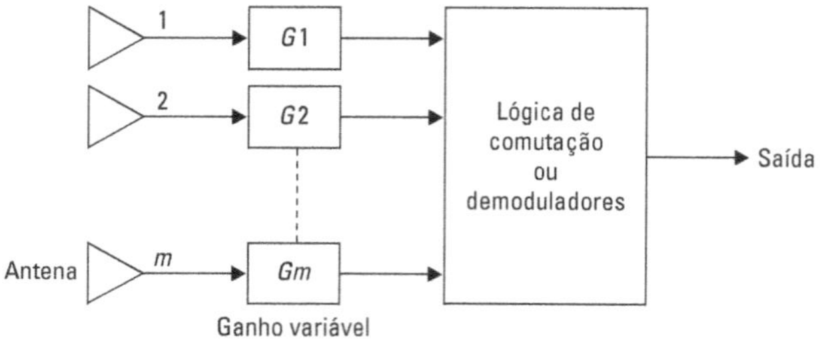

Figura 7.12 Diagrama de blocos generalizado para diversidade espacial.

7.10.3.1 Diversidade de seleção

A diversidade de seleção é a técnica de diversidade mais simples analisada na Seção 7.10.1. Um diagrama de blocos desse método é semelhante ao mostrado na Figura 7.12, onde m demoduladores são usados para fornecer m ramos de diversidade cujos ganhos são ajustados para fornecer a mesma SNR média para cada ramo. Conforme derivado na Seção 7.10.1, o ramo do receptor com a SNR instantânea mais alta é conectado ao demodulador. Os próprios sinais de antena poderiam ser amostrados e o melhor é enviado a um único demodulador. Na prática, o ramo com o $(S + N)/N$ mais alto é usado, pois é difícil medir a SNR apenas. Um sistema prático de diversidade de seleção não pode funcionar em uma base verdadeiramente instantânea, mas deve ser projetado de modo que as constantes de tempo internas do circuito de seleção sejam mais curtas do que a recíproca da taxa de atenuação do sinal.

7.10.3.2 Diversidade por realimentação ou varredura

A diversidade de varredura é muito semelhante à diversidade de seleção, exceto que, em vez de usar sempre os melhores dos M sinais, estes são varridos em uma seqüência fixa, até que seja encontrado um acima de um patamar predeterminado. Esse sinal é então recebido até que fique abaixo do patamar e o processo de varredura é novamente iniciado. As estatísticas de atenuação resultantes são inferiores às obtidas pelos outros métodos, mas a vantagem com esse método é que ele é muito simples de implementar – somente um receptor é exigido. Um diagrama de blocos desse método aparece na Figura 7.13.

7.10.3.3 Combinação de razão máxima

Nesse método proposto inicialmente por Kahn[53], os sinais de todos os M ramos são pesados de acordo com suas razões individuais entre voltagem do sinal e potência de ruído, e depois somados. A Figura 7.14 mostra um diagrama de blocos da técnica. Aqui, os sinais individuais devem ser co-faseados antes de serem somados (diferentemente da diversidade de seleção), o que geralmente requer um receptor individual e um circuito de fase para cada elemento

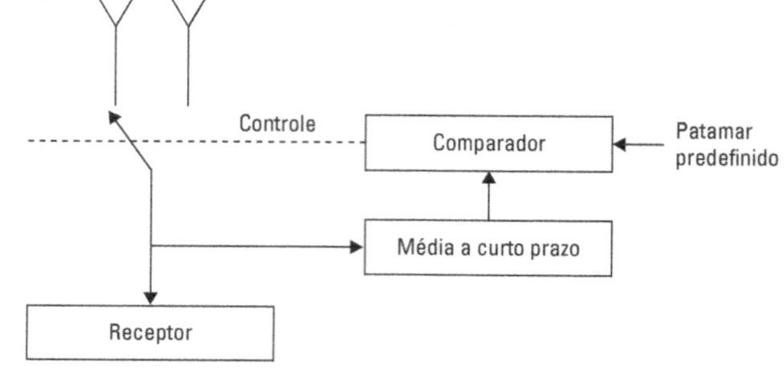

Figura 7.13 Forma básica de diversidade de varredura.

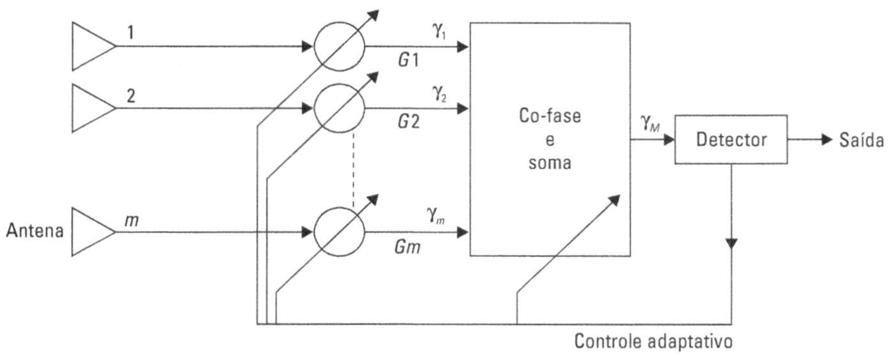

Figura 7.14 Combinador de razão máxima.

da antena. A combinação de razão máxima produz uma SNR de saída igual à soma das SNRs individuais, conforme explicado na Seção 7.10.2. Assim, ela tem a vantagem de produzir uma saída *com uma SNR aceitável mesmo quando nenhum dos sinais individuais forem aceitáveis*. Essa técnica fornece uma redução estatística de atenuação melhor que qualquer combinador de diversidade linear conhecido. Técnicas modernas de DSP e receptores digitais agora estão tornando prática essa forma ótima de diversidade.

7.10.3.4 Diversidade por ganho igual

Em certos casos, não é conveniente providenciar a capacidade de peso variável exigida para a verdadeira combinação de razão máxima. Nesses casos, os pesos de ramo são definidos como a unidade, mas os sinais de cada ramos são co-faseados para fornecer diversidade por *combinação por ganho igual*. Isso permite que o receptor explore sinais que são simultaneamente recebidos em cada ramo. A possibilidade de produzir um sinal aceitável a partir de uma série de entradas inaceitáveis ainda é retida, e o desempenho só é um pouco inferior à combinação de razão máxima e superior à diversidade de seleção.

7.10.4 Diversidade de polarização

Na estação-base, a diversidade espacial é consideravelmente menos prática do que na estação móvel, pois o ângulo pequeno (estreito) dos campos incidentes requer grandes espaçamentos de antena[54]. O custo comparativamente alto do uso da diversidade espacial na estação-base induz o uso da polarização ortogonal para explorar a diversidade de polarização. Embora isso só ofereça dois ramos de diversidade, permite que os elementos da antena sejam co-localizados.

Nos primórdios do rádio celular, todas as unidades de assinante eram montadas em veículos e usavam antenas verticais comuns. Hoje, porém, mais da metade das unidades de assinante são portáteis. Isso significa que a maioria dos assinantes não está mais usando a polarização vertical devido à inclinação quando o telefone celular portátil é utilizado. Esse fenômeno recente estimulou o interesse na diversidade de polarização na estação-base.

Os caminhos de polarização horizontal e vertical medidos entre uma estação móvel e uma estação-base são relatados como não correlacionados por Lee e Yeh[55]. A descorrelação para os sinais em cada polarização é causada por múltiplas reflexões no canal entre as antenas de estação móvel e da estação-base. O Capítulo 4 mostrou que o coeficiente de reflexão para cada polarização é diferente, resultando em diferentes amplitudes e fases para cada uma, ou pelo menos para algumas das reflexões. Após suficientes reflexões aleatórias, o estado de polarização do sinal será independente da polarização transmitida. Na prática, porém, existe alguma dependência da polarização recebida com a polarização transmitida.

Antenas polarizadas circulares e lineares foram usadas para caracterizar o caminho múltiplo dentro de prédios[56]. Quando o caminho estava obstruído, a diversidade de polarização reduzia imensamente o espalhamento de atraso de caminho múltiplo sem diminuir significativamente a potência recebida.

Embora a diversidade de polarização tenha sido estudada no passado, ela tem sido usada principalmente para enlaces de rádio fixo, que variam lentamente no tempo. Os enlaces de microondas de linha de visão, por exemplo, normalmente utilizam a diversidade de polarização para dar suporte a dois usuários simultâneos no mesmo canal de rádio. Como o canal não muda muito nestes enlaces, existe pouca probabilidade de interferência por polarização cruzada. À medida que os usuários portáveis se proliferam, a diversidade de polarização provavelmente se tornará mais importante para melhorar a margem e a capacidade do enlace. Um esboço do modelo teórico para a *recepção por diversidade de polarização* da estação-base, conforme sugerido por Kozono[57], aparece a seguir.

Modelo teórico para diversidade de polarização

Considera-se que o sinal seja transmitido a partir de uma estação móvel com polarização vertical (ou horizontal). Ele é recebido na estação-base por uma antena de diversidade de polarização com dois ramos. A Figura 7.15 mostra o modelo teórico e as coordenadas do sistema. Como pode ser visto na figura, uma antena de diversidade de polarização é composta de dois elementos de antena V_1 e V_2, que criam um ângulo de $\pm\alpha$ (ângulo de polarização) com o eixo Y. Uma estação móvel está localizada na direção do ângulo de deslocamento β a partir da direção do raio principal da antena de diversidade, como visto na Figura 7.15(b).

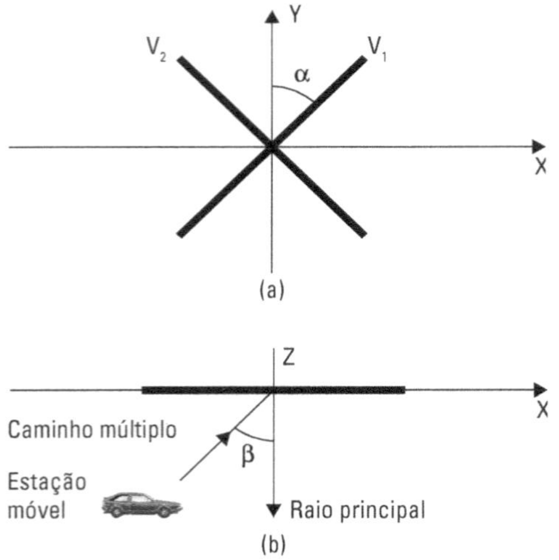

Figura 7.15 Modelo teórico para diversidade de polarização da estação-base com base em Kozono[58]: (a) plano x–y; (b) plano x–z.

Alguns dos sinais transmitidos polarizados verticalmente são convertidos para o sinal polarizado horizontal devido à propagação de caminho múltiplo. O sinal chegando à estação-base pode ser expresso como

$$x = r_1 \cos(\omega t + \phi_1) \qquad (7.71.a)$$

$$y = r_2 \cos(\omega t + \phi_2) \qquad (7.71.b)$$

onde x e y são níveis de sinal que são recebidos quando $\beta = 0$. Considera-se que r_1 e r_2 possuem distribuições de Rayleigh independentes, e ϕ_1 e ϕ_2 têm distribuições uniformes independentes.

Os valores do sinal recebido nos elementos V_1 e V_2 podem ser escritos como:

$$\begin{aligned} V_1 &= (ar_1\cos\phi_1 + r_2b\cos\phi_2)\cos\omega t \\ &- (ar_1\text{sen}\phi_1 + r_2b\text{sen}\phi_2)\text{sen}\omega t \end{aligned} \qquad (7.72)$$

$$\begin{aligned} V_2 &= (-ar_1\cos\phi_1 + r_2b\cos\phi_2)\cos\omega t \\ &- (-ar_1\text{sen}\phi_1 + r_2b\text{sen}\phi_2)\text{sen}\omega t \end{aligned} \qquad (7.73)$$

onde $a = \text{sen}\alpha \cos\beta$ e $b = \cos\alpha$.

O coeficiente de correlação ρ pode ser escrito como

$$\rho = \left(\frac{\text{tg}^2(\alpha)\cos^2(\beta) - \Gamma}{\text{tg}^2(\alpha)\cos^2(\beta) + \Gamma}\right)^2 \qquad (7.74)$$

onde

$$X = \frac{\langle R_2^2 \rangle}{\langle R_1^2 \rangle} \qquad (7.75)$$

e

$$R_1 = \sqrt{r_1^2a^2 + r_2^2b^2 + 2r_1r_2ab\cos(\phi_1 + \phi_2)} \qquad (7.76)$$

$$R_2 = \sqrt{r_1^2a^2 + r_2^2b^2 - 2r_1r_2ab\cos(\phi_1 + \phi_2)} \qquad (7.77)$$

Aqui, X é a discriminação de polarização cruzada do caminho de propagação entre uma estação móvel e uma estação-base.

O coeficiente de correlação é determinado por três fatores: ângulo de polarização, ângulo de deslocamento da direção do raio principal da antena de diversidade, e a discriminação da polarização cruzada. O coeficiente de correlação geralmente se torna maior enquanto o ângulo de deslocamento β aumenta. Além disso, ρ geralmente se torna menor à medida que o ângulo de polarização α aumenta. Isso porque o componente de polarização horizontal se torna maior à medida que α aumenta.

Como os elementos da antena V_1 e V_2 são polarizados em $\pm\alpha$ com a vertical, o nível do sinal recebido é menor que o nível do sinal recebido por uma antena polarizada verticalmente. O valor médio da perda de sinal L, relativo ao nível de sinal recebido usando a polarização vertical, é dado por

$$L = a^2 / X + b^2 \qquad (7.78)$$

Resultados dos experimentos práticos executados usando-se a diversidade de polarização[59] mostram que ela é uma técnica de recepção de diversidade viável, e é explorada dentro dos aparelhos sem fio e também nas estações-base.

7.10.5 Diversidade de freqüência

A diversidade de freqüência é implementada transmitindo-se informações em mais de uma freqüência de portadora. O raciocínio por trás dessa técnica é que as freqüências separadas por mais do que a largura de banda de coerência do canal não estarão correlacionadas e, assim, não experimentarão as mesmas atenuações[60]. Teoricamente, se os canais não forem correlacionados, a probabilidade de atenuações simultânea será o produto das probabilidades das atenuação individuais (ver Equação 7.58).

A diversidade de freqüência normalmente é empregada em enlaces de microondas de linha de visão, que transportam vários canais em um modo de multiplexação por divisão de freqüência (FDM). Devido à propagação troposférica e à refração resultante, às vezes pode ocorrer atenuação profunda. Na prática, a *comutação de proteção 1:N* é fornecida pelo licenciador do rádio, onde uma freqüência está nominalmente ociosa, mas está disponível em *stand-by* para fornecer comutação por diversidade de freqüência para qualquer uma das N outras portadoras (freqüências) sendo usadas no mesmo enlace, cada uma carregando um tráfego independente. Quando a diversidade é necessária, o tráfego apropriado é simplesmente comutado para a freqüência de backup. Essa técnica tem a desvantagem de não apenas exigir largura de banda de reserva, mas também exigir que haja tantos receptores quantos forem os canais usados para a diversidade de freqüência. Porém, para o tráfego crítico, a despesa pode ser justificada.

Novas técnicas de acesso e modulação OFDM exploram a diversidade de freqüência, fornecendo sinais de modulação simultâneos com codificação de controle de erro sobre uma grande largura de banda, de modo que, se uma freqüência em particular sofrer atenuação, o sinal composto ainda será demodulado.

7.10.6 Diversidade de tempo

A diversidade de tempo transmite informações repetidamente em espaçamentos de tempo que excedem o tempo de coerência do canal, de modo que múltiplas repetições do sinal serão recebidas com condições de atenuação independentes, fornecendo assim a diversidade. Uma implementação moderna da diversidade de tempo envolve o uso do receptor RAKE para CDMA com espectro espalhado, onde o canal de caminho múltiplo oferece redundância na mensagem transmitida. Demodulando várias réplicas do sinal de CDMA transmitido, onde cada réplica experimenta determinado atraso de caminho múltiplo, o receptor RAKE é capaz de alinhar as réplicas no tempo, de modo que uma estimativa melhor do sinal original possa ser formada no receptor.

7.11 Receptor RAKE

Em sistemas de espectro espalhado CDMA (ver Capítulo 6), a taxa de chip normalmente é muito maior do que a largura de banda de atenuação uniforme do canal. Enquanto técnicas de modulação convencionais exigem que um equalizador desfaça a interferência entre símbolos adjacentes, os códigos de espalhamento CDMA são projetados para fornecer correlação muito baixa entre chips sucessivos. Assim, o espalhamento de atraso de propagação no canal de rádio simplesmente oferece múltiplas versões do sinal transmitido no receptor. Se esses componentes de caminho múltiplo forem adiados no tempo por mais do que uma duração de chip, eles aparecem como ruído não correlacionado em um receptor CDMA, e a equalização não é exigida. O ganho de processamento de espectro espalhado torna o ruído não correlacionado desprezível após o desespalhamento.

Porém, como existem informações úteis nos componentes de caminho múltiplo, os receptores CDMA podem combinar as versões atrasadas da transmissão do sinal original, a fim de melhorar a razão sinal–ruído no receptor. Um receptor RAKE faz exatamente isso — ele tenta coletar as versões deslocadas no tempo do sinal original, fornecendo um receptor de correlação separado para cada um dos sinais de caminho múltiplo. Cada receptor de correlação pode ser ajustado pelo atraso, de modo que um controlador de microprocessador pode fazer com que diferentes receptores de correlação pesquisem em diferentes janelas de tempo pelo caminho múltiplo significativo. A faixa de atrasos que determinado correlacionador pode pesquisar é chamada de *janela de pesquisa*. O receptor RAKE, mostrado na Figura 7.16, é basicamente um receptor de diversidade projetado especificamente para CDMA, onde a diversidade é fornecida pelo fato de que os componentes de caminho múltiplo são praticamente não correlacionados um ao outro quando seus atrasos de propagação relativos excedem um período de chip.

Um receptor RAKE utiliza múltiplos correlacionadores para detectar separadamente os M componentes de caminho múltiplo mais fortes. As saídas de cada correlacionador são então pesadas para fornecer uma estimativa do sinal transmitido melhor do que a fornecida por um único componente. A demodulação e decisões de bit são então baseadas nas saídas ponderadas dos M correlacionadores.

A idéia básica de um receptor RAKE foi proposta inicialmente por Price e Green[61]. Em ambientes externos, o atraso entre componentes de caminho múltiplo normalmente é grande e, se a taxa de chip for selecionada corretamente, as propriedades de baixa auto-correlação de uma seqüência de espalhamento CDMA podem garantir que os componentes de caminho múltiplo parecerão quase não correlacionados um ao outro. Porém, foi comprovado que o receptor RAKE no CDMA IS-95 funciona mal em ambientes internos, o que é esperado, pois os espalhamentos de atraso de caminho múltiplo em canais internos ($\approx$ 100 ns) são muito menores do que uma duração de chip IS-95 ($\approx$800 ns). Nesses casos, um RAKE não funcionará, pois o caminho múltiplo não é resolvível, e a atenuação uniforme de Rayleigh normalmente ocorre dentro de um único período de chip.

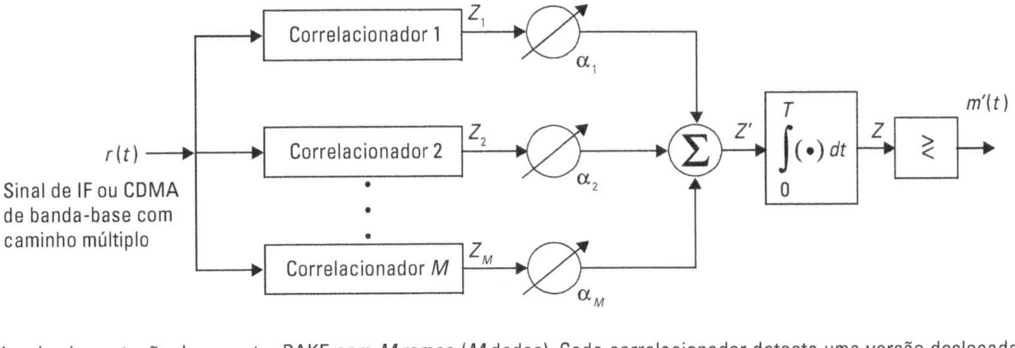

Figura 7.16 Uma implementação de receptor RAKE com M ramos (M dedos). Cada correlacionador detecta uma versão deslocada no tempo da transmissão CDMA original, e cada dedo do RAKE se correlaciona a uma parte do sinal que está adiada por pelo menos um chip no tempo a partir dos outros dedos.

Para explorar o desempenho de um receptor RAKE, considere que M correlacionadores sejam usados em um receptor CDMA para capturar os M componentes de caminho múltiplo mais fortes. Uma rede de pesos é usada para fornecer uma combinação linear da saída do correlacionador para detecção de bit. O correlacionador 1 é sincronizado para o caminho múltiplo mais forte m_1. O componente de caminho múltiplo m_2 chega τ_1 mais tarde do que o componente m_1, onde $\tau_2 - \tau_1$ é considerado maior do que uma duração de chip. O segundo correlacionador é sincronizado com m_2. Ele se correlaciona fortemente com m_2, mas tem uma baixa correlação com m_1. Observe que, se somente um único correlacionador for usado no receptor (ver Figura 6.52), quando a saída do único correlacionador for corrompida pela atenuação, o receptor não poderá corrigir o valor. As decisões de bit baseadas apenas em uma única correlação podem produzir uma taxa de erro de bit maior. Em um receptor RAKE, se a saída de um correlacionador for corrompida pela atenuação, as outras podem não ser, e o sinal corrompido pode ser descontado pelo processo dos pesos. As decisões baseadas na combinação de M estatísticas de decisão separadas, oferecidas pelo RAKE, oferecem uma forma de diversidade que pode contornar a atenuação e, portanto, melhorar a recepção do CDMA.

As M estatísticas de decisão são pesadas para formar uma estatística de decisão geral, como mostra a Figura 7.16. As saídas dos M correlacionadores são indicadas como Z_1, Z_2, ... e Z_M. Elas são pesadas por α_1, α_2, ... e α_M, respectivamente. Os coeficientes de peso são baseados na potência ou na SNR da saída de cada correlacionador. Se a potência ou SNR for pequena saindo de um correlacionador em particular, ele receberá um peso pequeno. Assim como no caso de um esquema de diversidade de combinação de razão máxima, o sinal geral Z' é dado por

$$Z' = \sum_{m=1}^{M} \alpha_m Z_m \tag{7.79}$$

Os coeficientes de peso, α_m, são normalizados para a potência de saída do sinal do correlacionador de modo que os coeficientes somados sejam iguais à unidade, como mostra a Equação 7.80

$$\alpha_m = \frac{Z_m^2}{\sum_{m=1}^{M} Z_m^2} \tag{7.80}$$

Assim como no caso de equalizadores adaptativos e da combinação de diversidade, existem muitas maneiras de gerar os coeficientes de peso. Porém, devido à interferência de acesso múltiplo, os dedos RAKE com amplitudes de caminho múltiplo fortes não necessariamente oferecerão saídas fortes após a correlação. Escolher coeficientes de peso com base nas saídas reais dos correlacionadores gera um melhor desempenho RAKE.

7.12 Entrelaçamento

O entrelaçamento (*Interleaving*) é usado para obter diversidade de tempo em um sistema de comunicações digitais sem acrescentar qualquer sobrecarga. O entrelaçamento se tornou uma técnica extremamente útil em todos os sistemas sem fio de segunda e terceira geração, devido à rápida proliferação dos codificadores de voz digitais, que transformam vozes analógicas em mensagens digitais eficientes que são transmitidas por enlaces sem fio (os codificadores de voz são apresentados no Capítulo 8).

Como os codificadores de voz tentam representar uma grande variedade de vozes em um formato digital uniforme e eficiente, os bits de dados codificados (chamados *bits de origem*) transportam muita informação e, conforme explicado nos capítulos 8 e 11, alguns bits de origem são mais importantes do que outros, e devem ser protegidos contra erros. É comum que muitos codificadores de voz produzam diversos bits 'importantes'em sucessão, e é a função do entrelaçador espalhar esses bits no tempo de modo que, se houver uma atenuação profunda ou rajada de ruído, os bits importantes de um bloco de dados de origem não sejam corrompidos ao mesmo tempo. Espalhando os bits de origem no tempo, é possível utilizar a codificação de controle de erro (chamada *codificação do canal*) que protege os dados de origem contra adulteração pelo canal. Como os códigos de controle de erro são projetados para proteger contra erros de canal que possam ocorrer aleatoriamente ou em forma de rajada, os entrelaçadores misturam a ordem de tempo dos bits de origem antes que sejam codificados no canal.

Um entrelaçador pode ter uma ou duas formas — uma estrutura em bloco ou uma estrutura convolucional. Um entrelaçador em bloco formata os dados codificados em um vetor retangular de m linhas e n colunas, e entrelaça nm bits de cada vez. Normalmente, cada linha contém uma palavra de dados de origem tendo n bits. Um entrelaçador de grau m (ou profundidade m) consiste em m linhas. A estrutura de um entrelaçador em bloco aparece na Figura 7.17. Como visto, os bits de origem são colocados no entrelaçador aumentando-se seqüencialmente o número da linha para cada bit sucessivo, e preenchendo as colunas. Os dados de origem entrelaçados são então lidos linha por linha e transmitidos pelo canal. Isso tem o efeito de separar os bits originais por m períodos de bits.

No receptor, o desentrelaçador armazena os dados recebidos aumentando seqüencialmente o número da linha de cada bit sucessivo, e depois envia os dados linha por linha, uma palavra (linha) de cada vez.

Os entrelaçadores convolucionais podem ser usados no lugar dos entrelaçadores em bloco de uma maneira muito semelhante. Os entrelaçadores convolucionais são mais adequados para uso com códigos convolucionais.

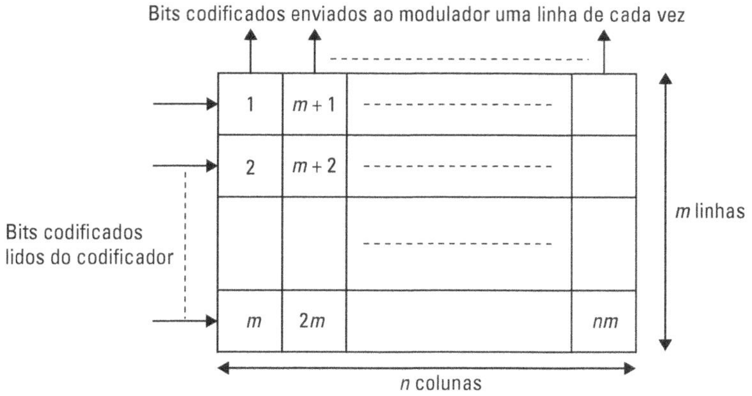

Figura 7.17 Entrelaçador em bloco onde os bits de origem são inseridos em colunas e enviados como linhas de *n* bits.

Existe um atraso inerente associado a um entrelaçador, pois o bloco da mensagem recebido não pode ser decodificado totalmente até que todos os *nm* bits cheguem no receptor e sejam desentrelaçados. Na prática, a voz humana tolera escutar até atrasos maiores do que 40 ms. É por isso que todos os entrelaçadores de dados sem fio possuem atrasos que não excedem 40 ms. O tamanho e a profundidade de uma palavra do entrelaçador estão intimamente relacionados ao tipo de codificador de voz utilizado, à taxa de codificação da origem e ao atraso máximo tolerável.

7.13 Fundamentos de codificação do canal

A codificação do canal protege os dados digitais contra erros, introduzindo seletivamente redundâncias nos dados transmitidos. Os códigos de canal que são usados para detectar erros são chamados *códigos de detecção de erro*, enquanto os códigos que podem detectar e corrigir erros são chamados de *códigos de correção de erro*.

Em 1948, Shannon demonstrou que, pela codificação apropriada da informação, os erros induzidos por um canal com ruído podem ser reduzidos a qualquer nível desejado sem sacrificar a taxa de transferência de informação[62]. A fórmula da capacidade do canal de Shannon se aplica ao canal AWGN e é dada por

$$C = B\log_2\left(1 + \frac{P}{N_0 B}\right) = B\log_2\left(1 + \frac{S}{N}\right) \qquad (7.81)$$

onde C é a capacidade do canal (bits por segundo), B é a largura de banda de transmissão (Hz), P é a potência do sinal recebido (W) e N_0 é a densidade da potência de ruído para um único lado (W/Hz). A potência recebida em um receptor é dada como

$$P = E_b R_b \qquad (7.82)$$

onde E_b é a energia de bit média, e R_b é a taxa de transmissão de bit. A Equação 7.81 pode ser normalizada pela largura de banda de transmissão e é dada por

$$\frac{C}{B} = \log_2\left(1 + \frac{E_b}{N_0}\frac{R_b}{B}\right) \qquad (7.83)$$

onde C/B indica a *eficiência da largura de banda*.

A finalidade básica das técnicas de detecção e correção de erro é introduzir redundâncias nos dados para melhorar o desempenho do enlace sem fio. A introdução de bits redundantes aumenta a taxa de dados bruta usada no enlace e, conseqüentemente, aumenta o requisito de largura de banda para uma mesma taxa de dados. Isso reduz a eficiência de largura de banda do enlace em condições de alta SNR, mas oferece excelente desempenho BER em baixos valores de SNR.

É bem conhecido que o uso de sinalização ortogonal permite que a probabilidade de erro se torne arbitrariamente pequena, expandindo o conjunto de sinais, ou seja, tornando o número de formas de onda $M \rightarrow \infty$, desde que a SNR por bit exceda o limite de Shannon de $SNR_b \geq -1{,}6$ dB[63]. No limite, o resultado de Shannon indica que sinais de banda extremamente larga poderiam ser usados para alcançar comunicações sem erro, desde que exista SNR suficiente, e é parcialmente por isso que o CDMA de banda larga está sendo adotado para 3G. As formas de onda da codificação de controle de erro, por outro lado, possuem fatores de expansão de largura de banda que crescem apenas linearmente com o tamanho do bloco de código. A codificação de correção de erro, assim, oferece vantagens nas aplicações com largura de banda limitada, e também oferece proteção do enlace em aplicações com potência limitada.

Um codificador de canal opera sobre dados de mensagem digital (da origem) codificando a informação de origem para uma seqüência de código, para transmissão pelo canal. Existem três tipos básicos de códigos de correção e detecção de erro: *códigos de bloco*, *códigos convolucionais* e *códigos turbo*.

7.14 Códigos em bloco e campos finitos

Código em bloco são códigos de *correção de erro direta* (*Forward Error Correction* (FEC)) que permitem que um número limitado de erros seja detectado e corrigido sem retransmissão. Os códigos em bloco podem ser usados para melhorar o desempenho de um sistema de comunicações quando outras formas de melhoria (como aumentar a potência do transmissor ou usar um demodulador mais sofisticado) são impraticáveis.

Nos códigos em bloco, bits de paridade são acrescentados aos blocos de bits de mensagem para criar *palavras-código* ou *blocos de código*. Em um codificador de bloco, k bits de informação são codificados em n bits de código. Um total de $n - k$ bits redundantes é acrescentado aos k bits de informação para detectar e corrigir erros[64]. O código em bloco é conhecido como um código (n, k), e a taxa do código é definida como $R_c = k/n$, e é igual à taxa de informação dividida pela taxa bruta do canal.

A capacidade de um código em bloco corrigir erros é uma função da *distância do código*. Existem muitas famílias de código que oferecem graus variados de proteção de erro [65].

Exemplo 7.5

Entrelaçadores e códigos em bloco normalmente são combinados para transmissão de voz sem fio. Considere um entrelaçador com m linhas e palavras de n bits. Suponha que cada palavra do entrelaçador seja na realidade composta de k bits de origem e $(n-k)$ bits de um código em bloco. A combinação resultante entrelaçador/codificador desmembrará uma rajada de erros de canal de tamanho $l = mb$ em m rajadas de tamanho b.

Assim, um código (n,k) que pode lidar com erros de rajada de tamanho $b < (n - k)/2$ pode ser combinado com um entrelaçador de grau m para criar um código em bloco entrelaçado (mn, mk) que pode lidar com rajadas de tamanho mb. Desde que mb ou menos bits sejam corrompidos durante a transmissão do sinal de voz codificado a partir do entrelaçador, os dados recebidos estarão livres de erro.

Além da taxa de código, outros parâmetros importantes são a distância do código e o peso das palavras-código. Estas são definidas a seguir.

Distância de um código — A distância entre duas palavras-código é o número de elementos em que duas palavras-código C_i e C_j diferem

$$d(C_i, C_j) = \sum_{l=1}^{N} C_{i,l} \oplus C_{j,l} \,(módulo\ q) \qquad (7.84)$$

onde d é a distância entre as palavras-código e q é o número total de valores possíveis de C_i e C_j. O tamanho de cada palavra-código é de N elementos ou caracteres. Se o código usado for binário, a distância é conhecida como *distância de Hamming*. A distância mínima d_{min} é a menor distância para determinado conjunto de palavras-código, e é dada por

$$d_{min} = Min\{d(C_i, C_j)\} \qquad (7.85)$$

Peso de um código — O peso de uma palavra-código de tamanho N é dado pelo número de elementos diferentes de zero na palavra-código. Para um código binário, o peso é basicamente o número de 1s na palavra-código e é dado como

$$w(C_i) = \sum_{l=1}^{N} C_{i,l} \qquad (7.86)$$

Propriedades de códigos de bloco

Linearidade — Suponha que C_i e C_j sejam duas palavras-código em um código em bloco (n, k). Considere que α_1 e α_2 sejam dois elementos quaisquer selecionados a partir do alfabeto. Então, o código é considerado linear se e somente se $\alpha_1 C_1 + \alpha_2 C_2$ também for uma palavra-código. Um código linear deverá conter a palavra-código contendo apenas zeros. Conseqüentemente, um código de peso constante não é linear.

Sistemático — Um código sistemático é aquele em que os bits de paridade são anexados ao final dos bits de informação. Para um código (n, k), os primeiros k bits são idênticos aos bits de informação, e os $n - k$ bits restantes de cada palavra-código são combinações lineares de k bits de informação.

Cíclico — Os códigos cíclicos são um subconjunto da classe de códigos lineares que satisfazem a seguinte propriedade de deslocamento cíclico: Se $C = [c_{n-1}, c_{n-2}, ..., c_0]$ é uma palavra-código de um código cíclico, então $[c_{n-2}, c_{n-3}, ..., c_0, c_{n-1}]$, obtido por um deslocamento cíclico dos elementos de C, também é uma palavra-código. Ou seja, todos os deslocamentos de C são palavras-código. Como uma conseqüência da propriedade cíclica, os códigos possuem uma quantidade considerável de estruturas, que podem ser exploradas para simplificar bastante as operações de codificação e decodificação.

As técnicas de codificação e decodificação utilizam construções matemáticas conhecidas como *campos finitos*. Os campos finitos são sistemas algébricos que contêm um conjunto finito de elementos. Além disso, a subtração, multiplicação e divisão dos elementos do campo finito são realizadas sem deixar o conjunto (ou seja, a soma/produto de dois elementos do campo é um elemento do campo). Adição e multiplicação devem satisfazer as leis comutativa, associativa e distributiva. Uma definição formal de um campo finito é dada a seguir:

Considere que F seja um conjunto finito de elementos em que duas operações binárias — adição e multiplicação — são definidas. O conjunto F junto com as duas operações binárias é um campo se as seguintes condições forem satisfeitas:

- F é um grupo comutativo sob a adição. O elemento de identidade com relação à adição é chamado de elemento *zero* e é indicado por 0.
- O conjunto de elementos diferentes de zero em F é um grupo comutativo sob a multiplicação. O elemento de identidade com relação à multiplicação é chamado de elemento *unidade* e é indicado por 1.
- A multiplicação é distributiva sob a adição; ou seja, para três elementos a, b e c quaisquer em F:

$$a \cdot (b + c) = a \cdot b + a \cdot c$$

O *inverso aditivo* de um elemento de campo a, indicado por $-a$, é o elemento de campo que produz a soma 0 quando somado a a [de modo que $a + (-a) = 0$]. O *inverso multiplicativo* de a, indicado por a^{-1}, é o elemento de campo que produz o produto 1 quando multiplicado por a [de modo que $a \cdot a^{-1} = 1$].

Quatro propriedades básicas dos campos podem ser derivadas da definição de um campo. Elas são as seguintes:

Propriedade I: $a \cdot 0 = 0 = 0 \cdot a$

Propriedade II: Para elementos de campo diferentes de zero a e b, $a \cdot b \neq 0$

Propriedade III: $a \cdot b = 0$ e $a \neq 0$ implicam que $b = 0$

Propriedade IV: $-(a \cdot b) = (-a) \cdot b = a \cdot (-b)$

Para qualquer número primo p, existe um campo finito que contém p elementos. Esse campo primo é simbolizado como $GF(p)$, pois os campos finitos também são chamados *campos de Galois*, em homenagem ao seu descobridor[66]. Também é possível estender o campo primo $GF(p)$ para um campo de p^m elementos, que é chamado de *campo de extensão* de $GF(p)$ e é simbolizado por $GF(p^m)$, onde m é um inteiro positivo. Os códigos com símbolos do campo binário $GF(2)$ ou seu campo de extensão $GF(2^m)$ normalmente são usados em sistemas de transmissão e armazenamento de dados digitais, pois, na prática, as informações nesses sistemas sempre são codificadas em forma binária.

Na aritmética binária, a adição e a multiplicação em módulo-2 são utilizadas. Essa aritmética, na verdade, é equivalente à aritmética comum, exceto que dois é considerado igual a 0 ($1 + 1 = 2 = 0$). Observe que, como $1 + 1 = 0$, segue-se que $1 = -1$, e portanto, para a aritmética usada para gerar códigos de controle de erro, a adição é equivalente à subtração.

Os códigos Reed–Solomon utilizam campos não binários $GF(2^m)$. Esses campos têm mais de dois elementos e são extensões do campo binário $GF(2) = \{0, 1\}$. Os elementos adicionais no campo de extensão $GF(2^m)$ não podem ser 0 ou 1, pois todos os elementos devem ser únicos, de modo que um novo símbolo α é usado para representar os outros elementos no campo. Cada elemento diferente de zero pode ser representado por uma potência de α.

A operação de multiplicação " · " para o campo de extensão deve ser definida de modo que os elementos restantes do campo possam ser representados como seqüência de potências de α. A operação de multiplicação pode ser usada para produzir o conjunto *infinito* de elementos F mostrados a seguir

$$\begin{aligned} F &= \{0, 1, \alpha, \alpha^2, \ldots, \alpha^j, \ldots\} \\ &= \{0, \alpha^0, \alpha^1, \alpha^2, \ldots, \alpha^j, \ldots\} \end{aligned} \quad (7.87)$$

Para obter o conjunto *finito* de elementos de $GF(2^m)$ a partir de F, uma condição deverá ser imposta sobre F de modo que possa conter apenas 2^m elementos e seja um conjunto fechado sob a multiplicação (ou seja, a multiplicação de dois elementos de campo é realizada sem sair do conjunto). A condição que fecha o conjunto de elementos de campo sob a multiplicação é conhecida como o *polinômio irredutível*, e normalmente tem a seguinte forma[67]:

$$\begin{aligned} &\alpha^{(2m-1)} + 1 = 0 \text{ ou, equivalentemente,} \\ &\alpha^{(2m-1)} = 1 = \alpha^0 \end{aligned} \quad (7.88)$$

Usando o polinômio irredutível da Equação 7.88, qualquer elemento que tenha uma potência maior que $2^m - 2$ pode ser reduzido a um elemento com uma potência menor que $2^m - 2$ da seguinte forma:

$$\alpha^{(2^m + n)} = \alpha^{(2^m - 1)} \cdot \alpha^{n+1} = \alpha^{n+1} \quad (7.89)$$

A seqüência de elementos F, assim, torna-se a seguinte seqüência F^*, cujos termos diferentes de zero são fechados sob a multiplicação:

$$\begin{aligned} F^* &= \left\{0, 1, \alpha, \alpha^2, \ldots, \alpha^{2^m-2}, \alpha^{2^m-1}, \alpha^{2^m}, \ldots\right\} \\ &= \left\{0, \alpha^0, \alpha^1, \alpha^2, \ldots \alpha^{2^m-2}, \alpha^0, \alpha, \alpha^2 \ldots\right\} \end{aligned} \quad (7.90)$$

Apanhe os 2^m termos de F^* e você terá os elementos do campo finito $GF(2^m)$ em sua *representação de potência*

$$\begin{aligned} GF(2^m) &= \left\{0, 1, \alpha, \alpha^2, \ldots, \alpha^{2^m-2}\right\} \\ &= \left\{0, \alpha^0, \alpha, \alpha^2, \ldots, \alpha^{2^m-2}\right\} \end{aligned} \quad (7.91)$$

Pode-se mostrar que cada um dos 2^m elementos do campo finito pode ser representado como um polinômio distinto de grau $m-1$ ou menos (o elemento 0 é representado pelo *polinômio zero*, um polinômio sem termos diferentes de zero)[68]. Cada um dos elementos diferentes de zero de $GF(2^m)$ pode ser indicado como um polinômio $a_i(x)$, onde pelo menos um dos m coeficientes é diferente de zero

$$\alpha^i = a_i(x) = a_{i,0} + a_{i,1}x + a_{i,2}x^2 + \ldots + a_{i,m-1}x^{m-1} \quad (7.92)$$

A adição de dois elementos do campo finito é então definida como a adição em módulo-2 de cada um dos coeficientes polinomiais de potências semelhantes, como vemos a seguir

$$\begin{aligned} \alpha^i + \alpha^j = &(a_{i,0} + a_{j,0}) + (a_{i,1} + a_{j,1})x + \ldots \\ &+ (a_{i,m-1} + a_{j,m-1})x^{m-1} \end{aligned} \quad (7.93)$$

Assim, $GF(2^m)$ pode ser construído, e usando as Equações 7.92 e 7.93 a representação polinomial para os 2^m elementos do campo poderá ser obtida.

7.14.1 Exemplos de códigos de bloco

Códigos de Hamming

Os códigos de Hamming estiveram entre os primeiros dos códigos de correção de erro não triviais[69]. Esses códigos e suas variações foram usados para controle de erro nos sistemas de comunicação digitais. Existem códigos de Hamming binários e não binários. Um código de Hamming binário tem a propriedade de que

$$(n,k) = (2^m - 1, 2^m - 1 - m) \qquad (7.94)$$

onde k é o número de bits de informação utilizados para formar uma palavra-código de n bits, e m é qualquer inteiro positivo. O número de símbolos de paridade é $n - k = m$.

Códigos de Hadamard

Os códigos de Hadamard são obtidos selecionando-se como palavras-código as linhas de uma matriz de Hadamard. Uma matriz de Hadamard A é uma matriz $N \times N$ de 1s e 0s, de modo que cada linha difere de qualquer outra linha exatamente em $N/2$ locais. Uma linha contém todos os zeros com o restante contendo $N/2$ zeros e $N/2$ uns. A distância mínima para esses códigos é $N/2$.

Para $N = 2$, a matriz de Hadamard A é

$$A = \begin{bmatrix} 0 & 0 \\ 0 & 1 \end{bmatrix} \qquad (7.95)$$

Além do caso especial considerado acima, quando $N = 2^m$ (m sendo um inteiro positivo), códigos de Hadamard de outros tamanhos de bloco são possíveis, mas os códigos não são lineares.

Códigos de Golay

Códigos de Golay são códigos binários lineares (23, 12) com uma distância mínima de sete e uma capacidade de correção de erro de três bits[70]. Esse é um código especial, inédito, por ser o único exemplo não trivial de um código perfeito. (Os códigos de Hamming e alguns códigos de repetição também são perfeitos.) Cada palavra-código se encontra dentro da distância três de qualquer palavra-código, possibilitando assim a decodificação com probabilidade máxima.

Códigos cíclicos

Os códigos cíclicos são um assunto de uma aula de códigos lineares, que satisfazem a propriedade cíclica, conforme já discutido. Como resultado dessa propriedade, esses códigos possuem uma quantidade considerável de estruturas que poderão ser exploradas.

Um código cíclico pode ser gerado usando-se um polinômio gerador $g(p)$ de grau $(n - k)$. O polinômio gerador de um código cíclico (n, k) é um fator de $p^n + 1$ e tem o formato geral

$$g(p) = p^{n-k} + g_{n-k-1}p^{n-k-1} + \ldots + g_1 p + 1 \qquad (7.96)$$

Um polinômio de mensagem $x(p)$ pode ser definido como

$$x(p) = x_{k-1}p^{k-1} + \ldots + x_1 p + x_0 \qquad (7.97)$$

onde $(x_{k-1}, \ldots, x_0)$ representa os k bits de informação. A palavra-código resultante $c(p)$ pode ser escrita como

$$c(p) = x(p)g(p) \qquad (7.98)$$

onde $c(p)$ é um polinômio de grau menor que n.

A codificação para um código cíclico normalmente é realizada por um registrador de deslocamento com realimentação linear com base no gerador ou no polinômio de paridade.

Códigos BCH

Os códigos cíclicos BCH estão entre os códigos em bloco mais importantes, pois existem para uma grande variedade de taxas, conseguem ganhos de codificação significativos e podem ser implementados até mesmo em altas velocidades[71]. O tamanho de bloco dos códigos é $n = 2^m - 1$ para $m \geq 3$, e o número de erros que eles podem corrigir está limitado por $t < (2^m - 1)/2$. Os códigos BCH binários podem ser generalizados para criar classes de códigos não binários que usam m bits por símbolo de código. A classe mais importante e mais comum de códigos BCH não binários é a família de códigos conhecida como códigos Reed–Solomon. O código Reed–Solomon (63,47) no *Cellular Digital Packet Data* (CPDP) dos EUA utiliza $m = 6$ bits por símbolo de código.

Códigos Reed–Solomon

Reed–Solomon (RS) são códigos não binários que são capazes de corrigir erros que aparecem em rajadas e normalmente são usados em sistemas de codificação concatenados[72]. O tamanho de bloco desses códigos é $n = 2^m - 1$. Estes podem ser estendidos para 2^m ou $2^m + 1$. O número de símbolos de paridade que devem ser usados para corrigir e erros é $n - k = 2e$. A distância mínima $d_{min} = 2e + 1$. Os códigos RS conseguem o maior d_{min} possível de qualquer código linear.

7.14.2 Estudo de caso: códigos Reed–Solomon para CDPD

Para fins de explicação, a escolha de campo será $GF(64)$, pois esse é o mesmo campo usado em sistemas CPDP. CDPD usa $m = 6$, de modo que cada um dos 64 elementos de campo é representado por um símbolo de

6 bits. Pacotes CDPD possuem 282 bits de usuário em um bloco de 378 bits, e oito símbolos de seis bits (48 bits) podem ser corrigidos por bloco.

Uma entidade de campo finito $p(X)$ é introduzida a fim de mapear os 64 símbolos distintos de 6 bits aos elementos do campo. Um polinômio irredutível $p(X)$ de grau m é considerado *primitivo* se o menor inteiro n para o qual $p(X)$ divide $X^n + 1$ é $n = 2^m - 1$. Esse polinômio primitivo $p(X)$ é vital para todas as operações de codificação, pois define o campo e normalmente tem a forma

$$p(X) = 1 + X + X^m \quad (7.99)$$

No caso do código Reed–Solomon usado para CDPD, a Equação 7.99 na realidade tem a forma de $p(X)$. Polinômios primitivos foram tabulados para uma grande variedade de tamanhos de campo, de modo que $p(X)$ é uma quantidade conhecida e faz parte da definição de qualquer código. O polinômio primitivo do CDPD é

$$p_{CDPD}(X) = 1 + X + X^6 \quad (7.100)$$

Para mapear símbolos aos elementos de campo, defina o polinômio primitivo $p(\alpha) = 0$. Isso gera o resultado a seguir, que fecha o conjunto de elementos de campo:

$$\alpha^6 + \alpha + 1 = 0 \quad (7.101)$$

A Tabela 7.2 mostra o mapeamento apropriado entre símbolos de 6 bits e elementos de campo, e esse mapeamento é usado para controlar todos os cálculos. Os elementos de campo da Tabela 7.2 foram gerados começando com o elemento 1 (α^0) e depois multiplicando por α para obter o próximo elemento de campo. Qualquer elemento que contenha um termo α^5 gerará um termo α^6 no próximo elemento, mas α^6 não está em $GF(64)$. A regra polinomial primitiva é usada para converter α^6 para $\alpha + 1$. Observe também que $\alpha^{62} \cdot \alpha = \alpha^{63} = \alpha^0 = 1$. Esse resultado simples é crítico quando se implementa a multiplicação de campo finito via software. A multiplicação pode ser realizada rápida e eficientemente usando-se a adição de módulo $2^m - 1$ das potências dos operandos elementares. Para o código Reed–Solomon (63,47) usado nos sistemas CDPD, a multiplicação de dois elementos de campo corresponde à soma das potências dos dois operandos módulo 63 para chegar à potência do produto.

A adição em $GF(2^m)$ corresponde ao módulo-2 adicionando os coeficientes da representação polinomial dos elementos. Como os coeficientes são 1s ou 0s (pois o campo é uma extensão do campo binário $GF(2)$), isso pode ser simplesmente implementado com um OU exclusivo bit a bit da representação de símbolos de 6 bits dos operandos elementares. Alguns exemplos de adição de campo finito em $GF(64)$ aparecem a seguir:

$$\begin{aligned}\alpha^{27} + \alpha^5 &= (001110)_2 XOR (100000)_2 \\ &= (101110)_2 = \alpha^{55}\end{aligned} \quad (7.102.a)$$

$$\begin{aligned}\alpha^{19} + \alpha^{62} &= (011110)_2 XOR (100001)_2 \\ &= (111111)_2 = \alpha^{58}\end{aligned} \quad (7.102.b)$$

7.14.2.1 Codificação Reed–Solomon

Na discussão de um codificador Reed–Solomon, os polinômios a seguir são usados freqüentemente:

$d(x)$: polinômio da informação bruta
$p(x)$: polinômio da paridade
$c(x)$: polinômio da palavra-código
$g(x)$: polinômio gerador
$q(x)$: polinômio quociente
$r(x)$: polinômio do resto

Considere que

$$d(x) = c_{n-1}x^{n-1} + c_{n-2}x^{n-2} + \ldots\ldots + c_{2t+1}x^{2t+1} + c_{2t}x^{2t} \quad (7.103)$$

seja o polinômio da informação que é recebido antes da decodificação e representa os dados do usuário, e considere que

$$p(x) = c_0 + c_1x + \ldots\ldots + c_{2t-1}x^{2t-1} \quad (7.104)$$

seja o polinômio da paridade (c_i são todos os elementos de $GF(64)$). O polinômio RS codificado pode, assim, ser expresso como

$$c(x) = d(x) + p(x) = \sum_{i=0}^{n-1} c_i x^i \quad (7.105)$$

Um vetor de n elementos de campo ($c_0, c_1, \ldots, c_{n-1}$) é uma palavra-código se e somente se for um múltiplo do polinômio gerador $g(x)$. O polinômio gerador para um código Reed–Solomon para t erros, de correção, tem a forma

$$\begin{aligned}g(x) &= (x + \alpha)(x + \alpha^2) \ldots\ldots (x + \alpha^{2t}) \\ &= \sum_{i=0}^{2t} g_i x^i\end{aligned} \quad (7.106)$$

Um método comum para codificar um código cíclico como um código RS é derivar $p(x)$ dividindo $d(x)$ por $g(x)$. Isso gera um polinômio quociente irrelevante $q(x)$ e um polinômio importante $r(x)$ da seguinte forma:

$$d(x) = g(x)q(x) + r(x) \quad (7.107)$$

Assim, usando a Equação 7.105, o polinômio da palavra-código pode ser expresso como

$$c(x) = p(x) + g(x)q(x) + r(x) \quad (7.108)$$

Se o polinômio de paridade for definido como sendo igual aos negativos dos coeficientes de $r(x)$, então segue-se que

$$c(x) = g(x)q(x) \quad (7.109)$$

Assim, garantindo-se que o polinômio da palavra-código seja um múltiplo do polinômio gerador, um codificador Reed–Solomon pode ser construído usando-se a Equação 7.108 para obter $p(X)$. A chave de codificação e decodificação é encontrar $r(x)$, o polinômio do resto, que

Tabela 7.2 Três representações dos elementos de GF(64) para CDPD

Representação de potência	Representação polinomial						Representação de símbolo de 6 bits					
$0 = \alpha^{63}$						0	0	0	0	0	0	0
$1 = \alpha^{0}$						1	0	0	0	0	0	1
					x^1		0	0	0	0	1	0
α^{2}				x^2			0	0	0	1	0	0
α^{3}			x^3				0	0	1	0	0	0
α^{4}		x^4					0	1	0	0	0	0
α^{5}	x^5						1	0	0	0	0	0
α^{6}					x^1	1	0	0	0	0	1	1
α^{7}				x^2	x^1		0	0	0	1	1	0
α^{8}			x^3	x^2			0	0	1	1	0	0
α^{9}		x^4	x^3				0	1	1	0	0	0
α^{10}	x^5	x^4					1	1	0	0	0	0
α^{11}	x^5				x^1	1	1	0	0	0	1	1
α^{12}				x^2		1	0	0	0	1		1
α^{13}			x^3		x^1		0	0	1	0	1	0
α^{14}		x^4		x^2			0	1	0	1	0	0
α^{15}	x^5		x^3				1	0	1	0	0	0
α^{16}		x^4			x^1	1	0	1	0	0	1	1
α^{17}	x^5			x^2	x^1		1	0	0	1	1	0
α^{18}			x^3	x^2	x^1	1	0	0	1	1	1	1
α^{19}		x^4	x^3	x^2	x^1		0	1	1	1	1	0
α^{20}	x^5	x^4	x^3	x^2			1	1	1	1	0	0
α^{21}	x^5	x^4	x^3		x^1	1	1	1	1	0	1	1
α^{22}	x^5	x^4		x^2		1	1	1	0	1	0	1
α^{23}	x^5		x^3			1	1	0	1	0	0	1
α^{24}		x^4				1	0	1	0	0	0	1
α^{25}	x^5				x^1		1	0	0	0	1	0
α^{26}				x^2	x^1	1	0	0	0	1	1	1
α^{27}			x^3	x^2	x^1		0	0	1	1	1	0
α^{28}		x^4	x^3	x^2			0	1	1	1	0	0
α^{29}	x^5	x^4	x^3				1	1	1	0	0	0
α^{30}	x^5	x^4			x^1	1	1	1	0	0	1	1
α^{31}	x^5			x^2		1	1	0	0	1	0	1
α^{32}			x^3			1	0	0	1	0	0	1
α^{33}		x^4			x^1		0	1	0	0	1	0
α^{34}	x^5			x^2			1	0	0	1	0	0
α^{35}			x^3		x^1	1	0	0	1	0	1	1
α^{36}		x^4		x^2	x^1		0	1	0	1	1	0
α^{37}	x^5		x^3	x^2			1	0	1	1	0	0
α^{38}		x^4	x^3		x^1	1	0	1	1	0	1	1
α^{39}	x^5	x^4		x^2	x^1		1	1	0	1	1	0
α^{40}	x^5		x^3	x^2	x^1	1	1	0	1	1	1	1
α^{41}		x^4	x^3	x^2		1	0	1	1	1	0	1
α^{42}	x^5	x^4	x^3		x^1		1	1	1	0	1	0
α^{43}	x^5	x^4		x^2	x^1	1	1	1	0	1	1	1
α^{44}	x^5		x^3	x^2		1	1	0	1	1	0	1
α^{45}		x^4	x^3			1	0	1	1	0	0	1
α^{46}	x^5	x^4			x^1		1	1	0	0	1	0
α^{47}	x^5			x^2	x^1	1	1	0	0	1	1	1
α^{48}			x^3	x^2		1	0	0	1	1	0	1
α^{49}		x^4	x^3		x^1		0	1	1	0	1	0
α^{50}	x^5	x^4		x^2			1	1	0	1	0	0
α^{51}	x^5		x^3		x^1	1	1	0	1	0	1	1
α^{52}		x^4		x^2		1	0	1	0	1	0	1
α^{53}	x^5		x^3		x^1		1	0	1	0	1	0
α^{54}		x^4		x^2	x^1	1	0	1	0	1	1	1
α^{55}	x^5		x^3	x^2	x^1		1	0	1	1	1	0
α^{56}		x^4	x^3	x^2	x^1	1	0	1	1	1	1	1
α^{57}	x^5	x^4	x^3	x^2	x^1		1	1	1	1	1	0
α^{58}	x^5	x^4	x^3	x^2	x^1	1	1	1	1	1	1	1
α^{59}	x^5	x^4	x^3	x^2		1	1	1	1	1	0	1
α^{60}	x^5	x^4	x^3			1	1	1	1	0	0	1
α^{61}	x^5	x^4				1	1	1	0	0	0	1
α^{62}	x^5					1	1	0	0	0	0	1

mapeia aos dados transmitidos. Um método direto para obter o resto do processo de divisão usando o polinômio gerador $g(x)$ é conectar um registrador de deslocamento de acordo como $g(x)$, como mostra a Figura 7.18. Cada '+' representa um OU exclusivo de dois números de m bits, cada X representa uma multiplicação de dois números de m bits sob $GF(2^m)$, onde cada registrador de m bits contém um número de m bits indicado por b_i.

Inicialmente, todos os registradores são definidos como 0, e a chave é definida para a posição de dados. Os símbolos de código de c_{n-1} até c_{n-k} são deslocados seqüencialmente no circuito e transmitidos simultaneamente para a linha de saída. Assim que o símbolo de código c_{n-k} entra no circuito, a chave é trocada para a posição de paridade, e a porta para a rede de realimentação é aberta de modo que nenhuma outra realimentação seja fornecida. Nesse mesmo instante, os registradores b_0 até b_{2t-1} contêm os símbolos de paridade de p_0 até p_{2t-1}, que correspondem diretamente aos coeficientes do polinômio de paridade. Eles podem ser deslocados seqüencialmente para a saída, para completar o processo de codificação Reed–Solomon.

7.14.2.2 Decodificação Reed–Solomon

Suponha que uma palavra-código

$$c(x) = v_0 + v_1x + \ldots + v_{n-1}x^{n-1} \quad (7.110)$$

seja transmitida e que resulte em erros de canal na palavra-código recebida

$$r(x) = r_0 + r_1x + \ldots + r_{n-1}x^{n-1} \quad (7.111)$$

O padrão de erro $e(x)$ é a diferença entre $c(x)$ e $r(x)$. Usando as equações 7.110 e 7.111,

$$e(x) = r(x) - c(x) = e_0 + e_1x + \ldots + e_{n-1}x^{n-1} \quad (7.112)$$

Considere que as *2t síndromes parciais* S_i, $1 < i \leq 2t$, sejam definidas como $S_i = r(\alpha^i)$. Como $\alpha^1, \alpha^2, \ldots, \alpha^{2t}$ são raízes de cada palavra-código transmitida $c(x)$ (pois cada palavra-código é um múltiplo do polinômio gerador $g(x)$), segue-se que $c(\alpha^i) = 0$ e $S_i = c(\alpha^i) + e(\alpha^i) = e(\alpha^i)$. Assim, fica claro que as $2t$ síndromes parciais S_i dependem apenas do padrão de erro $e(x)$ e não da palavra-código específica recebida $r(x)$.

Suponha que o padrão de erro contenha k erros ($k \leq t$) nas posições $x^{j_1}, x^{j_2}, \ldots, x^{j_k}$, onde $0 \leq j_1 < j_2 < \ldots < j_k < n - 1$. Considere que a magnitude do erro em cada local x^{j_i} seja indicada como e_{j_i}. Então, $e(x)$ tem a forma

$$e(x) = e_{j_1}x^{j_1} + e_{j_2}x^{j_2} + \ldots + e_{j_k}x^{j_k} \quad (7.113)$$

Defina o conjunto de números localizadores de erro $\beta_i = \alpha^{j_i}$, $i = 1, 2, \ldots, k$. Então, o conjunto de $2t$ síndromes parciais gera o seguinte sistema de equações:

$$S_1 = e_{j_1}\beta_1 + e_{j_2}\beta_2 + \ldots + e_{j_k}\beta_k \quad (7.114.a)$$

$$S_2 = e_{j_1}\beta_1^2 + e_{j_2}\beta_2^2 + \ldots + e_{j_k}\beta_k^2 \quad (7.114.b)$$

....

$$S_{2t} = e_{j_1}\beta_1^{2t} + e_{j_2}\beta_2^{2t} + \ldots + e_{j_k}\beta_k^{2t} \quad (7.114.c)$$

Qualquer algoritmo que soluciona esse sistema de equações é um algoritmo de decodificação Reed–Solomon. As magnitudes de erro e_{j_i} são encontradas diretamente, e as posições de erro x^{j_i} podem ser determinadas a partir de β_i.

Decodificadores Reed–Solomon podem ser implementados em hardware, software ou em uma combinação de hardware e software. As implementações em hardware normalmente são muito rápidas, mas não podem ser usadas para uma grande variedade de tamanhos de código Reed–Solomon. Por exemplo, existem vários decodificadores Reed–Solomon de único chip disponíveis, que decodificam códigos normalmente usados em comunicações por satélite, aplicações de vídeo digital e tecnologia de CD. Os decodificadores de hardware podem operar em velocidades maiores que 50 Mbits por segundo, mas

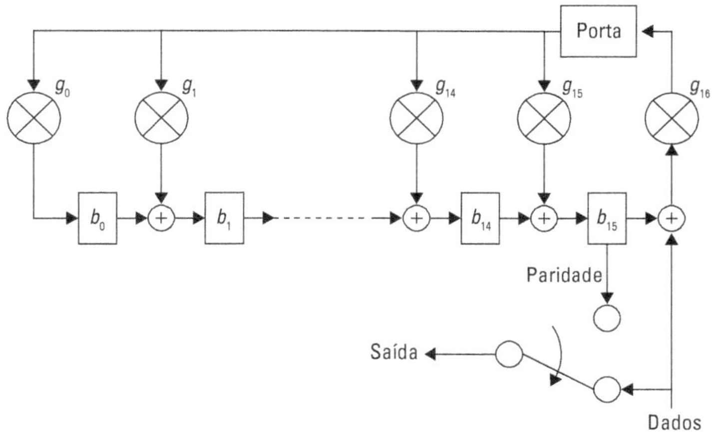

Figura 7.18 Circuito de codificação Reed–Solomon.

soluções de hardware específicas operam com definições de símbolo específicas, como símbolos de 8 ou 9 bits de $GF(255)$, enquanto o código Reed–Solomon (63,47) usado nos sistemas CDPD opera com um símbolo de 6 bits. Como CDPD opera a uma taxa de dados lenta de 19,2 kbps, uma implementação de software de tempo real de um decodificador Reed–Solomon (63,47) pode ser alcançada. Uma técnica de software pode ser mais atraente para um desenvolvedor de modem, pois terá um tempo de desenvolvimento mais curto, custo de desenvolvimento mais baixo e maior flexibilidade.

Um decodificador Reed–Solomon típico usa cinco algoritmos distintos. O primeiro algoritmo calcula as $2t$ síndromes parciais S_i. O segundo passo no processo de decodificação de RS é o algoritmo Berlekamp–Massey, que calcula o polinômio localizador de erro $\sigma(x)$. Esse polinômio é uma função da localização do erro na palavra-código recebida $r(x)$, mas não indica diretamente quais símbolos dessa palavra possuem erro. Um algoritmo de busca de Chien é então utilizado para calcular esses locais específicos de erro a partir do polinômio localizador de erro. O quarto passo no processo de decodificação é o cálculo da magnitude do erro em cada localização. Finalmente, conhecendo a localização dos erros na palavra-código recebida e a magnitude do erro em cada local, um algoritmo de correção de erro pode ser implementado para corrigir até t erros com sucesso[73].

Cálculo de síndrome

A síndrome de um código cíclico normalmente é definida como o resto obtido da divisão da palavra-código recebida $r(x)$ pelo polinômio gerador $g(x)$. Porém, para códigos Reed–Solomon, $2t$ *síndromes parciais* são calculadas. Cada síndrome parcial S_i é definida como o resto obtido quando se divide a palavra-código recebida $r(x)$ por $x + \alpha^i$

$$S_i = rem\left[\frac{r(x)}{x+\alpha^i}\right],\ i = 1, 2, \ldots, 2t \qquad (7.115)$$

A divisão de dois polinômios resulta em um polinômio quociente $q(x)$ e um polinômio de resto $rem(x)$. O grau do resto $rem(x)$ deve ser menor que o grau do polinômio divisor $p(x)$. Assim, se $p(x)$ tiver grau 1 (ou seja, $p(x) = x + \alpha^i$), $rem(x)$ deverá ter grau 0. Em outras palavras, $rem(x)$ é simplesmente um elemento de campo e pode ser indicado como rem. Assim, a determinação das $2t$ síndromes parciais começa com o cálculo

$$\frac{r(x)}{x+\alpha^i} = q(x) + \frac{rem}{x+\alpha^i} \qquad (7.116)$$

Rearrumando a equação acima, temos

$$r(x) = q(x) \cdot (x + \alpha^i) + rem \qquad (7.117)$$

Considerando $x = \alpha^i$,

$$r(\alpha^i) = q(\alpha^i) \cdot (\alpha^i + \alpha^i) + rem = rem = S_i \qquad (7.118)$$

Assim, o cálculo das $2t$ síndromes parciais S_i pode ser simplificado de uma divisão polinomial completa (que é computacionalmente intensa) para simplesmente avaliar o polinômio recebido $r(x)$ em $x = \alpha^i$:[74]

$$S_i = r(\alpha^i),\ i = 1, 2, \ldots, 2t \qquad (7.119)$$

onde

$$r(x) = r_0 + r_1x + \ldots + r_{n-1}x^{n-1} \qquad (7.120)$$

Assim, $r(\alpha^i)$ tem a forma

$$r(\alpha^i) = r_0 + r_1\alpha^i + r_2\alpha^{2i} + \ldots + r_{n-1}\alpha^{(n-1)i} \qquad (7.121)$$

A avaliação de $r(\alpha^i)$ pode ser implementada de modo muito eficiente no software arrumando-se a função de modo que tenha a seguinte forma:

$$r(\alpha^i) = (\ldots((r_{n-1}\alpha^i + r_{n-2})\alpha^i + r_{n-3})\alpha^i + \ldots)\alpha^i + r_0 \qquad (7.122)$$

Cálculo do polinômio demarcador de erro

O processo de decodificação Reed–Solomon é simplesmente qualquer implementação que soluciona as equações 7.114.a até 7.114.c. Essas $2t$ equações são função simétrica em $\beta_1, \beta_2, \ldots, \beta_k$, conhecidas como *funções simétricas soma de potência*. Agora, definimos o polinômio

$$\begin{aligned}\sigma(x) &= (1+\beta_1 x)(1+\beta_2 x) \ldots\ldots (1+\beta_k x)\\ &= \sigma_0 + \sigma_1 x + \ldots\ldots + \sigma_k x^k\end{aligned} \qquad (7.123)$$

As raízes de $\sigma(x)$ são $\beta_1^{-1}, \beta_2^{-1}, \ldots\ldots \beta_k^{-1}$, que são os inversos dos números de localização de erro β_i. Assim, $\sigma(x)$ é chamado de *polinômio localizador de erro*, pois contém indiretamente a localização exata de cada um dos erros em $r(x)$. Observe que $\sigma(x)$ é um polinômio desconhecido cujos coeficientes também devem ser determinados durante o processo de decodificação Reed–Solomon.

Os coeficientes de $\sigma(x)$ e os número de demarcação de erro β_i estão relacionados pelas seguintes equações

$$\sigma_0 = 1 \qquad (7.124.a)$$

$$\sigma_1 = \beta_1 + \beta_2 + \ldots + \beta_k \qquad (7.124.b)$$

$$\sigma_2 = \beta_1\beta_2 + \beta_2\beta_3 + \ldots + \beta_{k-1}\beta_k \qquad (7.124.c)$$

....

$$\sigma_k = \beta_1\beta_2\beta_3 \ldots \beta_k \qquad (7.124.d)$$

As quantidades desconhecidas σ_i e β_i podem estar relacionadas às síndromes parciais conhecidas S_j pelo seguinte conjunto de equações conhecido como *Identidades de Newton*.

$$S_1 + \sigma_1 = 0 \qquad (7.125.a)$$

$$S_2 + \sigma_1S_1 + 2\sigma_2 = 0 \qquad (7.125.b)$$

$$S_3 + \sigma_2S_2 + \sigma_1S_1 + 3\sigma_3 = 0 \qquad (7.125.c)$$

$$S_k + \sigma_1S_{k-1} + \ldots + \sigma_{k-1}S_1 + k\sigma_k = 0 \qquad (7.125.d)$$

O método mais comum para determinar $\sigma(x)$ é o algoritmo de Berlekamp–Massey[75].

7.15 Códigos convolucionais

Códigos convolucionais são fundamentalmente diferentes dos códigos em bloco porque as seqüências de informação não estão agrupadas em blocos distintos e codificadas[76]. Ao invés disso, uma seqüência contínua de bits de informação é mapeada em uma seqüência contínua de bits de saída do codificador. Esse mapeamento é altamente estruturado, permitindo o emprego de um método de decodificação consideravelmente diferente daquele dos códigos em bloco. Pode-se argumentar que a codificação convolucional pode alcançar um ganho de codificação maior do que pode ser alcançado usando-se uma codificação em bloco com a mesma complexidade.

Um código convolucional é gerado passando-se a seqüência de informações através de um registrador de deslocamento de estado finito. Em geral, o registrador de deslocamento contém N estágios de k bits e m geradores de função linear algébrica baseados nos polinômios geradores, como mostra a Figura 7.19. Os dados de entrada são deslocados para e ao longo do registrador de deslocamento, k bits de cada vez. O número de bits de saída para cada seqüência de dados de entrada do usuário de k bits é n bits. A taxa de código $R_c = k/n$. O parâmetro N é chamado de *comprimento de restrição* e indica o número de bits de dados de entrada do qual a saída atual é dependente. O comprimento de restrição determina o quão poderoso e complexo é o código. A seguir será visto um esboço das diversas maneiras de representar os códigos convolucionais.

Matriz geradora – A matriz geradora para um código convolucional pode definir o código e é semi-infinita, pois a entrada é semi-infinita em comprimento. Logo, esse não é um modo conveniente de representar um código convolucional.

Polinômios geradores – Para códigos convolucionais, especificamos um conjunto de n vetores, um para cada um dos n somadores módulo-2 utilizados. Cada vetor de dimensão $2k$ indica a conexão do codificador com esse somador módulo-2. Um 1 na posição i do vetor indica que o estágio do registrador de deslocamento correspondente está conectado e um 0 indica nenhuma conexão.

Tabela lógica – Uma tabela lógica ou tabela de pesquisa pode ser construída mostrando as saídas do codificador convolucional e o estado do codificador para todas as seqüências de entrada específicas presentes no registrador de deslocamento.

Diagrama de estados – Como a saída do codificador é determinada pela entrada e pelo estado atual do codificador, um diagrama de estados pode ser usado para representar o processo de codificação. O diagrama de estado é simplesmente um gráfico dos possíveis estados do codificador e das possíveis transições de um estado para outro.

Diagrama de árvore – O diagrama de árvore mostra a estrutura do codificador na forma de uma árvore com os ramos representando os diversos estados e as saídas do codificador.

Diagrama de treliça — Uma observação de perto da árvore revela que a estrutura se repete quando o número de estágios é maior que o comprimento de restrição. Observa-se que todos os ramos saindo dos nós que têm o mesmo estado são idênticos no sentido de que geram seqüências de saída idênticas. Isso significa que os dois nós tendo o mesmo rótulo podem ser fundidos. Fazendo isso por meio do diagrama de árvore, podemos obter outro diagrama chamado *diagrama de treliça*, que é uma representação mais compacta.

7.15.1 Decodificação de códigos convolucionais

A função do decodificador é estimar a informação de entrada codificada usando uma regra ou método que resulta no número mínimo possível de erros. Existe uma correspondência um-a-um entre a seqüência de informações e a seqüência de código. Além disso, qualquer par de seqüência de informação e de código é associado exclusivamente a um caminho através da treliça. Assim, a tarefa do decodificador convolucional é estimar o caminho que foi seguido pelo codificador através da treliça.

Existem diversas técnicas para decodificar os códigos convolucionais. O mais importante desses métodos é o algoritmo de Viterbi, que realiza a *decodificação de máxima verossimilhança* dos códigos convolucionais. O algoritmo foi descrito inicialmente por A. J. Viterbi [77]. A decodificação de *decisão rígida* e *flexível* pode ser implementada para os *códigos convolucionais*. A decodificação por decisão flexível é superior por cerca de 2–3 dB.

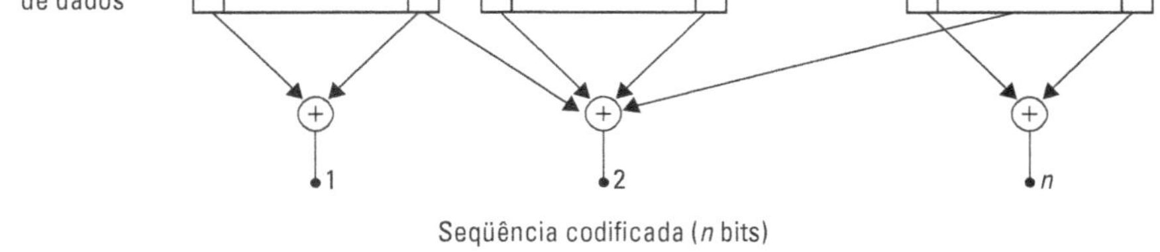

Figura 7.19 Diagrama de blocos geral do codificador convolucional.

7.15.1.1 O algoritmo de Viterbi

O algoritmo de Viterbi pode ser descrito da seguinte forma:

Considere que o nó da treliça correspondente ao estado S_j no momento i seja indicado por $S_{j,i}$. Cada nó na treliça deve receber um valor $V(S_{j,i})$ baseado em uma métrica. Os valores de nó são calculados da seguinte maneira:

1. Defina $V(S_{0,0}) = 0$ e $i = 1$.
2. No instante i, calcule a métrica do caminho parcial para todos os caminhos entrando em cada nó.
3. Defina $V(S_{j,i})$ igual à menor métrica de caminho parcial entrando no nó correspondente ao estado S_j no instante i. Empates podem ser desfeitos pelo nó anterior escolhendo um caminho aleatoriamente. Os ramos não-sobreviventes são excluídos da treliça. Dessa maneira, um grupo de caminho mínimo é criado a partir de $S_{0,0}$.
4. Se $i < L + m$, onde L é o número de segmentos de código de entrada (k bits para cada segmento) e m é o tamanho do registrador de deslocamento mais longo no codificador, considere $i = i + 1$ e volte à etapa 2.

Quando todos os valores de nó tiverem sido calculados, comece no estado S_0, instante $i = L + m$, e siga os ramos sobreviventes para trás através da treliça. O caminho assim definido é exclusivo e corresponde à saída decodificada. Quando a decodificação por decisão rígida é realizada, a métrica usada é a distância de Hamming, enquanto a distância euclidiana é usada para a decodificação por decisão flexível.

7.15.1.2 Outros algoritmos de decodificação para códigos convolucionais

Decodificação seqüencial de Fano

O algoritmo de Fano procura o caminho mais provável através da treliça examinando um caminho em cada instante[78]. O incremento adicionado à métrica ao longo de cada ramo é proporcional à probabilidade do sinal recebido para esse ramo, como na decodificação de Viterbi, com a exceção de que uma constante negativa adicional é somada à métrica de cada ramo. O valor dessa constante é selecionado de modo que a métrica para o caminho correto aumentará na média enquanto a métrica para cada caminho incorreto diminuirá na média. Comparando a métrica de um caminho candidato com um patamar crescente, o algoritmo detecta e descarta caminhos incorretos. O desempenho da taxa de erro do algoritmo de Fano é comparável ao da decodificação de Viterbi. Porém, em comparação com a decodificação deste último, a decodificação seqüencial tem um atraso significativamente maior. Sua vantagem em relação à decodificação de Viterbi é que ela requer menos armazenamento, e dessa forma podem ser empregados códigos com maiores tamanhos de restrição.

O algoritmo de pilha

Ao contrário do algoritmo de Viterbi que acompanha $2^{(N-1)k}$ caminhos e suas métricas correspondentes, o *algoritmo de pilha* trata de menos caminhos e suas métricas correspondentes. Em um algoritmo de pilha, os caminhos mais prováveis são ordenados de acordo com suas métricas, com o caminho no topo da pilha tendo a maior métrica. Em cada etapa do algoritmo, somente o caminho no topo da pilha é estendido por um ramo. Isso gera 2^k sucessores e suas métricas. Esses 2^k sucessores juntamente com os outros caminhos são então reordenados de acordo com os valores das métricas, e todos os caminhos com métricas abaixo de um percentual predefinido da métrica do caminho do topo podem ser descartados. Depois, o processo de estender o caminho com a maior métrica é repetido. Em comparação com a decodificação de Viterbi, o algoritmo de pilha requer menos cálculos de métrica, mas essa economia de computação é deslocada em grande parte para cálculos envolvidos na reordenação da pilha após cada iteração. Em comparação com o *algoritmo de Fano*, o algoritmo de pilha é computacionalmente mais simples, pois não existe repercorrimento de um mesmo caminho, mas, por outro lado, o algoritmo de pilha requer mais armazenamento do que o algoritmo de Fano.

Decodificação com realimentação

Aqui, o decodificador toma uma decisão rígida sobre o bit de informação no estágio j com base na métrica calculada a partir do estágio j para o estágio $j + m$, onde m é um inteiro positivo pré-selecionado. Assim, a decisão sobre se o bit de informação foi um 1 ou um 0 depende de o caminho da *distância de Hamming* que começa no estágio j e termina no estágio $j + m$ conter um 0 ou um 1 no ramo emanando do estágio j. Quando é tomada uma decisão, somente a parte da árvore que deriva do bit selecionado no estágio j é mantida, e o restante é descartado. Esse é o recurso de realimentação do decodificador. O próximo passo é estender a parte da árvore que sobreviveu ao estágio $j + 1 + m$ e considerar os caminhos do estágio $j + 1$ a $j + 1 + m$ na decisão sobre o bit no estágio $j + 1$. Esse procedimento é repetido em cada estágio. O parâmetro m é simplesmente o número de estágios na árvore que o decodificador antecipa antes de tomar uma decisão rígida. Em vez de calcular métricas, o decodificador com realimentação pode ser implementado calculando a síndrome a partir da seqüência recebida e usando um método de pesquisa de tabela para corrigir erros. Para alguns códigos convolucionais, o decodificador com realimentação pode ser simplificado para um decodificador de lógica majoritária ou um decodificador de patamar.

7.16 Ganho de codificação

A vantagem dos códigos de controle de erro, sejam eles códigos em bloco ou códigos convolucionais, é que eles oferecem um *ganho de codificação* para o enlace de comunicações. O ganho de codificação descreve o quanto a mensagem do usuário está mais bem decodificada em comparação com a taxa de erro de bits bruta da transmissão codificada dentro do canal. O ganho de codificação é o que permite que uma taxa de erro de canal de 10^{-2} alcance taxas de dados decodificados do usuário que são 10^{-5} ou melhores.

Cada código de controle de erro tem um ganho de codificação em particular, que depende do código em particular, da implementação do decodificador e da probabilidade de BER do canal, P_c. Pode-se mostrar que uma boa aproximação para a probabilidade de erro da mensagem decodificada, P_B, é dada por

$$P_B \cong \frac{1}{n} \sum_{i=t+1}^{n} i \binom{n}{i} P_c^i (1-P_c)^{n-i} \tag{7.126}$$

onde t indica o número de erros que podem ser corrigidos em um código em bloco (n, k). Assim, conhecida a BER de um canal, é possível determinar com facilidade a taxa de erro de decodificação da mensagem do usuário. O ganho de codificação mede a quantidade de SNR adicional que seria exigida para fornecer o mesmo desempenho de BER para um sinal de mensagem não codificada nas mesmas condições do canal.

Exemplo 7.6

Equalização

O padrão IS-136 USDC especifica o uso de equalizadores de decisão com realimentação (*Decision Feedback Equalizers* (DFEs)).

Diversidade

1. O sistema AMPS dos EUA utiliza diversidade de seleção espacial.
2. O padrão PACS especifica o uso de diversidade de antena para estações-base e unidades portáveis.

Codificação de canal

1. O padrão IS-95 conforme proposto utiliza uma taxa 1/3, comprimento de restrição $L = 9$ do código convolucional com entrelaçamento de bloco. O entrelaçador utilizado é um entrelaçador de bloco 32 * 18.
2. O sistema AMPS utiliza um código BCH (40,28) para o canal de controle direto e um código BCH (48,30) para o canal de controle reverso.

Equalização, diversidade e codificação de canal, conforme discutido, têm o mesmo objetivo de melhorar a confiabilidade e a qualidade do serviço de comunicação em relação às mudanças de canal em pequena escala. Cada técnica tem suas próprias vantagens e desvantagens. As escolhas a serem consideradas são referentes a complexidade/potência/custo *versus* desempenho do sistema. Cada técnica é capaz de melhorar significativamente o desempenho do sistema.

7.17 Modulação codificada em treliça

A modulação codificada em treliça (TCM) é uma técnica que combina codificação e modulação para conseguir ganhos de codificação significativos sem comprometer a eficiência da largura de banda[79]. Esquemas TCM empregam modulação não binária redundante em combinação com um codificador de estado finito que decide a seleção dos sinais de modulação para gerar seqüências de sinal codificado. TCM usa expansão do conjunto de sinais para fornecer redundância para a codificação e para criar funções de codificação e mapeamento de sinal em conjunto, de modo a maximizar diretamente a distância livre (distância euclidiana mínima) entre os sinais codificados. No receptor, os sinais são decodificados por um decodificador de seqüência de máxima verossimilhança de decisão flexível. Ganhos de codificação de até 6 dB podem ser obtidos sem qualquer expansão de largura de banda ou redução na taxa de informação efetiva.

7.18 Códigos turbo

Uma nova e interessante família de códigos, chamados códigos turbo, foi descoberta recentemente, e está sendo incorporada aos padrões sem fio 3G. Os códigos turbo combinam as capacidades dos códigos convolucionais com a teoria de estimativa de canal, e podem ser imaginados como códigos convolucionais aninhados ou paralelos. Quando implementados corretamente, os códigos turbo permitem ganhos de codificação muito superiores a todos os códigos de correção de erro anteriores, e permite que um enlace de comunicações sem fio chegue incrivelmente próximo de concretizar o limite de capacidade de Shannon. Porém, esse nível de desempenho exige um receptor que possa determinar a SNR instantânea do enlace. Os códigos turbo estão além do escopo deste texto, mas muitos livros e artigos foram escritos a respeito deles, desde sua descoberta em 1993. Os conceitos originais dos códigos turbo foram apresentados inicialmente na obra de Berrou[80].

Problemas

7.1 Use uma notação idêntica à descrita na Seção 7.3, exceto que agora considere $d_k = \sum_{n=0}^{N} w_{nk} y_{nk}$, e verifique se a MSE é idêntica para o filtro linear de entrada múltipla, mostrado na Figura P7.1 (essa estrutura é usada para diversidade de combinação de razão máxima, receptores RAKE e antenas adaptativas).

7.2 Considere o equalizador adaptativo de dois coeficientes mostrado na Figura P7.2.

a) Encontre uma expressão para MSE em termos de w_0, w_1 e N.

b) Se $N > 2$, encontre a MSE mínima.

c) Se $w_0 = 0$, $w_1 = -2$ e $N = 4$ amostras/ciclo, qual é a MSE?

d) Para os parâmetros em (c), qual é a MSE se $d_k = 2\text{sen}(2\pi k/N)$?

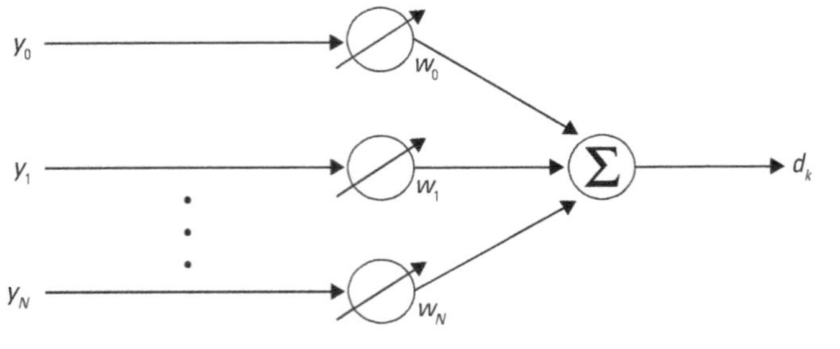

Figura P7.1 Combinador linear adaptativo com entrada múltipla.

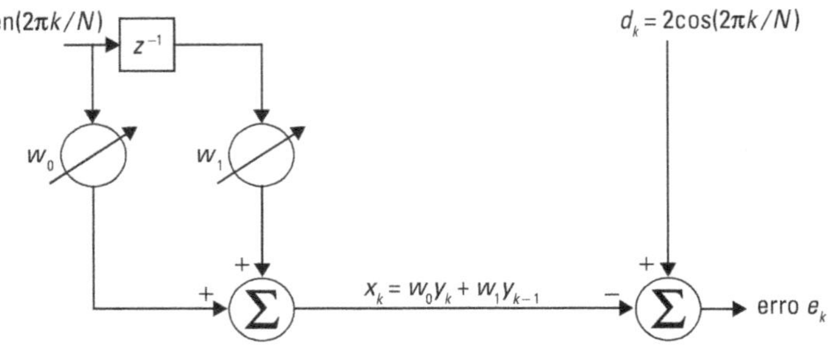

Figura P7.2 Um equalizador linear adaptativo de dois coeficientes.

7.3 Para o equalizador na Figura P7.2, quais valores de peso produzirão um valor rms de $\varepsilon_k = 2$? Considere $N = 5$ e expresse sua resposta em termos de w_0 e w_1.

7.4 Se um chip de processamento de sinal puder realizar um milhão de multiplicações por segundo, determine o tempo exigido entre cada iteração para os seguintes algoritmos de equalizador adaptativo.

a) LMS

b) Kalman RLS

c) RLS DFE Raiz Quadrada

d) DFE Gradiente em Treliça

7.5 Suponha que uma regra prática rápida seja que um algoritmo RLS exige 50 iterações para convergir, enquanto o algoritmo LMS exige 1.000 iterações. Para um chip DSP que realiza 25 milhões de multiplicações por segundo, determine a taxa de símbolos máxima e o intervalo de tempo máximo antes da retenção se um equalizador de cinco coeficientes exige 10% de sobrecarga de transmissão, e os espalhamentos Doppler a seguir forem encontrados em um canal de 1.900 MHz. Em casos onde 25 milhões de multiplicações por segundo não é rápido o suficiente, determine as multiplicações DSP mínimas por segundo exigidas para cada implementação de equalizador e compare as taxas de símbolo máximas para um número fixo de multiplicações por segundo.

a) 100 Hz

b) 1.000 Hz

c) 10.000 Hz

(Dica: Considere o tempo de coerência e seu impacto sobre o treinamento do equalizador.)

7.6 Use a simulação por computador para implementar um equalizador LMS de dois estágios (três coeficientes) com base no circuito mostrado na Figura 7.2. Suponha que cada elemento de atraso ofereça 10 microssegundos de atraso, e o sinal de banda base transmitido $x(t)$ é um trem de pulsos binários retangulares de 1s e 0s alternados, onde cada pulso tem uma duração de 10 microssegundos. Suponha que $x(t)$ passe por um canal dispersivo no tempo antes de ser aplicado ao equalizador. Se o canal for um canal estacionário com dois raios, com impulsos de mesma amplitude em $t = 0$ e $t = 15$ microssegundos, use as equações 7.35–7.37 para verificar se o $x(t)$ original pode ser recriado pelo equalizador. Use pulsos cosseno elevado com coeficiente de rolamento com $\alpha = 1$.

a) Forneça dados gráficos ilustrando as convergências do equalizador.

b) Desenhe a MMSE como uma função do número de iterações.

c) Quantas iterações são exigidas para obter a convergência?

d) O que acontece se o segundo raio for colocado em $t = 25$ microssegundos?

e) O que acontece se o segundo raio for definido como igual a zero? (Esse efeito é conhecido como ruído do equalizador, e é o resultado do uso de um equalizador quando ele não é exigido pelo canal.)

7.7 Considere que um sinal de atenuação de Rayleigh com único ramo tenha 20% de chance de estar 6 dB abaixo de algum patamar SNR médio.

a) Determine a média do sinal de atenuação de Rayleigh em referência ao patamar.

b) Encontre a probabilidade de que um receptor por diversidade de seleção de dois ramos esteja 6 dB abaixo do patamar SNR médio.

c) Encontre a probabilidade de que um receptor por diversidade de seleção de três ramos esteja 6 dB abaixo do patamar SNR médio.

d) Encontre a probabilidade de que um receptor por diversidade de seleção de quatro ramos esteja 6 dB abaixo do patamar SNR médio.

e) Com base nas suas respostas anteriores, existe uma lei de retornos decrescentes quando a diversidade é usada?

7.8 Usando a simulação por computador, reconstrua a Figura 7.11, que ilustra as melhorias oferecidas pela diversidade de seleção.

7.9 Prove que os resultados da combinação de razão máxima nas equações 7.66–7.69 são precisos, e desenhe as distribuições de probabilidade de $SNR = \gamma_M$ como uma função de γ/Γ para a diversidade com um, dois, três e quatro ramos.

7.10 Compare $\bar{\gamma}/\Gamma$ (diversidade de seleção) com $\bar{\gamma}_M/\Gamma$ (combinação de razão máxima) para um a seis ramos. Especificamente, compare como a SNR média aumenta para cada esquema de diversidade à medida que um novo ramo é acrescentado. Isso faz sentido? Qual é a melhoria média na SNR oferecida pela combinação de razão máxima com seis ramos em comparação com a diversidade de seleção para seis ramos? Se $\gamma/\Gamma = 0{,}01$, determine a probabilidade de que o sinal recebido esteja abaixo desse patamar para a combinação de razão máxima e diversidade de seleção (suponha que sejam usados seis ramos). Como isso se compara com um único canal de atenuação de Rayleigh com o mesmo patamar?

7.11 Estendendo os conceitos de diversidade deste capítulo e usando a análise BER de atenuação uniforme do Capítulo 6, é possível determinar a BER para uma grande faixa de técnicas de modulação quando a diversidade de seleção é aplicada.

Defina γ_0 como o E_b/N_0 exigido para se conseguir uma BER = y em um canal de atenuação uniforme de Rayleigh, e considere que γ indica a SNR aleatória devida à atenuação. Além do mais, considere que $P(\gamma)$ indica uma função que descreve a BER para determinada modulação quando a $SNR = \gamma$. Segue–se que:

$$y = Pr[P(\gamma) > x] = Pr[\gamma < P^{-1}(x)] = 1 - e^{(-P^{-1}(x))/\gamma_0}$$

a) Ache uma expressão que soluciona γ_0 em termos de $P^{-1}(x)$ e y.

b) Quando M ramos de atenuação não correlacionados são usados para diversidade de seleção, escreva uma nova expressão para y.

c) Determine o E_b/N_0 exigido para BPSK a fim de sustentar uma BER 10^{-3} em um canal de atenuação de Rayleigh.

d) Quando a diversidade de quatro ramos é usada, determine o E_b/N_0 médio exigido para BPSK a fim de sustentar uma BER 10^{-3} em um canal de atenuação de Rayleigh.

Referências bibliográficas

1 QURESHI, S. U. H. "Adaptive equalization". *Proceeding of IEEE*, v. 37, n. 9, set. 1985, p. 1340-1387.

2 BRADY, D. M. "An adaptive coherent diversity receiver for data transmission through dispersive media". *Proceedings of IEEE International Conference on Communications*, jun. 1970, p. 21-35.

MONSEN, P. "MMSE equalization of interference on fading diversity channels". *IEEE Transactions on Communications*, v. COM-32, jan. 1984, p. 5-12.

3 HAYKIN, S. *Adaptive Filter Theory*, Nova Jersey: Prentice Hall, 1986.

4 EIA/TIA INTERIM STANDARD. "Cellular system dual mode mobile station – land station compatibility specifications". IS-54, Electronic Industries Association, maio 1990.

GARG, V. K.; WILKES, J. E. *Principles & Applications of GSM*, Nova Jersey: Prentice Hall, 1999.

MOLISCH, A. F. (ed.) *Wideband Wireless Digital Communications*, Nova Jersey: Prentice-Hall, 2001.

5 COUCH, L. W. *Digital; Analog Communication Systems*, 4. ed. Nova York: Macmillan, 1993.

6 LO, N. K. W.; FALCONER, D. D.; SHEIKH, A. U. H. "Adaptive equalization; diversity combining for a mobile radio channel". *IEEE Globecom*, São Diego, dez. 1990.

CROZIER, S. N.; FALCONER, D. D.; MAHMOUD, S. "short block equalization techniques employing channel estimation for fading, time dispersive channels". *IEEE Vehicular Technology Conference*, São Francisco, 1989, p. 142-146.

MOLISCH, A. F. (ed.) *Wideband Wireless Digital Communications*, Nova Jersey: Prentice-Hall, 2001.

TRANTER, W. H.; SHANMUGAN, K.; RAPPAPORT, T. S.; KOSBAR, K. *Computer-Aided Design; Analysis of Communications Systems with Wireless Applications*, Nova Jersey: Prentice Hall, 2002.

7 WIDROW, B.; STEARNS, S. D. *Adaptive Signal Processing*, Prentice Hall, 1985.

QURESHI, S. U. H. "Adaptive equalization". *Proceeding of IEEE*, v. 37, n. 9, set. 1985, p. 1340-1387.

8 TREICHLER, J. R.; AGEE, B. G. "A new approach to multipath correction of constant modulus signals". *IEEE Transactions on Acoustics, Speech; Signal Processing*, v. ASSP-31, 1983, p. 459-471.

9 GARDNER, W. A. "Exploitation of spectral redundancy in cyclostationary signals". *IEEE Signal Processing Magazine*, abr. 1991, p. 14-36.

10 WIDROW, B.; STEARNS, S. D. *Adaptive Signal Processing*, Prentice Hall, 1985.

11 Ibidem.

12 PROAKIS, J. G. *Digital Communications*, Nova York: McGraw-Hill, 1989.

13 KORN, I., *Digital Communications*, Van Nostrand Reinhold, 1985.

14 PROAKIS, J. G. *Digital Communications*, Nova York: McGraw-Hill, 1989.

15 BINGHAM, J. A. C. *The Theory; Practice of Modem Design*, Nova York: John Wiley & Sons, 1988.

16 PROAKIS, J. "Adaptive equalization for TDMA digital mobile radio". *IEEE Transactions on Vehicular Technology*, v. 40, n. 2, maio 1991, p. 333-341.

17 Ibidem.

18 PROAKIS, J. G. *Digital Communications*, Nova York: McGraw-Hill, 1989.

19 Ibidem.

20 Ibidem.

21 BELFIORI, C. A.; PARK, J. H. "Decision feedback equalization". *Proceedings of IEEE*, v. 67, ago. 1979, p. 1143-1156.

22 ZHOU, K.; PROAKIS, J. G.; LING, F. "Decision feedback equalization of time dispersive channels with coded modulation". *IEEE Transactions on Communications*, v. 38, jan. 1990, p. 18-24.

23 FORNEY, G. D. "The viterbi algorithm". *Proceedings of the IEEE*, v. 61, n. 3, mar. 1973, p. 268-278.

24 WIDROW, B.; STEARNS, S. D. *Adaptive Signal Processing*, Prentice Hall, 1985.

HAYKIN, S. *Adaptive Filter Theory*, Nova Jersey: Prentice Hall, 1986.

PROAKIS, J. "Adaptive equalization for TDMA digital mobile radio". *IEEE Transactions on Vehicular Technology*, v. 40, n. 2, maio 1991, p. 333-341.

25 Ibidem.

26 RAPPAPORT, T. S.; HUANG, W.; FEUERSTEIN, M. J. "Performance of decision feedback equalizers in simulated urban; indoor radio channels". *Special issue on land mobile/portable propagation, IEICE Transactions on Communications*, v. E76-B, n. 2, fev. 1993.

27 PROAKIS, J. "Adaptive equalization for TDMA digital mobile radio". *IEEE Transactions on Vehicular Technology*, v. 40, n. 2, maio 1991, p. 333-341.

28 LUCKY, R. W. "Automatic equalization for digital communication". *Bell System Technical Journal*, v. 44, 1965, p. 547-588.

29 JOHNSON, L. W.; RIESS, R. D. *Numerical Analysis*, Addison-Wesley, 1982.

30 Ibidem.

31 BIERMAN, G. J. *Factorization Method for Discrete Sequential Estimation*, Nova York: Academic Press, 1977.

32 WIDROW, B. "Adaptive filter, 1: fundamentals". *Stanford Electronics Laboratory*, Stanford University, Stanford, CA, Tech. Rep. 6764-6, dez. 1966.

33 ALEXANDER, S. T. *Adaptive Signal Processing*, Springer-Verlag, 1986.

34 HAYKIN, S. *Adaptive Filter Theory*, Nova Jersey: Prentice Hall, 1986.

35 Ibidem.

PROAKIS, J. "Adaptive equalization for TDMA digital mobile radio". *IEEE Transactions on Vehicular Technology*, v. 40, n. 2, maio 1991, p. 333-341.

36 PROAKIS, J. G. *Digital Communications*, Nova York: McGraw-Hill, 1989.

37 Ibidem.

38 BIERMAN, G. J. *Factorization Method for Discrete Sequential Estimation*, Nova York: Academic Press, 1977.

39 LING, F.; PROAKIS, J. G. "Nonstationary learning characteristics of least squares adaptive estimation algorithms". *Proceedings ICASSP84*, São Diego, Califórnia, 1984, p. 3.7.1-3.7.4.

40 PROAKIS, J. "Adaptive equalization for TDMA digital mobile radio". *IEEE Transactions on Vehicular Technology*, v. 40, n. 2, maio 1991, p. 333-341.

41 QURESHI, S. U. H.; FORNEY, G. D. "Performance properties of a T/2 equalizer". *IEEE Globecom*, Los Angeles, dez. 1977, p. 11.1.1-11.1.14.

42 PROAKIS, J. "Adaptive equalization for TDMA digital mobile radio". *IEEE Transactions on Vehicular Technology*, v. 40, n. 2, maio 1991, p. 333-341.

43 QURESHI, S. U. H.; FORNEY, G. D. "Performance properties of a T/2 equalizer". *IEEE Globecom*, Los Angeles, dez. 1977, p. 11.1.1-11.1.14.

44 GITLIN, R. D.; WEINSTEIN, S. B. "Fractionally spaced equalization: an improved digital transversal filter". *Bell Systems Technical Journal*, v. 60, fev. 1981, p. 275-296.

45 STEELE, R. (ed.) "Mobile radio communications", *IEEE Press*, 1994.

46 JAKES, W. C., "A comparison of specific space diversity techniques for reduction of fast fading in UHF mobile radio systems". *IEEE Transactions on Vehicular Technology*, v. VT-20, n. 4, nov. 1971, p. 81-93.

47 Ibidem.

48 COUCH, L. W. *Digital; Analog Communication Systems*, 4. ed. Nova York: Macmillan, 1993.

49 JAKES, W. C., "A comparison of specific space diversity techniques for reduction of fast fading in UHF mobile radio systems". *IEEE Transactions on Vehicular Technology*, v. VT-20, n. 4, nov. 1971, p. 81-93.

50 JAKES, W. C. "New techniques for mobile radio," *Bell Laboratory Rec.*, dez. 1970, p. 326-330.

51 COX, D. C. "Antenna diversity performance in mitigating the effects of portable radiotelephone orientation; multipath propagation". *IEEE Transactions on Communications*, v. COM-31, n. 5, maio 1983, p. 620-628.

52 JAKES, W. C., "A comparison of specific space diversity techniques for reduction of fast fading in UHF mobile radio systems". *IEEE Transactions on Vehicular Technology*, v. VT-20, n. 4, nov. 1971, p. 81-93.

53 KAHN, L., "Ratio squarer". *Proceedings of IRE (Correspondence)*, v. 42, nov. 1954, p. 1074.

54 VAUGHAN, R. G. "Polarization diversity in mobile communications". *IEEE Transactions on Vehicular Technology*, v. 39, n. 3, ago. 1990, p. 177-186.

55 LEE, W. C. Y.; YEH, S. Y. "Polarization diversity system for mobile radio". *IEEE Transactions on Communications*, v. 20, out. 1972, p. 912-922.

56 HAWBAKER, D. A. "Indoor wideband radio wave propagation measurements; models at 1.3 GHz; 4.0 GHz". Tese de Mestrado, Virginia Tech, Blacksburg, VA, maio 1991.

RAPPAPORT, T. S.; HAWBAKER, D. A. "Wide-band microwave propagation parameters using circular; linear polarized antennas for indoor wireless channels". *IEEE Transactions on Communications*, v. 40, n. 2, fev. 1992, p. 240-245.

HO, P.; RAPPAPORT, T. S.; KOUSHIK, M. P. "Antenna effects on indoor obstructed wireless channels; a deterministic image-based wide-band propagation model for in-building personal communication systems". *International Journal of Wireless Information Networks*, v. 1, n. 1, jan. 1994, p. 61-75.

57 KOZONO, S. et al. "Base station polarization diversity reception for mobile radio". *IEEE Transactions on Vehicular Technology*, v. VT-33, n. 4, nov. 1985, p. 301-306.

58 Ibidem.

59 Ibidem.

60 LEMIEUX, J. F.; TANANY, M.; HAFEZ, H. M. "Experimental evaluation of space/frequency/polarization diversity in the indoor wireless channel". *IEEE Transactions on Vehicular Technology*, v. 40, n. 3, ago. 1991, p. 569-574.

61 PRICE, R.; GREEN, P. E. "A communication technique for multipath channel". *Proceedings of the IRE*, mar. 1958, p. 555-570.

62 SHANNON, C. E. "A mathematical theory of communications". *Bell Systems Technical Journal*, v. 27, 1948, p. 379-423; 623-656.

63 VITERBI, A. J.; OMURA, J. K. *Principles of digital Communication; Coding*, Nova York: McGraw Hill, 1979.

64 LIN, S.; COSTELLO, D. J. Jr. *Error Control Coding: Fundamentals; Applications*, Nova Jersey: Prentice Hall, 1983.

65 COUCH, L. W. *Digital; Analog Communication Systems*, 4. ed. Nova York: Macmillan, 1993.

HAYKIN, *S. Communication Systems*, Nova York: John Wiley; Sons, 1994.

LIN, S.; COSTELLO, D. J. Jr. *Error Control Coding: Fundamentals; Applications*, Nova Jersey: Prentice Hall, 1983.

SKLAR, B. "Defining, designing; evaluating digital communication systems". *IEEE Communications Magazine*, nov. 1993, p. 92-101.

VITERBI, A. J.; OMURA, J. K. *Principles of digital Communication; Coding*, Nova York: McGraw Hill, 1979.

66 LIN, S.; COSTELLO, D. J. Jr. *Error Control Coding: Fundamentals; Applications*, Nova Jersey: Prentice Hall, 1983.

67 Rhee, M. Y. *Error Correcting Coding Theory*, Nova York: McGraw-Hill, 1989.

68 Ibidem.

69 HAMMING, R. W. "Error detecting; error correcting codes," *Bell System Technical Journal*, Abr. 1950.

70 GOLAY, M. J. E. "Notes on digital coding". *Proceedings of the IRE*, v. 37, jun. 1949, p. 657.

71 BOSE, R. C.; Ray-Chaudhuri, D. K. *On a Class of Error Correcting Binary Group Codes. Information; Control*, v. 3, mar. 1960, p. 68-70.

72 REED, I. S.; SOLOMON, G. "Polynomial codes over certain finite fields". *Journal of the Society for Industrial; Applied Mathematics*, jun. 1960.

73 Rhee, M. Y. *Error Correcting Coding Theory*, Nova York: McGraw-Hill, 1989.

74 Ibidem.

75 LIN, S.; COSTELLO, D. J. Jr. *Error Control Coding: Fundamentals; Applications*, Nova Jersey: Prentice Hall, 1983.

76 VITERBI, A. J.; OMURA, J. K. *Principles of digital Communication; Coding*, Nova York: McGraw Hill, 1979.

77 VITERBI, A. J. "Error bounds for convolutional codes; an asymptotically optimum decoding algorithm". *IEEE Transactions on Information Theory*, v. IT-13, abr. 1967, p. 260-269.

FORNEY, G. D. "The viterbi algorithm". *Proceedings of the IEEE*, v. 61, n. 3, mar. 1973, p. 268-278.

78 FANO, R. M. "A heuristic discussion of probabilistic coding". *IEEE Transactions on Information Theory*, v. IT-9, abr. 1963, p. 64-74.

79 UNGERBOECK, G. "Trellis coded modulation with redundant signal sets parte 1: introduction". *IEEE Communication Magazine*, v. 25, n. 2, fev. 1987, p. 5-21.

80 BERROU, C.; GLAVIEUX, A.; THITIMAJSHIMA, P. "Near shannon limit error-correcting coding; decoding: turbo codes". *IEEE International Communication Conference (ICC)*, Genebra, p. 1064-1070, maio 1993.

Capítulo 8

Codificação de voz

Codificadores de voz têm assumido uma importância considerável nos sistemas de comunicação à medida que seu desempenho determina, até certo ponto, a qualidade da voz recuperada e a capacidade do sistema. Nos sistemas de comunicação sem fio, a largura de banda é um bem precioso, e os provedores de serviço se defrontam continuamente com o desafio de acomodar mais usuários dentro de uma limitada largura de banda alocada. A codificação de voz com baixa taxa de bits oferece um modo de cumprir esse desafio. Quanto menor a taxa de bits na qual o codificador pode oferecer voz com qualidade de telefone, mais canais de voz podem ser comprimidos dentro de determinada largura de banda. Por esse motivo, fabricantes e provedores de serviços estão continuamente procurando codificadores de voz que ofereçam voz com qualidade de telefone com taxas de bit mais baixas. Na verdade, todos os padrões sem fio 2G foram projetados de modo que suas interfaces de ar admitam instantaneamente o dobro do número de usuários em um único canal de rádio assim que os codificadores de voz permitam a mesma qualidade de codificação usando metade da taxa da especificação original.

8.1 Introdução

Nos sistemas de comunicação móveis, o projeto e o teste subjetivo dos codificadores de voz têm sido extremamente difíceis. Sem uma codificação de voz com baixa taxa de dados, os esquemas de modulação digitais oferecem pouco no tocante à eficiência espectral para tráfego de voz. Para tornar prática a codificação de voz, as implementações devem consumir pouca energia e oferecer qualidade de voz tolerável, se não excelente.

O objetivo de todos os sistemas de codificação de voz é transmiti-la com a mais alta qualidade possível usando a menor capacidade possível do canal. Isso deve ser realizado enquanto se mantêm certos níveis de complexidade no que se refere à implementação e atraso da comunicação. Em geral, existe uma correlação positiva entre a eficiência da taxa de bits do codificador e a complexidade algorítmica exigida para alcançá-la. Quanto mais complexo for um algoritmo, maior seu atraso de processamento e custo de implementação. É preciso que se busque um equilíbrio entre esses fatores conflitantes, e esse é o objetivo de todas as pesquisas em processamento de voz: deslocar o ponto em que esse equilíbrio é feito em direção a taxas de bits cada vez mais baixas[1].

A hierarquia dos codificadores de voz aparece na Figura 8.1. Os princípios usados para projetar e implementar as técnicas de codificação de voz nessa figura são descritos no decorrer do capítulo.

Os codificadores de voz diferem bastante em suas técnicas para conseguir a compressão do sinal. Com base na forma pela qual eles conseguem essa compressão, os codificadores de voz são classificados em duas categorias: *codificadores de forma de onda* e *vocoders* (*voice encoders*). Os codificadores de forma de onda, basicamente, lutam para reproduzir a forma de onda de tempo do sinal de voz o mais próximo possível da realidade. A princípio, eles são projetados para ser independentes da origem e podem, portanto, codificar igualmente bem uma grande variedade de sinais. Eles têm a vantagem de ser robustos para uma grande gama de características de voz e para ambientes com ruído. Todas essas vantagens são preservadas com o mínimo de complexidade e, em geral, essa classe de codificadores só consegue uma economia moderada na taxa de bits de transmissão. Alguns exemplos de codificadores de forma de onda são *Modulação por Código de Pulso* [*Pulse Code Modulation* (PCM)], *Modulação por Código de Pulso Diferencial* [*Differential Pulse Code Modulation* (DPCM)], *Modulação por Código de Pulso Diferencial Adaptativa* [*Adaptive Differential Pulse Code Modulation* (ADPCM)], *Modulação Delta* [*Delta Modulation* (DM)], *Modulação Delta com Variação Contínua de Inclinação* [*Continuously Variable Slope Delta Modulation* (CVSDM)] e *Codificação Preditiva Adaptativa* [*Adaptive Predictive Coding* (APC)][2]. Vocoders, porém, conseguem uma economia muito alta na taxa de bits de transmissão e, em geral, são mais complexos. Eles são baseados em um conhecimento *a priori* do sinal a ser codificado, e por esse motivo geralmente são específicos para cada sinal.

8.2 Características dos sinais de voz

As formas de onda de voz possuem uma série de propriedades úteis, que podem ser exploradas quando se projeta codificadores eficientes[3]. Algumas das propriedades mais utilizadas no projeto de codificadores são a distribuição de probabilidade não uniforme na amplitude da voz, a autocorrelação não zero entre sucessivas amostras de voz, a natureza não plana dos espectros de voz, a existência de segmentos com e sem voz, e a quase periodicidade dos sinais com voz. A propriedade mais básica das formas de onda de voz explorada por todos os codificadores é que elas possuem banda limitada. Uma largura de banda finita significa que ela pode ser amostrada no tempo em uma taxa finita e reconstruída completamente a partir de suas amostras, desde que a freqüência de amostragem seja maior que o dobro do componente de freqüência mais alta no sinal passa baixa. Embora a propriedade de banda limitada dos sinais de voz possibilite a amostragem, as propriedades mencionadas permitem a quantização, o outro processo mais importante na codificação da voz, a ser realizada com maior eficiência.

Função da Densidade de Probabilidade **(PDF)** — A função da densidade de probabilidade não uniforme das amplitudes de voz talvez seja a propriedade mais explorada da voz. A PDF de um sinal de voz é caracterizada, em geral, por uma probabilidade muito alta de amplitudes quase zero, uma probabilidade significativa de amplitudes muito altas, e uma função monotonicamente decrescente de amplitudes entre esses extremos. Porém, a distribuição exata depende da largura de banda de entrada e das condições de gravação. A função exponencial de dois lados (laplaciana), dada na Equação 8.1, oferece uma boa aproximação para a PDF a longo prazo dos sinais de voz com qualidade de telefone[4]

$$p(x) = \frac{1}{\sqrt{2}\sigma_x} \exp\left(-\sqrt{2}|x|/\sigma_x\right) \qquad (8.1)$$

Observe que essa PDF mostra um pico distinto em zero devido à existência de pausas freqüentes e de segmentos de voz de baixo nível. PDFs curtas dos segmentos de voz também são funções de único pico e, normalmente, são aproximadas como uma distribuição gaussiana.

Quantizadores não uniformes, incluindo os quantizadores vetoriais, tentam combinar a distribuição de níveis de quantização com a distribuição da PDF do sinal de voz de entrada, alocando mais níveis de quantização em regiões de alta probabilidade e menos níveis em regiões onde a probabilidade é baixa.

Função de Autocorrelação **(ACF)** — Outra propriedade muito útil dos sinais de voz é que existe muita correlação entre amostras adjacentes de um segmento de voz. Isso implica que, em cada amostra de voz, existe um grande componente que pode ser facilmente previsto a partir do valor das amostras anteriores com um pequeno erro aleatório. Todos os esquemas de codificação diferenciais e preditivos são baseados na exploração dessa propriedade.

A ACF oferece uma medida quantitativa da proximidade ou da similaridade entre amostras de um sinal de voz como uma função de sua separação no tempo. Essa função é definida matematicamente como[5]

$$C(k) = \frac{1}{N} \sum_{n=0}^{N-|k|-1} x(n)x(n+|k|) \qquad (8.2)$$

onde $x(k)$ representa a k-ésima amostra de voz. A função de autocorrelação é normalizada para a variância do sinal de voz, portanto, é restringida a ter valores na faixa $\{-1,1\}$ com $C(0) = 1$. Os sinais típicos têm uma correlação com a amostra adjacente, $C(1)$, de até 0,85 a 0,9.

Função de Densidade Espectral de Potência **(PSD)** — A característica não uniforme da densidade espectral de potência da voz torna possível obter compressão significativa codificando a voz no domínio de freqüência. A natureza não uniforme da PSD é basicamente uma manifestação de domínio de freqüência da propriedade de autocorrelação não zero. PSDs de voz médias típicas de longo prazo mostram que componentes de alta freqüência contribuem muito pouco para a energia total da voz. Isso indica que codificar a voz

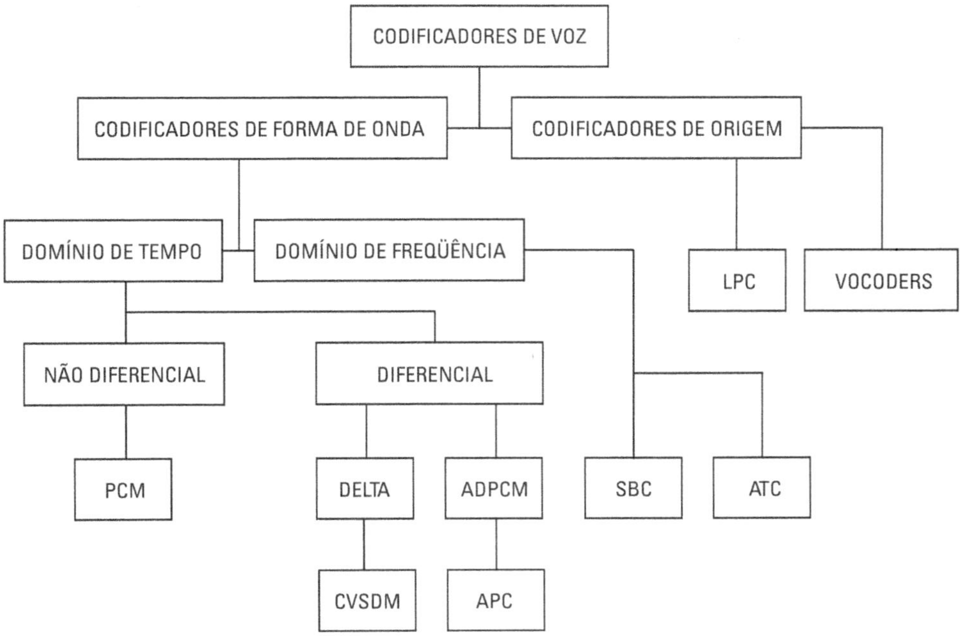

Figura 8.1 Hierarquia dos codificadores de voz (cortesia de R. Z. Zaputowycz).

separadamente em diferentes bandas de freqüência pode levar a um ganho de codificação significativo. Porém, deve-se observar que os componentes de alta freqüência, embora insignificantes em energia, são portadores de informação de voz muito importantes, assim, precisam ser representados adequadamente no sistema de codificação.

Uma medida qualitativa do ganho máximo teórico de codificação que pode ser obtido explorando-se as características não uniformes dos espectros de voz é dada pela *Medida Espectral Não Uniforme* [*Spectral Flatness Measure* (SFM)], definida como a razão entre as médias aritmética e geométrica das amostras da PSD tomadas em intervalos uniformes na freqüência. Matematicamente,

$$SFM = \frac{\left[\frac{1}{N}\sum_{k=1}^{N} S_k^2\right]}{\left[\prod_{k=1}^{N} S_k^2\right]^{\frac{1}{N}}} \tag{8.3}$$

onde S_k é a k-ésima amostra de freqüência da PSD do sinal de voz. Normalmente, os sinais de voz possuem um valor de SFM a longo prazo igual a 8, e um valor de SFM a curto prazo variando bastante entre 2 e 500.

8.3 Técnicas de quantização

8.3.1 Quantização uniforme

Quantização é o processo de relacionar uma faixa contínua de amplitudes de um sinal a um conjunto finito de amplitudes discretas. Quantizadores podem ser imaginados como dispositivos que removem as irrelevâncias do sinal, e sua operação é irreversível. Diferentemente da amostragem, a quantização introduz distorção. A quantização de amplitude é um passo importante em qualquer processo de codificação de voz, pois determina em grande parte a distorção geral, assim como a taxa de bits necessária para representar a forma de onda da voz. Um quantizador que usa n bits pode ter $M = 2^n$ níveis de amplitude discretos. A distorção introduzida por qualquer operação de quantização é diretamente proporcional ao quadrado do tamanho do passo, que por sua vez é inversamente proporcional ao número de níveis para determinada faixa de amplitude. Uma das medidas de distorção mais utilizadas é a *distorção de erro médio quadrático*, definida como:

$$\begin{aligned} MSE &= E[(x - f_Q(x))^2] \\ &= \frac{1}{T}\int_0^T [f_Q(x) - x(t)]^2 dt \end{aligned} \tag{8.4}$$

onde $x(t)$ representa o sinal de voz original e $f_Q(t)$ representa o sinal de voz quantizado. A distorção introduzida por um quantizador normalmente é modelada como ruído de quantização aditivo, e o desempenho de um quantizador é medido como a *Razão Sinal-Ruído de Quantização* [*Signal-to-Quantization Noise Ratio* (SQNR)] da saída. Um Codificador de Modulação por Código de Pulso [*Pulse Code Modulation* (PCM)] é basicamente um quantizador de amplitudes de voz amostradas. A codificação PCM, usando 8 bits por amostra a uma freqüência de amostragem de 8 kHz, foi o primeiro padrão de codificação digital adotado para telefonia comercial. A SQNR de um codificador PCM está relacionada ao número de bits usados para codificação por meio da seguinte relação:

$$(SQNR)_{dB} = 6{,}02n + \alpha \tag{8.5}$$

onde $\alpha = 4{,}77$ dB para SQNR de pico e $\alpha = 0$ dB para a SQNR média. A equação acima indica que, a cada bit adicional usado para codificação, a SQNR de saída melhora em 6 dB.

8.3.2 Quantização não uniforme

O desempenho de um quantizador pode ser melhorado distribuindo-se os níveis de quantização de uma maneira mais eficiente. Os quantizadores não uniformes distribuem os níveis de quantização de acordo com a PDF da forma de onda da entrada. Para um sinal de entrada com uma PDF $p(x)$, a distorção média quadrática é dada por

$$D = E[(x - f_Q(x))^2] = \int_{-\infty}^{\infty} [x - f_Q(x)]^2 p(x)dx \tag{8.6}$$

onde $f_Q(x)$ é a saída do quantizador. Pela equação anterior fica claro que a distorção total pode ser reduzida diminuindo-se o ruído de quantização, $[x - f_Q(x)]^2$, onde a PDF, $p(x)$, é grande. Isso significa que os níveis de quantização precisam estar concentrados em regiões de amplitude de alta probabilidade.

Para projetar um ótimo quantizador não uniforme precisamos determinar os níveis de quantização que minimizarão a distorção de um sinal com determinada PDF. O algoritmo de Lloyd-Max[6] oferece um método para determinar os níveis de quantização ótimos alterando iterativamente os níveis de quantização de uma maneira que minimize a distorção média quadrática.

Uma implementação simples e robusta de um quantizador não uniforme usado na telefonia comercial é o quantizador logarítmico, que usa pequenos passos de quantização para as amplitudes baixas que ocorrem com freqüência na voz, além de passos muito maiores para as ocorrências menos freqüentes, de grande amplitude. Diferentes técnicas de compressão/expansão, conhecidas como compressão/expansão μ-*law* e *A-law*, são usadas nos Estados Unidos e na Europa, respectivamente.

A quantização não uniforme é obtida primeiro passando-se o sinal de voz analógico por um amplificador de compressão (logarítmico), depois passando-se a voz comprimida por um quantizador uniforme padrão. Na compressão/expansão μ-*law* dos Estados Unidos, sinais de voz fracos são amplificados onde os sinais de voz fortes são comprimidos. Considere que o nível de voltagem da voz no compressor/expansor seja $w(t)$ e a voltagem de saída de voz seja $v_0(t)$. Por conseguinte[7],

$$|v_o(t)| = \frac{\ln(1 + \mu|w(t)|)}{\ln(1+\mu)} \tag{8.7}$$

onde μ é uma constante positiva e tem um valor normalmente entre 50 e 300. O valor de pico de $w(t)$ é normalizado para 1.

Na Europa é usada a compressão/expansão *A-law*[8], definida por

$$v_o(t) = \begin{cases} \dfrac{A|w(t)|}{1 + \ln A} & 0 \le |w(t)| \le \dfrac{1}{A} \\ \dfrac{1 + \ln(A|w(t)|)}{1 + \ln A} & \dfrac{1}{A} \le |w(t)| \le 1 \end{cases} \tag{8.8}$$

Exemplo 8.1

Considere que o sinal de entrada para um quantizador tenha uma função de densidade de probabilidade (PDF) como mostra a Figura E8.1. Considere que os níveis de quantização sejam {1, 3, 5, 7}. Calcule a distorção do erro médio quadrático na saída do quantizador e a razão sinal-distorção da saída. Como você mudaria a distribuição dos níveis de quantização para reduzir a distorção? Para que PDF de entrada esse quantizador seria ideal?

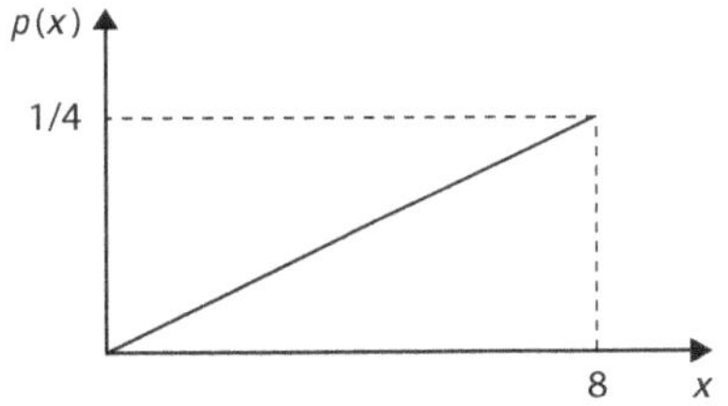

Figura E8.1 Função de densidade de probabilidade do sinal de entrada.

Solução

Pela Figura E8.1, a PDF do sinal de entrada pode ser reconhecida como:

$p(x) = \frac{x}{32} \quad 0 \le x \le 8$

$p(x) = 0 \quad$ caso contrário

Caso contrário, dados os níveis de quantização {1, 3, 5, 7}, podemos definir os limites de quantização como {0, 2, 4, 6, 8}.

Distorção do erro médio quadrático =

$$D = \int_{-\infty}^{\infty} (x - f_Q(x))^2 p(x)dx$$

$$D = \int_0^2 (x-1)^2 p(x)dx + \int_2^4 (x-3)^2 p(x)dx + \int_4^6 (x-5)^2 p(x)dx$$

$$+ \int_6^8 (x-7)^2 p(x)dx$$

Essa expressão é avaliada como 0,333.

Potência do sinal =

$$E[x^2] = \int_0^8 p(x)x^2 dx = \int_0^8 \frac{1}{32}(x \cdot x^2)dx = 32$$

Razão sinal-distorção = 10 log[$E[x^2]/D$] = 10log(32/0,333) = 19,82 dB

Para minimizar a distorção precisamos nos concentrar nos níveis de quantização em regiões de probabilidade mais alta. Como o sinal de entrada tem uma probabilidade maior de níveis de amplitude mais altos do que amplitudes mais baixas, precisamos colocar os níveis de quantização mais próximos (ou seja, mais níveis de quantização) em amplitudes próximas de oito e mais distantes (ou seja, menos níveis de quantização) em amplitudes próximas de zero.

Como esse quantizador possui níveis de quantização distribuídos uniformemente, isso seria ideal para um sinal de entrada com uma PDF uniforme.

8.3.3 Quantização adaptativa

Como observado anteriormente, existe uma distinção entre a PDF de curto prazo e de longo prazo das formas de onda de voz. Esse fato é resultante da natureza não estacionária dos sinais de voz. A natureza variável no tempo ou não estacionária dos sinais de voz resulta em uma faixa dinâmica de 40 dB ou mais. Um modo eficiente de acomodar essa imensa faixa dinâmica é adotar uma técnica de quantização variável no tempo. Um quantizador adaptativo varia o tamanho de seu passo de acordo com a potência do sinal de voz da entrada. Suas características encolhem e expandem como um acordeão. A idéia é ilustrada na Figura 8.2 por meio de duas ilustrações das características do quantizador em dois instantes de tempos diferentes. O nível de potência da entrada do sinal de voz varia com tanta lentidão que algoritmos de adaptação simples podem ser facilmente criados e implementados. Uma estratégia de adaptação simples seria tornar o tamanho do passo (Δ_k) do quantizador em qualquer instante de amostragem, proporcional à saída do quantizador f_Q no instante de amostragem anterior, como mostrado a seguir.

Como a adaptação segue a saída do quantizador em vez da entrada, a informação do tamanho do passo não precisa ser transmitida explicitamente, mas pode ser recriada no receptor.

8.3.4 Quantização vetorial

O *Teorema da Taxa de Distorção*, de Shannon[9], afirma que existe uma relação entre uma forma de onda de origem e palavras de código de saída, de modo que, para determinada distorçã o D, $R(D)$ bits por amostra são suficientes para reconstruir a forma de onda com uma distorção média próxima de D. Portanto, a taxa real R precisa

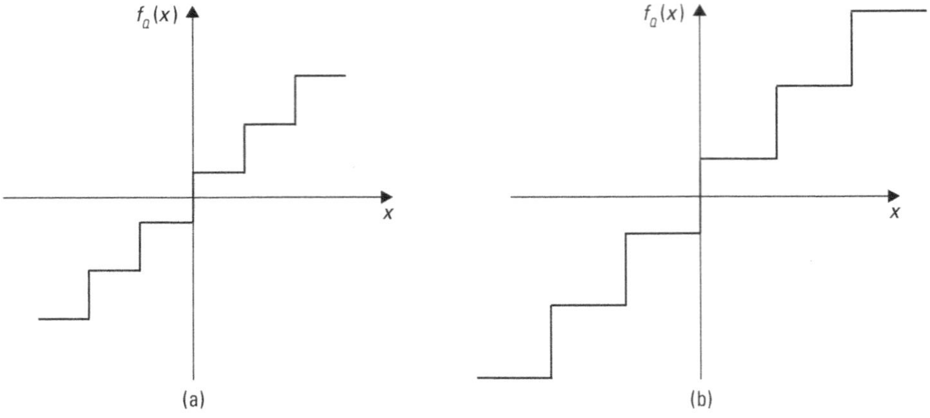

Figura 8.2 Características do quantizador adaptativo: a) quando o sinal da entrada tem uma baixa gama de amplitude; b) quando o sinal da entrada tem uma grande gama de amplitude.

ser maior que $R(D)$. A função $R(D)$, chamada função da taxa de distorção, representa um limite fundamental sobre a taxa alcançável para determinada distorção. Quantizadores escalares não alcançam um desempenho próximo desse limite teórico de informação. Shanoon previu que um desempenho melhor pode ser alcançado codificando-se muitas amostras de cada vez em lugar de uma amostra isoladamente.

A quantização vetorial [*Vector Quantizations* (VQ)][10] é uma técnica de codificação por decisão adiada, que relaciona um grupo de amostras de entrada (normalmente um quadro de voz), chamado vetor, a um *índice livro-código*. Um livro-código consiste em um conjunto finito de vetores cobrindo toda a faixa antecipada de valores. Em cada intervalo de quantização, o livro-código é pesquisado e o índice da entrada que oferece a melhor combinação com o quadro do sinal de entrada é selecionado. Os quantizadores vetoriais podem gerar melhor desempenho mesmo quando as amostras são independentes uma da outra. O desempenho melhora bastante se houver uma forte correlação entre amostras no grupo.

O número de amostras em um bloco (vetor) é chamado dimensão L do quantizador vetorial. A taxa do quantizador vetorial é definida como:

$$R = \frac{\log_2 n}{L} \text{ bits / amostra} \tag{8.9}$$

onde n é o tamanho do livro-código da VQ. R também pode ter valores fracionários. Todos os princípios de quantização usados na quantização escalar se aplicam à quantização vetorial como uma extensão direta. em vez de níveis de quantização, temos vetores de quantização, e a distorção é medida como a distância euclidiana quadrática entre os vetores de quantização e de entrada.

A quantização vetorial é conhecida como a mais eficiente em taxas de bits muito baixas (R = 0,5 bits/amostra ou menos). Isso porque, quando R é pequeno, pode-se usar uma dimensão vetorial grande L e ainda ter um tamanho razoável, 2^{RL}, do livro-código da VQ. O uso de dimensões maiores tende a destacar a capacidade inerente da VQ de explorar redundâncias nos componentes do vetor sendo quantizado. A quantização vetorial é uma operação computacionalmente intensa e, por esse motivo, normalmente não é usada para codificar sinais de voz diretamente. Porém, ela é usada em muitos sistemas de codificação de voz para quantizar parâmetros de análise de voz como os coeficientes de previsão linear, coeficientes espectrais, energias do banco de filtros etc. Esses sistemas utilizam versões avançadas dos algoritmos de VQ que são mais eficientes computacionalmente, como VQ em múltiplos estágios, VQ estruturada em árvore e VQ de ganho de forma.

8.4 Modulação por Código de Pulso Diferencial Adaptativa (ADPCM)

Sistemas de modulação por código de pulso não tentam remover as redundâncias no sinal da voz. A Modulação por Código de Pulso Diferencial Adaptativo [*Adaptive Differential Pulse Code Modulation* (ADPCM)][11] é um esquema de codificação mais eficiente, que explora as redundâncias presentes no sinal da voz. Como já mencionado, amostras adjacentes de uma forma de onda de voz normalmente são altamente correlacionadas, ou seja, a variância da diferença entre as amplitudes de voz adjacentes é muito menor do que a variância do próprio sinal da voz. A ADPCM permite que a voz seja codificada a uma taxa de bits de 32 kbps, que é metade da taxa PCM padrão de 64 kbps, enquanto retém a mesma qualidade de voz. Algoritmos eficientes para ADPCM foram desenvolvidos e padronizados. O algoritmo ADPCM do padrão CCITT G.721 para codificação de voz a 32 kbps é usado nos sistemas de telefone sem fio como CT2 e DECT.

Em um esquema PCM diferencial, o codificador quantiza uma sucessão de diferenças de amostra adjacentes, e o decodificador recupera uma aproximação do sinal de voz original, essencialmente integrando as diferenças de amostra adjacentes quantizadas. Como a variância do erro de quantização para determinado número de bits/amostra R é diretamente proporcional à variância da entrada, a redução obtida na variância de entrada do quantizador leva diretamente a uma redução da variância do erro de reconstrução para determinado valor de *R*.

Na prática, codificadores ADPCM são implementados usando-se técnicas de previsão de sinal. Em vez de codificar a diferença entre amostras adjacentes, um previsor linear é usado para prever a amostra atual. A diferença entre a amostra prevista e a real, chamada erro de previsão, é então codificada para transmissão. A previsão é baseada no conhecimento das propriedades de autocorrelação da voz.

A Figura 8.3 mostra um diagrama de blocos simplificado de um codificador ADPCM usado no sistema de telefone sem fio CT2[12]. Esse codificador consiste em um quantizador que relaciona a amostra do sinal de entrada a uma amostra de saída com quatro bits. O codificador ADPCM faz o melhor uso da faixa dinâmica disponível dos quatro bits, variando seu tamanho de passo de uma maneira adaptativa. O tamanho dos passos do quantizador depende da faixa dinâmica da entrada, que depende de quem fala e varia com o tempo. Na prática, a adaptação é alcançada normalizando-se os sinais de entrada por meio de um fator de escala derivado de uma previsão da faixa dinâmica da entrada atual. Essa previsão é obtida de dois componentes: um componente *rápido* para sinais com flutuações de amplitude rápidas, e um componente *lento* para sinais que variam mais lentamente. Os dois componentes são pesados para oferecer um único fator de escala de quantização. Deve-se notar que os dois sinais de realimentação que controlam o algoritmo — $s_e(k)$, a estimativa do sinal de entrada, e $y(k)$, o fator de escala de quantização — são derivados unicamente de $I(k)$, o sinal ADPCM de 4 bits transmitido. O codificador ADPCM no transmissor e o decodificador ADPCM no receptor são, então, controlados pelos mesmos sinais de controle, com a decodificação sendo simplesmente o reverso da codificação.

Exemplo 8.2

Em um sistema PCM adaptativo para codificação de voz, o sinal de voz de entrada é amostrado a 8 kHz, e cada amostra é representada por 8 bits. O tamanho do passo do quantizador é recalculado a cada 10 ms, e é codificado para transmissão usando 5 bits. Calcule a taxa de bits de transmissão desse codificador de voz. Qual seria a SQNR média e de pico desse sistema?

Solução

Dados:

Freqüência de amostragem = $f_s = 8$ kHz
Número de bits por amostra = $n = 8$ bits
Número de bits de informação por segundo
= 8.000 × 8 = 64.000 bits

Como o tamanho do passo de quantização é recalculado a cada 10 ms, temos
100 amostras de tamanho de passo a ser transmitidas a cada segundo.
Portanto, o número de bits de sobrecarga = 100 × 5
= 500 bits/s
Portanto, a taxa de bits de transmissão efetiva = 64.000 + 500 = 64,5Kbps
A razão sinal-ruído de quantização depende somente do número de bits utilizados para quantizar as amostras.
A razão entre o sinal de pico e o ruído de quantização em dB

$$= 6{,}02n + 4{,}77 = (6{,}02 \times 8) + 4{,}77 = 52{,}93 \text{ dB}$$

A razão média entre sinal e ruído em dB = $6{,}02n$ = 48,16 dB.

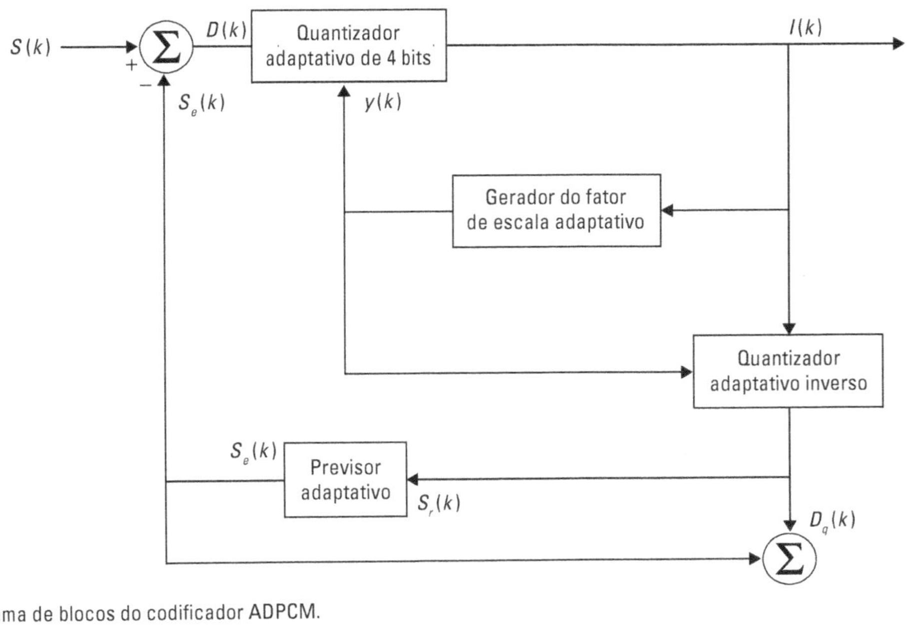

Figura 8.3 Diagrama de blocos do codificador ADPCM.

8.5 Codificação de voz por domínio de freqüência

Codificadores de domínio de freqüência[13] são uma classe de codificadores de voz que tiram proveito da percepção de voz e modelos de geração sem tornar o algoritmo totalmente dependente dos modelos utilizados. Nessa classe de codificadores, o sinal de voz é dividido em um conjunto de componentes de freqüência que são quantizados e codificados separadamente. Desse modo, diferentes bandas de freqüência podem ser codificadas preferencialmente de acordo com alguns critérios de percepção para cada banda, daí o ruído de quantização pode estar contido dentro das bandas e impedido de criar distorções harmônicas fora dela. Esses esquemas têm a vantagem de que o número de bits utilizados para codificar cada componente de freqüência pode ser variado dinamicamente e compartilhado entre as diferentes bandas.

Muitos algoritmos de codificação por domínio de freqüência, de simples a complexos, estão disponíveis. Os tipos mais comuns de codificação por domínio de freqüência incluem *Codificação de Sub-banda* [*Sub-band Coding* (SBC)] e *codificação de transformação de bloco*. Embora um codificador de sub-banda divida o sinal de voz em muitas sub-bandas menores e codifique cada uma delas separadamente, de acordo com algum critério de percepção, um codificador de transformação codifica a transformação a curto prazo de uma seqüência de amostras em janelas e as codifica com um número de bits proporcional ao seu significado de perceptivo.

8.5.1 Codificação de sub-banda

A codificação de sub-banda pode ser imaginada como um método de controle e distribuição de ruído de quantização pelo espectro do sinal. A quantização é uma operação não-linear cujos produtos de distorção normalmente possuem um espectro largo. O ouvido humano não detecta igualmente a distorção de quantização em todas as freqüências. Portanto, é possível conseguir uma melhoria substancial na qualidade codificando-se o sinal em bandas mais estreitas. Em um codificador de sub-banda, a voz normalmente é dividida em quatro ou oito sub-bandas por um banco de filtros, e cada sub-banda é amostrada em uma taxa Nyquist da banda de passagem (que é inferior à taxa de amostragem original) e decodificada com uma precisão diferente, de acordo com um critério perceptivo. A divisão de banda pode ser feita de muitas maneiras. Uma técnica poderia ser dividir a banda de voz inteira em sub-bandas desiguais, que contribuem igualmente para o índice de articulação. Um particionamento da banda de voz de acordo com esse método, sugerido por Crochiere et al.[14], aparece na tabela a seguir.

Número da sub-banda	Faixa de freqüência
1	200–700 Hz
2	700–1.310 Hz
3	1.310–2.020 Hz
4	2.020–3.200 Hz

Outra maneira de dividir a banda de voz seria dividi-la em sub-bandas de mesma largura e atribuir a cada uma delas um número de bits proporcional ao significado perceptual enquanto são codificadas. Em vez de particionar em bandas de mesma largura, a divisão da banda em oitavas normalmente é empregada. Como o ouvido humano é sensível à freqüência exponencialmente decrescente, esse tipo de divisão se ajusta melhor ao processo de percepção.

Existem vários métodos para processar os sinais de sub-banda. Um dos mais óbvios é criar uma translação passa baixa do sinal da sub-banda para freqüência zero por um processo de modulação equivalente à modulação de banda lateral única. Esse tipo de translação facilita a redução da taxa de amostragem e possui outros benefícios que advêm da codificação de sinais passa baixa. A Figura 8.4 mostra um meio simples de conseguir essa translação passa baixa: o sinal de entrada é filtrado com um filtro de banda de passagem de largura w_n para a n-ésima banda, em que w_{1n} é a aresta inferior da banda e w_{2n}, a aresta superior da banda. O sinal resultante $s_n(t)$ é modulado por uma onda cosseno $\cos(w_{1n}t)$ e filtrado usando-se um filtro passa baixa $h_n(t)$ com largura de banda $(0 - w_n)$. O sinal resultante $r_n(t)$ corresponde à versão transladada passa baixa de $s_n(t)$ e pode ser expresso como

$$r_n(t) = [s_n(t)\cos(w_{1n}t)] \otimes h_n(t) \quad (8.10)$$

onde $\otimes$ indica uma operação de convolução. O sinal $r_n(t)$ é amostrado a uma taxa $2w_n$. Esse sinal é então codificado digitalmente e multiplexado com sinais codificados de outros canais, como mostra a Figura 8.4. No receptor, os dados são demultiplexados em canais separados, decodificados e transladados passa banda para oferecer a estimativa de $r_n(t)$ para o n-ésimo canal.

A técnica de tradução passa baixa é simples e tira proveito de um banco de filtros de banda de passagem não sobrepostos. Infelizmente, a menos que usemos filtros de banda de passagem sofisticados, essa técnica levará a efeitos de descontinuidade perceptíveis. Estaban e Galand[15] propuseram um esquema que evita essa inconveniência até mesmo com a divisão quase perfeita de sub-banda. Bancos de filtros conhecidos como filtros de espelho de quadratura [*Quadrature Mirror Filters* (QMFs)] são usados para conseguir isso. Projetando um conjunto de filtros de espelho que satisfaz certas condições simétricas, é possível obter cancelamento perfeito da descontinuidade. Isso facilita a implementação da codificação de sub-banda sem o uso de filtros de ordem muito alta, o que é particularmente atraente para a implementação em

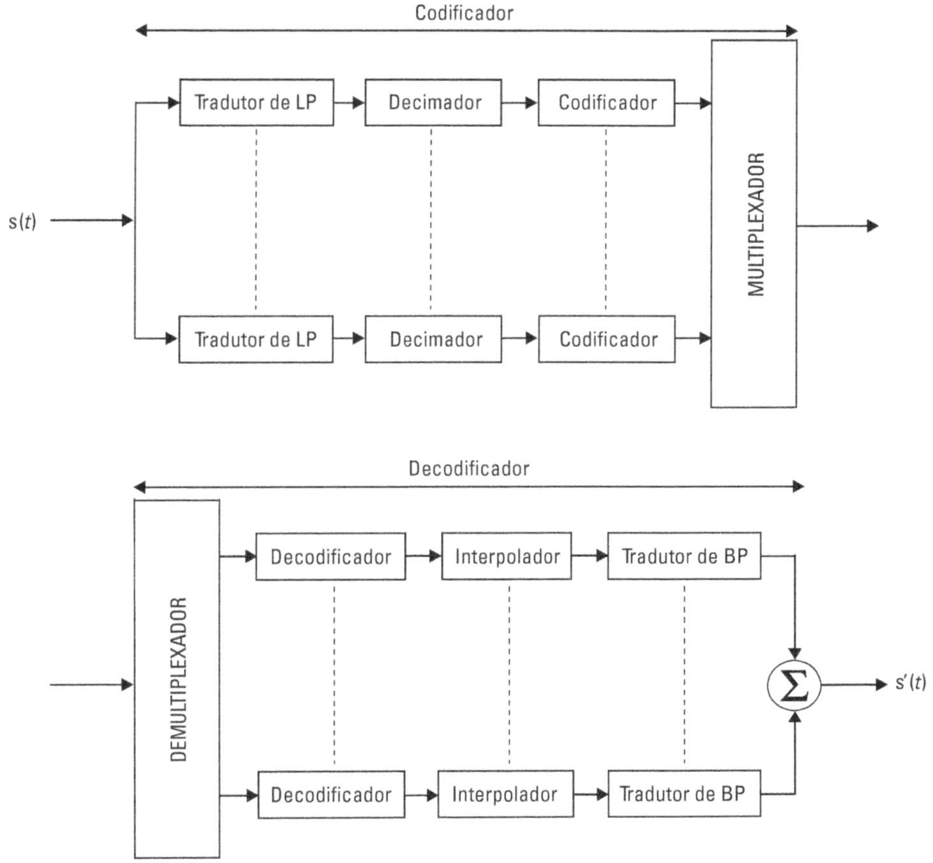

Figura 8.4 Diagrama de blocos de um codificador e decodificador de sub-banda.

tempo real, pois um filtro de ordem reduzida significa uma carga computacional reduzida, além de uma latência também reduzida.

A codificação de sub-banda pode ser usada para codificar a voz em taxas de bit na faixa de 9,6 Kbps a 32 Kbps. Nessa faixa, a qualidade da voz é aproximadamente equivalente à do ADPCM em uma taxa de bits equivalente. Além disso, sua complexidade e qualidade de voz relativa em taxas de bit baixas a torna particularmente vantajosa para codificação abaixo de cerca de 16 Kbps. Porém, a complexidade aumentada da codificação de sub-banda em comparação com outras técnicas de taxa de bits mais altas não garante seu uso em taxas de bit maiores do que cerca de 20 Kbps. O sistema de telefone celular CD-900 usa a codificação de sub-banda para compressão de voz.

Exemplo 8.3

Considere um esquema de codificação de sub-banda onde a largura de banda de voz é particionada em quatro bandas. A tabela a seguir contém as freqüências de canto de cada banda, bem como a quantidade de bits usados para codificar cada uma delas. Supondo que nenhuma informação colateral precise ser transmitida, calcule a taxa de codificação mínima desse codificador SBC.

Número de sub-bandas	Banda de freqüência (Hz)	Número de bits de codificação
1	225–450	4
2	450–900	3
3	1.000–1.500	2
4	1.800–2.700	1

Solução

Dados:

Número de sub-bandas = $N = 4$

Para a reconstrução perfeita dos sinais da banda de passagem, eles precisam ser amostrados em uma taxa Nyquist igual ao dobro da largura de banda do sinal. Portanto, as diferentes sub-bandas precisam ser amostradas nas seguintes taxas:

Sub-banda 1 = 2 × (450 – 225) = 450 amostras/s

Sub-banda 2 = 2 × (900 – 450) = 900 amostras/s

Sub-banda 3 = 2 × (1.500 – 1.000) = 1.000 amostras/s

Sub-banda 4 = 2 × (2.700 – 1.800) = 1.800 amostras/s

Agora, a taxa de codificação total é

450 × 4 + 900 × 3 + 1.000 × 2 + 1.800 × 1 = 8.300 bits/s = 8,3 Kbps

8.5.2 Codificação por transformação adaptativa

A Codificação por transformação adaptativa [*Adaptive Transform Coding* (ATC)][16] é outra técnica de domínio de freqüência que tem sido usada com sucesso para codificar a voz em taxas de bit na faixa de 9,6 Kbps a 20 Kbps. Trata-se de uma técnica mais complexa, que envolve transformações em bloco dos segmentos de entrada da forma de onda de voz. Cada segmento é representado por um conjunto de coeficientes de transformação que são quantizados e transmitidos separadamente. No receptor, os coeficientes quantizados são inversamente transformados para produzir uma réplica do segmento de entrada original.

Uma das transformações mais atraentes e freqüentemente usadas para a codificação da voz é a *Transformada Discreta do Cosseno* [*Discrete Cosine Transform* (DCT)]. A DCT de uma seqüência $x(n)$ de N pontos é definida como

$$X_c(k) = \sum_{n=0}^{N-1} x(n)g(k)\cos\left[\frac{(2n+1)k\pi}{2N}\right] \qquad (8.11)$$

$$k = 0, 1, 2, \ldots\ldots, N-1$$

onde $g(0) = 1$ e $g(k) = \sqrt{2}$, $k = 1, 2, \ldots\ldots, N-1$. A DCT inversa é definida como:

$$x(n) = \frac{1}{N}\sum_{k=0}^{N-1} X_c(k)g(k)\cos\left[\frac{(2n+1)k\pi}{2N}\right] \qquad (8.12)$$

$$n = 0, 1, 2, \ldots\ldots, N-1$$

Em situações práticas, a DCT e a IDCT não são avaliadas diretamente usando-se as equações apresentadas. Ao contrário, usam-se algoritmos rápidos, desenvolvidos para calcular a DCT de uma maneira computacionalmente eficiente.

A maioria dos esquemas práticos de codificação por transformação varia a alocação de bits entre diferentes coeficientes de forma adaptativa, de um quadro para outro, enquanto mantém o número total de bits constante. Essa alocação dinâmica de bits é controlada por estatísticas variáveis no tempo, que precisam ser transmitidas como informações colaterais, o que constitui uma sobrecarga de cerca de 2 Kbps. O quadro de N amostras a ser transformadas ou inversamente transformadas é acumulado no buffer do transmissor e do receptor, respectivamente. A informação colateral também é usada para determinar o tamanho do passo dos diversos quantizadores de coeficiente. Em um sistema prático, a informação colateral transmitida é uma representação grosseira do espectro log-energia, que normalmente consiste em L pontos de freqüência, onde L está na faixa de 15-20, que são calculados fazendo-se a média dos conjuntos de N/L valores quadráticos adjacentes dos coeficientes de transformação $X(k)$. No receptor, um espectro de N pontos é reconstruído a partir do espectro de L pontos pela interpolação geométrica no log-domínio. O número de bits atribuídos a cada coeficiente de transformação é proporcional ao seu valor correspondente de energia espectral.

8.6 Vocoders

Vocoders são uma classe de sistemas de codificação de voz que analisam o sinal de voz no transmissor, transmitem parâmetros derivados dessa análise e depois sintetizam a voz no receptor usando esses parâmetros. Todos os sistemas vocoder tentam modelar o processo de geração da voz como um sistema dinâmico, bem como quantificar certas restrições físicas do sistema. Essas restrições físicas são usadas para fornecer uma descrição parcimoniosa do sinal de voz. Vocoders são, em geral, muito mais complexos do que os codificadores de forma de onda, e alcançam uma economia muito alta na taxa de bits de transmissão. Porém, eles são menos robustos, e seu desempenho tende a depender de quem está falando. O mais popular entre os sistemas vocoder é o *Codificador Preditivo Linear* [*Linear Predictive Coder* (LPC)]. Os outros esquemas vocoder incluem o vocoder de canal, o vocoder de formante, o vocoder cepstrum e o vocoder excitado por voz.

A Figura 8.5 mostra o modelo de geração de voz tradicional, que é a base de todos os sistemas vocoder[17]. O mecanismo de geração de som forma a *origem* e é separado linearmente do filtro de trato vocal de modulação de inteligência que forma o *sistema*. O sinal de voz é considerado como tendo dois tipos: *sonoros* e *surdos*. O som sonoro (pronúncias de '*m*', '*n*', '*v*') é resultado das vibrações quase periódicas da corda vocal, já os sons surdos (pronúncias '*f*', '*s*', '*sh*') são fricativos produzidos por fluxo turbulento de ar por uma contração. Os parâmetros associados a esse modelo são a entonação da voz, as freqüências de pólo do filtro de modulação e os parâmetros de amplitude correspondentes. A freqüência de entonação para a maioria das pessoas está abaixo de 300 Hz e é muito difícil extrair essa informação do sinal. As freqüências de pólo correspondem às freqüências ressonantes do trato vocal e normalmente são chamadas formantes do sinal de voz. Para adultos, as formantes estão centralizadas em 500 Hz, 1.500 Hz, 2.500 Hz e 3.500 Hz. Ajustando meticulosamente os parâmetros do modelo de geração de voz, uma voz de boa qualidade pode ser sintetizada.

8.6.1 Vocoders de canal

O vocoder de canal foi o primeiro entre os sistemas de síntese/análise da voz demonstrados na prática. Os vocoders de canal são vocoders de domínio de freqüência que determinam o envelope do sinal de voz para diversas faixas de freqüência e depois amostram, codificam e multiplexam essas amostras com as saídas codificadas dos outros filtros. A amostragem é feita de forma síncrona a cada 10 ms a 30 ms. Com a informação de energia sobre cada banda, a decisão de sonoro/surdo e a freqüência de entonação para a voz sonora também são transmitidas.

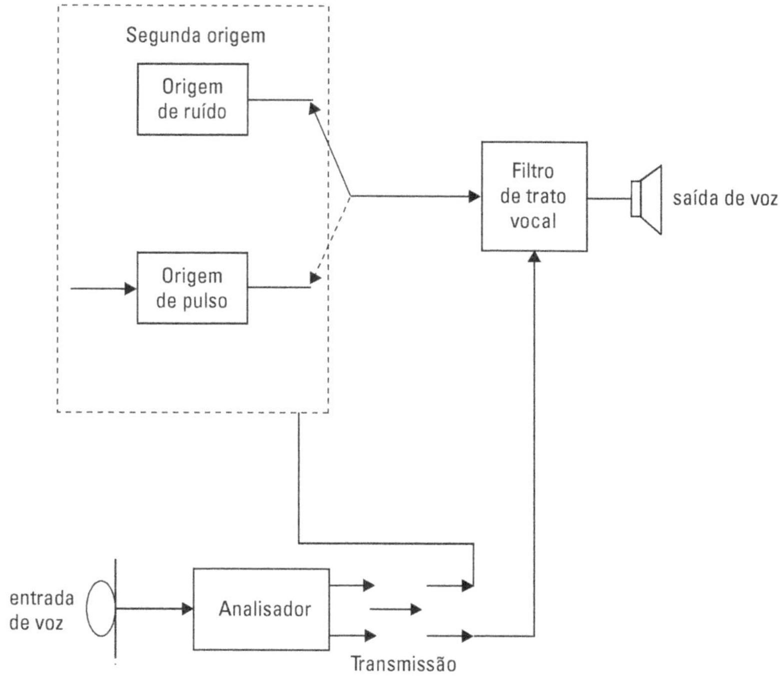

Figura 8.5 Modelo de geração de voz.

8.6.2 Vocoders de formantes

O vocoder de formante[18] é semelhante em conceito ao vocoder de canal. Teoricamente, o vocoder de formante pode operar em taxas de bit menores que o vocoder de canal, pois ele usa menos sinais de controle. Em vez de enviar amostras do envelope de espectro de potência, o vocoder de formante tenta transmitir as posições dos picos (formantes) do envelope espectral. Normalmente, um vocoder de formante deve ser capaz de identificar pelo menos três formantes para representar os sons da voz, e também deve controlar as intensidades dos formantes.

Vocoders de formantes podem reproduzir a voz em taxas de bits inferiores a 1.200 bits/s. Porém, devido às dificuldades no cálculo exato do local dos formantes e transições de formantes a partir da voz humana, eles não têm sido muito bem-sucedidos.

8.6.3 Vocoders cepstrum

O vocoder cepstrum separa a excitação e o espectro do trato vocal por transformada inversa de Fourier do espectro log magnitude para produzir o *cepstrum* do sinal. Os coeficientes de baixa freqüência no cepstrum correspondem ao envelope de espectro do trato vocal com os coeficientes de excitação de alta freqüência, formando um trem de pulsos periódico em múltiplos do período de amostragem. Uma filtragem linear é realizada para separar os coeficientes cepstrum do trato vocal cepstrum dos coeficientes de excitação. No receptor, os coeficientes cepstrum do trato vocal são transformados por Fourier para produzir a resposta ao impulso do trato vocal. Com a convolução dessa resposta ao impulso com um sinal de excitação sintético (ruído aleatório ou trem de pulsos periódico), a voz original é reconstruída.

8.6.4 Vocoders excitados por voz

Os vocoders excitados por voz eliminam a necessidade das operações de extração de entonação e detecção de sonoridade. Esse sistema usa uma combinação híbrida de transmissão PCM para a banda de baixa freqüência da voz e o vocoder do canal das bandas de freqüência mais altas. Um sinal de entonação é gerado no sintetizador pela retificação, filtragem da banda de passagem e corte do sinal da banda base, criando assim um sinal espectralmente uniforme com energia na harmônica da entonação.Os vocoders excitados por voz foram criados para operar em 7.200 bits/s a 9.600 bits/s, e sua qualidade normalmente é superior à que é obtida pelos vocoders tradicionais excitados por entonação.

8.7 Codificadores Preditivos Lineares

8.7.1 Vocoders LPC

Codificadores Preditivos Lineares [*Linear Predictive Coders* (LPCs)][19] pertencem à classe de domínio de tempo dos vocoders. Essa classe de vocoders tenta extrair recursos significativos da voz a partir da forma de onda temporal. Embora os codificadores LPC sejam computacionalmente intensivos, eles são, de longe, os mais populares entre a classe de vocoders com taxa de bits baixa. Com LPC é possível transmitir voz com boa qualidade a 4,8 Kbps, e voz com qualidade inferior em taxas ainda mais baixas.

O sistema de codificação preditivo linear modela o trato vocal como um filtro linear *all pole*, com uma função de transferência descrita por

$$H(z) = \frac{G}{1 + \sum_{k=1}^{M} b_k z^{-k}} \tag{8.13}$$

onde G é um ganho do filtro e z^{-1} representa uma operação de atraso unitária. A excitação para esse filtro é um pulso na freqüência de entonação ou ruído branco aleatório, dependendo se o segmento de voz é sonoro ou surdo. Os coeficientes do filtro *all pole* são obtidos no domínio de tempo usando-se técnicas preditivas lineares[20]. Os princípios preditivos usados são semelhantes aos dos codificadores ADPCM. Porém, em vez de transmitir valores quantizados do sinal de erro representando a diferença entre a forma de onda prevista e a forma de onda real, o sistema LPC transmite apenas características selecionadas do sinal de erro. Os parâmetros incluem o fator de ganho, informação de entonação e informação de decisão sonora/surda, que permitem a aproximação do sinal de erro correto. No receptor, a informação recebida sobre o sinal de erro é usada para determinar a excitação apropriada para o filtro de síntese. Ou seja, o sinal de erro é a excitação para o decodificador. O filtro de síntese é projetado no receptor usando-se os coeficientes preditivos recebidos. Na prática, muitos codificadores LPC transmitem os coeficientes de filtro que já representam o sinal de erro e podem ser sintetizados diretamente pelo receptor. A Figura 8.6 mostra um diagrama de blocos de um sistema LPC[21].

Determinação dos coeficientes preditivos — O codificador preditivo linear utiliza uma soma ponderada das últimas p amostras para estimar a amostra presente, onde p normalmente está na faixa de 10-15. Usando essa técnica, a amostra atual s_n pode ser escrita como uma soma linear das amostras imediatamente anteriores s_{n-k}

$$s_n = \sum_{k=1}^{p} a_k s_{n-k} + e_n \tag{8.14}$$

onde e_n é o erro preditivo (residual). Os coeficientes preditivos são calculados para minimizar a energia média no sinal de erro que representa a diferença entre a amplitude de voz prevista e real

$$E = \sum_{n=1}^{N} e_n^2 = \sum_{n=1}^{N} \left(\sum_{k=0}^{p} a_k s_{n-k} \right)^2 \tag{8.15}$$

onde $a_0 = -1$. Normalmente, o erro é calculado para uma janela de tempo de 10 ms, que corresponde a um valor de $N = 80$. Para minimizar E com relação a a_m, é preciso definir as derivativas parciais como sendo iguais a zero

$$\frac{\partial E}{\partial a_m} = \sum_{n=1}^{N} 2 s_{n-m} \sum_{k=0}^{p} a_k s_{n-k} = 0 \tag{8.16}$$

$$= \sum_{k=0}^{p} \sum_{n=1}^{N} s_{n-m} s_{n-k} a_k = 0 \tag{8.17}$$

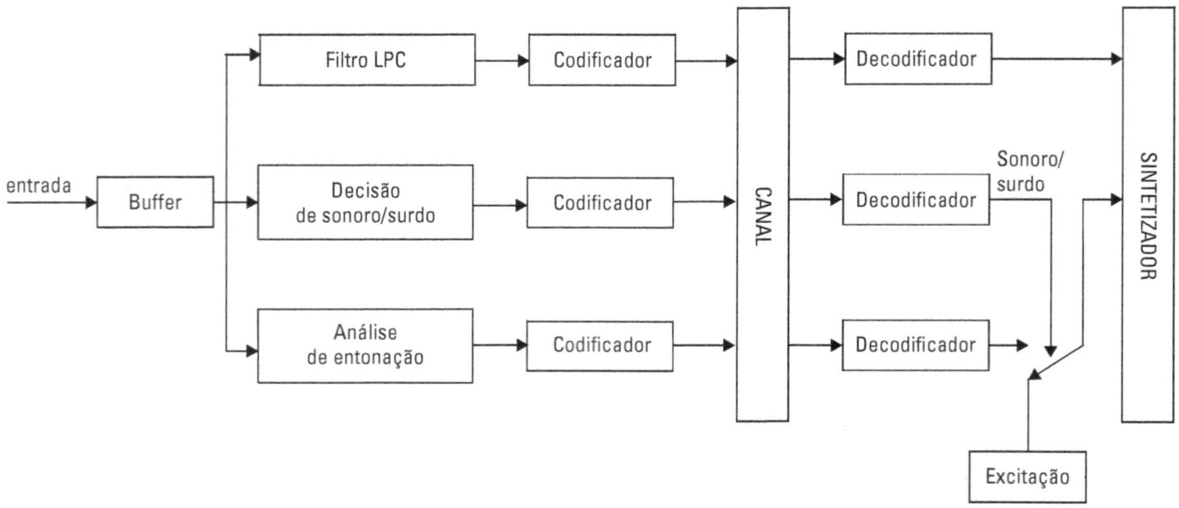

Figura 8.6 Diagrama de blocos de um sistema de codificação LPC.

A soma interna pode ser reconhecida como o coeficiente de correlação C_{rm}, assim, a equação anterior pode ser reescrita como

$$\sum_{k=0}^{p} C_{mk} a_k = 0 \tag{8.18}$$

Depois de determinar os coeficientes de correlação C_{rm}, a Equação 8.18 pode ser usada para determinar os coeficientes preditivos. Essa equação normalmente é expressa em notação de matriz e os coeficientes preditivos são calculados usando-se uma inversão de matriz. Diversos algoritmos foram desenvolvidos para agilizar o cálculo dos coeficientes preditivos. Normalmente, os coeficientes preditivos não são codificados diretamente, pois exigiriam de 8 bits a 10 bits por coeficiente para sua representação precisa[22]. Os requisitos de precisão são diminuídos transmitindo-se os coeficientes de reflexão (um parâmetro bastante relacionado), que possuem uma faixa dinâmica menor. Esses coeficientes de reflexão podem ser representados adequadamente com 6 bits por coeficiente. Assim, para um previsor de 10ª ordem, o número total de bits atribuídos aos parâmetros do modelo por quadro é 72, o que inclui 5 bits para um parâmetro de ganho e 6 bits para o período de entonação. Se os parâmetros forem estimados a cada 15 ms a 30 ms, a taxa de bits resultante está na faixa de 2.400 bps a 4.800 bps. A codificação do coeficiente de reflexão pode ser melhorada ainda mais, realizando-se uma transformação não-linear dos coeficientes antes da codificação. Essa transformação não-linear reduz a sensibilidade dos coeficientes de reflexão a erros de quantização. Isso normalmente é feito por meio de uma transformação de razão log-área (LAR), que realiza um mapeamento da tangente hiperbólica reversa dos coeficientes de reflexão, $R_n(k)$

$$LAR_n(k) = \tanh^{-1}(R_n(k))\log_{10}\left[\frac{1 + R_n(k)}{1 - R_n(k)}\right] \tag{8.19}$$

Diversos esquemas LPC diferem no modo como recriam o sinal de erro (excitação) no receptor. Três alternativas aparecem na Figura 8.7[23]. A primeira mostra o meio mais popular. Ela usa duas origens no receptor, uma de ruído branco e outra com uma série de pulsos na taxa de entonação atual. A seleção de um desses métodos de excitação é baseada na decisão de sonoro/surdo tomada no transmissor e comunicada ao receptor com as outras informações. Essa técnica requer que o transmissor extraia a informação de freqüência de entonação, o que normalmente é muito difícil. Além do mais, a coerência de fase entre os componentes harmônicos do pulso de excitação tende a produzir um zumbido agudo na voz sintetizada. Esses problemas são amenizados nos dois outros métodos: *LPC excitado por pulso múltiplo* e *LPC estocástico ou excitado por código.*

8.7.2 LPC excitado por pulso múltiplo

Atal[24] demonstrou que não importa quão bem o pulso seja posicionado, a excitação por um único pulso por período de entonação produz distorção audível. Portanto, ele sugeriu o uso de mais de um pulso, normalmente oito por período, e o ajuste das posições de pulso e amplitudes individuais seqüencialmente, para minimizar um erro de média espectralmente ponderada quadrática. Essa técnica é chamada LPC Excitado por Pulso Múltiplo *[Multipulse Excited LPC* (MPE-LPC)] e resulta em melhor qualidade de voz não apenas porque

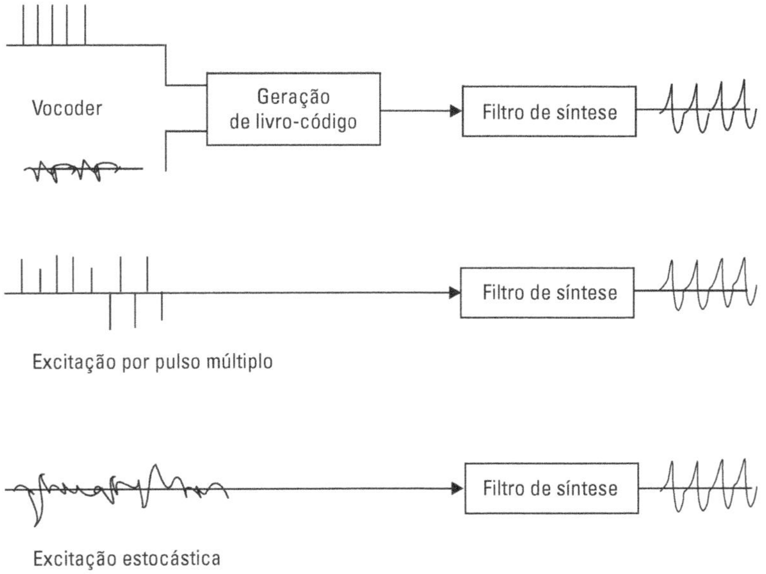

Figura 8.7 Método de excitação LPC.

a predição residual é mais bem aproximada por diversos pulsos por período de entonação, mas também porque o algoritmo de pulso múltiplo não requer detecção de entonação. O número de pulsos utilizados pode ser reduzido, em particular, para vozes com entonação alta, incorporando um filtro linear com um laço de entonação no sintetizador.

8.7.3 LPC excitado por código

Neste método, o codificador e o decodificador têm um livro-código predeterminado com sinais de excitação estocásticos (gaussiano branco de média zero)[25]. Para cada sinal de voz, o transmissor pesquisa seu livro-código de sinais estocásticos em busca de um que ofereça a melhor combinação de percepção com o som quando usado como uma excitação para o filtro LPC. O índice do livro-código, onde foi encontrada a melhor combinação, é então transmitido. O receptor usa esse índice para escolher o sinal de excitação correto para seu filtro de sintetizador. Os Codificadores LPC Excitados por Código [*Code Excited LPC* (CELP)] são extremamente complexos e podem exigir mais de 500 milhões de operações de multiplicação e adição por segundo, bem como oferecer alta qualidade mesmo quando a excitação é codificada em apenas 0,25 bits por amostra. Esses codificadores podem alcançar taxas de bit de transmissão tão baixas quanto 4,8 Kbps.

A Figura 8.8 ilustra, por meio de um exemplo, o procedimento para selecionar o sinal de excitação ótimo. Considere a codificação de um bloco curto de 5 ms de sinal de voz. A uma freqüência de amostragem de 8 kHz, cada bloco consiste em 40 amostras de voz. Uma taxa de bits de 1/4 bit por amostra corresponde a 10 bits por bloco. Portanto, existem 2^{10} = 1.024 seqüências possíveis de tamanho 40 para cada bloco. Cada membro do livro-código oferece 40 amostras do sinal de excitação com um fator de escala que é alterado a cada bloco de 5 ms. As amostras escaladas são passadas seqüencialmente por dois filtros recursivos, que introduzem periodicidade de voz e ajustam o envelope espectral. As amostras de voz regeneradas na saída do segundo filtro são comparadas com as amostras no sinal de voz original, formando assim um sinal de diferença, que representa o erro objetivo no sinal de voz regenerado. Este é processado ainda mais por um filtro linear que amplifica as freqüências perceptivelmente mais importantes e atenua as freqüências perceptivelmente menos importantes.

Embora computacionalmente intensivo, os avanços na tecnologia DSP e VLSI possibilitaram a implementação em tempo real dos codecs CELP. O padrão de celular digital CDMA (IS-95) proposto pela QUALCOMM usa um codec CELP de taxa variável em 1,2 Kbps a 14,4 Kbps. Em 1995, a QUALCOMM introduziu o QCELP13, um codificador CELP de 13,4 Kbps que opera sobre um canal de 14,4 Kbps.

8.7.4 LPC excitado por resíduo

O raciocínio por trás do LPC Excitado por Resíduo [*Residual Excited* (RELP)] está relacionado ao da técnica DPCM na codificação de forma de onda[26]. Nessa classe de codificadores LPC, depois de estimar os parâmetros de modelo (coeficientes de LP ou parâmetros relacionados) e parâmetros de excitação (decisão de sonoro/surdo, entonação, ganho) a partir de um quadro de voz, eles são sintetizados no transmissor e subtraída do sinal de voz original para formar um sinal residual. O sinal residual é quantizado, codificado e transmitido ao receptor com os parâmetros do modelo LPC. No receptor, o sinal de erro residual é adicionado ao sinal gerado usando-se os parâmetros de modelo para sintetizar uma aproximação do sinal de voz original. A qualidade da voz sintetizada é melhorada devido ao acréscimo do erro residual. A Figura 8.9 mostra um diagrama de blocos de um codec RELP simples.

8.8 Escolha de codecs de voz para comunicações móveis

Escolher o codec de voz correto é um passo importante no projeto de um sistema de comunicação móvel digital[27]. Devido à largura de banda disponível limitada,

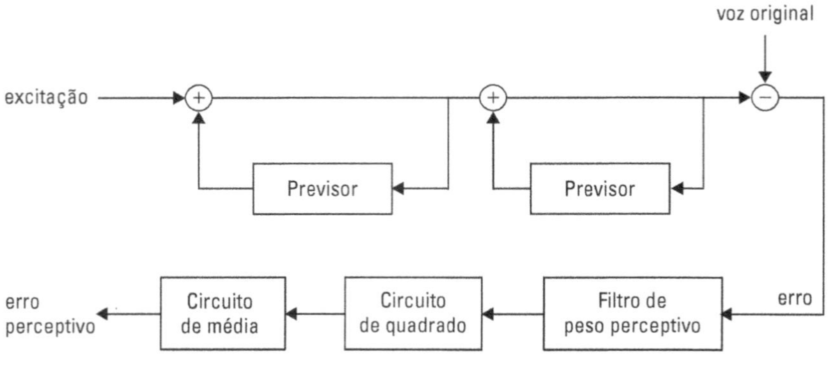

Figura 8.8 Diagrama de blocos ilustrando a pesquisa do livro-código do CELP.

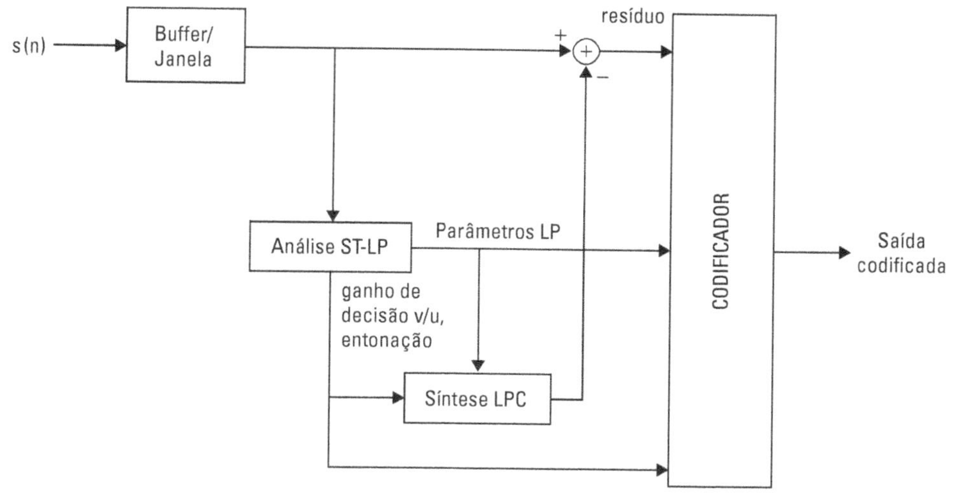

Figura 8.9 Diagrama de blocos de um codificador RELP.

é preciso compactar a voz para maximizar o número de usuários no sistema. Deve-se buscar um equilíbrio entre a qualidade percebida da voz resultante dessa compressão e o custo geral e a capacidade do sistema. Outros critérios que devem ser considerados incluem o atraso de codificação de fim-a-fim, a complexidade algorítmica do codificador, os requisitos de alimentação, a compatibilidade com padrões existentes e a robustez da voz codificada perante erros de transmissão.

Como visto nos capítulos 4 e 5, o canal de rádio móvel é um meio de transmissão hostil, cercado de problemas, como atenuação, caminho múltiplo e interferência. Portanto, é importante que o codec de voz seja robusto a erros de transmissão. Dependendo da técnica utilizada, diferentes codificadores de voz mostram graus variados de imunidade a erros de transmissão. Por exemplo, sob algumas condições de taxa de erro de bit, uma ADM (*Adaptive Delta Modulation*) de 40 kbps soa muito melhor do que um log-PCM a 56 Kbps[28]. Isso *não* significa que diminuir a taxa de bits melhora a robustez do codificador a erros de transmissão. Ao contrário, os sinais de voz são representados por cada vez menos bits, o conteúdo de informação por bit aumenta e, portanto, precisa ser preservado com mais segurança. Codificadores do tipo vocoder com baixa taxa de bits, que realizam modelagem paramétrica do trato vocal e mecanismos de auditoria, possuem alguns bits transportando informações críticas que, se adulteradas, levariam a uma distorção inaceitável. Enquanto transmite voz codificada com baixa taxa de bits, é imperativo determinar a importância perceptual de cada bit e agrupá-los de acordo com sua sensitividade a erros. Dependendo do seu significado perceptual, os bits em cada grupo são fornecidos com diferentes níveis de proteção de erro pelo uso de diferentes códigos FEC.

A escolha do codificador de voz também dependerá do tamanho de célula utilizada. Quando o tamanho de célula é suficientemente pequeno, de modo que a alta eficiência espectral seja obtida pela reutilização de freqüência, pode ser suficiente usar um simples codec de voz com taxa alta. Em sistemas de telefone sem fio, como CT2 e DECT, que usam células muito pequenas (microcélulas), codificadores ADPCM a 32 Kbps são usados para conseguir desempenho aceitável mesmo sem codificação e equalização do canal. Os sistemas de celular operando com células muito maiores e condições de canal mais pobres precisam usar codificação de correção de erro, exigindo assim que os codecs de voz operem em taxas de bit mais baixas. Nas comunicações móveis por satélite, os tamanhos de célula são muito grandes, e a largura de banda disponível é muito pequena. Para acomodar um número realista de usuários, a taxa de voz deve ser da ordem de 3 Kbps, exigindo o uso de técnicas de vocoder[29].

O tipo de técnica de acesso múltiplo utilizado, um fator importante para determinar a eficiência espectral do sistema, influencia fortemente a escolha do codec de voz. O sistema de celular digital TDMA dos Estados Unidos (IS-136) aumentou a capacidade do sistema analógico existente (AMPS) em três vezes, usando para isso um codec de voz VSELP a 8 kbps. Sistemas CDMA, devido às suas capacidades inatas de rejeição à interferência e disponibilidade maior da largura de banda, permitem o uso de um codec de voz com baixa taxa de bits, sem considerar sua robustez a erros de transmissão, que podem ser corrigidos com códigos FEC poderosos, os quais, quando usados em sistemas CDMA, não afetam a eficiência da largura de banda de modo muito significativo.

O tipo da modulação empregada também tem um impacto considerável na escolha do codec de voz. Por exemplo, o uso de esquemas de modulação eficientes para a largura de banda pode reduzir os requisitos de redução de taxa de bits no codec de voz, e vice-versa. A Tabela 8.1 mostra uma listagem dos tipos de codecs de voz usados em diversos sistemas digitais de comunicação móvel.

Tabela 8.1 Codificadores de voz usados em diversos sistemas sem fio de primeira e segunda geração

Padrão	Tipo de serviço	Tipo de codificador de voz usado	Taxa de bits (Kbps)
GSM	Celular	RPE-LTP	9,6/ 13
CD-900	Celular	SBC	16
USDC (IS-136)	Celular	VSELP	8
IS-95	Celular	CELP	1,2/ 2,4/ 4,8/ 9,6/ 13,4/ 14,4
IS-95 PCS	PCS	CELP	13,4/ 14,4
PDC	Celular	VSELP	4,5/ 6,7/ 11,2
CT2	Sem fio	ADPCM	32
DECT	Sem fio	ADPCM	32
PHS	Sem fio	ADPCM	32
DCS-1.800	PCS	RPE-LTP	13
PACS	PCS	ADPCM	32

Exemplo 8.4

Um sistema de comunicação móvel digital tem uma banda de freqüência de canal direto variando entre 810 MHz e 826 MHz, e uma banda de canal reverso entre 940 MHz e 956 Mhz. Considere que 90% da largura de banda seja usada por canais de tráfego. É preciso dar suporte a pelo menos 1.150 chamadas simultâneas usando FDMA. O esquema de modulação empregado tem uma eficiência espectral de 1,68 bps/Hz. Supondo que as características do canal obriguem o uso de códigos FEC de razão 1/2, ache o limite superior na taxa de bits de transmissão que um codificador de voz usado nesse sistema deverá fornecer.

Solução

Largura de banda total disponível para canais de tráfego = 0,9 × (810 – 826) = 14,4 MHz

Número de usuários simultâneos = 1.150

Portanto, largura de banda máxima do canal = 14,4/1.150 MHz = 12,5 KHz

Eficiência espectral = 1,68 bps/Hz

Portanto, taxa de dados máxima do canal = 1,68 × 12.500 bps = 21 Kbps

Taxa do codificador FEC = 0,5

Portanto, taxa de dados líquida máxima = 21 × 0,5 Kbps = 10,5 Kbps

Portanto, temos que projetar um codificador de voz com uma taxa de dados menor ou igual a 10,5 Kbps.

Exemplo 8.5

A saída de um codificador de voz tem bits que contribuem para a qualidade do sinal com graus de importância variados. A codificação é feita em blocos de amostras de 20 ms de duração (260 bits de saída do codificador). Os primeiros 50 dos bits de voz codificados (digamos, tipo 1) em cada bloco são considerados os mais significativos, assim, para protegê-los contra erros do canal, são acrescentados 10 bits de CRC, sendo convolucionalmente codificados por um codificador FEC de razão 1/2. Os próximos 132 bits (digamos, tipo 2) recebem 5 bits de CRC, e os últimos 78 bits (digamos, tipo 3) não são protegidos contra erro. Calcule a taxa de dados bruta do canal que pode ser alcançada.

Solução

Número de bits de canal do tipo 1 a ser transmitidos a cada 20 ms

(50 + 10) × 2 = 120 bits

Número de bits de canal do tipo 2 a ser transmitidos a cada 20 ms

132 + 5 = 137 bits

Número de bits de canal do tipo 3 a ser codificados = 78 bits

Número total de bits de canal a ser transmitidos a cada 20 ms

120 + 137 + 78 bits = 335 bits

Portanto, taxa de bits bruta do canal = $335/(20 \times 10^{-3})$ = 16,75 Kbps.

8.9 O codec GSM

O codificador de voz original usado no padrão de celular GSM recebe o grandioso nome de *Regular Pulse Excited Long-Term Prediction* (RPE-LTP). Esse codec tem uma taxa de bits líquida de 13 kbps e foi escolhido após a realização de exaustivos testes subjetivos[30] em diversos codecs concorrentes. As atualizações GSM mais recentes melhoraram a especificação do codec original.

O codec RPE-LTP[31] combina as vantagens do codec RELP de banda base anteriormente proposto pela França com as do codec MPE-LTP [*Multipulse Excited Long-Term Prediction*] proposto pela Alemanha. A vantagem do codec RELP de banda-base é que ele oferece boa qualidade de voz com pouca complexidade. A qualidade de voz de um codec RELP é, portanto, limitada, devido ao ruído tonal introduzido pelo processo de regeneração de alta freqüência e pelos erros de bit introduzidos durante a transmissão. A técnica MPE-LTP, porém, produz excelente qualidade de voz com alta complexidade, e não é muito afetada pelos erros de bit no canal. Modificando o codec RELP para incorporar certos recursos do codec MPE-LTP, a taxa de bits líquida foi reduzida de 14,77 kbps para 13,0 kbps sem perda de qualidade. A modificação mais importante foi o acréscimo de um laço de previsão a longo prazo.

O codec GSM é relativamente complexo e gastador de energia. A Figura 8.10 mostra um diagrama de blocos do codificador de voz[32]. Ele é composto de quatro blocos de processamento principais. A seqüência de voz é inicialmente pré-enfatizada, ordenada em segmentos de 20 ms de duração, e depois disposta em janelas de Hamming. Isso é seguido pela análise de filtragem de Predição a Curto Prazo [*Short-Term Prediction* (STP)], onde as Razões de Área Logarítmica [*Logarithmic Area Ratios* (LARs)] dos coeficientes de reflexão $r_n(k)$ (em número de oito) são calculadas. Os oito parâmetros LAR possuem diferentes faixas dinâmicas e funções de distribuição de probabilidade, por isso todos eles não são codificados com o mesmo número de bits para transmissão. Os parâmetros LAR também são codificados pelo filtro inverso LPC para minimizar o erro e_n.

A análise LTP que envolve encontrar o período de entonação p_n e fator de ganho g_n é então executada de modo que o LPT residual r_n seja minimizado. Para minimizar r_n, a extração de entonação é feita pelo LTP determinando-se o valor do atraso, *D*, que maximiza a correlação cruzada entre a amostra de erro STP atual, e_n, e uma amostra de erro anterior, e_{n-D}. A entonação extraída p_n e o ganho g_n são transmitidos e codificados a uma taxa de 3,6 kbps. O LTP residual, r_n, é ponderado e decomposto em três seqüências de excitação candidatas. As energias dessas seqüências são então identificadas, e aquela com a energia mais alta é selecionada para representar o LTP residual. Os pulsos na seqüência de excitação são normalizados para a amplitude mais alta, quantizados e transmitidos a uma taxa de 9,6 kbps.

A Figura 8.11 mostra um diagrama de blocos do decodificador de voz GSM[33] que consiste em quatro blocos

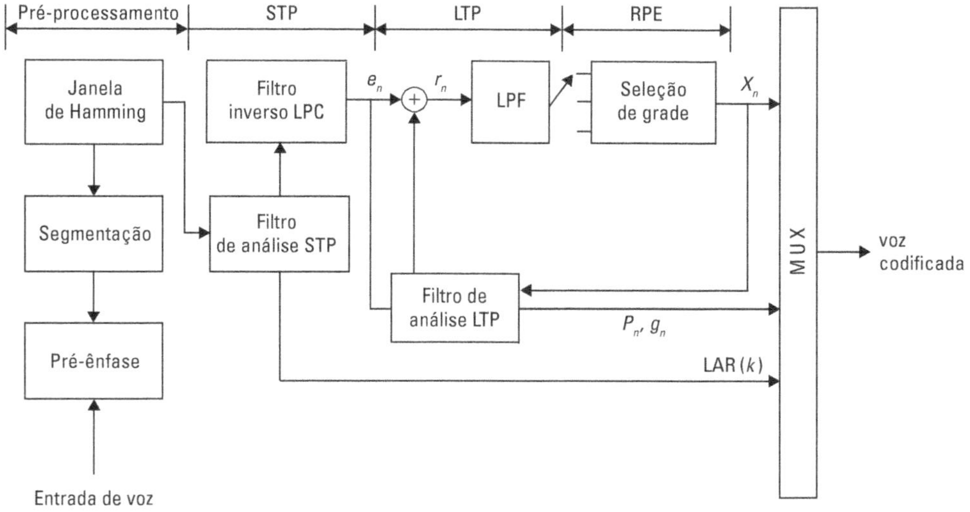

Figura 8.10 Diagrama de blocos do codificador de voz GSM.

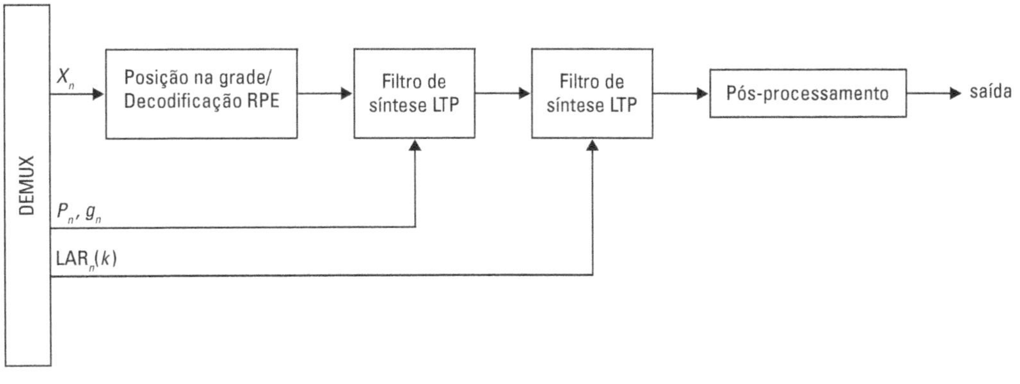

Figura 8.11 Diagrama de blocos do decodificador de voz GSM.

que realizam operações complementares às do codificador. Os parâmetros de excitação recebidos são decodificados por RPE e passados ao filtro de síntese LTP, que usa o parâmetro de entonação e ganho para sintetizar o sinal a longo prazo. A síntese a curto prazo é executada usando-se os coeficientes de reflexão recebidos para recriar o sinal de voz original.

Cada 260 bits da saída do codificador (ou seja, blocos de voz de 20 ms) são ordenados, dependendo de sua importância, em grupos de 50, 132 e 78 bits cada. Os bits no primeiro grupo são muito importantes, chamados bits tipo *Ia*. Os 132 bits seguintes são bits importantes, chamados *Ib*, e os últimos 78 bits são chamados bits tipo *II*. Como os bits tipo *Ia* são os que afetam mais a qualidade da voz, eles possuem bits de CRC de detecção de erro acrescentados. Os bits *Ia* e *Ib* são ambos codificados por convolução para correção de erro direta. Os bits tipo *II* menos significativos não possuem correção ou detecção de erro.

8.10 O codec USDC

O sistema de celular digital dos Estados Unidos (IS-136) usa um codificador preditivo linear excitado pela soma vetorial (VSELP). Esse codificador opera a uma taxa de dados bruta de 7.950 bits/s e a uma taxa de dados total de 13 kbps após codificação do canal. O codificador VSELP foi desenvolvido por um consórcio de empresas e a implementação da Motorola foi selecionada como padrão de codificação de voz após testes abrangentes.

O codificador de voz VSELP é uma variante dos vocoders do tipo CELP[34]. Esse codificador foi projetado para cumprir os três objetivos: maior qualidade de voz, complexidade computacional moderada e robustez a erros do canal. Os livros-código no codificador VSELP são organizados com uma estrutura predefinida, de modo a evitar uma busca por força bruta. Isso reduz significativamente o tempo exigido para a busca da palavra de código ótima. Esses livros-código também transmitem alta qualidade de voz e maior robustez a erros do canal, enquanto mantêm uma complexidade moderada.

A Figura 8.12 mostra um diagrama em blocos de um codificador VSELP. O codec VSELP de 8 kbps utiliza três origens de excitação. Uma é do estado preditivo a longo prazo ("entonação"), ou livro-código adaptativo. A segunda e a terceira origens são dos dois livros-código de excitação VSELP. Cada um desses livros-código VSELP contém o equivalente de 128 vetores. Essas três seqüências de excitação são multiplicadas por seus termos de ganho correspondentes e somadas para gerar a seqüência de excitação combinada. Após cada subquadro, a seqüência de excitação combinada é usada para atualizar o estado do filtro a longo prazo (livro-código adaptativo). O filtro de síntese é um filtro LPC *all pole* de 10ª ordem de forma direta. Os coeficientes LPC são codificados uma vez por quadro de 20 ms e atualizados em cada subquadro de 5 ms. O número de amostras em um subquadro é 40 em uma taxa de amostragem de 8 kHz. O decodificador aparece na Figura 8.13.

8.11 Avaliação de desempenho dos codificadores de voz

Existem duas técnicas para avaliar o desempenho de um codificador de voz em termos de sua capacidade de preservar a qualidade do sinal[35]. Medidas objetivas têm a natureza geral de uma razão sinal-ruído e ofere-

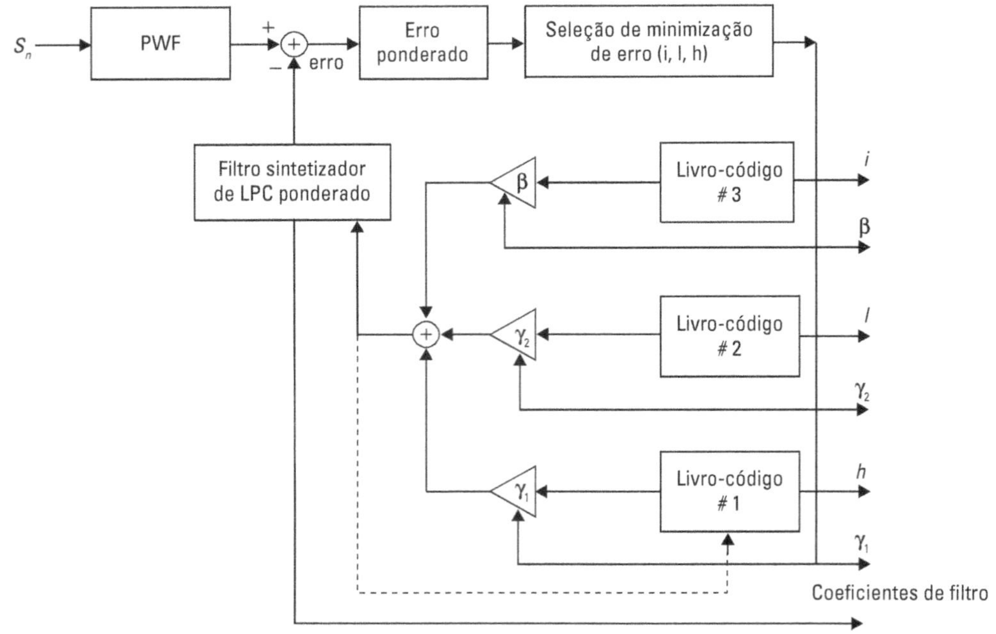

Figura 8.12 Diagrama de blocos do codificador de voz USDC.

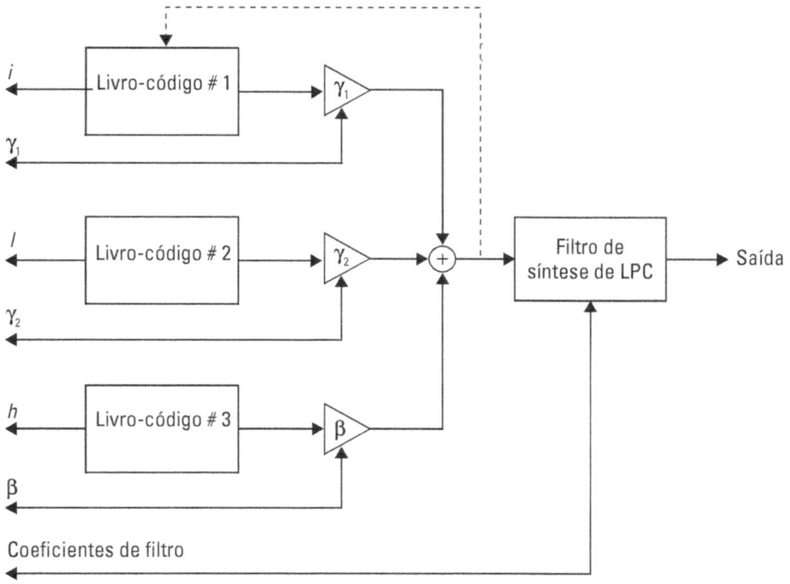

Figura 8.13 Diagrama do decodificador de voz USDC.

cem um valor quantitativo de como a voz reconstruída se aproxima da original. Índices de articulação da distorção por Erro Médio Quadrático [*Mean Square Error* (MSE)], MSE ponderado na freqüência e SNR segmentada são exemplos de medidas objetivas. Embora medidas objetivas sejam úteis no projeto inicial e na simulação de sistemas de codificação, elas não necessariamente dão uma indicação da qualidade de voz percebida pelo ouvido humano. Como o ouvinte é aquele que por fim julgará a qualidade do sinal, testes de escuta subjetivos constituem uma parte integral da avaliação do codificador de voz.

Testes de escuta subjetivos são realizados executando-se a amostra para uma série de ouvintes e pedindo-lhes que julguem a qualidade da voz. Os codificadores de voz são altamente dependentes de quem fala porque a qualidade varia com a idade e o sexo da pessoa, a velocidade com que ela fala e outros fatores. Testes subjetivos são executados em diferentes ambientes para simular condições da vida real, como ruído, múltiplas pessoas falando etc. Esses testes oferecem resultados em termos da qualidade geral, esforço de escuta, inteligibilidade e naturalidade. Testes de inteligibilidade medem a capacidade dos ouvintes de identificar a palavra falada. O Teste de Diagnóstico de Rima [*Diagnostic Rhyme Test* (DRT)] é o teste de inteligibilidade mais popular e mais utilizado. Nele, uma palavra de um par de palavras que rimam, como 'doze-dose', é apresentada ao ouvinte, que deverá identificar qual palavra foi falada. A porcentagem típica de resultados corretos nos testes DRT varia de 75 a 90. A Medida de Aceitabilidade de Diagnóstico [*Diagnostic Acceptability Measure* (DAM)] é outro teste que avalia a aceitabilidade dos sistemas de codificação de voz. Todos esses resultados de teste são difíceis de classificar, portanto, exigem um sistema de referência. O sistema de classificação mais popular é conhecido como *Pontuação de Opinião Média* [*Mean Opinion Score* (MOS)], uma escala de classificação de qualidade com cinco pontos, sendo cada ponto associado a uma descrição padronizada: ruim, fraca, razoável, boa, excelente. A Tabela 8.2 oferece uma listagem desse sistema de pontuação de opinião média.

Uma das condições mais difíceis para os codificadores de voz funcionarem bem é o caso onde um sinal digital com voz codificada é transmitido da estação móvel para a estação-base e depois demodulado em um sinal analógico que é então codificado para retransmissão como um sinal digital por uma linha terrestre ou enlace sem fio. Essa situação, chamada *sinalização seqüencial*, tende a exagerar os erros de bit recebidos originalmente na estação-base. É difícil se proteger contra a sinalização seqüencial, mas trata-se de um critério de avaliação importante na avaliação dos codificadores de voz. À medida que os sistemas sem fio se proliferam, haverá

Tabela 8.2 Classificação de qualidade MOS[36]

Escala de qualidade	Pontuação	Escala de esforço de escuta
Excelente	5	Nenhum esforço exigido
Boa	4	Nenhum esforço apreciável exigido
Razoável	3	Esforço moderado exigido
Fraca	2	Esforço considerável exigido
Ruim	1	Nenhum significado entendido com um esforço razoável

uma demanda maior por comunicações de estação móvel para estação móvel, e esses enlaces envolverão por definição pelo menos duas sequências de sinalizações independentes, com ruído.

Em geral, a classificação MOS de um codec de voz diminui com a diminuição da taxa de bits. A Tabela 8.3 mostra o desempenho de alguns dos codificadores de voz mais populares na escala MOS.

Tabela 8.3 Desempenho dos codificadores[37]

Codificador	MOS
64 Kbps PCM	4,3
14,4 Kbps QCELP13	4,2
32 Kbps ADPCM	4,1
8 Kbps ITU-CELP	3,9
8 Kbps CELP	3,7
13 Kbps GSM Codec	3,54
9,6 Kbps QCELP	3,45
4,8 Kbps CELP	3,0
2,4 Kbps LPC	2,5

Problemas

8.1 Para um quantizador uniforme de 8 bits que se espalha pelo intervalo (–1 V, 1 V), determine o tamanho de passo do quantizador. Calcule a SNR devida à quantização se o sinal é uma senóide que se espalha pela faixa inteira do quantizador.

8.2 Derive uma expressão geral que relaciona a razão sinal-ruído devido à quantização como uma função do número de bits.

8.3 Para um compressor/expansor μ-*law* com $\mu = 255$, desenhe a magnitude da voltagem de saída como uma função da magnitude da voltagem de entrada. Se uma voltagem de entrada de 0,1 V for aplicada ao compressor/expansor, qual a voltagem de saída resultante? Se uma voltagem de entrada de 0,01V for aplicada à entrada, determine a voltagem de saída resultante. Suponha que o compressor/expansor tenha uma entrada máxima de 1 V.

8.4 Para um compressor/expansor *A-law* com $A = 90$, desenhe a magnitude da voltagem de saída como uma função da magnitude da voltagem de entrada. Se uma voltagem de entrada de 0,1 V for aplicada ao compressor/expansor, qual a voltagem de saída resultante? Se uma voltagem de entrada de 0,01 V for aplicada à entrada, determine a voltagem de saída resultante. Suponha que o compressor/expansor tenha uma entrada máxima de 1 V.

8.5 Um compressor/expansor conta com a *compressão* de voz e a *expansão* (descompressão) de voz no receptor para restaurar os sinais aos seus valores relativos corretos. O *expansor* tem uma característica inversa quando comparado com o *compressor*. Determine as características apropriadas do compressor para os compressores de voz nos problemas 8.3 e 8.4.

8.6 Um sinal de voz tem uma PDF de amplitude que pode ser caracterizada como um processo gaussiano de média zero com um desvio padrão de 0,5 V. Para esse sinal de voz, determine a distorção do erro médio quadrático na saída de um quantizador de 4 bits se os níveis de quantização forem espaçados uniformemente por 0,25 V. Projete um quantizador não uniforme que minimize a distorção de erro médio quadrático e determine o nível de distorção.

8.7 Considere um codificador de voz de sub-banda que aloca 5 bits para o espectro de áudio entre 225 Hz e 500 Hz, 3 bits para 500 Hz a 1.200 Hz, e 2 bits para freqüências entre 1.300 Hz e 3 kHz. Considere que a saída do codificador de sub-banda seja então aplicada a um codificador por convolução com razão 3/4. Determine a taxa de dados do codificador do canal.

8.8 Liste quatro fatores significativos que influenciam a escolha de codificadores de voz nos sistemas de comunicação móvel. Elabore as escolhas que são causadas por cada fator. Classifique a ordem dos fatores com base no seu ponto de vista pessoal e defenda sua posição.

8.9 Os professores Deller, Proakis e Hansen foram co-autores de um texto extenso intitulado "Discrete-time processing of speech signals"[38]. Como parte desse trabalho, eles criaram um site 'ftp' na Internet que contém diversos arquivos de voz. Navegue pelo site e faça o download de vários arquivos que demonstram diversos codificadores de voz. Relate suas descobertas e indique quais arquivos você achou mais úteis.

Os arquivos estão disponíveis via ftp em archive.egr.msu.edu no diretório pub/jojo/DPHTEXT. O arquivo README.DPH inclui instruções e descrições de arquivo. Esses arquivos estão em ASCII, com uma amostra decimal inteira sinalizada por linha, e são facilmente lidos pelo MATLAB.

8.10 *Programa de computador de quantização escalar*: considere uma seqüência de dados de variáveis aleatórias $\{X_i\}$, onde cada $X_i \sim N(0,1)$ tem uma distribuição gaussiana com média zero e variância 1. Construa um quantizador escalar que quantifica cada amostra a uma taxa de 3 bits/amostra (de modo que haverá oito níveis de quantizador). Use o algoritmo generalizado de Lloyd para determinar seus níveis de quantização. Treine seu quantizador usando uma seqüência de 250 amostras. Sua solução deverá incluir:

uma listagem dos seus oito níveis de quantização;

a distorção do erro médio quadrático do seu quantizador, calculada executando-se seu quantizador em uma seqüência de 10.000 amostras;

um cálculo do limite inferior teórico na distorção do erro médio quadrático para um quantizador escalar de razão 3.

8.11 *Programa de computador de quantização vetorial*: considere a seqüência de dados de variáveis aleatórias $\{X_i\}$, onde cada $X_i \sim N(0,1)$ tem uma distribuição gaussiana com média zero e variância 1. Agora, construa um quantizador vetorial bidimensional que quantifica cada amostra a uma taxa de 3 bits/amostra (de modo que haverá $8 \times 8 = 64$ vetores de quantização). Use o algoritmo generalizado de Lloyd para determinar seus vetores de quantização. Treine seu quantizador usando uma seqüência de 1.200 vetores (2.400 amostras). Sua solução deverá incluir:

uma listagem dos seus 64 vetores de quantização;

a distorção do erro médio quadrático do seu quantizador, calculada executando-se seu quantizador em uma seqüência de 10.000 vetores (20.000 amostras);

um cálculo do limite inferior teórico na distorção do erro médio quadrático para um quantizador escalar de razão 3 de dimensão grande.

8.12 *Quantização vetorial com amostras correlacionadas*: considere uma seqüência de variáveis aleatórias $\{Y_i\}$ e $\{X_i\}$, onde $X_i \sim N(0,1)$, $Y_1 \sim N(0,1)$, e

$$Y_{i+1} = \frac{1}{\sqrt{2}}Y_i + \frac{1}{\sqrt{2}}X_i$$

Como resultado, cada Y_i na seqüência $\{Y_i\}$ terá uma distribuição gaussiana com média zero e variância 1, mas as amostras estarão correlacionadas (esse é um exemplo simples do que é chamado Fonte de Gauss-Markov). Agora, construa um quantizador vetorial bidimensional que quantifica cada amostra a uma taxa de 3 bits/amostra. Use o algoritmo generalizado de Lloyd para determinar seus vetores de quantização. Treine seu quantizador usando uma seqüência de 1.200 vetores (2.400 amostras). Sua solução deverá incluir:

uma listagem dos seus 64 vetores de quantização;

a distorção do erro médio quadrático do seu quantizador, calculada executando-se seu quantizador em uma seqüência de 10.000 vetores (20.000 amostras);

o que acontece quando o tamanho da seqüência de treinamento varia, quando os valores de correlação relativos entre Y_i mudam, ou quando as dimensões do seu quantizador vetorial variam.

Referências bibliográficas

1 JAYANT, N. S. "Signal compression: technology, targets; research directions". *IEEE Journal on Selected Areas of Communications*, v. 10, n. 5, jun. 1992, p. 796-815.

2 DELLER, J. R.; PROAKIS, J. G.; HANSEN, J. H. L. *Discrete-time Processing of Speech Signals*, Nova York: Macmillan Publishing Company, 1993.

3 FLANAGAN, J. L. et al. "Speech coding". *IEEE Transactions on Communications*, v. COM-27, n. 4, abr. 1979, p. 710-735.

4 JAYANT, N. S.; NOLL, P. *Digital Coding of Waveforms*, Nova Jersey: Prentice Hall, 1984.

5 Ibidem.

6 MAX, J. "Quantizing for minimizing distortion" *IRE Transactions on Information Theory*, mar. 1960.

7 SMITH, B., "Instantaneous companding of quantized signals". *Bell System Technical Journal*, v. 36, maio 1957, p. 63-709.

8 CATTERMOLE, K. W. *Principles of Pulse-Code Modulation, Elsevier*, Nova York, 1969.

9 SHANNON, C. E. "A mathematical theory of communications". *Bell Systems Technical Journal*, v. 27, 1948, p. 379-423; 623-656.

10 GRAY, R. M. "Vector quantization". *IEEE ASSP Magazine*, abr. 1984, p. 4-29.

11 JAYANT, N. S.; NOLL, P. *Digital Coding of Waveforms*, Nova Jersey: Prentice Hall, 1984.

12 DETTMER, R. "Parts of a speech transcoder for CT2". *IEEE Review*, set. 1989.

13 TRIBOLET, J. M.; CROCHIERE, R. E. "Frequency domain coding of speech". *IEEE Transactions on Acoustics, Speech; Signal Processing*, v. ASSP-27, out. 1979, p. 512-530.

14 CROCHIERE R. E. et al. "Digital coding of speech in sub-bands". *Bell Systems Technical Journal*, v. 55, n. 8, out. 1976, p. 1069-1085.

15 ESTABAN, D.; GALAND, C. "Application of quadrature mirror filters to split band voice coding schemes". *Proceedings of ICASSP*, maio 1977, p. 191-195.

16 OWENS, F. J. *Signal Processing of Speech*, Nova York: McGraw Hill, 1993.

17 FLANAGAN, J. L. et al. "Speech coding". *IEEE Transactions on Communications*, v. COM-27, n. 4, abr. 1979, p. 710-735.

18 BAYLESS, J.W., et al. "Voice signals: bit-by-bit". *IEEE Spectrum*, out. 1973, p. 28-34.

19 SCHROEDER, M. R. "Linear predictive coding of speech: review; current directions". *IEEE Communications Magazine*, v. 23, n. 8, ago. 1985, p. 54-61.

20 MAKHOUL, J. "Linear prediction: a tutorial review". *Proceedings of IEEE*, v. 63, abr. 1975, p. 561-580.

21 JAYANT, N. S. "Coding speech at low bit rates". *IEEE Spectrum*, ago. 1986, p. 58-63.

22 DELLER, J. R.; PROAKIS, J. G.; HANSEN, J. H. L. *Discrete-time Processing of Speech Signals*, Nova York: Macmillan Publishing Company, 1993.

23 LUCKY, R. W. *Silicon Dreams: Information, Man; Machine*, Nova York: St. Martin Press, 1989.

24 ATAL, B. S. "High quality speech at low bit rates: multi-pulse; stochastically excited linear predictive coders". *Proceedings of ICASSP*, 1986, p. 1681-1684.

25 SCHROEDER, M. R.; ATAL, B. S. "Code-excited linear prediction (CELP): high quality speech at very low bit rates". *Proceedings of ICASSP*, 1985, p. 937-940.

26 DELLER, J. R.; PROAKIS, J. G.; HANSEN, J. H. L. *Discrete-time Processing of Speech Signals*, Nova York: Macmillan Publishing Company, 1993.

27 GOWD, K. et al. "Robust speech coding for indoor wireless channel". *AT&T Technical Journal*, v. 72, n. 4, jul.-ago. 1993, p. 64-73.

28 STEELE, R. "Speech codecs for personal communications". *IEEE Communications Magazine*, nov. 1993, p. 76-83.

29 Ibidem.

30 COLEMAN, A. et al. "Subjective performance evaluation of the REP-LTP codec for the Pan-European cellular digital mobile radio system". *Proceedings of ICASSP*, 1989, p. 1075-1079.

31 VARY, P. et al. "Speech codec for the pan-european mobile radio system". *Proceedings of ICASSP*, 1988, p. 227-230.

32 STEELE, R. (ed.) "Mobile radio communications", *IEEE Press*, 1994.

33 Ibidem.

34 GERSON, I. A.; JASIUK, M. A. "Vector sum excited linear prediction (VSELP): speech coding at 8 kbps" *Proceedings of ICASSP*, 1990, p. 461-464.

35 JAYANT, N. S.; NOLL, P. *Digital Coding of Waveforms*, Nova Jersey: Prentice Hall, 1984.

36 COLEMAN, A. et al. "Subjective performance evaluation of the REP-LTP codec for the Pan-European cellular digital mobile radio system". *Proceedings of ICASSP*, 1989, p. 1075-1079.

37 JAYANT, N. S. "High quality coding of telephone speech; wideband audio". *IEEE Communications Magazine*, jan. 1990, p. 10-19.

GARDNER, W., *QUALCOMM Inc.*, Correspondência pessoal, jun. 1995.

38 DELLER, J. R.; PROAKIS, J. G.; HANSEN, J. H. L. *Discrete-time Processing of Speech Signals*, Nova York: Macmillan Publishing Company, 1993.

Técnicas de acesso múltiplo para comunicações sem fio

Esquemas de acesso múltiplo são usados para permitir que muitos usuários móveis compartilhem simultaneamente uma quantidade finita de espectro de rádio. O compartilhamento do espectro é exigido para alcançar uma alta capacidade alocando simultaneamente a largura de banda disponível (ou a quantidade disponível de canais) a múltiplos usuários. Para comunicações com alta qualidade, isso deve ser feito sem uma degradação severa no desempenho do sistema.

9.1 Introdução

Em sistemas de comunicações sem fio, normalmente é desejável permitir que o assinante envie informações para a estação-base ao mesmo tempo que recebe informações da estação-base. Por exemplo, nos sistemas de telefonia convencionais, é possível falar e escutar simultaneamente, e esse efeito, chamado *duplexação*, geralmente é exigido em sistemas de telefone sem fio.

A duplexação pode ser feita usando-se técnicas de domínio de freqüência ou tempo. A *duplexação por divisão de freqüência* [*Frequency Division Duplexing* (FDD)] oferece duas bandas de freqüências distintas para cada usuário. A *banda direta* oferece tráfego da estação-base para a estação móvel, e a *banda reversa* oferece tráfego da estação móvel para a estação-base. Na FDD, qualquer *canal duplex* na realidade consiste em dois canais simplex (um direto e um reverso), e um dispositivo chamado *duplexador* é usado dentro de cada unidade do assinante e na estação-base para permitir simultaneamente transmissão e recepção de rádio bidirecional, para ambos, a unidade do assinante e a estação-base, no par de canais simplex A separação de freqüência entre cada canal direto e reverso é constante em todo o sistema, independentemente do canal em particular que está sendo utilizado.

A *duplexação por divisão de tempo* [*Time Division Duplexing* (TDD)] usa o tempo em vez da freqüência para fornecer um enlace direto e um reverso. Na TDD, múltiplos usuários compartilham um único canal de rádio alternando-se no tempo. Usuários individuais têm permissão para acessar o canal nos *slots de tempo* atribuídos, e cada canal duplex tem um slot de tempo direto e um slot de tempo reverso, para facilitar a comunicação bidirecional. Se a separação de tempo entre o slot direto e o slot reverso for pequena, a transmissão e a recepção de dados parecem simultâneas para os usuários em ambos os lados, da unidade do assinante e da estação-base. A Figura 9.1 ilustra as técnicas de FDD e TDD. A TDD permite a comunicação em um único canal (em vez de exigir dois canais simplex separados ou dedicados), e simplifica o equipamento do assinante, pois não exige um duplexador.

Existem vários fatores que influenciam a escolha entre as técnicas FDD e TDD. A FDD é voltada para sistemas de comunicação por rádio que alocam freqüências de rádio individuais para cada usuário. Como cada transceptor transmite e recebe simultaneamente sinais de rádio que podem variar por mais de 100 dB, a alocação de freqüência usada para canais direto e reverso deve ser coordenada cuidadosamente dentro do seu próprio sistema e com usuários fora-da-banda que ocupam o espectro entre essas duas bandas. Além disso, a separação de freqüência deve ser coordenada para permitir o uso das tecnologias de RF e de oscilador. A TDD permite que cada transceptor opere como um transmisssor ou receptor na mesma freqüência, e elimina a necessidade de bandas de freqüência direta e reversa separadas. Porém, existe uma latência de tempo criada pela TDD, uma vez que as comunicações não são *duplex* no sentido mais verdadeiro, e essa latência cria sensibilidades inerentes a atrasos de propagação dos usuários.

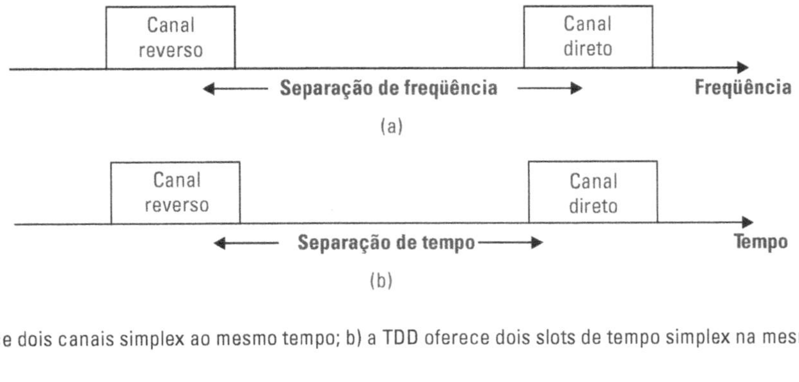

Figura 9.1 A FDD oferece dois canais simplex ao mesmo tempo; b) a TDD oferece dois slots de tempo simplex na mesma freqüência.

Devido à temporização rígida exigida para os slots de tempo, a TDD geralmente é limitada a telefone sem fio ou acesso portátil em curta distância. A TDD é eficaz para o acesso sem fio fixo quando todos os usuários são estacionários, de modo que os atrasos de propagação não variam no tempo entre os usuários.

9.1.1 Introdução ao acesso múltiplo

Acesso múltiplo por divisão de freqüência [*Frequency Division Multiple Access* (FDMA)], *acesso múltiplo por divisão de tempo* [*Time Division Multiple Access* (TDMA)] e *acesso múltiplo por divisão de código* [*Code Division Multiple Access* (CDMA)] são as três principais técnicas de acesso usadas para compartilhar a largura de banda disponível em um sistema de comunicação sem fio. Essas técnicas podem ser agrupadas como sistemas de *banda estreita* e *banda larga*, dependendo de como a largura de banda disponível é alocada aos usuários. A técnica de duplexação de um sistema de acesso múltiplo normalmente é descrita juntamente com o esquema de acesso múltiplo em particular, como mostram os exemplos a seguir.

Sistemas de banda estreita — O termo *banda estreita* é usado para relacionar a largura de banda de um único canal à largura de banda de coerência esperada do canal. Em um sistema de acesso múltiplo com banda estreita, o espectro de rádio disponível é dividido em um grande número de canais de banda estreita. Os canais normalmente são operados usando-se FDD. Para minimizar a interferência entre enlaces direto e reverso em cada canal, a separação de freqüência deve ser a maior possível dentro do espectro de freqüência, mas ainda permitindo que duplexadores baratos e uma antena transceptora comum sejam usados em cada unidade do assinante. No FDMA de banda estreita, um usuário recebe um canal em particular que não é compartilhado por outros usuários nas vizinhanças, e, quando a FDD é usada (ou seja, quando cada canal duplex tem um canal simplex direto e outro reverso), o sistema é chamado FDMA/FDD. O TDMA de banda estreita, por outro lado, permite que os usuários compartilhem o mesmo canal de rádio, mas aloca um único slot de tempo a cada usuário em um padrão cíclico no canal, separando assim um pequeno número de usuários por vez em um único canal. Para sistemas TDMA de banda estreita, geralmente existe um grande número de canais de rádio alocados usando ou FDD ou TDD, e cada canal é compartilhado usando TDMA. Esses sistemas são chamados sistemas de acesso TDMA/FDD ou TDMA/TDD.

Sistemas de banda larga — Nos sistemas de banda larga, a largura de banda da transmissão de um único canal é muito maior do que a largura de banda de coerência do canal. Assim, a atenuação de caminho múltiplo não varia muito a potência do sinal recebido dentro de um canal de banda larga, e atenuações seletivas de freqüência ocorrem apenas em uma pequena fração da largura de banda do sinal em qualquer instante do tempo. Nos sistemas de acesso múltiplo de banda larga, um grande número de transmissores pode transmitir no mesmo canal. O TDMA aloca slots de tempo aos vários transmissores no mesmo canal, e só permite que um transmissor de cada vez acesse o canal, enquanto o CDMA de espectro espalhado permite que todos os transmissores acessem o canal ao mesmo tempo. Sistemas TDMA e CDMA podem usar técnicas de multiplexação FDD ou TDD.

Além de FDMA, TDMA e CDMA, dois outros esquemas de acesso múltiplo logo serão usados para comunicações sem fio: o *rádio pacote* [*packet radio* (PR)] e o *acesso múltiplo por divisão espacial* [*Space Division Multiple Access* (SDMA)]. Neste capítulo, serão discutidas as técnicas de acesso múltiplo mencionadas, seu desempenho e sua capacidade nos sistemas sem fio digitais. A Tabela 9.1 mostra as diferentes técnicas de acesso múltiplo usadas em diversos sistemas de comunicação sem fio.

9.2 Acesso Múltiplo por Divisão de Freqüência (FDMA)

O *acesso múltiplo por divisão de freqüência* (FDMA) atribui canais individuais a usuários individuais. Pode-se ver pela Figura 9.2 que cada usuário recebe uma banda ou canal de freqüência exclusivo. Esses canais são atribuídos por demanda aos usuários que solicitam o serviço. Durante o período da chamada, nenhum outro usuário pode compartilhar o mesmo canal. Nos sistemas FDD, os usuários recebem um canal como um par de freqüências, uma usada para o canal direto e a outra usada para o canal reverso. As características do FDMA são as seguintes:

- O canal FDMA carrega apenas um circuito de telefone de cada vez.
- Se um canal FDMA não está sendo usado, ele fica ocioso e não pode ser usado por outros usuários para aumentar ou compartilhar a capacidade. Ele é basicamente um recurso desperdiçado.

Tabela 9.1 Técnicas de acesso múltiplo usadas em diferentes sistemas de comunicação sem fio

Sistema de celular	Técnica de acesso múltiplo
Advanced Mobile Phone System (AMPS)	FDMA/FDD
Global System for Mobile (GSM)	TDMA/FDD
US Digital Cellular (USDC)	TDMA/FDD
Pacific Digital Cellular (PDC)	TDMA/FDD
CT2 (*Cordless Telephone*)	FDMA/TDD
Digital European Cordless Telephone (DECT)	FDMA/TDD
US Narrowband Spread Spectrum (IS-95)	CDMA/FDD
W-CDMA (3GPP)	CDMA/FDD e CDMA/TDD
cdma2000 (3GPP2)	CDMA/FDD e CDMA/TDD

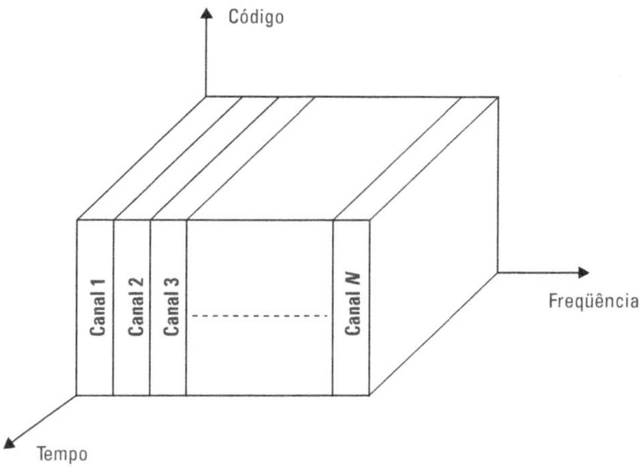

Figura 9.2 FDMA onde diferentes canais recebem diferentes bandas de freqüência.

- Após a atribuição de um canal de voz, a estação-base e a estação móvel transmitem simultânea e continuamente.
- As larguras de banda dos canais FDMA são relativamente estreitas (30 kHz em AMPS), pois cada canal admite apenas um circuito por portadora. Ou seja, o FDMA normalmente é implementado em sistemas de banda estreita.
- O tempo de símbolo de um sinal de banda estreita é grande em comparação com o espalhamento médio do atraso. Isso implica que a quantidade de interferência entre símbolos é baixa e, assim, pouca ou nenhuma equalização é exigida nos sistemas de banda estreita FDMA.
- A complexidade dos sistemas móveis FDMA é mais baixa em comparação com os sistemas TDMA, embora isso esteja mudando à medida que os métodos de processamento digital de sinal melhoram para TDMA.
- Como o FDMA é um esquema de transmissão contínua, menos bits de sobrecarga são necessários (como bits de sincronização e enquadramento) em comparação com o TDMA.
- Sistemas FDMA possuem custos mais altos do sistema de células em comparação com sistemas TDMA, devido ao único canal por projeto de portadora e dada a necessidade de usar filtros passa-banda dispendiosos para eliminar a radiação ilegítima na estação-base.
- A unidade móvel FDMA usa duplexadores, pois transmissor e receptor operam ao mesmo tempo. Isso resulta em um aumento no custo das unidades de assinante e estações-base FDMA.
- O FDMA requer filtragem precisa de RF para minimizar a interferência do canal adjacente.

Efeitos não-lineares no FDMA — Em um sistema FDMA, muitos canais compartilham a mesma antena na estação-base. Os amplificadores de potência ou combinadores de potência, quando operados próximos da saturação para obter o máximo de eficiência de potência, são não-lineares. As não-linearidades fazem com que o sinal se espalhe no domínio de freqüência e gere freqüências de *intermodulação* (IM). IM é radiação de RF indesejada, que pode interferir com outros canais nos sistemas FDMA. O espalhamento do espectro resulta em interferência do canal adjacente. Intermodulação é a geração de harmônicos indesejáveis. Harmônicos gerados fora da banda de rádio móvel causam interferência aos serviços adjacentes, enquanto aqueles presentes dentro da banda causam interferência a outros usuários no sistema sem fio[1].

Exemplo 9.1

Ache as freqüências de intermodulação geradas se uma estação-base transmite duas freqüências de portadora a 1.930 MHz e 1.932 MHz, que são amplificadas por um amplificador de corte saturado. Se a banda de rádio móvel for alocada de 1.920 MHz a 1.940 MHz, designe as freqüências de IM que se encontram dentro e fora da banda.

Solução

Produtos da distorção por intermodulação ocorrem em freqüências $mf_1 + nf_2$ para todos os valores inteiros de m e n, ou seja, $-\infty < m,n < \infty$. Algumas das freqüências de intermodulação possíveis que são produzidas por um dispositivo não-linear são

$$(2n+1)f_1 - 2nf_2,\ (2n+2)f_1 - (2n+1)f_2,\ (2n+1)f_1 - 2nf_2,\ (2n+2)f_2 - (2n+1)f_1 \text{ etc.} \qquad \text{para } n = 0, 1, 2, \ldots\ldots$$

A Tabela E9.1 lista vários termos de produto de intermodulação.

Tabela E9.1 Produtos de intermodulação

$n = 0$	$n = 1$	$n = 2$	$n = 3$
1.930	1.926	1.922	1.918
1.928	1.924	1.920	1.916
1.932	1.936	1.940	1.944*
1.934	1.938	1.942*	1.946*

As freqüências na tabela marcadas com um asterisco (*) são as que se encontram fora da banda de rádio móvel alocada.

O primeiro sistema de celular analógico nos EUA, o *Advanced Mobile Phone System* (AMPS), é baseado em FDMA/FDD. Um único usuário ocupa um único canal enquanto a chamada está em andamento, e esse único canal é, na realidade, dois canais simplex duplexados por freqüência com uma separação de 45 MHz. Quando uma chamada termina, ou quando ocorre uma transferência de célula, o canal se torna vago para que outro assinante móvel possa usá-lo. Usuários múltiplos ou simultâneos são acomodados no AMPS que dá a cada usuário um canal exclusivo. Os sinais de voz são enviados no canal direto da estação-base para a unidade móvel, e no canal reverso da unidade móvel para a estação-base. No AMPS, a modulação por freqüência de banda estreita [*Narrowband Frequency Modulation*

(NBFM)] analógica é usada para modular a portadora. O número de canais admitidos simultaneamente em um sistema FDMA é dado por

$$N = \frac{B_t - 2B_{guard}}{B_c} \tag{9.1}$$

onde B_t é a alocação de espectro total, B_{guarda} é a banda de guarda alocada na borda da banda de espectro alocada, e B_c é a largura de banda do canal. Observe que B_t e B_c podem ser especificados em termos de larguras de banda simplex, onde se entende que existem alocações de freqüência simétricas para a banda direta e a banda reversa.

Exemplo 9.2

Se um operador de celular AMPS dos EUA recebe 12,5 MHz para cada banda simplex, e se B_t é 12,5 MHz, B_{guarda} é 10 kHz e B_c é 30 kHz, encontre o número de canais disponíveis em um sistema FDMA.

Solução

O número de canais disponíveis no sistema FDMA é dado como

$$N = \frac{12{,}5 \times 10^6 - 2(10 \times 10^3)}{30 \quad 10^3} = 416$$

Nos EUA, cada companhia de celular recebe 416 canais.

9.3 Acesso Múltiplo por Divisão de Tempo (TDMA)

Sistemas de *acesso múltiplo por divisão de tempo* (TDMA) dividem o espectro de rádio em slots de tempo, e em cada slot apenas um usuário tem permissão para transmitir ou receber. Pode-se ver pela Figura 9.3 que cada usuário ocupa um slot de tempo com repetição cíclica, de modo que um canal pode ser imaginado como um slot de tempo em particular que se repete a cada quadro, onde N slots de tempo formam um quadro. Sistemas TDMA transmitem dados em um método *buffer-and-burst* (guardar-e-enviar), de modo que a transmissão para qualquer usuário é não-contínua. Isso implica que, diferentemente dos sistemas FDMA que acomodam FM analógico, os dados digitais e a modulação digital devem ser usados com TDMA. A transmissão de vários usuários é intercalada em uma estrutura de quadros repetitivos, como mostra a Figura 9.4. Pode-se ver que um quadro consiste em uma série de slots. Cada quadro é composto de um preâmbulo, uma mensagem de informação e bits de fim. Em TDMA/TDD, metade dos slots de tempo no quadro da mensagem seriam usados para os canais do enlace direto e metade seriam usados para canais do enlace reverso. Em sistemas TDMA/FDD, uma estrutura de quadro idêntica ou semelhante seria usada unicamente para a transmissão direta ou reversa, mas as freqüências de portadora seriam diferentes para os enlaces direto e reverso. Em geral, sistemas TDMA/FDD induzem intencionalmente vários slots de tempo de atraso entre os slots de tempo direto e reverso para determinado usuário, por isso os duplexadores não são exigidos na unidade do assinante.

Em um quadro TDMA, o preâmbulo contém a informação de endereço e sincronismo que a estação-base e os assinantes utilizam para identificar um ao outro. Os tempos de guarda são utilizados para permitir a sincronização dos receptores entre diferentes slots e quadros. Diferentes padrões TDMA sem fio possuem diferentes estruturas de quadro TDMA, e alguns são descritos no Capítulo 11. As características do TDMA incluem:

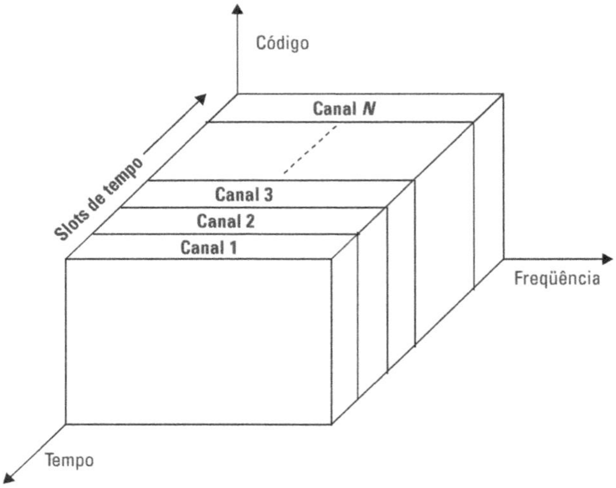

Figura 9.3 Esquema TDMA onde cada canal ocupa um slot de tempo ciclicamente repetitivo.

- O TDMA compartilha uma única freqüência de portadora com vários usuários, na qual cada usuário utiliza slots de tempo não sobrepostos. O número de slots de tempo por quadro depende de diversos fatores, como técnica de modulação, largura de banda disponível etc.
- A transmissão de dados para usuários de um sistema TDMA não é contínua, mas ocorre em rajadas. Isso resulta em baixo consumo de bateria, pois o transmissor do assinante pode ser desativado quando não estiver em uso (ou seja, a maior parte do tempo).
- Devido às transmissões descontínuas no TDMA, o processo de transferência é muito mais simples para uma unidade de assinante, pois ela é capaz de escutar outras estações-base durante os slots de tempo ociosos. Um controle de enlace avançado, como aquele fornecido pela *transferência assistida por estação móvel* [*mobile assisted handoff* (MAHO)] pode ser executado por um assinante simplesmente escutando em um slot ocioso no quadro TDMA.
- O TDMA usa slots de tempo diferentes para transmissão e recepção, por isso dispensa os duplexadores. Mesmo que a FDD seja usada, um switch em vez de um duplexador dentro da unidade do assinante é tudo o que é necessário para comutar entre transmissor e receptor usando TDMA.

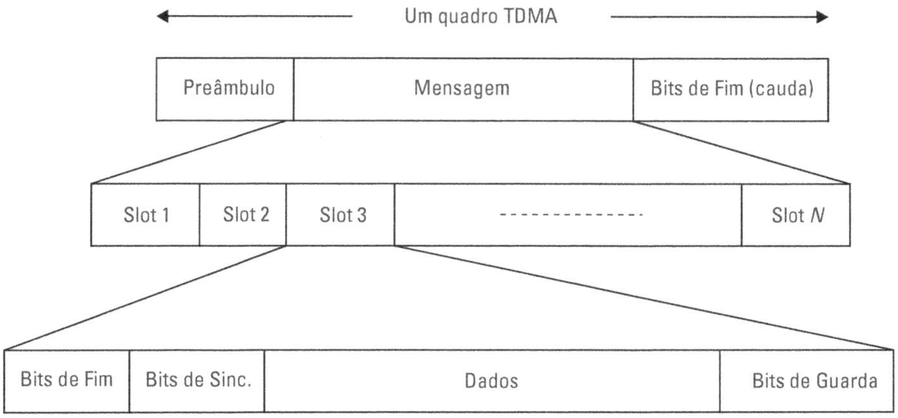

Figura 9.4 Estrutura de quadro TDMA. O quadro é repetido ciclicamente com o tempo.

- A equalização adaptativa normalmente é necessária em sistemas TDMA, pois as taxas de transmissão geralmente são muito altas em comparação com os canais FDMA.
- Em TDMA, o tempo de guarda deve ser minimizado. Se o sinal transmitido nas bordas de um slot de tempo for suprimido bruscamente a fim de encurtar o tempo de guarda, o espectro transmitido se expandirá e causará interferência em canais adjacentes.
- Uma alta sobrecarga de sincronização é exigida em sistemas TDMA, devido a transmissões em rajada. Como transmissões TDMA são feitas em slots, os receptores devem estar sincronizados para cada rajada de dados. Além disso, os slots de guarda são necessários para separar usuários, e isso faz com que os sistemas TDMA tenham sobrecargas maiores em comparação com os sistemas FDMA.
- O TDMA tem a vantagem de conseguir alocar diferentes números de slots de tempo por quadro a diferentes usuários. Assim, a largura de banda pode ser fornecida por demanda a diferentes usuários concatenando ou reatribuindo slots de tempo com base na prioridade.

Eficiência do TDMA — A eficiência de um sistema TDMA é uma medida da porcentagem de dados transmitidos que contém informações, em vez de gerar sobrecarga para o esquema de acesso. A eficiência do quadro, η_f, é a porcentagem de bits por quadro que contém dados transmitidos. Observe que os dados transmitidos podem incluir bits de origem e codificação do canal, de modo que a eficiência bruta do usuário final de um sistema geralmente é menor que η_f. A eficiência do quadro pode ser encontrada da seguinte forma:

O número de bits de sobrecarga por quadro é[2]

$$b_{OH} = N_r b_r + N_t b_p + N_t b_g + N_r b_g \qquad (9.2)$$

onde N_r é o número de rajadas de referência por quadro, N_t é o número de rajadas de tráfego por quadro, b_r é o número de bits de sobrecarga por rajada de referência, b_p é o número de bits de sobrecarga por preâmbulo em cada slot, e b_g é o número de bits equivalentes em cada intervalo de tempo de guarda. O número total de bits por frame, b_T, é

$$b_T = T_f R \qquad (9.3)$$

onde T_f é a duração do quadro, e R é a taxa de bits do canal. A eficiência do quadro η_f, portanto, é dada por

$$\eta_f = \left(1 - \frac{b_{OH}}{b_T}\right) \times 100\% \qquad (9.4)$$

Número de canais no sistema TDMA — O número de slots de canal TDMA que podem ser fornecidos em um sistema TDMA é encontrado multiplicando-se o número de slots TDMA por canal pelo número de canais disponíveis e é dado por

$$N = \frac{m(B_{tot} - 2B_{guard})}{B_c} \qquad (9.5)$$

onde m é o número máximo de usuários TDMA admitidos em cada canal de rádio. Observe que duas bandas de guarda, uma no extremo inferior da banda de freqüência alocada e uma no extremo superior, são exigidas para garantir que os usuários na borda da banda não sejam difundidos para um serviço de rádio adjacente.

Exemplo 9.3

Considere o sistema GSM, um sistema TDMA/FDD que usa 25 MHz para o enlace direto, desmembrado em canais de rádio de 200 kHz. Se 8 canais de voz forem admitidos em um único canal de rádio, e se não for considerada nenhuma banda de guarda, ache o número de usuários simultâneos que podem ser acomodados no GSM.

Solução

O número de usuários simultâneos que podem ser acomodados no GSM é dado como

$$N = \frac{25\text{ MHz}}{(200\text{ kHz})/8} = 1.000$$

Logo, GSM pode acomodar 1.000 usuários simultâneos.

Exemplo 9.4

Se o GSM usa uma estrutura de quadro em que cada quadro consiste em oito slots de tempo, e cada slot de tempo contém 156,25 bits, e os dados são transmitidos a 270,833 Kbps no canal, encontre a) a duração de tempo de um bit; b) a duração de tempo de um slot; c) a duração de tempo de um quadro; d) quanto tempo um usuário que ocupa um único slot de tempo deverá esperar entre duas transmissões sucessivas.

Solução

a) A duração de tempo de um bit,

$$T_b = \frac{1}{270{,}833\text{ kbps}} = 3{,}692\ \mu\text{s}$$

b) A duração de tempo de um slot, $T_{slot} = 156{,}25 \times T_b = 0{,}577$ ms

c) A duração de tempo de um quadro, $T_f = 8 \times T_{slot} = 4{,}615$ ms

d) Um usuário precisa esperar 4,615 ms, o tempo de chegada de um novo quadro, para sua próxima transmissão.

Exemplo 9.5

Se um slot de tempo GSM normal consiste em seis bits de fim, 8,25 bits de guarda, 26 bits de treinamento e duas rajadas de tráfego de 58 bits de dados, ache a eficiência do quadro.

Solução

Um slot de tempo tem 6 + 8,25 + 26 + 2(58) = 156,25 bits

Um quadro tem 8 x 156,25 = 1.250 bits/quadro

O número de bits de sobrecarga por quadro é dado por

$$b_{OH} = 8(6) + 8(8{,}25) + 8(26) = 322 \text{ bits}$$

Logo, a eficiência do frame

$$\eta_f = \left[1 - \frac{322}{1250}\right] \times 100 = 74{,}24\%$$

9.4 Acesso Múltiplo por Espalhamento Espectral (SSMA)

O *acesso múltiplo por espalhamento espectral* [*Spread Spectrum Multiple Access* (SSMA)] utiliza sinais que têm uma largura de banda de transmissão com várias ordens de grandeza maior que o mínimo exigido para a largura de banda de RF. Uma seqüência de pseudo-ruído (PN) (discutida no Capítulo 6) converte um sinal de banda estreita em um sinal semelhante a ruído de banda larga antes da transmissão. O SSMA também oferece imunidade à interferência de caminho múltiplo e capacidade robusta de acesso múltiplo. Ele não é tão eficiente em termos de largura de banda quando usado por um único usuário. Porém, como muitos usuários podem compartilhar a mesma largura de banda de espalhamento espectral sem interferir um com o outro, os sistemas de espalhamento espectral tornam-se eficientes em termos de largura de banda em um ambiente de múltiplos usuários. Essa é exatamente a situação que interessa aos projetistas de sistemas sem fio. Existem dois tipos principais de técnicas de acesso múltiplo por espalhamento espectral: *acesso múltiplo por salto de freqüência* [*Frequency Hopped* (FH)] e *acesso múltiplo de seqüência direta* [*Direct Sequence* (DS)]. O acesso múltiplo por seqüência direta também é chamado de *acesso múltiplo por divisão de código* (CDMA).

9.4.1 Acesso múltiplo por salto de freqüência (FHMA)

O *acesso múltiplo por salto de freqüência* [*Frequency Hopped Multiple Access* (FHMA)] é um sistema de acesso múltiplo digital em que as freqüências de portadora dos usuários individuais são variadas em um padrão pseudo-aleatório dentro de um canal de banda larga. A Figura 9.5 ilustra como o FHMA permite que múltiplos usuários ocupem simultaneamente o mesmo espectro, onde cada usuário habita em um canal de banda estreita específico em um determinado instante de tempo, com base no seu código PN particular. Os dados digitais de cada usuário são desmembrados em rajadas de tamanho uniforme, que são transmitidas em diferentes canais dentro da banda de espectro alocada. A largura de banda instantânea de qualquer rajada de transmissão é muito menor que a largura de banda de espalhamento total. A mudança pseudo-aleatória das freqüências do canal do usuário torna aleatória a ocupação de um canal específico a qualquer dado momento, permitindo assim o acesso múltiplo por uma grande faixa de freqüências. Em um receptor de FH, um código PN gerado localmente é usado para sincronizar a freqüência instantânea do receptor com a do transmissor. Em qualquer ponto no tempo, um sinal com salto de freqüência só ocupa um único canal relativamente estreito, pois é utilizada FM de banda estreita ou FSK. A diferença entre FHMA e um sistema FDMA tradicional é que o sinal com salto de freqüência muda de canal em intervalos rápidos. Se a taxa de mudança da freqüência da portadora é maior que a taxa de símbolos, o sistema é denominado *sistema de salto de freqüência rápido*. Se o canal muda a uma taxa menor ou igual à taxa de símbolos, ele é chamado *salto de freqüência lento*. Um saltador de freqüência rápido pode, portanto, ser considerado como um sistema FDMA que emprega diversidade de freqüência. Sistemas FHMA normalmente empregam modulação de envelope constante com uso eficiente da energia. Receptores baratos podem ser montados para fornecer detecção não-coerente de FHMA. Isso implica que a linearidade não é um problema, e a potência de múltiplos usuários no receptor não prejudica o desempenho do FHMA.

Um sistema com salto de freqüência oferece um nível de segurança, especialmente quando um grande número de canais é usado, pois um receptor não intencionado (ou inter-

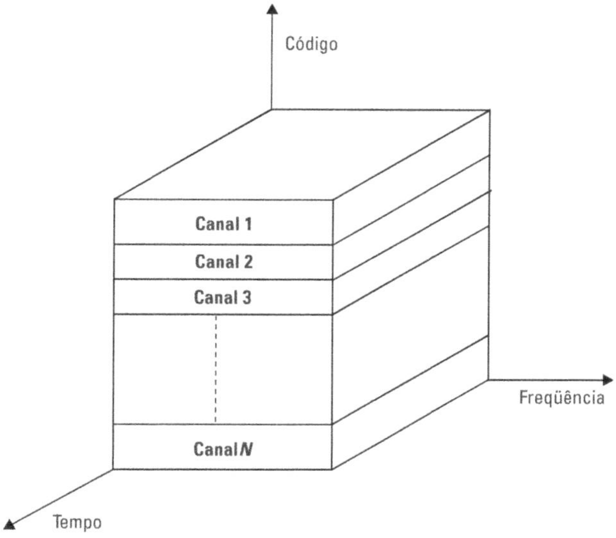

Figura 9.5 Acesso múltiplo por espalhamento espectral em que cada canal recebe um código PN exclusivo, que é ortogonal ou aproximadamente ortogonal aos códigos PN usados por outros usuários.

ceptando) que não saiba a seqüência pseudo-aleatória dos saltos de freqüência deve ser reajustado rapidamente para procurar o sinal que deseja interceptar. Além disso, o sinal FH é de certa forma imune à atenuação, pois a codificação do controle de erro e o entrelaçamento podem ser usados para proteger o sinal de salto de freqüência contra atenuações profundas que ocasionalmente podem ocorrer durante a seqüência de saltos. A codificação de controle de erro e os entrelaçamentos também podem ser combinados para evitar *colisões* que podem ocorrer quando dois ou mais usuários transmitem no mesmo canal ao mesmo tempo. As tecnologias sem fio Bluetooth e HomeRF adotaram FHMA por eficiência de potência e implementação de baixo custo.

9.4.2 Acesso múltiplo por divisão de código (CDMA)

Em sistemas de *acesso múltiplo por divisão de código* (CDMA), o sinal da mensagem de banda estreita é multiplicado por um sinal de banda larga muito grande, chamado *sinal de espalhamento*. O sinal de espalhamento é uma seqüência de código de pseudo-ruído que tem uma taxa de chip que é várias ordens de grandeza maior que a taxa de dados da mensagem. Como visto na Figura 9.5, todos os usuários em um sistema CDMA usam a mesma freqüência de portadora e podem transmitir simultaneamente. Cada usuário tem sua própria palavra-código pseudo-aleatória que é aproximadamente ortogonal a todas as outras palavras-código. O receptor realiza uma operação de correlação de tempo para detectar apenas a palavra-código específica desejada. Todas as outras palavras-código aparecem como ruído devido à descorrelação. Para a detecção do sinal de mensagem, o receptor precisa conhecer a palavra-código usada pelo transmissor. Cada usuário opera independentemente sem conhecimento dos outros usuários.

No CDMA, a potência de múltiplos usuários em um receptor determina o patamar de ruído após a descorrelação. Se a potência de cada usuário dentro de uma célula não for controlada de modo que não pareça igual no receptor da estação-base, ocorre o *problema do próximo-distante*.

O problema do próximo-distante ocorre quando muitos usuários móveis compartilham o mesmo canal. Em geral, o mais forte sinal móvel recebido *capturará* o demodulador em uma estação-base. No CDMA, os níveis mais fortes de sinal recebido elevam o patamar de ruído nos demoduladores da estação-base para os sinais mais fracos, diminuindo assim a probabilidade destes serem recebidos. Para combater o problema do próximo-distante, o *controle de potência* é usado na maioria das implementações do CDMA. O controle de potência é fornecido por cada estação-base em um sistema celular e garante que cada estação móvel dentro da área de cobertura da estação-base ofereça o mesmo nível de sinal ao receptor da estação-base. Isso resolve o problema de um assinante próximo elevando a potência no receptor da estação-base e abafando os sinais de assinantes distantes. O controle de potência é implementado na estação-base produzindo rapidamente amostras dos níveis do indicador de força do sinal de rádio (RSSI) de cada estação móvel e depois enviando um comando de mudança de potência pelo enlace de rádio direto. Apesar do uso do controle de potência dentro de cada célula, as estações móveis fora da célula causam interferência que não está sob o controle da estação-base receptora. Entre as características do CDMA estão as seguintes:

- Muitos usuários de um sistema CDMA compartilham a mesma freqüência. TDD ou FDD podem ser usadas.
- Diferentemente de TDMA ou FDMA, o CDMA tem um limite de capacidade flexível. Aumentar o número de usuários em um sistema CDMA eleva o patamar de ruído de maneira linear. Assim, não existe um limite absoluto para o número de usuários no CDMA. Em vez disso, o desempenho do sistema diminui gradualmente para todos os usuários à medida que o número de usuários aumenta, e melhora à medida que o número de usuários diminui.
- A atenuação de caminho múltiplo pode ser substancialmente reduzida porque o sinal é espalhado por um espectro grande. Se a largura de banda do espalhamento espectral for maior que a largura de banda de coerência do canal, a diversidade de freqüência inerente aliviará os efeitos da atenuação em pequena escala.
- As taxas de dados do canal são muito altas nos sistemas CDMA. Conseqüentemente, a duração do símbolo (chip) é muito curta e normalmente muito menor do que o espalhamento de atraso do canal. Como as seqüências PN possuem baixa autocorrelação, o caminho múltiplo que é atrasado por mais de um chip aparecerá

como ruído. Um receptor RAKE pode ser usado para melhorar a recepção coletando versões atrasadas do sinal exigido.

- Como o CDMA usa células de co-canal, ele pode usar a diversidade espacial macroscópica para fornecer transferência flexível. A transferência flexível é realizada pelo MSC, que pode monitorar simultaneamente um usuário em particular a partir de duas ou mais estações-base. O MSC pode escolher a melhor versão do sinal a qualquer momento sem alternar as freqüências.
- A auto-interferência é um problema no sistema CDMA. Ela surge do fato de que as seqüências de espalhamento de diferentes usuários não são exatamente ortogonais; logo, no desespalhamento de um código PN em particular, as contribuições não-zero para a estatística de decisão do receptor para um usuário desejado surgem das transmissões dos outros usuários no sistema.
- O problema do próximo–distante ocorre em um receptor CDMA se um usuário indesejado tiver uma potência alta em comparação com o usuário desejado.

9.4.3 Técnicas híbridas de espalhamento espectral

Além das técnicas de acesso múltiplo por espalhamento espectral de salto de freqüência e seqüência direta, existem outras combinações híbridas que oferecem certas vantagens. Essas técnicas híbridas são descritas a seguir.

FDMA/CDMA híbrido (FCDMA) — Essa técnica pode ser usada como uma alternativa às técnicas de DS-CDMA discutidas acima. A Figura 9.6 mostra o espectro desse esquema híbrido. O espectro de banda larga disponível é dividido em uma série de subespectros com larguras de banda menores. Cada um desses subcanais menores se torna um sistema CDMA de banda estreita obtendo ganho de processamento menor que o sistema CDMA original. A vantagem desse sistema híbrido é que a largura de banda exigida não precisa ser contígua, e diferentes usuários podem receber diferentes larguras de banda do subespectro, dependendo de seus requisitos. A capacidade dessa técnica FDMA/CDMA é calculada como a soma das capacidades de um sistema que opera nos subespectros[3].

Acesso Múltiplo Híbrido com Seqüência Direta/Salto de Freqüência (DS/FHMA) — Essa técnica consiste em um sinal de seqüência direta modulado cuja freqüência de centro é feita para saltar periodicamente em um padrão pseudo-aleatório. A Figura 9.7 mostra o espectro de freqüência de um sinal desse tipo[4]. Os sistemas de seqüência direta e salto de freqüência têm como vantagem evitar o efeito de próximo–distante. Porém, os sistemas CDMA com salto de freqüência não são adaptáveis ao processo de transferência flexível, pois é difícil sincronizar o receptor da estação-base por salto de freqüência com os sinais de saltos múltiplos.

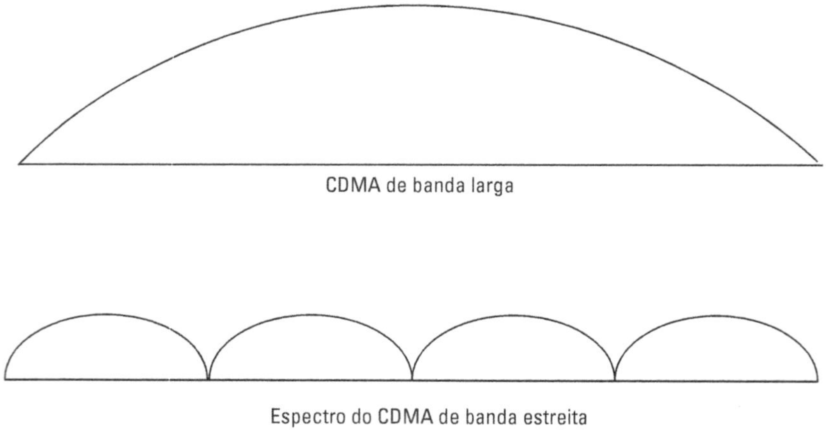

Figura 9.6 Espectro de CDMA de banda larga comparado com o espectro do acesso múltiplo híbrido por divisão de freqüência e seqüência direta.

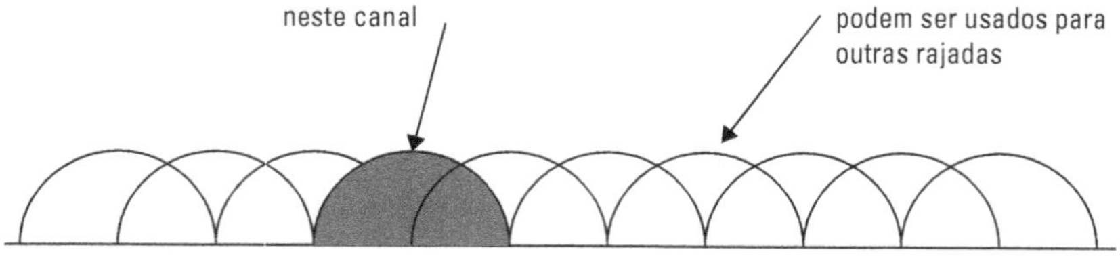

Figura 9.7 Espectro de freqüência de um sistema FH/DS híbrido.

CDMA por Divisão de Tempo [***Time Division CDMA*** **(TCDMA)**] — Em um sistema TCDMA (também chamado TDMA/CDMA), diferentes códigos de espalhamento são atribuídos a diferentes células. Dentro de cada célula, somente um usuário recebe um slot de tempo em particular. Assim, somente um usuário CDMA por vez está transmitindo em cada célula. Quando ocorre uma transferência, o código de espalhamento do usuário é alterado para o da nova célula. O uso de TCDMA tem a vantagem de evitar o efeito próximo–distante, pois somente um usuário transmite de cada vez dentro de uma célula.

Salto de Freqüência por Divisão de Tempo (*Time Division Frequency Hopping* (TDFH)) — Essa técnica de acesso múltiplo tem uma vantagem no caminho múltiplo severo ou quando ocorre interferência severa no co-canal. O assinante pode saltar para uma nova freqüência no início de um novo quadro TDMA, evitando assim um evento de atenuação severa ou colisões em um canal em particular. Essa técnica tem sido adotada para o padrão GSM, no qual a seqüência de salto é predefinida e o assinante só tem permissão para saltar em certas freqüências que são atribuídas a uma célula. Esse esquema também evita problemas de interferência do co-canal entre células vizinhas se dois transmissores de estação-base que estão apresentando interferência transmitirem em diferentes freqüências em tempos diferentes. O uso de TDFH pode aumentar a capacidade do GSM em várias vezes[5]. O Capítulo 11 descreve o padrão GSM com mais detalhes.

9.5 Acesso Múltiplo por Divisão Espacial (SDMA)

O *acesso múltiplo por divisão espacial* [*Space Division Multiple Access* (SDMA)] controla a energia radiada para cada usuário no espaço. Pode-se ver pela Figura 9.8 que o SDMA atende diferentes usuários usando antenas *spot beam*. Essas áreas diferentes cobertas pelo raio da antena podem ser servidas pela mesma freqüência (em um sistema TDMA ou CDMA) ou por diferentes freqüências (em um sistema FDMA). Antenas setorizadas podem ser imaginadas como uma aplicação primitiva do SDMA. No futuro, antenas adaptativas provavelmente serão usadas para dirigir simultaneamente a energia na direção de muitos usuários ao mesmo tempo e parecem ser mais adequadas para arquiteturas de estação-base TDMA e CDMA.

O enlace reverso apresenta a maior dificuldade nos sistemas celulares por diversos motivos[6]. Primeiro, a estação-base tem o controle completo sobre a potência de todos os sinais transmitidos no enlace direto. Porém, devido aos diferentes canais de propagação de rádio entre cada usuário e a estação-base, a potência transmitida de cada unidade de assinante deve ser controlada dinamicamente para impedir que qualquer usuário aumente o nível de interferência para todos os outros usuários. Segundo, a potência de transmissão é limitada pelo consumo de bateria na unidade do assinante e, portanto, existem limites sobre o grau em que a potência pode ser controlada no enlace reverso. Se a antena da estação-base tiver que filtrar espacialmente cada usuário desejado, de modo que mais energia seja detectada de cada assinante, o enlace reverso para cada usuário é melhorado e menos potência é exigida.

Antenas adaptativas usadas na estação-base (e por fim nas unidades do assinante) prometem aliviar alguns dos problemas no enlace reverso. No caso limitador da largura de raio infinitesimal e capacidade de monitoração infinitamente rápida, antenas adaptativas implementam SDMA ideal, oferecendo assim um canal exclusivo que está livre da interferência de todos os outros usuários na célula. Com SDMA, todos os usuários dentro do sistema seriam capazes de se comunicar ao mesmo tempo usando o mesmo canal. Além disso, um sistema perfeito de antenas adaptativas seria capaz de rastrear componentes de

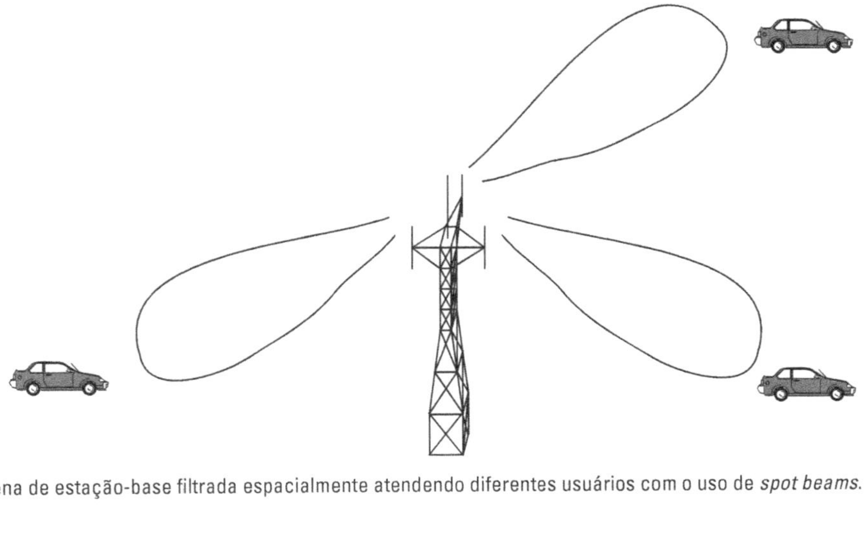

Figura 9.8 Uma antena de estação-base filtrada espacialmente atendendo diferentes usuários com o uso de *spot beams*.

caminho múltiplo individuais para cada usuário e combiná-los de uma maneira ideal para coletar toda a energia disponível no canal de cada usuário. O sistema perfeito de antenas adaptativas não é viável porque exige antenas infinitamente grandes. Porém, a Seção 9.7.2 ilustra quais ganhos poderiam ser obtidos usando-se vetores de tamanho razoável com diretivas moderadas.

9.6 Rádio pacote (PR)

Nas técnicas de acesso de *rádio pacote* [*Packet Radio* (PR)], muitos assinantes tentam acessar um único canal de uma maneira não coordenada (ou minimamente coordenada). A transmissão é feita usando-se rajadas de dados. As colisões das transmissões simultâneas de múltiplos transmissores são detectadas na estação-base receptora, em que um sinal *ACK* ou *NACK* é transmitido por broadcast pela estação-base para alertar o usuário desejado (e todos os outros usuários) da transmissão recebida. O sinal ACK indica uma confirmação de uma rajada recebida de um usuário em particular pela estação-base, e um NACK (confirmação negativa) indica que a rajada anterior não foi recebida corretamente pela estação-base. Usando sinais ACK e NACK, um sistema PR utiliza resposta perfeita, embora o atraso de tráfego devido às colisões possa ser alto.

O acesso múltiplo de rádio pacote é muito fácil de implementar, mas tem baixa eficiência espectral e pode induzir atrasos. Os assinantes usam uma técnica de contenção para transmitir em um canal comum. Protocolos ALOHA, desenvolvidos para os antigos sistemas de satélite, são os melhores exemplos das técnicas de contenção. Esses protocolos permitem que cada assinante transmita sempre que tiver dados para enviar. Os assinantes que estão transmitindo escutam a resposta de confirmação para determinar se a transmissão foi bem-sucedida ou não. Se houver colisão, o assinante espera por um tempo aleatório e depois retransmite o pacote. A vantagem das técnicas de contenção por pacote é a capacidade de atender um grande número de assinantes praticamente sem sobrecarga. O desempenho das técnicas de contenção pode ser avaliado pela *vazão* (T), que é definida como o número médio de mensagens transmitidas com sucesso por tempo unitário, e o *atraso* (D) médio experimentado por uma típica rajada de mensagem.

9.6.1 Protocolos de rádio pacote

Para determinar a vazão, é importante determinar o *período vulnerável*, V_p, que é definido como o intervalo de tempo durante o qual os pacotes são suscetíveis a colisões com transmissões de outros usuários. A Figura 9.9 mostra o período vulnerável para um pacote que usa protocolos ALOHA[7]. O Pacote A sofrerá uma colisão se outros terminais transmitirem pacotes durante o período de t_1 a $t_1 + 2\tau$. Mesmo que somente uma pequena parte do pacote A sofra uma colisão, a interferência pode tornar a mensagem inútil.

Para estudar os protocolos de rádio pacote, considera-se que todos os pacotes enviados por todos os usuários têm um tamanho de pacote constante e taxa de dados do canal fixa, e todos os outros usuários podem gerar novos pacotes em intervalos de tempo aleatórios. Além disso, considera-se que as transmissões de pacote ocorrem com uma distribuição de Poisson tendo uma taxa de chegada média de λ pacotes por segundo. Se τ é a duração do pa-

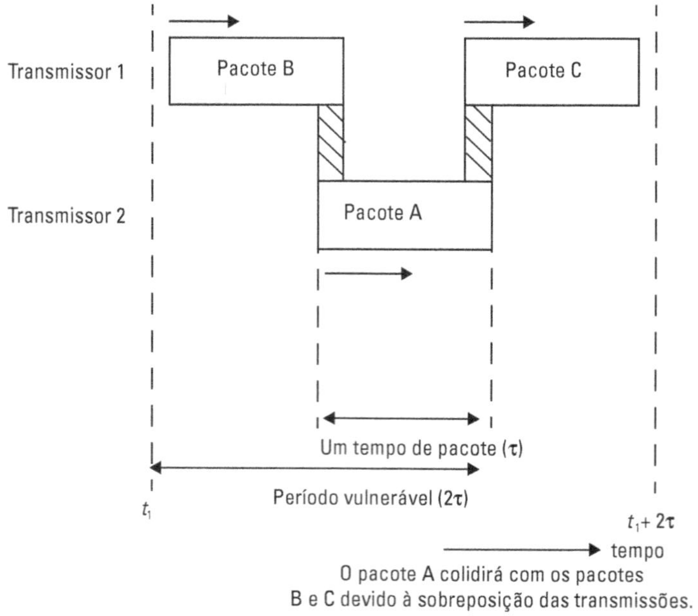

Figura 9.9 Período vulnerável para um pacote que usa protocolo ALOHA.

cote em segundos, a *ocupação de tráfego* ou *vazão* R de uma rede de rádio pacote é dada por

$$R = \lambda\tau \tag{9.6}$$

Na Equação 9.6, R é o tráfego do canal normalizado (medido em Erlangs) devido a pacotes em chegada e bufferizados, e é uma medida relativa da utilização do canal. Se $R > 1$, os pacotes gerados pelos usuários excedem a taxa de transmissão máxima do canal[8]. Assim, para obter uma vazão razoável, a taxa em que novos pacotes são gerados deve estar dentro de $0 < R < 1$. Sob condições de carga normais, a vazão T é idêntica à carga total oferecida, L. A carga L é a soma dos pacotes recém-gerados e os pacotes retransmitidos que sofreram colisões em transmissões anteriores. A vazão normalizada é sempre menor ou igual à unidade, e pode ser considerada como a fração de tempo (fração de um Erlang) em que um canal é utilizado. A vazão normalizada é dada como a carga total oferecida vezes a probabilidade de transmissão bem-sucedida, ou seja,

$$T = R \cdot \Pr[sem\ colisão] = \lambda\tau \cdot \Pr[sem\ colisão] \tag{9.7}$$

onde Pr[*sem colisão*] é a probabilidade de um usuário fazer uma transmissão de pacote bem-sucedida. A probabilidade de que n pacotes sejam gerados pela população de usuários durante determinado intervalo de duração de pacote é considerada como distribuída por Poisson, e é dada por

$$Pr(n) = \frac{R^n e^{-R}}{n!} \tag{9.8}$$

Um pacote é considerado transmitido com sucesso se não houver outros pacotes transmitidos durante um determinado intervalo de tempo. A probabilidade de que zero pacote seja gerado (ou seja, nenhuma colisão) durante esse intervalo é dada por

$$Pr(0) = e^{-R} \tag{9.9}$$

Com base no tipo de acesso, os protocolos de contenção são categorizados como *acesso aleatório*, *acesso escalonado* e *acesso híbrido*. No acesso aleatório, não existe coordenação entre os usuários, e as mensagens dos usuários são transmitidas à medida que chegam ao transmissor. O acesso escalonado é baseado em um acesso coordenado de usuários no canal, e os usuários transmitem mensagens dentro dos slots ou intervalos de tempo alocados. O acesso híbrido é uma combinação de acesso aleatório e acesso escalonado.

9.6.1.1 ALOHA puro

O protocolo ALOHA puro é um protocolo de acesso aleatório usado para transferência de dados. Um usuário acessa um canal assim que uma mensagem está pronta para ser transmitida. Após uma transmissão, o usuário espera uma confirmação no mesmo canal ou em um canal de respostas separado. No caso de colisões (ou seja, quando um NACK é recebido), o terminal espera por um período de tempo aleatório e retransmite a mensagem. À medida que o número de usuários aumenta, um atraso maior ocorre porque a probabilidade de colisão aumenta.

Para o protocolo ALOHA, o período vulnerável é o dobro da duração do pacote (ver Figura 9.9). Assim, a probabilidade de ocorrência de nenhuma colisão durante o intervalo de 2τ é encontrada avaliando-se $Pr(n)$, dada como

$$Pr(n) = \frac{(2R)^n e^{-2R}}{n!} \quad \text{para } n = 0 \tag{9.10}$$

Pode-se avaliar a média da Equação 9.10 para determinar o número médio de pacotes enviados durante 2τ. (Isso é útil para determinar o tráfego médio oferecido.) A probabilidade de ocorrência de nenhuma colisão é $Pr(0) = e^{-2R}$. A vazão do protocolo ALOHA é encontrada usando-se a Equação 9.7 como

$$T = Re^{-2R} \tag{9.11}$$

9.6.1.2 ALOHA em slots

No ALOHA em slots, o tempo é dividido em slots de tempo iguais, com tamanho maior que a duração do pacote τ. Os assinantes têm clocks sincronizados e transmitem uma mensagem somente no início de um novo slot de tempo, o que acarreta uma distribuição discreta de pacotes. Isso impede colisões parciais, quando um pacote colide com uma parte de outro. À medida que o número de usuários aumenta, um atraso maior ocorrerá devido às colisões completas e transmissões repetidas resultantes desses pacotes perdidos originalmente. O número de slots que um transmissor espera antes de retransmitir também determina as características do atraso do tráfego. O período vulnerável para o ALOHA em slots tem apenas um pacote de duração, pois as colisões parciais são impedidas por meio da sincronização. A probabilidade de que nenhum pacote seja gerado durante o período vulnerável é e^{-R}. A vazão para o caso do ALOHA em slots é, portanto, dada por

$$T = Re^{-R} \tag{9.12}$$

A Figura 9.10 ilustra como os sistemas ALOHA e ALOHA em slots trocam vazão por atraso.

Exemplo 9.6

Determine a vazão máxima que pode ser alcançada usando-se os protocolos ALOHA e ALOHA em slots.

Solução

A taxa de chegada que maximiza a vazão para o ALOHA é encontrada tomando-se a derivada da Equação 9.11 e igualando-a a zero

$$\frac{dT}{dR} = e^{-2R} - 2Re^{-2R} = 0$$

$$R_{max} = 1/2$$

A vazão máxima alcançada pelo uso do protocolo ALOHA é encontrada substituindo-se R_{max} na Equação 9.11, e esse valor pode ser visto como a vazão máxima na Figura 9.10

$$T = \frac{1}{2}e^{-1} = 0{,}1839$$

Assim, a melhor utilização de tráfego que alguém pode esperar usando ALOHA é 0,184 Erlangs.

A vazão máxima para o ALOHA em slots é encontrada tomando-se a derivada da Equação 9.12 e igualando-a a zero

$$\frac{dT}{dR} = e^{-R} - Re^{-R} = 0$$

$$R_{max} = 1$$

A vazão máxima é encontrada substituindo-se R_{max} na Equação 9.12, e esse valor pode ser visto como a vazão máxima na Figura 9.10

$$T = e^{-1} = 0{,}3679$$

Observe que o ALOHA em slots oferece uma utilização máxima do canal de 0,368 Erlangs, o dobro do ALOHA.

9.6.2 Protocolos de acesso múltiplo com detecção de portadora (CSMA)

Protocolos ALOHA não 'ouvem' o canal antes da transmissão, e portanto não exploram informações sobre os outros usuários. 'Ouvindo' o canal antes de se engajar na transmissão, podem ser alcançadas maiores eficiências. Protocolos CSMA (*Carrier Sense Multiple Access*) são baseados no fato de que cada terminal na rede é capaz de monitorar o status do canal antes de transmitir informações. Se o canal estiver ocioso (ou seja, se nenhuma portadora for detectada), o usuário tem permissão para transmitir um pacote com base em um algoritmo em particular que é comum a todos os transmissores na rede.

Em protocolos CSMA, o *atraso de detecção* e o *atraso de propagação* são dois parâmetros importantes. O atraso de detecção é uma função do hardware do receptor e é o tempo exigido para um terminal perceber se o canal está ou não ocioso. O atraso de propagação é uma medida relativa da velocidade necessária para um pacote atravessar da estação-base para um terminal móvel. Com um tempo de detecção pequeno, um terminal detecta um canal livre muito rapidamente, e um atraso de propagação pequeno significa que um pacote é transmitido pelo canal em um intervalo de tempo pequeno em relação à duração do pacote.

O atraso de propagação é importante, pois logo após um usuário começar a enviar um pacote, outro usuário pode estar pronto para enviar e pode 'ouvir' o canal ao mesmo tempo. Se o pacote que está transmitindo não tiver alcançado o usuário que está pronto para enviar, o segundo usuário 'ouvirá' um canal ocioso e também enviará seu pacote, provocando uma colisão entre os dois pacotes. O atraso de propagação impacta o desempenho dos protocolos CSMA. Se t_p é o tempo de propagação em segundos, R_b é a taxa de bits do canal e m é o número esperado de bits em um pacote de dados[9],

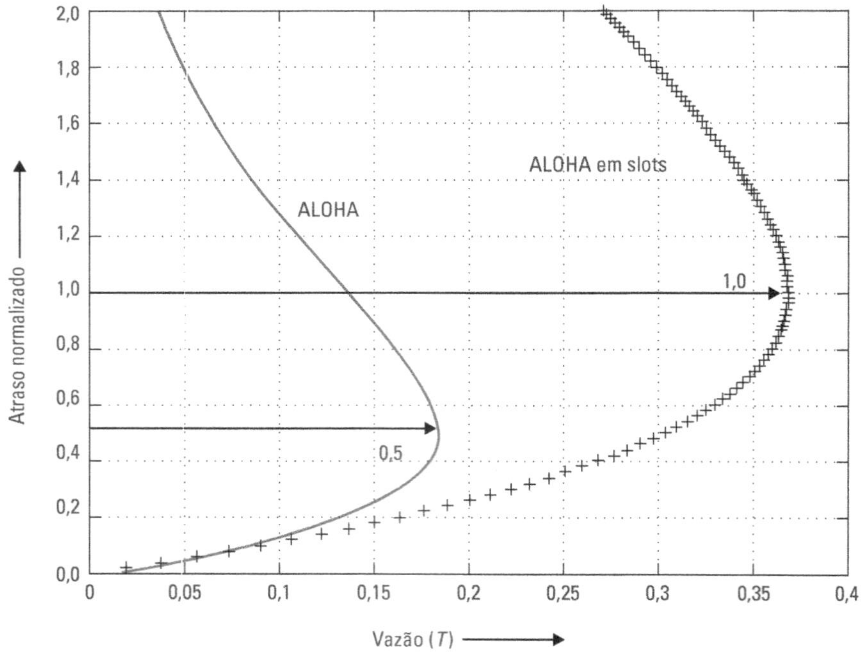

Figura 9.10 Troca entre vazão e atraso para os protocolos de rádio pacote ALOHA e ALOHA em slots.

o atraso de propagação t_d (em unidades de transmissão de pacote) pode ser expresso como

$$t_d = \frac{t_p R_b}{m} \tag{9.13}$$

Existem diversas variações da estratégia CSMA[10]:

- ***CSMA 1-persistente*** — O terminal 'ouve' o canal e espera até que encontre o canal ocioso. Assim que o canal estiver ocioso, o terminal transmite sua mensagem com probabilidade um.
- ***CSMA não persistente*** — Nesse tipo de estratégia CSMA, depois de receber uma confirmação negativa, o terminal espera por um tempo aleatório antes da retransmissão do pacote. Isso é popular para aplicações de LAN sem fio, nas quais o intervalo de transmissão do pacote é muito maior do que o atraso de propagação para o usuário mais distante.
- ***CSMA p-persistente*** — O CSMA p-persistente é aplicado a canais em slots. Quando se descobre que um canal é ocioso, o pacote é transmitido no primeiro slot disponível com probabilidade p ou no próximo slot com probabilidade 1-p.
- ***CSMA/CD*** — No CSMA com detecção de colisão (CD), um usuário monitora as colisões de sua transmissão. Se dois ou mais terminais iniciam uma transmissão ao mesmo tempo, a colisão é detectada e a transmissão é abortada imediatamente no meio. Esse problema pode ser resolvido por um usuário que disponha de um transmissor e um receptor capazes de admitir a operação *escutar-enquanto-fala*. Para um único canal de rádio, isso é feito interrompendo-se a transmissão a fim de 'ouvir' o canal. Para sistemas duplex, usa-se um transceptor duplex[11].
- ***Data sense multiple access*** (DSMA) — O DSMA é um tipo especial de CSMA que conta com a demodulação bem-sucedida de um canal de controle direto antes de transmitir os dados por broadcast de volta em um canal reverso. Cada usuário tenta detectar uma mensagem de *ocupado-ocioso* que é intercalada no canal de controle direto. Quando uma mensagem de ocupado-ocioso indica que nenhum usuário está transmitindo no canal reverso, o usuário está livre para enviar um pacote. Essa técnica é usada na rede de celular CDPD (*Cellular Digital Packet Data*) descrita no Capítulo 10.

9.6.3 Protocolos de reserva

9.6.3.1 ALOHA com reserva

O ALOHA com reserva é um esquema de acesso de pacotes baseado na multiplexação por divisão de tempo. Nesse protocolo, certos slots de pacotes são atribuídos com prioridade, e é possível que os usuários reservem slots para a transmissão de pacotes. Os slots podem ser reservados permanentemente ou por solicitação. Para condições de alto tráfego, as reservas por solicitação oferecem melhor vazão. Em um tipo de ALOHA com reserva, o terminal que faz uma transmissão bem-sucedida reserva um slot permanentemente até que sua transmissão termine, embora transmissões com duração muito grande possam ser interrompidas. Outro esquema permite que um usuário transmita uma solicitação em um subslot que é reservado em cada quadro. Se a transmissão for bem-sucedida (ou seja, nenhuma colisão for detectada), o terminal recebe o próximo slot regular no quadro para transmissão de dados[12].

9.6.3.2 Acesso múltiplo com reserva de pacotes (PRMA)

O acesso múltiplo com reserva de pacotes [*Packet Reservation Multiple Access* (PRMA)] usa uma técnica de tempo de pacote discreto semelhante ao ALOHA com reserva, e combina a estrutura de quadro cíclica do TDMA a fim de permitir que cada slot de tempo TDMA transporte voz ou dados, tendo a voz prioridade. O PRMA foi proposto em Goodman, Valenzula, Gayliard e Ramamurthi[13] como um meio de integrar dados em rajada e a fala humana. O PRMA define uma estrutura de quadro, semelhante à que é usada nos sistemas TDMA. Dentro de cada quadro, existe um número fixo de slots de tempo que podem ser designados como 'reservados' ou 'disponíveis', dependendo do tráfego determinado pela estação-base controladora. O PRMA é discutido no Capítulo 10.

9.6.4 Efeito de captura no rádio pacote

As técnicas de acesso múltiplo para rádio pacote são baseadas na contenção dentro de uma célula. Quando usadas com modulação de FM ou de espalhamento espectral, é possível que o usuário mais forte *capture* com sucesso o receptor intencionado, mesmo quando muitos outros usuários também estão transmitindo. Normalmente, o transmissor mais próximo é capaz de capturar um receptor, devido à menor perda no caminho de propagação. Isso é chamado de *efeito próximo-distante*. O efeito de captura oferece vantagens e desvantagens nos sistemas práticos. Como um transmissor em particular pode capturar um receptor intencionado, muitos pacotes podem sobreviver apesar da colisão no canal. Porém, um transmissor forte pode tornar impossível para o receptor detectar um transmissor muito mais fraco que esteja tentando se comunicar com o mesmo receptor. Esse problema é conhecido como o problema do *transmissor oculto*.

Um parâmetro útil na análise dos efeitos de captura nos protocolos de rádio pacote é a razão de potência mínima de um pacote que chega, em relação aos outros que colidem com ele, de modo que ele seja recebido. Essa razão é chamada de *razão de captura*, e depende do receptor e da modulação utilizada.

Resumindo, as técnicas de rádio pacote admitem transmissores móveis que enviam tráfego de rajada na forma de pacotes de dados que usam acesso aleatório. A vazão ideal do canal pode ser aumentada se os terminais sincronizarem suas transmissões de pacote em slots de tempo comuns, de modo que o risco de sobreposição parcial de pacote seja evitado. Com altas cargas de tráfego, protocolos ALOHA com e sem slot se tornam ineficazes, pois a disputa entre todos os pacotes transmitidos expõe a maioria do tráfego oferecido a colisões, e isso resulta em múltiplas retransmissões e maiores atrasos. Para reduzir essa situação, o CSMA pode ser usado, sendo que o transmissor primeiro escuta o canal de rádio comum ou um canal de controle dedicado, separado, utilizado para confirmações da estação-base. Em um sistema móvel do mundo real, os protocolos CSMA podem deixar de detectar as transmissões de rádio contínuas dos pacotes sujeitos a atenuação profunda no caminho do canal reverso. A utilização de um canal ALOHA pode ser melhorada introduzindo deliberadamente diferenças entre as potências de transmissão dos múltiplos usuários que competem pelo receptor da estação-base. A Tabela 9.2 mostra as técnicas de acesso múltiplo que devem ser usadas para diferentes tipos de condições de tráfego.

Tabela 9.2 Técnicas de acesso múltiplo para diferentes tipos de tráfego

Tipo de tráfego	Técnica de acesso múltiplo
Rajada, mensagens curtas	Protocolos de disputa
Rajada, mensagens longas, grande número de usuários	Protocolos de reserva
Rajada, mensagens longas, pequeno número de usuários	Protocolos de reserva com canal de reserva TDMA fixo
Fluxo ou determinístico (voz)	FDMA, TDMA, CDMA

9.7 Capacidade dos sistemas celulares

A *capacidade do canal* para um sistema de rádio pode ser definida como o número máximo de canais ou usuários que podem ser alocados em uma banda de freqüência fixa. A capacidade do rádio é um parâmetro que mede a eficiência do espectro de um sistema sem fio. Esse parâmetro é determinado pela razão portadora-interferência (C/I) exigida e pela largura de banda do canal B_c.

Em um sistema celular, a interferência no receptor da estação-base chegará das unidades do assinante às células adjacentes. Isso é chamado de *interferência do canal reverso*. Para determinada unidade do assinante, a estação-base desejada fornecerá o canal direto desejado enquanto as estações-base de co-canal adjacente fornecerão a *interferência do canal direto*. Considerando o problema da interferência do canal direto, imagine que D seja a distância entre duas células de co-canal e que R seja o raio da célula. A razão mínima de D/R exigida para fornecer um nível tolerável de interferência do co-canal é chamada de razão de reutilização do co-canal, sendo dada por[14]

$$Q = \frac{D}{R} \tag{9.14}$$

As características de propagação de rádio determinam a *razão portadora-interferência* (C/I) em determinado local, e os modelos apresentados no Capítulo 4 e no Apêndice on-line B são usados para encontrar os melhores valores de C/I. Como pode ser visto na Figura 9.11, as M células mais próximas do co-canal podem ser consideradas como interferência de primeira ordem, em que a razão C/I é dada por

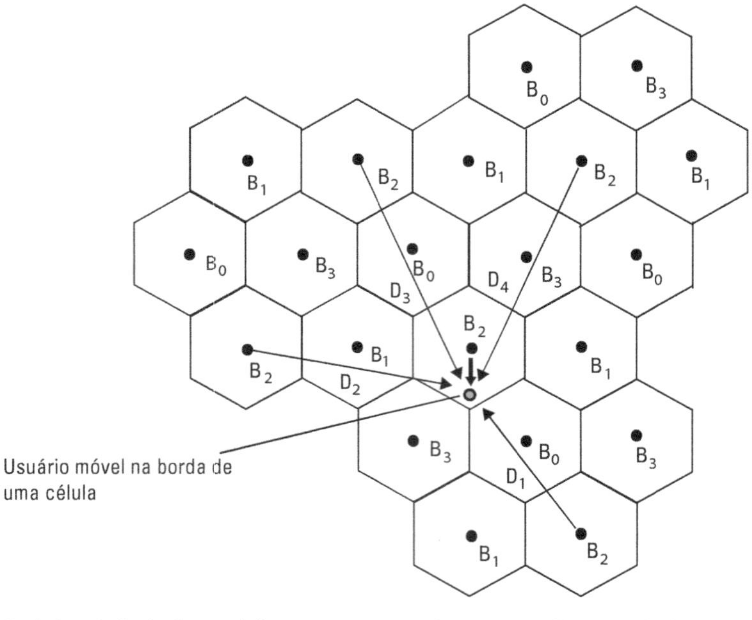

Figura 9.11 Ilustração da interferência do canal direto para um tamanho de cluster $N = 4$. Aqui, vêem-se quatro estações-base de co-canal que interferem com a estação-base atual. A distância da estação-base atual até o usuário é D_0, e os interferidores estão a uma distância D_k do usuário.

$$\frac{C}{I} = \frac{D_0^{-n_o}}{\sum_{k=1}^{M} D_k^{-n_k}} \tag{9.15}$$

onde n_0 é o expoente de perda do caminho na célula desejada, D_0 é a distância da estação-base desejada até a estação móvel, D_k é a distância da k-ésima célula a partir da estação móvel, e n_k é o expoente de perda do caminho da k-ésima estação-base que está interferindo. Se apenas a interferência das seis células mais próximas forem consideradas, e todas estiverem aproximadamente à mesma distância D e tiverem expoentes de perda de caminho semelhantes, iguais ao da célula desejada, então C/I é dada por

$$\frac{C}{I} = \frac{D_0^{-n}}{6D^{-n}} \tag{9.16}$$

Agora, se considerarmos que a interferência máxima ocorre quando a estação móvel está na borda da célula $D_0 = R$, e se a razão C/I para cada usuário tiver que ser maior do que algum $(C/I)_{min}$ mínimo, que é a razão mínima portadora-interferência que ainda oferece qualidade de sinal aceitável no receptor, então a equação a seguir deverá ser mantida para que se obtenha um desempenho aceitável:

$$\frac{1}{6}\left(\frac{R}{D}\right)^{-n} \geq \left(\frac{C}{I}\right)_{min} \tag{9.17}$$

Logo, pela Equação 9.14, o fator de reutilização do co-canal é

$$Q = \left(6\left(\frac{C}{I}\right)_{min}\right)^{1/n} \tag{9.18}$$

A capacidade de rádio de um sistema celular é definida como

$$m = \frac{B_t}{B_c N} \text{ canais de rádio/célula} \tag{9.19}$$

onde m é a métrica da capacidade de rádio, B_t é o espectro total alocado para o sistema, B_c é a largura de banda do canal, e N é o número de células em um cluster com reuso completo de freqüência. Como visto no Capítulo 3, N está relacionado ao fator de reutilização do co-canal Q por

$$Q = \sqrt{3N} \tag{9.20}$$

Pelas equações 9.18, 9.19 e 9.20, a capacidade de rádio é dada por

$$m = \frac{B_t}{B_c \frac{Q^2}{3}} = \frac{B_t}{B_c\left(\frac{6}{3^{n/2}}\left(\frac{C}{I}\right)_{min}\right)^{2/n}} \tag{9.21}$$

Conforme demonstrado por Lee[15], quando $n = 4$, a capacidade de rádio é dada por

$$m = \frac{B_t}{B_c\sqrt{\frac{2}{3}\left(\frac{C}{I}\right)_{min}}} \text{ canais de rádio/célula} \tag{9.22}$$

Para fornecer a mesma qualidade de voz, $(C/I)_{min}$ pode ser inferior em um sistema digital quando comparado com um sistema analógico. Normalmente, o C/I mínimo exigido é de cerca de 12 dB para sistemas digitais de banda estreita e 18 dB para sistemas de FM analógicos de banda estreita, embora os valores exatos sejam determinados por testes de escuta subjetivos em condições de propagação do mundo real. Cada padrão digital sem fio tem um $(C/I)_{min}$ diferente, e, para comparar diferentes sistemas, um C/I equivalente precisa ser usado. Valores inferiores de $(C/I)_{min}$ implicam mais capacidade. Se B_t e m forem mantidos constantes na Equação 9.22, fica claro que B_c e $(C/I)_{min}$ são relacionados por

$$\left(\frac{C}{I}\right)_{eq} = \left(\frac{C}{I}\right)_{min}\left(\frac{B_c}{B_c'}\right)^2 \tag{9.23}$$

onde B_c é a largura de banda de um sistema em particular, $(C/I)_{min}$ é o valor tolerável para o mesmo sistema, B_c' é a largura de banda do canal para um sistema diferente e $(C/I)_{eq}$ é o valor de C/I mínimo para o sistema diferente quando comparado com o $(C/I)_{min}$ para um sistema em particular. Observe que, para um número constante de usuários por canal de rádio, a mesma qualidade de voz será mantida em um sistema diferente se $(C/I)_{min}$ aumentar por um fator de quatro quando a largura de banda for dividida ao meio. A Equação 9.22 indica que a capacidade de rádio máxima ocorre quando $(C/I)_{min}$ e B_c são minimizados, embora a Equação 9.23 mostre que $(C/I)_{min}$ e B_c são inversamente relacionados.

Exemplo 9.7

Avalie quatro padrões de rádio-celular diferentes e escolha aquele com a capacidade máxima de rádio. Considere perda de caminho de propagação $n = 4$.

Sistema A: $B_c = 30$ kHz, $(C/I)_{min} = 18$ dB

Sistema B: $B_c = 25$ kHz, $(C/I)_{min} = 14$ dB

Sistema C: $B_c = 12,5$ kHz, $(C/I)_{min} = 2$ dB

Sistema D: $B_c = 6,25$ kHz, $(C/I)_{min} = 9$ dB

Solução

Considere cada sistema para a largura de banda de 6,25 kHz, e use a Equação 9.23

Sistema A; $B_c = 6,25$ kHz, $(C/I)_{eq} = 18 - 20 \log (6,25/30)$

$= 31,680$ dB

Sistema B; $B_c = 6,25$ kHz, $(C/I)_{eq} = 14 - 20 \log (6,25/25)$

$= 26,00$ dB

Sistema C; $B_c = 6,25$ kHz, $(C/I)_{eq} = 12 - 20 \log (6,25/12,5)$

$= -4$ dB

Sistema D; $B_c = 6,25$ kHz, $(C/I)_{eq} = 9 - 20 \log (6,25/6,25)$

$= 9$ dB

Com base na comparação, o menor valor de $(C/I)_{eq}$ deverá ser selecionado para a capacidade máxima na Equação 9.22. O sistema C oferece a melhor capacidade.

Em um sistema celular digital, C/I pode ser expresso como

$$\frac{C}{I} = \frac{E_b R_b}{I} = \frac{E_c R_c}{I} \tag{9.24}$$

onde R_b é uma taxa de bits do canal, E_b é a energia por bit, R_c é a taxa do código do canal, e E_c é a energia por símbolo de código. Pelas equações 9.23 e 9.24, $n = 4$, a razão entre C/I e $(C/I)_{eq}$ de um sistema diferente é dada por

$$\frac{\left(\frac{C}{I}\right)}{\left(\frac{C}{I}\right)_{eq}} = \frac{\frac{E_c R_c}{I}}{\frac{E_c' R_c'}{I'}} = \left(\frac{B_c'}{B_c}\right)^2 \tag{9.25}$$

O relacionamento entre R_c e B_c é sempre linear, e, se o nível de interferência I for igual no ambiente móvel para dois sistemas digitais diferentes, a Equação 9.25 pode ser reescrita como

$$\frac{E_c}{E_c'} = \left(\frac{B_c'}{B_c}\right)^3 \tag{9.26}$$

A Equação 9.26 mostra que, se B_c for reduzido ao meio, a energia do símbolo de código aumenta oito vezes. Isso gera o relacionamento entre E_b/N_0 e B_c em um sistema celular digital.

Agora pode ser feita uma comparação entre a eficiência espectral para FDMA e TDMA. Em FDMA, B_t é dividido em M canais, cada um com largura de banda B_c. Portanto, a capacidade de rádio para FDMA em condições de perda do caminho de propagação $n = 4$ é dada por

$$m = \frac{B_t}{\frac{B_t}{M}\sqrt{\frac{2}{3}\left(\frac{C}{I}\right)}} \tag{9.27}$$

Considere o caso em que um sistema FDMA multicanal ocupa o mesmo espectro que um sistema TDMA de único canal com múltiplos slots de tempo. Os termos de portadora e interferência para a primeira técnica de acesso (neste caso, FDMA) podem ser escritos como $C = E_b R_b$, $I = I_0 B_c$, enquanto a segunda técnica de acesso (neste caso, TDMA) tem termos de portadora e interferência representados por $C' = E_b R_b'$, $I' = I_0 B_c'$, onde R_b e R_b' são as taxas de transmissão de rádio de dois sistemas digitais, E_b é a energia por bit, e I_0 representa a potência de interferência por Hertz. Os termos C' e I' são os parâmetros para os canais TDMA, e os termos C e I se aplicam aos canais FDMA.

Exemplo 9.8

Considere um sistema FDMA com três canais, cada um tendo uma largura de banda de 10 kHz e uma taxa de transmissão de 10 Kbps. Um sistema TDMA tem três slots de tempo, largura de banda de canal de 30 kHz e uma taxa de transmissão de 30 Kbps.

Para o esquema TDMA, a razão portadora-interferência recebida para um único usuário é medida para 1/3 do tempo em que o canal está em uso. Por exemplo, C'/I' pode ser medido em 333,3 ms em um segundo. Assim, C'/I' é dado por

$$C' = E_b R_b' = \frac{E_b 10^4 \text{ bits}}{0.333 \text{ s}} = 3R_b E_b = 3C$$
$$I' = I_0 B_c' = I_0 30 \text{ kHz} = 3I \tag{E.8.8.1}$$

Pode-se ver que a razão portadora-interferência C'/I' recebida para um usuário neste sistema TDMA é a mesma que C/I para um usuário no sistema FDMA. Portanto, para este exemplo, FDMA e TDMA têm a mesma capacidade de rádio e, conseqüentemente, a mesma eficiência de espectro. Porém, a potência de pico exigida para TDMA é $10\log k$ mais alta do que FDMA, onde k é o número de slots de tempo em um sistema TDMA de mesma largura de banda.

Capacidade do celular digital TDMA — Na prática, sistemas TDMA melhoram a capacidade por um fator de três a seis vezes em comparação com os sistemas de rádio-celular analógicos. Controle de erro poderoso e codificação da voz permitem um melhor desempenho do enlace em ambientes com alta interferência. Explorando a atividade da voz, alguns sistemas TDMA são capazes de utilizar melhor cada canal de rádio. A transferência assistida por estação móvel (MAHO) permite que os assinantes monitorem as estações-base vizinhas, e a escolha da melhor estação-base pode ser feita por cada assinante. A MAHO permite a implantação de microcélulas densamente compactadas, oferecendo assim ganhos de capacidade substanciais em um sistema. O TDMA também possibilita a introdução da *alocação adaptativa de canal* (*Adaptive Channel Allocation* (ACA)). A ACA elimina o planejamento do sistema, pois não é preciso planejar freqüências para as células. Diversos padrões propostos, como GSM, USDC e PDC têm adotado o TDMA digital pela alta capacidade. A Tabela 9.3 compara o FM analógico utilizado pelo AMPS com outros sistemas de celular digitais baseados em TDMA.

9.7.1 Capacidade do celular CDMA

A capacidade dos sistemas CDMA é limitada pela interferência, enquanto a limitação é pela largura de banda em FDMA e TDMA. Portanto, qualquer redução na interferência causará um aumento linear na capacidade do CDMA. Em outras palavras, em um sistema CDMA, o desempenho do enlace para cada usuário aumenta à medida que o número de usuários diminui. Um modo simples de reduzir a interferência é usar antenas multissetorizadas, o que resulta em isolamento espacial dos usuários. As antenas direcionais recebem sinais somente de uma fração dos usuários atuais, levando assim à redução da interferência. Outro modo de aumentar a capacidade do CDMA é operar em um *modo de transmissão descontínuo* [*Discontinuous Transmission Mode* (DTX)], tirando proveito da natureza intermitente da fala. No DTX, o transmissor é desligado

Tabela 9.3 Comparação do AMPS com sistemas de celular digitais baseados em TDMA[16]

Parâmetro	AMPS	GSM	USDC	PDC
Largura de banda (MHz)	25	25	25	25
Canais de voz	833	1.000	2.500	3.000
Reutilização de freqüência (tamanhos de cluster)	7	4 ou 3	7 ou 4	7 ou 4
Canais por local	119	250 ou 333	357 ou 625	429 ou 750
Tráfego (Erlangs/km2)	11,9	27,7 ou 40	41 ou 74,8	50 ou 90,8
Ganho de capacidade	1,0	2,3 ou 3,4	3,5 ou 6,3	4,2 ou 7,6

durante os períodos de silêncio na voz. Observou-se que os sinais de voz têm um fator de trabalho de cerca de 3/8 nas redes de linha fixa[17], e 1/2 para sistemas móveis, nos quais o ruído no fundo e a vibração podem disparar detectores de atividade de voz. Assim, a capacidade média de um sistema CDMA pode ser aumentada por um fator inversamente proporcional ao fator de trabalho. Enquanto o TDMA e o FDMA reutilizam freqüências dependendo do isolamento entre as células fornecido pela perda de caminho na propagação de rádio terrestre, o CDMA pode reutilizar o espectro inteiro para todas as células, e isso resulta em um aumento de capacidade por uma grande porcentagem sobre o fator normal de reutilização de freqüência. Diversos textos fornecem detalhes sobre capacidade e projeto de sistemas CDMA[18].

Para avaliar a capacidade de um sistema CDMA, primeiro considere um sistema de única célula[19]. A rede celular consiste em um grande número de usuários móveis se comunicando com uma estação-base. (Em um sistema de múltiplas células, todas as estações-base são interconectadas pelo centro de comutação móvel.) O transmissor da célula consiste em um combinador linear que acrescenta os sinais espalhados dos usuários individuais e também usa um fator de peso para cada sinal para fins de controle de potência do enlace direto. Para o sistema de única célula em consideração, esses fatores de peso podem ser considerados iguais. Um sinal piloto também está incluído no transmissor da célula, e é usado por cada estação móvel para definir seu próprio controle de potência para o enlace reverso. Para um sistema de única célula com controle de potência, todos os sinais no canal reverso são recebidos no mesmo nível de potência da estação-base.

Considere que o número de usuários seja N. Então, cada demodulador no local de célula* recebe uma forma de onda composta que contém o sinal desejado de potência S e $(N-1)$ usuários interferindo, cada qual com uma potência S. Logo, a razão sinal-ruído é[20]

$$SNR = \frac{S}{(N-1)S} = \frac{1}{(N-1)} \tag{9.28}$$

Além da SNR, a razão energia-ruído é um parâmetro importante nos sistemas de comunicação. Ela é obtida dividindo-se a potência do sinal pela taxa de bits da informação de banda base, R, e a potência de interferência pela largura de banda de RF total, W. A SNR no receptor da estação base pode ser representada em termos de E_b/N_0, dado por

$$\frac{E_b}{N_0} = \frac{S/R}{(N-1)(S/W)} = \frac{W/R}{N-1} \tag{9.29}$$

A Equação 9.29 não leva em consideração o ruído térmico no fundo, η, na largura de banda de espalhamento. Para levar esse ruído em consideração, E_b/N_0 pode ser representado como

$$\frac{E_b}{N_0} = \frac{W/R}{(N-1)+(\eta/S)} \tag{9.30}$$

Logo, o número de usuários que podem acessar o sistema é dado como

$$N = 1 + \frac{W/R}{E_b/N_0} - (\eta/S) \tag{9.31}$$

onde W/R é chamado de ganho de processamento. O ruído de fundo determina o raio da célula para determinada potência de transmissor.

Para conseguir um aumento na capacidade, a interferência devida a outros usuários deverá ser reduzida. Isso pode ser feito diminuindo-se o denominador das equações 9.28 ou 9.29. A primeira técnica para reduzir a interferência é a setorização das antenas. Por exemplo, um local de célula com três antenas, cada uma tendo uma abertura de 120°, tem interferência N_0', que é um terço da interferência recebida por uma antena omnidirecional. Isso aumenta a capacidade por um fator de três, pois agora três vezes mais usuários podem ser atendidos dentro de um setor, mantendo o desempenho do sistema de antena omnidirecional. Examinando por outro ângulo, o mesmo número de usuários em uma célula omnidirecional pode agora ser atendido em 1/3 da área. A segunda técnica en-

* Local de célula, do inglês *cell site*, é o local onde são instaladas as antenas e os dispositivos de comunicações para criar uma célula em uma rede de telefonia celular (N. RT.).

volve a monitoração da atividade de voz, de modo que cada transmissor seja desligado durante os períodos de nenhuma *atividade de voz*. A atividade de voz é indicada por um fator α, e o termo de interferência na Equação 9.29 torna-se $(N_s - 1)\alpha$, onde N_s é o número de usuários por setor. Com o uso dessas duas técnicas, o novo valor de média de E_b/N_0' *dentro de um setor* é dado por

$$\frac{E_b}{N_0'} = \frac{W/R}{(N_s - 1)\alpha + (\eta/S)} \qquad (9.32)$$

Quando o número de usuários é grande e o sistema é limitado pela interferência, e não pelo ruído, pode-se demonstrar que o número de usuários é

$$N_s = 1 + \frac{1}{\alpha}\left[\frac{W/R}{\frac{E_b}{N_0'}}\right] \qquad (9.33)$$

Se considerarmos um valor de 3/8 para o fator de atividade de voz, e três setores por local de célula forem usados, a Equação 9.33 demonstra que a SNR aumenta por um fator de oito, o que leva a um aumento de oito vezes no número de usuários em comparação com o sistema de antena omnidirecional sem detecção da atividade de voz.

Controle de Potência do CDMA — No CDMA, a capacidade do sistema é maximizada se cada nível de potência do transmissor móvel for controlado de modo que seu sinal chegue ao local de célula com a razão sinal-interferência mínima exigida[21]. Se as potências de sinal de todos os transmissores móveis dentro de uma área coberta por um local de célula forem controladas, a potência total do sinal recebido no local de célula de todas as estações móveis será igual à potência média recebida vezes o número de estações móveis que operam na região de cobertura. Se o sinal de um usuário móvel chegar muito fraco ao local de célula, o usuário é, normalmente, descartado. Se a potência recebida de um usuário móvel for muito grande, o desempenho dessa unidade móvel será aceitável, mas acrescentará interferência indesejada a todos os outros usuários na célula.

Exemplo 9.9

Se W = 1,25 MHz, R = 9.600 bps, e um E_b/N_0 mínimo aceitável for 10 dB, determine o número máximo de usuários que podem ser admitidos em um sistema CDMA de única célula usando a) antenas de estação-base omnidirecionais e nenhuma detecção de atividade de voz; b) três setores na estação-base e detecção de atividade com α = 3/8. Considere que o sistema é limitado pela interferência.

Solução

a) Usando a Equação 9.31

$$N = 1 + \frac{1{,}25 \times 10^6/9.600}{10} = 1 + 13{,}02 = 14$$

b) Usando a Equação 9.33 para cada setor, podemos encontrar N_s.

$$N_s = 1 + \frac{1}{0{,}375}\left[\frac{1{,}25 \times 10^6/9.600}{10}\right] = 35{,}7$$

O número total de usuários é dado por $3N_s$, pois existem três setores dentro de uma célula; portanto, $N = 3 \times 35{,}7$ = 107 usuários/célula.

9.7.2 Capacidade do CDMA com células múltiplas

Nos sistemas de celular CDMA atuais que empregam enlaces direto e reverso separados, células vizinhas compartilham a mesma freqüência, e cada estação-base controla a potência de transmissão de cada um dos seus próprios usuários na célula. Porém, uma estação-base em particular é incapaz de controlar a potência dos usuários nas células vizinhas, e esses usuários são somados ao patamar de ruído e diminuem a capacidade no enlace reverso da célula. A Figura 9.12 ilustra um exemplo de como os usuários em células adjacentes podem ser distribuídos pela área de cobertura. As potências de transmissão de cada usuário fora da célula se somarão à interferência na célula (onde os usuários estão sob controle de potência) no receptor da estação-base. A quantidade de interferência fora da célula determina o *fator de reutilização de freqüência*, *f*, de um sistema celular CDMA. O ideal é que cada célula compartilhe a mesma freqüência e que o valor máximo possível de f (f = 1) seja alcançado. Porém, na prática, a interferência de fora da célula reduz f significativamente. Ao contrário dos sistemas CDMA que usam a mesma freqüência para cada célula, os sistemas FDMA/FDD de banda estreita normalmente reutilizam os canais a cada sete células, quando f é simplesmente 1/7 (ver Capítulo 3).

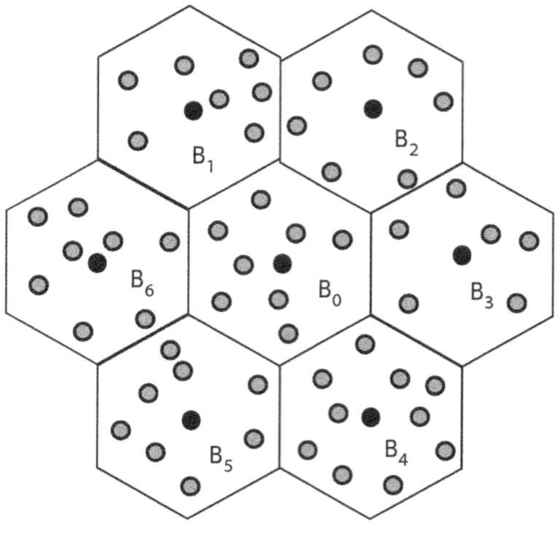

Figura 9.12 Ilustração de usuários dentro de um sistema de rádio-celular CDMA. Cada estação-base reutiliza a mesma freqüência. Os pequenos círculos representam usuários dentro do sistema, que têm sua potência de transmissão controlada por sua própria estação-base.

O fator de reutilização de freqüência para um sistema CDMA no enlace reverso pode ser definido como[22]

$$f = \frac{N_0}{N_0 + \sum_i U_i N_{ai}} \tag{9.34}$$

e a eficiência de reutilização de freqüência, F, é definida como

$$F = f \times 100\% \tag{9.35}$$

Na Equação 9.34, N_0 é a potência de interferência total recebida dos $N - 1$ usuários na célula, U_i é o número de usuários na i-ésima célula adjacente, e N_{ai} é a potência de interferência média para um usuário localizado na i-ésima célula adjacente. Dentro da célula de interesse, o usuário desejado terá a mesma potência recebida que os $N - 1$ usuários indesejados da célula quando o controle de potência for empregado, e a potência média recebida dos usuários em uma célula adjacente pode ser encontrada por

$$N_{ai} = \sum_j N_{ij} / U_i \tag{9.36}$$

onde N_{ij} é a potência recebida na estação-base do j-ésimo usuário na i-ésima célula. Cada célula adjacente pode ter um número diferente de usuários, e cada usuário fora da célula oferecerá um nível de interferência diferente, dependendo da sua potência transmitida e do local relativo à estação-base de interesse. A variância de N_{ai} pode ser calculada por meio de técnicas estatísticas-padrão para cada célula.

Uma análise descrita por Liberti, Rappaport e Milstein[23] utiliza uma técnica geométrica recursiva para determinar como a perda do caminho de propagação impacta a reutilização de freqüência de um sistema CDMA, considerando a interferência dos usuários na célula e fora dela. A técnica geométrica, chamada *geometria celular de círculo concêntrico*, considera que todas as células possuem uma área geográfica igual e especifica a célula de interesse para ser uma célula circular, que está localizada no centro de todas as células adjacentes. As células que interferem têm forma de cunha e são arrumadas em camadas em torno da célula de interesse central. A Figura 9.13 ilustra a geometria de círculo concêntrico para uma única camada de células adjacentes.

Considere que a célula central tenha raio R e que existe alguma distância próxima d_o tal que todos os usuários na célula central estejam localizados não mais perto do que d_o metros da estação-base central e que todos os usuários na célula de interesse estejam localizados a uma distância d da estação-base de interesse tal que $d_o \leq d \leq R$. Então, uma primeira camada de células adjacentes interferindo é encontrada em $R \leq d \leq 3R$, uma segunda camada está localizada em $3R \leq d \leq 5R$, e a i-ésima camada interferindo está localizada em $(2i - 1)R \leq d \leq (2i + 1)R$. Em cada camada adjacente, existem M_i células adjacentes, onde i indica o número da camada. Se d_o é considerado muito menor do que R, a área A da célula de interesse central é

$$A = \pi R^2 - \pi d_0^2 \approx \pi R^2 \tag{9.37}$$

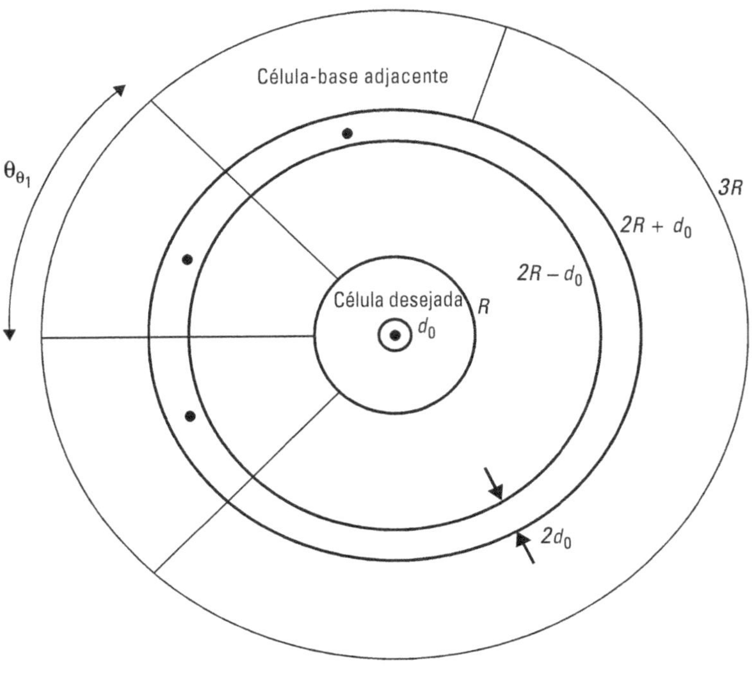

Figura 9.13 Geometria celular de círculo concêntrico, proposta por Rappaport e Milstein.[24] Observe que a célula do centro é circular, e que as células adjacentes têm forma de cunha. Cada célula, porém, cobre a mesma área.

Dentro da primeira camada de células adjacentes, considere que A_1 indica a área inteira da região. Se cada célula nesta camada adjacente precisar ter a mesma área A, deverá haver M_1 células em forma de cunha, que se espalham cada uma por um ângulo particular θ_1. Desconsiderando d_0, fica claro que, para a primeira camada adjacente

$$A_1 = \pi(3R)^2 - \pi R^2 = M_1 A \qquad (9.38)$$

$$\theta_1 = 2\pi / M_1 \qquad (9.39)$$

Solucionando as equações 9.38 e 9.39, $M_1 = 8$ e $\theta_1 = 45°$. Em outras palavras, existem oito células em forma de cunha na primeira camada adjacente, com cada célula cobrindo uma abertura de 45°. Pela recursão, pode-se mostrar que, para a segunda, e todas as camadas adjacentes subseqüentes, a área da i-ésima camada adjacente está relacionada ao número de células dentro da camada por

$$A_i = M_i A = i M_1 A = i8\text{A} \; i \geq 1 \qquad (9.40)$$

$$\theta_i = \theta_1 / i = \pi/4i \qquad (9.41)$$

A geometria de círculo concêntrico é atraente porque, quando a área de uma célula de interesse é especificada, ela torna fácil a especificação de um sistema inteiro de células adjacentes que ocupam, cada uma, a mesma área de cobertura. Além do mais, como cada célula adjacente tem a mesma geometria e abertura angular de qualquer outra célula dentro da camada adjacente, e como cada célula dentro de uma camada em particular tem a mesma geometria radial para a célula de interesse central, torna-se possível considerar os efeitos da interferência de apenas uma única célula dentro da camada adjacente. Podem-se simplesmente multiplicar os efeitos de uma única célula pelo número de células dentro da camada adjacente.

Fatores de peso

Normalmente, é útil considerar os efeitos da interferência das células adjacentes para diversas distribuições de usuários dentro das células que estão interferindo. Isso permite que se determine o pior caso para a reutilização de freqüência e oferece flexibilidade para determinar um intervalo de valores possíveis de f para diversas distribuições de usuários. A geometria de círculo concêntrico permite que as camadas que estão interferindo sejam desmembradas em duas subcamadas, uma subcamada interna que está em $(2i - 1)R \leq d \leq 2iR - d_0$, e a subcamada externa que está em $2iR + d_0 \leq d \leq (2i + 1)R$. Esse particionamento é mostrado na Figura 9.13 (conforme descrito a seguir, existe uma pequena zona proibida em torno da estação-base das células adjacentes). O particionamento das camadas oferece dois setores dentro de cada célula em forma de cunha em determinada camada: o setor interno (que contém uma pequena fração da área da célula) e o setor externo (que contém uma fração maior da área da célula). Como cada célula contém a mesma área da célula central, fica claro que, para uma distribuição uniforme de usuários sobre uma célula adjacente, o setor interno terá menos usuários do que o setor externo, e isso certamente impactará a potência de interferência recebida na estação-base da célula central. Para considerar uma grande faixa de distribuições de usuários nas camadas que estão interferindo, fatores de peso são usados para redistribuir usuários nos setores interno e externo de uma célula adjacente.

Se K é a densidade de usuários (ou seja, o número de usuários por unidade de área), o número total de usuários dentro da célula central é dado por $U = KA$. Se considerarmos que todas as células têm o mesmo número de usuários, na primeira camada adjacente também haverá KA usuários. Os fatores de peso podem ser usados para quebrar a distribuição de usuários da célula adjacente entre os setores interno e externo. Na primeira camada adjacente, os setores interno e externo de cada célula têm áreas dadas por

$$A_{1interno}/M_1 = (\pi(2R)^2 - \pi R^2)/8 = 3A/8 \qquad (9.42)$$

e

$$A_{1externo}/M_1 = (\pi(3R)^2 - \pi(2R)^2)/8 = 5A/8 \qquad (9.43)$$

Para que cada célula da primeira camada possua $U = KA$ usuários, fatores de peso para a densidade de usuários dentro dos setores interno ($W_{1interno}$) e externo ($W_{1externo}$) podem ser aplicados de modo que

$$U = KA = (KW_{1interno}A_{1interno})/M_1 + (KW_{1externo}A_{1externo})/M_1 \qquad (9.44)$$

e

$$U = KA = KA[3/8W_{1interno} + 5/8W_{1externo}] \qquad (9.45)$$

Usando a Equação 9.45, pode-se ver que, se $W_{1interno} = 1$ e $W_{1externo} = 1$, então 3/8 dos usuários estarão no setor interno e 5/8 deles estarão no setor externo. Isso pode ser imaginado como uma condição otimista (ou limite superior) para reutilização de freqüência, pois nem metade dos interferidores estão a uma distância menor que $2R$ da estação-base, e 5/8 dos usuários estão a uma distância maior que $2R$, e oferecerão menores níveis de interferência à célula central. Porém, se $W_{1interno} = 4/3$ e $W_{1externo} = 4/5$, metade dos usuários nas células da primeira camada estará mais próxima do que $2R$ e metade estará mais distante do que $2R$ da estação-base central (isso corresponde ao caso das células hexagonais, onde metade dos usuários estaria mais próxima da estação-base de interesse, e metade estaria mais distante da estação-base de interesse). Para um cenário de interferência no pior caso, todos os U usuários em cada uma das células da primeira camada estariam localizados no setor interno (oferecendo assim mais interferência à célula central devido à menor distância e menor perda no caminho). Os fatores de peso são responsáveis por esse pior caso definindo $W_{1interno} = 8/3$ e $W_{1externo} = 0$. Fica como exercício determinar os fatores de peso apropriados para as células da segunda camada e as seguintes.

A área do centro e as células em forma de cunha na geometria de círculo concêntrico excedem a área de uma célula hexagonal tradicional descrita no Capítulo 3. Enquanto uma célula hexagonal ocupa uma área de $A_{hex} = (3\sqrt{3}R^2)/2 = 2{,}598R^2$, cada uma das células na geometria de círculo concêntrico possui uma área de πR^2. Assim, a célula central ocupa uma área que é 1,21 vez maior que uma célula hexagonal tradicional e a primeira camada de oito células em forma de cunha mostrada na Figura 9.13 ocupa a área de 9,666 células hexagonais. Como a reutilização de freqüência é baseada na quantidade relativa de interferência das células vizinhas, desde que o número de usuários e a área de cobertura possam ser representados e escalados com precisão, a geometria em particular não tem impacto importante sobre as previsões de capacidade[25]. Assim, a geometria de círculo concêntrico oferece vantagens analíticas para verificar os efeitos das células do co-canal.

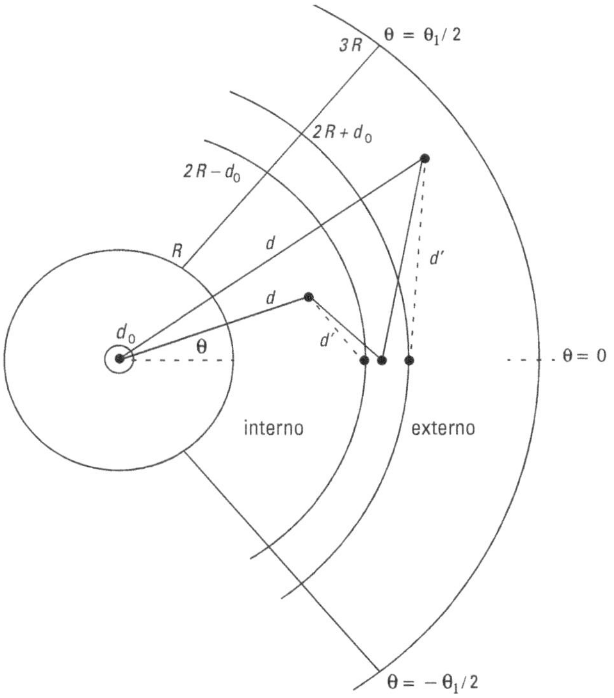

Figura 9.14 Geometria para calcular a distância entre usuários adjacentes e a estação-base central de interesse. Desmembrando as células adjacentes em setores internos e externos, a distribuição de usuários dentro de células vizinhas pode ser variada.

Usando a geometria de círculo concêntrico para achar a capacidade do CDMA

Para achar a capacidade de um sistema CDMA de múltiplas células, a geometria de círculo concêntrico pode ser usada em conjunto com um modelo de perda de caminho de propagação para determinar a interferência dos usuários das células adjacentes. Depois, usando a Equação 9.34, o fator de reutilização de freqüência pode ser encontrado. Observe que a potência de interferência na célula N_0 é dada simplesmente por

$$N_0 = P_0(U-1) \approx P_0U = P_0KA \tag{9.46}$$

onde P_0 é a potência recebida de qualquer um dos U usuários na célula central (pois considera-se que todos os usuários estão sob controle de potência e, assim, oferecem a mesma potência recebida no receptor da estação-base). Em geral, é prático considerar que quaisquer células adjacentes também conterão U usuários e receberão a potência P_0 de cada um de seus próprios usuários dentro célula. Nas células adjacentes, cada assinante está sob controle de potência dentro de sua própria célula, e está a uma distância d' da sua própria estação-base. Como as leis de perda do caminho de propagação são baseadas em todas as distâncias maiores que d_0, considera-se que existe em todos os anéis uma pequena zona proibida com largura $2d_0$ (ver Figura 9.14). A zona proibida é um pequeno anel em cada camada, que se considera que não contenha usuários, de modo que qualquer modelo de perda do caminho de propagação pode ser usado na análise sem ter $d' < d_0$. É fácil mostrar que, quando $d_0 < R$, a pequena zona proibida ocupa uma área desprezível e oferece praticamente os mesmos resultados de interferência que o caso em que a zona proibida é um círculo de raio d_0 em torno de cada célula adjacente.

Uma ligeira aproximação para d' é feita quando se calcula a potência do usuário da célula adjacente à sua própria estação-base. A Figura 9.14 ilustra como as distâncias são calculadas para usuários do setor interno e externo dentro de uma célula interferindo na primeira camada. Usando a lei dos cossenos, pode-se mostrar que, dentro de qualquer célula na i-ésima camada

$$d' = \sqrt{d^2\,\mathrm{sen}^2\theta + (2Ri - d_0 - d\cos\theta)^2} \quad \text{para} \quad (2i-1)R \le d \le (2i)R - d_0 \tag{9.47}$$

$$d' = \sqrt{d^2\,\mathrm{sen}^2\theta + (d\cos\theta - 2Ri - d_0)^2} \quad \text{para} \quad (2i)R + d_0 \le d \le (2i+1)R \tag{9.48}$$

Depois, usando d' e d, a potência de interferência $P_{0,i,j}$ na célula central do j-ésimo usuário na i-ésima célula interferindo pode ser dada por

$$P_{0,i,j}(r,\theta,d_0) = N_{i,j} = P_0(d'/d_0)^n\,(d_0/d)^n \tag{9.49}$$

onde n é o expoente de perda do caminho de propagação descrito nos capítulos 3 e 4, e d' é uma função de θ dada pelas equações 9.47 e 9.48. Os dois fatores no lado direito da Equação 9.49 representam a potência real de transmissão radiada pelo j-ésimo assinante na i-ésima célula, multiplicada pela perda do caminho de propagação do assinante até o receptor da estação-base central. Avaliando a Equação 9.49 para cada usuário em uma célula adjacente, é possível calcular N_{ai} usando a Equação 9.36 e depois aplicar a Equação 9.34 para determinar f.

Simulações que consideravam diversos fatores de peso do usuário, além de expoentes de perda de caminho de $n = 2$, 3 e 4, e tamanhos de célula variáveis, foram executadas por Rappaport e Milstein[26]. A Tabela 9.4 indica os resultados típicos, que mostram que f pode variar entre 0,316 e 0,707, dependendo do expoente de perda de caminho e da distribuição de usuários. Assim, enquanto um sistema CDMA de única célula oferece reutilização de freqüência ideal ($f = 1$), a reutilização real de freqüência é uma função da distribuição de usuários e perda do caminho.

9.7.3 Capacidade do acesso múltiplo por divisão espacial

Para CDMA limitado por interferência que opere em um canal AWGN, com controle de potência perfeito e sem interferência das células adjacentes e com antenas omnidirecionais usadas nas estações-base, a taxa média de erro de bit, P_b, para um usuário pode ser encontrada pela aproximação gaussiana no Capítulo 6 e no Apêndice on-line E como

$$P_b = Q\sqrt{\frac{3N}{K-1}} \tag{9.50}$$

onde K é o número de usuários em uma célula e N é o fator de espalhamento. $Q(x)$ é a função Q padrão. A Equação 9.35 considera que as seqüências de assinatura são aleatórias e que K é suficientemente grande para permitir que a aproximação gaussiana seja válida.

Para ilustrar como antenas direcionais podem melhorar o enlace reverso em um sistema CDMA de única célula, considere a Figura 9.15, que ilustra três configurações possíveis de antena da estação-base. A antena receptora omnidirecional detectará sinais de todos os usuários no sistema, e assim receberá a maior quantidade de ruído. A antena setorizada dividirá o ruído recebido em um valor menor e aumentará o número de usuários no sistema CDMA (conforme ilustrado no Exemplo 9.9). A antena adaptativa mostrada na Figura 9.15(c) oferece um 'feixe direcional' para cada usuário, e é essa implementação que é a forma mais poderosa de SDMA. Uma antena adaptativa ideal é capaz de formar um feixe para cada usuário na célula de interesse, e a estação-base monitora cada usuário na célula enquanto ele se move. Considere que um padrão de feixe, $G(\phi)$, seja formado de modo que o padrão tenha ganho máximo na direção do usuário desejado. Esse padrão direcional pode ser formado na estação-base usando uma antena vetorial adaptativa de N elementos. Considere que um padrão de feixe, $G(\phi)$, sem variação no plano de elevação, como mostra a Figura 9.16, possa ser formado por um vetor. O padrão, $G(\phi)$, pode ser direcionado através de 360° no plano horizontal (ϕ) de modo que o usuário desejado sempre esteja no feixe principal do padrão. Considera-se que K usuários no sistema CDMA de única célula estejam distribuídos uniformemente por uma célula bidimensional (no plano horizontal, $\theta = \pi/2$), e a antena da estação-base é capaz de fornecer simultaneamente esse padrão para todos os usuários na célula. No enlace reverso, a potência recebida dos sinais móveis desejados é $P_{r;0}$. As potências dos sinais incidentes na antena da estação-base de $K - 1$ usuários interferindo são dadas por $P_{r;i}$ para $i = 1, \ldots k - 1$. A potência de interferência total média, I, vista por um único usuário desejado (medida no sinal recebido na porta do vetor de antenas da estação-base, que é voltado para o Usuário 0), é dada por

$$I = E\left\{\sum_{i=1}^{K-1} G(\phi_i)P_{r;i}\right\} \tag{9.51}$$

onde ϕ_i é a direção do i-ésimo usuário no plano horizontal, medido no eixo-x, e E é o operador de expectativa. Nenhuma interferência das células adjacentes contribui para a interferência total recebida na Equação 9.51. Se o controle de potência perfeito for aplicado de modo que a potência incidente na antena da estação-base a partir de cada usuário seja a mesma, então $P_{r;i} = P_c$ para cada um dos K usuários, e a potência de interferência média vista pelo Usuário 0 é dada por

$$I = P_c E\left\{\sum_{i=1}^{K-1} G(\phi_i)\right\} \tag{9.52}$$

Tabela 9.4 Fator de reutilização de freqüência para canal reverso do sistema celular CDMA, como uma função de n para duas implementações de sistema (de Rappaport e Milstein[27] © IEEE).

		Eficiência de reutilização de freqüência		
		limite inferior	hexa	limite superior
		$W_1 = 3{,}0$	$W_1 = 1{,}38$	$W_1 = 1{,}0$
d (km)	n	$W_2 = 0{,}0$	$W_2 = 0{,}78$	$W_2 = 1{,}0$
2	2	0,316	0,425	0,462
2	3	0,408	0,558	0,613
2	4	0,479	0,646	0,707
10	2	0,308	0,419	0,455
10	3	0,396	0,550	0,603
10	4	0,462	0,634	0,695

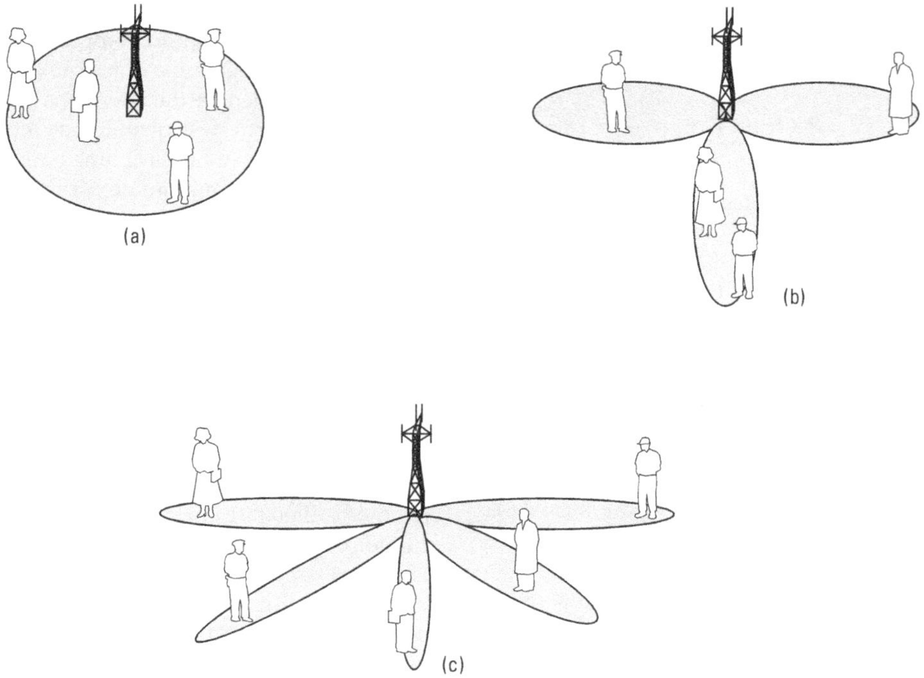

Figura 9.15 Ilustração mostrando diferentes padrões de antena. a) Um padrão de antena da estação-base omnidirecional; b) padrão de antena da estação-base setorizada; c) padrão de antena adaptativa, que oferece feixes direcionais individuais para cada usuário na célula.

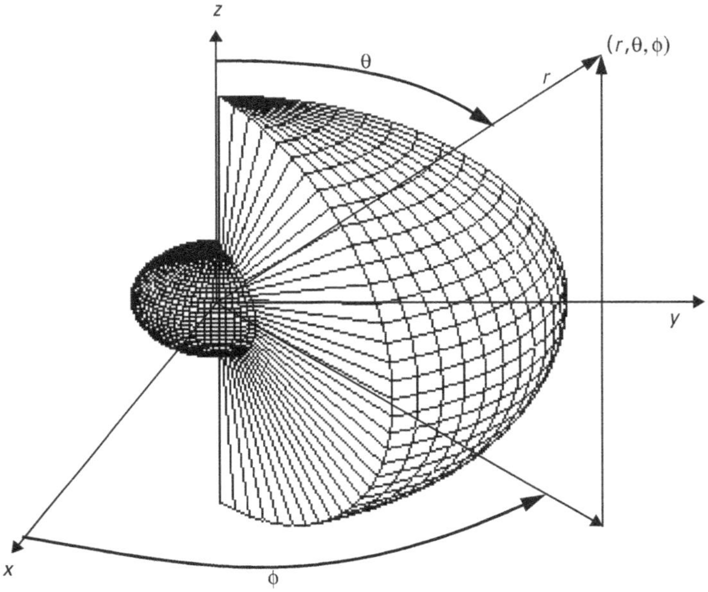

Figura 9.16 Um padrão ideal de topo plano com uma largura de feixe de 60 graus e um nível de lóbulo lateral de –6dB. O padrão não possui variação no eixo de elevação para considerar usuários que estão próximos e distantes da estação-base (de Libert e Rappaport[28] © IEEE).

Considerando que os usuários são distribuídos de forma independente e idêntica pela célula, a interferência média total vista por um usuário na célula central é dada por

$$I = \frac{P_c(K-1)}{D} \tag{9.53}$$

onde D é o direcionamento da antena, dado por $max(G(\phi))$. Em instalações típicas de celular, D varia de 3 dB a 10 dB. Como o padrão de feixe da antena se torna mais estreito, D aumenta, e a interferência recebida I diminui proporcionalmente. A taxa média de erro de bit para o Usuário 0 pode, assim, ser dada por

$$P_b = Q\left(\sqrt{\frac{3DN}{K-1}}\right) \tag{9.54}$$

Assim, pode-se ver que a probabilidade de erro de bit depende do padrão de feixe de um receptor, e alcança-se uma melhoria considerável usando-se antenas adaptativas de alto ganho na estação-base.

Usando o fato de que a interferência adicional de células adjacentes simplesmente aumenta o nível de interferência, a probabilidade média de erro para determinado usuário que use antenas direcionais em um ambiente de célula múltipla é dada por

$$P_b = Q\left(\sqrt{\frac{3fDN}{K-1}}\right) \tag{9.55}$$

onde f é o fator de reutilização de freqüência descrito pela Equação 9.34 e Tabela 9.4. A Figura 9.17 ilustra a probabilidade média de erro para diferentes expoentes de perda de caminho de propagação, onde dois tipos diferentes de antenas de estação-base são comparados usando simulações que consideravam uma única camada de células interferindo usando a geometria descrita na Seção 9.7.2[29]. Nessa figura, um conjunto de probabilidade média de curvas de erro é encontrado para uma antena omnidirecional da estação-base, e outro conjunto de curvas é encontrado para um feixe de topo plano (um feixe com ganho constante sobre uma região angular específica) tendo uma direcionalidade de cerca de 5,1 dB. Considera-se que o feixe de topo plano tenha um lóbulo de ganho máximo constante se espalhando por um azimute de 30 graus, e um nível de lóbulo lateral constante que é 6 dB abaixo do ganho máximo. Além disso, considera-se que K feixes de topo plano separados podem ser formados pela estação-base e apontados para cada um dos K usuários dentro da célula de interesse. Observe que, para uma probabilidade de erro média de 0,001 em um ambiente de perda de caminho de propagação de $n = 4$, o sistema de feixe de topo plano terá suporte para 350 usuários, enquanto a antena omnidirecional terá suporte para apenas 100[30]. Esse aumento no número de usuários é aproximadamente igual à direcionalidade oferecida pelo sistema de feixe de topo plano, e ilustra a promessa que o SDMA oferece para melhorar a capacidade nos sistemas sem fio. Observe que o caminho múltiplo não é considerado. O impacto do espalhamento e do caminho múltiplo difuso sobre o desempenho do SDMA é atualmente um tópico de pesquisa e certamente influenciará o desempenho e as estratégias de implementação para as técnicas de SDMA emergentes.

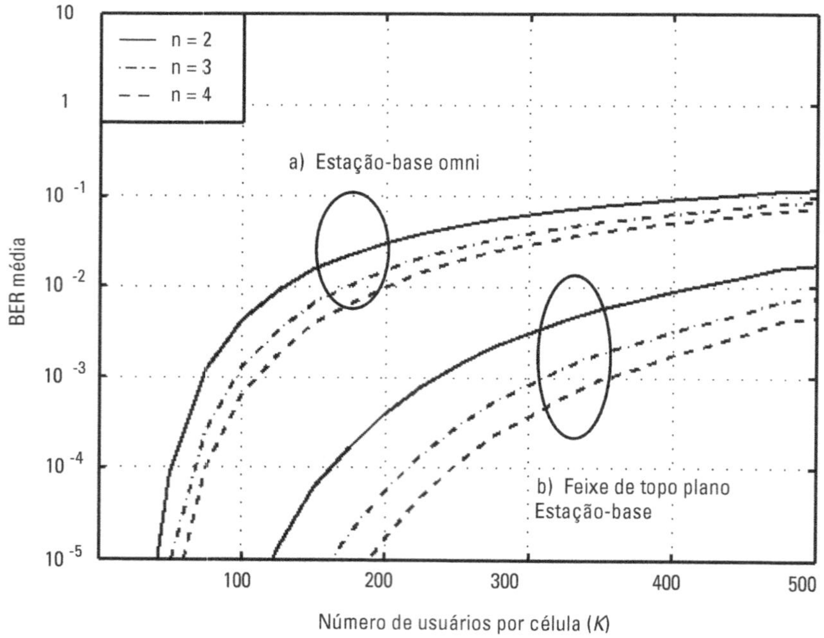

Figura 9.17 Probabilidade média de erro para um usuário em um sistema CDMA com uma camada de células do co-canal interferindo. Estação-base de interesse usando a) uma antena de estação-base omnidirecional e b) SDMA com um feixe de topo plano tendo $D = 5,1$ dB e apontada para cada um dos K usuários dentro da célula de interesse. Observe que SDMA oferece ganhos de capacidade significativos para determinada probabilidade de erro média.

Problemas

9.1 O sistema GSM TDMA usa uma taxa de bits de 270,833 Kbps para dar suporte a oito usuários por quadro. a) Qual é a taxa de dados bruta fornecida para cada usuário?. b) Se o tempo de guarda, tempo de arranque e bits de sincronização ocupam 10,1 Kbps, determine a eficiência do tráfego para cada usuário.

9.2 O sistema USDC TDMA usa uma taxa de dados de 48,6 Kbps para dar suporte a três usuários por quadro. Cada usuário ocupa dois dos seis slots de tempo por quadro. Qual é a taxa de dados bruta fornecida para cada usuário?

9.3 Para o Problema 9.2, considere que cada quadro de canal reverso contém seis slots de tempo com 324 bits por slot de tempo, e, dentro de cada slot, considere que existem seis bits de guarda, seis bits reservados para arranque, 28 bits de sincronização, 12 bits do canal de controle, 12 bits para sinais de controle de supervisão e 260 bits de dados. a) Determine a eficiência do quadro para o padrão USDC. b) Se a codificação de voz de meia taxa for usada, seis usuários podem ser admitidos dentro de um quadro. Determine a taxa de dados bruta e a eficiência do quadro para usuários com codificação de voz de metade da taxa.

9.4 O sistema TDMA (PDC) usa uma taxa de dados de 42,0 Kbps para dar suporte a 3 usuários por quadro. Cada usuário ocupa dois dos seis slots de tempo por quadro. **a)** Qual é a taxa de dados bruta fornecida para cada usuário?. **b)** Se a eficiência do quadro é de 80% e a duração do quadro é de 6,667 ms, determine o número de bits de informação enviados a cada usuário por quadro. **c)** Se a codificação de voz de meia-taxa é utilizada, seis usuários por quadro são acomodados. Determine o número de bits de informação fornecido para cada usuário por quadro. **d)** Qual é a taxa de dados de informação por usuário no PDC de meia taxa?

9.5 Considere que um amplificador não-linear seja usado para transmissões FDMA de broadcast para o padrão EUA AMPS. Se o canal de controle 352 e o canal de voz 360 são transmitidos simultaneamente por uma estação-base, determine todos os canais de celular no enlace direto que poderiam causar interferência devido à intermodulação.

9.6 Se um sistema de paginação transmite a 931,9375 MHz, e uma estação-base de celular transmite por broadcast no canal de controle AMPS 318, e as duas antenas estão localizadas na mesma torre de transmissão, determine os canais de celular (se houver) que podem conter interferência de intermodulação, se detectada por um receptor com um amplificador não-linear. Em que situações práticas a intermodulação desse tipo poderia ser produzida?

9.7 Em um sistema ALOHA sem slots, os tempos de chegada de pacote formam um processo de Poisson tendo uma taxa de 10^3 pacotes/segundo. Se a taxa de bits é de 10 Mbps e existem 1.000 bits/pacote, encontre: **a)** a vazão normalizada do sistema; **b)** o número de bits por pacote que maximizará a vazão.

9.8 Repita o Problema 9.7 para um sistema ALOHA com slots.

9.9 Determine o atraso de propagação em unidades de transmissão de pacote se uma taxa de dados de canal de 19,2 Kbps for usada e cada pacote contiver 256 bits. Considere que existe um caminho de linha de visão para um usuário a 10 km do transmissor. Se o ALOHA com slots tiver que ser usado, qual é a melhor escolha para o número de bits/pacote para esse sistema (considerando que 10 km é a distância máxima entre o transmissor e o receptor)?

9.10 Determine o número de canais analógicos por célula para o caso de $n = 3$ perdas no caminho de propagação, onde a razão C/I mínima aceitável é 14 dB. Qual é o tamanho de cluster apropriado para o sistema? Considere que a largura de banda do canal seja 30 kHz e a alocação de espectro total seja 20 MHz.

9.11 Repita o Problema 9.10 para os casos onde $n = 2$ e $n = 4$.

9.12 Em um sistema celular CDMA omnidirecional (única célula, único setor), $E_b/N_0 = 20$ dB é exigido para cada usuário. Se 100 usuários, cada um com uma taxa de dados de banda base de 13 Kbps, tiverem que ser acomodados, determine a taxa de bits mínima do canal da seqüência de chip de espalhamento espectral. Ignore as considerações da atividade de voz.

9.13 Repita o Problema 9.12 para o caso em que a atividade de voz é considerada e é igual a 40%.

9.14 Repita o Problema 9.12 para o caso de um sistema CDMA com três setores. Inclua os efeitos da atividade de voz, considerando que cada usuário está ativo 40% do tempo.

9.15 Usando a geometria mostrada na Seção 9.7.2, verifique as equações 9.47 e 9.48.

9.16 Usando uma simulação que considera que 1.000 usuários estão distribuídos uniformemente pelos setores interno e externo do primeiro anel de células da Figura 9.14, verifique os valores dados na Tabela 9.4 para $R = 2$ km e $d_0 = 100$ m para $n = 2$, 3 e 4.

9.17 Em um sistema CDMA de única célula usando o acesso múltiplo por divisão espacial (SDMA), determine o número de usuários simultâneos que podem ser admitidos em uma probabilidade média de erro de 10^{-3} quando é usado um ganho de processamento de $R_c/R_b = 511$. Considere que padrões de feixe com ganho de 10 dB possam ser formados e que é utilizado o controle de potência perfeito. Desconsidere a atividade de voz.

9.18 Repita o Problema 9.17 para o caso em que a atividade de voz de 40% é considerada.

9.19 Um sistema de celular CDMA utiliza SDMA e múltiplas células são usadas, sendo que cada célula compartilha o mesmo canal de rádio. Considere os expoentes de perda de caminho de propagação $n = 2$, 3 e 4, e determine o número de usuários simultâneos que podem ser admitidos com uma probabilidade média de erro de 10^{-2}. Considere que $K = 511$ e 6 dB de direcionalidade sejam fornecidos pela estação-base para cada usuário.

9.20 Usando a geometria celular concêntrica, determine expressões recursivas para os dois fatores de peso para a geometria hexagonal equivalente para a segunda camada e todas as células de camadas subseqüentes.

9.21 Simule a interferência do canal reverso em um sistema CDMA de reutilização de uma célula. Para fazer isso, considere sete células hexagonais e considere que cada uma tenha uma área igual de 10 km². Inclua aleatoriamente 30 usuários em cada célula, e considere que $d_0 = 1$ m seja a distância de referência mais próxima para propagação e $n = 4$ seja o expoente de perda de caminho. Se o controle de potência for usado para os 30 usuários na célula, ache

a) a potência de interferência recebida dentro da célula;

b) a potência de interferência recebida fora da célula;

c) o fator de reutilização de freqüência.

9.22 Repita a simulação do Problema 9.21 usando $n = 3$, e ache novas respostas para a), b) e c).

Referências bibliográficas

1 YACOUB, M. D. *Foundations of Mobile Radio Engineering*, CRC Press, 1993.

2 ZIEMER, R. E.; PETERSON, R. L. *Introduction to Digital Communications*, Macmillan Publishing Company, 1992.

3 ENG, T.; MILSTEIN, L. B. "Capacities of hybrid FDMA/CDMA systems in multipath fading". *IEEE MILCOM Conference Records*, 1993, p. 753-757.

4 DIXON, R. C. *Spread Spectrum Systems with Commercial Applications*, 3. ed., Nova York: John Wiley & Sons Inc., 1994.

5 GUDMUNDSON, B.; SKOLD, J.; UGLAND, J. K. "A comparison of CDMA; TDMA systems". *Proceedings of the 42nd IEEE Vehicular Technology Conference*, v. 2, 1992, p. 732-735.

6 LIBERTI, J. C. Jr.; RAPPAPORT, T. S. "Analytical results for capacity improvements in CDMA". *IEEE Transactions on Vehicular Technology*, v. 43, n. 3, ago. 1994, p. 680-690.

7 TANENBAUM, A. S. *Computer Networks*, Prentice Hall Inc., 1981.

8 Ibidem.

9 Ibidem.

BERTSEKAS, D.; GALLAGER R. *Data Networks*, 2. ed.,Nova Jersey: Prentice Hall, 1992.

10 KLEINROCK, L.; TOBAGI, F. A. "Packet switching in radio channels, part 1: carrier sense multiple-access models; their throughput-delay characteristics". *IEEE Transactions on Communications*, v. 23, n. 5, 1975, p. 1400-1416.

TOBAGI, F. A.; KLEINROCK, L. "Packet switching in radio channels, parte II: the hidden-terminal problem in carrier sense multiple access; the busy-tone solution". *IEEE Transactions on Communication*, v. 23, n. 5, 1975, p. 1417-1433.

11 LAM, S. S. "A carrier sense multiple access protocol for local networks". *Computer Networks*, v. 4, 1980, p. 21-32.

12 TANENBAUM, A. S. *Computer Networks*, Prentice Hall Inc., 1981.

13 GOODMAN, D. J.; VALENZULA, R.A.; GAYLIARD, K.T.; RAMAMURTHI, B. "Packet reservation multiple access for local wireless communication," *IEEE Transactions on Communications*, v. 37, n. 8, August 1989, p. 885-890.

14 LEE, W. C. Y. "Spectrum efficiency in cellular". *IEEE Transactions on Vehicular Technology*, v. 38, n. 2, maio 1989, p. 69-75.

15 Ibidem.

16 RAITH, K.; UDDENFELDT, J. "Capacity of digital cellular TDMA systems". *IEEE Transactions on Vehicular Technology*, v. 40, n. 2, maio 1991, p. 323-331.

17 BRADY, P. T. "A statistical analysis of on-off patterns in 16 conversations". *Bell System Technical Journal*, v. 47, 1968, p. 73-91.

18 LIBERTI, J. C.; RAPPAPORT, T. S. *Smart Antennas for Wireless Communications*: IS-95; *Third Generation Applications*, Nova Jersey: Prentice Hall, 1999.

KIM, K. I. (ed.) *Handbook of CDMA System Design, Engineering; Optimization*, Nova Jersey: Prentice Hall, 2000.

GARG, V. K. *IS-95 CDMA; cdma2000*, Nova Jersey: Prentice Hall, 2000.

MOLISCH, A. F. (ed.) *Wideband Wireless Digital Communications*, Nova Jersey: Prentice-Hall, 2001.

19 GILHOUSEN et al. "On the capacity of cellular CDMA system". ieee transactions on vehicular technology, v. 40, n. 2, maio 1991, p. 303-311.

20 Ibidem.

21 SALMASI, A.; GILHOUSEN, K. S. "On the system design aspects of code division multiple access (CDMA) applied to digital cellular; personal communications networks". *IEEE Vehicular Technology Conference*, 1991, p. 57-62.

22 RAPPAPORT, T. S.; MILSTEIN, L. B. "Effects of radio propagation path loss on ds-cdma cellular frequency reuse efficiency for the reverse channel". *IEEE Transactions on Vehicular Technology*, v. 41, n. 3, ago. 1992, p. 231-242.

23 LIBERTI, J. C. Jr.; RAPPAPORT, T. S. "Analytical results for capacity improvements in CDMA". *IEEE Transactions on Vehicular Technology*, v. 43, n. 3, ago. 1994, p. 680-690.

RAPPAPORT, T. S.; MILSTEIN, L. B. "Effects of radio propagation path loss on ds-cdma cellular frequency reuse efficiency for the reverse channel". *IEEE Transactions on Vehicular Technology*, v. 41, n. 3, ago. 1992, p. 231-242.

LIBERTI, J. C.; RAPPAPORT, T. S. *Smart Antennas for Wireless Communications*: IS-95; *Third Generation Applications*, Nova Jersey: Prentice Hall, 1999.

24 RAPPAPORT, T. S.; MILSTEIN, L. B. "Effects of radio propagation path loss on ds-cdma cellular frequency reuse efficiency for the reverse channel". *IEEE Transactions on Vehicular Technology*, v. 41, n. 3, ago. 1992, p. 231-242.

25 LIBERTI, J. C.; RAPPAPORT, T. S. *Smart Antennas for Wireless Communications*: IS-95; *Third Generation Applications*, Nova Jersey: Prentice Hall, 1999.

______.; ______. "Analytical results for capacity improvements in CDMA". *IEEE Transactions on Vehicular Technology*, v. 43, n. 3, ago. 1994, p. 680-690.

RAPPAPORT, T. S.; MILSTEIN, L. B. "Effects of radio propagation path loss on ds-cdma cellular frequency reuse efficiency for the reverse channel". *IEEE Transactions on Vehicular Technology*, v. 41, n. 3, ago. 1992, p. 231-242.

26 Ibidem.

27 Ibidem.

28 LIBERTI, J. C. Jr.; RAPPAPORT, T. S. "Analytical results for capacity improvements in CDMA". *IEEE Transactions on Vehicular Technology*, v. 43, n. 3, ago. 1994, p. 680-690.

29 Ibidem.

30 Ibidem.

Capítulo 10

Redes sem fio

10.1 Introdução às redes sem fio

A demanda por comunicações pessoais onipresentes está controlando o desenvolvimento de novas técnicas de rede que acomodem usuários móveis com transmissões de voz e dados que se movimentam através de prédios, cidades ou países. Considere o sistema de telefonia celular mostrado na Figura 10.1. Tal sistema é responsável por fornecer cobertura em um território em particular, chamado *região de cobertura* ou *mercado*. A interconexão de muitos desses sistemas define uma rede sem fio capaz de fornecer serviço a usuários móveis por todo um país ou continente.

Para fornecer comunicações sem fio dentro de uma região geográfica em particular (uma cidade, por exemplo), uma rede integrada de estações-base deve ser implantada para fornecer cobertura de rádio suficiente a todos os usuários móveis. As estações-base, por sua vez, devem ser conectadas a um hub central, chamado *central de comutação e controle* [*Mobile Switching Center* (MSC)]. A MSC fornece conectividade entre a rede telefônica pública comutada [*Public Switched Telephone Network* (PSTN)] e diversas estações-base, e por fim entre todos os assinantes sem fio em um sistema. A PSTN forma a grade de telecomunicações global que conecta os centros de comutação de telefonia convencional (linhas terrestres), chamados de Escritórios Centrais [*Central Offices* (COs)], às MSCs do mundo inteiro.

A Figura 10.1 ilustra um sistema celular típico do início da década de 1990, mas atualmente existe um grande impulso para desenvolver novas arquiteturas de transporte para os usuários finais sem fio. Por exemplo, o PCS pode ser distribuído pela rede de televisão a cabo já existente nos bairros ou quarteirões da cidade, onde microcélulas são usadas para fornecer cobertura local sem fio. Arquiteturas de transporte por fibra óptica também estão sendo usadas para conectar portas de rádio, estações-base e MSCs.

Para conectar assinantes móveis às estações-base, enlaces de rádio são estabelecidos usando-se um protocolo de comunicação cuidadosamente definido, chamado *interface de ar comum* [*Common Air Interface* (CAI)], que é basicamente um protocolo de comunicação de aperto de mão (*handshake*) precisamente definido. A interface de ar comum especifica exatamente como os assinantes móveis e as estações-base se comunicam pelas freqüências de rádio e também define os métodos

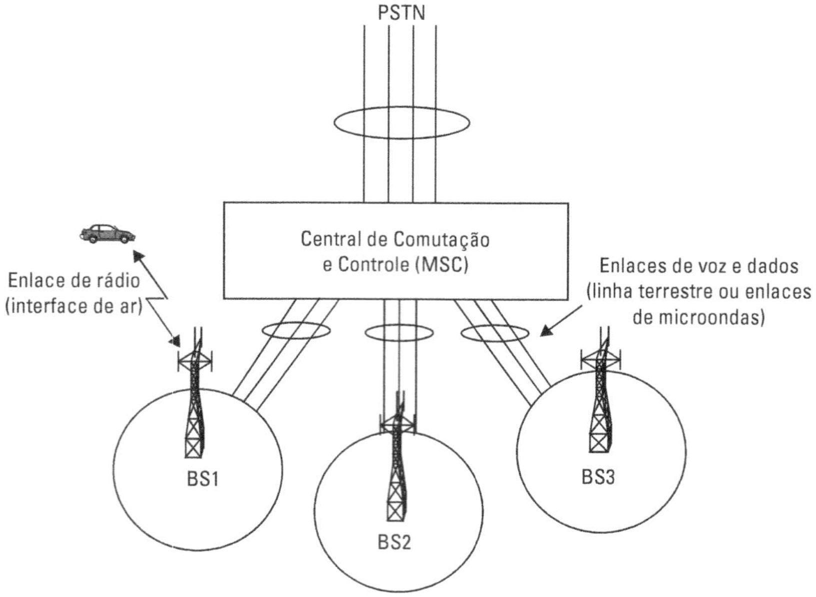

Figura 10.1 Diagrama de blocos de um sistema celular.

de sinalização do canal de controle. A CAI deve oferecer grande confiabilidade de canal para garantir que os dados sejam enviados e recebidos corretamente entre a estação móvel e a estação-base, e como tal especifica a codificação de voz e do canal.

Na estação-base, a parte da interface de ar (ou seja, dados de sinalização e sincronismo) da transmissão móvel é descartada, e o tráfego de voz restante é passado da MSC para as redes fixas. Embora cada estação-base possa lidar com algo em torno de 50 chamadas simultâneas, uma MSC típica é responsável por conectar até 100 estações-base à PSTN (até 5.000 chamadas de uma só vez), de modo que a conexão entre a MSC e a PSTN exige uma capacidade substancial a todo instante. Fica claro que as estratégias e padrões de rede podem variar bastante, dependendo se um único circuito de voz ou uma população metropolitana inteira é atendida.

Infelizmente, o termo *rede* pode ser usado para descrever uma grande variedade de conexões de voz e dados, desde o caso de um único usuário móvel à estação-base, até a conexão de uma grande MSC à PSTN. Essa definição ampla de rede apresenta um desafio na descrição de um grande número de estratégias e padrões usados em redes, e seria inviável abordar todos os aspectos das redes sem fio neste capítulo. Porém, os conceitos e padrões básicos usados nas redes sem fio atuais serão abordados de uma maneira que primeiro focalize o enlace da estação móvel à estação-base, seguido pela conexão da estação-base à MSC, a conexão da MSC à PSTN, e a interconexão das MSCs do mundo inteiro.

10.2 Diferenças entre redes sem fio e de telefonia fixa

A transferência de informações na rede telefônica pública comutada (PSTN) ocorre por linhas-tronco terrestres (chamadas *troncos*) compostas de cabos de fibra óptica, cabos de cobre, enlaces de microondas e enlaces de satélite. As configurações de rede na PSTN são praticamente estáticas, pois as conexões da rede só podem ser alteradas quando um assinante muda de residência e requer reprogramação no *escritório central* (CO) local do assinante. Redes sem fio, por outro lado, são altamente dinâmicas, com a configuração da rede sendo modificada toda vez que um assinante passa para a região de cobertura de uma estação-base diferente ou para uma nova região de cobertura. Enquanto as redes fixas são difíceis de mudar, as redes sem fio devem ser auto-reconfiguradas em pequenos intervalos de tempo (na ordem de segundos) para fornecer *roaming* e transferências imperceptíveis, mesmo com chamadas em andamento, enquanto uma estação móvel se movimenta. A largura de banda do canal disponível para redes fixas pode ser aumentada instalando-se cabos de alta capacidade (cabo de fibra óptica ou coaxial), enquanto as redes sem fio são restritas pela escassa largura de banda de RF fornecida para cada usuário.

10.2.1 Rede telefônica pública comutada (PSTN)

A Rede telefônica pública comutada [*Public Switched Telephone Network* (PSTN)] é uma rede de comunicações altamente integrada, que conecta mais de 70% dos habitantes do mundo. No início de 2001, a *International Telecommunications Union* estimou que havia 1 bilhão de números de telefone de linha terrestre pública, em comparação com 600 milhões de números de telefone celular. Enquanto os telefones de linha terrestre crescem a uma taxa de 3%, as assinaturas sem fio estão crescendo a uma taxa de mais de 40%. Todos os telefones do mundo recebem chamadas pela PSTN.

Cada país é responsável pela regulamentação da PSTN dentro de suas fronteiras. Com o tempo, alguns sistemas de telefonia estatal foram privatizados para corporações que oferecem serviço local e de longa distância visando a lucros.

Na PSTN, cada cidade ou agrupamento geográfico de cidades é chamado de *área de acesso e transporte local* [*Local Access and Transport Area* (LATA)]. As LATAs adjacentes são conectadas por uma empresa chamada *Operadora de Sistema de Telecomunicações* [*Local Exchange Carrier* (LEC)]. Uma LEC é uma empresa que oferece serviço telefônico dentro da LATA, e pode ser uma companhia telefônica local, ou uma companhia telefônica de escopo regional.

Uma companhia telefônica de longa distância coleta taxas para fornecer conexões entre diferentes LATAs por sua rede de longa distância. Essas companhias são conhecidas como *Operadoras de Intercâmbio* [*Interexchange Carriers* (IXCs)], e possuem e operam grandes redes de fibra óptica e rádio por microondas, que são conectadas às LECs de todo o país ou continente.

Nos Estados Unidos, o decreto de alienação de 1984 (chamado de *juízo final modificado* ou *modified final judgement* ou MFJ) resultou na divisão da AT&T (outrora a principal empresa de telefonia local e de longa distância nos EUA) em sete grandes *Bell Operating Companies* (BOCs), cada uma com sua própria região de serviço. Pelo mandato do Governo dos EUA, a AT&T é proibida de fornecer serviço local dentro de cada região de BOC (ver Figura 10.2), embora tenha permissão para fornecer serviço de longa distância entre LATAs dentro de uma região BOC e serviço de troca (intercâmbio) entre cada região. As BOCs são proibidas de fornecer chamadas entre LATAs dentro de sua própria região, e também de fornecer o serviço de troca de longa distância. Nos EUA, existem cerca de 2.000 companhias de telefone, embora as *Bell Operating Companies* (BOCs) sejam as mais conhecidas (ver Figura 10.2).

A Figura 10.3 é uma ilustração simplificada de uma rede telefônica local, chamada *central de comutação local*. Cada central de comutação local consiste em um escritório central (CO) que oferece conexão com PSTN ao *equipamento das instalações do cliente* (CPE) que pode ser um

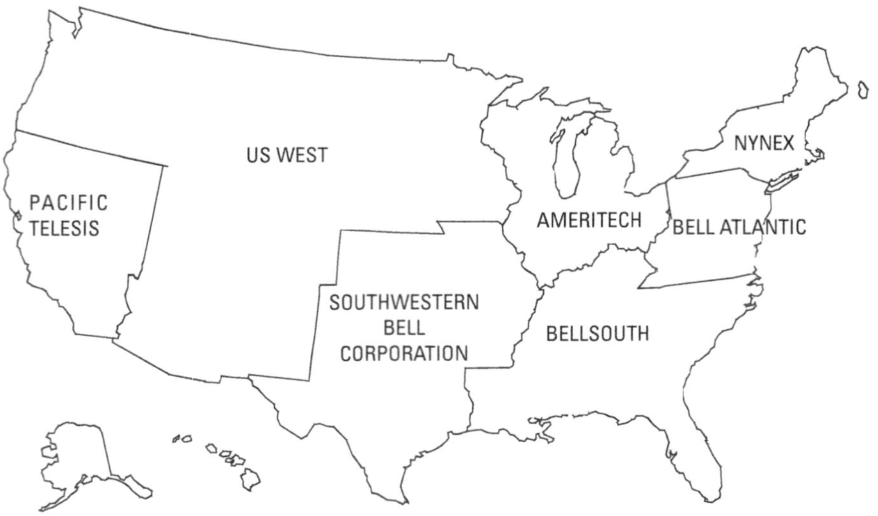

Figura 10.2 Áreas de serviço das Bell Operating Companies regionais dos EUA.

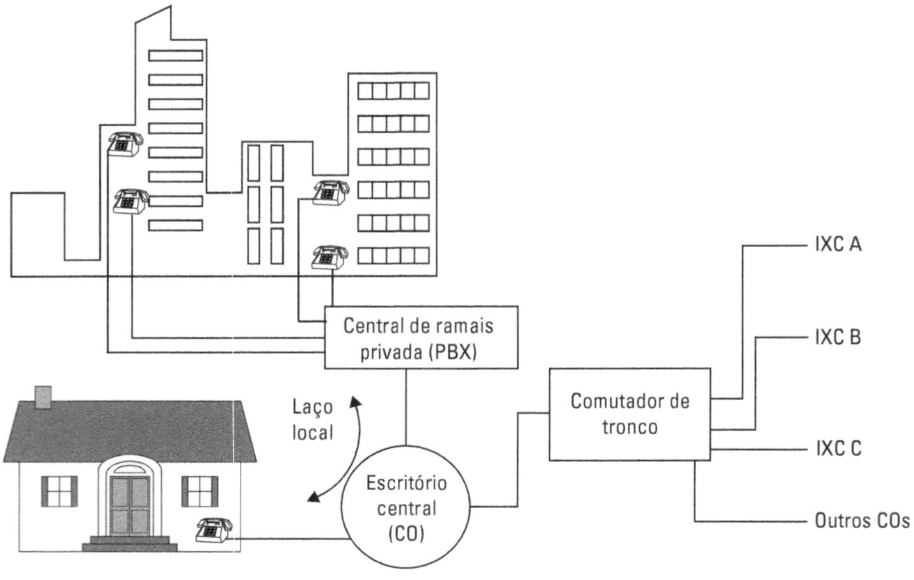

Figura 10.3 Rede de telefonia local de linha terrestre.

telefone individual em uma residência ou uma *central de ramais privada* (PBX) em uma empresa. O CO pode tratar de até 1 milhão de conexões de telefone. Ele é conectado a uma *central de comutação de troncos* (*tandem*), que por sua vez conecta a central local à PSTN. A central de comutação de troncos conecta fisicamente a rede telefônica local ao *ponto de presença* [*point of presence* (POP)] das linhas de longa distância entroncadas fornecidas por uma ou mais IXCs[1]. Às vezes, as IXCs se conectam diretamente à central CO para evitar encargos de transporte cobrados pela LEC.

A Figura 10.3 também mostra como um PBX pode ser usado para fornecer conexões de telefone em um prédio ou câmpus. Um PBX permite que uma organização ou entidade forneça chamada interna e outros serviços no prédio (que não envolvem a LEC), bem como rede privativa entre outros locais organizacionais (através de linhas alugadas de provedores de LEC e IXC), além de conexão local convencional e serviços de longa distância que passam pelo CO. As conexões de telefone dentro de um PBX são mantidas pelo proprietário privado, enquanto a conexão do PBX ao CO é fornecida e mantida pela LEC.

10.2.2 Limitações das redes sem fio

Em comparação com a rede telefônica local, fixa, onde todos os usuários finais são estáticos, um sistema de comunicação sem fio é extremamente complexo. Primeiro, a rede sem fio exige uma interface de ar entre as estações-base e os assinantes para fornecer comunicações telefônicas sob uma grande variedade de condições de propagação e para usuários em qualquer local possível. Para garantir a cobertura de área adequada, é necessário implantar muitas estações-base (às vezes centenas) por toda a área de cobertura, e cada uma dessas estações-base deve ser conectada à MSC. Além disso, a MSC deverá fornecer futuramente conexão entre cada um dos usuários móveis e a PSTN. Isso requer conexões simultâneas à LEC, a uma ou mais IXCs e a outras MSCs por meio de uma rede de sinalização celular separada.

Historicamente, a demanda por comunicações sem fio tem excedido consistentemente a capacidade da tecnologia disponível, e isso é mais evidente no projeto das MSCs. Embora uma central telefônica do escritório central (CO) possa tratar até 1 milhão de assinantes de linha terrestre simultaneamente, as MSCs mais sofisticadas de meados da década de 1990 só são capazes de lidar com 100.000 a 200.000 assinantes de telefonia celular simultâneos.

Um problema exclusivo das redes sem fio é a natureza extremamente hostil e aleatória do canal de rádio, e, como os usuários podem solicitar serviço de qualquer local físico enquanto trafegam com uma grande variedade de velocidades, a MSC é forçada a trocar chamadas imperceptivelmente entre as estações-base por todo o sistema. O espectro de rádio disponível para essa finalidade é limitado, e assim os sistemas sem fio são obrigados a operar em uma largura de banda fixa para dar suporte a uma quantidade cada vez maior de usuários com o passar do tempo. Técnicas de modulação com eficiência espectral, técnicas de reutilização de freqüência e pontos de acesso distribuídos geograficamente são componentes vitais das redes sem fio. À medida que os sistemas sem fio crescem, o acréscimo necessário de estações-base aumenta a carga de comutação da MSC. Como a localização geográfica de um usuário móvel muda constantemente, uma sobrecarga adicional é necessária por todos os aspectos de uma rede sem fio, particularmente na MSC, para garantir comunicações transparentes, independentemente da localização do usuário.

10.2.3 Mesclando redes sem fio e a PSTN

Por todo o mundo, sistemas sem fio de primeira geração (celular analógico e telefones sem fio) foram implantados no início e meados da década de 1980. Quando os sistemas de primeira geração foram introduzidos, avanços revolucionários foram feitos no projeto da PSTN pelas companhias telefônicas de linha terrestre. Até meados da década de 1980, a maioria dos enlaces de telefonia terrestre analógica no mundo enviava informações de sinalização ao longo das mesmas linhas-tronco do tráfego de voz. Ou seja, uma única conexão física era usada para lidar com tráfego de sinalização (dígitos discados e comandos de toque de telefone) e tráfego de voz para cada usuário. A sobrecarga adicional exigida na PSTN para lidar com dados de sinalização nos mesmos troncos do tráfego de voz era ineficaz, pois isso exigia que um tronco de voz fosse dedicado durante períodos de tempo em que nenhum tráfego de voz estava sendo executado. Simplificando, valiosos LEC e troncos de voz de longa distância estavam sendo usados para fornecer informações com baixa taxa de dados, que um canal de sinalização paralelo poderia fornecer com muito menos largura de banda.

Um canal de sinalização separado, porém paralelo, permite que os troncos de voz sejam usados estritamente para tráfego de voz gerador de receita, e admite muito mais usuários em cada linha-tronco. Assim, durante meados da década de 1980, a PSTN foi transformada em duas redes paralelas — uma dedicada ao tráfego do usuário e uma dedicada ao tráfego de sinalização de chamada. Essa técnica é chamada de *sinalização de canal comum*.

A sinalização de canal comum é usada em todas as redes telefônicas modernas. Mais recentemente, canais de sinalização dedicados foram usados por MSCs de celular para fornecer sinalização de interconexão global, permitindo assim que as MSCs do mundo inteiro passem informações do assinante. Em muitos dos sistemas de telefonia celular de hoje, o tráfego de voz é executado na PSTN enquanto a informação de sinalização para cada chamada é executada em um canal de sinalização separado. O acesso à rede de sinalização normalmente é fornecido por IXCs com uma taxa negociada. Na América do Norte, a rede de sinalização de telefonia celular usa o Sistema de Sinalização nº 7 (SS7), e cada MSC usa o protocolo IS-41 para se comunicar com outras MSCs no continente[2].

Nos sistemas de celular de primeira geração, canais de sinalização comuns não eram usados, e os dados de sinalização eram enviados no mesmo canal-tronco do usuário de voz. Porém, nos sistemas sem fio de segunda geração, as interfaces de ar foram projetadas para fornecer canais paralelos de usuário e sinalização para cada estação móvel, de modo que cada estação móvel recebe os mesmos recursos e serviços dos telefones fixos na PSTN.

10.3 Desenvolvimento de redes sem fio

10.3.1 Redes sem fio de primeira geração

As redes de telefonia celular e sem fio de primeira geração são baseadas em tecnologia analógica. Todos os sistemas de celular de primeira geração usam modulação de FM, e os telefones sem fio usam uma única estação-base para se comunicar com um único terminal portátil. Um exemplo típico de um sistema de telefonia celular de primeira geração é o sistema AMPS usado nos Estados Unidos (ver Capítulo 11). Basicamente, todos os sistemas de primeira geração usam a arquitetura de transporte mostrada na Figura 10.4.

A Figura 10.5 mostra um diagrama de uma rede de rádio-celular de primeira geração, que inclui os terminais móveis, as estações-base e MSCs. Nas redes de celular de primeira geração, o controle do sistema para cada mer-

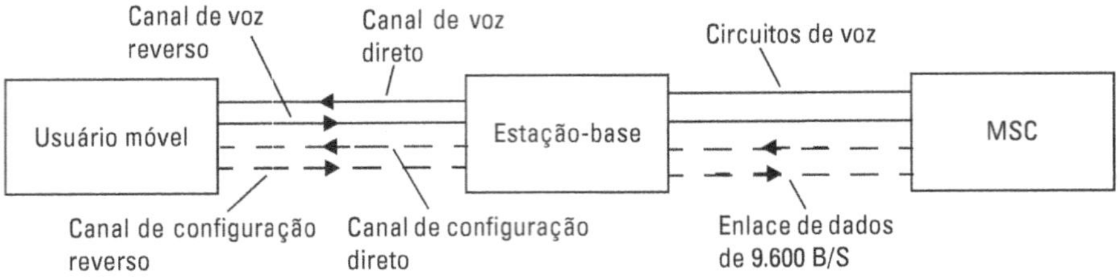

Figura 10.4 Sinalização de comunicação entre estação móvel, estação-base e MSC nas redes sem fio de primeira geração.

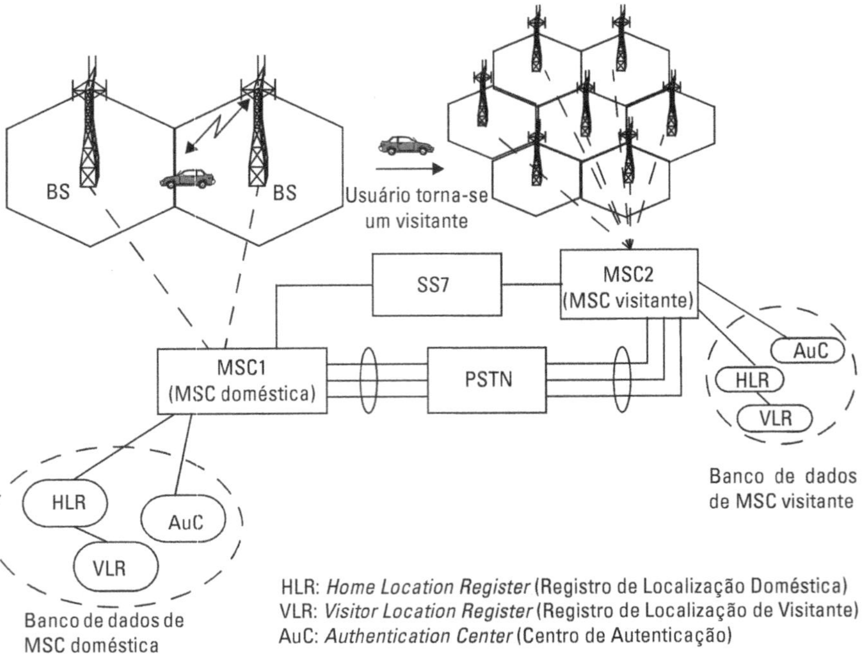

Figura 10.5 Diagrama de blocos de uma rede de rádio-celular.

cado reside na MSC, que mantém todas as informações relacionadas à estação móvel e controla cada transferência de estação. A MSC também realiza todas as funções de gerenciamento de rede, como tratamento e processamento de chamada, cobrança e detecção de fraude dentro do mercado. A MSC é interconectada à PSTN por meio de linhas-tronco terrestres e um comutador de tronco. MSCs também são conectadas a outras MSCs por meio de canais de sinalização dedicados (ver Figura 10.6) para a troca de informações de localização, validação e sinalização de chamada.

Observe que, na Figura 10.6, a PSTN é uma rede *separada* da rede de sinalização SS7. Nos sistemas de telefonia celular modernos, o tráfego de voz de longa distância é executado na PSTN, mas a informação de sinalização usada para fornecer configuração de chamada e informar as MSCs a respeito de um usuário em particular é executada na rede SS7.

Os sistemas sem fio de primeira geração oferecem voz analógica e transmissão de dados ineficaz, de baixa qualidade, entre a estação-base e o usuário móvel. Porém, os sinais de voz normalmente são digitalizados usando um formato-padrão, de multiplexação por divisão de tempo, entre a estação-base e a MSC, e sempre são digitalizados para distribuição da MSC para a PSTN.

A rede de celular global precisa acompanhar todos os usuários móveis que são registrados em todos os mercados do mundo, de modo que seja possível encaminhar as chamadas que chegam para usuários visitantes em qualquer lugar do mundo. Quando o telefone de um usuário móvel é ativado, mas não está envolvido em uma chamada, ele monitora o canal de controle mais forte na vizinhança. Quando o usuário viaja para um novo mercado coberto por um provedor de serviço diferente, a rede sem fio precisa registrar o usuário na nova área e cancelar seu registro com o provedor de serviço anterior, para que as chamadas sejam roteadas para o visitante enquanto ele se move pelas áreas de cobertura de MSCs diferentes.

Até início da década de 1990, os clientes de celular dos EUA que viajavam entre diferentes sistemas de celular tinham que se registrar manualmente toda vez que entravam em um novo mercado durante uma viagem de

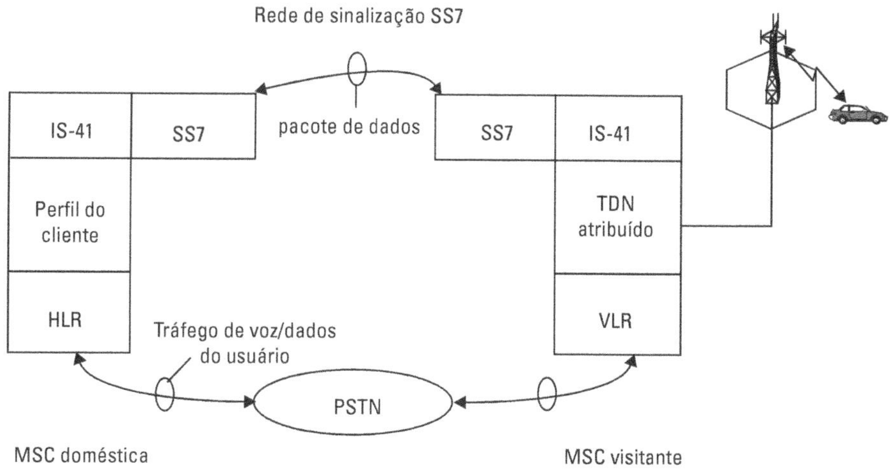

Figura 10.6 A arquitetura de rede celular da América do Norte usada para fornecer tráfego do usuário e tráfego de sinalização entre MSCs (de North American Cellular Network[3] © IEEE). Os componentes da rede SS7 e suas aplicações são descritos mais adiante neste capítulo.

longa distância. Isso exigia que o usuário ligasse para um atendente para solicitar o registro. No início da década de 1990, as prestadoras de serviço celular nos EUA implementaram o protocolo de rede IS-41 para permitir que diferentes sistemas de celular acomodassem automaticamente assinantes que viajavam em suas regiões de cobertura. Isso é chamado de *roaming entre operadoras.* O IS-41 permite que as MSCs de diferentes provedores de serviço passem informações sobre seus assinantes a outras MSCs sob demanda.

O IS-41 conta com um recurso do AMPS chamado *registro autônomo.* O registro autônomo é um processo pelo qual um usuário móvel notifica uma MSC sobre sua presença e sua localização. A estação móvel faz isso se ativando periodicamente e transmitindo sua informação de identidade, que permite que a MSC atualize constantemente sua lista de clientes. O comando de registro é enviado na mensagem de sobrecarga de cada canal de controle em intervalos de cinco ou dez minutos, e inclui um valor de temporização, que cada estação móvel usa para determinar a hora exata em que deve responder à estação-base atendendo com uma transmissão de registro. Cada estação móvel informa seu MIN e ESN durante a breve transmissão de registro, de modo que a MSC possa validar e atualizar a lista de clientes dentro do mercado. A MSC é capaz de distinguir usuários domésticos dos usuários visitantes com base no MIN de cada usuário ativo, e mantém uma lista de usuários em tempo real no registro de localização doméstica (HLR) e registro de localização de visitante (VLR), como mostra a Figura 10.5. O IS-41 permite que as MSCs de sistemas vizinhos tratem automaticamente o registro e a validação de localização dos visitantes, de modo que os usuários não precisam mais se registrar manualmente enquanto viajam. O sistema visitado cria um registro VLR para cada novo visitante e notifica o sistema doméstico por meio do IS-41, para que possa atualizar seu próprio HLR.

10.3.2 Redes sem fio de segunda geração

Os sistemas sem fio de segunda geração empregam modulação digital e capacidades avançadas de processamento de chamada. Alguns exemplos de sistemas sem fio de segunda geração são o GSM, o TDMA e os padrões digitais CDMA dos EUA (os padrões IS-136 e IS-95), CT2, o padrão britânico para telefonia sem fio, o padrão de laço local, o PACS e o DECT, que é o padrão europeu para telefonia sem fio e de escritório. Existem muitos outros sistemas de segunda geração, conforme será descrito no Capítulo 11.

As redes sem fio de segunda geração introduziram novas arquiteturas de rede que reduziram a carga computacional da MSC. Como será mostrado no Capítulo 11, o GSM introduziu o conceito de um *controlador de estação-base* [*Base Station* Controller (BSC)], que é inserido entre diversas estações-base e a MSC. No PACS/WACS, o BSC é chamado de *unidade de controle de porta de rádio.* Essa mudança de arquitetura permitiu a padronização da interface de dados entre o controlador da estação-base e a MSC, possibilitando assim que as prestadoras usem diferentes fabricantes para componentes de MSC e de BSC. Essa tendência na padronização e interoperabilidade é recente para redes sem fio de segunda geração. Futuramente, os componentes de rede sem fio, como MSC e BSC, estarão disponíveis como componentes 'prontos para usar' (Off-The-Shelf) semelhantes aos correspondentes do telefone sem fio.

Todos os sistemas de segunda geração utilizam codificação de voz digital e modulação digital. Os sistemas empregam canais de controle dedicados (sinalização de canal comum — ver Seção 10.7) dentro da interface de ar para trocar simultaneamente informações de voz e controle entre o assinante, a estação-base e a MSC, enquanto uma chamada está em andamento. Os sistemas de segunda geração também oferecem troncos de voz e de sinalização dedicados entre MSCs e entre cada MSC e a PSTN.

Ao contrário dos sistemas de primeira geração, que foram projetados principalmente para voz, as redes sem fio de segunda geração foram projetadas especificamente para fornecer paginação e outros serviços de dados como fax e acesso à rede com alta taxa de dados. A estrutura de controle de rede é mais bem distribuída nos sistemas sem fio de segunda geração, pois as estações móveis consideram maiores funções de controle. Nas redes sem fio de segunda geração, o processo de transferência é controlado pela estação móvel, e é conhecido como *transferência auxiliada pela estação móvel* (MAHO — descrita no Capítulo 3). As unidades móveis nessas redes realizam diversas outras funções não realizadas pelas unidades de assinante de primeira geração, como o relato de potência recebida, varredura de estação-base adjacente, codificação de dados e criptografia.

O DECT é um exemplo de um padrão de telefone sem fio de segunda geração que permite que cada telefone sem fio se comunique com qualquer uma de uma série de estações-base, selecionando automaticamente aquela com o maior nível de sinal. No DECT, as estações-base possuem maior controle em termos de comutação, sinalização e transferências de controle. Em geral, os sistemas de segunda geração foram projetados para reduzir a carga computacional e de comutação na estação-base ou na MSC, enquanto oferecem mais flexibilidade no esquema de alocação de canal para que os sistemas possam ser implantados rapidamente e de maneira menos coordenada.

10.3.3 Redes sem fio de terceira geração

Conforme discutido no Capítulo 2, os sistemas sem fio de terceira geração evoluíram de sistemas maduros de segunda geração. O objetivo das redes sem fio de terceira geração é fornecer um único conjunto de padrões que possam atender a uma grande variedade de aplicações sem fio e fornecer acesso universal no mundo inteiro. Com os sistemas sem fio de terceira geração, as distinções entre telefones sem fio e telefones celulares podem desaparecer, e um comunicador pessoal universal (um aparelho pessoal) poderá fornecer acesso a uma grande variedade de serviços de comunicação de voz, dados e vídeo.

Sistemas de terceira geração podem usar a Rede Digital de Serviços Integrados de Banda Larga [*Broadband Integrated Services Digital Network* (B-ISDN)] (descrita na Seção 10.8) para fornecer acesso a redes de informação, como a Internet e outros bancos de dados públicos e privados. Essas redes de terceira geração transportam muitos tipos de informação (voz, dados e vídeo), operam em regiões variadas (regiões densa ou esparsamente povoadas) e servem a usuários estacionários e usuários veiculares que trafegam em altas velocidades. As comunicações de rádio pacote são usadas para distribuir o controle da rede enquanto oferece uma transferência de informação confiável[4].

Os termos *3G Personal Communication System* (PCS) e *3G Personal Communication Network* (PCN) são usados para denotar sistemas sem fio de terceira geração para dispositivos portáteis. Outros nomes para PCS incluem *Future Public Land Mobile Telecommunication Systems* (FPLMTS) para uso mundial, que mais recentemente foi chamado de *International Mobile Telecommunication* (IMT-2000), e *Universal Mobile Telecommunication System* (UMTS) para serviços pessoais móveis avançados na Europa.

10.4 Hierarquia de transmissão de rede fixa

Redes sem fio dependem muito das conexões terrestres. Por exemplo, a MSC se conecta às redes PSTN e SS7 usando fibra óptica ou cabo de cobre ou enlaces de microondas. As estações-base dentro de um sistema celular são conectadas à MSC usando enlaces de microondas de linha de visão (LOS), ou cabos de cobre ou fibra óptica. Essas conexões exigem esquemas de transmissão serial com alta taxa de dados, a fim de reduzir o número de circuitos físicos entre dois pontos de conexão.

Diversos padrões de formato de sinalização digital (DS) formam uma hierarquia de transmissão que possibilita que redes digitais com alta taxa de dados, que transportam uma grande quantidade de canais de voz, sejam interconectadas pelo mundo. Esses formatos de DS utilizam multiplexação por divisão de tempo (TDM). O formato de DS mais básico nos EUA é chamado de DS-0, que representa um canal de voz duplex que é digitalizado em um formato PCM binário de 64 Kbps. O próximo formato de DS é DS-1, que representa vinte e quatro canais de voz DS-0 duplex, que são multiplexados por divisão de tempo em um fluxo de dados de 1,544 Mbps (8 Kbps são usados para controle). Relacionada à hierarquia de transmissão digital está a designação T(N), que é usada para indicar a *compatibilidade* da linha de transmissão para determinado formato de DS. A sinalização DS-1 é usada para um tronco T1, que é um formato popular de sinalização de rede ponto a ponto, usado para conectar estações-base à MSC. Troncos T1 digitalizam e distribuem os vinte e quatro canais de voz em um único circuito duplex com quatro fios. Na Europa, o *Conference Européene des Administration des Postes et des Télécommunications/European Conference of Postal and Telecommunications Administrations* (CEPT) definiu uma hierarquia digital semelhante. O nível 0 representa um canal de voz de 64 Kbps duplex, enquanto o nível 1 concentra trinta canais em um fluxo de dados TDM de 2,048 Mbps. A maioria das PTTs do mundo adotaram a hierarquia européia. A Tabela 10.1 ilustra a hierarquia digital para a América do Norte e a Europa[5].

Tabela 10.1 Hierarquia de transmissão digital

Nível de sinal	Taxa de bits digital	Circuitos de voz equivalentes	Sistema de portadora
América do Norte e Japão			
DS-0	64,0 Kbps	1	
DS-1	1,544 Mbps	24	T-1
DS-1C	3,152 Mbps	48	T-1C
DS-2	6,312 Mbps	96	T-2
DS-3	44,736 Mbps	672	T-3
DS-4	274,176 Mbps	4.032	T-4
CEPT (Europa e a maioria das outras PTTs)			
0	64,0 Kbps	1	
1	2,048 Mbps	30	E-1
2	8,448 Mbps	120	E-1C
3	34,368 Mbps	480	E-2
4	139,264 Mbps	1.920	E-3
5	565,148 Mbps	7.680	E-4

Normalmente, o cabo coaxial ou de fibra ou enlaces de microondas de banda larga são usados para transmitir taxas de dados superiores a 10 Mbps, enquanto o cabo de par trançado ou coaxial pode ser usado para a transferência de dados mais lenta. Enlaces T1 (DS1) ou de nível 1 são mais usados para conectar estações-base a uma MSC, ou distribuir canais de voz entroncados por uma rede sem fio, e utilizam fiação de par trançado comum. Circuitos de taxa de dados DS-3 e mais altas são usados para conectar MSCs e COs à PSTN.

10.5 Roteamento de tráfego nas redes sem fio

A capacidade de tráfego exigida em uma rede sem fio depende do tipo de tráfego transportado. Por exemplo, uma chamada telefônica do assinante (tráfego de voz) requer acesso de rede dedicado para fornecer comunicações em tempo real, enquanto o tráfego de controle e sinalização pode ser em rajadas por natureza, e pode ser capaz de compartilhar recursos da rede com outros usuários com o mesmo tipo de tráfego. Como alternativa, um tráfego pode ter um programa de entrega urgente, enquanto outro pode não ter necessidade de envio em tempo real. O tipo de tráfego transportado por uma rede determina os serviços de roteamento, os protocolos e as técnicas de tratamento de chamada que devem ser empregadas.

Dois serviços de roteamento gerais são fornecidos pelas redes. São eles: *serviços orientados à conexão* (roteamento de circuito virtual) e *serviços sem conexão* (serviços de datagrama). No roteamento orientado à conexão, o caminho de comunicação entre a origem e o destino da mensagem é fixo por toda a duração da mensagem, e um procedimento de configuração de chamada é necessário para dedicar recursos da rede às partes chamada e chamando. Como o caminho pela rede é fixo, o tráfego no roteamento orientado à conexão chega ao receptor exatamente na ordem em que foi transmitido. Um serviço orientado à conexão depende muito da codificação de controle de erro para fornecer proteção de dados caso a conexão da rede tenha muito ruído. Se a codificação não for suficiente para proteger o tráfego, a chamada é interrompida e a mensagem inteira deve ser retransmitida desde o início.

O roteamento sem conexão, por outro lado, não estabelece uma conexão firme para o tráfego, e em vez disso conta com transmissões baseadas em pacote. Diversos pacotes formam uma mensagem, e cada pacote individual em um serviço sem conexão é roteado separadamente. Pacotes sucessivos dentro da mesma mensagem podem trafegar por rotas completamente diferentes e encontrar atrasos bastante variados pela rede. Pacotes enviados usando o roteamento sem conexão não chegam necessariamente na ordem em que foram transmitidos, e devem ser reordenados no receptor. Como os pacotes tomam rotas diferentes em um serviço sem conexão, alguns podem se perder devido a falhas na rede ou no enlace, enquanto outros podem chegar com redundância suficiente para permitir que a mensagem inteira seja recriada no receptor. Assim, o roteamento sem conexão normalmente evita ter que retransmitir uma mensagem inteira, mas requer mais informação de sobrecarga para cada pacote. A informação de sobrecarga típica do pacote inclui o endereço de origem do pacote, o endereço de destino, a informação de roteamento e informações necessárias para ordenar os pacotes corretamente no receptor. Em um serviço sem conexão, um procedimento de configuração de chamada não é necessário no início de uma chamada, e cada rajada de mensagem é tratada independentemente pela rede.

10.5.1 Comutação de circuitos

Sistemas de celulares de primeira geração oferecem serviços orientados à conexão para cada usuário de voz. Os canais de voz são dedicados para usuários em sua estação-base atual, e os recursos da rede são dedicados ao tráfego de voz no início de uma chamada. Ou seja, a MSC dedica uma conexão de canal de voz entre a estação-base e a PSTN pela duração de uma chamada de telefone celular. Além disso, uma seqüência de início de chamada é necessária para conectar as partes chamada e chamando em um sistema celular. Quando usados em conjunto com canais de rádio, os serviços orientados à conexão são fornecidos por uma técnica chamada *comutação de circuitos*, pois um canal de rádio físico é dedicado ('comutado para uso') para o tráfego bidirecional entre o usuário móvel e a MSC, e a PSTN dedica um circuito de voz entre a MSC e o usuário final. À medida que as chamadas são iniciadas e completadas, diferentes circuitos de rádio e circuitos de voz PSTN dedicados são comutados para tratar o tráfego.

A comutação de circuitos estabelece uma conexão dedicada (um canal de rádio entre a estação-base e a estação móvel, e uma linha telefônica dedicada entre a MSC e a PSTN) por toda a duração de uma chamada. Apesar do fato de um usuário móvel poder ser transferido para estações-base diferentes, sempre há um canal de rádio dedicado para fornecer serviço ao usuário, e a MSC dedica uma conexão telefônica fixa, duplex, com a PSTN.

As redes de dados sem fio não são adequadas à comutação de circuitos, devido às suas transmissões curtas, em forma de rajada, que normalmente são seguidas por períodos de inatividade. Normalmente, o tempo exigido para estabelecer um circuito excede a duração da transmissão de dados. A comutação de circuitos é mais adequada para o tráfego dedicado somente de voz, ou para casos em que os dados são enviados continuamente por longos períodos de tempo.

10.5.2 Comutação de pacotes

Os serviços sem conexão exploram o fato de que não são exigidos recursos dedicados para a transmissão da mensagem. A comutação de pacotes (também chamada de *comutação virtual*) é a técnica mais comum usada para implementar serviços sem conexão, e permite que grande número de usuários de dados permaneça virtualmente conectado ao mesmo canal físico na rede. Como todos os usuários podem acessar a rede aleatoriamente e à vontade, procedimentos de configuração de chamada não são necessários para dedicar circuitos específicos quando determinado usuário precisa enviar dados. A comutação de pacotes divide cada mensagem em unidades menores para transmissão e recuperação[6]. Quando uma mensagem é dividida em pacotes, uma certa quantidade de informação de controle é adicionada a cada pacote para fornecer identificação de origem e destino, além de provisões de recuperação de erro.

A Figura 10.7 ilustra o formato seqüencial de uma transmissão de pacote. O pacote consiste em informação de cabeçalho, dados do usuário e uma cauda. O cabeçalho especifica o início de um novo pacote e contém o endereço de origem, endereço de destino, número de seqüência do pacote e outras informações de roteamento e cobrança. Os dados do usuário contêm informações que geralmente são protegidas com codificação de controle de erro. A cauda contém uma soma de verificação de redundância cíclica que é usada para detecção de erro no receptor.

A Figura 10.8 mostra a estrutura de um pacote transmitido, que normalmente consiste em cinco campos: os bits de marca, o campo de endereço, o campo de controle, o campo de informação e o campo de seqüência de verificação do pacote. Os bits de marca são seqüências de bits específicas (ou reservadas) que indicam o início e o final de cada pacote. O campo de endereço contém o endereço de origem e destino para transmitir mensagens e para receber confirmações. O campo de controle define funções como transferência de confirmações, solicitações de repetição automática e seqüência de pacotes. O campo de informações contém os dados do usuário e pode ter um tamanho variável. O campo final é o campo de seqüência de verificação de pacote, ou *Cyclic Redundancy Check* (CRC), que é usado para detecção de erro.

Ao contrário da comutação de circuitos, a comutação de pacotes (também chamada rádio pacote, quando usada em um enlace sem fio) oferece excelente eficiência de canal para transmissões de dados em rajada com tamanho curto. Uma vantagem dos dados comutados por pacote é que o canal só é utilizado quando envia ou recebe rajadas de informação. Esse benefício é valioso para o caso de serviços móveis, nos quais a largura de banda disponível é limitada. A técnica de rádio pacotes admite protocolos inteligentes para controle e retransmissão de fluxo de dados, o que pode oferecer transmissões altamente confiáveis em condições de canal degradadas. O X.25 é um protocolo de rádio pacotes bastante utilizado, que define uma interface de dados para comutação de pacotes.[7]

10.5.3 O protocolo X.25

O X.25 foi desenvolvido pela CCITT (agora, ITU-T) para fornecer protocolos-padrão de acesso sem conexão (comutação de pacotes) à rede para as três camadas infe-

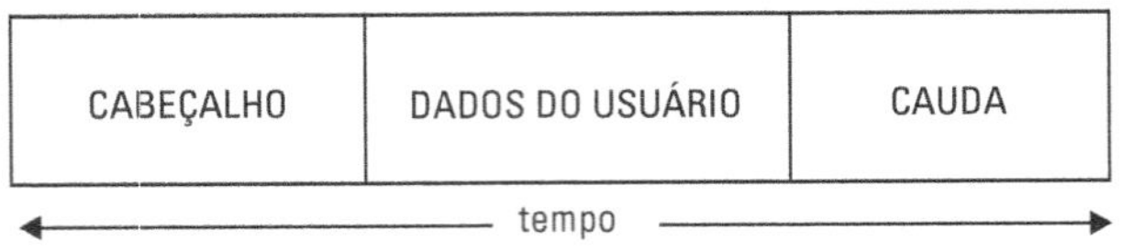

Figura 10.7 Formato de dados do pacote.

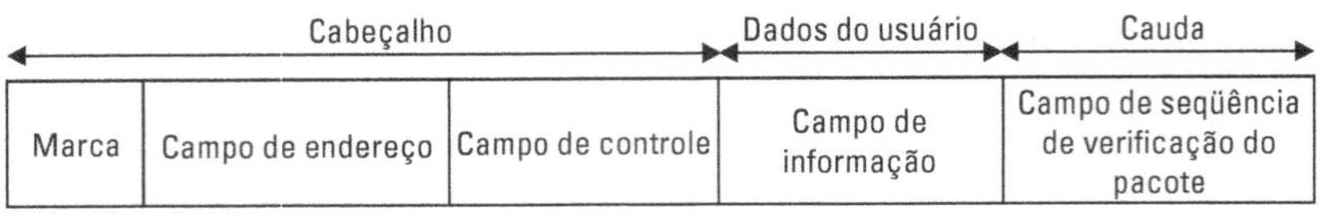

Figura 10.8 Campos em um pacote de dados típico.

riores (camadas 1, 2 e 3) do modelo *Open Systems Interconnection* (OSI) — veja a hierarquia da camada OSI na Figura 10.14. Os protocolos X.25 oferecem uma interface de rede padrão entre o equipamento de assinante de origem e término (chamado *equipamento terminal de dados*, ou DTE), as estações-base (chamadas *equipamento de término de circuito de dados*, ou DCE) e a MSC (chamada *central de comutação de dados*, ou DSE). Os protocolos X.25 são usados em muitas interfaces de ar de rádio pacote, além de redes fixas.[8]

A Figura 10.9 mostra a hierarquia dos protocolos X.25 no modelo OSI. O protocolo da camada 1 lida com a interface elétrica, mecânica, procedural e funcional entre o assinante (DTE) e a estação-base (DCE). O protocolo da camada 2 define o enlace de dados na interface de ar comum entre o assinante e a estação-base. A camada 3 oferece conexão entre a estação-base e a MSC, e é chamada de *protocolo de camada de pacotes*. Um montador/desmontador de pacotes (PAD) é usado na camada 3 para conectar redes usando a interface X.25 com dispositivos que não são equipados com uma interface X.25 padrão.

O protocolo X.25 não especifica taxas de dados em particular ou como as redes de comutação de pacotes são implementadas. Em vez disso, oferece uma série de funções e formatos padrão que dão estrutura ao projeto de software que é usado para fornecer pacotes de dados em uma rede genérica sem conexão.

10.6 Serviços de dados sem fio

Conforme discutido na Seção 10.5, a comutação de circuitos é ineficaz para serviços de dados móveis dedicados, como fax, correio eletrônico (e-mail) e mensagens curtas. Os sistemas de celular de primeira geração que oferecem comunicações de dados usando comutação de circuitos têm dificuldades em passar sinais de modem pelos filtros de áudio dos receptores projetados para interfaces comuns, analógicas e de FM. Inevitavelmente, a filtragem de voz deve ser desativada quando os dados são transmitidos por redes de celular de primeira geração, e um enlace de dados dedicado deve ser estabelecido pela interface de ar comum. A demanda por serviços de pacotes de dados, até meados da década de 90, foi significativamente menor que a demanda por serviços de voz, e o projeto de equipamento de assinante de primeira geração focalizou quase unicamente as comunicações por celular apenas de voz. Porém, em 1993, a indústria de celular dos EUA desenvolveu o padrão de *Cellular Digital Packet Data* (CDPD) para coexistir com o sistema celular convencional apenas de voz. Na década de 1980, dois outros serviços móveis apenas para dados, chamados *ARDIS* e *RAM Mobile Data* (RMD) foram desenvolvidos para fornecer conectividade de rádio pacotes através da rede.

10.6.1 Pacote de dados em celular digital (CDPD)

O CDPD é um serviço de dados para sistemas de celular dos EUA de primeira e segunda gerações, e usa um canal AMPS completo de 30 kHz em um princípio de compartilhamento[9]. O CDPD oferece conectividade de pacote de dados móvel às redes de dados existentes e outros sistemas de celular sem nenhuma largura de banda adicional. Ele também capitaliza o tempo de ar não usado que ocorre entre atribuições de canal de rádio sucessivas pela MSC (estima-se que um canal de rádio-celular fica ocioso por 30% do tempo, de modo que os pacotes de dados podem ser transmitidos até que o canal seja selecionado pela MSC para fornecer um circuito de voz).

O CDPD sobrepõe diretamente a infra-estrutura de celular existente e usa equipamentos de estação-base existentes, tornando a instalação mais simples e menos dispendiosa. Além disso, o CDPD não usa a MSC, mas tem suas próprias capacidades de roteamento de tráfego. Ele ocupa canais de voz em um princípio secundário, sem interferência, e os canais de pacote são atribuídos dinamicamente a diferentes canais de voz celular à medida que se

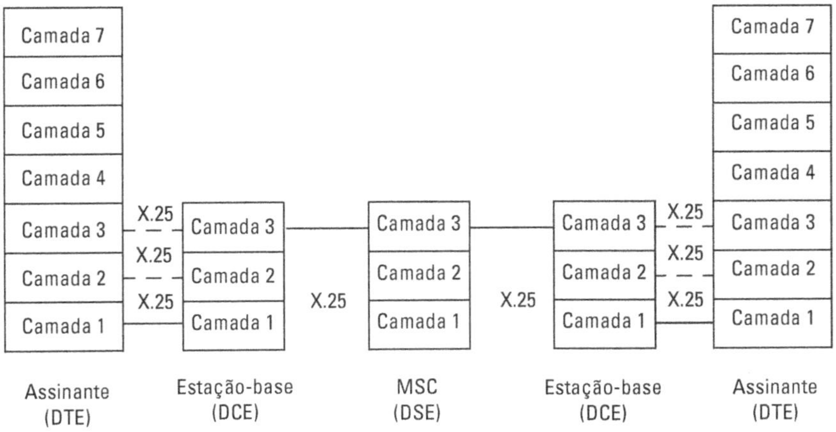

Figura 10.9 Hierarquia do X.25 no modelo OSI.

tornam vagos, de modo que o canal de rádio CDPD varia com o tempo.

Assim como o AMPS convencional, de primeira geração, cada canal CDPD é duplex por natureza. O canal direto serve como um guia e transmite dados do lado da PSTN, enquanto o canal reverso liga todos os usuários móveis à rede CDPD e serve como o canal de acesso para cada assinante. Pode haver colisões quando muitos usuários móveis tentam acessar a rede simultaneamente. Cada enlace simplex CDPD ocupa um canal de RF de 30 kHz, e os dados são enviados a 19.200 bps. Como o CDPD é comutado por pacotes, um grande número de modems é capaz de acessar o mesmo canal conforme a necessidade, pacote por pacote. O CDPD admite aplicações de broadcast, correio eletrônico e monitoração de campo. A modulação GMSK $BT = 0,5$ é usada de modo que os receptores de celular analógicos em FM existentes podem facilmente detectar o formato CDPD sem reprojeto.

Transmissões CDPD são executadas usando-se blocos de tamanho fixo. Os dados do usuário são protegidos usando um código de bloco Reed–Solomon (63.47) com 6 bits de símbolo. Para cada pacote, 282 bits de usuário são codificados em blocos de 378 bits, o que oferece correção para até oito símbolos.

Dois protocolos de camada inferior são usados no CDPD. O *protocolo de enlace de dados móvel* [*Mobile Data Link Protocol* (MDLP)] é usado para transmitir informações entre entidades da camada de enlace (dispositivos da camada 2) pela interface de ar CDPD. O MDLP oferece conexões lógicas de enlace de dados em um canal de rádio usando um endereço contido em cada quadro de pacote. O MDLP também oferece controle de seqüência para manter a ordem seqüencial dos quadros em uma conexão de enlace de dados, além de detecção de erro e controle de fluxo. O *protocolo de gerenciamento de recurso de rádio* [*Radio Resource Management Protocol* (RRMP)] é um protocolo mais alto, da camada 3, usado para gerenciar os recursos do canal de rádio do sistema CDPD e permite que uma Estação Final Móvel [*Mobile End System* (M-ES)] encontre e utilize um canal de rádio duplex sem interferir com os serviços de voz padrão. O RRMP trata da identificação da estação-base e mensagens de configuração para todas as estações M-ES, e oferece informações que o M-ES pode usar para determinar os canais CDPD usáveis sem conhecimento da história de uso do canal. O RRMP também trata de comandos de salto de canal, transferências de célula e mudança de M-ES dos comandos de potência. O CDPD versão 1.0 usa o subperfil de *rede remota* (WAN) X.25 e capacidades de repasse de pacotes para sub-redes internas.

A Tabela 10.2 lista as características da camada de enlace para o CDPD. A Figura 10.10 ilustra uma rede CDPD típica. Observe que os assinantes [a estação *final móvel*, ou M-ES (*Mobile End System*)] são capazes de se conectar pelas *estações-base de dados móveis* [*Mobile Data Base Stations* (MDBS)] à Internet por meio de *sistemas intermediários* (MD-IS), que atuam como servidores e roteadores para os assinantes. Desse modo, os usuários móveis podem se conectar à Internet ou à PSTN. Por meio da interface-I, o CDPD pode executar o protocolo da Internet (IP) ou tráfego do protocolo OSI sem conexão (CLNP).

10.6.2 Sistema avançada de informação por rádio (ARDIS)

O Sistema Avançado de Informação por Rádio [*Advanced Radio Data Information Systems* (ARDIS)] é um serviço de rede privada fornecido pela Motorola e pela IBM, e é baseado nos protocolos MDC 4.800 e *Radio Data Link Access Procedure* (RD-LAP) desenvolvidos na Motorola[10]. O ARDIS oferece comunicações de dados móveis bidirecionais a 800 MHz para mensagens de rádio curtas em ambientes urbanos e dentro de prédios, e para usuários que estejam viajando em baixas velocidades. Mensagens ARDIS curtas têm baixas taxas de retransmissão, mas alta sobrecarga por pacote, enquanto mensagens longas espalham a sobrecarga pelos pacotes da mensagem, mas têm uma taxa de retransmissão mais alta. O ARDIS tem sido implantado para fornecer excelente penetração em prédios, e a diversidade espacial da antena em larga escala é usada para receber mensagens de usuários móveis. Quando uma estação móvel envia um pacote, muitas estações-base que estão sintonizadas na freqüência de

Tabela 10.2 Características da camada de enlace para CDPD

Protocolos	MDLP, RRMP, X.25
Taxa de dados do canal (bps)	19.200
Largura de banda do canal (kHz)	30
Eficiência espectral (b/Hz)	0,64
Estratégia de erro aleatório	cobrir com proteção de rajada
Estratégia de erro de rajada	RS 63.47 (6 bits por símbolo)
Desempenho de atenuação	suporta atenuação de 2,2 ms
Acesso ao canal	DSMA/CD em slots

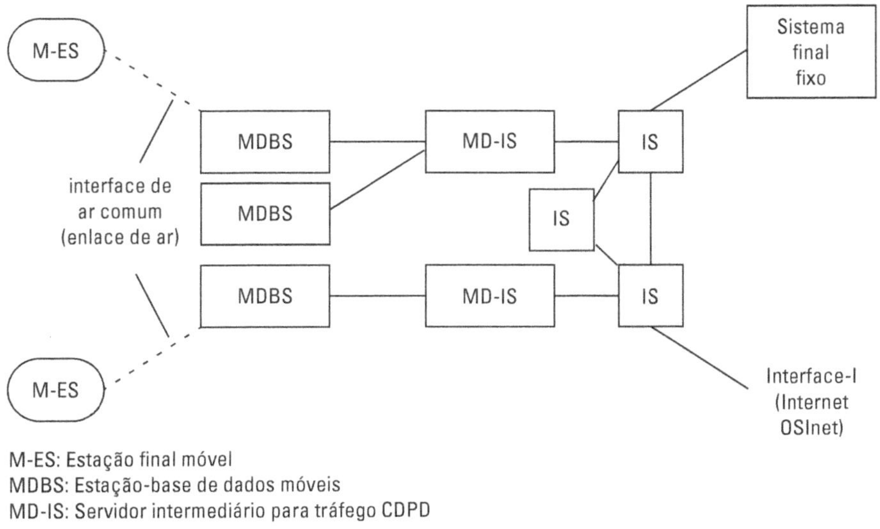

Figura 10.10 A rede CDPD.

transmissão tentam detectar e decodificar a transmissão, a fim de fornecer diversidade de recepção para o caso em que múltiplas estações móveis disputam o enlace reverso. Dessa maneira, estações-base ARDIS são capazes de garantir detecção de transmissões simultâneas, desde que os usuários estejam suficientemente separados no espaço. A Tabela 10.3 lista algumas características do ARDIS.

10.6.3 Serviço de dados móvel RAM (RMD)

O Serviço de Dados Móvel RAM [*RAM Mobile Data* (RMD)] é um serviço de dados público, bidirecional, baseado no protocolo Mobitex desenvolvido pela Ericsson. Ele oferece cobertura em nível de rua para mensagens curtas e longas, para usuários que estejam se movendo em um ambiente urbano. O RMD tem capacidade para transmissão de voz e dados, mas foi projetado principalmente para dados e fax. As mensagens de fax são transmitidas como texto normal para um processador de saída, que então converte a mensagem de rádio para um formato apropriado, unindo-a com uma página de fundo. Assim, uma transmissão sem fio por comutação de pacotes consiste em uma mensagem de tamanho normal, em vez de uma imagem de fax muito maior, embora o usuário final receba o que parece ser um fax-padrão[11]. A Tabela 10.4 lista algumas características do serviço de dados móvel RAM.

10.7 Sinalização de Canal Comum (CCS)

A *Sinalização de Canal Comum* [*Common channel signaling* (CCS)] é uma técnica de comunicação digital que oferece transmissão simultânea de dados do usuário, dados de sinalização e outros tipos de dados relacionados através de uma rede. Isso é realizado por meio de canais de sinalização *fora-da-banda*, que separam logicamente a rede da informação do usuário (voz ou dados) no mesmo canal. Para sistemas de comunicações sem fio de segunda geração, a CCS é usada para passar dados do usuário e sinais de controle/supervisão entre o assinante e a esta-

Tabela 10.3 Características de canal para ARDIS

Protocolo	MDC 4.800	RD-LAP
Velocidade (bps)	4.800	19.200
Largura de banda do canal (kHz)	25	25
Eficiência espectral (b/Hz)	0,19	0,77
Estratégia de erro aleatório	convolucional 1/2, k = 7	modulação codificada em treliça, taxa = 3/4
Estratégia de erro em rajada	16 bits intercalados	32 bits intercalados
Desempenho da atenuação	suporta atenuação de 3,3 ms	suporta atenuação de 1,7 ms
Acesso ao canal	CSMA não persistente	CSMA em slots

Tabela 10.4 Características do canal para dados móveis do RAM

Protocolo	Mobitex
Velocidade (bps)	8.000
Largura de banda do canal (kHz)	12,5
Eficiência espectral (b/Hz)	0,64
Estratégia de erro aleatório	Código de Hamming 12, 8
Estratégia de erro em rajada	21 bits intercalados
Desempenho da atenuação	atenuação de 2,6 ms
Acesso ao canal	CSMA em slots

ção-base, entre a estação-base e a MSC, e entre as MSCs. Embora o conceito de CCS implique em canais dedicados, paralelos, ela é implementada em um formato TDM para transmissões de dados seriais.

Antes da introdução da CCS na década de 1980, o tráfego de sinalização entre a MSC e um assinante era executado na mesma banda de áudio do usuário final. Os dados de controle da rede passados entre as MSCs na PSTN também eram transportados na banda, exigindo que a informação da rede fosse carregada dentro do mesmo canal de tráfego de voz do assinante, através da PSTN. Essa técnica, chamada *sinalização na banda*, reduziu a capacidade da PSTN, pois as taxas de dados de sinalização da rede foram bastante restritas pelas limitações dos canais de voz, e a PSTN foi forçada a tratar seqüencialmente (não simultaneamente) da sinalização e dos dados do usuário para cada chamada.

A CCS é uma técnica de sinalização fora-da-banda que permite comunicações muito mais rápidas entre dois nós dentro da PSTN. Em vez de ser restrita a taxas de dados de sinalização que estão na ordem das freqüências de áudio, a CCS admite taxas de dados de sinalização desde 56 Kbps até muitos megabits por segundo. Assim, os dados de sinalização da rede são transportados em um canal de sinalização aparentemente paralelo, fora-da-banda, enquanto os dados do usuário são transportados na PSTN. A CCS promove um aumento substancial no número de usuários atendidos pelas linhas PSTN de tronco, mas exige que uma parte dedicada do tempo do tronco seja usada para fornecer um canal de sinalização usado para o tráfego da rede. Nos sistemas celulares de primeira geração, a família de protocolos SS7, definida pelo ISDN, era usada para fornecer CCS.

Como o tráfego de sinalização de rede é em rajadas e de curta duração, o canal de sinalização pode ser operado em um padrão sem conexão, no qual as técnicas de transferência de pacotes de dados são usadas com eficiência. A CCS geralmente usa tamanhos de pacote variáveis e uma estrutura de protocolo em camadas. O custo de um canal de sinalização paralelo é pequeno em comparação com a melhoria de capacidade oferecida pela CCS através da PSTN, e normalmente a mesma conexão de rede física (ou seja, um cabo de fibra óptica) transporta tráfego do usuário e os dados de sinalização da rede.

10.7.1 Central de comutação distribuída para CCS

À medida que mais usuários assinam serviços sem fio, as redes de *backbone* que unem as MSCs dependem mais da sinalização da rede para preservar a integridade da mensagem, fornecer conectividade de ponta a ponta para cada usuário móvel e manter uma rede robusta, que pode se recuperar de falhas. A CCS forma a base das funções de controle e gerenciamento de rede nas redes de segunda e terceira gerações. As redes de sinalização fora-da-banda que conectam as MSCs por todo o mundo permitem que a rede sem fio inteira atualize e acompanhe usuários móveis específicos, onde quer que eles estejam. A Figura 10.6 ilustra como uma MSC está conectada à PSTN e à rede de sinalização.

Como pode ser visto na Figura 10.11, a arquitetura de rede CCS é composta de escritórios de comutação central distribuídos geograficamente, cada um com *pontos finais de comutação* [*Switching End Points* (SEPs)], *pontos de transferência de sinalização* [*Signaling Transfer Points* (STPs)], um *sistema de gerenciamento de serviço* [*Service Management System* (SMS)] e um *sistema de gerenciamento de serviço de banco de dados* [*Database Service Management System* (DBAS)], tudo embutido[12].

A MSC oferece ao assinante acesso à PSTN via SEP. O SEP implementa um sistema de comutação de controle de programa armazenado conhecido como *ponto de controle de serviço* [*Service Control Point* (SCP)], que usa a CCS para configurar chamadas e acessar um banco de dados da rede. O SCP instrui o SEP a criar registros de cobrança com base na informação de chamada registrada pelo SCP.

O STP controla a comutação de mensagens entre os nós na rede CCS. Para obter uma confiabilidade mais alta da transmissão (redundância), os SEPs precisam estar conectados à rede SS7 (descrita na Seção 10.8) por meio de pelo menos dois STPs. Essa combinação de dois STPs em paralelo é conhecida como *par casado*, e oferece conectividade à rede caso um STP falhe.

O SMS contém todos os registros do assinante, e também acomoda bancos de dados sem custo que podem ser acessados pelos assinantes. O DBAS é o banco de dados

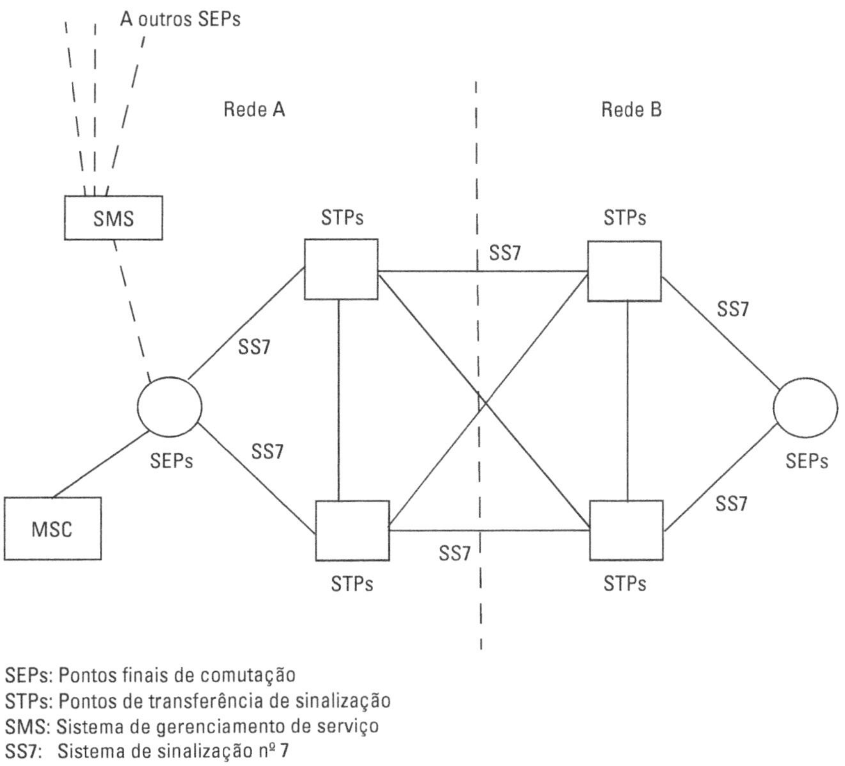

Figura 10.11 Arquitetura da rede de sinalização de canal comum (CCS) mostrando STPs, SEPs e SMS embutidos em um serviço de comutação central, baseado no SS7.

administrativo que mantém registros de serviço e investiga a fraude pela rede. O SMS e o DBAS trabalham em conjunto para fornecer uma grande gama de serviços ao cliente e ao provedor de rede, com base no SS7.

10.8 Rede Digital de Serviços Integrados (ISDN)

A Rede Digital de Serviços Integrados [*Integrated Services Digital Network* (ISDN)] é uma estrutura de rede completa projetada em torno do conceito de sinalização de canal comum. Embora os usuários de telefone do mundo inteiro dependam da PSTN para transportar tráfego de voz convencional, novos serviços de dados do usuário final e sinalização podem ser fornecidos com uma rede de sinalização paralela, dedicada. A ISDN define a rede de sinalização dedicada que foi criada para complementar a PSTN para acesso à rede e sinalização mais flexível e eficiente[13], e pode ser imaginada como uma rede mundial paralela para tráfego de sinalização, que pode ser usada para rotear o tráfego de voz na PSTN ou fornecer novos serviços de dados entre os nós da rede e os usuários finais.

A ISDN provê dois tipos distintos de componentes de sinalização aos usuários finais em uma rede de telecomunicações. O primeiro componente admite tráfego entre o usuário final e a rede, e é chamado de *sinalização de acesso*. A sinalização de acesso define como os usuários finais obtêm acesso à PSTN e à ISDN para comunicações ou serviços, e é controlada por um conjunto de protocolos conhecido como *Digital Subscriber Signaling System número* 1 (DSS1). O segundo componente de sinalização da ISDN é a *sinalização de rede*, e é controlado pelo conjunto de protocolos SS7[14]. Para os sistemas de comunicação sem fio, os protocolos SS7 dentro da ISDN são fundamentais para fornecer conectividade na rede de backbone entre as MSCs do mundo inteiro, pois oferecem interfaces de rede para o tráfego de sinalização de canal comum.

A ISDN oferece uma interface digital completa entre os usuários finais por linhas de telefone de par metálico. A interface ISDN é dividida em três tipos diferentes de canais. Canais portadores de informações, chamados *canais portadores* (canais B) são usados exclusivamente para o tráfego do usuário final (voz, dados, vídeo). Canais de sinalização fora-da-banda, chamados *canais de dados* (canais D), são usados para enviar informações de sinalização e controle pela interface aos usuários finais. Como visto na Figura 10.12, a ISDN provê acesso integrado ao usuário final às *redes de comutação de circuitos* e às *redes de comutação de pacotes* com conectividade digital de ponta a ponta.

Usuários finais da ISDN podem escolher entre duas interfaces diferentes, a *interface de taxa básica* [*Basic Rate Interface* (BRI)] ou a *interface de taxa primária* [*Primary Rate Interface* (PRI)]. A BRI tem por finalidade atender a terminais de pequena capacidade (como telefones de única linha)

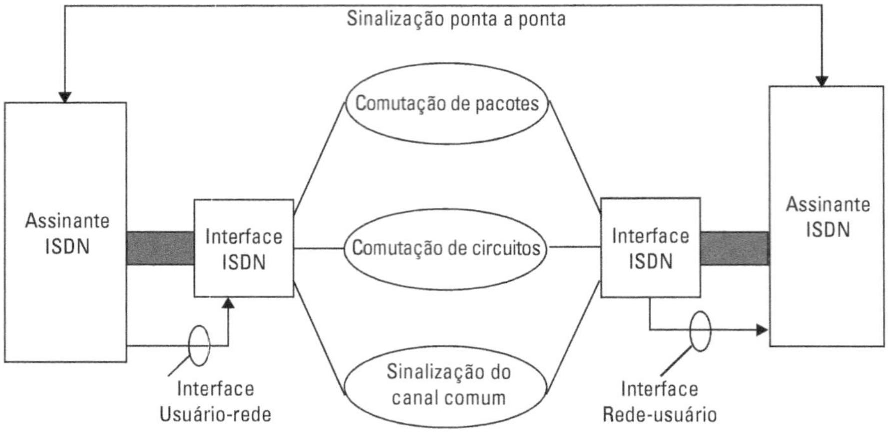

Figura 10.12 Diagrama de blocos de uma Rede Digital de Serviços Integrados. Embora o diagrama ilustre canais paralelos, a estrutura de dados seriais baseados em TDM usa um único par trançado.

enquanto a PRI serve para terminais de grande capacidade (como PBXs). Os canais B admitem dados de 64 Kbps para as interfaces de taxa primária e de taxa básica. O canal D admite 64 Kbps para a taxa primária e 16 Kbps para a taxa básica. A BRI fornece dois canais portadores de 64 Kbps e um canal de sinalização de 16 Kbps (2B+D), enquanto a PRI fornece vinte e três canais portadores e um canal de sinalização de 64 Kbps (23B+D) para América do Norte e Japão. Na Europa, a interface de taxa primária fornece trinta canais de informação básicos e um canal de sinalização de 64 Kbps (30B+D). O serviço PRI foi projetado para ser transportado por enlaces DS-1 ou CEPT nível 1 (ver Seção 10.4).

Para assinantes de serviço sem fio, uma interface de taxa básica ISDN é fornecida exatamente da mesma maneira que para um terminal fixo. Para diferenciar assinantes sem fio e fixos, a BRI móvel define dados de sinalização (canais D na rede fixa) como canais de controle (canais C na rede móvel), de modo que um assinante sem fio tem serviço 2B+C.

Assim como a hierarquia de sinalização digital descrita na Seção 10.2, diversos circuitos ISDN podem ser concatenados em canais de informação de alta velocidade (canais H). Os canais H são usados pelo backbone ISDN para fornecer transporte eficiente de dados de muitos usuários em uma única conexão física, e também podem ser usados por usuários finais PRI para alocar taxas de transmissão mais altas sob demanda. A ISDN define canais H0 (384 Kbps), canais H11 (1.536 Kbps) e canais H12 (1.920 Kbps), como mostra a Tabela 10.5.

10.8.1 ISDN de banda larga e ATM

Com a proliferação dos sistemas de computador e imagens de vídeo, as aplicações do usuário final estão exigindo muito mais largura de banda do que o canal B de 64 Kbps fornecido pela ISDN. Estudo recente definiu os padrões da interface ISDN que aumentam a largura de banda de transmissão do usuário final para vários Mb/s. Essa técnica de rede emergente é conhecida como *ISDN de banda larga* (*Broadband ISDN* (B-ISDN)) e é baseada na tecnologia do *modo de transferência assíncrono* (*Asynchronous Transfer Mode* (ATM)), que aceita taxas de comutação de pacotes de até 2,4 Gbps e capacidades de comutação totais de até 100 Gbps.

O ATM é uma técnica de comutação e multiplexação de pacotes projetada especificamente para lidar com usuários de voz e pacotes de dados em um único canal físico. As taxas de dados ATM variam de taxas de tráfego baixas (64 Kbps) por par metálico até mais de 100 Mbps por cabos de fibra óptica para altas taxas de tráfego entre nós da rede. O ATM admite transferência bidirecional de pacotes de dados de tamanho fixo entre duas extremidades, enquanto preserva a ordem de transmissão. Unidades de dados ATM, chamadas *células*, são roteadas com base em informações de cabeçalho em cada unidade (chamadas *rótulo*) que identificam a célula como pertencente a uma conexão virtual ATM específica. O rótulo é determinado na conexão virtual de um usuário, e permanece igual por toda a

Tabela 10.5 Tipos de serviços em ISDN

Modo de serviço	Tipo de serviço	Velocidade de transmissão	Tipo de canal
Serviços do modo de circuito	irrestrito	64 Kbps, 384 Kbps, 1,5 Mbps	B, H0, H11
Serviço do modo de circuito	voz	64 Kbps	B
Serviços de rádio por pacote	irrestrito	depende da vazão	B, D (ou C)

transmissão para determinada conexão. O cabeçalho ATM também inclui dados para controle de congestionamento, informação de prioridade para enfileiramento de pacotes, e uma prioridade que indica quais pacotes ATM podem ser descartados no caso de congestionamento na rede.

A Figura 10.13 mostra o formato de célula do ATM. Células ATM (pacotes) têm um tamanho fixo de 53 bytes, consistindo em 48 bytes de dados e 5 bytes de informação de cabeçalho. Pacotes de tamanho fixo resultam na implementação simples de switches velozes, pois os pacotes chegam de forma síncrona no switch[15]. Chegou-se a um acordo na seleção do tamanho das células ATM para acomodar usuários de voz e dados.

10.9 Sistema de sinalização nº 7 (SS7)

O protocolo de sinalização SS7 é amplamente usado para a sinalização de canal comum entre redes interconectadas (ver Figura 10.11, para exemplo). Ele é usado para interconectar a maioria das MSCs de celular nos EUA, e é o fator principal na ativação do registro autônomo e roaming automatizado nos sistemas de celular de primeira geração. A estrutura da sinalização SS7 é discutida em detalhes no texto de Modarressi e Skoog.[16]

O SS7 é um aperfeiçoamento da sinalização fora-de-banda desenvolvido inicialmente pelo CCITT sob o *padrão de sinalização de canal comum, CCS nº 6*. Um trabalho adicional fez com que o SS7 evoluísse pelas linhas da definição de rede de sete camadas do modelo OSI, no qual uma estrutura em camadas (transparente de camada a camada) é usada para fornecer comunicações de rede. As camadas emparelhadas no modelo OSI se comunicam entre si por meio de uma interface virtual (pacotes de dados), e uma estrutura de interface hierárquica é estabelecida. Uma comparação do modelo OSI com o padrão do protocolo SS7 é apresentada na Figura 10.14. As três camadas mais baixas do modelo OSI são tratadas no SS7 pela *parte de serviço de rede* [*Network Service Part* (NSP)] do protocolo, que por sua vez é composta de três *partes de transferência de mensagem* [*Message Transfer Parts* (MTPs)] e da *parte de controle da conexão de sinalização* [*Signaling Connection Control Part* (SCCP)] do protocolo SS7.

10.9.1 Parte de serviços de rede (NSP) do SS7

A Parte de Serviços de Rede [*Network Services Part* (NSP)] oferece aos nós ISDN um meio altamente confiável e eficiente de trocar tráfego de sinalização usando serviços sem conexão. A SCCP no SS7 realmente admite interconexões de redes de pacotes de dados assim como interconexões de redes orientadas à conexão às redes de circuito virtual. A NSP permite que os nós da rede se comuniquem com o mundo inteiro sem preocupação com a aplicação ou contexto do tráfego de sinalização.

10.9.1.1 Parte de Transferência de Mensagens (MTP) do SS7

A função da Parte de Transferência de Mensagens [*Message Transfer Part* (MTP)] é garantir que o tráfego de sinalização possa ser transferido e entregue de modo confiável entre os usuários finais e a rede. A MTP é fornecida em três níveis. A Figura 10.15 mostra a funcionalidade dos diversos níveis de MTP que serão descritos.

As *funções de enlace de dados de sinalização* (MTP nível 1) oferecem uma interface para o canal físico real sobre o qual a comunicação ocorre. Os canais físicos podem incluir fio de cobre, par metálico, fibra, rádio móvel ou enlaces de satélite, e são transparentes às camadas mais altas. O CCITT recomenda que o MTP nível 1 utilize transmissões de 64 Kbps, enquanto a ANSI recomenda 56 Kbps. A taxa de dados mínima fornecida para operações de controle de telefonia é 4,8 Kbps[17].

As *funções de enlace de sinalização* (MTP nível 2) correspondem à segunda camada no modelo de referência OSI e oferecem um enlace confiável para a transferência ou tráfego entre dois pontos de sinalização diretamente conectados. Pacotes de mensagem de tamanho variável, chamados *unidades de sinal de mensagem* [*Message Signal Units* (MSUs)], são definidos no MTP nível 2. Uma única MSU não pode ter um pacote que ultrapasse 272 octetos de tamanho, e uma soma de verificação de CRC (verificação de redundância cíclica) de 16 bits padrão está incluída em cada MSU para detecção de erro. Uma grande gama de recursos de detecção e correção de erro é fornecida no MTP nível 2.

O MTP nível 2 também oferece controle de fluxo de dados entre dois pontos de sinalização como um meio de detectar a falha do enlace. Se o dispositivo receptor não responder às transmissões de dados, o MTP nível 2 usa um temporizador para detectar falha do enlace, e notifica os níveis mais altos do protocolo SS7, que adotam ações apropriadas para reconectar o enlace.

As *funções da rede de sinalização* (MTP nível 3) oferecem procedimentos que transferem mensagens entre

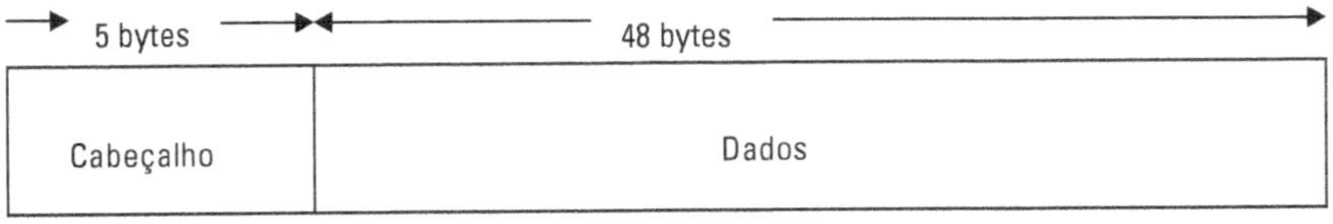

Figura 10.13 Formato de célula do modo de transferência assíncrono (ATM).

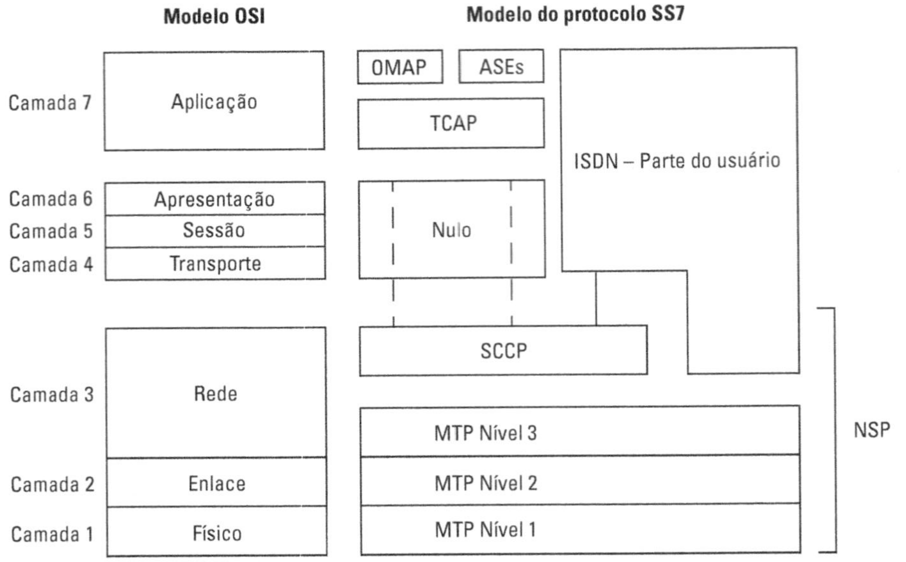

OMAP: Parte de administração e manutenção de operações (*Operations Maintenance and Administration Part*)
ASE: Elemento de serviço de aplicação (*Application Service Element*)
TCAP: Parte de aplicações com capacidade de transação (*Transaction Capabilities Application Part*)
SCCP: Parte de controle de sinalização de conexão (*Signaling Connection Control Part*)
MTP: Parte de transferência de mensagens (*Message Transfer Part*)
NSP: Parte de serviços de rede (*Network Services Part*)

Figura 10.14 Arquitetura do protocolo SS7 (de Modarressi e Skoog[18]© IEEE).

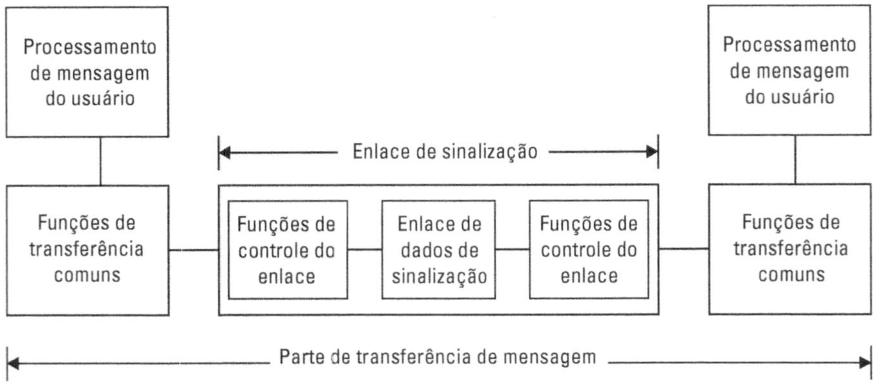

Figura 10.15 Diagrama funcional da parte de transferência de mensagem.

os nós de sinalização. Como na ISDN, existem dois tipos de funções MTP nível 3: *tratamento de mensagem de sinalização* e *gerenciamento de rede de sinalização*. O tratamento da mensagem de sinalização é usado para fornecer roteamento, distribuição e discriminação de tráfego (discriminação é o processo pelo qual um ponto de sinalização determina se uma mensagem de dados é intencionada para o seu uso ou não). O gerenciamento da rede de sinalização permite que a rede seja reconfigurada em caso de falhas de nó, e tem provisões para roteamento alternativo no caso de congestionamento ou bloqueio em partes da rede.

10.9.1.2 Parte de Controle de Sinalização de Conexão (SCCP) do SS7

A Parte de Controle de Sinalização de Conexão [*Signaling Connection Control Part* (SCCP)] oferece melhorias às capacidades de endereçamento fornecidas pela MTP. Enquanto as capacidades de endereçamento da MTP têm natureza limitada, a SCCP utiliza o endereçamento local com base nos números de subsistema (SSNs) para identificar os usuários em um nó de sinalização. A SCCP também permite endereçar mensagens de título globais, como números 0800 (números gratuitos) ou números não cobrados.

A SCCP oferece quatro classes de serviço: duas sem conexão e duas orientadas à conexão, como mostra a Tabela 10.6.

A SCCP consiste em quatro blocos funcionais. O bloco de controle orientado à conexão SCCP oferece transferência de dados nas conexões de sinalização. O bloco de gerenciamento SCCP oferece funções para lidar com condições de congestionamento e falha que não podem ser tratados na MTP. O bloco de roteamento da SCCP encaminha mensagens recebidas da MTP ou outros blocos funcionais.

Tabela 10.6 Diferentes classes de serviço fornecidas pela SCCP

Classe de serviço	Tipo de serviço
Classe 0	Classe de conexão básica
Classe 1	Classe sem conexão seqüenciada (MTP)
Classe 2	Classe básica orientada à conexão
Classe 3	Classe de controle de fluxo orientada à conexão

10.9.2 A parte do usuário do SS7

Como visto na Figura 10.14, a parte do usuário do SS7 oferece funções de controle e gerenciamento de chamada e capacidades de configuração de chamada à rede. Estas são as camadas mais altas no modelo de referência SS7, e utilizam as facilidades de transporte oferecidas pela MTP e pela SCCP. A parte do usuário do SS7 inclui a *parte do usuário da ISDN* [ISDN *User Part* (ISUP)], a *parte de aplicações com capacidade de transação* [*Transaction Capabilities Application Part* (TCAP)] e a *parte de administração e manutenção de operações* [*Operations Maintenance and Administration Part* (OMAP)].A *parte do usuário de telefone* [*Telephone User Part* (TUP)] e a *parte do usuário de dados* [*Data User Part* (DUP)] estão incluídas na ISUP.

10.9.2.1 Parte do usuário da rede digital de Serviços integrados (ISUP)

A ISUP oferece as funções de sinalização para portadora e serviços suplementares para voz, dados e vídeo em um ambiente ISDN. No passado, os requisitos de telefonia eram jogados na TUP, mas isso agora é um subconjunto da ISUP. A ISUP usa a MTP para transferência de mensagens entre diferentes trocas. A mensagem ISUP inclui um rótulo de roteamento que indica a origem e o destino da mensagem, um código de identificação de circuito (CIC) e um código de mensagem que serve para definir o formato e a função de cada mensagem. Eles têm tamanhos variáveis com um máximo de 272 octetos que incluem cabeçalhos de nível MTP. Além dos serviços portadores básicos em um ambiente ISDN, são fornecidas facilidades de sinalização de usuário para usuário, grupos de usuário fechados, identificação de linha de chamada e encaminhamento de chamada.

10.9.2.2 Parte de aplicações com capacidade de transação (TCAP)

A parte de aplicação com capacidades da transação no SS7 refere-se à camada de aplicação que invoca os serviços da SCCP e da MTP em um formato hierárquico. Uma aplicação em um nó, portanto, é capaz de executar uma aplicação em outro nó e usar esses resultados. Assim, a TCAP trata das operações remotas. Mensagens TCAP são usadas pelo IS-41.

10.9.2.3 Parte de administração e manutenção de operações (OMAP)

As funções da OMAP incluem funções de monitoração, coordenação e controle para garantir que sejam possíveis comunicações sem problemas. Diagnósticos de suportes da OMAP são conhecidos por toda a rede global para determinar carga e comportamentos específicos da sub-rede.

10.9.3 Tráfico de sinalização no SS7

Configurações de chamada, transferências entre MSCs e atualizações de localização são as principais atividades que geram o máximo de tráfego de sinalização em uma rede, e que são tratadas sob o SS7. A configuração de uma chamada requer a troca de informações sobre a localização do assinante que chama (origem da chamada, procedimentos da parte que chama) e informações sobre o local do assinante chamado. Os assinantes que chamam e/ou chamados podem ser móveis, e sempre que qualquer um dos assinantes móveis troca de MSC sob uma condição de transferência, ele aumenta a quantidade de informação trocada. A Tabela 10.7 mostra a quantidade de tráfego de sinalização que é gerada para a configuração de chamada no GSM[19]. Os registros de atualização de localização são atualizados na rede sempre que um assinante passa para uma nova localização. O tráfego exigido pelo processo de atualização de localização enquanto um assinante se move dentro e entre as áreas de VLR é mostrado na Tabela 10.8.

10.9.4 Serviços SS7

Existem três tipos principais de serviços oferecidos pela rede SS7[20]:o *Touchstar*, serviços 0800 e serviços de cobrança alternativos. Esses serviços são explicados rapidamente a seguir.

Touchstar — Esse tipo de serviço também é conhecido como CLASS e é um grupo de serviços controlados por switch, que oferecem aos seus usuários certas capacidades de gerenciamento de chamada. São fornecidos serviços como retorno e encaminhamento de chamada, repetição de discagem, chamada em bloco, rastreamento e identificação de chamada.

Serviços 0800 — Esses serviços foram introduzidos pela Bell System para fornecer ao usuário acesso gratuito aos serviços e banco de dados oferecidos pelas partes

Tabela 10.7 Carga de sinalização para configuração e transferências de chamada no GSM

Chamada originada de uma estação móvel	Carga
Informações na MSC de origem e no switch de término	120 bytes
Informações sobre a MSC de origem e o VLR associado	550 bytes
Chamada que termina em uma estação móvel	
Informações sobre o switch e MSC de término	120 bytes
Informações sobre a MSC de término e VLR associado	612 bytes
Informações sobre o switch de origem e HLR	126 bytes
Transferências entre MSCs	
Informações sobre a nova MSC e VLR associado	148 bytes
Informações sobre a nova MSC e a antiga MSC	383 bytes

Tabela 10.8 Carga de sinalização para atualização de localização em GSM

Atualização de localização	Carga
Informações sobre a MSC atual e VLR associado	406 bytes
Informações sobre o VLR atual e o HLR	55 bytes
Informações sobre o novo VLR e o antigo VLR	406 bytes
Informações sobre o novo VLR e o antigo VLR	213 bytes
Informações sobre o antigo VLR e o HLR	95 bytes
Informações sobre o novo VLR e o HLR	182 bytes

privativas. Os custos associados ao processamento das chamadas são pagos pelo assinante do serviço. O serviço é oferecido sob dois planos, conhecidos como plano 800-NXX e plano 800 *Database*. No plano 800-NXX, os seis primeiros dígitos de uma chamada 0800 são usados para selecionar a *prestadora de intercâmbio* (IXC). No plano 800 *Database*, a chamada é pesquisada em um banco de dados a fim de determinar a informação apropriada de prestadora e roteamento.

Serviço de cobrança alternativo e banco de dados de informações de linha (ADB/LIDB) — Esses serviços utilizam a rede CCS para permitir que a parte chamada seja cobrada por uma ligação para um número pessoal (número de terceiro, cartão de chamada ou ligação a cobrar etc.) a partir de qualquer número.

10.9.5 Desempenho do SS7

O desempenho da rede de sinalização é estudado pelo tempo de configuração da conexão (tempo de resposta) ou pelo tempo de transferência de informações de sinalização de ponta a ponta. Os atrasos no ponto de sinalização (SP) e no STP dependem da configuração de hardware específica e da implementação do software de comutação. Os limites máximos para esses tempos de atraso foram especificados nas recomendações CCITT Q.706, Q.716 e Q.766.

Controle de congestionamento nas redes SS7 — Com um número cada vez maior de assinantes, torna-se importante evitar o congestionamento na rede de sinalização sob condições de tráfego intenso[21]. Protocolos de rede SS7 oferecem diversos esquemas de controle de congestionamento, permitindo que o tráfego evite enlaces e nós com falhas.

Vantagens da sinalização comum de canal sobre a sinalização convencional[22] — A CCS tem muitas vantagens em relação à sinalização convencional, as quais são esboçadas a seguir:

- *Configuração de chamada mais rápida* — Na CCS, redes de sinalização de alta velocidade são usadas para transferir as mensagens de configuração de chamada, o que resulta em tempos de atraso menores quando comparados com os métodos de sinalização convencionais, como multifreqüência.
- *Maior eficiência de entroncamento (ou enfileiramento)* — A CCS possui tempos menores de estabelecimento e término de chamada que resultam em menos tempo de manutenção de chamada, reduzindo subseqüentemente o tráfego na rede. Em condições de tráfego intenso, obtém-se alta eficiência de entroncamento.
- *Transferência de informação* — A CCS permite a transferência de informações adicionais juntamente com o tráfego de sinalização oferecendo facilidades como identificação de chamada e identificação de voz ou dados.

10.10 Um exemplo de SS7 — Interoperabilidade global da rede celular

As redes de rádio-celular oferecem conectividade para todas as estações móveis em determinado mercado e oferecem meios eficientes para *configuração de chamada, transferência de chamada* e *transferência entre estações-base*. A Figura 10.5 mostra um diagrama de blocos simplificado de uma rede de rádio-celular. A estação-base é o bloco básico em uma rede celular, que serve como ponto central de acesso à rede para um assinante em determinada região geográfica (célula). As estações-base são conectadas por um enlace de rádio ou terrestre a uma MSC. A MSC controla as funções de comutação e cobrança, e interage com a PSTN para transferir tráfego entre a grade global e seu próprio agrupamento de estações-base. A MSC usa a rede de sinalização SS7 para validação de localização e entrega de chamada para seus usuários que estão viajando, e conta com diversos bancos de dados de informação. Esses bancos de dados são o *registrador de localização doméstica* [*Home Location Register* (HLR)], o *registrador de localização de visitante* [*Visitor Location Register* (VLR)] e o *centro de autenticação* [*Autentication Center* (AuC)], que são usados para atualizar a localização e os registros para todos os assinantes na rede a qualquer momento. Esses bancos de dados podem ser co-localizados na MSC ou podem ser acessados remotamente.

Para realizar configuração de chamada, transferência de chamada e transferência de estação-base, as funções de roaming, registro e roteamento são muito importantes. Roaming é um requisito fundamental das redes sem fio[23]. Um assinante móvel torna-se um assinante visitante (em roaming) quando sai da área de cobertura da MSC na qual foi inscrito originalmente (a *MSC doméstica*). As técnicas com fio existentes não são otimizadas para atender aos requisitos da entrega de chamada em uma rede sem fio onde os usuários têm permissão para viajar de uma central para outra. Para garantir que a PSTN seja capaz de oferecer acesso de voz a todos os assinantes móveis, o assinante viajante (mesmo quando não engajado em uma chamada) precisa se *registrar* com a MSC em que reside atualmente (a *MSC visitante*). O registro é um processo em que cada assinante em roaming notifica a MSC atual de sua presença e localização. Esse registro é então transferido para a MSC doméstica, onde o HLR é atualizado. Quando é feita uma chamada para o usuário móvel, a rede seleciona o caminho pelo qual a chamada deve ser roteada a fim de obter uma conexão entre a parte que chama e o assinante chamado. A seleção de um caminho na rede é conhecida como *roteamento*. O assinante chamado é alertado quanto à presença de uma chamada recebida, e um procedimento de atendimento é iniciado pelo assinante chamado (conforme descrito no Capítulo 3) para aceitar a chamada.

O registrador de localização doméstico, mostrado na Figura 10.5, contém uma lista de todos os usuários (junto com seu MIN e ESN) que assinaram originalmente a rede celular na região geográfica coberta. Um assinante doméstico é cobrado com uma taxa diferente (mais barata) do que um assinante visitante, de modo que a MSC precisa identificar cada chamada feita por um usuário doméstico ou visitante. O registrador de localização de visitante é uma lista variável no tempo de usuários que visitaram determinada área de cobertura da rede. A MSC atualiza o VLR determinando primeiro quais usuários são visitantes e solicitando informações de VLR para cada usuário visitante pela rede SS7. MSCs remotas que servem como switches domésticos para visitantes são capazes de fornecer a informação de VLR solicitada. O centro de autenticação combina o MIN e o ESN de cada telefone celular ativo no sistema com os dados armazenados no registrador de localização doméstico. Se um telefone não combina com os dados no banco de dados doméstico, o centro de autenticação instrui a MSC a desativar o telefone ofensor, impedindo assim o acesso fraudulento de telefones à rede.

Cada unidade de assinante é capaz de identificar se está em roaming comparando o ID da estação recebida (SID) no canal de controle com o SID doméstico programado em seu telefone. Se estiver em roaming, a unidade do assinante envia periodicamente uma rajada melhor de dados no canal de controle reverso, notificando a MSC visitada quanto ao seu MIN e ESN. O SID identifica a localização de cada MSC, de modo que cada estação-base conectada à MSC transmite o mesmo SID na mensagem do canal de controle (ver Capítulo 11 para obter detalhes adicionais na operação dos canais de controle para AMPS).

Cada MSC tem um número de identificação único, chamado MSCID. A MSCID normalmente é a mesma que a SID, exceto para mercados grandes, nos quais um provedor de serviços pode usar múltiplos switches dentro de um único mercado. Quando existir mais de um switch dentro do mesmo mercado, a MSCID é simplesmente a SID anexada com o número do switch dentro do mercado.

Registro

Comparando o MIN de um assinante em roaming com os MINs contidos em seu banco de dados HLR, a MSC visitada é capaz de identificar rapidamente os usuários que não são do sistema doméstico. Quando um visitante é identificado, a MSC visitada envia uma *solicitação de registro* pela rede de sinalização terrestre (ver Figura 10.5) à MSC doméstica do assinante. A MSC doméstica atualiza o HLR para o assinante em particular armazenando a MSCID da MSC visitada (oferecendo assim informações de localização para o usuário visitante na MSC doméstica). A MSC doméstica também valida se o MIN e o ESN do visitante estão corretos e, usando a rede de sinalização, retorna um *perfil de cliente* à MSC visitada, que indica a disponibilidade dos recursos para o assinante. Os recursos típicos poderiam incluir chamada em espera, encaminhamento de chamada,

chamada a três e acesso a discagem internacional. A MSC visitada, ao receber o perfil do visitante da MSC doméstica, atualiza seu próprio VLR de modo que a MSC possa imitar os recursos fornecidos pela rede doméstica do visitante. O visitante é então considerado como *registrado* na MSC visitada. A MSC doméstica pode armazenar informações adicionais antifraude dentro de seu HLR, e esses dados são passados juntamente com o perfil para impedir acesso ilegal de visitantes em uma MSC visitada. Observe que a PSTN não está envolvida na passagem dos dados de registro (ela é usada apenas para o tráfego do usuário/voz). O processo inteiro de registro exige menos de quatro segundos pelo mundo inteiro e acomoda MSCs de muitos fabricantes diferentes.

Entrega de chamada

Quando um visitante está registrado em uma rede visitada, as chamadas são roteadas de forma transparente a ele a partir da MSC doméstica. Se uma chamada for feita a um assinante visitante a partir de qualquer telefone no mundo, a chamada telefônica é roteada diretamente à MSC doméstica. A MSC doméstica verifica o HLR para determinar a localização do assinante. Os assinantes visitantes têm a MSCID da MSC visitada armazenada no HLR, de modo que a MSC doméstica seja capaz de rotear imediatamente a chamada recebida para a rede visitada.

A MSC doméstica é responsável por notificar a MSC visitada quanto à chamada que chega e entregar essa chamada ao visitante. A MSC doméstica primeiro envia uma solicitação de *rota* à MSC visitada usando a rede de sinalização. A MSC visitada retorna um *número de diretório temporário* (TDN) à MSC doméstica, também por meio da rede de sinalização. O TDN é um número de telefone temporário atribuído dinamicamente, que a MSC doméstica usa para encaminhar a chamada via PSTN. A chamada recebida é passada diretamente à MSC visitada pela PSTN, através da MSC doméstica. Se o visitante não responder à chamada, ou tiver certos recursos de encaminhamento de chamada no perfil do cliente, a MSC visitada retornará um *redirecionamento* à MSC doméstica. O comando de redirecionamento instrui a MSC doméstica a rotear novamente a chamada recebida (talvez para o correio de voz ou para outro número de telefone).

Transferências entre sistemas

As transferências entre sistemas são usadas para conectar visitantes de forma transparente entre MSCs. Uma interface-padrão é utilizada pela rede de sinalização para permitir que diferentes MSCs passem dados típicos de medição de sinal (transferência), além de informações de HLR e VLR, enquanto o assinante se move entre diferentes redes sem fio. Dessa maneira, é possível que os assinantes mantenham chamadas enquanto estão em trânsito entre diferentes mercados.

10.11 Sistemas/Redes de Comunicação Pessoal (PCS/PCNs)

O objetivo dos *sistemas de comunicação pessoal* [*Personal Communications Systems* (PCS)] ou *redes de comunicação pessoal* [*Personal Communications Networks* (PCNs)] é oferecer cobertura de comunicações sem fio onipresentes, permitindo que os usuários acessem a rede telefônica e a Internet para diferentes tipos de necessidades de comunicação, sem considerar a localização do usuário ou a localização da informação acessada.

O conceito de PCS/PCN é baseado em uma *rede inteligente avançada* [*Advanced Intelligent Network* (AIN)]. As redes móvel e fixa serão integradas para fornecer acesso universal à rede e seus bancos de dados. A AIN também permitirá que seus usuários tenham um único número de telefone a ser usado para serviços sem fio e com fio. Uma arquitetura sugerida por Ashitey, Sheikh e Murthy[24] consiste em três níveis: o nível inteligente, o nível de transporte e o nível de acesso. O nível inteligente contém bancos de dados para o armazenamento de informações sobre os usuários da rede, o nível de transporte trata da transmissão de informações e o nível de acesso oferece acesso onipresente a cada usuário na rede e contém bancos de dados que atualizam a localização de cada usuário na rede. Os sistemas de comunicação pessoal serão caracterizados por altas densidades de usuários, que exigirão requisitos de rede avançados. Uma grande quantidade de sinalização será exigida para que essas redes trabalhem de modo eficiente. A sinalização comum do canal e protocolos de sinalização eficientes desempenharão um papel importante na PCS/PCN. As redes inteligentes que serão utilizadas para

Tabela 10.9 Cargas de dados em potencial para redes sem fio

Aplicação	Taxas de dados médias (Kbps)	Taxa de dados de pico (Kbps)	Atraso máximo (s)	Taxa máxima de perda de pacote
e-mail, paging	0,01–0,1	1–10	< 10–100	$< 10^{-9}$
dados de computador	0,1–1	10–100	< 1–10	$< 10^{-9}$
telefonia	10–100	10–100	< 0,1–1	$< 10^{-4}$
áudio digital	100–1.000	100–1.000	< 0,01–0,1	$< 10^{-5}$
videoconferência	100–1.000	1.000–10.000	0,001– 0,01	$< 10^{-5}$

PCN empregarão sinalização SS7. A Tabela 10.9 contém requisitos de dados aproximados que as redes PCS/PCN deverão transportar.

10.11.1 Comutação de pacotes *versus* comutação de circuitos para PCN

A tecnologia de comutação de pacotes terá mais vantagens para PCS/PCN do que a comutação de circuitos. Os fatores que influenciam o uso da comutação de pacotes incluem os seguintes:

- A PCN terá que atender a uma grande variedade de serviços, incluindo voz, dados, e-mail e vídeo digital. O VoIP de classe comercial alavancará PCNs comutadas por pacotes.
- A PCN admite grandes populações de usuários esporádicos, de modo que a viabilidade econômica dependerá da capacidade de compartilhar efetivamente a largura de banda e a infra-estrutura.
- O canal relativamente não-confiável é mais adequado para comutação de pacotes do que para comutação de circuitos. Além disso, a comutação de pacotes não precisa de um enlace dedicado com taxas de erro de bit muito baixas, e pode compensar dados perdidos ou adulterados por estratégias de transmissão baseadas em ARQ.
- A PCN exige uma infra-estrutura de comutação de alta capacidade para roteamento de tráfego entre células.

10.11.2 Arquitetura de comutação de pacotes para celular

A *arquitetura de comutação de pacotes para celular* distribui o controle da rede entre unidades de interferência e, assim, oferece a capacidade de admitir ambientes altamente densos (com uma grande quantidade de usuários). A Figura 10.16 indica o diagrama de blocos conceitual dessa arquitetura para uma *rede metropolita-*

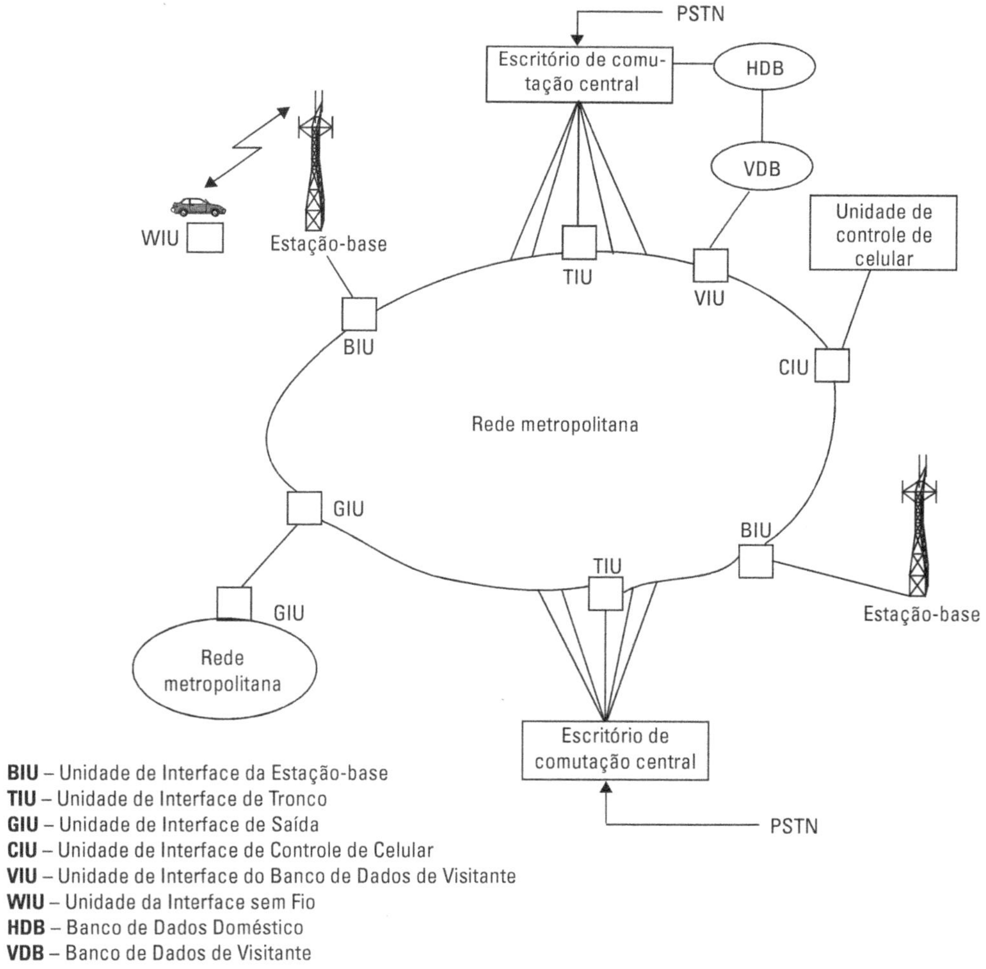

Figura 10.16 Arquitetura de comutação de pacotes para celular para uma rede metropolitana (de Goodman[25] © IEEE).

na (MAN)[26]. A informação trafega a vários gigabits por segundo pela MAN, que é construída com cabos de fibra óptica e serve como *backbone* para toda a rede sem fio em determinada região geográfica. Os dados entram e saem das diversas interfaces da MAN que são conectadas às estações-base e aos switches da rede pública (incluindo switches ISDN). Os principais elementos na rede que facilitam a transferência de informações são a *unidade de interface da estação-base* [*Base Station Interface Unit* (BIU)], a *unidade de interface do controlador de celular* [*Cellular Controller Interface Unit* (CIU)], a *unidade de interface de tronco* [*Trunk Interface Unit* (TIU)] e a *unidade de interface sem fio* [*Wireless Interface Unit* (WIU)] de cada assinante. As BIUs são conectadas às TIUs, que são conectadas à PSTN. A CIU se conecta à unidade de controle de celular. Diferentes MANs são interconectadas por meio de *unidades de interface de saída* [*Gateway Interface Unit* (GIUs)]. As *unidades de interface de visitante* [*Visitor Interface Unit* (VIUs)] acessam o *banco de dados de visitante* [*Visitor Database* (VDB)] e os bancos de dados domésticos [*Home Database* (HDBs)] para registro e atualizações de localização. Técnicas de comutação de pacotes são usadas para transmissão de pacotes na *arquitetura de comutação para celular*. A comutação de pacotes é atraente para redes sem fio porque os endereços e outras informações nos cabeçalhos dos pacotes tornam possível que elementos de rede dispersos respondam a um usuário móvel sem a intervenção dos controladores centrais. Em uma comutação de pacotes, os endereços transportados em cada um compreendem um enlace lógico entre os elementos da rede.

Unidade de Interface de Tronco (TIU)

A função da Unidade de Interface de Tronco [*Trunk Interface Unit* (TIU)] é aceitar informações da PSTN. A Figura 10.17 mostra como a TIU, atuando como camada física, transforma o formato-padrão da PSTN no formato da camada física de acesso sem fio. As TIUs utilizam transcodificadores e codificadores de canal para converter o formato dos pacotes transmitidos pela interface à rede fixa ou ao formato de acesso sem fio. As TIUs também contêm um *montador* e *desmontador de pacotes* (PAD) que combina informações do usuário com um cabeçalho de pacote. A informação disponível no cabeçalho do pacote contém marcas, somas de verificação de erro, informação de controle de pacote e campos de endereço. O endereço TIU é adicionado a todos os pacotes que são transmitidos por essa unidade. O endereço pode ser um *identificador de terminal permanente* [*Permanent Terminal Identifier* (PTI)] ou *identificador de circuito virtual* [*Virtual Circuit Identifier* (VCI)]. O PTI é o endereço da TIU de onde a chamada foi originada, e o VCI é a informação contida no cabeçalho do pacote identificando a rota pela qual ocorrerá a transmissão. A geração de pacotes pelo PAD é controlada por um detector de atividade de voz, de modo que os recursos não sejam desperdiçados com tempo ocioso. Os pacotes da TIU são roteados para uma estação-base pela MAN, examinando-se o endereço das tabelas de roteamento da TIU. O PAD lê o endereço de destino de todos os pacotes que chegam à MAN, e compara ao PTI (durante o estabelecimento da chamada) e ao VCI (durante uma chamada). Se a comparação for positiva, o PAD processa os pacotes, caso contrário o pacote é ignorado. Os endereços das estações-base engajadas no tráfego são mantidos no registrador de identificação da estação-base para roteamento apropriado da informação.

Unidade da Interface Sem Fio (WIU)

A Unidade da Interface Sem Fio [*Wireless Terminal Interface Unit* (WIU)] está diretamente conectada à fonte da informação, como pode ser visto na Figura 10.18, e difere da TIU por não ter interface com a PSTN ou com a ISDN. O processo de endereçamento permanece o mesmo para a WIU e para a TIU. O PAD remove a sobrecarga de sinalização de todos os pacotes de dados que chegam e oferece o fluxo de informações (64 Kbps) ao terminal. Um monitor de qualidade do canal é acessado pela WIU para determinar as condições de transferência. A WIU lê o *identificador de estação-base*, e a transferência ocorre sempre que existe uma estação-base disponível com um nível de sinal mais alto ou uma taxa de erro menor.

Unidade de Interface da Estação-base (BIU)

A Unidade de Interface da Estação-base [*Base Station Interface Unit* (BIU)] oferece troca de informações entre as TIUs e as WIUs. A BIU também transmite pacotes para fornecer dados para o protocolo PRMA. A BIU é endereçada por seu endereço permanente no cabeçalho de pacotes. A principal função da BIU é repassar pacotes à WIU ou TIU usando identificadores de circuito virtual dos pacotes que chegam, ou, se não houver um identificador de circuito virtual, eles são relacionados à WIU com base no endereço permanente da WIU.

Unidade de Interface de Controle de Celular (CIU)

A função da Unidade de Interface de Controle de Celular [*Cellular Controller Interface Unit* (CIU)] é receber, processar e gerar pacotes de informação para controle de rede. Cada um dos diversos nós podem ser endereçados pelo uso de formatos de sinalização apropriados para permitir o controle centralizado da rede, embora a informação seja distribuída entre os diversos nós da rede.

10.11.2.1 Funcionalidade da rede na arquitetura de comutação de pacotes para celular

As funções de controle de uma rede sem fio podem ser divididas em três categorias: processamento de chamada, gerenciamento de mobilidade e gerenciamento de

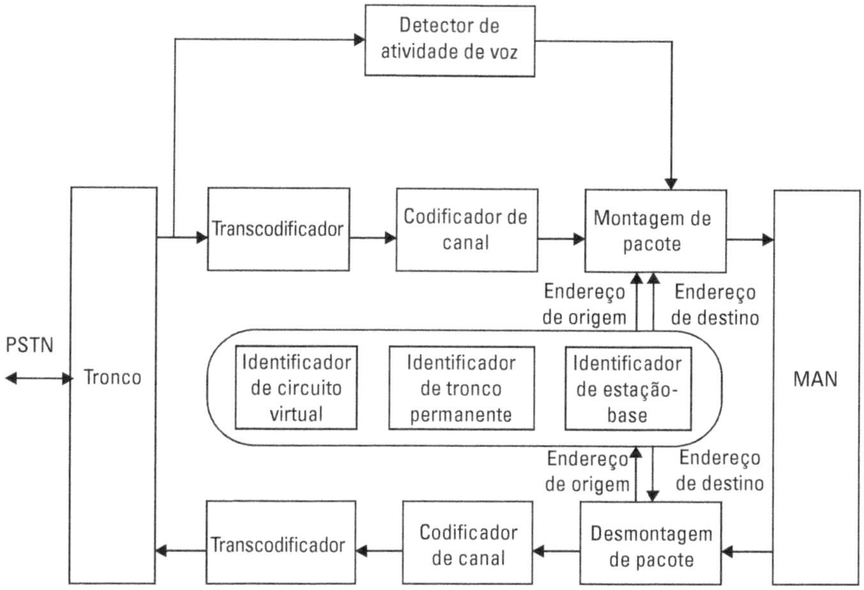

Figura 10.17 Unidade da interface de tronco celular (de Goodman[27] © IEEE).

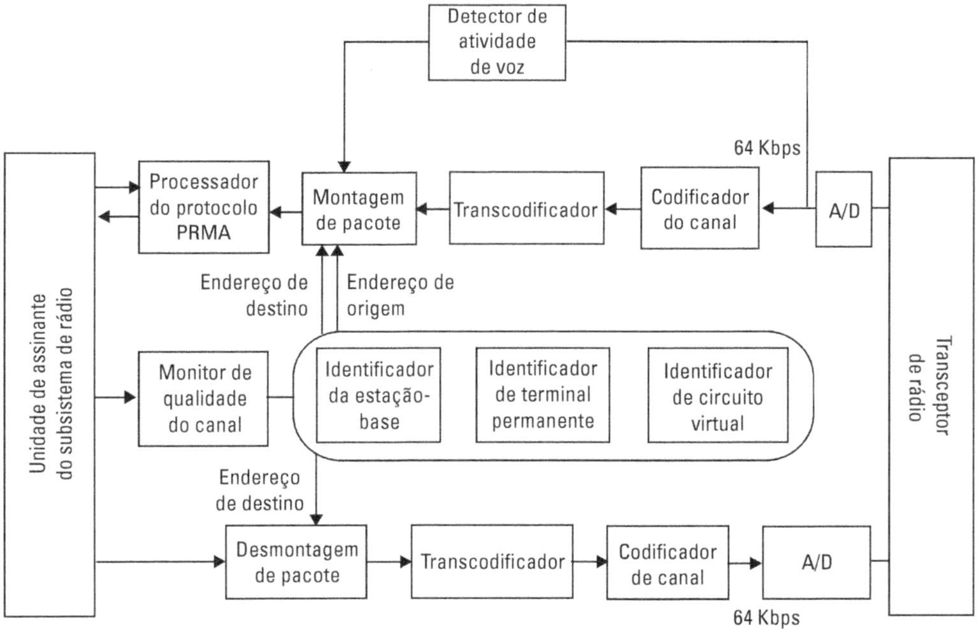

Figura 10.18 Unidade da interface sem fio de celular (de Goodman[28] © IEEE).

recurso de rádio[29]. O processamento de chamada é uma função do escritório de comutação central, enquanto o gerenciamento de mobilidade e o gerenciamento de recurso de rádio são funções da rede metropolitana. As três operações para estabelecimento de chamada (iniciada pela estação móvel), transmissão de fala e transferência servem para ilustrar a funcionalidade do sistema. Antes que uma chamada seja estabelecida, os terminais do assinante e os troncos são endereçados pelos seus endereços permanentes, mas, durante o estabelecimento de chamada para voz, um circuito virtual é montado. Os endereços virtuais correspondentes são atualizados na TIU e na WIU. Porém, as estações-base e o controlador retêm os endereços permanentes.

Transmissão de voz — Os pacotes se movem entre o terminal do assinante, a estação-base e o escritório de comutação central nas duas direções sobre a MAN. Eles são enviados com base em FIFO (primeiro a entrar, primeiro a sair), pois a fala é envolvida e a reordenação dos pacotes não é permitida. Um circuito virtual é atribuído no início da chamada para transmissão de voz nos pacotes. Os pacotes podem ser perdidos durante a conversação, mas isso não afeta significativamente a qualidade da conversação, desde que não haja muitos pacotes perdidos.

Transferência — Os algoritmos de transferência de celular comutados por pacotes distribuem o processamento entre diferentes interfaces[30]. A WIU determina a qualidade do canal, e, quando se torna aparente que uma chamada pode ser mais bem tratada por outra estação-base, o processamento de transferência de chamada é iniciado. Uma nova estação-base é identificada com base no identificador de estação-base lido do monitor de qualidade do canal, e a chamada é re-roteada para a nova estação-base. A TIU é informada da transferência, e a tabela de roteamento na TIU é atualizada para refletir essa informação. O controlador do celular é transparente ao processo de transferência. A WIU mantém a TIU informada da localização da estação móvel quando existem lacunas na fala. Como resultado da transferência, nenhum pacote é perdido, e quaisquer pacotes enviados pela duração do processo de transferência podem ser retransmitidos para a nova estação-base a partir da TIU.

10.12 Protocolos para acesso à rede

Conforme discutido no Capítulo 9, uma técnica de contenção para rádio pacote pode ser usada para transmitir em um canal comum. Protocolos ALOHA são o melhor exemplo de uma técnica de contenção em que os usuários transmitem dados sempre que possuem. Os usuários escutam respostas de confirmação para determinar se uma transmissão foi bem-sucedida ou não. No caso de uma colisão, as unidades de assinante esperam por um tempo aleatório e retransmitem o pacote. A vantagem das técnicas de contenção por pacote é a capacidade de atender a um grande número de terminais com sobrecarga extremamente baixa.

Os transmissores móveis que enviam tráfego em rajada na forma de pacotes de dados a um receptor de estação-base comum podem usar acesso aleatório. Como visto no Capítulo 9, a vazão ideal do canal pode ser dobrada se os terminais ativos forem preparados para sincronizar suas transmissões de pacote em slots de tempo comuns, de modo que o risco de sobreposição parcial de pacotes é evitado. Com altas cargas de tráfego, protocolos ALOHA com e sem slots tornam-se ineficazes, pois a competição livre entre todos os transmissores expõe a maioria do tráfego de dados às colisões, acarretando retransmissões múltiplas e atrasos aumentados. Para reduzir esse tipo de situação, o acesso múltiplo por detecção de portadora (CSMA) pode ser usado; para isso, o transmissor primeiro escuta o canal de rádio comum ou um canal de retorno de confirmação dedicado a partir da estação-base.

10.12.1 Acesso múltiplo por reserva de pacote (PRMA)

O *acesso múltiplo por reserva de pacote* [*Packet Reservation Multiple Access* (PRMA)] é um protocolo de transmissão proposto por Goodman et al., para terminais de voz por pacote em um sistema celular.[31] O PRMA é um protocolo de acesso múltiplo baseado na multiplexação por divisão de tempo (TDM), que permite que um grupo de terminais espalhado no espaço transmita voz por pacotes e dados com baixa taxa de bits por um canal comum. O recurso principal desse protocolo é a utilização da transmissão do usuário para ganhar acesso aos recursos do rádio. Quando o recurso de rádio tiver sido adquirido, fica por conta do transmissor liberar a reserva. O PRMA é uma derivação do ALOHA com reserva, que é uma combinação de TDMA e ALOHA em slots. Um protocolo de reserva como PRMA tem a vantagem de poder utilizar a natureza descontínua da voz com a ajuda de um detector de atividade de voz para aumentar a capacidade do canal de rádio.

A entrada de um terminal de voz segue um padrão de rajadas de voz e lacunas de silêncio. Os terminais começam a disputar e transmitir pacotes de voz assim que o primeiro pacote é gerado. Os pacotes de dados digitais e os de dados de voz são admitidos simultaneamente com PRMA. A taxa bruta de bits do canal é dividida em slots de tempo com cada slot projetado para um único pacote de informações. Os slots de tempo são agrupados como quadros, que são repetidos ciclicamente pelo canal. Em um quadro, os slots individuais são acessados pela estação móvel para comunicação com a base. Um estabelecimento de canal bem-sucedido garante que a estação móvel receba uma reserva em um slot que está na mesma posição nos quadros sucessivos. A seleção da duração do quadro é baseada no fato de um terminal de voz poder gerar exatamente um pacote por quadro. O slot de tempo alocado é fixado dentro do quadro até que a conversa termine. Quando o terminal de voz completa suas comunicações ele pára de transmitir, a estação-base recebe um pacote nulo e o slot de tempo no quadro fica não reservado mais uma vez e se torna disponível para uso por outras estações móveis. O problema de contenção é resolvido pelo projeto do sistema usando um modelo probabilístico com base na teoria de tronco para prever a disponibilidade dos slots de tempo. A disponibilidade dos slots de tempo depende do uso da rede, e, se houver muitos usuários, o estabelecimento da chamada será prolongado.

Se o congestionamento na estação-base é encontrado a partir de muitos usuários móveis, os pacotes de dados são descartados, e os pacotes de voz recebem prioridade, pois a voz exige que os pacotes sejam entregues em ordem. Um sinal de resposta da estação-base para as estações móveis referindo-se ao pacote transmitido é multiplexado ao longo do fluxo de dados vindo da estação-base. Com base na correção de erro ARQ, os pacotes são retransmitidos se uma estação móvel receber uma confirmação negativa.

10.13 Bancos de dados de rede

Nas redes sem fio de primeira geração, o controle da rede era limitado à MSC, e as MSCs de sistemas vizinhos não eram capazes de se comunicar facilmente entre si. Isso tornava impossível o roaming elegante entre os sistemas. Porém, as redes sem fio de segunda e terceira geração distribuem o controle da rede entre diversos processadores. Por exemplo, as redes de segunda geração acessam diversos bancos de dados para obter autenticação de estações móveis, atualizações de localização, cobrança etc. O banco de dados de localização de visitante, o banco de dados de localização doméstico e o centro de autenticação são os principais bancos de dados acessados por diversos elementos de processamento na rede. Um banco de dados distribuído foi proposto para interconexão de MSCs por toda uma rede sem fio.

10.13.1 Banco de dados distribuído para gerenciamento de mobilidade

A arquitetura de banco de dados hierárquica distribuída foi proposta para facilitar o monitoramento e a atualização de localização do assinante móvel[32]. A Figura 10.19 mostra as interconexões em um banco de dados hierárquico distribuído. A partição do banco de dados em cada nó de acesso à MAN lista assinantes na área de controle do BSC associado. Cada um dos BSCs é capaz de receber as transmissões de broadcast da MAN e atualizar seu banco de dados se a estação móvel estiver em sua região. Bancos de dados de nível alto, no nível de backbone da MAN, permitem a monitoração dos assinantes dentro dessas áreas. Os bancos de dados de acesso à MAN indicam a localização da BSC e da estação móvel, e os bancos de dados de backbone da MAN indicam a localização de acesso da MAN. De uma maneira hierárquica semelhante, uma estação móvel em uma região pode ser monitorada, e sua localização pode ser atualizada. O método de particionamento é uma técnica eficiente por reduzir o tempo exigido para localizar qualquer estação móvel, minimizando o congestionamento resultante do tráfego de broadcast pesado exigido para localizar uma estação móvel visitante. Cada assinante do serviço de celular tem associada uma MAN de acesso doméstico, uma MAN de backbone e um banco de dados de MAN. Bancos de dados doméstico e visitante são logicamente distintos, mas fisicamente integrados, em um único banco de dados. Um assinante móvel é listado em um banco de dados de visitante quando entra em uma área estranha e permanece no novo banco até que saia dessa área. Sempre que um assinante sai de sua área doméstica, os bancos

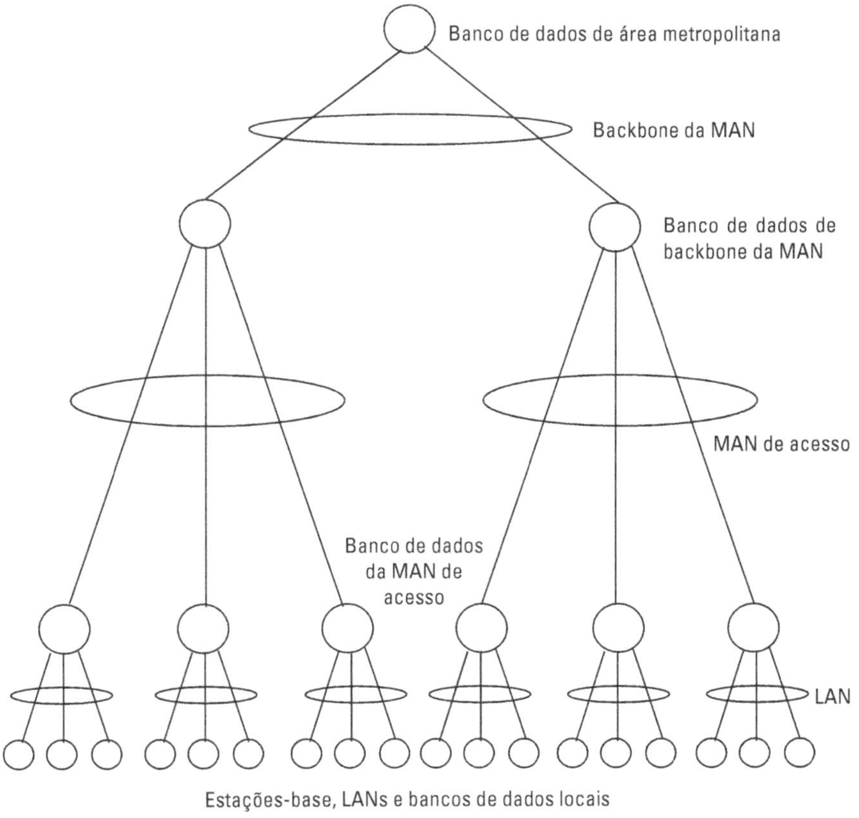

Figura 10.19 Ilustração de um banco de dados hierárquico distribuído.

de dados são atualizados de modo que o banco de dados doméstico da MAN terá a nova localização do assinante visitante. As recomendações E.164 da CCITT sugerem um endereço de rede que é baseado em uma distribuição hierárquica, de modo que o endereço indica o nó de acesso à MAN, a MAN de backbone e a MAN associada a um BSC. Com base nesse tipo de formato, um assinante visitante pode ser identificado com sua base doméstica, a fim de que o novo BSC possa atualizar seu banco de dados para o assinante visitante.

10.14 Sistema universal de telecomunicações móveis (UMTS)

O Sistema universal de telecomunicações móveis [*Universal Mobile Telecommunication System* (UMTS)] é um sistema que é capaz de fornecer uma série de serviços móveis a uma grande variedade de padrões de comunicação móvel. O UMTS foi desenvolvido pela RACE (pesquisa e desenvolvimento em tecnologias de comunicações avançadas na Europa) como o sistema sem fio de terceira geração. Para lidar com uma faixa mista de tráfego, um esquema misto de célula (mostrado na Figura 10.20), que consiste em macrocélulas dispostas sobre micro e picocélulas, é um dos planos de arquitetura considerados[33]. Esse tipo de rede distribui o tráfego com o tráfego local operando nas micro e picocélulas, enquanto o tráfego altamente móvel é operado sobre as macrocélulas, reduzindo assim o número de transferências necessárias para o tráfego móvel rápido. Observa-se facilmente pela Figura 10.20 que as macrocélulas cobrem os pontos não cobertos por outras células e também oferecem redundância em certas áreas. Assim, as macrocélulas também serão capazes de evitar as falhas das células sobrepostas. Porém, a principal desvantagem da arquitetura sobreposta é a eficiência de espectro reduzida. A arquitetura UMTS fornece cobertura de rádio com uma rede de estações-base interconectadas uma à outra e a um comutador central de rede fixa. Uma rede metropolitana (MAN) é uma das escolhas possíveis para a interconexão da rede.

Alcance da rede — A rede mantém uma informação de localização constante em cada um dos terminais. A localização é atualizada por um terminal sempre que mudar uma *área local* (área local consiste em um agrupamento de células), que é determinada sempre que o terminal móvel inicia a recepção de uma mensagem de broadcast diferente. A rede também usa um banco de dados de rede distribuído, para o roteamento de chamadas quando o local exato da estação móvel tiver sido acessado.

10.15 Resumo

As redes de celular modernas são baseadas em tecnologias de rádio digital e rede digital para maximizar a capacidade e a qualidade do serviço. Técnicas de rádio digital como equalização, codificação de canal, intervalo e codificação de voz oferecem desempenho superior da interface de ar e eficiência espectral em comparação com sistemas analógicos mais antigos em um canal de rádio constantemente variável. Para aplicações de dados, novos

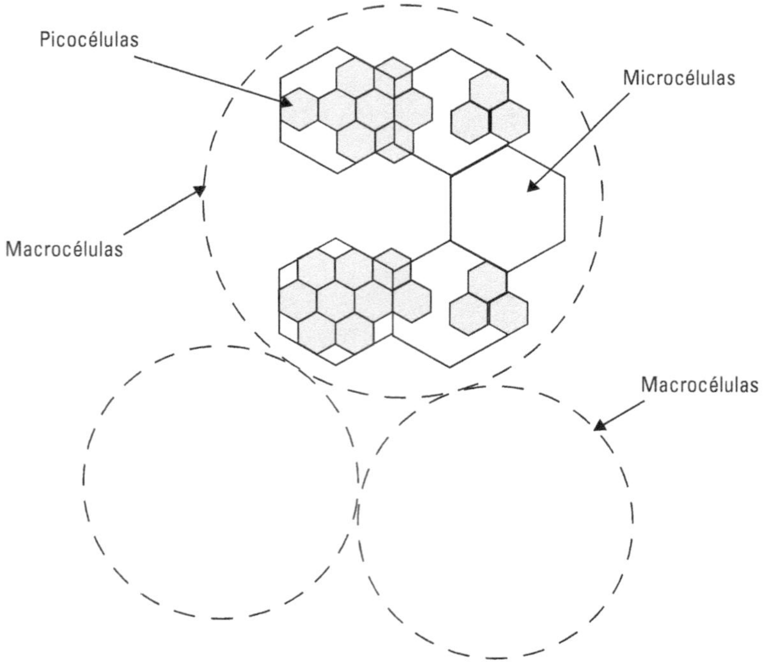

Figura 10.20 Arquitetura de rede para UMTS.

sistemas sem fio armazenam uma grande variedade de sinais e os organizam em pacotes para transmissão pela interface de ar. O formato de rádio da interface de ar digital normalmente é projetado para funcionar bem com a arquitetura de rede do sistema sem fio, e, à medida que os sistemas sem fio continuam a emergir, a distinção entre a interface de ar digital e a arquitetura de rede de backbone dos sistemas de comunicação pessoal será indistinta.

A sinalização comum do canal, um recurso importante da ISDN, é uma parte vital das redes sem fio, e continuará a ser utilizada para fornecer maior capacidade celular. O SS7 tornou-se uma parte importante da base sem fio do mundo inteiro, e é o primeiro passo para uma rede universal baseada em pacotes para o tráfego sem fio. A organização e a distribuição de bancos de dados serão um fator crucial na proliferação das redes sem fio.

Talvez mais importante, a implantação generalizada da infra-estrutura de fibra óptica no final da década de 1990 um dia dará suporte a larguras de banda enormes de transmissões de dados por pacotes. À medida que o VoIP e as tecnologias de navegador Web da Internet se tornam disponíveis e econômicas para o acesso móvel, os serviços móveis baseados em pacotes prosperarão, apontando o caminho para as redes sem fio comutadas por pacotes de quarta geração, tanto para voz quanto para dados.

Referências bibliográficas

1 PECAR, J. A.; O'CONNER, R. J.; GARBIN, D. A. *Telecommunications Factbook*, Nova York: McGraw-Hill, 1992.

2 "Cellular radio & personal communications: selected readings", editado por RAPPAPORT, T. S. *IEEE Press*, Nova York, ISBN: 0-7803-2283-5, 1995.

3 NORTH AMERICAN CELLULAR NETWORK, "An NACN standard". Rev. 2.0, dez.1994.

4 GOODMAN, D. J. "Cellular packet communications". *IEEE Transactions on Communications*, v. 38, n. 8, ago. 1990, p. 1272-1280.

5 PECAR, J. A.; O'CONNER, R. J.; GARBIN, D. A. *Telecommunications Factbook*, Nova York: McGraw-Hill, 1992.

6 BERTSEKAS, D.; GALLAGER R. *Data Networks*, 2. ed.,Nova Jersey: Prentice Hall, 1992.

DeROSE, J. F. *The Wireless Data Handbook*, Quantum Publishing, Inc., 1994.

7 BERTSEKAS, D.; GALLAGER R. *Data Networks*, 2. ed.,Nova Jersey: Prentice Hall, 1992.

TANENBAUM, A. S. *Computer Networks*, Prentice Hall Inc., 1981.

8 BERTSEKAS, D.; GALLAGER R. *Data Networks*, 2. ed.,Nova Jersey: Prentice Hall, 1992.

TANENBAUM, A. S. *Computer Networks*, Prentice Hall Inc., 1981.

9 CELLULAR TELPHONE INDUSTRY ASSOCIATION, *Cellular Digital Packet Data System Specification*, Release 1.0, jul. 1993.

DeROSE, J. F. *The Wireless Data Handbook*, Quantum Publishing, Inc., 1994.

10 Ibidem.

11 Ibidem.

12 MODARRESSI, A. R.; SKOOG, R. A. "An overview of signal system n. 7". *Proceedings of the IEEE*, v. 80, n. 4, abr. 1992, p. 590-606.

BOYLES, S. M.; CORN, R. L.; MOSELEY, L. R. "Common channel signaling: the nexus of an advanced communications network". *IEEE Communications Magazine*, jul. 1990, p. 57-63.

MARR, F. K. "Signaling system N.7 in corporate networks". *IEEE Communications Magazine*, jul. 1990, p. 72-77.

13 MODARRESSI, A. R.; SKOOG, R. A. "An overview of signal system n. 7". *Proceedings of the IEEE*, v. 80, n. 4, abr. 1992, p. 590-606.

14 Ibidem.

15 BERTSEKAS, D.; GALLAGER R. *Data Networks*, 2. ed.,Nova Jersey: Prentice Hall, 1992.

16 MODARRESSI, A. R.; SKOOG, R. A. "An overview of signal system n. 7". *Proceedings of the IEEE*, v. 80, n. 4, abr. 1992, p. 590-606.

17 Ibidem.

18 Ibidem.

19 MEIER-HELLSTERN, K. S. et al. "The use of SS7; GSM to support high density personal communications". *Wireless Communications: Future Directions*, Kluwer Academic Publishing, 1993.

20 BOYLES, S. M.; CORN, R. L.; MOSELEY, L. R. "Common channel signaling: the nexus of an advanced communications network". *IEEE Communications Magazine*, jul. 1990, p. 57-63.

21 MODARRESSI, A. R.; SKOOG, R. A. "An overview of signal system n. 7". *Proceedings of the IEEE*, v. 80, n. 4, abr. 1992, p. 590-606.

MANSFIELD, D. R.; MILLSTEED, G.; ZUKERMAN, M. "Congestion controls in SS7 signaling networks". *IEEE Communications Magazine*, jun. 1993, p. 50-57.

22 MARR, F. K. "Signaling system N.7 in corporate networks". *IEEE Communications Magazine*, jul. 1990, p. 72-77.

23 BOYLES, S. M.; CORN, R. L.; MOSELEY, L. R. "Common channel signaling: the nexus of an advanced communications network". *IEEE Communications Magazine*, jul. 1990, p. 57-63.

ROCA, R. T. "ISDN architecture". *AT&T Technical Journal*, out. 1989, p. 5-17.

NORTH AMERICAN CELLULAR NETWORK, "An NACN standard". Rev. 2.0, dez.1994.

24 ASHITEY, D.; SHEIKH, A.; MURTHY, K. M. S. "Intelligent personal communication system". *43rd IEEE Vehicular Technology Conference*, 1993, p. 696-699.

25 GOODMAN, D. J. "Cellular packet communications". *IEEE Transactions on Communications*, v. 38, n. 8, ago. 1990, p. 1272-1280.

26 Ibidem.

27 Ibidem.

28 Ibidem.

29 MEIER-HELLSTERN, K. S.; POLLINI, G. P.; GOODMAN, D. "network protocols for the cellular packet switch". *Proceedings of IEEE Vehicular Technology Conference*, v. 2, n. 2, 1992, p. 705-710.

30 Ibidem.

31 GOODMAN, D. J.; VALENZULA, R.A.; Gayliard, K.T.; Ramamurthi, B. "Packet reservation multiple access for local wireless communication," *IEEE Transactions on Communications*, v. 37, n. 8, August 1989, p. 885-890.

32 MALYAN, A. D.; Ng, L. J.; LEUNG, V. C. M.; DONALDSON, R. W. "A microcellular interconnection architecture for personal communication networks". *Proceedings of IEEE Vehicular Technology Conference*, maio 1992, p. 502-505.

33 VAN NIELEN, M. J. J. "UMTS: a third generation mobile system". *IEEE Third International Symposium on Personal, Indoor & Mobile Radio Communications*, 1992, p. 17-21.

CAPÍTULO 11

Sistemas e padrões sem fio

Este capítulo descreve muitos dos padrões originais de rádio-celular, telefone sem fio e comunicações pessoais de primeira e segunda geração em uso por todo o mundo. O Capítulo 2 oferece uma visão geral dos padrões de interface de ar 2.5G e 3G. Primeiro, são descritos os padrões originais de celular analógico dos Estados Unidos e da Europa. Depois, é apresentada uma descrição dos padrões de celular e PCS de segunda geração. Um resumo dos padrões mundiais e uma discussão sobre PCS, MMDS, WLAN e das freqüências de TV a cabo sem fio nos EUA aparecem no final do capítulo.

11.1 AMPS e ETACS

No final da década de 1970, a AT&T Bell Laboratories desenvolveu o primeiro sistema de telefonia celular dos EUA, chamado Sistema de Telefonia Móvel Avançado [*Advance Mobile Phone Service* (AMPS)][1]. O AMPS foi utilizado pela primeira vez no final de 1983 nas áreas urbanas e suburbanas de Chicago pela Ameritech. Em 1983, um total de 40 MHz de espectro na banda de 800 MHz foi alocado pela *Federal Communications Commission* para o AMPS. Em 1989, à medida que a demanda por serviços de telefonia celular aumentava, a *Federal Communications Commission* alocou outros 10 MHz (chamados espectro estendido) para telecomunicações de celular. O primeiro sistema de celular AMPS usava células grandes e antenas omnidirecionais na estação-base para minimizar as necessidades iniciais de equipamento, e o sistema foi implantado em Chicago para cobrir aproximadamente 3.400 km^2.

O sistema AMPS usa um padrão de reutilização de sete células com provisões para setorização e divisão de célula para aumentar a capacidade quando necessário. Após extensos testes subjetivos, descobriu-se que o canal AMPS de 30 kHz exige uma razão sinal-interferência (SIR) de 18 dB para um desempenho satisfatório. O menor fator de reutilização que satisfaz a esse requisito usando antenas direcionais de 120 graus é $N = 7$ (ver Capítulo 3), e portanto o padrão de reutilização adotado é de sete células.

O AMPS foi empregado no mundo inteiro e ainda é popular em partes rurais dos EUA, América do Sul, Austrália e China. Embora o sistema dos EUA fosse projetado originalmente para um mercado duopólio (por exemplo, duas prestadoras concorrentes por mercado), muitos países iniciaram o serviço AMPS com uma única prestadora. Assim, embora o AMPS dos EUA restrinja as prestadoras dos lados A e B a um subconjunto de 416 canais cada, outras implementações do AMPS permitem que todos os canais possíveis sejam usados. Além disso, as alocações de freqüência exatas para AMPS diferem de país para país. Apesar disso, o padrão de interface de ar permanece idêntico no mundo inteiro.

O Sistema de Comunicações com Acesso Total Extendido [*European Total Access Communication System* (ETACS)] foi desenvolvido em meados da década de 1980, e é praticamente idêntico ao AMPS, exceto por ser dimensionado para caber nos canais de 25 kHz (ao contrário dos 30 kHz) usados na Europa. Outra diferença entre o ETACS e o AMPS é o modo como o número de telefone de cada assinante (chamado *número de identificação móvel* ou MIN) é formatado, devido à necessidade de acomodar diferentes códigos de país na Europa, ao contrário dos códigos de área nos EUA.

11.1.1 Visão geral de sistemas AMPS e ETACS

Assim como outros sistemas de celular de primeira geração analógicos, o AMPS e o ETACS usam modulação de freqüência (FM) e duplexação por divisão de freqüência (FDD) para a transmissão de rádio. Nos Estados Unidos, as transmissões de estações móveis para estações-base (enlace reverso) utilizam freqüências entre 824 MHz e 849 MHz, enquanto as estações-base transmitem para estações móveis (enlace direto) usando freqüências entre 869 MHz e 894 MHz. O ETACS usa 890 MHz a 915 MHz para o enlace reverso e 935 MHz a 960 MHz para o enlace direto. Cada canal de rádio na realidade consiste em um par de canais simplex separados por 45 MHz. Uma separação de 45 MHz entre os canais direto e reverso foi escolhida para utilizar duplexadores pouco dispendiosos, mas altamente seletivos, nas unidades dos assinantes. Para o AMPS, o desvio máximo do modulador de FM é ±12 kHz (±10 kHz para o ETACS). As transmissões do canal de controle e os fluxos de dados são transmitidos a 10 Kbps para o AMPS, e a 8 Kbps para o ETACS. Esses fluxos de dados de banda larga têm um desvio de freqüência máximo de ± 8 kHz e ± 6,4 kHz para AMPS e ETACS, respectivamente.

Os sistemas de rádio-celular AMPS e ETACS foram iniciados usando estações-base com torres altas, com suporte para várias antenas receptoras e que têm antenas transmissoras que normalmente irradiam algumas centenas de watts de potência irradiada efetiva. Normalmente, cada estação-base tem um transmissor de canal de controle (que transmite no canal de controle direto), um receptor de canal de controle (que escuta no canal de controle reverso qualquer comutação de telefone celular para estabelecer uma chamada), e oito ou mais canais de voz duplex FM. As estações-base comerciais admitem até 57 canais de voz. Canais de voz diretos (FVCs) transportam a parte da conversa telefônica originada no assinante de telefonia fixa até o assinante celular. Canais de voz reversos carregam a parte da conversa originada pelo assinante de celular indo até o assinante da rede telefônica terrestre. O número real de canais de controle e voz usados em uma estação-base em particular varia muito em diferentes instalações do sistema, dependendo do tráfego, maturidade do sistema e locais de outras estações-base. O número de estações-base em uma área de serviço também varia muito, desde uma torre de celular em uma área rural até cem ou mais estações-base em uma cidade grande. Os capítulos 3 e 4 discutem questões técnicas associadas ao *planejamento de célula*.

Cada estação-base no sistema AMPS ou ETACS transmite continuamente dados FSK digitais no canal de controle direto (FCC) o tempo todo, para que as unidades de celular ociosas possam ficar 'bloqueadas' no FCC mais forte onde quer que estejam. Todos os assinantes devem estar bloqueados, ou 'acampados' em um FCC a fim de originar ou receber chamadas. O receptor do canal de controle reverso (RCC) da estação-base monitora constantemente as transmissões dos assinantes de celular que estão acampados no FCC correspondente. No sistema AMPS dos EUA, existem 21 canais de controle para cada um dos dois provedores de serviço em cada mercado, e esses canais de controle são padronizados por todo o país. O ETACS admite 42 canais de controle para um único provedor. Assim, qualquer telefone celular no sistema só precisa varrer um número limitado de canais de controle para achar a estação-base que melhor lhe atenda. Fica a critério do provedor de serviço garantir que as estações-base vizinhas dentro de um sistema recebam canais de controle direto que não causem interferência nos canais adjacentes para os assinantes que monitoram diferentes canais de controle de estações-base nas proximidades.

Em cada mercado de celular dos EUA, o provedor de serviço sem fio (o provedor 'A') recebe um *número de identificação de sistema* [*System Identification Number* (SID)] ímpar e um provedor de serviço com fio (o provedor 'B') recebe um SID par. O SID é transmitido uma vez a cada 0,8 segundo em cada FCC, junto com outros dados de sobrecarga que informam o status do sistema celular. Os dados transmitidos poderiam incluir informações como: se os visitantes são registrados automaticamente, como é tratado o controle de potência e se outros padrões (como o USDC ou o AMPS de banda estreita) podem ser tratados pelo sistema de celular. Nos EUA, as unidades de assinante geralmente acessam os canais exclusivamente no lado A ou B, embora os telefones celulares permitam que o usuário acesse canais nos dois lados. Para o ETACS, *números de identificação de área* [*Área Identification Numbers* (AIDs)] são usados no lugar do SID, e as unidades de assinante ETACS são capazes de acessar qualquer canal de controle ou voz no padrão.

11.1.2 Tratamento de chamada no AMPS e no ETACS

Quando uma chamada para um assinante de celular é originada de um telefone convencional na rede telefônica pública (PSTN) e chega à central de comutação da estação móvel (MSC), uma mensagem de paginação é enviada com o número de identificação da estação móvel (MIN) do assinante no canal de controle direto de cada estação-base no sistema, ao mesmo tempo. Se a unidade do assinante intencionada receber com sucesso sua página em um canal de controle direto, ela responderá com uma transmissão de confirmação no canal de controle reverso. Ao receber a confirmação do assinante, a MSC direciona a estação-base para atribuir um par de canais de voz, composto por um *canal de voz direto* [*Forward Voice Channel* (FVC)] e um *canal de voz reverso* [*Reverse Voice Channel* (RVC)], à unidade do assinante, de modo que a nova chamada possa ocorrer em um canal de voz dedicado. A estação-base também atribui a uma unidade de assinante um tom de áudio supervisor (tom SAT) e um código de atenuação de estação móvel de voz (VMAC) enquanto passa a chamada para o canal de voz. A unidade do assinante muda automaticamente sua freqüência para o par de canais de voz atribuído.

O SAT, conforme descrito mais adiante, tem uma das três freqüências que permitem que as estações-base e móvel se distingam uma da outra a partir de usuários do cocanal localizados em diferentes células. Ele é transmitido continuamente nos canais de voz direto e reverso durante uma chamada em freqüências acima da banda de áudio. O VMAC instrui a unidade do assinante a transmitir em um nível de potência específico. Uma vez no canal de voz, os dados FSK de banda larga são usados pela estação-base e pela unidade do assinante em um modo '*espaço-e-rajada*' (*blank-and-burst*) para iniciar transferências, alterar a potência de transmissão do assinante quando for preciso e fornecer outros dados do sistema. A sinalização espaço-e-rajada permite que a MSC envie dados em rajada no canal de voz, omitindo temporariamente a fala e o SAT, e substituindo-os por dados. Isso mal é notado pelos usuários de voz.

Quando um usuário móvel faz uma chamada, a unidade do assinante transmite uma mensagem de originamento no canal de controle reverso (RCC). A unidade do assinante transmite seu MIN, número de série eletrônico [*Electronic Serial Number* (ESN)], marca da classe da estação [*Station Class Mark* (SCM)] e o número de telefone de destino. Se recebida corretamente pela estação-base, essa informação é enviada à MSC, que verifica se o assinante está devidamente registrado, conecta o assinante à PSTN, atribui a chamada a um par de canais de voz direto e reverso com um SAT e um VMAC específicos, e inicia a conversa.

Durante uma chamada, a MSC emite diversos comandos de espaço-e-rajada que alternam os assinantes entre diferentes canais de voz em diferentes estações-base, dependendo do local onde o assinante está trafegando na área de serviço. No AMPS e no ETACS, as decisões de transferência são feitas pela MSC quando a intensidade do sinal no canal de voz reverso (RVC) da estação-base é menor que um patamar predefinido, ou quando o tom SAT experimenta certo nível de interferência. Os patamares são ajustados na MSC pelo provedor de serviço, estão sujeitos a medição contínua e devem ser modificados periodicamente para acomodar o crescimento de clientes, expansão do sistema e mudança nos padrões de tráfego. A MSC usa receptores de varredura chamados 'receptores de localização' em estações-base próximas para determinar o nível de sinal do assinante que precisa de uma transferência. Fazendo isso, a MSC é capaz de encontrar a melhor estação-base vizinha que possa aceitar a transferência.

Quando uma nova solicitação de chamada chega da PSTN ou de um assinante, e todos os canais de voz em determinada estação-base estão ocupados, a MSC mantém a linha da PSTN aberta enquanto instrui a estação-base atual a emitir uma *retentativa direcionada* ao assinante no FCC. Uma retentativa direcionada força a unidade do assinante a passar para um canal de controle diferente (ou seja, uma estação-base diferente) para a atribuição do canal de voz. Dependendo dos efeitos de propagação do rádio, da localização específica do assinante e do tráfego atual na estação-base à qual o assinante está sendo direcionado, uma retentativa direcionada pode ou não resultar em uma chamada bem-sucedida.

Diversos fatores podem contribuir para degradar o serviço de celular ou perder ou bloquear chamadas. Fatores como o desempenho da MSC, a demanda de tráfego atual em uma área geográfica, o plano de reutilização de canal, o número de estações-base em relação à densidade da população de assinantes, as condições de propagação entre os usuários do sistema e as configurações de patamar de sinal para transferências desempenham papéis importantes no desempenho do sistema. Manter a qualidade do serviço e as chamadas perfeitas em um sistema de celular altamente populoso é praticamente impossível, devido à tremenda complexidade do sistema e à falta de controle em determinar a cobertura de rádio e padrões de uso dos clientes. Os operadores se esforçam muito para prever o crescimento do sistema e fazem o máximo para fornecer cobertura adequada e capacidade suficiente para evitar interferência de co-canal dentro de um mercado, mas inevitavelmente algumas chamadas serão perdidas ou bloqueadas. Em um grande mercado metropolitano, não é raro termos 3% a 5% de chamadas perdidas e mais de 10% de bloqueio durante condições de tráfego extremamente pesadas.

11.1.3 Interface de ar no AMPS e no ETACS

Canais AMPS e ETACS: o AMPS e o ETACS utilizam canais com diferentes taxas físicas para a transmissão de informações de voz e controle. Um *canal de controle* (também chamado *canal de configuração* ou *de paginação*) é usado por cada estação-base no sistema para paginar simultaneamente as unidades de assinante a fim de alertá-las sobre chamadas que chegam e de mover chamadas conectadas para um canal de voz. O FCC transmite dados constantemente a 10 Kbps (8 Kbps para o ETACS) usando FSK binário. Transmissões FCC contêm *mensagens de sobrecarga*, *mensagens de controle* da estação móvel ou *mensagens de controle de arquivo*. O FVC e o RVC são usados para transmissões de voz no enlace direto e reverso, respectivamente. Algumas das especificações da interface de ar para o AMPS e o ETACS são listadas na Tabela 11.1.

Tabela 11.1 Especificações da interface de rádio AMPS e ETACS

Parâmetro	Especificação AMPS	Especificação ETACS
Acesso múltiplo	FDMA	FDMA
Duplexação	FDD	FDD
Largura de banda do canal	30 kHz	25 kHz
Tráfego por canal de RF	1	1
Freqüência do canal reverso	824–849 MHz	890–915 MHz
Freqüência do canal direto	869–894 MHz	935–960 MHz
Modulação de voz	FM	FM
Desvio de pico: canais de voz Dados de controle/banda larga	±12 kHz ±8 kHz	±10 kHz ±6,4 kHz
Codificação de canal para transmissão de dados	BCH(40,28) no canal direto BCH(48,36) no canal reverso	BCH(40,28) no canal direto BCH(48,36) no canal reverso
Taxa de dados no canal de controle/banda larga	10 Kbps	8 Kbps
Eficiência espectral	0,33 bps/Hz	0,33 bps/Hz
Número de canais	832	1.000

Enquanto os canais de voz estão em uso, três técnicas de sinalização adicionais são usadas para manter a supervisão entre a estação-base e a unidade do assinante. Os sinais supervisores são o *tom de áudio supervisor* [*Supervisory Audio Tone* (*SAT*)] e o *tom de sinalização* [*Signaling Tone* (*ST*)], que serão descritos adiante. Além disso, a sinalização de *dados de banda larga* pode ser usada em um canal de voz para fornecer breves mensagens de dados, que permitem que o assinante e a estação-base ajustem a potência do assinante ou iniciem uma transferência. Os dados de banda larga são fornecidos usando-se uma técnica de espaço-e-rajada, em que o áudio do canal de voz é emudecido e substituído por uma breve *rajada* de dados de sinalização de banda larga, enviados a 10 Kbps por meio de FSK (8 Kbps para o ETACS). Os eventos de espaço-e-rajada típicos duram menos de 100 ms, de modo que são praticamente imperceptíveis aos usuários do canal de voz.

Modulação e demodulação de voz

Antes da modulação de freqüência, os sinais de voz são processados usando um compander (compressor/expansor), um filtro de pré-ênfase, um limitador de desvio e um filtro limitador de pós-desvio. A Figura 11.1 mostra um diagrama de blocos do subsistema de modulação AMPS. No receptor, essas operações são invertidas após a demodulação.

Compander — Para acomodar uma grande faixa dinâmica de voz, os sinais de entrada precisam ser compactados em amplitude antes da modulação. A compressão é feita por um compander 2:1 que produz um aumento de 1 dB no nível de saída para cada aumento de 2 dB no nível de entrada. As características são especificadas de modo que um tom de entrada de referência nominal de 1 kHz em um volume nominal produza um desvio de freqüência de pico de ± 2,9 kHz na portadora transmitida. A compressão confina a energia à largura de banda de canal de 30 kHz e gera um efeito de silêncio durante uma rajada de fala. No receptor, o inverso da compressão é realizado, garantindo assim a restauração do nível de voz de entrada com um mínimo de distorção.

Pré-ênfase — A saída do compressor é passada por um filtro de pré-ênfase que tem uma resposta passa alta de 6 dB/oitava entre 300 Hz e 3 kHz.

Limitador de desvio — O limitador de desvio garante que o desvio de freqüência máximo na estação móvel seja limitado a ± 12 kHz (± 10 kHz para o ETACS). Os sinais de supervisão e os sinais de dados de banda larga são excluídos dessa restrição.

Filtro limitador de pós-desvio — A saída do limitador de desvio é filtrada usando um filtro limitador de pós-desvio. Esse é um filtro passa baixa especificado para ter uma atenuação (relativa à resposta em 1 kHz) que é maior ou igual a $40\log_{10}[f(Hz)/3.000]$ dB nas faixas de freqüência de 3 kHz a 5,9 kHz e de 6,1 kHz a 15 kHz. Para freqüências entre 5,9 e 6,1 kHz, a atenuação (relativa ao valor em 1 kHz) deve ser maior que 35 dB, e, para 15 kHz e acima, a atenuação deve ser maior que 28 dB (acima disso a 1 kHz). O filtro limitador de pós-desvio garante que as especificações nas limitações de emissão fora da banda especificada são atendidas, e garante que os tons SAT de 6 kHz, que estão sempre presentes durante uma chamada, não interfiram com o sinal de voz transmitido.

Sinais de supervisão (tons SAT e ST)

Os sistemas AMPS e ETACS oferecem sinais de supervisão durante as transmissões nos canais de voz, que permitem que cada estação-base e seus assinantes confirmem que estão devidamente conectados durante uma chamada. O SAT existe sempre durante o uso de qualquer canal de voz.

Os sistemas AMPS e ETACS utilizam três sinais SAT que são tons em freqüências de 5.970 Hz, 6.000 Hz ou 6.030 Hz. Uma estação-base transmitirá constantemente um dos três tons SAT em cada canal de voz enquanto ele estiver em uso. O SAT é sobreposto ao sinal de voz nos enlaces direto e reverso, e quase não pode ser ouvido por um usuário. A freqüência do SAT indica a localização da estação-base específica para determinado canal, e é atribuída pela MSC para cada chamada. Como um sistema celular poderia ter até três estações-base de co-canal em uma região geográfica pequena, o SAT permite que a unidade do assinante e a estação-base saibam qual das três estações-base de co-canal está tratando da chamada.

Quando uma chamada é estabelecida e uma atribuição de canal de voz é emitida, o FVC na estação-base inicia imediatamente a transmissão do SAT. Quando a unidade do assinante começa a monitorar o FVC, ela deve detectar, filtrar e demodular o SAT que chega da estação-base e depois reproduzir o mesmo tom para transmissão contínua de volta à estação-base no RVC.

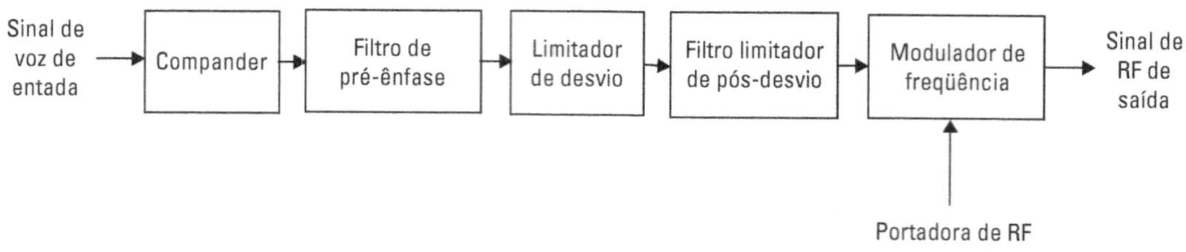

Figura 11.1 Processo de modulação de voz AMPS.

Esse 'aperto de mão' (*handshake*) é exigido pelo AMPS e pelo ETACS para dedicar um canal de voz. Se o SAT não estiver presente ou se for indevidamente detectado dentro de um intervalo de um segundo, a estação-base e a unidade do assinante deixam de transmitir, e a MSC usa o canal vago para novas chamadas. A transmissão do SAT pela estação móvel é rapidamente suspensa durante as transmissões de dados de espaço-e-rajada no canal reverso. A detecção e retransmissão do SAT devem ser realizadas pelo menos a cada 250 ms na unidade do assinante. Chamadas de celular perdidas ou terminadas prematuramente podem ser monitoradas quanto a interferência ou detecção incorreta do SAT na unidade do assinante ou na estação-base.

O *tom de sinalização* (ST) é uma rajada de dados de 10 Kbps que sinaliza o término da chamada pelo assinante. Essa é uma mensagem especial de *'final-de-chamada'*, consistindo em 1s e 0 s alternados, que é enviada no RVC pela unidade do assinante por 200 ms. Diferentemente das mensagens de espaço-e-rajada, que suspendem rapidamente a transmissão do SAT, o tom ST deve ser enviado simultaneamente com o SAT. O sinal ST alerta a estação-base de que o assinante encerrou a chamada. Quando um usuário termina uma chamada ou desliga o celular durante uma chamada, um tom ST é enviado automaticamente pela unidade do assinante. Isso permite que a estação-base e a MSC saibam que aquela chamada foi terminada deliberadamente pelo usuário, em vez de ser interrompida pelo sistema.

Codificação espaço-e-rajada de banda larga

Os canais de voz AMPS transportam fluxos de dados de banda larga (10 Kbps) para a sinalização espaço-e-rajada. O ETACS usa transmissões de espaço-e-rajada de 8 Kbps. O fluxo de dados de banda larga é codificado de modo que cada bit um do NRZ binário seja representado por uma transição de zero para um, e cada bit zero seja representado por uma transição de um para zero. Esse tipo de codificação é chamado codificação Manchester (ou bifase). A vantagem do uso de um código Manchester em um canal de voz é que a energia do sinal codificado por Manchester está concentrada na freqüência da taxa de transmissão de 10 kHz (ver Capítulo 6), e pouca energia vaza para a faixa de áudio abaixo de 4 kHz. Portanto, uma rajada de dados transmitidos por um canal de voz pode ser facilmente detectada dentro de um canal de RF de 30 kHz, e ela quase não pode ser ouvida por um usuário e pode ser passada por linhas telefônicas que possuem circuitos de bloqueio DC. O código Manchester é aplicado a transmissões de espaço-e-rajada no canal de controle e no canal de voz.

O fluxo de dados de banda larga codificado por Manchester é filtrado e codificado usando códigos de bloco BCH. As rajadas de dados de banda larga nos canais de voz ocorrem em curtos golpes de blocos repetitivos com o mesmo tamanho do código de correção de erro. Os códigos BCH (40, 28) são usados nas transmissões espaço-e-rajada do canal de voz direto e são capazes de corrigir cinco erros, enquanto os códigos de bloco BCH (48, 36) são usados nas transmissões espaço-e-rajada do canal de voz reverso. Os dados codificados são usados para modular a portadora transmitida usando o chaveamento por deslocamento de freqüência direto. Os 1s correspondem a um desvio de freqüência de +8 kHz e os 0 s correspondem a um desvio de −8 kHz (± 6,4 kHz para o ETACS).

Uma grande variedade de comandos pode ser enviada de e para as unidades do assinante usando a sinalização de espaço-e-rajada. Estes são definidos nas especificações das interfaces de ar AMPS e ETACS.

11.1.4 N-AMPS

Para aumentar a capacidade em grandes mercados AMPS, a Motorola desenvolveu um sistema tipo AMPS chamado N-AMPS (AMPS de banda estreita) em 1991[2]. O N-AMPS não foi muito divulgado, pois as tecnologias digitais 2G substituíram muitos dos sistemas de FM analógicos originais (ver Capítulo 2). Porém, o N-AMPS foi uma tecnologia de transição útil antes que o equipamento 2G se tornasse disponível. Ele acomodava três usuários em um canal AMPS de 30 kHz usando FDMA e canais de 10 kHz, e fornecia três vezes a capacidade do AMPS. Substituindo os canais AMPS por três canais N-AMPS de cada vez, os provedores de serviço eram capazes de fornecer mais canais de rádio entroncados (e, portanto, uma classe de serviço muito melhor) nas estações-base em áreas muito povoadas. O N-AMPS usava a sinalização SAT e ST e funções de espaço-e-rajada exatamente da mesma maneira que AMPS, mas a sinalização era feita usando-se fluxos de dados subaudíveis.

Como são usados canais de 10 kHz, o desvio de FM é diminuído no N-AMPS, o que, por sua vez, reduz o $S/(N + I)$ que degrada a qualidade do áudio com relação ao AMPS. Para enfrentar isso, o N-AMPS usa compressão/expansão de voz para fornecer um silêncio 'sintético' no canal de voz.

O N-AMPS especifica um filtro de áudio passa alta de 300 Hz para cada canal de voz, de modo que os dados de supervisão e sinalização podem ser enviados sem abafar a voz. As sinalizações SAT e ST são enviadas usando um fluxo de dados NRZ de 200 bps modulado por FSK. O SAT e o ST são chamados DSAT e DST no N-AMPS, pois são enviados digital e repetidamente em pequenos blocos de código predefinidos. Existem sete palavras-código DSAT de 24 bits que podem ser selecionadas pela MSC, e a palavra-código DSAT é constantemente repetida pela estação-base e pela estação móvel durante uma chamada. O sinal DST é simplesmente o inverso binário da DSAT. As sete DSATs e DSTs possíveis são especialmente projetadas para oferecer um número significativo de 0 s e 1s alternados, de modo que o bloqueio DC pode ser implementado convenientemente pelos receptores.

A sinalização do canal de voz é feita com dados FSK codificados por Manchester a 100 bps e é enviada no lugar do DSAT quando o tráfego tiver que ser passado no canal de voz. Assim como a sinalização de banda larga AMPS, existem mensagens que podem ser passadas entre a estação-base e a unidade do assinante, e estas são transmitidas em N-AMPS usando os mesmos códigos BCH do AMPS com um formato predefinido de blocos de 40 bits no FVC e blocos de 48 bits no RVC.

11.2 Celular Digital dos Estados Unidos (IS-54 e IS-136)

O sistema AMPS analógico de primeira geração não foi projetado para suportar a demanda atual por capacidade em grandes cidades. Os sistemas celulares que usam técnicas de modulação digital (chamados celulares digitais) oferecem grandes melhorias em capacidade e desempenho ao sistema[3]. Após extensa pesquisa e comparação pelos principais fabricantes de celular no final da década de 1980, o sistema Celular Digital dos Estados Unidos [*United States Digital Cellular* (USDC)] foi desenvolvido para suportar mais usuários em uma alocação de espectro fixa. O USDC é um sistema de acesso múltiplo por divisão de tempo (TDMA) que admite três usuários utilizando a taxa de transmissão total de cada canal AMPS. Assim, o USDC oferece uma capacidade de no máximo seis vezes a capacidade do AMPS. O padrão USDC usa o mesmo esquema FDD de 45 MHz que o AMPS. O sistema dual USDC/AMPS foi padronizado como *Interim Standard* 54 (IS-54) pela *Electronic Industries Association and Telecommunication Industry Association* (EIA/TIA) em 1990[4] e mais tarde foi atualizado para IS-136. O USDC também é conhecido como Celular Digital Norte-Americano [*North American Digital Cellular* (NADC)], pois foi instalado no Canadá e no México.

O sistema USDC foi projetado para compartilhar as mesmas freqüências, plano de reutilização de freqüência e estações-base que o AMPS, de modo que as estações-base e as unidades do assinante pudessem ser equipadas com canais AMPS e USDC dentro do mesmo equipamento. Aceitando o AMPS e o USDC, os provedores de celular eram capazes de fornecer telefones USDC a novos clientes e gradualmente substituir estações-base AMPS por estações-base USDC, canal por canal, com o passar do tempo. Como o USDC é compatível com o AMPS de diversas maneiras, também é conhecido como AMPS Digital (D-AMPS).

Em áreas rurais, onde sistemas de celular analógicos imaturos estão em uso, somente 666 dos 832 canais AMPS estão ativados (ou seja, algumas operadoras de celular rural ainda não estão usando o espectro estendido alocado a elas em 1989). Nesses mercados, canais USDC podem ser instalados no espectro estendido para dar suporte a telefones USDC que viajam pelo sistema a partir de mercados metropolitanos. Em mercados urbanos onde todos os canais de celular já estão em uso, bancos de freqüência selecionados em estações-base com alto tráfego são convertidos em padrão digital USDC. Em cidades maiores, essa mudança gradual resulta em um aumento temporário na interferência e em chamadas perdidas no sistema AMPS analógico, pois, toda vez que uma estação-base passa para digital, o número de canais analógicos em uma área geográfica diminui. Assim, a taxa de mudança de analógico para digital deve combinar cuidadosamente com a transição de equipamento de assinante no mercado.

A transição suave de analógico para digital na mesma banda de rádio foi um fator-chave no desenvolvimento do padrão USDC. Na prática, somente cidades com falta de capacidade (como Nova York e Los Angeles) passaram agressivamente do AMPS para o USDC, enquanto cidades menores esperaram até que diversos assinantes estivessem equipados com telefones USDC. A introdução do N-AMPS e do padrão concorrente e bem-sucedido de difusão de espectro digital CDMA (IS-95, descrito mais adiante neste capítulo) atrasou a implantação extensa do USDC nos EUA e levou muitas prestadoras a declararem que não contariam mais com o USDC após 2003, mas adotariam o GPRS e o CDMA de banda larga (ver Capítulo 2).

Para manter a compatibilidade com telefones AMPS, os canais de controle direto e reverso do USDC utilizam exatamente as mesmas técnicas de sinalização do AMPS. Assim, enquanto canais de voz USDC utilizam modulação $\pi/4$ DQPSK 4-ária com uma taxa de canal de 48,6 Kbps, as primeiras implementações usavam canais de controle direto e reverso que não eram diferentes do AMPS, usando o mesmo esquema de sinalização FSK de 10 Kbps e os mesmos canais de controle padronizados. A versão final do padrão, IS-136 (anteriormente IS-54 Rev. C), também incluía a modulação DQPSK $\pi/4$ para os canais de controle USDC[5]. O IS-54 Rev. C foi introduzido para fornecer chaveamento 4-ário em vez de FSK nos canais de controle USDC dedicados, a fim de aumentar a taxa de dados do canal de controle e fornecer serviços especializados, como paginação e mensagens curtas entre grupos de usuários de assinantes privativos.

11.2.1 Interface de rádio USDC

Para garantir uma transição suave do AMPS para o USDC, o sistema IS-136 é especificado para operar usando os padrões AMPS e USDC (modo dual), o que torna possível o roaming entre os dois sistemas com um único telefone. O sistema IS-136 usa a mesma banda de freqüência e espaçamento de canal que o AMPS, e admite múltiplos usuários USDC em cada canal AMPS. O esquema USDC usa TDMA que, conforme descrito no Capítulo 9, tem a flexibilidade de incorporar ainda mais usuários dentro de um único canal de rádio à medida que codificadores de voz com taxa de bits menores se tornam disponíveis. A Tabela 11.2 resume a interface de ar para o USDC.

Tabela 11.2 Resumo das especificações da interface de rádio USDC

Parâmetro	Especificação USDC IS-54
Acesso múltiplo	TDMA/FDD
Modulação	π/4 DQPSK
Largura de banda do canal	30 kHz
Banda de freqüência do canal reverso	824–849 MHz
Banda de freqüência do canal direto	869–894 MHz
Taxa de dados dos canais direto e reverso	48,6 Kbps
Eficiência espectral	1,62 bps/Hz
Equalizador	Não especificado
Codificação do canal	CRC de 7 bits e taxa 1/2 codificação convolucional com restrição de tamanho 6
Entrelaçador	entrelaçador de 2 slots
Usuários por canal	3 (codificador de voz com taxa de 7,95 Kbps/usuário) 6 (com codificador de voz de meia taxa de 3,975 Kbps/usuário)

Canais USDC — Os canais de controle USDC são idênticos aos canais de controle AMPS analógicos. Além dos 42 canais de controle AMPS primários, o USDC especifica 42 canais de controle adicionais, chamados *canais de controle secundários*. Assim, o USDC tem o dobro dos canais de controle do AMPS, de modo que o dobro da quantidade de tráfego no canal de controle pode ser paginado em um mercado. Os canais de controle secundários permitem convenientemente que as prestadoras os dediquem para uso apenas do USDC, pois os telefones AMPS não monitoram ou decodificam os canais de controle secundários. Ao converter um sistema AMPS para USDC/AMPS, uma prestadora pode decidir programar a MSC para enviar páginas para estações móveis USDC apenas pelos canais de controle secundários, enquanto o tráfego AMPS existente é enviado apenas nos canais de controle AMPS. Para tal sistema, as unidades de assinante USDC poderiam ser programadas para monitorar automaticamente apenas os canais de controle direto secundários ao operarem no modo USDC. Com o tempo, quando os usuários USDC começaram a sobrecarregar o sistema a ponto de canais de controle adicionais serem exigidos, páginas USDC eram enviadas simultaneamente pelos canais de controle primário e secundário.

Um canal de voz USDC ocupa 30 kHz de largura de banda em cada um dos enlaces direto e reverso, e admite um máximo de três usuários (em comparação com um único usuário AMPS). Cada canal de voz admite um esquema TDMA que oferece seis slots de tempo. Para a voz com taxa de transmissão total, três usuários utilizam os seis slots de tempo em um padrão igualmente espaçado. Por exemplo, o Usuário 1 ocupa slots de tempo 1 e 4, o Usuário 2 ocupa os slots de tempo 2 e 5, e o Usuário 3 ocupa slots de tempo 3 e 6. Para a voz com meia taxa, cada usuário ocupa um slot de tempo por quadro.

Em cada canal de voz USDC, na realidade, existem quatro canais de dados que são fornecidos simultaneamente. O canal de dados mais importante, do ponto de vista do usuário final, é o *canal de tráfego digital* [*Digital Traffic Channel* (DTC)], que transporta informações do usuário (ou seja, voz ou dados do usuário), e os outros três canais transportam informações de supervisão dentro do sistema celular. O DTC reverso (RDTC) transporta dados de voz do assinante para a estação-base, e o DTC direto (FDTC) transporta dados da estação-base para o assinante. Os três canais de supervisão incluem a Codificação Digital para Verificação de Código de Cores [*Coded Digital Verification Color Code* (CDVCC)], o Canal Lento de Controle Associado [*Slow Associated Control Channel* (SACCH)] e o Canal Rápido de Controle Associado [*Fast Associated Control Channel* (FACCH)].

O CDVCC é uma mensagem de 12 bits enviada em cada slot de tempo, e é semelhante em funcionalidade ao SAT usado no AMPS. O CDVCC é um número de 8 bits que varia entre 1 e 255, o qual é protegido com quatro bits adicionais de codificação de canal a partir de um código de Hamming (12,8) encurtado. A estação-base transmite um valor de CDVCC no canal de voz direto e cada assinante que usa o canal TDMA deve receber, decodificar e retransmitir o mesmo valor CDVCC para a estação-base no canal de voz reverso. Se o 'aperto de mão' CDVCC não for completado corretamente, o slot de tempo será cedido para outros usuários e o transmissor do assinante será desligado automaticamente.

O SACCH é enviado em cada slot de tempo, e oferece um canal de sinalização em paralelo com a voz digital. Ele transporta diversas mensagens de controle e supervisão entre a unidade do assinante e a estação-base. O SACCH oferece mensagens isoladas sobre muitos slots de tempo consecutivos e é usado para comunicar mudanças de nível de potência ou solicitações de transferência. O SACCH também é usado pela unidade móvel para informar os resultados das medidas de intensidade de sinal das estações-base vizinhas, de modo que a estação-base possa implementar a *transferência auxiliada por estação móvel* [*Mobile Assisted Handoff* (MAHO)].

O FACCH é outro canal de sinalização que é usado para enviar dados importantes do tráfego de controle ou tráfego especializado entre a estação-base e os usuários móveis. Os dados FACCH, quando transmitidos, tomam o lugar dos dados do usuário (como a voz) dentro de um quadro. O FACCH pode ser imaginado como uma transmissão espaço-e-rajada no USDC. Ele admite a transmissão de informações de freqüência múltipla de tom dual [*Dual Tone Multiple Frequency* (DTMF)] a partir de teclados de discagem por tons, instruções de liberação de chamada, instruções de chamada em espera e solicitações de estado da MAHO ou do assinante. O FACCH também oferece uma enorme flexibilidade por permitir que as prestadoras tratem do tráfego interno à rede de celular se o DTC estiver ocioso durante alguns dos slots de tempo TDMA. Conforme será discutido adiante, dados FACCH são tratados de modo semelhante a dados de voz no modo como eles são empacotados e entrelaçados para caber em um slot de tempo. Porém, ao contrário dos dados de voz que protegem apenas certos bits com codificação de canal no slot de tempo USDC, os dados FACCH utilizam um código de canal convolucional com taxa de 1/4 para proteger todos os bits que são transmitidos em um slot de tempo.

Estrutura do quadro para canais de tráfego USDC — Como pode ser visto na Figura 11.2, um quadro TDMA no sistema USDC é composto de seis slots de tempo que admitem três canais de tráfego com taxa total ou seis canais de tráfego com meia taxa. O tamanho do quadro TDMA é de 40 milissegundos. Como o USDC usa FDD, existem slots de tempo de canal direto e reverso operando simultaneamente. Cada slot de tempo é projetado para transportar dados de voz entrelaçados a partir de dois quadros adjacentes do codificador de voz. (O tamanho do quadro para o codificador de voz é de 20 ms, metade da duração de um quadro TDMA.) O padrão USDC exige que os dados de dois quadros codificadores de voz adjacentes sejam enviados em um determinado slot de tempo. O codificador de voz USDC, discutido com mais detalhes adiante, produz 159 bits de dados brutos de voz, codificados em um quadro com duração de 20 ms, mas a codificação do canal eleva cada quadro de voz codificado para até 260 bits no mesmo período de 20 ms. Se, em vez de dados de voz o FACCH for enviado, um quadro de dados de codificação de voz é substituído por um bloco de dados FACCH, e os dados FACCH dentro de um slot de tempo são na realidade compostos de dados FACCH de dois blocos de dados FACCH adjacentes.

No canal de voz reverso, cada slot de tempo consiste em duas rajadas de 122 bits e uma rajada de 16 bits (que fazem um total de 260 bits por slot de tempo) a partir de dois quadros de voz entrelaçados (ou blocos de dados FACCH). Além disso, 28 bits de sincronismo, 12 bits de dados SACCH, 12 bits de CDVCC e 12 bits de guarda e tempo de arranque são enviados no slot de tempo de um canal reverso.

No canal de voz direto, cada slot de tempo consiste de duas rajadas de dados de 130 bits a partir de dois quadros de voz consecutivos, entrelaçados (ou dados FACCH, se a voz não for enviada), 28 bits de sincronismo, 12 bits de dados SACCH, 12 bits de CDVCC e 12 bits reservados. Existe um total de 324 bits por slot de tempo nos canais direto e reverso, e cada slot dura 6,667 ms.

Os slots de tempo nos canais direto e reverso são escalonados no tempo de modo que o slot de tempo 1 do n-ésimo quadro no canal direto começa exatamente um slot de tempo mais 44 símbolos (ou seja, 206 símbolos = 412 bits) após o início do slot de tempo 1 do n-ésimo quadro no canal reverso. Conforme discutido no Capítulo 9, isso permite que cada estação móvel simplesmente use

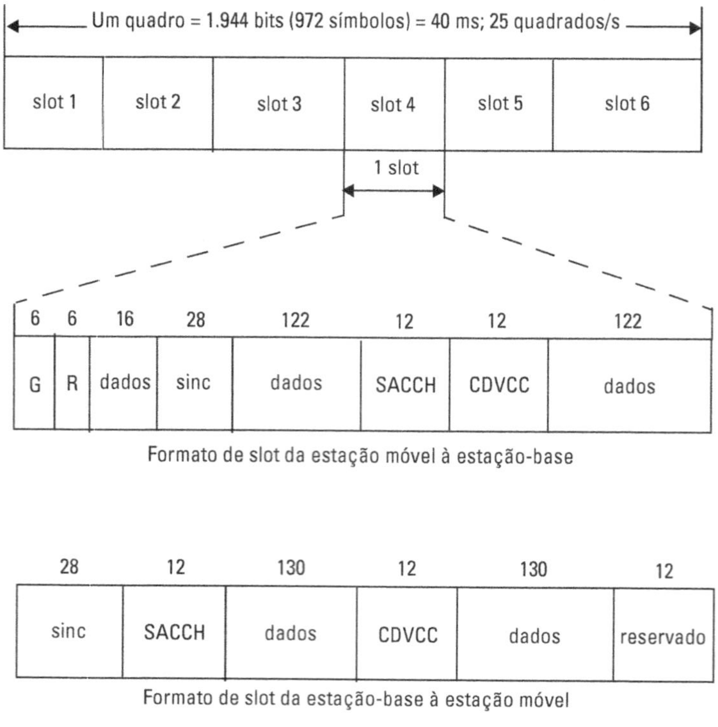

Figura 11.2 O slot USDC e a estrutura de quadro no enlace direto e reverso.

uma troca transmitir/receber, em vez de um duplexador, para operação duplex com os enlaces direto e reverso. O USDC permite ajustar o balanceador de tempo entre os slots de tempo dos canais direto e reverso em incrementos inteiros do tamanho da metade de um slot de tempo, de modo que o sistema possa sincronizar novos assinantes que recebem um slot de tempo.

Codificação de voz — O codificador de voz do USDC é chamado *Codificador Preditivo Linear Excitado pela Soma Vetorial* [*Vector Sum Excited Linear Predictive Coder* (VSELP)]. Ele pertence à classe dos *Codificadores Preditivos Lineares Excitados por Código* [*Code Excited Linear Predictive Coder* (CELP)] ou *Codificadores Preditivos Lineares Excitados Estocasticamente* [(*Stochastically Excited Linear Predictive Coders* (SELP)]. Conforme discutido no Capítulo 8, esses codificadores são baseados em livros-código que determinam como quantizar o sinal residual de excitação. O algoritmo VSELP usa um livro-código que possui uma estrutura predefinida, de modo que o número de cálculos exigidos para o processo de pesquisa do livro-código é significativamente reduzido. Ele foi desenvolvido por um consórcio de empresas e a implementação da Motorola foi escolhida para o padrão IS-54. O codificador VSELP tem uma taxa de bits de saída de 7.950 bps e produz um quadro de voz a cada 20 ms. Em um segundo, 50 quadros de voz, cada um contendo 159 bits de voz, são produzidos pelo codificador para um determinado usuário.

Codificação do canal — Os 159 bits dentro de um quadro codificador de voz são divididos em duas classes, de acordo com seu significado perceptual. Existem 77 bits de classe 1 e 82 bits de classe 2. Os bits de classe 1, que são os mais significativos, são protegidos contra erro usando um código convolucional de taxa 1/2 com restrição de tamanho $K = 6$. Além da codificação convolucional, os 12 bits mais significativos entre os bits de classe 1 são codificados em bloco usando um código de detecção de erro CRC de 7 bits. Isso garante que os bits codificadores de voz mais importantes sejam detectados com um alto grau de probabilidade no receptor. Os bits de classe 2, que são os perceptivamente menos significativos, não possuem proteção de erro adicional. Após a codificação do canal, os 159 bits em cada quadro do codificador de voz são representados por 260 bits codificados por canal, e a taxa de bits bruta do codificador de voz com codificação de canal acrescentada é de 13,0 Kbps. A Figura 11.3 ilustra as operações de codificação de canal para os dados de voz codificados.

A codificação de canal usada para os dados FACCH é diferente da usada para os dados de voz codificados. Um bloco de dados FACCH contém 49 bits de dados para cada quadro de 20 ms. Uma palavra código CRC de 16 bits é anexada a cada bloco de dados FACCH, oferecendo uma palavra FACCH codificada de 65 bits. A palavra de 65 bits é então passada por um codificador convolucional de taxa 1/4 com restrição de tamanho seis a fim de gerar 260 bits de dados FACCH para cada quadro de 20 ms. Um bloco de dados FACCH ocupa a mesma quantidade de largura de banda de um único quadro de voz codificado, e dessa maneira os dados de voz no DTC podem ser substituídos por dados FACCH codificados. O entrelaçamento de dados DTC e FACCH é tratado de forma idêntica no USDC.

A palavra de dados SACCH consiste em 6 bits durante cada quadro de voz de 20 ms. Cada palavra de dados SACCH bruta é passada por um codificador convolucional de taxa 1/2 com restrição de tamanho cinco para produzir 12 bits codificados durante cada intervalo de 20 ms, ou 24 bits durante cada quadro USDC.

Entrelaçamento — Antes da transmissão, os dados de voz codificados são entrelaçados sobre dois slots de tempo com os dados de voz de quadros de voz adjacentes. Em outras palavras, cada slot de tempo contém exatamente metade dos dados de cada um dos dois quadros seqüenciais de voz codificada. Os dados de voz são colocados em um entrelaçador retangular de 26 × 10, como mostra a Figura 11.4. Os dados são inseridos em colunas do vetor de entrelaçamento, e os dois quadros de voz consecutivos são chamados de x e y, onde x é o quadro de voz anterior e y é o quadro de voz atual ou mais recente. Pode-se ver, pela Figura 11.4, que somente 130 dos 260 bits necessários são fornecidos para os quadros x e y. Os dados de voz codificados para os dois quadros adjacentes são colocados no

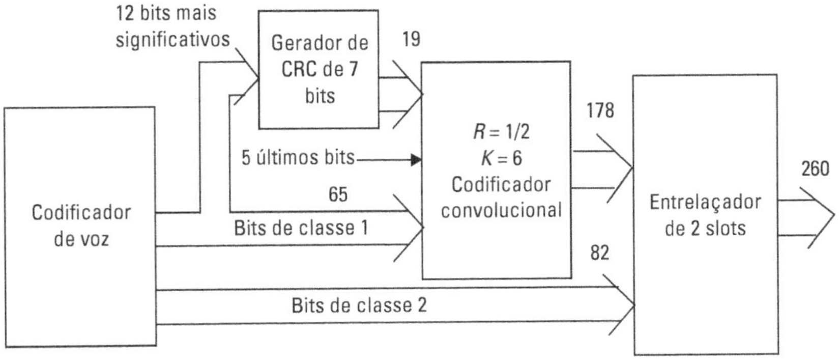

Figura 11.3 Proteção de erro para a saída do codificador de voz USDC.

$$\begin{bmatrix} 0x & 26x & 52x & 78x & 104x & 130x & 156x & 182x & 208x & 234x \\ 1y & 27y & 53y & 79y & 105y & 131y & 157y & 183y & 209y & 235y \\ 2x & 28x & 54x & 80x & 106x & 132x & 158x & 184x & 210x & 236x \\ . & . & . & . & . & . & . & . & . & . \\ . & . & . & . & . & . & . & . & . & . \\ 12x & 38x & 64x & 90x & 116x & 142x & 168x & 194x & 220x & 246x \\ 13y & 39y & 65y & 91y & 117y & 143y & 169y & 195y & 221y & 247y \\ . & . & . & . & . & . & . & . & . & . \\ . & . & . & . & . & . & . & . & . & . \\ 24x & 50x & 76x & 102x & 128x & 154x & 180x & 206x & 232x & 258x \\ 25y & 51y & 77y & 103y & 129y & 155y & 181y & 207y & 233y & 259y \end{bmatrix}$$

Figura 11.4 Intercalação de dois quadros codificadores de voz adjacentes no USDC.

entrelaçador de modo que misturem os bits de classe 2 e classe 1. Os dados de voz são então transmitidos linha por linha pelo entrelaçador. A técnica de entrelaçamento para blocos FACCH codificados é idêntica à que é usada para os dados de voz. Uma palavra de mensagem SACCH de 6 bits, por outro lado, é codificada usando um código convolucional de taxa 1/2 e usa um entrelaçador incremental que se espalha por 12 slots de tempo consecutivos.

Modulação — Para ser compatível com o AMPS, o USDC usa canais de 30 kHz. Em canais de controle (paginação), o USDC e o AMPS utilizam o FSK binário de 10 Kbps idênticos com codificação Manchester. Nos canais de voz, a modulação de FM é substituída por modulação digital tendo uma taxa de bits bruta de 48,6 Kbps. Para conseguir essa taxa de bits em um canal de 30 kHz, a modulação exige uma eficiência espectral de 1,62 bps/Hz. Além disso, para limitar a *Interferência do Canal Adjacente* [*Adjacent Channel Interference* (ACI)], a modelagem espectral no canal digital deve ser utilizada.

Os requisitos de eficiência espectral são satisfeitos por esquemas convencionais de forma de pulso, com quatro fases, como QPSK e OQPSK. Porém, conforme discutido no Capítulo 6, o chaveamento por deslocamento de fase diferencial simétrico, normalmente conhecido como $\pi/4$-DQPSK, possui diversas vantagens quando usado em um ambiente de rádio móvel e é a modulação usada para o USDC. A taxa de símbolos do canal é de 24,3 Ksps, e a duração do símbolo é de 41,1523 μs.

A modelagem de pulso é usada para reduzir a largura de banda de transmissão enquanto limita a *Interferência entre Símbolos* [*Intersymbol Interference* (ISI)]. No transmissor, o sinal é filtrado usando um filtro de cosseno elevado à raiz quadrada com um coeficiente de rolamento igual a 0,35. O receptor também pode empregar um filtro de cosseno elevado à raiz quadrada. Quando a modelagem de pulso é realizada no chaveamento por deslocamento de fase, ela se torna uma técnica de modulação linear, que exige a amplificação linear a fim de preservar a forma do pulso. A amplificação não-linear resulta na destruição da forma de pulso e expansão da largura de banda do sinal. O uso da modelagem de pulso com $\pi/4$-DQPSK admite a transmissão de três (e finalmente seis) sinais de voz em uma largura de banda de canal de 30 kHz com proteção de canal adjacente de 50 dB.

Demodulação — O tipo de demodulação e decodificação utilizado no receptor fica a cargo do fabricante. Como mostrado no Capítulo 5, a detecção diferencial pode ser realizada na IF ou banda base. A segunda implementação pode ser feita convenientemente usando um discriminador ou *Processador de Sinal Digital* [*Digital Signal Processor* (DSP)] simples. Isso não apenas reduz o custo do demodulador, mas também simplifica o circuito de RF. Os DSPs também admitem a implementação do equalizador USDC, além da funcionalidade do modo dual.

Equalização — Medições conduzidas em canais móveis de 900 Mhz revelaram que os espalhamentos de atraso rms são menores que 15 μs em 99% dos locais em quatro cidades dos EUA e são menores que 5 μs para quase 80% dos locais[6]. Para um sistema que emprega modulação DQPSK em uma taxa de símbolos de 24,3 Ksps, se a taxa de erro de bit devido à interferência entre símbolos se tornar intolerável para um valor σ/T de 0,1 (onde σ é o espalhamento de atraso rms e T é a duração do símbolo), o valor máximo do espalhamento de atraso rms que pode ser tolerado é 4,12 μs. Se os espalhamentos de atraso rms forem superiores a isso, é preciso usar a equalização para reduzir a BER. O trabalho de Rappaport, Seidel e Singh[7] mostrou que o espalhamento de atraso rms excede 4 μs em cerca de 25% dos locais em quatro cidades, de modo que o equalizador foi especificado para o USDC, embora a implementação específica não seja especificada no padrão IS-54.

Um equalizador proposto para o USDC é um Equalizador com *Decisão Realimentada* [*Decision Feedback Equalizer* (DFE)][8], que consiste em quatro coeficientes com alimentação direta (sem realimentação) e um coeficiente de realimentação, no qual os coeficientes de alimentação direta possuem um espaçamento de 1/2 símbolo. Esse tipo de espaçamento fracional torna o equalizador robusto contra o *jitter* de temporização da amostra. Os coeficientes do filtro adaptativo são atualizados usando o algoritmo dos *Mínimos Quadrados Recursivos* [*Recursive Least Squares* (RLS)] descrito no Capítulo 7. Muitas implementações proprietárias para o equalizador USDC foram desenvolvidas por fabricantes de equipamento.

11.2.2 Derivações do Celular Digital dos Estados Unidos (IS-94 e IS-136)

Os recursos de rede adicionais, fornecidos no IS-136, levaram a novos tipos de serviços sem fio e topologias de transporte. Como o TDMA oferece capacidade para a MAHO, as estações móveis são capazes de sentir as condições do canal e informá-las à estação-base. Isso permite, por sua vez, maior flexibilidade na implantação do celular. Por exemplo, a MAHO é usada para dar suporte à alocação dinâmica de canal, que pode ser executada pela estação-base. Isso permite que uma MSC use um número maior de estações-base colocadas em locais estratégicos em uma área de serviço e oferece a cada estação-base maior controle de suas características de cobertura.

O padrão IS-94 explorou as capacidades fornecidas pelo padrão IS-54 original, e permitiu que os telefones celulares tivessem interface direta com as centrais privadas (PBXs). Passando a inteligência de uma MSC para mais perto da estação-base, torna-se possível oferecer serviços de PBX sem fio em um prédio ou em um campus, enquanto se usam estações-base pequenas (microcélulas) que podem ser colocadas em gabinetes em um prédio. O IS-94 especifica uma técnica para oferecer sistemas de celular privados, ou fechados, que usam canais de controle não-padronizados. Os sistemas IS-94 foram introduzidos em 1994, e proliferaram por escritórios comerciais e hotéis até 2001.

O padrão IS-54 Rev. C forneceu sinalização no canal de controle a 48,6 Kbps nos canais de controle exclusivos do USDC e 10 Kbps nos canais de controle FSK do AMPS originais. Porém, capacidades de rede fechada não estão totalmente desenvolvidas sob o IS-54 Rev. C. O padrão USDC final, IS-136, foi desenvolvido para oferecer uma série de novos recursos e serviços que permitiram que o USDC competisse com os padrões 2G IS-95 e GSM. O IS-136 especifica capacidades de mensagem curta e recursos para grupos de usuários privados, tornando-o adequado para aplicações de PBX sem fio e aplicações de paginação. Além disso, ele especifica um 'modo *dormindo*', que instrui telefones celulares compatíveis a economizarem energia da bateria. Os terminais de assinante IS-136 não são compatíveis com os produzidos para o IS-54, pois o IS-136 usa canais de controle de 48,6 Kbps exclusivamente em todos os canais de controle (o FSK de 10 Kbps não é aceito). Isso permite que os modens IS-136 sejam mais econômicos, pois somente o modem de 48,6 Kbps é necessário em cada unidade portátil.

11.3 Sistema Global para Comunicações Móveis (GSM)

O *Sistema Global para Comunicações Móveis* [*Global System for Mobile* (GSM)] é um padrão de sistema celular de segunda geração desenvolvido para resolver os problemas de fragmentação dos primeiros sistemas celulares na Europa. Ele foi o primeiro sistema celular do mundo a especificar modulação digital e arquiteturas e serviços em nível de rede, e é a tecnologia 2G mais popular do mundo. Antes do GSM, os países europeus usavam diferentes padrões de celular no continente, e não era possível que um cliente usasse uma única unidade de assinante por toda a Europa. Ele foi desenvolvido originalmente para servir como um serviço de celular pan-europeu, e prometia uma grande variedade de serviços de rede através do uso da ISDN. O sucesso do GSM excedeu as expectativas de quase todos, e agora é o padrão mais popular para novos equipamentos de rádio-celular e comunicações pessoais do mundo inteiro. Em 2001, havia mais de 350 milhões de assinantes de GSM no mundo, atualmente este número supera os 2,5 bilhões de assinantes.

A tarefa de especificar um sistema de comunicação móvel comum para a Europa na faixa de 900 MHz foi assumida em meados da década de 1980 pelo comitê GSM (*Groupe Spécial Mobile*), que foi um grupo de trabalho do CEPT. Em 1992, o GSM mudou seu nome para *Global System for Mobile Communications* por motivos de marketing[9]. A definição dos padrões para GSM está sob a égide do *European Technical Standards Institute* (ETSI).

O GSM foi introduzido inicialmente no mercado europeu em 1991. Por volta do final de 1993, diversos países na América do Sul, Ásia e Austrália adotaram o GSM e o braço tecnicamente equivalente, DCS 1800, que aceita *Serviços de Comunicação Pessoal* (PCS) nas faixas de rádio de 1,8 GHz a 2,0 GHz recentemente criadas pelos governos de todo o mundo.

11.3.1 Serviços e recursos do GSM

Os serviços GSM seguem orientações da ISDN e são classificados como *telesserviços* ou *serviços de dados*. Os telesserviços incluem telefonia móvel padrão e tráfego originado pela estação móvel ou pela estação-base. Os serviços de dados incluem comunicação de computador para computador e tráfego de comutação de pacotes. Os serviços do usuário podem ser divididos em três categorias principais:

- **serviços de telefone**, que incluem chamada de emergência e FAX. O GSM também admite videotexto e teletexto, embora não sejam partes integrais do padrão GSM.
- **serviços transportadores** ou **serviços de dados**, que são limitados às camadas 1, 2 e 3 do modelo de referência *Open System Interconnection* (OSI) (ver Capítulo 10). Os serviços aceitos incluem protocolos de comutação de pa-

cotes e taxas de dados de 300 bps a 9,6 Kbps. Os dados podem ser transmitidos usando um modo transparente (no qual o GSM oferece codificação de canal-padrão para os dados do usuário) ou um modo não-transparente (no qual o GSM oferece eficiências de codificação especiais, baseadas na interface de dados em particular).

- **serviços ISDN suplementares** são digitais por natureza e incluem desvio de chamada, grupos de usuários fechados e identificação de chamada, e não estão disponíveis nas redes móveis analógicas. Serviços suplementares também incluem o *Short Messaging Service* (SMS), que permite que assinantes e estações-base GSM transmitam páginas alfanuméricas de tamanho limitado (160 caracteres ASCII de 7 bits), enquanto transportam simultaneamente o tráfego de voz normal. O SMS também oferece *broadcast de célula*, permitindo que as estações-base GSM transmitam repetidamente mensagens ASCII com até 15 strings de 93 caracteres em padrão concatenado. O SMS pode ser usado para aplicações de segurança e consultivas, como o broadcast de informações de rodovia ou clima a todos os assinantes GSM dentro da faixa de recepção.

Do ponto de vista do usuário, um dos recursos mais notáveis do GSM é o *Módulo de Identificação do Assinante* [*Subscriber Identity Module* (SIM)], que é um dispositivo de memória que armazena informações como o número de identificação do assinante, as redes e países onde ele tem atendimento permitido, chaves de privacidade e outras informações específicas do usuário. Um assinante usa o SIM com um número de ID pessoal de quatro dígitos para ativar o serviço de qualquer telefone GSM. Os SIMs estão disponíveis como pequenos cartões (do tipo dos chips de um cartão de crédito, e que podem ser inseridos em qualquer telefone GSM) ou módulos de plug-in, que são menos convenientes do que os cartões SIM, mas apesar disso são removíveis e portáteis. Sem um SIM instalado, todas as estações móveis GSM são idênticas e não operacionais. É o SIM que dá às unidades de assinante GSM sua identidade. Os assinantes podem encaixar seu SIM em qualquer terminal apropriado – como um telefone de hotel, telefone público ou qualquer telefone portátil ou móvel – e podem ter todas as chamadas GSM recebidas direcionadas para esse terminal, e todas as chamadas efetuadas cobradas em seu telefone, não importa em que lugar do mundo eles estejam.

Um segundo recurso notável do GSM é a privacidade no ar que é fornecida pelo sistema. Diferentemente dos sistemas de telefone celular FM analógicos, que podem ser prontamente monitorados, é praticamente impossível bisbilhotar uma transmissão de rádio GSM. A privacidade é possível por meio da criptografia do fluxo de bits digital enviado pelo transmissor GSM, de acordo com uma chave criptográfica secreta específica que é conhecida apenas pela prestadora de serviço celular. Essa chave muda com o tempo para cada usuário. Cada prestadora e fabricante de equipamento GSM precisa assinar o *Memorandum of Understanding* (MoU) antes de desenvolver o equipamento GSM ou implantar um sistema GSM. O MoU é um acordo internacional que permite o compartilhamento de algoritmos criptográficos e outras informações patenteadas entre países e prestadoras de serviço.

11.3.2 Arquitetura de sistemas GSM

A arquitetura do sistema GSM consiste em três importantes subsistemas interconectados que interagem entre si e com os usuários por certas interfaces de rede. Os subsistemas são o *Subsistema de Estação-base* [*Base Station Subsystem* (BSS)], *Subsistema de Rede e Comutação* [*Network and Switching Subsystem* (NSS)] e o *Subsistema de Suporte e Operação* [*Operation Support Subsystem* (OSS)]. A *estação móvel* [*Mobile Station* (MS)] também é um subsistema, mas normalmente é considerada parte do BSS para fins de arquitetura. Equipamentos e serviços são projetados dentro do GSM para dar suporte a um ou mais desses subsistemas específicos.

O BSS, também conhecido como *subsistema de rádio*, oferece e gerencia caminhos de transmissão de rádio entre as estações móveis e a MSC. O BSS também gerencia a interface de rádio entre as estações móveis e todos os outros subsistemas do GSM. Cada BSS consiste em muitos *Controladores de Estação-base* [*Base Station Controllers* (BSCs)] que conectam a MS ao NSS por meio das MSCs. O NSS controla as funções de comutação do sistema e permite que as MSCs se comuniquem com outras redes, como a PSTN e a ISDN. O OSS dá suporte à operação e manutenção do GSM e permite que os engenheiros do sistema monitorem, diagnostiquem e corrijam todos os aspectos do sistema GSM. Esse subsistema interage com os outros subsistemas GSM e é fornecido unicamente para o pessoal da companhia operadora de GSM que fornece facilidades de serviço para a rede.

A Figura 11.5 mostra o diagrama de blocos da arquitetura do sistema GSM. As *Estações Móveis* [*Mobile Stations* (MSs)] se comunicam com o *Subsistema de Estação-base* (BSS) pela interface de ar via rádio. O BSS consiste em muitos BSCs que se conectam a uma única MSC, e cada BSC normalmente controla até centenas de *Estações-base Transceptoras* [*Base Transceiver Stations* (BTSs)]. Algumas das BTSs podem ser co-localizadas no BSC, e outras podem ser distribuídas remotamente e conectadas fisicamente ao BSC por enlaces de microondas ou linhas dedicadas alugadas. Transferências de estação móvel (chamadas *handovers*, ou HO, na especificação GSM) entre duas BTSs sob o controle do mesmo BSC são tratadas pelo BSC, e não pela MSC. Isso reduz bastante o peso de comutação da MSC.

Como pode ser visto na Figura 11.6, a interface que conecta uma BTS a um BSC é chamada de *interface Abis*. A interface Abis transporta tráfego e dados de manutenção, e é especificada pelo GSM para ser padronizada para todos os fabricantes. Porém, na prática, a Abis de cada fabricante de estação-base GSM tem diferenças sutis, forçando assim os provedores de serviço a usarem o mesmo fabricante para o equipamento de BTS e BSC.

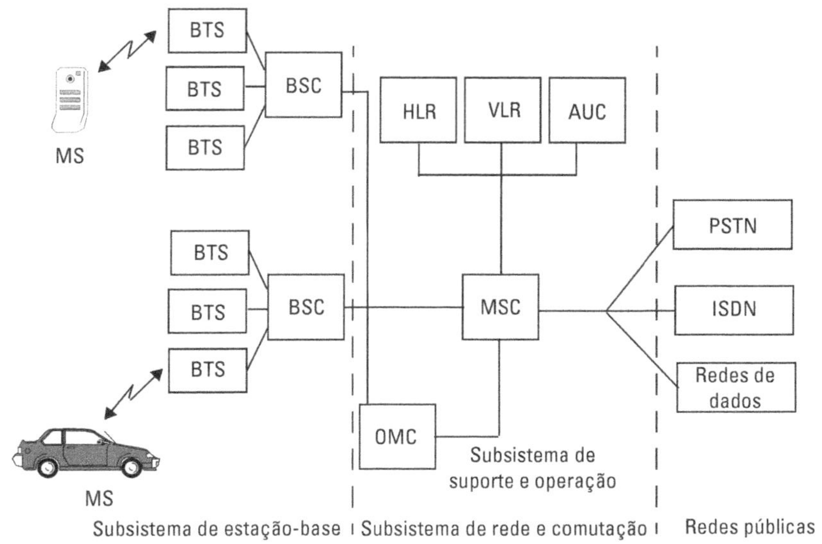

Figura 11.5 Arquitetura do sistema GSM.

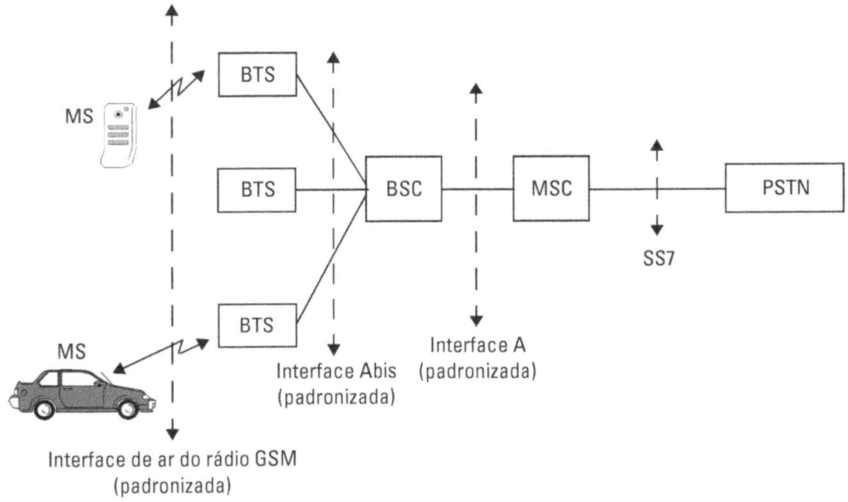

Figura 11.6 As diversas interfaces usadas no GSM.

Os BSCs são conectados fisicamente à MSC por meio de linhas dedicadas/alugadas ou enlaces de microondas. A interface entre um BSC e uma MSC é chamada *interface A*, que é padronizada dentro do GSM. A interface A usa um protocolo SS7 chamado Parte de Controle da Conexão de Sinalização [*Signaling Correction Control Part* (SCCP)], que dá suporte à comunicação entre a MSC e o BSS, além de mensagens da rede entre os assinantes individuais e a MSC. A interface A permite que um provedor de serviço use estações-base e equipamento de comutação fabricados por diferentes fabricantes.

O NSS trata da comutação das chamadas GSM entre as redes externas e os BSCs no subsistema de rádio e também é responsável por gerenciar e fornecer acesso externo a diversos bancos de dados de cliente. A MSC é a unidade central no NSS e controla o tráfego entre todos os BSCs. No NSS, existem três bancos de dados diferentes, chamados *Registro de Localização Doméstica* [*Home Location Register* (HLR)], *Registro de Localização de Visitante* [*Visitor Location Register* (VLR)] e *Centro de Autenticação* [*Authentication Center* (AUC)]. O HLR é um banco de dados que contém informações do assinante e informações de localização para cada usuário que reside na mesma cidade da MSC. Cada assinante em determinado mercado GSM recebe uma *Identificação Internacional de Assinante Móvel* [*International Mobile Subscriber Identity* (IMSI)] exclusiva, e esse número é usado para identificar cada usuário doméstico. O VLR é um banco de dados que armazena temporariamente a IMSI e informações do cliente para cada assinante que está visitando a área de cobertura de determinada MSC. Ele é ligado entre diversas MSCs adjacentes em determinado mercado ou região geográfica, e contém informações de assinatura de cada usuário visitante na área. Quando uma estação móvel em roaming é conectada no VLR, a MSC envia a informação necessária à HLR do assinante visitante, de modo que as chamadas à estação móvel em roaming possam ser devidamente roteadas através da PSTN pelo HLR do usuário em roaming. O *Centro de Autenticação* é um banco de dados bastante protegido, que trata da autenticação e das chaves de criptografia para cada assinante do HLR e do VLR isoladamente. O *Centro de Autenticação* contém um registrador chamado *Identificação e Registro de Equipamento* [*Equipment Identity Register* (EIR)] que identifica telefones roubados ou fraudulentamente alterados, que transmitem dados de identidade que não combinam com as informações contidas no HLR ou no VLR.

O OSS dá suporte para um ou vários *Centros de Operação e Manutenção* [*Operation Maintenance Centers* (OMC)] que são usados para monitorar e manter o desempenho de cada MS, BS, BSC e MSC dentro de um sistema GSM. O OSS tem três funções principais, que são: 1) manter todo o hardware de telecomunicações e operações de rede em determinado mercado; 2) gerenciar todos os procedimentos de cobrança; 3) gerenciar todo o equipamento móvel no sistema. Dentro de cada sistema GSM, um OMC é dedicado a cada uma dessas tarefas e tem condições de ajustar todos os parâmetros de estação-base e procedimentos de cobrança, além de fornecer aos operadores do sistema a capacidade para determinar o desempenho e integridade de cada parte do equipamento do assinante no sistema.

11.3.3 Subsistema de rádio do GSM

Originalmente, o GSM usava duas bandas de celular de 25 MHz separadas para todos os países-membros, mas agora é usado globalmente em muitas bandas. A banda de 890-915 MHz era para transmissões do assinante à base (enlace reverso), e a banda de 935-960 MHz era para transmissões da base ao assinante (enlace direto). O GSM usa FDD e uma combinação de esquemas TDMA e FHMA para fornecer acesso múltiplo a usuários móveis. As bandas de freqüência direta e reversa disponíveis são divididas em canais com 200 kHz, chamados ARFCNs [Número Absoluto do Canal de Rádio Freqüência (*Absolute Radio Frequency Channel Numbers*)]. O ARFCN indica um par de canais direto e reverso que é separado em freqüência por 45 MHz e cada canal é compartilhado no tempo entre até oito assinantes usando TDMA.

Cada um dos oito assinantes usa o mesmo ARFCN e ocupa um slot de tempo (TS) exclusivo por quadro. As transmissões de rádio no enlace direto e reverso são feitas em uma taxa de dados de canal de 270,833 Kbps (1.625,0/6,0 Kbps) usando a modulação GMSK binária $BT = 0,3$. Assim, a duração do bit de sinalização é 3,692 μs, e a taxa de transmissão efetiva do canal por usuário é 33,854 Kbps (270,833 Kpbs/8 usuários). Com a sobrecarga do GSM (descrita mais adiante), os dados do usuário são realmente enviados em uma taxa máxima de 24,7 Kbps. Cada TS tem uma alocação de tempo equivalente de 156,25 bits de canal, mas destes, 8,25 bits de tempo de guarda e seis bits de início e fim no total são utilizados para impedir sobreposição com slots de tempo adjacentes. Cada TS tem uma duração de tempo de 576,92 μs, como mostra a Figura 11.7, e um único quadro TDMA do GSM se espalha por 4,615 ms. O número total de canais disponíveis dentro de uma largura de banda de 25 MHz é 125 (considerando nenhuma banda de guarda). Como cada canal de rádio consiste em oito slots de tempo, existe assim um total de 1.000 canais de tráfego dentro do GSM. Em implementações práticas, uma banda de guarda de 100 kHz é fornecida no extremo superior e inferior do espectro GSM, e somente 124 canais são implementados. A Tabela 11.3 resume a interface de ar do GSM.

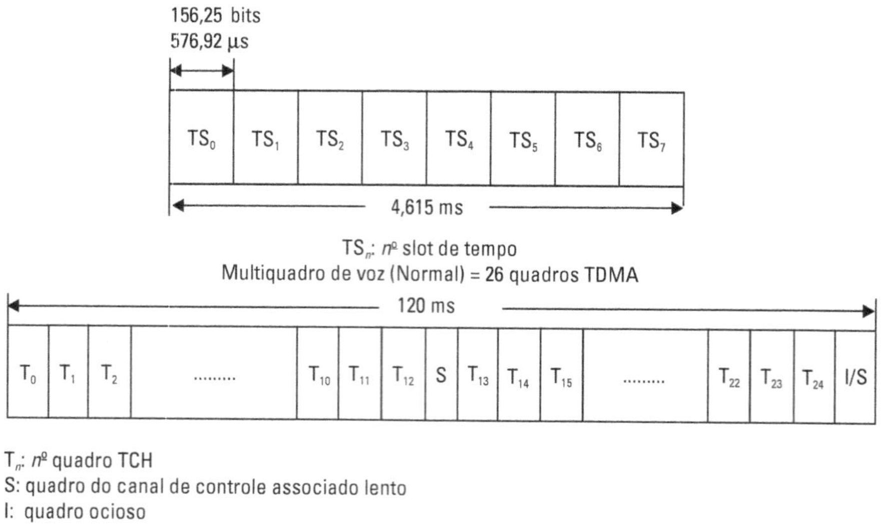

Figura 11.7 O quadro do canal de controle dedicado à voz e à estrutura de multiquadros.

Tabela 11.3 Resumo das especificações da interface de ar do GSM

Parâmetro	Especificações
Freqüência do canal reverso	890–915 MHz
Freqüência do canal direto	935–960 MHz
Número ARFCN	0 a 124 e 975 a 1.023
Espaçamento da freqüência de Tx/Rx	45 MHz
Espaçamento do slot de tempo de Tx/Rx	3 slots de tempo
Taxa de dados de modulação	270,833333 Kbps
Período de quadro	4,615 ms
Usuários por quadro (taxa completa)	8
Período do slot de tempo	576,9 μs
Período do bit	3,692 μs
Modulação	0,3 GMSK
Espaçamento do canal ARFCN	200 kHz
Entrelaçamento (atraso máximo)	40 ms
Taxa de bits do codificador de voz	13,4 Kbps

A combinação de um determinado número de TSs e um ARFCN constitui um *canal físico* para o enlace direto e reverso. Cada canal físico em um sistema GSM pode ser mapeado em diferentes *canais lógicos* em diferentes momentos. Ou seja, cada slot de tempo ou quadro específico pode ser dedicado ao tratamento de tráfego de dados (dados do usuário, como voz, fax ou dados de teletexto), dados de sinalização (exigidos pelo funcionamento interno do sistema GSM) ou dados do canal de controle (da MSC, estação-base ou usuário móvel). A especificação GSM define uma grande variedade de canais lógicos que podem ser usados para vincular a camada física com a camada de enlace da rede GSM. Esses canais lógicos transmitem eficientemente os dados do usuário enquanto simultaneamente oferecem controle da rede em cada ARFCN. O GSM oferece atribuições explícitas dos slots de tempo e quadros para canais lógicos específicos, como descrito a seguir.

11.3.4 Tipos de canais GSM

Existem dois tipos de canais lógicos GSM, chamados *canais de tráfego* [*Traffic Channels* (TCHs)] e *canais de controle* [*Control Channels* (CCHs)][10]. Os canais de tráfego transportam a voz do usuário codificada digitalmente ou dados do usuário, e têm funções e formatos idênticos no enlace direto e no enlace reverso. Os canais de controle transportam comandos de sinalização e sincronismo entre a estação-base e a estação móvel. Certos tipos de canais de controle são definidos apenas para o enlace direto ou para o enlace reverso. Existem seis tipos diferentes de TCHs fornecidos no GSM, e um número ainda maior de CCHs, ambos descritos em seguida.

11.3.4.1 Canais de tráfego GSM (TCHs)

Os canais de tráfego GSM podem ser de taxa total ou de meia taxa, e podem transportar voz digitalizada ou dados do usuário. Quando transmitidos como taxa total, os dados do usuário são contidos em um TS por quadro. Quando transmitidos como meia taxa, os dados do usuário são mapeados para o mesmo slot de tempo, mas enviados em quadros alternados. Ou seja, dois usuários de canal meia taxa compartilhariam o mesmo slot de tempo, mas transmitiriam em quadros alternados.

No padrão GSM, dados TCH podem não ser enviados no TS 0 dentro de um quadro TDMA em certos ARFCNs que servem como estação de broadcast para cada célula (pois esse slot de tempo é reservado para rajadas do canal de controle em quase todos os quadros, conforme descrito mais adiante). Além disso, os quadros de dados TCH são interrompidos a cada décimo terceiro quadro pelos dados do Canal Lento de Controle Associado [*Slow Associated Control Channel* (SACCH)] ou quadros ociosos. A Figura 11.7 ilustra como os dados TCH são transmitidos em quadros consecutivos. Cada grupo de 26 quadros TDMA consecutivos é chamado *multiquadro* (ou *multiquadro de voz*, para distingui-lo do multiquadro do canal de controle, descrito a seguir). Para cada 26 quadros, o décimo terceiro e o vigésimo sexto quadros consistem em dados SACCH, ou quadro ocioso, respectivamente. O vigésimo sexto quadro contém bits ociosos para o caso em que TCHs de taxa total são utilizados, e contém dados SACCH quando TCHs de meia taxa são utilizados.

TCH de taxa total

Os seguintes canais de voz e dados de taxa total são aceitos:

- **Canal de voz de taxa total (TCH/FS)** — O canal de voz de taxa total transporta voz do usuário que é digitalizada a uma taxa de dados bruta de 13 Kbps. Com a codificação do canal GSM adicionada à voz digitalizada, o canal de voz de taxa total transporta 22,8 Kbps.
- **Canal de dados de taxa total para 9.600 bps (TCH/F9.6)** — O canal de dados de tráfego com taxa total transporta dados brutos do usuário que são enviados a 9.600 bps. Com a codificação adicional de correção de erro de encaminhamento aplicada pelo padrão GSM, os dados a 9.600 bps são enviados a 22,8 Kbps.
- **Canal de dados de taxa total para 4.800 bps (TCH/F4.8)** — O canal de dados de tráfego com taxa total transporta dados brutos do usuário que são enviados a 4.800 bps. Com a codificação adicional de correção de erro de encaminhamento aplicada pelo padrão GSM, os dados a 4.800 bps são enviados a 22,8 Kbps.
- **Canal de dados de taxa total para 2.400 bps (TCH/F2.4)** — O canal de dados de tráfego com taxa total transporta dados brutos do usuário que são enviados a 2.400 bps. Com a codificação adicional de correção de erro de encaminhamento aplicada pelo padrão GSM, os dados a 2.400 bps são enviados a 22,8 Kbps.

TCH de meia taxa

Os seguintes canais de voz e dados de meia taxa são aceitos:

- **Canal de fala de meia taxa (TCH/HS)** — O canal de voz de meia taxa foi projetado para transportar voz digitalizada que é amostrada a uma taxa que é a metade do canal de taxa total. O GSM antecipa a disponibilidade dos codificadores de voz que podem digitalizar a voz em cerca de 6,5 Kbps. Com a codificação do canal GSM adicionada à voz digitalizada, o canal de voz de meia taxa transportará 11,4 Kbps.
- **Canal de dados de meia taxa para 4.800 bps (TCH/H4.8)** — O canal de dados de tráfego com meia taxa transporta dados brutos do usuário que são enviados a 4.800 bps. Com a codificação adicional de correção de erro de encaminhamento aplicada pelo padrão GSM, os dados a 4.800 bps são enviados a 11,4 Kbps.
- **Canal de dados de meia taxa para 2.400 bps (TCH/H2.4)** — O canal de dados de tráfego com meia taxa transporta dados brutos do usuário que são enviados a 2.400 bps. Com a codificação adicional de correção de erro de encaminhamento aplicada pelo padrão GSM, os dados a 2.400 bps são enviados a 11,4 Kbps.

11.3.4.2 Canais de controle GSM (CCH)

Existem três canais de controle principais no sistema GSM: o *canal de broadcast* [*Broadcast Channel* (BCH)], o *canal de controle comum* [*Common Control Channel* (CCCH)] e o *canal de controle dedicado* [*Dedicated Control Channel* (DCCH)]. Cada canal de controle consiste em diversos canais lógicos que são distribuídos no tempo para fornecer as funções de controle GSM necessárias.

Os canais de controle direto BCH e CCCH no GSM são implementados somente em certos canais ARFCN e recebem slots de tempo de uma maneira muito específica. Especificamente, os canais de controle direto BCH e CCCH recebem somente o TS 0 e são enviados por broadcast apenas durante certos quadros dentro de uma seqüência repetitiva de 51 quadros (chamados *multiquadros do canal de controle*) naqueles ARFCNs que são designados como canais de broadcast. TS1 a TS7 transportam tráfego TCH regular, de modo que os ARFCNs que são projetados como canais de controle ainda são capazes de transportar dados dos usuários com taxa total em sete dos oito slots de tempo.

A especificação GSM define 34 ARFCNs como canais de broadcast padrão. Para cada canal de broadcast, o quadro 51 não contém nenhum dado do canal direto BCH/CCCH e é considerado um quadro ocioso. Porém, o CCCH de canal reverso é capaz de receber transmissões do assinante durante o TS 0 de qualquer quadro (até mesmo do quadro ocioso). Por outro lado, os dados DCCH podem ser enviados durante qualquer slot de tempo e qualquer quadro, e quadros inteiros são dedicados especificamente a certas transmissões DCCH. A seguir, os canais de controle GSM serão descritos com detalhes.

- **Canais de broadcast (BCHs)** — O canal de broadcast opera sobre o enlace direto de um ARFCN específico dentro de cada célula, e transmite dados somente no primeiro slot de tempo (TS 0) de certos quadros GSM. Diferentemente dos TCHs que são duplex, os BCHs só usam o enlace direto. Assim como o canal de controle direto (FCC) no AMPS é usado como guia para todas as estações móveis acampadas na célula, o BCH serve como um canal guia TDMA para qualquer estação móvel vizinha identificar e travar-se nesta célula. O BCH oferece sincronismo para todas as estações móveis dentro da célula, e ocasionalmente é monitorado pelas estações móveis em células vizinhas, de modo que decisões de potência recebida e MAHO podem ser feitas por usuários fora da célula. Embora os dados BCH sejam transmitidos no TS 0, os outros sete slots de tempo em um quadro GSM para esse mesmo ARFCN estão disponíveis para dados TCH, dados DCCH ou são preenchidos com rajadas fictícias. Além disso, todos os oito slots de tempo em todos os outros ARFCNs dentro da célula estão disponíveis para dados TCH ou DCCH.

O BCH é definido por três canais separados que recebem acesso ao TS 0 durante vários quadros da seqüência de 51 quadros. A Figura 11.8 ilustra como o BCH recebe quadros. Os três tipos de BCH são descritos a seguir.

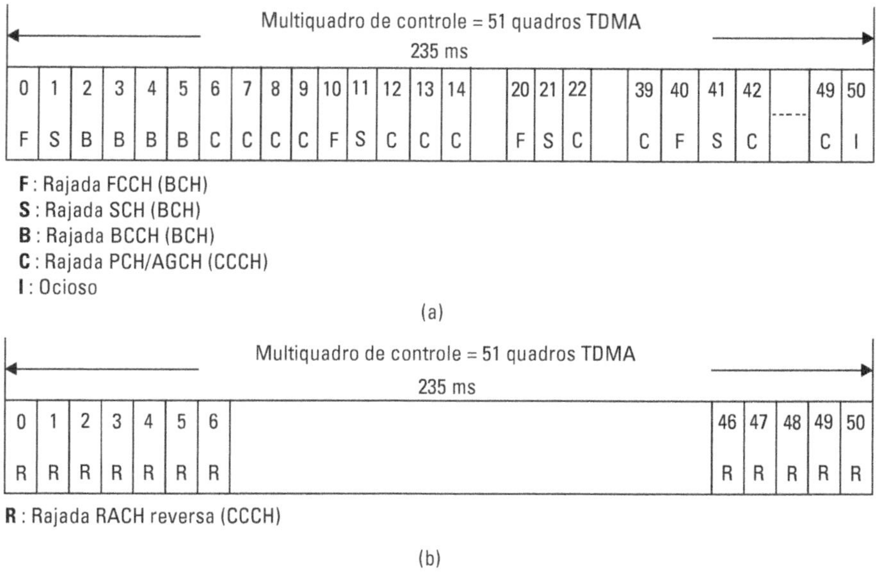

Figura 11.8 a) O multiquadro do canal de controle (enlace direto para TS 0); b) O multiquadro do canal de controle (enlace reverso para TS 0).

a) *Canal de Controle de Broadcast* [*Broadcast Control Channel* (BCCH)] — O BCCH é um canal de controle direto que é usado para enviar informações em broadcast, como identidade de célula e de rede, e características operacionais da célula (estrutura do canal de controle atual, disponibilidade do canal e congestionamento). O BCCH também envia uma lista de canais que estão atualmente em uso dentro da célula. Os quadros de 2 a 5 em um multiquadro de controle (4 de cada 51 quadros) contêm dados do BCCH. Deve-se observar, pela Figura 11.8, que o TS 0 contém dados do BCCH durante quadros específicos, e contém outros canais BCH (FCCH e SCH), canais de controle comuns (CCCHs) ou um quadro ocioso (enviado a cada 51 quadros) durante outros quadros específicos.

b) *Canal de Correção de Freqüência* [*Frequency Correction Channel* (FCCH)] — O FCCH é uma rajada de dados especial, que ocupa o TS 0 para o primeiro quadro GSM (quadro 0) e é repetido a cada dez quadros dentro de um multiquadro do canal de controle. O FCCH permite que cada unidade de assinante sincronize seu padrão de freqüência interno (oscilador local) para a freqüência exata da estação-base.

c) *Canal de Sincronização* [*Synchronization Channel* (SCH)] — O SCH é enviado por broadcast no TS 0 do quadro imediatamente após o quadro FCCH e é usado para identificar a estação-base atual, enquanto permite que cada estação móvel sincronize o quadro com a estação-base. O *número de quadro* [*Frame Number* (FN)], que varia de 0 a 2.715.647, é enviado com o *código de identidade da estação-base* [*Base Station Identity Code* (BSIC)] durante a rajada do SCH. O BSIC é atribuído exclusivamente a cada BST em um sistema GSM. Como uma estação móvel pode estar a até 30 km da estação-base atual, normalmente é necessário ajustar o tempo de determinado usuário móvel de modo que o sinal recebido na estação-base seja sincronizado com o relógio da estação-base. A estação-base também emite comandos de *avanço de tempo* comuns para as estações móveis pelo SCH. O SCH é transmitido uma vez a cada dez quadros dentro do multiquadro do canal de controle, como mostra a Figura 11.8.

- **Canais de Controle Comuns** [*Common Control Channels (CCCHs)*] — No ARFCN de broadcast (BCH), os canais de controle comuns ocupam o TS 0 de cada quadro GSM que não é usado de outra forma pelo BCH ou pelo quadro ocioso. O CCCH consiste em três canais diferentes: o *canal de paginação* [*Paging Channel* (PCH)], que é um canal de enlace direto, o *canal de acesso aleatório* [*Random Access Channel* (RACH)], que é um canal de enlace reverso, e o *canal de concessão de acesso* [*Access Grant Channel* (AGCH)], que é um canal do enlace direto. Como pode ser visto na Figura 11.8, CCCHs são os canais de controle mais usados, e são usados para paginar assinantes específicos, atribuir canais de sinalização a usuários específicos e receber solicitações de serviço das estações móveis. Esses canais são descritos a seguir.

a) Canal de Paginação [*Paging Channel* (PCH)] — O PCH oferece sinais de paginação da estação-base para todas as estações móveis na célula, e notifica uma estação móvel específica de uma chamada recebida, originada na PSTN. O PCH transmite o IMSI do assinante de destino, junto com uma solicitação de confirmação da unidade móvel no RACH. Como alternativa, o PCH pode ser usado para fornecer mensagens de texto ASCII de *broadcast de célula* para todos os assinantes, como parte do recurso de SMS do GSM.

b) Canal de Acesso Aleatório [*Random Access Channel* (RACH)] — O RACH é um canal de enlace reverso usado por uma unidade de assinante para confirmar uma página do PCH, e também é usado por estações móveis para originar uma chamada. O RACH usa um esquema de acesso ALOHA em slots. Todos os usuários móveis devem solicitar acesso ou responder a um alerta PCH dentro do TS 0 de um quadro GSM. No BTS, cada quadro (até mesmo o quadro ocioso) aceitará transmissões RACH das estações móveis durante o TS 0. Ao estabelecer o serviço, a estação-base GSM deve responder à transmissão do RACH alocando um canal e atribuindo um canal de controle dedicado independente (SDCCH) para sinalização durante uma chamada. Essa conexão é confirmada pela estação-base por meio do AGCH.

c) Canal de Concessão de Acesso [*Access Grant Channel* (AGCH)] — O AGCH é usado pela estação-base para fornecer comunicação do enlace direto à estação móvel, e transporta dados que instruem a estação móvel a operar em determinado canal físico (slot de tempo e ARFCN) com um canal de controle dedicado em particular. O AGCH é a mensagem CCCH final enviada pela estação-base antes que um assinante saia do canal de controle. O AGCH é usado pela estação-base para responder a um RACH enviado por uma estação móvel em um quadro CCCH anterior.

- **Canais de Controle Dedicados** [*Dedicated Control Channels (DCCHs)*] — Existem três tipos de canais de controle dedicados em GSM e, assim como os canais de tráfego (ver Figura 11.7), eles são bidirecionais e têm o mesmo formato e função nos enlaces direto e reverso. Assim como os TCHs, os DCCHs podem existir em qualquer slot de tempo e em qualquer ARFCN, *exceto TS 0* do BCH ARFCN. *Os canais de controle dedicados independentes* [*Stand-Alone Dedicated Control Channels* (SDCCHs)] são usados para fornecer serviços de sinalização exigidos pelos usuários. Os *canais lento e rápido de controle associado* [*Slow- and Fast-Associated Control Channels* (SACCHs e FACCHs)] são usados para transmissões de dados supervisoras entre a estação móvel e a estação-base durante uma chamada.

a) Canais de Controle Dedicados Independentes [(*Standalone Dedicated Control Channels* (SDCCHs)] — O SDCCH transporta dados de sinalização após a conexão da estação móvel com a estação-base, e imediatamente antes que uma atribuição de TCH seja emitida pela estação-base. O SDCCH garante que a estação móvel e a estação-base permaneçam conectadas enquanto a estação-base e a MSC verificam a unidade do assinante e alocam recursos para a estação móvel. O SDCCH pode ser imaginado como um canal intermediário e temporário que aceita a chamada recém-completada do BCH e mantém o tráfego enquanto espera que a estação-base aloque um canal TCH. O SDCCH é usado para enviar mensagens de autenticação e alerta (mas não voz) enquanto a estação móvel se sincroniza com a estrutura de quadro e espera um TCH. SDCCHs podem receber seu próprio canal físico e podem ocupar o TS 0 do BCH se houver pouca demanda por tráfego BCH ou CCCH.

b) Canal Lento de Controle Associado [*Slow Associated Control Channel* (SACCH)] — O SACCH sempre está associado a um canal de tráfego ou a um SDCCH e corresponde ao mesmo canal físico. Assim, cada ARFCN transporta dados SACCH sistematicamente para todos os seus usuários atuais. Assim como no padrão USDC, o SACCH transporta informações gerais entre a estação móvel e o BTS. No enlace direto, o SACCH é usado para enviar informações de controle de mudança lentas mas regulares à estação móvel, como as instruções do nível de potência de transmissão e instruções específicas de avanço de tempo para cada usuário no ARFCN. O SACCH reverso transporta informações sobre a intensidade do sinal recebido e a qualidade do TCH, além dos resultados de medição do BCH das células vizinhas. O SACCH é transmitido durante o décimo terceiro quadro (e no vigésimo sexto quadro quando o tráfego de meia taxa é usado) de cada multiquadro do canal de controle de voz/dedicado (Figura 11.7), e dentro desse quadro, os oito slots de tempo são dedicados a fornecer dados SACCH a cada um dos oito usuários de taxa total (ou 16 de meia taxa) no ARFCN.

c) Canal Rápido de Controle Associado [*Fast Associated Control Channels* (FACCHs)] — O FACCH transporta mensagens urgentes, e contém basicamente o mesmo tipo de informação do SDCCH. Um FACCH é atribuído sempre que um SDCCH não foi dedicado para um usuário em particular e existe uma mensagem urgente (como uma solicitação de transferência). O FACCH ganha acesso a um slot de tempo 'roubando' quadros do canal de tráfego ao qual é atribuído. Isso é feito marcando-se dois bits especiais, chamados bits de roubo, em uma rajada do canal direto TCH. Se os bits de roubo estiverem marcados, sabe-se que o slot de tempo contém dados FACCH, e não um TCH, para esse quadro.

11.3.5 Exemplo de uma chamada GSM

Para entender como os diversos canais de tráfego e controle são usados, considere o caso de uma chamada móvel originada no GSM. Primeiro, a unidade do assinante deve estar sincronizada com uma estação-base vizinha enquanto monitora o BCH. Recebendo as mensagens FCCH, SCH e BCCH, o assinante estaria conectado ao sistema e ao BCH apropriado. Para originar uma chamada, o usuário primeiro disca uma combinação de dígitos intencionada e pressiona o botão 'enviar' no telefone GSM. A estação móvel transmite uma rajada de dados RACH, usando o mesmo ARFCN da estação-base à qual está conectado. A estação-base então responde com uma mensagem AGCH no CCCH, que atribui a unidade móvel a um novo canal para conexão SDCCH. A unidade do assinante, que está monitorando TS 0 do BCH, receberia sua atribuição de ARFCN e TS do AGCH e imediatamente se ajustaria ao novo ARFCN e TS. Essa nova atribuição de ARFCN e TS é fisicamente o SDCCH (não o TCH). Uma vez ajustada ao SDCCH, a unidade do assinante primeiro espera que o quadro SACCH seja transmitido (a espera duraria, no máximo, 26 quadros ou 120 ms, como mostra a Figura 11.7), o qual informa à estação móvel sobre qualquer avanço de tempo e comando de potência exigido do transmissor. A estação-base é capaz de determinar o avanço de tempo apropriado e nível de sinal da transmissão RACH anterior da estação móvel, e envia o valor apropriado pelo SACCH para a estação móvel processar. Ao receber e processar a informação de avanço de tempo no SACCH, o assinante agora é capaz de transmitir mensagens de rajada normais conforme exigido para o tráfego de voz. O SDCCH envia mensagens entre a unidade móvel e a estação-base, cuidando da autenticação e validação do usuário, enquanto a PSTN conecta a parte discada à MSC, e a MSC troca o caminho de voz para a estação-base atual. Após alguns segundos, a unidade móvel é comandada pela estação-base via SDCCH para reajustar a um novo ARFCN e novo TS para a atribuição do TCH. Uma vez reajustado para o TCH, os dados de voz são transferidos nos enlaces direto e reverso, a chamada segue o caminho com sucesso e o SDCCH fica vago.

Quando as chamadas são originadas da PSTN, o processo é muito semelhante. A estação-base transmite uma mensagem PCH durante o TS 0 dentro de um quadro apropriado no BCH. A estação móvel, ligada a esse mesmo ARFCN, detecta sua página e responde com uma mensagem RACH confirmando o recebimento da página. A estação-base então usa o AGCH no CCCH para atribuir a unidade móvel a um novo canal físico para conexão com o SDCCH e o SACCH enquanto a rede e a estação-base atual são conectadas. Quando o assinante estabelece o avanço de tempo e a autenticação no SDCCH, a estação-base emite uma nova atribuição de canal físico pelo SDCCH, e é feita a atribuição do TCH.

11.3.6 Estrutura de quadros para GSM

Cada usuário transmite uma rajada de dados durante o slot de tempo a ele atribuído. Essas rajadas de dados podem ter um de cinco formatos específicos, definidos no GSM[11]. A Figura 11.9 ilustra os cinco tipos de rajadas de dados usados para diversas rajadas de controle e tráfego. As rajadas normais são usadas para transmissões de TCH e DCCH no enlace direto e reverso. Rajadas FCCH e SCH são usadas no TS 0 de quadros específicos (mostrados na Figura 11.8a) para o broadcast de mensagens de controle de sincronismo de tempo e freqüência no enlace direto. A rajada do RACH é usada por todas as estações móveis para acessar o serviço de qualquer estação-base, e a rajada fictícia é usada como informação de preenchimento para os slots de tempo não usados no enlace direto.

A Figura 11.10 ilustra a estrutura de dados dentro de uma rajada normal. Ela consiste em 148 bits transmitidos a uma taxa de 270,833333 Kbps (um tempo de guarda não usado de 8,25 bits é fornecido ao final de cada rajada). Do total de 148 bits por TS, 114 são bits que transportam informações, que são transmitidas como duas seqüências de 57 bits perto do início e do final da rajada. O meio consiste em uma seqüência de treinamento de 26 bits, que permite que o equalizador adaptativo no receptor da estação móvel ou da estação-base analise as característi-

Normal

3 bits de início	58 bits de dados criptografados	26 bits de treinamento	58 bits de dados criptografados	3 bits de fim	8,25 bits do período de guarda

Rajada FCCH

3 bits de início	142 bits fixos todos zeros	3 bits de fim	8,25 bits do período de guarda

Rajada SCH

3 bits de início	39 bits de dados criptografados	64 bits de treinamento	39 bits de dados criptografados	3 bits de fim	8,25 bits do período de guarda

Rajada RACH

8 bits de início	41 bits de sincronização	36 bits de dados criptografados	3 bits de fim	68,25 bits de período de guarda estendido

Rajada fictícia

3 bits de início	58 bits misturados	26 bits de treinamento	58 bits misturados	3 bits de fim	8,25 bits do período de guarda

Figura 11.9 Rajadas de dados do slot de tempo no GSM.

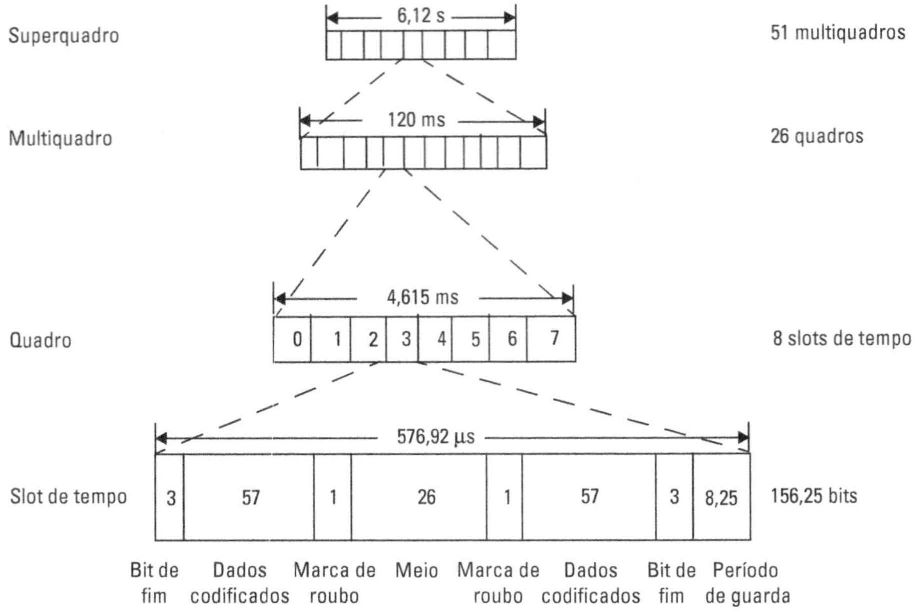

Figura 11.10 Estrutura do quadro GSM.

cas do canal de rádio antes de decodificar os dados do usuário. Nos dois lados dessa seqüência, existem bits de controle chamados marcas de roubo. Essas duas marcas são usadas para distinguir se o TS contém dados de voz (TCH) ou controle (FACCH), ambos compartilhando o mesmo canal físico. Durante um quadro, uma unidade de assinante GSM usa um TS para transmitir, um TS para receber e pode usar os seis slots de tempo de reserva para medir a força do sinal de cinco estações-base adjacentes, além de sua própria estação-base.

Como visto na Figura 11.10, existem oito slots de tempo por quadro TDMA, e o período de quadro é de 4,615 ms. Um quadro contém 8 × 156,25 = 1.250 bits, embora alguns períodos de bit não sejam usados. A taxa de quadro é de 270,833 Kbps/1.250 bits/quadro, ou 216,66 quadros por segundo. O 13º e 26º quadros não são usados para tráfego, mas para fins de controle. Cada um dos quadros de voz normais é agrupado em estruturas maiores chamadas *multiquadros*, que por sua vez são agrupadas em *superquadros* e *hiperquadros* (hiperquadros não aparecem na Figura 11.10). Um multiquadro contém 26 quadros TDMA, e um superquadro contém 51 multiquadros, ou 1.326 quadros TDMA. Um hiperquadro contém 2.048 superquadros, ou 2.715.648 quadros TDMA. Um hiperquadro completo é enviado a cada 3 horas, 28 minutos e 54 segundos, e é importante para o GSM porque os algoritmos de criptografia contam com o número do quadro em particular, e uma segurança suficiente só pode ser obtida usando-se um número grande de quadros, como é fornecido pelo hiperquadro.

A Figura 11.8 mostra que os multiquadros de controle se espalham por 51 quadros (235,365 ms), ao contrário dos 26 quadros (120 ms) usados pelos multiquadros do canal dedicado de tráfego/controle. Isso é feito intencionalmente para garantir que qualquer assinante GSM (seja na célula atual, seja na adjacente) receba as transmissões SCH e FCCH do BCH, independentemente do quadro ou slot de tempo em particular que esteja usando.

11.3.7 Processamento de sinal em GSM

A Figura 11.11 ilustra todas as operações GSM do transmissor ao receptor.

Codificação da voz — O codificador de voz GSM é baseado no *Codificador Preditivo Linear Excitado por Resíduo* [*Residually Excited Linear Predictive Coder* (RELP)], que é melhorado incluindo-se um *Preditor de Longa Duração* [*Long-Term Predictor* (LTP)][12]. O codificador oferece 250 bits para cada bloco de 20 ms de voz, o que gera uma taxa de bits de 13 Kbps. Esse codificador de voz foi selecionado após uma extensa avaliação subjetiva de vários codificadores candidatos disponíveis no final da década de 1980. As provisões para incorporar codificadores de meia taxa estão incluídas nas especificações.

O codificador de voz GSM tira proveito do fato de que, em uma conversa normal, cada pessoa fala em média menos de 40% do tempo. Incorporando um detector de atividade de voz (VAD) no codificador de voz, sistemas GSM operam em um *modo de transmissão descontínuo* [*Discontinuous Transmission Mode* (DTX)], que oferece um tempo de vida maior da bateria do assinante e reduz a interferência de rádio instantânea, pois o transmissor GSM não está ativo durante períodos de silêncio. Um subsistema de ruído de conforto [*Comfort Noise Subsystem* (CNS)] no extremo receptor introduz um ruído acústico de fundo para compensar o silêncio comutado incômodo que ocorre devido ao DTX.

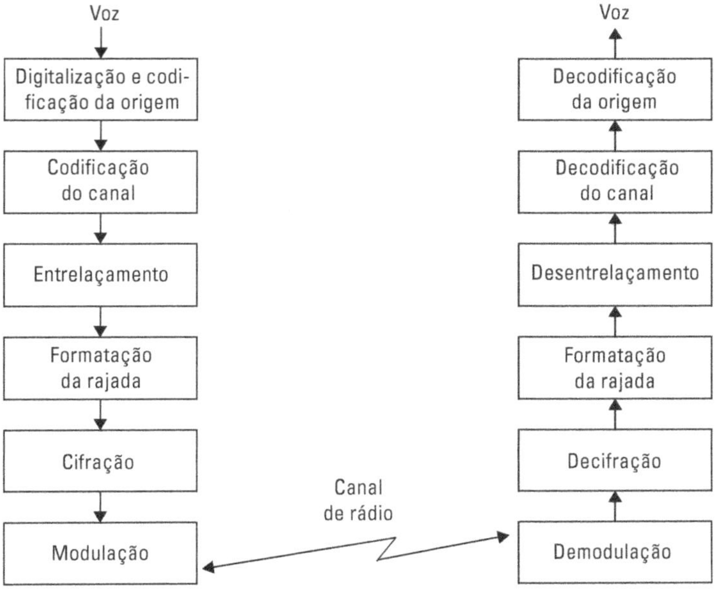

Figura 11.11 Operações GSM desde a entrada da voz até a sua saída.

Codificação do canal TCH/FS, SACCH e FACCH — Os bits de saída do codificador de voz são ordenados em grupos de proteção de erro, com base na sua importância na contribuição para a qualidade da voz. Do total de 260 bits em um quadro, os 50 bits mais importantes, chamados bits tipo Ia, têm 3 bits de verificação de paridade (CRC) adicionados. Isso facilita a detecção de erros não corrigíveis no receptor. Os próximos 132 bits com os primeiros 53 (50 bits tipo Ia + 3 bits de paridade) são reordenados e recebem quatro bits zero de fim, oferecendo um bloco de dados de 189 bits. Esse bloco é então codificado para proteção de erro usando um codificador convolucional de taxa 1/2 com restrição de tamanho $K = 5$, oferecendo assim uma seqüência de 378 bits. Os 78 bits menos importantes não têm nenhuma proteção de erro e são concatenados com a seqüência existente para formar um bloco de 456 bits em um quadro de 20 ms. O esquema de codificação de proteção de erro aumenta a taxa de dados bruta do sinal de voz GSM, com codificação de canal, para 22,8 Kbps. Esse esquema de proteção de erro é ilustrado na Figura 11.12.

Codificação de canal para canais de dados — A codificação fornecida para canais de dados com taxa total GSM (TCH/F9.6) é baseada no tratamento de 60 bits de dados do usuário em intervalos de 5 ms, de acordo com o padrão de modem CCITT V.110. Conforme descrito por Steele[13], 240 bits de dados do usuário são aplicados com quatro bits de fim a um codificador convolucional com bits de paridade removidos em meia taxa, com restrição de tamanho $K = 5$. Os 488 bits codificados resultantes são reduzidos a 456 bits de dados codificados através da remoção de alguns bits de paridade (32 bits não são transmitidos), e os dados são separados em quatro rajadas de dados de 114 bits que são aplicadas em um padrão entrelaçado a slots de tempo consecutivos.

Codificação de canal para canais de controle — As mensagens do canal de controle GSM são definidas com 184 bits de extensão, e são codificadas por meio de um código cíclico binário encurtado, seguido por um codificador convolucional de meia taxa.

O código cíclico utiliza o polinômio gerador

$$G_5(x) = (x^{23} + 1)\,(x^{17} + x^3 + 1) = x^{40} + x^{26} + x^{23} + x^{17} + x^3 + 1$$

que produz 184 bits de mensagem, seguidos por 40 bits de paridade. Quatro bits de fim são adicionados para limpar o codificador convolucional seguinte, gerando um bloco de dados de 228 bits. Esse bloco é aplicado a um código convolucional de meia taxa $K = 5$ (CC(2,1,5)) usando os polinômios geradores $G_0(x) = 1 + x^3 + x^4$ e $G_1(x) = 1 + x + x^3 + x^4$ (que são os mesmos polinômios usados para codificar bits de dados TCH do tipo Ia). Os 456 bits codificados resultantes são entrelaçados em oito quadros consecutivos da mesma maneira que os dados de voz TCH.

Entrelaçamento — Para minimizar o efeito de atenuações repentinas sobre os dados recebidos, o total de 456 bits codificados dentro de cada quadro de voz de 20 ms ou do quadro da mensagem de controle são divididos em oito sub-blocos de 57 bits. Esses oito sub-blocos que compõem um único quadro de voz são espalhados por oito slots de tempo TCH consecutivos (ou seja, oito quadros consecutivos para um TS específico). Se uma rajada se perder devido à interferência ou atenuação, a codificação de canal garante que bits suficientes ainda serão recebidos corretamente para permitir que a correção de erro funcione. Cada slot de tempo TCH transporta dois blocos de dados de 57 bits a partir de dois segmentos de voz (ou controle) de 20 ms (456 bits). A Figura 11.13 ilustra exatamente como os quadros de voz são intercalados diagonalmente dentro dos slots de tempo. Observe que TS 0 contém 57 bits de dados

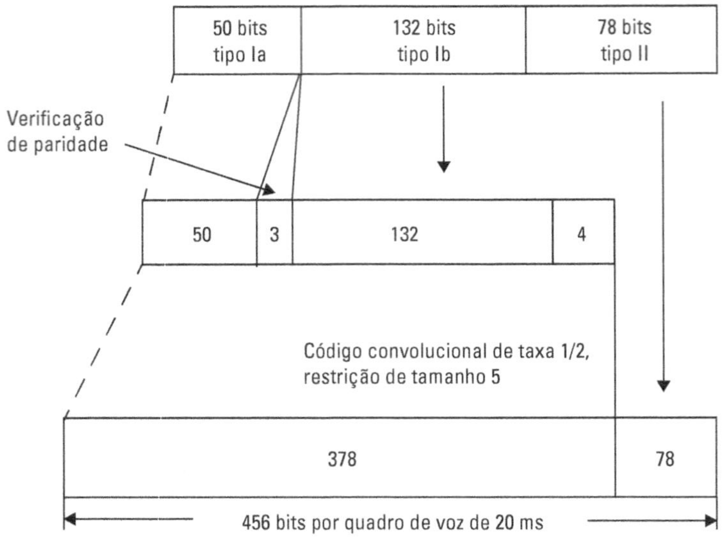

Figura 11.12 Proteção de erro para sinais de voz em GSM.

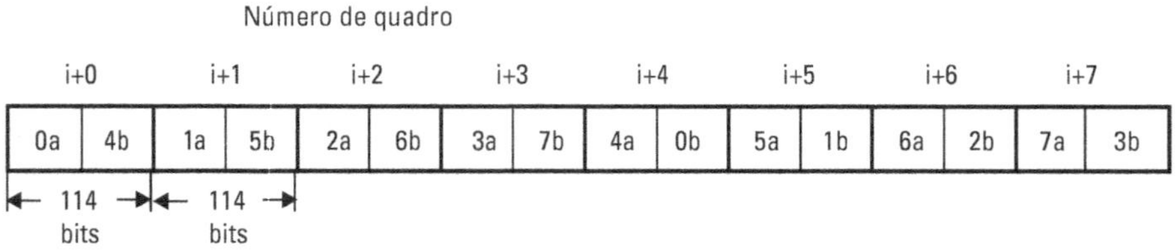

Figura 11.13 Entrelaçamento diagonal usado para dados TCH/SACCH/FACCH. Oito sub-blocos de voz são espalhados por oito slots de tempo TCH sucessivos para um número de slots de tempo específico.

do sub-bloco 0 do quadro do codificador de voz de ordem n (indicado como 'a' na figura) e 57 bits de dados do 4º sub-bloco do quadro do codificador de voz de ordem n – 1 (indicado como 'b' na figura).

Cifração — A cifração modifica o conteúdo dos oito blocos entrelaçados com o uso de técnicas de criptografia conhecidas somente da estação móvel e da estação-base transceptora. A segurança é melhorada ainda mais pelo fato de o algoritmo de criptografia ser alterado de uma chamada para outra. Dois tipos de algoritmos de cifração, chamados A3 e A5, são usados no GSM para impedir acesso não-autorizado à rede e privacidade para a transmissão de rádio, respectivamente. O algoritmo A3 é usado para autenticar cada estação móvel, comparando a senha dos usuários dentro do SIM com a chave criptográfica na MSC. O algoritmo A5 oferece a mistura para os 114 bits de dados codificados enviados em cada TS.

Formatação de rajada — A formatação de rajada acrescenta dados binários aos blocos cifrados, a fim de ajudar no sincronismo e equalização do sinal recebido.

Modulação — O esquema de modulação usado pelo GSM é o 0,3 GMSK, onde 0,3 descreve a largura de banda de 3 dB do filtro de modelagem de pulso gaussiano com relação à taxa de bits (por exemplo, $BT = 0{,}3$). Conforme descrito no Capítulo 6, GMSK é um tipo especial de modulação FM digital. Os zeros e uns binários são representados em GSM deslocando-se a portadora de RF por ± 67,708 kHz. A taxa de dados do canal GSM é de 270,833333 Kbps, que é exatamente quatro vezes o deslocamento da freqüência de RF. Isso minimiza a largura de banda ocupada pelo espectro de modulação e, portanto, melhora a capacidade do canal. O sinal modulado MSK é passado por um filtro gaussiano para suavizar as transições de freqüência rápidas que de outra forma espalhariam energia por canais adjacentes.

Salto de freqüência — Sob condições normais, cada rajada de dados pertencente a determinado canal físico é transmitida usando-se a mesma freqüência de portadora. Porém, se os usuários em determinada célula tiverem diversos problemas de caminho múltiplo, a célula pode ser definida como *célula de salto* pelo operador da rede, quando o *salto de freqüência lento* pode ser implementado para combater os efeitos de caminho múltiplo ou interferência nessa célula. O salto de freqüência é executado para cada quadro, de modo que o processo de salto ocorre a uma taxa máxima de 217,6 saltos por segundo. Até 64 canais diferentes podem ser usados antes que uma seqüência de salto seja repetida. O salto de freqüência é completamente especificado pelo provedor de serviços.

Equalização — A equalização é realizada no receptor com a ajuda de seqüências de treinamento transmitidas no meio de cada slot de tempo. O tipo de equalizador para GSM não é especificado, e fica a critério do fabricante.

Demodulação — A parte do sinal do canal direto transmitido que é de interesse para determinado usuário é determinada pelo TS e ARFCN atribuído. O TS apropriado é demodulado com o auxílio dos dados de sincronismo fornecidos pela formatação em rajada. Após a demodulação, a informação binária é decifrada, desentrelaçada, decodificada no canal e decodificada na voz.

11.4 Padrão de celular digital CDMA (IS-95)

Como discutido no Capítulo 9, o *Acesso Múltiplo por Divisão de Código* [*Code Division Multiple Access* (CDMA)] oferece muitas vantagens em relação ao TDMA e ao FDMA. Um sistema de celular digital dos EUA baseado em CDMA, que prometia capacidade aumentada[14], foi padronizado como *Interim Standard* 95 (IS-95) pela *Telecommunications Industry Association* (TIA) dos EUA[15]. Assim como IS-136, o sistema IS-95 foi projetado para ser compatível com a banda de freqüência do sistema existente de celular analógico dos EUA (AMPS), de modo que estações móveis e bases possam ser economicamente produzidas para operação em modo dual. Telefones em modo dual com produção piloto, CDMA/AMPS, foram disponibilizados pela Qualcomm em 1994 e, em 2001, havia mais de 80 milhões de assinantes CDMA no mundo inteiro; atualmente este número supera os 300 milhões.

O IS-95 permite que cada usuário dentro de uma célula utilize o mesmo canal de rádio, e usuários em células adjacentes usem o mesmo canal de rádio, pois esse é um sistema CDMA de difusão espectral com seqüência direta. O CDMA elimina completamente a necessidade de planejamento de freqüência dentro de um mercado. Para facilitar a transição suave de AMPS para CDMA, cada canal IS-95 ocupa 1,25 MHz de espectro em cada enlace unidirecional, ou 10% do espectro de celular disponível para um provedor de celular dos EUA (lembre-se de que o sistema celular dos EUA tem alocação de 25 MHz e cada provedor de serviço recebe metade do espectro ou 12,5 MHz). Na prática, prestadoras de serviço AMPS devem oferecer uma banda de guarda de 270 kHz (normalmente, 9 canais AMPS) em cada lado do espectro dedicado para IS-95. O IS-95 é totalmente compatível com o padrão de rede IS-41 descrito no Capítulo 10.

Diferentemente de outros padrões de celular, a taxa de dados do usuário (mas não a taxa de chips do canal) muda em tempo real, dependendo da atividade de voz e dos requisitos na rede. Além disso, o IS-95 usa uma técnica diferente de modulação e espalhamento para os enlaces direto e reverso. No enlace direto, a estação-base transmite simultaneamente os dados do usuário para todas as estações móveis na célula, usando uma seqüência de espalhamento diferente para cada estação móvel. Um código piloto também é transmitido simultaneamente e em um nível de potência mais alto, permitindo assim que todas as estações móveis usem detecção de portadora coerente, enquanto estimam as condições do canal. No enlace reverso, todas as estações móveis respondem em um padrão assíncrono e idealmente têm um nível de sinal constante, devido ao controle de potência aplicado pela estação-base.

O codificador de voz usado no sistema IS-95 é o *Codificador Preditivo Linear Excitado por Código* [*Code Excited Linear Predictive* (QCELP)] da Qualcomm a 9.600 bps. A implementação original desse vocoder detecta atividade de voz e reduz a taxa de dados para 1.200 bps durante os períodos de silêncio. As taxas intermediárias de dados de usuário de 2.400, 4.800 e 9.600 bps também são usadas para finalidades especiais. Conforme discutido no Capítulo 8 e na Seção 11.4.4, um codificador de 14.400 bps que usa 13,4 Kbps de dados de voz (QCELP13) foi introduzido pela Qualcomm em 1995.

11.4.1 Especificações de freqüência e canal

O IS-95 é especificado para operação de enlace reverso na banda de 824 a 849 MHz e de 869 a 894 MHz para o enlace direto. Uma versão PCS do IS-95 também foi projetada para uso internacional nas bandas de 1.800 a 2.000 MHz. Um par de canais direto e reverso é separado por 45 MHz para operação da banda de celular. Muitos usuários compartilham um canal comum para transmissão. A taxa de dados máxima do usuário é de 9,6 Kbps. Os dados do usuário no IS-95 são espalhados para uma taxa de chip de canal de 1,2288 Mchips/s (um fator de espalhamento total de 128) usando uma combinação de técnicas. O processo de espalhamento é diferente para os enlaces direto e reverso na especificação CDMA original. No enlace direto, o fluxo de dados do usuário é codificado usando um código convolucional com taxa 1/2, entrelaçado e espalhado por uma de 64 seqüências de espalhamento ortogonais (funções de Walsh). Cada estação móvel em determinada célula recebe uma seqüência de espalhamento diferente, que oferece separação perfeita entre os sinais de diferentes usuários, pelo menos para o caso em que o caminho múltiplo não existe. Para reduzir a interferência entre as estações móveis que usam a mesma seqüência de espalhamento em diferentes células, e para fornecer as características espectrais de banda larga desejadas (nem todas as funções de Walsh geram um espectro de potência de banda larga), todos os sinais em determinada célula são misturados por meio de uma seqüência pseudo-aleatória de chips de tamanho 2^{15}.

A ortogonalidade entre todos os usuários do canal direto dentro de uma célula é preservada porque seus sinais são misturados de forma síncrona. Um canal piloto (código) é fornecido no enlace direto de modo que cada assinante dentro da célula possa determinar e reagir às características do canal enquanto emprega a detecção coerente. O canal piloto é transmitido em uma potência mais alta do que os canais do usuário.

No enlace reverso, uma estratégia de espalhamento diferente é usada, pois cada sinal recebido chega à estação-base por meio de um caminho de propagação diferente. O fluxo de dados do usuário do canal reverso é primeiro codificado por convolução com um código de taxa 1/3. Depois do entrelaçamento, cada bloco de seis símbolos codificados é mapeado para uma das 64 funções ortogonais de Walsh, oferecendo sinalização ortogonal de nível 64. Um espalhamento quádruplo final, que resulta em uma taxa de 1,2288 Mchips/s, é alcançado pelo espalhamento do fluxo resultante de 307,2 kchips/s pelos códigos específicos do usuário e da estação-base com períodos de $2^{42} - 1$ chips e 2^{15} chips, respectivamente. A codificação de taxa 1/3 e o mapeamento para funções de Walsh resultam em uma maior tolerância à interferência do que seria observada a partir dos códigos de espalhamento repetitivo tradicionais. Essa robustez adicional é importante no enlace reverso, devido à detecção não-coerente e à interferência na célula recebida pela estação-base.

Outro elemento essencial do enlace reverso é o controle rígido de potência de transmissão de cada assinante, para evitar o problema 'próximo-distante' que surge das potências variáveis recebidas dos usuários. Uma combinação de controle de potência de laço aberto e laço fechado veloz é usada para ajustar a potência de transmissão de cada assinante na célula, de modo que a estação-base recebe de cada usuário a mesma potência. Os comandos para o controle de potência de laço fechado são enviados a uma taxa de 800 bps, e esses bits são roubados dos quadros de voz. Sem o controle de potência veloz, as mudanças rápidas de potência devido à atenuação degradariam o desempenho de todos os usuários no sistema.

Na estação-base e no assinante, receptores RAKE são usados para resolver e combinar componentes de caminho múltiplo, reduzindo assim o grau de atenuação. Conforme descrito no Capítulo 7, um receptor RAKE explora os atrasos de tempo de caminho múltiplo em um canal e combina as réplicas adiadas do sinal transmitido a fim de melhorar a qualidade do enlace. No IS-95, um RAKE de três dedos é usado na estação-base. A arquitetura IS-95 também oferece diversidade de estação-base durante as transferências 'flexíveis', nas quais uma estação móvel que faz a transição entre células mantém enlaces com ambas as estações-base durante a transição. O receptor móvel combina os sinais das duas estações-base da mesma maneira como combinaria sinais associados com diferentes componentes de caminho múltiplo.

11.4.2 Canais de CDMA diretos

O canal CDMA direto consiste em um canal piloto, um canal de sincronização, até sete canais de paginação e até 63 canais de tráfego direto[16]. O canal piloto permite que uma estação móvel adquira temporização para o canal CDMA direto, oferece uma referência de fase para demodulação coerente e fornece a cada estação móvel meios para comparações de intensidade de sinal entre estações-base para determinar quando deve haver uma transferência. O canal de sincronização transmite mensagens de sincronização por broadcast às estações móveis e opera a 1.200 bps. O canal de paginação é usado para enviar informações de controle e mensagens de paginação da estação-base às estações móveis, e opera a 9.600, 4.800 e 2.400 bps. O *canal de tráfego direto* [*Forward Traffic Channel* (FTC)] admite taxas de dados de usuário variáveis a 9.600, 4.800, 2.400 ou 1.200 bps.

O processo de modulação do canal de tráfego direto é descrito na Figura 11.14[17]. Os dados no canal de tráfego direto são agrupados em quadros de 20 ms. Os dados do usuário são primeiro codificados por convolução e depois formatados e entrelaçados para que se ajustem à taxa de dados real do usuário, que pode variar. Depois, o sinal é espalhado com um código de Walsh e uma seqüência PN longa, a uma taxa de 1,2288 Mcps. A Tabela 11.4 lista os parâmetros de codificação e repetição para o canal de tráfego direto.

A taxa de dados de voz aplicada ao transmissor é variável de 1.200 bps a 9.600 bps.

Tabela 11.4 Resumo dos parâmetros de modulação do canal de tráfego direto do IS-95 (não reflete novo codificador de 13,4 Kbps)

Parâmetro	Taxa de dados (bps)			
Taxa de dados do usuário	9.600	4.800	2.400	1.200
Taxa de codificação	1/2	1/2	1/2	1/2
Período de repetição de dados do usuário	1	2	4	8
Taxa de dados codificados de banda base	19.200	19.200	19.200	19.200
Chips PN/Bit de dados codificado	64	64	64	64
Taxa de chips PN (Mcps)	1,2288	1,2288	1,2288	1,2288
Chips PN/Bit	128	256	512	1.024

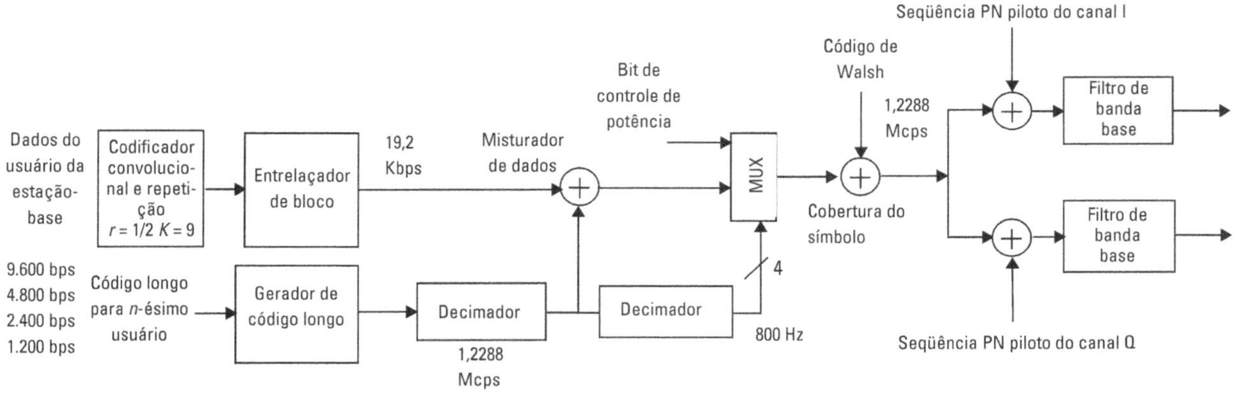

Figura 11.14 Processo de modulação do canal CDMA direto.

11.4.2.1 Codificador convolucional e circuito de repetição

A voz codificada e os dados do usuário são codificados por meio de um codificador convolucional de meia taxa com restrição de tamanho 9. O processo de codificação é descrito pelos vetores geradores G_0 e G_1, que são 753 (octal) e 561 (octal), respectivamente.

O codificador de voz explora pausas e lacunas na fala, e reduz sua saída de 9.600 bps para 1.200 bps durante períodos de silêncio. Para manter uma taxa de símbolos de banda base constante de 19,2 Kbps, sempre que a taxa do usuário é menor que 9.600 bps, cada símbolo do codificador convolucional é repetido antes do entrelaçamento em bloco. Se a taxa de informação for 4.800 bps, cada símbolo de código é repetido uma vez. Se a taxa de informação é 2.400 bps ou 1.200 bps, cada símbolo de código é repetido três ou sete vezes, respectivamente. A repetição resulta em uma taxa codificada constante de 19.200 símbolos por segundo para todas as taxas de dados possíveis.

11.4.2.2 Entrelaçador de bloco

Após a codificação convolucional e a repetição, os símbolos são enviados a um entrelaçador de bloco de 20 ms, que é um vetor de 24 por 16.

11.4.2.3 Seqüência PN longa

No canal direto, a seqüência direta é usada para a mistura de dados. A seqüência PN longa atribuída exclusivamente a cada usuário é um código longo e periódico de $2^{42} - 1$ chips. (Isso corresponde a repetir aproximadamente uma vez por século.) O código longo é especificado pelo seguinte polinômio característico[18]:

$$p(x) = x^{42} + x^{35} + x^{33} + x^{31} + x^{27} + x^{26} + x^{25} + x^{22} + x^{21} + x^{19} + x^{18} + x^{17} + x^{16} + x^{10} + x^{7} + x^{6} + x^{5} + x^{3} + x^{2} + x^{1} + 1$$

Cada chip PN do código longo é gerado pelo produto interno módulo-2 de uma máscara de 42 bits e pelo vetor de estado de 42 bits do gerador de seqüência. O estado inicial do gerador é definido para ser quando a saída do gerador se tornar '1' após seguir 41 saídas '0' consecutivas, com a máscara binária consistindo em '1' no bit mais significativo [*Most Significant Bit* (MSB)] seguido por 41 '0' s.

Dois tipos de máscaras são usados no gerador de código longo: uma máscara pública para o número de série eletrônico da estação móvel [*Electronic Serial Number* (ESN)] e uma máscara privada para o número de identificação da estação móvel [*Mobile Station Identification Number* (MIN)]. Todas as chamadas CDMA são iniciadas usando-se a máscara pública. A transição para a máscara privada é executada após a realização da autenticação. O código longo público é especificado da seguinte forma: de M_{41} até M_{32} é configurado para 1100011000, e de M_{31} até M_0 é configurado para uma permutação dos bits ESN da estação móvel. A permutação é especificada da seguinte forma[19]:

$$ESN = (E_{31},E_{30},E_{29},E_{28},E_{27},\ldots\ldots\ldots E_3,E_2,E_1,E_0)$$

$$\text{ESN permutado} = (E_0, E_{31}, E_{22}, E_{13}, E_4, E_{26}, E_{17}, E_8,E_{30},E_{21},E_{12},E_3, E_{25},E_{16},E_7, E_{29}, E_{20}, E_{11}, E_2, E_{24},E_{15}, E_6, E_{28}, E_{19}, E_{10}, E_1, E_{23}, E_{14},E_5, E_{27}, E_{18}, E_9)$$

A máscara privada de código longo é especificada de modo que M_{41} e M_{40} sejam definidos como '01', e de M_{39} até M_0 sejam definidos por um procedimento privado. A Figura 11.15 ilustra o formato de máscara de código longo.

11.4.2.4 Misturador de dados

A mistura de dados é realizada após o entrelaçador de bloco. A seqüência PN de 1,2288 MHz é aplicada a um decimador, que mantém apenas o primeiro chip de cada 64 chips PN consecutivos. A taxa de símbolos do decimador é 19,2 Ksps. A mistura de dados é realizada pela adição módulo-2 da saída do entrelaçador com o símbolo de saída do decimador, como mostra a Figura 11.14.

11.4.2.5 Subcanal de controle de potência

Para minimizar a BER média para cada usuário, o IS-95 busca forçar cada um deles a fornecer o mesmo nível de po-

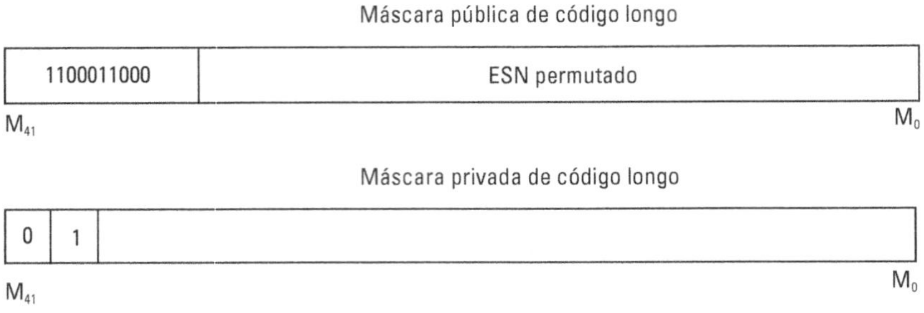

Figura 11.15 Formato de máscara de código longo para IS-95.

tência no receptor da estação-base. O canal de tráfego reverso da estação-base estima e responde à intensidade do sinal (na realidade, a intensidade do sinal e a interferência) para determinada estação móvel. Como o sinal e a interferência estão variando continuamente, as atualizações do controle de potência são enviadas pela estação-base a cada 1,25 ms. Comandos do controle de potência são enviados a cada unidade de assinante no subcanal do controle direto que instrui a estação móvel a elevar ou abaixar sua potência transmitida em etapas de 1 dB. Se o sinal recebido for baixo, um '0' é transmitido pelo subcanal do controle de potência, instruindo assim a estação móvel a aumentar seu nível médio de potência de saída. Se a potência da estação móvel for alta, um '1' é transmitido para indicar que a estação móvel deve diminuir seu nível de potência. O bit de controle de potência corresponde a dois símbolos de modulação no canal de tráfego direto. Os bits de controle de potência são inseridos após a mistura de dados, como mostra a Figura 11.16.

Os bits de controle de potência são transmitidos usando-se técnicas de remoção de bits de paridade[20]. Durante um período de 1,25 ms, 24 símbolos de dados são transmitidos, e o IS-95 especifica 16 posições de grupo de controle de potência possíveis para o bit de controle de potência. Cada posição corresponde a um dos primeiros 16 símbolos de modulação. Vinte e quatro bits do decimador de código longo são usados para mistura de dados em um período de 1,25 ms. Somente os quatro últimos bits dos 24 bits são usados para determinar a posição do bit de controle de potência. No exemplo mostrado na Figura 11.16, os quatro últimos bits (23, 22, 21 e 20) são '1011' (11 em decimal), e o bit de controle de potência, conseqüentemente, é iniciado na posição onze.

11.4.2.6 Cobertura ortogonal

A cobertura ortogonal é realizada após a mistura de dados no enlace direto. Cada canal de tráfego transmitido no canal CDMA direto é espalhado com uma função de Walsh em uma taxa de chips fixa de 1,2288 Mcps. As funções de Walsh compreendem 64 seqüências binárias, cada uma de tamanho 64, que são completamente ortogonais entre si e oferecem canalização ortogonal para todos os usuários no enlace direto. Um usuário que é espalhado usando a função de Walsh n recebe o número de canal n ($n = 0$ a 63). A seqüência de Walsh se repete a cada 52,083 μs, que é igual a um símbolo de dados codificado. Em outras palavras, cada símbolo de dados é espalhado por 64 chips de Walsh.

A matriz da função de Walsh de 64 por 64 (também chamada matriz de Hadamard) é gerada pelo seguinte procedimento recursivo:

$$H_1 = 0 \qquad H_2 = \begin{matrix} 0 & 0 \\ 0 & 1 \end{matrix}$$

$$H_4 = \begin{matrix} 0 & 0 & 0 & 0 \\ 0 & 1 & 0 & 1 \\ 0 & 0 & 1 & 1 \\ 0 & 1 & 1 & 0 \end{matrix} \qquad H_{2N} = \begin{matrix} H_N & H_N \\ H_N & \overline{H_N} \end{matrix}, \quad \text{onde } N \text{ é uma potência de 2}$$

Cada linha na matriz da função de Walsh de 64 por 64 corresponde a um número de canal. Para o número de canal n, os símbolos no transmissor são espalhados pelos 64 chips de Walsh na n-ésima linha da matriz da função de Walsh. O número de canal 0 sempre é atribuído ao canal piloto. Como o canal 0 representa o código de Walsh 0, que é o código formado apenas por zeros, o canal piloto é nada mais do que um código de Walsh 'em branco' e consiste apenas no código de espalhamento de PN em quadratura. O canal de sincronismo é vital ao sistema IS-95 e recebe o canal número 32. Se os canais de paginação estiverem presentes, eles são atribuídos aos canais de número de código mais baixos. Todos os canais restantes estão disponíveis para canais de tráfego direto.

11.4.2.7 Modulação por quadratura

Após a cobertura ortogonal, os símbolos são espalhados em quadratura, como mostra a Figura 11.14. Uma pequena seqüência de espalhamento binário, com um período de $2^{15} - 1$ chips, é usada para a fácil aquisição e sincronismo em cada receptor móvel, e é usada para modulação. Essa seqüência curta de espalhamento é chamada de seqüência PN piloto, e é baseada nos seguintes polinômios característicos:

$$P_I(x) = x^{15} + x^{13} + x^9 + x^8 + x^7 + x^5 + 1$$

para a modulação em fase (I) e

$$P_Q(x) = x^{15} + x^{12} + x^{11} + x^{10} + x^6 + x^5 + x^4 + x^3 + 1$$

para a modulação por quadratura (Q).

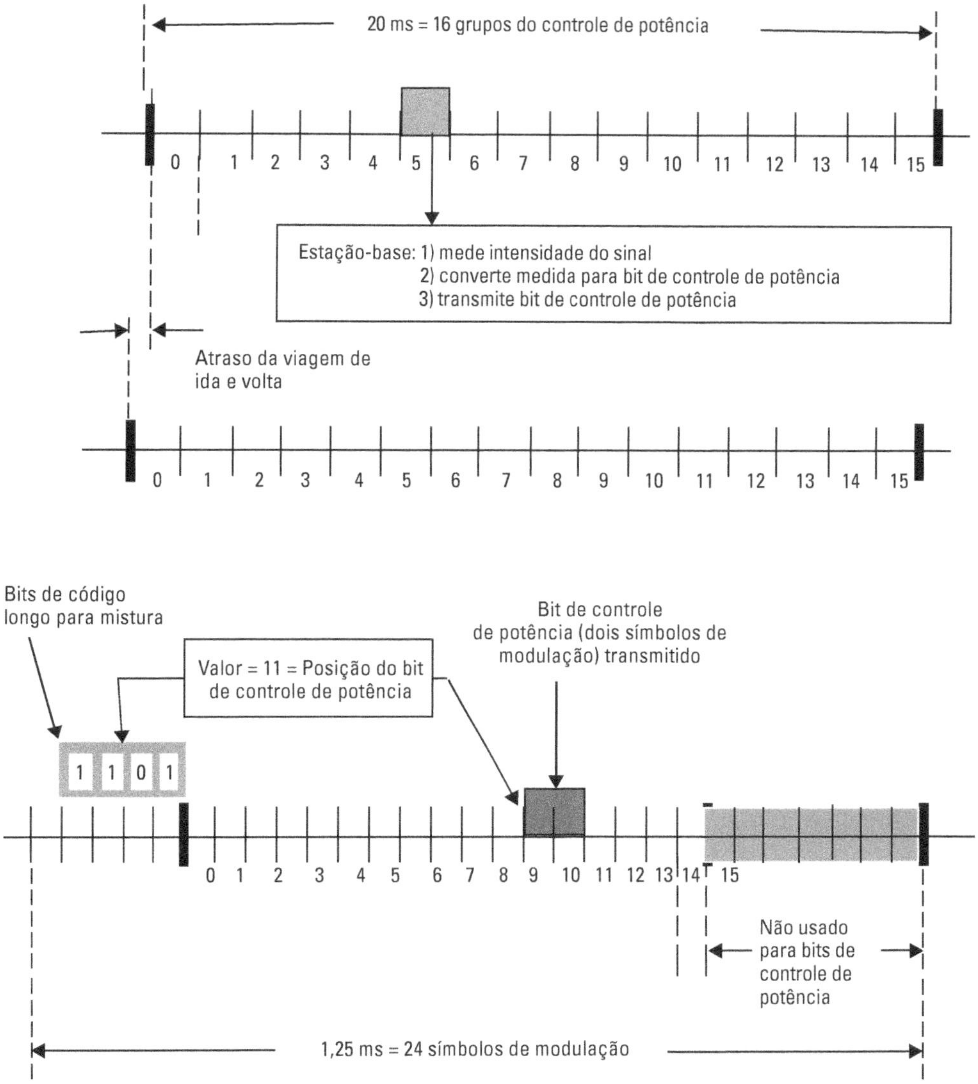

Figura 11.16 Aleatorização das posições do bit de controle de potência em um canal de tráfego direto IS-95.

Com base nos polinômios característicos, as seqüências PN piloto $i(n)$ e $q(n)$ são geradas pelas seguintes recursões lineares:

$$i(n) = i(n-15) \oplus i(n-10) \oplus i(n-8) \oplus i(n-7) \oplus i(n-6) \oplus i(n-2)$$

$$q(n) = q(n-15) \oplus q(n-13) \oplus q(n-11) \oplus q(n-10) \oplus q(n-9) \oplus q(n-5) \oplus q(n-4) \oplus q(n-3)$$

onde os códigos PN em fase e em quadratura são usados respectivamente, e $\oplus$ representa a adição em módulo-2. Um '0' é inserido em cada seqüência após a sucessão contígua de 14 '0' s, para gerar as seqüências PN piloto de tamanho 2^{15}. O estado inicial das seqüências PN piloto I e Q é definido como o estado no qual a saída do gerador da seqüência PN piloto é a primeira saída '1' após 15 saídas '0' consecutivas. As taxas de chip para as seqüências PN piloto são 1,2288 Mcps. As saídas I e Q binárias do espalhamento por quadratura são mapeadas em fase de acordo com a Tabela 11.5.

Tabela 11.5 Mapeamento I e Q do canal CDMA direto

I	Q	Fase
0	0	$\pi/4$
1	0	$3\pi/4$
1	1	$-3\pi/4$
0	1	$-\pi/4$

11.4.3 Canal CDMA reverso

O processo de modulação de canal do tráfego reverso é mostrado na Figura 11.17. Os dados do usuário no canal reverso são agrupados em quadros de 20 ms. Todos os dados

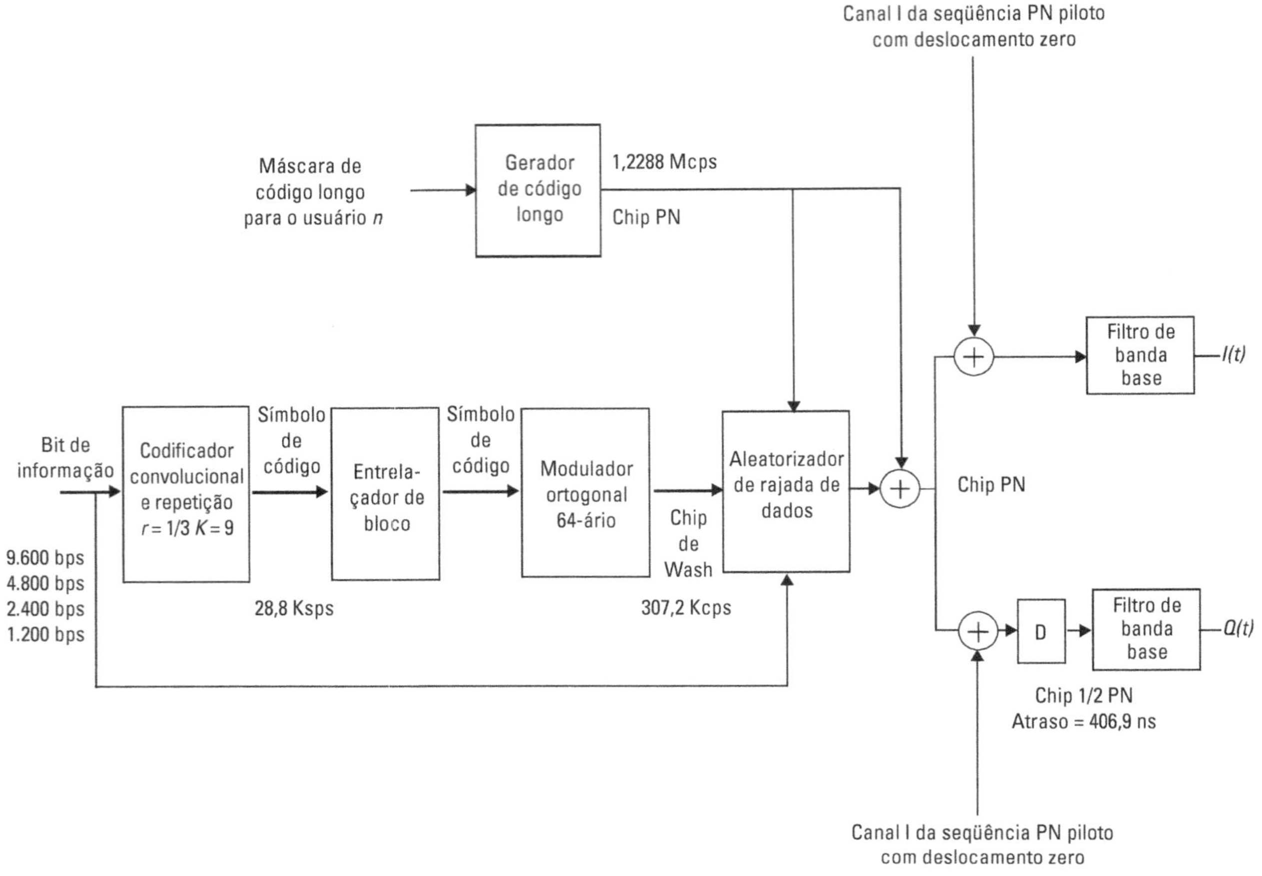

Figura 11.17 Aleatorização das posições do bit de controle de potência em um canal de tráfego direto IS-95.

transmitidos no canal reverso são codificados por convolução, entrelaçados em bloco, modulados por uma modulação ortogonal 64-ária, e espalhados antes da transmissão. A Tabela 11.6 mostra os parâmetros de modulação para o canal de tráfego reverso[21]. A taxa de dados ou de voz no canal reverso pode ser enviada a 9.600, 4.800, 2.400 ou 1.200 bps.

Os canais CDMA reversos são compostos de *canais de acesso* [*Access Channels* (ACs)] e *canais de tráfego reverso* [*Reverse Traffic Channels* (RTCs)]. Ambos compartilham a mesma atribuição de freqüência, e cada canal de Tráfego/Acesso é identificado por um código de usuário longo distinto. O canal de acesso é usado pela estação móvel para iniciar a comunicação com a estação-base e responder às mensagens do canal de paginação. O canal de acesso é um canal de acesso aleatório com cada usuário do canal identificado exclusivamente por seus códigos longos. O canal CDMA reverso pode conter um máximo de 32 ACs por canal de paginação suportado. Enquanto o RTC opera em uma taxa de dados variável, o AC trabalha em uma taxa de dados fixa de 4.800 bps.

11.4.3.1 Codificador convolucional e repetição de símbolo

O codificador convolucional usado no canal de tráfego reverso tem taxa 1/3 e restrição de tamanho 9. Os três vetores geradores g_0, g_1 e g_2 são 557 (octal), 663 (octal) e 771 (octal), respectivamente.

Os bits codificados após o codificador convolucional são repetidos antes do entrelaçamento quando a taxa de dados é menor que 9.600 bps. Isso é idêntico ao método usado no canal direto. Após a repetição, a taxa de símbolos do codificador é fixada em 28.800 bps.

11.4.3.2 Entrelaçador de bloco

O entrelaçamento de bloco é realizado após a codificação convolucional e repetição. Ele se estende por 20 ms, e é um vetor com 32 linhas e 18 colunas. Os símbolos de código são escritos na matriz por colunas e lidos por linhas.

Tabela 11.6 Resumo dos parâmetros de modulação do canal de tráfego reverso (não reflete o codificador recentede 13,4 Kbps)

Parâmetro	Taxa de dados (bps)			
Taxa de dados do usuário	9.600	4.800	2.400	1.200
Taxa de código	1/3	1/3	1/3	1/3
Ciclo de duração de TX (%)	100,0	50,0	25,0	12,5
Taxa de dados codificados (sps)	28.800	28.800	28.800	28.800
Bits por símbolo de Walsh	6	6	6	6
Taxa de símbolo de Walsh	4.800	4.800	4.800	4.800
Taxa de chips de Walsh (Kcps)	307,2	307,2	307,2	307,2
Duração de símbolo de Walsh (μs)	208,33	208,33	208,33	208,33
Chips PN/Símbolo de código	42,67	42,67	42,67	42,67
Chips PN/Símbolo de Walsh	256	256	256	256
Chips PN/Chip de Walsh	4	4	4	4
Taxa de chips PN (Mcps)	1,2288	1,2288	1,2288	1,2288

11.4.3.3 Modulação ortogonal

Uma modulação ortogonal 64-ária é usada para o canal CDMA reverso. Uma das 64 funções de Walsh possíveis é transmitida para cada grupo de seis bits codificados. Dentro de uma função de Walsh, 64 chips Walsh são transmitidos. A função de Walsh em particular é selecionada de acordo com a seguinte fórmula:

Número da função de Walsh = $c_0 + 2c_1 + 4c_2 + 8c_3 + 16c_4 + 32c_5$,

onde c_5 representa o último bit codificado e c_0 representa o primeiro bit codificado de cada grupo de seis símbolos codificados que são usados para selecionar uma função de Walsh. Os chips de Walsh são transmitidos a uma taxa de 307,2 kcps, como mostra a Equação 11.1

$$28{,}8 \text{ Kbps} \times (64 \text{ chips de Walsh})/(6 \text{ bits codificados}) = 307{,}2 \text{ Kbps} \quad (11.1)$$

Observe que as funções de Walsh são usadas para diferentes finalidades nos canais direto e reverso. No canal direto, as funções de Walsh são usadas para espalhamento, para indicar um canal de usuário em particular, enquanto no canal reverso elas são usadas para modulação de dados.

11.4.3.4 Transmissão com taxa de dados variável

Dados com taxa variável são enviados no canal CDMA reverso. A repetição de símbolo de código introduz redundância quando a taxa de dados é menor que 9.600 bps. Um aleatorizador de dados é usado para transmitir certos bits enquanto desliga o transmissor em outras ocasiões. Quando a taxa de dados é 9.600 bps, todos os bits de saída do entrelaçador são transmitidos. Quando a taxa de dados é 4.800 bps, metade dos bits de saída do entrelaçador é transmitida, e a unidade móvel não transmite em 50% do tempo, e assim por diante (ver Tabela 11.6). A Figura 11.18 ilustra o processo sob diferentes taxas de dados[22]. Os dados em cada quadro de 20 ms são divididos em 16 grupos de controle de potência, cada um com período de 1,25 ms. Alguns grupos do controle de potência são 'de subida' (*gated-on*), enquanto outros são 'de descida' (*gated-off*). O aleatorizador da rajada de dados garante que cada símbolo de código repetido seja transmitido exatamente uma vez. Durante o processo de descida, a estação móvel reduz seu EIRP em pelo menos 20 dB com relação à potência do período de subida mais recente, ou para a base do ruído do transmissor, o que for maior. Isso reduz a interferência para outras estações móveis que operam no mesmo canal CDMA reverso.

O aleatorizador de rajada de dados gera um padrão de máscara de '0's e '1's que mascara aleatoriamente os dados redundantes gerados pelo processo de repetição de código. Um bloco de 14 bits tirados do código longo determina o padrão da máscara. Os 14 últimos bits do código longo usado para o espalhamento do segundo ao último grupo de controle de potência do quadro anterior são usados para determinar a máscara aleatória para o *gating*. Esses 14 bits são indicados como

$$b_0\, b_1\, b_2\, b_3\, b_4\, b_5\, b_6\, b_7\, b_8\, b_9\, b_{10}\, b_{11}\, b_{12}\, b_{13}$$

onde b_0 representa o bit mais antigo, e b_{13} representa o bit mais recente. O algoritmo do aleatorizador de dados é o seguinte:

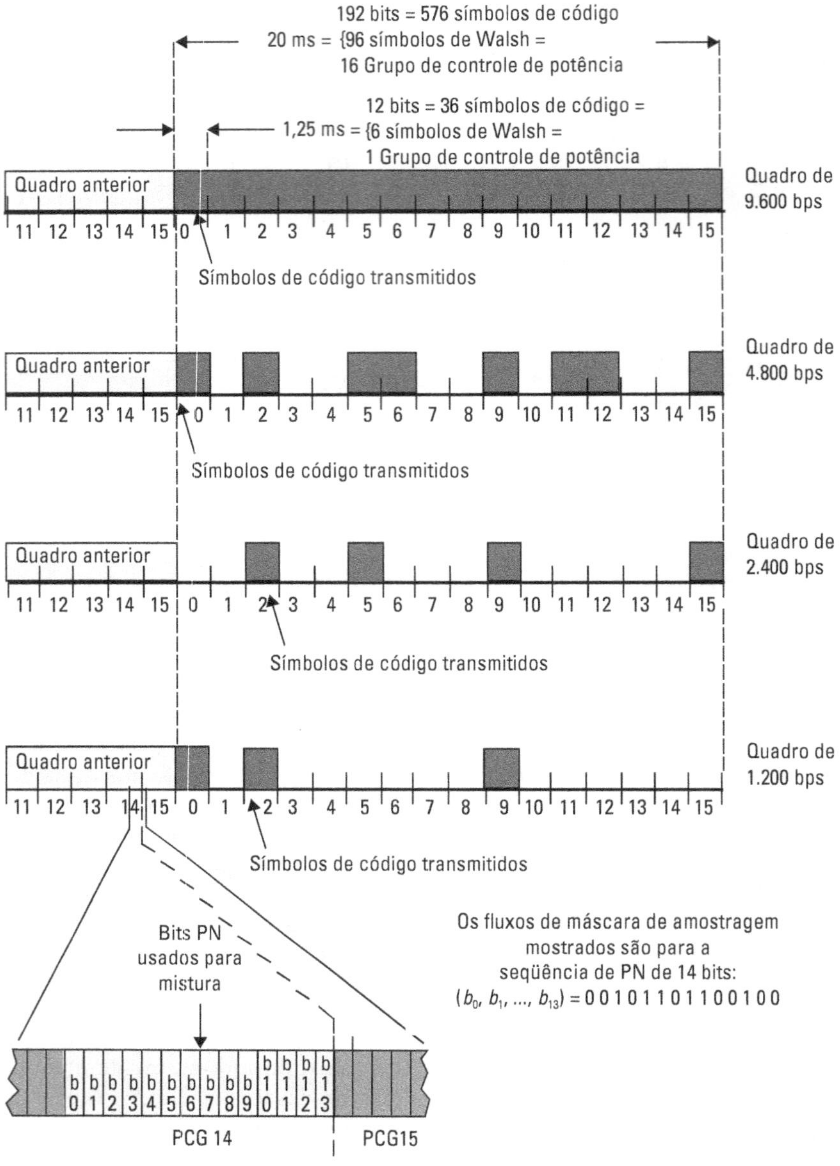

Figura 11.18 Exemplo de transmissão com taxa de dados variável no canal IS-95 reverso.

- Se a taxa de dados do usuário for 9.600 bps, a transmissão ocorre em todos os 16 grupos de controle de potência.
- Se a taxa de dados do usuário for 4.800 bps, a transmissão ocorre em oito grupos de controle de potência, dados como

$$b_0,\ 2 + b_1,\ 4 + b_2,\ 6 + b_3,\ 8 + b_4,\ 10 + b_5,\ 12 + b_6,\ 14 + b_7$$

- Se a taxa de dados do usuário for 2.400 bps, a transmissão ocorre em quatro grupos de controle de potência numerados.

  1) b_0 se $b_8 = 0$, ou $2 + b_1$ se $b_8 = 1$
  2) $4 + b_2$ se $b_9 = 0$, ou $6 + b_3$ se $b_9 = 1$
  3) $8 + b_4$ se $b_{10} = 0$, ou $10 + b_5$ se $b_{10} = 1$
  4) $12 + b_6$ se $b_{11} = 0$, ou $14 + b_7$ se $b_{11} = 1$

- Se a taxa de dados do usuário for 1.200 bps, a transmissão ocorre em dois grupos de controle de potência, numerados como:

  1) b_0 se ($b_8 = 1$ e $b_{12} = 0$), ou $2 + b_1$ se ($b_8 = 1$ e $b_{12} = 0$), ou $4 + b_2$ se ($b_9 = 0$ e $b_{12} = 1$), ou $6 + b_3$ se ($b_9 = 1$ e $b_{12} = 1$);
  2) $8 + b_4$ se ($b_{10} = 0$ e $b_{13} = 0$), ou $10 + b_5$ se ($b_{10} = 1$ e $b_{13} = 0$), ou $12 + b_6$ se ($b_{11} = 0$ e $b_{13} = 1$), ou $14 + b_7$ se ($b_{11} = 1$ e $b_{13} = 1$).

11.4.3.5 Espalhamento por seqüência direta

O canal de tráfego reverso é espalhado pela seqüência PN de código longo que opera a uma taxa de 1,2288 Mcps. O código longo é gerado conforme descreve a Seção 11.4.2.3 para o canal direto. Cada chip de Walsh é espalhado por quatro chips PN de código longo.

11.4.3.6 Modulação por quadratura

Antes da transmissão, o canal de tráfego reverso é espalhado pelas seqüências PN piloto do canal *I* e *Q*, que são idênticas àquelas usadas no processo do canal CDMA direto. Essas seqüências piloto são usadas para fins de sincronização. A modulação do enlace reverso é o *Chaveamento por Deslocamento de Fase em Quadratura Deslocado* [*Offset Quadrature Phase Shift Keying* (OQPSK)]. O espalhamento de dados pela seqüência PN piloto *Q* é adiado por metade de um chip (406,901 ns) em relação aos dados espalhados pela seqüência PN piloto *I*. Esse atraso é usado para melhorar a modelagem e o sincronismo espectral. Os dados binários *I* e *Q* são mapeados em fase de acordo com a Tabela 11.5.

11.4.4 IS-95 com codificador de voz de 14,4 Kbps[23]

Para acomodar uma taxa de dados mais alta, melhorando a qualidade da voz, a estrutura da interface de ar do IS-95 foi modificada para acomodar serviços com taxa de dados mais alta para PCS. No enlace reverso, a taxa do código convolucional foi alterada da taxa 1/3 para a taxa 1/2. No enlace direto, a taxa do código convolucional foi alterada da taxa 1/2 para a taxa 3/4, removendo-se dois de cada seis símbolos do fluxo de símbolos codificados original com taxa 1/2. Essas mudanças aumentam as taxas de dados efetivas da informação de 9.600, 4.800, 2.400 e 1.200 bps para 14.400, 7.200, 3.600 e 1.800 bps, respectivamente, enquanto mantêm inalterada a numerologia restante da estrutura da interface de ar.

Um codificador de voz com taxa variável, QCELP13, foi projetado para operar com esse canal com taxa de dados mais alta. QCELP13 é uma versão modificada do QCELP. Além de usar a taxa de dados mais alta para melhorar a quantização do resíduo de LPC, o QCELP13 tem várias outras melhorias em relação ao algoritmo QCELP, incluindo melhor quantização espectral, melhor detecção da atividade de voz, melhor previsão de entonação e pós-filtragem de entonação. O algoritmo QCELP13 pode operar em vários modelos. O modo 0 opera da mesma maneira que o codificador de voz QCELP original. O QCELP13 codifica o sinal de voz na taxa de dados mais alta quando a voz ativa está presente e na taxa de dados mais baixa quando ocioso. As taxas de dados intermediárias são usadas para diferentes modos de voz, como voz estacionária e quadros sem voz, reduzindo assim a taxa de dados média e aumentando a capacidade do sistema.

11.5 Padrão CT2 para telefones sem fio

O CT2 foi a segunda geração de telefones sem fio introduzidos na Grã-Bretanha em 1989[24]. O sistema CT2 foi projetado para uso em ambientes domésticos ou de escritório. Ele é usado para fornecer *serviços de teleponto*, que permitem que um assinante use aparelhos portáteis CT2 em um teleponto público (uma cabine telefônica pública ou um poste de iluminação) para acessar a PSTN.

11.5.1 Serviços e recursos do CT2

O CT2 é uma versão digital dos telefones sem fio analógicos, de primeira geração. Em comparação com os telefones sem fio analógicos, o CT2 oferece boa qualidade de voz, é mais resistente a interferência, ruído e atenuação, e, como outros telefones pessoais, usa um aparelho compacto com antena embutida. A transmissão digital oferece melhor segurança. As chamadas só podem ser feitas por meio da entrada de um PIN, tornando os aparelhos inúteis para usuários não-autorizados. A bateria em uma unidade de assinante CT2 tem um tempo de voz de três horas e um tempo de espera (*stand-by*) de 40 horas. O sistema CT2 usa alocação dinâmica de canal, o que minimiza o planejamento e a organização do sistema dentro de um ambiente de escritório ou urbano muito ocupado.

11.5.2 O padrão CT2

O padrão CT2 define como a *Parte Fixa sem Fio* [*Cordless Fixed Part* (CFP)] e a *Parte Portátil sem Fio* [*Cordless Portable Part* (CPP)] se comunicam através de um enlace de rádio. A CFP corresponde a uma estação-base e a CPP corresponde a uma unidade de assinante. As freqüências alocadas à CT2 na Europa e Hong Kong estão na faixa de 864,10 MHz a 868,10 MHz. Dentro dessa faixa de freqüência, 40 canais TDD foram atribuídos, cada um com 100 kHz de largura de banda.

O padrão CT2 define três camadas de sinalização da interface de ar e as técnicas de codificação de voz. A camada 1 define a técnica TDD, multiplexação de dados e iniciação de enlace, e aperto de mão (*handshaking*). A camada 2 define confirmação de dados e detecção de erro, além de manutenção de enlace. A camada 3 define os protocolos usados para conectar a CT2 à PSTN. A Tabela 11.7 resume a especificação da interface de ar CT2.

Modulação — Todos os canais usam *Filtro Gaussiano com Chaveamento por Deslocamento de Freqüência Binário* [*Gaussian Filtered Binary Frequency-Shift Keying* (GFSK)] com transições de bit restritas à fase contínua. O filtro mais utilizado tem um produto de período de bit de largura de banda $BT = 0{,}3$, e o desvio de freqüência de pico é um máximo de 25,2 kHz sob todos os padrões de dados possíveis. A taxa de transmissão de canal é de 72 Kbps.

Codificação de voz — As formas de onda de voz são codificadas usando ADPCM com uma taxa de bits de 32 Kbps[25]. O algoritmo usado é compatível com o padrão CCITT G.721.

Duplexação — A conversação duplex é alcançada usando duplexação por divisão de tempo (TDD). Um

Tabela 11.7 Resumo das especificações de rádio CT2

Parâmetro	Especificação
Freqüência	864,15–868,05 MHz
Acesso múltiplo	FDMA
Duplexação	TDD
Número de canais	40
Espaçamento do canal	100 kHz
Número de canais/prestadora	1
Tipo de modulação	GMSK 2 níveis ($BT = 0,3$)
Faixa de desvio de freqüência de pico	14,4–25,2 kHz
Taxa de dados do canal	72 Kbps
Eficiência espectral	50 Erlangs/km^2/MHz
Eficiência da largura de banda	0,72 bps/Hz
Codificação de voz	32 kbps ADPCM (G.721)
Taxa do canal de controle (rede)	1.000/2.000 bps
Potência máxima irradiada efetiva	10 mW
Controle de potência	Sim
Alocação dinâmica de canal	Sim
Sensibilidade do receptor	40 dB V/m ou melhor com BER de 0,001
Duração do quadro	2 ms
Codificação do canal	código em bloco cíclico (63,48)

quadro CT2 tem uma duração de 2 ms e é dividido igualmente entre o enlace direto e reverso. A voz digitalizada de 32 Kbps é transmitida a uma taxa de 64 Kbps. Cada 2 ms de voz do usuário é transmitido em 1 ms, com uma lacuna de 1 ms usada para o caminho de retorno da voz. Isso elimina a necessidade de freqüências emparelhadas em um filtro duplex na unidade do assinante. Como cada canal CT2 admite 72 Kbps de dados, os 8 Kbps restantes são usados para dados de controle (o subcanal D) e sincronismo de rajada (o subcanal SYN). Dependendo das situações do CT2, a largura de banda do canal pode ser alocada a um ou mais dos subcanais. As diferentes combinações possíveis de subcanal são chamadas *multiplexos*, e três multiplexos diferentes podem ser usados no CT2 (outros detalhes poderão ser encontrados em Steedman[26] e Padyett et al.[27]).

11.6 Telefone sem Fio Digital Europeu (DECT)

O *Telefone sem Fio Digital Europeu* [*Digital European Cordless Telephone* (DECT)] é um padrão universal de telefone sem fio, desenvolvido pelo *European Telecommunications Standards Institute* (ETSI)[28]. Ele é o primeiro padrão pan-europeu para telefones sem fio, e foi finalizado em julho de 1992.

11.6.1 Recursos e características

O DECT oferece uma estrutura de comunicações sem fio para telecomunicações de curta distância com alta densidade de tráfego, e abrange uma grande faixa de aplicações e ambientes. Ele oferece excelente qualidade e serviços para aplicações de voz e dados[29]. A principal função do DECT é oferecer mobilidade local para usuários portáteis em uma PBX dentro de um prédio. O padrão DECT também admite serviços de teleponto. O DECT é configurado em torno de um padrão aberto (OSI), permitindo a interconexão de redes remotas fixas ou móveis, como ISDN ou GSM, a uma população de assinantes portáteis. Ele oferece acesso por rádio de baixa potência entre partes portáteis e estações-base fixas em distâncias de até algumas centenas de metros.

11.6.2 Arquitetura DECT

O sistema DECT é baseado nos princípios do modelo OSI de uma maneira semelhante ao da ISDN. Um plano de controle (plano C) e um plano do usuário (plano U) utilizam os serviços fornecidos pelas camadas mais baixas [ou seja, a camada física e a camada do controle de acesso ao meio (MAC)]. O DECT é capaz de paginar até 6.000 assinantes sem a necessidade de saber em que célula eles residem (não há registro), e, diferentemente de outros padrões de celular, como AMPS ou GSM, o DECT não é um conceito de sistema total. Ele foi projetado para acesso pelo laço de rádio local ou área metropolitana, mas pode ser usado em conjunto com os sistemas sem fio remotos, como GSM[30]. O DECT utiliza alocação dinâmica de canal, com base nos sinais recebidos pelo usuário portátil, e é projetado especificamente para admitir apenas transferências em velocidades de pedestre.

Camada física — O DECT usa um método de transmissão de rádio FDMA/TDMA/TDD. Dentro de um slot de tempo TDMA, uma seleção dinâmica de uma entre dez freqüências de portadora é utilizada. A especificação da camada física requer que os canais tenham uma largura de banda com 1,5 vez a taxa de dados do canal de 1.152 Kbps, o que resulta em uma largura de banda de canal de 1,728 MHz. O DECT possui 24 slots de tempo por quadro, e 12 slots são usados para comunicações da parte fixa para a portátil (base ao aparelho) e 12 slots de tempo para as comunicações do aparelho portátil ao fixo (aparelho à base). Esses 24 slots de tempo compõem um quadro DECT, que tem uma duração de 10 ms. Em cada slot de tempo, 480 bits são alocados para 32 bits de sincronismo, 388 bits de dados e 60 bits de tempo de guarda. O slot de tempo TDMA do DECT e as estruturas de quadro aparecem na Figura 11.19.

Camada de controle de acesso ao meio (MAC) — A camada MAC consiste em um canal de paginação e um canal de controle para a transferência de informações de sinalização ao plano C. O plano U é atendido por canais para a transferência de informações do usuário (para serviços ISDN e serviços de repasse ou comutação de quadros). A taxa de bits normal do canal de informação do usuário é de 32 Kbps. O DECT, porém, também admite outras taxas de bits. Por exemplo, 64 Kbps e outros múltiplos de 32 Kbps para ISDN e aplicações tipo LAN. A camada MAC também admite transferência de chamadas e um serviço de 'guia' por broadcast, que permite que todas as unidades portáteis ociosas achem a melhor porta de rádio fixa para utilização.

Camada de controle do enlace de dados (DLC) — A camada DLC é responsável por fornecer enlaces de dados confiáveis à camada de rede e divide os canais lógicos e físicos em slots de tempo para cada usuário. O DLC oferece formatação e proteção/correção de erro para cada slot de tempo.

Camada de rede — A camada de rede é a principal camada de sinalização do DECT, e é baseada nos protocolos ISDN (camada 3) e GSM. A camada de rede DECT oferece serviços de controle de chamada e comutação de circuitos selecionados de um dos serviços DLC, além de serviços de mensagem orientados a conexão e gerenciamento de mobilidade.

11.6.3 Conceito funcional do DECT

O subsistema DECT é um sistema de telefone sem fio microcelular ou picocelular, que pode ser integrado ou

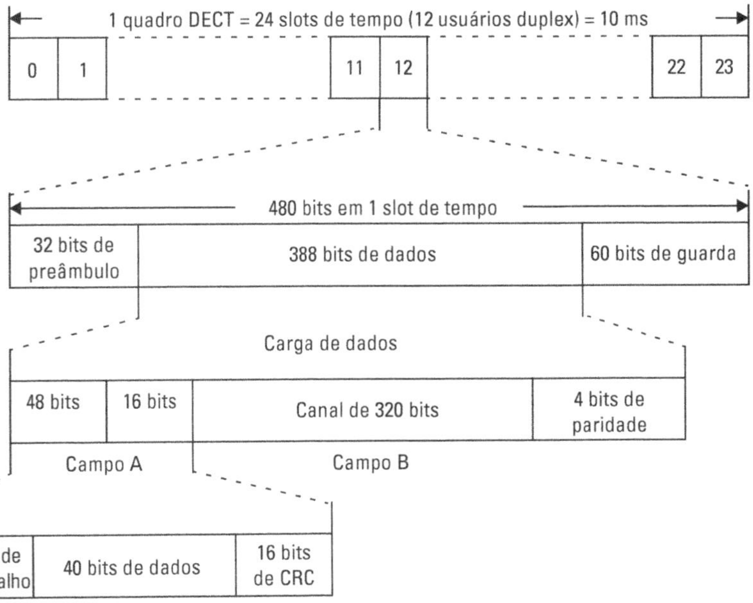

Figura 11.19 Estrutura do quadro TDMA DECT.

conectado a uma PABX ou à PSTN. Um sistema DECT sempre consiste nas seguintes cinco entidades funcionais, mostradas na Figura 11.20:

- **Aparelho portátil [*Portable Handset* (PH)]** — Esse é o aparelho ou terminal móvel. Além disso, adaptadores de terminal sem fio [*Cordless Terminal Adapters* (CTAs)] podem ser usados para fornecer comunicações por fax ou vídeo.
- **Parte fixa de rádio [*Radio Fixed Part* (RFP)]** — Fornece suporte à camada física da interface de ar comum do DECT. Cada RFP abrange uma célula em um sistema microcelular. A transmissão de rádio entre RFP e a unidade portátil utiliza TDMA de portadora múltipla. Uma operação duplex é obtida usando-se duplexação por divisão de tempo (TDD).
- **Controlador sem fio [*Cordless Controller* (CC) ou controlador de cluster]** — Trata das camadas MAC, DLC e de rede para uma RFP ou para um cluster de RFPs e, assim, forma a unidade de controle central do equipamento DECT. A codificação da voz é feita no CC usando-se ADPCM a 32 Kbps.
- **Unidade de interface específica da rede** — Dá suporte à habilidade de completar a chamada em um ambiente de múltiplos aparelhos. A interface recomendada pelo CCITT é a G.732, baseada em protocolos ISDN.
- **Serviços suplementares** — Oferece autenticação e cobrança centralizadas quando o DECT é usado para oferecer serviços de teleponto, e oferece gerenciamento de mobilidade quando o DECT é usado na rede PABX de locais múltiplos.

Como o sistema é limitado pelo *C/I*, a capacidade pode ser aumentada e a interferência de outros sistemas diminuída instalando-se os RFPs em locais mais próximos. Isso é ilustrado na Figura 11.20.

11.6.4 Enlace de rádio DECT

O DECT opera na banda de 1.880 MHz a 1.900 MHz. Dentro dessa banda, o padrão DECT define dez canais, de 1881,792 MHz a 1897,344 MHz, com um espaçamento de 1.728 kHz. O DECT admite uma estrutura de Portadora Múltipla/TDMA/TDD. Cada estação-base oferece uma estrutura de quadro que suporta 12 canais de voz duplex, e cada slot de tempo pode ocupar qualquer um dos canais DECT. Assim, estações-base DECT admitem FHMA em cima da estrutura TDMA/TDD. Se a opção de salto de freqüência estiver desativada para cada estação-base DECT, um total de 120 canais dentro do espectro DECT são fornecidos antes que a reutilização de freqüência seja necessária. Cada slot de tempo pode ser atribuído a um canal diferente a fim de explorar as vantagens oferecidas pelo salto de freqüência, e para evitar interferência de outros usuários em um padrão assíncrono.

Tipos de canal — Dados do usuário DECT são fornecidos em cada slot de tempo do campo B (ver Figura 11.19). Trezentos e vinte bits do usuário são fornecidos durante cada slot de tempo, gerando um fluxo de dados de 32 Kbps por usuário. Nenhuma correção de erro é fornecida, embora 4 bits de paridade sejam usados para a detecção de erro primitiva.

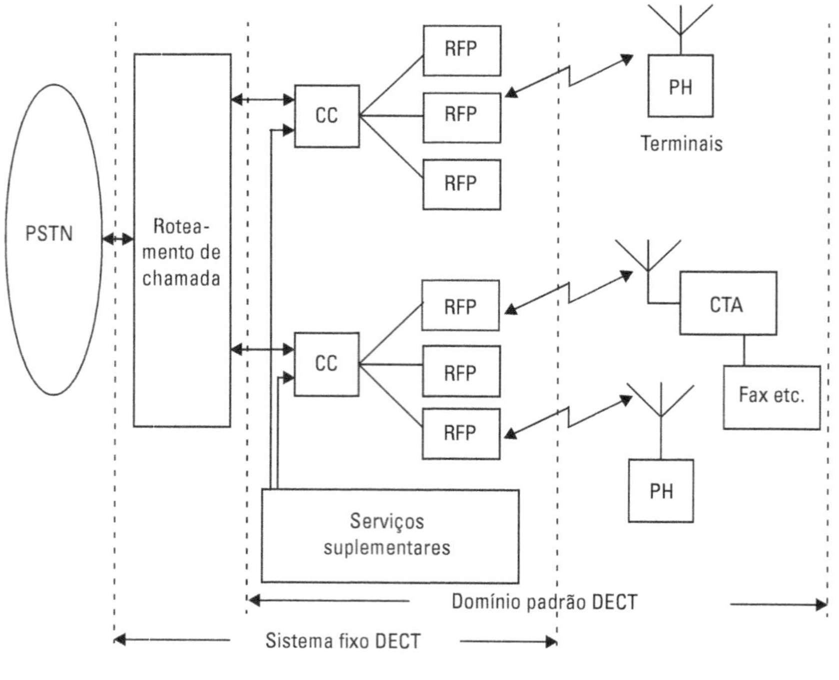

Figura 11.20 Conceito funcional do DECT.

As informações de controle do DECT são transportadas por 64 bits em cada slot de tempo de uma chamada estabelecida (ver Figura 11.19). Esses bits são atribuídos a um dos quatro canais lógicos, dependendo da natureza da informação de controle. Assim, a taxa de dados bruta do canal de controle é de 6,4 Kbps por usuário. O DECT conta com detecção de erro e retransmissão para a entrega precisa da informação de controle. Cada palavra de controle de 64 bits contém 16 bits de verificação de redundância cíclica (CRC), além dos 48 bits de dados de controle. A vazão máxima de informação no canal de controle DECT é de 4,8 Kbps.

Codificação de voz — A voz analógica é digitalizada no PCM usando uma taxa de amostragem de 8 kHz. As amostras de voz digital são codificadas por ADPCM a 32 Kbps, seguindo as recomendações CCITT G.721.

Codificação do canal — Para sinais de voz, nenhuma codificação de canal é usada, pois o DECT oferece salto de freqüência para cada slot de tempo. A codificação do canal e o entrelaçamento são evitados, pois o sistema DECT foi elaborado para uso em ambientes internos, onde o atraso tolerável de ponta a ponta no sistema é pequeno e o canal pode ser modelado como 'ligado' ou 'desligado' (ver Capítulo 7). Porém, os canais de controle utilizam códigos de CRC de 16 bits em cada slot de tempo.

Modulação — O DECT utiliza uma técnica de modulação GMSK extremamente filtrada. Conforme discutido no Capítulo 6, o MSK é uma forma de FSK, em que as transições de fase entre dois símbolos são restritas a serem contínuas. Antes da modulação, o sinal é filtrado por meio do filtro de modelagem gaussiano.

Diversidade de antena — No DECT, a diversidade espacial no receptor RFP (estação-base) é implementada por meio de duas antenas. A antena que oferece o melhor sinal para cada slot de tempo é selecionada. Isso é feito com base em uma medição de potência ou, como alternativa, usando-se uma medida de qualidade apropriada (como interferência ou BER). A diversidade de antena ajuda a resolver os problemas de atenuação e interferência. Nenhuma diversidade de antena é usada na unidade do assinante.

Tabela 11.8 Resumo das especificações de rádio DECT

Parâmetro	Especificação
Banda de freqüência	1.880–1.900 MHz
Número de portadoras	10
Largura de banda do canal de RF	1,728 MHz
Multiplexação	FDMA/TDMA 24 slots por quadro
Duplex	TDD
Eficiência espectral	500 Erlangs/km²/MHz
Codificador de voz	32 kbps ADPCM
Potência média transmitida	10 mW
Extensão do quadro	10 ms
Taxa de bits do canal	1.152 kbps
Taxa de dados	32 kbps no canal de tráfego
	6,2 kbps no canal de controle
Codificação do canal	CRC 16
Alocação dinâmica de canal	Sim
Modulação	GFSK ($BT = 0,3$)
Canal de voz/canal de RF	12

11.7 Sistemas de Comunicações de Acesso Pessoal (PACS)

O *Sistema de Comunicação de Acesso Pessoal* [*Personal Access Communication Systems* (PACS)] é um PCS de terceira geração, desenvolvido e proposto originalmente pela Bellcore em 1992[31]. O PACS é capaz de admitir voz, dados e imagens de vídeo para uso interno e em microcélula. Ele foi projetado para oferecer cobertura dentro de uma faixa de 500 metros. O objetivo principal do PACS é integrar todas as formas de comunicações de laço local sem fio em um sistema com características completas de telefone, a fim de oferecer conectividade sem fio para prestadoras locais [*Local Exchange Carriers* (LECs)]. A Bellcore desenvolveu o conceito do PACS visando às LECs, e o chamou de *Sistema de Comunicação de Acesso sem Fio* [*Wireless Access Communication System* (WACS)], mas, quando a *Federal Communications Commission* introduziu uma banda de PCS não-licenciada (ver Seção 11.10), o padrão WACS foi modificado para produzir o PACS. Na proposta WACS original, dez slots de tempo TDMA/FDM foram especificados em um quadro de 2 ms, e uma taxa de dados de canal de 500 Kbps foi proposta para uma largura de banda de canal de 350 kHz, usando modulação QPSK. No PACS, a largura de banda do canal, a taxa de dados, o número de slots por quadro e a duração do quadro foram ligeiramente alterados, e o $\pi/4$ QPSK foi escolhido em detrimento do QPSK.

11.7.1 Arquitetura de sistemas PACS

O PACS foi desenvolvido como um sistema de acesso sem fio universal para aplicações gerais em sistemas de telefonia privada e pública que operam em bandas PCS licenciadas ou não-licenciadas. O PACS pode ser conectado a um PBX ou Centrex, e pode ser atendido por um Escritório Central em aplicações residenciais[32].

A arquitetura PACS consiste em quatro componentes principais: a *unidade do assinante* [*Subscriber Unit* (SU)], que pode ser fixa ou portátil, as *portas de rádio* [*Radio Ports* (RPs)], que são conectadas à *unidade de controle da porta de rádio* [*Radio Port Control Unit* (RPCU)] e o *gerenciador de acesso* [*Access Manager* (AM)], como mostra a Figura 11.21. A interface A, a interface de ar, oferece uma conexão entre a SU e a RP. A interface P fornece os protocolos exigidos para conectar as SUs, passando pelas RPs até a RPCU, e também conecta a RPCU com suas RPs, usando um Canal de Operações Embutidas [*Embedded Operations Channel* (EOC)] fornecido dentro da interface.

O padrão PCS do PACS contém uma rede de distribuição fixa e inteligência de rede. Somente os últimos 500 m da rede de distribuição são projetados para serem sem fio.

11.7.2 Interface de rádio PACS

O sistema PACS foi projetado para operação na banda PCS dos EUA (ver Tabela 11.9). Um grande número de canais de RF pode ser multiplexado por divisão de freqüência com separação de 80 MHz, ou multiplexado por divisão de tempo. A largura de banda de canal PACS e WACS é de 300 kHz[33].

O WACS originalmente usava TDMA com duplexação por divisão de freqüência (FDD), com oito slots de tempo fornecidos em um quadro de 2,0 ms em cada canal de rádio. Quando usado com FDD, o slot de tempo do enlace reverso é deslocado de seu respectivo slot de tempo do enlace direto exatamente por um slot de tempo mais 62,5 µs. O enlace direto abrange de 1.850 MHz a 1.910 MHz e o reverso abrange de 1.930 MHz a 1.990 MHz.

A versão do PACS desenvolvida para a banda PCS não-licenciada nos EUA (PACS-UB) entre 1.920 e 1.930 MHz usa TDD em vez de FDD[34]. O slot de tempo e a estrutura de quadro do PACS aparecem na Figura 11.22.

Tabela 11.9 Especificações de rádio PACS (implementação FDD ou TDD)

Parâmetro	Especificação
Acesso múltiplo	TDMA
Duplexação	FDD ou TDD
Banda de freqüência	1–3 GHz
Modulação	$\pi/4$ DQPSK
Espaçamento de canal	300 kHz
Potência média do transmissor portátil	200 mW
Potência média da estação-base	800 mW
Probabilidade de cobertura dentro da área de serviço	maior que 90%
Codificação do canal	CRC
Codificação de voz	ADPCM de 16 bits
Slots de tempo por quadro	8
Duração do quadro	2,5 ms
Usuários por quadro	8 (FDD) ou 4 (TDD)
Taxa de bits do canal	384 kbps
Taxa de voz	32 kbps
Erro de bit	menor que 10^{-2}
Atraso de voz	menor que 50 ms

Modulação — O PACS usa modulação $\pi/4$-DQPSK. O sinal de RF é modelado usando um filtro de modela-

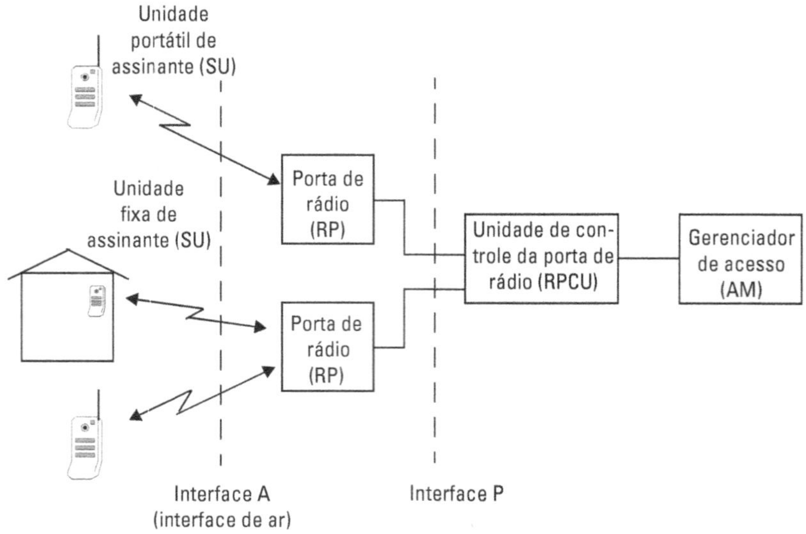

Figura 11.21 Arquitetura do sistema PACS.

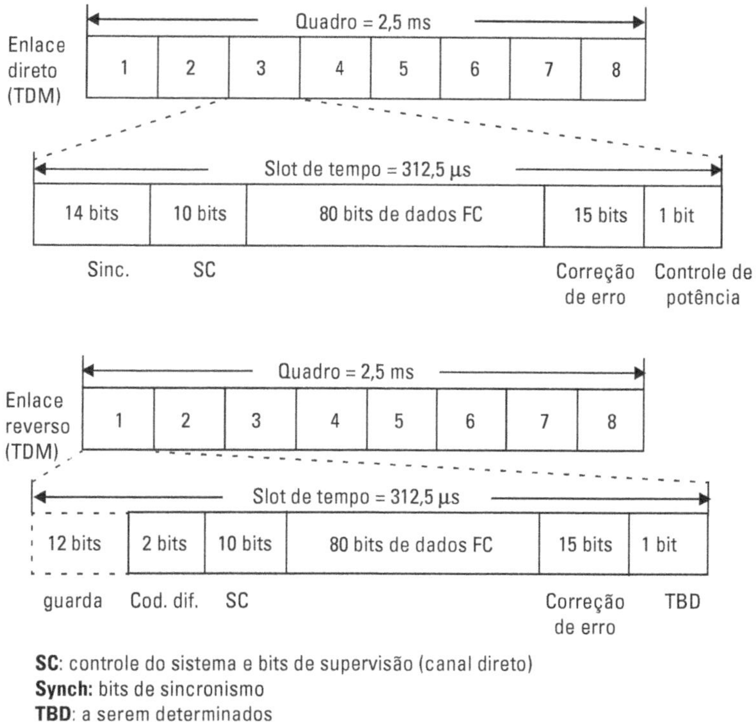

Figura 11.22 Estrutura do quadro PACS.

gem de cosseno elevado com coeficiente de rolamento de 0,5, de modo que 99% da potência do sinal transmitido estão contidos dentro de uma largura de banda de canal de 288 kHz. Oito slots de tempo, cada um contendo 120 bits, são enviados em um quadro de 2,5 ms. Quando usado com TDD, o deslocamento de tempo entre o slot de tempo direto e reverso para cada usuário é exatamente dois slots de tempo (625 μs) de distância.

Codificação de voz — O WACS usa ADPCM a 32 Kbps para a codificação de voz digital. O ADPCM oferece baixa complexidade, custo mínimo e privacidade do enlace de rádio.

Canais PACS — O PACS oferece *canais de broadcast do sistema* (SBCs), que são usados principalmente no enlace direto para enviar mensagens de paginação por broadcast. Um SBC de 32 Kbps oferece informações de alerta e do sistema para até 80.000 usuários. Um *canal de sincronismo* (SYN) e o *canal lento* (SC) são usados no enlace direto para sincronizar cada unidade de assinante. A informação do usuário é transmitida apenas no *canal rápido* (FC) nos enlaces direto e reverso. Como pode ser visto na Figura 11.22, cada slot de tempo PACS contém 80 bits de canal rápido e dez bits de canal lento. Existem vários outros canais lógicos de uso especial definidos no PACS[35].

Acesso múltiplo — O PACS é uma tecnologia baseada em TDMA, que dá suporte a FDD ou TDD. Muitos aparelhos portáteis e terminais de dados podem ser atendidos a partir de uma instalação de equipamento de rádio fixo ao final de uma linha de alimentação a partir de uma central. Os enlaces de rádio podem ser compartilhados entre os clientes com base na atividade do usuário individual, e são projetados para oferecer uma grande faixa de taxas de transmissão aos usuários dentro de uma arquitetura comum.

Controle de potência — A unidade do assinante PACS utiliza controle de potência adaptativo para minimizar o dreno de bateria durante as transmissões e reduzir a interferência do co-canal no caminho reverso.

11.8 Celular Digital do Pacífico (PDC)

O padrão *Celular Digital do Pacífico* [*Pacific Digital Cellular* (PDC)] foi desenvolvido em 1991 para aumentar a capacidade de bandas de celular congestionadas no Japão[36]. O PDC também é conhecido como *Celular Digital Japonês* [*Japanese Digital Cellular* (JDC)]. Ele é popular no Japão, com mais de 50 milhões de usuários em 2001, embora atualmente tenha pouco mais de 2 milhões de usuários.

O PDC é semelhante ao padrão IS-54, mas usa modulação 4-ária para canais de voz e controle, tornando-o mais semelhante ao IS-136 na América do Norte. A duplexação por divisão de freqüência e o TDMA são usados para fornecer três slots de tempo para três usuários em um quadro de 20 ms (6,67 ms por slot do usuário) em um canal de rádio de 25 kHz. Em cada canal, $\pi/4$ DQPSK é utilizado, com uma taxa de dados de canal de 42 Kbps. A codificação do canal é fornecida usando-se um código convolucional de taxa 9/17, $K = 5$, com CRC. A codificação de voz é fornecida com um codificador de voz VSELP de 6,7 Kbps. Outros 4,5 Kbps são fornecidos pela codificação do canal, oferecendo assim 11,2 Kbps de codificação combinada de voz e canal por usuário. Um novo padrão de codificação de voz e canal em meia taxa aceita seis usuários por quadro de 20 ms.

O PDC recebeu 80 MHz no Japão. A banda PDC baixa usa divisões de canal direto/reverso de 130 MHz. A banda direta utiliza de 940 MHz a 956 MHz e a banda reversa de 810 MHz a 826 MHz. A banda PDC alta utiliza divisões de canal de 48 MHz e opera em 1.477 MHz a 1.501 MHz para o enlace direto e 1.429 MHz a 1.453 MHz para o enlace reverso. O PDC usa a transferência auxiliada por estação móvel (MAHO) e é capaz de admitir a reutilização de quatro células.

11.9 Sistema Pessoal de Handyphone (PHS)

O *Sistema Pessoal de Handyphone* [*Personal Handyphone System* (PHS)] é um padrão de interface de ar japonês, desenvolvido pelo *Research and Development Center for Radio Systems* (RCR). A interface de rede PHS foi especificada pelo *Telecommunications Technical Committee* do Japão[37].

O padrão PHS, assim como o DECT e o PACS-UB, utiliza TDMA e TDD. Quatro canais de dados duplex são fornecidos em cada canal de rádio. A modulação $\pi/4$ DQPSK em uma taxa de canal de 384 Kbps é usada nos enlaces direto e reverso. Cada quadro TDMA tem 5 ms de duração, e ADPCM a 32 Kbps é usado em conjunto com a detecção de erro CRC (sem correção).

O PHS aceita 77 canais de rádio, cada um com 300 kHz de largura, na banda de 1.895 MHz a 1.918,1 MHz. Quarenta canais na banda de 1.906,1 MHz a 1.918,1 MHz são designados para sistemas públicos, e os outros 37 canais são usados para uso doméstico e comercial na banda de 1.895 MHz a 1.906,1 MHz.

O PHS usa atribuição dinâmica de canal, de modo que as estações-base são capazes de alocar canais com base na intensidade do sinal de RF detectada na estação-base e na estação portátil. O PHS usa canais de controle dedicados (diferentemente do DECT), aos quais todos os assinantes ficam conectados enquanto ociosos. As transferências são aceitas somente em velocidades de caminhada, pois o PHS foi projetado para uso com PCS de microcélula/interno[38].

11.10 Faixas PCS e ISM nos EUA

Em meados da década de 1980, a *Federal Communications Commission* forneceu espectro de rádio não-licenciado nas bandas *Industrial, Scientific and Medical* (ISM) de 902 MHz a 928 MHz, 2.400 MHz a 2.483,5 MHz e 5.725 MHz a 5.850 MHz. Desde que os transmissores de rádio usem a modulação por espectro espalhado e níveis de potência abaixo de 1W, eles podem compartilhar o espectro ISM em uma base secundária. A Parte 15 das regras da FCC controla o uso de transmissores não-licenciados na banda ISM.

Em 1993, a FCC alocou 140 MHz de espectro para PCS. A Figura 11.23 mostra as freqüências entre 1.850 MHz e 1.990 MHz, que foram licenciadas em 1994 e 1995. Os blocos A e B de 30 MHz são designados para grandes cidades, chamadas áreas de negócios principais [*Major Trading Areas* (MTAs)], enquanto os blocos de C a F são licenciados para grandes áreas de negócios básicas [*Basic Trading Areas* (BTAs)] rurais. Existem 51 MTAs e 492 BTAs nos EUA. Além dos 120 MHz de espectro licenciado, um total de 20 MHz são alocados para aplicações não-licenciadas. Destes, 10 MHz são designados para aplicações 'isócronas' (comutação de circuitos), como voz, e 10 MHz para aplicações 'assíncronas', como pacotes de dados sem fio. O equipamento que opera na banda PCS não-licenciada deve ser compatível com uma técnica de 'etiqueta espectral' incorporada na Parte 15 das regras da *Federal Communications Commission*. Essa etiqueta foi desenvolvida pela agência industrial WINForum e promove coexistência harmônica de diversos sistemas na banda não-licenciada, enquanto oferece aos projetistas flexibilidade com relação à arquitetura do sistema (modulação, codificação, protocolos de sinalização, estrutura de quadro etc.). Dois dos ingredientes essenciais da etiqueta são 1) um requisito 'escutar antes de falar' [*Listen Before Talk* (LBT)], que impede que um transmissor interrompa as comunicações já em andamento em uma freqüência; 2) um limite de potência de transmissão, que varia com a raiz quadrada da largura de banda do sinal. Isso serve para tornar os sistemas de banda larga e banda estreita comparativamente semelhantes com base na interferência.

O vencedor de cada licença PCS dos EUA estava livre para usar qualquer interface de ar e arquitetura de sistema desejada, desde que fosse compatível com as regras da FCC. Não existem padrões predeterminados para os sistemas que operam no espectro PCS de 2 GHz. Isso levou a TIA e o Comitê T1 da *Alliance for Telecommunications Industry Solutions* a formarem um *Joint Technical Committee* (JTC) para rever os padrões de PCS em potencial e criar recomendações. O JTC reconheceu que os padrões de PCS caíam naturalmente em duas categorias: 'camada mais alta', que admite macrocélulas e mobilidade de alta velocidade, e sistemas de 'camada baixa', que são otimizados para potência mais baixa, baixa complexidade e mobilidade de baixa velocidade. O JTC considerou sete padrões principais, dos quais cinco são variações das interfaces de ar existentes: GSM, IS-136 e IS-95 (ca-

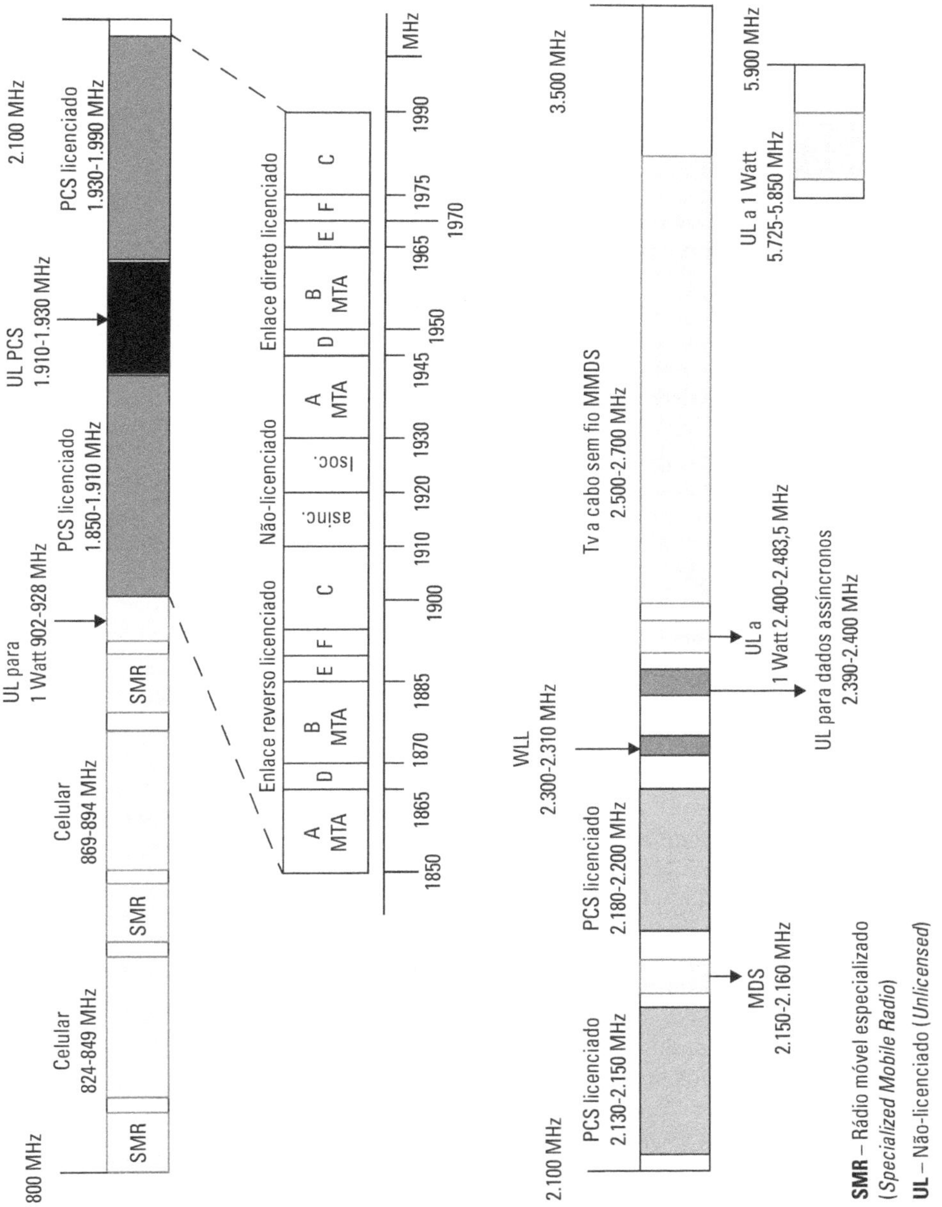

Figura 11.23 Espectro de rádio dos EUA para aplicações móveis.

mada alta), além de DECT e PACS (camada baixa). Os dois outros são baseados em uma técnica de TDMA/CDMA híbrida proposta pela Omnipoint, e uma técnica de CDMA de banda larga (W-CDMA), oferecida pela Interdigital. Além disso, a TIA iniciou a atividade sob seu comitê técnico TR41 para desenvolver padrões para equipamento de instalações sem fio do usuário [*Wireless User Premises Equipment* (WUPE)] operando na banda de PCS não-licenciada[39], se fossem compatíveis com a Parte 15 das regulamentações da FCC. Todos os tipos de modulações são considerados, incluindo seqüência direta e espectro espalhado com salto de freqüência.

O espectro PCS de 2 GHz dos EUA é ocupado pelos sistemas de rádio por microondas de ponto-a-ponto ativos. Na maior parte, essas estações já existentes foram mudadas para outras freqüências (por exemplo, 6 GHz) ou convertidas para fibra óptica antes que os sistemas PCS fossem implantados. O licenciado do PCS tinha que compensar o usuário já existente pelo custo da mudança. Para a banda não-licenciada, o financiamento do custo de mudança dos usuários já existentes é menos claro, pois um mecanismo justo precisa ser desenvolvido para compartilhar o custo da mudança entre os fornecedores de equipamento não-licenciado. Além disso, durante o período de transição, o uso de freqüências específicas em áreas específicas deve ser limitado às que foram aprovadas. O fórum da indústria chamado UTAM Inc. foi formado para lidar com essas questões[40].

11.11 Televisão a cabo sem fio nos EUA

Os sistemas de Tv a cabo sem fio utilizam freqüências de rádio de microondas nas bandas de 2.150 MHz a 2.160 MHz e de 2.500 MHz a 2.700 MHz para fornecer programação de televisão com múltiplos canais, semelhante ao que é oferecido pelos sistemas a cabo tradicionais com fio. Os sinais de microondas são transmitidos pelo ar a partir de uma torre de transmissão para uma antena na casa de cada assinante, eliminando assim a necessidade de grandes redes de cabo e dos amplificadores exigidos pelos operadores a cabo por fio. Um sistema sem fio típico consiste em equipamento *head-end* (equipamento de recepção de sinal de satélite, transmissor de rádio, outros equipamentos de broadcast e antena de transmissão) e equipamento de recepção na casa de cada assinante (antena, dispositivo de conversão de freqüência e aparelho sintonizador). Atualmente, os sistemas a cabo sem fio são licenciados pela *Federal Communications Commission* para oferecer até 33 canais de programação e normalmente fornecem programação em 20 a 35 canais, incluindo canais de broadcast 'fora-do-ar' locais, que são recebidos diretamente pela antena do cliente, em vez de retransmitidos pelo operador a cabo sem fio.

A *Federal Communications Commission* concedeu licenças para serviço a cabo sem fio como uma série de grupos de canais, que consistem em certos grupos de canais alocados especificamente para cabo sem fio (*Multipoint Distribution Service*, ou MDS, e *Multichannel Multipoint Distribution Service*, ou MMDS) e outros canais autorizados originalmente para fins educativos (*Instructional Television Fixed Service*, ou ITFS). A capacidade em excesso nos canais ITFS pode ser alugada por provedores de cabo sem fio comerciais. Atualmente, até 33 canais estão potencialmente disponíveis para licenciamento, aluguel ou compra por empresas de cabo sem fio em cada mercado. A *Federal Communications Commission* impõe certas condições e restrições sobre o uso e operação dos canais.

A *Federal Communications Commission* impôs uma parada no preenchimento de novos pedidos para licenças MDS/MMDS em 1992 e para licenças ITFS em 1993. As paradas serviram para permitir que a *Federal Communications Commission* tivesse tempo para atualizar seu banco de dados de serviço a cabo sem fio e rever as regras para esses serviços. Novos pedidos de MDS/MMDS estão sujeitos à seleção por leilão público, assim como as licenças PCS foram leiloadas. As licenças ITFS continuarão a ser concedidas de modo comparativo de acordo com os critérios especificados pela *Federal Communications Commission*. Essas freqüências logo poderão ser realocadas aos serviços sem fio 3G.

Embora as principais provisões reguladoras do *Cable Act* de 1992 não se apliquem a sistemas a cabo sem fio, esses sistemas são afetados por ele. O Congresso dos EUA declarou que sua intenção ao aprovar o *Cable Act* de 1992 foi em parte estabelecer e dar suporte aos serviços de vídeo multicanal existentes e novos, como o serviço a cabo sem fio, para oferecer concorrência com o monopólio existente de televisão a cabo por franquia. Uma provisão significativa do *Cable Act* de 1992 garante acesso a novos provedores de vídeo multicanal para programação de televisão a cabo tradicional em termos não-discriminatórios.

11.12 Resumo de padrões mundiais

As tabelas a seguir resumem os principais padrões de celular, telefone sem fio e comunicação pessoal no mundo inteiro. Além disso, a Figura 11.23 mostra a alocação do espectro de freqüência de rádio móvel nos EUA.

Os sistemas de rádio-celular analógico de primeira geração no mundo inteiro são comparados na Tabela 11.10. Os padrões de telefone sem fio digital são comparados na Tabela 11.11. Os três padrões de rádio-celular de segunda geração mais populares são listados na Tabela 11.12. A Tabela 11.13 lista três dos principais padrões de telefone sem fio/PCS de segunda geração.

Tabela 11.10 Visão geral dos sistemas celulares analógicos

Padrão	Tx móvel/Tx base (MHz)	Espaçamento de canal (kHz)	Número de canais	Região
AMPS	824–849/869–894	30	832	Américas
TACS	890–915/935–960	25	1.000	Europa
ETACS	872–905/917–950	25	1.240	Reino Unido
NMT 450	453–457,5/463–467,5	25	180	Europa
NMT 900	890–915/935–960	12,5	1.999	Europa
C-450	450–455,74/460–465,74	10	573	Alemanha, Portugal
RTMS	450–455/460–465	25	200	Itália
Radiocom 2000	192,5–199,5/200,5–207,5		560	
	215,5–233,5/207,5–215,5		640	
	165,2–168,4/169,8–173		256	
	414,8–418/424,8–428	12,5	256	França
NTT	925–940/870–885	25/6,25	600/2.400	
	915–918,5/860–863,5	6,25	560	
	922–925/867–870	6,25	480	Japão
JTACS/NTACS	915–925/860–870	25/12,5	400/800	
	898–901/843–846	25/12,5	120/240	
	918,5–922/863,5–867	12,5	280	Japão

Tabela 11.11 Resumo dos parâmetros da interface de ar sem fio digital

	CT2	CT2+	DECT	PHS	PACS
Região	Europa	Canadá	Europa	Japão	EUA
Duplexação	TDD		TDD	TDD	FDD ou TDD
Banda de freqüência (MHz)	864–868	944–948	1.880–1.900	1.895–1.918	1.850–1.910/1.930–1.990 ou 1.920–1.930
Espaçamento da portadora (kHz)	100		1728	300	300/300
Número de portadoras	40		10	77	400 ou 32
Canais/portadora	1		12	4	8 ou 4
Taxa de bits do canal em kbps	72		1.152	384	384
Modulação	GFSK		GFSK	$\pi/4$ DQPSK	$\pi/4$ QPSK
Codificação da voz	32 kb/s		32 kb/s	32 kb/s	32 kb/s
Potência de TX média do aparelho (mW)	5		10	10	25
Potência de TX máxima do aparelho (mW)	10		250	80	100
Duração do quadro (ms)	2		10	5	2,5 ou 2,0

Tabela 11.12 Resumo dos padrões de celular digital de segunda geração

	GSM	IS-136	PDC
Ano de introdução	1990	1991	1993
Freqüências	890–915 MHz (R) 935–960 MHz (D)	824–849 MHz (R) 869–894 MHz (D)	810–830 & 1.429–1.453 MHz (R) 940–960 & 1.477–1.501 MHz (D)
Acesso múltiplo	TDMA/FDMA/FDD	TDMA/FDMA/FDD	TDMA/FDMA/FDD
Modulação	GMSK (BT = 0,3)	π/4 DQPSK	π/4 DQPSK
Separação de portadora	200 KHz	30 kHz	25 kHz
Taxa de dados do canal	270,833 Kbps	48,6 Kbps	42 Kbps
Número de canais de voz	1.000	2.500	3.000
Eficiência espectral	1,35 bps/Hz	1,62 bps/Hz	1,68 bps/Hz
Codificação de voz	RELP-LTP a 13 Kbps	VSELP a 7,95 Kbps	VSELP a 6,7 Kbps
Codificação do canal	CRC com r = 1/2; L = 5 Conv.	7 bits CRC com r = 1/2; L = 6 Conv.	CRC com Conv.
Equalizadores	Adaptativos	Adaptativos	Adaptativos
Potência de transmissão portátil máx./média	1 W/125 mW	600 mW/200 mW	

Tabela 11.13 Visão geral dos padrões PCS não-licenciados/curta distância

	PACS-UB	DCS 1800	PHS
Ano de introdução	1992	1993	1993
Freqüências	1.920–1.930 MHz	1.710–1.785 MHz (R) 1.805–1.880 MHz (D)	1.895–1.907 MHz
Acesso múltiplo	TDMA/FDMA/TDD	TDMA/FDM/FDD	TDMA/FDMA/TDD
Modulação	π/4 QPSK	GMSK	π/4 QPSK
Separação da portadora	300 kHz	200kHz	300 kHz
Taxa de dados	384 Kbps	270,833 Kbps	384 Kbps
Canal de voz/Canal de RF.	4	8	4
Codificação de voz	ADPCM a 32 Kbps	RELP-LTP a 13 Kbps	ADPCM a 32 Kbps
Codificação do canal	CRC	Conv. r = 1/2	CRC
Receptor	Coerente	Coerente	Coerente
Potência de tx. portátil máx./média	200 mW/20 mW	1 W/125 mW	80 mW/10 mW

Problemas

11.1 Dos seguintes padrões de interface de ar, identifique os que são digitais ou analógicos, TDMA e CDMA: GSM, AMPS, ETACS, IS-95, IS-136, DECT.

11.2 Quais das seguintes afirmações NÃO são verdadeiras sobre GSM? Marque todas as que se aplicam.

a) Os canais direto e reverso são separados por 45 MHz.

b) Existem oito usuários de meia taxa em um slot de tempo.

c) O desvio de freqüência de pico do modulador do GSM é um múltiplo inteiro da taxa de dados GSM.

d) O GSM usa uma modulação com envelope constante.

11.3 Liste todos os sistemas de celular que não admitem Transferência Assistida pela Estação Móvel.

11.4 Qual é a freqüência de corte do filtro de modelagem de pulso de banda-base, gaussiano, usada no sistema GSM?

11.5 A FCC alocou um espectro adicional de 10 MHz para serviços de celular em 1989. Quantos canais adicionais podem ser acomodados nessa largura de banda para cada um dos padrões de celular?

11.6 O sistema IS-95 utiliza uma codificação convolucional de taxa 1/2 no canal direto e uma codificação convolucional de taxa 1/3 no canal reverso. Quais foram os motivos para fazer isso?

11.7 Quais das seguintes características NÃO são verdadeiras para o sistema IS-95?

a) Nenhum limite rígido na capacidade.

b) Transferência flexível possível.

c) Usa salto de freqüência lento.

d) O número de canais que podem ser acomodados nos enlaces direto e reverso são diferentes.

11.8 Como são identificados os diferentes canais dentro do enlace direto em um sistema IS-95?

11.9 Qual é a eficiência espectral do esquema de modulação GMSK usado no GSM?

11.10 Qual dos seguintes sistemas é baseado unicamente no Acesso Múltiplo por Divisão de Freqüência (FDMA)?

a) DECT **b)** CT2 **c)** USDC **d)** GSM

11.11 Que sistema de celular usa a modulação de largura de banda mais eficiente?

11.12 Quais sistemas de celular não usam um esquema de modulação de envelope constante?

11.13 Quais foram os motivos para a escolha do esquema de modulação $\pi/4$ DQPSK para USDC contra o DQPSK?

11.14 Quantos canais físicos de taxa total por célula um sistema GSM pode acomodar?

11.15 Qual dos seguintes é um canal espaço-e-rajada no sistema AMPS?

a) Canal de Paginação (PC)

b) Canal de Voz Reverso (RVC)

c) Canal Lento de Controle Associado (SACCH)

d) Canal Rápido de Controle Associado (FACCH)

11.16 Calcule o índice de modulação do modulador de FM usado no sistema AMPS.

11.17 Os sistemas de celular digital utilizam codificação convolucional para proteção de erro, ao contrário da codificação de bloco. O principal motivo para isso é

a) A codificação convolucional funciona melhor sob condições de atenuação de Rayleigh.

b) Os codificadores convolucionais são mais resistentes a erros de rajada.

c) A codificação convolucional é menos complexa em comparação com a codificação de bloco.

d) Algoritmos de decodificação com decisão flexível em tempo real, que melhoram o desempenho, estão disponíveis para decodificação de códigos convolucionais.

11.18 Qual dos seguintes sistemas é baseado em uma arquitetura de microcélula?

a) GSM **b)** DECT **c)** USDC **d)** IS-95

11.19 Qual é a taxa de dados máxima em que um usuário pode transmitir dados em um sistema DECT?

11.20 Quantos usuários de taxa total um sistema USDC pode acomodar em um único canal AMPS?

11.21 Qual é a inclinação de atenuação máxima (em dB/S) que pode ser compensada pelo subcanal de controle de potência reverso no sistema CDMA IS-95?

11.22 No slot de tempo normal GSM da Figura 11.9, por que os 26 bits de treinamento do equalizador seriam colocados no meio do quadro, em vez de no início? Qual é o motivo para haver um período de guarda de 8,25 bits após as rajadas de dados?

11.23 Compare o número de células omnidirecionais exigidas para cobrir uma área de 1.000 km^2 usando GSM a 800 MHz e DCS-1900 a 1.900 MHz. Considere que a sensibilidade dos receptores GSM e DCS-1900 seja igual a –104 dBm. Considere ganhos iguais de potência de transmissor e antena para os dois sistemas.

11.24 Compare o número de células omnidirecionais exigidas para cobrir uma área de 1.000 km^2 usando DCS-1900 e IS-95. Considere ganhos iguais de potência de transmissor e antena.

11.25 Como o raio de cobertura seria afetado pela carga do sistema para cada uma das seguintes tecnologias: AMPS, CDMA IS-95 e TDMA IS-54?

11.26 Quais mecanismos causariam interrupção no enlace reverso de um sistema CDMA IS-95 à medida que o número de usuários em um setor se aproxima do limite teórico?

11.27 Por que motivos a versão PACS para a banda PCS não-licenciada usaria TDD em vez de FDD?

11.28 O que provavelmente acontecerá a um sistema DECT se ele for implantado externamente em um ambiente onde poderiam ocorrer caminhos múltiplos significativos? Explique sua resposta e forneça uma análise qualitativa.

11.29 Desenhe a alocação de bits em um slot de tempo USDC de meia taxa. Depois responda o seguinte:

a) Qual é a taxa de dados do canal para a interface de ar USDC?

b) Quantos bits de usuário existem em cada slot de tempo USDC?

c) Qual é a duração de tempo de cada quadro USDC?

d) Usando a definição da eficiência de quadro no texto, determine a eficiência de quadro para USDC.

11.30 Considere um sistema AMPS ou ETACS.

a) Liste os tons SAT possíveis em AMPS.

b) Por que o tom ST seria útil a um provedor de serviço?

c) Liste pelo menos cinco maneiras como uma chamada de telefone celular pode ser terminada. Como uma portadora as distinguiria?

11.31 Para um sistema USDC de taxa total, considere como os dados são alocados entre os canais.

a) Qual é a taxa de dados de RF bruta?

b) Qual é a taxa de dados de RF bruta para o SACCH?

c) Qual é a taxa de dados de RF bruta para o CDDVC?

d) Qual é a taxa de dados bruta para sincronização, arranque e tempo de guarda?

e) Verifique se suas respostas em b)-d) somadas chegam ao valor da sua resposta em a).

f) Qual é a taxa de dados do usuário final fornecida no USDC de taxa total?

11.32 Prove que o sistema GSM aloca taxa de dados de RF bruta de 33,854 Kbps/usuário. Mostre isso somando as taxas de dados do usuário individual para

a) o codificador de voz;

b) proteção de erro de voz;

c) SACCH;

d) tempo de guarda, reforço e sincronização.

11.33 Calcule o maior tempo que uma estação móvel teria que esperar a fim de determinar o número do quadro transmitido por uma estação-base GSM.

Referências bibliográficas

1 YOUNG, W. R. "Advanced mobile phone service: introduction, background; objectives". *Bell Systems Technical Journal*, v. 58, jan. 1979, p. 1-14.

2 EIA/TIA INTERIM STANDARD. "Cellular system mobile station – land station compatibility specification IS-88". Rev. A, nov. 1991.

3 RAITH, K.; UDDENFELDT, J. "Capacity of digital cellular TDMA systems". *IEEE Transactions on Vehicular Technology*, v. 40, n. 2, maio 1991, p. 323-331.

4 EIA/TIA INTERIM STANDARD. "Cellular system dual mode mobile station – land station compatibility specifications". IS-54, Electronic Industries Association, maio 1990.

5 PADYETT, J.; GUNTHER, E.; HATTARI, T. "Overview of wireless personal communications". *IEEE Communications Magazine*, jan. 1995.

6 RAPPAPORT, T. S.; SEIDEL, S.Y.; SINGH, R. "900 MHz multipath propagation measurements for u.s. digital cellular radiotelephone". *IEEE Transactions on Vehicular Technology*, maio 1990, p. 132-139.

7 Ibidem.

8 NARASIMHAN, A.; CHENNAKESHU, S.; ERSON, J. B. "An adaptive lattice decision equalizer for digital cellular radio". *IEEE 40th Vehicular Technology Conference*, maio 1990, p. 662-667.

9 MOULY, M.; PAUTET, M. B. *The GSM System for Mobile Communication*, ISBN: 2-9507190-0-7, 1992.

10 HODGES, M. R. L. "The GSM radio interface". *British Telecom Technological Journal*, v. 8, n. 1, jan. 1990, p. 31-43.

11 Ibidem.

12 HELLWIG, K.; VARY P.; MASSALOUX, D.; PETIT, J. P.; GALAND, C.; RASSO, M. "Speech codec for the european mobile radio systems". *IEEE Global Telecommunication Conference & Exhibition*, v. 2, 1989, p. 1065-1069.

13 STEELE, R. (ed.) "Mobile radio communications", *IEEE Press*, 1994.

14 GILHOUSEN et al. "On the capacity of cellular CDMA system". ieee transactions on vehicular technology, v. 40, n. 2, maio 1991, p. 303-311.

15 TIA/EIA Interim Standard-95, "Mobile station – base station compatibility standard for dual-mode wideband spread spectrum cellular system", jul. 1993.

16 LI, Y. "Bit error rate simulation of a CDMA system for personal communications". Tese de Mestrado em Engenharia Elétrica, Virginia Tech, 1993.

17 EIA/TIA INTERIM STANDARD. "Cellular system dual mode mobile station – land station compatibility specifications". IS-54, Electronic Industries Association, maio 1990.

18 TIA/EIA Interim Standard-95, "Mobile station – base station compatibility standard for dual-mode wideband spread spectrum cellular system", jul. 1993.

19 Ibidem.

20 Ibidem.

21 "TR 45: mobile station - base station compatibility standard for dual-mode wideband spread spectrum cellular system". *PN-3118, Electronics Industry Association*, dez. 1992.

22 Ibidem.

23 ANSI J-STD-008 – "Personal Station-Base Compatibility Requirements for 1.8-2.0 GHz Code Division Multiple Access (CDMA) Personal Communication Systems", mar. 1995.

24 MORALEE, D. "CT2 a new generation of cordless phones" *IEEE Review*, maio 1989, p. 177-180.

25 DETTMER, R. "Parts of a speech transcoder for CT2". *IEEE Review*, set. 1989.

26 STEEDMAN, R. "The common air interface MPT 1375". Em *Cordless Telecommunications in Europe*, W. H. W. Tuttlebee (ed.) Springer-Verlag, 1990.

27 PADYETT, J.; GUNTHER, E.; HATTARI, T. "Overview of wireless personal communications". *IEEE Communications Magazine*, jan. 1995.

28 OCHSNER, H. "DECT – Digital European Cordless Telecommunications". *IEEE Vehicular Technology 39th Conference*, 1989, p. 718-721.

MULDER, R. J. "DECT – a universal cordless access system". *Philips Telecommunications Review*, v. 49, n. 3, set. 1991, p. 68-73.

29 OWEN, F. C.; PUDNEY, C. "DECT: integrated services for cordless telecommunications". *IEEE Conference Publications*, n. 315, 1991, p. 152-156.

30 MULDER, R. J. "DECT – a universal cordless access system". *Philips Telecommunications Review*, v. 49, n. 3, set. 1991, p. 68-73.

31 COX, D. C.; ARNOLD, W.; PORTER, P. T. "universal digital portable communications: a system perspective". *IEEE Journal on Selected Areas of Communications*, v. SAC-5, n. 5, 1987, p. 764.

______. "Wireless Network Access for Personal Communications". *IEEE Communications Magazine*, dez. 1992, p. 96-114.

32 JTC Standards Project 066: "Baseline text for TAG #3 PACS - UB". Motorola Inc., fev. 1995.

33 Ibidem.

34 Ibidem.

35 Ibidem.

36 *Personal Digital Cellular, Japanese Telecommunication System Standard*, RCR STD 27.B, 1992.

37 *Personal Handy Phone System, Japanese Telecommunication System Standard*, RCR-STD 28, dez. 1993.

38 OGAWA, K. et al. "Toward the personal communication Era - the radio access concept from Japan". *International Journal on Wireless Information Networks*, v. 1, n. 1, jan. 1994, p. 17-27.

39 PADYETT, J.; GUNTHER, E.; HATTARI, T. "Overview of wireless personal communications". *IEEE Communications Magazine*, jan. 1995.

40 Ibidem.

APÊNDICE H

Abreviações e acrônimos

Números

1xDV Extensão 3G para IS-95B: voz e dados compartilhados
1xDO Extensão 3G para IS-95B: somente dados
1xEV Extensão 3G para IS-95B: somente voz ou voz e dados com comutação de circuitos
1xRTT Extensão 3G para IS-95B: um canal de RF
2G Tecnologia sem fio de segunda geração
3G Tecnologia sem fio de terceira geração
3GPP 3G Parceria de Projeto com base nos padrões CDMA em compatibilidade com GSM e IS-136/PDC
3GPP2 3G Parceria de Projeto com base nos padrões cdma2000 em compatibilidade com IS-95
3xRTT Extensão 3G do IS-95B: três canais de RF

A

AC Canal de Acesso – *Access Channel*
ACA Alocação Adaptativa de Canal – *Adaptive Channel Allocation*
ACF Função de Autocorrelação – *Autocorrelation function*
ACI Interferência do Canal Adjacente – *Adjacent Channel Interference*
ACK Aceitação – *Acknowledge*
ADB/LIDB Serviço de Cobrança Alternativo e Banco de Dados de Informações de Linha – *Alternate Billing Service and Line Information Database*
ADM Modulação Delta Adaptativa – *Adaptive Delta Modulation*
ADPCM Modulação por Código de Pulso Diferencial Adaptativa – *Adaptive Digital Pulse Code Modulation*
ADSL Linha de assinante digital assíncrona – *Asyncchronous Digital Subscriber Line*
AGCH Canal de Concessão de Acesso – *Access Grant Channel*
AIN Rede Inteligente Avançada – *Advanced Intelligent Network*
AM Amplitude Modulada – *Amplitude Modulation*
AMPS Sistema de Telefonia Móvel Avançado – *Advanced Mobile Phone System*
ANSI Instituto Nacional de Padronização Americano – *American National Standards Institute*
APC Codificação Preditiva Adaptativa – *Adaptive Predictive Coding*
ARDIS Sistema Avançado de Informações por Rádio – *Advance Radio Data Information Systems*
ARFCN Número Absoluto do Canal de Radiofreqüência – *Absolute Radio Frequency Channel Numbers*
ARPU Receita Média por Usuário – *Average Revenue Per User*
ARQ Repetição Automática de Requisição – *Automatic Repeat Request*
ATC Codificação por Transformação Adaptativa – *Adaptive Transform Coding*
ATM Modo de Transferência Assíncrono – *Asynchronous Transfer Mode*
AUC Centro de Autenticação – *Authentication Center*
AWGN Ruído Branco Aditivo Gaussiano – *Additive White Gaussian Noise*

B

BER Taxa de Erro de Bit – *Bit Error Rate*
BERSIM Simulador de Taxa de Erro de Bit – *Bit Error Rate Simulator*
BCH Bose–Chaudhuri – Hocquenghem, também Canal de Broadcast – *Broadcast Channel*
BCCH Canal de Controle de Broadcast – *Broadcast Control Channel*
BFSK Chaveamento por Deslocamento de Freqüência Binário – *Binary Frequency Shift Keying*
BISDN Rede Digital de Serviços Integrados de Banda Larga – *Broadband Integrated Services Digital Network*
BIU Unidade de Interface da Estação-base – *Base Station Interface Unit*
BOC Companhia Operadora de Telefonia – *Bell Operating Company*
BPSK Chaveamento por Deslocamento de Fase Binário – *Binary Phase Shift Keying*

BRAN Rede de Acesso de Rádio de Banda larga - *Broadband Radio Access Networks*
BRI Interface de Taxa Básica - *Basic Rate Interface*
BSC Controlador de Estação-base - *Base Station Controller*
BSIC Código de Identidade da Estação-base - *Base Station Identity Code*
BSS Subsistema de Estação-base - *Base Station Subsystem*
BT Duração de Bit de Largura de Banda de 3 dB - *3 db bandwidth-bit-duration product for GMSK*
BTA Áreas de Negócios Básicas - *Basic Trading Area*
BTS Estação-base Transceptora - *Base Transceiver Station*

C

CAD Modelagem Auxiliada por Computador - *Computer-Aided Design*
CAI Interface de Ar Comum - *Common Air Interface*
CATT Academia de Tecnologia de Telecomunicações da China - *China Academy of Telecommunication Technology*
CB Faixa do Cidadão - *Citizens Band*
CCCH Canal de Controle Comum - *Common Control Channel*
CCH Canal de Controle - *Control Channel*
CCI Interferência de Co-canal - *Co-channel Interference*
CCIR Comitê Consultivo para Radiocomunicações Internacionais - *Consultative Committee for International Radiocommunications*
CCITT Comitê Consultivo para Telégrafo e Telefone Internacional - *International Telegraph and Telephone Consultative Com mittee*
CCS Sinalização de Canal Comum - *Common Channel Signaling*
CD Detecção de Colisão - *Collision Detection*
CDF Função de Distribuição Acumulada - *Cumulative Distribution Function*
CDMA Acesso Múltiplo por Divisão de Código - *Code Division Multiple Access*
CDPD Pacote de Dados em Celular Digital - *Cellular Digital Packet Data*
CDVCC Codificação Digital para Verificação de Código de Cores - *Coded Digital Verification Color Code*
CELP Codificador Preditivo Linear Excitado por Código - *Code Excited Linear Predictor*
CFP Parte Fixa sem Fio - *Cordless Fixed Part*
C/I Razão Portadora-Interferência - *Carrier-to-Interference Ratio*
CIC Código de Identificação de Circuito - *Circuit Identification Code*
CIR Razão Portadora-Interferência - *Carrier-to-Interference Ratio*
CIU Unidade de Interface do Controlador de Celular - *Cellular Controller Interface Unit*
CLNP Protocolo OSI sem Conexão - *Connectionless Protocol (Open System Interconnect)*
CMA Algoritmo do Módulo Constante - *Constant Modulus Algorithm*
CNR Razão Portadora-Ruído - *Carrier-to-Noise Ratio*
CNS Subsistema de Ruído de Conforto - *Comfort Noise Subsystem*
CO Escritório Central - *Central Office*
codec Codificador/decodificador - *Coder/decoder*
COST Cooperativa para Pesquisas Científicas e Técnicas - *Cooperative for Scientific and Technical Research*
CPE Equipamento das Instalações do Cliente - *Customer Premises Equipment*
CPFSK Chaveamento por Deslocamento Contínuo de Fase-Freqüência - *Continuous Phase Frequency Shift Keying*
CPP Parte Portátil sem Fio - *Cordless Portable Part*
CRC Código de Redundância Cíclica - *Cyclic Redundancy Code*
CSMA Acesso Múltiplo por Detecção de Portadora - *Carrier Sense Multiple Access*
CT2 Telefone sem Fio - *Cordless Telephone 2*
CVSDM Modulação Delta com Variação Contínua de Inclinação - *Continuously Variable Slope Delta Modulation*
CW Onda Contínua - *Continuous Wave*

D

DAM Medida de Aceitabilidade de Diagnóstico - *Diagnostic Acceptability Measure*
DAS Sistema de Antenas Distribuídas - *Distributed Antenna System*
DBAS Sistema de Gerenciamento de Serviço de Banco de Dados - *Database Service Manegement System*
dBi Ganho de dB em relação a uma antena isotrópica - *dB gain with respect to an isotropic antenna*
dBd Ganho de dB em relação a um dipolo de meia onda - *dB gain with respect to a half-wave dipole*
DCA Alocação Dinâmica de Canal - *Dynamic Channel Allocation*
DCCH Canal de Controle Dedicado - *Dedicated Control Channel*

DCE Equipamento de Término de Circuito de Dados - *Data Circuit Terminating Equipment*
DCS Sistema de Comunicação Digital - *Digital Communication System*
DCS1800 Sistema de Comunicação Digital 1800 - *Digital Communication System-1800*
DCT Transformada Discreta do Cosseno - *Discrete Cosine Transform*
DECT Telefone sem Fio Digital Europeu - *Digital European Cordless Telephone*
DEM Modelo Digital de Elevação - *Digital Elevation Model*
DFE Equalização com Decisão Realimentada - *Decision Feedback Equalization*
DFT Transformada de Fourier Discreta - *Discrete Fourier Transform*
DLC Camada de Controle do Enlace de Dados - *Data Link Control*
DM Modulação Delta - *Delta Modulation*
DPCM Modulação por Código de Pulso Diferencial - *Differential Pulse Code Modulation*
DQPSK Chaveamento por Deslocamento de Fase em Quadratura Diferencial - *Differential Quadrature Phase Shift Keying*
DRT Teste de Diagnóstico de Rima - *Diagnostic Rhyme Test*
DS Seqüência Direta - *Direct Sequence*
DSAT Tom de Áudio Supervisor Digital - *Digital Supervisory Audio Tone*
DSE Central de Comutação de Dados - *Data Switching Exchange*
DS/FHMA Acesso Múltiplo Híbrido com Seqüência Direta/Salto de Freqüência - *Hybrid Direct Sequence/Frequency Hopped Multiple Access*
DSL Linha Digital de Assinante - *Digital Subscriber Line*
DSP Processamento Digital de Sinal - *Digital Signal Processing*
DS-SS Espectro Espalhado de Seqüência Direta - *Direct Sequence Spread Spectrum*
DST Tom de Sinalização Digital - *Digital Signaling Tone*
DTC Canal de Tráfego Digital - *Digital Traffic Channel*
DTE Equipamento Terminal de Dados - *Data Terminal Equipment*
DTMF Freqüência Múltipla de Tom Dual - *Dual Tone Multiple Frequency*
DTX Modo de Transmissão Descontínuo - *Discontinuous Transmission Mode*
DUP Parte do Usuário de Dados - *Data User Part*

E

EDGE Evolução do GSM para Aumento da Taxa de Dados - *Enhanced Data Rates for GSM Evolution*
EIA Associação da Indústria Eletrônica - *Electronic Industry Association*
EIR Identificação e Registro de Equipamento - *Equipment Identity Register*
EIRP Potência Irradiada Isotrópica Efetiva - *Effective Isotropic Radiated Power*
E_b/N_0 Densidade espectral de potência do ruído - *Bit Energy-to-noise Density*
EOC Canal de Operações Embutidas - *Em-bedded Operations Channel*
erf Função de Erro - *Error Function*
erfc Função de Erro Complementar - *Complementary Error Function*
ERMES Sistema Europeu de Mensagens de Rádio - *European Radio Message System*
ERP Potência Irradiada Efetiva - *Effective Radiated Power*
E-SMR Rádio Móvel Especializado Estendido - *Extended - Specialized Mobile Radio*
ESN Número de Série Eletrônico - *Electronic Serial Number*
ETACS Sistema de Comunicações com Acesso Total Estendido - *Extended Total Access Communication System, também* Sistema Celular Europeu com Acesso Total - European Total Access Cellular System
ETSI Instituto Europeu de Padrões de Telecomunicações - *European Telecommunications Standard Institute*

F

FACCH Canal Rápido de Controle Associado - *Fast Associated Control Channel*
FAF Fator de Atenuação de Piso - *Floor Attenuation Factor*
FBF Filtro com Realimentação - *Feedback Filter*
FC Canal Rápido - *Fast Channel*
FCC Comissão Federal de Comunicações - *Federal Communications Commission, Inc., também* Canal de Controle Direto - *Forward Control Channel*
FCCH Canal de Correção de Freqüência - *Frequency Correction Channel*
FCDMA Híbrido FDMA/CDMA - *Hybrid FDMA/CDMA*
FDD Duplex por Divisão de Freqüência - *Frequency Division Duplex*
FDMA Acesso Múltiplo por Divisão de Freqüência - *Frequency Division Multiple Access*
FDTC Canal de Tráfego Digital Direto - *Forward Data Traffic Channel*
FEC Correção de Erro Direta - *Forward Error Correction*
FFF Filtro sem Realimentação - *Feed Forward Filter*

FFSR *Feed Forward Signal Regeneration*
FH Salto de Freqüência – *Frequency Hopping*
FHMA Acesso Múltiplo por Salto de Freqüência – *Frequency Hopped Multiple Access*
FH-SS Espectro Espalhado com Salto de Freqüência – *Frequency Hopped Spread Spectrum, também Frequency Hopping Spread Spectrum*
FLEX Padrão de paginação desenvolvido pela Motorola – *4-level FSK-based paging standard developed by Motorola*
FM Modulação de Freqüência – *Frequency Modulation*
FN Número de Quadro – *Frame Number*
FPLMTS Futuro Sistema de Telefonia Móvel Terrestre Público – *Future Public Land Mobile Telephone System*
FSE Equalizador Fracionalmente Espaçado – *Fractionally Spaced Equalizer*
FSK Chaveamento por Deslocamento de Freqüência – *Frequency Shift Keying*
FTF Filtro Transversal Rápido – *Fast Transversal Filter*
FVC Canal de Voz Direto – *Forward Voice Channel*

G

GIS Sistema Gráfico de Informação – *Graphical Information System*
GIU Unidade de Interface de Saída – *Gateway Interface Unit*
GMSK Chaveamento por Deslocamento Mínimo Gaussiano – *Gaussian Minimum Shift Keying*
GOS Grau de Serviço – *Grade of Service*
GPRS Serviço de Rádio Pacote Geral – *General Packet Radio Service*
GSC Codificação Seqüencial Golay – *Golay Sequential Coding* (um padrão de paginação de 600 bps)
GSM Sistema Global para Comunicações Móveis – *Global System for Mobile Communication, também* Sistema Móvel Global – *Global System Mobile*

H

HAAT Altura acima da média do terreno – *Height Above Average Terrain*
HSCSD Comutação de Circuitos de Alta Velocidade para Dados – *High Speed Circuit Switched Data*
HDB Banco de Dados Doméstico – *Home Data-base*
HDR Alta Taxa de Dados – *High Data Rate*
HIPERLAN Rede Local de Rádio de Alto Desempenho – *High Performance Radio Local Area Network*
HLR Registro de Localização Doméstica – *Home Location Register*

I

IDCT Transformada Discreta do Cosseno Inversa – *Inverse Discrete Cosine Transform*
iDen Rede Avançada Digital Integrada – *Integrated Digital Enhanced Network*
IDFT Inversa da Transformada de Fourier Discreta – *Inverse Discrete Fourier Transform*
IEEE Instituto dos Engenheiros Elétricos e Eletrônicos – *Institute of Electrical and Electronics Engineers*
IF Freqüência Intermediária – *Intermediate Frequency*
IFFT Inversa da Transformada de Fourier Rápida – *Inverse Fast Fourier Transform*
IGA Aproximação Gaussiana Melhorada – *Improved Gaussian Approximation*
IIR Resposta ao Impulso Infinita – *Infinite Impulse Response*
IM Intermodulação – *Intermodulation*
IMSI Identificação Internacional de Assinante Móvel – *International Mobile Subscriber Identity*
IMT-2000 Telecomunicação Móvel Internacional 2000 – *International Mobile Telecommunication 2000*
IMTS Serviço de Telefonia Móvel Melhorado – *Improved Mobile Telephone Service*
IP Protocolo de Internet – *Internet Protocol*
IS-54 EIA Padrão Provisório para Celular Digital dos EUA com Canais de Controle Analógicos – *EIA Interim Standard for U.S. Digital Cellular with Analog Control Channels*
IS-95 EIA Padrão Provisório para CDMA nos EUA – *EIA Interim Standard for U.S. Code Division Multiple Access*
IS-136 EIA padrão Provisório 136 – USDC com Canais de Controle Digital – *EIA Interim Standard 136 – USDC with Digital Control Channels*
ISDN Rede Digital de Serviços Integrados – *Integrated Services Digital Network*
ISI Interferência entre Símbolos – *Intersymbol Interference*
ISM Indústria, Científica e Médica – *Industrial, Scientific, and Medical*

ISUP ISDN Parte de Usuário – *ISDN User Part*

ITFS Serviço de Televisão Educacional Fixo – *Instructional Television Fixed Service*

ITU União de Telecomunicações Internacional – *International Telecommunications Union*

ITU-R Setor de Radiocomunicações do ITU – *ITU's Radiocommunications Sector*

IXC Operadoras de Intercâmbio – *Interexchange Carrier*

J

JDC Celular Digital Japonês – *Japanese Digital Cellular* (posteriormente chamado Celular Digital do Pacífico – *Pacific Digital Cellular*)

JRC Comitê Unificado de Rádio – *Joint Radio Committee*

JTACS Sistema de Comunicação Japonês de Acesso Total – *Japanese Total Access Communication System*

JTC Comitê Técnico Unificado – *Joint Technical Committee*

L

LAN Rede Local – *Local Area Network*

LAR Razão Log-área – *Log-area Ratio*

LATA Área de Acesso e Transporte Local – *Local Access and Transport Area*

LBT Escutar Antes de Falar – *Listen-before-talk*

LCC Última Chamada Liberada – *Lost Call Cleared*

LCD Última Chamada Atrasada – *Lost Call Delayed*

LCR Taxa de Travessia de Nível – *Level Crossing Rate*

LEC Operadora de Sistema de Telecomunicações – *Local Exchange Carrier*

LEO Baixa Órbita Terrestre – *Low Earth Orbit*

LMDS Sistema de Distribuição Local Multiponto – *Local Multipoint Distribution Systems*

LMS Mínima Média Quadrática – *Least Mean Square*

LOS Linha de Visão – *Line-of-sight*

LPC Codificador Preditivo Linear – *Linear Predictive Coding*

LSSB Banda Baixa Lateral Única – *Lower Single Side Band*

LTE Equalizador Linear Transversal – *Linear Transversal Equalizer*

LTP Preditor de Longa Duração – *Long Term Prediction*

M

MAC Controle de Acesso ao Meio – *Medium Access Control*

MAHO Transferência Auxiliada pela Estação Móvel – *Mobile Assisted Handoff*

MAI Múltipla Interferência de Acesso – *Multiple Access Interference*

MAN Rede Metropolitana – *Metropolitan Area Network*

M-ary Modulação Multinível – *Multiple Level Modulation*

MC Portadora Múltipla – *Multicarrier*

MCS Esquemas de Modulação de Codificação Múltipla – *Multiple Modulation and Coding Schemes*

MDBS Estações-base de Dados Móveis – *Mobile Database Stations*

MDLP Protocolo de Enlace de Dados Móvel – *Mobile Data Link Protocol*

MDS Serviço de Distribuição Multiponto – *Multipoint Distribution Service*

MDR Taxa de Dados Média – *Medium Data Rate*

MFJ Juízo Final Modificado – *Modified Final Judgement*

MFSK Chaveamento por Deslocamento de Freqüência Mínimo – *Minimum Frequency Shift Keying*

MIN Número de Identificação da Estação Móvel – *Mobile Identification Number*

MIRS Sistema de Rádio Integrado da Motorola – *Motorola Integrated Radio System* (para uso no SMR)

ML Tamanho Máximo – *Maximal Length*

MLSE Estimador de Seqüência de Máxima Verossimilhança – *Maximum Likelihood Sequence Estimation*

MMAC Sistema de Móvel de Acesso a Comunicações Multimídia – *Multimedia Mobile Access Communication System*

MMDS Serviço de Distribuição Multicanal Multiponto – *Multichannel Multipoint Distribution Service*

MMSE Mínimo Erro Médio Quadrático – *Minimum Mean Square Error*

MOS Pontuação de Opinião Média – *Mean Opinion Score*

MoU Memorando de Entendimento – *Memorandum of Understanding*

MPE Excitado por Pulso Múltiplo – *Multipulse Excited*

MPSK Chaveamento por Deslocamento de Fase Mínimo – *Minimum Phase Shift Keying*

MS Estação Móvel – *Mobile Station*

MSB Bit mais Significativo – *Most Significant Bit*

MSC Central de Comutação e Controle – *Mobile Switching Center*
MSCID Identificação da Central de Comutação e Controle – *MSC Identification*
MSE Erro Médio Quadrático – *Mean Square Error*
MSK Chaveamento por Deslocamento Mínimo – *Minimum Shift Keying*
MSU Unidades de Sinal de Mensagem – *Message Signal Unit*
MTA Áreas de Negócios Principais – *Major Trading Area*
MTP Parte de Transferência de Mensagem – *Message Transfer Part*
MTSO Escritório de Comutação de Telefonia Móvel – *Mobile Telephone Switching Office*
MUX Multiplexador – *Multiplexer*

N

NACK Rejeição – *Negative Acknowledge*
NADC Celular Digital Norte-Americano – *North American Digital Cellular*
NAMPS Sistema de Telefonia Móvel Avançado de Banda Estreita – *Narrowband Advanced Mobile Phone System*
NBFM Modulação por Freqüência de Banda Estreita – *Narrowband Frequency Modulation*
NEC Código Elétrico Nacional – *National Electrical Code*
N-ISDN Rede Digital de Serviços Integrados de Banda Estreita – *Narrowband Integrated Service Digital Network*
NMT-450 Telefonia Móvel Nórdica 450 – *Nordic Mobile Telephone – 450*
NRZ Não-retorno-a-Zero – *Non-return to Zero*
NSP Parte de Serviço de Rede – *Network Service Part*
NSS Subsistema de Rede e Comutação – *Network and Switching Subsystem*
NTACS Sistema de Comunicações de Acesso Total de Banda Estreita – *Narrowband Total Access Communication System*
NTT Telefone e Telégrafo Japoneses – *Nippon Telephone and Telegraph*

O

OBS Obstruído – *Obstructed*
OFDM Multiplexação por Divisão de Freqüência Ortogonal – *Orthogonal Frequency Division Multiplexing*
OMAP Parte de Administração e Manutenção de Operações – *Operations Maintenance and Administration Part*
OMC Centro de Operação e Manutenção – *Operation Maintenance Center*
OQPSK Chaveamento por Deslocamento de Fase em Quadratura Deslocado – *Offset Quadrature Phase Shift Keying*
OSI Interconexão de Sistemas Abertos – *Open System Interconnect*
OSS Subsistema de Suporte e Operação – *Operation Support Subsystem*

P

PABX Comutador de Ramais Automático Privado – *Private Automatic Branch Exchange*
PACS Sistema de Comunicação de Acesso Pessoal – *Personal Access Communication System*
PAD Montador/Desmontador de Pacotes – *Packet Assembler Disassembler*
PAF Fator de Atenuação Parcial – *Partition Attenuation Factor*
PAN Rede Pessoal – *Personal Area Network*
PBX Central de Ramal Privativa – *Private Branch Exchange*
PCH Canal de Paginação – *Paging Channel*
PCM Modulação por Código de Pulso – *Pulse Code Modulation*
PCN Rede de Comunicação Pessoal – *Personal Communication Network*
PCS Sistema de Comunicação Pessoal – *Personal Communication System*
PDC Celular Digital do Pacífico – *Pacific Digital Cellular*
pdf Função da Densidade de Probabilidade – *Probability Density Function*
PG Ganho de Processamento – *Processing Gain*
PH Aparelho Portátil – *Portable Handset*
PHP Handyfone Pessoal – *Personal Handyphone*
PHS Sistema Pessoal de Handyphone – *Personal Handyphone System*
PL Perda de Caminho – *Path Loss*
PLL Laço Travado em Fase – *Phase Locked Loop*
PLMR Rádio Móvel Terrestre Público – *Public Land Mobile Radio*
PN Pseudo-ruído – *Pseudo-noise*
POCSAG Grupo Conselheiro para Padrões de Códigos Postais – *Post Office Code Standard Advisory Group*
POTS Serviço Telefônico Antigo Simples – *Plain Old Telephone Service*
PR Rádio Pacote – *Packet Radio*
PRI Interface de Taxa Primária – *Primary Rate Interface*
PRMA Acesso Múltiplo por Reserva de Pacote – *Packet Reservation Multiple Access*
PSD Densidade Espectral de Potência – *Power Spectral Density*

PSK Chaveamento por Deslocamento de Fase – *Phase Shift Keying*
PSTN Rede Telefônica Pública Comutada – *Public Switched Telephone Network*
PTI Identificador de Terminal Permanente – *Permanent Terminal Identifier*

Q

QAM Amplitude Modulada em Quadratura – *Quadrature Amplitude Modulation*
QCELP Codificador Preditivo Linear Excitado por Código da Qualcomm – *Qualcomm Code Excited Linear Predictive Coder*
QMF Filtro de Espelho de Quadratura – *Quadrature Mirror Filter*
QPSK Chaveamento por Deslocamento de Fase em Quadratura – *Quadrature Phase Shift Keying*

R

RACE Pesquisas em Comunicações Avançadas na Europa – *Research on Advanced Communications in Europe*
RACH Canal de Acesso Aleatório – *Random Access Channel*
RCC Canal de Controle Reverso – *Reverse Control Channel*
RCS Seção Cruzada de Radar – *Radar Cross Section*
RD-LAP Protocolo de Acesso ao Enlace de Dados via Rádio – *Radio Data Link Access Protocol*
RDTC Canal Reverso de Tráfego de Dados – *Reverse Data Traffic Channel*
RELP Codificador Preditivo Linear Excitado por Resíduo – *Residual Excited Linear Predictor*
RF Freqüência de Rádio – *Radio Frequency*
RFP Parte Fixa de Rádio – *Radio Fixed Part*
RLC Circuito Ressonante ou Circuito Aceitador – *Resistor Inductor Capacitor*
RLS Mínimos Quadrados Recursivos – *Recursive Least Square*
RMD RAM de Dados Móveis – *RAM Mobile Data*
RPCU Unidade de Controle da Porta de Rádio – *Radio Port Control Unit*
RPE-LTP Preditor de Longa Duração Excitado por Pulso Regular – *Regular Pulse Excited Long-Term Prediction*
RRMP Protocolo de Gerenciamento de Recursos de Rádio – *Radio Resource Management Protocol*
RS Reed–Solomon
RSSI Indicações de Força do Sinal de Rádio – *Received Signal Strength Indication*
RTT Tecnologia de Transmissão de Rádio – *Radio Transmission Technology*
RVC Canais de Voz Reversos – *Reverse Voice Channel*
Rx Receptor – *Receiver*
RZ Retorno-a-zero – *Return to Zero*

S

SACCH Canal Lento de Controle Associado – *Slow Associated Control Channel*
SAT Tom de Áudio Supervisor – *Supervisory Audio Tone*
SBC Canal de Broadcast do Sistema – *System Broadcasting Channel, também* Codificação de Sub-banda – *Sub-band Coding; Southwestern Bell Corporation*
SC Canal Lento – *Slow Channel*
SCCP Parte de Controle da Conexão de Sinalização – *Signaling Connection Control Part*
SCH Canal de Sincronização – *Synchronization Channel*
SCM Marca da Classe da Estação – *Station Class Mark*
SCORE Algoritmo de Restauração de Coerência Espectral – *Spectral Coherence Restoral Algorithm*
SCP Ponto de Controle de Serviço – *Service Control Point*
SDCCH Canal de Controle Dedicado Independente – *Stand-alone Dedicated Control Channel*
SDMA Acesso Múltiplo por Divisão Espacial – *Space Division Multiple Access*
SEIGA Expressão Simplificada para a Aproximação Gaussiana Melhorada – *Simplified Expression for the Improved Gaussian Approximation*
SELP Codificador Preditivo Linear Excitado Estocasticamente – *Stochastically Excited Linear Predictive Coder*
SEP Pontos Finais de Comutação – *Switching End Points*
SFM Medida Espectral Não-Uniforme – *Spectral Flatness Measure*
S/I *Ver* SIR
SID Identificador de Estação – *Station Identity*
SIM Módulo de Identificação do Assinante – *Subscriber Identity Module*
SIR Razão Sinal-Interferência – *Signal-to-Interference Ratio*
SIRCIM Simulação dos Modelos de Resposta ao Impulso para Canais de Rádio em Ambiente Fechado – *Simulation of Indoor Radio Channel Impulse Response Models*

SISP Propagação Específica de um Sítio – *Site Specific Propagation*
SMR Radio Móvel Especializado – *Specialized Mobile Radio*
SMRCIM Simulação dos Modelos de Resposta ao Impulso para Canais de Rádio Móvel – *Simulation of Mobile Radio Channel Impulse Response Models*
SMS Serviço de Mensagens Curtas – *Short Messaging Service, também* Sistema de Gerenciamento de Serviço – *Service Management System*
S/N *Ver* SNR
SNR Relação Sinal-Ruído – *Signal-to-Noise Ratio*
SONET Rede Ótica Síncrona – *Synchronous Optical Network*
SP Ponto de Sinalização – *Signaling Point*
SQNR Razão Sinal-Ruído de Quantização – *Signal-to-Quantization Noise Ratio*
SS Espectro Espalhado – *Spread Spectrum*
SSB Banda Lateral Única – *Single Side Band*
SSMA Acesso Múltiplo por Espalhamento Espectral – *Spread Spectrum Multiple Access*
SS7 Sistema de Sinalização n. 7 – *Signaling System N. 7*
ST Tom de Sinalização – *Signaling Tone*
STP Predição a Curto Prazo – *Short Term Prediction, também* Pontos de Transferência de Sinalização – *Signaling Transfer Point*
SYN Sincronização (canal) – *Synchronization (channel)*

T

TACS Sistema de Comunicações de Acesso Total – *Total Access Communications System*
TCAP Parte de Aplicações com Capacidade de Transação – *Transaction Capabilities Application Part*
TCDMA CDMA com Divisão de Tempo – *Time Division CDMA*
TCH Canal de Tráfego – *Traffic Channel*
TCM Modulação Codificada em Treliça – *Trellis Coded Modulation*
TDD Duplex por Divisão de Tempo – *Time Division Duplex*
TDFH Salto de Freqüência por Divisão de Tempo – *Time Division Frequency Hopping*
TDMA Acesso Múltiplo por Divisão de Tempo – *Time Division Multiple Access*
TDN Número de Diretório Temporário – *Temporary Directory Number*
TD-SCDMA Acesso Múltiplo por Divisão de Tempo e Divisão de Código Síncrono – *Time Division-Synchronous Code Division Multiple Access*
TIA Associação das Indústrias de Telecomunicações – *Telecommunications Industry Association*
TIU Unidade de Interface de Tronco – *Trunk Interface Unit*
TTIB Tom na Banda Transparente – *Transparent Tone-in-Band*
TUP Parte do Usuário de Telefone – *Telephone User Part*
Tx Transmissor – *Transmitter*

U

UF Fator Urbano – *Urban Factor*
UMTS Sistema Universal de Telecomunicações Móveis – *Universal Mobile Telecommunications System*
UNII Infra-estrutura Nacional de Informações sem Licença – *Unlicensed National Information Infrastructure*
US Estados Unidos da América – *United States of America*
USDC Celular Digital dos Estados Unidos – *United States Digital Cellular, ver* IS-136 e NADC
USGS Levantamento Geológico dos Estados Unidos – *United States Geological Survey*
USSB Banda Alta Lateral Única – *Upper Single Side Band*
UTRA Acesso de Rádio Terrestre UMTS – *UMTS Terrestrial Radio Access*

V

VAD Detector de Atividade de Voz – *Voice Activity Detector*
VCI Identificador de Circuito Virtual – *Virtual Circuit Identifier*
VCO Oscilador Controlado por Voltagem – *Voltage Controlled Oscillator*
VDB Banco de Dados de Visitante – *Visitor Database*
VHE Entretenimento Doméstico Virtual – *Virtual Home Entertainment*
VIU Unidades de Interface de Visitante – *Visitor Interface Unit*
VLR Registro de Localização de Visitante – *Visitor Location Register*
VLSI Tecnologia de Integração em Escala Muito Alta – *Very Large-Scale Integration*
VMAC Código de Atenuação de Estação Móvel de Voz – *Voice Mobile Attenuation Code*
VoIP Voz sobre IP – *Voice over Internet Protocol*
VQ Quantização Vetorial – *Vector Quantization*

VSELP Codificador Preditivo Linear Excitado pela Soma Vetorial - *Vector Sum Excited Linear Predictor*

W

WACS Sistema de Comunicação de Acesso sem Fio - *Wireless Access Communication System* (posteriormente chamado PACS)

WAN Rede de Longa Distância - *Wide Area Network*

WAP Protocolo de Aplicações sem Fio - *Wireless Applications Protocol*

WARC Conferência Mundial de Administração de Rádio - *World Administrative Radio Conference*

W-CDMA CDMA de Banda Larga - *Wideband CDMA*

WIN Rede de Informação sem Fio - *Wireless Information Network*

WIU Unidade de Interface sem Fio - *Wireless Interface Unit*

WLAN Rede Local sem fio - *Wireless Local Area Network*

WLL Laço Local sem Fio - *Wireless Local Loop*

WRC-2000 ITU Conferência Mundial de Rádio - *ITU World Radio Conference*

WUPE Equipamento de Instalações sem Fio do Usuário - *Wireless User Premises Equipment*

Z

ZF Forçagem a Zero - *Zero Forcing*

ÍNDICE REMISSIVO

Números e símbolos

A

B

F

G

H

I

J

K

L

M

N

S

T

U

V

W

X